U0901102

揚州年鉴

2020 YANGZHOU YEARBOOK

扬州市地方志编纂委员会 编

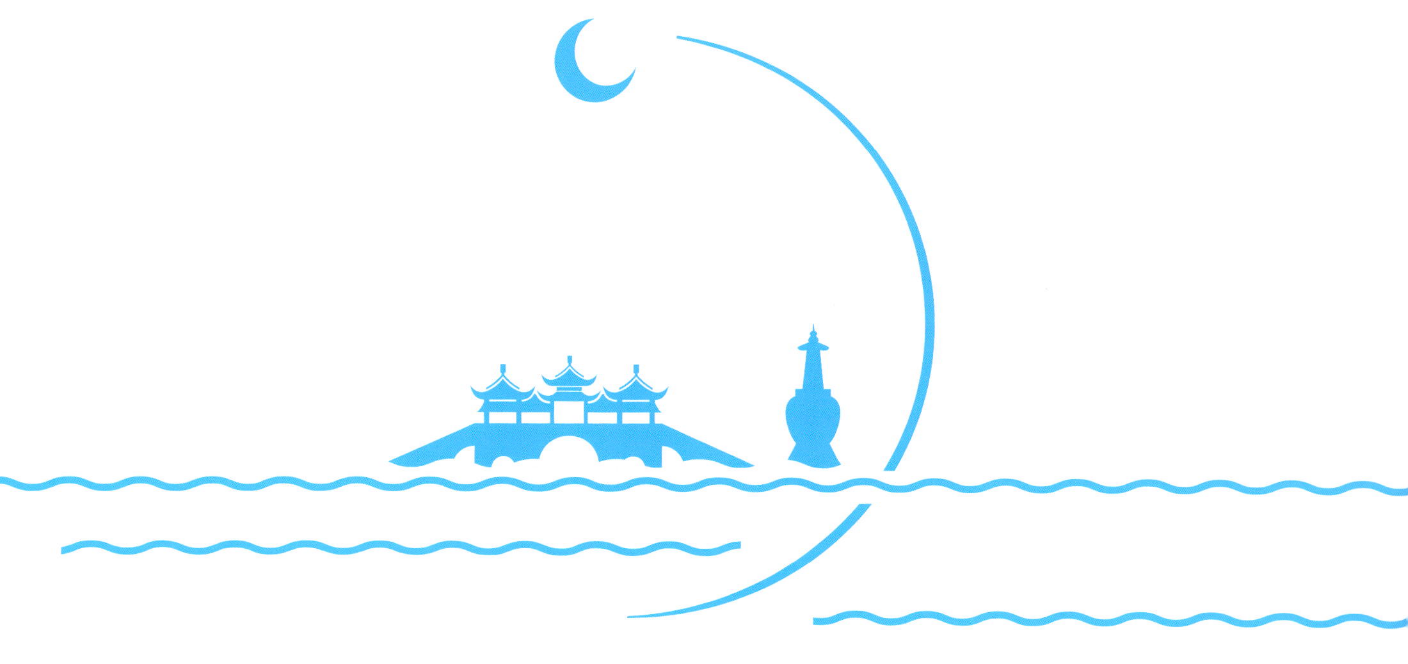

广陵书社

图书在版编目（CIP）数据

扬州年鉴. 2020 / 扬州市地方志编纂委员会编. --
扬州 : 广陵书社, 2020.11
ISBN 978-7-5554-1576-3

Ⅰ. ①扬… Ⅱ. ①扬… Ⅲ. ①扬州－2020－年鉴
Ⅳ. ①Z525.33

中国版本图书馆CIP数据核字(2020)第224253号

书　　名　扬州年鉴（2020）
编　　者　扬州市地方志编纂委员会
责任编辑　顾寅森　王浩宇
装帧设计　葛玉峰　钱　伟

出版发行　广陵书社
扬州市维扬路 349 号　　邮编　225009
（0514）85228081（总编办）　85228088（发行部）
http://www.yzglpub.com　　E-mail:yzglss@163.com
印　　刷　扬州古籍线装文化有限公司

开　　本　889 毫米 ×1194 毫米　1/16
印　　张　34.75
字　　数　1252 千字
版　　次　2020 年 11 月第 1 版
印　　次　2020 年 11 月第 1 次印刷
标准书号　ISBN 978-7-5554-1576-3
定　　价　300.00 元

扬州市地方志编纂委员会

扬州年鉴编辑部

编 辑 说 明

1.《扬州年鉴》是由中共扬州市委、扬州市政府主办，扬州市地方志编纂委员会编纂的系统记述扬州市自然、政治、经济、文化、社会、生态建设等方面情况的年度资料性文献。1991 年出版首卷，本卷为第 30 卷。

2.《扬州年鉴(2020)》以马克思列宁主义、毛泽东思想、邓小平理论、“三个代表”重要思想、科学发展观和习近平新时代中国特色社会主义思想为指导，实事求是地、较为全面翔实地记述了 2019 年扬州市的基本情况及发生的各种大事、要事、新事和有影响的事，反映了全市人民在改革开放、经济建设以及社会发展中取得的新成就、新进展、新经验。

3.《扬州年鉴》采用分类编辑法，以“类目”为单元，下设“分目”和“条目”，个别分目下设“次分目”。类目标题标于各类目起始处和书眉；分目、条目标题分别以 3 号、5 号彩色字随文标出；条目为记述实体，标题前标注彩色符号“■”。《扬州年鉴(2020)》共分 42 个类目，设 272 个分目、48 个次分目，收录 1911 个条目和资料。

4.《扬州年鉴》卷首有中文详细目录和英文要目，卷末有索引。全书所有资料可通过目录、书眉、索引等检索渠道查阅。

5.《扬州年鉴》刊用的文稿，由市各部门、各县(市、区)及驻扬单位提供，有关数据、资料均经各部门领导审阅、核实。书中“扬州市”“全市”指全扬州市，“市区”指广陵区、邗江区、江都区范围，“城区”指广陵区、邗江区范围，特殊情况另行括注。《大事纪要》中“△”表示“同日”。全书主要综合性统计资料由市统计局提供。全书所用统计数据，由于统计的来源、口径、方式、方法和时间的不同，可能存在一定差异，使用时请以市统计局提供的统计资料数据为准；凡市统计局未作统计的，以供稿单位提供的数据为准。统计数据均使用法定计量单位。为保持文献原貌、遵从行业习惯，《特载》《附录》所刊文献的文字、数据、计量单位均未作变动，《体育》中运动项目有关内容仍使用“公斤”“公里”作为计量单位。

6.《扬州年鉴》所登载的照片或文字稿件若署名遗漏或有误，请摄影者或撰稿人与编辑部联系，以便发放稿酬。

城市荣誉

中国历史文化名城
全国双拥模范城
全国社会治安综合治理先进单位
中国优秀旅游城市
国家环境保护模范城市
国家园林城市
中国人居环境奖
全国节水型城市
国家级生态示范区
联合国人居奖
国家卫生城市
全国科技进步先进市
中国数字化创新管理奖
中国和谐管理城市
城市管理人民满意城市
国家森林城市
全国文明城市
全国诗词之市
国家生态市
全国小微企业创业创新基地城市示范
全国质量强市示范城市
国家创新型试点城市
全国法治城市创建活动先进单位
东亚文化之都
世界美食之都
世界运河文化之都

扬州市政区图

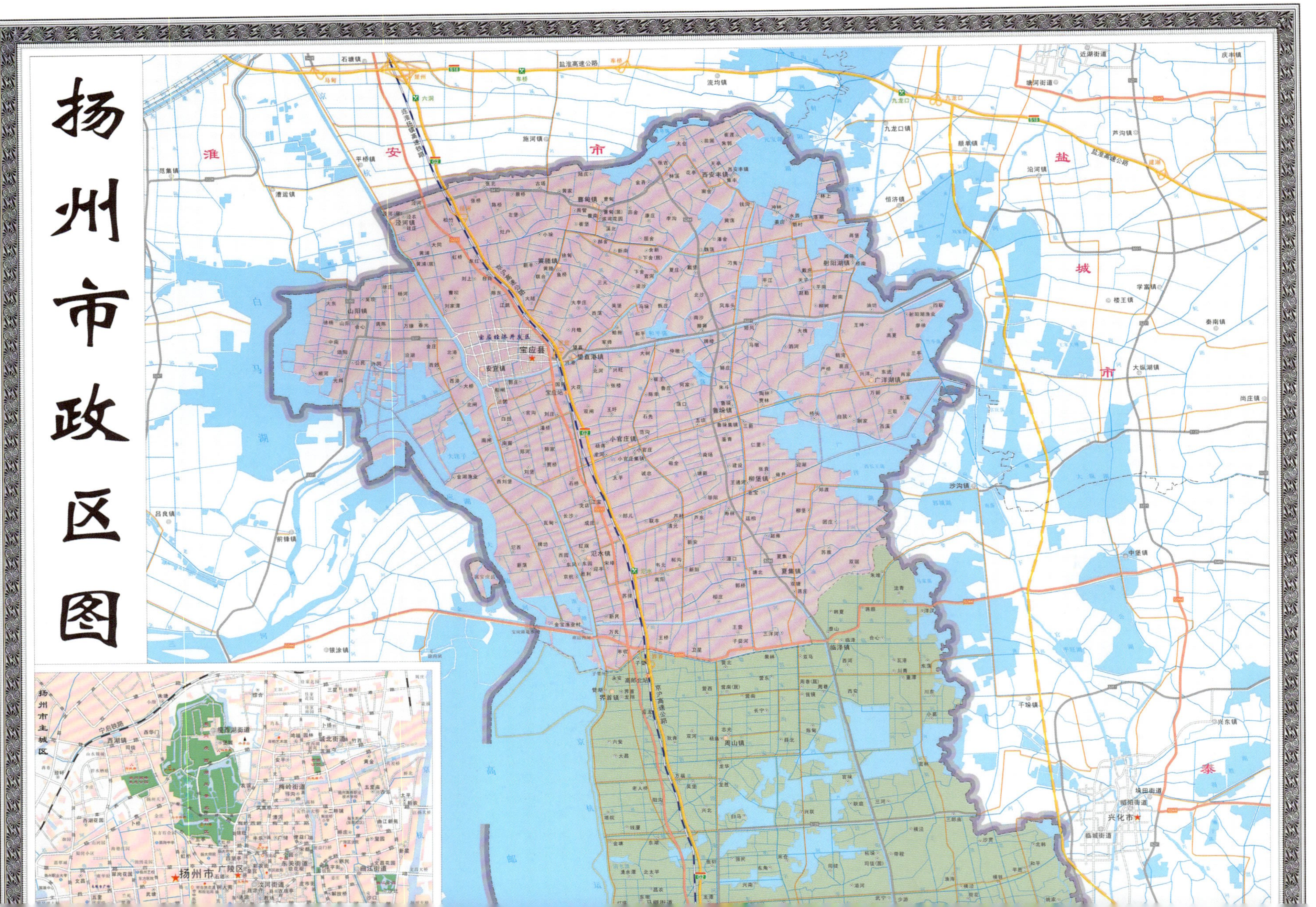

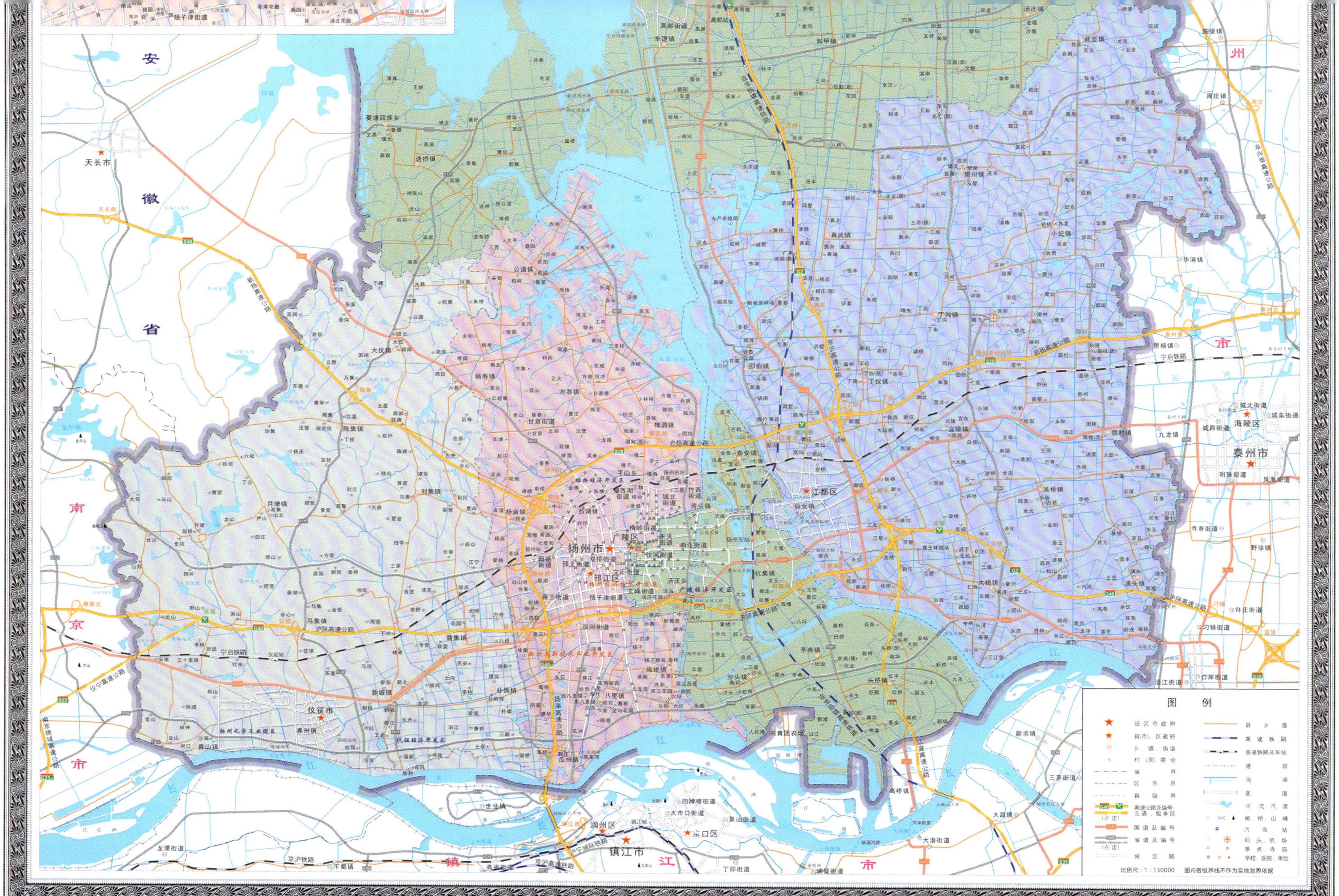

图例

符号	说明	符号	说明
★	设区市政府		县乡道
★	县(市)、区政府		高速铁路
◎	乡、镇、街道		普通铁路及车站
⊙	村（居）委会		堤坝
	省界		沟渠
	区市界		隧道
	县级界		河流、汽渡
G40 （在建）	高速公路及编号、互通、服务区		闸、桥、山峰
G345	国道及编号		汽车站
（在建）	省道及编号		码头、机场
	城区路		景点、寺庙
			学校、医院、单位

比例尺：1：130000　图内各级界线不作为实地划界依据

江苏省基础地理信息中心　编制

扬州市民政局　监制

地图审查编号：苏K（2020）012号

扬 州 市 城

江苏省基础地理信息中心　编制

扬

区地名图

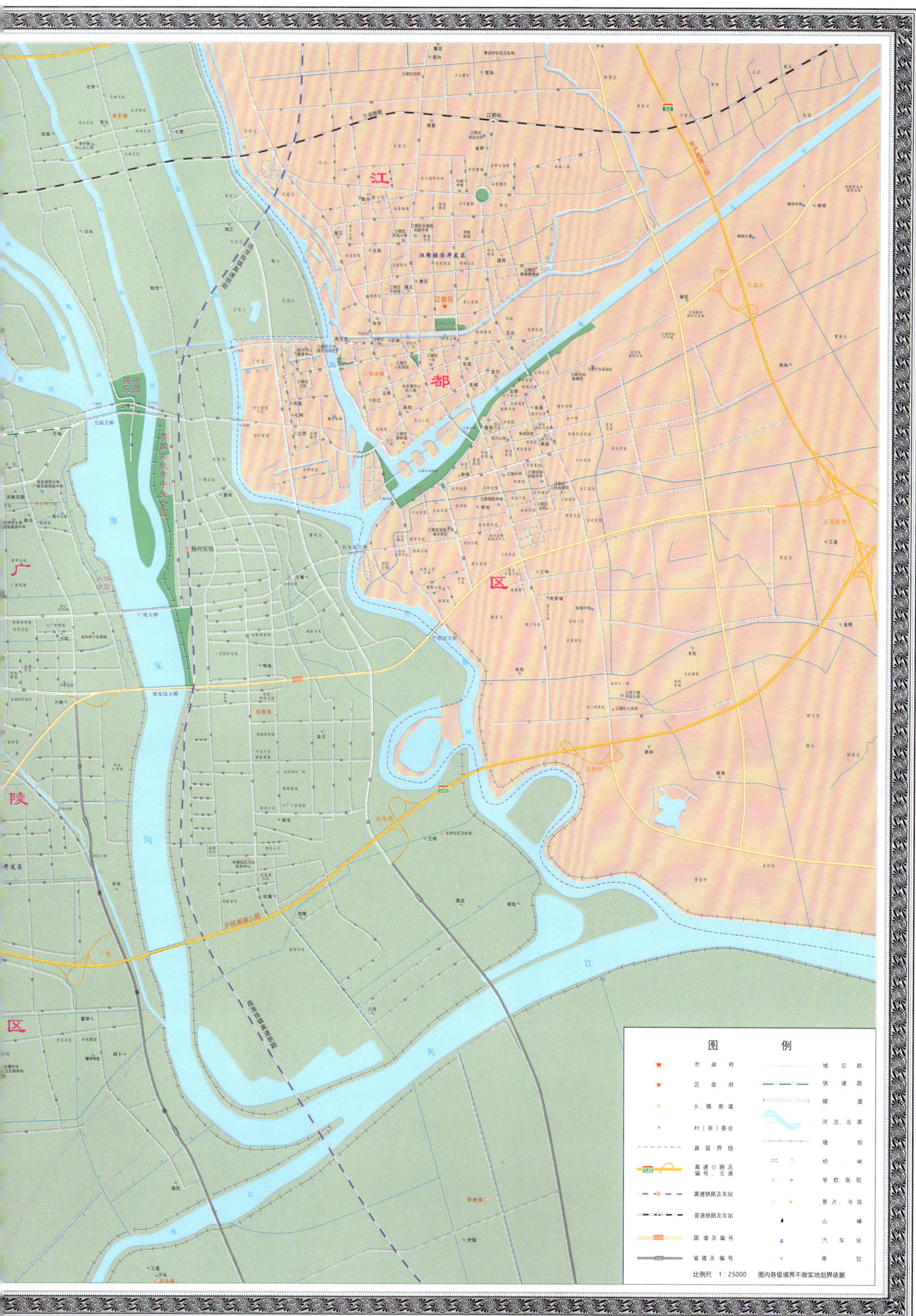

地图审查编号:苏K（2020）011号

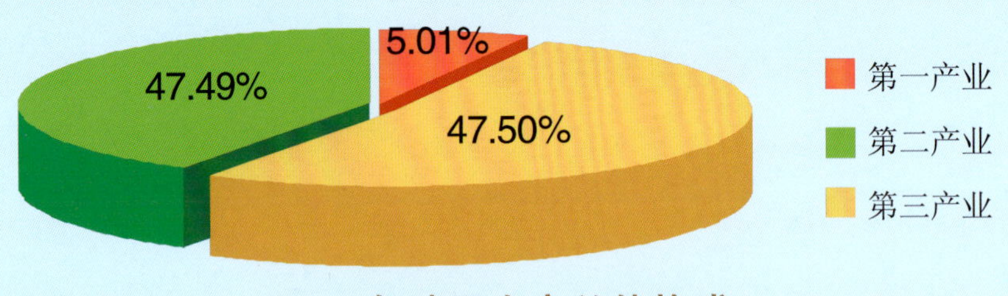

2019年地区生产总值构成

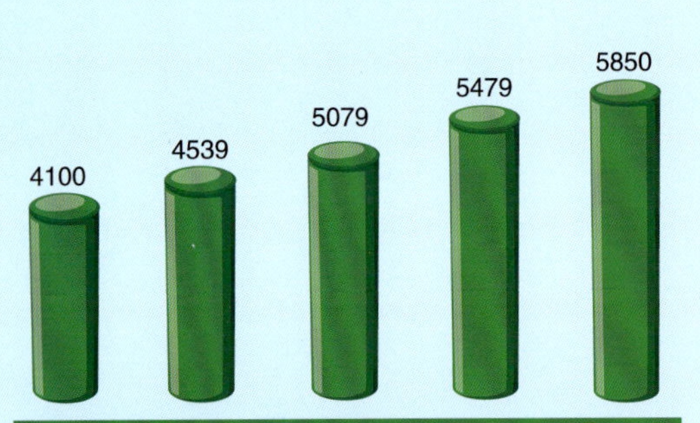

地区生产总值

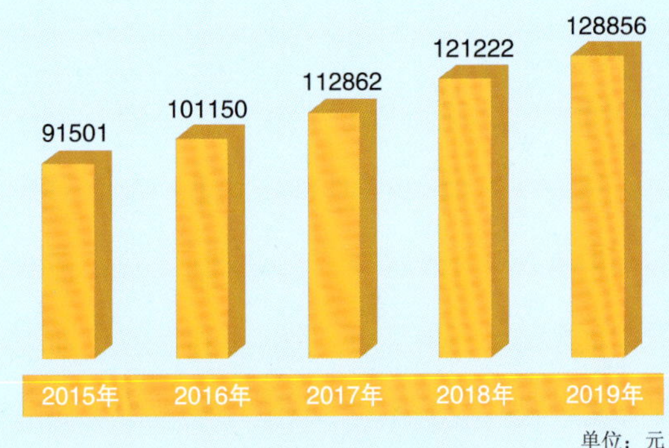

人均地区生产总值

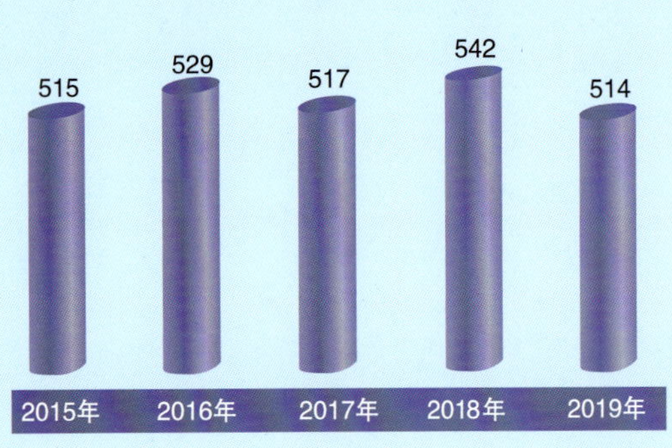

财政收入

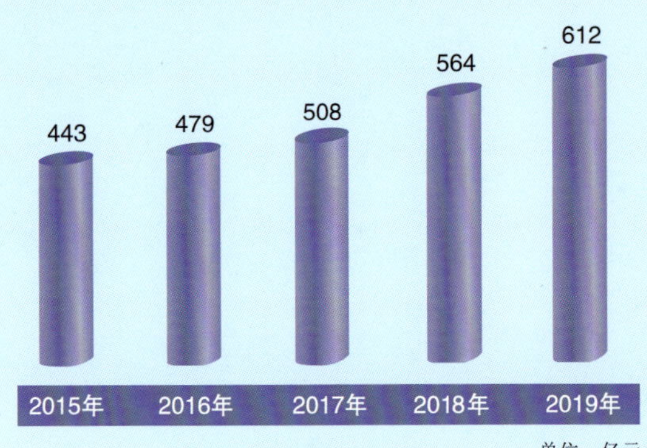

财政支出

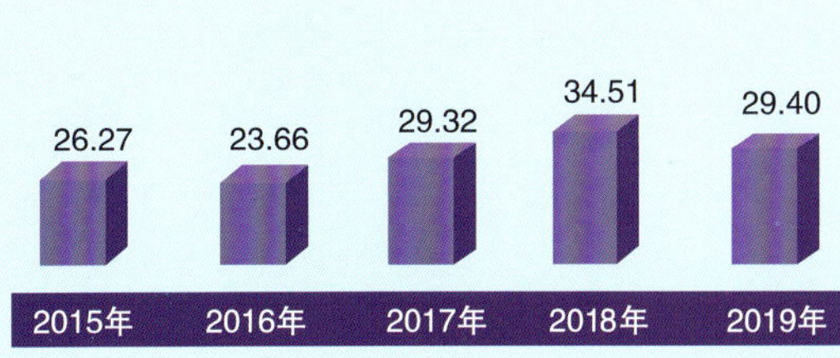

进口总额

77.11
72.59
78.68
85.42
83.65
2015年 2016年 2017年 2018年 2019年
单位：亿美元

出口总额

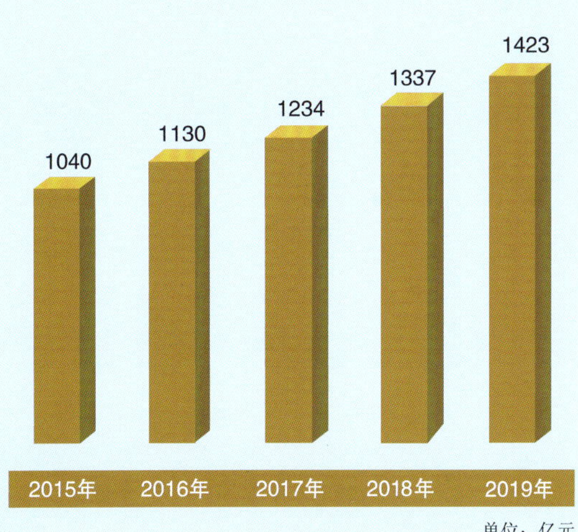

社会消费品零售总额

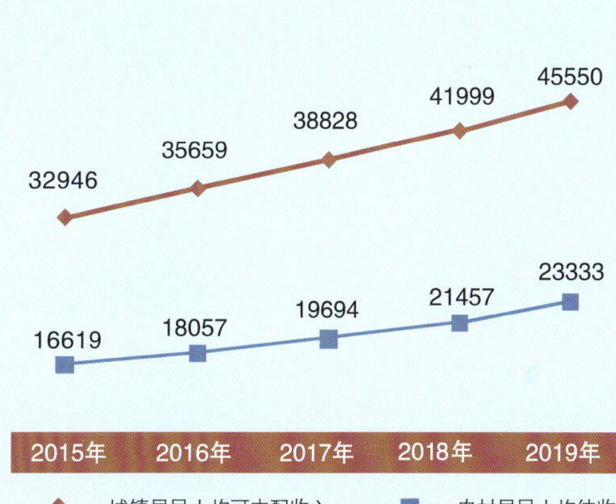

城镇居民人均可支配收入与农村居民人均纯收入

2019年扬州的一天

地区生产总值	一般公共预算收入	城乡居民储蓄余额	粮食产量	出口总额	社会消费品零售额
160276万元	9008万元	88151万元	7825吨	2292万美元	38992万元

注：本页中数据均出自《扬州统计年鉴（2020卷）》

崛起的广陵新城

（广陵新城管委会　供稿）

蓬勃发展中的生态科技新城

（张卓君 摄）

由扬州冶金厂地块改造成的创意街区　（宋钧维　摄）

城市东南片区更新改造　（程　曦　摄）

扬州家风展示馆外景

大运河盐商文化展示馆 一角　　（张孔生　摄）

（李 缘 摄）

院士博物馆外景

（李 缘 摄）

瘦西湖万花会

1 与万花合影（沈扬生 摄）

2 百花争艳（报 社 供稿）

3 舞出春天（沈扬生 摄）

4 寻芳（沈扬生 摄）

勤

❶ 2019年3月23日，扬州市第二届鉴真樱花节开幕。图为游客在樱花大道上赏花（刘江瑞 摄）

❷ 2019年3月30日，2019中国爱情小镇第五届甘泉樱花节开幕。图为游人在观赏拍照（报 社 供稿）

❸ 2019年6月28日，第三届荷文化节在扬州市荷花池公园拉开序幕（张孔生 摄）

1

2

❶ 2019 年 1 月 9—12 日，扬州市第八届人民代表大会第三次会议举行 （王　卓　摄）

❷ 2019 年 1 月 8—11 日，中国人民政治协商会议江苏省扬州市第八届委员会第三次会议举行 （王　卓　摄）

❸ 2019 年 12 月 31 日，扬州市召开全市领导干部大会，宣布江苏省委关于扬州市委、市政府主要领导调整的决定。夏心旻任扬州市委书记，不再担任扬州市长，张宝娟任市委副书记，提名为市长候选人 （王　卓　摄）

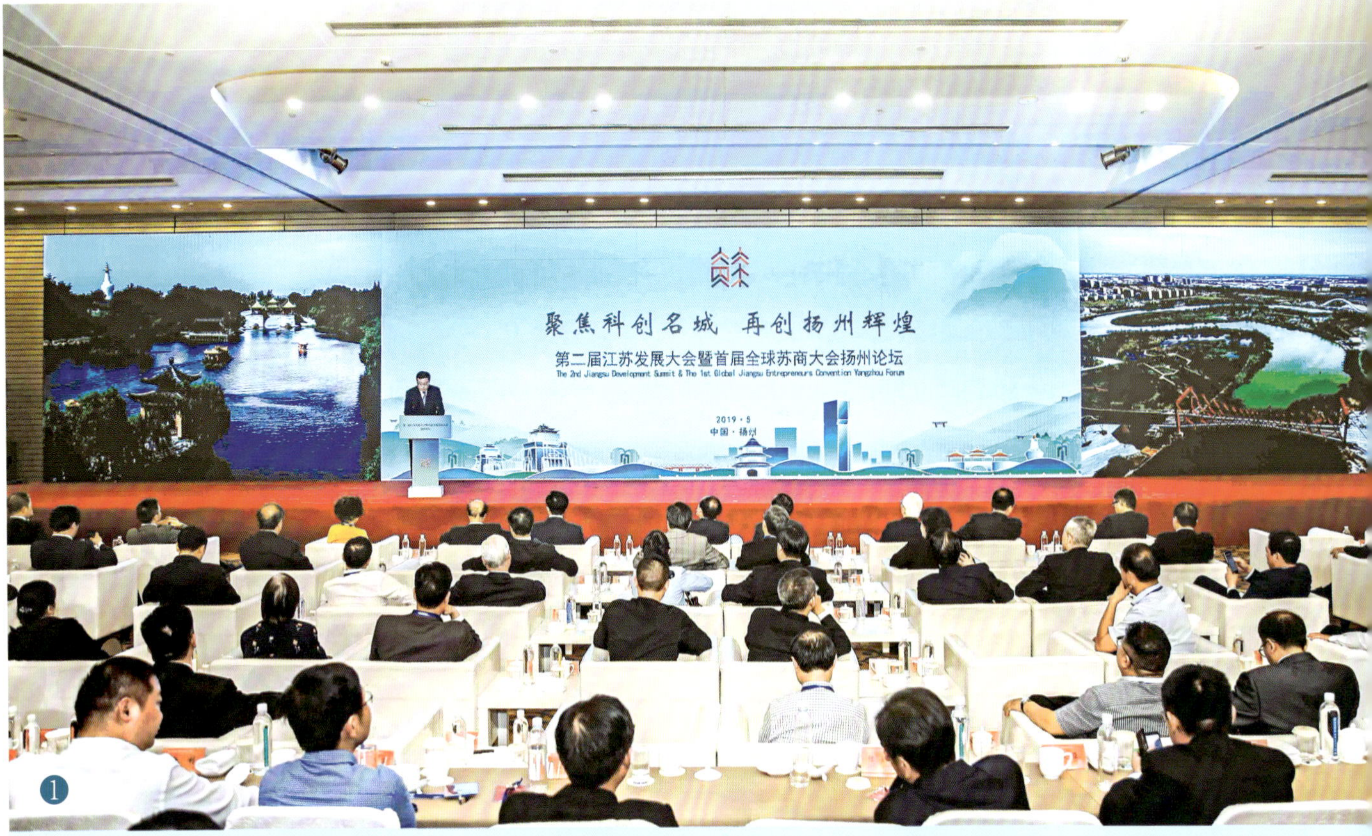
聚焦科创名城 再创扬州辉煌
第二届江苏发展大会暨首届全球苏商大会扬州论坛
The 2nd Jiangsu Development Summit & The 1st Global Jiangsu Entrepreneurs Convention Yangzhou Forum
2019 · 5
中国 · 扬州
1

《扬州市人民政府 扬州大学进一步全面深化合作协议书》
签约人： 扬 州 市 市长 夏心旻
2

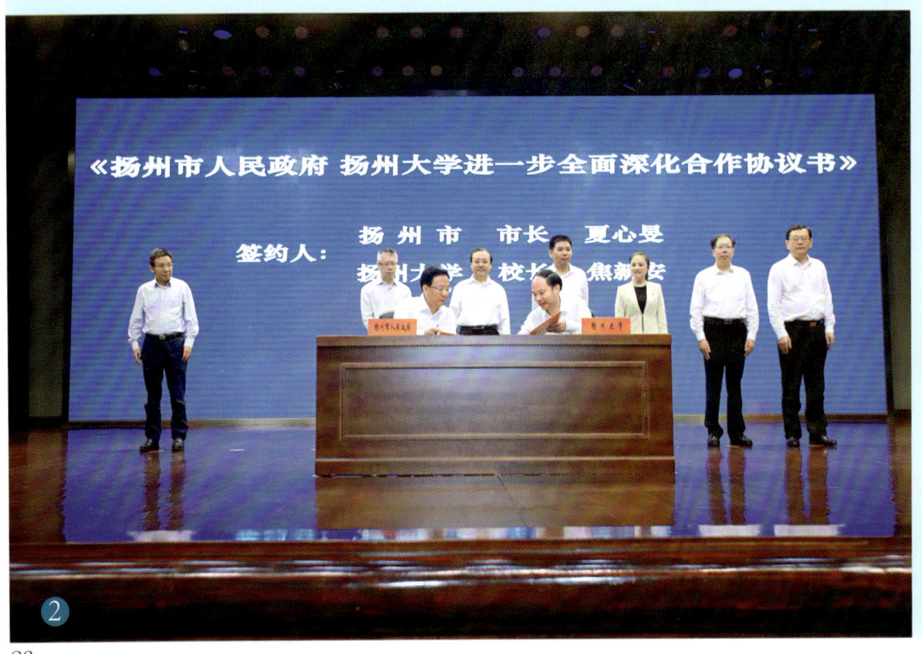

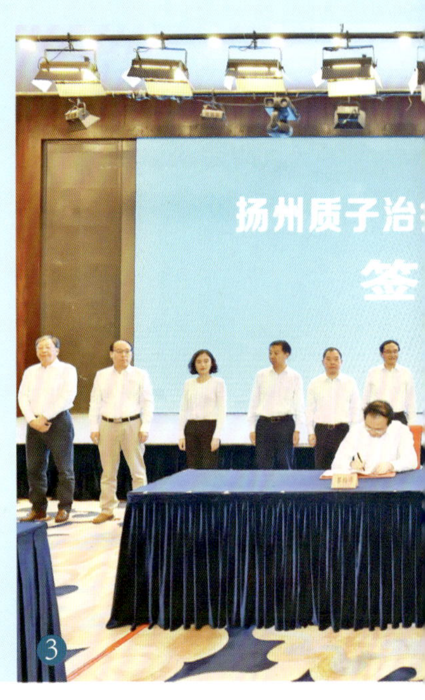

3

❶ 2019年5月21日，第二届江苏发展大会暨首届全球苏商大会扬州论坛在迎宾馆举行　（张卓君　程　曦　摄）

❷ 2019年9月6日，扬州市人民政府、扬州大学签署新一轮市校合作协议　（王　卓　摄）

❸ 2019年9月23日，扬州质子治疗中心及医疗产业项目正式签约，项目总投资61.4亿元　（王　卓　摄）

❹ 2019年8月20日，扬州市人民政府与恒大集团签署投资战略合作协议　（王　卓　摄）

❺ 2019年9月26日，万有（扬州）国际旅游度假区项目签约仪式在扬州举行，项目总投资约300亿元　（王　卓　摄）

❶❷ 2019年4月17日，扬州航空产业基地、中集智城（扬州）等重大项目在江都区集中奠基 （王 卓 摄）

❸ 腾讯仪征东升云计算数据中心施工现场 （王乃驷 摄）

❹ 2019年7月25日，扬州市委、市政府举行全市重大项目暨民生幸福工程观摩活动。图为优尼斯5D智造谷项目现场 （程 曦 孟德龙 摄）

❺ 中航海底电缆项目现场 （经济技术开发区 供稿）

航空工业沈阳所
扬州协同创新研究院
沈阳飞机
设计研究所
扬州协同创新研究院

哈工大机器人(扬州)科创中心

❶ 2019年3月30日，沈阳飞机设计研究所扬州协同创新研究院揭牌签约仪式在扬州举行（王　卓　摄）

❷ 哈工大机器人（扬州）科创中心（报　社　供稿）

❸ 沈阳飞机设计研究所扬州协同创新研究院（报　社　供稿）

❹ 2019年6月13日，航空工业孙聪院士工作站在扬州正式挂牌（王　卓　摄）

❺ 智谷科技综合体（报　社　供稿）

扬州体育公园

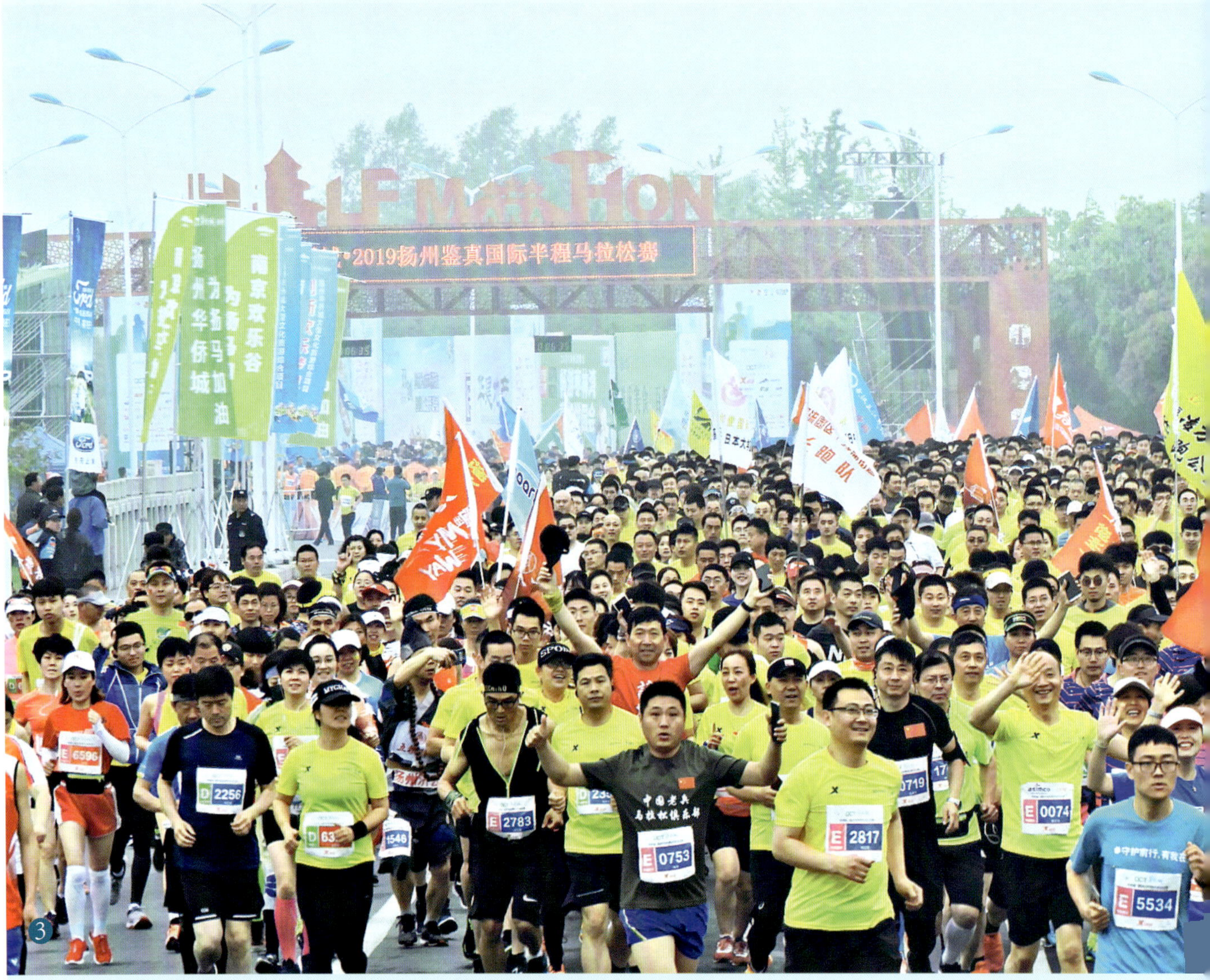

❶ 2019 年 5 月 11 日，扬州市第十三届运动会学校体育部乒乓球比赛开赛。图为选手们在进行比赛 （刘江瑞 摄）

❷ 2019 年 3 月 31 日，2019 环扬州国际马拉松自行车骑行大会鸣枪开赛 （刘江瑞 摄）

❸ 2019 年 4 月 21 日，2019 扬州鉴真国际半程马拉松赛在扬州马拉松公园举行 （张孔生 摄）

❹ 2019 年 5 月 11 日，中冠联赛扬州主场比赛现场 （司新利 宫鋆煜 摄）

❺ 2019 年 10 月 12 日，2019 年“扬州印杯”全国艺术体操锦标赛在扬州开赛。图为精彩的比赛现场 （张卓君 摄）

❶ 为庆祝新中国成立70周年，蜀冈－瘦西湖风景名胜区“我和我的祖国”活动现场庄严而热烈（王 杰 摄）

❷ 邗江区双桥街道武塘社区举行“我与国旗同框迎国庆”活动（董 辉 刘江瑞 摄）

❸ 党员群众参观平山乡雷塘社区举办的“礼赞新中国 奋进新时代”庆祝新中国成立70周年成就图片展（王 超 冬 兰 摄）

大明寺

1 2019 年 7 月 14 日，第四届江苏志愿服务展示交流会在扬州国际会展中心开幕。图为市民参观“扬州志愿服务工作成果”图片展（庄文斌　刘江瑞　摄）

2 2019 年 3 月 26 日，扬剧新编历史剧《鉴真》在扬州大剧院首演（王乃驷　摄）

3 暑假期间，书店成了孩子们的“打卡地”（沈扬生　摄）

4 2019 年 7 月 5 日，由科技部和中国科学院主办的第二届全国优秀科普微视频大赛作品展演活动在扬州举办（张孔生　摄）

5 2019 年 1 月 15 日，位于广陵区沙头镇沙头村的扬州首家乡村书房“草垛子书房”开馆（庄文斌　摄）

❶ 2019年9月27日，2019年世界运河城市论坛暨世界运河大会在扬州举办　（王　卓　摄）

❷ 2019年9月26日，“2019运河文化嘉年华”开幕式在扬州举行　（扬州画刊　供稿）

❸ 2019年5月3—6日，首届大运河文化旅游博览会在扬州举办。图为“璀璨运河”灯光秀现场　（报　社　供稿）

❹ 2019年5月3日，歌剧《运之河》在首届大运河文化旅游博览会上演出　（刘江瑞　董　辉　摄）

世界运河文化之都

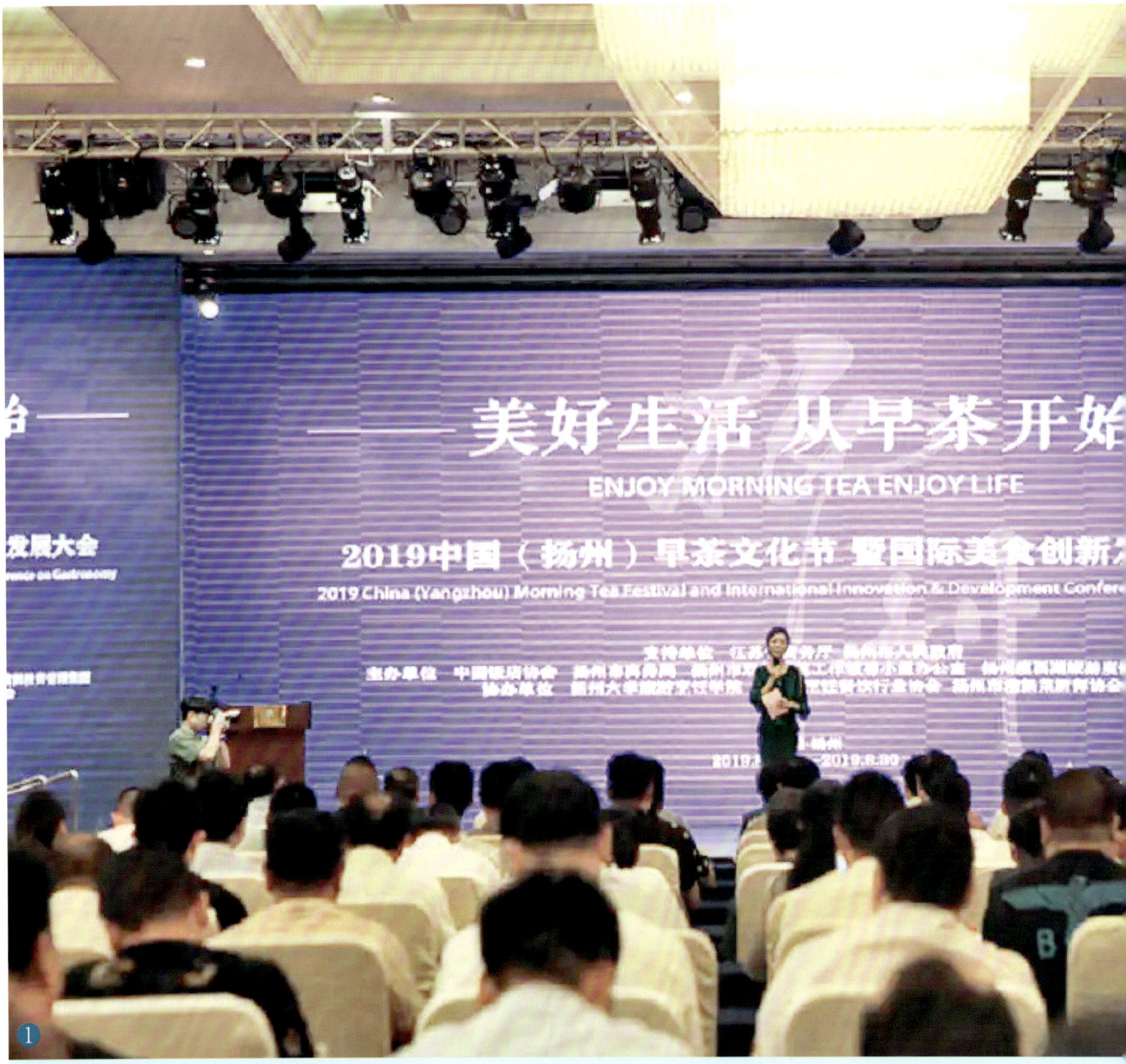

美好生活 从早茶开始
ENJOY MORNING TEA ENJOY LIFE

中国
淮揚菜
博物馆
China Museum of
Huaiyang Cuisine

❶ 2019年8月29—30日，首届中国（扬州）早茶文化节暨国际美食创新发展大会在扬州举行（商务局　供稿）

❷ 淮扬菜博物馆（姚　昆　摄）

❸ 2019年5月4日，大运河美食嘉年华在扬州马可波罗花世界展演（扬州画刊　供稿）

❹ 2019年12月26日，2019年扬州淮扬菜美食品鉴会活动在扬州举行（孟德龙　摄）

❺ 扬州五亭食品有限公司的工人们在车间内制作传统的扬州包子（孟德龙　摄）

2020年 东亚文化之都 终审

❶ 2019 年 8 月 1 日，2020 年中国"东亚文化之都"终审会议在北京举行。图为时任扬州市长夏心旻在现场陈述和答辩（文广旅局　供稿）

❷ 鉴真纪念堂（报　社　供稿）

❸ 2019 年 8 月 30 日，第 11 次中日韩文化部长会议在韩国仁川召开，中国扬州、韩国顺天、日本北九州当选为 2020 年"东亚文化之都"。图为三国部长共同为当选城市授牌（文广旅局　供稿）

❹ 崔致远史料陈列馆（报　社　供稿）

目　　录

区域融合发展

中共扬州市委员会

扬州市人民代表大会

扬州市人民政府

政协扬州市委员会

中共扬州市纪委 扬州市监委

民主党派 工商联 群众团体

经济管理

农业

新兴产业

建筑业

商贸服务业

房地产业

金融业

对外及港澳台经贸

开发园区

交　通

水　利

乡村建设

综述

农村经济

村镇建设

农村环境

环境资源管理

综述

土地资源管理

水资源管理

林业资源管理

环境质量

节能减排

污染防治

环境监管

文　化

历史文化名城保护

卫生健康

收入消费

社会保障

社会事务

公共安全

区（县、市）发展

人　物

附　录

Main Contents

Rules of Law

Military Affairs

Economic Management

Agriculture

Emerging Industry

Industry

Architecture Industry

Commercial Service Industry

Software and Information Service Industry

Tourism

Culture

Historical and Cultural City Protection

Healthcare

Sports

Income Consumption

Social Security

Social Affairs

Public Safety

District, County and City Development

Figures

Appendix

特载

Tezai

编　辑　徐国磊　陈永华　陈　婧

扬州市获评“世界美食之都”

10月30日，联合国教科文组织批准66座城市加入教科文组织创意城市网络，扬州成为中国第4个获批联合国教科文组织创意城市网络·美食之都的城市。目前，该网络成员数量达到246个，是汇聚全球以创意作为发展基础的城市的平台，创意领域包括音乐、手工艺与民间艺术、设计、电影、文学、媒体艺术及美食。此前，中国共有四川成都、广东顺德和澳门等3座城市入选“世界美食之都”。

“烟花三月下扬州”，千年古城，美景天下闻名，美食也独具魅力。扬州菜始于春秋，兴于隋唐，盛于明清，素以“清淡适口，色香俱备”闻名天下。在岁月的积淀与时代的更迭中，扬州美食形成了开放包容、兼收并蓄、独具特色的饮食文化体系。千百年来，美食文化始终与扬州城市共生共荣。文思豆腐、狮子头、三丁包、蟹黄包……扬州美食让无数名家赞不绝口。著名诗人余光中曾称“扬州菜香，举国口馋”，著名红学家、史学家、书法家、画家冯其庸也写过“天下珍馐属扬州”，出生于扬州高邮的当代著名作家、散文家、戏剧家汪曾祺在离乡后对家乡菜魂牵梦绕。新中国成立70年来，扬州美食频频走出国门，走向世界，爆发出巨大的美食文化影响力。

作为一座拥有2500多年建城史的历史文化名城，多年来，扬州坚持把美食创意作为转型发展的重要驱动力，大力构建包容、可持续和充满活力的城市生态。扬州目前拥有冶春面点制作技艺、富春茶点制作技艺等52项饮食类非物质文化遗产项目及共和春等一批具有百年历史的餐饮类中华老字号和60多名中国烹饪大师。2018年，到扬州欣赏美景、体验美食的国内外游客达到7044万人次，扬州美食产业收入达65亿美元，直接带动就业24.5万人。美食已成为扬州走向世界的一张亮丽名片。

扬州从2013年开始酝酿申报“世界美食之都”，并于2018年全面启动。在申报过程中，成立专门的工作组，形成多方协同、广泛参与的工作机制，并在中国烹饪协会、中国饭店协会等国家行业协会的大力支持下，与澳门、成都、顺德等美食之都开展深入交流。

2019年，市政府成立申报“世界美食之都”工作组，时任市长、现任市委书记夏心旻部署推进，分管市长先后召开20多次专题会议部署落实，一抓到底；市人大以“3号议案”、市政协以《社情民意》等方式，表达了对申报“世界美食之都”工作的关心和关注。市商务局牵头，市委宣传部、市外办、文旅、科技、住建等20多个部门和单位成立工作专班，狠抓任务落实；全市各院校、新闻媒体、行业协会和社会各界也都对申报工作全力支持、高度关切。4月3日，新一轮创意城市网络申报开始后，组织以扬州大学旅游烹饪学院为主体的写作团队，认真对照申报指南，精心起草申报文本。随后，根据中国全委会和成都、武汉等地专家的意见，对申报文本作多轮修改，并邀请外交部专家对翻译进行把关，于6月底正式将文本提交至联合国教科文组织。同时，扬州市加强宣传推介，增强城市品牌形象，制作“申美”的专题网站、宣传视频、宣传画册、宣传邮册等宣传材料，多角度、全方位向国内外展示扬州创意美食成果。此外，广泛发动社会各界，开展“中国寻根之旅”夏令营参观中餐繁荣基地、2019经典淮扬菜海外推广研习班、“扬州网民节——潮人夜·最扬州”美食展等活动，持续扩大扬州美食品牌影响力。深化交流合作，持续扩大国际影响。一方面，主动“请进来”。5月，在首届大运河文化旅游博览会期间举办沿线省市美食名宴展示展演；7月，邀请瑞典厄斯特松德市“美食之都”项目联络人访问扬州；8月，联合中饭协举办首届中国早茶文化节暨国际美食创新发展大会；9月，举办运河城市美食嘉年华。另一方面，主动“走出去”。积极参加与澳门、顺德等城市交流活动。与法国奥尔良市联合发布《国际游客淮扬美食品鉴与服务指南》，成为国内首个国际城市间合作制定的地方标准、国内首个美食品鉴与服务地方标准。9月27日，在中国全委会的推荐下，扬州市参与举办中国常驻联合国教科文组织代表团庆祝新中国成立70周年国庆招待会，进一步提升扬州美食的国际影响力。

10月30日申报“世界美食之都”成功后，扬州市迅速启动“世界美食之都”建设。市委、市政府多次召开会议，研究部署下一步工作思路，并把编制“世界美食之都”建设规划、举办世界美食节、建设美食集聚区等重点工作写进2020年的《政府工作报告》和市委“3号文件”。根据创意城市网络·美食之都子网络的要求，梳理汇总2020年扬州美食创意重要活动安排。参加12月30日中国全委会召开的年度会议，汇报扬州市2020年工作计划。联合市委宣传部和相关媒体开展宣传报道，筹划开展“世界美食之都”城市logo设计征集活动，推动广大市民关心、关注和参与“世界美食之都”建设等。

悠久的历史文化，精致的烹饪技艺，扬州美食历经数千年的技艺精进与蓬勃创新，已成为这座城市的标志性符号。扬州成为“世界美食之都”，这是继联合国人居奖、世界文化遗产城市、世界运河之都、东亚文化之都后，扬州市获得的又一国际荣誉。（周爱军）

扬州市获评“东亚文化之都”

当地时间2019年8月30日，第十一次中日韩文化部长会议在韩国仁川举行，会上宣布中国扬州、日本北九州、韩国顺天3座城市当选2020年度“东亚文化之都”。扬州成为江苏省第一个、中国第七个获此称号的城市。

“东亚文化之都”是落实习近平总书记在亚洲文明对话大会上提出的促进亚洲文明交流互鉴的倡议内容及第七次中日韩领导人会议成果的重要工作，是深化中日韩文化领域务实合作的重要品牌活动。自2013年启动后，中日韩三国每年各有一个城市当选，当选城市将以“东亚文化之都”名义开展一系列形式多样的文化交流活动，通过各领域交流合作与经验共享，带动城市和市民更积极地参与东亚区域文化合作，带动城市文化建设，激发城市活力，扩大城市的国际知名度、美誉度，切实实现以文惠民、以文兴城。作为一项大型文化外交活动，“东亚文化之都”活动从一开始就得到中日韩三国的重视，每届“东亚文化之都”评选均吸引多座城市参与申报。这些城市将评选活动视为提升城市魅力和国际知名度的难得契机，提出了各具特色的文化理念和实施方案。此前，中国的泉州、青岛、宁波、长沙、哈尔滨和西安，日本的横滨、新潟、奈良、京都、金泽和东京都丰岛区，韩国的光州、清州、济州、大邱、釜山和仁川共18座城市先后当选为“东亚文化之都”。

2020年“东亚文化之都”评选活动于2019年5月启动。作为江苏省唯一一个申报城市，扬州精心准备《2020年东亚文化之都申报书》，报经省文化和旅游厅、省政府初审后，递交给文化和旅游部。7月，文化和旅游部对全国各省市区推荐申报城市进行暗访检查打分，扬州市与浙江省温州市、浙江省绍兴市、甘肃省敦煌市、山西省太原市、山东省淄博市6座城市入选2020年“东亚文化之都”候选城市。8月1日，2020年“东亚文化之都”评选终审在北京举行。时任扬州市长夏心旻带队参加文化和旅游部“东亚文化之都”终审答辩。扬州从文化传统、硬件设施、非遗保护与传承等方面向评审委员会陈述自己的文化资源优势。扬州作为“一带一路”交汇点城市，在中日韩交流交往中发挥重要作用，在保护传承中弘扬历史文化、在扩大对外交往中加强国际文化交流的成绩经验得到评选委员会的充分肯定和高度评价。经现场陈述答辩、终审专家委员会综合评审，扬州市最终以88.33的最高分从参选的6座城市中脱颖而出，名列终审得分第一。8月30日，在第十一次中日韩文化部长会议上，文化和旅游部部长雒树刚为扬州市授牌，人民网、新华网、中新网等近100家重量级媒体对此进行专题报道。授牌仪式结束后，当选2020“东亚文化之都”的中日韩三个城市扬州、北九州和顺天还举行首次“东亚文化之都”工作组会议，三城互相介绍各自的城市经济、社会、文化发展概况，并互相约定：2020年将以“东亚文化之都”活动为契机，加强交流合作，取长补短，增进友谊，共同推动东亚地区文化的交流发展。

当选“东亚文化之都”，对扬州来说是一次重要的发展机遇，同时也意味着扬州应当为东亚各国城市间的合作与发展承担更多的责任。这块“金字招牌”的获得，对于加快扬州市对外开放、丰富城市文化内涵、促进文化高质量发展、提升人民群众幸福指数、提高扬州城市的国际知名度和美誉度具有重要意义。扬州将充分利用“文都”平台，密切东亚联系，开展更宽领域交往，积极推动东亚文化走向世界。

根据扬州“东亚文化之都”申报陈述初步描摹的蓝图，扬州将设立“东亚文化之都”建设专项资金，并成立“东亚文化之都”工作委员会，编制“东亚文化之都”中长期发展规划，举办各类文化活动。除了常态化开展“烟花三月”国际经贸旅游节、扬州鉴真国际半程马拉松、崔致远祭享活动、中日韩友城围棋赛等18项重大系列活动外，还将精心筹办东亚城市文明与发展对话大会、东亚文物保护交流大会、东亚文旅交流合作发展大会等；策划举办以“东亚文化之都·扬州”为主题的国际少年儿童动漫绘画展——中日青少年展、中日韩非物质文化遗产展、东方印迹——中日韩雕版印刷国际学术研讨会等10多项系列活动。

此外，扬州还将加快推进大运河国家文化公园、中国大运河博物馆两个国家级重点项目建设，以及新大剧院、扬州城国家考古遗址公园、隋炀帝墓考古遗址公园、非遗文化产业园等一批重大文旅项目建设，进一步彰显“东亚文化之都”的品牌效应。（陈　婧）

2019 中国·扬州“烟花三月”国际经贸旅游节

4 月 18 日至 5 月 18 日，扬州市举办 2019 中国·扬州“烟花三月”国际经贸旅游节（简称“烟花三月节”）。本届“烟花三月节”在江都区南水北调源头公园开幕，500 多位嘉宾客商相聚扬州，共谋发展。开幕式上，扬州市授予哈工大机器人集团股份有限公司董事长王飞，万科集团创始人、董事会名誉主席王石等 14 位中外友人“城市贵宾”称号。开幕式现场，举行重大项目集中签约仪式，中航机载系统共性技术工程中心等 55 个重大项目集中签约，总投资达 658 亿元。其中，制造业项目 38 个，单体投资 50 亿元以上项目 6 个，包括广陵区 105 亿元的恒润海工高强度工业用板、江都区 73 亿元的中石化青宁天然气管道工程和 50 亿元的人工智能产业园、高邮市 50 亿元的高效光伏电池线、邗江区 50 亿元的德衡金融数据产业园、蜀冈 - 瘦西湖景区 50 亿元的深圳湾科技园。

本届“烟花三月节”期间，全市新签协议外资及港澳台资 2000 万美元以上项目 75 个，协议利用外资及港澳台资 26.9 亿美元，其中协议外资及港澳台资 3000 万美元以上项目 42 个，协议外资及港澳台资 5000 万美元以上项目 22 个，落实注册外资及港澳台资 2000 万美元以上新开工、投产项目 29 个，总投资 10.35 亿美元；全市新签协议注册资本金 1 亿元以上民资项目 104 个，协议注册资本金 225.6 亿元，落实民资总投入 1 亿元以上新开工项目 93 个，总投资 887 亿元，其中总投入 10 亿元以上开工项目 23 个；全市落实央企制造业项目 13 个、服务业项目 7 个，新签科技项目 54 个。

本届“烟花三月节”期间，扬州市举办全省首届大运河文化旅游博览会、航空工业沈阳所协同创新研究院揭牌仪式、航空嘉年华等 20 多项活动。（节庆办）

2019 中国·扬州“烟花三月”国际经贸旅游节主要活动一览表

表 1-1

活 动 名 称	活 动 时 间	活 动 地 点
航空工业沈阳所协同创新研究院揭牌仪式暨航空嘉年华	3 月 29—31 日	扬州市迎宾馆、宋夹城等
2019 瘦西湖万花会开幕式	4 月 8 日	扬州市瘦西湖风景区东门广场
海峡两岸（中国扬州）乡村振兴论坛暨 2019 农业产业招商会	4 月 12—14 日	扬州市国展中心 1 号馆
宝应县汽车汽配产业论坛	4 月 15 日	宝应县
新型电力装备（新能源）、汽车及零部件产业恳谈会	4 月 17 日	扬州市花园国际大酒店
2019 中国·扬州“烟花三月”国际经贸旅游节开幕式暨重大项目签约开工仪式	4 月 18 日	江都区南水北调源头公园
2019 年扬州鉴真国际半程马拉松赛	4 月 21 日	扬州市马拉松公园
第 12 届扬州软件和信息服务外包大会暨数动广陵——空间大数据与智慧城市高峰论坛	4 月 22 日	扬州市皇冠假日酒店
2019 中国·扬州科技成果展示洽谈会——人工智能专场暨全国科技成果直通车（扬州）启动仪式	4 月 23—25 日	扬州市技术产权交易市场
第二届 GIFT 长三角经济圈创新资本峰会	4 月 24—26 日	扬州香格里拉酒店等
2019 中国·扬州生物医药论坛	4 月 25 日	扬州市会议中心
2019 中国民营经济的金融支持与营商环境建设（扬州）理论与实践研讨会	4 月 26—27 日	扬州市二十四桥宾馆
现代服务业招商会暨“扬州书画三百年”文化高峰论坛	4 月	蜀冈 - 瘦西湖风景名胜区
电子信息生命健康产业专题招商会（台湾）	4 月下旬	台湾
江苏省首届大运河文化旅游博览会	5 月 3—5 日	扬州市京杭会议中心等
世界遗产运河古镇文旅产业与金融资本合作恳谈会（扬州）	5 月 4 日	扬州市香格里拉酒店

续表 1-1

活动名称	活动时间	活动地点
第 15 届扬州市民日活动	5 月 4—8 日	扬州各地
扬州诗词节	5 月 10—12 日	扬州各地
2019 北京软件信息服务业招商推介恳谈会暨扬州软件园（北京）科创中心开业仪式	5 月 16 日	北京
2019 上海·仪征汽车零部件产业招商会	5 月 24 日	上海
第 14 届中国玉石雕精品博览会·2019 中国漆器艺术精品展暨扬州工艺美术精品展	5 月 31 日至 6 月 3 日	扬州市国展中心 1 号馆
扬州市第四届“春的律动”文艺系列活动展示月	4—5 月	扬州各地

（节庆办）

首届大运河文化旅游博览会、世界运河城市论坛暨世界运河大会

9 月 26 日至 10 月 6 日，江苏省大运河文化带建设领导小组办公室、江苏省文化和旅游厅、扬州市政府共同在扬州举办 2019 年世界运河城市论坛暨世界运河大会系列活动。活动期间共组织 2 场峰会 11 个分论坛。

2019 年世界运河城市论坛。9 月 27 日，2019 年世界运河城市论坛在京杭之心举行，主题为“运河文化的保护传承与利用”，文化和旅游部、国家文物局、省有关部门负责同志，运河沿线城市负责人，20 多个国家和有关国际组织代表，以及专家学者约 600 人参加会议。江苏省省长吴政隆、巴拿马前总统胡安·卡洛斯·巴雷拉、内河航道国际组织（IWI）主席大卫·爱德华兹·梅、文化和旅游部部长雒树刚分别致辞，故宫学院院长单霁翔、德国莱比锡市副市长胡尔宁·乌尔里希、杭州市人大常委会副主任张建庭、济宁市副市长吴霁雯分别作主旨演讲。会上，举行《中国运河志》发布仪式，雒树刚、吴政隆共同为《中国运河志》出版揭幕，编撰专家向运河沿线省（市）代表赠书。

2019 年世界运河大会。2019 年世界运河大会由扬州市政府、世界运河历史文化城市合作组织（WCCO）、内河航道国际组织（IWI）主办。9 月 26 日，举行世界运河大会技术会议。来自内河航道国际组织（IWI），意大利米兰市，德国奥芬巴赫市、莱比锡市，英国内河航道管理机构，荷兰鹿特丹市、布雷达市，泰国春蓬省，埃及伊斯梅里亚省等运河城市及机构，以及扬州大学的运河研究者、爱好者参加会议。扬州大学外国语学院法语系讲师马千里、内河航道国际组织（IWI）副主席吕迪·范迪文、米兰理工大学博士缪思齐、扬州大学外国语学院教授田德新、CDM 史密斯咨询有限公司顾问文森特·斯图姆等交流发言，内河航道国际组织（IWI）主席大卫·爱德华兹·梅作会议总结。9 月 27 日，召开 2019 年世界运河大会专场会议，来自英国、法国、德国等全球 24 个国家和地区，德国莱比锡、荷兰布雷达、比利时根特等 20 多座国际运河城市及联合国环境规划署、美国国际城市管理协会等 11 个国际组织的代表，丝路金桥智库论坛代表，中国大运河文化带建设智库峰会、中国大运河沿线城市政府的代表共 200 多人参加。围绕“运河文化保护传承利用”“运河生态建设”“运河文化旅游融合发展”等话题举行 3 场分论坛，推进大运河文化带建设和世界运河城市交流。

大运河国家文化公园建设推进会。9 月 27 日，大运河国家文化公园建设推进会在迎宾馆召开，中共中央宣传部、国家发展改革委、文化和旅游部相关司局负责人，以及北京、天津、河北、江苏、浙江、安徽、山东、河南等 8 个省（市）宣传部、发展改革委、文化和旅游厅（局）负责同志出席会议，15 个省级机关部门负责人、江苏 11 个城市的宣传部长或副市长列席会议。国家发展改革委副主任连维良主持会议，江苏省省长吴政隆出席并致辞。各地代表作交流发言，中宣部副部长、文化和旅游部部长雒树刚出席并讲话。会前，与会代表集体参观大运河国家文化公园扬州三湾核心展示园，考察中国大运河博物馆（筹）施工现场。

大运河文化带建设智库峰会。峰会由省大运河文化带建设工作领导小组办公室主办，扬州市政府、大运河文化带建设研究院承办。9 月 28 日，来自中国文化遗产研究院、南京大学、浙江大学、江苏省社科院等省内外数十家单位的 250 多位专家学者出席会议。峰会由省社科院党委书记、院长夏锦文主持，扬州市委常委、宣传部部长勾凤诚致辞。中国文化遗产研究院原院长刘曙光、南京博物院院长龚良、江苏省水利厅副厅长张劲松、聊城大学运河学研究院院长吴欣、浙江外国语学院副校长张环宙等大运河研究领域的专家发表演讲。与会专家就大运河文化遗产的保护传承利用、大运河国家文化公园与文化高地建设、大运河文旅融合与区域发展三个主题展开研讨，为大运河文化带建设献计献策。

2019 运河文化嘉年华活动。活动由扬州市政府主办。9 月 26 日至

10月6日，嘉年华系列活动分布在宋夹城、古运河、“扬州三把刀”集聚区、运河三湾景区、生态科技新城等区域，计19项活动。其中，宋夹城举办15项活动，其他区域各举办1项活动。活动由运河沿线12座城市的文化团体参演，直接吸引游客上百万人次，其中主场地宋夹城入园市民和游客40万人次，赏花船近50万人次，凸显“市民的节日、城市的盛会”特色。

运河城市文化旅游企业家峰会。峰会由省文化和旅游厅、省商务厅、大运河文旅基金、省旅游协会、中国饭店协会、扬州市政府主办。9月27—29日，峰会以“大运河世遗文旅消费发展新机遇”为主题，包括文化旅游企业家峰会、2019运河景区发展论坛、2019运河酒店高峰论坛、2019运河餐饮传统文化与创新发展论坛、2019运河剧院发展论坛、2019运河文旅投资论坛、运河文化美食交流7个板块。来自大运河沿线8省35个城市500多名政府、协会、旅游景区、饭店、餐饮企业、剧院代表出席，中国饭店协会会长韩明、省旅游协会会长张卫国、省文旅厅副厅长经圣贤出席并致辞。

《大运河扬州段文化旅游带概念规划》专家论证会。会议由扬州市自然资源和规划局承办。9月23日，专家论证会在迎宾馆举行，扬州市政府副市长何金发出席会议，参会人员约120人。会议听取北京清华同衡规划设计研究院有限公司、上海同济城市规划设计研究院有限公司、深圳市城市规划设计研究院有限公司三家设计单位汇报，审阅相关文件，形成论证意见。

（崔道锋）

扬州机构改革方案

2019年1月，《扬州市机构改革方案》经中共江苏省委、江苏省人民政府批准后公布，机构改革后，共设置党政机构47个、党委机构13个。其中，纪检监察机关1个，工作机关12个，政府工作部门34个。

建立健全和优化市委对重大工作的领导体制机制

组建 市监察委员会
同市纪律监察委员会合署办公，不再保留市监察局

组建 市委财经委员会
办公室设在市委研究室

组建 市委军民融合发展委员会
办公室设在市发展和改革委员会

组建 市委审计委员会
办公室设在市审计局

组建 市委教育工作领导小组
日常工作由市委教育工作委员会承担

原机构		新机构
市委全面深化改革领导小组	改为	市委全面深化改革委员会（办公室设在市委研究室）
市依法治市领导小组	改为	市委全面依法治市委员会（办公室设在市司法局）
市国家安全领导小组	改为	市委国家安全委员会（办公室设在市委办公室）
市委网络安全和信息化领导小组	改为	市委网络安全和信息化委员会（办事机构为市委网络安全和信息化委员会办公室）
市委外事工作领导小组	改为	市委外事工作委员会（办公室设在市政府外事办公室）
市农业农村工作领导小组	改为	市委农村工作领导小组（办公室设在市农业农村局）

加强市委职能部门的统一归口协调管理职能

市委组织部

统一管理市委机构编制委员会办公室
市委机构编制委员会办公室作为市委工作机关，归口市委组织部管理
对外加挂市事业单位登记管理局牌子
不再保留承担行政职能的事业单位市事业单位登记管理局

统一管理公务员工作
对外加挂市公务员局牌子
市考核工作委员会办公室设在市委组织部

市委宣传部

统一管理新闻出版和电影工作
对外加挂市新闻出版局(市版权局)牌子
不再保留市委对外宣传办公室牌子

市委统一战线工作部

统一领导民族宗教工作
市民族宗教事务局归口市委统一战线工作部领导，仍作为市政府工作部门

统一管理侨务工作
将市政府侨务办公室并入市委统一战线工作部
对外保留市政府侨务办公室牌子
不再保留单设的市政府侨务办公室

新组建和优化职责的机构

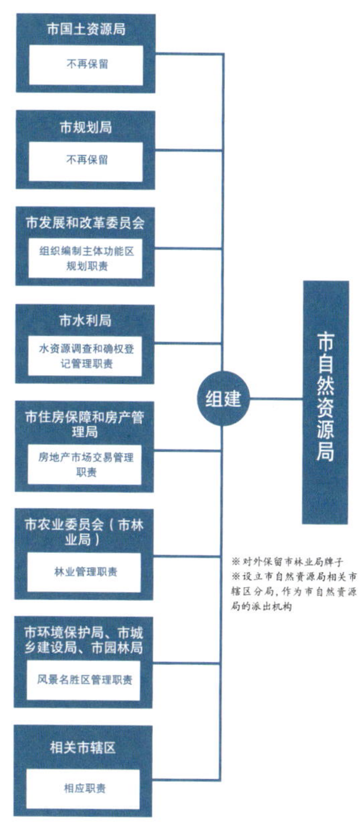

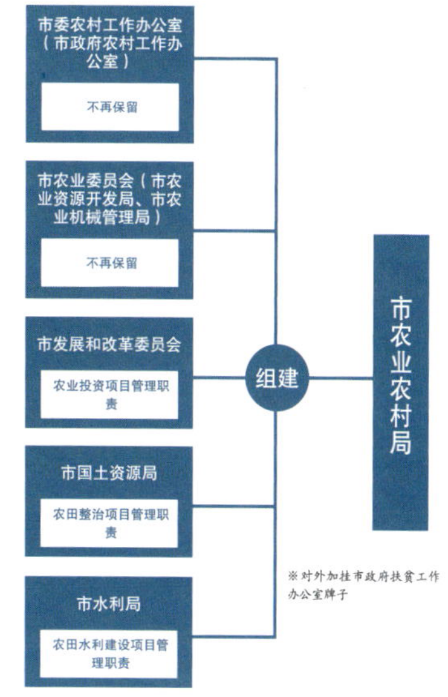

组建市文化广电和旅游局

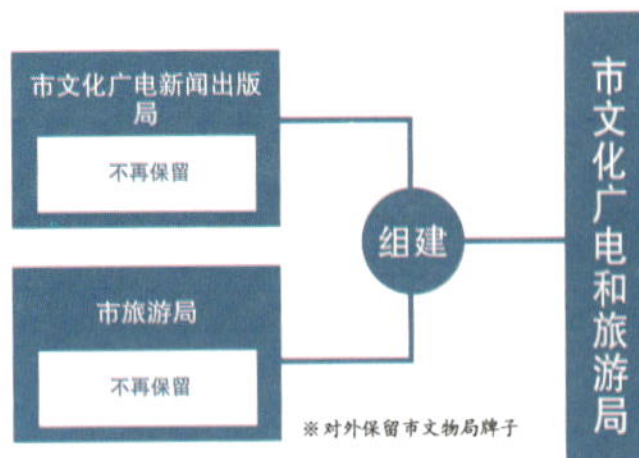

组建市卫生健康委员会

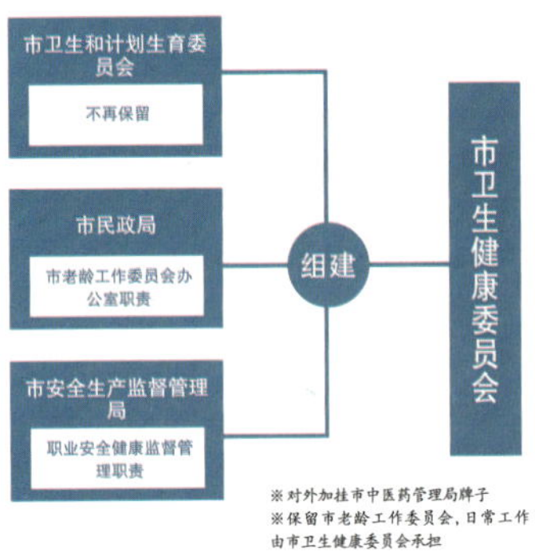

组建市退役军人事务局

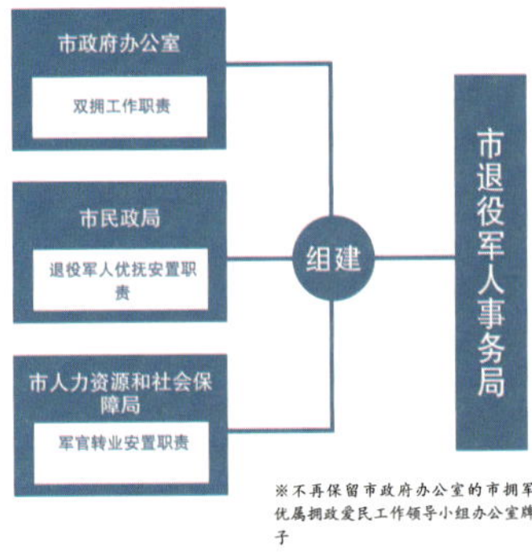

组建市应急管理局

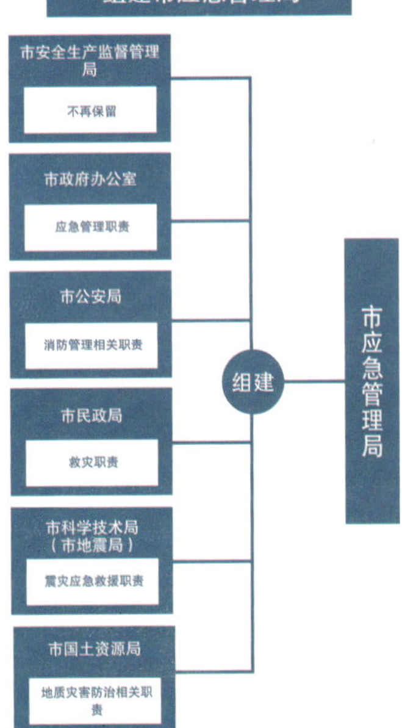

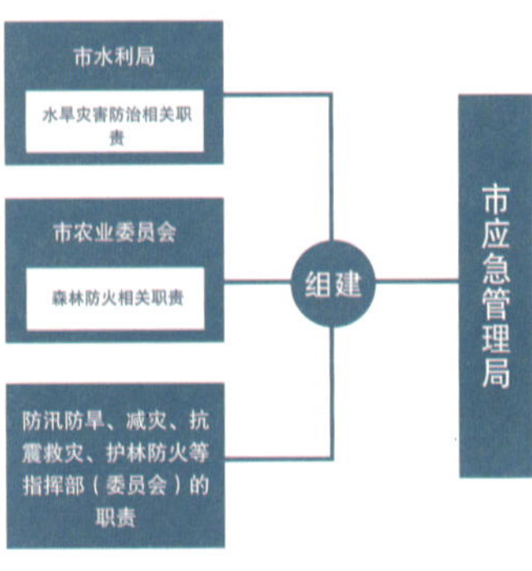

组建市市场监督管理局

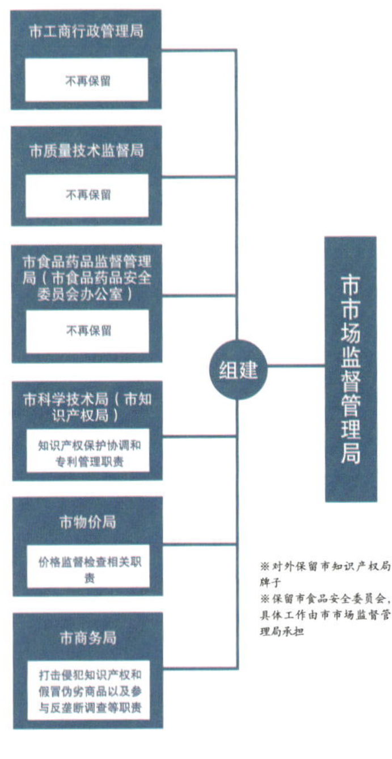

组建市生态环境局

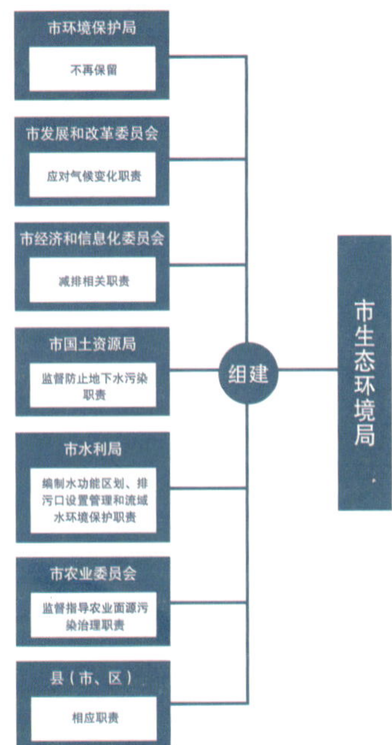

组建市医疗保障局

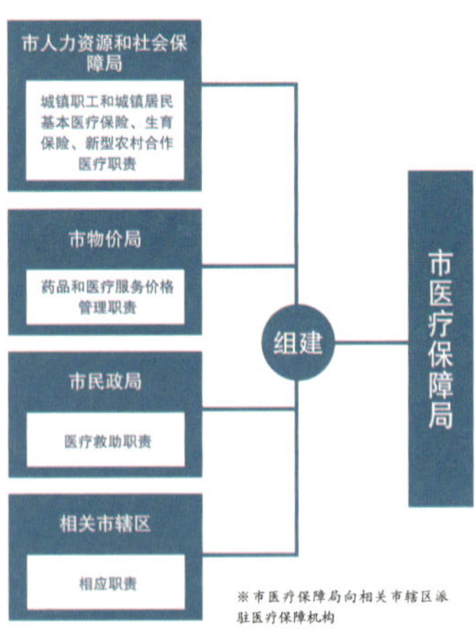

重新组建市司法局

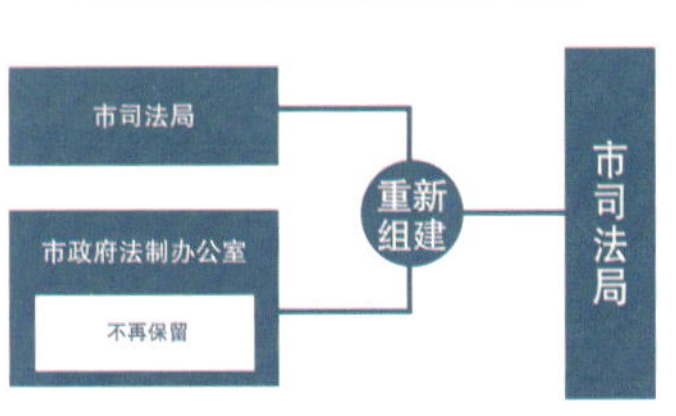

优化市审计局职责

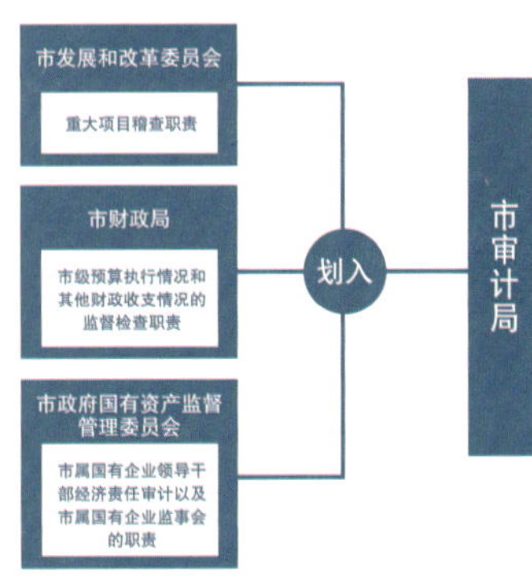

其他不再设立的机构

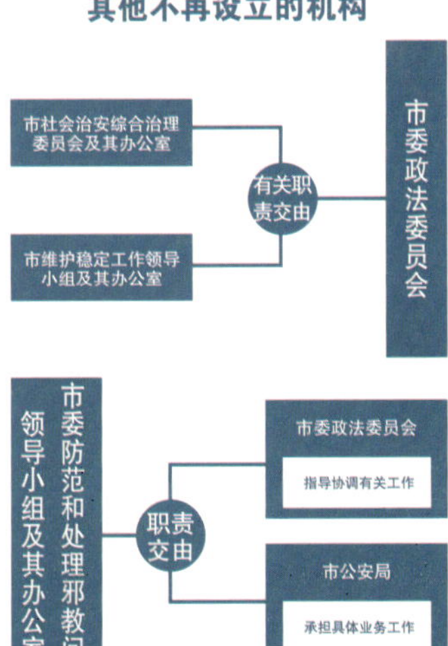

与中央和省级机关基本对应的其他机构

优化市委办公室职责

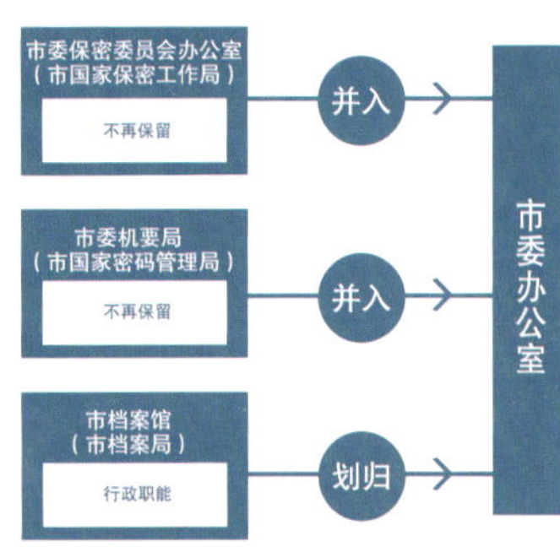

※对外挂市委机要局、市国家保密局、市国家密码管理局牌子
※对外加挂市档案局牌子
※不再保留市接待办公室牌子，相关工作分别由市委办公室、市政府办公室承担

市委研究室

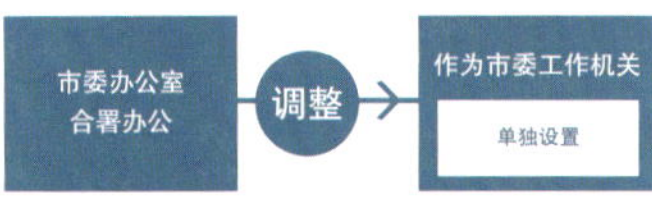

调整市委老干部局管理体制

※对外保留市委离退休干部工作委员会牌子

优化市政府办公室职责

※市政府办公室对外加挂市大数据管理局牌子，承担大数据政策制定、开放共享、统筹管理等职责。

重新组建市发展和改革委员会

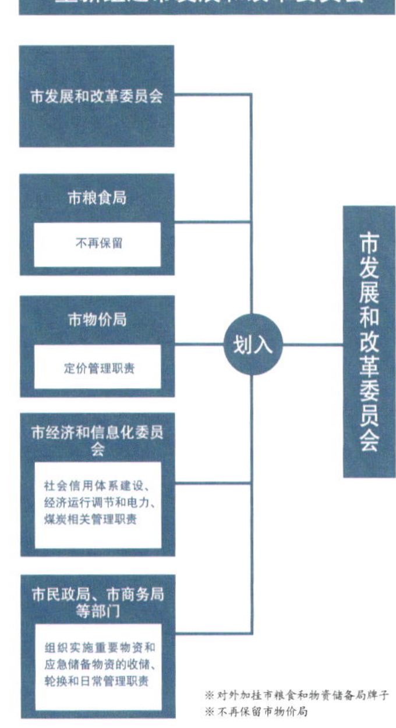

※对外加挂市粮食和物资储备局牌子
※不再保留市物价局

组建市工业和信息化局

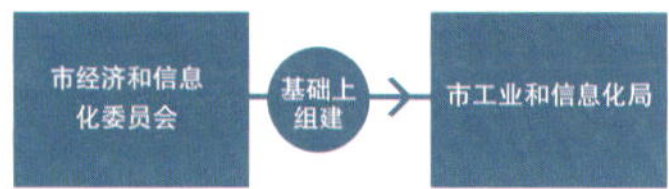

※不再保留市经济和信息化委员会（市中小企业局）

优化市教育局职责

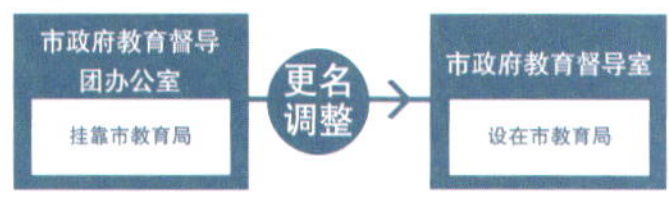

优化市科学技术局职责

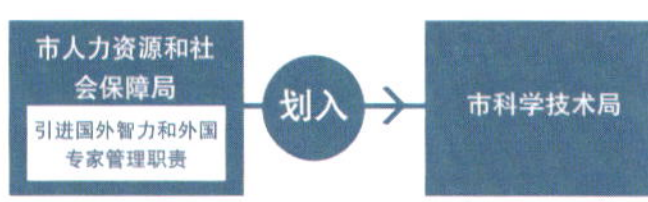

重新组建市住房和城乡建设局

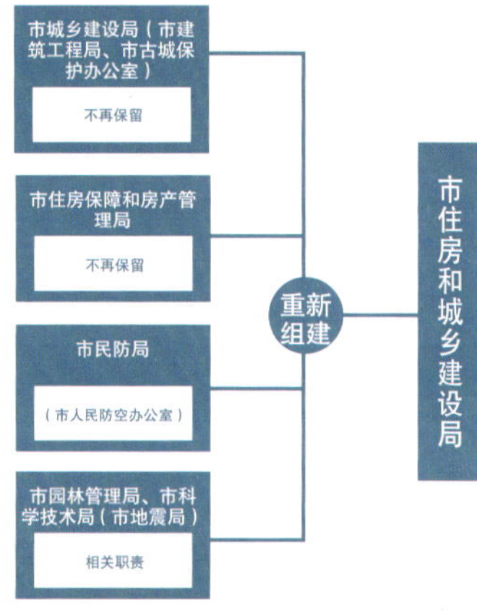

※不再保留单独设置的市园林管理局、市民防局
※对外挂市人民防空办公室、市园林管理局、市地震局牌子

优化市交通运输局职责

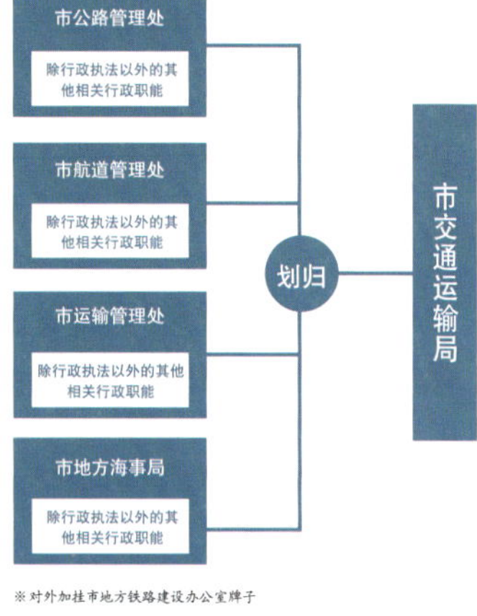

※对外加挂市地方铁路建设办公室牌子

市政务服务管理办公室

市政府派出机构 → 调整 → 市政府工作部门

※对外加挂市行政审批局牌子，不再保留市政务服务中心牌子

调整市信访局管理体制

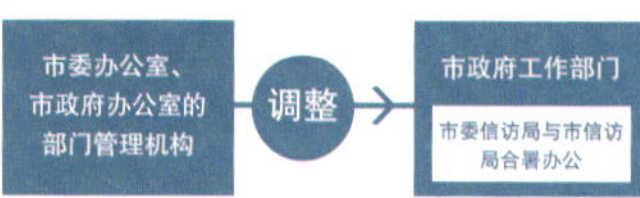

组建市地方金融监督管理局

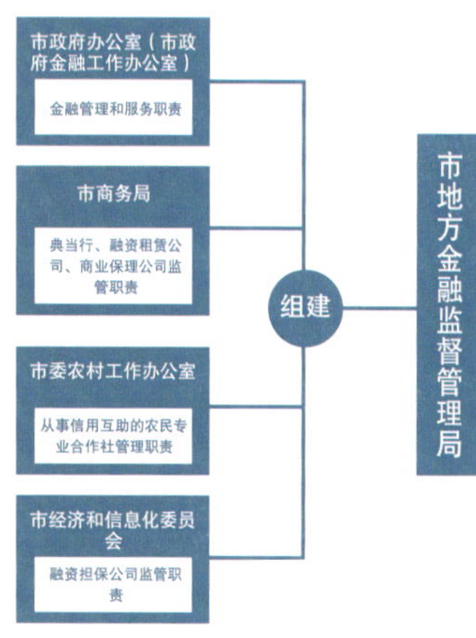

※对外保留市政府金融工作办公室牌子

因地制宜设置的机构

市委台湾工作办公室作为市委工作机关

市城市管理局作为市政府工作部门

※对外加挂市城市管理综合行政执法局牌子
※不再保留市城市管理行政执法局、数字化城市管理监督办公室牌子

中共扬州市委机构设置表

- 纪律检查委员会监察委员会机关
- 办公室
- 组织部
- 宣传部
- 统一战线工作部
- 政法委员会
- 研究室
- 全面深化改革委员会办公室（设在市委研究室）
- 全面依法治市委员会办公室（设在市司法局）
- 国家安全委员会办公室（设在市委办公室）

网络安全和信息化委员会办公室

财经委员会办公室（设在市委研究室）

外事工作委员会办公室（设在市政府外事办公室）

机构编制委员会办公室

军民融合发展委员会办公室（设在市发展和改革委员会）

审计委员会办公室（设在市审计局）

农村工作领导小组办公室（设在市农业农村局）

台湾工作办公室

市级机关工作委员会

巡察工作办公室

老干部局

※扬州市委设置纪检监察机关1个，计入机构限额的机关12个

扬州市人民政府机构设置表

办公室

发展和改革委员会

教育局

科学技术局

工业和信息化局

民族宗教事务局

公安局

民政局

司法局

财政局

人力资源和社会保障局

自然资源局

生态环境局

住房和城乡建设局

城市管理局

交通运输局

水利局

农业农村局

商务局

文化广电和旅游局

卫生健康委员会

退役军人事务局

应急管理局

审计局

外事办公室

国有资产监督管理委员会

政务服务管理办公室

市场监督管理局

体育局

统计局

医疗保障局

信访局

地方金融监督管理局

机关事务管理局

※扬州市人民政府设置工作部门34个

统筹推进其他各项改革

1 深化市人大、政协机构改革和群团组织改革

※ 深化市人大机构改革

※ 深化市政协机构改革

※ 深化群团组织改革

2 深化市级党委政府直属事业单位改革和承担行政职能的事业单位改革

※ 将承担行政职能事业单位改革纳入党政机构改革，统筹推进、同步实施

※ 将完全、主要和部分承担行政职能的事业单位，全部纳入改革范围

※ 在全面清理职能的基础上，将行政职能回归机关

续第二项

※ 按照能转职能的不转机构，确需转机构的实行综合设置的原则，区分情况推进改革，理顺政事关系，实现政事分开

※ 改革后保留的事业单位，名称不再称“委、办、局”

※ 除行政执法机构按照中央部署推进改革外，不再保留或新设承担行政职能的事业单位

3 深化综合行政执法体制改革

※ 大力推进科学执法

※ 大幅减少执法队伍

※ 彻底解决多层重复执法

※ 加强执法队伍建设

※ 严格规范执法行为

4 深入推进审批服务便民化改革

※ 大力推进简政放权

※ 强化事中事后监管

※ 全面推行以“网上办、集中批、联合审、区域评、代办制、不见面”为主要内容的“不见面审批服务”改革

※ 打破“信息孤岛”

5 深化县（市、区）机构改革和基层政权建设

※ 按照中央和省委的要求，县（市、区）机构改革与市级机构改革同步部署，压茬推进

※ 深入推进基层政权建设

※ 构建简约便民、阳光高效的基层管理体制

6 强化机构编制管理刚性约束

※ 强化市委对机构编制工作的统一领导

※ 加强和规范机构编制管理

※ 认真做好部门“三定”工作

※ 坚决查处各类机构编制违纪违法行为

（扬州发布/供稿）

大事纪要

Dashi Jiyao

编 辑 姚 震

1月

1日 《扬州市水土保持管理办法》正式实施。

△ 城市南部快速通道第一条公交快线——9路线正式开通。

2日 代市长夏心旻主持召开座谈会，就《政府工作报告（征求意见稿）》征求社会各界人士和市四套班子老领导的意见和建议。

3日 市政协召开八届十次常委会议，就放大文化、生态叠加效应，打造扬州区域竞争新优势与市政府进行协商。

8—11日 扬州市政协八届三次会议在扬州会议中心举行，陈扬当选政协扬州市第八届委员会主席。

9日 市委书记谢正义主持召开中国大运河博物馆和三湾片区规划建设协调会。

9—12日 扬州市八届人大三次会议在扬州会议中心举行，李忠盛当选市八届人大常委会副主任，刘晓明当选市八届人大常委会秘书长，夏心旻当选扬州市市长。

10日 2018扬州法治广场活动暨公安工作报告会在京杭会议中心举行。

12日 市委书记谢正义主持召开“十个一”重点工作推进座谈会，按照“五可”要求实打实、硬碰硬、清单式推进工作落实。

△ 农业农村部副部长于康震一行到扬州市江都区开展国家农村假冒伪劣食品专项整治工作督导检查。

15日 “文明让城乡更美好——扬州纪念改革开放40周年全国文明单位创建成果展”在宋夹城体育休闲公园举办。

17日 扬州未成年人道德馆开馆暨扬州市少年儿童活动中心揭牌仪式在市少儿图书馆举行。

△ 市统计局发布《改革开放40周年扬州经济社会发展报告》。

18日 扬州瘦西湖隧道工程获2018年度“华夏建设科学技术奖”，这是扬州市本地工程第一次获得这一建筑行业最高科技奖。

19日 2018扬州年度新闻人物颁奖典礼举行，杨建昌、焦新安、李树千、孟兆祯等被评为2018扬州年度新闻人物。

20日 扬州市召开会议，专题传达学习贯彻省十三届人大二次会议、省政协十二届二次会议精神。

△ 航空工业集团沈阳飞机设计研究所空天技术发展论坛在扬州举行。

21日 省委常委、宣传部部长王燕文，副省长马秋林到扬走访慰问困难群众。

△ 高邮市界首镇、临泽镇入选第七批中国历史文化名镇名村名单。

22日 副省长费高云率队到扬州市江都区就长江岸线利用项目清理整治、“大棚房”整治、违规殡葬设施排查整治等工作开展调研。

23日 省第三综合检查考核组到扬开展现场集中检查考核工作，并召开2018年度综合检查考核工作汇报会。

△ 哈工大机器人（扬州）科创中心在扬州生态科技新城揭牌。

△ 扬州江广智慧城入选2018年度江苏省重点文化产业示范园区。

24—25日 中国共产党扬州军分区第十四次代表大会召开。

25日 市委、市政府召开全市机构改革动员部署会。

△ 市委、市政府举行云上扬州成果发布暨展示中心开馆仪式。“我的扬州”App等一批智慧应用项目正式启用。

28日 市委书记谢正义主持召开驻扬高校、科研院所座谈会。

△ 市委书记谢正义专题调研老字号提升改造工作。

△ 全市工业和信息化工作会议召开。会上发布《2018年扬州市工业和信息化报告》。2018年，全市工业开票销售首次突破5500亿元，工业入库税收增速创近5年来最高。

30日 市长夏心旻专题调研走访扬力集团、江苏联环药业等部分重点企业，了解企业生产经营情况，并组织召开会办会，现场协调解决相关问题。

31日 市委常委会专题听取2018年度各县（市、区）、功能区和市委相关党（工）委书记抓全面从严治党主体责任述职。

△ 扬州市应急管理局、扬州市市场监管局、扬州市住房和城乡建设局分别召开转隶组建工作布置会，并举行挂牌仪式。

△ 扬州市造血干细胞捐献者团队正式成立。至2019年1月，

全市共有31人成功完成造血干细胞捐献。

2月

1日 全市政法工作会议召开，市委书记谢正义出席会议并讲话，市委副书记、政法委书记孔令俊主持会议并作工作部署。

△ 扬州市文化广电和旅游局举行挂牌仪式。

4日 江苏首个电力虚拟人工智能（AI）抢修指挥员“小艾”在扬州启用。

11日 市委、市政府召开全市作风建设大会，表彰2018年度先进单位和个人，发布服务民生“1号文件”、服务企业“2号文件”、服务游客“3号文件”。

△ 市委、市政府召开全市建筑业发展大会。

△ 市委书记谢正义调研住房和城乡建设局、市场监督管理局机构改革工作。

△ 由中铁宝桥（扬州）有限公司承制的五峰山长江特大桥最大节段的钢梁，在扬州生产下线并且完成吊装。钢梁重量达到1800吨，是世界上最重的大节段钢梁。

13日 全市公安工作会议召开。市委书记谢正义出席会议并讲话。

△ 市长夏心旻主持召开市长办公会，贯彻落实交通强省暨现代综合交通运输体系建设推进会议和全市作风建设大会精神，研究部署2019年市政府各项工作。

14日 市长夏心旻专题调研市高端装备产业集群发展。

△ 市政协主席会议成员集体调研江广融合区发展情况，市政协主席陈扬等参加活动。

△ 市人大常委会调研三湾片区建设与产业发展情况。

15日 扬州市召开全市农村工作暨扶贫开发工作会议。

△ 市长夏心旻专题调研市新型电力装备（新能源）产业集群发展。

△ 市政府召开新闻发布会，解读《关于做好当前和今后一个时期促进就业工作的实施意见》。

18日 市委、市政府召开全市招商引资部署推进会。

△ 扬州市劳动关系维权服务大厅正式启用，大厅集劳动监察、劳动人事争议仲裁、12333咨询、退休人员事务办理、工伤办理、社保卡办理等多种功能于一体。

△ 扬州在全省率先完成城市水文站网建设并投入运行。城区雨情、水情信息的收集和处理将从一天一次变成每5分钟一次。

19日 市委书记谢正义专题调研全媒体时代全市媒体融合发展工作。

△ 邵伯三线船闸工程获2018—2019年度第一批国家优质工程奖，这是扬州市水运工程建设史上获得的最高荣誉。

25日 市长夏心旻专题调研全市软件和信息服务业产业集群发展。

27日 七届扬州市委第八轮巡察工作动员部署会召开。

28日 扬州市召开2019年党政领导干部“三责联审”工作领导小组会议。

3月

1日 扬州市市场监管部门启用和换发新版营业执照，领取纸质执照可同步生成电子营业执照。

4日 市委书记谢正义赴江都调研产业项目建设。

△ 团市委召开七届五次全体（扩大）会议，总结工作，表彰先进，部署任务。

5日 市委书记谢正义赴仪征和化工园区调研产业项目建设。

△ 市长夏心旻专题调研全市食品产业集群发展。

6日 市长夏心旻专题调研全市海工装备和高技术船舶产业集群发展。

7日 市委书记谢正义赴京拜访中国石油化工集团公司，并与董事长、党组书记戴厚良等集团高层座谈交流。

8日 市委召开着力防范化解重大风险专题会。市委书记谢正义主持会议。

△ 扬州市召开大气污染防治联席会议暨大气污染防治攻坚突击月动员会。

11日 扬州鉴真国际半程马拉松赛被评为2018中国田径协会金牌赛事，这是“扬马”连续第七年获评中国田径协会金牌赛事。

12日 市委书记谢正义、市长夏心旻、市政协主席陈扬等市四套班子领导和市级机关干部以及驻扬单位、各界群众代表一道到三江营省级湿地公园参加义务植树活动。

13日 市长夏心旻专题调研全市生物医药和新型医疗器械产业集群发展。

14日 市长夏心旻专题调研扬州环保科技产业园。

△ 扬州海关驻扬州港办事处在扬州综合保税区挂牌。

15日 市政府召开河湖“两违”“三乱”暨长江岸线利用项目清理整治推进会。

18日 市委书记谢正义主持召开市委统一战线工作领导小组全体会议。

19日 市长夏心旻专题督查会办扬州市省级突出环境问题整治及大气污染防治工作。

22日 2019高宝邵伯湖第十届放鱼节暨高邮湖生态环境提升系列行动在高邮湖运河西堤永久放流点举行启动仪式。

23日 江苏智能微系统工业技术研究院暨扬州启迪科技园成立仪式举行。清华大学副校长、中国工程院院士尤政和市委书记谢正义为江苏智能微系统工业技术研究院揭牌。

25日 市委书记谢正义就旅游旺季城市接待环境进行专题调研。

26日 市委中心组举行学习报告会，邀请中国人民银行参事室主任纪敏作题为“深化金融供给侧结构性改革，增强金融服务实体经济能力”的专题辅导报告。

27日 江苏里下河地区农业科学研究所育成的小麦新品种扬辐麦9号通过国家审定，晋升“国家级”品种。

28日 市政协召开八届十二次常委会议暨八届十一次主席会议。

△ 扬州市召开“云上扬州”建设推进会。

30 日 沈阳飞机设计研究所扬州协同创新研究院揭牌签约仪式在扬举行。

31 日 扬州最后一个普通公路收费站——十五里墩收费站正式停收通行费，扬州与南京之间又增加一条免费通道。

4 月

1 日 全市首家残疾人工会联合会——广陵区残疾人工会联合会和广陵区残疾人服务组织联合工会揭牌仪式在 1912 广场举行。

2 日 市委书记谢正义带队赴扬农化工宝塔湾厂区、江苏长青农化股份有限公司、江都晶澳中心项目施工现场和南水北调源头公园施工现场，暗访安全生产工作。

△ 市委书记、市人大常委会主任谢正义会见到访的中石化天然气分公司总经理段彦修一行。

5 日 市委书记谢正义到旅游景区、墓园检查节日期间旅游、祭扫安全管理工作。

6 日 市委书记谢正义专题调研城市防洪安全工作。

△ 市长夏心旻到市区部分商业综合体、文娱场所突击检查节日安全生产工作

7 日 第 16 届世界民族电影节在洛杉矶落下帷幕。中国唯一一部受邀参展的戏曲电影——扬剧《衣冠风流》获“最佳音乐电影奖”。

8 日 “中德偶动画电影国际合作基地”正式落户扬州。

9 日 省委常委、省纪委书记、省监委主任蒋卓庆到扬，专题调研纪检监察机关保障长江生态环境保护、长江经济带发展以及推动实施乡村振兴战略等相关工作。

△ 扬州 - 拉美地区经贸人文合作研讨会在香格里拉大酒店召开。

10 日 扬州市召开“降尘治车”蓝天保卫一号行动暨大气污染防治攻坚年动员部署会，更大力度地推进落实大气污染防治各项任务。

△ “同心携手共筑未来”扬州 - 粤港澳大湾区青年人才交流对接会暨扬州市青年企业家发展领航计划第四期开班仪式活动在深圳举行。

11 日 扬州华侨城文化旅游综合项目品牌发布会召开。

12 日 扬州泰州国际机场正式上线运行行李定位智能管理系统“FlyTracer”，成为国内首个采用有源 RFID 技术进行行李智能化管理的试点机场。

△ 江苏文艺“名师带徒”计划启动仪式在江苏大剧院举行，百名文艺名家与新秀、英才结对，扬州市入选名师 8 人，学徒 10 人，入选人数在全省 13 个设区市中排名第二。

12—13 日 全国政协副主席刘奇葆率调研组到江苏和扬州市就推进大运河文化带建设情况开展专题调研。

12—14 日 海峡两岸（扬州）名特优农产品暨江苏蕙兰博览会在国展中心举行。

13 日 由江苏省文旅厅、扬州市政府共同主办的江苏“千名国际友人畅游大运河”活动在扬州启动。

14 日 2019 年首届江苏国际铸造科技论坛在扬州市举行。

16 日 市委书记谢正义会见到扬考察的招商局集团董事、招商蛇口董事长孙承铭一行，就推进城市建设、产业发展等方面合作进行深入交流。

△ 国泰创业创新学院正式揭牌成立。该学院是江苏首家科技综合体创业创新学院。

17 日 光线（扬州）中国电影世界、扬州航空产业基地、中集智城（扬州）等重大项目在江都区集中奠基。

△ 市委书记谢正义分别会见到扬参加“烟花三月”国际经贸旅游节的中远海运集团有限公司董事长许立荣和中国航空工业机载公司董事长张昆辉一行。

△ 市委书记谢正义会见到扬参观访问的丹麦王国驻上海总领事馆总领事林朗一行，双方就推进旅游合作、产业合作等方面进行深入交流。

18 日 2019 中国·扬州“烟花三月”国际经贸旅游节开幕式暨重大项目签约仪式在江都南水北调源头公园举行。

19 日 市政协召开“界别活动周”暨“委员活动之家”建设动员部署会。

20 日 扬州南区首座专业体育场馆——扬州南部体育公园正式投入运营。

21 日 华侨城·2019 扬州鉴真国际半程马拉松赛鸣枪举行，来自全球 40 多个国家和地区的 3.5 万名选手参赛。

22 日 第十二届扬州软件和信息服务外包大会暨数动广陵——空间大数据与智慧城市高峰论坛召开。

23—25 日 “2019 中国·扬州科技成果展示洽谈会——人工智能专场暨全国科技成果直通车扬州站先进制造专场”在市科技广场高新技术展示交易中心举行。

△ 扬州市在市民广场举行升国旗活动，庆祝渡江战役胜利和扬州全境解放 70 周年。

24 日 就读于北京大学的扬州小伙吴磊代表中国队出战在卡塔尔首都多哈举行的第 23 届亚洲田径锦标赛，与队友合力夺得男子 4×400 米接力亚军，并以 3 分 03 秒 55 的成绩打破全国纪录。

25 日 第二届 GIFT 长三角经济圈创新资本峰会在扬州举行。

△ 市长夏心旻专题调研沈阳飞机设计研究所扬州协同创新研究院项目进展情况。

26 日 市委、市政府召开全市乡村振兴战略第一次现场推进会。

28 日 省委常委、宣传部部长王燕文到扬督导扫黑除恶专项斗争工作。

△ 2019 中国·扬州第二届人工智能产业发展应用峰会暨产业人才科技金融合作对接会在江都举行，15 个产业项目和 10 个人才项目现场签约。

30 日 扬州市召开纪念五四运动 100 周年座谈会。

5 月

2 日—6 月 26 日 “水蕴华章——大运河文物精品展”在扬州博物馆一楼特展厅举办，展出一级文物 42 件（套），展览规模之大、规格之

高为扬州博物馆开馆以来所办展览之最。

3日 省委书记娄勤俭在扬州调研运博会举办情况，并参观大运河文物精品展、大运河史诗图卷特展等展览活动。

3—6日 首届大运河文化旅游博览会在扬州举行。

4日 世界遗产运河古镇文旅产业与金融资本合作恳谈会在江都区举行。

5日 中国大运河博物馆（筹）在运河三湾风景区奠基。

△ 首届大运河文化旅游博览会“璀璨运河”灯光秀和大型原创歌剧《运之河》再次亮相。

△ 由江苏省委宣传部、省文化和旅游厅、省文联和扬州市人民政府主办的“大运河文化旅游产业投资合作论坛”举行。

6日 省长吴政隆、文化和旅游部部长雒树刚在扬州调研大运河博物馆项目规划建设。

△ 大运河文旅融合发展论坛在扬举行。

△ 江苏省苏北人民医院李典分院远程会诊系统投入使用，李典分院成为扬州在乡镇设立的首家“互联网+”医院。

6—15日 市政协主席陈扬率扬州市友好代表团访问瑞士、以色列、英国，签约一批科创合作项目。

7日 乌兹别克斯坦共和国布哈拉州公共交通改善项目签约仪式在扬州会议中心举行。

8日 市长夏心旻专题督查扬州市长江沿线绿化造林和生态保护工作。

10日 市委党建工作领导小组召开会议，研究部署全年全面从严治党工作。

△ 市委、市政府召开全市创新农村基层社会治理工作推进会。

△ 市委召开全市领导干部作风建设警示教育大会，市委书记谢正义出席会议并讲话。

△ 2019中国·扬州（邗江）产业人才科技金融合作对接会暨高层次人才高科技成果交流洽谈会举行。

△ 由大数据协同安全技术国家工程实验室、“云上扬州”推进工作领导小组办公室主办的新型智慧城市安全发展论坛在扬州市举行。

14日 市委书记谢正义调研古城保护工作。

14—16日 市长夏心旻率队赴北京拜访中国航空发动机集团、中国航空工业集团、北京航空航天大学等央企名企和大院大所，就扩大合作领域、推进洽谈项目、深化科技创新、携手共赢发展等进行交流。

15日 全国人大到扬开展安全生产调研并召开座谈会。

16日 扬州市第一个5G电话在扬州电信智慧城市体验馆拨通。

18日 首届中国大运河文化品牌传播国际论坛在扬州举行。

20日 市委书记、市人大常委会主任谢正义会见以台湾新北市议会议长蒋根煌为首的新北市大陆参访团一行。

△ 市城管局联合市发改委、市信用办依据国家、省有关法律法规，出台《扬州市城市管理领域失信联合惩戒实施意见》，推进信用扬州、文明城市建设。

21日 第二届江苏发展大会暨首届全球苏商大会扬州论坛举行。

22日 省委常委、组织部部长郭文奇到扬就党的建设和组织工作进行调研。

23日 市政协主席会议成员就“挖掘老扬州可传续的核心历史元素”工作情况开展视察调研。

26日 扬州体育公园击剑中心正式向公众开放。

27日 市长夏心旻会见到扬参观访问的英国剑桥郡郡长史蒂夫·康特一行，就推进科创产业、城市建设、人才合作等方面进行交流。

28日 市委、市政府召开全市河湖长制工作暨“两违”专项整治推进会，市委书记、市总河长谢正义发布2019年第1号市总河长令。

△ 市委书记谢正义主持召开江广融合区建设领导小组第一次会议暨三湾片区建设领导小组第一次会议。

△ 《人民日报》集中报道第三期全国“公安楷模”先进事迹，其中以《人民在他心中分量最重》为题，讲述宝应县公安局氾水派出所社区民警李树干的感人故事。

29日 市委书记、市委外事工作委员会主任谢正义主持召开市委外事工作委员会第一次会议。

30日—6月2日 2019年亚洲青年女子垒球邀请赛在仪征综合体育馆棒垒球场举行。

31日 扬州市退役军人服务中心挂牌成立。

31日—6月2日 “第十四届中国玉石雕精品博览会·2019中国漆器艺术精品展暨中国扬州工艺美术精品展”在扬州国际展览中心举行。

6月

2日 市长、市总河长夏心旻带队开展河长制巡河工作，对全市防汛防旱和水污染防治工作提出要求。

3日 市政府专题召开广陵古城区火灾防控工作协调会。

3—6日 中共中央政治局常委、全国人大常委会委员长栗战书率领全国人大常委会执法检查组在江苏检查水污染防治法实施情况。其间，栗战书赴扬州视察江淮生态大走廊建设等情况。

4日 全市招商引资暨利用外资督查推进会召开。

5日 扬州市召开市属国有企业改革发展推进会。

△ 新编大型历史扬剧《鉴真》在扬州大剧院首演。

△ 生态环境部卫星环境应用中心与扬州环境监测中心签署《生态环境遥感监测与应用战略合作协议》，“扬州遥感应用基地”同时揭牌。

5—6日 市长夏心旻专题督查2019年以来新开工工业重大项目和部分“十个一”重点工业项目进度。

△ “大运河文化带数据库”建设项目在扬州启动。

△ 《人民日报》在“新时代·面孔”专栏刊发题为《一个人的警务室，28年不打烊》的通讯，报道扬州市宝应县公安局氾水派出所氾光湖警务区民警李树干扎根基层、服务群众的感人故事。

13日 2019年全国大众创业万众创新活动周江苏分会场启动仪式在扬州市举行。

14日 市委书记、市委国家安全委员会主任谢正义主持召开市委国家安全委员会第一次会议，深入学习贯彻习近平总书记关于国家安全工作的系列重要论述。

△ 市委、市政府组织市级老领导视察扬州经济社会发展情况。

△ 扬州雕版大师陈义时完成活字版《唐诗三百首》刻制。该作品由28000多个木活字组成，是新中国成立后扬州活字印刷技艺最大规模的作品。

16日 扬州市举办安全生产宣传咨询日活动，市安委会发布《扬州市化工企业安全管理18条》，就企业所承担的安全生产责任作出明确规范。

16—19日 中阿改革发展研究中心第七期阿拉伯国家官员研修班（叙利亚国别）成员到扬考察学习。

17日 扬州市召开全市经济社会发展目标任务“双过半”督查推进会。

18日 市长夏心旻专题调研走访潍柴动力扬州柴油机有限责任公司等部分重点工业企业。

△ 投资逾5亿元、历时两年多兴建的瓜洲外排泵站主体工程经专家验收，顺利完成抽水机泵启动试运行。

18—21日 市委书记谢正义率队赴广东深圳、广州、珠海等地考察文化旅游产业发展，拜访重点企业和重要客商，务实地洽谈和推进项目合作。

20日 连淮扬镇铁路在扬州境内的箱梁架设任务全部完成，为后续的桥面施工及铺轨施工提供了有力保障。

21日 扬州市召开长江“共抓大保护、不搞大开发”督查推进会。

24日 省委常委、统战部部长杨岳赴高邮市专题调研民族宗教、民间信仰管理工作。

△ 中国社会科学院财经战略研究院发布《中国城市竞争力第17次报告》，扬州综合经济竞争力排名全国第33位，创历史新高。

25日 市政协召开八届十三次常委会议，就“加快推进我市新兴科创名城建设”议题与市委、市政府进行协商。

△ 市委书记、市人大常委会主任谢正义在迎宾馆会见由议长宋诚桓率领的韩国全罗北道议会代表团一行。

26日 扬州城市安全第一工程、“清水活水、不淹不涝”城市标志性工程——瓜洲泵站正式投入使用。

△ 市四套班子领导开展大运河文化保护传承利用专题学习调研。

27日 市委书记谢正义赴市委巡察办调研市委巡察工作。

27—28日 江苏省政协副主席周健民、浙江省政协副主席周国辉、安徽省政协副主席郑宏等率领三省一市政协联合调研组到扬州市开展调研。

28日 市委召开庆祝建党98周年座谈会，市委书记谢正义主持会议并讲话。

29日 市委书记谢正义主持召开大运河文化核心价值务虚会。

7月

1日 扬州市召开“双创”迎考动员会。

2日 市委书记谢正义主持召开全市落实安全生产责任汇报会。

3日 市政协就“推动社会力量参与高质量颐养城市建设”协商主题开展调研。

△ 第三届逐浪大运河世界名校赛艇竞逐赛在生态科技新城深潜大运河中心举行。

4日 扬州市在上海举行2019世界名企招商引资推介恳谈会，与驻沪名企共商合作、共谋发展，现场签约产业项目38个。

△ 邵伯船闸大型砖雕完工，复刻了160多年前的《运河揽胜图》，再现了清朝扬州版“清明上河图”的繁华胜景。

5日 第二届全国科普微视频大赛优秀作品展演及颁奖活动在京杭之心举行。

△ 国家心血管病中心高血压专病医联体扬州市分中心成立。

8日 市委书记谢正义专题调研新兴科创名城建设。

9日 扬州市召开新兴科创名城建设重点调研成果汇报交流会。

10日 2019年COTA“智慧城市与未来交通”国际高端学术峰会在扬举行。

10—11日 副省长陈星莺带队到扬州专题调研扬州市医联体建设工作。

11日 天津市西青区委书记李清率党政代表团就大运河文化带建设等工作到扬考察。

11—20日 以市长夏心旻为团长的扬州市经贸代表团一行赴德国、法国和英国考察访问。

12日 全国乡村产业振兴推进会在扬召开。中共中央政治局委员、国务院副总理胡春华出席会议并讲话。

13—14日 以“文明实践、志愿同行”为主题的第四届江苏志愿服务展示交流会在扬州国展中心举办。

15日 省政协副主席胡金波一行到扬，就加强和改进新时代人民政协工作，推动政协理论列入各级党校、行政学院、干部学院、社会主义学院教学计划情况开展调研。

16日 市委书记谢正义专题调研文化遗产保护工作。

△ 澳门特区青少年“新时代同心行”学习参访团抵达扬州。

17日 扬州市广陵区泰和农村小额贷款股份有限公司正式在香港交易所主板挂牌上市。这是扬州首家香港主板上市企业，也是全省首家在香港主板挂牌的小额贷款公司。

18日 全省首个以人才为主题的公园——扬州人才公园在广陵新城开园。

19日 市政协主席会议成员就“打造有持久竞争力的产业集群”情况开展专题视察。

20日 由北京白马人文化艺术中心投资拍摄、扬州琴筝文化产业园联合摄制的国内首部古筝题材的院线电影《幕后人》在扬举行开机仪式。

23 日　市政协召开第十四次主席会议，就“推动社会力量参与高质量颐养城市建设”议题与市政府进行协商。

△　扬州市众创协会成立。

24 日　扬杰科技有限公司获评“2018 年中国半导体行业功率器件十强”第一名，成为国内功率半导体器件行业领军企业。

25 日　市委、市政府组织开展重大项目建设暨民生幸福工程观摩活动，检阅上半年全市重大项目建设情况。

26 日　中国共产党扬州市第七届委员会第八次全体会议举行。

△　泰州市委书记韩立明、市长史立军率泰州市党政代表团到扬州市考察。

△　市政府与中国证监会江苏监管局签订《促进资本市场健康发展合作备忘录》。

27 日　扬州市举行拥军优抚合作协议集中签约仪式，市退役军人事务局与 12 家在扬银行签订扬州市拥军优抚合作协议。

28 日　由省委统战部主办、扬州市委统战部承办的“2019 海外华裔菁英青少年大运河文化体验活动扬州营”在扬州双博馆启动。

△　位于文昌中路与大学北路主干道交会处的中集文昌商业中心正式对外营业，为扬州首家“园林式体验购物中心”。

29 日　连淮扬镇铁路连云港至江都段（左线）铺轨工程在高邮站以南 500 米处实现合龙贯通。

30 日　省委常委、宣传部部长王燕文到上汽大众仪征分公司，就挂钩联系的上汽大众仪征二期项目进行调研并召开协调推进会。

31 日　中航机载系统共性技术有限公司在扬州市揭牌成立。

8 月

6 日　市长夏心旻采取“不发通知、不打招呼、不听汇报、不用陪同接待、直奔基层、直插现场”的方式，深入基层检查全市大气污染防治工作。

6—12 日　庆祝新中国成立七十周年——“广陵杯”全国木偶皮影优秀剧（节）目展演在扬州举行。

7 日　扬州市举办 2019 年“科创名城·人才金融”合作交流对接会，全国首张地级市高层次人才专属信用卡——扬州“人才信用卡”正式首发。

8 日　江平快速路建设工程项目正式开工。

9 日　扬州市召开推进“一带一路”建设工作领导小组会议。

△　市长夏心旻深入江都区、宝应县的城乡河道，暗访检查水污染防治情况。

△　扬州市政府与中国花卉协会签订《2021 年中国扬州世界园艺博览会举办协议》，扬州世园会筹办工作进入新阶段。

10—16 日　市政协主席陈扬率团赴台湾进行经贸考察。

12 日　投资超百亿元的项目——中星北斗卫星遥感产业园正式签约。

13 日　市委书记、市委机构编制委员会主任谢正义主持召开市委机构编制委员会第一次会议。

△　市长夏心旻专题调研三湾片区建设，督查市四套班子领导集体调研三湾片区精神落实和重点项目进展情况。

14 日　市长夏心旻专题督查会办市区黑臭水体整治工作。

△　市长夏心旻专题调研江广融合区建设。

15 日　第四届中国创新挑战赛（扬州）启动仪式暨技术转移操作实务培训班在扬州市技术产权交易市场举行。

16 日　腾讯云大数据学院正式落户扬州市职业大学。

17 日　2019 年“创客中国”智能制造中小企业创新创业大赛启动仪式在广陵新城举行。

△　江苏省木偶剧团（扬州市木偶研究所）在国家大剧院演出木偶剧《神奇的宝盒》。这是继 2017 年木偶剧《嫦娥奔月》之后，扬州木偶再次登上中国舞台艺术的最高殿堂。

18 日　市委书记谢正义会见率回乡访问团到扬参观考察的全国政协常委、香港江苏社团总会会长唐英年一行。

18—21 日　圭亚那国家电视台记者团一行到扬，采访拍摄扬州的现代农业发展、旅游美食、体育设施和非物质文化遗产。

19 日　市长夏心旻带领相关部门负责人走访多家外贸企业，实地调研全市对外开放和外贸进出口工作。

20 日　市长夏心旻专题调研蜀冈 - 瘦西湖风景名胜区现代服务业发展情况。

21 日　市政协主席会议成员和部分委员专题视察市名城建设标志性项目工程建设情况。

△　市政府与江苏海事局签订《推进长江经济带高质量发展战略合作协议》。

22 日　市长夏心旻专题调研全市科技产业综合体建设运营情况。

△　市政协召开江淮生态大走廊规划实施和项目建设进展情况民主评议会。

23—25 日　扬州历史上水平最高的篮球赛事——2019“一带一路”国际男篮冠军赛在体育公园体育馆进行。

24 日　扬州市淮扬菜厨师协会成立。

△　2019 寻找美丽中华全国旅游城市定向系列赛（扬州站）在马可波罗花世界景区鸣笛开跑。

25 日至 9 月 2 日　市委书记谢正义率扬州市友好经贸代表团赴意大利、荷兰、西班牙考察访问，推进扬州与欧洲三国在经贸、旅游、产业等方面深化合作、共赢发展。

26—27 日　陕西省榆林市市长李春临率党政代表团到扬考察。

27 日　当地时间 27 日晚 7 时，第 45 届世界技能大赛在俄罗斯喀山竞技场闭幕，扬州小木匠吴晋卿摘得家具制作项目银牌，这是中国代表团在该项目上取得的历史最好成绩。

29 日　省委副书记任振鹤到扬调研农业农村工作。

29—30 日　2019 中国（扬州）早茶文化节暨国际美食创新发展大

会在扬州举行。

30日 第十一次中日韩文化部长会议在韩国仁川召开，会上宣布：中国扬州、韩国顺天、日本北九州三座城市获评2020年“东亚文化之都”。

△ 2019中国·扬州第二届智能微系统&第三代半导体技术和产业发展峰会举行。

9月

1日 苏北人民医院与扬州市第二人民医院融合发展正式启动，扬州市二院挂牌成为苏北人民医院北区分院、扬州市康复医院。

5日 财政部、科技部等五部委专家组到扬开展全国小微企业创业创新基地城市示范考核调研活动，并对“双创”示范专项资金进行绩效评价。

△ 住扬省政协委员视察大运河文化带建设暨“省政协委员活动之家”揭牌活动在扬州“486”非遗集聚区举行。

△ 市共建扬州大学暨新一轮市校合作推进会在扬州大学扬子津校区举行。

7日 甘肃省兰州市委副书记张柯兵率考察组一行到扬考察生态科技园区建设工作。

8日 市委书记谢正义赴李宁体育园调研，并会见李宁体育用品有限公司董事长李宁。

△ 瑞特格供暖设备（江苏）有限公司投产仪式在扬州经济技术开发区举行。

12日 扬州市召开“不忘初心、牢记使命”主题教育动员会议。

△ 扬州市与德国凯泽斯劳滕市及地区签署深化科技创新领域战略合作协议。

17日 第六届西部优秀企业家江苏行活动在扬州举行，100多位省外苏商参加。

18—21日 2019国际汽车轻量化大会暨展览会在扬州举行。

20日 市政协举行“辉煌70年——人民政协发展历程展”开幕暨扬州市文史馆揭牌仪式。

23日 扬州质子治疗中心及医疗产业项目正式签约。

25日 全国双拥工作领导小组副组长兼办公室主任、退役军人事务部副部长钱锋带队到扬，就退役军人和双拥创建工作开展调研。

26日 为期11天的2019运河文化嘉年华在扬州宋夹城体育休闲公园开幕。

△ 总投资300亿元的万有（扬州）国际旅游度假区项目签约，正式落户仪征枣林湾景区。

△ 扬州劳模工匠展示馆举行开馆仪式。

26日—10月6日 2019年世界运河城市论坛暨世界运河大会系列活动在扬州举行。其间，举行大运河文化带建设智库峰会、2019运河文化嘉年华活动、运河城市文化旅游企业家峰会等活动。

27日 以“运河文化的保护传承与利用”为主题的2019年世界运河城市论坛暨世界运河大会在扬开幕。

△ 大运河国家文化公园建设推进会在扬召开。

△ 省委副书记任振鹤到扬走访慰问老红军、老战士和先进模范人物。

△ 大学路南延重要节点工程——文峰大桥主体建成。

28日 扬州市举行重大项目（工程）集中开（竣）工活动，中星北斗卫星遥感产业园等49个重大项目（工程）集中开（竣）工。

△ 运河城市文化旅游企业家峰会在扬举行。

△ 大运河文化带建设智库峰会在扬举行。

△ 扬州市职业技能提升行动启动暨扬州技师学院新校区奠基仪式在扬子津科教园区举行。

29日 市委书记谢正义到交通枢纽、城建工程施工现场、企业和景区，检查安全生产工作。

△ 市政协召开学习贯彻习近平总书记在中央政协工作会议暨庆祝中国人民政治协商会议成立70周年大会重要讲话精神座谈会。

△ 宝胜集团有限公司、苏北人民医院、里下河地区农业科学研究所、万方电子技术有限责任公司、亚威机床股份有限公司、扬力集团股份有限公司等6家企事业单位入选首批江苏省引才用才成效显著单位。

30日 市委书记谢正义、市长夏心旻、市政协主席陈扬等市四套班子领导与社会各界代表在扬州革命烈士陵园举行公祭烈士活动。

30日—10月28日 扬州市庆祝新中国成立70周年图片展在花都汇主展馆举办。

△ 曹起溍故居、江上青烈士史料陈列馆、许晓轩故居等3家单位被列为第一批“江苏省党史教育基地”。

10月

1日 谢正义、夏心旻、陈扬、孔令俊等市四套班子领导与社会各界代表一起，在市民广场举行升国旗仪式，集中收看庆祝中华人民共和国成立70周年大会电视直播，与全国人民共同庆祝新中国70周年华诞。

7日 国际园艺生产者协会副主席提姆·爱德华一行到扬检查指导2021年扬州世园会筹备工作情况。

9—10日 省政协主席黄莉新率省政协专题调研组到扬，就健全养老服务体系工作开展调研。

10日 在高邮市2019中国农民丰收节暨第四届中国河蟹产业发展高峰论坛上，中国渔业协会河蟹分会授予高邮全国首个“中国大闸蟹生态养殖示范市”称号。

△ 全市“不忘初心、牢记使命”主题教育学习内容——大型现代扬剧《党的女儿》巡演在扬州大剧院首演。

12日 扬州市第十三届运动会在市体育公园体育馆开幕。

15日 市委书记谢正义专题调研万福路及鉴真国际半程马拉松沿线环境综合整治工作。

△ 扬州、新源两地青少年“万里鸿雁传真情”手拉手书信交友活动启动仪式在扬州翠岗中学举行，扬州市17所学校与新疆维吾尔自治区新源县14所学校结对进行交流。

16日 以中国工程院院士王浚领衔的“航空工业王浚院士工作站”在沈阳飞机设计研究所扬州协同创新研究院正式成立。

△ 第八批全国重点文物保护单位名单公布，扬州3处上榜，分别是隋炀帝墓（古墓葬）、西方寺大殿（古建筑）、仙鹤寺（古建筑）。至此，扬州市共有全国重点文物保护单位24处（含大运河）。

17日 市委书记谢正义以《永不满足，永不懈怠，用奋斗与实干争创扬州发展的第四次辉煌》为题，为全市领导干部上主题教育专题党课。

△ 扬子江北路下穿蜀冈路隧道正式通车，扬子江北路提升改造工程全线贯通，北“迎宾大道”开始整体展现。

18日 扬州市第十三届运动会闭幕会在会议中心举行。

19日 在由《小康》杂志社等单位举办的“2019中国（长荡湖）休闲湖泊峰会”上，扬州瘦西湖入选2019年“中国十大休闲湖泊”，高邮湖入选2019年“中国十大美食休闲湖泊”。

21日 2019扬州数字经济创新发展大会暨互联网+创新服务高峰论坛举行。

22—23日 副省长王江到扬就“办好人民满意的教育”工作进行专题调研。

△ 扬州市召开“不忘初心、牢记使命”主题教育推进会。

23日 省委常委、宣传部部长王燕文赴仪征调研指导“不忘初心、牢记使命”主题教育。

△ 2019年江苏省暨扬州市全民终身学习活动周开幕式在扬州职业大学体育馆举行。

24—25日 市委书记谢正义在京拜访中科院、戴尔科技集团，并签署共建中科院扬州协同创新研究院、“戴尔－扬州创新基地”等项目合作协议。

△ 市政府党组召开“不忘初心、牢记使命”主题教育专题调研成果交流会。

△ 扬州与日本厚木市结好35周年庆典仪式在扬州举行，市长夏心旻和厚木市市长小林常良致辞，共同签署《扬州市与厚木市深化友好交流备忘录》。

△ 首届“长江江豚保护日”活动举行，“保护长江江豚、守护生命长江——扬州宣言”正式发布。

25日 东盟与中日韩文化城市网络启动仪式在扬州举行。

26日 东盟与中日韩文化城市网络市长论坛在扬举行。市长夏心旻代表与会城市发布《东盟与中日韩文化城市网络扬州倡议》。

27日 “一带一路”国际定向越野赛暨国际青少年户外（定向）训练营在江都南水北调源头公园举办。

28日 市政协组织对部分书记批办、市长领办、主席督办、政协指办“四办”重点提案办理情况进行视察。

29日 市委书记、市委全面深化改革委员会主任谢正义主持召开市委全面深化改革委员会会议。

△ 扬州市与法国奥尔良市国际城市间标准化“四方合作机制”研讨会在青岛召开。

30日 市四套班子领导集体调研大运河文化带扬州段建设。

31日 为庆祝扬州市与荷兰布雷达市缔结友好城市10周年，由两地共同举办的“光影相映10年情——布雷达国际摄影节作品展”在扬开幕。

△ 扬州市政府与春秋集团签署投资战略框架协议。春秋航空区域办公总部、航空运营保障基地、航空旅游旗舰店、飞机维修企业等一批相关产业项目将落户扬州。

11月

1日 市四套班子领导集体调研运河大剧院建设。

2日 第二届社会发展高峰会暨2019文旅产业资源链接会发布“2019文旅品牌榜”，扬州入选“2019美好生活·中国十佳宜居宜业宜游城市”榜单。

2—3日 第四届扬州市网民节·扬州科创名城成果展暨扬州首届电子竞技大赛在花都汇举行。

4日 山东省委常委、宣传部部长关志鸥率团到扬，就加快推进大运河国家文化公园建设进行调研。

5日 市四套班子领导围绕“学习党的十九届四中全会精神，推进国家治理体系和治理能力现代化”进行集中学习研讨。

△ “喜看今朝——庆祝中华人民共和国成立七十周年书画精品巡展”开幕式在扬州市美术馆举行。

△ 东部湾（上海）生物科技有限公司“替塑”新材料项目签约，正式落户广陵区头桥镇。

6—7日 水利部副部长魏山忠到扬调研大运河保护工作。

6—8日 市长夏心旻带队赴上海参加中国国际进口博览会，召开全市招商引资督查推进会并开展专题招商拜访。

7日 河南省商丘市委书记王战营率党政代表团到扬，实地考察扬州的古城保护利用和城市建设工作。

9日 宝应苏中革命历史纪念馆正式开馆。

10—12日 中央扫黑除恶第17督导组组长盛茂林率中央扫黑除恶督导组到扬开展督导“回头看”工作。

11日 市政协主席陈扬率市政协中共界别委员到宝应县黄塍镇，为低收入农户脱贫致富奔小康谋良策、献良方。

11—14日 GLOW CHINA 2019国际创新者峰会在扬州创新中心举行。

12日 国家铁路集团副总经理、党组成员黄民率集团发改部、鉴定中心等部门负责人到扬调研。

12—13日 省政协副主席周健民率视察组到扬，就“优化沿江产业布局，推动长江大保护”开展集中视察。

13日 扬州市召开长江大保护工作督查推进会。

△ 市长夏心旻到江都区调研指导“不忘初心、牢记使命”主题教育工作。

13—17日 2019“一带一路·运河城市”天瑞府杯国际乒乓球扬州公开赛在宋夹城体育休闲公园举行。

14日 省委常委、统战部部长

杨岳到扬调研民营现代服务业企业发展情况。

△ 市政协召开民主评议我市“贯彻落实惠台68条措施，营造良好发展环境”工作会议，首次在委员履职App上采用图文直播的方式进行远程协商。

15日 市委书记谢正义专题调研乡村振兴战略实施情况。

△ 全省推进省级高品位步行街建设现场会在扬举行。

16日 江苏旅游职业学院建校60周年发展大会举行。

18—19日 盐城市政协主席李驰率部分住盐城省政协委员到扬，围绕“深化文旅融合”主题进行异地视察。

19日 长三角地区“十一市一区”旅游服务业质量提升推进会在扬州召开。

20日 市委书记谢正义专题调研水位抬高后的小秦淮河及后续综合整治工作。

21日 扬州市举行学习贯彻党的十九届四中全会精神宣讲报告会，市委书记谢正义为全市宣传思想文化系统作专题宣讲。

△ 长三角区域“七名”（名城、名镇、名村、名山、名湖、名园、名馆）国际精品线路暨主题专项旅游产品发布会在合肥举行。扬州入选“名城”推荐目的地名单，邵伯古镇入选“名镇”推荐目的地名单，个园入选“名园”推荐目的地名单。

22日 省政协就“加快推进大运河文化带建设”组织委员到扬视察并召开座谈会。

△ 当地时间22日下午在摩纳哥结束的世界田联（原国际田联）理事会首日会议上，中国扬州获得2022年世界田联半程马拉松锦标赛举办权。这也是继2010年南宁承办后，中国城市再次承办此项世界田联顶级单项赛事。

22—23日 由省政府新闻办公室与中国日报社联合开展的“Hi Jiangsu”外媒访苏活动走进扬州。

27日 扬州市召开京杭运河扬州段绿色现代航运示范区建设推进会，正式启动京杭运河扬州段绿色现代航运示范区建设项目。

28日 扬州鉴真国际半程马拉松赛获得世界田联金标赛事标牌。这是“扬马”连续第八年获得世界田联金标赛事称号，也是国内唯一的国际田联金标和中国田协金牌“双金”半马赛事。

△ 首版北京米其林指南发布，扬州人主理的淮扬府获评米其林一星，“世界美食之都”扬州首拥米其林。

29日 “中国邮文化节·江苏省首届快递员节”在高邮举行。

△ 2019虹桥修禊暨国际诗歌文化艺术季暨“别有风光”扬州大运河质感生活美学体验活动在扬州举行。

12月

3日 市委书记谢正义采取“四不两直”方式，到市应急管理局检查安全生产应急值守工作。

4日 扬州航空产业专题推介会在京杭会议中心举行。

6日 市政协围绕“建设大交通、拉开大框架、推动大发展，加快构建扬州现代综合交通运输体系”议题，举办2019年度“扬州政协论坛”电视论坛活动。

△ 2019年扬州台湾经济文化交流研讨会举行。

7日 苏台（扬州）青年文创系列活动启动仪式暨“月亮城杯”2019扬州·台湾文创设计大赛颁奖典礼举行。

8日 扬州工艺美术集团“扬州市对台交流基地”揭牌。

9日 市政协组织召开“世界美食之都”守正创新研讨会，邀请部分专家学者、相关部门以及行业协会相关负责人座谈。

10日 在全国第四届名镇论坛暨第四批中国名镇志丛书出版座谈会上，《瓜洲镇志》入选中国名镇志文化工程。

12日 市委书记谢正义专题调研扬农化工宝塔湾厂区停产搬迁工作。

12—13日 市长夏心旻率扬州市代表团赴陕西省榆林市学习考察。

16日 市长夏心旻赴仪征枣林湾督查推进2021年世园会筹备建设工作。

18日 扬州市举行《大运河扬州段文化旅游带概念规划》终期评审会议，《大运河扬州段文化旅游带概念规划》方案通过专家评审。

19日 中华全国总工会党组书记、副主席、书记处第一书记李玉赋率团到扬开展送温暖活动，看望慰问我市困难职工、劳动模范，向他们送去新年的问候和祝福。

△ “国家重点研发计划中医药现代化研究——高血压项目扬州分中心、江苏省中医院高血压研究所扬州研究室”签约揭牌仪式在市中医院举行。

20日 扬农集团转型升级再出发暨宝塔湾厂区生产装置停产仪式举行。

△ 扬州市欧美同学会（扬州市留学人员联谊会）成立大会召开。

23日 邗江区方巷镇沿湖村入选农业农村部命名的“2019年中国美丽休闲乡村”。

26日 我国首座公铁两用悬索桥——五峰山长江大桥成功实现主桥合龙。

27日 扬州市消防救援支队挂牌成立。

28日 扬州“三社联动”助力农村基层社会治理项目获评中国民生发展论坛组委会“2019民生示范工程”，成为全国唯一获此奖项的地级市民政项目。扬州也成为江苏唯一获得该奖项的城市。

30日 扬州市重大食品药品安全民生项目——扬州市食品药品检验检测中心新址揭牌。

31日 省委决定，夏心旻任扬州市委书记，谢正义不再担任扬州市委书记、常委、委员职务。

△ 扬州市八届人大常委会第二十五次会议决定，接受夏心旻辞去扬州市人民政府市长职务，任命张宝娟为扬州市人民政府副市长、代理市长。

概览

Gailan

编　辑　徐国磊

自然地理

■位置面积　扬州市地处江苏省中部，位于长江北岸、江淮平原南端。现辖区域在北纬32度15分至33度25分、东经119度01分至119度54分之间。东部与盐城市、泰州市毗邻；南部濒临长江，与镇江市隔江相望；西南部与南京市相连；西部与安徽省滁州市交界；西北部与淮安市接壤。扬州城区位于长江与京杭大运河交汇处，北纬32度24分、东经119度26分。全市东西最大距离85千米，南北最大距离125千米，总面积6591.21平方千米，其中市区面积2305.68平方千米（其中建成区面积140平方千米）、县（市）面积4285.53平方千米（其中建成区面积97.8平方千米）。陆地面积4908平方千米，占74.46%；水域面积1683.21平方千米，占25.54%。

■地形地貌　扬州市境内地形西高东低，以仪征市境内丘陵山区为最高，从西向东呈扇形逐渐倾斜，高邮市、宝应县与泰州兴化市交界一带最低，为浅水湖荡地区。境内最高峰为仪征市大铜山，海拔149.5米；最低点位于高邮市、宝应县与泰州兴化市交界一带，平均海拔2米。扬州市区北部和仪征市北部为丘陵，京杭大运河以东、通扬运河以北为里下河地区，沿江和沿湖一带为平原。境内有大铜山、小铜山、捺山等，主要湖泊有白马湖、宝应湖、高邮湖、邵伯湖等。境内有长江岸线80.5千米，沿岸有仪征、江都、邗江、广陵等一市三区；京杭大运河纵穿腹地，由北向南沟通白马湖、宝应湖、高邮湖、邵伯湖，汇入长江，全长143.3千米。除长江和京杭大运河以外，主要河流还有东西向的宝射河、大潼河、北澄子河、通扬运河、新通扬运河。

■气候　扬州市属于亚热带季风性湿润气候向温带季风气候的过渡区。气候主要特点是四季分明，日照充足，雨量丰沛，盛行风向随季节有明显变化。春季多为东南风；夏季多为从海洋吹来的湿热的东南风和东风，以东南风居多；秋季多为东北风；冬季盛行干冷的偏北风，以东北风和西北风居多。冬季偏长，4个多月；夏季次之，约3个月；春秋季较短，各2个多月。

1. 气温

2019年，全市各气象观测站测得各地年平均气温分别为：扬州16.6摄氏度、宝应15.9摄氏度、高邮16.8摄氏度、仪征16.4摄氏度、江都15.9摄氏度，与常年相比，偏高0.2~1.5摄氏度。其中，扬州偏高0.9摄氏度。从历史趋势来看，1995年以来年平均气温整体呈偏高趋势。从各月平均气温与常年同期比较来看，除了2月偏低外，其他月份均偏高。2019年极端最高气温全市为38.6摄氏度（7月28日，扬州）；极端最低气温为-6.2摄氏度（1月2日，宝应）；35摄氏度及以上的高温日数为10天（宝应）~22天（江都）；终霜日为3月8日，比常年早23天（常年为3月31日）；初霜日为11月19日，比常年晚12天（常年为11月7日）。

2. 降水

全市各地年降水量分别为：扬州660.2毫米、宝应738.2毫米、高邮657.7毫米、仪征736.5毫米、江都697.1毫米，比常年偏少3~4成。降水量较常年偏少的月份有：3月、4月、5月、6月、7月、8月、9月、10月和11月；偏多的月份有1月、2月和12月。

3. 日照

全市年日照时数分别为：扬州1596.1小时、宝应1762.0小时、高邮1853.6小时、仪征1734.7小时、江都1758.6小时。与常年相比，偏少1~2成，从本站日照时数分布情况来看，除3月较常年偏多外，其他月份均偏少。

4. 气象灾害

2019年的主要灾害性天气有：雨雪冰冻、强对流、台风“利奇马”、高温热浪、伏秋连旱、秋冬雾霾等。从灾情分析来看，因暴雨洪涝、台风、强对流、暴雪等造成的人民生命财产、农业经济损失和直接经济损失与往年相比较轻，但是秋季干旱天气造成的影响较大，影响最大的是夏季强对流天气。

■资源　土地资源。全市土地总面积6591.21平方千米。其中，耕地3304.14平方千米（含可调整地类面积448.10平方千米）、园地40.23平方千米、林地24.39平方千米、草地5.67平方千米、城镇村及工矿用地1073.86平方千米、交通运输用地298.24平方千米、水域及水利设施用地1781.37平方千米、其他土地63.31平方千米。水资源。境内有乡镇（大沟）级以上主要河流1111条，总长6060千米。其中，淮河入江水道干支流水系河流379条1582千米、里下河水系河流506条3345千米、长江水系河流226条1133千米，县级以上河流198条2916千米、乡镇级主要河流913条3144千米。矿产资源。境内已发现矿产资源15种，其中已探明储量的矿产资源12种。石油、天然气储量居全省前列，邗江、江都、高邮一带有丰富的石油、天然气资源，邵伯湖滨地区和里下河洼地素有“水乡油田”美誉。砖瓦黏土、石英砂、玄武岩、砾（卵）石、矿泉水、地热等矿产资源较丰富。仪征、邗江丘陵山区有黄沙储量2亿~3亿吨，石料储量1.2亿吨，卵石储量约3亿吨。全市玄武岩远景储量2.5亿吨。城区北部及仪征、高邮等地矿泉水资源丰富，品质优良，符合国家饮用天然矿泉水标准。地热资源分布广、温度高、水质好，可采储量3万立方米/天。水产资源。全市水面广阔，资源丰富，江河湖荡中盛产鱼、虾、蟹、蚌、龟、鳖、珍珠、荷藕、芦苇等。

行政区划

扬州市现辖3个区、1个县、2个县级市。

1950年1月，扬州专区划出如皋县、海安县给南通专区，划出东台县、台北县（今盐城市大丰区）给盐城专区以后的泰州专区合并，设立泰州专区，辖扬州市、泰州市、兴化县、高邮县、宝应县、靖江县、泰兴县、江都县、泰县、仪征县、六合县等2个市、9个县。1953年1月，泰州专区改称扬州专区，专署由泰州迁驻扬州市，原属皖北人民行政公署领导的江浦县和原苏北人民行政公署直辖的扬州市划归扬州专区领导。1956年2月，六合县、仪征县、江浦县划归镇江专区，原属镇江专区的扬中县划归扬州专区。1956年3月，江都县析为江都县、邗江县。1956年12月，扬中县划归镇江专区，六合县、仪征县、江浦县划回扬州专区。1958年7月，六合县、江浦县划归南京市。1958年11月，邗江县并入扬州市。1960年4月，宝应县、高邮县析湖西地区为金湖县。1962年6月，六合县、江浦县划归扬州专区。1963年3月，复置新邗江县。1966年3月，仪征县、六合县、江浦县、金湖县划给新设立的六合地区。1971年3月，六合地区撤销，仪征县、六合县划回扬州专区。5月，扬州专区改称扬州地区。1975年，六合县划归南京市，扬州地区辖2个市、9个县。

1983年3月，江苏省改革地市体制，调整行政区划，扬州地区行政公署撤销，原属扬州地区的泰州市和江都、邗江、泰县、高邮、靖江、宝应、泰兴、兴化、仪征等9个县划归扬州市管辖；扬州市改由省管辖，设广陵区和郊区。1986年4月，仪征县撤县设市；1987年12月，兴化县撤县设市；1991年4月，高邮县撤县设市；1992年9月，泰兴县撤县设市；1993年8月，靖江县撤县设市；1994年4月，江都县撤县设市；1994年7月，泰县撤县设立姜堰市。撤县设市中，行政区划均未改变。

1996年8月，经国务院批准，撤销县级泰州市，设立地级泰州市，原由扬州市代管的泰兴、姜堰、靖江、兴化等4个县级市划归泰州市管辖。扬州市设广陵区、郊区，辖宝应县、邗江县，代管仪征市、高邮市、江都市等3个县级市。2000年12月，邗江县撤销县级建制，改设扬州市邗江区。扬州市设广陵区、郊区（2002年更名为维扬区）、邗江区等3个区，

2019年扬州市行政区划和土地面积表

表3-1

地　区	乡镇（个）	街道（个）	居民委员会（个）	村民委员会（个）	土地面积（平方千米）	建成区面积（平方千米）
总　计	**65**	**16**	**383**	**1007**	**6591.21**	**237.8**
市　区	30	14	226	458	2305.68	140
广陵区	7	4	59	83	334.86	—
邗江区	10	10	94	116	552.68	—
江都区	13	—	73	259	1329.90	36.0
宝应县	14	—	56	226	1461.55	32.0
仪征市	10	—	51	148	902.19	39.3
高邮市	11	2	50	175	1921.78	26.5

注：扬州经济技术开发区代管邗江区2个镇、2个街道和仪征市1个镇，有25个居民委员会、28个村委会，面积133.29平方千米

2019年扬州市乡镇、街道一览表

表 3-2

地　区	乡镇、街道名称
广陵区	东关街道 汶河街道 曲江街道 文峰街道 湾头镇 李典镇 杭集镇 泰安镇 沙头镇 头桥镇 汤汪乡
邗江区	邗上街道 蒋王街道 汊河街道 新盛街道 梅岭街道 瘦西湖街道 甘泉街道 扬子津街道 竹西街道 文汇街道 城北街道 双桥街道 瓜洲镇 公道镇 槐泗镇 方巷镇 杨寿镇 杨庙镇 西湖镇 施桥镇 八里镇 平山乡
江都区	仙女镇 邵伯镇 大桥镇 丁伙镇 小纪镇 樊川镇 真武镇 丁沟镇 宜陵镇 郭村镇 浦头镇 武坚镇 吴桥镇
宝应县	安宜镇 氾水镇 山阳镇 曹甸镇 鲁垛镇 西安丰镇 望直港镇 小官庄镇 夏集镇 射阳湖镇 广洋湖镇 柳堡镇 黄塍镇 泾河镇
仪征市	真州镇 青山镇 新城镇 新集镇 大仪镇 陈集镇 马集镇 刘集镇 月塘镇 朴席镇
高邮市	高邮街道 马棚街道 三垛镇 界首镇 临泽镇 送桥镇 车逻镇 卸甲镇 汤庄镇 龙虬镇 甘垛镇 周山镇 菱塘回族乡

注：1. 邗江区扬子津街道、文汇街道、施桥镇、八里镇和仪征市朴席镇由扬州经济技术开发区代管行政区划；
2. 竹西街道、文汇街道，省政府尚未正式批复（正式行政区划统计上不能作为单独行政区划单位）

辖宝应县，代管仪征市、高邮市、江都市等 3 个县级市。

2011 年 11 月，经国务院批准，扬州市调整部分行政区划。撤销县级江都市，设立扬州市江都区，以原江都市行政区域为江都区行政区域；将邗江区李典、头桥、沙头、杭集、泰安等 5 个镇并入广陵区；撤销扬州市维扬区，将维扬区行政区域并入邗江区。扬州市设广陵、邗江、江都等 3 个区，辖宝应县，代管仪征、高邮等 2 个县级市。

历史 人文

■历史沿革 扬州有 2500 多年有文字可考的历史。

大约距今 7000~5000 年前，淮夷人就在扬州一带劳动生息，并有了水稻栽种。春秋时期，今扬州市区西北部一带称邗。周敬王三十四年（公元前 486），吴灭邗，筑邗城，开邗沟，连接长江、淮河。越灭吴，地属越；楚灭越，地归楚。周慎靓王二年（公元前 319），楚在邗城旧址上建城，名广陵。秦统一六国后，设广陵县，属九江郡。

汉代，今扬州称广陵、江都，长期是诸侯王的封地。吴王刘濞“即山铸钱、煮海为盐”，开盐河（通扬运河前身），促进了经济的发展。西汉元封六年（公元前 105），汉武帝将江都王刘建的女儿刘细君嫁到乌孙国，比王昭君和亲匈奴还早 80 多年。东汉末年，张婴率领的农民起义军在广陵一带转战 10 多年后，被广陵太守张纲劝降。

三国时期，魏吴之间战争不断，广陵为江淮一带的军事重地。

南北朝时期，广陵屡经战乱，数次变为“芜城”。山东青州、兖州一带的移民南迁广陵一带，促进了扬州的经济发展。北周改广陵为吴州。

隋开皇九年（589），隋灭陈，建立统一的隋政权，改吴州为扬州，置总管府。至此，完成历史上的扬州和今天的扬州在名称、区划、地理位置上的基本统一。隋炀帝时，开大运河连接黄河、淮河、长江，扬州成为水运枢纽，奠定了唐代扬州空前繁荣的基础。隋炀帝大业初年改州为郡，扬州随之改为江都郡。隋大业元年至大业十二年（605 — 616），隋炀帝三下江都。大业十四年（618），隋炀帝被部将宇文化及所杀，葬于扬州城西北曹庄。唐武德二年（619），李子通率农民起义军攻克江都，称皇帝，国号吴。武德三年（620），扬州为唐军占，名称屡有更改；武德九年（626），复称扬州，治所在今扬州。扬州是南北粮草、盐、钱、铁的运输中心和海内外交通的重要港口，曾为都督府、大都督府、淮南道采访使和淮南节度使治所，领淮南、江北诸州。

唐嗣圣元年（684），徐敬业、骆宾王在扬州起兵反对武则天政权。唐末五代，军阀混战，扬州遭到严重破坏。光启三年（887），杨行密开始入主扬州。后梁贞明五年（919），其子杨渭（隆演）就吴国王位，改元武义。贞明六年（920），杨渭卒，弟杨溥即吴王位；后唐天成二年（927），杨溥即皇帝位，改元贞元，史称“杨吴”。后晋天福二年（937），徐知诰迫杨溥禅位，自即帝位，国号为唐，史称“南唐”。后周显德四年（957），后周取南唐江都府，复称扬州。

北宋建立后，农业、手工业迅速发展，商业进一步繁荣，扬州再度成为中国东南部的经济、文化中心，与都城开封相差无几。每年商业税收约 8 万贯，居全国第三位。北宋靖康二年（1127），宋高宗赵构迫于金人进逼，在迁都过程中以扬州为“行在”一年，促进了扬州的繁荣。韩世忠、刘琦、岳飞等南宋名将在扬州进行艰苦的斗争。南宋德祐元年至德祐二年（1275—1276），李庭芝、姜才率军队和扬州人民一起与元军展开不屈的斗争，不幸殉难。明嘉靖三十五年（1556），扬州建“新城”。

明朝灭亡后，为阻止清兵南进，

南明督师史可法在扬州率军坚守孤城，宁死不降，表现出坚贞不屈的民族气节。城陷后，清军屠城十日，死者数以万计。

清代，康熙帝和乾隆帝多次“巡幸”，使扬州出现空前繁华，城市人口超过50万人，成为当时中国八大城市之一，也是18世纪末、19世纪初世界十大城市之一。

19世纪中叶以后，由于运河山东段淤塞，漕粮改经海上运输，淮盐改由铁路转运，加上其他方面的原因，扬州在经济上逐渐衰落。第一次鸦片战争期间，扬州府属的瓜洲、仪征等地军民奋起抵抗英军侵略。太平天国农民起义军先后3次在扬州一带与清兵激战。在孙中山领导的民主主义革命中，扬州人熊成基在安徽以陆军炮营队官的身份，于清光绪三十四年（1908）11月组织、领导了著名的安庆新军起义，开始武装夺取政权的尝试。宣统三年（1911）11月，扬州人孙天生在扬州发动武装起义，史称“扬州光复”。

民国元年（1912），“中华民国”废扬州府，置江都县。民国11年（1922），扬州境内第一条公路建成。民国14年（1925），中国共产党开始在扬州一带组织、领导人民进行新民主主义革命。民国20年（1931），扬州洪水泛滥，长江和运河沿线决口60多处，死于水灾、饥饿和疫病者数十万人。民国26年（1937）10月，中共中央长江局派员在扬州建立中共扬州特别支部，与扬州各界人士一同开展抗日救亡运动；12月，侵华日军占据扬州，以陈文为首的扬州抗日义勇团在扬州北乡展开抗日斗争。民国28年（1939）初，新四军贯彻中共中央东进北上的方针，着手创建苏中抗日根据地。民国29年（1940）7月，陈毅、粟裕率新四军主力北渡长江、挺进苏中，在江都建立新四军江北指挥部。

民国37年（1948）底至1949年4月，扬州各县相继解放。1949年1月25日，今扬州市区解放，设置扬州市；以仙女庙镇为治所，另建江都县。

■人文风貌 古代扬州，雄踞江淮中心，南北货物在这里运输，南北文化也在这里融合。东汉初，辞赋家陈琳是史籍记载最早的广陵文学家。由隋入唐，扬州学者曹宪、李善二人专攻《文选》，开中国文选学之先河。中国第一部记录典章制度的专书《通典》是杜佑在扬州编纂而成。

唐代扬州农业、商业和手工业相当发达，出现了大量的工场和手工作坊，不仅富甲江淮，而且是中国东南第一大都会，时有“扬一益二”之称（益州为成都古称）。在以长安为中心的水陆交通网中，扬州始终起着枢纽作用。唐代扬州和大食（阿拉伯）交往频繁，侨居扬州的大食人数以千计。侨居扬州的客商主要来自波斯、大食、新罗、日本等国。日本遣唐使到扬州和高僧鉴真东渡日本促进了中日两国的政治、经济、科学和文化交流。李善在吸收前人成果的基础上，重新注释《文选》，旁征博引，为后人保存了大量重要文献资料；其子李邕能诗善文，工书法，尤擅行书，是继虞世南、褚遂良之后的大书法家。张若虚为“吴中四杰”之一，《春江花月夜》有“以孤篇压全唐”之誉。

五代宋初的扬州人徐铉、徐锴兄弟校对《说文解字》，为清代扬州学人精研《说文》学奠定了基础。宋代，欧阳修、苏轼、秦观、姜夔、王令等在扬州留下大量传世名作。

元、明两代，扬州经济发展加快。到扬州经商、传教、从政、定居的外籍人日渐增多，其中仍以波斯人和阿拉伯人为最。元代，运河扬州段经几次整治，基本形成了今天的走向，恢复了一度中断的漕运，扬州又迅速繁华起来。明代，商品经济的发展孕育了资本主义生产关系的萌芽。扬州的商业主要是两淮盐业专卖和南北货贸易，盐税收入几乎与粮赋相等。商业扩大到旧城以外。手工业作坊生产的漆器、玉器、铜器、竹木器具和刺绣品、化妆品都达到相当高的水平。文化方面，出现了睢景臣等一批著名杂剧、小说作家。

清代的扬州，居交通要冲，富盐渔之利，盐税与清政府的财政收入关系极大。各地商人纷纷在扬州建起会馆，各有营业范围和地方特色。同时兴起的还有会票——信用汇兑。一些盐商广结文士，爱好藏书，捐资修建府学、县学，恢复名胜古迹，兴建园林，对扬州的文化发展有一定贡献。其间，出现了以金农、汪士慎、黄慎、李鱓、郑燮、李方膺、高翔、罗聘等“扬州八怪”为代表的扬州画派，以任大椿、汪中、焦循、阮元和王念孙、王引之父子为代表的扬州学派。扬州戏剧历史悠久，至清代大盛。清乾隆五十五年（1790），为庆祝乾隆帝八十岁寿辰，以宝应高朗亭为班主的三庆班进京演出，与其他剧种一起，对京剧的形成和发展产生重要影响。扬州的雕版印刷和评话、清曲、扬剧、木偶剧以及棋艺、琴艺等均在清代达到较高水平，形成自己的特色，奠定了扬州成为当时中国文化中心的基础。

辛亥革命以后，扬州文化艺术领域名家辈出，比较有影响的有朱自清、刘师培、李涵秋、贡少芹、张丹斧、陈含光、潘月樵和革命作家李进、李俊民、韩北屏、许幸之、江树峰等。朱自清是对中国文学很有影响的人物。李涵秋创作的33部小说中，以反映扬州里巷风俗轶闻的《广陵潮》最为著名。

人口 方言

■人口 2019年末，扬州市总户数147.72万户，户籍人口457.14万人，其中男性227.73万人、女性229.41万人，男性占总人口的49.82%，女性占总人口的50.18%。年末全市常住人口454.90万人，比上年末增加1.8万人，增长0.40%。0—14岁人口51.01万人，15—64岁人口314.97万人，65岁及以上人口88.92万人。全年人口出生率7.00‰，比上年下降0.43‰；人口死亡率7.60‰，比上年下降0.32‰；人口自然增长率–0.60‰，比上年下降0.11‰。常住人口城镇化率68.20%。

■**方言** 扬州市的语言是以“扬州话”为代表的江淮官话。扬州市城区、仪征、宝应、高邮（除东部与兴化交界的边缘地区外）和江都红旗河、野田河以西地区属江淮官话的洪巢片；江都红旗河、野田河以东地区，高邮东部与兴化交界的边缘地区属江淮官话的泰如片。宝应中港渔业村是中原官话方言岛。

民族　宗教

■**民族** 2019年，扬州市有50个民族。汉族人口最多，占人口总数的99.36%。有49个少数民族，户籍人口2.93万人，占0.64%，其中回族人口最多，约1.73万人，占少数民族人口总数的58.62%。城区回族人口8600多人，全市有外来穆斯林5900多人，大多是新疆、青海、宁夏、甘肃等地在扬州经商人员。超过100人的少数民族有回族、苗族、彝族、土家族、满族、壮族、侗族、蒙古族、布依族、维吾尔族、朝鲜族、黎族、哈尼族，其他如景颇族、京族、纳西族、高山族、毛南族、俄罗斯族、裕固族、基诺族、柯尔克孜族、塔塔尔族、赫哲族、鄂伦春族人数相对较少。少数民族人口分布较广泛，但又相对集中。回族主要分布在高邮、广陵、江都、邗江，在高邮，回族又相对集中在菱塘一带。菱塘回族乡是江苏省唯一的少数民族乡。土家族分布在江都、仪征、高邮和邗江一带。满族分布在仪征、邗江、江都一带。侗族主要分布在仪征。仪征市月塘镇龙山村、大仪镇河北村为民族村。

■**宗教** 2019年，扬州市为全省宗教工作重点市，佛教、道教、伊斯兰教、天主教、基督教五教齐全，有信教群众约12.4万人；有经登记的宗教活动场所233处，经认定的宗教教职人员382人；有6个市级宗教团体、22个县级宗教团体、1所省属佛学院（鉴真佛教学院）。

风景名胜

瘦西湖风景区

■**概况** 瘦西湖风景区为国家重点风景名胜区、全国文明风景旅游区、国家文化旅游示范区、国家AAAAA级旅游景区。自隋唐起，景区沿湖陆续建园，至清代乾隆时期，已是“两岸花柳全依水，一路楼台直到山”，湖上园林之景融南方之秀、北方之雄于一体，以风韵独具而蜚声海内外。景区内窈窕曲折的一湖碧水串以卷石洞天、西园曲水、长堤春柳、荷蒲熏风、四桥烟雨、徐园、月观、小金山、钓鱼台、水云胜概、五亭桥、白塔晴云以及二十四桥景区、万花园景区等名园胜迹，俨然一幅次第展开的国画长卷。

■**长堤春柳** 长堤春柳起于虹桥西岸，向北止于徐园，为清乾隆年间盐商黄为蒲构筑。后渐渐荒废，至咸丰、同治年间，堤柳已不复存。民国4年（1915）建徐园时，恢复旧观。此景南北长650米，沿堤遍植杨柳，每至春日，柳絮随风飞舞，迷离如烟。垂柳间植有桃树，桃花开时，与杨柳相互映衬，更显清纯飘逸、艳丽多姿。长堤中段建有方亭，枕于湖上，游人于此小憩，宛如走入画中。

■**徐园** 徐园原为清初韩园桃花坞故址，民国4年（1915）改为徐宝山祠堂，故名徐园，为市级文物保护单位。园门南迎长堤春柳。园内有一方荷池，缘池缀以山石，环植桃柳。池东有青石平桥。池北有“听鹂馆”三楹，取杜甫诗句“两个黄鹂鸣翠柳，一行白鹭上青天”之意。馆前平台上放置南朝萧梁时代镇水铁镬两只；馆东南为四角攒尖式碑亭；馆西有“青草池塘吟榭”，取谢灵运语“池塘生春草”之意。榭后廊复接七折曲廊，西通疏峰馆；榭之西南隅有精舍三间，为冶春后社旧址。

■**小金山** 小金山原名长春岭，清乾隆年间盐商程志铨出资挖湖堆土而成，四面环水，形如青螺。岭上多梅，岭东门额题“梅岭春深”。山上有风亭，山中有观音殿，山下有琴室、棋室、月观、木樨书屋、关帝庙、湖上草堂、玉佛洞诸景。

■**莲花桥** 乾隆二十二年（1757），巡盐御史高恒开莲花埂新河抵平山堂，同时在河上建桥，以便南北通行。因桥在莲性寺北，桥上五亭聚如金莲，故名莲花桥，俗称五亭桥，为全国重点文物保护单位。五亭桥形态独特，仿自北京北海金鳌玉桥和五龙亭，但又创造性地将五亭聚合，再将桥亭合二为一。桥长65米、宽7米，梯形桥身用青石叠成。五亭之中，中间一亭三层飞檐，略高。四角四亭单檐，稍低。五亭之间有廊檐相接，上覆金黄色琉璃瓦，空花脊，24个檐角似盛开的金莲花花瓣。桥身下支四翼，共有正、侧拱洞15个。据《扬州画舫录》记载：“月满时，每洞各衔一月，金色滉漾。”五亭桥结构严谨，多有创意，被茅以升誉为“中国古代交通桥与观赏桥结合的典范”、中国“最具艺术美的桥”。

■**白塔** 白塔位于五亭桥南侧莲性寺内，于清乾隆年间建造，仿北京万寿山喇嘛塔形式，为全国重点文物保护单位。白塔为砖石结构，实测高度28.32米。塔分三层。下层为方形台基，四周以白石为栏，台上砖石塔座为须弥座，八角四面，每面三龛，龛内置砖雕十二生肖；中层塔身为圆形晨曦中的白塔龛室，形如古瓶，瓶腹南向辟莲瓣形龛，内供白衣大士像；上层为“刹”，呈圆锥形，有13级，刹顶置六角形宝盖，角端悬风铃，上托黄铜葫芦顶。

■**熙春台** 熙春台位于瘦西湖水向北转折处，又名春台祝寿（传说清乾隆帝在此为母亲祝寿），1986年按原貌复建。主楼坐西朝东，上下两层，面阔五楹，前有抱厦，四面有廊，飞檐翘角。熙春台两翼附属建筑呈“八”字形，南翼为湖石假

航拍二十四桥景区　　刘江瑞/摄

山和复道，假山置小亭；北翼以曲廊与十字阁相接。十字阁碧瓦朱柱，四面为廊。台前偏北处有汉白玉诗碑一座，镌毛泽东手书杜牧诗《寄扬州韩绰判官》。

■二十四桥 二十四桥位于熙春台北侧，桥形似玉带，因杜牧诗句"二十四桥明月夜，玉人何处教吹箫"而得名。二十四桥从西向东由落帆栈道、拱桥和曲桥组成。落帆栈道高跨湖汊，由黄石假山、竹牌、铁链构成。拱桥单孔，长24米、宽2.4米、高5米，两端桥坡台阶各24级，两侧围以汉白玉栏杆24根，栏板上雕云月图案。拱桥东接四曲平桥，桥堍置一方亭，名吹箫亭。如临月夜，桥洞拱形与水中半圆之影相合，恰成为一轮圆月，观之似霓虹卧波，令人赏心悦目。

■万花园 据清康熙朝《扬州府志》记载："万花园，宋端平三年（1236）制使赵葵即堡城统制衙为之。"现今的万花园总占地44.2公顷，一期工程、二期工程分别于2007年、2009年建成开放，依托瘦西湖历史文化背景，以花文化为主题，以古典历史名园为线索，先后恢复和新建"锦泉花屿""醉月飞琼"等景点，并结合地块内诸多历史遗迹，将唐代城门、城墙，宋代亭台，清代"石壁流淙""锦泉花屿"以及扬派盆景有机糅合，拓深瘦西湖历史，展现扬州历代文化内涵和风格。

住宅园林

■何园 何园又名寄啸山庄，位于市区古运河北岸徐凝门街，占地1.4公顷，建筑面积7000多平方米，为全国重点文物保护单位、国家AAAA级旅游景区。清同治元年（1862）始建。清光绪九年（1883），归隐扬州的湖北汉黄德道道员何芷舠购吴氏片石山房（又名双槐园）旧址扩建。园主取陶渊明"倚南窗以寄傲""登东皋以舒啸"之意境，题园名为"寄啸山庄"。何园是一座大型住宅园林，由东西花园、住宅楼群、片石山房组成，尤以复道行空、回廊曲折著称，有"晚清第一园"之誉。园居院落融中西建筑艺术于一体，前进楠木大厅气势雄伟，后两进两层洋楼工艺精细考究。片石山房为大画家石涛和尚所拟构，占地不广，却丘壑宛然，被称为"江南园林中的孤例"。

■个园 个园位于市区盐阜东路10号，占地2.4公顷，建筑面积4700平方米，为全国重点文物保护单位、中国四大名园之一、国家AAAA级旅游景区。个园由两淮盐商商总黄至筠于清嘉庆二十三年（1818）在明代寿芝园旧址重建。园主生性爱竹，园名取自清代诗人袁枚名句"月映竹成千个字"。中部花园园景以竹石为主，以分峰用石为特色。最负盛名的是四季假山：春山笋石参差，修篁弄影；夏山湖石中空外奇，深潭清冽；秋山黄石丹枫，峻峭依云；冬山宣石似积雪未消。北部为竹观赏区；南部为园主人住宅，三纵三进，均对外开放。

■吴道台宅第 吴道台宅第位于市区泰州路45号，系清代吴引孙在浙江宁绍台道道员任上出资聘请浙江匠师在扬州营建的大型私宅，为全国重点文物保护单位。宅第建成于清光绪三十年（1904），分九路，有房屋百余间（俗称九十九间半）。宅东原有芜园和祠堂，均早毁。现存三路建筑保存良好。宅第建筑分东、中、西三轴线，规模宏大，结构精巧，雕工精致，以浙江建造法则为基础，糅合扬州传统建筑风格。东轴线从南到北为大门厅、洋楼、观音堂、亭、金鱼池、测海楼，中轴线从南到北为仪门、轿厅、爱日轩、前厨房、后厨房，西轴线从南到北为对厅、滋德堂、中进住宅、后进住宅。其中测海楼为吴家藏书楼，仿宁波天一阁，两层五楹，藏书之富名冠一时。

■卢氏盐商住宅 卢氏盐商住宅位于市区泰州路康山街22号，宅主为商界巨富卢绍绪，始建于清光绪二十年（1894），是扬州现存规模最大的盐商住宅建筑，也是反映扬州盐文化的重要遗迹，被誉为"盐商第一楼"，为全国重点文物保护单位。卢宅原有建筑九进200多间，曾遭火毁。2006年经修复后对外开放，门楼、住宅楼、意园、藏书楼等为原有建筑。卢宅建筑门楣砖雕精美异常，淮海厅、兰馨厅、涵碧厅、怡情楼厅堂阔大，天井两侧分布小型花园，后院意园内盝顶六角亭、石船舫、水池等相映成趣。

■小盘谷 小盘谷位于市区丁家湾大树巷42号，占地0.57公顷，为全国重点文物保护单位。清光绪三十年（1904），两江总督周馥购得徐氏旧园重修而成。西部为平房住宅区，正中为一大厅，东部为花园。园内假山峰危路险，苍岩探水，溪谷幽深，石径盘旋，与楼、堂、桥、阁、亭、廊共纳于方寸之地，组合得体，疏密有致，故得名“小盘谷”。

■汪氏小苑 汪氏小苑位于市区地官第14号，为全国重点文物保护单位，是扬州保存最为完整的清末民初大型盐商住宅之一。小苑占地0.3公顷，建筑面积1680平方米，遗存老屋97间。汪氏小苑中纵、西纵房屋为盐商汪竹铭在清朝末年所购，东纵房屋由汪家4个儿子在民国初年扩建。小苑建筑组群布局规整，住宅庭院比例均衡，采光充足，纵横互联相通，内外分合自如，体现扬州大宅门传统格局。庭园玲珑精巧，厅前屋后辟“可栖樨”“小苑春深”“迎曦”等小苑。装修雕琢精湛，木雕、砖雕、石雕技法多样，门楣、石额、匾额、楹联皆出自名家之手。

■二分明月楼 二分明月楼位于市区广陵路263号，占地0.11公顷，建筑面积660平方米，为市级文物保护单位。清道光年间，员氏依唐代诗人徐凝“天下三分明月夜，二分无赖是扬州”诗意建园。光绪年间转归盐商贾颂平。园北部主楼为长楼，翘角飞檐，设敞廊、美人靠，可登高观月；东部有黄石山，依山势筑夕照阁3间；西南角置迎月楼3间，月上东山时可在阁中迎月；园中间有扇面亭、伴月廊、月亮桥等园林小品。

寺院道观

■大明寺 大明寺位于蜀冈中峰，曾有西寺、栖灵寺、法净寺之称，始建于南朝宋大明年间（457—464），为淮左著名古刹、全国第一批重点开放寺庙、全国重点文物保护单位、国家AAAA级旅游景区。因历史久远，原寺已废圮，现寺为清同治年间重建。大明寺占地33公顷，依山而建，由寺庙古迹、文章奥区、仙人旧馆、西苑芳圃、鉴真纪念堂、藏经楼、卧佛殿、栖灵塔、钟楼、鼓楼组成，是集宗教建筑、文物古迹和园林风光于一体的游览胜地。其中卧佛殿、栖灵塔、钟楼、鼓楼为1988年后所建。

■天宁寺 天宁寺位于市区丰乐下街，占地1.19公顷，建筑面积5000多平方米，为清代扬州八大名刹之首，省级文物保护单位。始建于东晋，相传为谢安别墅，后舍宅为寺。北宋政和二年（1112），宋徽宗赐额“天宁禅寺”。南宋绍兴十三年（1143），名报恩光孝寺。元末，寺毁。明洪武十五年（1382）重建，仍称天宁禅寺。清咸丰年间毁于兵火，同治、光绪年间重建。清康熙帝南巡时驻跸于此，乾隆帝南巡时于此建行宫。清康熙四十四年（1705），两淮巡盐御史曹寅在寺内设“扬州诗局”，主持刊刻《全唐诗》等书。清乾隆年间编撰完成的《四库全书》藏于寺内文汇阁。天宁寺现存建筑有山门殿、天王殿、大雄宝殿、华严阁和东、西廊房及配殿等。

■重宁寺 重宁寺位于市区长征路15号，占地1.18公顷，建筑面积3000多平方米，为清代扬州八大名刹之一，全国重点文物保护单位。始建于清乾隆四十九年（1784），寺本“平冈秋望”故址，御赐额“万寿重宁寺”。清咸丰年间毁于兵火，同治年间重建，光绪年间再建。东侧园林已毁。现存天王殿、大殿、文昌阁、僧房等。大殿歇山重檐顶，面阔五间，殿内以铁力木作柱，天花藻井彩绘完好，并存有清乾隆帝亲题匾额及其撰写的《万寿重宁寺碑》。

■高旻寺 高旻寺位于邗江区三汊河西岸，为清代扬州八大名刹之一。始建于隋代。清顺治八年（1651），漕运总督吴惟华在三汊河建七级浮屠，名“天中塔”，顺治十一年（1654）建成；又依塔建梵宇三进，称“塔庙”。其后，寺院西侧又建行宫，规模数倍于寺。清康熙帝第五、第六次南巡和乾隆帝6次南巡，均驻跸于高旻寺行宫。清代中叶的高旻寺建筑完美、规模宏大、名僧辈出，为鼎盛时期。清咸丰年间毁于兵火，同治、光绪年间稍复旧观。民国年间，高旻寺与镇江金山寺、常州天宁寺、宁波天童寺并称中国佛教禅宗四大丛林。1983年，高旻寺被确定为全国汉族地区重点开放寺院。此后，相继建成大雄宝殿、禅堂、天中宝塔、法堂、上客堂、斋堂、讲经堂、放生池、水阁凉亭、水晶宫、来果和尚纪念堂等。

■观音山禅寺 观音山禅寺位于市区蜀冈东峰，依山而建，占地1.1

高旻寺和扬子津生态中心航拍图　　报 社/供稿

公顷，建筑面积3115平方米，为市级文物保护单位。元至元年间，僧申律建寺。明洪武十二年（1379），僧惠整重建。明洪武年间名功德山，明末清初改称观音山或观音禅寺。清咸丰年间毁，同治年间修复，光绪年间毁后又修复。寺坐北朝南，有山门殿、韦驮殿、大殿、藏经楼、两厢廊房等。寺西有紫竹林及小庭园。东有鉴楼，相传为隋“迷楼”故址。

■**仙鹤寺** 仙鹤寺位于市区南门街111号，又名清白流芳大寺，为中国东南沿海伊斯兰教四大清真寺之一、全国模范清真寺、全国重点文物保护单位。相传为伊斯兰教创始人穆罕默德第十六世裔孙普哈丁于南宋咸淳年间募款创建。因全寺布局如鹤形，故名仙鹤寺。明洪武二十三年（1390），哈三重建。明嘉靖二年（1523），商人马道同与寺住持哈铭重修。门前抱鼓石为明代遗存。寺内有礼拜殿、望月亭、诚信堂、水房等建筑及宋、明时期所植银杏、柏树。望月亭、诚信堂（楠木厅）均为明代建筑。礼拜殿系清乾隆年间重建，殿阔五楹，分前后两部分，前殿带卷棚廊，后殿即窑殿所在。

■**蕃釐观（琼花观）** 蕃釐观，俗称琼花观，位于市区文昌中路360号，为市级文物保护单位。前身为后土祠（又称后土庙），汉元延二年（公元前11）建，祀土神。唐中和二年（882），淮南节度使高骈重建，供奉主管大地万物生长的女神后土夫人。北宋政和年间始称“蕃釐观”。北宋至道二年（996），王禹偁为扬州太守，观内有奇花盛开，俗谓琼花。宋人欧阳修任郡守时，在大殿之西北琼花树旁筑“无双亭”。蕃釐观经历代重修、整修，曾有石牌坊、三清殿、弥罗宝阁、文昌祠、深仁祠、竹轩花亭、芍药厅等建筑。后观内建筑屡遭破坏，蕃釐观古迹荡然无存。1993年起，扬州市先后在旧址上修复蕃釐观、无双亭和琼花台，移建三清殿，建琼花园。

茱萸湾风景区　　中国扬州画刊/供稿

陵园

■**汉陵苑** 汉陵苑位于市区平山堂东路98号，又名汉广陵王墓博物馆，系由高邮天山搬迁复原而成，占地2.7公顷，为省级文物保护单位、国家AAA级旅游景区。汉陵苑主要展示西汉第一代广陵王刘胥及其王后的木椁墓。两座墓同属于帝胄级“黄肠题凑”式木椁墓，规模宏大，结构严谨，是中国罕见的大型汉代墓葬遗存，有2000多年的历史。苑内地形起伏，建筑古朴雄浑，林木葱郁，绿草如茵，是融文物与园林为一体的汉文化展示中心。

■**普哈丁园** 普哈丁园位于市区文昌中路167号，古运河东岸、解放桥东南，俗称巴巴窑，又称回回堂，为全国重点文物保护单位。始建于南宋德祐元年（1275），明清时多次重修，新中国建立后亦多次修缮。普哈丁园由清真寺、墓区、园林三部分组成，占地1.5公顷，建筑面积800平方米。大门西向，临古运河，拱形门上嵌“西域先贤普哈丁之墓”石额一方。清真寺坐西朝东，面阔五楹，殿内抱厦后沿设窑窝。墓区门额题“天方矩矱”，意为阿拉伯楷模人物。园内有清光绪三十四年（1908）《先贤历史记略》碑。相传普哈丁为伊斯兰教创始人穆罕默德十六世裔孙，南宋咸淳年间在扬州传教，并建仙鹤寺。园内陆续葬有宋、明、清代其他西域先贤、虔诚教徒等。

其他景区

■**茱萸湾风景区** 茱萸湾风景区位于市区东北湾头镇，面积约50公顷，1982年始建，为国家AAAA级旅游景区。茱萸湾风景区三面环水，是一座融自然风光、人文景观、植物和动物观赏、现代游乐为一体的半岛型生态动植物园，景区内建有华东地区一流的动物散养观赏区。环岛建有8千米的运河风光带，有季节特征明显的植物林带及各类花卉观赏园。

■**凤凰岛生态旅游区** 扬州凤凰岛生态旅游区位于扬州城区东北泰安镇，邵伯湖南端与京杭大运河相接的湖口处，是首批国家级农业旅游示范点和省级森林公园。138平方千米的邵伯湖水面上，漂浮着8个柳叶般的岛屿。这里江、河、湖相连，水天相望，岛上草深林密、杂花生树；水边芦花飞扬，禽鸟相逐，是江淮平原上自然生态环境保持最为完好的平原—湖泊类型湿地景观。

■**竹西公园** 竹西公园位于城北黄金坝桥东北角，取唐朝诗人杜牧《题扬州禅智寺》“谁知竹西路，歌吹是扬州”诗意命名，占地8.67公顷，其中水面约占60%，为江苏省二级园林绿化企业。公园分园前区、娱乐活动区、山湖区、庭园区和生产区等5个区域，建有竹西精舍、仿古六角双檐竹西亭、流芳桥、留芳亭等。

■荷花池公园 荷花池公园位于市区荷花池路，占地 11.37 公顷，其中水面约占一半。公园原名南池、砚池，因池中广植荷花，故名荷花池。园内曾有明清名园影园、九峰园及“砚池染翰”等名胜古迹。清嘉庆朝后园渐圮，咸丰年间废而不存。扬州市 1981 年始建“南部水上公园”，即荷花池公园，1997 年 10 月建成开放，分九峰园景区、影园遗址区和娱乐服务区。2003 年 10 月，荷花池公园成为全面敞开式免费公园。

■宋夹城体育休闲公园 宋夹城体育休闲公园位于蜀冈－瘦西湖风景名胜区的核心地带，总占地面积 700 多公顷，北临保障湖、汉陵苑，南接瘦西湖温泉度假村，西边与瘦西湖主景区无缝对接，是扬州最大的一座集生态、休闲、运动、文化于一体的全民健身体育公园。2014 年 4 月 19 日，宋夹城体育休闲公园正式开园，拥有综合馆、网球馆、羽毛球馆、乒乓球馆、七片室外网球场、四片室外篮球场、五片笼式足球场、两片篮球练习场、两片儿童篮球练习场、六片户外羽毛球场、两片排球场等专业化运动场所，有环湖道健身步道、自行车道、路径健身器材、棋艺连廊、儿童乐园、玫瑰花园、自行车租赁等项目，同时配套餐饮、购物、娱乐、停车等服务。

■马可波罗花世界 马可波罗花世界位于扬州自在岛，是世界首座花卉主题乐园，占地约 50 公顷，投资约 12 亿元人民币，2015 年 9 月 26 日试行开园。马可波罗花世界汇集世界规模最大艺术花海、世界面积最大花毯、中国最长花溪、荷兰梦幻花丘、奥斯卡创意花雕五大花卉奇迹，向游客展现鲜花、音乐、现场剧场秀、主题巡游相结合的花卉盛宴。主题乐园内所有花卉品种均来自荷兰、美国、德国，经上海基地全机械育种成为花苗后，再进行现场扦插完成以保证花卉的最佳观赏品质。主题乐园设计五位主题卡通角色：马可波罗、花精灵、海洋之子、沙漠之子、大地之子，伴随游客共同经历充满冒险色彩的奇幻之旅。

市花 市树 市歌

■琼花 1985 年 7 月 18 日，扬州市第一届人民代表大会常务委员会第十六次会议决定，扬州市市花为琼花。琼花属忍冬科荚蒾属，是一种落叶或半常绿灌木，高可达数米。琼花的枝条多呈灰黑色，幼枝、芽、叶柄均有灰白色或黄白色的垢屑状星状毛。叶对生，卵形、椭圆形或卵状长圆形，长 5~11 厘米，边缘有细齿，表面疏生星状柔毛，背面密生星状柔毛。每年 4 月中下旬开花，5 月上中旬终花。花为大型聚伞花序，由大型不孕花和两性小花两部分构成。大型不孕花多为 8 朵，分布于花序周围，也偶有 7 朵、9 朵、10 朵甚或更多者。花冠直径约 3.2~4.5 厘米，最大可达 7 厘米，每朵 5 瓣，初开芽绿色，渐转黄白色，盛开全白色；花序中间簇生的数十朵乃至近百朵两性小花朵花冠轮状，白色，直径仅 7~10 毫米，亦分 5 瓣，有雄蕊 5 枚（黄色）、雌蕊 1 枚，子房下位。两性小花有奇香。大型不孕花比两性小花早开 7 天左右，凋落亦比两性小花早。如遇秋季气温回升或暖冬天气，可二度开花。琼花果实由两性小花受粉后形成，初时青绿，继而米黄，再转暗红，最后紫黑，百果成簇，每粒长约 10~12 毫米，宽约 7~8.8 毫米，呈扁平、椭圆形。琼花性强健，喜光，喜肥，较耐阴寒，不耐水渍，不耐干旱。用播种、嫁接、扦插和压条等方法均能繁殖。

■芍药 2005 年 1 月 5 日，扬州市第五届人民代表大会常务委员会第十二次会议决定，增补芍药为扬州市市花。芍药为芍药科芍药属多年生宿根草本植物。有肉质的粗大主根，茎丛生，茎和叶梗有紫红和绿色两种。叶互生，二回三出复叶，小叶三裂，呈尖椭圆形。花蕾单生于分枝顶端，立夏前后开花。花大而艳丽，有单瓣或重瓣，花型多样，花色或红，或白，或紫，或黄，很多品种都能散发芳香。芍药喜温和、较干燥的气候，喜肥、耐寒、耐旱、耐阴，宜植于土层深厚、排水良好、疏松肥沃的沙质土壤。芍药又称“将离”，古代男女交往中会赠送芍药，以表达结情之约或惜别之情。芍药的别名还有没骨花、余容、犁食、婪尾春、黑牵夷等。芍药根可入药，味微苦，有镇痛等功效。芍药在中国有 3000 多年的栽培史。历史上，扬州的芍药闻名遐迩，一度与洛阳牡丹齐名，早有“扬州芍药甲天下”之誉。据记载，扬州芍药栽培始于隋唐，盛于宋代，衰于元明，复兴于清代。宋时，蜀冈禅智寺、龙兴寺等寺院都大量栽培，朱氏南北两圃植芍药五六万丛，盛极一时。

■银杏 1985 年 7 月 18 日，扬州市第一届人民代表大会常务委员会第十六次会议决定，扬州市市树为银杏、柳树。银杏，裸子植物门、松柏纲、银杏目、银杏科、银杏属，落叶乔木，叶扇形，雌雄异株，为距今 1.5 亿年左右的侏罗纪孑遗植物，国内栽培颇多，是珍贵果树和绿化观赏树种。繁殖用实生和分蘖。果实杏形，因附有白粉而得名。又因果色、叶形和结果迟而被称为白果、鸭脚和公孙树。树龄极长，可达千年以上。银杏全身是宝。其果仁富含淀粉、脂肪、蛋白质、维生素、糖、纤维素和矿物质，是健身营养补品；又可入药，性平、味苦，有小毒，功能敛肺定喘，主治痰哮喘咳、遗精带下、尿频等症。叶可提取有效成分制药，用于治疗心血管系统疾病。果皮可提取栲胶。木质轻软细密，不易变形，是建筑、雕刻、制作家具和工艺品的上等木料。银杏在扬州各县（市、区）均有种植。

■柳树 柳树，杨柳科柳属植物，落叶乔木或灌木。叶多狭长，雌雄异株。春天开花，其种子包裹在柳絮中，随风飘扬，遇土即活，繁殖极易，常用桩、枝扦插。枝条柔韧，自然下垂，随风飘舞，婀娜多姿，为历代文人墨客吟咏绘画的题材。

■**《茉莉花》** 2003年3月21日，扬州市第五届人民代表大会常务委员会第一次会议决定，扬州市市歌为扬州民歌《茉莉花》。扬州是民歌《茉莉花》最早的主传唱地区之一，已有数百年历史。歌词是：好一朵茉莉花，好一朵茉莉花，满园花草香也香不过它；我有心采一朵戴，看花的人儿要将我骂。好一朵茉莉花，好一朵茉莉花，茉莉花开雪也白不过它；我有心采一朵戴，又怕旁人笑话。好一朵茉莉花，好一朵茉莉花，满园花开比也比不过它；我有心采一朵戴，又怕来年不发芽。

国民经济与社会发展

■**概况** 2019年，扬州市实现地区生产总值5850.08亿元，比上年增长6.8%。其中，第一产业增加值292.80亿元，增长1.4%；第二产业增加值2778.21亿元，增长7.6%；第三产业增加值2779.07亿元，增长6.6%。按常住人口计算的人均地区生产总值为128856元，增长6.3%。三次产业结构调整为5:47.5:47.5，第三产业增加值占地区生产总值的比重比上年提高0.5个百分点。全市一般公共预算收入328.79亿元，比上年下降3.3%。税收收入263.81亿元，比上年下降3.1%，税收占一般公共预算收入比重80.2%。全市一般公共预算支出611.95亿元，增长8.6%，其中一般公共服务支出72.1亿元，增长12.3%。全市社会消费品零售总额1423.20亿元，增长6.3%。全市实现进出口总额113.05亿美元，下降5.7%。其中，出口83.6亿美元，下降2.1%；进口29.4亿美元，下降14.8%。全市实际到账外资13.88亿美元，增长13.69%。全年接待境内外游客7747.07万人次，增长10%；实现旅游业总收入1010.2亿元，增长10.1%。全体居民人均可支配收入37074元，增长8.8%。其中，城镇居民人均可支配收入为45550元，增长8.5%，农村居民人均可支配收入为23333元，增长8.7%。全体居民人均消费支出22460元，增长8.6%。其中，城镇居民人均消费支出25696元，增长8.3%；农村居民人均消费支出17215元，增长8.6%。全市就业人口268万人，其中新增城镇就业人数8.74万人，新增转移农村劳动力人数1.58万人，年末城镇登记失业率1.75%。

（吕纯军）

■**第一产业** 实施粮食绿色增产“1120”工程和“粮安工程”。全市粮食播种面积38.62万公顷，下降2.5%。其中，夏粮播种面积17.63万公顷，下降3.3%；秋粮播种面积20.99万公顷，下降1.8%。粮食亩产量493千克，增长1.9%。其中，夏粮亩产量378千克，增长2.1%；秋粮亩产量590千克，增长1.6%。粮食总产量285.60万吨，下降0.6%。其中，夏粮总产99.81万吨，下降1.3%；秋粮总产185.79万吨，下降0.2%。生猪出栏72.82万头，下降37.7%；存栏15.25万头，下降70.1%。家禽出栏5053.37万只，增长35.6%；家禽存栏1560.77万只，增长36.7%。水产养殖面积7.13万公顷，比上年减少3333.33公顷，下降4.5%；实现水产品产量39.59万吨，其中养殖产量36.85万吨，增长0.15%，捕捞产量2.74万吨，下降2.7%。推进“31113”基地建设，新增高标准农田1.22万公顷、高效设施农（渔）业5620公顷。新创农产品“三品一标”32个、农业产业化省级示范联合体9个。建设华东地区“中央厨房”，“三品一标”总数1295个，绿色优质农产品占比56.2%。高邮鸭集团、宝粮集团等9家企业跻身全国“2019农业产业化龙头企业500强”，高邮市获全国首个“大闸蟹生态养殖示范市”称号。（吕纯军）

■**第二产业** 全市3026家规上工业企业增加值增长8.5%，其中轻工业增长8.8%、重工业增长8.4%。全市先进制造业总产值增长8.5%，对全部规上工业总产值的贡献率为75.3%，拉动全市产值增幅5.6个百分点。新型电力装备产业、生物医药和新型医疗器械产业、汽车及零部件（含新能源汽车）产业产值增幅分别为13.1%、11.1%和10.1%；食品产业、高端装备产业、电子信息产业、海工装备和高技术船舶产业产值分别增长8.7%、8.4%、7.2%、5.5%。规模以上工业企业营业收入增长0.5%，利润下降17.2%。规模以上工业企业营业收入利润率、成本费用利润率分别为4.3%、4.7%。规模以上工业企业资产负债率53.0%，总资产贡献率7.2%。全年规模以上工业企业产销率97.2%。全社会用电量259.4亿千瓦时，增长4.2%，其中第二产业用电量174.99亿千瓦时，增长3.7%，工业用电量171.95亿千瓦时，增长3.8%。全市实现建筑业总产值4228.6亿元，增长8%；建筑业增加值518.59亿元，增长4.7%。推进“传统制造”向“智能制造”转型，新获批国家级首批专精特新“小巨人”企业3家。增材制造装备等3家制造业创新中心入围省重点培育名单，扬州获批省制造业创新转型成效明显地区。

（吕纯军）

■**第三产业** 全年净增服务业重点企业超过100家，生产性服务业占比54%以上，52个市级以上服务业集聚区营业收入规模突破1000亿元，税收收入超30亿元。获“世界美食之都”“东亚文化之都”称号，隋炀帝墓、仙鹤寺、西方寺大殿入选全国重点文保单位。全年实现旅游业总收入1010.2亿元，增长10.1%，其中旅游外汇收入8548.21万美元，增长2.5%。接待境内外游客7747.07万人次，增长10%，其中接待国内旅游人数7739.11万人次，增长10%，接待入境过夜旅游者7.96万人次，增长4.2%。全市货运总量和货物周转量分别完成1.50亿吨和434.47亿吨千米，分别增长6.1%、5.1%。客运量和旅客周转量完成2796万人和26.23亿人千米，分别下降9.8%、4.6%。港口货物吞吐量1.39亿吨，下降1.5%；集装箱吞吐量52.0万标箱，增长2.3%。扬州泰州国际机场新开辟国内航线11条，国际（地区）航线3条，累计开通46个通航点，扬州港年货物吞吐量1.1亿吨，远扬码头内河集装箱吞吐量全国第六。全市邮政通信业务收入78.21亿元，增长9.5%，年末电话用户641.10万户，增长2.6%，互联网宽带接入用户176.07万户，增长2.6%。年末人民币存款余额6700.46亿元，增长11.7%，贷款余额5374.85亿元，增长16.1%。全市证券资金账户数72.89万户，比上年增加5.1万户，增长7.5%。证券交易额11943.35亿元，比上年增加1992.94亿元，增长20%。全市各类保险机构实现保费收入178.81亿元，增长1.7%。（吕纯军）

■改革开放 有序推进国有企业混合所有制改革及上市等重点工作。深化医药卫生体制改革，扬州入选国家城市医联体试点，《聚焦医疗资源供给侧改革创新，推动农村区域性医疗卫生中心建设》被纳入2019年全国基层卫生改革典型案例。制定实施优化服务企业“2号文件”，推进商事登记制度改革，新登记市场主体6.79万户。深化“放管服”改革，推进简政放权，推动行政审批局实质化运转。编制“优化营商环境任务清单”，建成24小时智慧政务大厅。扬州获评全省首家中欧区域合作中方案例地区城市，国际产能合作项目累计25个。全年实现进出口总额113.05亿美元，下降5.7%。其中，出口83.6亿美元，下降2.1%；进口29.4亿美元，下降14.8%。全市对前十出口国家（地区）累计出口额73.9亿美元，占全市出口额的88.4%。其中，对拉美、非洲、大洋洲等新兴市场出口分别增长16.3%、148.5%、8.6%；对“一带一路”沿线国家和地区累计出口额19亿美元。全市实际到账外资及港澳台资13.87亿美元，增长13.69%。新批外资及港澳台资项目155个，增长14.81%。全市对外投资总额5.35亿美元，新批境外投资项目39个。“一带一路”沿线国家投资项目16个，6个项目纳入省“一带一路”重点项目库。（吕纯军）

■固定资产投资 全年全市固定资产投资增长6.1%。其中，工业投资增长3.2%，服务业投资增长10%；全市制造业投资增长4.5%；房地产开发投资增长12.1%；民间投资增长3.9%，民间投资占全部投资比重77.4%。推进连淮扬镇铁路扬州段、京沪高速扩建等工程建设，有序推进宁扬城际、北沿江高铁、扬泰机场二期扩建、润扬第二过江通道前期工作，中国首座公铁两用悬索桥五峰山长江大桥合龙。推进主城区快速环路建设，建成扬子江北路改造提升工程、扬子津路跨古运河大桥建设工程，推进实施江平路、运河路、润扬路快速化改造。推进青宁线输气管道扬州段建设，瓜洲泵站工程建成运行，长江镇扬河段三期、长江崩岸应急治理工程完成，长江堤防防洪能力提升一期工程建成。（吕纯军）

■重大项目 举办“烟花三月”国际经贸旅游节、“名城扬州携手世界名企”合作恳谈会等招商活动，新引进重大产业项目247个，新落户世界500强及跨国公司项目6个、3000万美元以上外资企业45个。沈飞所协同创新研究院、中航机载系统共性技术中心等一批重大科创项目签约落户。27个项目进入省重大项目投资计划。新开工工业重大项目56个，其中先进制造业项目46个。新签约万有（扬州）国际旅游度假区、中星北斗卫星遥感产业园、恒大三元软包动力锂电池项目等投资超100亿元和质子治疗中心等投资超50亿元的重大产业项目。实施市领导挂钩联系重大项目制度，中航长飞海底光缆、腾讯云大数据中心等一批重特大项目按计划推进。14个市级主导推进的列省重大项目完成投资112亿元，372个市级亿元以上重大项目完成投资1325亿元。（吕纯军）

■科技创新 全年专利申请量和专利授权量分别为3.38万件和1.87万件，其中发明专利申请6806件，发明专利授权1345件；有效发明专利量6578件，每万人发明专利拥有量15.18件，增长22.0%。新增驰名商标2件、地理标志8件。新增国家级孵化器3家、省级孵化器5家、省级众创空间10家。全年净增国家高新技术企业270家，806家企业通过国家科技型中小企业评价。全市研发投入占GDP比重为2.52%，提升0.07个百分点；高新技术产业产值占规模以上工业产值比重为47.2%，提升1个百分点。601所扬州协同创新研究院、中航机载系统共性技术中心、中科院扬州科创城、DELL扬州创新基地等一批重大科创项目落户。国家小微企业创业创新基地城市示范通过国家绩效评价，国家农业科技园区通过验收。高邮、仪征等6县（市、区）上榜“中国创新百强区县”。新投入使用科技产业综合体67.4万平方米，累计入驻企业4200家、吸纳就业人员5万人，新获批国家高新技术企业527家。新能源、智能电网、新一代信息技术等战略性新兴产业增加值占GDP比重17.5%。发放小微企业创新券1.1亿元，促成产学研合作项目550项，技术产权交易合同备案登记额超15亿元，新获批省级以上“三站三中心”58家。“新城疫新型疫苗创制应用”项目获国家技术发明二等奖，“蛋鸭种质创新与产业化”项目获国家科学技术进步二等奖，国脉通讯“城市智慧交通大数据集成应用系统”项目获国家级产学研合作创新成果奖，4个项目获省科技奖一等奖。（吕纯军）

■社会保障 年末，全市城乡基本养老、城乡基本医疗、失业、工伤和生育保险参保人数分别为330.85万人、425.32万人、72.55万人、84.13万人和78.12万人。城乡居民基本养老保险基础养老金最低标准由每人每月135元提高到148元。城乡居民医保人均财政补助最低标准提高到每人每年550元。农村低保标准提高到每人每月680元。全市建档立卡低收入农户脱贫率99.9%。全体居民人均可支配收入增长8.4%，高于经济增速1.4个百分点。新增创业带动就业8.3万人，就业技能培训6.3万人。农业农村电子商务销售65亿元以上，带动约7万农户致富。启动低收入群体价格临时补贴与物价上涨挂钩联动机制，发放价格临时补贴人数超50万人次。入围全国家政服务业提质扩容“领跑者”行动重点推进城市，新增颐养示范社区23个，建成区域性养老服务中心6个，养老机构床位总数2.3万张，服务老年人超过2.6万人。建立完善市县乡三级联动管理机制和保障机制，开展创新农村基层社会治理与服务试点，推进城乡日常管理制度化、规范化。开展安全生产专项整治，全市安全生产形势平稳。高邮创成省级食品安全示范城市。（吕纯军）

■社会事业 完善公共文化服务体系建设，新建城市书房13家，举办“我心目中的扬州”创作朗诵等文化惠民活动720场次，获评省书香城市建设示范市。全市有文化馆和群众艺术馆7个、公共图书馆7个、博物馆16个、美术馆1个，综合档案馆7个，向社会开放档案8.92万卷、13.64万件。推进卫生事业发展，市公共卫生中心封顶，传染病院整体改扩建工程交付使用，基层医疗机构标准化建设率97.49%，新增5家农村区域性医疗卫生中心达到二级医院标准。年末，全市有各类卫生机构1890个，其中医院76个、疾病预防控制中心7个、妇幼卫生保健机构8个，病床2.5万张，卫生技术人员2.94万人。体育事业稳步发展，全票获得2022年世界田联半程马拉松锦标赛举办权，举办第14届扬州鉴真国际半程马拉松赛，连续8年获评世界田联（原国际田联）金标赛事；举办扬州市第13届运动会。推进教育事业发展，启动7所普惠性幼儿园、4所中小学改扩建工程，新创省优质幼儿园11所、省优质职业学校3所。年末，全市有普通高校8所，高等教育毛入学率64.5%，比上年提高4.3个百分点。高中阶段教育毛入学率100%，学前三年教育毛入园率99.4%。全市小学在校生21.9万人，普通中学在校生17.58万人，在园幼儿11.12万人。（吕纯军）

■城乡建设 获评“世界美食之都”和“东亚文化之都”，承办东盟与中日韩文化城市网络启动仪式、市长论坛等活动，发布《扬州倡议》。推进大运河文化带扬州段建设，编制“扬州段实施规划”，扬州成为唯一一个全域划入国家《大运河文化保护传承利用规划纲要》核心区的地级市。举办首届大运河文化旅游博览会、世界运河大会暨2019世界运河城市论坛系列活动，推进中国大运河博物馆项目建设。参与长三角一体化和宁镇扬一体化建设，举办名城扬州携手世界名企暨对接上海产业转移合作恳谈会和宁波民资产业招商恳谈会，签约项目73个。推进长江经济带建设，开展港口码头整治提升、排污口排查整治等专项行动。制定实施《关于打造永恒城市经典的若干规矩》，聚焦重点片区，全面加强功能定位、空间形态、建筑风貌等全要素管控。启动市区市容环境整治提升三年行动，拆除违法建设5.77万平方米，出新36条路段城市家具。完成老旧小区整治29个，改造城中村15个，新（改）建农贸市场9个。新辟、调整公交线路30条，新（改）建公交站棚52座，购置新能源公交车322辆。加强垃圾分类宣传教育，新增垃圾分类示范小区46个、社区19个、乡镇（街道）20个。出台《乡村振兴战略实施规划》，推进产业振兴、乡村治理等7大类27项重点任务。推广“互联网＋农业”经济发展模式，安宜镇等4镇6村上榜全国淘宝镇（村）。年末村级债务比年初下降5.9%。155个美丽宜居村庄项目、2个省级传统村落保护项目按计划推进，农村无害化卫生户厕普及率居苏中、苏北第一，638个村庄建成生活污水处理设施。新（改）建农村公路403千米，创成“四好农村路”示范乡镇7个，行政村双车道四级路覆盖率95%。（吕纯军）

■生态文明建设 全年$PM_{2.5}$平均浓度为43微克/立方米，比上年下降6.5%，空气质量优良天数254天，优良天数比例69.6%。持续推进黑臭水体整治，9个国考断面水质达标率88.9%、32个省考断面水质达标率93.8%，水质优良比例71.9%。推进土壤污染防治，完成农用地土壤污染状况详查，化学需氧量、二氧化硫、氨氮、氮氧化物4项主要污染物减排和碳强度下降全面完成国家下达任务，加强高邮电池工业园等3个重点防控区专项整治。非电行业规上工业企业煤炭消费量254.8万吨，超额完成省定减煤任务。推进江淮生态大走廊建设，新建各类公园69个，修复湿地300公顷，完成成片造林2893.33公顷，市区新增绿地147.3万平方米，全市有林地面积900.16百公顷，森林覆盖面积1355.44百公顷，森林覆盖率14.83%，林木覆盖率23.44%。推进化工园区和化工企业专项整治，关闭退出化工生产企业112家，高耗能投资下降22.7%，在建项目减少45个。推进农业面源污染整治，畜禽粪污资源化利用率83%以上，废旧农膜回收利用率73%，秸秆综合利用率96.4%。邗江创成国家生态文明建设示范区。（吕纯军）

区域融合发展

Quyu Ronghe Fazhan

编　辑　贾丽琴

综述

■概况　深化长三角区域融合发展。连淮扬镇铁路扬州段完成铺轨92%；北沿江高铁可行性研究通过评审；五峰山长江大桥主桥合龙，五峰山过江通道公路北接线路基和桥梁桩基工程基本完成。深化与长三角城市的产学研协同创新，与南京、镇江等地高校院所达成科技创新、人才引进等合作协议，共建工程技术研究中心、协同创新中心、实践教学基地等研创中心。在上海、南京、杭州等长三角重点地区设立招商驻点，春秋航空旅游等一批重特大项目先后落户。

加快推进宁镇扬一体化和南京都市圈建设。区域公路交通网络逐步完善，江广高速扩建、宿扬高速建成通车，五峰山过江通道公路接线扬州段加快实施。区域间港口物流、运输服务协作更加密切。划转扬州港口国有资产入股组建省港口集团，扬泰国际机场并入东部机场集团。文旅合作进一步深化，共同打造无障碍旅游区，推行全市文化馆、图书馆、美术馆、博物馆以及乡镇文化站等公共文化设施在宁镇扬都市圈内免费开放。依托南京大学、东南大学、南京航空航天大学、江苏大学等高校院所开展科技项目合作。推动宁镇扬客运班线公交化改造，三市公共交通“一卡通”实现互通兼容，三地市民享受同城刷卡优惠政策。整合三市专家资源开展“大型医院巡查”活动。建立全方位多模式的“一站式”预约挂号服务，全市23家二级以上医院和18家区域医疗卫生中心接入平台。

（谢兆伟　吴文昊）

■南北园区共建　与上海、苏南等地开展产业合作，上海莘庄工业区（宝应）工业园引进上海在建亿元项目2个，总投资7亿元，新签约上海及苏南项目3个，总投资26亿元；波司登高邮工业园承接上海及苏南产业转移项目3个，计划总投资26.8亿元。　（谢兆伟　吴文昊）

■航空产业区域合作　2019年，中国航空工业集团在扬落户重点科创项目2个，分别是飞机主机所（沈阳飞机设计研究所扬州协同创新研究院有限公司）+机载系统（中航机载系统共性技术有限公司），被市委、市政府确定为新兴科创名城建设的“一号工程”。沈阳飞机设计研究所扬州协同创新研究院于3月30日揭牌，中航机载系统共性技术有限公司于7月31日揭牌。沈阳飞机设计研究所扬州协同创新研究院获评江苏省大众创业万众创新示范基地、江苏省院士工作站（中国工程院院士、航母舰载机总设计师孙聪）、江苏省军民融合创新平台和扬州市先进无人机系统工程技术研究中心，成立“飞发一体化技术联合研究中心”。中国工程院院士孙聪、王浚在扬州院设立院士工作站。3月26—29日，举办首届扬州航空科技文化展和“飞鲨”奖助学金暨航空科技教育工程。12月4—5日，举办2019年扬州航空产业推介系列活动，承办军科委全国先进航空技术主题开放日、中国航空研究院全国临近空间防御体系研讨会、中国航空学会飞行载荷专业工作会等多场国内国防科技和航空领域活动。推动成立由31家扬州本土企业组成的航空科技产业联盟。

（谢兆伟　吴文昊）

参与“长江经济带”建设

■概况　2019年，全市沿江县（市、区）、功能区均设立推动长江经济带发展领导小组办公室，建立包括地方、部门、县（市、区）牵头单位、部门业务处室负责人及具体业务联系人的纵向到底、横向到边的工作网络体系，形成各项工作任务的快速反应机制，确保关于长江经济带相关工作、任务能够及时对接、处理和落实。市长江办出台《2019年扬州市推动长江经济带发展工作要点》，分解落实全省长江大保护南京、南通现场推进会和长江保护修复攻坚战行动计划相关任务，逐一明确重点事项责任单位，压实重点工作任务。建立县（市、区）、功能区党政班子成员挂包制度，党政主要负责人为第一责任人，党政班子成员分别挂包相关具体问题的整改；明确领导小组主要成员单位职责分工，将长江大保护生态环境突出问题整改纳入对各地、各相关部门的高质量考核体系。加大投资力度，搭建银企合作平台，创新银企合作机制，加大合作对接力度，引导和激励金融资本参与长江大保护工作。与国家开发银行合作，全年实质性推进项目超10个，涉及总投资近200亿元。与中国农业发展银行合作，全年审批项目15个，审批金额67.7亿元，投放44.65亿元；待审批项目18个，审批金额112.14亿元。与三峡集团等央企对接，梳理一批可能合作项目。

（韩世来　李　俊）

■规划编制 严格落实空间用途管制制度，在长江沿线纵深1千米范围内划定限制建设区和禁止建设区，划定永久基本农田，增强长江沿线的资源承载和生态涵养能力。开展“三线一单”（生态保护红线、环境质量底线、资源利用上线和环境准入清单）编制工作，完成新一轮生态红线调整、环境管控单元的划分、落图和环境准入清单编制、更新。落实《国家长江经济带发展负面清单指南（试行）》《江苏省长江经济带发展负面清单实施细则（试行）》，按省统一部署开展扬州市《长江岸线保护利用规划》《长江码头布局规划》编制工作，提升岸线和码头集约利用水平，控制“沿江开发强度，把握产业方向。按照因地制宜、适地适树、见缝插绿、宜栽尽栽”的原则，组织编制《扬州市长江沿岸造林绿化工程总体规划2019—2035》，推进沿江地区生态绿化工程。（韩世来　李　俊）

■产业转型升级 优化产业布局，在沿江地区持续推进汽车、机械、软件和互联网等六大基本产业转型发展，推动沿江化工等传统产业有序转移。出台《市政府关于加快先进制造业（集群）发展的政策意见》，形成新的“1+8”政策体系，促进全市先进制造业（集群）加快发展、特色发展、绿色发展。实施化工产业安全环保整治提升、沿江船舶整治、低端产能淘汰等行动计划，全市节能环保、光伏、新能源汽车等绿色产业开票销售约占规模以上工业开票销售的10%。成立扬州市淘汰落后产能工作领导小组，印发市淘汰落后产能工作领导小组成员单位工作职责，明确2019年市淘汰落后产能工作要点，推动全市依法依规淘汰落后产能，推动产业转型绿色低碳循环发展。优化招商引资工作机制和组织架构，制定《关于推动开放型经济高质量发展的政策意见》。1—10月，全市外出招商542批次，推进项目690多个，举办推介签约活动200多次，签约项目740个（注册496个）。

（韩世来　李　俊）

■基础设施建设 加快构建立体廊道，对接区域重大发展战略，围绕沿长江、沿运河两大立体发展轴线，突出高速铁路、高速公路、过江通道、航道整治等重大交通工程。扬州泰州国际机场一期扩建工程建成投用、二期扩建工程相关前期工作加快推进，连淮扬镇铁路扬州段铺轨进入最后阶段，扬州东、宝应、高邮三个高铁站房加快建设，五峰山过江通道公路接线全线展开施工，京沪高速扩建工程全面施工，龙潭长江大桥大临工程开工建设，长江南京以下12.5米深水航道全线贯通，通扬线高邮段航道整治工程展开护岸和桥梁施工。北沿江高铁、润扬第二过江通道、宁盐高速公路、西北绕城扩建、京杭运河长江口门段航道整治工程等前期工作取得实质性进展，黄金水道高效绿色运输优势不断放大，长江经济带综合立体交通网络逐步完善。（韩世来　李　俊）

■生态修复 推进生态环境污染治理“4+1”（城镇污水垃圾处理、化工污染治理、农业面源污染治理、船舶污染治理以及尾矿库污染治理）工程。城镇污水垃圾处理方面，市政府办印发《扬州市城市黑臭水体治理攻坚战实施方案》，城市建成区黑臭水体基本消除。疏通、检测市区污水管网890千米，完成水污染防治重点工程项目61个，县级以上集中式饮用水源地全部通过省级达标建设验收，全市6个县级饮用水源地57个环境问题全面完成整治，饮用水源地水质达标率连续多年保持100%。汤汪污水处理厂三期工程、北山污水处理厂、宝应县生活垃圾焚烧发电厂、江都区生活垃圾焚烧发电厂、扬州市区生活垃圾焚烧发电厂三期、赵庄生活垃圾卫生填埋场二期等污水垃圾处理设施加快推进。化工污染治理方面，市政府办出台《扬州市化工产业安全环保整治提升实施方案》，按省标准对所有化工生产企业进行安全风险评估、环境风险评估及资源集约利用综合评价，制定“一企一策”处置方案。验收通过40家关闭退出企业，年末将通过验收的企业名单

连淮扬镇铁路与宁启铁路交会段　张卓君/摄

报市化治办备案。农业面源污染治理方面，推广测土配方施肥、有机肥替代、水肥一体化等技术，引导农民科学施肥。开展非禁养区规模养殖场摸底排查，建立492家规模养殖场档案，明确年度治理清单，通过农业、环保等部门检查认定的养殖场457家，治理率达92.89%。调减罗氏沼虾养殖面积1200公顷，全市罗氏沼虾养殖面积控制在7800公顷。开展渔业资源增殖放流，全年共放流鱼蟹1530万尾（只）。船舶污染治理方面，制定出台《扬州沿江港口船舶污染物接收转运及处置设施建设方案》，建立船舶污染物接收转运处置闭环管理体系，通过电子联单送交船舶生活垃圾529份1641千克。完成沿江15家主要港口码头船舶垃圾回收站台建设，扬州港区4家港口服务企业具备港口船舶生活污水接收能力，内河码头建成55套船舶垃圾接收和52套油污水接收设施。（韩世来　李　俊）

■专项整治　国家、省下达扬州市长江干流岸线利用项目清理整治和生态环境整治具体问题113个，至2019年末完成51个，其余问题按时间节点前整治到位。持续开展污染防治攻坚战。坚持“治企、限煤、管车、抑尘、禁燃”五气同治、联防联控，全年空气质量优良天数比率为69.6%。坚持“治城先治水”，沿江主要港口码头基本建成水污染防治设施，散货码头中水回收利用率达88.9%；城区内河水质明显好转，12个断面水质提升至Ⅱ类，劣Ⅴ类水体比例从17.8%降为0。严格管控土壤环境风险，开展土壤污染治理与修复，建成具备3000件样品处理能力的现代化、标准化、智能化农用地详查样品流转中心。推进港口码头整治提升。整改中央环保督查反馈问题，沿江22个非法码头完成拆除、清场，内河干线航道沿线非法码头拆除45座，全部完成自然岸坡恢复和复绿提升。沿江主要港口企业岸电设施全面建成，内河干线航道500吨级以上主要码头岸电设施建设推进，共建成10套港口岸电设施，覆盖16个泊位。开展入河排污口排查整治、非法采砂整治、坡耕地治理、水生生物资源多样性保护等专项行动，在广陵头桥、江都大桥等沿江1千米区域范围内植树造林179.6公顷。通过退养还滩、消除硬质化、栽植植物等措施，在沿江地区修复湿地86.67公顷。

（韩世来　李　俊）

长三角区域合作

■基础设施建设　至2019年末，连淮扬镇铁路扬州段完成铺轨92%；北沿江高铁可行性研究通过评审；宁扬城际工可报告报审稿编制完成，客流预测、通航论证的子专题通航环境和应急抛锚等经专家评审，基本农田补划方案、社会风险稳定评估、节能评估等工作加快推进；五峰山长江大桥主桥合龙，五峰山过江通道公路北接线路基和桥梁桩基工程基本完成；京沪高速公路扩建工程涉铁应急先导段完成整体工程量的86%；龙潭过江通道大临工程完成年计划的67%；润扬第二过江通道推进工可研究；宁盐高速公路开展初步设计各专项审查；西北绕城扩容改建工程完成工可及所有专项报告，完成环评批复和稳评备案；328国道改扩建工程仪征城区段和江都城区段路基和桥梁加快建设。

（谢兆伟　吴文昊）

■科创合作　深化与长三角城市的产学研协同创新，主动对接上海、南京、杭州的科教资源，分别与上海交通大学、南京大学、浙江大学、东南大学、上海产业技术研究院签订合作协议。（谢兆伟　吴文昊）

■产业合作　坚持把上海和长三角地区作为全市招商的重点区域，密集开展长三角招商周、对接上海产业转移双月招商、对接上海百日招商等招商活动，在上海、南京、杭州等长三角重点地区设立51个招商驻点，其中上海33个。市领导带队分别赴上海、宁波等地开展产业招商，签约项目73个，总投资330多亿元，春秋航空旅游等一批重特大项目先后落户。以南北共建园为载体，加强与上海、苏南等地的产业合作。（谢兆伟　吴文昊）

■生态环境保护　保护南水北调东线输水水质，高标准推进江淮生态大走廊建设。全年计划投资51亿元，开工建设项目54个，完成16个。新造成片林4933.33公顷，修复湿地740公顷，自然湿地保护率达51.2%。推进高宝邵伯湖退养还湖6000公顷，完成124个行政村覆盖拉网式农村环境综合整治，新建大走廊沿线各类公园110余个，疏浚县乡河道135条，整治村庄河塘1200余条（个），关闭搬迁禁养区规模畜禽养殖场（户）844家。建成“七河八岛”生态中心等6个生态中心。与邻近的安徽省滁州市加强对接，就两市边界河道秦栏河的水环境保护、水生态治理等工作进行协商，建立跨区域河湖管护治理联动机制。与泰州市、盐城市政府签订《流域横向生态保护合作及跨界水环境区域补偿协议》，开展协同保护和联防联治。（谢兆伟　吴文昊）

■文旅与公共服务合作　与南京、镇江共同发行宁镇扬旅游年卡，共同开展旅游推介，打造“扬子江之旅”旅游品牌。举办首届大运河文化旅游博览会、世界运河大会暨世界运河城市论坛、运河文化嘉年华等活动。大运河国家文化公园建设推进会在扬召开，开工建设中国大运河博物馆，启动建设京杭运河扬州段绿色现代航运示范区。建成覆盖全市二级以上医院的“扬州挂号网”，并连接江苏省及南京都市圈预约挂号系统。（谢兆伟　吴文昊）

■2019世界名企招商引资推介恳谈会举办　7月4日，扬州市在上海举行2019世界名企招商引资推介恳谈会，与驻沪名企共商合作、共谋发展。仪式上，38个产业项目进行签约，其中外资及港澳台资项目17个，总投资24.25亿美元；产业转移项目16个，总投资94亿元。中

11月19日，长三角地区"十一市一区"旅游服务业质量提升推进会在扬召开

发改委/供稿

远海运重工、福晟集团、日本住友株式会社、法国圣戈班集团等驻沪世界500强及跨国公司代表、知名科技企业高管和商会负责人等300余人参加恳谈会。（杨 志）

■长三角"十一市一区"旅游服务业质量提升推进会在扬召开 11月19日，长三角地区"十一市一区"旅游服务业质量提升推进会在扬州召开。会上，扬州市与长三角地区的上海浦东新区、南京、杭州、合肥、宁波、苏州、芜湖、黄山、金华、衢州、温州共同签署旅游服务业质量提升合作倡议书，倡议共同促进区域旅游质量高水平提升，共同提升区域旅游标准化工作水平，共同加强旅游服务质量监管，共同推动区域旅游服务业质量创新，共同增强旅游服务业质量监测、检测能力，共同营造放心消费的高品质旅游环境。（杨 志）

■扬州入选长三角区域"七名"系列旅游精品推荐目的地榜单 11月21日，由安徽省文化和旅游厅、上海市文化和旅游局、江苏省文化和旅游厅、浙江省文化和旅游厅联合主办的长三角区域"七名"（名城、名镇、名村、名山、名湖、名园、名馆）国际精品线路暨主题专项旅游产品发布会在合肥举行。会上发布长三角区域"七名"系列国际精品线路和主题专项旅游产品。扬州入选"名城"推荐目的地名单，邵伯古镇入选"名镇"推荐目的地名单，个园入选"名园"推荐目的地名单。（杨 志）

■区域供水 12月6日，"同饮长江水，共筑健康梦"——两省三市跨区域饮用水卫生监督与长效管理机制项目启动仪式在扬州举行，江苏、安徽两省和扬州、镇江、滁州三市卫健委、卫生监督部门及水务企业负责人参加仪式。启动仪式上，两省三市卫生健康监督机构和三地公司水务代表联合签订《两省三市跨区域饮用水卫生监督与长效管理联动机制合作框架协议》。近年来，扬州饮用水供给安徽滁州天长市、江苏镇江市丹徒区高桥镇、京口区共青团农场三地，形成三市联合跨区域供水，供水人口7万余人，月供水量23万吨。随着这次项目的推进，两省三市组织网络、长效监管机制、信息共享平台将逐步建立，并形成两省三市的突发饮用水应急处置方案，提高三地卫生健康监督机构工作效能，提高水务公司供水管水工作能力。（杨 志）

■上海莘庄工业区（宝应）工业园 上海莘庄工业区（宝应）工业园，是上海闵行区莘庄工业园与宝应经济开发区南北挂钩共建园区。2014年12月，宝应经济开发区与莘庄工业区达成南北共建合作协议。2015年底，共建园区上海莘庄工业区（宝应）工业园通过江苏省政府审核认定，成为省内第44家南北共建园区。园区总规划面积3平方千米，一期建设面积0.81平方千米，二期建设面积2.12平方千米。建成2.86平方千米，完成基础设施投入2.5亿元，建成3纵4横道路网络，完成区域内搬迁及"七通一平"等基础设施配套，建成食堂、人才公寓、员工活动中心等。2019年，园区实现工业产品销售收入约320亿元（含宝胜集团部分企业）。至年末，园区内共有项目33个，其中工业项目32个、三产项目1个，在建企业16家，入驻企业20余家，包括中航宝胜电气股份有限公司、江苏浩博新材料股份有限公司扬州分公司、江苏康源纺织有限公司、江苏远扬管业股份有限公司等一批国内、业内知名企业。全年引进项目3个，泽奇仿真兔毛绒项目部分设备到位，开始投产；锡洲电磁线项目，办理施工前的各项手续后开工建设；摩恩智能产业园项目处于设计图纸阶段。（李 洲 周 智）

■波司登高邮工业园 波司登高邮工业园于2015年4月正式获批，共建范围为东至国道G233，西至北关河，南至波司登大道，北至东平河，规划面积2.32平方千米，以高邮经济开发区和波司登股份有限公司为合作主体，以高邮市电池工业园为共建载体，实施"两园合一、融合开发"。2019年，园区实现工业产品销售收入约185.14亿元，规模以上工业增加值37.03亿元，公共财政预算收入3.42亿元，实际利用外资及港澳台资1371万美元。全年新招引项目3个，分别为总投资10亿元的晶旺年产2GW晶硅PERC光伏电池片项目、总投资1.8亿元的方通年产600吨单晶硅生产线一期项目、总投资3000万美元的工凡科技项目。（娄文炳）

宁镇扬一体化发展

■基础设施建设 区域公路交通网络逐步完善。江广高速扩建，宿扬高速建成通车，五峰山过江通道公路接线扬州段加快实施。区域间港口物流、运输服务协作密切。服从服务于全省港口一体化改革大局，整合沿江岸线和港口资源，划转扬州

港口国有资产入股组建省港口集团，推动宁镇扬港口协同发展、错位竞争。扬州泰州国际机场并入东部机场集团，实现省内机场统一规划、资源共享、联动运作。

（谢兆伟　吴文昊）

■产业协同发展 与南京、镇江等地高校院所达成科技创新、人才引进等合作协议150余项，共建工程技术研究中心、协同创新中心、实践教学基地等研创中心8家，项目总投资超2亿元。南京航空航天大学与康博新材料合作的“基于倒金字塔微纳陷光结构的高纯多晶黑硅片的研发及产业化”、南京理工大学与扬锻合作的“基于多连杆和伺服气垫的重型高效智能化高强钢冲压线研发及产业化”2个项目获得省科技成果转化立项。（谢兆伟　吴文昊）

■公共服务一体化 推动宁镇扬客运班线公交化改造，三市公共交通“一卡通”实现互通兼容，三地市民享受同城刷卡优惠政策。整合三市专家资源开展“大型医院巡查”活动。建立全方位多模式的“一站式”预约挂号服务。全市23家二级以上医院和18家区域医疗卫生中心接入平台。依托南京市远程医疗各中心，推广建立“扬州区域”远程医疗分中心。统一数据标准与通信规范，实现高端医疗资源的共享和利用。逐步试行三市二级以上医院医学检验、医学影像检查结果互认。推进宁镇扬医疗联合体建设，加强共建医疗科室、开设名医工作室等合作。

（谢兆伟　吴文昊）

■文旅合作 打造优质“旅游圈”，提升区域旅游联合发力水平。加强与南京、镇江合作，通过“信息互通、产品互推、客源互送”等多种形式，共同打造无障碍旅游区，在旅行社团队优惠政策、导游进入景区等方面实现同城待遇。鼓励和倡导互为旅游客源地、旅游目的地，相互支持各自举办的旅游促销及节庆活动。加强与南京、镇江共同整合优势旅游资源，通过统一旅游品牌、统一线路产品、统一编制导游词、统一印制旅游宣传品、统一组织宣传推介，“走出去”推广区域旅游品牌。打造新型“文化圈”，提升区域文化资源共享水平。全面推行扬州市公立文化馆、公共图书馆、美术馆、博物馆以及乡镇文化站等公共文化设施在宁镇扬都市圈内免费开放，加快公共文化资源共建共享，满足三市群众公共文化需求。打造特色“文艺圈”，提升区域文化艺术交流水平。主动承接、搭建“平台”，加大南京、镇江优秀的文艺人才、节目来扬展演展示。组织扬剧《秦香莲》走进镇江影剧院、句容大剧院，举行“扬州之春”艺术周系列活动。组织扬剧研究所的工作人员在南京博物院举行扬剧展演。（谢兆伟　吴文昊）

■宁镇扬体育赛事 11月10日，2019宁镇扬健身气功交流暨扬州市第七届健身气功交流比赛在扬州体育公园综合类球馆举行，来自宁、镇、扬的健身气功爱好者300余人参加。12月15日，2019年宁镇扬足球邀请赛在扬州体育公园体育场训练场落幕，邀请赛有来自宁镇扬三市的6支业余足球俱乐部参赛，最终扬州华奥风云足球队夺冠。12月16日，宁、镇、扬网球团体邀请赛在扬州体育公园奥森网球中心落幕，邀请赛共有来自宁、镇、扬的6支网球俱乐部队伍参加，每支队伍共有11名队员组成，比赛采用团体赛形式进行。最终，镇江众诚网球俱乐部获得首届比赛冠军。

（杨　志）

对口支援

■概况 2019年，扬州市对口帮扶支援合作工作主要就组织领导、资金支持、人才支援、产业合作、劳务协作、携手奔小康等领域开展各项工作，共拨付省财政对口扶贫专项资金6149万元、援疆援青援藏资金7748万元，合计1.39亿元。全市共投入省统筹资金3.59亿元，完成对口帮扶支援地区建设94个民生和扶贫产业项目（其中扶贫产业项目63个），榆林、新源、贵南的资金和项目分别为1.67亿元67个、1.22亿元20个、0.69亿元7个。三峡库区秭归县全年援助资金为143万元。全市共对口帮扶支援11个国家级贫困县，结对帮扶县、乡（镇）、村分别达11个、45个、34个，共派出197名教育、卫生、农业等援助专家人才。扬州市东西部对口帮扶工作开展社会宣传，主动对接国家省市主流新闻媒介，宣传报道在多家媒体刊登多次。援建新疆新源县工作连续3年被江苏省对口支援伊犁州前方指挥部表彰为“先进单位”。

（王晓峰）

■对口支援新疆新源县 扬州市对口支援新疆新源县工作始于2011年。2019年，投入援疆资金1.32亿元，其中计划内援疆资金1.22亿元，向江苏省对口支援伊犁州前方指挥部、州直部门和扬州后方争取小援疆资金近1000万元。援疆资金1.22亿元中，民生项目资金占比93%。共实施项目20个，当年项目开工率100%，竣工验收率100%，援疆资金投资完成率100%；上年度项目完成决算率100%。结合受援地推进乡村振兴战略，帮助解决一批水、电、桥、路、气、房以及与群众密切相关的民生问题。累计投入1.3亿元新建新源县六中、八中，投入0.6亿元新建新源县人民医院，投入800万元建设哈萨克医医院附属设施，投入132万元建设富民安居房132户。扬州市人社局建立“新源驻扬州转移就业人员管理服务站”。给予人才和资金支持，加大农牧民国语+技能培训，先后引进8名职业教育老师，安排培训资金近100万元，提高农牧民就业转移能力。全年帮助新源往疆外江苏、山东等地转移就业309人。投入1500万元在新源工业园区建设“扬州科创园”4幢1.1万平方米标准化厂房，为培育创业创新企业打造平台和载体。通过就地集中培训、技术指导，到江苏挂职锻炼、参观学习等方式，帮助受援地培训党政干部、创新创业人才、公共服务领域人才和基层党务工作者5900多人次。培训教师1272人，组织扬州33所学校与新源50所学校网上结对，实施师资队伍培养“青蓝工程”“骨干教师赴扬培训计划”，建立新源县教育名师工作室14个，举办“扬州名师大讲堂”19场，培训1700多人次，扬州援疆医疗团队累计接诊5310人次，抢救急难重症患者327人次；举办讲座46期，培训医护人员900多人次。组织扬州11所学校1200多名学生与新源学校和学生结对。扬州新源两地机关、企业、文化等各部门单位共有205次、1800多名干部群众互访交流。（王晓峰）

■对口支援西藏拉萨市 扬州援藏教师团队所援助的拉萨江苏实验中学是2014年由江苏省政府投资2.63亿元，在原拉萨市第三高级中学基础上增设初中部后主办的全日制、寄宿制、示范性完全中学。从2014年扬州首批派出7名援藏教师以来，至2019年扬州先后选派四批共4位管理干部、四批29人次的教师团队开展“组团式”教育援藏工作。由于扬州团队的突出表现，省委组织部和教育厅将原来六个地市教育援藏的计划调整为南通和扬州共同援助拉萨江苏实验中学。扬州教育援藏人数由9人增加到11人，扬州团队帮助拉萨市教研所制定学科教研基地管理制度和办法，承担英语和化学两个学科教研基地的建设。帮助拉萨市制定的援藏教师管理制度和办法，最终被自治区组团办采用，成为援藏教师管理的基本制度。学校中高考质量连年攀升，扬州团队分管的初中连续三年中考都位居全拉萨市第一，挂牌首批“自治区示范高中”。（王晓峰）

■对口支援青海贵南县 扬州市对口支援青海贵南县工作始于2010年。2019年，共安排援建资金6437万元，实施项目11个。贵南第二人民医院、新农村农牧区建设、高原牦牛扶贫产业园等重点民生项目竣工；贵南游牧民定居基础设施建设项目、农村生活垃圾无害化处理站试点建设项目等跨年项目完成年内进度；县民俗展览中心及民族团结教育基地、县城污水处理厂提标扩能等项目调整完成报州审批。扬州市委主要领导赴海南州调研，并与州、县领导深入对接交流。扬州市检察院主要负责人带队实地帮扶贵南县检察院，帮助提升县检察院基础设施和信息化建设，加强两地在新类型刑事案件、公益诉讼案件等方面的交流合作。扬州团市委、青商会到贵南开展捐资助学活动，与贵南团县委建立青年创业帮扶的长效合作机制；高邮市及三垛镇、邗江区西湖镇、江都区邵伯镇等分别与结对部门和乡镇开展帮扶共建工作。组织推动贵南发改、人社、卫健、文化、工会等部门和相关乡镇、企业等7批次90多人赴扬州开展对接交流，扬州市总工会安排贵南县40名干部职工赴扬开展职工疗休养。贵南6名干部分别嵌入式参加扬州举办的6个干部培训班。组织全县27名非公企业（合作社）负责人赴扬州开展专题培训，经市委组织部协调，确定扬州市江都、邗江、广陵三区各负责一年重点结对贵南帮扶工作，重点承担交流学习、智力支持、项目协作、资金支持等任务。（王晓峰）

■对口支援湖北秭归县 扬州市对口支援湖北秭归县工作始于1994年。2019年，扬州市援助湖北秭归县项目资金143万元，与全省其他财政资金共同支持秭归县社会公益、民生改善、助力扶贫和经济发展等项目。至年末，扬州市累计对口支援湖北秭归县达1585万元。（王晓峰）

■对口帮扶陕西榆林市 扬州市对口帮扶陕西榆林市工作始于2017年。2019年，扬州市对口帮扶工作组被陕西省委、省政府授予“脱贫攻坚组织创新奖”称号，10人被榆林市表彰为“社会扶贫先进个人”。全市共派出帮扶干部19人，完成率100%。“支农支医支教”专技队伍154人，完成率106%。8个结对县区主要负责人均完成互访任务。扬州党政代表团与榆林党政代表团交流互访，召开扬州榆林协作联席会议。全年下达1.67亿元的苏陕年度扶贫协作资金计划，确定实施项目68个，其中产业项目60个。除苏陕帮扶资金之外，结对区（县）、乡（镇）援助财政资金达1631.6万元，增幅38%。全年援助榆林社会帮扶资金564.6万元，增幅45%，县均70.5万元。帮助贫困人口向江苏地区就业数113人，增幅7.6%。就地就近就业数759人，其他地区就业25人。扬州、榆林两市人社部门先后开展包括“春风行动”在内的20个专场招聘活动，共组织33期劳务协作技能培训班，培训贫困人口1525人次。12个扶贫车间，吸纳就业500人，其中贫困人口294人。扬州28个乡镇、28个村、13家村企、12所医院、19所学校与榆林相关单位建立帮扶结对关系并落实有效帮扶措施，其中镇村结对共投入结对帮扶资金873万元。开展形式多样、内容丰富的帮扶活动，开展创业致富带头人培训401人次。（王晓峰）

■与辽宁丹东市开展对口合作 高邮市和丹东振新区率先签订“友好合作框架协议”，开展县级合作交流。两地机场开通直通航线。至年末，扬州投入715万元航线补贴，运行67个航班，运输旅客达1.7万人次。8月13—14日，扬州市政府常务副市长随省代表团率队开展对丹东的考察访问，推动两地深入了解，沟通合作现状，研究开展深入合作的方法和路径。全年组织部门、企业多层级互访交流考察活动6次。“扬州国家级工美大师工作室”在丹东市正式挂牌，人才合作、品牌攻坚、产品开发等工作有序开展。全年2次组织10家工艺美术和食品加工企业来扬州参加工艺美术和农产品展销活动。（王晓峰）

中共扬州市委员会

Zhonggong Yangzhoushi Weiyuanhui

编 辑 崔成鹏

重要会议

■中共扬州市委七届八次全会 7月26日，中共扬州市第七届委员会第八次全体会议在扬州举行。全会坚持以习近平新时代中国特色社会主义思想为指导，深入贯彻党的十九大和十九届二中、三中全会精神，认真落实省委十三届六次全会精神，总结上半年工作，明确下半年任务，对决战决胜高水平全面建成小康社会和落实长三角区域一体化发展战略等作出部署安排，动员全市上下不忘初心、牢记使命，在服从服务国家战略中担当作为，在抢抓发展机遇中砥砺前行，奋力推动高质量发展干在实处、走在前列。

市委常委会主持会议。市委书记谢正义代表市委常委会讲话，市委副书记、市长夏心旻对经济工作作部署。会议审议并通过全会《中国共产党扬州市第七届委员会第八次全体会议决议》；根据《中国共产党章程》有关规定，决定递补市委候补委员葛社清、金春林、严济良为市委委员。（许 军）

重要决策

■推进民生幸福工程 2月3日，中共扬州市委、扬州市政府印发《关于做好2019年民生幸福工程的实施意见》，提出31条意见：（1）继续推进义务教育优质均衡发展。（2）稳步提升学前教育质量。（3）推进高品质高中和终身教育体系建设。（4）大力实施青少年“茁壮成长工程”。（5）推动更加充分更高质量就业。（6）提升创业服务水平。（7）拓宽农民增收渠道。（8）着力织密社会保障网络。（9）加速打造“运动活力之城”。（10）加快建立优质均衡高效的医疗卫生服务体系。（11）大力实施食品安全战略。（12）加大残疾人医疗救助力度。（13）加快建设现代公园城市。（14）持续推进“清水活水”“不淹不涝”城市建设。（15）扎实开展“263”专项行动。（16）开展道路环境综合整治。（17）大力实施垃圾分类工作。（18）加快建设“颐养之城”。（19）提标建设农贸市场。（20）提升社区便民服务水平。（21）提升低收入农户生活保障水平。（22）健全农村基础设施。（23）美化村容村貌。（24）完善公共文化服务网点布局。（25）开展形式多样的文化活动。（26）加快城市快速路网建设。（27）加快推进“公交优先”。（28）深入推进“八老改造”。（29）提升公共服务便民化水平。（30）健全公共安全保障体系。（31）提升防灾减灾救灾能力。（许 军）

■服务企业发展 2月3日，中共扬州市委、扬州市政府印发《2019年度全面支持民营经济高质量发展优化企业发展环境的行动计划表》，提出7条意见：（1）减轻企业成本性负担。（2）解决民营企业融资难、融资贵问题。（3）营造公平竞争环境。（4）构建亲清新型政商关系。（5）保护企业家人身和财产安全。（6）提升民营企业核心竞争力。（7）切实完善政策执行方式。（许 军）

■服务游客 2月3日，中共扬州市委、扬州市政府印发《关于2019年更好服务游客建设宜游城市的意见》，提出10条意见：（1）更好地提供清明节、劳动节、国庆节假日旅游服务。（2）继续实施重点景区门票优惠。（3）满足游客多样化食宿需求。（4）提高游客来扬旅游的通达性。（5）提供贴身的智慧旅游服务。（6）让扬州成为孩子的“书本”。（7）提升标准化国际化的服务水平。（8）深入推进旅游厕所革命。（9）提供更贴心的导游及旅游志愿服务。（10）实施“放心游扬州”卫士工程。（许 军）

■生态环境保护 1月22日，中共扬州市委、扬州市政府印发《关于全面加强生态环境保护、坚决打好污染防治攻坚战的实施意见》，提出10条意见：（1）深刻领会全面贯彻习近平生态文明思想。（2）全面加强党对生态环境保护的领导。（3）污染防治攻坚战的总体要求。（4）坚决打赢蓝天保卫战。（5）着力打好碧水保卫战。（6）扎实推进净土保卫战。（7）着力推进绿色发展转型升级。（8）加快生态保护与修复。（9）全面提升污染防治能力。（10）改革完善生态环境治理体系。（许 军）

■构建现代综合交通运输体系 3月20日，中共扬州市委、扬州市政府印发《争创全省现代综合交通运输体系示范城市暨交通强省扬州行动方案》，提出18条意见：（1）加快铁路网络建设。（2）加快过江通道建设。（3）加快高速公路建设。（4）加快普通国省干线公路建设。（5）加快快速交通干线建设。（6）加快航道港口水运工程建设。（7）加快机场基础设施建设。（8）加快综合客货运枢纽建设。（9）发展快速多元客运。（10）实施公交优先战略。（11）建设"四好农村路"。（12）发展壮大枢纽经济。（13）优化调整运输结构。（14）提升科技信息水平。（15）建设绿色低碳交通。（16）提升交通法治化水平。（17）健全平安交通体系。（18）培树勤廉交通品牌。（许　军）

■落实乡村振兴战略 5月24日，中共扬州市委、扬州市政府印发《扬州市乡村振兴战略实施规划（2019—2022年）》，提出10条意见：（1）规划背景。（2）总体要求。（3）优化城乡发展布局，促进城乡融合发展。（4）加快农业现代化步伐，推动乡村产业振兴。（5）加强绿色示范引领，建设生态宜居乡村。（6）繁荣发展乡村文化，焕发乡村文明新气象。（7）构建现代乡村治理体系，建设平安和谐乡村。（8）保障改善乡村民生，实现乡村共同富裕。（9）改革完善体制机制，强化乡村振兴制度供给。（10）强化实施保障，推动规划落地。（许　军）

■乡镇政府服务能力建设 8月29日，中共扬州市委办公室、扬州市政府办公室印发《关于加强乡镇政府服务能力建设的实施方案》，提出15条意见：（1）优化乡镇政府机构设置。（2）扩大乡镇政府服务管理权限。（3）推进乡镇综合执法改革。（4）完善乡镇财政管理体制。（5）明晰乡镇政府公共服务职能。（6）加大乡镇基本公共服务投入。（7）推进城乡基本公共服务均等化。（8）健全完善公共服务多元供给机制。（9）大力推进政府购买服务制度。（10）构建公共服务供给需求表达和反馈机制。（11）提高乡镇公共服务信息化水平。（12）发挥乡镇党委领导核心作用。（13）加强乡镇干部队伍建设。（14）改进乡镇政府服务绩效评价奖惩机制。（15）完善监督评估措施。（许　军）

■加强安全生产 10月24日，中共扬州市委办公室、扬州市政府办公室印发《关于进一步加强安全生产工作的实施意见》，提出30条意见：（1）安全责任落实到位。（2）安全投入落实到位。（3）安全培训落实到位。（4）安全管理落实到位。（5）应急救援落实到位。（6）安全生产能力评估落实到位。（7）严格企业和项目准入。（8）淘汰高危落后产能。（9）严格执行安全生产"三同时"制度。（10）完善安全生产经济政策。（11）健全安全生产法规标准体系。（12）强化对中介机构和专家的监督管理。（13）提高信息化监管能力。（14）增强安全监管力量。（15）高标准建设综合性消防救援队伍。（16）优化监管执法方式。（17）提高应急处置能力。（18）健全安全生产巡查制度。（19）建立部门会商协同机制。（20）落实安全生产警示约谈和信用监管制度。（21）强化安全生产社会共治。（22）全面彻底排查隐患。（23）狠抓问题隐患整治。（24）实施动态排查整治。（25）坚决扛起做好安全生产工作的政治责任。（26）切实落实党政领导干部安全生产责任制。（27）强化部门安全监管责任。（28）依法履行属地和行业监管职责。（29）严格落实安全生产"一票否决"制度。（30）以追责问责倒逼责任落实。（许　军）

■农村基层社会治理与服务创新 11月8日，中共扬州市委办公室、扬州市政府办公室印发《关于开展社区社会组织社会工作"三社联动"助推乡村有效治理的实施意见》，提出12条意见：（1）健全党组织领导的充满活力的村民自治机制。（2）强化农村社区综合服务设施建设。（3）提高农村基本公共服务供给能力。（4）建立农村社区社会组织综合服务平台。（5）明确农村社区社会组织培育发展重点。（6）加强农村社区社会组织能力建设。（7）壮大社会工作专业人才队伍。（8）健全社会工作专业人才培养等政策措施。（9）开发设置社区社会工作岗位。（10）完善联动运行机制。（11）完善政府购买服务机制。（12）建立督导评价机制。（许　军）

重要活动

■航空工业集团沈阳飞机设计研究所空天技术发展论坛在扬州召开 1月20日，航空工业集团沈阳飞机设计研究所空天技术发展论坛在扬州召开。市委书记、市人大常委会主任谢正义，市委副书记、市长夏心旻，市政协主席陈扬出席开幕活动，并与沈阳所所长刘志敏、党委书记奚继兴等座谈，就加快推进扬州科创名城"1号工程"——协同创新研究院建设进行深入交流。（许　军）

■中国大运河博物馆（筹）奠基仪式在扬州举行 5月5日，中国大运河博物馆（筹）奠基仪式在扬州三湾公园举行。江苏省委常委、宣传部部长王燕文，江苏省副省长王江，扬州市委书记谢正义、扬州市市长夏心旻等和中国工程院院士、中国建筑西北设计研究院总建筑师张锦秋共同为中国大运河博物馆（筹）培土、奠基。中国大运河博物馆（筹）落户扬州运河三湾风景区，由院士张锦秋领衔设计，总用地13.33公顷，总建筑面积8万平方米，其中地上5万平方米、地下3万平方米，由主塔（大运塔）和博物馆两部分组成，整体建筑风格呈现唐代风韵，其中主塔距文峰寺的文峰塔约1.2千米，距高旻寺的天中塔约4千米，三塔一线，形成"三塔映三湾"的文化景观。馆内将设多个主题展厅、考古研究所、文创商品销售、餐饮、儿童体验、小剧场、文物库等，是集文物保护、科研、展览、休闲体验为一体的现代综合性博物馆。在博物馆东侧板块规划建设非遗文化博览园一期，定位为“以运河为主题、非遗为特色、多元休闲体验”的文旅休闲区，力争与中国大运河博物馆（筹）同步对外开放，为创建国家AAAAA级旅游景区和中国大运河国家文化公园打下基础。（许　军）

■第二届江苏发展大会扬州论坛举行 5月21日，第二届江苏发展大会暨首届全球苏商大会扬州论坛在迎宾馆举行，联合国国际电信联盟秘书长赵厚麟，扬州市委书记、市人大常委会主任谢正义，扬州市委副书记、市长夏心旻，扬州市政协主席陈扬等市四套班子领导出席论坛。论坛上，中体产业集团和仪征市的“枣林湾运动休闲特色小镇”项目、英凯营养食品（上海）股份有限公司和宝应县的“膳立方大健康产业园”项目、上海齐网网络科技有限公司和邗江区的“齐网数据中心”项目、北大科技园有限公司和蜀冈－瘦西湖风景名胜区的“北大科技园二期”等8个项目集中签约。（许　军）

■2019年全国大众创业万众创新活动周江苏分会场在扬启动 6月13日，2019年全国大众创业万众创新活动周在杭州举办，江苏分会场启动仪式在扬州同期举行。江苏省副省长郭元强、扬州市委书记谢正义、扬州市长夏心旻、江苏省科协党组书记孙春雷等出席启动仪式。启动仪式上，郭元强为包括航空工业沈阳所扬州协同创新研究院、江都高新技术产业园区在内的第三批省级双创示范基地代表授牌。夏心旻、孙春雷共同为航空工业沈阳所扬州协同创新研究院扬州市孙聪院士工作站揭牌。（许　军）

巡察工作

■概况 2019年，市、县两级开展3轮巡察，派出巡察组96个，巡察单位114家、“回头看”9家，其中市级派出巡察组18个，巡察单位26家、“回头看”1家。全年共反馈巡察发现的问题2188个，督促问题立行立改108个。扬州巡察工作受邀在全国巡察办主任培训班上连续4期作专题辅导。（徐　杨）

■配合巡视 坚持两线作战、相互促进。8月5日至11月5日，省委第六巡视组对扬州市进行巡视。巡视期间，市委巡察机构一手抓巡察推进，一手抓联络服务，完成巡视工作联络任务。常态化驻点服务，及时落实巡视组要求，与市委办、组织部、宣传部、信访局等部门通力协作，形成工作合力，做好日常联络、谈话组织、资料调阅、陪同考察、下沉调研等工作，累计配合巡视组完成会议组织10场次、个别谈话151人次、调阅资料28次、考察调研13次。会同市委办对历轮巡视整改开展“回头看”，修订更新6套巡视整改台账。（徐　杨）

■巡察监督 扛起“两个维护”政治责任，推动政治监督具体化、常态化。结合中央和省委、市委重大决策部署，围绕党和国家机构改革、推动高质量发展、整治群众身边的不正之风等重点，统筹推进市委巡察工作。突出重点板块深化“系统巡、巡系统”，紧扣推进高质量发展、深化国有企业改革和教育体制改革，重点对3家开发园区、7家市属国有企业、市教育局和4所大中院校进行巡察，实现国企和教育系统巡察全覆盖。统分结合开展“专项巡、巡专项”，部署各县（市、区）实施乡村振兴战略专项巡察，发现政策落实不力等问题131个，指导高邮、江都、广陵等地分别开展农民专业合作社、扫黑除恶、基层医疗卫生系统专项巡察，有效回应群众诉求。建立巡察重点办组会商、巡察报告办组会审、问题线索办组会核“三会”办组协作机制，提升巡察精度和报告质量。探索推进巡察监督与纪律、监察、派驻和审计监督贯通融合，深化巡纪联动，探索建立纪检监察先期介入、巡察成果定向运用等机制，推动巡纪联动具体化、程序化；加强巡审联动，组织巡察组、审计组开展同步进点、同步实施的协同式协作，释放巡审监督叠加效应。（徐　杨）

■巡察整改 深化“六责协同”巡察整改机制，紧扣交责、落责、评责、述责、督责和问责“责任链”，完善市领导约谈交责、“四方联评”和问责追究等关键环节工作机制，提升机制运转效能。全年向9位市领导通报巡察情况，提请其对21家被巡察单位“一把手”约谈交责。集中召开国资系统巡察发现突出问题通报会，面对面交压整改责任。优化巡察整改“四方联评”机制运用，协调市纪委监委、组织部、宣传部和市委巡察组，对28家单位开展“四方联评”，实地走访检查67次、个别谈话278人，对账销号438项。因落实整改不力，3个党组织、8名党员干部被问责。（徐　杨）

■对村巡察 深化对下延伸，持续优化对村巡察工作。紧扣强化组织领导、突出巡察重点、提升巡察精度、加强力量整合、强化成果运用五个维度，实施对村巡察“五强化五提升”工程，推动强优势、补短板、再提升。以“组合式模块化”组织形式为基础，探索衍生出“对单式”“机动式”“点穴式”等组织形式，形成“五式”对村巡察新路径。聚焦监督重点，落实中央巡视办四处的交办任务，梳理编制《对村巡察“三个聚焦”监督重点清单》，确保对村巡察方向正确、重点明确。全年巡察村、社区508个，发现问题5825个，移交问题线索376条，立案查处111件，覆盖率71.6%。推进力量下沉，探索接力式提级交叉巡察，采用市县联合编组、上下接力形式，组成2个提级交叉巡察组，成员由市统筹、市县两级选配、异地交叉，提级巡察“回头看”江都、邗江两地19个村、社区，对巡察质量再验证、整改成效再检查。经测算，上轮巡察发现问题精准率为93.6%，平均整改率为87.2%。

（徐 枥）

组织工作

■**概况** 2019年，全市有基层党组织1.45万个。其中，党委460个，占3.18%；党总支1316个，占9.09%；党支部1.27万个，占87.74%。全市有党员30.01万人，其中农村党员（含乡镇、社区党员）19.46万人、城市街道党员2.71万人、非公有制单位在职党员3.75万人。至年末，新中国成立前入党党员622人，女党员7.42万人，少数民族党员1405人，45岁以下党员10.63万人，大专以上学历党员13.62万人。全年新发展党员数5192人。增强人才区域核心竞争力，高层次人才引进培养跻身全省第一方阵。全市拥有"两院"院士4人，国家重大人才工程自主申报人选32人，省"双创"人才359人，省"双创"团队23个，省"双创"博士327人，省"科技副总"744人。305人入选省第五期"333工程"，争取10批科技镇长团564人次。至年底，全市高层次人才7.05万人。

（蒋 超）

■**领导班子和干部队伍建设** 做好市级机构改革领导班子调整配备工作，提出《市级机构改革人事安排原则》，突出人岗相适、以事择人，开展谈心谈话，调整配备干部450人。抓好执政骨干和重要岗位干部的教育培训，完成省以上调训18批次、105人次，举办重点培训班81批次，培训关键领域和重要岗位干部近4000人次，市县联动培训领导干部2.5万人次。根据领导班子建设需要和干部队伍现状进行综合分析研判，有计划、有步骤地对部分岗位进行调整，全年调整县处级干部286人次，其中提拔43人次。推进年轻干部实践锻炼"十项举措"，重点实施37名县（市、区）年轻干部与市级机关部门年轻干部的交流挂（任）职活动，选派83名优秀年轻干部赴重大项目一线、经济发展一线、信访一线挂职锻炼。研究制定《援外干部鼓励激励办法》，至年底，选派2名"80后"处级干部、9名"80后"科级干部援青、援陕。严格干部配备职数预审，全年受理预审事项173批、职数1169个，中止不合规调整职数74个。牵头组织1122名市管干部填报个人有关事项，全年抽查核实177名干部，根据结果批评教育7人，诫勉4人，取消1人考察对象资格。根据公务员职务职级并行规定以及干部队伍实际，研究实施全市处级干部职级套转141人，共晋升77人，其中晋升一级调研员34人、二级调研员2人、三级调研员41人。

（蒋 超）

■**人才工作** 聚焦科创名城建设，制定"一事一议"专项人才政策，助力沈飞601所扬州协同创新研究院项目落户扬州。实施"绿扬金凤计划"，申报国家"重大人才工程"、省"双创计划"，引进创新创业领军人才（团队）116人、优秀博士147人、科技副总377人。其中入选国家"重大人才工程"3人，企业入选人数位列全省第三。组织开展省"双创计划"、市"绿扬金凤计划"项目考核验收工作，组建命名第二批32家市级"名师工作室"，与119名"英才培育计划"培养对象签订双向目标责任书。开展"五线十城""产业合作·人才集聚·科技创新"推介暨科技镇长团"两访三对接"活动，先后组织2019"院士专家扬州行""百名博士扬州实践活动""千名大学生看扬州"等活动，吸引高层次人才留扬、回扬、到扬创新创业。完善科技镇长团"团+组"工作机制，精准对接7大重点产业、87家企业。会同省高投举办第二届GIFT长三角经济圈创新资本峰会，面向县（市、区）、功能区举办6场产业人才科技金融合作对接相关活动，着力推动创新发展、转型升级。围绕重点产业、特色产业，牵头制定2019年市级层面招才引智24个重点项目，推动项目与人才同步招引。完善党政领导干部结对联系专家人才工作机制，慰问各类高层次人才近500人。统筹制定市级层面人才培训重点项目20项，培训各类人才2000余人次。全省首个以人才为主题的公园——扬州人才公园正式开园，营造扬州尊才、爱才、留才的氛围。

（蒋 超）

■**基层组织建设** 推进组织系统开展扫黑除恶专项斗争，发挥基层党组织政治功能，排查"村霸"和涉黑涉恶线索。组织对全市1036个村、381个社区共1.03万名村（社区）"两委"干部调查摸底，对不符合条件的"两委"干部予以清理，并有序补齐配强空缺岗位。全面推进党建引领农村基层治理工作，研究出台《关于党建引领农村基层治理的意见》，明确13条具体措施，为31个试点村开展基层治理创新提供指导，推动全市村党组织书记、村主任"一肩挑"比例由年初的19%上升到45%。推进软弱涣散基层党组织整顿，研究出台《软弱后进党组织整顿工作流程、验收标准及流程》，制定专项整治任务清单和"一支一策"整治方案，召开专题推进会，推动52个省级专项整治对象全部销号、63个市级重点整顿对象各项工作提升。实施基层党组织规范化建设，研究出台《扬州市基层党组织规范化建设标准》，分别对村、社区、机关（事业）单位、国有企业、非公有制企业、社会组织等6个领域的党组织规范化建设提出定量标准。全面推进村级党群服务中心提标行动，研究出台《扬州市村级党群服务中心提标行动实施方案》，启动新建村（社区）党群服务中心88个、改扩建83个。全面开展村（社区）"牌子乱象"整治，严格按照村一徽一标四牌、社区一徽一标两牌和20项准入要求挂牌。加强远程教育站点规范化建设，精心制作15部作品参加全省"初心使命"展播评比，《不合格干部五兄弟》入选全国党建网站优秀作品展示，《闪亮你的世界》入选省委组织部纪念"五四"运动100周年《奋斗吧！青春》宣传合辑。江都区真武镇真武村戴尔庆、广陵区头桥社区卫生服务中心付宝鼎、扬州瘦西湖船娘党支部分别被省委表彰为优秀党务工作者、优秀共产党员和先进基层党组织。翠岗花园社区“夕阳红”党支部被中组部表彰为全国老干部工作先进集体，支部书记沈广国受到习近平总书记接见。（蒋　超）

■机关党建 市级机关党组织学习贯彻习近平新时代中国特色社会主义思想，强化政治机关意识，认真落实中央和省、市委关于加强政治建设的部署要求。贯彻市委召开的全市机关党的建设工作会议精神，部门党组（党委）落实管党治党政治责任，细化党建任务清单。制度化开展机关党建述评考，年底，在机关各党组织全面述职的基础上，组织10个党组织负责人进行集中述职评议考核，推动党建责任层层传导、全面落实。严格落实党内政治生活。认真执行党内政治生活若干准则，开展“四本一簿一证”使用情况专项检查，推动“三会一课”、组织生活会、民主评议党员、主题党日、领导干部双重组织生活等党内政治生活制度严格落实。

开展“不忘初心、牢记使命”主题教育。机关各部门单位围绕“守初心、担使命，找差距、抓落实”总要求，推进“学习教育、调查研究、检视问题、整改落实”各项工作，较好实现规定动作不走样、自选动作有成效。机关工委配合抓好市级机关主题教育，举办党支部书记主题教育集中培训，印发《党内法规和规范性文件选编（2012—2019）》。开展市级机关党组织与街道社区共驻共建活动，推动广大机关党员干部在服务社区、服务群众的实践中，锤炼能力作风，展现初心使命。开展“庆祝新中国成立70周年”系列活动。开展“共话祖国好、奋进新时代”——2019年市级机关“我是党课主讲人”赛党课展风采活动，机关64个部门近百名主讲人登台，以赛传播正能量；举办“歌唱祖国”歌咏大会，16个单位800余名干部登台，以唱弘扬主旋律。市级机关党组织开展主题书画摄影比赛、歌咏大会等系列文化活动，营造致敬70年、礼赞新时代浓厚氛围；组织党员参观庆祝新中国成立70周年成就展，凝聚爱国爱党爱家的思想共识。严格落实意识形态工作责任制。市级机关党组织加强对门户网站、微信群、公众号等平台运用和管理，切实承担意识形态工作政治责任。机关工委定期开展意识形态工作分析研判和指导检查，推动部门党组（党委）履行主体责任；举办市级机关意识形态工作专题培训，帮助提升机关党组织书记抓意识形态工作的能力水平。

夯实基层基础。加强对党组织换届选举的排查、提醒和指导，建立党支部新建、撤销预审制度，加大对机构改革涉改部门党建工作的推进力度，指导涉改部门及时新建机关党组织，理顺党员组织关系。推动支部活动阵地建设，市级机关19个部门（单位）建成“党员之家”29个。全面摸排机关党外干部现状，探索推动党外干部队伍建设。强化党员教育管理服务。全年分层分类举办科级干部知识更新、预备党员、党员发展对象等培训班7期、机关“文化大讲堂”4期，教育培训近900人次；完成市级机关“党员教育中心”更新升级，接待35批次近800人参观。推动机关各党组织用好“学习强国”学习平台，在职党员注册率100%，日活率80%以上。强化党内激励、关爱和帮扶工作，召开市级机关“两优一先”表彰大会，表彰先进基层党组织25个、优秀共产党员48人、优秀党务工作者43人；加强对困难党员的精神激励、人文关怀与物质帮扶，送出党内关爱及“送温暖、献爱心”活动资金共计14余万元。建强党务干部队伍。严格把关党务干部任免，对专职党务干部实行任前公示，全年考察党务干部341人，切实选优配强党务干部队伍。突出政治建设、支部工作条例、党员教育管理工作条例等重点内容，培训市级机关基层党务干部400多人；围绕坚定理想信念、锻炼党性修养主题，举办市级机关党组织书记培训班；聚焦提升党支部工作实践能力，举办市级机关党支部书记工作讲坛，全年教育培训专兼职党务干部逾千人次，有效提升机关党务干部的业务能力和党性修养。

开展作风建设明查暗访，将发现的问题、征求到的意见建议，向相关单位进行反馈，并抓好整改落实。从严开展机关作风建设日常考评、年终社会评议和群众满意度测评，强化考评的导向作用。严格监督执纪。制定机关纪委工作规定和机关党委处理党员违纪案件操作流程，举办机关纪检干部培训班，推动机关纪检干部提升履职能力。加强党风廉政教育，开展反腐倡廉“电教月”等活动，推动党员干部知敬畏、存戒惧、守底线。全面履行审核把关和监督制约职能，审结党员违纪案件29件。（戚建忠）

■公务员管理 2019年机构改革后，由市委组织部统一管理公务员工作。按照上级要求，全面推行公务员职务与职级并行制度，开展公务员职级套转和晋升，涉及545家单位、近1.6万名公务员及参公人员。规范实施公务员表彰奖励，向上级择优推荐。其中，李树千被评为全国“人民满意的公务员”；市市场监管局沈路、市信访局张厚诚获评全省“人民满意的公务员”，邗江区纪委监委、江都区妇联获评全省“人民满意的公务员集体”。优化各级公务员队伍结构，2019年全市共录用公务员和参公人员518人，开展全市范围内的公务员公开遴选，14家市级机关部门遴选28人。全市共进行公务员登记601人，进行参公人员登记91人。至年底，全市共有公务员1.87万人，参照公务员法管理的事业单位工作人员2591人。（蒋　超）

■老干部工作 2019年，全市共有离休干部998人。其中，第二次国内革命战争时期参加革命的1人，抗日战争时期参加革命的92人，解放战争时期参加革命的367人；享受按省（部）长级标准报销医疗费待遇1人、享受按副省（部）长级标准报销医疗费标准待遇22人、享受副地（厅）级待遇29人，享受厅局级医疗乘车待遇26人、享受副司局级医疗待遇50人，享受县（处）级待遇225人；平均年龄90.2岁。年内，全市离休干部去世169人。

落实政治待遇。春节前，市委书记谢正义、市长夏心旻等四套班子领导走访慰问原市四套班子老领导。5月6—8日，组织市四套班子老领导和市直行政编制离退休干部400多人开展“感受新变化、献计新扬州——泗洪行”参观考察活动。6月14日，组织市四套班子老领导视察城市经济社会发展情况，看扬城新亮点。市委书记谢正义向老领导通报全市经济社会发展情况。6月20日，市委老干部局、市关工委等部门联合举办全市“五老”志愿者先进事迹报告会，宣讲刁伯辉等十位离退休干部先进事迹。10月10日，组织市四套班子老领导参观“壮阔七十年 奋进新扬州”——扬州市庆祝中华人民共和国成立70周年成就展。10月18—24日，组织市四套班子老领导赴无锡开展“看发展变化、享健康生活”参观考察活动。11月26日，举办学习贯彻党的十九届四中全会精神离退休干部专场宣讲报告会。12月18日，举办老干部“初心永远在路上”诵读活动，全市老干部代表60余人参加。

组织建设。至年底，全市离退休干部党员总数1.58万人，其中离休干部党员748人、退休干部党员1.50万人。全市共有建制性离退休干部党支部621个，离退休干部社区党支部79个，社团党支部20个。印发《年度离退休干部党建工作要点》《工委联席会议成员单位职责分工》《关于加强和改进离退休干部党组织建设的意见》《“六有一提升”标准化建设实施方案》。3月1日，市委常委会和分管领导专题听取老干部工作情况汇报，研究部署离退休干部党建工作具体推进措施。6月21日，举行扬州市离退休干部社团党组织设立仪式，为7个社团党支部进行授牌，赠送党建资料，发放社团离退休干部党支部书记工作津贴。7月23日，市委组织部牵头组织召开全市离退休干部党建工作推进会暨“六有一提升”工程专题部署会，市委常委、组织部部长江桦作动员部署。9月29日，召开全市离退休干部党支部“六有一提升”达标验收会议。11月8日，专题召开全市社区离退休干部党建工作现场推进会，贯彻落实省、市《社区离退休干部党建工作实施办法》。11月18—21日，省委老干部局检查组到扬进行“六有一提升”工程达标复核，首批27个离退休干部党支部接受检查。年内，全市离退休干部党支部经市离退休干部工委复核已达标216个。

落实生活待遇。落实走访慰问制度，全年春节、暑期、重阳三次慰问，为老干部送去党和政府的关怀。8月，组织600多名市直离退休干部在苏北医院体检中心进行年度健康体检。围绕省相关文件精神，对2名离休干部提高落实政治待遇，做好全市离休干部增发高龄护工费补贴测算及发放工作。4月30日，省委老干部局、省卫健委在仪征召开“三有一落实”工作现场会，“仪征模式”“扬州标准”被省委老干部局作为样板在全省推进。全年共为有签约意向的650名离休干部签约家庭医生，涵盖166个街道（社区）126名医护人员，发放签约经费39万余元。市直开展特殊困难离退休干部帮扶2次，发放帮扶资金9.8万元，惠及23名离休干部。6月，市委老干部局开展“关爱健康、与您同行”走访慰问活动，组织全体工作人员走访市直未签约家庭医生的离休干部。7月23日，市委老干部局开展“关爱健康，高温送清凉”走访慰问活动，走访慰问市直生病住院的离休干部及四套班子老领导。8月，分批次组织市直离休和处级退休干部到苏北人民医院进行健康体检。做好新中国成立70周年走访慰问活动。9月27日，省委副书记任振鹤到扬州走访慰问老红军范德明。

发挥老干部作用。根据全省“银发生辉”工程的总体部署，印发《扬州市离退休干部“银发生辉·绿扬霞光”作用发挥品牌建设实施方案》，组建“银发生辉·绿扬霞光——老干部服务社会总队”及各县（市、区）分队共31支，近1500名老干部加入志愿者队伍，以“讴歌新时代、奉献再出发”为主题，组织开展“七助七送”老干部志愿服务。1月20日，组织离退休干部到花园社区、皮市街社区开展“送温暖、送春联”活动。3月5日，组织离退休党员干部到皮市街社区开展“文明共建，服务群众，志愿先行”志愿服务活动。5月29日，组织老干部开展“书画进校园”活动，向宝应中小学赠送书画作品400余幅。12月18日，组织40名农业专业老干部志愿者赴广陵现代农业产业园开展“银发生辉·绿扬霞光——助力乡村振兴园区（沙头）行”志愿服务活动。12月31日，组织离退休干部志愿者赴扬州环保产业园开展志愿服务，为园区经济社会发展提供决策咨询和技术指导。

开展文体活动。1月10日，老干部书画会在市图书馆举办“时代春潮”迎新春书画展。1月18日，举办“与改革同行，颂时代赞歌”老干部迎新春文艺演出。2月19日，市诗词协会召开2019年新春诗词研讨会。3月29日，艺术团合唱队参加扬州电视台《我和我的祖国》快闪演出录制。4月10日，诗词协会赴姜堰溱潼开展采风创作活动。4月18日，古筝队举办庆祝“2019烟花三月国际经贸旅游节”专场演出。4月20日，组织艺术团参加扬州市第四届社区文化艺术节演出。5月4日，老干部健身队参加运河城市武术精英邀请赛，获一等奖；组织市四套班子老领导开展乒乓球交流赛。5月15—17日，承办“迎国庆，展风采”全省老干部门球邀请赛。5月26日，组织老干部艺术团舞蹈队参加扬州市第11届“琼花奖”舞蹈比赛，获中老年组金奖。6月1日，老干部书画会在琼花观举办第二届“华星杯”少儿书画大奖赛优秀作品展。6月17日，扬州老年大学举办“讴歌新时代，奉献再出发——

迎接建党98周年文艺演出”。7月1日，市诗词协会、老干部古筝队举办“庆七一”诗歌吟诵活动。8月1日，“七秩抒怀”——扬泰老干部庆祝新中国成立70周年书画作品展在扬州文化馆开幕。9月6日，市老干部书画会在江都福利院举办“献爱心，送秋爽”书画捐赠活动。9月19日，老干部书画会在美术馆举办“七彩颂神州，奋斗七十年”书画展。9月25日，老干部京剧协会举办京剧票友会。9月26日，市诗词协会在老年大学举办诗歌吟诵会。组织老干部书画会、摄影协会代表参加全省老干部书画摄影展开幕式。9月27日，举办“庆祝新中国成立70周年”全市老干部文艺汇演。12月20日，“迈进新时代 书画中国梦”庆祝澳门回归20周年，扬州、澳门、番禺老同志书画联展在市文化馆举办。12月25日，市诗词协会在老年大学举办“我看扬州好・忆江南”诗歌吟诵会。12月28日，老干部门球协会在漕河门球场举办“夕阳风采”门球邀请赛。

（顾金龙 唐小月 房 园）

宣传工作

■理论学习与研究 2019年，全市发行《习近平新时代中国特色社会主义思想学习纲要》29万多册，党员覆盖率100%。编印《习近平新时代中国特色社会主义思想学习手册》5万册、《学思行（市委中心组学习参考）》12期，对43家县级中心组开展制度建设、学风建设巡学督查。市委常委会常态化学习习近平新时代中国特色社会主义思想，市委中心组全年开展集体学习32次，其中举办专题研讨21次、学习报告会11场。围绕“学习贯彻新思想，纵深推进思想解放，把扬州发展带入新境界”课题，开展专题调研和成果交流，形成重点调研成果30多篇。组织开展党的十九届四中全会精神集中宣讲1175场、支部宣讲1.4万多场。建好用好“学习强国”学习平台，全市23.9万党员注册学习，全国平台、省平台分别录用稿件145篇、1966篇。组织开展“共话祖国好，奋进新时代”赛党课展风采活动，累计举办活动2080场，覆盖党员干部10万多人次。发挥新媒体优势，扬州发布、“扬帆”开展网络直播理论学习活动，“我是党课主讲人”网站、“扬州理论在线”微信公众号、《扬州日报》“学思行”专版全方位开展理论宣传。主动服务全市发展大局，组织开展五大类共计318项社科理论课题研究。举办“大运河智库峰会”、第三期“扬州智库论坛”、市第11届学术年会、市第16届社科普及宣传周。制定《扬州市社科联学会管理办法》。全市共建成社科普及示范基地77家。

（陈相辉）

■新闻宣传 持续办好专题专栏，全面宣传展示习近平新时代中国特色社会主义思想在扬州的生动实践。围绕庆祝新中国成立70周年，把“壮丽七十年，奋斗新时代”主题宣传贯穿全年。宣传报道“三个名城”建设、重大项目建设等市委、市政府中心工作，开展经济社会热点难点引导宣传。国家级主流媒体播发600多篇（条），其中《新闻联播》11次、《人民日报》20多篇（幅），省级主流媒体播发800多篇（条）。围绕“辉煌七十载，E动新扬州”主题，组织策划29项网络文化活动，举办第四届扬州市网民节。县（市、区）推进县级融媒体中心建设，其中高邮、仪征两家通过验收，江都提前建成投用。扬州报业传媒集团全新打造12个融媒体中心，扬州发布客户端下载用户超过150万人。扬州广电集团成立新媒体生产指挥调度中心，“扬帆”App用户数达65万人。仪征市形成“融仪征”微信公众号、仪征官方抖音号和“仪征发布”客户端三足鼎立的新媒体布局，江都区研发推广“智慧江都”App，推动“新闻＋政务＋服务”融合发展。围绕第18届“烟花三月”国际经贸旅游节、鉴真国际半程马拉松赛、东盟与中日韩（10+3）文化城市网络成立仪式、世界名校赛艇竞逐赛等一系列在扬举办的重大活动和国际性赛事，加大对外宣传力度，提升扬州的国际知名度和影响力。全年邀请来自英国、日本、韩国、印度等22个国家共计16批次的外媒和主流外宣媒体到扬采访拍摄。与美国《国际日报》、法国《欧洲时报》等知名海外华文媒体合作开设扬州专版。扬州市“创意城市网络・美食之都”项目获2019年江苏省对外宣传工作创新奖，“以侨为桥，讲好中国大运河故事”项目获2019年江苏省对外宣传工作创新奖提名奖。

（陈相辉）

■精神文明建设 结合庆祝新中国成立70周年主题，编辑出版《信仰的力量》《扬州红色文化游手绘地图》等书籍，先后组织红色故事巡讲9场，5000多名干部群众接受教育。举行“铭记光辉历史、担当强市重任——纪念扬州解放70周年红色收藏品和图片展”“壮阔七十年，奋进新扬州”成就展。扬州博物馆被中宣部命名为全国爱国主义教育示范基地，实现扬州市全国基地零的突破。组织开展公筷系列活动，推动“扬州文明有礼二十四条”落细落小落地。学习贯彻《新时代公民道德建设实施纲要》，全年25人（组）新当选省级道德模范及提名奖、“江苏好人”、“江苏最美人物”，获省“学雷锋活动示范点”称号1个、“岗位学雷锋标兵”1个。评选表彰50户第二届扬州市文明家庭。推进志愿服务制度化、网络化、便捷化，开发推广“志愿扬州”“新时代文明实践在扬州”等平台，承办第四届江苏志愿服务展示交流会。加快推进新时代文明实践中心建设，高邮市、仪征市率先挂牌成立，一批新时代文明实践所、站相继成立投运。制定实施《扬州市文明行为促进条例》《扬州市乡村文明新风十项准则》。深化文明城市创建，狠抓常态长效管理，组织评选表彰2017—2018年度市级文明行业10个、文明单位615个、文明校园73个、文明乡镇43个、文明社区132个、文明村135个。组织召开全市深化农村精神文明建设暨新时代文明实践中心试点建设推进会。举办第15届“文明扬州·幸福扬州”市民日系列活动、“同唱祖国好·幸福舞起来”广场舞大赛。（陈相辉）

■文化建设 歌曲《蓝天下》、长篇系列纪录片《朱自清》、扬剧《鉴真》、广播剧《天路琴声》获全省第11届“五个一工程”奖，市委宣传部获“组织工作奖”。扬剧《鉴真》获2019紫金文化艺术节“优秀表演奖”，市委宣传部获“优秀组织奖”。仪征市创作编排大型现代扬剧《党的女儿》，在扬州各县（市、区）巡演25场，观众2万多人，受到省委常委、宣传部部长王燕文的肯定。在文艺创作引导资金支持下，7位画家6件作品入选第13届全国美展，4位书法家5件作品入选全国第12届书法篆刻展览，实现历史性突破。加快推进大运河文化带建设。举办首届大运河文化旅游博览会、2019世界运河城市论坛、国家文化公园建设推进会、世界运河大会和运河文化嘉年华等活动，开工建设中国大运河博物馆。“以重点工程引领大运河国家文化公园试点建设”获全省宣传思想文化工作创新奖。扬州市成功摘得“东亚文化之都”、“世界美食之都”两块金字招牌。承办东盟与中日韩文化城市网络启动仪式、市长论坛等重大活动，发布成果性文件《扬州倡议》，扬州文化的世界知名度不断提升。推进“书香扬州”建设，举办第五届“朱自清读书节”、扬州市农民读书节、全民阅读春风行动等活动，获江苏省书香城市建设示范市。新建城市书房13家，城市书房总数突破40家。推进乡镇影院建设，全市共放映农村公益电影1.14万场。全年举办各类文博活动1000多场，扬州文博场馆成为热门景点。推进文化产业高质量发展，2019年全市实现文化产业增加值283.7亿元，占地区生产总值比重4.85%，排全省第六位。运河大剧院文化综合体项目完成主体工程建设，空港新城影视文旅产业基地、万有（扬州）国际旅游度假区项目、扬州华侨城、大运河国际非遗文博园等一批重大文旅项目加速推进。举办扬州·台湾文创设计、文博产品设计、潮流玩具文创大赛，创新文化产品供给。坚持繁荣有序，引导城市影院健康有序发展，全市共有影院58家，银幕390块，座位5.42万个。2019年，全市电影票房3.13亿元，比上年增长10.13%，位列全省第七位。全年总观影人数893.7万人次，放映总场次73万场。助推乡镇影院建设发展，全市建设乡镇影院31家，银幕178块，座位2.19万个，乡镇影院数量占全市总影院数53%。（陈相辉）

统战工作

■巩固思想政治基础 将学习习近平总书记关于加强和改进统一战线工作的重要思想纳入对县（市、区）委党建工作考核，开展学习研讨和征文比赛，在市委党校开设专题辅导，举办统战系统党的十九届四中全会精神宣讲报告会，推动新思想的学习入脑入心。举办庆祝新中国成立70周年系列活动，持续宣传75位“最美同心人”，支持统战成员开展“不忘合作初心，继续携手前进”等主题教育，全市共举办报告会45场、教育培训2064人次，全市各级统战组织（成员）获得中央和省级表彰145个（人）。

（李忠国）

■服务经济社会发展 组织市各民主党派、工商联、知联会聚焦“三个名城”建设开展重点调研协商。编报统战信息1700篇，畅通党外人士建言献策渠道。全市统一战线开展社会服务活动299场次，捐款捐物596万元，受益群众5.8万人。服务民营经济高质量发展。贯彻落实市委2号文件，组织企业家参加涉企政策制定，开展惠企政策评估。加强基层商会和行业商会建设，组织“深耕京城、智聚扬州”北京恳谈活动，促成36个项目签约，总投资150亿元。在海外媒体刊登4个扬州专版，举办“扬州漆器玉器精品展（香港）”、“水韵江苏 相约澳门”江苏文化嘉年华扬州专场。邀请50多名海内外人士参加第二届江苏发展大会暨首届全球苏商大会扬州论坛等重大活动，凝聚侨心侨力，服务扬州发展。（李忠国）

■统战工作领域拓展 支持民主党派加强自身建设，制定《民主党派代表人士队伍建设规划（2018—2027年）扬州实施方案》。建设高素质党外代表人士队伍，首次认定无党派人士606人，成立市欧美同学会（市留学人员联谊会），开展第3期党外导师制培养工程，举办各类培训班8个班次，800多人参加培训。保持民族宗教界和谐稳定。菱塘回族乡第4次获得“全国民族团结进步模范集体”表彰。全市宗教活动场所“四进”率在93%以上。支持宗教团体加强自身建设，市基督教两会完成换届。推进宗教工作督查整改，反馈问题全面整改。对全市233个登记宗教活动场所进行安全大检查，查找问题513条，逐一对账销号。全市共建成中央、省、市三级新阶层统战工作实践创新基地10个。承办江苏社团总会回乡访问团、2019年海外华裔菁英青少年大运河文化体验活动，增进港澳同胞、海外侨胞文化认同。在全省率先建成统战大数据信息共享平台。

（李忠国）

■统战工作机制建设 统战部门机构改革平稳有序。开展“不忘初心、牢记使命”主题教育，听取党外人士意见建议，帮助民主党派改善办公条件、增加办公经费。统战系统实现集中办公，“同心苑”统战文化气息浓厚。统战系统干部参加市级机关庆国庆歌咏比赛，获“最佳风采奖”并登上《扬州日报》头版头条。推进统一战线风险防控制度建设，营造风清气正的政治生态。履行市委统战工作领导小组办公室职责，加强领导小组制度建设，对县（市、区）委、市级机关部门统战工作进行考核，大统战工作格局日益完善。（李忠国）

对台事务

■概况 推进对台招商。2019年，市政协主席陈扬、市委副书记孔令俊、市人大常委会副主任沙志芳等5批市领导带队赴台开展经贸考察，推动一批经贸项目取得进展。主动服务邗江、广陵、高邮、仪征等县（市、区）及开发区等功能园区组织团组，赴台开展专题招商。紧盯台湾上市企业、百大企业等岛内重点客商，聚焦工业总会、商业总会、工商协进会等工商团体理事长，建立沟通联系渠道，了解投资意向及动向。围绕与城市契合度高、符合产业发展方向的先进制造业、现代服务业等产业，邀请台商到扬投资考察，建立合作关系。“烟花三月”期间，邀请台中市、宜兰县等50多位农业企业家到扬参加“4·12”农特产品展；联合市农业农村局举办海峡两岸（扬州）乡村振兴论坛暨2019农业产业招商会活动；组织花莲农会、屏东青创协会以及台商城市贵宾参加“烟花三月”国际经贸旅游节开幕式；邀请台湾大学农学院教授到扬就打造华东地区“中央厨房”、承接食品企业入驻等合作方向进行交流，举办扬州·台湾科学园区合作恳谈会。

拓展交流联络。围绕打造“国际文化旅游名城”，开展“我心飞扬——台湾各界人士走进扬州”系列活动，让更多的台湾同胞走进扬州、感受扬州、喜欢扬州。有300多位台湾青年在扬州学习、就业和创业。7—8月，邀请和接待来自台湾的青少年到扬开展“扬台青少年交流月”活动，组织文化交流、体育比赛，安排研学参访、政策宣讲，搭建扬州与台湾青少年交流交往的“金色桥梁”，增进台湾青少年对扬州的认知和了解。统筹推进苏台（扬州）青年文创系列活动。5月，与市委宣传部共同组团赴台开展“月亮城杯”扬州·台湾文创设计大赛宣介会，发布网上报名方法和参赛方法，介绍扬州概况、文创产业发展情况及扬州扶持文创产业发展的政策措施。经过初评，有60件作品入围，11月23日进行第二轮评选，评出一、二、三等奖45个。12月7日，在扬州台湾青年就业创业基地举行苏台（扬州）青年文创系列活动启动仪式和“月亮城杯”扬州·台湾文创设计大赛颁奖典礼。为吸引更多台湾青年设计人员参与活动，颁奖典礼新设“成果转化奖”“企业孵化奖”。本次活动被央视四套《海峡两岸》节目、中国新闻网、中国网、中国台湾网、新华日报、香港《大公报》、省台办官网、搜狐网、扬州政府网、扬州发布等多家主流媒体报道。

优化投资发展环境。推动惠台措施末端落实。配合市政协开展“贯彻落实惠台68条措施、营造良好发展环境”民主评议活动和专项督察工作，回应在扬台商台企台胞的合理诉求，为台湾同胞到扬学习、创业、就业、生活提供便利。联合市环保、商务、工信、科技等部门抓好“68条措施”政策宣讲，推动台企同等享受政策扶持。与市环保、应急管理部门共同邀请台商召开座谈会，为台商解疑释惑。健全完善涉台服务工作机制。调整、充实台胞投资权益保障协调委员会成员单位，并组织协调委员会成员单位代表赴台交流，拓展工作思路。修订完善《台胞投资权益保障协调委员会工作规则》，建立健全科学完备的涉台服务工作机制。全面提升涉台案件调处能力。加强预防预警工作，将环保、生态保护等方面的新政策、新要求及时传递到相关台企，从事后处置向事前预防转变。按照《关于建立涉台民商事纠纷仲裁联处工作机制的意见》，发挥涉台民商事纠纷仲裁联处工作机制的作用，聘请方丁玉等4名台商为扬州市首批台商仲裁员，举办仲裁知识讲座，推行用仲裁方式保护台商台胞合法权益。加强与市司法、环保、税务、银行等部门联系，共同化解台企诉求。做好上级台办专办案件、市领导批示案件以及较大影响案件的调处。3月，市、县联动，两级台办利用一个月时间，集中开展“大走访、大调研、大宣讲”活动，通过召开一次座谈会、开展一次台情普查、组织一次登门拜访和政策宣讲、集中开展一次惠台政策解读，听取各地台办年度对台工作思路、开展情况以及台企台商的意见建议，健全完善台企数据库、台资项目库、台胞信息库、陆配资料库和经贸交流联络网等“四库一网”，结合扬州与台湾重点产业比较优势及互补情况，编印《扬州市产业合作指南》《台湾产业合作指南》，分发至各县（市、区）和省级以上开发区，为各地开展对台经贸交流奠定基础。（徐开元）

■台湾客商到扬州参访考察 3月4—6日，经市台办引荐，全国台企联副会长、台湾联华聚能股份有限公司董事长官俊博等一行4人到扬参观考察，与亚星公司洽谈合作事宜。在扬期间，联华聚能公司考察扬州亚星股份有限公司，与亚星公司董事长钱栋等人进行洽谈交流，商谈项目合作事宜。4月10—12日，台湾大学农学院前院长徐源泰等台湾农业专家团一行到扬考察，先后考察高邮鸭集团、扬州食品产业园、蒋王都市农业观光园等单位，并受邀参加海峡两岸（扬州）名特优农产品暨江苏惠兰博览会。扬台两地农业方面的专家交流对海峡两岸（扬州）农业合作试验区规划与建设、扬州现代农业的发展及农村一二三产融合发展的想法，并为扬州打造华东地区“中央厨房”建言献策。4月19日，副市长方桂林会见台湾扬州同乡会理事长刘锦龙率领的台湾扬州同乡会参访团一行17人。在扬期间，台湾扬州同乡会与扬州市台属联谊会签署友好合作协议书。参访团成员参观扬州城市规划馆、万福大桥、瘦西湖风景区、东关街历史文化街区和高邮的盂城驿、文游台。5月20日，市委书记、市人大常委会主任谢正义在迎宾馆会见新北市议长蒋根煌、副市长谢政达率领的新北市参访团。在扬期间，参访团先后考察扬州活水工程的瘦西湖和扬州市政建设情况；参观扬州“非遗”文化传承精品展和江苏省对台交流基地——鉴真图书馆，了解扬州市旅游业的发展情况。9月20日，副市长刘禹同会见到扬考察的台湾保健营养食品公会理事长陈威仁、工业总会副秘书长冯鋕珑一行。在扬期间，参访团考察扬州食品产业园及头桥医疗器械特色小镇，并与当地厂商进行交流。10月31日，台湾科学工业园区科学工业同业公会监事长谢其嘉率领台湾科学工业园区高科技企业负责人一行18人，到扬州市考察投资环境和产业发展情况，洽谈园区合作，并与市台办、科技局、商务局、广陵区等有关单位部门联合举办扬州·台湾两地园区产业合作恳谈会，副市长方桂林致辞并就扬州城市建设、产业发展、政府服务等方面作全面推介。

（古　刚　徐泗旺　孙金海）

■扬州经贸考察团赴台湾考察 8月10—16日，市政协主席陈扬率团赴台经贸考察，考察新竹科学园区等科创园区，参访永丰余集团等台企及联亚生技等科技企业，深化对台科技、服务业的项目合作，推动对台经贸合作和文化交流发展。市政协港澳台侨委、市台办、市发改委、市科技局、市商务局等部门负责人随团考察。考察团一行参访新竹科学园区、中部科学园区、内湖科学园区等科技园区，了解科技园区在土地运作、行政审批单一窗口等方面的创新方法。拜访联亚生技、晶元光电等科技企业，围绕生物医药、IC封测等产业，推动项目进展，邀请其配套企业到扬投资。参访电电公会等公会组织，拓展在园区共建、人才培养等方面的合作。在台期间，考察团一行参访永丰余集团、长春集团等企业，推动在建项目，开拓区域总部、新材料等10多个新项目。参访联亚生技、技嘉科技等企业，推介扬州投资环境。考察团一行考察梅子梦工厂、南投县竹山文创小镇以及艺拓公司等文创企业，强化农业和文创产业合作。

（徐泗旺）

■台湾青创项目落地 1月26日，台北市金潮新在扬州市的首个创业项目——凤茗阁餐饮管理有限公司正式入驻扬州台湾青年就业创业基地京华城Rmall全生活广场。扬州市出台“惠台68条措施”，叠加释放的“政策红利”，让人才“磁吸效应”不断发酵。金潮新等人就是政策出台后首批到扬创业的台湾青年。（孙金海）

■两家台企获“紫峰奖” 3月25日，台资企业最高奖项——“紫峰奖”颁奖典礼活动在南京举行，远东联石化（扬州）有限公司、扬州京国实业有限公司两家台企获此最高奖。“紫峰奖”是大陆首个面向台资企业设立的省级奖项，旨在表彰扎根江苏、表现卓越的台资企业。“紫峰奖”于2016年举办首届颁奖典礼，扬州市已有3家台企获奖。本次为第二届，共设出口贸易领域、纳税贡献、现代服务业、科技创新等6大类奖项，30家企业获奖。（徐泗旺）

■第二届海峡两岸（扬州）乡村振兴论坛 4月12日，扬州市举办第二届海峡两岸（扬州）乡村振兴论坛，台湾大学园艺系教授、都市农业研究中心主任张育森作为论坛演讲嘉宾，分享台湾休闲农业发展经验。扬州和台湾地区“三农”发展合作领域广、层次高，其中海峡两岸（扬州）农业合作试验区是江苏省唯一的地级市与台湾农业合作的试验区。海峡两岸（扬州）乡村振兴论坛已成为两岸交流“三农”发展经验的重要平台。（徐泗旺）

■台湾主流媒体聚焦扬州新兴科创名城建设 5月6—10日，台湾中天电视《魅力东方》栏目组、《台湾导报》等台湾主流媒体代表团应邀到扬采风，聚焦扬州新兴科创名城、大运河文化带建设以及软件信息产业的发展情况。此次台湾媒体在扬拍摄行程共4天，先后走进江苏信息服务产业基地、国泰大厦、华城科技广场、国家高新技术产业开发区、扬州经济技术开发区，深入智途科技、易图地信、海宝文化传播有限公司、奥力威、丰尚集团、扬力集团、鼎集智能等企业一线，对话企业负责人，了解扬州创业创新环境，以及科技创新成果。在扬期间，台湾媒体采风团将镜头对准扬州大运河文化带建设，先后走访京杭之心、古邗沟故道、邵伯运河风情小镇、施桥船闸等地，探索大运河扬州段的魅力。（陈艺新）

■2019台湾大学生实习就业特训营在扬举办 7月4日，2019台湾大学生实习就业特训营开营仪式在486非遗集聚区非遗讲坛举行，来自台湾东南科技大学、龙华科技大学、文藻外语大学、南华大学的10名学生和来自扬州技师学院的学生代表参加开营仪式。开营仪式后，台湾学生观看扬州市市情宣传片；听取扬州泰悦食品有限公司董事长游和璁所作的《把握时代的机遇》专题讲座，就其公司经营发展及创业的情况进行介绍，和学生们就创业、融资、优惠政策等问题进行分享和互动。台湾学生在扬州玉器厂有限责任公司、冶春餐饮股份有限公司等4家单位进行为期一个月的实习，了解扬州的社会、民情等。

（古　刚）

■扬台第二届青少年足球交流赛 7月9—13日，2019扬台第二届青少年足球交流赛在宝应县举行，台湾新北市芦洲中学校长游玉英率领中、小学足球队及教练一行33人到扬州市开展交流活动，与宝应4所中、小学校队员们同场竞技、以球会友、同学共进、厚结情谊。本次交流活动为期5天，新北市芦洲中、小学先后与宝应实验初中、安宜实验学校及国际学校联队、宝应小学，按照初中组11人、小学组8人赛制分别进行交流切磋。比赛期间，来自台湾的球员们参观扬州双博馆、瘦西湖风景区和台商投资兴建的京华城，并与宝应的球员们“一对一、手牵手”一起走进宝应荷园、宝应博物馆、扬州未成年人社会实践基地和安宜实验学校，了解当地

历史人文风俗，加深对中华传统文化的认知，感受祖国大陆的快速发展进程。（张瑞明）

■扬州·新北社区共同家园发展论坛 7月11日，扬州·新北社区共同家园发展论坛在汶河街道举行。台湾新北市汐止区里长联谊会参访团29人与广陵区汶河街道各社区代表共60人参加论坛。汶河街道的旌忠寺社区、皇宫社区和汐止区的厚德里、建成里代表就“社区管理、守望相助、文化建设、社区营造”等方面作演讲；汶河街道旌忠寺社区与新北市汐止区东势里签署友好合作社区（里）备忘录。参访团参观仁丰里历史文化街区、皇宫社区，参访海峡两岸（扬州）农业合作示范区——沙头西江生态园。

（古　刚）

■首届扬州台湾电子竞技大赛在扬举行 11月30日，由江苏省电竞协会、扬州市人民政府台湾事务办公室、扬州市体育总会等单位指导，江都区体育总会、扬州市电竞协会主办的首届扬州台湾电子竞技大赛在江都区体育馆举行。来自扬州、台湾的23支电竞战队报名参赛，其中来自台湾地区的远东科技大学队和大德工商职业学校队参加英雄联盟的角逐。英雄联盟和王者荣耀的前三名被扬州队包揽，台湾大德工商职业学校队获得“道德风尚奖”。

（古　刚）

■“月亮城杯”2019扬州·台湾文创设计大赛颁奖典礼在扬举行 12月7日，由市委宣传部、市台办、市文旅局、市“双创”领导小组办公室主办，扬州京华城生活置业有限公司、财团法人沈春池文教基金会协办的苏台（扬州）青年文创系列活动启动仪式暨“月亮城杯”2019扬州·台湾文创设计大赛颁奖典礼在扬州京华城举行。国台办交流局副局长李京文、省台办副主任李卫华，市委常委、宣传部长勾凤诚等出席活动。5月起，“月亮城杯”2019扬州·台湾文创设计大赛以“情系宝岛·醉美扬州”为主题，面向海峡两岸征集体现扬州文化元素的设计佳作，得到社会各界的响应和参与。本届大赛历经设计图稿初选、实物样品决选，最终从近600件参赛作品中选出45件获奖作品。典礼现场共颁出明月奖金奖5个、银奖10个、铜奖20个以及“创意新秀奖”10个。其中，“扬州印象”杯垫、扬州八怪公仔印章、“诵扬州”茶叶包装设计、高邮咸鸭蛋包装设计、SPRING扩香纸组合，与扬州京穗商业管理有限公司、扬州柝恩文化创意有限公司、扬州市台胞投资企业协会、远东联石化（扬州）有限公司现场签约。（周　伟）

机构编制管理

■党政机构改革 将机构改革作为全年重点推进工作，在全省率先出台市县两级部门“三定”规定，市级层面机构减少10个。扬州市机构改革工作情况先后被《新华日报》《中国应急管理报》《江苏改革简报》等刊登，工作受到省委编办表扬肯定。向省委编办汇报、对接，先后为扬州争取到7个处级机构、28个处级领导职数。（市编办）

■事业单位改革 在全省率先启动事业单位改革，全面完成承担行政职能事业单位和从事生产经营活动事业单位改革，研究制定符合扬州实际的事业单位规范设置具体操作口径，确定机构设置、编制数核定和领导职数核定原则，清理撤并“小、散、弱”事业单位41家，收回事业编制1000余人。（市编办）

■“放管服”改革相对集中许可权改革 以“四先四再”改革总体框架设计思路，拟定总体改革方案，出台市行政审批局机构编制调整方案和人员转隶方案，提请市委、市政府修订市政务办及相关部门“三定”规定，7月完成事项集中工作，8月将改革初步方案及事项清单与市政务办、市相关部门进行对接，征求县（市、区）编办、审批局的意见建议。至年底，6个县（市、区）行政审批局均已正式挂牌。（市编办）

■经济发达镇行政管理体制改革 按照改革方案要求，完成省经济发达镇行政管理体制改革“1+4”改革任务要求，第二批2个试点镇邗江区槐泗镇、高邮市送桥镇两个试点镇均组建领导班子，落实人员和编制。“一办七局”正式挂牌运行，配套设施整合完善。8月，接受省评估验收并通过考核。（市编办）

■综合执法改革 牵头召开生态环境、交通运输、农业农村、文广旅、市场监管等五大领域相关部门座谈会，在全面摸排市、县两级综合执法队伍情况的基础上，统筹谋划五大领域综合执法工作，协调推进仪征省级综合执法试点工作，指导做好评估验收准备工作。（市编办）

■机构编制创新管理 坚持“优化协同高效”原则，坚决守住机构编制和财政供养人员“只减不增”的底线。会同市教育局制定出台《关于事业编制挖潜创新服务教育事业发展的实施意见》，明确提出内部挖潜优化结构、探索备案制管理等10条具体举措，共核增各类公办学校教师编制135人。制定全市中小学机构规格设置意见，提请升格江苏省宝应中学等5所县中为副处级，明确全市所有四星级高中和各县（市、区）重点中小学的规格，将有限的资源向教育事业、安全生产、基本医疗、环保等领域倾斜。印发《关于进一步严肃编外用工有关纪律的通知》，对宣传部等10多家机关事业单位的申请核定、增加编外用工计划指标的事项进行分步办理。（市编办）

■事业单位登记管理 全年完成事业单位年度报告书报送审核513项，设立登记15项，变更登记283项，注销登记3项，证书补领登记4项，继续开展登记管理“全事项”“全流程”网上办理。对23家事业单位开展事业单位“双随机、一公开”

监管。全市485家事业单位开展信用等级评价工作。（市编办）

党史工作

■概况 2019年，中共扬州市委党史办公室（简称市委党史办）围绕以史鉴今、资政育人的根本任务，做实党史工作。完成党史书籍3本，资政课题5篇，开展党史讲座、研讨、座谈、纪念活动等10多场，赠送党史书籍2000多本。（杨志军）

■党史资料征编 完成“三卷本”（《中共扬州地方史》第三卷）初稿编写。定期召集编写人员进行业务交流，了解掌握编写进度及文稿撰写质量情况。组织和参加多次“三卷本”编写工作培训，加强与省委党史办和兄弟市党史办联系，就“三卷本”编写过程中的经验做法进行交流。各承编人员对各类资料征集、整理、研读、甄别，制定详细编写进度表，按照序时进度开展“三卷本”初稿撰写。12月底，完成各自承编工作，形成“三卷本”初稿。启动“一卷本”（《中共扬州地方史》第一卷）修订再版。邀请老领导、老同志及党史专家对“一卷本”进行审核修订。编印《扬州党史大事记》。按月整理2019年《扬州党史大事记》，对2018年《扬州党史大事记》初稿进行增补删改和完善，定名《中共扬州历史大事记（2018）》，记录2018年扬州党组织贯彻中央、省委的方针政策，领导扬州人民在政治、经济、社会事业等方面开展的重要工作和取得的重大成就，10万字左右。继续开展红色基因传承教育系列读本编写。从2018年开展的“不忘初心、牢记使命”红色家风主题征文获奖稿件中精选49篇优秀文章汇编成册，定名为《家风故事》；启动《初心之铭——扬州革命英烈故事》《初心之志——扬州红色村镇故事》征编工作，均列入扬州红色基因传承教育系列读本。（杨志军）

■党史资政研究 开展党史资政课题研究。按照《扬州市党史资政工作规划2018—2021年》要求，开展资政研究，有多篇文章在省级党史专刊发表，有1项课题列入市社科重点项目并结项。参与市纪委政德馆文案撰写。撰写中共党史和扬州党史政德典型文稿69篇、6万多字；完成市纪委报省纪委“忠公实廉”扬州典型12篇。参与市老促会《革命老区发展史》审稿。承担全市6个县（市、区）《革命老区发展史》计130多万字书稿的审稿任务，撰写并提交《审读建议》。与市商务局、扬州经济技术开发区合作编写国家级开发区发展纪实。根据省委党史办和省商务厅下发编写《江苏国家级开发区》一书的文件要求，承担扬州经济技术开发区和扬州高新区两个专题的编写任务，在了解开发区的历史沿革、产业概况、取得成绩和查阅、搜集相关书籍资料基础上，完成两个开发区专题初稿近2万字。配合中央文物调研组的调研。接待中央办公厅中央文物调研组一行，参加在省里召开的中央文物调研座谈会，就扬州市相关文物保护利用工作中存在的困难提出意见和建议。根据市委要求，整理并报送一批相关材料。（杨志军）

■党史宣传教育 为全市主题教育活动的开展提供学习用书。免费为各基层党组织提供《初心之旅——扬州红色教育基地指南》《信仰的力量——扬州市红色微课堂教材选编》，供参观学习和现场教学使用。联合市主题教育办举办“雄关漫道——中国共产党扬州历史图片教育展”。抽调业务骨干组建专门班子，撰写布展文案，指导广告公司进行排版设计布展。展览通过4个篇章、250多幅图片，集中展示90多年来扬州人民在党的领导下革命、建设、改革和复兴的光辉历程。展览为期一个月，吸引全市各级党组织和干部群众前来参观学习。图片教育展结束后，启动《雄关漫道——中国共产党扬州历史图片集》画册的编写，为主题教育常态化、制度化提供教材。深入各单位开展党史宣讲。围绕“不忘初心、牢记使命”主题，组织有关人员撰写《不忘初心、牢记使命——从百年历史看中国共产党的初心和使命》党史讲稿。在主题教育期间，安排业务骨干到机关、社区等进行宣讲，受到好评。全年宣讲数十场。发挥曹起溍故居党史教育基地优势。对故居进行升级改造，增设入党誓词宣誓墙，深化与广陵小学、个园社区的合作共建。故居被评为江苏省党史教育基地，成为市区各级党组织进行主题教育的最重要基地。主题教育期间，共接待各级党组织参观学习80多批次3000多人。落实《加强全市党史工作的实施意见》，健全党史联络员队伍。党史有关专项经费列入财政预算，市及县（市、区）在留用党费中每年拨出一定经费用于支持党史宣教工作。对联络员队伍进行调整，并召开全市党史工作会议对市级机关各部门党史联络员进行集中培训和业务指导。把“七一党史宣传教育日”拓展为“七月党史学习宣传教育活动月”，使学习党史成为必修课。各基层党支部利用“三会一课”，立足省内党史教育基地、党员教育实践课堂和党支部书记工作室、红色革命教育基地，组织开展党史学习活动、党性实践活动、主题宣讲活动，加强革命传统教育、形势教育、先进典型教育和警示教育。做实党史书籍进城市书房工作。扩大“党史书籍进城市书房”影响力，更新扩充书目，推荐优秀党史著作，党史书籍实现市区城市书房全覆盖，并向县（市、区）城市书房延伸。在“扬州发布”App设立“红色氧吧”专栏。利用现代传媒手段，推送扬州革命遗址遗迹、扬州革命史上的杰出党史人物和党史大事件，展现党史系统和相关部门单位开展各种红色活动的风采。每周保持更新，全年刊发文章70多篇；帮助挂钩联系的广陵区文峰街道连福社区和江都区大桥镇鲍庄村，在社区（村）党群服务中心设立“红色氧吧”。联合省、市相关部门组织开展重大主题纪念活动。围绕新中国成立70

周年、扬州解放70周年暨渡江战役胜利70周年，与相关单位合作，在全社会营造纪念活动氛围。与市文旅局合作，设计扬州红色景点和线路，推出手绘红色地图；与市委宣传部、市新四军研究会、市收藏协会等推出“铭记光辉历史、担当强市重任——纪念扬州解放70周年红色收藏和图片展”；与市宣传、文博、教育等部门举办第二届扬州市青少年红色研学夏令营，并列入2019年“七彩的夏日”系列活动；参与编写《信仰的力量——扬州市红色微课堂教材选编》，参加首发式及赠书活动；协助扬州电视台完成“壮丽70年——难忘一刻”专题片的相关制作；协助扬州日报社完成扬州全境解放70周年特刊工作；协助省委党史办、省档案馆、《扬子晚报》等在经典影片《柳堡的故事》的拍摄地宝应县柳堡镇启动“红色丰碑”寻访影视剧英雄原型全媒体行动。

（杨志军）

党校工作

■概况 2019年，中共扬州市委党校围绕市委提出的“办强办响”目标要求，坚持党校姓党、聚焦主业主课、服务中心工作，全年共举办各类培训班次62个，培训学员3182人；把科研作为提高党校综合实力的重要抓手，发挥科研咨政职能。全年教职工公开发表各类文章67篇，立项牵头课题16个，形成理论研讨会成果47项；组织开展“不忘初心、牢记使命”主题教育。在组织教职工开展教育活动的同时，组织安排主体班学员开展主题教育。（叶国军）

■培训教学 聚焦主业，办好主体班次，拓展合作办班，发挥干部教育培训的主渠道、主阵地、主课堂和对外宣传扬州的主窗口作用。先后举办春秋季主体班，承办中组部委托商务部举办的“地方贸易摩擦应对和补贴规范使用”专题研究班、河南焦作市“学徐州扬州、促转型发展”党政四套班子领导专题研修班、扬巴公司兼职党务干部培训班等。全年共举办各类培训班次62个，培训学员3182人。突出基本理论和党性教育。2019年春秋季主体班次的理论教育和党性教育课程在总课时中的占比达77.8%，其中党性教育课程占比41.1%；深入基层宣讲党的理论，9名教师入选市委党的十九届四中全会精神宣讲团，开展宣讲30场。深化教学改革。探索推进学科建设，制定和实施《中共扬州市委党校关于推进学科建设和优质课、精品课建设的意见》，通过自主申报、双向选择，跨教研室、跨处室组建“基本理论、党的建设、党性教育、扬州经济社会发展”等4个学科组。（叶国军）

■科研咨政 以“新兴科创名城建设”为研究重点服务市委、市政府中心工作，成立“新兴科创名城建设”校级重点课题组，形成总报告和4篇分报告，其中总报告《基于嵌入式治理对扬州科创名城建设的思考》获市委副书记孔令俊批示，分报告在《扬州日报》《扬州通讯》等刊物发表；承办主题为“发展县域经济、推动乡村振兴研究”的2019年第四期扬州“智库论坛”。围绕庆祝新中国成立70周年主题开展宣传活动，开展全市党校系统庆祝新中国成立70周年主题征文和理论研讨会，共征集理论文章34篇，其中1篇入选江苏省社科界第13届学术大会、1篇入选江苏省中共党史学会学术研讨会、2篇入选全省党校系统庆祝新中国成立70周年理论研讨会；开展理论研究，教职工全年公开发表各类文章67篇，立项牵头课题16个，形成理论研讨会成果47项。与扬州日报社合作，组织教师发表理论宣传文章17篇；编印4期《理论与实践》；市委党校获全省党校系统第九届科研工作组织奖。（叶国军）

12月30日，第四期“扬州智库论坛”在市政府会议室举行　　吴　玲/摄

扬州市人民代表大会

Yangzhoushi Renmin Daibiao Dahui

编 辑 陈永华

综述

■概况 2019年，扬州市人民代表大会常务委员会（简称市人大常委会）举行10次常委会会议，制定和审议地方性法规3件，作出决议决定13项，听取和审议“一府两院”（市政府、市中级人民法院、市人民检察院）专项工作报告35项，开展执法检查和专题询问8次，组织专题视察调研35次，出台审议和评议意见书18份，依法任免地方国家机关工作人员120人次，接待到扬访问的国外地方议会代表团组7批79人次，完成市八届人大三次会议确定的目标任务。

开展“不忘初心、牢记使命”主题教育，落实党风廉政建设主体责任及“一岗双责”，举行国家宪法日升国旗、宪法宣誓仪式，组织市人大机关党员开展“传承红色基因”专题培训，举办“政治生日”仪式，丰富政治教育活动内涵。机关党委和老干部支部分别被评为市级先进基层党组织和省级离退休干部先进党支部。

注重加强制度建设。审议通过常委会议事规则、组成人员守则等制度，严肃会风会纪，提升议事质量。全面建立常委会会议、主任会议、党组会议会前学法学纪制度。全年组织学法学纪32次、专题培训342人次。首次采用项目化、清单化方式，将常委会全年工作细化分解为58项重点任务，对人大机关实施绩效目标管理考核。修订完善机关管理制度7大类31项。

重视宣传研究。加强组织协调和宣传策划，注重传统媒体与新媒体的融合，办好《扬州人大》杂志，改进提升扬州人大网站和“扬州人大发布”微信公众号，运用“扬州发布”“扬帆”等新媒体平台及网络直播工作评议和专题询问，讲好人大故事，传播人大声音。围绕地方人大设立常委会40周年，开展理论研讨、知识竞赛、书画摄影展等系列纪念活动，人大工作理论研究论文、调研报告和纪念征文在全省人大系统评比中取得佳绩。

增强工作整体实效。制定实施《关于进一步加强对县乡人大工作联系指导的意见》，总结推广市县乡三级人大联动有效做法，建立制度化、常态化、规范化的沟通协调、联系指导和法律监督工作机制。立法调研征求县乡人大意见，重点议题上下联动监督，代表工作协同创新，提升全市人大工作整体水平。推行乡镇民生实事项目人大代表票决制，加大票决后项目实施监督力度。围绕密切人大代表同人民群众联系等主题，举办乡镇人大主席论坛。定期赴人大工作基层联系点走访调研，帮助解决实际问题。

（罗庆久　陆　亮）

■讨论决定重大事项 市人大常委会作出《关于打造永恒城市经典若干规矩的决议》，对江广融合区、三湾片区、瘦西湖景区控制区规划建设管理立下12条规矩，对蓝绿比、工住比和自持比等作出规定，为打造经典传世之作提供刚性约束。作出《关于同意调整古运河风光带部分永久性绿地用途、邗沟风光带永久性绿地景观提升的决议》，刚性要求做好占补平衡，及时足额补偿到位。作出《关于批准2018年市级决算的决议》，要求改进决算草案编报工作，加快建设全方位、全过程、全覆盖预算绩效管理体系。作出《关于切实加强和支持检察公益诉讼工作的决议》，要求依法重点办理生态环境和资源保护、食品药品安全等领域公益诉讼案件，发挥检察公益诉讼在维护国家和社会公共利益中的重要作用。根据《关于切实加强颐养社区建设的决议》要求，对照市政府颐养社区建设年度计划5个方面24项子任务，分阶段、滚动式、全覆盖进行督查。要求科学规划布局，强化要素保障，深化医养融合，扩大社会参与，加强督促检查，确保年度任务全面完成。全市建成示范性颐养社区64个、标准化居家养老服务中心643个。

（罗庆久　陆　亮）

■人事任免 市人大常委会坚持党管干部原则，支持机构改革工作，依法任免地方国家机关工作人员。坚持规范实施任前法律知识考试、拟任职发言、颁发任命书、宪法宣誓等制度规定，增强被任命人员的宪法意识、法治意识和责任意识。

1月5日，市八届人大常委会第十六次会议任命：栾娟、张义丰、路漫、梁技为扬州市人民检察院检察员。

2月20日，市八届人大常委会第十七次会议任命：李明安为扬州市人大常委会副秘书长。决定任命：王正年为扬州市工业和信息化局局长，免去其扬州市经济和信息化委员会主任职务；苏满满为扬州市司法局局长，免去其扬州市政府法制办公室主任职务；金春林为扬州市生态环境局局长，免去其扬州市环境保护局局长职务；陶伯龙为扬州市住房和城乡建设局局长，免去其扬州市城乡建设局局长职务；马顺圣为扬州市农业农村局局长，免去其扬州市农业委员会主任职务；季培均为扬州市文化广电和旅游局局长，免去其扬州市文化广电和新闻出版局局长职务；黄为民为扬州市卫生健康委员会主任，免去其扬州市卫生和计划生育委员会主任职务；孙玉金为扬州市退役军人事务局局长；熊佳芝为扬州市应急管理局局长，免去其扬州市安全生产监督管理局局长职务；王涛为扬州市政务服务管理办公室主任；胡春风为扬州市市场监督管理局局长，免去其扬州市工商行政管理局局长职务；赵国祥为扬州市医疗保障局局长，免去其扬州市食品药品监督管理局局长职务；高长明为扬州市信访局局长；吴顺文为扬州市金融监督管理局局长，免去其扬州市物价局局长职务。决定免去：许林灿的扬州市司法局局长职务；刘晓明的扬州市财政局局长职务；刘流的扬州市规划局局长职务；耿良的扬州市住房保障和房产管理局局长职务；侯承海的扬州市质量技术监督局局长职务；张贵联的扬州市旅游局局长职务；姜开圣的扬州市粮食局局长职务；陈小浩的扬州市民防局局长职务；赵御龙的扬州市园林管理局局长职务。

3月27日，市八届人大常委会第十八次会议任命：袁江华为扬州市中级人民法院审判委员会委员、审判员；刘毅为扬州市中级人民法院审判委员会委员；于毅为扬州市中级人民法院审判委员会委员、民事审判第一庭庭长；周坚为扬州市中级人民法院民事审判第二庭庭长，免去其扬州市中级人民法院民事审判第一庭庭长职务；苏岐华为扬州市中级人民法院民事审判第二庭副庭长，免去其扬州市中级人民法院刑事审判第二庭副庭长职务；周涛为扬州市中级人民法院审判监督庭副庭长；李益松、刘文辉为扬州市中级人民法院立案庭副庭长；陈圣勇为扬州市中级人民法院刑事审判第二庭副庭长；莫俊秀为扬州市中级人民法院民事审判第一庭副庭长；刘莉莉为扬州市中级人民法院民事审判第二庭副庭长；陈晓珺为扬州市中级人民法院民事审判第三庭副庭长。免去：黄志的扬州市中级人民法院审判委员会委员、审判员职务；李志平的扬州市中级人民法院立案庭副庭长职务；戴子平的扬州市中级人民法院民事审判第二庭庭长职务；李春蓉、秦集成的扬州市中级人民法院民事审判第二庭副庭长职务；杨林的扬州市中级人民法院民事审判第三庭副庭长职务；侯雪松、王晗、刘晓梅的扬州市中级人民法院审判员职务。任命：葛志栋、宋平、奚圣叶、孔玲浪、俞力、丁凤、袁良标、何广辉、高建华、邬宏熙、夏群、唐红梅、潘福娇、陈波、刘冬青、张颖、周祥生为扬州经济技术开发区人民法院人民陪审员。任命：张晓强为扬州市人民检察院副检察长、检察委员会委员、检察员；樊跃先为扬州市人民检察院检察委员会委员、检察员；李志强为扬州市人民检察院检察委员会委员。免去：王旭的扬州市人民检察院检察委员会委员、检察员职务；刘宁的扬州市人民检察院检察员职务。批准任命：刘宁为仪征市人民检察院检察长；王旭为扬州市江都区人民检察院检察长；倪华为扬州市邗江区人民检察院检察长。批准免去：倪华的仪征市人民检察院检察长职务；樊跃先的扬州市江都区人民检察院检察长职务；张晓强的扬州市邗江区人民检察院检察长职务。

4月8日，市八届人大常委会第十九次会议决定：接受韩骅辞去扬州市副市长职务的请求，并报扬州市第八届人民代表大会第四次会议备案。决定任命：陈锴竑为扬州市副市长。免去：仲生的扬州市监察委员会副主任职务。

5月29日，市八届人大常委会第二十次会议决定任命：黄为民为扬州市发展和改革委员会主任，免去其扬州市卫生健康委员会主任职务；朱柏兴为扬州市财政局局长；赵国祥为扬州市卫生健康委员会主任，免去其扬州市医疗保障局局长职务；华德荣为扬州市医疗保障局局长。决定免去：杨蓉的扬州市发展和改革委员会主任职务。任命：高玉波为扬州市监察委员会委员。免去：蒋桂芳的扬州市监察委员会委员职务；李秋航的扬州市人民检察院副检察长、检察委员会委员、检察员职务；冒晓明的扬州市人民检察院检察员职务。

9月26日，市八届人大常委会第二十二次会议任命：杨跃为扬州市人大常委会人事代表工作委员会副主任。免去：金香平的扬州市中级人民法院审判监督庭副庭长职务；宋德文的扬州市中级人民法院审判员职务。

11月26日，市八届人大常委会第二十三次会议决定：接受刘朝晖、杨敏辞去扬州市人民代表大会常务委员会委员职务的请求，并报扬州市第八届人民代表大会第四次会议备案。增补：李伟、陆云峰、周祥东、凌卫东、陶诚为扬州市第八届人民代表大会财政经济委员会委员。

12月27日，市八届人大常委会第二十四次会议任命：周蕾为扬州市第八届人民代表大会法制委员会副主任委员。免去：张媛媛的扬州市第八届人民代表大会法制委员会副主任委员职务。增补：干苏灵、刘莲为扬州市八届人大常委会法制工作委员会委员；蒋明、郭云霞为扬州市八届人大常委会预算工作委员会委员。

12月31日，市八届人大常委会第二十五次会议决定任命：张宝娟为扬州市副市长，并决定其代理扬州市市长职务。决定：接受夏心旻辞去扬州市市长职务的请求，并报扬州市第八届人民代表大会第四次会议备案。决定：接受谢正义辞去扬州市人民代表大会常务委员会主任职务的请求，并报扬州市第八届人民代表大会第四次会议备案。

（罗庆久　陆　亮）

■组织代表活动　聚焦“美丽宜居·人大代表环保行”主题，全市7200多名市县乡三级人大代表深入基层访民情、听民声、汇民意，查找生态环境保护工作弱项短板，督促环保突出问题整改。其中410名市人大代表走访环保问题现场291个，联系群众1478人，收集意见建议1347条，在助力打好污染防治攻坚战中发挥代表作用、展现代表风采。《新华日报》头版进行专题报道。开展“主任接待代表日”“百名代表参与常委会审议”等活动，组织代表461人次围绕常委会议题，提出意见建议1028条，扩大常委会工作的代表参与度。围绕优化民营经济发展环境、乡村振兴战略实施等，举办6期“人大网坛”，在线征集代表和群众意见建议251条，夯实人大工作民意基础。

（罗庆久　陆　亮）

■强化服务保障　市人大常委会以人大代表履职平台标准化、规范化建设作为加强代表工作的重要抓手，进行动员部署，组织观摩指导，强化督查考核，高质量推进平台建设。全市完善提升“人大代表之家”90个、“人大代表工作站”592个、“人大代表联系点”658个，并评比表彰代表履职平台建设获奖平台。组织编写预算审查监督简明读本，帮助代表对预决算报告看得更明白、审得更精准。围绕预算审查监督等专题，全年集中培训市人大代表127人次，组织代表216人次参加视察调研、评议监督、旁听庭审等活动，为代表履职创造条件。组织179名市人大代表向原选举单位报告履职情况，公布代表履职项目化考核评价结果，评选表彰优秀议案建议36件。围绕乡村振兴、新兴科创名城建设等主题，组织在扬全国和省人大代表调研视察。（罗庆久　陆　亮）

■代表建议督办　市人大常委会制定出台《关于进一步加强市人大代表建议、批评和意见工作的意见》，健全完善分级负责、办结答复、回访反馈、绩效评估和督查问责等6项工作机制。以提高议案建议解决率为目标，强化“对口督办、重点督办、市长领办”，组织开展重点建议办理专题视察，提出申报“世界美食之都”等15件重点督办建议，以及解决民企融资难、融资贵问题等7件市长领办建议。持续督办《关于推进东南片区更新改造的议案》，督促高起点编制规划，加强基础性、功能性和公益性项目的先期建设，探索建立多元化的投融资机制，将东南片区打造成城市“双修”的示范区。重点督办《关于加快推进科创名城建设，引领经济高质量发展的议案》，督促强化科技与产业深度融合，推进战略性新兴产业招引和传统产业转型升级，加快构建公共服务和公共技术平台，聚力招引一批国家级实验室。督促重新办理一次答复“不满意”建议，对“正在解决”类建议组织二次答复，对上年列入“计划解决”的38件建议开展“回头看”，推动一批重点难点建议解决落实。市八届人大三次会议及闭会期间的337件代表建议已全部办结，解决率78.04%，比上年提高2.14个百分点。

（罗庆久　陆　亮）

重要会议

■八届人大三次会议　扬州市第八届人民代表大会第三次会议于1月9—12日在扬州举行。427名市八届人大代表中，419人出席会议。会议听取和审议代市长夏心旻代表市政府作的《扬州市人民政府工作报告》，审议市发展和改革委员会主任杨蓉受市政府委托提交的《扬州市2018年国民经济和社会发展计划执行情况与2019年计划草案的报告》、市财政局局长刘晓明受市政府委托提交的《扬州市2018年预算执行情况和2019年预算草案的报告》，听取和审议市人大常委会副主任孔令俊受市人大常委会委托作的《扬州市人民代表大会常务委员会工作报告》、市中级人民法院院长薛剑祥作的《扬州市中级人民法院工作报告》、市人民检察院检察长戴飞作的《扬州市人民检察院工作报告》。会议收到议案31件，将王华平等10位代表提出的《关于加快推进科创名城建设，引领经济高质量发展的议案》交市人大常委会在大会闭会后审议，其余30件议案转为建议、批评和意见处理；收到代表提出的建议、批评和意见281件，全部交有关部门和组织研究处理，并负责

1月12日，扬州市第八届人民代表大会第三次会议闭幕　　董　辉/摄

答复代表。会议以电子表决方式通过接受孔令俊辞去市八届人大常委会副主任、市八届人大法制委员会主任委员职务的请求的决定，接受林正玉辞去市八届人大常委会秘书长职务的请求的决定，接受陈扬辞去扬州市副市长职务的请求的决定和《关于扬州市人民政府工作报告的决议》等6项决议。

会议选举李忠盛为扬州市第八届人民代表大会常务委员会副主任，刘晓明为市八届人大常委会秘书长，刘朝晖、许明、张媛媛、洪扬为市八届人大常委会委员；选举夏心旻为扬州市市长。会议增补李忠盛为市八届人大法制委员会主任委员。在全体代表的监督下，新当选的同志依法进行宪法宣誓。

（罗庆久　陆　亮）

■人大常委会会议 市八届人大常委会第十六次会议于1月5日在扬州举行。会议听取和审议市发改委主任杨蓉受市政府委托作的关于《扬州市国民经济和社会发展第十三个五年规划纲要》实施中期评估情况、扬州市2018年国民经济和社会发展计划执行情况与2019年计划草案初步方案的报告，市财政局局长刘晓明受市政府委托作的关于扬州市2018年预算执行情况和2019年预算草案初步方案、扬州市市本级2019年2000万元以上重大财政资金项目绩效预评估情况的汇报，以及市人大财经委关于扬州市2019年市级预算草案初步方案初审意见的汇报。听取和审议副市长刘禹同代表市政府作的关于全市突出环境问题清单的报告。听取市农委关于落实市人大常委会绿色优质农产品生产供给工作评议意见的汇报。会议讨论通过市人大常委会工作报告、2019年度工作要点和议题安排计划，表决通过关于个别代表的代表资格的报告、关于表彰市人大代表活动先进小组的决定、市八届人大三次会议主席团和秘书长建议名单、接受潘学元辞去江苏省第十三届人民代表大会代表职务的请求的决定，依法补选夏心旻为江苏省第十三届人民代表大会代表。听取市人大常委会有关人事任免事项的说明和被提请任命人员的拟任职发言。会议表决通过人事任免事项，向新任命人员颁发任命书，并进行宪法宣誓。

市八届人大常委会第十七次会议于2月20日在扬州举行。会议分别听取市人大常委会、市政府有关人事任免事项的说明和被提请任命人员的拟任职发言，表决通过人事任免事项，向新任命人员颁发任命书，并进行宪法宣誓。

市八届人大常委会第十八次会议于3月26—27日在扬州举行。会议听取和审议副市长韩骅代表市政府作的关于贯彻《切实加强颐养社区建设决议》2019年度实施计划及推进工作、2018年扬州市环境质量和环境保护目标完成情况及环保突出问题整改情况的汇报。会议听取市人大法制委员会关于《扬州市农贸市场管理条例（草案）》审议结果的报告，并对草案修改稿进行审议。会议传达学习十三届全国人大二次会议精神，听取和审议市科技局关于落实市人大常委会科技创新工作评议意见、市人大常委会教科文卫工委《关于加快推进科创名城建设，引领经济高质量发展的议案》处理意见的报告。会议表决通过《扬州市农贸市场管理条例》，按规定报请省人大常委会批准；表决通过《关于加快推进科创名城建设，引领经济高质量发展的议案》处理意见的报告。会议分别听取有关人事任免事项说明和被提请任命人员的拟任职发言，表决通过有关人事任免事项，向新任命人员颁发任命书，并进行宪法宣誓。会议期间，举办《江苏省养老服务条例》辅导讲座。

市八届人大常委会第十九次会议于4月8日在扬州举行。会议听取有关人事任免及辞职事项的说明和被提请任命人员的拟任职发言，表决通过关于接受韩骅辞去扬州市副市长职务的请求的决定，决定任命陈锴竑为扬州市副市长，免去仲生的扬州监察委员会副主任职务。陈锴竑依法进行宪法宣誓。

市八届人大常委会第二十次会议于5月28—29日在扬州举行。会议听取和审议常务副市长陈锴竑代表市政府作的关于全面优化民营经济发展环境、公园植树及配套设施建设管理情况的汇报、关于《扬州市文明行为促进条例（草案）》起草情况的说明，听取市人大常委会教科文卫工委关于《条例（草案）》审查意见的报告，并对《条例（草案）》进行一审。会议听取市发展和改革委员会关于落实市人大常委会重大项目建设情况评议意见的汇报，审议市政府落实市人大常委会部分审议意见情况的书面报告。会议表决通过《扬州市人民代表大会常务委员会组成人员守则》。会议听取有关人事免职事项的说明和被提请任命人员的拟任职发言，表决通过有关人事任免事项，向新任命人员颁发任命书，并进行宪法宣誓。

市八届人大常委会第二十一次会议于7月29—30日在扬州举行。会议听取和审议常务副市长陈锴竑代表市政府作的关于2019年上半年国民经济社会发展计划执行情况汇报，听取和审议市财政局局长朱柏兴受市政府委托作的关于《2019年上半年预算执行、2018年市级决算（草案）》、2018年市级重点项目绩效评价结果的汇报，听取和审议市审计局局长蔡先建受市政府委托作的关于2018年度市级预算执行和其他财政收支情况的审计工作报告，听取市人大财政经济委员会关于《2018年市级决算（草案）》审查结果报告。会议听取和审议市人大常委会执法检查组关于检查《中华人民共和国水污染防治法》实施情况的报告。会议听取市人大常委会秘书长刘晓明《关于支持和保障南京都市圈共建长三角一体化高质量发展合作示范区的决定（草案）》、市人大常委会内务司法工委《关于切实加强和支持检察公益诉讼工作的决议（草案）》起草情况的说明，听取市中级法院、检察院部分员额法官、检察官履职情况报告和市人大常委会履职评议调查工作组的调查报告，并对其履职情况进行满意度测评，结果均为满意。会议表决通过《关于批准扬州市2018年市级决算的决议》《关于批准扬州经济技术开发区2018年预算调整方案的决议》《关于支持和保障南京都市圈共建长三角一体化高质量发展合作示范区的决定》《关于切实加强和支持检察公益诉讼工作的决议》。会议对市政府贯彻实施《中华人民共和国水污染防治法》情况进行满意度测评，结果为满意。

市八届人大常委会第二十二次会议于9月25—26日在扬州举行。会议听取和审议副市长何金发代表市政府作的关于《扬州古城保护条例》贯彻实施情况、2018年度国有资产管理情况和2018年度企业国有资产管理情况、《加快推进科创名城建设，引领经济高质量发展的议案》办理情况、《关于打造永恒城市经典若干规矩的议案》的情况汇报。会议听取和审议副市长何金发代表市政府作的《市政府关于梅岭路东延跨古运河大桥及高桥路下穿通道工程项目调整永久性绿地用途和邗沟风光带绿化景观提升项目的议案》的情况汇报和市人大常委会的审查报告，听取市人大法制委员会关于《扬州市文明行为促进条例（草案）》审议结果的报告，并对草案修改稿进行审议。会议听取和审议市人大常委会法制工委关于规范性文件备案审查工作情况的报告。会议听取和审议市文广旅局局长季培均作的关于旅游工作情况汇报以及评议工作调查组的调查报告。会议对旅游工作开展工作评议，并由常委会组成人员以无记名投票方式进行满意度测评，结果为满意。会议表决通过《扬州市文明行为促进条例》，并报省人大常委会批准。会议表决通过《关于打造永恒城市经典若干规矩的决议》《关于同意调整古运河风光带部分永久性绿地用途及邗沟风光带永久性绿地相关事项的决议》《关于进一步加强市人大代表建议、批评和意见工作的意见》《关于进一步加强对县乡人大工作联系指导的意见》。会议听取有关人事任免事项的说明和被提请任命人员的拟任职发言，表决通过有关人事任命事项，向新任命人员颁发任命书，并进行宪法宣誓。会议期间，举办企业国有资产法辅导讲座。

市八届人大常委会第二十三次会议于11月25—26日在扬州举行。会议听取和审议常务副市长陈锴竑代表市政府作的关于全民健身工作，关于市八届人大三次会议代表建议、批评和意见办理情况的汇报以及审计查出问题整改情况的报告，听取市财政局局长朱柏兴受市政府委托作的关于《扬州市2019年市级地方政府债券安排及预算调整方案（草案）的议案》的说明并对相关议案进行审议，听取市人大财政经济委员会关于《扬州市2019年市级地方政府债券安排及预算调整方案（草案）》的审查结果报告。会议听取市商务局局长苏爱根关于招商引资工作情况的汇报以及市人大常委会评议工作调查组的调查报告，并对市商务局招商引资工作开展评议，并由常委会组成人员以无记名投票方式进行满意度测评，结果为满意。会议表决通过关于批准扬州市2019年国民经济和社会发展计划部分指标调整方案的决议、关于批准扬州市2019年市级地方政府债券安排及预算调整方案的决议、扬州市人民代表大会常务委员会议事规则。会议听取关于召开市八届人大四次会议有关事项的说明，表决通过关于召开扬州市第八届人民代表大会第四次会议的决定、市八届人大四次会议建议议程和列席人员范围。会议表决通过接受有关辞职事项的请求的决定，依法增补李伟等5人为市人大财政经济委员会委员。会议期间，举办《江苏省物业管理条例》辅导讲座。

市八届人大常委会第二十四次会议于12月26—27日在扬州举行。会议听取和审议副市长何金发代表市政府作的《关于推进东南片区更新改造的议案》办理情况的汇报，听取和审议副市长丁一代表市政府作的关于全市乡村振兴战略实施情况的汇报，并进行专题询问。听取市住房和城乡建设局局长陶伯龙受市政府委托作的关于《扬州市社区住宅物业管理条例（草案）》起草情况的说明以及市人大常委会环资城建工委关于《条例（草案）》审查意见的报告，并对《条例（草案）》进行一审。听取市发改委主任黄为民受市政府委托作的关于扬州市2019年国民经济和社会发展计划预计执行情况与2020年计划草案初步方案的汇报，听取市财政局局长朱柏兴受市政府委托作的关于扬州市2019年预算预计执行情况和2020年预算草案初步方案的汇报、关于2018年度重点项目绩效评价查出问题整改及结果应用情况的汇报；听取扬州经济技术开发区人民法院、人民检察院年度工作情况的汇报。会议表决通过有关人事任免事项、增补市人大常委会有关工作委员会委员名单。

市八届人大常委会第二十五次会议于12月31日在扬州举行。会议决定任命张宝娟为扬州市副市长，并决定其代理扬州市市长职务，张宝娟依法进行宪法宣誓。会议表决通过关于接受夏心旻辞去扬州市市长职务、谢正义辞去扬州市人民代表大会常务委员会主任职务的请求的决定。（罗庆久　陆　亮）

人大监督

■经济发展提质增效监督　市人大常委会审议国民经济和社会发展计划执行情况，对短序时的4个重点指标进行量化分析，要求加强经济运行分析研判，重视并加强重大项目建设，加大实体经济发展力度，保持经济平稳健康运行。紧扣服务企业“2号文件”贯彻落实，市、县人大联动调研优化民营经济发展环境，促进落实减税降费“硬任务”，构建亲清政商关系“软环境”，推动解决融资难、用工难、政策落地难等突出问题。评议招商引资工作，就如何落实“一把手”工作责任、提高项目落地率、培育招商引资新优势等问题，面对面询问职能部门负责人，实打实进行满意度测评，并要求优化招商引资工作机制，强化土地、人才、资金、政策等要素保障，构建法治化、国际化、便利化的营商环境。专题询问乡村振兴战略实施情况，促进规划、人才、投入、用地、项目等落地，推动乡村振兴战略稳步实施。（罗庆久　陆　亮）

■城市品质提升监督 督查非物质文化遗产保护条例实施，调研视察瘦西湖美食街坊和瓜洲文旅产业发展情况，组织开展旅游工作评议，督促推动旅游体制机制改革，要求加强要素资源整合，统筹协调全域旅游发展，加强高素质旅游人才队伍建设，深化旅游产品供给侧改革，做好大运河文化旅游大文章。专题询问古城保护条例实施情况，要求市政府强化规划引领，建立完善古城保护名录制度，设立古城保护专项资金，优化整合资源，依法保护，合理利用。市、区人大联动开展专项督查，推动城市快速路建设进度，确保工程质量。（罗庆久　陆　亮）

■民生保障改善监督 回应人民群众对高质量教育的期盼，以学前教育和义务教育为切入口，省、市、县人大联动调研深化教育改革与发展情况，要求增加教育资源供给，推进学前教育公益普惠发展和义务教育优质均衡发展。审议全民健身工作，督促建立全民健身公共服务体系，提升现有场馆设施使用效率，加强健身服务指导，满足人民群众多元健身需求。听取“四好农村路”建设专项工作报告，督促加大要素投入和政策保障，优化完善农村路网，加快美好乡村建设步伐。（罗庆久　陆　亮）

■公平正义监督 市人大常委会开展对员额法官、员额检察官履职评议，逐一听取履职报告，进行满意度测评，并跟踪督促上年度评议问题整改落实，促进被评议人员增强公正司法和接受人大监督意识，依法公正行使好人民赋予的权力。首次听取扬州经济技术开发区法院、检察院工作报告，要求彰显开发区司法工作特色，服务保障经济社会发展大局。重视扫黑除恶工作，督促“两院”和公安机关聚焦征地拆迁、民间借贷等突出问题，依法严惩黑恶势力，保障人民群众安居乐业、社会安定有序。听取律师工作情况汇报，要求强化日常监管和专项治理，净化法律服务环境。首次审议规范性文件备案审查工作，加强备案审查制度和能力建设。建立涉法涉诉信访事项办理反馈和工作协调机制，全年受理来信141件、接待来访120批197人次，维护群众合法权益。（罗庆久　陆　亮）

■预决算审查监督 审议2019年预算执行情况，提出落实减税降费政策、加强财政收支管理、防范化解政府性债务等审议意见。加强功能区预决算审查监督，首次听取扬州经济技术开发区决算报告。首次审议部分重点项目绩效评价查出问题整改及结果运用情况，促进预算安排、政策调整与绩效评价结果挂钩，形成财政资金绩效监督工作闭环。推进预算联网监督系统建设，实现市、县两级初步贯通。委托开展专项审计，审议审计工作报告，跟踪“同级审”和省人大“上审下”查出问题整改，督促市、县两级政府及有关部门落实整改责任，堵塞制度漏洞，防止“屡审屡犯”。定期听取政府债务管理情况报告，要求市政府健全工作机制，采取有效措施管控债务风险。（罗庆久　陆　亮）

■国有资产监督 听取2018年度国有资产管理情况综合报告，首次审议企业国有资产管理情况专项报告，要求加强对国有企业有效管控，规范重大事项决策流程，强化企业规范管理，巩固完善深化改革成果。（罗庆久　陆　亮）

重点议案建议

■关于加快推进科创名城建设，引领经济高质量发展的议案 市八届人大三次会议上，王华平等10位代表提出《关于加快推进科创名城建设，引领经济高质量发展的议案》。主要内容：（1）高质量推动企业转型升级，着力增强创新主体的竞争力。鼓励支持企业加大研发投入、集聚研发人才、完善研发条件，坚持项目引领，着力招引一批科创型企业，推动先进制造业中高端发展，推进战略性新兴产业加快发展。（2）高标准推进科创平台建设，着力增强创新载体的辅助力。坚持科学规划布局，推进创新型园区建设，优化科技产业综合体产业结构，提升整体运营质态；重点新增和培育省级以上孵化器，推动科技创新成果产业化。（3）高规格打造科技创新服务体系，着力提升创新载体的集聚力。推动产业布局由分散型向集聚型转变，力争打造创新型企业集群；放大里下河农科所、家禽研究所、仪化、江苏油田研究院的科技效应；完善政府科技服务，加快发展科技广场、科技产业综合体、科技中介共享实验室、众创空间等创新链配套基础设施，创新“政府＋实验室＋企业”“科技金融超市＋实验室＋科技综合体＋众创空间”等多层次、多渠道的技术合作和转移管道；进一步完善科技创新、成果转化各项鼓励扶持政策。（4）高水平构筑区域性创新人才高地，着力加大创新因子的吸附力。实行更加有效的人才政策，优化人才结构，加大创新顶尖人才招引力度，加快推进扬州大学、通达学院等高校和扬子津科教园建设，打造具有区域竞争力的人才发展环境。（罗庆久　陆　亮）

■关于加快医养共同体产业建设的议案 市八届人大三次会议上，仲崇文等10位代表提出《关于加快医养共同体产业建设的议案》。主要内容：（1）公共服务层面。在现有颐养社区建设的基础上，由政府卫生健康管理行政部门牵头拿出中长期发展规划，把居家养老和健康医疗统筹考虑，整合建设，加大投入，建成一批医养共同体产业的样板单位，为民间资本投入医养共同体产业放出样子。（2）市场服务层面。由政府进一步明确鼓励民间资本投入医养共同体产业建设的政策意见，从土地、人才、信贷、奖励等多个方面提供方便，让民间资本医养共同体建设与社区居民的居家养老形成统一的供需市场，进一步满足社会养老的多元化需求。（3）社会自助服务层面。由政府牵头建立社区志愿者养老服务组织，以制度形式建立养老互助服务机制，形成“我为人人、人人为我”的养老氛围。

（罗庆久　陆　亮）

■关于加强市区建筑垃圾治理的议案 市八届人大三次会议上，刘焕琴等10位代表提出《关于加强市区建筑垃圾治理的议案》。主要内容：（1）强化组织领导。建立“统一领导、属地管理、条块结合、齐抓共管”的运行管理机制。强化工作责任，加强督查考核，鼓励社会监督，设立举报有奖制度，对典型案件进行曝光。（2）强化源头管理。加快建立源头减排约束机制，突出建筑垃圾减量化设计，加强包括拆除在内的施工工地管理，建立完善建筑垃圾管理规范。对占用农田、河渠、绿地等存量建筑垃圾，要制定切实可行的治理计划，有序开展治理。（3）强化运输管理。严厉打击“黑渣土车”非法清运、私拉乱倒、抛洒滴漏以及涉黑涉恶、垄断市场、暴力抗法等违法违规行为。对渣土车实行全过程监管，杜绝运输环节的扬尘污染。（4）强化消纳管理。优化建筑垃圾消纳场布局，规范消纳作业管理，健全各项管理制度。（5）强化资源化利用。全面系统开展建筑垃圾利用研究开发工作，探索实施建筑垃圾分类，生产适合城市发展的建筑垃圾再生产品。（6）强化长效管理。加大日常巡查督查、联合巡查、奖惩通报力度，对巡查移送的问题及时查处。

（罗庆久　陆　亮）

■关于实施农村人才战略推动乡村振兴的议案 市八届人大三次会议上，夏晴等10位代表提出《关于实施农村人才战略推动乡村振兴的议案》。主要内容：（1）落实农业农村优先发展政策，建设新型职业农民、专业人才、乡土人才三支农村人才队伍。（2）落实农村人才战略，完善人才引进多项政策。人才安家补助费政策不应以引进时间“一刀切”，应将同类符合条件人才同时列入补助政策范围。（3）落实乡村人才流动平台，建立岗位双向选择、流动锻炼机制，推动我市农村人才合理流动。（罗庆久　陆　亮）

■关于加快推进我市信用体系建设的议案 市八届人大三次会议上，罗庆久等10位代表提出《关于加快推进我市信用体系建设的议案》。主要内容：（1）强化组织领导，严格考评督查。（2）构建守信激励和失信惩戒机制。推动实施事前信用承诺、事中信用分类管理、事后守信联合激励和失信联合惩戒制度，特别是重拳出击惩治“老赖”。（3）推动重点领域信用建设。（4）完善统一信用信息管理平台建设。打破信息孤岛，大力推进公共信用信息的归集共享。（5）建设与数字时代相适应的社会信用体系。（6）加强诚信教育与诚信文化建设。（7）为优化营商环境提供信用法治保障。建议市人大常委会积极向省人大常委会建议，制定出台地方性信用法规。同时，建议市人大常委会将推进我市社会信用体系建设工作列入年度监督议题，促进政府加大统筹协调和工作推进力度。

（罗庆久　陆　亮）

■关于解决民企融资难、融资贵问题的建议 市八届人大三次会议上，胡洪海代表提出《关于解决民企融资难、融资贵问题的建议》。主要内容：（1）解决抽贷断贷问题。由市金融主管部门牵头，引导银行建立民营企业经营评估机制。（2）降低发贷转贷成本。优化银行贷款流程，银行要明文规定发贷或转贷期限，把发贷、转贷办理时长纳入考核，缩短发贷和转贷周期。特别建议银行要对可以转贷的企业，只需偿还上期利息，减少企业贷款成本。（3）加强银企沟通交流。市委、市政府主要领导每年、分管领导每半年牵头召开一次银企座谈会，邀请金融机构等涉企部门主要负责人参加，务实解决我市民营企业特别是中小企业当前发展中面临的融资难题。（4）加强银行服务和管理。建立客户服务评价体系，提升其服务能力和服务主动性。加强银行内部管理，规范工作人员职业操守。

（罗庆久　陆　亮）

扬州市第八届人民代表大会第三次会议期间的代表重点议案建议一览表

表 6-1

议 案 建 议 标 题	提议案建议者
关于加快推进科创名城建设，引领经济高质量发展的议案	王华平等 10 人
关于加快医养共同体产业建设的议案	仲崇文等 10 人
关于加强市区建筑垃圾治理的议案	刘焕琴等 10 人
关于我市申报世界“美食之都”的议案	陈志宏等 10 人
关于营造良好环境，支持我市民营经济发展的议案	孙玉培等 10 人

续表 6-1

议案建议标题	提议案建议者
关于大力发展公交的议案	张媛媛等 10 人
关于进一步加强雨污分流建设管理，切实提高环境质量和城市管理水平的议案	周　蕾等 10 人
关于实施农村人才战略推动乡村振兴的议案	夏　晴等 10 人
关于加强品牌养老服务机构培育的议案	阚肖虹等 10 人
关于推进扬州全民健身工作的议案	沈宏跃等 10 人
关于推动“园区经济”加快发展的议案	毕　刚等 10 人
关于加快推进我市信用体系建设的议案	罗庆久等 10 人
关于加强优质农产品生产供给工作的议案	阚成法等 10 人
关于发展壮大我市实体经济的建议	吴战宇
关于多措并举解决高中教师编制不足的建议	姚国平
关于加强校外培训机构长效管理的建议	王梦迪
关于整治城市光污染和噪声污染的建议	张平列
关于解决民企融资难、融资贵问题的建议	胡洪海
关于进一步加强基层环境保护监管能力建设的建议	陆　军
关于加强高邮湖、邵伯湖联防联动管理保护的建议	胡朝霞
关于加强市区农贸市场及其周边监管执法的建议	刘　柏
关于提升基层医疗机构药事服务能力的建议	颜安明等 3 人
关于彻底治理城区水体黑臭问题的建议	明月敏
关于加大对农村合作社扶持、推进乡村振兴战略实施的建议	戴尔庆
关于进一步激励和引导企业，加大研发投入的建议	朱大鹏
关于进一步优化医保政策，提高医保资金使用绩效的建议	吴焱新等 4 人
关于加强大气和水污染综合治理，持续改善环境质量的建议	刘　佳
关于加快基层公共法律服务体系建设的建议	毛一波
关于推进市县旅游融合发展的建议	刘晓英
关于帮扶提升中小企业应对快速变化的经济环境竞争能力的建议	干苏灵等 10 人
关于切实减轻中小学生过重作业负担的建议	顾毓宏等 2 人

（杜　伟）

扬州市人民政府

Yangzhoushi Renmin Zhengfu

编 辑 崔成鹏

重要会议

■**市政府常务会议** 1月27日，市政府召开第26次常务会议。主要议题：（1）学习《省审计厅关于进一步加强审计整改工作的意见》《行政机关在建立和维护公平竞争营商环境中的法规责任》；（2）关于做好2019年民生幸福工程的实施意见；（3）关于全面支持民营经济高质量发展优化企业发展环境的行动计划；（4）关于2019年更好服务游客建设宜游城市的意见；（5）关于扬州市献血管理办法；（6）关于扬州市“大棚房”问题专项清理整治行动工作；（7）学习《关于研究部署淮安市金湖县过期疫苗事件处置等工作的专题会议纪要》；（8）学习《中共中央办公厅、国务院办公厅关于加强文物保护利用改革的若干意见》；（9）关于撤销宁扬一级公路十五里墩收费站和扬天公路仪征收费站的实施意见；（10）关于科源公司无偿划转中航工业沈阳飞机设计研究所工作；（11）关于深化科技体制机制改革推动高质量发展若干政策；（12）关于推动扬州文化建设高质量发展工作方案、扬州市文化人才高质量发展行动计划、扬州市文艺“名师带徒”计划工作方案；（13）关于2018年度市级机关“三争”考评情况；（14）关于2018年度市级机关目标绩效考评工作情况。

2月28日，市政府召开第27次常务会议。主要议题：（1）学习《习近平总书记在国家综合性消防救援队伍授旗仪式上的训词》《政府签订合作框架协议（合作意向书）需注意防范的风险》；（2）关于2019中国·扬州“烟花三月”国际经贸旅游节总体方案；（3）关于全市扫黑除恶专项斗争工作；（4）关于加强中小学幼儿园安全风险防控体系建设的实施意见；（5）关于颐养社区建设2019年度实施计划；（6）关于扬州市工业集中区年度考核奖励（试行）办法；（7）关于2018年全市工业高质量发展“争先创优”竞赛活动评选情况；（8）关于扬州市市区规划管理技术规定；（9）关于部分已出让房地产用地未开发建设问题处理建议的汇报；（10）关于2019年度市级重大项目和政府投资项目投资计划编制情况。

3月25日，市政府召开第28次常务会议。主要议题：（1）学习《生产安全事故应急条例》；（2）传达贯彻省政府第28次常务会议关于响水“3·21”特别重大爆炸事故处理情况的有关精神，研究部署下一阶段重点工作；（3）学习《地方党政领导干部食品安全责任制规定》，传达全省食品安全委员会全体（扩大）电视电话会议精神；（4）关于扬州市乡村振兴战略实施规划；（5）关于全省扶贫开发工作会议主要精神传达及扬州市扶贫工作；（6）关于2018年度全市科技产业综合体建设运营考核情况。

4月23日，市政府召开第29次常务会议。主要议题：（1）学习《中华人民共和国政府信息公开条例》；（2）研究当前经济运行、安全生产和社会稳定工作；（3）关于扬州市文明行为促进条例；（4）关于首届大运河文化旅游博览会筹备工作。

5月29日，市政府召开第30次常务会议。主要议题：（1）传达学习中央和省关于扫黑除恶专项斗争的最新决策部署；（2）关于法治政府建设情况；（3）关于中央环保督察“回头看”及大气污染问题专项督察反馈意见扬州市整改方案；（4）关于扬州市化工产业安全环保整治提升实施方案；（5）关于加快先进制造业（集群）发展的政策意见；（6）关于2019年度扬州市开发园区综合考核办法；（7）关于退役军人事务工作上级精神及扬州市推进情况；（8）关于省教育大会精神、省新高考方案、全市中小学招生政策情况和《进一步加强全市学前教育投入的意见》；（9）关于2019年扬州市推动长江经济带发展工作要点；（10）关于扬州市区及世博园周边地区违法建设专项整治三年行动方案（2019—2021年）；（11）关于扬州市市级政府投资工程集中建设实施办法；（12）关于扬州市城乡居民养老保险基金委托省投资计划有关情况。

6月29日，市政府召开第31次常务会议。主要议题：（1）学习《生态环保领域形式主义官僚主义问题分析》；（2）学习《政府投资条例》；（3）关于扬州市推进高新技术企业高质量发展实施方案（2019—2020年）；（4）关于

2019年度全市“三招三引”工作考核办法；（5）关于扬州市工业企业资源集约利用综合评价指导办法和工业企业资源集约利用差别化政策指导意见；（6）关于全国、全省公安工作会议精神及贯彻建议；（7）关于全市安全生产工作；（8）关于扬州市2019年政务公开工作；（9）关于完善残疾儿童康复救助制度的实施方案；（10）关于提高2019年最低生活保障标准；（11）关于江都区部分行政区划变更和邗江区双桥、城北“撤乡设街”工作；（12）关于第四批市级非物质文化遗产代表性项目评审情况。

8月9日，市政府召开第32次常务会议。主要议题：（1）学纪学法；（2）传达习近平总书记对民政工作重要指示和全国、全省民政会议精神；（3）关于扬州市长江保护修复攻坚战行动计划实施方案和贯彻落实长江大保护（南京）现场推进会议精神重点任务分工方案；（4）传达省长江办专题会议精神并研究近期扬州市长江岸线整治督查工作；（5）学习《中共中央国务院关于深化改革加强食品安全工作的意见》；（6）关于违建别墅问题清查整治推进工作；（7）关于打造永恒城市经典若干规矩；（8）关于妨碍市场主体公平竞争政策文件清理工作。

8月31日，市政府召开第33次常务会议。主要议题：（1）学纪学法；（2）关于扬州市加快推进教育现代化实施意见和扬州市中小学及幼儿园建设实施计划（2019—2022年）；（3）关于进一步加强新时代民政工作的意见；（4）关于大庆安保维稳工作；（5）关于贯彻落实《江苏省奖励和保护见义勇为人员条例》工作；（6）关于扬州市地方储备粮管理办法；（7）关于新一轮市校全面深化合作系列协议；（8）关于扬州市城市照明管理办法；（9）关于扬州市党政机关办公用房管理办法、扬州市党政机关公务用车管理办法和扬州市市级行政事业单位房产处置利用实施意见。

9月29日，市政府召开第34次常务会议。主要议题：（1）学习《中华人民共和国土地管理法》；（2）关于全市安全生产工作；（3）关于进一步加强安全生产工作的实施意见；（4）关于扬州市安全生产巡查方案；（5）关于建立扬州市企业破产处置协调联动机制的实施意见；（6）关于扬州市城镇小区配套幼儿园治理工作方案；（7）关于加强全市接受义务教育的学生交通安全保障工作的意见；（8）关于生育保险和职工基本医疗保险合并实施的实施意见。

11月18日，市政府召开第35次常务会议。主要议题：（1）学习《江苏省党政领导干部防范和惩治统计造假、弄虚作假责任制规定》《优化营商环境条例》；（2）关于扬州市2018年度市级预算执行和其他财政收支审计查出问题整改工作；（3）关于扬州市社区住宅物业管理条例（草案）；（4）关于扬州市大气污染防治攻坚行动量化问责暂行规定；（5）关于全市清理拖欠民营企业中小企业账款工作；（6）关于扬州市长江流域重点水域禁捕和建立补偿制度实施方案；（7）关于扬州市相对集中行政许可权改革实施方案；（8）关于扬州市城镇生活污水处理提质增效三年行动实施方案（2019—2021年）；（9）关于市直职工住房补助政策调整方案；（10）关于邗江区西湖镇“撤镇设街”工作；（11）关于迎宾馆地块容积率调整事宜。

12月17日，市政府召开第36次常务会议。主要议题：（1）关于政府工作报告、扬州市2019年国民经济和社会发展计划执行情况与2020年计划草案报告、扬州市2019年预算执行情况和2020年预算草案报告的起草及审议情况；（2）关于全市安全生产专项整治实施方案；（3）关于全市食品安全工作；（4）关于2020东亚文化之都·中国扬州活动年实施方案；（5）关于扬州市基本医疗保险和生育保险市级统筹实施方案；（6）关于扬州市城镇排水与污水处理管理办法；（7）关于扬州市节水供水管理办法；（8）关于扬州市城市道路交通安全管理办法（草案）。 （史成伟）

■市政府全体会议 1月2日，市政府召开全体（扩大）会议。征求各县（市、区）、各功能区及各部门对2019年《政府工作报告（征求意见稿）》的意见建议。 （史成伟）

综合政务

■政务信息 2019年，市政府办公室编发《政务动态》98期、《信息专报》111期、《要情参阅》12期、《领导参考》17期，市政府领导批示34条，向上报送信息1439条，被国务院办公厅、省政府办公厅采用309条，总采用率提升至21.5%，获国务院领导批示17次，获省政府领导批示5次。

2019年，《扬州政讯》全年出刊12期，印数2300份，刊载各类文稿219篇、图片240多张，文字量66万多字。《扬州市人民政府公报》出刊12期，印数2300份，刊载各类文件104份，发放1000多家重点企业和有关单位，在24小时城市书房、档案馆、政务办等近100处设立赠阅点，与20多个城市进行交流。《扬州政讯》《扬州市人民政府公报》在“中国·扬州门户网站”同步发布电子版。

《调研参考》全年遴选发表调研文章15篇。开展年度政府系统优秀调研成果评比工作，收集整理优秀调研成果87篇并编印《2019年度政府系统优秀调研成果汇编》。

（潘　璐　周　健　杨国屏）

■政务督查 2019年，全市政务督查系统完成国务院第六次大督查发现问题对照检查整改、国务院“互联网+督查”平台留言涉及扬州问题线索调查处理、省级预算执行审计和审计整改“回头看”发现问题整改、长江干流岸线利用项目清理整治、全省安全生产明查暗访发现问题隐患整改、省移交大气专项督查责任追究问题调查处理、宝应里运河饮用水水源地环境问题整改整治等国家、省重大督查任务，组织开展政务服务营商环境评价指标提升工作、京杭运河沿线小船厂整改、沿江非法码头整治整改、“证照分离”改革工作、“双创示范”工作、航空工业沈阳所协同创新研究院项目推进、违规建设殡葬设施排查整治、列省重大交通项目任务清单落实、拖欠农民工工资问题治理等重点督查活动，下发督查通知单59份，编报《政务督查专报》17期，编发《政务督查通报》18期。（李玉明）

■**党政目标管理** 全年确定962项任务为2019年度重点工作考评目标。各责任单位根据目标任务，分解细化，明确序时进度，抓好落实。市委、市政府对各项目标完成情况实施月督查、季分析、年中评估、年终考核，全年962项政府目标任务完成率达99.6%。（李 洋）

■**建议提案办理** 2019年，市政府及各承办单位共办理人大代表建议319件，代表对办理结果满意或基本满意率100%。其中，所提建议解决采纳的有247件，占77.4%；计划解决的有28件，占8.8%；因受条件限制或其他原因，留作参考的有44件，占13.8%。办理政协提案430件，提案人对办理态度和办理结果满意和基本满意率均为100%。其中，反映问题已经解决或基本解决的有235件，占54.65%；正在解决或列入计划逐步解决的有188件，占43.72 %；因受条件限制或其他原因，难以解决或留作参考的有7件，占1.63%。政协委员“界别活动周”收集的21件意见和建议，各单位在规定时限内给予书面答复。（陈晓清）

■**政府信息公开** 2019年，通过“中国扬州”门户网站、新闻发布会、市政府公报、公共查阅点，以及政府微博、微信等政务新媒体，全市共主动公开政府信息27万多条。其中，主动公开规范性文件143件、市政府常务会议纪要10期、市政府人事任免信息24条。制定出台扬州市2019年政务公开工作要点，各级行政机关也相应出台本地区、本部门的政务公开工作要点，年度公开主要内容均已在中国扬州门户网站政府信息公开专栏集中展示。全市各级政府及其工作部门共受理政府信息公开申请1073件，其中上年结转14件；答复1054件，结转2020年继续办理19件。全市各级行政机关共受理政府信息公开行政复议申请46件。其中，维持行政行为21件，纠错11件、纠错率23.9%，撤诉和尚未办结等其他情形14件。全市涉及政府信息公开行政诉讼案件72件，其中，维持具体行政行为或驳回原告诉讼请求34件，纠错4件、纠错率5.6%，原告撤诉和尚未审结等其他情形34件。（褚剑衡）

■**政府新闻发布** 实行市政府例行新闻发布会制度。2019年，市政府召开“鉴真国际半程马拉松”、2019中国·扬州“烟花三月”国际经贸旅游节等12场新闻发布会，全市各级行政机关共召开新闻发布会140多场。做好政策发布解读，从社会公众角度出发，回答好“解读十问”，讲清述明文件的主要内容、涉及范围、执行标准，特别是针对惠民利民举措、新旧政策差异等，真正让老百姓读通看懂。全年全市各级行政机关共发布政策解读稿件200多篇。（褚剑衡）

■**“寄语市长”网络问政平台** 2019年，“中国扬州”门户网站“寄语市长”网络问政平台共受理市民诉求3万多件，回复率100%。绝大部分留言答复内容均对外公开，接受网民监督，阅读量近千万人次。对涉及群众切身利益、影响市场预期和突发公共事件等重点事项，及时发布信息，全年回应社会公众热点300多次。定期编发简报供领导参阅，不定期通报答复办理情况，办理结果纳入市级机关年度工作目标任务考核。（褚剑衡）

■**政务新媒体监管** 2019年，推进对全市政务新媒体的监管，专题召开“全市政务新媒体工作会议”，对上报的500多个政务新媒体进行备案审查，对更新不及时、无专人负责的100多个政务新媒体予以关停，经清理后，全市有政务新媒体407个。其中，政务微信294个，微博95个，移动客户端（App）4个，今日头条号、抖音等其他第三方平台14个。印发《关于进一步做好政务新媒体相关工作的通知》，根据国务院办公厅印发的《政务新媒体检查指标》，每季度对政务新媒体开展抽查检查，合格率近80%，主要问题是部分未提供有效互动功能，个别政务新媒体内容更新不及时。针对省里抽查发现的问题，联合市委网信办，加大对全市政务新媒体的监管、抽查和培训力度，并通过技术手段检测，合格率有明显提升。（褚剑衡）

■**“中国扬州”门户网站群建设** 2019年，提升政府网站规范化建设水平。推进政府网站形式规范。根据机构改革情况，完成门户网站群升级改造，完成120个（含市直48个、江都28个、邗江27个、广陵17个）站点和专页新建、改版、调整，完成“寄语市长”系统升级改造和网站群的双活容灾部署；按照规定做好政府网站的关停整合工作，完成市原旅游局、粮食局、质监局、物价局、规划局、法制办等16家部门网站内容及功能整合迁移与旧网站的关停工作；完成全市政府网站域名检查、友情链接检查等专项清查工作，清理不规范域名75个，清理不安全、不规范链接27个。推进政府网站内容规范。开展政府网站普查整改工作，每季度对全市政府网站进行全面检查，发出检查报告1200多份，利用网站普查监测系统定期开展站点检测，全年下发检测报告500多份，督促部门整改发现的错链、错别字、栏目不更新等问题约2.50万个，全年共收到网民通过“我为政府网站找错”监督举报平台反映的政府网站问题93条，其中反映属实的留言70条，已全部按时办结；做好门户网站群内容维护工作，市直网站群共发布1.41万条信息，其中，新闻动态类信息8060条，政府目录信息5139条，政府新闻发布会4期、部门新闻发布会88期，政策图解16个，数据图解11个，动态政务专题2个，各类热点问题回应13个，答问知识库31个，调查征集以及结果反馈报告共33个，“中国扬州门户网站”微信发布600条。推进网站群运维管理规范。加强部门日常维护需求派单的审核与处置，重新编制网站群系统运维操作指南，更新主站信息加载、寄语市长留言审核、信息公开审核、微信公众号维护等4项工作规范。12月6日，中国软件评测中心在北京发布第18届中国政府网站绩效评估报告，扬州市政府网站在全国302个地级市中排名第21，在省内排第6。

（黄玉国　陈传庚）

政务服务管理

■**概况**　2019年，全市政务服务系统坚持将“放管服”改革作为全面深化改革的“先手棋”、转变政府职能的“当头炮”，全市行政效能不断提升，营商环境持续优化，创业创新活力显著增强。市本级政务服务系统共办理各类行政审批（服务）事项93.71万件，第三方随机测评满意率99.92%。公共资源交易平台共办理各类交易事项3307件，交易总额803.19亿元，其中市交易中心办理1636件，交易总额453.30亿元。

（杨　璐）

■**行政审批服务**　聚焦“联合审”，落实“3550”改革要求。推进“证照分离”改革，出台《全市推开“证照分离”改革实施方案》，对106项涉企审批事项采用告知承诺等方式降低企业制度性交易成本。至年底，全市共办理证照分离事项2.16万件。推进不动产登记改革，优化不动产登记、交易、缴税“一窗受理、集成服务”，推进转移登记与水电气过户联动办理。全市一般不动产登记业务3个工作日内办结。建成不动产抵押登记服务网点38个，数量位居全省前列。推进工程建设项目审批制度改革，在全省率先出台《扬州市工程建设项目审批制度改革实施方案》，18项工程建设项目审批制度改革配套制度全面完成，推进“工程建设项目审批管理系统”和“多规合一”业务协同平台开发，实现与国家级平台的数据对接，达到试运行条件，走在全省前列。调整设置8个工程建设项目审批综合窗口，初步形成“一窗咨询、受理、出件”的办理机制。

（杨　璐）

■**行政审批制度改革**　“放管服”改革。市政务办发挥协调小组办公室协调各方、牵头抓总作用，制定《2019年扬州市深化“放管服”改革工作要点》，起草《市政府推进政府职能转变和“放管服”改革协调小组工作规则》《市政府推进政府职能转变和“放管服”改革协调小组办公室工作细则》《市政府推进政府职能转变和“放管服”改革协调小组专题组工作细则》，并提请市政府印发《扬州市深化“放管服”改革，优化营商环境重点任务分工方案》，推进各项改革任务，确保改革在扬州落地落实。“集中批”改革。在前期扬州经济技术开发区、江都经济开发区相对集中行政许可权改革试点的基础上，推进市、县两级相对集中行政许可权改革，《扬州市相对集中行政许可权改革实施方案》及首批9个部门46项划转事项清单确定，并经市政府常务会和市委常委会研究通过后印发。“不见面”审批改革。“一张网”功能增强，开发建设覆盖市、县、乡、村四级的政务服务“一张网”。扬州旗舰店PC端和手机端先后上线并持续升级。推进120个移动App进驻政务服务网，数量位列全省第三。“快递送”渠道畅通，邮政特快专递全面进驻市、县各政务大厅，开展线上线下标准化服务，扬州在全省率先推出涉审材料邮政特快专递寄递双向全免费服务，做到审批结果免费送达，而且开通邮政特快专递免费上门取件服务。“不见面”成效扩大，市本级不见面事项占比达98.1%，“不见面”办件量逐年递增，2017年全市“不见面”审批（服务）办件量47万件，2018年153万件，2019年191万件。

（杨　璐）

■**政务服务效能提升**　推行“马上办”，全面压降行政审批时限，对行政许可事项全面梳理，对无需现场勘察、专家论证等环节的事项由“承诺件”转为“即办件”。对符合法定受理条件、申报材料齐全的，当场办结，简易事项办理时间不超过1小时。至年底，1344个行政审批服务事项承诺时限压缩59.3%，市政务大厅公布的即办件事项达458项，比上年增长74.8%。全面清理各类无谓证明，省公布的57个、市公布的50个取消证明事项及时在大厅执行落实到位。推行“一窗办”，围绕50项“一件事”应用场景，开设企业开办、不动产登记等综合窗口，企业和群众只要跑一个窗口、叫一次号、排一次队就能办成事；设立部门综合窗口，对同一部门的不同业务实现各窗口无差别受理，企业和群众只跑一窗就能办成事；设立代办中心综合窗口，对办件量较少的11个部门统一由综合窗口一窗受理、一窗出件。各类综合窗口办件量已达大厅全部办件量的70%。推行“就近办”，推进“一张网”延伸到基层乡、村服务大厅，扬州镇村两级公共服务事项入库工作在全省率先完成，基层站点率先在江苏政务服务网上线。全年乡、村办件达47.27万件，处于全省前列。推进乡镇为民服务中心、村便民服务中心标准化建设，督促各地配齐配强全科社工，让企业、群众在家门口就能办成事。推行“帮代办”。市、县两级均成立代办中心，组建覆盖市、县、乡三级520人的代办员队伍，在市、县、乡三级政务中心开设代办专窗，成立“店小二”项目服务先锋队，变“等企业上门”为“上企业门”。全年市、县两级共代办建设项目427个，帮办事项8527件。

（杨　璐）

信访工作

■概况 2019年，全市信访总量1.62万件次。其中，进京至非接待场所涉访41人次，比上年下降66.7%；越级进京集访28批140人次，批次人次均下降3.7%；到省集访47批486人次，批次人次分别下降11.3%和34.6%；到市集访304批4747人次，批次上升9.8%，人次下降39.5%；群众来信2604件，上升9.5%；网上信访9857件次，占比达58.3%，成为群众信访主渠道。全年没有发生信访极端事件、舆情炒作事件、规模集访事件。（刘逸敏）

■信访工作领导责任制 坚持以事要解决为核心，持续攻坚突出信访问题。建立越级进京上访事项领导批办制度，市主要领导亲自批办，信访部门跟踪督办，一批重大进京上访事项妥善化解。开展“三化解一规范”专项行动，集中排查一批突出信访矛盾，市委常委会集中研究，市领导包案会办，全部一次性解决到位。全面落实接访下访“百县千案”制度，市、县两级党政主要领导共接待群众112人次，包案化解信访突出问题72件。全年，国家信访局、省信访局交办件100%化解，市交办事项化解率93.5%。

（刘逸敏）

■服务质量提升 推行信访业务标准化建设，健全完善配套措施，分条块培训辅导，全过程督查指导，信访业务标准化、规范化水平提升。深化“人民满意信访窗口”创建，窗口服务质态全面提升。压实首接首办责任，强化第一现场，第一时间处置解决，兜底处理复杂问题，及时就地化解矛盾。学习新时期“枫桥经验”，推行“调解超市”、名人调解室等基层创新做法，实现矛盾多元共治。全市信访事项及时受理率、按期办结率均为100%，初信初访一次性化解率89.2%，群众满意度99.6%。（刘逸敏）

■信访法治化建设 推进信访法治化建设，运用法治思维和法治方式解决问题、化解矛盾的自觉性增强。严格落实“五个不得”工作要求，规范越级上访处置工作。加强信访法制宣传，营造法治氛围，引导群众依法按程序反映诉求。坚持惩教并重，依法处理信访活动中违法犯罪人员39人次，彰显法律权威，推动依法维权。（刘逸敏）

人力资源管理

■概况 2019年，全市超额完成创业带动就业3.6万人次的发展指标，助推全市“两创”示范绩效评价获全国第一。扬州城镇常住居民人均可支配收入为4.56万元，绝对值列全省第八；比上年增长8.5%，增幅列全省第五。全市企业“五险”扩面新增3.5万人次，社会保险降费减负成效显著。全面完成省人社厅下达的52项考核指标和市“两报告三文件”涉及人社工作的32项指标。所承办的42件市人大代表建议和47件市政协委员提案全部按期办结，满意率达100%。

全年引进高层次领军人才189人，支柱产业发展急需的专业技术人才1644人，新增海外留学回国人员190人，新增在扬就业创业大学生1.5万人。新增专业技术人才2.9万人，专业技术人才总量达43.6万人。组织专业技术人员参加继续教育9.3万人次。新增高技能人才2.2万人，全市高技能人才总量达25.88万人，每万名劳动者中高技能人才达968人。全市享受国务院政府特殊津贴人员95人、省有突出贡献中青年专家105人、市有突出贡献中青年专家519人。新增省博士后创新实践基地3个，累计建成国家级博士后科研工作站33家、省博士后创新实践基地47家。新增省级专业技术人员继续教育基地1个。

（人社局）

■技能大赛获奖 在第45届世界技能大赛上，扬州技师学院老师吴晋卿获得家具制作项目银牌，取得中国代表团在该项目上的历史最好成绩，实现扬州世技赛奖牌零的突破，成为扬州工、“扬家匠”走向世界舞台的重要标志。选派技能选手参加全国智能制造技能大赛、中国机器人大赛、全国烹饪职业技能竞赛等约30个省级以上技能竞赛，获多个奖次，其中一等奖10个以上。在国庆70周年庆典上，第14届中华技能大奖得主田明作为全国高技能人才代表受邀参加观礼。2人入选江苏大工匠，13人入选江苏工匠，江苏工匠、大工匠入选人数位列全省前列。（人社局）

■人社公共服务 深化“一网一门一次”改革，推进“不见面审批”服务模式，公共服务在线可办率达95%以上；开展“清、减、压”和证明事项告知承诺制试点工作，推进“减证便民”行动，取消人事考试类、社会保险类等各类证明材料115项。全面启动电子社保卡项目建设，累计签发电子社保卡15.3万张，开发“智慧人社App”，社保查询获评“我的扬州”App年度十佳市民口碑服务，全年12333服务总量超过40万人次。组织人社系统干部职工参加业务技能练兵比武，1个单位被评为全国人社系统2017—2019年度优质服务窗口单位，1人被评为全国人社系统“优质服务先进个人”，1人入选省队参加全国赛并获团体理论第一名、总分第二名。中央、部省主流媒体首次到扬开展体验调研活动，宣传扬州人社行风建设成果。（人社局）

■人力资源服务业 扬州人力资源服务产业园，占地2.8万平方米。5月，举行开园仪式暨人力资源“融合创新、集聚发展”主题论坛。9月19日，省人社厅印发《关于同意筹建“江苏扬州人力资源服务产业园”的复函》，同意在扬州人力资源服务产业园基础上筹建江苏扬州人力资源服务产业园。至年底，共实体入驻经营性人力资源服务机构26家，市、邗江区公共就业和人才机构全部入驻园区。扬州国际人力资源服务产业园招引万宝盛华、江苏兴油、奥驰咨询、旭睿达等一批知名人力资源机构入驻园区，入住率达100%。全年实现营收总额突破7亿元。成功建立“扬州HR精英联盟”。通过举办“中国人力资源服务行业CEO年度大会”、特色主题培训、沙龙、微课等活动，使全国各地人力资源公司的CEO聚集扬州。（人社局）

■人才政策兑现 营造良好人才发展环境，为符合条件的人才提供人才补贴，增强人才获得感，向各类人才发放租房等各种补贴3500余人次2200余万元。推动沈阳所扬州院等“大院大所”落地发展，制定人才安居专项补贴政策及资金管理办法，兑现首批21人补贴资金760余万元。发放高层次人才“绿扬英才卡”85张，为高层次人才提供医疗就诊绿色通道、免费游览公园、免费乘坐公交车等公共服务。（人社局）

■高层次人才队伍建设 16人入选省“双创计划”创业类和企业博士后类“双创博士”，连续多年居全省前四。27个高层次创新团队及人才项目入选省“六大人才高峰”资助，带动培养本土高层次人才135人。开展2019年度“绿扬金凤”计划优秀博士遴选，资助152个项目1407万元。7名博士获省博士后科研项目资助，8名留学回国人员获省留学回国人员“双创”资助。（人社局）

■高技能人才队伍建设 在全省技工院校重点建设项目中争取到6个项目，获省资助项目资金600万元。扬州技师学院新校区奠基，获批国家级高技能人才培训基地（全省仅5家），获中央财政补助资金500万元。江苏汽车技师学院新获大客车驾驶人职业教育实训基地项目中央资金1000万元。省委组织部在扬州举办的全省乡土人才经验交流会上，扬州市乡土技能人才建设经验得到省委、省政府领导肯定。新获批江苏省乡土技能大师工作室12家，总数列全省前列。举办全国修脚师职业技能竞赛总决赛与江苏省乡土人才技艺技能大赛修脚项目决赛，将扬州“修脚刀”有关技艺标准纳入省专项能力评价体系并借全国修脚大赛之机向全国推广，人民日报海外网、中新网等全国近30家媒体予以宣传报道。联合16名传统技艺技能和“非遗”项目传承人与扬州技师学院联办工艺美术“非遗”项目传承班，并获批省级历史经典产业特色班。在扬州486和扬州“三把刀”两个“非遗”集聚区分别建立市级高技能专项公共实训基地。（人社局）

■“全国百所高校院所江苏行”扬州恳谈活动 参加2019年“全国百所高校院所江苏行”活动，并邀请14所高校的有关负责人到扬考察恳谈，推介扬州经济社会发展情况和人才政策，16位高校嘉宾受聘为“扬州市招才大使”，建立扬州与高校多渠道、多层次、多形式交流合作纽带。（人社局）

■人才创新创业大赛 举办2019年扬州人才创新创业大赛，评选优秀创业项目15个，并推荐其中7个项目参加第七届中国江苏人才创新创业大赛总决赛，2人分获总决赛一等奖和三等奖，连续两年获中国江苏人才创新创业大赛总决赛一等奖，获得大赛优秀组织奖。（人社局）

■“人才服务产业行”活动 举办“人才服务产业行”活动，组织编印《市人社局人才强企政策摘要及服务项目汇编》宣传手册，涵盖20项主要人才政策及21项主要人才服务，并通过集中宣讲、政策解读、发放宣传册等形式，帮助和支持企业更好地吸引人才、留住人才和用好人才，向1500家企业发放宣传材料4000余份。（人社局）

■百名博士扬州实践活动 邀请来自清华大学、北京大学、南京大学、华中科技大学等27所高校158名博士到扬开展实践，共完成实践项目70个，解决技术难题83个，帮助用人单位培训员工1003人，撰写各类调研报告58.7万字，翻译外文资料31.9万字，实现直接经济效益超过2100万元。（人社局）

■千名大学生看扬州活动 全市共组织1200多名扬州籍学子了解家乡经济社会发展情况。其间，发布286个用人单位5032个人才需求信息，举办“扬燕归巢”人才对接双选会，邀请就业指导专家现场为高校毕业生就业创业“把脉”。（人社局）

■“才聚扬城”招聘活动 2019年共组织2687家次用人单位走进清华大学、东北大学、合肥工业大学、中南大学、南京博览中心、扬州大学等高校和综合招聘站点，开展高校毕业生引才活动106场，现场提供就业岗位6.03万个，共达成初步就业意向3.24万人。（人社局）

■事业单位人员招录 2019年，事业单位公开招聘工作坚持统分结合、分级管理、分类实施，区别和优化考核内容，推进招聘工作规范化和科学化有效结合，全市共核准招聘方案（简章）46个，公开招聘事业单位工作人员2241人，其中市直429人、县（市、区）1812人。（人社局）

■人事考试 全年共完成29项考试的报名组织和考务实施工作，累计服务考生10.47万人、21.75万科次，均安全无事故，100%完成。完成机关事业单位工勤人员职业素质提升培训1741人。新扬州人事考试基地建设按序时推进，主体工程完成竣工验收。（人社局）

外事

■外事接待 2019年，扬州共接待巴拿马前总统胡安·卡洛斯·巴雷拉，老挝国会副主席、老挝人民革

2019年到扬州访问团组一览表

表 7-1

序号	时　间	国　别	代表团名称	团长姓名 / 职务	人数	主要活动
1	3月11—13日	荷兰	荷兰布雷达市政府代表团	艾当克 / 副市长	16	友好交流
2	3月23—25日	意大利	意大利里米尼市政府代表团	贾米勒·萨戴奥勒瓦德 / 副市长	5	友好交流
3	3月31日	加拿大	加拿大驻沪总领事一行	艾伟敦 / 加拿大驻沪总领事	3	友好交流
4	5月26—28日	英国	英国剑桥郡友好代表团	史蒂夫·康特 / 郡长	5	友好交流
5	5月28—30日	法国	法国奥尔良市友好代表团	菲利普·勒鲁 / 奥尔良大都会副主席、奥尔良市议员	4	友好交流
6	6月1日	拉美六国	拉美驻沪总领事一行	莱斯贝斯·贝里奥斯 / 委内瑞拉驻沪总领事	12	友好交流
7	6月19日	墨西哥	墨西哥联邦众议院友好代表团	克劳迪娅·森特诺 / 墨西哥联邦众议员	6	友好交流
8	6月25—26日	韩国	韩国全罗北道议会友好代表团	宋诚桓 / 议长	15	友好交流
9	6月30日	老挝	老挝人民革命党友好代表团	宋潘 / 老挝国会副主席、老挝人民革命党中央委员、老挝和平与团结委员会主席	10	友好交流
10	7月22—24日	美国	美国加州圣贝纳迪诺市市长代表团	约翰·瓦尔迪维亚 / 市长	7	友好交流
11	9月10—11日	柬埔寨	柬埔寨青年政治精英代表团	罗斯萨林 / 柬埔寨国会主席顾问	25	友好交流
12	9月25—28日	巴拿马	巴拿马友好代表团	胡安·卡洛斯·巴雷拉 / 巴拿马前总统	7	友好交流
13	9月25—29日	德国	德国莱比锡市政府友好代表团	胡尔宁·乌尔里希 / 副市长	6	友好交流
14	10月15日	韩国	韩国驻上海总领事一行	崔泳杉 / 韩国驻上海总领事	5	友好交流
15	10月24—26日	韩国	韩国顺天市政府友好代表团	金柄周 / 副市长	4	友好交流
16	10月24—27日	日本	日本厚木市市长代表团	小林常良 / 市长	37	友好交流，参加扬州、厚木结好35周年活动
17	10月29日至11月1日	法国	法国奥尔良市政府友好代表团	玛蒂娜·格里沃 / 副市长	4	友好交流
18	10月30—31日	荷兰	荷兰布雷达市政府友好代表团	保罗·德普拉 / 市长	29	友好交流，举办结好十周年摄影展
19	11月13—14日	韩国	韩国庆州市议会友好代表团	尹炳吉 / 议长	16	友好交流
20	11月30日至12月1日	意大利	意中友好关系协会代表团	玛丽亚·莫莱尼 / 意中友好关系协会主席	5	友好交流

（杨　乐）

命党中央委员、老挝和平与团结委员会主席宋潘，柬埔寨国会主席顾问罗斯萨林，英国剑桥郡郡长史蒂夫·康特，法国奥尔良大都会副主席、奥尔良市议员菲利普·勒鲁，韩国全罗北道议会议长宋诚桓，韩国庆州市议会议长尹炳吉，美国加州圣贝纳迪诺市政府市长约翰·瓦尔迪维亚，荷兰布雷达市政府市长保罗·德普拉，日本厚木市政府市长小林常良，意中友好关系协会主席玛丽亚·莫莱尼，墨西哥联邦众议院议员克劳迪娅·森特诺，加拿大驻沪总领事馆总领事艾伟敦，韩国驻沪总领事馆总领事崔泳杉，委内瑞拉驻沪总领事馆总领事莱斯贝斯·贝里奥斯，意大利里米尼市政府副市长贾米勒·萨戴奥勒瓦德，德国莱比锡市政府副市长胡尔宁·乌尔里希，韩国顺天市政府副市长金柄周，新西兰—中国国际贸易促进委员会代表团，中、日、韩三国合作秘书处代表团，日本奈良鉴真文化交流协会代表团，中阿改革发展研究中心第六、七、八、九期阿拉伯国家官员研修代表团等各国政府、议会、民间友好团组计115批1262人次。（杨　乐）

■外事活动 5月6—15日，市政协主席陈扬率扬州市友好经贸代表团访问瑞士、以色列、英国。在瑞士拜访国际电信联盟、世界知识产权组织等，就扬州与瑞士的交流和合作达成多项共识；在以色列拜访安道麦马克西姆工厂和研发中心，举办扬州—以色列“科技创新·产业合作”推介会；在英国拜访埃塞克斯郡政府，就扬州与埃塞克斯郡在园艺、教育、卫生等领域的合作交换意见。7月11—20日，市长夏心旻率扬州市友好经贸代表团一行赴德国、法国和英国考察访问，举办“中国扬州—德国凯泽斯劳滕科技创新合作推介会”“2019中国·扬州城市推介暨海外（伦敦）资本对接会”“扬州—剑桥郡创新推介会”，开展一系列客商拜访、项目洽谈、城市推介、学习考察和世园会招展等活动，推进和深化扬州与欧洲城市在科创、经贸、旅游、教育等方面加强合作、共赢发展。8月25日至9月2日，市委书记谢正义率扬州市友好经贸招商代表团赴意大利、荷兰、西班牙考察访问。在意大利，系统学习米兰在创新发展、乡村振兴和特色小镇建设方面的经验做法，在帕尔马市举办城市推介暨食品产业招商会，与意方在经贸、食品工业等领域达成多项合作意向；在荷兰，访问友城布雷达市，举办城市招商推介会，就加强两市在文化、教育、旅游等领域的交流与合作等相关事宜进行交流探讨；在西班牙，拜访西班牙侨商会，并举办专题招商会。出访活动推进扬州与欧洲三国在经贸、旅游、产业等方面深化合作、共赢发展。（杨　乐）

■友城交往 深化友好城市交往关系，推动友城之间在更多领域开展合作交流。日本方面，2019年是扬州与日本厚木市结好35周年。市长夏心旻和厚木市市长小林常良共同签署《扬州市与厚木市深化友好交流备忘录》，并促成高邮市人民医院与厚木市立医院签约结好，开启友城合作新篇章。荷兰方面，2019年是扬州与布雷达市结好10周年，扬州市与布雷达市签署《面向未来，引领合作发展新阶段，进一步增进友城关系备忘录》。法国方面，与友城奥尔良市签署《全面深化交往备忘录》，联合发布双城合作标准《国际游客淮扬美食品鉴与服务指南》，该标准是国内首个国际城市间合作制定的地方标准，也是国内首个美食品鉴与服务的地方标准。德国方面，先后推动与凯泽斯劳滕地区、凯泽斯劳滕市建立友好交往关系并签署《深化科技创新领域战略合作协议》。澳大利亚方面，与友城巴拉瑞特市共同签署未来5年友城合作备忘录。（杨　乐）

■外事宣传 及时、完整、全方位报道本市重大外事活动。全年共组织本地媒体及省电视台、《新华日报》、省广电台国际频道记者报道重要涉外活动25场（次），对17位到扬访问的中外嘉宾进行专访报道，举行“光影相映十年情——布雷达国际摄影节作品展”和“庆祝扬州市

2019年扬州市出访团组一览表

表7-2

序号	出访时间	团　名	人数	团　长	出访国家	出访任务
1	5月6—15日	扬州市友好经贸代表团	6	陈　扬	瑞士、以色列、英国	友好交流，经贸招商
2	7月11—20日	扬州市友好经贸代表团	6	夏心旻	德国、法国、英国	友好交流，经贸招商
3	8月25日至9月2日	扬州市经贸招商代表团	5	谢正义	荷兰、西班牙、意大利	友好交流，经贸招商

（杨　乐）

与布雷达市结好十周年”新闻发布会；接待日本新明文化传播股份有限公司摄制组、圭亚那国家电视台记者团、马来西亚（含沙捞越州）中英文主流媒体、格鲁吉亚主流媒体代表团等外国媒体到扬州参观考察、拍摄相关纪录片，宣传报道扬州有关历史文化和新时代经济社会发展情况；通过“扬州外事”公众号新媒体平台宣传扬州外事活动。配合市政府“世界美食之都”“成功申办世界半程马拉松锦标赛”“世界运河大会”等重大活动发表多篇原创文章，宣传扬州市在外交领域发挥的重要作用。（杨 乐）

■涉外管理 严格贯彻执行中央、省委、省政府因公出国（境）管理的方针、政策和规定，制定印发《关于进一步优化因公出国（境）办理手续的通知》，优化因公出国（境）办理手续，有效缩短因公出国（境）手续办理时限。全年共下发批件266批663人次，确认件（含省组团）96批228人次，上报请示件79批258人次；调整团组10批43人次，压缩5批11人次，暂缓8批25人次；办理来华邀请函596批1515人次；妥处10余批涉外案（事）件；开展“江苏省领事保护宣传周（扬州站）”系列活动，通过启动仪式、专题讲座、图片巡展、发放领事保护手册等方式，推动领保知识进机关、进企业、进学校、进社区；支持、鼓励扬州市企业的正常对外交流，根据权限为市企事业单位审核签发特定国家邀请函，加强审核的同时为各企事业单位做好服务。（杨 乐）

港澳事务

■港澳交流 接待澳门中华总商会副会长崔世昌一行、香港特区政府高级公务员研修团一行、澳门特区青少年“新时代同心行”学习参访团和澳门教育代表团等港澳团组到扬访问交流，加强与港澳相关事务部门的联系，勾勒港澳“同心圆”，探讨新的交流渠道和合作方式。（杨 乐）

■港澳经贸 服务港澳企业，促进经贸合作。邀请香港咏藜园饮食集团董事长、香港江都同乡会会长王小玲到扬考察，洽谈相关经贸投资项目；配合省政府活动，助推苏澳合作发展。10月16—19日，第九届江苏—澳门·葡语国家工商峰会系列活动在澳门举办，扬州市作为承办城市之一，组织相关企业出席工商峰会。（杨 乐）

机关事务管理

■办公用房公务用车管理 根据中央、省党政机关办公用房和公务用车管理办法精神，经市委常委会议、市政府常务会议研究审议通过，由市委办公室、市政府办公室印发实施《扬州市党政机关办公用房管理办法》《扬州市党政机关公务用车管理办法》《扬州市市级行政事业单位房产处置利用实施意见》。“两办法、一意见”坚持政策底线，坚持问题导向，坚持务实高效，对相关管理部门及相应职责、集中统一管理体制机制、规范高效的操作程序等，均作明确界定和规范，构建符合扬州实际、顺应发展要求、全市统一规范的长效管理机制。（司博浩）

■节约型机关建设 发挥示范典型引领作用，邗江中学等3家单位创成国家节约型公共机构示范单位，20家单位分别创成省级能效领跑者、省级节能示范单位、省级节水型示范单位。根据新一轮党政机构改革和机关办公用房整体需求，分3轮对50余家市级行政事业单位的办公用房进行整合调整，将市级机关主要部门沿文昌路沿线集中分布，有效改善部分单位办公条件，保障全市党政机构改革实施。（司博浩）

■节假日机关大院对外地游客开放 按照市委、市政府《关于做好2019年更好服务游客 建设宜游城市的意见》要求，对大院环境、安全保卫、秩序管理、餐饮服务、免费停车等方面进行系统筹划、周密布置，优化管理服务细节，改进菜单和点餐模式、宣传文明用餐礼仪、增设配套服务，提升游客体验感和满意度。“清明”“五一”“国庆”等节假日期间，机关东、西大院服务外地游客停车562辆次，提供餐饮服务3035人次。（司博浩）

2019年到扬州访问港澳团组一览表

表7-3

序号	时 间	地区	代表团名称	团长姓名/职务	人数	主要活动
1	1月21日	港澳	港澳籍政协委员一行	王如茵/澳门美高梅公共及社会事务部副总裁	2	交流考察
2	4月19—22日	澳门	澳门友好交流团	崔世昌/全国政协委员、经济委员会副主任、全国工商联副主席、澳门中华总商会副会长、澳门立法会议员	28	交流考察
3	7月16日	澳门	澳门特区青少年“新时代同心行”学习参访团	梁维特/澳门特区政府经济财政司司长	142	交流考察

（杨 乐）

政协扬州市委员会

Zhengxie Yangzhoushi Weiyuanhui

编 辑 崔成鹏

综述

■**概况** 中国人民政治协商会议江苏省扬州市第八届委员会（简称扬州市政协）共有委员409人。2019年共召开全体会议1次、常委会议3次、主席会议3次，召开专题协商座谈会2次、情况通报会22次，开展调研视察活动18次，形成专题调研报告13份，提交提案509件。就“学习习近平总书记在全国两会上的重要讲话精神，传达学习全国政协十三届二次会议精神”进行常委会议协商，会议协商通过《习近平新时代中国特色社会主义思想学习制度（试行）》和市政协《全体会议工作规则（修订稿）》等六项制度文件。庆祝新中国和人民政协成立70周年，先后举办人民政协发展历程展、“最美政协委员——70年70人”评选、“奋进新时代、共创新辉煌”中秋联谊会、庆祝新中国和人民政协成立70周年书画作品展、“我和我们的政协”征文等系列庆祝活动。就“发展园区经济和城区经济，推动我市新兴科创名城建设”议题进行常委会议协商，市委主要领导出席常委会议，面对面听取委员们的意见建议，肯定协商成果。《建议案》的主要内容被吸纳到市委七届八次全会报告之中。就“发展景区经济，推动我市国际文化旅游名城建设”议题与市政府进行协商。就“加强国际交流合作，讲好大运河扬州故事”召开主席会议与市政府协商，为打造大运河文化带建设的龙头工程建言献策。就“推动社会力量参与高质量颐养城市建设”议题召开主席会议与市政府进行协商。就“优化营商环境，加快民营经济发展”议题召开主席会议进行专题协商。组织委员赴厦门考察调研“多规合一”工作，市委、市政府主要领导对调研报告作出批示。民主评议江淮生态大走廊规划实施和项目建设进展情况，从加强组织领导，健全推进机制，加大宣传力度，营造共建氛围，注重系统研究，强化规划引领，突出环境整治，推动乡村振兴，强化船舶治理，打造绿色航运等方面提出建议。民主评议“贯彻落实惠台68条措施 营造良好发展环境”工作，提出要充分认识、强化各类政策扶持和指导服务、加大对台“三招三引”力度、壮大产业交流合作载体、构建扬台融合发展新格局的工作建议。开展“加快建设美丽宜居的公园城市、独具魅力的国际文化旅游名城、充满活力的新兴科创名城”界别活动周活动。征编出版《扬州文史资料》第40辑，编撰出版《扬州读本》。设立市文史馆，成功举办“辉煌70年——人民政协发展历程展”展示图片331幅，接待总人数近2万人。就推动江广融合区新一轮发展、“瘦西湖景区周边建筑控制工作”、“提升城市国际化服务水平”等进行专题调研。就“复建扬州文汇阁的建议”，召开部分市政协委员和专家学者研讨座谈会，并就复建文汇阁选址与建设主体提出备选方案，得到时任市委书记谢正义明确指示，相关建议被采纳。就“广陵为市区服务的农产品供应与冷链物流体系建设”开展专题调研视察，就“城市垃圾分类治理”工作进行专题视察。市政协主席陈扬带领主席会议成员和部分委员就乡村振兴重点工程实施情况开展专题视察和座谈活动，为扬州农村产业建设、乡村生态改善、乡村文化建设和乡村增收富裕建言献策。就“挖掘老扬州可传续的核心历史元素”开展视察调研。专题视察“加强我市学前教育工作”，并召开重点提案“关于加快我市学前教育普惠优质发展的建议”办理情况座谈会，从创新学前教育财政补助政策、加快公办幼儿园建设、扶持普惠性民办幼儿园发展、加强幼儿师资队伍建设方面提出意见和建议。专题视察“打造有持久竞争力的产业集群情况”。视察重点提案办理情况，就市长夏心旻领办的提案举行现场答复活动，提办双方进行面对面、零距离的交流，要求全力做好“补网”“强网”“用网”工作，建议着力提升提案工作质量，推动提案办理工作，加强提案转化工作，为市“三个名城”建设、办好“新十件大事”、谱写好中国梦的扬州篇章作出贡献。就残疾人保障法贯彻实施情况进行专题视察，建议完善残疾人工作机制，运用各种传播手段，加大宣传力度，整合资源，满足残疾人服务的多元需求，展示残疾人自尊、自信、自强、自立的精神风貌，在全社会形成理解、尊重、关心、帮助残疾人的社会风尚。

就2019年市委、市政府服务企业“2号文件”贯彻落实情况进行重点视察，从做好减税降费措施的贯彻落实，聚焦企业的所思所盼，让企业更方便、更低成本获得金融支持，利用新技术、信息化手段聚焦优化营商环境，出台新举措有针对性地解决企业困难等方面提出意见和建议。举办“建设大交通、拉开大框架、推动大发展，加快构建扬州现代综合交通运输体系”政协论坛，市政府主要领导参加论坛，肯定论坛成果，回应委员关切。重视民生类提案的督办工作，同步实施关于加大全市学前教育投入的意见、加强市定向委培乡村医生管理和服务的意见、加强网络订餐食品安全长效监管的建议、加快推动公共资源对外开放的建议等提案所涉的多件民生实事得到解决。推动节假日部分机关事业单位停车资源、食堂、厕所面向社会开放，此举得到游客和市民的赞誉。加强社情民意信息工作，共收集社情民意信息（内参）608篇，采用编报市委、市政府及有关部门72篇，省政协采用5篇，由省政协转报全国政协19篇（采用4篇）。10篇社情民意信息和《政协内参》得到市委、市政府主要领导批示，8篇被全国政协和省政协采用。加大失能半失能老人医疗保障、推进市医保异地结算扩面、提高脱贫攻坚质量等建议得到采纳和较好落实。2019年社情民意信息工作考核在全省排名第三。推进政协理论进课堂，为市委党校2019年秋季主体班学员开设“人民政协——具有中国特色的制度安排”专题讲座。组织委员参加省政协专题理论研讨会，入选论文4篇，入选论文数在设区市政协中名列第一。加强与党派团体的合作共事，邀请党派团体参加扬州市政协各种重要会议和重大活动，与党派联合开展调研视察、提案督办、民主评议等，优先安排党派团体进行大会发言，优先将党派团体的集体提案列入重点提案。完善界别活动的组织机制、工作机制和委员联系联络机制，在落实原有“主席联系委员”制度基础上，制定《关于建立市政协主席会议成员与党外知识分子、非公有制经济人士、新的社会阶层人士沟通联络机制的实施办法（试行）》《中共政协扬州市委员会党组成员联系界别、党员委员联系党外委员实施办法(试行)》《政协扬州市委员会主席会议成员走访看望委员以及接待和处理委员来信来访工作实施办法（试行）》等3项制度文件，初步形成市政协党组成员联系界别、主席会议成员联系“三类人士”重点委员、党员委员联系党外委员的广泛、多层联系联络机制。通过界别座谈会、界别调研、界别提案等形式，加强政协界别与党政部门的联系交流，推动委员广泛联系本界别群众，发挥界别优势。组织市县两级政协委员开展走访调查建档立卡低收入农户活动，共有1867名委员走访调查1936户低收入农户，形成专题调研报告，为解决好农村低收入群众支出型贫困献计出力。拓展联系联谊渠道，认真贯彻民族宗教政策，支持扬州公共外交协会工作，参与和配合全国政协、省政协在扬州市开展调研视察活动，加强与县（市、区）政协的联系合作，加强与兄弟政协的联系交流。（翟文婷）

■政协委员队伍建设 强化委员学习培训，全年共组织委员和市县政协机关干部分别参加1期全国政协干部培训中心和2期韶山干部学院专题培训班，近150名市政协委员和政协机关干部通过培训提高政治站位、坚定理想信念、熟悉政协知识，提升履职能力。组织委员集中学习经济形势和科技前沿专题讲座，以远程学习形式参加全国政协重大专项工作委员宣讲团江苏宣讲报告会和第16期江苏政协讲坛。为充实专委会力量，根据市政协党组要求，编排专委会组成人员，发挥委员主体作用和专委会基础性作用。主动与市级各功能园区联系，实地调研，反复协商，指导并推动成立住各功能园区委员履职小组和委员活动之家，为住地委员知情明政，履职尽责，更好为辖区经济社会发展发挥积极作用搭建新的平台。系统深入学习习近平总书记关于加强和改进人民政协工作重要思想，将“不忘初心、牢记使命”作为贯穿全年培训工作的鲜明主题。提升服务委员的能力水平，认真执行主席、副主席联系委员制度，发挥好委员履职信息服务平台作用，做好委员联络服务和管理工作，为委员知情明政、履行职能创造条件，组织委员参加政协会议和调研视察活动。按照扬州市政协《关于委员履职管理办法》进行委员履职评价，评选优秀委员、优秀提案、优秀论文、优秀调研视察报告和社情民意，调动委员参政议政积极性。（翟文婷）

■加强与委员联系 助推各县（市、区）“有事好商量”协商议事室建设。拟发各县市区《关于推进我市“有事好商量”协商议事室建设的专题会议纪要》，对各县（市、区）“有事好商量”协商议事室建设提供规范指导。着力夯实委员工作基础，激发委员履职积极性，不断深化委员履职制度规范和管理。在深入学习基础上，修订《扬州市政协委员履职管理办法》《委员活动小组工作简则》，制定出台《政协扬州市委员会常务委员会关于授权主席会议对违纪违法政协委员及时作出处理的决定》。开展扬州市政协“最美政协委员——70年70人”评选表彰活动。加强与部门单位协同联动，搭建市政协委员活动监督明政平台。坚持主席、副主席联系委员制度以及专委会分工联系界别和委员小组制度。全年协助联系界别委员小组开展调研视察、座谈讨论、公益活动60多次。组织委员参加各项专题调研、常委会议、主席会议、政协论坛、民主评议、视察督查、学习培训等活动。5月组织开展政协委员联系群众“界别活动周”，8月和11月分别组织委员参加民主评议活动，12月组织委员参加“扬州政协论坛”，就2019年扬州市政协重点工作和调研课题通过意见函、座谈会等多种形式征求各县（市、区）、各界别委员意见。选派委员担任特约监督员、行风评议员，参与行风监督、机关能力作风建设、政风行风评议等活动。通过政协网站、“扬州政协”微信公众号、《扬州政协》会刊发表委员对全市经济社会发展的建议、提案，宣传委员参政议政的成果和工作成绩。（翟文婷）

■**联系联谊渠道拓展** 市政协以“奋进新时代、共创新辉煌——庆祝新中国和人民政协成立70周年”为主题举办中秋联谊会，在节目编排上突出主题、力求创新，专门创作两个原创节目——以歌颂政协70年成就为主题的音诗画《人民政协走进新时代》、以政协提案工作为主题的小品《签字》，获得成功。邀请港澳台同胞、海外侨胞和在扬外企、海归代表等，共叙友情，共谋发展。认真贯彻民族宗教政策，发挥民族宗教界代表人士在促进民族团结、宗教和睦、社会和谐中的积极作用。为促进扬台两地深入融合发展，就市“贯彻落实惠台68条措施营造良好发展环境”工作进行民主评议。将提案工作作为推动工作的重要抓手，打出民主评议加提案督办的组合拳。注重发挥委员的主体作用，通过委员沙龙的形式加强与委员的交流联络，拓展委员参政议政渠道，凝聚委员共识。发挥扬州公共外交协会平台作用。加强与对口部门的互动，通过上门走访或座谈会等形式，密切联系，了解部门年度重点工作，征询做好政协工作的意见和建议；加强与县（市、区）政协的联系合作，邀请县（市、区）政协主席参加重要会议和重点调研视察活动，发挥全市政协组织的整体功能。（翟文婷）

重要会议

■**政协八届三次会议** 1月8—11日，扬州市政协召开八届三次会议。409名扬州市政协八届委员中有388人出席会议。市委书记谢正义代表中共扬州市委向大会表示祝贺并发表讲话；副主席李忠盛代表市八届政协常务委员会作工作报告；

1月11日，政协八届三次会议闭幕大会现场　刘江瑞/摄

副主席王骏代表八届市政协常务委员会作关于提案工作的报告。会议举行大会发言和大组协商。会议期间，委员们分组讨论谢正义讲话，审议政协常委会两个工作报告；列席扬州市人大八届三次会议，听取和讨论政府工作报告以及法院、检察院工作报告。会议通过扬州市政协第八届委员会第三次会议决议。（翟文婷）

■**政协常委会议** 3月28日，市政协召开八届十二次常委会议暨八届十一次主席会议，会议学习习近平总书记在全国两会上的重要讲话精神，传达学习全国政协十三届二次会议精神，协商通过《习近平新时代中国特色社会主义思想学习制度（试行）》和市政协《全体会议工作规则（修订稿）》等六项制度文件，协商决定有关人事事项。市政协举行专题学习会，邀请中国社科院经济研究所研究员王振中、深兰科技首席执行官陈海波等作经济形势和科技前沿专题报告。

6月25日，市政协召开八届十三次常委会议，就“加快推进我市新兴科创名城建设”议题与市委、市政府进行协商。会议表示，要提高思想认识，真正把新兴科创名城建设作为贯彻习近平新时代中国特色社会主义思想、贯彻新发展理念的第一动力、第一抓手。要突出重点、抓住关键，集中火力、聚焦聚力，竭尽全力为高素质人才提供高质量的服务。认识扬州推进新兴科创名城建设的现实基础、比较优势、宏观机遇和内在动力，不断吸引高端创新资源的竞争力，持之以恒强基础、补短板、亮标识、创特色。

9月26日，市政协召开八届十四次常委会议，听取市政府对提案办理情况的通报，就“发展景区经济，推动市国际文化旅游名城建设”议题与市政府进行协商。市政协主席陈扬出席会议并讲话，市委常委、常务副市长陈锴竑到会通报情况，听取意见和建议。市政协常委会集体听取市政府通报2019年以来提案办理情况，肯定提案工作。（翟文婷）

■**政协主席会议** 4月25日，市政协召开八届十二次主席会议，就“加强国际交流合作，讲好大运河扬州故事”议题开展调研，形成调研思考和建议，并与市政府进行协商讨论。市政协主席陈扬出席会议并讲话，表示要加强国际交流合作，讲好大运河扬州故事，要在“讲什么”“怎么讲”和“用什么平台讲”等几个方面深入思考。要发挥世界运河历史文化城市合作组织和扬州公共外交协会等国际民间组织和协会的作用，在大运河文化带建设开展国际交流合作上继续走在全国最前列。

7月23日，市政协召开八届

十四次主席会议，就“推动社会力量参与高质量颐养城市建设”议题与市政府进行协商。会议听取市政府的情况通报和市政协专题调研组的调研汇报，市委、市政府重视老龄化问题和养老服务工作，将加快建设颐养城市、颐养社区作为民生“1号文件”的重要内容。市政协组织力量就如何推进社会力量参与市高质量颐养城市建设开展调研，形成调研报告，市政协委员尽责履职，紧扣主题提出意见建议。

10月28日，市政协召开八届十五次主席会议，就“优化营商环境，加快民营经济发展”进行专题协商。市政协主席陈扬出席会议并讲话，副市长方桂林通报市优化营商环境工作和民营经济发展情况。即将实施的《优化营商环境条例》，是推进市场化法治化国际化营商环境建设的专门行政法规。对照要求，将正确把握和处理好政企、放管、亲清三大关系，齐心协力为推动市民营经济高质量发展贡献智慧和力量。

（翟文婷）

参政议政

■专题协商 3月，组织市政协主席会议成员和部分委员，先后实地察看广陵区食品工业园江南大学生物技术研究所、扬州亲亲万吨冷储物流有限公司、扬州万吨食品冷链有限公司、广陵农业产业园等处，并召开座谈会，听取市农业农村局、商务局、广陵区等相关工作情况通报，进行互动交流，集思广益建言献策。

4月，市政协主席陈扬率领部分市政协委员，实地察看城区部分垃圾分类处理设施场点，并召开座谈会，会上听取相关部门垃圾分类治理工作情况介绍。与会委员认识垃圾分类治理工作的重要性和必要性，围绕垃圾分类治理问题建言献策。通过加大宣传力度，加强处理能力建设，加强顶层设计，加大考核力度，打持久战，让垃圾分类治理工作行稳致远，取得实效。

5月，组织市政协主席会议成员和部分市政协委员，实地视察仁丰里古街巷、国庆路老字号一条街、木偶研究所、“486”非遗集聚区等历史文化场所建设与运营情况。就如何传承并发扬优秀传统、挖掘古城文化资源和核心历史元素，听取相关汇报，并与有关职能部门进行座谈交流。主席会议成员对持续做好挖掘、保护、传承和利用老扬州核心历史元素的问题提出合理化的意见建议。市政协主席陈扬率领部分市政协委员专题视察乡村振兴重点工程实施情况，实地察看邗江区方巷镇沿湖村村级经济转型发展情况，视察北湖湿地公园项目建设现场和甘泉街道长塘村乡村旅游及特色产业发展项目。召开座谈会，听取相关部门的专题汇报，与会委员围绕推进乡村振兴战略建言献策，并对现代农业提质增效、产业发展、美丽宜居乡村建设、强村富民增收、乡风文明提升和人才建设等提出合理化意见建议。

6月，组织市政协主席会议成员就“加强我市学前教育工作”开展专题视察，并召开重点提案“关于加快我市学前教育普惠优质发展的建议”办理情况座谈会。主席会议成员一行实地察看了蜀冈－瘦西湖风景名胜区明月幼儿园万科分园和邗江区槐泗镇酒甸中心幼儿园。召开座谈会，分别听取相关部门有关学前教育工作情况通报和相关行业代表发言。为满足社会对学前教育的多层次需求，打造高素质专业化教师队伍，针对“入园难”“入园贵”的问题，主席会议成员和委员们提出合理化意见建议。

7月，组织市政协主席会议成员和部分市政协委员，实地视察迪皮埃风电叶片（扬州）有限公司新上风力发电机组叶片项目、潍柴动力扬州柴油机有限责任公司国家智能制造新模式应用项目、扬州协鑫光伏科技有限公司光伏黑硅项目。召开座谈会，会上听取关于打造有持久竞争力的产业集群工作情况的通报，部分市政协委员围绕产业集群打造谈成效、谈问题，就如何推进相关工作提出意见和建议。

8月，组织市政协主席会议成员和部分委员，实地视察连淮扬镇铁路扬州站和扬州东部综合交通枢纽、市妇女儿童医院、市公共卫生中心和扬州新大剧院等标志性项目，与相关项目单位负责人交流，详细了解项目建设进展。在听取相关情况汇报后，主席会议成员和委员对项目建成后的运营、管理和使用等进行讨论，对运营团队、项目内容及信息化要求提出建设性意见建议。

9月，市政协主席陈扬率住扬省政协委员，实地视察运河三湾公园中国大运河博物馆（筹）、扬州大运河盐商文化展示馆，并为位于扬州“486”非遗集聚区的“省政协委员活动之家”举行简短的揭牌仪式。在召开的大运河文化带建设座谈会上，住扬省政协委员紧扣中办、国办印发的《大运河文化保护传承利用规划纲要》精神，按照全国政协和省政协工作要求，就扬州大运河文化带建设提出意见和建议。市政协就市长夏心旻领办的提案“强化环境网格化管理的建议”举行现场答复活动。与会人员现场参观“智慧槐泗”指挥中心和梅岭街道网格化社会治理指挥中心。在提案答复见面会上，提办双方进行面对面、零距离的交流，就共同做好提案成果转化工作，推进环境网格化管理向纵深发展达成一致意见。

10月，组织市政协主席会议成员和部分委员，就“残疾人保障法”贯彻实施情况实地视察西湖镇残疾人之家、雏鹰儿童发展中心、政援康医养中心以及盲人电影院和无障碍图书馆，体验残疾人基础公共设施，实地感受各项助残惠残服务。在座谈会上，听取市残联有关“残疾人保障法”贯彻实施情况的汇报，有关部门作补充发言，部分市政协委员就视察主题提出可操作性意见建议。

11月，组织相关委员对2019年市委、市政府服务企业“2号文件”贯彻落实情况进行重点视察，先后到扬州扬杰电子科技股份有限公司、扬州优邦生物药品有限公司、奥吉瑞斯新能源有限公司、江苏罗思韦尔电气有限公司等企业察看“2号文件”落实情况，并听取相关情况介绍。肯定效果明显的同时，主席会议成员和委员就聚焦优化营商环境、做好减税降费措施的贯彻落实、做好国家有关政策落地的解读、精准制定鼓励措施，重点支持人才建设等进行讨论，并提出建设性意见建议。（翟文婷）

■**界别活动周** 5月6—12日，围绕加快建设“三个名城”主题，组织第13个政协委员联系群众“界别活动周”活动。26个界别近400名委员从凝聚共识和建言献策两方面入手，深入基层和界别群众，共开展座谈调研、视察监督、慈善公益等各类活动20项，收集意见建议300多条，汇总整理报市政府并督促办理21条。（翟文婷）

■**扬州政协论坛** 12月6日，市政协举办2019年度“政协论坛”。市各民主党派、工商联，市、县（市、区）两级政协委员及社会各界人士参与。共征集论文300多篇，提出一批有价值的意见和建议，得到市委、市政府的肯定。以“建设大交通、拉开大框架、推动大发展，加快构建扬州现代综合交通运输体系‘大家谈’”为主题，委员们围绕人民群众高品质出行需求，加密城市路网、公交线路和停车场，建设“四好农村路”，推进平安交通、智慧交通建设等涉及群众切身利益的问题进行建言互动、主题发言、自由讨论，促进不同思想观点的表达和交流。市委副书记、市长夏心旻面对面听取委员的意见与建议，肯定本次论坛的成果，分析扬州大交通建设面临的机遇和挑战，系统阐述扬州构建现代综合交通运输体系的时间表、任务书和线路图，为更好地围绕发展大交通建言献策指明方向。（翟文婷）

■**民主评议** 8月，市政协就“江淮生态大走廊规划实施和项目建设进展情况”进行民主评议，组织委员进行调研、视察、督查、协商座谈等多种形式，全方位了解情况，征集意见和建议，评议协商，形成评议报告，为市委、市政府加强和改进江淮生态大走廊建设工作建言献策。在此基础上，分别召开民主评议工作会议，对取得的成绩、存在的问题进行客观评价，提出整改工作的意见建议。

11月，市政协就“贯彻落实惠台68条措施 营造良好发展环境”进行民主评议，扬州与台湾经贸交流、文化交往密切，两地合作有很大空间。市委、市政府高度重视两地经贸文化交流合作，出台“惠台68条措施”，是贯彻国家各项惠台方针政策、切实加强和改进服务台商台企各项工作的具体举措。落实好党和国家各项惠台政策，优化投资环境，深化扬台交流与合作，对于推进全市产业转型升级，实现经济社会高质量发展，建设“三个名城”具有十分重要的意义。会议听取市政协委员就“贯彻落实惠台68条措施 营造良好发展环境”所作的调查评议报告。在扬投资兴业创业的部分台湾同胞参会，并就惠台政策落实等情况与相关部门进行面对面交流。首次在委员履职App上采用图文直播的方式进行远程协商，场外政协委员通过App收看会议情况，并在线发言，开展协商互动和交流。（翟文婷）

重点提案

■**以问题为导向 用改革破难题 推动扬州市基层卫生健康事业高质量发展** 在扬州市政协八届三次全会上，民革扬州市委提交《以问题为导向 用改革破难题，深入推动我市基层卫生健康事业高质量发展》提案。提案建议：（1）加强基础设施建设，着力解决医疗基层服务网络不完善的问题。（2）加强人才队伍建设，着力解决人才匮乏、人员缺乏的问题。（3）加强服务能力建设，着力解决基层医疗服务水平不高的问题。（4）加强信息化建设，着力解决卫生计生信息不联不通、不用不活的问题。（5）加强统筹协调，着力解决政策制度设计碎片化问题。该提案由市卫健委主办，市发改委、人社局、市场监督管理局、医保局协办。办理情况：（1）继续加强基层卫生服务体系建设。持续推动基层机构标准化和示范化建设；开展“优质服务基层行”活动；争创省社区医院。（2）持续推动区域中心内涵能力建设。加强区域中心发展的外部支持；持续提升区域中心的内涵能力；加速推动二级医院创建工作。（3）抓好基层人才队伍建设。2022年前分年度落实完成“新500名”农村医生再培养计划，各地财政按照每人每年3000元的标准给予定额补助。印发《扬州市卫生人才强基工程推进方案（2019—2023年）》《关于加强我市定向委培乡村医生管理和服务的意见》。（4）持续提升基层医疗卫生服务能力。深化医联体帮扶；强化特色科室建设；多层次开展培训。（5）推进家庭医生签约服务。推广“首诊＋点单”的组合式签约；做实做细重点人群签约和履约服务；加强签约服务阵地建设；加大家庭医生签约宣传力度；大力推进信息化建设。（翟文婷）

■**将大运河文化带建设与扬州国际文化旅游名城建设统筹谋划、协同推进的建议** 在扬州市政协八届三次全会上，民盟扬州市委提交《将大运河文化带建设与扬州国际文化旅游名城建设统筹谋划、协同推进的建议》提案。提案建议：（1）以建成运河主题全球旅游目的地城市为目标，高起点做好城市和产业规划。（2）以政府机构改革为契机，构建服务文化带建设和名城建设的管理体制、机制。（3）以扬州大学等院校为平台，整合市内外教学和研究资源，为相关建设提供人才和智力支撑。（4）以世界运河历史文化城市合作组织为平台，加强世界运河城市之间的合作交流，扩大扬州国际影响力。（5）按照城市和旅游产业规划，做好旅游产品开发和全球旅游目标市场营销。(6)按照城市和旅游产业规划，对照国际标准做好旅游服务和设施建设。该提案由市文旅局主办，市委宣传部、扬州大学、教育局、外办协办。办理情况：(1)筹划编制《扬州主城区大运河文化旅游带建设规划》《国家级扬州运河文化旅游度假区规划》，同时做好编制《大运河(扬州段)文化保护利用规划纲要》、修编《大运河扬州段遗产保护规划2010—2030)》的准备。(2)全力整合现有市内外资源，为相关建设培养实用人才、提供智力支持、优化对外宣传。(3)组织好各类重大活动，打造运河文化和旅游品牌，同时深化国内国际运河城市、旅游城市间的国际化文旅融合发展合作。(4)高水平绘就“一馆多园”发展蓝图，全面加强旅游市场营销。(5)加快推进重大、重点旅游项目建设，完善旅游服务体系，并从软、硬件入手提高城市整体文明度。

(翟文婷)

■莫让农村夕阳再惆怅——关于高质量发展农村养老服务的几点建议 在扬州市政协八届三次全会上，农工党扬州市委、致公党扬州市委、严华、丁卫社、陈涛委员联合提交《莫让农村夕阳再惆怅——关于高质量发展农村养老服务的几点建议》提案。提案建议：(1)制定地方性养老条例。(2)建立储蓄式养老志愿者服务队伍。(3)加大农村养老宣传力度。(4)加快农村养老设施建设。(5)加强农村养老服务信息化建设。(6)完善养老保险制度。(7)大力发展村集体经济。(8)持续增强政府的支持力度。该提案由市民政局主办，市人社局、农业农村局、卫健委协办。办理情况：市民政局针对提案提出的问题和建议，开展调研，理清工作思路，细化具体措施，出台《扬州市农村区域性养老服务中心建设的实施意见(试行)》《关于推进养老机构医疗服务全覆盖的指导意见》，为完善农村养老信息化管理，委托软件设计公司开发养老机构信息管理平台系统。市民政局将联合有关部门重点做好六个方面工作：一是在现有政策法规基础上推动《扬州市居家养老服务条例》立法工作；二是在全市完成12家敬老院公建民营任务，6家农村区域性养老服务中心改造工作，推进医养融合机构建设；三是完善志愿服务管理平台，尽早出台管理实施细则，推动各项志愿服务措施落到实处；四是在现有80%的基础上，实现乡村综合文化服务中心全覆盖；五是依托12349养老服务平台、养老服务一卡通(老年福利卡)系统和养老机构信息管理平台系统，加大资源统筹力度，实现服务信息网络全覆盖，方便养老服务产品推介和购买；六是加大政策扶持力度，增强村级集体经济造血功能，提升村级集体养老保障能力。(翟文婷)

■关于加快扬州市学前教育普惠优质发展的建议 在扬州市政协八届三次全会上，市政协教育卫生体育委员会提交《关于加快我市学前教育普惠优质发展的建议》提案。提案建议：(1)创新学前教育财政补助政策。(2)加大幼儿园建设力度。(3)创新幼儿园办园体制。(4)加强幼儿师资队伍建设。该提案由市教育局主办。办理情况：(1)建立全市学前教育财政投入长效机制。按照“市级统筹、以县为主、县乡共建”的管理体制和属地管理原则，引导各县(市、区)加大学前教育投入力度，建立学前教育财政投入长效机制。(2)加大公办园建设力度。发展公办园，发挥公办园的主渠道作用，尽快完成《扬州市区幼儿园布局规划(2018—2035年)》修编工作，制定完善近中期幼儿园建设计划。(3)积极扶持普惠性民办园发展。通过购买服务、综合奖补、减免房舍租金、派驻公办教师、培训教师、教研指导等多种方式，增加政府对普惠性民办幼儿园的投入和支持力度。(4)探索创新幼儿园办园体制。积极探索名园引进、名园办分园、强园扶弱园等多种办园模式，推动形成灵活、多样、开放的办园体制机制。推动运转困难的集体所有制幼儿园、国有企事业单位举办的幼儿园逐步实行属地化管理。(5)加强幼儿师资队伍建设。增加并畅通教师补充渠道，填补教师缺口；提高公办幼儿园非在编教师工资待遇，缩小与在编教师的工资差距，逐步实现同工同酬。

(翟文婷)

■关于加快扬州市科创名城建设的建议 在扬州市政协八届三次全会上，市政协科技界别组提交《关于进一步加快我市科创名城建设的建议》提案。提案建议：(1)着力构建新兴科创名城建设的政策体系和服务体系，形成点、线、面相结合的科技创新服务链。(2)进一步强化企业创新主体建设。(3)进一步加强科技创新载体建设。(4)进一步加强产学研合作。(5)进一步强化人才引领支撑。(6)积极推进科技创新区域合作，不断提升科技创新能级。(7)深化科技领域“放管服”改革。该提案由市科技局主办，市人才办、工信局、人社局协办。办理情况：市科技局发挥牵头部门作用，推动新兴科创名城建设工作取得阶段性成效。针对科创名城建设，结合提案意见建议，市科技局将做好五个方面工作：(1)持续夯实科创名城的产业基础。积极打造“323+1”的先进制造业集群；推动战略性新兴产业和现代服务业发展；推动创新链产业链深度融合。(2)全力推进企业创新主体壮大培强。在龙头企业打造上求突破；大力培育“专精特新”小巨人企业；强化创新型企业梯队建设；全面提升扬州制造的规模效应。(3)加快提升科创载体建设运营质态。更大力度建设科技产业综合体；加快各类开发园区创新发展；推动高水平企业研发平台建设。(4)招引集聚高端创新资源。加快高水平实验室建设；加快集聚高层次创新创业人才。(5)全力优化创新创业环境。精准落实各项创新政策；加强“双创”文化宣传引导。

(翟文婷)

2019年扬州市政协重点提案一览表

表8-1

案　　由	提案者
以问题为导向，用改革破难题，深入推动我市基层卫生健康事业高质量发展	民革扬州市委
将大运河文化带建设与扬州国际文化旅游名城建设统筹谋划、协同推进的建议	民盟扬州市委
莫让农村夕阳再惆怅——关于高质量发展农村养老服务的几点建议	农工党扬州市委 致公党扬州市委 严　华　丁卫社　陈　涛
关于加快我市学前教育普惠优质发展的建议	教卫体委员会
关于进一步加快我市科创名城建设的建议	科技界别
强化环境网格化管理的建议	李　萍
关于防范企业互保联保风险建议	陈锦鹏
着力优化现代农业“三大体系” 加快推进农业现代化	九三学社扬州市委
关于进一步推进我市垃圾分类工作的提案	施学强　张仁田　沈兆琼 李　萍　刘　军　刘　岚
关于进一步加强小区物业管理的建议	沈少林　陈　静　李　萍 戴　军　王　敏　吴　波
提升文博品位，促进文化旅游	民进扬州市委
关于推进科技产业综合体运营打造的建议	民建扬州市委
关于大力推进以居家养老为重点的颐养社区建设的提案	季兰芳
着力打造“互联网＋政务服务”平台，全面深化基层行政审批制度改革	致公党扬州市委
关于优化市区马路中央隔离栏设置改善道路通行效率的建议	包　伟
关于推动我市民营中小企业高质量发展的建议	市工商联
关于促进扬州耕地生态健康利用的建议	马顺圣
关于促进我市大健康产业发展的建议	尹成雷
关于推动我市中医药事业健康发展的建议	农工党扬州市委
加强船舶大气污染防治改善区域环境质量的建议	市政协城乡建设委员会
优化空间布局，完善公共停车管理	民盟扬州市委
关于抓好招商引资工作的建议	李有楠　赵浩嵩
关于加强网络订餐食品安全长效监管的建议	佘德宏
关于加大特惠措施帮助贫困残疾人提前实现脱贫目标的建议	市政协社会福利和保障界别
加大健康技能培训，提升家政服务业质量	刘筱卫
建议加强对村级污水处理设施运行管理的提案	周力虹
建议加强服务业洗衣外包业务监管的提案	刘　岚

（翟文婷）

中共扬州市纪委　扬州市监委

Zhonggong Yangzhoushi Jiwei Yangzhoushi Jianwei

编　辑　崔成鹏

综述

■**概况** 2019年，全市各级纪检监察机关学习贯彻习近平新时代中国特色社会主义思想和党的十九届四中全会精神，全面落实中央纪委三次全会、省纪委四次全会和市委七次、八次全会部署要求，增强“四个意识”，坚定“四个自信”，做到“两个维护”，坚持改革创新，深化标本兼治，推动全面从严治党向纵深发展。“讲好传统家风故事，涵养新时代扬州好家风”项目获2019年度全市“工作创新奖”。（毛前晔）

扬州家风展示馆　　张孔生/摄

■**政治监督** 加强对长江经济带“共抓大保护、不搞大开发”战略实施情况的监督检查，督促推动个别地区环境风险隐患突出问题整改。江都紧盯环境痼疾开展精准监督，推动污染防治取得实效。开展安全生产领域专项监督，协助市委召开落实安全生产责任专题汇报会，制定《关于加强安全生产领域风险隐患排查整改监督问责的实施意见》，督促职能部门抓好国务院、省政府专项督导交办问题整改。对“3·21”“4·10”较大安全生产责任事故精准问责处理22人。加强对保障民营经济发展、减税降费等政策落实情况的监督，开展违建大棚房、违建别墅督查整治，开展领导干部利用名贵特产和特殊资源谋利问题专项整治，确保中央部署落地落实。（毛前晔）

■**督责问责** 对标对表习近平总书记对江苏“推动全面从严治党迈上新台阶”重要指示。执行省委落实“两个责任”的“意见”，协助市委开展全面从严治党工作情况检查考核，对照责任清单、履责记实情况强化督责问责，对履行“一岗双责”不力的坚决倒查追责。2019年，问责党组织45个、党员干部178人。全市全面从严治党取得新成效，查处新发生违反中央八项规定精神问题数占比从2015年的30%下降到2019年的5.7%；新发生违纪违法案件占比从2014年的22.6%下降到2019年的9.4%；2019年，全市纪检监察机关收接信访件和省纪委监委下转件比上年分别下降3.3%和22.6%。（毛前晔）

■**作风建设** 严格执行中央八项规定精神。落实“越往后执纪越严”要求，出台强化日常监督、整治突出问题、加强线索处置、注重标本兼治“四十条”。对“四风”问题线索优先处置，对党的十九大之后不收敛不收手的从严处理。2019年，共查处违反中央八项规定精神问题228起、处理386人，给予党纪政务处分330人。释放从严执纪震慑效应，对违规违纪行为发生在党的十九大之后、受到党纪政务处分的党员干部，一律点名道姓通报曝光，通报典型案例46批次100个。集中整治形式主义、官僚主义。2019年，全市共查处形式主义、官僚主义问题78起，处理99人，给予党纪政务处分85人，通报曝光典型案例38个。紧盯关键少数，拍摄《形式主义、官僚主义坚决要不得》专题片，编印集中整治形式主义官僚主义工作手册，警示教育市、县两级党员领导干部。落实“基层减负年”要求，督促各地各部门落实主体责任，着力整治“文山会海”、过度留痕、督查检查考核过多过频、村级“牌子乱象”等问题。2019年，全市各类会议、文件比上年削减30%以上。

（毛前晔）

■纪检监察队伍建设 加强上级纪委对下级纪委的领导。健全完善对下级纪委监委“两为主一报告”、对派驻机构“三为主一报告”的工作机制，加强下级纪委监委领导班子建设，推动纪检监察工作双重领导体制具体化、程序化、制度化。学习研究中央纪委《纪检监察统计分析指标体系（试行）》，将其作为上级纪委对下级纪委领导的重要抓手。推行纪检监察干部“上派下挂”制度，选派2名中层骨干到县级纪委班子挂职，38名基层干部到市纪委机关跟班学习，畅通双向交流，加强业务指导。提升纪检监察工作信息化水平。作为全省试点，推动到访接待系统建设，深化“12388”纪检监察检举举报平台整合运行。推进监督审查业务信息化平台应用、“大数据查询研判工作区”建设，以信息化手段使工作衔接更顺畅、业务审批更高效、线索管理更规范、技术保障更有力，为纪检监察工作高质量发展提供科技支撑。实施纪检监察干部“能力建设提升年”行动。紧扣“纪法贯通、法法衔接”要求，围绕“四抓四促”提升干部能力，锻造过硬本领。全员学习中央纪委国家监委、省纪委监委视频课程，组织应知应会测试。开展跟班锻炼、岗位练兵、技能比武和“导师制”传帮带等特色学习活动。创新“X+1”模式开展调查研究，找准问题，推动解决。邗江狠抓纪检监察队伍能力作风建设，区纪委监委获评全省“人民满意的公务员集体”。严格纪检监察权力监督制约。执行纪检监察权力运行“一套规程、五项机制”，细化工作流程、强化内部制约。紧扣“六条禁令”加强纪律教育，召开全市纪检监察干部警示教育大会，成立市纪委监委首届机关纪委，从严管理监督纪检监察干部。开展自身建设专项督查，对基层纪检监察组织权力运行和队伍建设状况进行“动态体检”。聘请18名特约监察员，自觉接受民主监督、社会监督、舆论监督。坚决查处“灯下黑”，2019年查处违纪违法纪检监察干部4人。

（毛前晔）

重要会议

■市纪委七届四次全会 2月1日，扬州市纪委召开七届四次全会，市纪委委员出席31人，列席178人。市纪委常委会主持会议。全会认真学习贯彻中共中央总书记习近平在十九届中央纪委第三次全体会议上的重要讲话和中央纪委书记赵乐际所作的工作报告以及十三届省纪委四次全会精神。市委书记谢正义在全会上讲话，强调要深入学习贯彻习近平总书记重要讲话精神，切实增强推进全面从严治党的政治担当；始终坚持以党的政治建设为统领，把旗帜鲜明讲政治贯穿管党治党始终；以永远在路上的坚韧和执着将全面从严治党进行到底，不断巩固发展反腐败斗争压倒性胜利；坚决扛起管党治党重大政治责任，努力推动全面从严治党不断取得新的更大成效。全会审议通过市委常委、市纪委书记李航代表市纪委常委会所作的题为《践行“两个维护”，忠实履行职责，推进新时代纪检监察工作高质量发展》工作报告。审议并通过《中国共产党扬州市第七届纪律检查委员会第四次会议决议》。（毛前晔）

■七届市委第八轮巡察工作动员部署会 2月27日，七届市委召开第八轮巡察工作动员部署会。市委书记、市委巡察工作领导小组组长谢正义作出批示，要求聚焦巡察工作质效提升，着力彰显全面从严治党利剑作用。市委常委、组织部部长、市委巡察工作领导小组副组长江桦出席会议并宣布巡察组组长授权任职及任务分工。市委常委、市纪委书记、市监委主任、市委巡察工作领导小组副组长李航出席会议并作动员讲话。

根据市委部署，七届市委第八轮巡察对市委市级机关工作委员会、市城市管理局党委、市交通运输局党委、市政务服务管理办公室党组、

七届市委第八轮巡察工作动员部署会现场　　纪委监委/供稿

市供销合作总社党委、市仲裁委员会秘书处党组、扬州工业资产经营管理有限公司党委、市煤炭工业公司党委、扬州高新技术产业开发区党工委、扬州维扬经济开发区党工委、高邮经济开发区党工委等11家单位开展常规巡察，并同时对各县（市、区）、功能园区的部分村（社区）和相关职能部门开展"乡村振兴"专项巡察。（毛前晔）

■全市领导干部作风建设警示教育大会 5月10日，市委召开全市领导干部作风建设警示教育大会，市委书记谢正义强调，要认真贯彻落实习近平总书记关于反对形式主义、官僚主义的重要指示批示精神，以案为鉴、汲取教训，把力戒形式主义、官僚主义作为重要政治任务，努力营造风清气正的政治生态。市委副书记、市长夏心旻，市委副书记孔令俊出席会议。与会人员集中观看由市纪委监委拍摄的《形式主义、官僚主义坚决要不得》警示教育片。（毛前晔）

■七届市委第九轮巡察工作动员部署会 6月11日，七届市委召开第九轮巡察工作动员部署会。市委书记、市委巡察工作领导小组组长谢正义作出批示，要求认真贯彻全国巡视工作会议和全国市县巡察工作推进会精神，高质量做好本轮巡察工作。市委常委、组织部长、市委巡察工作领导小组副组长江桦出席会议并宣布巡察组组长授权任职及任务分工。市委常委、市纪委书记、市监委主任、市委巡察工作领导小组副组长李航出席会议并作动员讲话。

根据市委部署，七届市委第九轮巡察对团市委、市妇联、市扬子江投资发展集团有限公司、江苏亚星汽车集团有限公司、江苏金茂化工医药集团有限公司、市城建国有资产控股（集团）有限公司、扬州建工控股公司、市现代金融投资集团有限公司、市名城建设有限公司等9家单位开展常规巡察，对市委党校开展巡察"回头看"。（毛前晔）

■县（市、区）、功能区纪（工）委书记座谈会 7月12日，市纪委召开县（市、区）、功能区纪（工）委书记座谈会。回顾总结上半年工作情况，谋划部署下半年工作任务。市委常委、市纪委书记、市监委主任李航主持会议并讲话。会议强调，要提高政治站位，找准职责定位，忠诚履行职责，推动党中央和省委、市委重大决策部署落实。要树立对标意识，坚持找差距、补短板，切实提升各项工作质效。要不断创新创优，以新思路新办法研究解决新情况新问题。要坚持打铁必须自身硬，严格遵守新修订"六条禁令"，努力建设忠诚坚定、担当尽责、遵纪守法、清正廉洁的纪检监察干部队伍。（毛前晔）

■七届市委第十轮巡察工作动员部署会 10月17日，七届市委召开第十轮巡察工作动员部署会。市委书记、市委巡察工作领导小组组长谢正义作出批示，要求认真学习贯彻好全省巡察工作会议精神，全力推动市委巡察工作高质量发展。市委常委、组织部部长、市委巡察工作领导小组副组长江桦出席会议并宣布巡察组组长授权任职及任务分工。市委常委、市纪委书记、市监委主任、市委巡察工作领导小组副组长李航出席会议并作动员讲话。

根据市委部署，七届市委第十轮巡察对市教育局、市体育局、扬州职大、扬州技师学院、扬州中学、扬大附中等6家单位开展常规巡察。（毛前晔）

重要工作

■突出问题查处 聚焦教育、医疗、人防、农村集体"三资"监管等领域漠视侵害群众利益的突出问题，加大整治力度，取得阶段性成果。督促教育部门将义务教育违规办学和校园安全风险作为整治重点，推动使用"名师空中课堂"，建设中小学"阳光食堂"监管服务平台。推动高值医用耗材阳光采购、组团联盟采购，全年节约金额5000余万元。整治人防系统腐败问题，督促整改违规减免缓缴易地建设费项目628个，追缴7.9亿元，废止违规地方性文件17个，制定配套制度24项。全面推进农村集体"三资"监管工作，督促各地各有关部门规范农村产权交易行为、推广"村务卡"制度、实行村主办会计异地交流、加快信息化监管平台建设。（毛前晔）

■扶贫领域专项治理 会同职能部门开展精准扶贫政策落实情况监督检查，督促"三保五助"相关政策落到实处。聘请第三方机构对经济薄弱村集体经济增收情况进行核查，确保"脱真贫、真脱贫"。紧盯建档立卡低收入户"两不愁三保障"突出问题、扶贫资金管理、扶贫作风等方面，强化日常监督，对贪污挪用、虚报冒领、优亲厚友的干部坚决查处。2019年，全市立案查处扶贫领域案件136件。推动"阳光扶贫"监管系统扩围升级，实现涉农项目全覆盖，新纳入监管资金32.3亿元，从源头上防范农村基层违纪违法问题发生。广陵推动建设"阳光惠民"网，强化惠民资金监管。（毛前晔）

■涉黑涉恶腐败和"保护伞"查处 发挥市委反腐败协调小组作用，把扫黑除恶和基层"拍蝇"结合起来，加强与政法机关协同配合，对移交问题线索全面摸排、重点督办。完成中央扫黑除恶督导组反馈涉及扬州4个问题整改落实工作。专项斗争开展以来，全市共查处党员干部和公职人员113人，其中涉黑涉恶腐败44人，"保护伞"18人；立案57人，公开通报3起充当黑恶势力"保护伞"案例。推动建立非法金融活动信息监测平台，开展"套路贷"等非法金融活动治理。（毛前晔）

■执纪审查 深化运用监督执纪"四种形态"。坚持抓早抓小、防微杜渐，2019年，全市运用"四种形态"处理5919人次，比上年增长34.9%，运用第一、二、三、四种形态分别占 64.5%、29.1%、2%、4.4%。用好第一种形态，批评教育 274 人次、提醒谈话 1529 人次，“管住大多数”成为监督执纪常态。坚持具体问题具体分析，准确把握容错纠错情形，甄选 10 个典型案例，树立鼓励担当作为的鲜明导向。强化“不敢腐”的震慑。切实加大案件查办力度，坚决遏制腐败蔓延势头。至年底，全市共收接信访举报 3370 件次，立案 2137 件、增长 7.8%，其中县处级 24 件、乡科级 186 件；查处职务违法和职务犯罪 435 人，对 53 人采取留置措施、增长 152.4%，移送检察机关 63 人、增长 103.2%。参与省管领导干部案件协同办案，涉案金额 4800 余万元，得到省委、省纪委肯定。深化反腐败追逃追赃工作，加强重点个案攻坚，在省内率先实现“零在逃”。扎牢“不能腐”的笼子。聚焦维护党内政治生态、行业性系统性腐败和作风问题，向有关党组织和单位（部门）制发纪检监察建议 167 份，推动专项整改 410 项，补齐制度短板、堵塞监管漏洞，督促完善管行业就要管党风廉政建设的长效机制。加强“三直接”执行情况督查评价，确保制度刚性运行。增强“不想腐”的自觉。协助市委建立常态化制度化套餐化警示教育工作机制，召开全市领导干部警示教育大会，制作《背弃初心的代价》警示教育专题片，以身边事教育身边人。仪征试点“一案一警示”工作，有效增强党员干部和公职人员纪律规矩意识、法律法规意识。加强廉洁文化建设，组织“清风扬州”廉洁主题微电影大赛、文物展和书画展。扬州家风展示馆获评省级廉政教育示范基地，具有扬州特色的家风文化建设获中央纪委宣传部肯定。（毛前晔）

■政治巡察 配合省委第六巡视组高标准完成巡视扬州任务，把抓好整改作为重大政治任务，协助市委出台整改工作方案，抓好牵头任务落实，督促做好面上问题整改。坚守政治巡察定位，全年分 3 轮巡察 26 家单位党组织、“回头看”1 家，发现突出问题 409 个，巡察覆盖率达 69.8%。深化“系统巡、巡系统”，实现对国资和教育系统巡察全覆盖。统筹开展实施乡村振兴战略专项巡察，发现政策落实不力、滞留专项资金等问题 131 个。推动巡视巡察整改落实。发挥市委“六责协同”巡察整改机制作用，提请市领导对 21 家被巡察单位主要负责人开展约谈交责，有序开展巡察整改情况“四方联评”和督查督办，对落实整改不力的 3 个党组织和 8 名党员干部进行问责。对基层供销社建设、国有企业资产管理、市直学校后勤管理等领域问题向市委、市政府提交专题报告，召开国资系统整改任务交办会，推动解决影响高质量发展的突出问题。促进巡察监督联动贯通。加强对县（市、区）巡察工作的领导和指导，深化“组合式模块化”对村巡察，全年共巡察村（社区）党组织 508 家，发现问题 5825 个，立案查处 111 件，覆盖率达 71.6%。组织市级巡察力量下沉对 19 个村（社区）开展提级巡察“回头看”，强化对巡察质量的再验证和整改成效的再检查。高邮通过走访调查、现场抽查、跟踪复查，推动做好巡察整改工作。完善纪检监察先期介入、巡察成果定向运用等机制，探索“协同式”巡审协作模式，对 3 家单位实行巡审监督同步进点、同步实施。（毛前晔）

■监察职能规范延伸 严格执行《县级监委向乡镇（街道）综合派出监察员办公室工作指引（试行）》，开展专项督导，提升工作质效。派出监察员办公室通过交叉监督、巡回监察、异地检查，从工作机制上解决基层熟人社会监督难题；实行驻点办公，加强指导督促，推动乡镇（街道）纪（工）委持续巩固和深化“三转”。宝应注重发挥派出监察员办公室作用，农村基层纪检监察工作质态提升。2019 年，全市派出监察员办公室共组织开展专项监督 895 次，处置问题线索 1390 件，谈话函询 246 件，提请县级监委立案 191 件。（毛前晔）

■派驻机构改革 落实党中央、省委决策部署，深化市县派驻机构改革，协助市委出台《关于深化扬州市纪委监委派驻机构改革的实施意见》，分类推进国有企业和高校纪检监察体制改革，明确向 9 家国有企业派出监察专员。结合党和国家机构改革实际，及时调整优化派驻机构监督范围，确保不断档、不缺位。2019 年，市纪委监委派驻机构共立案 71 件，运用第一种形态处置 497 人次，“探头”作用得到有效发挥。（毛前晔）

纪检监察干部在农村基层一线监督检查　　纪委监委/供稿

民主党派 工商联 群众团体

Minzhudangpai Gongshanglian Qunzhongtuanti

编 辑 崔成鹏

民革扬州市委员会

■**参政议政** 2019年，中国国民党革命委员会扬州市委员会（简称市民革）开展《推进“农旅文”融合发展》民主协商课题调研。获市政协2019年度政协论坛优秀组织奖，2篇论文获一等奖，2篇论文获二等奖，4篇论文获三等奖。在市政协八届三次全会上，提交集体提案9件、个人提案42件，以《推动基层卫生健康事业高质量发展》为题作大会发言，获评优秀提案。以《优化营商环境，加快我省民营经济发展》为题参加民革省委“中山议政会”交流，完成省民革课题《发展江苏省康养旅游产业的建议》调研报告，联合民革镇江市委开展“文创产品”课题调研，联合民革上海市委开展“长三角花文化创意旅游与乡村振兴”课题调研，与扬州市农业农村局开展对口联系调研活动。修订《社情民意信息工作评比办法》。全年报送信息133件，24篇被民革省委采用，65篇被市委统战部采用，其中《关于南水北调东线（新干线）工程建设前期工作的建议》被民革中央评为“2019年度优秀社情民意信息三等奖”。王静成、程济威、毛恒进、佘浚被民革省委表彰为“2019年度反映社情民意信息工作先进个人”。民革界别小组被市政协评为“先进界别委员小组”。全国人大代表、民革市委主委王静成《关于科学规划、统筹我国养老事业发展的建议》一文得到全国人大常委会副委员长张春贤的批示。严华被民革省委表彰为“2019年度参政议政工作先进个人”。（姜 斌）

■**思想政治建设** 开展“思想建设年”活动。制定“不忘合作初心，继续携手前进”主题教育活动实施方案，举办各类学习教育活动，推进“导师制”工作，组织选手参加民革江苏省委“庆祝建国70周年”主题演讲比赛并获一等奖。建设“中山博爱之家”。9月，市民革“中山博爱之家”在扬州中山进修学校旧址建成启用，总面积近300平方米，被民革江苏省委表彰为“优秀‘中山博爱之家’”。加强宣传引领。参加民革江苏省委、扬州市政协等组织的理论研讨及征文活动。开设“扬州民革”微信公众号。丁卫社、阮家祥、汪清香、尤广秀、严华、程兵、程济威等7位民革党员入选市政协“最美政协委员——70年70人”。（姜 斌）

■**组织建设** 全年发展新党员8人。至年底，市民革有党员530人，5个总支、20个支部。李清被民革省委评为“2019年度组织工作先进个人”。组织所有基层组织负责人参加民革省委培训班。聘任陈惠、刘晓明、严华等3位为“导师制”活动导师。举办新党员学习班、主题教育培训班及宣传信息工作讲座等。医卫总支一支部、仪征总支三支部获评民革江苏省“示范支部”。原民革邗江区支部、原民革维扬区支部合并升格为总支。江都区支部召开第二次全体党员大会。（姜 斌）

■**社会服务** 市民革先后3次赴贵州省纳雍县和增力村开展精准帮扶及调研工作，捐赠党员爱心款10.7万元用于慰问贫困村民和帮助村民学龄子女缴纳保险，联合有关企事业单位捐赠价值10余万元的医疗设备，为增力村困难群众筹集近千件过冬衣物。民革省委表彰民革扬州市委为“2019年度定点扶贫工作有功单位”，表彰主委王静成为“2019年度定点扶贫工作有功个人”，表彰沈莉、洪宁为“2019年度定点扶贫工作先进个人”。组织党员赴春江社区等结对单位开展书写春联、维修家电等便民服务活动。市政协民革界别小组联系广陵区强民村、潮龙村开展走访建档立卡低收入群众活动。医卫总支一支部主委孟兆祥被民革省委评为社会服务先进个人。（姜 斌）

民盟扬州市委员会

■**参政议政** 2019年，中国民主同盟扬州市委员会（简称市民盟）围绕“三个名城”建设和扬州“六个高质量发展”目标，开展调查研究，建言献策。向市政协八届三次全会提交大会发言8件，集体提案11件，个人提案26件。其中《将大运河文化带建设与扬州国际文化旅游名城建设统筹谋划、协同推进的建议》获中共扬州市委书记批示。《优化空间布局，完善公共停车管理》《关于优化市区马路中央隔离栏设置 改善道路通行效率的建议》被列为主席督办提案；完成《用“长江经济带与大运河文化带协同建设示范区”引领扬州现代化新征程》等6篇调研报告；完成中共扬州市委重点调研课题《发展软实力、发挥硬优势，打造华东科创明星高地》，在党外人士专题调研协商座谈会上的发言获中共扬州市委领导和专家的好评；在第十届“江苏教育发展论坛”发表论文10篇，《谨防高等教育供给侧改革落入红绿灯陷阱》获一等奖。《以大运河文化带建设为抓手，促进江苏文化协调发展》论文在江苏文化发展研讨会上获一等奖。组织9篇论文参加市政协论坛，其中《试点道路型公园建设，营造人性化步行环境》获一等奖；发布《民盟扬州市委关于推进参政议政高质量发展的意见》；创立表格式提案答复模式，得到市政协的肯定和提案主办单位的认同。获民盟江苏省参政议政工作先进集体二等奖。（秦 敏）

■组织建设 加强“一主N特”的“盟员之家”建设，新增盟员之家2个，总数达11个；优化新盟员教培工作机制，对青年盟员培训，先后推荐92人次参加各类骨干培训班；完成扬大一支部、扬工院支部和教院附中支部换届工作；完成省民盟基层组织测评工作，全市19个基层组织全部达标，其中9个被评定为优秀基层组织、2个被评定为特色基层组织。4个基层组织被省民盟授予庆祝中华人民共和国暨人民政协成立70周年先进集体；全年发展盟员46人，平均年龄41.8岁，全市盟员数为805人，其中高教界盟员占32.05%，中上层人士占94.41%，在职盟员占67.33%，40岁以下盟员占21.37%。获评民盟江苏省组织建设工作先进集体。（秦 敏）

■社会服务 教育帮扶，开展“烛光行动”，组织盟员在市内外乡镇学校送教15次；新联会员在定点联系的学校设立奖教金和管理基金，为学生提供实践基地。服务发展，主委程吉林率队赴睢宁、泗洪地区指导江苏省重点研发项目——管道输水节水灌溉科技示范工程；“扬州日化产业技术创新战略联盟”推动老字号国企“谢馥春”与杭集一家本土民营企业“联姻”。举办论坛和技术培训，组织联盟会员赴中国日化院学习交流；扬大基层委员会在高邮、宝应、宿迁地区开展高效农业科技咨询和奶牛产业科技帮扶；邗江区总支与槐泗镇结对共建“农旅文综合体”项目，助推高效都市休闲农业发展。社区服务，在多个社区联系点举办家庭园艺、法律知识讲座和送文化、送温暖活动；在市公交二公司举办“5·20公交车长关爱日义诊活动”；支持市民政系统“情暖夕阳红”关爱老年健康项目。助力公益，扬州民盟书画院开展“非遗”文化进校园和书法沙龙等公益活动；高邮地区盟员为菱塘回族乡困难家庭捐助1.2万元钱物；江都区支部开展“温暖百家”关爱大行动。获评民盟江苏省服务发展先进集体和社区服务先进集体。（秦 敏）

■信息宣传 向有关单位报送社情民意和统战信息242条，其中被全国政协采用3条、民盟中央采用5条、省政协采用6条、省委统战部采用1条、省民盟采用118条、市政协采用4条。在省级以上媒体发稿17篇，在扬州民盟网站发稿116篇，26篇被民盟中央网站采用，56篇被江苏民盟网站采用。扬州民盟微信公众号推送图文信息53篇，其中5篇被江苏民盟微信公众号采用，13篇被扬州统战微信公众号采用。《民主党派地方组织谈心谈话制度探索研究》文章被省政协理论研究会采用。《构建谈心谈话制度 推进党派自身建设》获江苏省主题征文三等奖。2篇“纪念改革开放40周年”征文获民盟省委表彰，其中1篇获一等奖。2篇征文入选扬州市政协“纪念人民政协成立70周年”优秀论文。编印《扬州民盟60年活动图片集》和两期《扬州盟讯》。获民盟江苏省反映社情民意信息工作先进集体二等奖。获评市政协反映社情民意信息工作先进单位。（秦 敏）

民建扬州市委员会

■参政议政 2019年，中国民主建国会扬州市委员会（简称市民建）出台《民建扬州市委参政议政工作评选表彰办法》《民建扬州市委参政议政课题招标办法》。市委会负责人参加政治协商，参与全市重大决策和人事安排协商，就中共市委重大决策、市政府年度工作和重点工作提出可供决策参考的意见和建议。会员中的人大代表、政协委员和特约（特邀）人员参与民主监督，参加党风、政风、廉政建设监督检查，提出有价值的意见和建议。《关于保护地方蔬菜良种、留住扬州味道的建议》《关于优化企业登记“五统一”的建议》等通过社情民意直通车形式报送并得到中共市委、市政府主要负责人批示。民建界别市政协委员参与“263”专项民主监督、界别活动周等主题活动中，获评市政协先进界别委员小组。市委会在市政协全会上提交的《做大做强传统优势产业 助推全市经济高质量发展》等大会发言和《关于迅速出台扶持扬州医械产业提速发展政策的建议》等集体提案。《关于推进科技产业综合体运营打造的建议》《关于防范企业互保联保风险的建议》被列为市长领办提案。参加2019年度“扬州政协论坛”，市委会获组织奖，1人参与电视论坛协商发言，4篇论文获一等奖，3篇论文获二等奖，8篇论文获三等奖，18篇论文获入围奖。市委会负责人参加民建中央“推进居家社区养老服务体系建设”座谈会并作专题发言。市委会与江都区基层委员会联合申报的“职业教育产教融合与校企合作”课题中标民建省委2019年春季参政议政招标课题，省委会到扬召开“职业教育产教融合与校企合作”调研座谈会。市委会申报省委会“改善江苏民营企业发展环境”课题，与广陵区基层委员会、开发区总支部、科技总支部、建设总支部联合开展调研，6篇调研成果入选《长三角民营经济发展论坛论文汇编》。市委会与统战总支部联合申报的“农村基层社会治理与服务创新的扬州实践探析”被列为全市2019年度党外人士调研课题，市委会与江都区基层委员会总支部联合申报的《加快探索职业教育体制改革 实现产教深度融合发展》被市政协列为重点提案选题，市委会与开发区总支部、广陵区基层委员会联合申报的“新兴科创名城打造中的园区经济发展研究”被列为全市统一战线“新十件大事”重点调研课题。民建扬州市委参政议政工作获评全省民建突出贡献单位。《加快江苏大运河文化带建设，树立运河国际文化交流中心地位》被民建江苏省委采用为省政协全会发言，《关于争取建设国家方志馆大运河分馆的建议》《关于我省区县级平台公司市场化转型的建议》被民建江苏省委采用为省政协全会集体提案，“加快探索职业教育体制改革，实现产教深度融合发展”被民建江苏省委列为重点调研课题、采用为省政协常委会议发言。6篇论文入选《长三角民营经济发展论坛论文汇编》，《营造公平竞争市场环境 助推民营经济高质量发展》在论坛上做主旨发言。

（周 岚）

■宣传教育 市民建组织市委委员、基层组织负责人、骨干会员、新会员学习会章、会史和多党合作历史，以传承民建优良传统为主题，赴安徽中国改革开放第一村——凤阳县小岗村、民建中央爱国主义教育基地——孙起孟故居陈列馆、上海中共一大会址纪念馆、黄炎培故居、重庆民建成立旧址陈列馆等地参观学习。组织会员参加“深入学习研究习近平总书记关于加强和改进统一战线工作的重要思想”以及民建中央、民建省委、市政协关于新中国成立70周年、基层组织建设、我和我们的政协主题征文活动，形成征文62篇，《与责任一路同行》等3篇征文被评为市政协优秀征文。办好会刊、网站、公众微信号，报道市委会、各基层组织最新会务动态、成果，提升扬州民建的知名度和影响力。结合重大纪念活动，进行征稿约稿，开设相关专栏，宣传工作亮点，促进学习交流。全年，市委会及各基层组织在各类媒体刊发文章551篇，在中央和省级媒体发稿105篇，《政协力量促我前行》《这个暑假有意义》在《中国政协》《人民政协报》《团结报》等媒体刊出。扬州民建微信公众号创办以来，累计发稿432篇，阅读量超过6万人次，关注人数775人。向民建中央网站、《团结报》、省政协网站、民建省委网站、市政协网站、中共市委统战部公众号等媒体投稿60余篇次。在民建江苏省委主题教育总结大会上，民建扬州市委作为市级组织代表，作《不忘来时路，砥砺再前行》的交流发言。《民建与中国共产党关系的历史考察与经验启示》被表彰为民建中央重点理论研究课题优秀成果一等奖、全市统战理论研究成果一等奖。《论新政协创立与协商建国的民主精神》入选中国人民政协理论研究会第三届常务理事会第二次（扩大）会议暨专题理论研讨会书面交流材料，《国家治理视域下政党协商与政协协商的边界与融合研究》被表彰为市政协理论研究成果一等奖。围绕民建中央、民建省委重点课题“70年来在中国共产党领导下民建发挥的历史作用和取得的宝贵经验”开展研究，形成理论成果3篇，1篇获得民建中央重点理论研究课题优秀成果一等奖。参与庆祝人民政协成立70周年理论研讨会征稿活动，形成理论研究成果2篇，1篇入选中国人民政协理论研究会第三届常务理事会第二次（扩大）会议暨专题理论研讨会书面交流材料。全年联系收集报送各类社情民意372篇。《关于对国家级非物质文化遗产中传统工艺美术实施清单式税收优惠的建议》被中共中央办公厅采用，《一带一路：中美贸易摩擦中的新航路》被全国政协采用，《加强生活无着人员身份甄别的建议》等8篇信息被民建中央采用，《建议药食同源中药材及产品在销售中提供产品说明书》等16篇信息被民建江苏省委采用，《关于保护地方蔬菜良种，留住地方味道》被省政协采用并转报省领导、全国政协，《基层反映部分急抢救药供货渠道较窄》等4篇信息被省委统战部采用，《关于在部分道路设置可变车道的建议》等12篇信息被市政协采用。民建扬州市委社情民意信息工作获中共市委统战部、市政协一等奖表彰，民建江苏省委二等奖表彰。（周 岚）

■组织建设 按照民建中央关于“制度治会”的要求，建立健全领导班子《民主生活会制度》《谈心会制度》《述职述责述廉述法制度》《民主评议制度》《联系基层制度》。领导集体贯彻民主集中制，落实各项议事规程和工作规则，定期召开领导班子成员谈心会。按照民建省委会内监督工作要求开展工作，领导班子成员自觉接受会内监督，向市委委员和基层组织负责人述职、述廉、述责、述法。领导班子成员带队到所联系的基层组织进行调研指导，面对面听取会员意见，对照基层意见和建议，梳理问题和意见清单，研究整改措施。市委会领导班子成员深入基层、联系会员、了解会情、指导工作，全年累计参加基层组织、专委会、工委会活动80余次。民建中央副主席张少琴赴扬调研“会员之家”建设并出席民建地方组织建设调研座谈会，省政协副主席、民建江苏省委主委洪慧民，民建江苏省委副主委华博雅到江苏爬山虎科技股份有限公司等会员企业实地调研并出席企业家会员交流座谈会。至年底，全市会员总数1236人，经济界会员占全市会员总数的75%，具有中级以上职称575人，担任各级人大代表和政协委员142人次，其中1名会员担任全国人大代表，3名会员担任省政协委员。

全年考察发展新会员29人，平均年龄38.8岁，政府和司法机关会员占24%，专家学者会员占21%。在2019年度会员代表大会上表彰10个全市优秀基层组织和40名在新闻宣传、组织建设、参政议政和社会服务方面有突出贡献的优秀会员。江都区基层委员会、三外总支部等基层组织被民建省委表彰为全省特色基层组织。成立青年工作委员会。有效整合青年工作的各方面资源，发挥平台作用和人才优势。各基层组织因地制宜、多措并举建设民建会员之家，按照“四有”的标准推进建设。市委会在推进“会员之家”全覆盖的同时，探索发挥“会员之家”的功能、作用和优势，为会员搭建互助交流的平台和展示风采的平台。民建扬州市委授予邗江区总支部、仪征市总支部、科技总支部、三外总支部等7个基层组织市委会“会员之家”牌匾，江都区基层委员会、广陵区基层委员会、经济监督总支部“会员之家”被授予全市统一战线实践创新项目，17个基层组织完成民建“会员之家”建设。民建扬州市委会务工作在全省民建工作绩效测评中被评为先进单位，在全市统一战线工作绩效测评中被评为先进单位一等奖。（周　岚）

■社会服务 全市民建各级组织参与社会服务，资助困难群众526人次，捐赠物资126万元。市委会于春节前、“五一”前、国庆前分别到李典镇、花园社区、武塘社区举办“情暖万家送温暖”走进社区集中活动，在文化、医疗、法律等领域组成多个服务小组，用文化服务、法律知识、医疗服务、物质帮扶把温暖送到千家万户。市委会开展民建界别市政协委员“界别活动周”专题活动，界别活动周期间，累计开展社区集中服务活动6次，走访慰问贫困户62户，整理报送社情民意52条。市委会推动基层组织和社区结对共建，13个基层组织与15个社区持续开展结对共建活动，全年共举办专场惠民演出、开展各类讲堂讲座、联谊联欢等活动56次，开展扶老助孤、扶贫济困慰问活动62次，投入志愿服务基金、公益助学基金、暖心公益基金18万元，向贫困家庭捐款捐物价值26万元，累计帮助协调、解决帮扶群众实际工作、生活问题128次。13个基层组织全年参加社区民主日活动15次，累计组织会内专家学者到社区开展各类调研活动18次，征集社情民意106条，转化提出合理化改造建议26条。省政协副秘书长、民建江苏省委副主委常本春到扬调研社会服务基地并出席“思源工程——生育关怀行动”连心家园项目合作签约和捐赠仪式。市委会社会服务工作获民建中央、省委多项表彰，周启泉获评民建中央脱贫攻坚先进个人，民建扬州市委社会服务工作获民建江苏省委社会服务工作优秀组织奖，民建广陵区基层委员会与结对社区、扬州大学三方共建社会服务平台项目获民建江苏省委社会服务品牌创新奖。（周　岚）

民进扬州市委员会

■参政议政 2019年，中国民主促进会扬州市委员会（简称市民进）在市政协八届三次会议上提交提案41件，其中集体提案8件，《推进青少年体育活动，呵护青少年茁壮成长》被列为市政协大会发言材料。集体提案《切实推进扬州市文化旅游深度融合》落实情况在《团结报》作详细报道，参政议政工作委员会主任张晓梅撰写的调研报告《关于切实提高我省校外培训机构专项治理成效的建议》被民进江苏省委作为集体提案提交2019年省政协十二届二次会议，并被评为2019年度参政议政成果二等奖。民进市委申报的课题“新时代提升党派基层组织履职能力的方法和路径”中标民进省委课题招标。民进扬州市委成立“农村水源污染及整治技术探讨”“创新产业的研产销一体化”“助力国际文化旅游名城建设”三个重点课题调研组，与民进江苏省委、民进湖北省委、民进西安市委深入调研，与省市有关部门专题协商。就“构建中小学科学合理的教育评价制度”“实施乡村振兴战略，推进农业农村现代化建设”“职业教育发展”等课题进行联合调研。（佘宏明）

■组织建设 全年发展新会员34人，至2019年底，市民进有会员677人。先后成立民进扬州市文化和旅游支部、城建金融支部、教育和体育支部。根据民进省委要求，先后成立仪征民进虚拟机关、江都区民进虚拟机关、广陵区民进虚拟机关及邗江区民进虚拟机关创新人才队伍培养机制。（佘宏明）

■宣传教育 开展第三批党派代表人士培养“导师制”活动。引进一批骨干会员成立民进扬州市委会研究室，承担课题调研、宣传信息、理论研究等工作，利用扬州传统文化阵地成立扬州民进会员好家风教育基地。会员江强、张晓梅、季晓冬、周裕国、徐雷、熊立群获评扬州市政协“最美政协委员——70年70人”。民进广陵区基层委员会、民进扬州中学支部被评为民进全国组织建设先进组织，丛星源、赵宣被评为民进全国组织建设先进个人。民进扬州市委获评民进全省组织建设先进组织，民进扬州市新华中学支部、民进扬州市邗江区总支、民进扬州市经济综合支部获评民进全省组织建设先进基层组织，郭剑峰获评民进全省组织建设先进个人，在民进江苏省十届四次全委会议上，主委余斑当选民进省委常委，民进扬州市委员会机关获全市统战系统考核二等奖，民进扬州市委获全市统战宣传工作一等奖。（佘宏明）

■社会服务 民进扬州市委承办民进省委“喜看今朝——庆祝中华人民共和国成立70周年江苏民进书画精品巡展（扬州站）”，举办“不忘合作初心，继续携手前进”美术作品展，赴浙江丽水与丽水民进联合举办“初心筑梦携手同行”丽水扬州两地民进书画联展。民进扬州市委承办扬州市统一战线庆祝新中国成立70周年音乐会，承办统一战线参加市级机关大合唱比赛活动并获最佳风采奖，民进扬州市委会组织教育专家赴贵州省金沙县沙土镇官田小学开展送教活动，扬州民进爱心“1+1”基金、扬州民进基础教育教师发展研究会向学校捐赠2万元教学物资，和官田小学签署三年结对帮扶协议 。民进扬州市委组织会内十多位书画家走进广陵区李典镇李典村，举办“春联万家”送春联活动。 （佘宏明）

农工党扬州市委员会

■**参政议政** 2019年，中国农工民主党扬州市委员会（简称农工党市委）围绕中共扬州市委、市政府的中心工作、社会热点和老百姓的难点问题，履行好参政议政职能。在市政协八届三次全会上，农工党市委共提交9份集体提案，代表委员们提交议案、提案50多份，涉及医卫、环保、教育等方面。《莫让农村夕阳再惆怅——关于高质量发展农村养老服务的几点建议》在政协八届三次全会上作大会发言，该提案被中共扬州市委书记批办;《规范政府债务管理 防范金融风险》《关于大力推进以居家养老为重点的颐养社区建设的提案》被列为市长领办提案。《关于推动我市中医药事业健康发展的建议》等4篇提案被市政协评为优秀提案，农工党界别小组被评为优秀界别小组。向农工党江苏省委申报调研课题，共报送课题12项，其中“打造好南水北调东部生态输水通道 做好京杭大运河江苏段生态环境保护” “基于生态文明建设背景下环境监测能力建设对策研究” “关于加强我省县级融媒体中心建设的几点建议” “从分级诊疗谈医联体建设存在的问题及对策建议”4项调研课题被农工党江苏省委立项。“将‘三室经济’作为科技创新发展的突破点”被中共扬州市委统战部确定为2019年度党外人士调研课题。2019年，农工党市委共报送19篇政协论坛文章，有10篇文章入围，其中《互联网+背景下扬州大数据交通发展的思考》被评为一等奖，《关于纾解主城区旅游旺季旅游交通压力的研究建议》《扬州老城区交通疏解方案研究建议》被评为二等奖，《推动“智慧出租” 提升出行质量》被评为三等奖，农工党市委获评“扬州政协论坛”论文征集活动优秀组织奖。农工党市委参加农工党江苏省委组织的“农工论坛”活动，共征集稿件4篇，其中《开展家庭药师服务 保障老年人安全合理用药》获二等奖。农工党市委共报送各类社情民意信息228篇，其中被全国政协录用2篇，被农工党中央录用2篇，被江苏省政协录用5篇，被农工党江苏省委录用151篇，被扬州市政协录用2篇。农工党市委被扬州市政协评为优秀社情民意先进单位。 （张 俊）

■**组织建设** 2019年，农工党市委新发展党员37人，中高级职称占86.48%，医卫、环保等主界别党员占59.46%，平均年龄40.89岁。至年底，农工党市委有基层组织51个、直属基层组织22个 、党员885人。建立3个“农工之家”（经济总支农工之家、教育支部农工之家、苏北人民医院新区分院支部农工之家）。 （张 俊）

■**社会服务** 2019年，农工党市委共开展各类义诊咨询活动24次，参加党员160人次，服务群众2700多人;开展各类讲座29次，参加党员111人次，服务群众4460多人，捐款助学451.6万元。苏北人民医院基层委员会李典镇“同心服务基地”、扬大附院基层委员会广陵区红桥医院“焦云根博士慢病工作室”活动正常开展，仪征市基层委员会开展“同心社区”送温暖、捐资助学活动，扬州大学附属医院基层委员会和邗江区公道镇中心卫生院“医疗专家工作站”数年不断。仪征市月塘镇、宝应县射阳湖镇“扬州市统一战线·农工党医疗专家工作站”活动持续进行。苏北人民医院基层委员会党员带领肥胖MDT小组成员，为李典分院40名医护人员进行肥胖症和糖尿病基层防控知识宣讲。扬大附院基层委员会“合理用药培训”走进广陵区文昌花园小区，为社区老人重点讲解如何正确服用药物。仪征市基层委员会成功举办基层医疗卫生机构处方审核暨扬州市第二期处方点评专项培训班。广陵区总支在广陵区湾头镇联合村开展“全科医生为你慢病管理”活动。开展新春送温暖、关爱弱势群体活动。高邮市总支到三垛镇白汉村，看望资助的“希望行动”少年姜瑜及家人。端午节前夕，邗江区总支党员到“夕阳红公寓”开展“浓浓端午情，情系夕阳红”活动。“六一”前夕，经济总支党员到连福社区，慰问帮扶的困难家庭儿童；经济总支联合教育支部到扬州特殊教育学校，与“盲孩子”们欢度“六一”国际儿童节。“国际科学与和平周”期间，苏北人民医院基层委员会党员到仪征市月塘镇敬老院，为孤寡老人提供健康咨询和诊疗服务。4月23日，由农工党市委、中共扬州市委统战部、扬州市教育局联合主办的扬州市“大手牵小手——助力教育信息化”公益捐赠活动启动仪式暨仪征市捐赠仪式在仪征市第三中学举行。捐赠仪式上，明日之星公益基金管委会主任张明勇代表基金会向扬州市教育系统捐赠价值400万元的平板电脑、文房四宝、3D打印机等相关教育教学物资。开展助力大方消费扶贫活动。农工党市委党员通过“乌蒙农商城”购买大方县农产品达2.11万元，位居全省第一。

（张 俊）

致公党扬州市委员会

■**参政议政** 2019年，中国致公党扬州市委员会（简称市致公党）共形成调研成果28项，提交致公党省委11项，提交市政协论坛8项，市人大议案1件，市政协集体提案5件。

征集社情民意290条。《关于保障普惠性民办幼儿园健康发展的提案》被致公党中央评为2018年度参政议政优秀成果；市委获评致公党省委2018年度社情民意工作先进集体，赵连高等8人获评先进个人；《切实规范校内外教育培训行为 创造优质教育生态》等5篇调研成果被评为省委2018年度优秀调研报告；《理顺管理体制 保障要素供给 推动乡村旅游业转型升级》调研成果获2019年度省“汇智论坛”三等奖。（朱许婷）

■**组织建设** 2019年，市致公党新发展党员17人。至年底，市致公党有党员306人，平均年龄52岁。各级组织开展各类活动近200次，党员参与率达80%。（朱许婷）

■**信息宣传** 2019年是致公党扬州市委成立30周年，市致公党举办成都、丹东、遵义和扬州四城市“城市文化与发展”论坛、《春天的向往》——喜迎建国70周年暨致公党扬州市级组织成立30周年艺术作品展等系列纪念活动。全年共组织、参与各类学习、培训、报告活动15场，教育培训600人次。机关及各支部共撰写宣传稿件147篇，市委微信公众号发布74篇，《乡村振兴的致公时辰》《我的初心故事》被致公中央微信公众号采用。（朱许婷）

■**社会服务** 全年市致公党及各基层组织开展各类社会服务活动85场次，捐款捐物10余万元，受益群众3000余人。结对陕西绥德，助力脱贫攻坚。主委徐晟挂职扶贫，采用产业扶贫、科技扶贫、公益扶贫、消费扶贫等形式参与国家脱贫攻坚战役，持续在扬开展多场绥德农产品义卖活动，全年实际购买近10万元，帮助销售6万元，累计帮助销售农产品总额近30万元。持续打造“致爱”品牌。党内市、区两级政协委员分别结对一户困难群众开展帮扶；多个支部及党员组织参与各类社会公益活动；为家庭困难党员募集善款近5万元。（朱许婷）

九三学社扬州市委员会

■**参政议政** 2019年，市九三学社扬州市委员会（简称市九三学社）在扬州市政协八届三次会议上提交集体提案4件。市九三学社各级政协委员、人大代表共向各级政协、人大会议提交集体或个人提案、议案40多件，集体提案《着力优化现代农业“三大体系”，加快推进农业现代化》被列为5件市长领办提案之一。参与专题调研，有3篇调研报告入选省九三学社招标课题，3篇论文入选江苏九三论坛，《关于推进科创名城建设的财政金融支持政策的建议》入选中共市委统战部年度重点调研课题。征集社情民意，2篇信息被九三学社中央录用，26条信息被省九三学社录用，有多条信息被中共市委统战部、市政协录用。参加市政协“界别活动周”活动。5月，市九三学社界别政协委员赴江都区邵伯镇，就深度打造大运河文化带，推进扬州市乡镇旅游和特色小镇建设开展调研。（匡海波）

■**思想理论建设** 开展“不忘合作初心，继续携手前进”主题教育活动。8月，召开主题教育活动动员部署会议，成立市九三学社主题教育活动领导小组，各基层组织响应，开展座谈会、专题学习报告会等形式的主题教育活动。加大宣传报道力度。2019年，市九三学社有8篇文章被《人民政协报》、“人民政协”网、《扬州政协》等媒体录用，1篇文章被九三学社中央“五四运动与九三学社初心”研讨会录用，向省政协庆祝70周年理论研讨会投稿2篇，向中共市委统战部“学习习近平关于加强和改进统一战线工作重要思想”主题征文活动投稿4篇，向市政协“我和我们的政协”征文活动投稿3篇。（匡海波）

■**组织建设** 2019年，市九三学社发展新成员28人，平均年龄38岁。其中19人具有中高级以上职称。至年底，市九三学社有社员603人，平均年龄56.4岁，其中526人具有中高级以上职称。4月，九三学社中央在扬州召开基层组织建设研讨会。省九三学社到扬开展社内监督工作，并召开督导检查工作座谈会。成立青年工作委员会。召开青年工作委员会成立大会。市九三学社青工委先后开展赴苏州交流学习、参政议政培训讲座、城市乐跑赛等活动。组织社员参加培训。2名社员参加省九三学社举办的第11期中青年骨干培训班,1名社员参加中共市委统战部举办的第26期党外干部培训班,5名社员参加省九三学社举办的宣传骨干、社情民意及基层组织负责人培训班。5月，组织新社员赴无锡王选事迹陈列馆、嘉兴褚辅成史料陈列室、南湖革命纪念馆等爱国主义教育基地参观学习。多个基层组织和个人受到表彰。11月，九三学社中央发布决定，授予市九三学社原副主委、中国工程院院士、江苏里下河地区农科所研究员程顺和等10人“九三楷模”荣誉称号。7人入选“70年70人——扬州最美政协委员”，1人被九三学社中央组织部表彰为九三学社先进个人，5个基层组织被省九三学社评为2019年度先进集体，12名社员被省九三学社评为2019年度先进个人。（匡海波）

■**社会服务** 开展“送文化、送健康、送温暖”活动。1月，市九三学社机关与各民主党派赴仪征市月塘镇丁公村慰问贫困户。联合江都区委统战部赴江都区浦头镇举办“送文化、送健康、送温暖”活动。定点社区提供社会服务。市九三学社宝应县基层委员会走访慰问困难家庭。3月，扬州职业大学支社在东关街道宋都社区为居民开设引领孩子成长与成才的公益讲座。9月，江都区基层委员会赴江都区浦头镇敬老院慰问。开展“国际科学与和平周”活动。10月，市九三学社界别政协委员赴江都区邵伯镇戚墅村走访建档立卡低收入群众。11月，联合农工党扬州市委组织医疗专家赴仪征

市月塘镇开展医疗义诊等相关社会服务活动。（匡海波）

扬州市工商业联合会

■参政议政 2019年，扬州市工商业联合会（简称市工商联）在市政协八届三次会议上，分别提交《关于推动我市民营中小企业高质量发展的建议》《关于推动支持民营经济高质量发展政策落地见效的建议》《充分发挥科技创新在乡村振兴战略中作用的建议》等8份集体提案，为扬州市民营经济高质量发展建言献策；组织企业家参与“扬州政协论坛”等活动。举办参政议政培训班，解读社情民意和调查研究报告相关知识，提高企业家参政议政能力。（管　娟）

■思想理论建设 开展理想信念教育，组织15位企业家参加省工商联“全国两会精神民营企业家宣讲会”，组织扬州市的省工商联执委参加省非公经济代表人士培训班。开展庆祝新中国成立70周年系列活动，组织参加“辉煌70年——扬州政协发展历程展”、新中国成立70周年江苏省民营企业文艺展演，参观省、市庆祝新中国成立70周年成就展，开展“壮丽70年奋斗新时代”主题征文活动。通过集中培训、《新扬商》季刊、《扬州晚报》专栏、微信公众号、网站等，传递党和政府鼓励支持民营企业发展的立场；全年累计报送、发布各类信息资讯816条。联合相关部门开展“2018扬州十大经济新闻人物”评选，会员企业负责人兴扬管业朱瑞、秦邮特钢陈家榕、通用电梯陈新荣等3人当选；组织参加全省企业进高校“三个一”活动，参加全省民营企业文化创新论坛；开展优秀中国特色社会主义事业建设者、民营企业创新典型宣传共计50人次。（管　娟）

■服务经济 加强调查研究，收集整理民营企业发展需求。围绕中小微企业发展、减税降费、政策落实等问题，召开企业家座谈会，组织调查问卷，分别开展年度民营经济发展、上规模民企、防范化解风险、非公党建等十多项专题调研；形成《推进我市民营企业参与新兴科创名城建设的调查与思考》《营造法治化营商环境保护民企发展》《中小企业促进法贯彻落实情况》等多篇调研报告。开展大走访活动，市工商联主要负责人带队，走访会员企业及基层商会组织，帮助副会长单位爬山虎科技公司解决制约企业发展的实际困难。邀请16位扬州籍嘉宾回乡参加扬州“共襄江苏行”活动；配合完成“第六届西部优秀企业家江苏行”相关牵头接待工作，接待到扬17省21个商会160余名企业家；利用清明假期，召开2019在外扬商恳谈会，来自全国15个地区近70名扬州籍企业家参加恳谈活动。开展“三招三引”，邀请10余家知名在沪商会参加市政府“2019对接上海产业转移”恳谈会活动；配合政府开展“2019中国扬州（宁波）民资产业招商恳谈会”相关工作；摸排拜访和签约项目，协助做好市政府11月在上海开展的专题招商活动；在北京牵头主办“深耕京城，智聚扬州”恳谈会活动，共计签约36个项目，总投资近150亿元。开展“进商会、叙乡情、促回归”推介扬州、宣传扬州系列活动，分别在无锡、天津、上海、长沙、昆明等地举办多场“在外扬商座谈会”；邀请无锡市扬州商会组织企业家赴江都小纪镇工业园区投资考察；接待天津、河南、新疆等近十批兄弟工商联和企业家代表团到扬考察，并签订友好商会协议。服务本地企业“走出去”，组织企业家参加江苏省总商会国际合作联谊会暨“一带一路”境外园区推进会、首届中国—东盟民营企业家峰会等十多场经贸交流活动；推荐扬州市企业加入日本江苏工商总会，扩大对外交流；与报业集团联合举办“越南商机投资分析”沙龙活动，邀请越南中国商会会长顾朝庆为意向企业做越南投资环境解读；完成扬州市民营企业参与“一带一路”建设调研报告供上级部门参考。与司法局联合打造“法律服务民企行”品牌活动，联合市司法局、市律师协会成立民营企业法律顾问团，赴6个县（市、区）开展法律宣讲32场，参与民营企业家2766人次。联合市中院、高朋律师事务所等，为民营企业提供法律维权服务；与市检察院共同签署“共建协议”，加强民营经济刑事风险防控，举办“民营经济刑事司法保护新闻发布会”，通报民营经济刑事司法保护情况及十大典型案例；组织15家企业参加检察开放日活动，推荐苏源建设等2家企业负责人为特约检察员；组织20家企业赴南通参加全省民企法律大讲堂；推荐智途科技、绿宝集团作为省行政执法民企联系点。与市优化办、市财政局等部门共同开展“助力民企—金融超市”民营经济金融对接会活动，全市40多家银行业、保险业、担保业、小贷业、风投业金融单位，以及近200家民营企业到会，有10多家金融机构对40多家民企开展授信业务，总额超过2亿元。分别与中国银行、紫金农商行、邮储银行、民生银行等开展点对点交流，商谈合作。联合市税务局召开第28个税收宣传月启动仪式暨减税降费新闻发布会，邀请20多家民营企业代表到会座谈，解读减税降费新政；会同税务部门走访调研京隆科技公司，实地解决企业涉税难题。向市税务局推荐5位企业家主席、会长担任扬州市减税降费监督员，现场观摩高新技术创业中心建设情况，督导税务政策落实到位。完成扬州市政务服务民营经济高质量发展满意度调查问卷、统计表（初稿）；向市政府提出扬州市民营企业家参与涉企政策制定程序办法（建议稿），推动扬州市民营企业参与涉企政策制定。开展涉企政策、涉企服务、作风评估，配合纪检监察部门，组织企业家代表参加相关政策落实情况座谈会；实地走访3家企业，组织填报评估表格，完成省工商联两次减税降费专题评估。开展和谐劳动关系三方机制工作，参与省劳动工资集体要约活动，与市人社局就业中心合作开展“失业政策进民企”宣讲活动，组织参加全省深化和谐劳动关系创建工作推进会，会员企业亚威机床获评全国模范劳动关系和谐企业，华富储能等7家企业获评江苏省优秀劳动关系和谐企业。推动产学研对接，组织10多家中小微科技型民企与扬州大学相关项目团队面对面交流，推动相关技术攻关项目产学研对接；参加在扬州大学举办的大学生招聘活动，为民营企业招引高层次人才和实用型人才搭建平台。推动项目申报，分别就省333工程科研资助项目、民营优秀科技项目和人才申报、第九次军民两用高科技技术及产品相关目录申报向民营企业开展宣传和申报引导。指导扬州科技服务行业协会开展“2019江苏科技服务嘉年华”活动，落实创新驱动发展战略，搭建科学家、企业家两个创新主体交流融合平台，促进创新链和产业链有效对接，助推科创名城建设。（管　娟）

■组织建设 规范商会组建，严格执行商会新任会长履行综合评价程序，成立市机电装备维修行业协会，吸收门窗协会等与原业务主管单位脱钩的商会加入，推进川渝商会、湖北商会等新商会（协会）组建。加强商会规范建设。安徽商会、江都工贸企业商会被全国工商联认定为全国“四好”商会，房地产商会等15家商会被省工商联认定为省“四好”商会，福建商会等26家商会被认定为扬州市“四好”商会。推荐扬州市安徽商会为全省“四好”商会示范点，江都工贸企业商会会长赵有善、房地产商会会长包广林为优秀商会会长。6家县级工商联均被评为全国“五好”县级工商联。至年底，全市共有各级各类商会组织221个，其中行业商会81个、异地商会56个、乡镇街道商会68个、其他商会16个。市直属商会64个，其中行业性商会32个、地域性商会27个、其他商会（商圈）5个。推动成立合肥、西安、无锡、北京4家异地扬州商会，全国有异地扬州商会16个。（管　娟）

■社会服务 实施精准扶贫，举办精准扶贫工作现场推进会暨乡村振兴郭村行活动，现场观摩万顺集团“爱心草莓”基地；引导企业履行社会责任，开展东西部扶贫协作，超额完成捐赠100万元目标任务；扬州峰明光电新材料公司入选全国“万企帮万村”精准扶贫行动先进民营企业；江苏万顺集团、扬州晨化新材料公司获评江苏省第五届慈善奖。（管　娟）

扬州市总工会

■组织建设 2019年，全市新建非公企业、“三新”组织工会247家，八大群体建会42家，吸收会员9151人；开展百人以上企业建会工作“回头看”，指导推动新建工会19家，建会率达97.9%；在市直组建15家系统工会。通过集中清理排查，至年底，全市有工会组织9649家，其中独立工会8611家，涵盖法人单位近2.5万家、职工会员116.7万人。深化基层“双争”活动，下发《关于开展“争创新时代星级基层工会、争当新时代星级基层工会主席”活动的实施意见》的补充通知，首次表彰五星级基层工会和五星级基层工会主席，打破荣誉终身制，启动末位淘汰制进行动态管理。全市共评出五星级工会40家、三星级工会85家、星级工会342家和五星级工会主席20人、三星级工会主席51人、星级工会主席96人。加强工会干部队伍建设，举办全市第三届工会主席业务技能竞赛，分层次、分岗位开设工会干部培训班，全面提升干部队伍素质。共举办市直工会干部培训班一期，培训110余人次；举办全市职工代表培训班一期，培训职工代表80余人次。开展社会化工会工作者队伍建设调研，对社会化工作者发展空间、奖励晋升渠道等方面提出改进建议。（夏圣坤）

■市总工会七届三次全委（扩大）会议 2月27—28日，扬州市总工会七届三次全委（扩大）会议召开。会议持续推动工会改革创新和产业工人队伍建设改革，深入推进“123”［（用三年时间（2018—2020年），实现帮扶困难职工1000户；创建劳模创新工作室200家，发展义工教授200人，建立“爱心驿站”200家以上，新增非公企业、新产业、新业态工会组织200家以上，推行工资集体协商2万家；创设爱心母婴室300家）］实事工程，全面开展“两堂”（在全市开展“听党话、跟党走”职工大讲堂，以及职工好食堂）建设活动，深化基层“双争”（争创新时代星级基层工会、争当新时代星级基层工会主席）工作，履行工会各项职能，团结引领广大职工群众为扬州建设“三个名城”、办好新“十件大事”建功立业。市委副书记孔令俊出席会议并讲话。市人大常委会副主任、市总工会主席杨正福代表市总工会七届委员会常委会作工作报告。（夏圣坤）

■实事工程 至年底，全市工会累计完成帮扶困难职工2182户，建成劳模创新工作室181家，发展“义工教授”260人，建立“爱心驿站”405个，新增非公企业、新产业、新业态工会组织596家，推行工资集体协商覆盖企业总数达1.29万家，创设爱心母婴室245家。开展“听党话、跟党走”职工大讲堂和“职工好食堂”建设活动。印发《关于开展“听党话、跟党走”职工大讲堂活动的实施意见》《关于在全市推进“职工好食堂”建设的意见》。职工大讲堂，让职工唱主角，挖掘讲述职工身边的好人好事，用“身边事教身边人”；组织教授、专家、劳模工匠走进大讲堂进行专题授课，宣讲内容拓展到思想道德、科学文化、技术技能、法律法规、安全健康等多个领域。职工好食堂，打造民心工程，满足职工需求，与市场监督管理部门联手，制定职工好食堂建设的39项评分细则，提升职工餐饮服务品质，营建职工满意食堂。全

年各级工会建成“听党话、跟党走”职工大讲堂241个，评审选树职工好食堂100家。（夏圣坤）

■**职工思想政治引领** 全市工会系统开展“不忘初心、牢记使命”主题教育，建设“听党话、跟党走”职工大讲堂，全年共举办大讲堂活动605场，一大批劳模先进、一线职工走上讲台分享经验心得，全市工会上下形成“家家开讲堂、人人当讲师”的学习氛围。通过抓牢职工的“心”和“胃”，打造工会培育和践行社会主义核心价值观，弘扬劳模精神、劳动精神和工匠精神的重要载体，团结引领广大职工建功“三个名城”“新十件大事”，建设“强富美高”新扬州。《工人日报》头版头条，全总《工会信息》和《扬州日报》等多家媒体作专题报道。围绕庆祝新中国成立70周年，举办全市职工文艺汇演，组织参观省、市70周年成就展，开展“中国梦·劳动美·幸福路”书画、摄影、征文、演讲等系列比赛，参加全省职工合唱大赛、排舞展示赛取得优异成绩。加强职工文化建设，举办“文昌之夜——劳动者之歌”文艺演出，开展第11届“职工读书节”活动，举办第13届市运会职工部乒乓球、羽毛球、篮球、围棋、中国象棋等五大项赛事，联合举办首届名城百企职工运动会。市工人文化宫开设公益文化培训112课次，招收学员3202人次。（夏圣坤）

■**劳动和技能竞赛** 围绕运河南北路、润扬路快速化改造工程等重大工程项目开展16项劳动竞赛，举办建筑安全员、化学检验工、光伏企业硅片切割等31个职工职业工种技能竞赛，承办江苏省首届烹饪行业职工技能竞赛。江苏旅游职业学院获评省总工会首批“江苏省职工职业技能竞赛基地（烹饪）”并挂牌。扬州市职工分别获得第45届世界技能大赛家具制作项目银牌、第二届全国装配式建筑职业技能竞赛（职工组）个人和团体冠军等荣誉。持续深化群众性技术创新，深化技术革新、技术攻关、发明创造和以“五小”为主要内容的“五小”竞赛活动，开展职工“十大科技创新成果、十大先进操作法”评选展示活动，补贴职工创新项目15项，奖励职工发明专利49项，1项职工创新成果获江苏省科技进步奖(工人创新项目)，两项先进操作法、一项发明专利被表彰为省十大先进操作法和十大发明专利。开展班组创优竞赛活动，以争创“工人先锋号”活动为载体，推进“六型”班组全面建设，夯实企业基础。把班组安全建设摆上重要位置，将班组作为“安康杯”竞赛的主阵地，市总工会评选出50个安全建设先进班组。（夏圣坤）

■**劳模先进评选表彰** 召开庆祝“五一”国际劳动节暨五一劳动奖和工人先锋号表彰大会。市总工会评选表彰20个市五一劳动奖状、100个市五一劳动奖章和100个市工人先锋号，推荐表彰2名全国五一劳动奖章、2个单位全国工人先锋号，推荐表彰6个单位省五一劳动奖状、11名省五一劳动奖章、1名省五一劳动荣誉奖章、24个单位省工人先锋号。表彰2018年度十名扬州大工匠、十名扬州工匠。首次联合市委宣传部、市人社局、市工信局、市市场监管局、市农村农业局、市广电传媒集团等7家单位开展“劳模年度人物”推荐评选活动，评选10名2019年度劳模年度人物并举行盛大颁奖典礼。深化劳模创新工作党建强基工程“五大行动”，与市委组织部联合命名20个市级示范性劳模创新工作室（党支部），全年新建劳模创新工作室32家，召开劳模创新工作室经验交流会。关心关爱劳模生活，市总工会本级共组织6批劳模145人疗休养，组织3批14人参加全总组织的劳模疗休养，组织3批41人参加省总工会组织的劳模疗休养。定期组织各类劳模体检，春节期间准确发放劳模慰问款、生活困难补助款386万元。国庆期间开展“壮丽七十年、礼赞劳动者”关爱劳模系列活动，慰问全市70岁以上劳模623人，其中全国劳模22人、省劳模484人、市劳模117人，发放慰问金58.4万元。对286名特困劳模实施帮扶，发放帮扶金76.4万元。筹备建成全省第三家劳模工匠展示馆。全总党组书记、副主席、书记处第一书记李玉赋，副主席蔡振华，省人大常委会副主任、省总工会主席魏国强，省总工会党组书记、副主席朱劲松到扬州市开展慰问调研期间，对市劳模创新工作和工会工作给予肯定。（夏圣坤）

■**职工劳动保护** 开展职工劳动保护模范工会创建活动，制定出台创建实施意见和考评细则，从2019年起，用三年时间，全市范围内创建150个职工劳动保护模范单位。2019年命名首批50个劳动保护模范工会，择优向省总工会推荐两家省级劳动保护示范工会。发动全市2955家单位参加全省“安康杯”竞赛，开展安全生产金点子、

扬州市庆祝“五一”国际劳动节表彰大会现场　张孔生/摄

安全隐患随手拍等群众性安全生产活动，全年共收到安全隐患随手拍报送作品259幅，评选出一等奖5项，二等奖10项，三等奖20项；共征集到安全生产金点子175条，评选出金点子一等奖5人，二等奖10人，三等奖20人。督促企业建立重大隐患治理情况向负有安全生产监督管理职能的部门和企业职代会“双报告”制度，监督企业落实职工的知情权、参与权、监督权和表达权。承办全省工会劳动保护监督检查员培训班。加强“爱心驿站”的建设和使用，不断规范完善已建“爱心驿站”软硬件设施和服务项目，全年新建“爱心驿站”53家。加大“爱心驿站”定期评价管理力度，试行进站人员休息签到制度，实时监控进站人员数量，以此作为评价“爱心驿站”效果的重要依据。评选表彰“十佳爱心驿站”，推荐两家“爱心驿站”为江苏省五星级“爱心驿站”。开展夏季高温送凉爽活动，慰问重点工程、重大项目、重点领域的一线职工，市总工会本级共投入资金61万元，慰问职工1万余人。（夏圣坤）

■职工法治宣传监督 利用“五一劳动法治宣传服务月”“12·4宪法宣传周”等重要节点，开展送法到基层、法治微课堂、“爱劳动、爱法律、爱生活”抖音短视频征集等活动。开展“尊法守法·携手筑梦”法治宣传志愿服务，举办法治讲座43场，发放宣传资料1.9万余份、法律读本1.4万余册，面对面服务职工6300余人次。健全职工法律援助联动协作机制，市、县两级法院、人社部门全部设立工会法律援助窗口。会同市人社局、市司法局开展规范劳务派遣市场专项活动，在全市排查企业1180家，对91家劳务派遣单位进行劳动用工风险评估。畅通职工诉求反映渠道，全市工会共接待处理职工信访269件、317人次，全部办理完结。为81家基层工会办理工会法人资格证书登记和更换（年审34家、新办47家）。（夏圣坤）

■女职工关爱行动 开展新时代“最美女职工”寻访展示活动，共征集优秀女职工（集体）事迹109篇，通过“扬帆”手机平台等全媒体推送系列专题报道28期，网上关注转发量达15万人次以上。开展女职工劳动权益落实情况监督检查，在全市2187家单位开展自查督查，涉及女职工6万多人次，排查化工、电子、制鞋等具有代表性的有毒有害工种与岗位63个，纠正未严格执行禁忌劳动要求的隐患性情况17起，对7起未严格执行孕期、产期、哺乳期相关规定的情况予以纠正，督促用人单位即时改进完善项目216个。实施女职工健康关爱“三进”行动，为8.8万名女农民工、困难女职工免费“两癌”筛查。指导开发区晶澳太阳能公司打造首批全国工会“爱心托管班”。推进爱心母婴室300工程，打造“爱心母婴室+”载体，全市新建爱心母婴室86家，共建成爱心母婴室245家。市总工会女职委被评为“全国巾帼文明岗”。（夏圣坤）

■职工帮扶 联合市市场监督局在全市评选100家“职工好食堂”，围绕食材采购、安全卫生、膳食服务等7大方面制定建设标准，引导企事业单位改进职工食堂软硬件设施，并利用食堂阵地常态化开展工会活动。开展“送岗位”“送凉爽”“送助学”“送温暖”慰问关爱活动，联合市发改委、市人社局、市教育局等12个部门印发扬州市《关于深入做好城市困难职工帮扶工作的实施意见》，对直属特困职工进行全覆盖走访，摸清致困原因，做到精准脱困解困。全年帮扶困难职工1139户，国庆前夕集中走访慰问542户特困职工家庭。推进职工互助互济保障工作，全市互助会累计入会13.5万人，全年共为4495名生病住院职工补贴823万元。组织举办工会就业创新援助月和“春风行动”劳务洽谈会，市县两级工会举办招聘会131场，提供就业岗位7.10万个。开展创建和谐劳动关系企业活动，全市签订集体合同的企业达1.29万家，占全市生产经营正常建会企业96.7%，覆盖职工89.58万人，签订首份《技术工人技能提升和技能创新工资专项集体合同》。江都亚威机床股份有限公司获“全国模范劳动关系和谐企业”称号。（夏圣坤）

■“义工教授”建设 持续为基层企业职工提供点单式服务，整合优化传统的思想道德、科学文化、技术技能、民主法制、健康安全、社会文明等课程，围绕职工思政引领和“三城”建设选题，新增十九届三中、四中全会精神宣讲，移风易俗“破四旧”和3D打印等新兴科学普及课程，与“听党话、跟党走”职工大讲堂有机融合，让更多的先进典型、教授专家走上讲台，与职工面对面交流交心，不断吸纳拓展“义工教授”队伍，并全部完成“志愿扬州”平台网上注册和组织挂靠工作。全市“义工教授”服务队伍稳定在260人左右。3月，“义工教授”、扬州大学马克思主义学院吴林斌应邀在全省工会职工思想政治工作专题培训班上，作《充分发挥“义工教授”作用 做好职工思想政治工作—以〈弟子规〉教学为例》的发言，受到省总工会领导和与会代表的好评。在工会系统“不忘初心、牢记使命”主题教育、“听党话、跟党走”职工大讲堂等活动以及工会主席、职工代表、工会信息员等培训中，“义工教授”参与其中。在省扬州工人疗养院，“义工教授”为来自深圳、上海、苏州、连云港等地的劳模和优秀职工代表进行心理健康、疾病防治等方面辅导宣讲，将“义工教授”活动的影响力传向各地。2019年，全市共开展“义工教授”进企业志愿服务活动190场，受众1.5万余人。其中，市级“义工教授”团队完成107场，服务职工9000多人。（夏圣坤）

共青团扬州市委员会

■概况 2019年，共青团扬州市委员会（简称团市委）贯彻落实市委、市政府和上级团组织的要求和部署，推进落实，助力发展，提升团组织的中心贡献度、社会认可度和青年满意度。全年新发展团员1.32万人。至年末，全市共有基层团委368个，基层团工委44个，团总支206个，团支部6112个；有共青团员21.35万人，专职团干部324人，兼职团干部1.51万人。（殷一鸣）

■青少年思想引领 围绕纪念新中国成立70周年、五四运动100周年等重大活动，举办思想文化宣传活动，用主旋律、正能量引导青年健康成长。举行“青春心向党·建功新时代”系列主题团日活动、“青年大学习”主题报告会、座谈会、分享会等50余场，评选“我和我的祖国”征文大赛优秀作品87篇。开展全市青少年弘扬中华优秀传统文化“诵读学传”活动，全市1.3万余名中小学生参加线上线下活动。打造各级“青年学习社”重点示范线路，重点选拔组建40人次的“青年讲师团”，全市全年依托学习社开展“青年大学习”主题活动350余场次。拍摄“我和我的祖国”“歌唱祖国”快闪，微信阅读量破万次，视频点击量近5万次。市少工委拍摄制作具有扬州地方特色的中国少年先锋队队歌MV，献礼中国少年先锋队建队70周年。扬州团市委获评“首届江苏青少年新媒体工作新媒体建设先进单位”。（殷一鸣）

■青年创新创业创优 实施“扬州市青年企业家发展领航计划”，在深圳举办领航计划第四期开班仪式。组织青年企业家赴上海交大集中学习，赴贵州遵义参观国家大数据中心、遵义会议会址、贵州茅台酒厂，拓宽青年企业家视野。定期开展政企对话、走进企业活动7次，为青年创客、领航青年企业家对接创业创新政策提供服务。举办2019“助力科创·筑梦扬州”青年创新创业大赛，并推选11个优秀项目参加全省“创青春”大赛，7个项目获全省二、三等奖。联合市农行开展“新农菁英”培育计划，累计发放“新农菁英贷”1100多万元。联合市财政局、人民银行等部门面向初创青年、农村青年信用示范户等，提供个人创业最高额度30万元的创业担保贷款。（殷一鸣）

■青年群体服务 联合多部门组织开展第12届“扬州市十大杰出青年”评选，包文斌等10人当选。扬州中学团委书记沈彤获评2018年度全国优秀团干部，邗江区瓜洲镇陈家湾社区党总支书记沈鹏获评第11届“全国农村青年致富带头人”，青商会副会长林雅杰、陈新荣获评“扬州十大经济新闻人物”。推报5名青年典型入选2019年江苏省“我们身边的好青年”百人榜。联合深圳团市委建设扬深两地青年合作创新创业实践基地，推动扬州市青商会与深圳光明区青年创业协会签署人才合作备忘录，联合举办扬深青年发展论坛，扩大青年企业家的社会参与和政治参与。联合粤港澳大湾区青年协会举办“同心携手·共筑未来”扬州—粤港澳大湾区青年人才交流对接会，组织扬州60余名青年人才代表赴深圳参观学习。代表江苏省出席“庆祝澳门回归祖国20周年——‘千人汇’汇员大会暨与特首真情对话”活动，推动苏澳两地青少年情感认同和互动交流。联合市人才办举办“人才汇聚·恰好青春”高层次人才交友联谊活动，全年累计组织系列交友活动7场，来自全市120余家单位600余名优秀青年人才参与活动。建立市县两级青年工作联席会议制度并召开第一次全体会议，召开少先队扬州市第六次代表大会、扬州市学生联合会第五次代表大会、扬州市青年联合会第五届委员会第一次全体会议。（殷一鸣）

■志愿服务品牌建设 完成2019扬州鉴真国际半程马拉松赛志愿服务工作，共招募41类志愿服务岗位4500名志愿者，备战周期长达45天。完成世界运河城市论坛暨世界运河大会系列活动志愿服务工作任务，共招募176名志愿者，累计服务时长1815小时。完成扬州市第13届运动会志愿服务工作任务，共招募190名志愿者，累计服务时长2470个小时。评选表彰“扬马优秀志愿者”412人、“省运博会优秀志愿者”45人。组织招募70对年轻情侣与70对老夫妻共同参与“2019运河文化嘉年华”系列活动之“爱在19·运河主题婚礼”。（殷一鸣）

■关爱重点青少年群体 系统性、节点性开展青少年普法教育、自护教育、禁毒活动、中高考减压活动、阳光行动，举办相关讲座活动30余

青年志愿者们在“志愿服务驿站”提供多项便民志愿服务

庄文斌 张晔/摄

场，张贴自护海报及发放维权自护手册400余份。推动完善“12355”平台建设，处理“12355”热线服务类诉求51个，维权类诉求17个，举办“12355”维权广播节目11期，现场活动11场。开展全市共青团“暖冬行动”，推进“希望村塾”品牌建设，开展“牵手希望·共圆梦想”2019希望工程微捐赠活动。全市全年筹集各类资金和物品289.02万元，新建“希望村塾”1家，发放各类款物221.87万元，受益人数2906人。（殷一鸣）

■基层团组织建设 结合“智慧团建”系统和团情大调研，在全市各级团组织开展专项排查工作，推进基层团干部队伍建设，全年调整撤并团组织1099家，新配备团干部373人。聚焦非公企业、青年社会组织、互联网行业等存在基层团建空白点领域，全年新建有党组织覆盖且符合建团条件的“两新”组织团组织7家，全市新建非公企业团组织547家。出台《团员发展工作实施规范》，建立2017年度以来新发展团员花名册。结合“智慧团建”系统，集中做好团员组织关系转接工作，完善学校新生和毕业生团组织关系转接手续，实现毕业生团员组织关系主要跟随学习、工作关系变动转接的工作目标。选优配齐县（市、区）团委领导班子，推动基层团组织负责人队伍建设，2019年市、县两级团的领导机关干部和领导班子整体配备率、在岗率达85%以上，县（市、区）团委班子及部分乡镇（街道）团（工）委书记培训全覆盖，6个县（市、区）、3个功能区（经济技术开发区、生态科技新城、蜀冈－瘦西湖风景名胜区）所有村（社区）团支部书记和中学中职团委书记培训全覆盖。（殷一鸣）

扬州市妇女联合会

■概况 2019年，扬州市妇女联合会（简称市妇联）围绕中心、服务大局，履行引领、服务、联系基本职能，组织实施思想引领、巾帼建功、家家幸福安康、维权关爱帮扶、改革深化等重点工程，在促进妇女创新创业、弘扬社会文明新风、维护妇女儿童合法权益和加强妇联自身建设方面取得明显成效。开展“巾帼心向党，礼赞新中国”主题活动，全市妇联基层组织形式更加多样、覆盖更加广泛；群众化、社会化、项目化的工作方式渐成主流，妇联服务妇女更加精准，党和政府联系妇女群众桥梁纽带作用更加凸显；全省“家家幸福安康工程”现场会在扬召开，扬州试点成为全省样本；“守护成长、幸福一生”儿童青少年关爱保护工程全面开课、落地见效；妇女创业担保贷款历史性突破2亿元，款额全省第二；解放北路妇女儿童活动中心改造提升工程推进；性别平等咨询评估机制“四个必须”模式实现全市覆盖；推动系统行业、机关事业单位组建妇联工作，一批妇委会改建妇联，一批行业（系统）成立妇联，各功能区实现妇联组织全覆盖。（薛芳洁）

■组织建设 成立新兴领域妇联500多家。至年底，全市四级妇联组织有1439个。因地制宜打造“一区一品”“一区一特”的微家品牌。举办执委培训班，印发《扬州市妇联执委履职制度》《扬州市妇联执委增替补及退出制度》，强化妇联执委队伍管理。联合市委组织部，在复旦大学举办女干部领导力提升培训班，为女干部的综合素质提升搭建平台。联合女性社会组织实施“传承三八精神激扬巾帼风采——寻访三八红旗手精神”项目。加快推进妇联系统媒体创新和融合发展，大力抓好网站、微信公众号、“women+”智慧云平台等网上阵地的内容建设，在微信公众平台开展“倾情礼赞新中国 巾帼建功新时代”接力宣传展示活动，选送作品参加江苏女性融媒体创意大赛获一等奖。（薛芳洁）

■妇女思想引领 坚持四级联动，依托新时代文明实践中心和妇女儿童之家，以“十百千巾帼大宣讲”活动载体，组织各级妇联主席、执委、三八红旗手和巾帼志愿服务团队负责人到基层一线开展宣传。围绕庆祝新中国成立70周年主线，开展“倾情礼赞新中国 巾帼建功新时代”群众性宣传教育活动，以“巾帼奋进新时代 争做最美追梦人”为主题，在运河三湾风景区举办庆“三八”女性嘉年华系列活动，吸引上千名女性参加；策划“快闪燃起来”“风采秀出来”“生活乐起来”“健康动起来”“红歌唱起来”“公益做起来”“学习强起来”“宣讲热起来”“榜样树起来”九大板块，引导妇女共同唱响感恩党和祖国的时代赞歌。组织开展“巾帼建功新时代·志愿服务暖人心”、5·20巾帼志愿服务“在你身边”、关爱女性健康行活动，发动全市巾帼志愿队伍围绕全国文明城市创建、敬老月主题开展志愿服务。高邮市妇联作为省妇联试点，开展“乡村振兴她强音·巾帼文明她风采”新时代巾帼文明实践活动。（薛芳洁）

■家庭家风建设 开展“最美家庭讲好家风”巡讲活动，在广陵老街区打造古韵新风交相辉映的仁丰里家庭文化街区，最美家庭、五好家庭、最美庭院、家庭教育指导站、创业家庭、妇女微家密布，命名12户“最美家庭”工作室，培树一批家风家教实践基地，培育一批最美家风典型，培强一批家庭服务品牌，形成“家家幸福安康”工程的扬州特色。7月，省妇联系统在扬召开“家家幸福安康工程”现场会，扬州市在家庭文明建设、家庭教育支持、家庭服务提升方面的做法获与会人员的好评。全市累计参与寻找最美家庭活动人数达27.74万人次，选树各级“最美家庭”1.34万户，评选出创新创业家庭、书香家庭、孝老爱亲家庭、崇俭尚廉家庭、绿色家庭等市级特色“最美家庭”100户。连续六年开展“亲子大讲堂”农村（社区）百场巡讲活动，巡讲课题增至130个，巡讲地区覆盖偏远乡镇。联合广电总台“扬帆”手机频道开通家庭教育讲座直播，全年线下巡讲117场次、开播“亲子空中课堂”6期、举办家教沙龙2场，开展直播活动3场次，累计现场听众5万多人，广播听众和视频点击量达13万人次。成功举办中新（新加坡）家庭教育沙龙。（薛芳洁）

■**妇女创业创新** 牵头召开全市乡村振兴巾帼行动推进会，制定三年行动计划，探索推广项目化、社会化、专业化培训模式，2019年全市开展各类女性劳动力技能培训49期，2290名妇女实现技能提升。开展“最美家园”评选宣传活动，评选扬州市“最美家园”100户。成立扬州市巾帼家庭服务联盟，发动120家家政服务企业入驻江苏省“好苏嫂”家政服务联盟信用平台。举办“巾帼梦圆新扬州”创业创新大赛，成功为300多个项目提供交流展示、合作共享的平台，以“建功新乡村 绽放她风采”为主题，聚焦服务农业农村发展的服务项目，20个项目获金融机构和银行意向性授信授权3600万元。推动创业担保贷款和创业创新基金贷款工作，2019年发放担保贷款突破2亿元，款额全省第二，推出《妇女创业贷款撑起创业创新“半边天”》案例，助力扬州市在双创示范工作全国终期验收考核中名列第一。（薛芳洁）

■**妇女合法权益维护** 推动性别平等咨询评估工作规范化、标准化、流程化，深化性别平等咨询评估机制，推广“四个必须”模式实现全市覆盖。在扬州大学挂牌成立“省级性别平等示范基地”，启动“女性/性别研究月”活动，在大中小学开展性别平等进校园活动，实施“致橡树——性别平等进高校”“男孩女孩都一样——性别平等教育进课堂”等项目。运用维权热线、women+在你身边线上平台、基层调解工作室等阵地，规范妇联信访维权工作程序和领导接访制度，探索运用媒体平台和妇女活动阵地了解舆情、排查矛盾，重点妥善解决网络舆情“十岁女孩受家暴”事件，面对微博舆情，四级妇联联动挽救抑郁症女生的生命，保障妇女儿童的合法权益。上线“巾帼暖人心法律公益行”婚姻家庭微视频，结合电视剧《破冰行动》热播、国际不打小孩日等热点话题，邀请专家录制“微视法”视频。推广高邮的“家庭暴力警情处置”现场比武，提升现有的反家暴工作模式，推动反家暴工作专业化、职业化、社会化进程。发布全市维护妇女儿童权益“十大典型案件”，放大典型案例的法治宣传教育功能；开展巾帼维权骨干专题培训交流，提高群众工作能力和解决实际问题的能力。启动“双百”法律助航行动，邀请巾帼法律专家顾问为每个县（市、区）的女企业家们开展主题活动，惠及女企业家500多人。全市190个个人调解工作室和2000余人的维权志愿者队伍，参与调解纠纷1500余件，调处成功率达85%。（薛芳洁）

宝应县塘北村妇女微家工艺制作坊，村民正忙着制作中国结

王 卓 沈冬兵 徐 娟/摄

■**妇儿民生服务** 在全省率先建成分性别统计网络直报平台，提高全市妇女儿童规划指标日常监测水平。组织实施“十三五”妇女儿童发展规划，加大督查力度，集中力量办好妇女儿童民生实事，妇女儿童发展环境优化，20项重点监测指标中，有19项提前实现2020年终期目标，在“十三五”中期评估中综合排名位居全省第四。开展社会化服务妇女儿童工作，围绕解决妇女儿童生存和发展中突出性、紧迫性问题，除列入市实事项目推动外，连续三年争取市级专项资金，专门用于设立服务妇女儿童的公益创投项目和政府购买服务项目；连续四年争取省公益社工服务项目资金300多万元，为妇女儿童提供专业化、社会化服务。推动“改造提升市妇女儿童活动中心”项目纳入2019年度民生一号文件。与中国儿基会、中国女童保护基金合作，启动全市“守护成长、幸福一生”儿童青少年关爱保护工程，联合市教育局等部门，面向幼儿园、中小学、大学学生及其家长开展防性侵、青春期心理健康、正确交友观、婚恋观等方面的教育课程，并常态化纳入义务教育阶段学校教学计划，培训志愿者讲师282人，开设715节课程，受益学生3万余人。全年共为979名困境儿童申报发放助学金195.8万元，翔宇妇女儿童基金会募集善款233.3万元，其中发放春蕾助学金118.3万元，受益春蕾儿童1504人。（薛芳洁）

扬州市科学技术协会

■**概况** 2019年，扬州市科学技术协会（简称市科协），按照科协“四

服务一加强”的职责定位，开展“弘扬爱国奋斗精神、建功立业新时代”主题系列活动，通过《扬州日报》、扬州发布App等媒体发布《致全市科技工作者的倡议书》；加强所属网站和微信公众号管理，市科协网站先后上线“习近平总书记谈科技创新”专题、“不忘初心、牢记使命”主题教育专题，新增“意识形态工作”专栏；在市级学会、高校科协年会上邀请扬州大学博士刘勇作意识形态教育专题讲座，组织学会秘书长参观“红马甲”义工队党建示范基地，邀请省农学会介绍学会党建工作经验，实施“党建强会”计划。与市委宣传部联合开展寻找“最美科技工作者”活动，经23万人网络投票、评委会评审，评选出“扬州市十佳最美科技工作者”。与《扬州新闻》、扬帆App合作拍摄10期专题宣传片并进行集中展播。举办十佳“最美科技工作者”颁奖仪式及座谈会。全年召开优秀科技工作者和外来科技工作者座谈会3次，走访30多家企业，听取科技工作者对科创名城建设的意见建议，编发8期《科技工作者建议》。联合扬大科协组织科技论坛主论坛，邀请江苏省农科院副院长、江苏省农学会常务副理事长、研究员孙洪武作“乡村振兴与三产融合”主题报告；市土木建筑学会、规划学会、医学会、药学会、营养学会等围绕学科发展新动态举办系列分论坛；中国园艺学会芍药分会、中国公路学会筑路机械分会、江苏省园艺学会、照明学会等在扬举办学术研讨会，为相关领域科技工作者拓展对外交流平台。2019年软科学研究课题结题76项，其中特约资助5项、重点资助5项、专项资助30项。发挥各级科技工作者调查站点作用，为党委政府建言献策，市科协获评全省科技工作者状况调查“优秀区域责任部门”，仪征市科协获评全省“优秀调查站点”称号。新建10家市级院士工作站、9家市级学会（高校科协）专家工作站。至年底，市科协系统有宝应县科协、高邮市科协、仪征市科协、江都区科协、邗江区科协、广陵区科协等6个县（市、区）科协，65个市级学会（协会）、9个高校科协。

（刘　悦）

■2019“院士专家扬州行” 5月22日，在2019“院士专家扬州行”启动仪式上特邀华中科大教授、中国机械工程学会理事长李培根院士作“迎接人机智能时代”主题报告；特邀院士朱兆良、闻邦椿、曹福亮、吴开明和院士工作站专家团队出席第二届江苏发展大会暨首届全球苏商大会扬州发展论坛并建言献策。联合省数学会特邀院士张景中为扬州中学和扬大附中学子作“盘点大脑、温故知新”专题报告，院士闻邦椿走进新华中学作“学好方法论，争做智慧人，圆我人生梦”主题报告，院士陈旭为扬州中学和新华中学学子作“为祖国科学事业奋斗终身”主题讲座，院士郑有炓出席市人才主题公园开园仪式并致辞；院士祝世宁等15名省物理学会专家走进宝应园区企业调研考察；协助市人才办举办第四期“创新大讲堂”，邀请浙江大学软件学院副院长、区块链研究中心常务副主任教授蔡亮作“区块链技术、应用与监管”主题报告。全年累计邀请300多位专家开展“四进”系列活动。在2019全国双创活动周江苏分会场启动仪式上，沈飞601所扬州协同创新研究院院士孙聪工作站揭牌，扬州院士工作站巡礼专题片集中展示十年来院士专家扬州行活动成效；应上海市科协邀请，联合举办首届长三角院士专家工作站建设交流大会并作大会发言。

（刘　悦）

■2019（第13届）汽车轻量化大会 9月18—21日，由中国汽车工程学会、江苏省科学技术协会、汽车轻量化技术创新战略联盟、扬州市人民政府共同主办的2019（第13届）汽车轻量化大会暨展览会在扬州举行。蒋士成、王国栋、丁文江、毛新平、吕坚等5位院士及200多名轻量化领域的专家到会作200场技术报告；来自美、德、英、日等20多个国家和地区、50多所高校、73家整车企业、300余家汽车零部件及材料企业的1200余名专家参会，参展企业105家，其中扬州39家企业参展、84家企业206人参会、475人观展；大会为扬州企业安排技术、市场、资本三个专场对接会；安排部分嘉宾参观江都、仪征、邗江汽车园区9家企业；大会直播点击率超过230万人次，人民网、新华网、凤凰网等国、省级媒体报道72篇次，市级媒体报道、专访35篇次。江苏省科协党组书记、副主席孙春雷，扬州市市长夏心旻分别致辞并在会后的调研报告上批示给予肯定。

（刘　悦）

■学会助力地方产业发展 4月14日，联合省铸造学会在仪征举办首届江苏国际铸造科技论坛，中国机械研究总院副院长单忠德等10多位专家作技术报告，并组织参观考察江都、邗江有关铸造企业。4月25日，联合扬州高新区、中国药学会举办2019中国扬州生物医药论坛，省科协主席、院士陈骏到会致辞，中国工程院院士侯惠民、陈芬儿等10位专家作技术报告、政策解读和项目推介。5月8日，联合省科技服务业研究会、省苏科创新战略研究院举办2019江苏科技服务嘉年华活动，探讨建立“企业家+科学家”结亲孵化科技创新成果的新模式。5月8—10日，中国造船工程学会在江都举办“2019船舶与航运智能化国际论坛”。9月29日，举办全市海智工作培训会，开发区西安交大扬州科技园获批省级海外人才离岸创新创业基地。12月20日，在摸排企业需求基础上，联合省学会服务中心组织省级学会专家服务企业扬州（广陵）行，联合中汽学会组织专家服务企业扬州（江都）行，点对点组织技术需求对接。

（刘　悦）

■学会创新和服务能力提升 组织五个片区学会工作经验交流会及驻扬高校科协论坛，观摩学会承能重点项目，邀请省电子学会、南航科协等到扬开展交流；持续推动学会承接政府转移职能工作，制定《市科协所属学会有序承接政府转移职能扩大试点工作实施方案》，召开专题推进会加强双方对接；新成立扬州市工业机器人学会、江苏旅游职业学院科协，高校科协在全省率先实现全覆盖；市医学会、护理学会、林学会、电子学会、计算机学会、系统工程学会、节能协会等组织换届，市计算机学会成立网络与安全专委会，市抗癌协会成立胃肠肿瘤专委会，市青科协成立科技创新、机器人、科技模型、航空等4个专委会，市老科协、园艺学会成立科普专委会，市级学会自我运转、特色发展能力增强。全年共有52个项目分别通过综合示范学会、“特专优精”学会、学会专家工作站等项目认定。（刘 悦）

■基层科协组织“4+1”改革试点 召开基层科协组织“4+1”现场推进会暨乡镇科协培训班，定期督查通报试点工作进展。高邮“334四长工作机制”获省科协创新案例奖；宝应逐镇建立“四长”科技工作小组并定期开展活动，专题组织培训及“四长”典型表彰，其经验做法两次获中科协简报推广并作大会交流发言，“4+1”试点工作入围全县组织工作创新创优项目；江都推动完成8个乡镇科协“四长”配备；邗江、广陵修订出台各园区、乡镇、街道科协工作目标管理考核办法；仪征发挥“四长”作用开展“健康仪征”公益巡演活动。宝应、高邮科协获评全省县级科协创新能力提升计划项目优秀单位。（刘 悦）

扬州市归国华侨联合会

■概况 2019年，扬州市归国华侨联合会（简称市侨联）发挥侨界智力密集的优势，加强与科研院所、大专院校、专业协会等联系，引导侨界为扬州社会经济发展建言献策。市侨联牵头组织市政协港澳侨台侨界别委员沙龙，围绕“助推科创名城建设，关注高科技创业企业孵化”主题开展科技孵化器建设情况考察，提出意见和建议。提交《关于进一步加强扬州外宣工作的建议》提案，得到市政府新闻办、市委宣传部外宣办的答复。举办“侨界一家亲”迎新春联谊联欢会。举办“谋发展、话合作”侨界人士联谊沙龙，邀请侨界骨干在发挥侨联优势等方面献计献策。举办侨界庆祝新中国成立70周年“歌咏大会”。开展“侨界看扬州——科创名城行”活动，感受扬州“三个名城”建设新成果。加大工作宣传力度。发挥“网上侨联”、微信公众号、微信群等平台作用，宣传侨界先进典型，展示侨界风采，总结推广基层侨联工作经验。围绕科创名城建设，突出“创业中华”主题，发挥侨界资源优势，牵线搭桥，强化侨联组织服务经济发展的能力。主动对接经济建设主战场，建立海外高层次人才信息资源库。共享、使用、发挥海外高层次人才库的作用，为各地招才引智工作提供人才储备。举办大活动与精准对接相结合，牵线搭桥服务“三招三引”。举行两场“海外高层次人才扬州行”活动，市县两级邀请18名海外知名人士侨领参加第二届江苏发展大会暨首届全球苏商大会以及扬州发展论坛。联合维扬开发区、扬杰电子协办2019集成电路CEO联谊会。牵线来自美国、新加坡等3名专家与广陵、高邮对接锂电池、可穿戴设备、稻壳炭化等项目。实施“经典淮扬菜海外推广计划”，助力申报“世界美食之都”。举办扬州美食品鉴活动，邀请60多个国家和地区海外中餐馆、海外中餐协会负责人到扬品鉴，向海外宣传推广扬州经典美食。开展淮扬美食“三个一”专题调研，走访扬州大学等一批专门培养厨师的大中专院校，走访冶春餐饮等一批淮扬美食龙头企业，走访居长龙等一批国家级淮扬美食大师，掌握美食师资、技术人才分布以及各企业淮扬美食“请进来、走出去”需求。助力扬州淮扬美食“走出去”，分派3个团组出访挪威、瑞典、丹麦、阿联酋、土耳其等国家，宣传扬州美食文化及创意，借力当地侨团推广扬州淮扬美食，牵线冶春餐饮与海外侨团华人餐饮企业合作，服务冶春海外市场布点以及2020年在迪拜世博会设点展示扬州美食文化，助力扬州入选“世界美食之都”。开展“走百家侨企”活动，服务好侨界创新创业。赴上海走访侨界知名人士，在招商引资、招才引智等方面展开探讨。主动服务好在扬侨企，走进10多家侨企了解生产工作中遇到的困难和发展瓶颈，帮助新星混凝土、扬州国医书院等近10家侨资企业协调解决股权纠纷、融资、规划、环保等问题，获得好评。组织3个开发园区和众创空间创成“江苏省侨联新侨创新创业基地”。组织侨资企业项目援疆，引导侨界群众爱心援疆。落地援疆项目1个，投资1200万元，有3个项目达成投资意向。外拓内联。助推大运河文化带建设，实施“两个拓展计划”，拓宽海内外联谊联络渠道，强化外宣工作，以侨为桥，讲好大运河故事，推介扬州特色文化。协办好首届大运河文化旅游博览会，邀请40家海外文化旅游机构参加“国际运河城市文化旅游精品展”。14个国家和地区21家华文媒体参加的“追梦中华·2019海外华文媒体大运河沿线城市采风行动”走进扬州，介绍首届大运河文化旅游博览会盛况和扬州这座运河历史文化名城的独特魅力。承办“侨连五洲·相约江苏”海（境）外侨青走进运河城市——扬州活动。与市政府新闻办联合申报的《以侨为桥，讲好中国大运河故事》获2019年江苏对外宣传工作创新奖提名奖。加强联谊联络扩大海外朋友圈。开展“侨界牵手国际友人1+1行动”，全年共聘请海外顾问32人，涉及18个国家和地区。与新西兰中国国际贸易促进委员会签订友好合作协议，在新西兰设立海外联络点。加强与香港合作交流，市侨联与江都联合举办香港教育界青年教师考察团到扬交流、香港城市大学学生“爱祖国、看家园”夏令营活动。加强国家级、省级华侨文化交流基地建设，扬州八怪纪念馆、扬州国医书院2个单位成为“中国华侨国际文化交流基地”。邗江琴筝产业园、宝应县江苏省扬州未成年人社会实践基地2个单位成为“江苏省华侨文化交流基地”。（胡学垠）

■惠侨慰侨 建立为侨服务长效机制。开展“侨联万家”系列活动，开展“侨界空巢老人关爱行动”、“暖侨心走访慰问”、阳光扶贫等活动，服务困难生病老归侨、重点侨眷以及贫困户30多户。结合新中国成立70周年契机举行“祖国在我心中”座谈会，侨界空巢老人畅谈在祖国养老及在海外生活的感受，就教育儿孙热爱祖国的心得进行交流。打造海外游子放心工程，每周一次侨界合唱团培训、每月一次侨亲组织活动形成机制。协调市区三大医院为老归侨、老侨眷开通绿色通道，定期体检。（胡学垠）

■侨益维护 上下联动开展“法律宣传月”活动，宣传涉侨法律法规以及与侨界群众工作、生活密切相关的法律法规，营造依法维护侨益的良好氛围。建立健全涉侨纠纷调解机制，市侨联与扬州仲裁委联合印发《关于建立涉侨民商事纠纷仲裁联处工作机制的意见》。发挥法律顾问委员会和涉侨纠纷调解中心作用。加强与同级法院、检察院和公安、司法部门的联系，加大对涉侨侵权案件的法律服务力度，加强与相关部门协调沟通，帮助协调解决涉侨纠纷，涉及股权转让、债权纠纷、拆迁赔偿等，全年处理涉侨来信来访50余件。（胡学垠）

■侨联基层组织建设 健全完善县（市、区）级侨联架构。抓住党政机构改革契机，市侨联争取各县（市、区）党委支持，为各县（市、区）侨联机构独立及增加编制、人员、经费呼吁。高邮、仪征、江都、广陵、宝应改革后侨联机构已经独立。加强基层和基础“两个建设”。开展“侨联基层组织建设提升年”活动，各乡镇（街道）成立侨联工作领导小组和侨联工作站，对县、乡、社区侨联工作者专题辅导基层组织建设工作，全市创成“社区侨之家”36家，新命名示范点12个。开展“走基层、访侨情、听意见”专题调研活动，走访近10家侨资企业，先后召开6次座谈会，征求侨界群众对侨联工作意见建议。开展“侨情调查月”，入库侨情400多条。加强侨联干部队伍建设。举办全市侨联干部培训班，进行十九届四中全会精神和侨联工作业务培训，赴苏州参观考察园区和社区侨之家建设。选派侨联干部参加中国侨联和省侨联举办的各种培训班，提高侨联干部业务能力。加强与兄弟侨联的联系交流。与山东日照市侨联签订《缔结友好侨联协议书》，与省内兄弟市加强互访、合作、交流。（胡学垠）

■海外联谊 4月3—4日，挪威全挪中国和平统一促进会共同会长马列一行到扬考察洽谈。考察广陵区食品产业园，并与园区重点企业东园集团就三文鱼加工销售项目展开洽谈。4月3日，日本奈良日中文化交流会中国参访团一行近20人，在该会理事、日本大阪嘉豪公司董事长、扬州籍华人徐全扬的带领下到扬州参观考察。4月15日，澳大利亚川渝同乡会会长（澳大利亚华骏资源公司董事总经理）张大伟一行，澳大利亚澳中文化交流中心主任黄磊、澳洲国际传媒集团执行总监一行到扬参访。张大伟一行和黄磊一行分别介绍澳大利亚川渝同乡会和江苏同乡会、扬州商会的建设情况及其个人的事业发展历程，并就拟开展澳洲和扬州之间文化推介交流合作等事项与市侨联进行探讨。4月17日，市侨联海外顾问、意大利亚德里亚华商会会长周中星一行到扬考察投资环境。周中星将他在意大利搜集到的与扬州有渊源有关马可波罗的一本历史书籍无偿捐赠给市侨联代为转交有关部门。6月24-26日，新西兰太平洋文化艺术交流中心主席、中国—新西兰电影节主席、新西兰中国国际贸易促进委员会会长、中国侨联中国华侨国际文化交流促进会副会长和志耘，新西兰太平洋文化艺术交流中心总裁、新中商会联席主席、新西兰中国国际贸易促进委员会副会长齐慧芳一行到扬考察。市侨联聘请和志耘为扬州市侨联海外顾问，双方商定与新西兰中国国际贸易促进委员会建立友好关系，设立扬州市侨联海外联络点。双方就开展海外联谊交流，缔结友好海外华人华侨社团关系，保持互访互通、密切联系，开展文化经贸等互访活动，达成共识。和志耘一行参观考察华侨文化交流基地——扬州486非遗集聚区、瘦西湖等扬州特色大运河文化遗产点。7月22—24日，在（美国）中国和平统一促进会联盟执行会长陈恬璧牵线下，美国加利福尼亚州圣贝纳迪诺市市长瓦尔迪维亚一行8人到扬州考察交流。参观考察省级华侨华人文化交流基地——扬州国医书院。9月20日，澳大利亚西澳中华总商会副会长柯雅柏、西澳广东同乡会会长钱桂源一行到扬考察。在扬期间，客人们考察瘦西湖、扬州双博馆、国医书院等地。10月28日，在印尼巴厘岛艺术家代表团团长、阿贡莱艺术博物馆创始人阿贡·莱带领下，印尼巴厘岛艺术家代表团一行10多人到扬考察交流。在扬期间，代表团一行考察省华侨文化交流基地——瘦西湖、个园等文化场所。（胡学垠）

■“海外高层次人才扬州行”活动 5月21—22日，应市侨联邀请，由欧美同学会美加分会牵头，以上海交大原副校长、上海市欧美同学会原常务副会长盛焕烨为团长的海外高层次人才考察团一行13人到扬考察交流，考察团成员来自计算机信息处理、智慧城市投资、大健康产业、环保科技、新能源汽车等领域。考察团先后参观氢璞创能公司、扬州创新中心和智途科技公司。在座谈会上，市侨联介绍扬州的经济发展情况。盛焕烨介绍欧美同学会情况。加拿大多伦多大学中国合作事务首席代表戴华仁、安派科生物医学科技有限公司首席执行官戴为东等到访嘉宾分别围绕新能源汽车、智慧城市、大健康、转型电力系统、临港保税区物流发展等方面谈了投资设想。11月28—30日，应市侨联邀请，美中创新创业联盟会长叶玉彬一行24人，赴邗江区考察生物医药、互联网产业。美中创新创业联盟是一个新型的高层次专家协会，专注于推动美中创新创业、市场转化、科技交流、经济合作和共同发展，长期以来，协会在推动美中科技经济合作交流、加强美中两国人民友好关系中发挥重要作用。美中创新创业联盟人才团组先后对蒋王互联网产业园、高新区规划馆、朗森特、生物科技园联生药、联亚药、生合科技等创业基地进行实地考察后，进行项目推介活动。高新区、互联网产业园进行现场推介，邗江区委组织部、区科技局作人才政策及科技政策宣讲，专家们针对高强精准放射治疗技术的系统服务、氨基酸葡萄糖生产新工艺、人工智能及大数据在金融风险管理系统中的应用和GIS企业协作机器人研发和产业化等20多个创新创业项目进行推介及互动。（胡学垠）

■ **“追梦中华·2019年海外华文媒体大运河沿线城市采风行动”走进扬州** 5月3日，由中国侨联指导，江苏省侨联主办，扬州、南京、苏州三市侨联共同承办的“追梦中华·2019年海外华文媒体大运河沿线城市采风行动”在扬州大运河畔开幕。活动以“汇聚全球侨智侨力，助力大运河文化带建设”为主题。采风行动首日，媒体采风团一行观赏“璀璨运河”灯光秀、花船巡游和大型原创歌剧《运之河》演出，近距离感受首届运博会的盛况和扬州这座运河历史文化名城的独特魅力。5月4日，举办领导与媒体见面会。海外媒体采访团参加省侨联在扬举行“汇聚全球侨智侨力助力大运河文化带建设”倡议发布仪式。参观在扬州国际展览中心举办的首届大运河旅游博览会国际运河城市文化旅游精品展。5月5日，海外华文媒体采风团齐聚瘦西湖，感受烟花三月下扬州的盛景。到扬州国医书院，感受传统中医药的魅力。本次活动加深海外华文媒体对大运河江苏段的了解，汇聚侨智侨力助推大运河文化带建设，共有来自世界14个国家和地区的21家华文媒体记者走进扬州，感受运河文化，体验运河之情。（胡学垠）

■ **2019“中国寻根之旅”夏令营江苏扬州营宝应营** 7月11日，2019“中国寻根之旅”夏令营江苏扬州营宝应营举行开营仪式。来自美国、加拿大、比利时、西班牙、阿联酋等国家的华裔青少年和领队老师参加，开启为期10天的中国寻根之旅。本次夏令营以“汉语、文化、寻根”为总主题，突出扬州特色“品舌尖上的运河，道记忆里的乡愁”，精心设计内容，将课堂教学、文化考察和参访互动三者有机结合，包括三个部分，参观扬州特色人文景观，学习中华传统文化，参与拓展体验。（胡学垠）

■ **“侨连五洲·相约江苏”海（境）外侨青走进扬州** 10月14—15日，来自30多个国家和地区的近40名海（境）外侨界青年代表走进扬州，开启“侨连五洲·相约江苏”海（境）外侨青扬州段大运河参访之旅，领略运河城市扬州的文化魅力。活动由江苏省侨联主办、扬州市侨联承办。参访团分别走进扬州主城区及高邮市、江都区，寻访大运河历史文脉，品味运河文化，感受“因运河而生”的美好生活，展望大运河文化带建设的广阔前景。海（境）外侨青们参观考察华侨文化交流基地瘦西湖、486非遗展示区、四大名园之一个园等大运河遗产点，领略扬州园林、非遗文化的魅力，了解大运河扬州段孕育繁衍的历史文化故事。海（境）外侨青们齐聚中餐教学实践基地冶春御马头店，观看淮扬菜大师展示淮扬菜烹制技艺，品尝扬州炒饭、文思豆腐、大煮干丝等经典淮扬菜肴。赴高邮市、江都区，实地探访大运河航道、明清运河故道、盂城驿、邵伯古镇里运河、邵伯船闸、南水北调工程源头、引江水利枢纽等运河文化遗产点，探究扬州千年运河的历史文脉。（胡学垠）

扬州市残疾人联合会

■**概况** 2019年，扬州市残疾人联合会（简称市残联）围绕年度工作目标任务和残疾人所需所盼，全面提升残疾人工作社会服务管理水平，促进全市残疾人事业持续健康发展。市残联被市委、市政府表彰为2019年度“工作创新奖”单位。打造“全城无障碍观影阅读网络”体系项目，被省残联表彰为全省残联系统2019年度创新创优示范项目。“十统一”规范管理残疾儿童康复机构项目，被省残联表彰为全省残联系统2019年度创新创优项目。（陈　娟）

■**残疾人就业扶贫** 全市各级残联通过按比例安排残疾人就业、集中就业、辅助性就业等形式，帮助1030名有劳动能力和就业需求的残疾人实现就业。推进残疾人就业培训工作规范化，市残联与市财政局联合制定《扬州市级残疾人技能培训代金券管理暂行办法》，完成残疾人实名制培训564人。推进“残疾人之家”规范化建设，组织召开全市“残疾人之家”建设推进会暨管理人员业务培训班。全市新建“残疾人之家”24家，累计建成154家，为残疾人提供就近就便服务，提高残疾人生活质量。下拨市区“残疾人之家”建设运行补贴经费264万元。（陈　娟）

2019年扬州市残疾人之家建设名单

宝应县：泾河镇一米阳光残疾人之家、氾水镇幸福港湾残疾人之家

高邮市：高邮街道水部楼残疾人之家、三垛镇康宁残疾人之家、送桥镇绿叶残疾人之家、甘垛镇源胜残疾人之家

仪征市：陈集镇杨庄村暖爱残疾人之家、真州美爱残疾人之家、新

10月24日，扬州市政协视察指导西湖镇"残疾人之家"建设工作

残　联/供稿

集镇爱心残疾人之家

江都区：樊川镇聚永村惠健残疾人之家、宜陵镇朱套村安康残疾人之家、宜陵镇小湖村幸福残疾人之家、真武镇邱墅村温馨残疾人之家

邗江区：汉河街道光彩残疾人之家服务中心、杨寿镇康养残疾人之家服务中心、邗上街道贯桥社区泰康残疾人之家服务中心、邗上街道冯庄社区筑爱残疾人之家服务中心、杨庙镇惠杨残疾人之家服务中心、杨庙镇杨庙村春梅残疾人之家服务中心、杨庙镇双庙村惠康残疾人之家服务中心、春晖残疾人之家服务中心、西湖镇感恩残疾人之家服务中心

广陵区：万福残疾人之家、汶河街道通泗残疾人之家　（陈　娟）

■残疾人社会保障　落实残疾人助残惠残政策，为市区260名7~17岁残疾人发放生活费补贴15.6万元。为市区1.1万多名残疾人办理意外伤害保险60余万元。为市区18名残疾学生和34名贫困残疾人家庭子女发放考学奖励7.1万元，为市区64名在校残疾学生发放教育专项补贴5.2万元。落实扬州市残疾人信息消费优惠措施，市残联、市联通公司专门定制针对残疾人的"阳光爱心卡"优惠计划。　（陈　娟）

■残疾人康复服务　开展"进社区、进家庭"购买康复服务试点，采用购买康复服务的形式，在广陵区、邗江区开展试点，为符合训练条件的残疾人开展为期8个月综合性康复服务活动。实施基本康复救助项目，为贫困白内障患者实施免费复明手术2553例，为5392名精神病患者实施免费服用二代药，完成假肢矫形器装配68人。全市共为4040名残疾人免费发放辅助器具，辅助器具适配服务率达99.86%。在市区8个基层社区配置适用的残疾人辅助器具，建立辅具借用点开展辅助器具借用服务。加强康复机构规范化管理，制定出台《扬州市残疾儿童康复机构"十统一"规范化管理实施意见》，在"机构资质、师生比例、服务流程、服务要求、经费标准、档案管理、机构场地、安全管理、绩效考核、信用体系"十个方面，对康复机构进行统一规范管理。　（陈　娟）

■残疾儿童康复救助　7月，市政府印发《关于完善残疾儿童康复救助制度的实施方案》，在全省率先实现0~17岁残疾儿童康复应救尽救，提高救助经费标准，15~17岁残疾儿童救助标准提高100%。至年底，全市共有1797名0~6岁、299名7~17岁残疾儿童少年获得系统康复训练服务，基本实现残疾儿童应救尽救。持续推进"康教"融合发展基地建设，全年共有2000余人次残疾儿童免费入园室外康复。　（陈　娟）

■残疾人信访维权　市政协专题视察残疾人保障法贯彻落实情况，并听取扬州市贯彻落实情况的汇报。推进残疾人家庭无障碍改造，组织召开全市残疾人家庭无障碍建设现场推进会，全年共完成全市残疾人家庭无障碍改造任务1000户，残疾人家庭无障碍环境建设得到改善。与残疾人各专门协会组织开展"牵着蜗牛去散步""我爱我的祖国""祖国——我心中的太阳"等活动。做好信访维权工作，2019年全市各级残联共受理各类来信、来访、电话咨询近千件（次），为300多人（次）提供专业法律咨询，为21件（次）案例提供法律援助。完成人大议案、政协提案办理主办件2件、协办件5件。　（陈　娟）

■残疾人文化体育　组织开展第29次"全国助残日"暨"百万助残脱贫"大型公益活动。建成"全城无障碍观影阅读网络"体系，举行"盲人电影院·无障碍图书馆——全城无障碍观影网络"启动仪式，在市"盲人电影院·无障碍图书馆"以及5家社区"残疾人之家"、5家商业影院，定期开展无障碍观影活动。启动"书香扬州·无障碍有声阅读"活动，向市区残疾人赠送价值5万元的图书卡，向10个无障碍有声阅读点赠送价值5万元的经典书籍。"全城无障碍观影网络"被中央电视台晚间新闻报道。与扬州报业传媒集团合作制作反映扬州大爱的《光芒》宣传片，引发全网关注点赞，点击量突破30万人。组织省残疾人冰壶队参加全国第十届残疾人运动会，获听障女子组银牌以及轮椅组第四名。连续开展康复体育进家庭活动，为全市800户残疾人家庭发放家庭健身器材。举行"扬州市第九届残疾人健身周活动"，市区120余名残疾人和志愿者参加活动。　（陈　娟）

法治

Fazhi

编　辑　崔成鹏

人大立法

■概况　市人大常委会聚焦农贸市场管理中的难点痛点问题，制定实施《扬州市农贸市场管理条例》，明确管理部门责任，规范经营主体行为，明晰管理规则，建立常态化联合监管机制，细化法律责任，体现法规刚性。条例施行不久，广陵区城管局对未履行环境卫生责任相关当事人依法开出首张“罚单”。以规范公民日常行为作为立法切入点，制定《扬州市文明行为促进条例》。条例吸纳固化“扬州文明有礼二十四条”，对促进公民日常文明行为作出细化规定。开展住宅物业管理条例立法调研，完成条例草案一审工作。开展居家养老服务条例、旅游促进条例等前期调研。提高立法质效。制定《立法公开征求意见工作办法》《基层立法联系点工作规定》《立法专家顾问工作办法》《立法后评估工作办法》等4项制度，为打造精品良法提供机制保障。深化民主立法、开门立法，征集社会各界立法意见建议840条，寻求立法“最大公约数”。聘请立法专家顾问20人，促进提升立法论证咨询质量。完善立法联系点管理办法，建立立法后评估工作机制。　（罗庆久　陆　亮）

■执法检查　市人大常委会贯彻全国人大、省人大常委会工作要求，发挥“法律巡视”监督利剑作用，联动开展水污染防治法执法检查。创新采取“七个一”具体举措，突出规定动作，体现扬州特色，突出问题导向，注重跟踪整改。执法检查组对各县（市、区）和功能区进行全覆盖检查，组织法律知识问卷调查11场，“清单式”明查暗访点位81个，现场采集水样62个，对全市水污染问题“把脉问诊”，列出影响水环境质量问题清单78个。市人大常委会在审议执法检查报告基础上，对市政府贯彻实施情况开展满意度测评。及时将问题清单、审议意见交市政府办理，并结合检查河道管理条例执行、推进“水气双十条”决议实施、督促环境保护年度目标任务完成、调研黑臭水体整治和瘦西湖水质提升，通过听取专项工作报告、专题视察、个别访谈等方式，用钉钉子精神跟踪推进整改落实。至年底，78个问题已整改完成73个，5个在整改中。6月，全国人大常委会委员长栗战书率队到扬开展执法检查，对扬州市以法治力量保护水生态环境的做法给予肯定。联动督查公园条例实施工作，推进公园植树及配套设施建设与管理，不断提升建设品质和管护水平。

（罗庆久　陆　亮）

政法委及综治

■概况　2019年，全市政法机关围绕“精准精细、科学治理”工作要求，立足扬州实际、争创扬州特色，把防范化解重大风险作为贯穿全年政法工作的主线，全面加强党对政法工作的绝对领导，全力维护社会稳定，加快推进社会治理现代化，努力建设革命化、正规化、专业化、职业化政法队伍，平安扬州、法治扬州、智能政法和过硬队伍建设取得新进展，为全力加快“三个名城”建设，推动“强富美高”新扬州建设取得新成效，全面展示高质量发展新气象新作为创造良好环境。

（徐李华）

■新中国成立70周年大庆安保　市委、市政府主要领导多次到大庆安保一线指挥督战，市委政法委牵头18个政府部门开展市级层面重大涉稳风险情报每日研判，政法机关建立健全情报信息报送、信息联合研判、预警风险提示、应急快速处置、督查督办等五大机制，统筹推进政治安全、维护稳定、反恐防暴、街面巡防、重点整治、安全监管等六大攻坚行动，开展反恐和防范个人极端案事件演练40多场，整改安全隐患362处。全市大局平稳、秩序良好，信访人员“零非访、零滋事”，未发生一起有影响案事件。

（徐李华）

■扫黑除恶专项斗争　市委、市政府主要领导履行第一责任人职责，担任全市领导小组“双组长”，制定实施方案，研究推进举措。至年底，全市共摧毁8个黑社会性质组织、26个恶势力犯罪集团，破获九类涉黑恶案件1063起，提起公诉59件430人；共审结涉黑涉恶犯罪案件

32件242人，依法对35人判处5年以上有期徒刑。中央扫黑除恶督导组两次给予肯定。（窦广平）

■网格化精细化社会治理 全市贯彻全国市域社会治理现代化工作会议精神，构建具有扬州特色的网格化精细化社会治理新模式。市委主要领导担任领导小组组长，列入民生幸福工程1号文件考核督办，市委、市政府专门发文推进落实。全市划分综合网格5666个、专属网格593个，配齐1.09万名专兼职网格员。开展“千警进网格、家园当卫士”行动，推动“网格＋警格”融合建设，全市4190名民警挂包网格，加强风险防范、优化民生服务。广陵区打造“古城网格化精细化治理工程”，景区以网格中心整合12345、数字城管、“三级联动”值班平台，得到省委领导肯定。（胡海波）

■民营企业服务保障 市委政法委牵头政法部门提出保障服务民营企业健康发展“六条措施”，推动市中级法院制定6大项20小项行动措施，市检察院强化20条服务细则，市公安局细化18条服务承诺，市司法行政部门组织开展专项督查，政法涉企执法服务实现规范化、专业化、贴心化、便捷化。搭建经济刑事案件联席会议沟通平台，开展涉企非诉执行案件法学专家专项督查，赴深圳、上海组织开展“保障服务民营企业发展”专题培训和现场教学，开展保障服务民企发展典型案例评选，推出产权保护联席会议、破产案件协调小组、经济法治研讨会、法治市场建设、向企业派驻法治指导员、经济风险预警报告等六大法治建设平台，营造保护知识产权、鼓励创新创业的氛围。（李　忠）

■政法领域改革 市委政法委牵头政法领域全面深化改革53项任务，市、县两级政法机关机构改革全部到位，市委政法委设12个职能处室，科级领导职数达20人，行政编制增加64%；全市82个乡镇（街道）全部配备党委政法委员。市法学会换届。市委政法委牵头建立的“春涛式”第三方力量参与涉法涉诉信访维稳机制得到省委政法委肯定。（闫昌洲）

■政法队伍建设 市委政法委在全省率先与宣传部门联合发文宣传贯彻《政法工作条例》，开展政法机关“不忘初心、牢记使命”主题教育，组织全市政法英模巡回报告会，开展政法民警当好“一日网格员”活动。用好用足“全市政法系统‘两学一做’学习实践基地”真学实做大平台，开展轮值轮训、实岗练兵、技能比武等活动，开展小规模、多层次、高频次的实景培训、网络培训、互动培训，以“信念文化”“法治文化”“拼搏文化”引领干警能力提升。开展政法英模选树工作，全市政法干警一级英模、二级英模达15人，江苏时代楷模2人，7名基层模范被省委政法委确定为机关干部跟班学习对象，政法队伍建设“扬州群英现象”影响力扩大。宝应公安民警李树干获全国“公安楷模”、全国“人民满意的公务员”称号。

（窦广平　郝佳佳）

法治政府建设

■概况 全面依法治市委员会办公室认真履行职责，组织召开市委全面依法治市委员会第一次会议，审议通过市委全面依法治市委员会工作规则、协调小组工作规则和办公室工作细则。把推进法治政府建设作为重点任务和主体工程，第99次市委常委会和第30次市政府常务会议专题研究法治政府建设情况。开展示范创建工作，扬州市、宝应县被省委依法治省办认定为法治政府示范市、县。组织实施法治为民办实事项目，开展全市食品药品领域执法专项督查以及营造法治化营商环境、保护民营企业发展工作督查，全面提升人民群众法治满意度和获得感。（范晓杰）

■法治建设 1月，通过江苏省依法行政报送系统，完成2018年度省对设区市法治政府建设考核网上报送工作。2月，向省政府、市委、市人大报告扬州市2018年法治政府建设情况，并向社会公开。召开全市法治政府建设工作会议，全面总结法治政府建设情况，部署下一阶段任务。印发《扬州市2019年法治政府建设工作要点》，以任务清单的形式细化为8个大项72个小项，统筹谋划落实法治政府建设各项任务，全面推进法治政府建设。5月，分别向第99次市委常委会和市政府第30次常务会议专题汇报扬州市法治政府建设情况。6月，印发《关于规范报送2019年法治政府建设情况报告的通知》，建立法治政府建设季度和年度报告制度，规范各地、各部门法治政府建设情况报告工作。7月，印发《关于开展2019年扬州市法治政府建设示范创建活动的通知》，组织开展省级法治政府示范创建，完成扬州市人民政府等7个单位（项目）的申报工作。8月，邀请中央党校教授胡建森为市委中心组作“加强法治政府建设 打造优质营商环境”专题辅导报告。10月14—19日，在武汉大学举办扬州市领导干部法治政府建设专题研究班，县（市、区）、功能区和市直行政执法部门分管负责人参加培训。10月31日，印发《2019年度法治政府建设考评细则》对县（市、区）、功能区法治政府建设和市直行政执法部门依法行政考评分别明确相关要求。11月，完成扬州市法治政府建设督查工作，并形成专题报告，报送省委依法治省办。11月5—6日，省委依法治省办到扬对扬州市政府和宝应县政府法治政府示范创建开展实地核查。12月16日，组织开展2019年法治政府建设考核工作。完成对4个功能区、39个市直行政执法部门2019年度法治政府建设现场考核工作。12月27日，印发《关于征求对下一个五年推进法治政府建设的意见建议的通知》，做好下一个法治政府建设五年规划谋划工作。（胡连江）

9月4日，市政府召开扬州市“行政执法三项制度”新闻发布会
司法局/供稿

■行政执法监督 出台扬州市贯彻落实行政执法公示制度、执法全过程记录制度、重大执法决定法制审核制度实施方案，至年底，全市85%的行政执法机关全面实行行政执法“三项制度”。推进“两法衔接”工作，各级行政执法部门共向公安部门移送案件122件，经公安部门审查立案73件，立案率60%。案件移送办理中共批捕和取保候审78人，起诉68人，涉案金额达数千万元。加强重大行政处罚备案审查工作，全年共收到重大行政处罚备案415件。助推扬州经济技术开发区、江都经济开发区管理委员会、邗江区槐泗镇相对集中行政许可及综合执法改革。开展机构改革后的市级行政执法主体清理工作，市政府公布第一批118家市机构改革后的市级行政执法主体。完成行政执法人员三年轮训方案，举办2019年度市级机关行政执法人员法律知识培训班，700名执法和监督人员参加培训。
（范晓杰）

■立法制规 完成《扬州市文明行为促进条例（草案）》和《扬州市社区住宅物业管理条例（草案）》两部地方立法草案的修改完善和合法性审查工作。完成《扬州市城市道路交通安全管理办法》政府规章的审查修改，组织对政府第59号令《扬州市市区集体土地上房屋搬迁管理暂行办法》进行修改。全年办理完成合法性审查59件。对1983年以来以市政府或市政府办公室名义印发、且仍现行有效的726件文件进行审核，提出废止、修改、保留的意见，经市政府常务会议审议向社会公布。
（范晓杰）

■行政复议与应诉 围绕规范行政权力运行，做好行政复议和应诉工作。2019年共收到向市政府提出的行政复议申请110件，办结110件。组织听证会2次、调解会1次。建立行政复议与行政审判联席会议机制，推动行政执法部门、行政复议机构与行政审判机关良性互动。打造“一站式”行政复议服务平台，推行网上受理申请、决定书网上公开及公开审理等“阳光复议”措施。以行政复议法实施20周年为契机，加强行政复议宣传，提升群众知晓度和行政复议影响力。全年办理行政应诉案件105件。召开行政应诉情况通报暨旁听庭审点评会。推动行政首长出庭应诉工作，持续加强行政应诉能力建设。
（范晓杰）

公安

■概况 2019年，全市公安机关以“全市争第一、全省争一流、全国争品牌”为目标，以新中国成立70周年大庆安保维稳为主线，加强政治建警、改革强警、科技兴警、从严治警，全力防风险、抓治理、提能力、促发展，推动公安工作取得进步，确保全市社会大局持续平安稳定，服务和保障“三个名城”建设。完成70周年大庆安保维稳任务，警卫、安保任务实现“大事没出、小事也没出”；成功侦破中央领导批办“2·15”系列侵犯著作权专案；推进扫黑除恶专项斗争，得到中央扫黑除恶督导组肯定；破获部、省督办重点案件56起，公安部、省公安厅共发7次贺电褒奖。通过公安部全国社会治安防控体系达标城市验收；开展争创“枫桥式公安派出所”、争当“李树干式民警”活动，加强网格化社会治理和基层基础工作。刑事发案连续四年下降，年内下降2%；群众安全感连续五年上升，年内达98.58%，列全省前三位。市公安局被公安部记“一等功”。李树干获全国“人民满意的公务员”、全国“公安楷模”称号，受到习近平总书记接见，并参加国庆观礼；刘玉山被评为“二级英模”，戴华获“全国最美基层民警”提名奖，重大先进典型数量继续居全省前列。
（张继东）

■扫黑除恶 按照中央“一年打击遏制、两年深挖根治、三年长效常治”的部署，推进扫黑除恶专项斗争。全市打掉黑社会性质组织8个、恶势力犯罪集团26个；打掉“套路贷”领域涉黑组织5个、犯罪集团13个；破获九类涉恶案件1063起，破案率81.6%。中央督导组交办217（去重后合并为150）条线索全部办结。开展娱乐场所、金融借贷、拆迁等重点领域专项整治，成功侦办仪征“6·15”等一批涉黑专案。11月10—12日，中央扫黑除恶第17督导组组长盛茂林率队到扬开展督导“回头看”工作，评价和肯定“扬州扫黑除恶专项斗争领导重视、工作有力、成效显著、群众赞扬”。
（吴 昊）

■打击违法犯罪 开展打击非法集资、通信网络诈骗、黄娼赌犯罪、打击毒品犯罪、打击食药环犯罪“昆仑”等专项行动。侦破盛日融旺、康盛玫瑰、江苏嘉投等非法集资案件41起，排查非法集资风险企业1641家，驱离风险企业35家，非法集资案件实现发案数、损失数下降、打击数上升“两降一升”目标。破获通信网络诈骗案件515起，刑拘犯罪嫌疑人485人，止付冻结被骗资金2.48亿元，返还被骗资金1789万元，实现破案数、打击数上升、财产损失数下降的“两升一降”目标。侦办毒品刑事案件200起，查处吸毒人员849人次，缴获各类毒品折合海洛因1088.70克。破获食药环案件142起，公诉数上升25%。依托河湖警长制开展联合执法87次，抓获涉水违法犯罪嫌疑人185人。

（仇书剑）

■基层社会治理创新 出台《扬州市公安机关加强新时代基层基础工作十项措施》等系列文件，680名社区民警100%进村（居）两委班子，打牢公安工作发展根基。开展争创“枫桥式公安派出所”、争当“李树千式民警”、“千警进网格、家园当卫士”等活动，高邮市公安局菱塘派出所创成全国首批“枫桥式公安派出所”，全市4190名民警挂包3225个网格开展工作，648个警务区680名社区民警与6249个网络实现警网融合，凝聚起信息共享、隐患共排、纠纷共调、防控共抓的整体合力。全年矛盾纠纷源头化解率达到92.8%。广陵东关古城警网融合工作得到省委常委、政法委书记王立科肯定。

（夏　挺）

■边防检查 扬州出入境边防检查站担负着扬州口岸“一港三区（扬州港、扬州、仪征、江都港区）”81.5千米长江岸线和扬州泰州机场国际航班的出入境边防检查任务。2019年，扬州出入境边防检查站以国庆70周年安保为口岸管控主题主线，全面固化制度规范。立足证件查验、后台核查、巡查巡检、区域管控、应急处突“五个阵地”，成立“安保风险研判先锋队”，常态化开展风险形势预警研判。开展反恐“防回流”、“三非”外国人专项治理、“靖港”专项行动，查获在控、在逃人员10余人次，查处违法违规数十起，人防、物防、技防综合效能增强。严格落实前台查验“三条底线”“五必问”，严密预警筛查、询问盘查、后台核查等步骤措施，查获首例有害政治读物和邪教宣传品，查获空港口岸首例变造验讫章案件，多起案（事）件被国家移民管理局证件研究网采用，多起案例被总站作为工作战果通报表扬。

1月1日，扬州出入境边防检查站正式挂牌成立，换上警服的边防警官亮相机场　　刘　虎　董　辉/摄

优化口岸营商环境，服务亚洲最大风电发电叶片外贸出口业务，为2家船厂企业码头省级对外开放提供服务。主动介入生产经营陷入困境企业，指导破产重组后的新大洋船厂完成码头临时开放，全年共节约交船成本300余万元，压减交船时间30天，帮助企业走出困境，助力企业扭亏为盈。保障扬泰机场新增航线4条、航空公司复飞航线1条。坚持优化勤务。对5条自助查验通道硬件进行优化调整，大幅缩减旅客通关时间，年内自助通关旅客比上年增长200%。购置配备“外国人生物信息自助采集前置机”，区分旅客流量峰谷，优化警力部署，“人机合成”效能凸显。保障受台风影响等航班备降专项勤务3次，开通“绿色通道”救助伤病旅客4次，得到服务对象好评。全年检查出入境人员31万余人次、交通运输工具2千余架（艘）次，空港年度查验出入境旅客首次突破30万人次，增长40%以上。提高服务发展水平。向市委市政府、市公安局等走访汇报26次，走访商务局、海关、港务集团、机场公司等单位企业43次，出台服务扬州跨境贸易便利化需求12项服务举措，实现理念举措向便利化、精准化、规范化聚焦。

（沈奕帆）

■公共安全专项整治 全面启动公共安全专项整治行动，围绕道路交通、群租房、危险物品、寄递物流、水域公共安全、重点目标六个方面，推动多部门联动排查、管控治理，防范重大安全事故。全市公安机关发现整改安全隐患1793处，查处交通违法行为301.3万起，查处成品油案件30起，整治非法、违规加油站点80家，签订寄递物流安全责任书5000余份，运用反恐法处罚5家寄递企业。依托市、县、乡三级联动巡查机制，主动摸排、实时推送群租房、“三合一”、寄递物流、散装汽油等8个方面22条重大涉稳风险，推动政府部门联动整治到位。依法查处“3·21”“4·10”等重大责任类事故案件，采取刑事强制措施38人，其中逮捕11人。

（肖　扬）

■城市秩序优化 加强对学校、医院、综合体、市场等周边道路综合治理，对汽车西站岗等10个堵点集中攻坚，保障重点路段畅通。对14所小学周边交通实施“一校一策”治理，通过在周边建设公园、开放操场等方式，为家长接送学生提供便利。加强停车管理规划，施划非机动车停放标线8100平方米，增设6个旅游旺季临时免费停车场。建成7个高速服务区警务站，为交通引导、应急处置、治安防控提供支撑。抓交通事故源头监管，市区691辆渣土车全部实行“户籍化”管理和密闭化升级改型，年内市区渣土车事故死亡7人，比上年下降65%；全市交通事故死亡人数下降3.97%。牵头集中整治西部交通客运枢纽地区，成效明显。大庆安保中，西部客运枢纽成为全省唯一没有“黄牛”“黑车”的车站。做优“旅游警察”品牌，“旅游警察”建设获全省政法工作优秀创新成果奖，《旅游警察服务规范》作为全国首个旅游警务地方标准正式发布。

（韩 军 赵晓敏）

■智慧警务建设 实施“数据赋能”攻坚行动，建设大数据中心，建成警务“云平台”，700类27亿条数据资源实现迁移上云，组建44个数据应用赋能战队，开发50个App和蓝信轻应用，夯实数据赋能基础。升级指挥调度平台，建成警情大数据服务和可视化应用平台，改造升级派出所综合指挥室82个，开放数据、资源服务170类，完善三级大数据指挥服务体系。加快数据天网前端覆盖补盲，推进智慧警务站、智慧卡口、智慧小区等智慧“微单位”建设，690个人脸识别点位抓获网上逃犯305人，实现变“追逃犯、全国跑”为“坐在家、守逃犯”的减负增效。推进数据赋能公安监管，保持监所“零事故”。

（周 震）

■公安“放管服”改革 深化户籍、车驾管、出入境等“放管服”改革，推出多项便民利民措施，1.44万名外省人员在扬享受就近办理出入境证件便利，3.2万起轻微交通事故得到快处快赔，93个公安行政审批服务事项实现办理时间减半。推进“互联网+公安政务服务”，114项公安行政审批服务事项实现100%“一网通办”，16项公安移动服务接入省政务服务网App实行PC与掌上“双线办”，全市在线办理行政审批总量1.26万件。在扬州公安“微警务”新增“举报红包”“学法免分”等多个惠民项目，累计服务群众90万人次，“自助移车”服务被评为“十佳市民口碑服务”。开展车管所窗口问题集中整治行动，整改非法中介、“黄牛”拉客、窗口服务不到位等问题。

（施 敏）

■执法规范化建设 按照“一体化、智能化、精细化、合成化”标准，启动执法办案管理中心建设。强化执法管理平台研判预警，限期整改执法办案问题1万余个。做实基层案管工作，在全市执法量较大的76个派出所推行法制员派驻制，所有派出所案管文员派驻到位，推动执法监督纠错关口前移到一线。建立法制部门负责人随机参加派出所晨会制度，就规范接处警、案件办理等源头执法行为开展面对面交流、点对点服务。聚焦“领导干部、一线民警和法制员”，实行执法办案积分管理，在年中80名科职干部任用中，有3名未办案的所队长被一票否决。完善民意访评机制，整改群众不满意事项2392件，全市接处警、窗口服务满意度、社区民警知晓率达91.76%、97.87%、82.02%，较2017年运行之初分别上升19.73、8.02、34.38个百分点。

（姚 敏）

■侦破“2·15”系列专案 2019年春节期间，《流浪地球》《飞驰人生》等8部电影刚上映，便出现大规模盗版，习近平总书记高度重视、亲自批办。公安部将该案确定为“2·15”系列侵犯著作权专案，并于2月26日交扬州等地警方侦办。市公安局精锐出击，奔波20个省（市），用4天时间一举打掉以马某某、马某某为首的犯罪集团，抓获犯罪嫌疑人59人，扣押涉案物品1.3万件，挖出中宣部电影质检所追踪三年、美国电影协会长期关注的“幽灵一号”放映器，全链条摧毁春节档高清盗版影片线下制作源头、线上传播销售犯罪网络，打掉一个组织分工严密、境内境外勾结，集制作、发行、加密、管理为一体的院线盗版电影黑色产业链，王沪宁、韩正、丁薛祥、郭声琨、黄坤明等中央领导分别批示肯定。4月29日，公安部在扬州召开“2·15”专案新闻发布会和通报座谈会，创造公安部新闻发布史上的两个“第一”（公安部第一次离京召开新闻发布会，第一次参会人数超过百人）。新闻联播、焦点访谈等央视主流栏目均作专题报道。该案的侦办，被法律界专家评价为中国打击侵犯知识产权犯罪的标志性事件。

（印 扬）

■“公安1号窗口”打造 市公安局将公安行政审批、为民服务的办事窗口全部纳入“公安1号窗口”建设，统一标志标识、统一服务规范。会同市政务办开展“公安1号窗口”进驻乡、村两级为（便）民服务中心试点工作，探索将群众办事服务高频事项下放至基层，做优自助服务，开展代办服务，创新入户服务，致力精准服务，打造公安服务“全科窗口”，打通服务群众“最后一米”，营造亲清营商环境。全市投放公安自助服务终端112台，群众通过自助服务办理事项12.2万余件，市区“公安1号窗口”办件总量达240万件，公安窗口服务群众满意度始终保持在98%以上。

（顾晓煜）

检察

■概况 2019年，全市检察机关聚焦主责主业，依法忠实履行法律监督职责，各项工作取得新进展。共办理刑事、民事、行政、公益诉讼、诉讼监督、控告申诉等各类案件1.10万件。其中，受理刑事案件9622件，审查逮捕2339件，审查起诉4818

件；办理民事、行政及公益诉讼案件1124件。案件办结数1.07万件，结案率为96.8%，“案件比”位居全省前列，办案效率和质量双提升。检察工作12次获市委和省检察院领导批示肯定，9项获最高检表彰，29项获省级表彰，5个单项工作被最高检肯定推广，3个案件入选最高检典型案例，16个案件入选省检察院典型案例。（杨新瑞）

■国家政治安全和社会秩序维护 聚力防范化解政治安全风险，起诉利用邪教组织破坏法律实施、组织他人偷越国（边）境犯罪28人。办理公安部挂牌督办的乔某某等5人组织43名外籍人员非法入境案，维护国（边）境管理秩序。保障人民群众人身安全，起诉故意杀人、抢劫等恶性犯罪案件118人。持续净化社会风气，起诉“黄赌毒”案件688人。办理公安部挂牌督办、涉案金额超50亿元的跨国犯罪集团开设赌场案，对邹某等136人提起公诉。保持反腐败高压态势，起诉刘某某、吴某某等厅处级领导干部7人职务犯罪案件。紧盯小官巨腐，对侵吞国有资产达9100余万元的吴某提起公诉。开展涉检信访重点案件排查化解，做好“两会”期间、新中国成立70周年等重大活动安保维稳工作。（杨新瑞）

■扫黑除恶 依法严惩黑恶势力，批捕147人，提起公诉307人。及时移送“保护伞”线索，纪委监委立案9人，留置1人。推动打财断血，向公安机关提出查封、扣押、冻结建议4份，向法院提出财产刑量刑建议27份。与市委政法委、市法学会共同组建扫黑除恶专项斗争法治宣讲团，走进乡村社区，提高人民群众知晓率和参与度。（杨新瑞）

■特殊群体权益保护 认真落实最高检“一号检察建议”，升级全市中小学“法治课间餐”，18名检察长、副检察长走进校园，担任法治副校长。起诉侵害未成年人权益案件158人，对涉罪未成年人犯罪情节较轻的，依法不批捕66人，不起诉35人。加强对失管未成年人教育挽救，对盗窃30余起的未成年人王某，建议公安机关收容教养，激活刑法“沉睡条款”。以支持起诉的方式帮助539人追索劳动报酬1012万余元，维护农民工合法权益。关爱残疾人群体，在办理吴某某贪污残疾人运动员专项补贴案时，针对补贴发放漏洞，制发检察建议，推动制度完善。关注军地融合发展，开展拥军慰问，运用检察职能维护军人军属合法权益。（杨新瑞）

■助推社会治理现代化 针对社会治理问题，提出检察建议64件。在审查李某某以危险方法危害公共安全案中，针对公交车上抢夺方向盘的危险行为，制发检察建议，督促主管单位对68辆公交车安装防护门及报警系统，该案入选最高检典型案例。将落实认罪认罚从宽制度作为参与社会治理的重要方式，办理案件3619件，适用率74%，平均办案周期缩短4.6天，节约司法资源，减少社会对抗。办理外籍人员表某某危险驾驶案时，充分释法说理，当事人自愿认罪认罚获得从宽处理，该案入选全省检察机关典型案例。做好“群众来信件件有回复”工作，坚持7日内程序回复、3个月内实体答复，及时回应群众诉求。（杨新瑞）

■参与打好三大攻坚战 防范化解金融领域重大风险，严惩非法吸收公众存款、集资诈骗等涉众型经济犯罪案件74件。办理非法集资规模达157亿余元“联宝”案件。关注因案致贫群体，办理国家司法救助案件92件，向91人发放救助金125万余元。聚力污染防治，依法办理污染环境、滥伐林木等各类破坏生态环境资源犯罪，提起公诉196人。（杨新瑞）

■优化法治营商环境 会同市工商联举办“民营经济刑事司法保护”新闻发布会，会签风险防控共建协议，助推企业健康发展。加强知识产权司法保护，办理中央领导批示的“2·15”侵犯《流浪地球》等电影著作权案。依法审慎妥善办理涉企案件，坚持“可捕可不捕的不捕，可诉可不诉的不诉”，不批捕13人，不起诉14人，对12人由羁押变更为取保候审。在办理民营企业非法买卖制毒物品案时，查明其所售物品确系用于生产经营而非制毒牟利，依法作出不起诉决定，该案入选最高检典型案例。（杨新瑞）

■服务保障长江经济带绿色发展 办理非法采砂、非法捕捞水产品等案件44件。建立全省首个跨区域生态环境资源协同保护机制；举办“环高邮湖环境保护司法论坛”。通过办案督促治理被毁损的耕地、林地、湿地8.67公顷，清理固体废物50余吨，增殖放流鱼苗8.5万余千克。办理广进船厂违法占用长江湿地公益诉讼案，督促拆除占地10年的违章建筑，7.53公顷湿地重新与长江相连，该案入选全省检察机关公益诉讼典型案例并被最高检转发推广，《检察日报》头版报道。（杨新瑞）

■刑事诉讼监督 贯彻宽严相济刑事政策，依法不批捕656人，不起诉349人。在审查王某销售假药案时，准确评价少量销售国外代购药品行为，作出相对不起诉决定，该案入选省检察院典型案例。加强对刑事立案、侦查活动的监督，监督立案99人，监督撤案144人，纠正漏捕199人，纠正漏诉81人，书面纠正侦查活动违法173件。依法对刑事审判活动开展监督，提出抗诉21件，办理刑事二审上诉70件。对一起收购、出售珍贵野生动物上诉案进行二审监督，推动法院在法定刑以下改判，为全市首例层报最高法核准案件。（杨新瑞）

■刑事执行监督 审查减刑、暂予监外执行案件16件，书面纠正不当情形3人，对判处实刑但未交付执行的督促收监18人。开展羁押必要性审查，对326名无继续羁押必要的犯罪嫌疑人，提出释放或者变更强制措施的建议。加强监管场所人权保障，书面纠正监内违法违规103件。强化社区矫正监督，纠正脱管漏管5人，书面纠正监外执行违法40件。办理财产刑执行监督案件149件，督促财产刑执行到位235万余元，保障刑罚权威。（杨新瑞）

■**民事行政监督** 提出民事抗诉和再审检察建议52件，法院启动再审43件，审结改判25件。查处虚假诉讼39件，涉案金额2500余万元。办理的广济医院民间借贷纠纷虚假诉讼系列监督案，被最高检作为虚假诉讼指引案例转发。加强行政裁判结果监督，在审查一起拆除违章建筑领域行政赔偿案件时，首次就事实认定和法律适用问题提请抗诉。强化行政审判监督，对一起涉及93人的拆迁领域行政诉讼进行监督，提出立案建议获采纳，有效化解社会矛盾。（杨新瑞）

■**公益民生诉讼** 市人大常委会出台《关于切实加强和支持检察公益诉讼工作的决议》，为检察公益诉讼提供制度保障。结合地方特色、彰显扬州元素，将历史文化古迹和文物保护、文化遗产保护等七大领域纳入公益诉讼范围。围绕公共安全、农村水利等新领域立案45件，发出诉前检察建议39件，行政机关期限内均已书面回复并整改。开展人员密集场所消防安全公益诉讼专项行动，推动20家场所整改，入选省检察院典型案例。立案公益诉讼案件149件，办理诉前程序案件127件，提起诉讼13件。办理生态资源领域案件107件，对高某某等10人在禁渔期使用电网捕鱼6500余千克的特大非法捕捞水产品案提起民事公益诉讼，追索生态赔偿金150余万元，现场增殖放流鱼苗500余万尾，该案被央视等10余家省级以上媒体宣传报道。立案食品药品领域案件21件，办理全省首例校园周边食品安全刑事附带民事公益诉讼案件，确保舌尖上的安全。（杨新瑞）

法院

■**概况** 2019年，全市法院受理案件11.14万件，审执结10.17万件，比上年分别增长6.06%和5.63%。其中，市中级人民法院受理案件7747件，审执结7381件，分别增长9.58%和10.26%。法官人均结案277.35件，增长3.37%。审判工作呈现收案增幅稳步放缓、结案总量持续增加、审判质效稳中向好的态势。涌现出“全国法院先进集体”“全国青少年维权岗”“全国巾帼建功标兵”“江苏省文明单位”等一批先进典型，31个集体、78人次受到省级以上表彰。（范菲菲）

■**刑事审判** 全市法院审结一审刑事案件4211件，判处五年有期徒刑以上刑罚221人。严惩严重暴力犯罪，审结强奸、抢劫、故意伤害等案件192件282人。严厉打击毒品犯罪，审结案件218件248人，通过集中宣判、发布禁毒工作白皮书等方式，强化震慑效果。张某某等贩卖毒品案入选全省法院六大典型案例。审结贪污贿赂、渎职犯罪案件38件43人。江苏省旅游局原局长钱某某、扬州市国资委原主任黄某某均被一审判处10年以上有期徒刑。严惩“小官巨贪”，扬州化工园区财政局原科员吴某贪污公款9100余万元，被当庭判处无期徒刑。配合市纪委监委组织全市党政机关160余名领导干部和财务人员旁听该案庭审，加强警示教育。加大行贿犯罪打击力度，推动打破“围猎”网。坚决守住“米袋子”“菜篮子”“药瓶子”安全红线，审结危害食品药品安全犯罪案件63件120人。严厉打击危害公共交通安全犯罪，审结强拔客车钥匙、抢夺方向盘等案件10件，以公正裁判树立行为规则，受到央视等媒体关注报道。依法裁定特赦一批罪犯，完成特赦实施重大任务。（范菲菲）

■**民商事审判** 全市法院贯彻全国第九次民商事审判工作会议精神，审结一审民商事案件5.00万件，标的总金额201.50亿元，比上年增长2.61%和35.78%。回应人民群众在教育、医疗、消费等民生领域司法诉求，审结相关案件198件。推进家事审判改革，审结婚姻家庭案件6327件，发出人身安全保护令14份，1件案例获全省维护妇女儿童合法权益十大典型案例。健全劳动争议诉讼仲裁协调机制，审结案件4519件，为2396名务工人员追回欠薪6157.33万元，1件案例入选全省法院十大典型案例。倡导诚实守信，审结买卖、租赁、承揽等案件6258件。规范房地产市场秩序，审结房屋买卖合同案件1377件，妥善化解涉扬州绿茵广场置业有限公司系列案件。（范菲菲）

■**行政审判** 全市法院监督支持依法行政，坚持依法裁判和协调化解并重，促进法治政府建设。审结一审行政案件1166件，比上年增长39.31%，判决撤销、变更、确认违法和责令履行法定职责案件63件，占5.40%。妥善审理行政协议类案件，1件案例入选全国法院行政协议解释十大参考案例。依法支持“放管服”改革，审结行政许可、行政处罚、行政审批等案件83件。加强行政非诉案件审查，裁定准予强制执行302件。依法维护赔偿请求人合法权益，审结国家赔偿案件13件。召开全市行政应诉情况通报会，行政机关负责人出庭应诉率达90.20%，比上年增长2.4个百分点。与行政机关建立共商机制，召开联席会议、疑难问题研讨会21次，协助培训行政执法人员2290人次。（范菲菲）

■**环境资源审判** 全市法院服务生态文明建设，坚持绿色发展司法理念，审结环境资源案件114件。对破坏土地、渔业等资源行为，适用“异地补植”“增殖放流”等环境修复司法举措，服务江淮生态大走廊建设。德司达公司污染环境案入选联合国环境规划署首批中国环境司法十大案例。严厉打击网络贩卖野生动物违法犯罪，维护生态安全。做好环境资源案件集中管辖保障工作，支持环境资源审判专业化发展。

（范菲菲）

■执行工作 全市法院坚持完善执行长效机制，贯彻中央全面依法治国委员会“1号文件”精神，完善综合治理执行难工作格局。开展解决执行难“巩固提高年”活动，分解5类54项任务，保持执行工作目标不变、标准不降、力度不减，向“切实解决执行难”目标迈进。全面优化执行指挥中心“854”运行模式，确保执行权分权集约运行、全程闭环监管。执结案件3.37万件，标的总金额172.62亿元。防范纠正不规范执行行为，提级、交叉执行案件140件。织密信用联合惩戒网，曝光失信被执行人3570人次，限制高消费2.03万人次。移送公安机关追究拒执罪30件30人，已判决承担刑事责任5件5人。建立“执行+保险”工作机制，有效减轻申请执行人经济负担。全市法院执行工作四项核心指标保持高水平运行。仪征法院获评全省“解决执行难长效机制示范法院”。（范菲菲）

■立案和诉讼服务 全市法院健全现代化诉讼服务体系，推进一站式诉讼服务中心建设，整合登记立案、多元解纷、审判辅助等职能，升级诉讼服务网，实现诉讼服务“线下一次办好”“线上一网通办”。全市法院网上立案1.34万人次，比上年增长225%。成功实现跨域立案57件，广陵法院在全省率先探索人民法庭跨域立案。全市首个“24小时自助诉讼服务终端”在江都镇北社区设立。优化人民法庭布局，推动5个人民法庭新址重建、改扩建，方便群众诉讼。为经济确有困难群众减缓免诉讼费524.84万元，发放司法救助资金547.49万元。（范菲菲）

■审判监督 全市法院坚持有序放权与有效监督相统一，修订法官及审判辅助人员审判权力和责任清单，保障审判权依法规范运行。严格审限管理，全市法院结案率91.29%，全省第一，法定正常审限内结案率上升1.33个百分点。持续清理超长期未结案件，超3年未结案件比去年下降85.71%。发挥再审纠错功能，对基层法院改发案件组织再评查，办案质量提升。全市法院一审服判息诉率91.80%、民事案件调撤率53.29%、一审判决案件被改发率1.76%，均居全省第二。

（范菲菲）

■扫黑除恶 全市法院推进扫黑除恶专项斗争，依法打击黑恶犯罪，审结一审涉黑涉恶案件41件317人，判处五年以上有期徒刑49人，重刑率15.46%，对19起案件集中宣判。开发区法院、仪征法院审结何某、戴某等黑社会性质组织犯罪案件，两案首犯分别被判处20年以上有期徒刑。审结指定管辖的徐州市公安局原副局长王某某受贿等案件，严惩黑恶势力“保护伞”。在全省率先开展扫黑除恶“打财断血”专项执行行动，执结537件，执行到位3507.14万元，铲除黑恶势力经济基础。加强工作衔接，建立信息沟通、线索移送机制。开展“套路贷”虚假诉讼专项治理，复查2016年至2019年7月民间借贷案件3.22万件，移送犯罪线索246条。建立疑似职业放贷人名录，实行关联案件强制检索，斩断非法获利诉讼通道。聚焦社会治理体系建设，发送司法建议47份。市中级人民法院针对“校园贷”问题向某学院发送司法建议，受到省法院通报肯定。扫黑除恶专项斗争工作经验在全省法院推广。

（范菲菲）

■服务保障发展 全市法院持续优化法治营商环境，加强产权司法保护，审结涉企财产权属类案件1.44万件。贯彻市委“2号文件”要求，出台依法服务保障民营企业健康发展20条措施。实施最严格知识产权司法保护，服务扬州“双创”基地城市示范建设。审结知识产权案件523件，妥善调解金榜麒麟、皖宝、红双喜等知名品牌遭侵权案。审结公司治理类案件166件，维护企业经营管理秩序。依法审结涉外、涉港澳台商事案件25件，优化投资环境。保障产业转型升级，与市政府办联合调研，建立企业破产处置府院联动机制，22家单位协作清理“僵尸企业”，机制建设与工作成效得到市委、市政府主要领导批示肯定。审结破产清算、重整案件52件，清理债务82.23亿元，盘活资产37.21亿元。扬州大洋造船破产重整案位列全省企业破产十大典型案例之首，重整效果得到省委领导肯定。加大“执转破”力度，受理“执转破”案件28件，一体化解执行案件1157件。促进城乡协调发展，审理征地拆迁、补偿安置等案件318件，支持东南片区、城市快速路网等重点片区、重点工程建设。调研全市法院涉集体土地征收补偿案件，为市政府修订《扬州市市区集体土地上房屋搬迁管理暂行办法》提供法律意见。在东关街、瘦西湖等主要景点设立旅游巡回法庭，快速调处各类旅游纠纷。服务保障农村土地“三权分置”改革，审结土地承包经营权类纠纷154件。（范菲菲）

■防范化解重大风险 全市法院依法严惩宣扬恐怖主义、涉邪教犯罪，维护国家政治安全。开展非法金融活动专项治理，集中复查P2P网贷案件427件、网络仲裁裁决执行案件1442件。严厉打击涉众型经济犯罪，审结非法吸收公众存款、集资诈骗等案件79件196人，判处5年以上有期徒刑19人。开展打击涉金融类拒执行为专项行动，执行到位14.34亿元。加强与银行、行业协会等机构对接，推动金融纠纷多元化解。牵头联办扬州首届防范金融风险短视频大赛，发布风险提示，加强源头防范。深化涉诉信访法治化改革，综合运用释明、救助等方式，攻坚化解重点信访案件93件。

（范菲菲）

■参与社会治理创新 建立一站式多元解纷机制。市委全面依法治市委员会将“民事行政万人起诉率”纳入地方综治考核，推动社会治理从化讼止争向少诉无讼转变。全市法院均成立“两个中心”，聘请调解员133人，诉前调解案件1.07万件，调解成功率47.27%。融入网格化社会治理体系，设立审务工作站81个、巡回审判点37个。深化“道交一体化”改革，快速调解案件989件，调撤率87%。上线“江苏微解纷”平台，提供在线咨询、调解等服务，实现“非诉在前、诉讼断后”。加强诉讼与非诉讼机制衔接，江都法院协调推动总工会、妇联、公证处等机构进驻诉讼服务中心，形成纠纷化解合力。发挥人民法庭在乡村治理中的重要作用，审结案件1.64万件，调撤率达54%。深化“分调裁审”改革，形成分流化解一批、快调速审一批、精审细判一批的格局，审结速裁案件1.67万件。全市新收民事一审案件增幅比去年下降4.95个百分点。宝应法院蔡春道调解中心获评全省金牌调解室。

（范菲菲）

■刑事诉讼制度改革 坚持以审判为中心，完善庭前会议程序，规范法庭调查规则，生效裁判依法宣告2名公诉案件被告人无罪，裁定准许检察机关撤回起诉2件，守住不发生刑事冤错案件底线。开展刑事案件认罪认罚从宽制度改革，审结案件3427件4849人，当庭宣判率91.73%，服判息诉率92.97%。对轻微刑事案件适用速裁程序，提高庭审效率，平均审理天数6.88天。强化人权司法保障，一审普通刑事案件基本实现律师辩护全覆盖。

（范菲菲）

■司法体制综合配套改革 落实新修订“人民法院组织法”“法官法”，深化人员分类管理、违法审判责任追究等综合配套改革。健全审判业务统筹指导机制，强化审判委员会、专业法官会议指导作用。推进院庭长办案常态化，院庭长主审或担任审判长审结案件5.86万件，比上年增长7.55%，占结案总数的57.55%。完善法官员额动态管理机制，全市增补员额法官4人、退出员额16人。基层法院完成内设机构改革。

（范菲菲）

■智慧法院建设 完善智能辅助办案系统，为法官提供法律法规当庭检索、文书模板一键生成等服务，缩短庭审时间，提高办案效率。推广应用网上法医咨询系统，提供高效司法技术服务。提升档案管理数字化水平，市中级人民法院通过省五星级档案复查验收。研发“微保全”平台，获评“2019年度法检信息化最佳创新驱动实践奖”。深化司法民主，人民陪审员随机遴选系统入围最高法院法治蓝皮书创新成果评选。智慧法院建设经验在全省法院推广。

（范菲菲）

司法行政

■概况 2019年，全市有律师事务所98家，执业律师1307人；公证机构8家，公证人员47人；法律援助中心7家，工作人员18人；司法鉴定机构7家，司法鉴定人95人；基层法律服务所93家，执业工作者372人；司法所86个；各类人民调解组织1524个，专兼职调解人员4874人；司法行政社会组织290个。完成机构重组、职能整合，形成以全面依法治市工作为统筹，行政立法、行政执法、刑事执行、公共法律服务等“四大职能”的工作布局。

（范晓杰）

■法律服务 成立扬州市公共法律服务中心，推动律师咨询、公证服务、司法鉴定、仲裁、行政复议等业务进驻市、县两级公共法律服务中心。成立涉外法律服务中心，为全市参与“一带一路”重大倡议，企业和公民“走出去”以及到扬外商投资企业提供法律服务。实施“法律服务民企行”专项行动，组织开展法律讲堂月月讲、法企服务一线牵、微信公众号推常识、法律顾问勤会诊等活动，成立民营企业法律服务讲师团，开办讲座40场次，走访企业3100多家次。推进律师参与公益法律服务，全年提供公益法律服务时长不低于50小时，办理法律援助案件不少于1件。扩大刑事案件律师辩护全覆盖试点范围，开展刑事案件认罪认罚从宽见证工作。发挥公证在抚养、赡养、遗产继承等家事纠纷中预防优势，在市公证处等地建立“公证家事法律服务中心”。推出《扬州市司法局便民服务办事指引》，公布施行《扬州市司法局证明事项告知承诺制试点工作实施方案》。完成法律职业资格考试组织实施工作。至年底，全市共办理司法鉴定案件8163件，办理公证4.39万件，为市民免费提供法律咨询3.7

4月2日，扬州市法律服务民企行系列活动启动仪式举行　司法局/供稿

万余人次，受理法律援助案件8338件，为群众挽回经济损失6543.84万元。（范晓杰）

■普法与依法治理 推动“谁执法谁普法”普法责任制落实，印发“一月一法”普法提示，明确各执法部门普法任务。紧贴普法重点人群需求，开展“法律七进”活动。举办“服务大局普法行”“德法涵养文明·共建绿色生活”“认清骗局本质·抵制高息诱惑”“法润扬城·助力脱贫”“服务乡村振兴普法行”等主题法治宣传活动近千场（次）。起草《扬州市大运河法治文化带建设实施方案》，加强大运河（扬州段）法治文化带建设，江都邵伯法治文化传承馆、阮元家风馆获评全省首批“大运河法治文化品牌项目”。全市共创建国家级民主法治示范村（社区）9个，省级民主法治示范村（社区）650个，创建率达47%。（范晓杰）

■人民调解 围绕春节、全国“两会”、“烟花三月”国际经贸旅游节等重要时间节点，开展矛盾纠纷排查化解专项行动，围绕新中国成立70周年重大安保任务，部署“大排查 早调解 护稳定 迎国庆”专项活动。坚持发扬“枫桥经验”，开展“矛盾不上交”三年行动，健全人民调解、行政调解、司法调解联动机制，依托市、县、乡公共法律服务中心（矛盾纠纷调处中心）设立“非诉讼服务中心”。建成19家以退役军人个人命名的调解工作室，吸纳308名退役军人担任人民调解员，实现“老兵调解室”全覆盖。全市4家个人调解工作室被评为省级“金牌个人调解工作室”。至年底，全市共调解案件8.25万件，调解成功8.23万件。（范晓杰）

■社区矫正 做好春节、“两会”、国庆等重点时段特殊人群管理工作，组建工作组赴县（市、区）督导“安全稳定大排查、大督查”专项行动，强化全市特殊人群监管，确保在管在控。建立“两类人员”再犯风险排查制度，实行月度滚动排查，评估再犯风险程度，落实矫正帮教措施。推进刑罚执行一体化建设，深化远程会见和衔接前置工作，严格落实“必接必送”制度。至年底，社区矫正对象在册2620人，刑满释放人员在册1.02万人，解除强制隔离戒毒人员在册154人。（范晓杰）

仲裁

■概况 2019年，扬州仲裁委员会（简称市仲裁委）坚持问题导向，依法履职，公正合理解决社会矛盾纠纷，全年共受理案件577件，案件主要分布在商品房买卖、金融借款、建筑施工、工业品买卖以及租赁、物业等行业和领域；办结案件594件，与上年基本持平；结收案比为103%，比上年上升18.4%；标的额18.25亿元，上升8%；仲裁收费1100.3万元；案件调解和解率55.4%，自动履行率72%。其中，办事处收案97件，结案83件，结收案比86%，标的额4.84亿元，收费384.24万元。全年无一起案件被法院裁定撤销或不予执行。市仲裁委被评为“2017—2018年度扬州市文明单位”。（龚名之）

■仲裁发展规划 制定《关于完善仲裁制度 提高仲裁公信力 推动扬州仲裁事业蓬勃发展的实施规划（审议稿）》，并对仲裁委《章程》《规则》等进行完善。同时，根据省司法厅相关文件精神要求，与南京、镇江仲裁委沟通交流，承担《宁镇扬仲裁机构联盟共建协议》的起草工作，推进宁镇扬一体化仲裁联盟建设，加快建设在全国具有影响力、公信力和竞争力的区域仲裁中心。（龚名之）

■仲裁案件流程管控 向市编办争取专门设立监督部，发挥监督部的监督管理职能。每月召开案件管理推进会，及时研究案件审理中的问题，推进案件办理进度。监督部承接信访案件处理工作，信访工作流程规范，全年共受理涉及仲裁案件的信访件18件。处理的信访案件未发现枉法裁决现象，但确有案件程序瑕疵、超审限办理问题的存在，为提升办案质效提供落实抓手。（龚名之）

■仲裁办理 2019年，由办案部门统一管理办事处案件，为当事人提供便利的服务。继续落实巡回仲裁庭制度，全年累计在基层巡回开庭近百次。为民营企业特别是中小微企业做好服务保障工作，全年共减免仲裁费用8万多元。发挥调解中心在调处社会矛盾纠纷中的服务作用，全年调解中心接待来访群众百余人次。全面排查在手案件，谨防虚假仲裁和涉黑涉恶的存在。对历年可能涉黑涉恶的仲裁案件，尤其是民间借贷案件的借贷要素，特别是借贷产生的原因、用途、款项来源、资金去向、利率等，进行认真审查，梳理潜在风险点、列举具体表现、形成排查清单、完善防控措施，防止可能产生“套路贷”等案件造成的负面社会影响。同时，认真分析、总结经验，先后完成《关于防范化解金融仲裁案件风险对策建议的调研报告》《金融风险防范问题案例汇编》。开展志愿服务活动。在“志愿扬州”平台成立仲裁委志愿者服务队，参与并自觉组织社会公益活动；结合“扫黑除恶”专项整治工作，领导班子分别带队组织办案骨干进社区、进农村，现场为基层百姓举办普法讲座、发放普法资料、提供法律咨询服务等，共计开展志愿服务活动5批次；根据基层群众的实际需求，编辑《社区版民事家事案例汇编》，印制成册后主动向群众发放。（龚名之）

军事

Junshi

编　辑　崔成鹏

扬州军分区

■**概况**　2019年，中国人民解放军江苏省扬州军分区（简称扬州军分区）加强思想政治建设。军分区党委常委集体学习研讨21次，送学培训25人次，自主举办1期官兵、文职人员和职工理论学习班，深扎“四个意识”“四个自信”“两个维护”思想根子。统筹推进年度两项重大主题教育，开展新中国成立70周年系列教育活动，常委带头领读“10本必读书”、讲党课，开展干休所老干部讲传统课、市委党校领导讲党史课、市部委办局领导讲发展课，组织瞻仰红色场馆、观看红色电影、参观地方发展成就展，两级党委班子完成33个课题调研、4个专项整治。持续开展“学典型、当先进”活动，宣扬“为军娃十年守寡”的烈士遗属周忠燕先进事迹，“柳堡二妹子”民兵连连长施海燕参加军委国防动员部“我奋斗、我精彩”岗位建功先进事迹报告。民兵乔丽参加省军区红色故事宣讲会，反响强烈。“柳堡二妹子”60周年纪念活动和转型发展做法被《中国国防报》头版头条刊载。

推进备战练兵。贯彻习近平主席“四个立起来”号令指示和军委聚力推进备战打仗《决定》，连续4年出台党委1号文件，连续3年开年即组织全要素“一个过程”训练考核，党委定期议战议训，统领中心工作。完成省军区战备规范化建设试点任务，在机关本级、邗江人武部、高邮高新区基层武装部3个层级，打造信息化条件下战备建设样板。按照“周训练、月作业、季考核、年评估”要求，常态抓好动员指挥技能、战时业务训练，4次组织首长机关和人武部领导集中强化训练，参加省军区军事考核成绩靠前。先后组织民兵针对性训练演练，22个专业分队完成基地轮训，出动1500多人次完成协助地方维稳、防抗台风、学生军训等任务，仪征民兵应急连夺得全省比武第一名。首次组织“扬动—2019”军地联合动员演练。

加强国防动员能力。突出抓实潜力调查，采集核实国防动员潜力数据6.3万多条。突出抓实民兵调整改革巩固深化，现地点验民兵应急连、随机抽点15个乡镇（街道）应急排、1个对口保障空军医疗救护排、电话核查基干民兵人员信息，深入全市22家高新技术企业、科研院所调研论证，全面摸清新质力量编建潜力，完成基干民兵编组任务，新质分队编建比例23.4%，专业对口率达91.1%。突出抓实优质兵员征集，开展“7个一”活动，完成男兵征集任务。突出抓实军民融合发展，3次协调召开军民融合发展联席会议，启动《关于扬州市推进军事后勤军民融合深度发展意见》《扬州市“十四五”军民融合发展规划》编制。聚焦推动全市国防动员和后备力量建设转向高质量，协调召开市委常委议军会暨人武部党委第一书记述职报告会，全民国防教育、高素质兵员征集、民兵党组织建设等课题调研深入扎实，江都“龙川长城”电视军事栏目富有特色。聚力解决“三后”问题、落实“三优”待遇，协调地方投入100万元为扬州籍现役军人父母购买交通意外保险，协调122万元为16名随军未就业家属发放自谋职业补助金，协调23名军人子女中考优待加分、15名入读优质中小学、幼儿园，“军转安置两个比例”保持不降的做法，受到驻苏部队省人大代表视察团肯定。聚合驻扬部队意志力量，协助地方打好“八创”全国双拥模范城攻坚战，对照责任分解表，梳理汇总14类共20余万字图片资料，确保迎检考评不失分。

推进基层基础正规建设。普及运用广陵基层规范化建设现场会成果，组织基层专武干部和基干民兵应急营（连）长集中专攻精训，按期完成基层武装部、民兵营（连）部达标建设任务。开展“两学一做”“条令法规学习月”“保密工作专项检查”安全大检查和“百日安全”等活动，严格落实安全分析、检查巡查、情况通报、风险评估等制度，对20名重要岗位人员进行政治考核，及时普查整改隐患119个，接受军委国防动员部安全大检查。加快后装管理正规化建设，推动业务审批网上运行，推进取消家底经费、调整完善机动经费和全面停偿等工作，协调完成民兵训练大楼升级改造并纳入社会化管理，自主完成民兵武器仓库安防设施提档升级和轻武器清点保养工作。两个干休所工作积极主动，综合整治高效，服务保障多元，老干部满意度高。

（葛守玉　刘　松　王洵洵）

■战备规范化建设 以习近平主席强军思想为指导，以新一代《战备工作条例》《民兵战备工作规定》《军事训练大纲》和军委国防动员部、战区有关规定为依据，紧贴调整改革后军分区使命任务，分别在机关本级、邗江人武部、高邮高新区基层武装部3个层级组织试点，探索新形势新体制下军分区、人武部和基层武装部战备规范化建设的方法路子，实现“制度机制健全、基础设施配套、指挥流程明晰、指挥手段先进、能力形成多样”的目标，形成一套紧贴实际、好用管用、便于推广的经验做法和试点成果。组织日常战备工作。严格落实上级关于战备值班的指示要求。第一季度，组织全区作战值班人员战备工作理论辅导、业务教育和资格认证，高标准接受省军区“五一”、国庆期间视频抽查。广陵区、仪征市人武部民兵应急分队紧急出动，及时修订完善各项行动方案，确保各类方案常态保鲜。（葛守玉）

■军地防汛演练 第二季度，采取上下结合、军地联合的方法，联合防空某旅对辖区长江、淮河入江水道重点防汛地区和险工患段实地勘察，共同研究兵力运用、处险措施和行动方法，参加扬州市城市防洪、内河防涝、外河防汛勘察，并对接水上救护、用兵抢险等需求。6月17—23日，联合市防汛防旱指挥部在江苏省防汛抢险训练中心组织全市156名民兵分队、水利防汛抢险专业和消防专业分队骨干，开展以防汛抢险基础知识、六种险情处置技术和搭建钢木土石组合坝为主要内容的集训。（葛守玉）

■民兵应急连比武考核竞赛 开展民兵应急连比武竞赛活动，持续掀起全区大抓群众性练兵热潮，练技能、强素质，夯实基础，有效提升全区民兵应急连遂行任务的能力。4月1—2日，组织全市6支民兵应急连成建制比武考核，遴选出仪征市人武部民兵应急连参加省军区比武考核，取得全省总评第一名的成绩。（葛守玉）

■民兵“四会”教练员比武竞赛 6月，组织江都区、广陵区民兵“四会”教练员带示范分队在南京市民兵训练基地参加全省民兵“四会”教练员比武竞赛，取得总评第四名成绩。（葛守玉）

■民兵集中轮训备勤 提升民兵应急分队训练和处置突发事件的能力水平，根据军委国防动员部、省军区通知，并结合军分区实际，全年依托市民兵训练基地和高邮、仪征、江都民兵训练基地完成集中备勤训练。（葛守玉）

■“柳堡二妹子”民兵连实战化训练 6月23日至7月7日，组织宝应县“柳堡二妹子”民兵连赴某集团军合成某旅开展实战化训练，时间15天，主要进行以医疗救护、心理防护、情报侦收为主要内容的专业技能、要素班组协同训练和综合演练，有效提升“柳堡二妹子”民兵连支援保障作战能力。（冯永勇）

■国防动员演练 11月，按照“全要素、全过程、实战化”要求，采取以上带下、上下联动、军地联合、实兵拉动的演练方式，突出人民武装动员和政治动员，全过程演练战时国防动员的组织与指挥。军分区首长机关，各县（市、区）人武部部长带军事科科长（副部长），广陵区、高邮市民兵应急分队以及地方国动委相关人员参加。（葛守玉）

■国防动员潜力核查 严格落实省国动委通知要求，在参加全省国防动员潜力数据采集系统操作和数据核查培训的基础上，先后召开协调会和组织不同类别、不同层次的业务培训。自下而上重点对涉海力量、网络安全和信息通信、新兴领域、核化监测救援、跨域机动和立体投送、重要物资装备、紧急医学救援、特殊人才等8类潜力资源进行统计核查，潜力数据准确、翔实、全面。

（王洵洵）

■百日安全竞赛活动 9月底起至年底，在全区开展“百日安全活动”。贯彻中央军委、军委国防动员部和省军区决策部署，准确把握年底前安全稳定形势，强化大抓安全稳定的政治责任，巩固深化安全大检查工作成果，坚持前瞻预测、重点管控，查纠隐患、全面防范，传导压力、夯实基础，按照“统一部署、自主组织、上下联动、层级落实”的方法，突出政治性问题、武器弹药、网络问题等10项重点内容，分阶段、有步骤开展防范、治理和管控，为军分区建设发展和年度各项任务完成提供可靠安全保障。

（冯永勇）

■民兵调整改革 军地各级深入贯彻习近平新时代中国特色社会主义思想和习近平强军思想，坚决落实省政府和省军区部署要求，以强化党管武装为根本，以担负职能任务为牵引，以发展新质力量为重点，以试点提优增效为突破，统筹军地资源，科学谋划指导，分类组织实施，完成民兵调整改革各项任务。仪征市、江都区、广陵区分别在新型社区、民营企业和经济开发区3个新兴领域组织开展省军区赋予的民兵建设试点，探索构建地方有潜力、部队有需求、打仗离不开的新型民兵群体，努力为全市后备力量体系重塑、结构重组、模式重建开辟新路。（刘汉吉）

■基层专武干部和基干民兵应急营（连）长集训 3月4—8日，军分区联合市委组织部在高邮市国防园组织一期全市基层专武干部和基干民兵应急营（连）长集训。集训深入贯彻习近平强军思想，以加紧练兵备战、增强素质本领、研究重点任务、推进中心工作为着眼点，围绕民兵建设、精准征兵、备战强能等专题，用新思想新理念破解新矛

盾新困难，用真功夫实功夫解决真问题大问题，引导参训人员互学互教、互帮互促，完成年度工作任务和各项建设。（王洶洶）

■组织征兵 市政府领导挂帅，军分区常委分片包干，征兵机构勠力同心，全程领导指导征兵工作，军地合力形成“一盘棋”。开展征兵宣传、体检政考、役前训练、欢送大会、新兵回访等“7个一”活动，把每个环节、每个步骤做深走实，形成机制。坚持“一对一”“面对面”和大学生征兵“四个优先”，推出优先选用退役大学生进专武干部和村官队伍等一系列优惠政策，营造崇军尚武的社会氛围。紧扣“五率”，创先争优。大学生征集比例持续高位，全市退兵率近年来首次控制在1%以内。（王洶洶）

■后勤管理保障 按照军事政策制度改革任务部署，落实军费管理制度改革要求，根据中央军委计划安排，军分区按规定取消家底经费，结余经费和预算外收入上缴军委财务，推进调整完善机动经费标准制度工作，核对核查军分区、人武部和干休所等账户的家底经费、结余经费和预算外收入情况。军队设施建设工作。改善老干部居住和生活环境，指导干休所投资200多万元对干休一所所部点食堂和工勤人员宿舍、干休二所石塔寺点营院综合整治进行升级改造。

军交运输工作。根据军委国防动员部和省军区通知精神，为适应省军区部队体制编制调整改革需要，规范军车号牌管理、维护军车良好形象。按照省军区统一计划安排，4月，军分区开展军车号牌调整换发工作，为军分区机关、人武部、干休所共50台通用装备车辆调整换发新式军车号牌。5月，军分区组织机关和干休所10名驾驶员进行半个月的集中强化训练，遴选出7名驾驶员参加6月份省军区军交运输投送专业岗位练兵比武竞赛活动，获得团体第二名，1个个人单项第一名、2个单项第二名的成绩。开展医疗服务，组织定期健康体检，组织全区干部、战士、职工共200多人次体检。组织驻扬部队官兵无偿献血，其中军分区系统组织100多人参加献血，共无偿献血3万余毫升。（董卫军 张 帆）

预备役师

■概况 2019年，江苏陆军预备役高射炮兵某师（简称预备役师）坚决贯彻习近平主席强军思想和上级一系列决策部署，按照稳中求进、突出重点、狠抓落实的建设思路，抓铸魂固根本、抓备战谋打赢、抓经常打基础、抓保障增效能、抓作风严纲纪、抓党建强班子，高标准完成年度各项工作任务，部队全面建设呈现出稳步发展的良好态势。7名官兵立三等功，52名官兵被记功嘉奖。（承孝平）

■师通信骨干综合业务集训 3月25日至4月4日，师在高炮某团组织通信骨干综合业务集训，训练内容突出有线、无线装备的操作使用、视频会议系统的开设及排障和信息要素综合保障演练，提高通信保障能力。（承孝平）

■军事训练等级考评 根据陆军、战区陆军官兵等级考评方案，师拟制《师官兵等级考评实施方案》、分级分类制定工作计划表，先后2次组织任务部署会，3次召开协调会定人、定事、定责；师团两级层层召开动员大会，掀起训练热潮；师团领导抓训备考，机关上下周密筹划、精心配合，确保官兵等级考评工作有序顺利进行。3月，区分指挥员、参谋军官和兵种专业三类人员，完成官兵等级考评。（承孝平）

■“传承红色基因 担当强军重任”主题教育 3月至年底，师开展“传承红色基因、担当强军重任”主题教育，贯穿一条主线、把握一个基调、聚焦一个落点、突出一个特点、用好两个抓手、区分五个专题，走实理论武装、授课辅导、讨论交流、配合活动四个步骤，提高教育质效。抓好“和平积弊大起底大扫除”回头看活动，组织自查自纠、召开组织生活会进行思想剖析和召开专题分析会。组织观看陆军首届“四有”新时代革命军人标兵事迹报告会，赴周恩来纪念馆和防空某旅参观见学，组织“时代新人说”演讲比赛，集中观看纪念新中国成立70周年庆祝大会实况，开展“学习主席讲话、听习主席指挥、做习主席好战士”活动，丰富教育内容，提高教育效果。（承孝平）

■师团首长机关防空专业轮训 5月，师在高炮某团分两批组织师首长机关防空专业轮训，突出高炮单个炮手、班专业协同、侦通装备操作和主战装备维修保养等4个方面专攻精练，集训队以普通一兵标准，严格要求参训人员刻苦学习、刻苦训练，全面提升专业素养，推动“一专多能”训练落地见效。（承孝平）

■师防空指挥人员专业集训 5月，师依托高炮某团组织防空指挥人员专业集训，突出防空作战理论、指挥技能、实装操作、高炮实弹射击的组织与实施、分队战术等5个方面，强化营连干部高炮实弹射击组织指挥能力。（承孝平）

■预任官兵整组 师组织预任官兵整组工作，跟进落实预编人员政审、信息录入和入队训练时组织预备役军官出入队仪式暨“到岗日”活动，确保整组工作有序推进。（承孝平）

■应急分队训练 6—7月，师分两批组织百人应急分队集训，采取专业理论辅导与技能操作训练相结合的方法，突出4个方面训练内容（共同基础课目、专业理论辅导、技能操作训练、综合演训），强化百人应急分队抢险救援能力，同步检验师直属营连分队整组工作成效。

（承孝平）

■后勤专业“三练”培训 11月，利用6天时间，组织“练操作、练业务、练指挥”培训活动，按照“战保双能、紧贴实战、综合提升、集中组训”的思路，区分理论辅导、实装操作、指挥训练和小场地演练四个阶段，展开装备操作、战时业务和保障指挥等训练内容，共完成10个理论课题、5种装备操作、4种战时业务、2个指控训练阶段组训，提升后勤专业人员实战化条件下综合保障能力素质。（承孝平）

■军事技能比武竞赛 11月4—8日，按照“力求从难从严、坚持以比促训，广泛思想发动、聚力普训补训”的工作指导，组织师军事技能比武竞赛，坚持从难从严、严密精密组织展开各项竞技科目，严密组织安全风险评估，确保公平公正，确保赛出水平、赛出风格、赛出安全。（承孝平）

■装备维修骨干集训和装备保障要素演练 11月，组织师装备维修骨干集训和装备保障要素演练，突出强化维修员军械车辆装备的日常维护保养和常见故障排除等维修技能，研究探索预备役部队如何有效组织部队遂行装备器材的“管、修、供”等行动，提升装备干部谋打胜仗能力。（承孝平）

■师团首长机关指挥演练 11月，组织师团首长机关指挥演练，主要区分快速动员和后装保障要素演练两个阶段，采取理论辅导、观看录像、上导下演、要素演练、复盘研讨等方式，重点在掌握要点、熟悉流程、掌握规范上下功夫。（承孝平）

■师团两级年度军事训练考核 11月，严格按照年度军事工作指示和《军事体育大纲》组织师团年度军事训练考核，重点考核“三基”训练内容和军事体能选定科目，并根据考核情况，查缺补漏，强化弱项短板训练，为预备期补差训练打好基础。（承孝平）

武警扬州支队

■概况 2019年，武警扬州支队坚持以习近平强军思想为统领，坚决贯彻落实武警部队、总队党委决策部署，紧紧咬定“六个相统一”抓建理念和“五项标准”抓建目标，统思想、凝意志、强担当，部队建设朝着强军目标迈出坚实步伐，被全国普法办表彰为“七五”普法先进集体，连续29年安全无事故。（张海军）

■政治引领 狠抓十九大、十九届四中全会精神学习贯彻，统筹推进“不忘初心、牢记使命”和“传承红色基因、担当强军重任”两项主题教育，持续用好“五段式”“3+1”“月备一课”和“红肩章小分队”等载体手段，开展“三好”“四有”“十要”活动，1人被表彰为十佳“四会”政治教员。高度重视新闻报道工作，被总队评为新闻报道先进单位。精准扶贫仪征市月塘镇桃园村，资助修建1条拥军路，对口帮扶5名特困学生和7名困难群众。（张海军）

■执勤备战 争取经费1200万元，强力推进“智慧磐石”“一室一站”和指挥训练中心建设。推开执勤战备工作现场会和基础课目组织指挥规范演示会成果，大抓正规执勤，大抓群众练兵，立起“一票否决”硬杠杠，练兵备战水平明显提升。参谋长叶诗春参加“庙算”比武，获个人第五；参加总队导调员、教练员、参谋业务比武分获3个第三。完成1起等级警卫勤务和3起活动安保任务。（张海军）

■从严治警 创建法治军营，督导按纲要建、按大纲训、按条令管、按规矩办，推动“三个根本性转变”，有关做法被武警报头版头条刊载并被武警部队基层建设会议采用。开展“条令年”活动，紧盯日常秩序、着装规范和作风养成等，着力解决正规化建设层次不高的问题。紧盯在外人员管理、手机网络管制、车辆枪弹管控等难点险点，先后开展官兵大谈心、隐患大排查、安全大起底等活动，守牢发展底线。（张海军）

■基础建设 贯彻武警党委、总队党委两个“1号文件”，突出按纲指导、科学指导，落实一队一策、精准帮建，抓实岗位大练兵和“三帮一带”，采取集中培训、业务辅导、难题会诊等形式，提升造血功能。坚决纠治形式主义官僚主义，落实“三还两减”，纠治“五多四过”，依靠基层建基层导向日益鲜明。办“十事”更办实事，在解决官兵后顾之忧上不遗余力，提升幸福感、强化归属感。（张海军）

7月30日，武警扬州支队开展“迎八一 练精兵”主题练兵活动

杜　凯　徐　毅　孟德龙/摄

双拥共建

■“全国双拥模范城”创建调研考评 11月27—29日，省退役军人事务厅副厅长陈旭率工作组到扬，就扬州市创建全国双拥模范城进行调研考评。市长夏心旻汇报扬州市开展全国双拥模范城创建工作情况。调研组观看扬州双拥工作专题片，听取扬州市有关创建工作汇报，并与来自一线作战部队的基层指挥员、部队机关干部、社区双拥工作者、退役士兵创业典型、部队转业的基层致富带头人等代表进行座谈交流；实地抽查扬州市双拥主题公园、西部客运交通枢纽、东关街道、广陵区东关小学、工行文昌支行拥军网点、梅岭街道退役军人服务站、丰乐社区退役军人服务站等单位。省双拥创建工作调研组对扬州市双拥工作表示肯定。（张 健）

■拥军优属 7月10日，市退役军人事务局、市财政局、扬州军分区政治工作处联合印发《扬州市区现役军人家庭保险暂行办法》。由市财政出资为市区现役军人家庭投保人身意外保险，该做法在全省是首创。全年为4名市区驻扬部队随军未就业家属发放一次性自谋职业扶助金21.2万元；为44名驻扬部队和海军扬州舰官兵发放立功奖励金4.6万元。（张 健）

■民兵分队协助地方维持“6·19”观音山香会秩序 7月，组织广陵、邗江和开发区出动民兵应急分队参与地方公安维持“6·19”观音山香会期间现场秩序，共出动民兵300多人，连续7小时搞好安保执勤，做好消防救火、医疗救护等准备。（葛守玉）

■市“八创”全国双拥模范城推进会 参加市“八创”全国双拥模范城推进会，按要求做好双拥共建有关工作，协调对接地方开展“八一”慰问活动，组织驻扬部队官兵观看慈善慰问演出，参加市“八一”慰问活动暨扬锋红色教育宣讲团启动仪式，“八一”前协调军分区主官上门慰问两个干休所共184户离休干部、遗属。（刘 松）

■文艺拥军 7月29日，由民建扬州市委、市文联主办的“书画艺术进军营 双拥共建迎八一”活动走进扬州军分区，市11名书画家现场创作书画作品60多幅。7月30日，市文联组织5名书画家走进扬州预备役师，为官兵现场创作书画作品40多幅。8月1日，市文联组织5名书画家走进武警扬州支队扬州中队，为武警官兵现场创作书画作品40多幅。（吴建军）

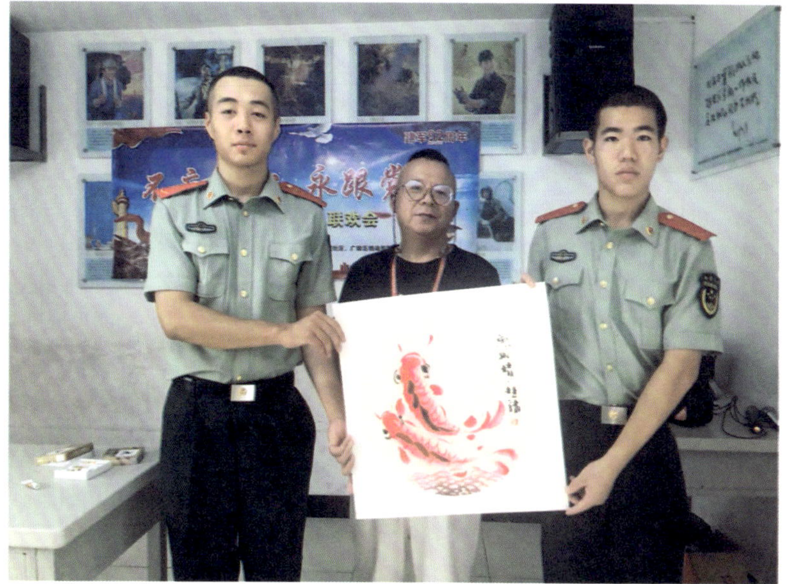

“八一”前夕，琼花观社区邀请江苏工艺美术大师、非遗代表性传承人金桂清为驻地武警官兵现场作画“鱼水情” 晶 晶 余 佳/摄

经济管理

Jingji Guanli

编辑 陈婧

宏观经济管理

■**概况** 2019年，全市发展改革系统紧扣高质量发展和“三个名城”建设，坚持稳中求进工作总基调，对上全力争取，对下倾力服务，对外加快融合，对内着力创新，加快推动一批引领性的重特大项目，精准实施一批创新性的政策举措，协调化解一批关键性的问题难题，办成一批具有影响力的大事要事，“六稳”相关工作落实有力有序有效，为推动全市经济运行总体平稳、稳中有进作出贡献。

谋划事关扬州长远发展的思路建议，为市委、市政府科学决策提供重要参考。建立健全经济运行月度（季度）分析交流机制，在统筹推进年度经济指标的基础上，梳理发展短板和薄弱环节，针对高质量发展“弱项指标”、全面小康建设“短板指标”和“十三五”规划短序时指标，多次向市委常委会、市政府常务会议进行专题汇报。加强前瞻性、战略性、储备性研究，着手起草“十四五”规划基本思路，并开展22个前期重大课题研究。聚焦立体交通体系建设，开展城市轨道交通“1+6联3”方案（宁扬城际东延）研究，完成《有（无）轨电车规划》《市域(郊)铁路规划(2020—2035）》《铁路货运站场及专支线建设规划（2020—2035）》征求意见和修编工作。围绕对接重大战略、落实重要政策、推进重点改革等方面，完成30余篇重点调研成果，有10多篇调研报告在《宏观经济观察》等市级以上刊物发表。

实施规模大、效益好、带动强的重大项目，为经济平稳健康增长发挥重要作用。提请市委、市政府实施市领导挂钩联系重大项目和集中开工制度，7月和9月先后开展重大项目建设暨民生幸福工程观摩、召开全市重大项目建设推进会，明确重大项目建设工作7点要求，有效确保中航长飞海底光缆、腾讯云大数据中心等一批重特大项目推进。14个市级主导推进的列省重大项目完成投资112亿元，完成年度投资计划；372个市级亿元以上重大项目完成投资1325亿元，较好完成年度投资计划。连淮扬镇铁路扬州段、京沪高速扩建等工程加快推进，宁扬城际、北沿江高铁、扬泰国际机场二期扩建、润扬第二过江通道等项目前期工作进展有序，中国首座公铁两用悬索桥五峰山长江大桥合龙，青宁线输气管道扬州段加快建设，龙潭过江通道、345国道扬州经济技术开发区段、京杭运河施桥至长江口门段航道整治工程等项目初步设计获批。紧密对接国家和省发改委政策、项目、资金安排，入围全国家政服务业提质扩容“领跑者”行动重点推进城市，获评全省首家中欧区域合作中方案例地区城市。帮助循环经济、基础设施等领域的31个项目争取省以上资金16.7亿元，全年完成直接融资306.6亿元，发行企业债券2支13.5亿元，龙川控股16.8亿元企业债券获得国家发改委批复，创扬州获批单笔募集金额之最。

出台助推现代产业体系建设的政策意见，为促进高质量发展明确路径方向。印发《关于现代物流业高质量发展的实施意见》《关于促进科技、商业和商务综合体高质量发展的实施意见》，全市新开工服务业重大项目45个，净增服务业重点企业111家，实现服务业增加值2800亿元，增长7.5%左右；新认定省级生产性服务业集聚（示范）区2家，5家企业、4个产业集群、1个产业集聚发展区域获批省级“两业”深度融合试点，入选数量位列全省第六。培育发展航空产业，推动601所扬州协同创新研究院正式运转，机载共性技术工程中心签约落地。举办航空产业专题推介会，组建航空科技产业创新联盟，航空微电子集成电路、中国航空谷等5个项目集中签约。突出“5+3”战略性新兴产业的重点，全市净增战略性新兴产业规上企业248家，战略性新兴产业增加值占地区生产总值比重达到17.5%。坚持把发展新能源产业作为推进产业结构和能源结构调整的重要举措，推动宝应县国家生态渔业光伏发电“领跑者”示范基地项目实现并网发电，江苏华电扬州发电有限公司燃机项目、江苏国信高邮燃机热电联产项目、仪征联众“煤改气”项目正式运行。全市光伏发电总装机容量达1430兆瓦，风电并网发电360兆瓦，提前实现“十三五”光伏、风电装机目标。加强能源消费总量控制，制定实施

《“十三五”期末固定资产投资项目节能审查指导意见》。国家资源循环利用基地完成投资3.79亿元，年度主要城市废弃物资源化处理量超过350万吨。

推进融入国省重大战略布局的重点事项，为全市区域融合协调发展拓展空间。坚持“共抓大保护、不搞大开发”，强化推动长江经济带发展工作机制，建立横向到边、纵向到底的网络体系。制定《推动长江经济带发展工作要点》《长江保护修复攻坚战行动计划实施方案》，明确生态环境污染治理、岸线利用项目清理整治等重点任务。争取并推动将“北沿江高铁”“大运河文化带”“长江生态廊道”建设等项目纳入《长江三角洲区域一体化发展规划纲要》。加快融入南京都市圈，围绕2019年宁镇扬一体化重点工作及重大项目，实施合作项目122个。加快推进大运河文化带扬州段建设，编制“扬州段实施规划”，争取将大运河博物馆、世界运河名城博览会、世界运河城市论坛、玉雕、漆器等众多扬州元素和一批重大项目写入国家《大运河文化保护传承利用规划纲要》，推动扬州成为唯一一个全域划入国家规划纲要核心区的地级市。

推动一批保障和改善民生的实事好事，为促进社会事业共建共享提供有力支撑。全体居民人均可支配收入比上年增长8.8%，高于经济增速2个百分点。贯彻落实国省降费减负政策，提请市政府出台《关于价格调控目标责任制的实施意见》，推进自然垄断行业价格改革、出租车运价改革、国家AAAA级景点降价优惠。启动社会救助和保障标准与物价上涨挂钩联动机制，保障低收入群体基本生活。全年居民消费价格指数上涨3%，控制在省定目标以内。为1392家企业提供信用查询报告，为各地和部门提供3785家企业信用审查；完成19个重点领域失信治理工作，推动568家企业参加“信用体检”，128家企业通过信用贯标。制定出台《地方储备粮管理办法》，组织开展粮食库存大清查。粮食安全责任制考核位列全省第四。研究制定油气输送管道“查大风险、除大隐患、防大事故”专项行动方案，压紧压实工作责任，全方位开展排查整治，有效防范安全风险。

（孙景亮　夏卫峰　郑善武）

■经济体制改革 深化供给侧结构性改革，巩固“三去一降一补”成果。开展淘汰落后产能和化解过剩产能自查工作；坚持稳房价、稳市场、稳预期的总目标，不断加强市场监控，密切关注市场动向，开展精细化市场调控；引导金融优质资源向地方产业聚集，做好市综合金融服务平台上线企业推广和服务提升工作，全市共有上市公司19家（含创业板3家），新三板挂牌企业62家；成立市减轻企业负担工作领导小组，全市降低企业负担50亿元以上；建立全市基础设施补短板项目库，优选一批市政基础设施、公共服务、交通、水利等重点领域项目向民间资本推介。

优化企业发展环境，推动民营经济高质量发展。围绕先进制造业集群建设，对市级产业政策进行整合优化，加大对先进制造业集群高端性、引领性、赶超性项目的支持力度，对领军企业、骨干企业、“小升规”、专精特新企业给予专门支持。重点实施大中小企业融通发展行动计划、专精特新小巨人企业培育计划等形成民营经济高质量发展的企业梯队。加强信贷政策指引作用，满足实体经济合理信贷需求，银行机构信贷支持小微企业、民营企业发展分值占比达到40%。引导金融机构加大信贷投放力度，创新流动资金贷款还款方式，降低续贷成本，全年为企业实现各类直接融资200亿元，其中民营企业不低于15亿元。

加大“放”的力度，简政放权激发活力。出台关于优化企业发展环境的“2号文件”，做到应减尽减、应放尽放。精简审批事项，实行权力清单标准化管理，先后8批次取消、调整行政审批事项336项，取消非行政许可审批事项79项，明确区级政府应有的行政审批权6268项，下放市级行政审批权限529项。优化审批职能，在国家级、省级开发区开展相对集中行政许可权改革，赋予扬州经济技术开发区全链条审批事项216项，赋予经济发达改革镇县级管理权限327项，在扬州经济技术开发区、江都经济开发区设立行政审批局，实行“一枚公章管审批”，初步实现“县市区扁平管理、开发区全链审批”。压缩审批流程，实行省级开发园区区域评估改革，全市9个省级以上开发区选取功能定位明确、单体项目个性化要求不高的特定区域，通过园区管委会购买服务的方式，对建设项目审批涉及的文物、压覆矿、水资源、环评等开展前置性评估，编制区域性专项评估评审报告，评估成果供落户园区项目免费共享。

健全“管”的机制，转变职能提升效能。创新转变监管方式，全面推行“双随机、一公开”科学监管模式，规范完成执法人员库、检查对象库录入，全量归集涉企许可、处罚、监管、惩戒等信息，着力解决随意执法、执法不公、执法任性的问题。推行综合执法改革，在县（市、区）、市直功能区推行市场监管综合执法改革，实现“一个部门管市场”；组建蜀冈-瘦西湖风景名胜区综合执法局，管委会集中行使155项行政处罚权及相应的行政强制措施权，实现景区“一支队伍管执法”。突出加强信用监管，发挥信用监管的基础性作用，将法人及自然人的信用等级评价结果运用到信贷申请、法人登记、资金奖补、评优评先等多个领域，让诚实守信者一路绿灯，让违法失信者处处受限。

提升“服”的效能，优化服务增添便利。健全政务服务“一张网”，建成覆盖市县乡村四级的政务服务“一张网”，并上线运行扬州政务服务旗舰店电脑端、手机端，市级9个部门15个自建业务平台与“一张网”的数据实现无缝对接，社保查询等60个成熟应用接入江苏政务服务App。在全省率先完成镇村两级公共服务事项入库工作，梳理编制乡镇（街道）、村（社区）公共服务事项清单，实现服务重心下移、受理端口前移，打通服务群众“最后一公里”。实行行政审批“不见面”，以全流程“不见面”办理为目标，绘制“不见面审批（服务）”事项办理流程图，实行网上申请、网上受理、网上审批的全流程线上办理模式。对全市54个部门“不见面审批（服务）”实行“三减两免”。“三减”就是对规定无法律依据的材料一律减，复印件一律减，本部门核发的证照、批文一律减；“两免”就是对所有审批结果EMS寄递，确实需要申请材料原件的行政审批事项免费提供EMS上门取件。便民办事最多“跑一次”，落实省委、省政府“3550”改革要求，全面实施注册登记“多证合一”“证照分离”，推行不动产交易登记“一窗受理、集成服务”，实现“事在窗口办、字在窗口签、章在窗口盖”。（胡新林）

■固定资产投资 2019年，全市固定资产投资增长6.1%，民间投资增长3.8%，占全社会固定资产投资的77.4%。工业经济加快转型，工业投资增长3.4%，其中制造业投资增长4.5%，高技术制造业投资占比达31.3%。服务业投资有力回升，下半年以来企稳向好，增长10%，全省排名第二。房地产投资继续保持对投资的拉动作用，增长12.1%。（朱　枫　张进扬）

■重大项目建设 2019年，全市主导推进的列省重大项目14个，全年共完成投资112亿元，全面完成年度投资计划。安排市级重大项目372个，年度计划投资1306.3亿元，全年实际开工建设358个，完成投资1324.6亿元，完成投资率达101.4%，超额完成年度投资计划。2月12日，龙潭过江通道、京沪高速扩容、328国道改扩建等7个项目参加全省集中开工活动。6月20日，连淮扬镇铁路扬州段架梁任务全部完成，实现全线贯通。12月26日，连淮扬镇铁路五峰山长江大桥主桥合龙；京沪高速扩容工程涉铁应急先导段基本建成；京杭运河施桥船闸至长江口门段航道整治工程开工建设。（朱　枫　张进扬　韩世来）

财政管理

■概况 2019年，全市财政一般公共预算收入完成328.8亿元，比上年下降3.0%，剔除减税降费因素后增长8.1%，税收占比80.2%。一般公共预算支出完成611.97亿元，增加48.39亿元，增长8.6%。全市政府性基金预算收入401.33亿元，增长59.0%；政府性基金预算支出433.45亿元，增长35.6%。国有资本经营预算收入3.65亿元，下降71.4%；国有资本经营预算支出2.01亿元，下降82.2%。社会保险基金预算收入285.11亿元，增长3.5%；社会保险基金预算支出291.10亿元，增长18.6%。（张英明）

■推进“双创”示范建设 扬州市在第二批国家小微企业创业创新基地城市示范绩效评价中位居第一。国家批复核心指标全部超额完成，小微企业营业收入增长54.24%，就业人数增长43.09%，技术合同成交额增长793.58%，获得授权专利累计增长327.2%。“双创”资金效益明显显现，争取中央、省“双创”资金7.8亿元，地方财政资金投入金额96.77亿元，社会资金投入金额451.7亿元，“双创”资金杠杆效应放大70倍。创业创新氛围深刻改变，三年来，建设科技产业综合体28个，建成投入使用面积470万平方米，入住企业3109家，培育高新技术企业95家，入驻各类人才4.5万人。（张英明）

■增收节支管理 加强税源培植和收入考核工作，梳理出台12条税收增长点，分解落实收入任务，强化考核，切实将收入目标责任落实到位。运用市场化手段增加政府可用财力，通过竞争性方式调度间隙资金存放商业银行，全年资金收益3.5亿元。盘活存量资金，加大市级单位用款计划结余结转和专项资金清理，共收回单位用款计划结余10.4亿元、存量资金5.5亿元。向上争取，稳妥调度专项往来55亿元，比上年增加12.5亿元；申报发行新增债券92.2亿元，比上年增加4.2亿元。加强预算执行管理，预计全年市级“五公”经费支出1.51亿元，比上年下降17.61%，连续5年实现“零增长”。（张英明）

■经济发展环境优化 严格落实各项减税降费政策，全年减税降费数额近74亿元。支持科创名城建设，2019年安排近9亿元支持科技创新，其中对沈飞项目补助达1.46亿元。缓解小微企业融资难题，设立各类贷款资金池规模达22.93亿元，撬动信贷投放179.52亿元，服务小微企业1.8万家。创新财政支持方式，市财政参与设立多支市场化基金，带动社会资本投资46.89亿元，推进大运河文旅基金、创新创业基金的设立。支持农业企业发展，市财政出资1000万元参与设立农业信用担保“资金池”，为1015户农业经营主体提供贷款担保，担保额7.35亿元。（张英明）

■财政支出结构优化 加大民生基本领域投入，教育、文化、体育、医疗、公交等基本民生支出连续多年占一般公共预算支出均在75%以上，高于同期一般公共预算支出增幅。聚焦教育优质均衡发展，市本级投入17.9亿元优先支持教育，落实义务教育学生“两免一补”和扶困助学政策。支持脱贫攻坚战，从2019年7月1日起提高城乡居民低保标准至680元，支持实施医疗保险精准扶贫、贫困家庭危房改造、残疾儿童康复救助和困难就业人员社会保障。建设美丽中国扬州样板，支持赵庄垃圾场、填埋场周边环境整治，支持17个特色小镇、“一镇十村”特色田园乡村和155个美丽宜居村庄建设。支持交通事业发展，支持扬泰国际机场一期扩建和与东部机场合并，打造“国际旅游航空枢纽”，

支持345国道建设，平稳推进十五里墩收费站及大仪收费站撤站及人员分流和安置工作。（张英明）

■财政体制改革 推进全市预算单位差旅电子凭证网上报销改革试点。启动市级预算单位工资发放方式改革，明确从2020年1月1日起，原234家财政统发工资预算单位自主发放工资，并过细做好各项准备工作。推进债务综合监管系统建设，把覆盖全市市、县、乡三级的395家隐性债务单位全部接入监管系统，实现隐性债务化解、展期等实时更新监控，提升债务管控效率。实施预算绩效管理，加快建成全方位、全过程、全覆盖的预算绩效管理体系，对455项市级专项进行绩效目标审核，调减预算2.74亿元。加快行政事业单位内控体系建设，在全市全面推开内控工作，选取市直45家单位开展内控督查评价，督促单位抓紧建立健全内控体系。完善财政大监督机制，对市级43家预算单位和16项专项资金进行检查核查，对往来款在200万元以上的单位进行往来资金清理，查缴入库0.64亿元。推进非税电子化缴费，市级累计完成线上缴费11.3万笔，缴费总金额1.4亿元，线上缴费规模居全省第二位。（张英明）

税务管理

■概况 2019年，全市税务系统共组织各项收入718.45亿元，比上年增长3.4%。其中，税收收入491.16亿元，比上年下降4%；非税收入227.29亿元，比上年增长24.1%。税收收入中，中央级收入226.32亿元，比上年下降5.1%；一般公共预算收入263.82亿元，比上年下降3.05%。非税收入中，社保费收入209.91亿元，比上年增长26.6%；各项基金费收入17.37亿元，比上年下降0.1%。（高 全）

■减税降费 印发《减税降费政策汇编》，组织开展减税降费“进企业、进社区、进会展、进校园”等专题活动，实现对所有纳税人宣传产品推送率、对税务干部业务培训和对重点单位“面对面”辅导100%全覆盖，累计培训辅导纳税人229万人次，举办实体学堂297场，推送政策讲解短信199万条，发放宣传手册34.6万份，电话解答纳税人减税降费问题9.3万个。与市人行联合推动落实小微普惠简易退税制度，做好核心征管系统、电子税务局、委托代征系统升级和验证测试等系统保障和专项运维工作，在办税厅开设“减税降费”专门窗口，配置辅导专员，推行预约、错峰申报以及应对征期拥堵等12项制度，并制定应急管理预案，对增税企业实施清单化管理，开展“一对一”政策辅导，累计辅导纳税人5097户，覆盖面达100%。全年全市新增减税降费79.23亿元，其中减税66.31亿元，社保费降费12.92亿元，分别占全市税收收入和社保费总量的13.5%和6.2%，问卷调查中“有获得感”的企业达到98.2%。（高 全）

■依法行政 全面推行依法行政“三项制度”，推动法治税务建设，全年审结重大税务案件425件，审结行政复议案件4件，指导办理行政应诉案件4件。完善风险管理运行体系，全年完成各类风险应对任务2051户，实现风险应对成效12.87亿元。制定市税务局加强税收监管60条实施意见，开展第三方涉税服务机构乱收费行为等专项整治，切实防范系统性重大风险。完善内控平台指标，深化落实执法责任制，推进全流程风险防控。制定《大企业税收服务与管理文件汇编》，实施动态税源监控。开展37个房地产项目土地增值税清算审核，持续推进“以地控税”，探索打造以土地为要素链式闭环管理的新模式。组织股权转让个人所得税专项治理，入库税款2731万元。持续推进“双随机、一公开”，全年办结稽查案件763件，入库税款9454万元。深化与公安、人行等部门合作，将“打虚打骗两年专项行动”与扫黑除恶专项斗争有机结合，办理打虚打骗案件346件，涉及发票金额15.7亿元。（高 全）

■税费改革 同步推进各级信息共享平台及系统改造，开展全流程全业务测试，先后迁移存量数据1219.17万条，接收新增18.71万条。制定完善三类群体83条业务规则，细化各险种征管服务工作规范，全面构建社保费税务征收规则体系。编制17类32项社保费征缴业务操作指南和61条事项清单、风险清单、解决方案，建立三位一体督导考核机制，实现2700家行政事业单位、60万名灵活就业人员和350万名城乡居民社会保险费的“无感”划转、高效征收，并在全省率先完成“两险”市级统筹的实施。释放个人所得税改革红利，全市工资薪金纳税人从118万人缩减至37万人，降幅近70%。（高 全）

■纳税服务 推动“一门、一次”办税，基本实现市、县级政务中心涉税事项全业务办理，90%以上涉税事项窗口即时办结。依托电子税务局，打造全新“不见面服务”体系。推广“套餐式”服务，全市开办企业办税时长平均为24.3分钟，全省最短。打造“一分钟”中岛台，组建“办税VIP工作室”，提供“智能+人工”导税服务，实现窗口人流量减少30%，纳税人平均等候时间减少50%。开发应用“房产交易智能办税系统”，不动产登记实现“当场办结”。开创车购税业务“无纸化模式”，惠及全市10万余纳税人。不断优化社保费征缴服务，打造“一家一”服务品牌，建立“一主两辅”缴费渠道，出台网格化管理等5项配套制度。加快推进集智慧化体验办税、税收现代化成果展示、互联网前沿科技在税收未来的探索与应用于一体的智慧税务体验中心建设，充分展现税务改革、创新及管理服务成果。（高 全）

■税收共治 建设“纳税人之家”，与市工商联建立税务、工商联和纳税人三方联络机制。调整综合治税成员单位及指标项，参与市政府云平台和“云上扬州”大数据示范项目建设。不断拓展纳税信用结果运用，推动联合惩戒，深化“银税互动”，通过“税E融”等42类金融服务产品帮助7480户企业获批信用贷款183.33亿元。在全市设立税邮共建便民服务点，创新发票配送O2O模式，通过线上快捷申请、线下高速配送，彻底解决纳税人“开票繁、开票难”问题。创建“同心志愿”服务品牌，开创社会化协助新局面。（高 全）

■税收执法督察 以标准化为基础，全面加强内控机制建设，聚焦指标疑点，推送59条税收执法类和26条财务管理类疑点数据进行核查。围绕减税降费、二手房交易经中介机构评估流程、增值税发票管理风险、成品油税收管理等项目开展专项督察，围绕组织收入等“高风险领域”开展重点督察。开展增值税发票管理风险排查复查、组织收入质量检查，对“第三方涉税服务机构乱收费行为排查整治工作”开展“回头看”。（高 全）

金融管理

■企业融资服务 鼓励银行机构开展中小微企业无还本续贷和转贷款业务，全市企业无还本续贷余额12.61亿元，其中小微企业9.24亿元；全市21家银行机构依托全市5.2亿元转贷基金为640家企业提供46.64亿元转贷款，资金占用费参照同期银行贷款基准利率的60%。“周转易”“融易贷”“小微惠贷”“转期贷”等一批利率低、放款快的融资产品相继投放市场。（陆长昀）

■银企对接 举办政银企对接活动，先后开展中信银行、国家开发银行、农业发展银行融资政策宣介活动，举办扬州市中小微企业融资服务座谈会、宝应县汽车及零部件产业专场对接会、仪征市政金企合作对接会、江都区投贷联动合作对接会、广陵区政银企对接会暨绿色产业专项境外资金融资推介会等。推进扬州“政税银”大数据平台接入省综合金融服务平台，注册企业8812家，企业线上授信185.16亿元。开展“321”百名行长服务制造业集群活动，全市银行机构对8个主要产业集群和专精特新企业的授信余额590.36亿元，贷款余额334.13亿元，贷款户数3146户，比年初分别增长29.73%、29.6%、27.47%。（陆长昀）

■资本市场运作 联合省高投集团、毅达资本承办第二届GIFT长三角经济圈创新资本峰会系列活动，举办扬州市对接资本路演推介会。举办“科创名城人才金融”合作交流对接会，推动科技、人才、金融的合作交流。举办2019（第13届）汽车轻量化大会分会场活动——扬州市汽车领域企业资本专场对接会。按季度组织资本市场联盟活动，通过论坛、沙龙等形式，搭建专家、学者、机构与企业近距离接触和沟通的平台，提升企业资本运作能力。（陆长昀）

■上市后备企业培育 发挥“上市后备企业服务群”和专业服务团队作用，服务80家上市后备企业和30家重点后备企业梯队。抢抓“科创板”试点机遇，重点推进5家符合“科创板”上市条件企业，进入实质性运作3家。兑现市级上市挂牌和融资扶持资金860万元。在南京举办江苏股权交易中心扬州企业集中挂牌仪式，分类推动企业加快对接多层次资本市场。（陆长昀）

■融资担保 制定“两个80%、一个50%”三年工作目标，引导政策性担保公司聚焦主业、降低门槛、优化程序，提高“支小支农”担保业务规模和占比。县级政策性融资担保公司实缴注册资本全部提升到3亿元以上，平均担保费率从原来最高2%下降到1.5%以下。发挥市级融资担保保费补贴作用，共发放专项扶持资金1914万元。协商研究政银担合作机制，促进地方法人银行与融资担保机构深度合作，推进政府性融资担保公司与省再担保合作分险。年末“支小支农”担保金额34.03亿元，占业务总量的66%，比年初增长46%；小微企业和“三农”在保户数1585家，占业务总量的68%。江苏龙诚融资担保公司政银担4:3:3模式获“江苏省金融十大创新奖”，得到科技部肯定。（陆长昀）

■小贷公司特色服务 支持小贷公司与省内外知名创投、基金合作，全市7家小贷公司开展股权投资业务，投资新余额5.88亿元。金海、龙腾两家小贷公司出资参与鑫海二期基金，开展6个新兴产业项目投资合计1.23亿元。英成科贷等4家小贷公司首批进驻江苏金农金融科技服务平台。至年末，全市17家小贷公司累计开办创新业务15.2亿元，其中现金池调剂5183万元、小微融业务4.12亿元、代售建设债4.87亿元、资产证券化3.28亿元。（陆长昀）

■地方金融从业机构监管 开展小贷公司监管评级工作，围绕客户投诉及不良风险高企等问题，先后约谈10家小贷公司，要求6家小贷公司停业整顿。完成18家融资担保机构经营许可证换证工作和信用评级工作，完善内部管理机制，提升运行质态。修改完善农民资金互助社监管联席会议制度，在省内率先完成农民资金互助社监管平台接入工作。全市15家农民资金互助合作社注册资本6354万元，比转籍前减少5966万元；吸纳互助金1.31亿元，比转籍前减少1.16亿元。指导扬州金投企业管理有限公司与苏州资产管理公司增资混改，借助持牌AMC通道，推进不良资产重组。（陆长昀）

■打击非法集资活动 依法依规开展投融资企业商事注册服务工作，备案企业93家。联合市场监管部门对819家名称中含有“投资”“贷款”字样、4643家经营范围中含有“贷款”字样的存量企业进行排查。开展扫楼扫街行动，排查各类机构3053家。

清理非法金融广告资讯，监测各类广告2153条，行政约谈31次，立案查处1起金融违法广告案。分4批次在市级媒体对四季大通、信和财富等86家机构发布风险提示。对花都汇海圣优富创投中心等37家企业进行“双随机一公开”检查。

（陆长昀）

■金融领域“扫黑除恶”专项斗争 结合扫黑除恶专项斗争开展非法金融活动专项整治，坚持打早打小、从严从快，加强大额资金流向监控，灵活运用警示约谈、责令整改、督促清退、行政处罚、注销吊销，实施行政挤压，进行关停并转，将风险企业从165家压降至34家。立案查处非法集资案件48件，向市扫黑办移送涉黑线索3条。提请市政府对“润阳贷”、江苏鼎耀、小贝壳等涉嫌非法集资行为予以打击，对18名犯罪嫌疑人予以出入境控制。组织互联网借贷平台清退工作，约谈江都币丰所、邗江油鱼金服两家P2P平台企业，明确清退节点。协同、配合友邻地区处置嘉投财富、泛亚有色金属非法集资案善后维稳工作。协调相关部门设立e租宝投资受损群众信息登记点15个，登记受损群众1200人。（陆长昀）

审计

■概况 2019年，全市审计机关完成审计项目212个，其中专项审计调查4个；审计促进整改落实有关问题资金12.31亿元，审计挽回（避免）损失1.35亿元，核减投资额9.59亿元；提出审计建议487条，其中被采纳307条，提交审计信息189篇。

（吴佳佳）

■政策跟踪审计 全市审计机关按照省审计厅统一部署，对全市政府隐性债务化解和19个列省重大项目推进和管理情况进行跟踪审计。开展东西部扶贫协作情况审计，重点关注健康扶贫、教育扶贫、产业扶贫等政策落实情况，揭示薄弱环节和突出问题，采用实地走访等方式核实政策落实实情，共进村审计15次，入户审计27户，审查16个项目，取证21个，查阅卷宗136件。对“三直接”十大环节操作规范执行情况进行跟踪审计，重点关注行政事业单位货币资金、外出学习考察培训、公务商务接待等环节操作规范执行情况。（吴佳佳）

■财政审计 市审计局对市本级、扬州经济技术开发区、化工园区、蜀冈-瘦西湖风景名胜区、生态科技新城2018年度预算执行情况实施审计，连续四年实现市级财政预算执行审计区域范围全覆盖。对市民政局、市环保局、市机关事务管理局等3家单位2018年度部门预算执行情况实施审计，重点审查部门“三公”经费预算执行情况。（吴佳佳）

■经济责任审计 全市共实施经济责任审计项目106个，市审计局根据省审计厅授权，实施灌云地方党政领导任中经济责任审计，审计过程中紧盯骗取荣誉、套取资金、谋取私利问题，重点关注政策贯彻落实、重点目标完成、科学规范管理、推进审计整改等方面情况。执行两办新规，完善任前告知内容和责任认定，规范审计文书，完善审计程序。

（吴佳佳）

■专项资金审计 组织开展乡村振兴相关政策和资金审计，对到户“一卡通”惠农补贴资金、村级涉农财政资金、扶贫减贫等政策落实和农村“三资”管理进行审计（调查），审计查出乡村振兴项目实施进度缓慢、滞留闲置涉农专项资金等多个领域问题，审计报告被市长专题批示。开展教育、就业等重点民生项目审计，对教育建设发展资金、促进就业再就业资金、残疾人就业保障资金、政策性农业保险专项资金等进行专项审计。（吴佳佳）

■政府投资项目审计 全市审计机关共完成政府投资审计项目48个，审核项目投资额139.5亿元，核减投资额9.59亿元。开展重大基础设施工程审计，服务“新十件大事”，对市区“五横七纵”快速路网中的城市南部快速通道建设工程、新万福路建设工程、扬子江路提升改造工程以及金湾路建设和管理情况进行跟踪审计。开展公共公益工程项目审计，对省运会重点场馆建设项目市游泳健身中心、射击运动中心等重点民生项目进行审计。（吴佳佳）

■国有企业审计 结合市属国有企业领导人员经济责任审计，同步开展交通产业集团、金茂化工医药集团、水务投资集团等3家企业财务收支审计，重点关注企业执行国家重大政策措施、重大投资、重大项目、资产负债损益的真实合法效益情况。开展扬州建工控股有限责任公司2018年度资产负债损益审计，增加国有资产管理公开透明度。开展市本级融资平台公司经营状况专项审计调查，促进融资平台转型升级。

（吴佳佳）

■自然资源资产审计 结合领导干部经济责任审计，对灌云县委书记、县长任期内自然资源资产利用和环境保护责任实施审计，促进领导干部认真履行自然资源资产管理和生态环境保护责任，推进生态文明建设，实现经济发展和环境保护双赢。

（吴佳佳）

统计

■概况 2019年，市统计局开展第四次全国经济普查，做好保持经济运行在合理区间的统计监测，加快构建现代化统计调查体系，提供统计服务和保障。经核算，全市实现地区生产总值5850.08亿元，按可比价计算，增长6.8%，增幅列全省第三。其中，第一产业实现增加值292.80亿元，增长1.4%；第二产业实现增加值2778.21亿元，增长7.6%；第三产业实现增加值2779.07亿元，增长6.6%。制造业增加值占地区

生产总值比重36.5%，提高0.4个百分点。服务业增加值占地区生产总值比重47.5%，提高0.5个百分点。（蔡　磊）

■**第四次全国经济普查** 1—4月，全市5000多名基层普查人员，对全市区域内从事第二产业和第三产业的法人单位、产业活动单位和抽取的个体经营户逐一入户完成数据采集，摸清全市第二产业和第三产业的发展规模、布局和效益，了解产业组织、产业结构、产业技术、产业形态的现状以及各生产要素的构成，掌握全部法人单位资产负债状况和新兴产业发展情况，查实各类单位的基本情况和主要产品产量、服务活动。扬州市第四次全国经济普查领导小组办公室（简称市经普办）结合1个省级综合试点、1个市级综合试点、2个市级专项试点和前期开展大量调研工作的经验，先后印发《扬州市第四次全国经济普查领导小组办公室工作规则》《扬州市第四次全国经济普查PAD管理办法（试行）》《扬州市第四次全国经济普查清查数据质量检查方案》《扬州市第四次全国经济普查数据处理方案及实施细则》等工作制度。全市第四次全国经济普查采取“地毯式”清查的方法，对辖区内全部法人单位、产业活动单位和从事第二产业和第三产业的个体经营户进行全面清查。全面清查后，对从事第二产业和第三产业的法人单位、产业活动单位在其主要经营活动所在地进行全面普查登记，对建筑业法人单位在其注册地进行全面普查登记，对数量众多的个体经营户采用抽样调查方法在其主要经营活动所在地进行样本登记。普查主要内容包括单位基本情况、组织结构、人员工资、财务状况、能源生产与消费情况、生产能力、生产经营和服务活动、固定资产投资、研发活动、信息化和电子商务交易情况等，根据不同普查对象，分别设置一套表单位普查表、非一套表单位普查表、个体经营户普查表和部门普查表。为减轻调查对象负担，提高工作效率，普查应用“多证合一”改革成果，提高部门参与程度。在清查和普查阶段，利用部门行政记录和业务资料，收集、整理近30个部门的单位名录信息，通过比对、合并生成底册信息17万条。全面提高普查数据采集信息化水平，全面使用手持移动终端（PAD）采集数据，应用行业代码自动识别赋码技术，普查数据生产全过程实行电子化、网络化，提高数据采集处理效率。组织市政府督查室与市经普办开展联合督查，指导全市依法普查工作；建立健全普查数据质量追溯和问责机制，加大普查违纪违法行为的查处力度，确保全面依法普查。市经普办和各县（市、区）、功能区经普办设置专门的经济普查违法行为举报电话和举报邮箱，接受广大市民的监督举报，自觉接受媒体和社会监督。第四次全国经济普查实行全过程数据质量控制。全市各级普查机构抓源头数据质量，实时监控普查数据采集、上报，加强入户数据核实与业务指导，自主开发程序进行精确比对审核，开展源头数据自查与抽查，坚持联动审核，及时消除差错，确保普查数据真实可靠。为检验各地普查工作成效和普查数据质量，市经普办组织开展较大规模的经济普查数据事中质量抽查和事后质量抽查工作，对全市近20个普查小区，1500多家单位进行抽查。普查登记结束后，省经普办对扬州市经济普查事后质量抽查结果表明，数据质量符合控制标准。（蔡　磊）

■**现代统计体系建设和改革** 统一核算工作稳步推进，以第四次全国经济普查数据为依据，按照国家、省市统一部署推进落实地区生产总值统一核算工作，核全核准全市地区生产总值总量结构，做好增加值预测预排和监测工作。根据全省统一经济普查年度核算方案测算全市分行业、分地区增加值，做到行业数据、结构数据、总量数据全面衔接，并组织各县（市、区）对本地核算历史数据进行修订。业务分工调整持续优化，明确业务分工调整，整合贸易限下行业抽样调查和限下批零住餐抽样调查，统一抽样方法，整合调查形式。（蔡　磊）

■**重点领域统计监测** 发挥高质量发展监测统计工作联席会议作用，深化高质量发展保障措施，真实准确、完整及时反映高质量发展进展情况。配合市政府督查室出台《2019年度扬州市经济社会高质量发展考核办法（征求意见稿）》，不断优化指标体系。根据全市小康社会建设情况，撰写《关于落实决胜高水平全面建成小康社会要求组织开展查找短板补齐弱项的汇报》《2018年扬州市全面小康社会统计监测报告》等监测报告，健全高水平全面小康监测统计网络，开展动态监测和定期评估，为全市决胜高水平全面建成小康社会工作提供数据支撑。应对机构改革对绿色发展指标监测带来的影响，牵头召集市直相关部门会商，重新确认环境、资源各项年度指标的数据来源部门，共同研究能源统计重点指标和《绿色发展统计报表制度》。（蔡　磊）

■**统计服务** 加强宏观经济分析预警，注重对统计监测结果的研究、开发和解读。加大健全指标体系、可替代性指标运用、科学更新指标等方面的研究，开发有深度有内涵的专题分析，谋划前瞻性强、参考价值高的精品专题，每月向市领导报送《扬州市经济运行报告》，分析当前主要经济指标完成情况、存在问题并针对性地提出对策建议，为推动全市经济社会发展提供决策参考。优化统计视角数据解读，重点围绕“新中国成立70周年”开展一系列数据解读，从统计的视角充分展示70年来扬州经济社会发展成果，通过线下、线上等多种媒体以及视频、画册等多种形式进行广泛宣传，得到社会各界普遍认可，其中，《数说70年扬州 共庆70载华诞》统计微视频登上学习强国江苏平台。全年围绕各项重点工作及各个重点领域，开展调查监测、分析研究，共形成专题报告19篇，调研报告34篇，分析报告77篇，信息快报146篇，多篇分析信息被市领导批示，被《江苏统计》、扬州通讯、政讯、内参、快报以及调研参考等刊物采用，多篇研究报告获得优秀课题成果奖项。

（蔡　磊）

■**依法治统**　加强统计执法监督职能，成立市级统计执法监督局，查处各类统计违法行为，防范和惩治统计造假，提高统计数据真实性。10月，按照国家有责修订的原则，主动提请省统计局执法检查组对扬州市开展2018年规模以上工业企业定报统计数据质量和违法干预工业统计数据情况的专项治理检查。强化统计执法检查力度，开展聚焦统计数据造假专项治理，实现全市范围10个地区统计执法全覆盖。做好领导干部违规干预统计工作记录台账填报，严格防范和治理统计违纪违法现象，坚决提高统计数据质量。推行“双随机、一公开”监管机制，规范统计执法行为，转变统计执法理念，提升统计执法效能，减轻统计调查对象负担。连续4年开展统计法治宣讲进党校活动，为近600名处级、乡（镇）、科级干部讲授统计法律法规。扩大教育培训力度和范围，首次在高校举办基层统计业务骨干培训班，强化法治教育。

（蔡　磊）

国有资产监督管理

■**概况**　2019年，扬州市政府国有资产监督管理委员会（简称市国资委）向外集中推介“30+1”户市属国有企业参与混改，涉及总资产198.5亿元，净资产36.6亿元。采取吸收合并、内部重组、股权转让、清算关闭等方式，督促市属国有企业清理32户“僵尸企业”。根据省国资委《关于推动市县国资监管机构进一步建立健全国有资产监管制度的通知》要求，制定完善各类重点监管制度16项。市属国有企业承建政府项目40个，投资总额297.2亿元，分别比上年增长10%、21.2%。市国资委党委研究制定《市属国有企业党委决策议事清单》，加强国有企业党委（党总支）对国企改革发展工作的集中统一领导。编纂首部《扬州国资志》。至年末，市属国有企业资产总额1193亿元，比上年增长9.6%；所有者权益总额530.1亿元，增长11%。全年实现营业收入331.9亿元，增长14.6%；实现利润总额40.1亿元，增长42%。全年累计上缴税费15.5亿元，增长22.4%。

（徐　乐）

■**混合所有制改革**　至2018年底，市国资委系统共有企业（含参股企业）382户，其中混合所有制企业164户，混改面43%。市国资委与城控集团、扬子江集团、矿务局等重点企业逐户对接，指导企业明确混合所有制改革（简称混改）任务、细化混改方案，形成“30+1+7”混改方案。组织召开市属国有企业混改工作动员部署会，推进混改工作，市国资委主要领导主持对接会议，与各集团公司主要负责人逐户过堂混改方案。市领导专题听取企业混改和上市工作汇报，8月16日召开市属国有企业混改推介会，对30户拟混改企业进行集中公开推介，涉及总资产198.45亿元，净资产36.61亿元。加强督查指导，帮助企业协调解决混改难题，将混改工作列入企业年度考核目标任务。市国资委全年共完成12户企业混合所有制改革工作，累计吸引社会资本8.9亿元，超额完成市委、市政府下达的5户混改任务。

（管　奇）

■**国资经营预算管理**　2019年，市国资委规范市属国有企业国有资本经营预算的编报和管理，做好国有资本收益收缴。2019年度市属国有企业国有资本经营预算建议草案经市人大常委会通过后，13家市属国有企业认真执行国有资本经营预算，按时足额上缴国有资本收益1.93亿元。根据经营支出预算安排，完成1.63亿元国有资本经营预算支出，并完成上缴社保基金3000万元。

（王　伟）

■**“僵尸企业”规范清理**　为加快低效资产处置，提高国有资源的配置效率，市国资委全力推进“僵尸企业”清理工作，全年完成32户“僵尸企业”清理。其中，扬州市城建国有资产控股（集团）有限责任公司1户、扬州市交通产业集团有限责任公司2户、扬州市扬子江投资发展集团有限责任公司2户、江苏金茂化工医药集团有限公司2户、扬州工艺美术集团有限公司20户、扬州市现代金融投资集团有限公司1户、扬州市水务投资集团有限公司2户、扬州工业资产经营管理有限责任公司1户、扬州市煤炭工业公司（矿务局）1户，超额完成相关清理任务。

（管　奇）

■**联环药业股权激励计划**　4月，市长办公会原则同意实施联环药业股权激励计划。联环药业完成党委会、董事会和联环集团党委会、总经理办公会等有关决策程序后，对股权激励计划依法进行披露，同时在市国资委网站进行公告。金茂集团相继完成党委会和董事会决策程序。市国资委按照有关文件要求，组织召开专家评审会，专家组经评审后一致同意实施激励计划。经市国资委法律顾问高朋律师事务所专门出具法律意见书，并经委党委会研究决定，市国资委批复同意联环药业实施限制性股票激励计划。联环药业激励计划实施到位，创新经营机制，将上市公司15名高管及核心骨干的个人利益与企业发展进行绑定，形成我省第一个由设区市国资委直接批复实施的上市公司股权激励案例。

（管　奇）

价格监督管理

■**价格调控**　2019年，扬州市居民消费价格指数（CPI）比上年上涨3.0%，完成不高于省定目标任务。落实扬州市政府办公室《关于2019年价格调控目标责任制的实施意见》，坚持价格调控目标责任制和价格调控联席会议制度。完善价格调节基金制度，增强价格调控整体合力，先后10次发放临时价格补贴约4000万元，惠及困难群体约58万人次。

（范　羽）

■储备冻猪肉 制定《扬州市生猪市场调控工作方案》《扬州市市级储备冻猪肉投放工作方案》，明确猪肉市场供应及协调机制，实际完成1018吨冻猪肉储备任务。元旦后春节前，按两个方案调用市政府储备冻猪肉投放市场，增加节日市场供应，引导市场消费预期，确保市场供应不断档，抑制过高的猪肉价格。

（范　羽）

■资源性产品价格改革 推进天然气价格改革。疏导市区居民生活用天然气销售价格；非居民用天然气继续冬季加价，并首次实施淡季上浮；降低居民用燃气管网建设费标准。贯彻落实《2019年国务院政府工作报告》关于“一般工商业平均电价再降低10%”的要求，两次降低一般工商业电价计7.25分/千瓦时，下降10%。（范　羽）

■房价备案管理 优化房地产调控，研究制定《房价备案办事指南》以及《引导开发企业自主合理定价的原则》。新办法规范办事流程，减少人为因素与自由裁量，实现对房地产价格合理调控。妥善处理涉房价格及其构成的信息公开、咨询投诉，新明确装修价格涉及的样板房、费用公示、第三方审计要求。（范　羽）

■服务宜游城市建设 对21家景点开展门票价格调研。除瘦西湖和汉墓外，对其余5家AAAA级以下景点门票进行降惠，优化停车收费政策，对重点地段、景区周边停车收费实行旺季浮动，提倡即停即走，引导瘦西湖周边小区试行共享车位收费，配合停车场公司做好停车App推广。（范　羽）

■成本监审和农本调查 先后完成2019年农户种植意向调查、农户存售粮调查、购买农资调查、规模生猪成本调查汇总、小麦种植收益、油菜籽种植收益、设施蔬菜种植收益、宝应荷藕种植收益、仪征茶叶种植收益等9项调查任务，上报数据质量无差错。（范　羽）

■价格监测信息服务 及时启动染料及中间体行业、生猪价格、砂石建材等多次应急监测预警，先后对夏粮、秋粮、猪肉及关联商品等90多个品种开展价格日报监测，有效服务价格调控决策和全市经济发展。全年分别上报国家、省级农副产品监测任务报表数据13万余条、工业品监测任务报表数据1.05万条，报送质量100%无差错；公示民生价格信息万余条，服务政府采购监管发布监测信息共2.16万条；完成价格监测预警分析报告209篇，据政务信息录用反馈数据，共录用80篇。

（范　羽）

■价格认定 完成涉刑事价格认定94件，金额153.4万元；涉纪检监察案件5件，金额362万元；完成涉服务类价格认定事项14件，金额127.9万元；办理未入省税务库系统住宅类房屋计税价格临时认定4328件，金额37亿元；开展扬州市城区住宅类标准房价格调整工作，全年共对961个住宅小区1273个标准房价格进行调整。

（范　羽）

■价格争议调解 贯彻《江苏省价格争议调解处理办法》，落实《扬州市价格争议调解工作站规范化建设实施意见》，充分利用各县（市、区）的特点，加大报纸和媒体宣传，打造价格争议调处品牌。处理涉税价格争议421件，涉税金额2.9亿元；完成全市法院执行案件价格咨询54件，涉及金额5427.3万元。联合省价格认定局承担并完成国家发改委价格认证中心“房地产税基价格认定和争议处理研究”的课题。

（范　羽）

市场监督管理

■概况 扬州市市场监督管理局于1月31日正式挂牌成立，整合原市工商局、质监局、食药监局主要职能以及原市物价局、知识产权局部分职能组建而成。全年新登记市场主体6.91万户，总量达53.06万户。万人发明专利拥有量15.18件。新增注册商标1.4万件、地理标志8件，地理标志总量达23件，由全省第七上升至全省第四。抽检重点品种食品1.06万批次。新建改造市区农贸市场9个。59个基层监管分局、102个农贸市场建成快检站（室）。商事制度改革走在全省前列，“证照分离”改革持续推进，名称登记、注销便利化改革全面推行，全程电子化登记全省领先。事中事后监管受到省政府督查激励。2019年，市市场监管局被人社部、市场监管总局表彰为“全国市场监管工作先进集体”，局机关和所属质检所、计量所、食品药品检测中心、玉器检测中心4个直属单位被省精神文明建设指导委员会授予“2016—2018年度江苏省文明单位”称号。

（孙学政）

■创建成果 服务小微企业“双创”，牵头负责登记注册便利化、加强事中事后监管、小微企业名录库建设维护，助力扬州获得第二批小微企业创业创新基地城市示范绩效评价全国第一名。推进食品安全示范城市创建，夯实食品安全基层基础性工作，助力扬州获评“世界美食之都”。推进全国旅游标准化示范城市创建，与法国奥尔良市签署标准化合作会谈纪要，制定并发布国内首个国际城市间地方标准。（孙学政）

■质量强市建设 成立市质量发展委员会，开展质量提升行动，推广卓越绩效管理模式。组织3家企业申报江苏省质量奖，31家企业申报质量AA、AAA级评价。制定旅游服务业质量提升行动方案，承办长三

11月19日，“十一市一区”旅游服务业质量提升推进会在扬州召开。图为参会代表参观扬州虹桥坊商业街　　市场监管局/供稿

角“十一市一区”旅游服务质量提升推进会。新增认证获证企业708家、有效证书3798张，全市获证企业和组织达5484家、有效证书达1.84万张。（孙学政）

■产业标准化 引导先进制造业产业集群制定国家、行业标准22项。围绕地方特色产业制定市级地方标准21项。围绕“八大产业”整理强制性标准448项。10项省级标准化试点项目通过考核验收，新增省级标准化试点项目5项，江都区国家级农村产权交易服务标准化试点高分通过考评。完成商品条码注册、续展387户，列全省第四。（孙学政）

■医药及广告产业管理 参与举办第二届生物医药论坛。指导制定广陵（头桥镇）医疗器械产业发展规划，联亚生、力品等一批企业落户生物健康产业园。推荐3家企业申报省级广告业创新创业示范基地，指导1家企业申报省级广告业发展专项基金。（孙学政）

■食品药品安全 加强食品、药品质量监督，抽检3.3万批次。排查疫苗等风险隐患，检查零售药店、医疗器械经营企业、医疗机构4543家，发现违法违规线索103条，上报不良反应报告8167份。在全国率先开展高速服务区食品销售、餐饮服务规范化管理。在全省率先制定商业综合体餐饮单位、“四小食品”监管、食盐批发企业、大中专学校食堂规范化管理意见。江都区、广陵区接受省级食品安全示范区验收，18个乡镇创成市级食品安全示范乡镇。216家食品企业建成电子追溯系统。持证餐饮单位“明厨亮灶”覆盖率30%，学校食堂覆盖率85%。建成“职工好食堂”120家。“公筷行动”被央视新闻联播报道。（孙学政）

■特种设备安全 开展特种设备安全大排查大整治，检查990家单位，发现一般隐患703条、严重隐患59条，发出监察指令书162份，停用设备56台，查封扣押设备15台，立案42起。开展压力管道清查，清查压力管道950千米。畅通96333电梯应急服务平台，全年解救被困乘客1726人。（孙学政）

■重点产品质量安全 开展重点产品获证企业监督检查，检查企业199家，发现问题36家。开展重点工业产品质量安全排查，现场检查企业136家，组织企业自查177家，督促整改19家。组织20类291批次产品市级监督抽查。围绕污染防治攻坚战，抽检成品油100批次、车用尿素10批次。（孙学政）

■“双随机、一公开”监管 市场监管部门内部“双随机抽查”实现全覆盖，发起抽查任务22项。出台扬州市部门联合“双随机、一公开”监管实施办法，启动部门联合“双随机、一公开”监管，联合抽查企业49家。涉企信息归集和企业年报位居全省前列，企业年报率90.1%，创历史最好水平。（孙学政）

■消费维权 实现“五线合一、一号对外”，12315热线受理消费者投诉举报6883件、咨询2.96万件，为消费者挽回损失674.3万元。深入开展放心消费创建，创成省、市级放心消费创建先进（示范）单位130个，十佳“诚信旅游购物店”“诚信特色酒店”20个。（孙学政）

■国际城市间标准化合作 2019青岛国际标准化论坛期间，国家标准委组织法国国家标准化机构、法国奥尔良市和扬州市召开专题会议，研讨“国际城市间标准化合作四方机制”，并促成扬州市与奥尔良市共同签署国际城市间标准化合作会谈纪要。与法国奥尔良市合作制定地方标准《国际游客淮扬美食品鉴与服务指南》，并由两市政府联合对外发布。该标准是国内首个国际城市间合作制定的地方标准，也是国内首个美食品鉴与服务的地方标准，成为扬州建设国际文化旅游名城的一项标志性成果。（孙学政）

知识产权保护

■概况 2019年，扬州市完成专利申请量2.70万件，专利授权量1.42万件，申请量与授权量居全省第6位。其中，发明专利申请5697件、发明专利授权1115件、有效发明专利量6485件。每万人发明专利拥有量14.38件，增长14.98%，居全省第7位；PCT专利申请51件。全市商标申请量1.33万件，增长2.12%；商标注册量1.21万件，增长42.64%。至年底，全市有效商标注册量7.46万件，增长

18.46%，居全省第8位。“高邮湖青虾”“高邮湖鳊鱼”“高邮湖银鱼”“高邮湖白鱼”“高邮湖鲫鱼”“丁伙朴树”“丁伙蜀桧”“丁伙龙柏”等8件地理标志证明商标获准注册，宝应“安丰卜页”地理标志商标保护获批省知识产权保护能力提升项目。扬州市日兴生物科技股份有限公司“邦力生”商标被认定为中国驰名商标，全市受保护的中国驰名商标总数达55件。（孙学政）

■知识产权强市建设 完善品牌奖励办法，出台《扬州市商标品牌奖励专项资金管理办法》。自本办法公布之日后，对商标品牌战略奖励办法以常态化制度的形式加以固定，鼓励市场主体争创商标品牌，提升民营经济竞争力，推进扬州市知识产权强市战略。印发出台《扬州市知识产权军民融合试点实施方案》，从6个方面助推知识产权领域军民融合发展。（孙学政）

■知识产权运用和保护 2019年，制发《假冒专利违法行为案源判断标准指引》（一）（二），指导专利商标行政处罚疑难案件5件，完成专利侵权纠纷裁决36件；组织企业申报省级“正版正货”示范街区项目3家、申报省级知识产权战略推进计划项目15家。“扬州京华城Living Mall全生活广场”完成省级“正版正货”示范街区项目验收，扬力集团股份有限公司、江苏奥克化学有限公司完成省级知识产权战略推进计划项目验收。7月，扬州市知识产权维权援助中心正式成立。（孙学政）

■知识产权管理 制定扬州市商标品牌战略奖励资金管理办法。新增驰名商标2件，驰名商标总量达56件。新申请专利3.38万件、授权1.87万件。新增省级、市级企业知识产权战略推进计划项目10个。成立市知识产权维权援助中心，完成专利侵权纠纷判定75件。兑现市级专利资助资金997.9万元。（孙学政）

信用体系建设

■概况 2019年，扬州市聚焦信用体系建设，加强组织领导，强化推进措施，取得良好成效。扬州市在2019中国城市商业信用环境指数排名中列第33位，2次进入国家对262个地级市的信用综合指数排名前50名，仪征市2次进入全国县级市信用监测排名前50名。提请市委、市政府将信用工作纳入“2号文件”“3号文件”，出台《加快扬州市农村信用体系建设的实施方案》等文件，完成“十四五”时期社会信用体系建设前期课题研究。行业信用管理制度不断健全，全年新增节能、校外培训机构、住房公积金、城市管理、房地产开发企业、物业企业管理、家政管理、工程建设项目审批等8个领域信用监管文件，全市累计41个单位实施行业信用监管。2019年，全市共在国家和省级信用网站和刊物发表宣传信息96篇，其中《扬州市突出标本兼治全力推进19个重点领域失信治理》和《扬州市强化“三个突出”为推进企业信用管理出实招》分别被《江苏省社会信用体系建设工作简报》49期、50期头版刊登；扬州市社会信用体系建设工作入选国家《2019年中国城市信用状况监测评价报告》蓝皮书，全省仅5个城市上榜。（高秀丽）

■系统平台优化 依托“云上扬州”大数据共享交换平台，编制“扬州市信用大数据公共服务应用项目”建设方案，实现数据管理的融通，在全省率先实现市公共信用信息共享平台与市场监管平台实时交换机制。完善归集机制。增加入库率分析，对报送问题较突出的地区和部门开展点对点指导服务。加大归集数量。全市信用信息归集总量达1.57亿余条，其中2019年3890万条，入库率100%；社会法人和个体工商户266万条，自然人3624万条，双公示信息归集量达到35万余条，其中2019年归集14.6万余条，比上年增长8%。（高秀丽）

■信用监管 推进市住建、生态环境等部门发布上年度行业管理领域信用评价结果，扬州市成为江苏省医疗保障基金监管信用体系建设试点单位。全年为1392家企业提供信用查询报告5279份；为各地和部门提供企业信用审查2.82万家。市工信局对22家一般和较重失信企业降低拨付比例，对6家严重失信企业取消申报资格；市中级法院与47家联动单位对失信被执行人联合实施55项惩戒措施，共发布失信被执行人名单1.29万条，限制3600余人乘坐飞机、高铁。开展“信易＋人才”行动，深入推广“人才贷”，在2019年“科创名城·人才金融”合作交流对接会上首发“人才信用卡”，最高授信达千万。为小微企业融资提供征信服务，共注册企业2044户，累计上线940笔，融资金额642亿元。推进核心企业对接平台，推动供应链融资增量扩面，在全省率先实现核心企业上线，亚星、牧羊等大型企业的供应链信息均实现自动化采集，便利上游小微企业融资，2019年通过该平台融资6700万元。（高秀丽）

■重点领域信用建设 以优化营商环境为契机，推进全市七大重点领域深化政务诚信建设。举办第五批企业信用体检活动，为568家企业信用“问诊把脉”，累计1448家企业参加信用体检活动。推进信用服务机构管理工作，召开全市信用服务机构工作座谈会，新增机构4家，累计20家。成立扬州巾帼家庭服务联盟，70多家加盟企业入驻省妇联“好苏嫂”信用平台。出台《扬州信用村、信用镇（乡）评定办法》，采集6000户新型农业经营主体信息、10.8万户农户基本信息及土地确权信息、50.2万条农户养老和财产保险信息，共评定信用村56个、信用镇3个，评定信用农户2.3万户，授信157亿元，新增发放信用贷款农户户数8374户，金额6.83亿元，比上年分别增长39%和17%。（高秀丽）

农业

Nongye

编　辑　徐国磊

综述

■概况 2019年，全市粮食播种面积38.62万公顷，蔬菜播种面积9万公顷，稻田综合种养面积0.42万公顷，特种水产养殖面积6.4万公顷。推进粮食绿色增产“1120”工程和“粮安工程”，全年粮食总产285.6万吨。推进农田建设高质量发展，新增高标准农田1.22万公顷。推进设施农业升级扩面，新增高效设施农渔业面积0.75万公顷。推进实施绿色优质农产品基地建设工程，绿色优质农产品占比67.7%，新创7个省级园艺作物标准园。全面落实非洲猪瘟防控措施，对135辆运输车辆实行备案管理，对1584家生猪养殖场建立清单，开展泔水等餐厨废弃物饲喂生猪拔点行动。全年全市生猪屠宰企业累计屠宰生猪84.5万头，病害猪无害化处理2792头，检疫率和无害化处理率均为100%。与光明集团、正大集团、汉世伟集团、立华集团合作的5个现代化生猪养殖集聚区全面开工。新开工农业项目32个，新创农业产业化省级示范联合体9家。推进农业品牌化建设，新创农产品“三品一标”32个，宝应获批中国特色农产品优势区，“高邮鸭蛋”获首届江苏省十强农产品区域公用品牌第一名。推动农产品生产、加工、流通、销售环节的链式发展，农产品加工产值与农业总产值比3:1:1，466家农业龙头企业年销售额737.8亿元。9家企业被评为全国“2019农业产业化龙头企业500强”，扬子江淮扬菜点产业化联合体被农业农村部评为“特色产品型中央厨房产销模式案例”。全年全市休闲农业收入14亿元，农业电商交易额65.64亿元，分别增长44%、12%。分层次、分类别、分专题开展农业职业技能培训1.74万人，开展“半农半读”农民中职教育237人，新型职业农民培育度新增6.11个百分点。（常婷婷　胡　雅）

■农产品质量安全 2019年，全市从生产、监管两端严格全程监管，督促农产品生产者落实农药间隔期和兽药休药期等制度，建立健全各类生产记录档案，规范基地自检行为，加强收获、出栏前的监测，严禁不合格农产品上市交易。市级以上定量抽检2667批次，发现不合格23批次，合格率99.07%，全市未发生一起农产品质量安全事件。至年末，全市“二品一标”总数381个，其中绿色食品182个、有机食品195个、农产品地理标志4个。全市建成绿色食品原料基地7.47万公顷，有机食品生产基地0.18万公顷。组织创建省绿色优质农产品基地29个、5.4万公顷，提高绿色优质农产品比重21%，全市种植业绿色优质农产品占比67.7%。

（陈　霞　拜锦美）

■生态循环农业建设 2019年，全市推进区域生态循环农业建设。邗江创日畜牧科技有限公司国家农业综合开发区域生态循环农业项目启动建设，项目完工后预计新增种养结合的生态循环农业基地666.67万公顷；高邮市以罗氏沼虾养殖尾水治理和畜禽废弃物资源化利用为重点建设省级现代生态循环农业试点市。完善秸秆收集体系、提升收集能力，全市试点秸秆离田机械化收集5333.33万公顷。（郑　伟　何　健）

■农药化肥减量增效 2019年，全市建立省级绿色防控示范区15个，市级绿色防控示范区6个，全市农作物绿色防控产品使用面积占比82.5%，全年化学农药使用量有效减少，农药使用量3232吨，实现农药用量负增长。推进全市化肥减量增效工作，推广应用测土配方施肥、有机肥替代、水肥一体化、轮作休耕等技术，主要大田农作物测土配方施肥技术应用面积累计37.2万公顷，技术覆盖率95%。

（丁　涛　李文西）

■返乡下乡人员“双创” 贯彻落实《关于支持返乡下乡人员创业创新促进农村一二三产融合发展的实施意见》精神，举办全市返乡下乡人员创业创新大赛，选拔37名导师、培育21个典型。组织双创园区建设项目和现代农业项目开展申报、立项、审核等工作，对6个双创园区项目和8个现代农业项目给予立项。

（王　波　糜　裕　徐迅燕）

■打击农资违法行为 2019年，全市依据“双随机、一公开”的工作原则，结合农业生产特点，围绕农资销售规律，集中组织开展农资打假专项行动，分别于4月、7月、9月开展春、夏、秋季农资打假专项治理行动。全市农业农村系统查处农资案件40起，涉案产品6.68万千克、货值金额21.01万元，挽回经济损失148万元。（胡荣利　刘金晶）

■农产品质量安全执法专项行动 2019年，全市农业执法部门开展农产品质量执法专项行动、“三品一标”监督抽检工作和夏季、秋季果蔬专项执法抽检行动。针对扬州市水生蔬菜种植品种多、面积大，供应区域广、上市时间长的特点，9月下旬至11月底组织开展水生蔬菜质量安全专项执法检查工作。全年检查蔬菜种植企业444家次、禽蛋养殖企业403家次、水产品养殖企业376家次，农药生产经营企业1270家次、兽药生产经营企业391家次、生猪屠宰企业104家次。接到群众举报19起，根据举报查处问题9起。全年立案查处农产品违法案件12起，其中移送公安机关2起。（胡荣利　夏　炎）

■农业科技 2019年，江苏里下河地区农业科学研究所(简称农科所)在研课题（项目）214项，新立项各类课题（项目）97项，其中国家级课题(项目)7项，省级课题(项目)34项。新立项项目合同经费3241万元，实际到账经费2956万元。农业农村部现代种业提升工程专项落户农科所，获1200万元经费资助。争取国家青年基金1项，面上项目2项，省自主创新资金4项。在江苏蕙兰博览会上获金奖、银奖、铜奖、栽培奖各1项，在江苏省春兰展获银奖1项。获各类科技成果奖3项，培育的各类作物新品种30个通过审（鉴）定/认定/登记。推进稻麦新品培育，农科所推出杂交稻新组合“缘两优香丝”，培育出“金香玉1号”“17MGJ99”等优质软米粳稻新品系，推出粳型“长粒香米”，育成的“扬麦23”夏收面积超13.33万公顷，“扬麦25”正式推广，第一年种植面积6.53万公顷。“扬J4506”油酸含量80.3，在国家油菜产业体系检测中位列第一。“扬椒2号”入选浙江瓜菜种业博览会第11届推介品种。“一稻三虾”综合种养模式在淮安、扬州、徐州、宿迁等地推广应用，帮扶经济薄弱村脱贫攻坚。“长江中下游小麦生物学与遗传育种重点实验室”项目通过验收。牵头成立的小麦赤霉病综合防控协同创新联盟，入选全国首批15个国家农业科技创新标杆联盟之一。申报的“农业部农业微生物观测实验站”获批，并获扬州实验站命名。（陈以博　朱凌宇）

种植业

■概况 2019年，全市组织实施粮食绿色增产“1120”工程，落实稻麦新品种、新技术推广和各项措施。全年全市粮食播种面积38.62万公顷，总产量285.6万吨。其中，小麦17.3万公顷，比上年减少0.6万公顷，单产5695.5千克/公顷，比上年增加117千克/公顷，总产量98.5万吨，比上年减少1.3万吨；水稻19.29万公顷，比上年减少0.36万公顷，单产9278千克/公顷，比上年增加149千克/公顷，总产量178.9万吨，比上年减少0.5万吨。（丁　涛　杨　进）

■种植业结构调整 全市推进农业供给侧改革，示范推广稻田综合种养模式，种养面积0.42万公顷，比上年增加0.08万公顷，其中稻鸭共作0.15万公顷、稻虾共作0.24万公顷、其他模式0.03万公顷，亩均增效益1000元以上。（丁　涛　杨　进）

■惠农补贴 全市规范落实中央农业支持保护补贴（耕地地力保护）、稻谷生产环节补贴等惠农政策。发放耕地地力保护补贴资金3.57亿元，涉补面积19.81万公顷；发放稻谷生产环节补贴资金1.81亿元，涉补规模种植面积18.3万公顷。（丁　涛　杨　进）

■“菜篮子”基地建设 扬州市级财政补助1500万元，在广陵区沙头镇、江都区吴桥镇和小纪镇、邗江区槐泗镇4个市区“菜篮子”基地，新建与提升蔬菜生产基地73.4公顷，其中新建蔬菜生产基地11.6公顷、配套与提升61.8公顷。（姚　义）

■种子市场监管 开展稻麦新品种综合测试和示范展示，筛选全市稻麦主推品种及搭配品种共19个，市主推品种覆盖率75%以上。对金粳818等不在适宜种植区域品种和“未经审定主要农作物品种”加强市场监管，消除农业生产用种安全

农户们在江都区粮食收储总公司锦西收纳库交粮　　郁　兴/摄

隐患。开展种子市场专项检查，市、县两级检查种子企业15家次、种子门店782家次，检测种子样品192份。完成34个小麦样品、33个水稻样品的省级稻麦样品种子品种真实性和纯度田间种植试验鉴定工作。市种子管理站被农业农村部表彰为2019年全国农业植物新品种保护先进集体。（王　波）

■草地贪夜蛾防治 建立草地贪夜蛾监测体系，全市增设监测设施设备85台，其中性诱设备77台、普通灯诱设备8台。全市出动专业化防治组织3个，出动人员100人，投入高效植保机械5台，实施统防统治面积126.68公顷，统防统治占防治面积76%。全年全市玉米种植面积1403.33公顷，以夏玉米为主，草地贪夜蛾发生面积25.47公顷。最终夏玉米百株虫量0.25头，最高百株虫量2.11头，平均被害株率0.66%，最高被害株率8.18%。未发生因草地贪叶蛾导致的重大减产。（丁　涛　陈雪子）

园艺业

■绿色园艺种植基地建设 启动实施百万亩绿色园艺基地建设工程，计划到2022年，全市建成100万亩绿色园艺种植基地。打造宝应水生蔬菜、高邮设施蔬菜园艺、江都蔬菜花卉苗木、仪征丘陵茶叶花果、广陵蔬菜瓜果等地方特色产业。至年末，完成6万公顷建设任务，其中蔬菜3.8万公顷、花木1.59万公顷、果树0.39万公顷、茶叶0.22万公顷。（姚　义）

■省级园艺作物标准园建设 2019年，全市推进绿色优质园艺产品生产供给，加强园艺作物标准园建设。全年有7家企业获批省级园艺作物标准园。至年末，申报成功75家园艺作物标准园。（姚　义）

■绿杨春品牌建设 推广茶叶生产实用技术，调整茶产业结构，推进扬州绿杨春茶产业跻身“江苏名茶”行列。3月29日，第三届扬州绿杨春茶开采节在扬州聚源春茶叶专业合作社举办。5月15—19日，扬州绿杨春茶参加第三届中国国际茶业博览会。9月10—14日，扬州绿杨春茶参加第三届江苏省茶艺技能大赛。（姚　义）

畜牧业

■概况 2019年，全市有存栏300头以上规模猪场111家，能繁母猪存栏1.98万头，生猪出栏72.82万头，比上年下降37.7%；存栏15.25万头，比上年下降70.1%。家禽出栏5053.37万只，比上年增长35.6%；家禽存栏1560.77万只，比上年增长36.7%。（张永林　张　强）

■生猪养殖集聚区建设 全市系统推进生猪产业集聚区建设，按照永久性生猪养殖基地、永久性蔬菜林果基地和永久性生态循环农业基地“三个永久”的要求，推动宝应、高邮、仪征、江都、邗江县（市、区）全面启动建设生猪产业集聚区。宝应汉世伟猪场能繁母猪存栏1万多头、邗江创日猪场生猪存栏1万多头，仪征苏胜猪场与正邦集团合作，完成升级改造并生产。光明集团在高邮卸甲、车逻2个项目和江都小纪项目开工建设。邗江江苏立华养猪项目，采用楼房养猪，按计划推进。（张永林　张　强）

■畜牧生态健康养殖 全市开展标准化生态健康养殖普及行动，引导规模养殖场户进行改造升级，加强圈舍粪污处理等基础设施建设与改造，提高畜牧示范创建和生态健康养殖技术普及水平。全市创建（复检）省级生态健康养殖示范场22家，标准化生态健康养殖比重82.37%。规模养殖成为全市畜牧业发展的主体，生态健康养殖成为畜禽养殖新业态。全市生猪规模养殖比重87.36%。其中，大中型生猪养殖场规模比重77.16%，奶牛规模养殖比重100%，肉禽、蛋禽规模养殖比重分别为87.2%、83.08%。（张　斌）

■生猪屠宰监管 全年全市生猪屠宰企业累计屠宰生猪84.5万头，病害猪无害化处理2792头，检疫率和无害化处理率均为100%。新增广陵区绿苑食品有限公司、邗江区扬州祥泰食品有限公司2家省级标准化生猪屠宰企业。至年末，全市有5家省级标准化生猪屠宰企业，占比62.5%，列全省第一。（杨安龙）

■动物防疫 全市组织开展重大动物疫病春、夏、秋集中防疫行动，累计使用疫苗8559.22万毫升（头份、羽份），免疫畜禽9463.71万头（只、羽）次。累计监测禽流感、口蹄疫、新城疫、猪瘟和高致病性猪蓝耳病2.19万份次，免疫抗体合格率90%以上，全年未发生区域性重大动物疫情。仪征、邗江两地通过省考核，达到家畜血吸虫病消除标准。落实非洲猪瘟防控措施，开展“双规范化”专项行动，规范动物检疫和调运监管工作，对135辆运输车辆实行备案管理；落实屠宰场“两项制度”，开展屠宰场自检和官方兽医派驻百日行动。8家生猪定点屠宰场配备官方兽医60人，江都增加10名全额事业编制人员加强屠宰检疫工作。自2月1日屠宰企业全面开展非洲猪瘟自检；严禁泔水饲喂生猪，对1584家生猪养殖场建立清单，开展泔水等餐厨废弃物饲喂生猪拔点行动。（杨安龙　张　斌）

■饲料生产 2019年，全市有饲料工业企业38家，全年生产饲料42.5万吨。通过饲料企业规范化示范创建带动，全市饲料企业在生产工艺流程优化、硬件设施提档、标准化生产管理、产品品质控制等方面取得进步。两家饲料企业分别被省饲料工业协会表彰为改革开放40年江苏饲料行业“行业领军企业”和“创新成长企业”称号。（张　斌）

渔业

■概况 2019年，全市水产养殖面积7.13万公顷，水产品总产量39.6万吨，实现渔业产值122亿元。受猪肉价格和供求关系的拉动，罗氏沼虾平均价格比上年高4元/千克，黄颡鱼价格比上年上涨5.8%，甲鱼养殖效益提升10%以上，常规鱼价格整体有所回升。全市组织开展养殖水域滩涂规划修编工作，全市6个县（市、区）完成规划编制，科学划定养殖区、限养区和禁养区推进长江流域重点水域禁捕、退捕工作，完成长江流域重点水域1044艘捕捞渔船退捕刚性阶段任务。

（杨显祥 邵泽宇）

■生态渔业建设 全市推进稻（藕）渔综合种养，全年稻（藕）渔综合种养面积0.41万公顷，其中新增稻渔综合种养面积0.09万公顷。推进健康养殖基地建设，全市新创建水产健康养殖示范场5家。宝应县蝉联“全国甲鱼生态养殖第一县”，高邮市获“中国大闸蟹生态养殖示范市”称号。（杨显祥 邵泽宇）

■渔业品牌建设 2019年，水产企业参加国内外举办的各种农产品交易会、展销会，提升水产品牌影响力。在“王宝和杯”全国河蟹大赛中，“宝应湖”大闸蟹和“宝湖”大闸蟹双双获“金蟹奖”，“宝湖”河蟹获“最佳口感奖”。高邮湖鳊鱼、高邮湖青虾获中国地理标志产品。“宝应湖”大闸蟹获首届中国国际智慧渔业博览会“金奖”，江苏水仙实业有限公司在第17届江苏名特优农产品（上海）交易会上获“畅销产品奖”。

（杨显祥 邵泽宇）

■高宝邵伯湖渔业 2019年，高宝邵伯湖渔业总产值5.96亿元，专业渔民人均纯收入1.4万元。渔业生态环境保持良好，湖泊高锰酸盐指数、总磷、石油类等水环境指标含量比上年下降，高锰酸盐指数、氨氮、总氮均符合《地表水环境质量标准》Ⅲ类水质标准。养护渔业生态资源。实施退养还湖，扬州境内退养0.72万公顷，淮安水域退养0.15万公顷。开展增殖放流，举办“高宝邵伯湖放鱼节”“全国放鱼日”“社会捐赠”“生态修复司法专场”等大型增殖放流活动9场，增殖放流40多次，财政投入409万元，社会捐赠50万元。加强保护区建设，5个国家级水产种质资源保护区禁捕秩序稳定，建成高宝邵伯湖国家级水产种质资源保护区管护中心。高宝邵伯湖禁渔期延长至6个月，开展退养水面限捕区管理试点，整治高邮湖生态环境，清理菹草近0.13万公顷，打捞水花生2000余吨。

开展渔业行政执法。查获“2·02”特大电鱼案，一次判刑9人、赔偿资源损失152万元。农业农村部长江办、省农业农村厅、市政府举办“江苏省高宝邵伯湖‘2·02’特大电鱼公益诉讼案公开审判旁听暨电鱼器具集中销毁活动”，在全国产生影响，成为“两法衔接”的典范。全年组织“亮剑行动”“打非治违”等各类专项整治6次，联合执法6次，查处涉渔违法违规案件712件、涉案1132人次。建设无人值守雷达站+远红外高清视频监控的执法平台。

融合渔业一、二、三产。推动休闲渔业发展，联合高邮市、邗江区政府举办高邮农民丰收节、第四届中国钓鱼节等活动，助力高邮创成“中国大闸蟹生态养殖示范市”。发展品牌产业，高邮湖大闸蟹商标成为中国驰名商标，宝湖牌包揽海峡两岸河蟹大赛全部奖项，冷冻高邮湖银鱼、虾米等特色水产品面市销售，与柬埔寨、菲律宾等客商达成小龙虾出口合作意向。脱贫攻坚战取得成效，金融支渔惠及高邮、金湖渔民1132户、补助资金31万元、户均获赔5800元，帮扶沿湖困难渔民70多户。（眭洁如）

宝应县夏集镇王营村农民正在捕捞螃蟹　　王　卓　沈冬兵/摄

农业产业化经营

■农业产业化发展 2019年，全市有县级以上生产加工类农业龙头企业466家，销售收入737.8亿元，比上年增长6%，带动农户125万户。开展省级农业龙头企业监测替补工作，江苏四季馨家纺有限公司等6家市级农业龙头企业被评为省级农业龙头企业。仪征市马集镇合心村（黑莓）获第九批农业部全国一村一品示范村镇，全市有10个国家级“一村一品”示范村镇。宝应现代农业产业示范园获批省级现代农业产业示范园创建。至年末，全市有3家省级农业产业示范园创建单位。

（王　波　糜　裕　徐迅燕）

农民在邗江区西湖镇胡场村灵芝生态园种植大棚内劳作　宋永根/摄

■**新型农业经营主体培育**　新创国家农民合作社示范社16家，总数49家；新创省级示范家庭农场54家，农民合作社年报公示率93.4%，培育示范农民合作社率9.8%。仪征市被确定为首批国家级农民专业合作社质量提升整县推进试点县，邗江区被确定为省级农民专业合作社质量提升整县推进试点区。举办全市农民合作社规范化建设培训班和全市示范家庭农场主培训班，220人参加培训。　（沈　翔）

■**"农业板"挂牌**　组织企业与江苏股权交易中心对接，邀请江苏股权交易中心、省农担公司、中泰证券和江苏泰和事务所专家为企业讲解"农业板"挂牌、投融资、上市培育等专业知识，提高企业对资本市场的认知，对意向性企业进行培训。至年末，全市有15家农业龙头企业挂牌"农业板"。

（王　波　糜　裕　徐迅燕）

■**农业重大项目建设**　依托各地农业资源禀赋、重点产业优势，通过"走出去""引进来"相结合，以海峡两岸(扬州)农业合作试验区为平台，通过"国交会""上交会""农洽会"等展销活动，加大农业招商引资和重大项目建设力度，举办农业产业招商项目签约会。全年全市新开工重大农业项目32个，新竣工22个，新引进现代农业项目64个。

（王　波　纪合意　徐迅燕）

■**创意休闲农业建设**　2019年，邗江区沿湖村入选农业农村部中国美丽休闲乡村，创成16个省休闲农业精品村和24家省主题创意农园，19家本地优秀乡村旅游企业获批全国休闲农业与乡村旅游星级示范企业，其中仪征江扬生态农业有限公司、润德菲尔生态发展有限公司、宝应正润生态园获"全国休闲农业与乡村旅游五星级"称号。在乡村振兴2019"中国最美村镇"参选中，广陵区沙头镇沙头村获乡村振兴潜力奖、邗江区甘泉街道长塘村获产业兴旺成就奖、江都区丁伙镇获产业兴旺成就奖、高邮市菱塘回族乡清真村获绿色低碳共建奖。

（王　波　纪合意　徐迅燕）

■**农业电商**　2019年，全市农业电商网上销售额65.64亿元，带动8万多户农户致富，结合省"电商万人培训计划"培训电商人才近700人。推荐27个村申报江苏省"一村一品一店"示范村，推荐17个单位申报省农业信息化示范基地。

（虞志华　潘小文）

■**农产品品牌培育**　至年末，全市有70个品牌列入江苏农产品品牌目录，涵盖粮油、水产、水果、畜禽、蔬菜等农产品。12月11日，在南京举办的首届"江苏省十强农产品区域公用品牌"大赛决赛现场，高邮鸭蛋获"江苏省十强农产品区域公用品牌"大赛第一名。12月7日，农业农村部发布中国特色农产品优势区（第三批）公示名单，宝应县宝应荷藕中国特色农产品优势区上榜，系扬州市特色农产品产地首次入围该名单。　（虞志华　潘小文）

农业园区

海峡两岸（扬州）农业合作试验区

■**概况**　2019年，海峡两岸（扬州）农业合作试验区完成"4·12"系列活动。海峡两岸（扬州）名特优农产品暨江苏蕙兰博览会邀请台湾、陕西榆林市、新疆新源县、辽宁省丹东市的部分企业参展，200家企业1200余种名特优农产品在现场进行展示和销售。举办第二届海峡两岸（扬州）乡村振兴论坛，邀请农业农村部农村经济研究中心主任宋洪远、台湾大学农学院教授张育森、中国社会科学院研究员魏翔作主题演讲。举办2019扬州农业产业招商暨项目签约会，集中签约农业投资项目32个，协议投资总金额超70亿元。

（王　波　糜　裕　徐迅燕）

■**农业产业招商暨项目签约**　4月12日，扬州举行2019扬州农业产业招商暨项目签约会，海内外嘉宾客商300多人参加，市农业农村局、广陵区政府先后作农业招商项目推介。本次农业产业招商暨项目签约会集中签约项目32个，协议总金额71.21亿元、外资850万美元，其中亿元以上项目23个。广州林安物流集团和广陵区沙头镇签订的林安物流项目总投资额30亿元。2019年，扬州市依托6个50亿元产值连片特色农业产业，加大农业招商引资和重大项目建设力度，全年新引进现代农业项目64个，开工重大项目32个。　（王　波　糜　裕　徐迅燕）

■海峡两岸名特优农产品暨江苏蕙兰博览会 4月12—14日，海峡两岸名特优农产品暨江苏蕙兰博览会在扬州国展中心举行。此次博览会共设9个展示展销区，包含8个名特优农产品展示展销区和1个蕙兰展示区，来自扬州本地、台湾、陕西榆林、辽宁丹东、新疆新源200多家企业1200多个名特优农产品参加展示展销。台湾的芒果、莲雾、凤梨酥、高粱酒、榆林的有机小米、新疆的和田大枣、丹东的水产品等与扬州市民见面。（王 波 糜 裕 纪合意）

农业标准化示范区

■概况 至2019年末，扬州市建立国家级农业标准化示范区12个、省级农业标准化示范区43个，推广实施国家、行业和省、市级农业标准820余项。宝应县现代渔业产业园和江都区吴桥镇蔬菜产业园通过省级标准化试点项目验收。推进邗江区槐泗镇现代农业产业园蔬菜种植省级标准化试点、扬州市港湾农业发展有限公司生猪养殖循环农业省级标准化试点建设。江都区开展农村综合改革，承担的国家级农村产权交易服务标准化试点通过评估验收。（茆法勇）

■农产品生产技术标准体系 扬州市鼓励农业龙头企业和农户、农村合作经济组织，参与省级和市级农业标准制定工作。至年末，全市制定国家农业标准12个以上、省级农业标准215个、市级农业标准152个，总数位于全省前列。标准涵盖稻麦、蔬菜、茶果、花木种植、特色水产养殖等生产技术规程和操作规程，优先推荐和制定绿色优质农产品技术标准，健全具有扬州特色的现代农业标准体系。（茆法勇）

■国家级农村产权流转交易服务标准化试点通过考核验收 11月13日，江苏省市场监管局对江都区承担的国家级农村产权流转交易服务标准化试点进行目标考核。考评组听取试点工作情况汇报，察看区农村产权交易中心的服务现场和有关文件和记录，对农村产权流转交易服务标准化试点情况进行全面考评，以优秀等次通过验收。江都区2016年11月获批第二批国家农村综合改革标准化试点项目。试点实施三年来，全程参与5项省级农村产权交易系列地方标准的制订工作，农村产权流转交易服务重要标准覆盖率95%，实施率100%。试点建设期间，累计成交1.34万个标段，成交金额13.16亿元，增收节支7000多万元。（姜 俊）

■高标准农田建设 2019年，全市争取高标准农田建设项目30个，项目总投资3.45亿元，其中中央财政资金1.93亿元，省级财政资金1.22亿元，市县财政配套2725万元，自筹资金245.5万元，新建高标准农田1.22万公顷。安排市级农田水利专项资金1300万元，用于新建生态型高标准农田333公顷和建设其他农田基础设施单体工程。全年新建高标准农田项目区田间道路234.86千米，建设衬砌明渠284.13千米，排水暗渠10.75千米，建设农桥181座，泵站349座，配套渠系建筑物2750个，农田林网工程26.14千米。全年新增和改善灌溉达标面积0.86万公顷，新增节水灌溉面积0.31万公顷。（赵 琦 杜 平 吴 飞）

农业机械化

■粮食生产全程机械化创建 2019年，宝应县、邗江区被农业农村部评为全国基本实现主要农作物生产全程机械化示范县（市、区），高邮市、邗江区被省农业农村厅评为省级粮食生产全程机械化整体推进示范县（市、区）。建成粮食生产全程机械化达标乡镇8个，全市水稻种植面积1万亩以上的60个乡镇全部实现粮食生产全程机械化。全市组建跨区作业队295个，发放跨区作业证3207张，完成跨区作业面积79.2万公顷，创收7亿元。（陈慧芳 邓 昕）

■农业机械化推广 全市使用农机购置补贴资金8010.72万元，推广各类农机装备5985台（套），其中乘坐式水稻插秧机1030台、高效植保机械524台，全市农机总动力281.4万千瓦，农业机械化水平88.94%。依托农机合作社、农机大户、家庭农场等新型经营服务主体，建设1.33公顷以上机械化育秧基地152个。（陈慧芳 邓 昕）

■新型农机社会化服务主体培育 开展新型农机服务主体“两创一建”（创农机示范大户、创农机示范合作社，建农机社会化服务示范体）工作，全市新增农机规模大户42个、总数737个，新建示范综合体6个、总数16个，新建机库16个，新建农机维修点4个。（马 勇 杨 力）

■农机监督管理 以柳堡镇为试点，从厘清镇政府、农服中心、农机经营服务主体及从业人员各层级安全责任入手，探索建立以乡镇为主导的“主体尽责、部门尽职、社会尽力”的镇村农机安全监管新机制。出台《全市加强农机安全监管，深化平安农机建设的通知》，在全市选取10个农机安全基础较好的乡镇作为先期推广主体，引导各镇结合自身实际推进农机安全监管，为各县面上推广应用发挥示范带动作用。（马 勇 顾凤书）

■农机安全监理 全市检验拖拉机、联合收割机1.49万台，其中大中拖4537台，检审率95.6%。参检机具98%以上参加农机政策性保险。组织各类执法检查408次，出动执法人员1231人次，协助公安部门清理道路交通违法信息468条，组织违法记分学习79人次。（马 勇 顾凤书）

新兴产业

Xinxing Chanye

编　辑　贾丽琴

综述

■**概况** 2019年，全市加快构建“5+3”战略性新兴产业体系，推动产业转型升级步伐不断加快。规模以上战略性新兴产业企业达710家，新光源、智能电网、新一代信息技术等3大产业领域的规模以上工业产值分别增长13.3%、9.9%、12.2%。高端装备制造产业增速平稳，一批骨干企业技术水平持续提升，集群集聚优势明显。新一代信息技术产业稳步增长，产值比上年增长6.2%，龙头企业销售收入显著增长。扬州中航长飞海底光缆等6个战略性新兴产业重大项目列入2019年省重大项目投资计划；江苏金鑫电器有限公司“特高压输电GIL系统技术研发与产业化装配项目”、扬州镭奔激光科技有限公司“激光加工高性能金属材料专用设备产业化项目”列入省战略性新兴产业发展专项投资计划，共获批资金3400万元。2019年，全市战略性新兴产业增加值占地区生产总值比重达17.5%。（赵鼎佘辰）

■**重大项目** 6个战略性新兴产业重大项目列入2019年省重大项目投资计划，其中扬州中航长飞海底光缆项目完成全年投资计划；江苏金鑫电器有限公司“特高压输电GIL系统技术研发与产业化装配项目”、扬州镭奔激光科技有限公司“激光加工高性能金属材料专用设备产业化项目”列入2019年省战略性新兴产业发展专项投资计划，共获批资金3400万元。（赵鼎佘辰）

■**发展思路优化** 结合“十三五”以来全市战略性新兴产业发展实际情况，联合专业机构开展战略性新兴产业“十四五”发展思路前期研究，分析产业发展的现状和不足，理清发展方向、路径和重点领域。编制航空产业发展规划，研究出台更具吸引力和针对性的产业促进政策，围绕科技研发、项目落地及相关配套，推动沈阳飞机设计研究所扬州协同创新研究院有限公司等30家本土企业成立扬州市航空科技产业创新联盟。组织实施扬州市“新产业、新人才、新城市”（战略性新兴产业）深圳大学专题培训班，提升战略性新兴产业企业人才队伍素质。（赵鼎佘辰）

■**平台载体创新** 承办2019年全国大众创业万众创新活动周江苏分会场启动仪式，“航空工业沈阳所扬州协同创新研究院”“扬州市江都高新技术产业园区”获批省级双创示范基地，全市累计共有8家，实现区域型、科研院所型、企业型双创示范基地全覆盖；推进完善以企业为主体、市场为导向、产学研结合的自主创新体系建设，加快省级工程研究中心创建，全年共11家入选，其中有4家航空类企业。至年末，全市拥有省级工程研究中心70家。（赵鼎佘辰）

■**2019中国·扬州第二届人工智能产业发展应用峰会** 4月28日，2019中国·扬州第二届人工智能产业发展应用峰会暨产业人才科技金融合作对接会在江都区举行。本次峰会主题是“智能·智变·智造”，新加坡绿柳资本管理公司主席、总裁卢威强，新加坡CPG集团创新总裁陈绍彦，新加坡南洋理工大学教授黄广斌，法国易迈（EasyMile）自动驾驶公司CTO佩伊万北吉，清华大学教授孙富春等16位专家学者分别作专题演讲，共话“智能·智变·智造”背景下的“人工智能+智能制造+智能物联网”。产业人才科技金融合作对接会上，智能视觉检测系统及装备开发、智能化高速柔性气雾剂灌装线研发及产业化、自主可控固态存储控制器芯片及存储系统开发等15个项目现场签约。广智微芯、小纪镇、大桥镇、郭村镇、江苏明珠实验机械有限公司与引进的10名人才签约。（杨志）

新能源产业

■**概况** 全市共有光伏行业规模以上企业60家，2019年实现开票销售比上年增长11.1%，高于同期全市规模以上企业开票销售增幅11.2个百分点。全市企业累计实现销售收入超500亿元，增长超15%；实现利润近7亿元，是上年的3倍。受部分光伏企业退出市场前的甩货、后端电站建设总量受限、光伏市场低价竞争等多重因素影响，光伏产

2019年扬州市新能源产业重点企业一览表

表 15-1

企业名称	地区
晶澳（扬州）太阳能科技有限公司	扬州经济技术开发区
扬州协鑫光伏科技有限公司	扬州经济技术开发区
扬州荣德新能源科技有限公司	扬州经济技术开发区
扬州续笙新能源科技有限公司	宝应县
扬州鑫晶光伏科技有限公司	高邮市
扬州港口污泥发电有限公司	扬州经济技术开发区
扬州天晟光电科技有限公司	宝应县
扬州善鸿新能源发展有限公司	仪征市
扬州艺丰光电发展有限公司	高邮市
江苏金晖光伏有限公司	高邮市

（余　辰）

品价格持续下降，部分企业利润降幅较大。康博新材料产品多晶硅料售价持续走低，9月为5.7万元/吨，较同期下降近30%；在行业洗牌加剧的形势下，创新能力强、产业链长、产品高端的企业营利状况好于其他企业，晶澳、荣德等企业的产品利润率高于普通产品，相比上年扭亏为盈。（余　辰）

■龙头企业　晶澳公司投资8亿元的3GW（吉瓦）组件扩产项目开工建设；晶樱光电完成二期切片项目的厂房建设；德润光电两个项目在建，分别是1GW的黑硅制绒项目、2GW的光伏电池组件项目。鑫晶光伏受益于国家“一带一路”合作倡议，产品远销印度、日本、乌克兰等多个国家，全年完成出口交货值近7000万元，是上年出口交货值的三倍，占总销售额的32%，企业一直满负荷生产。（余　辰）

新光源产业

■概况　新光源产业以升级改造为抓手，实现特色发展。高邮湖西新区成为闻名全国的“灯具之乡”，形成涵盖各种室外照明的完整产业链，并将光电转换及传感技术应用到道路照明灯具产品上，形成核心生产技术，实现产品由传统灯具向智能控制的转变。道路照明灯具产品在全国的市场占有率达40%，产品覆盖全国，进入东南亚、中东及非洲等国际市场。拥有龙腾照明、宝德照明、承煦电气、伏特照明、现代照明、星慧照明等一批体量大、科技含量高、信誉好的龙头企业。扬州经济技术开发区内新光源企业体量大、产品高端，上游集聚中科半导体、璨扬光电、乾照光电等外延片、芯片生产企业，下游集聚宇理电子、艾笛森光电、峻茂光电等封装企业以及佳明航电、艾特光电、雷笛克等终端应用及配套企业。2019年，新光源产业规模以上工业产值比上年增长13.3%。（余　辰）

■启迪智慧道路产业创新技术对接会　10月18日，由启迪智能网联科技集团、启迪之星主办，启迪之星（苏州）承办的“聚势启迪，点亮未来”——启迪智慧道路产业创新技术对接会落幕。活动为期两天，共吸引来自北京、天津、上海、山东、江苏、浙江、重庆等地近30家智慧道路、智慧路灯、智慧安防、边缘计算、人工智能等相关领域企业参加。其中，国家高新技术企业3家、中关村高新技术企业2家、中科院院士牵头组建企业1家、“湖北省百人计划”企业1家、海归团队企业7家。（余　辰）

■高邮智慧路灯产业发展联盟成立　10月25日，由市政府、启迪控股股份有限公司主办的高邮智慧路灯产业发展联盟成立大会暨主题论坛在高邮城南新区智慧大厦举行。高邮智慧路灯产业发展联盟成立揭牌，标志着高邮智慧路灯产业发展“联合舰队”出征“智慧城市”蓝海。

2019年扬州市新光源产业主要企业一览表

表 15-2

企业名称	地区
龙腾照明集团有限公司	高邮市
扬州乾照光电有限公司	扬州经济技术开发区
扬州璨扬光电有限公司	扬州经济技术开发区
扬州强凌有限公司	邗江区
神州交通工程集团有限公司	高邮市
飞利浦照明工业（中国）有限公司	仪征市
江苏承煦电气集团有限公司	高邮市
扬州宇理电子有限公司	扬州经济技术开发区
扬州艾笛森光电有限公司	扬州经济技术开发区
同扬光电（江苏）有限公司	扬州经济技术开发区

（余　辰）

来自国内的平台型企业、专委会成员、本地照明龙头企业等相关人员200余人参加大会。 （余 辰）

新材料产业

■概况 扬州市深入实施创新驱动发展战略，全力推进新材料产业高端化发展，初步形成以特种金属功能材料、先进高分子材料、新型无机非金属材料等为主体的新材料产业体系。从重点企业来看，特种金属功能材料方面以江苏诚德钢管有限公司为主体，重点发展核电用钢管、石油钻井及石油天然气输送管材等；先进高分子材料方面以华奥高科、仪化东丽为主体，重点发展高性能氟塑料、高性能聚酯薄膜；新型无机非金属材料方面以仪征化纤为主体，重点发展芳纶、高性能聚乙烯纤维干法纺丝、膜用聚酯切片等产品；以仪征天龙玄武岩为主体，重点发展玄武岩连续纤维无捻粗纱、玄武岩连续纤维短切纱、玄武岩连续纤维布等系列产品。 （余 辰）

■东部湾“替塑”新材料项目落户 11月5日，东部湾“替塑”新材料项目签约仪式在广陵新城京杭会议中心举行。签约仪式现场，东部湾（上海）生物科技有限公司与广陵区头桥镇、中信证券股份有限公司、中国工商银行扬州分行分别签约。东部湾（上海）生物科技有限公司致力于生物新材料（聚乳酸PLA）的研发，主要运用在卫生医疗、日化用品、个人护理用品领域。此次落户广陵的东部湾“替塑”新材料项目，总投资10亿元，一期规划用地6.67万平方米，拟建4条2万吨产线，该项目全部投成达产后预计销售19亿元左右。 （杨 志）

■扬州新材料企业获评“绿色工厂”称号 11月12日，2019年石油和化工行业绿色发展大会暨清洁生产与环境保护新技术、新产品、新设备交流会在南京召开。扬州化学工业园区奥克化学、优士化学、瑞祥化工获得“绿色工厂”称号，恒基达鑫、杰嘉固废获“绿色供应链”称号。 （余 辰）

■鸿达兴业股份有限公司 2019年，鸿达兴业股份有限公司实现营业收入53亿元，比上年下降12.33%；实现净利润6.30亿元，比上年增长3.12%。全年完成聚氯乙烯（PVC）产量62.60万吨，下降0.07%；烧碱产量45.91万吨，下降1.43%；电石产量69.33万吨，增长5.88%；土壤调理剂产量15.15万吨，增长48.12%；PVC制品产量1.47万吨，下降2.87%；稀土产品产量1.18万吨，下降7.05%。

经营管理。氯碱装置保持较高开工率，PVC、烧碱等化工产品产销量稳定。通过严格的生产经营管理，以及持续的工艺和装置技改创新，原料及能源单耗稳中有降。重点开发改性PVC等高附加值产品，推动中谷矿业二期项目建设，巩固提升氯碱产业的竞争优势。重点推进氢能源综合利用等创新项目建设，推动土壤修复、新材料等业务发展，优化和完善产业链。

市场开拓。推动氢能源综合利用产业布局，打造“制氢、储氢、运氢及氢能应用产业链”。设立氢能中心，下设氢能技术中心和氢能营销中心，致力于研究制氢储氢等技术，拓展氢能业务市场。乌海化工投资建设加氢站，生产并销售高纯氢气。公司与北京航天试验技术研究所在氢能技术研发、装备研制推广等方面开展合作，并与其下属企业合作建设氢液化工厂，结合公司现有装置的制氢能力，大规模制取、储存液氢，提高氢气运输效率，降低运输成本。与有研工程技术研究院有限公司合作研发低成本、高性能稀土储氢材料，提高稀土储氢材料性能，发展固态储氢业务。与日本旭化成株式会社在氯碱及氢能应用领域开展广泛合作。继续推动土壤调理剂系列产品和土壤改良技术的研发，紧跟市场需求丰富土壤修复产品系列，拓展土壤修复业务市场。开发水质调理剂等新品种并推向市场，通过营销网点布局加大土壤调理剂的市场推广力度，参与土壤修复相关的各地政府采购项目。电子交易平台及综合服务、稀土产品加工、PVC制品等业务经营稳定。 （杨 志）

2019年扬州市新材料产业部分重点企业一览表

表15-3

企业名称	地区
扬州天富龙科技纤维有限公司	仪征市
江苏太极实业新材料有限公司	广陵区
江苏爱默生新材料有限公司	生态科技新城
江苏扬农锦湖化工有限公司	扬州化工园区
江苏瑞祥化工有限公司	仪征市
实友化工（扬州）有限公司	仪征市
江苏琼花集团有限公司	广陵区
仪化东丽聚酯薄膜有限公司	仪征市
扬州纪元纺织有限公司	广陵区
扬州新扬科技发展产业有限公司	邗江区

（余 辰）

■扬州晨化新材料股份有限公司 2019年，扬州晨化新材料股份有限公司实现营业收入8.05亿元，比上年增长2.30%；实现净利润0.95亿元，增长10.59%。

技术研发。加大产品研发投入，全年研发投入0.24亿元。强化研发、品技和生产等职能部门建设，为研发项目的实施提供有力支撑与保障。全年申请专利30项，其中发明专利26项、实用新型专利4项。公司新增企业标准1份，修改企业标准34份，淮安晨化新增企业标准3份。

市场营销。国外市场方面，公司通过在上海设立分公司开拓国外市场，全年产品出口8735.21万元。国内市场方面，通过优化营销渠道，加大品牌宣传，强化服务跟踪，三大系列产品产量、销量均稳健增长。表面活性剂方面，公司表面活性剂业务以聚焦产品线做长做强为策略，通过品质保障能力的不断提升，继续与国内外知名公司保持深度合作，通过定制化学品模式的开发，继续加强聚醚在其他工业领域的拓展；随着淮安晨化建设项目逐步投产见效，表面活性剂产品相应的业务增长尤为显著。阻燃剂方面，加大国内外市场开发力度。有机硅橡胶材料方面，继续执行稳健的经营方针，依靠在细分领域的领先技术和品牌优势，实现持续增长的经营成果。

（杨　志）

2019年扬州市智能电网产业主要企业一览表

表15-4

企业名称	地　区
江苏金友电气有限公司	宝应县
江苏国电南自海吉科技有限公司	扬州经济技术开发区
扬州北辰通用智能电网有限公司	扬州经济技术开发区
扬州友强电力科技有限公司	江都区
江苏海德森能源有限公司	高邮市
扬州新概念电气有限公司	扬州经济技术开发区
宝胜集团有限公司	宝应县
江苏国电南自电力自动化有限公司	扬州经济技术开发区
江苏迅达电磁线有限公司	宝应县
扬州国瑞新能源科技有限公司	仪征市

（佘　辰）

智能电网

■概况　扬州市在全国地级市中率先响应国家建设“坚强智能电网”的战略构想，确立打造“国家级智能电网产业基地”的目标，相继成为全国首家“火炬计划”智能电网特色产业基地和江苏省首家智能电网产业基地，扬州经济技术开发区智能电网综合示范工程成为国家电网公司智能电网建设试点项目。拥有省级以上研发机构30多家、省以上高新技术产品500多个。智能电网产品覆盖“输电—配电—变电—用电—调度及通信”等各个环节。2019年，智能电网产业有规模以上企业115家，实现产值比上年增长14.6%。（佘　辰）

■企业创新　2019年，新增省级工程技术研究中心3家（江扬电缆、润华电缆、盛华电气），新增企业技术中心6家（恒通发电机、德云电气、恒辉电气、金鑫电缆、江扬线缆、双汇电力），新增博士后科研工作站1家（润华电缆），参与新制定标准8项（华富储能7项，欧力特能源1项）。

（扬工信　李　晖　谢淼妙）

■宝胜科技创新股份有限公司　2019年，宝胜科技创新股份有限公司实现营业收入332.83亿元，比上年增长3.41%；实现净利润1.54亿元，比上年增长30.87%。

市场开拓。转变营销模式，创新营销机制，电线电缆合同中标率提升3.28个百分点。加压推进货款清欠力度，在外货款规模改善2.61个百分点。加大营销风险防控，电线电缆合同毛利水平改善2.1个百分点。电力能源等电线电缆主体市场共新签合同57.1亿元。在电力市场，实现新签合同39.7亿元。中标广东电网2019年度电缆框架标，成为广东电网历史上电缆采购中标份额最大的外省企业。宝胜上海公司、宝胜宁夏公司、宝胜四川公司首次获得国家电网的“一纸证明”，取得进入国网市场的“通行证”。铁路和轨道交通市场规模持续提升。中标福厦客专、武广铁路（武昌段）、京原铁路、蒙华铁路，特别是地铁市场B1类电缆系列化新产品营销不断取得突破，在手执行地铁合同就有深圳地铁、成都地铁、石家庄地铁、无锡地铁、合肥地铁等项目。三重市场项目不断突破。公司在重点工程、重大项目、重点企业“三重”市场以及标志性工程上，中标北京大兴机场、南京禄口机场、天津滨海机场、奇美化工45万吨ABS项目等重大工程。在民用电线专项市场上，通过召开民用电线经销商大会，共签约经销商88家。10月25日，航空工业机载电线电缆产品内部协同对接会在宝胜召开，推动机载系统内部电线电缆业务的集约化发展，确保电线电缆关键产品实现自主可控。

科技创新。强化技术委员会、技术中心和子企业研发创新中心“三级技术创新体系”建设，实施产品总师制，出台人才及技术创新工作意见，以及技术研发人员职级评定办法，推动全公司技术创新工作开展。新产品研发。全年有28项新产品通过省级产品鉴定，其中“核电站用和缓环境下1E级K3类电缆”等10项被评为国际先进水平产品。新产品取证工作。6月完成华龙一号K1、K3类（壳内、壳外）核级电缆取证工作；国核一号项目9月获得国家核安全局的开工许可。宝胜拥有国内最全的核级电缆生产许可证。与哈尔滨工业大学、四川大学、江西理工大学材料科学与工程学院等27家高校院所进行合作交流，其中与24家签订战略合作协议。在高铁电缆系统方面，唐山客车，完成中国高铁动车组高压电缆首次国产化项目小批量供货；在长春客车，完成中国首列高寒车国产化高压电缆供货。持续开展“品质革命”活动。推进精益生产、卓越绩效模式，加强质量、环境、职业健康安全管理体系、国军标管理体系等运行。至年末，宝胜各下属子企业（包含模拟子企业）全部通过质量体系外部审核。（杨　志）

节能环保产业

■概况 扬州市节能环保产业在政策驱动与需求拉动下稳步快速发展，产业规模迅速扩大，产业结构逐步向制造高端化、产品高效化、布局园区化方向升级演变。全市拥有国家循环经济教育示范基地、扬州环保科技产业园、苏中循环经济产业园区等集聚区，落户天雨集团、宁达贵金属等一批重点企业。基本形成以节能技术装备、环保技术装备、资源循环利用技术装备为主的产业体系，江都区重点集聚培育水、气、固体废弃物及噪声污染处理，邗江区初步形成以垃圾发电、灰渣制砖、餐饮垃圾处理为主的资源循环利用产业。（佘　辰）

■扬州环保产业园 2019年，扬州环保科技产业园以重大项目建设为抓手，集聚行业关联企业58家，获批“国家级科技企业孵化器”“省级生产性服务业集聚示范区”“市级服务业集聚示范区”，扬州市综合处理固体废弃物、发展循环经济重要载体的作用得到更好发挥。园区全年回收处理市区生活垃圾63.3万吨、餐厨废弃物3.8万吨、建筑垃圾70万吨、工业危险废弃物8047吨，回收汽车废物1.51万吨，处理医疗垃圾3100吨，年上网发电1.6亿千瓦时。全年工业开票17.1亿元，工业入库税收6231万元，带动周边居民就业超过近5000人。园区发展形成“生活垃圾焚烧发电—灰渣制砖—沼气综合利用—建筑废弃物综合利用”“餐厨废弃物—制备生物柴油—沼气综合利用—沼渣制备有机肥”“建筑废弃物—废旧钢材综合利用—再生混凝土—再生建筑模块”“废旧汽车拆解—废旧塑料综合利用、废旧金属材料再生利用—废旧轮胎综合利用”“工业危险废物综合处理利用—等离子体处置焚烧废渣”“电子废弃物、废旧塑料综合处理利用—贵金属回收”等6条横向联系、纵向到底的循环经济产业链条。

基础设施建设。坚持“基础设施共有、相关企业共联、有效资源共享、环境污染共治”的原则，2019年扬州环保科技产业园兴达路西段以及惠民路南段约600米建成通车，园区污水接管加快推进。投入2000余万元，建筑面积1500平方米的环保教育基地正式运营，并创成“省级专业科普场馆扩大开放试点”“省级科普教育基地”“市级生态环境教育基地”。

科技创新。在创成13块省级以上产业招牌的基础上，增强创新力度，提升创优能力。园区参与制定循环经济类国家标准3个，筹办镇“双高”活动座谈会，申报并获批省“双创计划”人才2人。新增国家高新技术企业7家，培育省科技型中小企业15家，正式签约产学研合作项目7个。新获批市级工程技术中心2个，新增获批市级以上创新创业基地5个，新增知识产权申请数165个。天扬粮机、博一环保、首创环境等企业持续加大技术改造等项目投资，全年累计完成固定资产投资增长17.2%。创业服务中心帮助10家企业申领邗江区小微企业定向贷款、创业贷和苏科贷，推荐赛迪乐、弗来格电力、正鼎重工参加2019年扬州高新区“创享高新”双创大赛，均获得三等奖；博尔特挂牌新四板；泰达环保和首拓环境获批扬州市生态环境教育基地。举办创新创业培训5场。完成ISO9000质量管理体系认证5家，采标2个，商标发展36件，发布行标1个。

优质产业项目打造。新签约博油环境、宇皇铝业、欣元环保等亿元项目3个，新开工力威变压器、博一环保、伟尔富环保等亿元项目3个。市级重大项目认定6个，新开工泰达三期、众科国通等重大项目2个，新竣工首拓环境、迈奥环保等重大项目2个，达产达效泰达二期、首创环保等重大项目2个。优化创业园区资源配置，新引进中豪新材料、惠特工业科技等创新型企业。（杨　庙）

2019年扬州市节能环保产业主要企业一览表

表15-5

企业名称	地区
江苏庆峰国际环保工程有限公司	邗江区
扬州泰达环保有限公司	邗江区
扬州佳境环境科技股份有限公司	邗江区
江苏江澄环保设备工程有限公司	江都区
扬州澄露环境工程有限公司	江都区
扬州宁达贵金属有限公司	江都区
江苏天雨环保集团有限公司	江都区
扬州市华翔有色金属有限公司	高邮市
江苏华旭环保股份有限公司	扬州化工园区
扬州港口污泥发电有限公司	扬州经济技术开发区

（佘　辰）

生物医药产业

■概况 扬州市生物技术和新医药产业主要分布在医药制造、医疗器械、诊疗设备、生物农业等方面，集聚联环药业、伯克生物、一洋制药等一批重点企业，有多个国家一类新药品种和知名品牌。形成以扬州大学为依托，龙头生物技术和新医药企业为主体的创新体系。全市建成江苏省心血管系列新药工程技术研究中心、江苏省转基因制药工程技术研究中心等一批省部级研发机构和农业部畜禽传染病学重点实验室、江苏省植物栽培生理重点实验室等一批重点实验室。加快国家级扬州高新区生物科技园建设，联环药业、奥锐特医药、艾迪生物等一批重点项目进展提速。2019 年，49 家规模以上生物医药和新型医疗器械产业集群企业产值增幅 12.1%。邗江高新区生物健康产业园联生药、联亚药项目进入设备调试阶段。医药产业有在研 1 类新药 20 个，其中有 3 个进入临床试验阶段。

（佘 辰 李 晖）

■威克生物二期项目 1 月 5 日，国药集团扬州威克生物工程有限公司综合车间项目举行开工仪式。国药威克二期项目总投资近 3 亿元，新建建筑面积约 1.2 万平方米的兽用综合车间，并新增 5 条生产线、新上 11 项新产品。国药集团扬州威克生物工程有限公司成立于 2004 年，是国家高新技术企业、农业部强制免疫产品定点生产企业，拥有活疫苗、灭活苗两个生产车间，细胞毒活疫苗、胚毒活疫苗、胚毒灭活苗和细胞毒悬浮培养活疫苗四条生产线，拥有 24 个疫苗产品的生产文号，其中禽流感灭活疫苗（H9 亚型）、鸡传染性法氏囊病中等毒力活疫苗和高致病性猪蓝耳病活疫苗产品先后被科技部等四部委授予“国家重点新产品”称号。

（杨 志）

■江苏联环药业股份有限公司 2019 年，江苏联环药业股份有限公司实现营业收入 12.90 亿元，比上年增长 26.60%；实现净利润 0.80 亿元，比上年增长 8.00%。

经营业绩。制剂销售情况。重点临床品种爱普列特销售 1.35 亿元，增长 30.04 %；依巴斯汀销售 1.52 亿元，增长 21.92%；盐酸屈他维林注射液销量 253.81 万支，较上年大幅增长。制剂品种销售总体稳步上升。原料药销售情况。氢化可的松销售 4180.50 千克；盐酸左旋咪唑 1.92 吨，较上年大幅增长。控股子公司联环（南京）医疗科技有限公司，作为专业的医疗器械销售平台，全年实现营业收入 1.19 亿元。扬州联环医药营销有限公司，全年完成销售额 4.02 亿元，增长 32.99%；实现净利润 448.32 万元，增长 17.65%。

科研创新。全年公司研发投入 0.55 亿元，增长 27.07%。创新药研发成效显著。公司聚焦三大研发平台持续加速新品研发，包含创新药在内的多个在研项目齐头并进。南京联智研发中心自主立项、独立研发的新药项目持续推进；与中科院上海药物研究所共同立项开发的抗白血病及抗糖尿病两个创新药将启动 I 期临床试验研究；与中国药科大学共同立项开发的治疗肺梗阻 (COPD) 药物化合物专利及晶型专利获授权。仿制药、一致性评价、工艺变更、对外合作齐头并进，硫酸氢氯吡格雷片、叶酸片、米力农注射液完成技术审评。盐酸多西环素片及盐酸莫西沙星片完成一致性评价，申报至国家审评中心。盐酸达泊西汀片、苯磺贝他斯汀片完成临床研究，辛伐他汀片、他达拉非片、阿奇霉素片等多个项目进入临床阶段，五个品种（原料及制剂）在报注册申报，多个品种在进行药学研究。

绿色发展。完善质保体系。公司坚持管理、控制、生产、销售为一体的药品全生命周期管控，接受新厂区固体制剂生产线 GMP 认证检查，获得 6 个原料药的 GMP 认证证书；接受易制毒化学品的专项飞行检查；取得新区药品生产许可证；通过江苏省认证中心的现场检查。不断加大环保改造投入，持续完善环保管理网络，制定大气减排措施方案和“一厂一策”管控措施，实时监测水、气、声的排放情况，对检查过程中发现的缺陷及时落实整改，完成“减存量控风险”三年专项行动任务，完成新厂区污水处理及环保设施的安装工作。

（杨 志）

2019 年扬州市生物医药产业主要企业一览表

表 15-6

企业名称	地区
江苏联环药业集团有限公司	广陵区
江苏中惠医疗科技股份有限公司	江都区
扬州十二粉黛生物科技股份有限公司	高邮市
扬州科恩生物科技有限公司	高邮市
扬州一洋制药有限公司	高邮市
扬州诺瑞药业公司	江都区
扬州福斯特激光仪器有限公司	仪征市
扬州艾迪生物科技有限公司	邗江区
扬州市三药制药有限公司	江都区
扬州三邦生物工程有限公司	江都区

（佘 辰）

工业

Gongye

编 辑 贾丽琴

综述

■**概况** 2019年，全市3026家规模以上工业企业增加值比上年增长8.5%，增幅高于省均2.3个百分点，居全省第三位。其中，轻工业增长8.8%，重工业增长8.4%。按门类分，制造业增加值增长9.0%，电力、热力、燃气及水生产和供应业增长3.2%，采矿业增加值下降6.6%。按经济类型分，国有工业增长7.7%，集体工业增长14.5%，股份制工业增长7.7%，外资及港澳台投资工业增长12.7%。

先进制造业发展加快。先进制造业产值增长8.5%，对全部规模以上工业总产值的贡献率达75.3%，扬州高邮被表彰为省制造业创新转型成效明显地区，拉动全市产值增幅5.6个百分点。分产业来看，新型电力装备产业、生物医药和新型医疗器械产业、汽车及零部件（含新能源汽车）产业实现两位数增长，增幅分别达13.1%、11.1%和10.1%；食品产业增长8.7%，高端装备产业增长8.4%，电子信息产业增长7.2%，海工装备和高技术船舶产业增长5.5%。

工业企业利润下降。规模以上工业企业营业收入增长0.5%，利润下降17.2%；规模以上工业企业营业收入利润率、成本费用利润率分别为4.3%、4.7%；规模以上工业企业资产负债率为53.0%，总资产贡献率为7.2%；全年规模以上工业企业产销率为97.2%。

（扬工信 李 晖 杨 志）

■**融合发展** 以工业和信息化融合为方向，深化智能制造。市工信局提请市政府出台《关于深化“互联网+先进制造业”发展工业互联网的实施意见》，举办全省工业机器人应用推广对接会、全市智能制造论坛、企业上云县区行、智能车间建设诊断服务活动等，全年获批国家级两化融合、智能制造类项目5项，省行业级工业互联网重点培育平台1家、工业互联网标杆工厂3家、五星级上云企业4家、新增省智能车间（工厂）15家。推动制造业和服务业、民口企业与军工企业融合发展，获批省工业设计中心3家、省服务型制造业示范企业4家，居全省第五位。

（扬工信 李 晖 谢森妙）

■**重大项目** 强化项目招引，组织开展市领导赴中石化总部、浪潮北京总部、国开集团、中国电子集团、用友软件、东土科技等企业拜访活动，推动中化集团车用环保三元锂电池项目、中星北斗卫星遥感产业园项目签约落户。完善工业重大项目“四新”认定办法，实施重大项目“零收费”政策，为8家企业办理免缴证。全年新开工项目56项，其中招商新建36项，为历年最多；新竣工项目79项，平均单体设备投资1.05亿元；新达产项目144项，新达列统标准企业24家，其中亿元以上企业11家，10亿元以上企业4家；列省重点工业重大投资项目36项，数量居全省第一位。以技改券为抓手，推进企业技术改造，全年发放2019年技改券294项，兑现2018年技改券194项，促进企业技改投资81.5亿元。

（扬工信 李 晖 谢森妙）

■**科技创新** 围绕产业链部署创新链，推进制造业创新中心建设，获批组建增材制造（激光技术及应用）装备、飞行器智能技术、智能微系统等3个省重点培育的制造业创新中心。实施企业技术中心培育“双百”计划，全年获批省级企业技术中心37家，其中工业33家，列全省第二位，累计省级以上企业技术中心194家（不含建筑业），占规模以上工业企业比重居全省第二位。支持企业开展技术创新，引导中小企业“专精特新”发展，东升汽车部件、华富储能、金陵特涂3家企业获批国家级首批专精特新“小巨人”企业，智途科技获“中国软件行业优秀解决方案”，迈安德获评省“质量标杆”，扬杰、扬力揭榜省关键核心技术攻关任务，77个项目入围省重点推广应用“双新”目录，147个项目列入省企业重点技术创新导向计划。（扬工信 李 晖 谢森妙）

■**企业服务** 支持民营经济发展，举办民资产业（宁波）招商恳谈会，集中签约项目35项，总投资共计67.8亿元。清理拖欠民营企业中小企业账款，全面完成“清欠”4.5亿元的目标任务。市政府成立减负工作领导小组，强化组织领导和工作机制，贯彻落实各项减税降费政策，全年共计减负220多亿元。继续开展工业企业高质量发展“争先创优”表彰评选活动。优化涉企服务机制。构建“无事不扰、有求必应”的服务企业机制，遴选服务监测点企业100家，推荐企业负责人为市优化企业发展环境工作社会监督员，创成国家级中小企业公共服务示范平台1家、省五星级中小企业公共服务示范平台1家、省小企业创业示范基地3家。加大资金扶持力度。开展“三争”（向上争取政策、争取项目、争取资金）工作，全年帮助企业争取省级以上专项引导资金和政策性资金超16亿元。加大市级财政对企业的支持力度，全面调整市级先进制造业（集群）政策、小微企业服务券政策，覆盖范围更广、奖励金额更大、支持方向更聚焦，全年发放资金近2亿元。出台“小微惠贷”实施意见，帮助企业解决融资问题。

（扬工信 李 晖 谢森妙）

■煤炭工业 2019年，扬州市煤矿企业生产原煤46.65万吨，比上年增长3.1%；实现营业收入1.30亿元，比上年下降8.6%；实现利润总额692.8万元，比上年下降77.7%。全系统无死亡事故和上等级的非人身伤害事故，实现安全年目标。至年末，振兴煤矿、徐州变电所、贵州变电所连续安全生产分别为3046天、8973天、4845天。

（朱介堂）

■建材工业 水泥生产。2019年，全市有8家水泥生产企业，有3.0米以上水泥磨机14台，全年共生产水泥1003万吨，比上年增长14.74%。全年完成水泥总产值34.93亿元，比上年增长22.82%；实现利税3.51亿元，比上年增长95%。

商品混凝土生产。至年末，全市有混凝土企业56家，比上年减少1家。其中市区比上年减少2家、仪征增加1家。由于受政府环境治理工作要求的影响等因素，正常运营的企业有47家。产出方面，市区产量计780万立方米，比上年少产30万立方米；江都产量170万立方米，比上年增产10万立方米；仪征产量190万立方米，比上年增产30万立方米；高邮产量120万立方米，与上年持平；宝应产量130万立方米，与上年持平。2019年，全市生产混凝土共计1390万立方米，比上年共增加10万立方米；实现产值69.5亿元、利税7亿元，分别增长4.92%、14.38%。

建材钢结构。全市钢结构行业累计制作各类钢结构约48.5万吨，安装钢结构房屋建筑约245万平方米，分别增长7.78%、8.89%。实现销售产值31.22亿元、利税2.18亿元，分别增长6.01%、10.66%。

预拌砂浆生产。全市备案并正常运营的预拌砂浆生产企业计14家（其中含1家石膏砂浆生产企业）。2019年，因拆迁关停的企业2家，因拆迁搬迁的企业1家。年末预拌砂浆生产线共14条，年设计生产能力300万吨，全年实际产量为110万吨，下降8.3%。实现销售收入为3.31亿元，增长6.1%。预拌砂浆行业综合利用工业废弃物计8万吨。全市预拌砂浆储存罐拥有量为1250只，专用运输车辆为45辆。市区禁止现场搅拌砂浆的区域内，预拌砂浆使用比例达90%。（卞海波）

■工业资产经营管理 2019年，扬州工业资产经营管理有限责任公司完成工业产值15.1亿元、销售13.5亿元，实现利税5226万元、利润1178万元。

管理运行。全年授权专利20件，其中发明专利4件，集成电路布图设计1件。中电科技扬州宝军电子有限公司（简称宝军电子）获得雷达配件6个产品直接向军方订货的授权，开发空军市场并获首批订单，靶标产品实现零的突破，企业新产品销售占全年业绩33%。扬州四菱电子有限公司深耕挖潜变频器市场，对软启动器市场进行集中、连片的开发。全年开拓市场4个，开发新客户9家，新品MTC系列、MDC系列、压接式模块等新产品，取得较好市场响应和经济效益。

项目推进。宝军电子的北斗卫星导航定位设备研发和产业项目获得江苏省军工学会科技创新二等奖，首次引进的科技副总项目入围省“双创计划”。扬州晶新微电子有限公司5英寸功率肖特基芯片项目实现批量投产。扬州四菱电子有限公司在开发中低频模块的基础上，开发高频模块和方片压接式模块，成为国内变频器行业外资企业和国内知名企业的配套供应商。通信设备公司开发的模块化电源、电子对抗干扰机升级项目和转子发电机组项目的研发和投入达产。

企业改革。江苏亲亲集团股份有限公司和重庆万吨冷储物流有限公司进行混合所有制改革，提前完成市政府下达的年度目标任务。工业资产公司以200万人民币的价格受让新加坡金狮美益投资有限公司持有的江苏亲亲集团股份有限公司投资200万美元、占有28.26%的股权，完成扬州护君食品有限公司50%国有股权退出工作。（梁 轩）

电子信息产业

■概况 2019年，全市电子信息产业规模以上工业企业开票销售增幅1.7%，扬州市电子信息产业（不含软件与信息服务业）积聚一批在国内外细分领域的龙头企业，生产传感器的森萨塔、生产导航仪和智能手表的佳明航电、生产智能遥控器的骏升科技、生产新型显示器件的川岳科技全球知名；作为物联网感知器件之一的无线射频标签，扬州产量居世界第二、亚洲第一。2019年，扬杰电子科技股份有限公司列国内半导体功率器件企业第二名，奥力威是国内最大的车用油量传感器制造商。（扬工信 朱 敏 谢森妙）

■中国·扬州（第二届）智能微系统&第三代半导体技术和产业发展峰会举行 8月30日，中国·扬州（第二届）智能微系统&第三代半导体技术和产业发展峰会在市会议中心举行，来自全国各地的150多位半导体领域专家学者和企业家汇聚扬州，共同为扬州半导体产业发展出谋划策。清华大学副校长、中国工程院院士尤政等13位特邀嘉宾分别作主题演讲。（杨　志）

■扬杰科技入选2018年中国半导体功率器件十强企业 7月24日，第13届中国半导体行业协会分立器件年会暨2019年中国半导体器件技术创新及产业发展论坛在青岛召开。中国半导体行业协会公布2018年中国半导体行业功率器件十强，扬州扬杰电子科技股份有限公司位列第一。

（杨　志）

■扬州扬杰电子科技股份有限公司 2019年，扬州扬杰电子科技股份有限公司实现营业收入20.07亿元，比上年增长8.39%；实现净利润2.25亿元，比上年增长20.16%。

研发技术。推行高密度引线框架及低功耗芯片项目，成功降低成本及提升性能，实现资源利用率与生产效率的双提高。推进IGBT（绝缘栅双极型晶体管）新模块产品的研发进程，开发50A（安培）/75A/100A-1200V（伏）半桥规格的IGBT，开拓工业领域重点变频器市场；完成高压碳化硅产品的开发设计。扩充8寸MOS产品专项设计研发团队人员，研发设计能力得到持续增强。针对形成批量销售的Trench MOSFET和SGT MOS系列产品，大幅扩充其产品品类，实现销售规模与市场占有率的同步提升。与中芯集成电路制造（绍兴）有限公司签订战略合作协议，新增可紧密合作的晶圆代工厂。

市场营销。以消费类电子、新能源行业为市场发展基础，拓展工业变频、伺服马达、安防等工业电子领域，重点布局网通、光伏微型逆变器、汽车电子等高端市场。与华为达成批量合作，支持客户端国产化器件需求。完善国际市场营销模式，扩建EMEA（欧洲、中东、非洲）销售网络，增强德国、日本、俄罗斯、印度等地销售团队力量，提升本地化服务能力；在中国苏州成立MCC全球支持中心，加大资金投入，建设专属产品工程师团队，简化产品组合，专注于5类主打产品，推行新产品开发战略。完成海外MCC网站升级并投入运营，重新编码至 .NET 4.7MVC，达到工业标准。推出多款6寸高压MOSFET与8寸中低压MOSFET产品，与现有客户产品形成配套，年度营收实现过亿，打入5G、AC-DC快充、安防、汽车电子等下游领域；开拓第三代半导体SiC器件的应用市场，部分重点客户端认证过程进展顺利，开辟新的业务增长点。（杨　志）

机械装备产业

■概况 扬州机械装备产业包含数控机床、工程机械、环保设备、农业机械、自动化装备、大型关键铸锻件、加工辅具及关键零部件、专用装备等重点行业。高端装备产业集群建成2个国家火炬计划特色产业基地（江都建材机械、邗江硫资源利用装备）、4个省高端装备示范和特色基地（高新区数控机床、广陵精密液压、邗江硫资源利用装备、江都节能环保装备）。扬州高新区获批国家标准委、工信部国家高端装备制造业标准化试点项目。

（扬工信　朱　敏　谢森妙）

■重点企业 数控机床领域，扬力集团连续9年入选“中国机械工业百强”，亚威机床入选省首批“智能制造领军服务机构”，金方圆、扬锻股份两家对外合资后量质并举、发展持续；食品（饲料）机械领域，丰尚科技位居亚洲第一、世界第二，迈安德集团位居全球油脂工程设备前三强；工程液压机械领域，海沃机械是全球

2019年扬州市获批省首台(套)重大装备及关键部件一览表

表16-1

企业名称	装备名称
迈安德集团有限公司	CCJL26×300螺旋出仓机
扬州五亭桥缸套有限公司	PCB大马力中速柴油机用大缸径气缸套(PC2-6B)
江苏赛诺格兰医疗科技有限公司	PoleStar m660正电子发射断层及X射线计算机体层摄影成像系统PET/CT
江苏海明医疗器械有限公司	HM-MD-I放射治疗模拟机
扬州京柏自动化科技有限公司	JB-AL-DB-036菱形支架点胶保压装备
江苏传艺科技股份有限公司	TS-NBL-FA智能化键盘生产线
扬力集团股份有限公司	BE4-800FT-4500×2500闭式四点落料压力机
扬州金威环保科技有限公司	JWSY50竖直式垃圾压缩设备
江苏搏斯威化工设备工程有限公司	KJG-30双轴型空心桨叶式干燥机组
扬州市江隆矿业设备有限公司	KXZFM-8.5矿用自复式防爆门
江苏奥新科技有限公司	AXC3750废热循环烘干路面的除薄冰车

（杨　志）

最大的自卸车液压系统供应商，雅歌辉托斯电液阀组细分市场占有率全球领先；节能环保装备和其他专用装备领域，诚德钢管、润扬物流、牛牌纺机、创新包装等骨干企业持续优化产品结构，加快转型升级。

（扬工信 朱 敏 谢森妙）

■江苏亚威机床股份有限公司 2019年，江苏亚威机床股份有限公司实现营业收入14.68亿元，比上年下降4.22%；实现营业利润0.97亿元，下降12.97%。其中，金属成形机床业务实现营业收入9.60亿元，下降4.71%；激光加工装备业务实现营业收入4.46亿元，与上年相比略有下降；智能制造解决方案业务实现营业收入0.62亿元，下降9.14%。

业务拓展。部分区域市场订单实现逆势增长，中西部区域市场占有率提升。国际市场完善销售业务布局，优化调整代理商结构，激光加工设备外销订单1.48亿元，增长27%；南美、欧洲、非洲区域订单分别增长50%、113%、1008%。高功率激光加工设备在钢材加工、幕墙、汽车等行业市场占有率稳步提升，8千瓦及以上超高功率二维激光切割机销售台套数倍增，20千瓦激光切割机在国内率先交付客户正常使用，激光切割自动化加工单元全年实现销售增长超三倍；激光切管机、板管切割一体机实现批量销售；三维五轴激光切割机进军汽车零部件行业，打开热成型件切割加工市场；激光焊接设备进入汽车管件加工行业。金属成形机床自动化加工设备合同稳定增长，冲割复合机和激光落料线实现首台销售突破。工业机器人进入中国中车系客户，集成工作站业务进军航空航天领域。强化亚威智能系统有限公司与事业部的协同联动，为格力、宝钢、首钢、熊猫电子等高端客户提供软硬件一体化智能制造解决方案。

技术创新。科技部智能机器人专项立项启动，获批江苏省关键核心技术任务攻关揭榜项目；获授权专利20项，其中发明专利3项，获软件著作权16项；主导和参与制订国家、行业标准8项，2项报批。激光加工装备业务，完成第三代HLF、HLE激光切割机的升级，程序构架和工艺性能得到优化。研制20千瓦超高功率超大幅面激光切割机、三维五轴激光切割机、重载激光切管机、激光板管切割一体机等一系列新产品，开发异形管件激光焊接设备，在平面切割、三维切割、型材加工、焊接等领域全方位拓宽产品线，提高市场竞争力。金属成形机床业务，Yawei折弯机数控系统自主嵌入式HMI成功应用，优化迭代系列折弯机配置性能，提高折弯机市场全面覆盖的竞争能力。优化四边折边机连杆参数和控制工艺，工作效率提升24%；自主研发设计的HPML-30510冲割复合机技术性能达到国内领先水平，铝板落料线研制成功推向市场并得到客户高度认可。智能制造解决方案业务，完成首款复合机器人和高性能第七轴直线机器人的研制，拓宽工业机器人业务产品线。继续推进亚威智云工业互联网平台基础建设，重点围绕亚威的优势客户行业，开发钣金行业标准生产管理系统MES；加速工业App的开发，设备管理及健康预测诊断工业App实现小批量验证。

战略合作。与拥有面板行业领先的柔性OLED激光加工技术的韩国上市公司LIS进行战略合作，通过境外投资成为其第一大股东，同时与LIS在苏州工业园区设立中方控股的亚威艾欧斯合资公司，推动高端精密激光加工设备国产化，将公司激光产品业务链从金属材料高功率激光加工设备领域扩展到超精密微纳激光加工设备领域。（杨 志）

汽车及零部件产业

■概况 扬州在车辆生产企业方面，主要产品有乘用车、客车、专用车、轻型载货车等。零部件生产企业方面，拥有亚普部件、潍柴扬柴、亚新科活塞环、奥力威传感等一批基础较好、实力较强、品牌知名度较高的零部件制造企业，范围涵盖汽车动力系统、底盘、车身内外饰、汽车电子等，主要产品包括轻型柴油发动机、塑料燃油箱总成、变速箱壳体、散热器、内饰件、钣金件、座椅、轮毂等。扬州市在仪征、江都、邗江等地形成汽车产业集聚区。仪征汽车工业园以整车生产企业——上汽大众汽车有限公司仪征分公司为龙头，申迪实业、汇众汽车底盘和延锋安道拓座椅等150家上汽大众系统零部件生产企业为骨干，东升汽车零部件等中小汽车零部件企业为有机组成，亚新科双环活塞环、日环汽车零部件、亚新科凸轮轴、吉凯恩粉末冶金等汽车发动机零部件生产企业为传统特色的产业体系基本形成，呈现出资源集约经营、要素集中汇聚、企业集群布局和产业集聚发展的态势。江都高新技术产业园区2012年被认定为江苏省汽车零部件产业基地和江苏省中小企业汽车及零部件产业集聚示范区，2014年被认定为江苏省江都汽车及零部件科技产业园和扬州市汽车及零部件特色产业园。园区内主要以江淮轻型车、九龙汽车、嵘泰工业、日清纺大陆、奔宇车身、杰信空调、胜赛思压铸、宏运车业、洪业部件等一批重点企业为代表，共有整车及改装车生产企业3家，零部件生产企业107家，其中开票销售10亿元以上企业1家、亿元以上企业13家。邗江区打造扬州（邗江）汽车产业园、维扬经济开发区两个核心基地，实现联动和融合发展。扬州（邗江）汽车产业园以客车、专用车、工程机械为方向，重点发展新能源汽车及装备制造产业，以完整产业链在全市三大汽车产业板块中赢得独特优势，先后获“省汽车及零部件科技产业园”“省新能源汽车及车控电子科技产业园”称号。宝应县2017年获得“中国汽车零部件制造基地”称号，宝应成为全国第18家、全省第二家“国字号”基地。扬州经济技术开发区汽车及零部件产业基地集聚规模以上汽车及零部件企业12家，拥有亚普、中集通华等龙头企业，产业发展初具规模，美国李尔、德国赛夫等龙头企业落户，产品门类日益丰富，影响日益剧增，基地影响力不断扩大。

2019 年，全市汽车及零部件产业规模以上工业企业开票销售增长 2.6%。全市汽车及零部件规模以上企业 287 家，其中整车生产企业 4 家，改装车企业 12 家，省汽车产业生产基地 5 家。开票销售亿元以上 88 家，其中超 10 亿元的 10 家、亿元以上的有 78 家企业。上汽大众仪征分公司整车产销 30.2 万辆，超年初排产计划 8.3%，开票销售增长 7.2%。亚星客车和亚星商用车实现开票销售分别增长 39.7%、147%；产量分别为 4789 辆、807 辆，增长 12%、40%。（扬工信 朱 敏 谢淼妙）

■研发创新 全市有 9 家省级专精特新企业，其中 5 家省级科技“小巨人”企业，5 家获批省专精特新产品（江苏嘉和热系统股份有限公司和扬州宏福铝业有限公司同时为科技小巨人企业），1 家获批省隐形企业冠军。2019 年，扬州东升汽车零部件股份有限公司获工信部认定的第一批专精特新“小巨人”企业。全市汽车及零部件企业中有 85 家企业拥有省级以上研发机构。其中，2019 年新增 8 家省级企业技术中心，包括仪征同舟汽车零部件有限公司技术中心、扬州阿波罗蓄电池有限公司技术中心、扬州三源机械有限公司技术中心等。2019 年新增省级高新技术企业认定 13 家；新认定 4 项双新产品，分别是扬州女神客车有限公司的医疗车、救险车和装备车以及扬州市高升机械有限公司的多功能智能型空气悬浮式工程车辆舒适座椅。宝应县与武汉理工大学达成战略协议，合作共建“扬州汽车工程研究院”；江苏大学扬州（江都）新能源汽车产业研究院正式揭牌；中汽中心工程院高邮院项目开工建设。

（扬工信 朱 敏 谢淼妙）

■新能源汽车 全市有 4 家新能源汽车生产企业（其中亚星客车股份、亚星新能源商用车、九龙汽车 3 家具备生产资质），主要产品为新能源客车、专用车，全年生产 2365 辆，销售 2441 辆。其中，亚星客车产销量为 2043、2052 辆，增长 8%、9%；亚星新能源商用车产销量为 232 辆、200 辆，增长 100%（上年无新能源车辆生产）；九龙汽车产销量为 80 辆、188 辆。至年末，全市累计推广应用新能源实物车 7347 辆，其中乘用车 3844 辆、纯电动客车 1936 辆、插电式混合动力客车 1209 辆、专用车 358 辆。全年推广新能源汽车实物车 2395 辆，其中乘用车 1961 辆、纯电动客车 174 辆、插电式混合动力客车 218 辆、专用车 42 辆。全市全年推广应用新能源标准车 5232 辆，超目标完成任务。全市共有 3 家省备案的公共服务领域充电设施建设运营单位，分别是扬州北辰电气集团有限公司、国网江苏省电力有限公司扬州供电分公司、扬州市交通特来电新能源有限公司。2019 年，推荐扬州万帮星星新能源科技有限公司申请江苏省新能源汽车充电设施建设运营主体备案。至年末，全市共建成公共服务领域充电桩近 2500 个，其中直流桩近 1100 个、交流桩近 400 个。全市推进氢能产业资源整合和布局优化，共有 6 家氢燃料电池汽车相关企业，其中亚星客车和九龙汽车 2 家整车企业具备氢燃料电池汽车生产资质。零部件生产企业中，氢璞创能科技从事氢燃料电堆生产，扬州氢蓝时代新能源科技主要生产氢燃料发动机系统，扬州嘉和新能源科技生产氢燃料汽车热管理与辅助系统，扬州阿斯莫科技有限公司生产整车集成热管理系统，扬州嘉氢工业装备制造有限公司主要研发氢能实验室装备。

（扬工信 李 晖 谢淼妙）

■上海大众汽车有限公司仪征分公司 上海大众汽车有限公司仪征分公司位于仪征市汽车工业园内，于 2012 年 7 月建成投产，占地 128.05 万平方米，建有冲压车间、车身车间、油漆车间、总装车间、技术中心、培训中心、能源中心、装车发运和零部件配送中心，以及办公楼等相关配套生产辅助设施，年产能 30 万辆，是典型的“分钟工厂”。仪征分公司是上海大众汽车有限公司的首家标准化工厂，也是德国大众汽车集团在中国的首家标准化工厂。采用大众汽车集团 2010 生产工艺，冲压车间建有两条国内最先进、自动化程度最高的高速冲压生产线；车身车间的机器人高效运用点焊、激光焊接、单面焊、螺柱焊、涂胶、折边等加工工艺；油漆车间采用无中涂水性漆涂装工艺和电泳第四代 RoDip 技术；总装车间采用世界领先的拉动式物流供货模式，现场使用全程全高度自由升降式整车吊架和模块化的精益生产装配模式，大幅降低设备投入、劳动强度，是节能减排、绿色环保的标准化工厂。2019 年，公司实现整车产销 30.2 万辆。（杨 志）

■扬州亚星客车股份有限公司 扬州亚星客车股份有限公司主要业务为客车产品研发、制造与销售，产品范围覆盖从 5 米~18 米各型客车，主要用于公路、公交、旅游、团体、新能源客车和校车等市场。2019 年，公司完成客车生产 5084 辆、销售 5096 辆，比上年分别增长 6.03%、7.33%；共销售新能源客车 1998 辆，增长 6.67%。实现营业收入 27.08 亿元，增长 10.19%；实现净利润 1395 万元，增长 6.69%。管理方面结合年初战略，开展内部客户评价工作，完善绩效评价体系；开展校企合作，与四所职业院校开展校企合作，定向培养客车制造类专业人才；搭建 WOS 运营体系框架并试运行。加大海外市场开拓力度，销量增长超 200%。加强新能源产品关键总成的研发和整车匹配技术，通过计算校核试验验证，全面升级新能源技术。关注未来发展趋势，着力智能网联技术研究，实现主动安全技术在产品上的应用，规划与实施智能驾驶技能研发。2019 年，公司搭建 WDS 项目计划管理平台，完善公路旅游、公交新能源等升级产品平台布局。围绕氢燃料电池客车、智能网联技术等新产品、新技术方面进行专利挖掘，共申报专利 24 项。（杨 志）

■亚普汽车部件股份有限公司 2019年，亚普汽车部件股份有限公司实现营业收入91.38亿元，比上年增长16.42%；实现净利润3.84亿元，增长15.15%。

新品研发及技术创新。全年在全球区域内获得众多新项目，尤其在丰田等日系客户中取得新突破。YNTF®燃油系统技术在全球生产基地推广；插电式混合动力燃油系统技术获得更多国际主流汽车厂认可和项目订单，包括标致雪铁龙、菲亚特克莱斯勒、大众、通用等。通过与高校开展产学研合作，公司氢燃料供给系统的研发质量和进度有较大提升，研究项目取得阶段性成果。

智能制造。通过持续的自主研究、合作开发，推进设备网联化、控制自动化、产线柔性化、检测智能化、管理数字化，提高过程的稳定性、降低运营成本。采用机器人技术推进生产线自动化升级，对海外部分子公司生产线自动化升级启动；推行生产线柔化改造，提高生产管理水平；对生产设备改造、升级，满足新产品从“国五”到“国六”切换。

国际化发展。亚普捷克、亚普俄罗斯、亚普印度等海外子公司经营状况良好；随着新产品投产，亚普美国经营业绩逐渐提升；为争取新项目并应对未来欧七排放标准，亚普捷克厂房扩建工程按计划实施；亚普巴西实现批量供货；亚普德国工程中心、亚普北美工程中心、亚普印度工程中心与亚普总部研发中心协同效应显著提升，在行业发展的最前沿信息收集、新项目争取、新产品新技术研发等方面发挥积极作用。（杨　志）

■江苏奥力威传感高科股份有限公司 2019年，江苏奥力威传感高科股份公司实现营业收入7.06亿元，比上年增长5.81%；实现净利润0.68亿元，下降22.14%。

市场开拓。公司新增宝马、爱三、捷能、长城蜂巢等多家客户，强化公司客户多元化战略；蒸汽压力传感器、阀件、金属加油管主要“国六”产品的批产，形成未来公司新的销售增长点。

生产业务。整合现有管路业务及“国六”金属加油管业务，重新梳理管路事业部的职能，实行专业化分工，提升组织效能。在工装设备方面，新增德马格进口品牌注塑机5台，提升注塑品牌度和产品精度，并开展新一轮的自动化提升工作。其中，GEM法兰自动化生产方案确认并投资开始实施、电芯框架自动化产线调试运行。公司投入第二条金属加油管自动化生产线、五条阀件自动化装配线，服务于“国六”项目的批产供货。2019年，公司被授予“江苏省示范智能车间”称号。

科技创新。紧跟汽车市场技术路线，开发“国六”油泵类组合阀、多元化传感器产品；做好油位传感器核心材料浆料的国产化研究开发；新能源方面，全面做好新能源三电产品的研究；技术储备方面，重点开展压力、温度等系列传感器技术研究。全年新获得专利18件，其中发明专利3件，新申请专利21件，其中发明专利4件。（杨　志）

船舶及配套件产业

■概况 扬州市船舶产业最大年造船完工量770万载重吨，约占全省30%、全国10%左右，以江都、仪征、宝应等沿长江、运河为集聚区，拥有船舶及配套企业80余家，形成中远海运重工、中航鼎衡、金陵船舶等大型散货、集装箱、滚装和化学品船制造企业，龙和造船、中西造船等中小型散货船船企，以及神龙绳业、九力绳缆等船舶配套协同发展的海工装备和高技术船舶产业集群。2019年，全市船舶企业造船完工量580万载重吨，拥有规模以上船舶修造企业19家，规模以上工业企业开票销售增长12.6%。扬州中远海运重工有限公司全年交船18艘376万载重吨，交付的5艘40万吨超大型矿砂船是世界上最大的运输船舶，交付的3艘国内最大新巴拿马型1.35万标准箱系列集装箱船智能化和绿色环保水平世界一流；江苏金陵船舶有限责任公司全年南京、扬州两地完成工业总产值34亿元，营业收入33.2亿元，利润总额6509万元，交船19艘，造船完工量94万载重吨，其主流船型双燃料环保型杂货船和国内最大1.55万吨货物滚装船，达到国际先进水平。

江苏金陵船舶通过江苏省一级I类钢质船舶企业生产条件复审评价，新大洋造船、江苏金陵船舶通过船舶企业安全生产标准化（二级）现场审查评价，江苏金陵、中航鼎衡、扬州中远海运重工参加江苏省庆祝新中国成立70周年成就展，3家船舶企业参加第七届江苏省船舶行业电焊工大赛，并获全省团体第三名；180人通过扬州市船舶和海洋工程专业中级职称评审，申报人数和通过率均创历史纪录，为全市船舶产业发展提供人才支撑。

（扬工信　朱　敏　谢淼妙）

■安全生产 开展船舶行业安全生产“查大风险、除大隐患、防大事故”专项活动。推进长江沿线违法违规占用岸线工业企业和京杭运河沿线违法违规小船厂的清理整治工作，全年牵头组织关停取缔26家沿江沿河小船厂。

（扬工信　朱　敏　谢淼妙）

■扬州中远海运重工有限公司 扬州中远海运重工有限公司是中国海运集团大型船舶建造基地，生产区占地295公顷，厂房面积43万平方米，岸线长3.5千米，拥有大型船坞3座、10万吨级船台1座、2200米长舾装码头1座（泊位4个）。主要建造集装箱船、成品油船、散货船、化学品船等运输船舶和海洋平台等海工装备，主要产品有4.6万吨系列成品油船、5万~8万吨系列散货船、11万吨阿芙拉油轮和大型钢质浮船坞等。年造船能力350万载重吨。

2019年，公司为英国航运公司Zodiac Maritime Ltd. 建造3艘11.4万吨系列成品油轮/原油轮“HANOVER SQUARE”“TAVISTOCK SQUARE”“COBALT SUN”，分别于

1月30日、5月13日、8月15日命名交船。该油轮型线优化，采用消涡鳍节能装置，综合油耗在同类船型中表现优异，结构设计和压载管系设计同时考虑压载水顺序法置换和溢流法置换两种方法，为船东运营提供多样化的选择。该型油轮取得ABS船级社绿色护照、加强检验、无人机舱、舒适性居住舱室等船级符号，满足最新的噪音规范，是一款极具市场竞争力的绿色节能环保船型。公司为英国航运公司Zodiac Maritime Ltd.建造的15.8万吨苏伊士原油轮系列船分别于4月1日、9月27日交付2艘。该轮全长269米、型宽48米、型深23.4米，是公司继建造交付4.6万吨油轮、11.4万吨阿芙拉油轮、30.8万吨原油轮之后，建造交付的又一节能环保、综合性能达到国际先进水平的油轮产品。公司联合上海外高桥造船公司为中国矿运建造的40万吨矿砂船分别于1月25日、5月31日、8月16日、10月15日、11月18日交付5艘。该船是公司首次承建的超大型矿砂船，总长362米、型宽65米、型深30.4米，结构吃水23米（甲板面积相当于三个完整足球场），航速14.5节，续航2.55万海里，是世界最新一代绿色、节能环保超大型矿砂运输船。公司联合上海江南长兴造船厂为中远海运集运建造的3艘国内最大新巴拿马型1.35万吨标箱集装箱船分别于4月26日、5月10日、8月30日命名交付。1.35万吨标箱系列集装箱船是公司继交付1万标箱、9400标箱两型集装箱船之后，深耕集装箱船市场，打造一流造船品牌，建造交付的又一超大型集装箱船产品。该轮总长366米，型宽48.2米，型深30.2米，续航力3万海里，结构吃水16米，具有航海性能优异、环保节能突出、智能化水平先进、制造工艺精益等特点，集成智能航行、智能机舱、智能能效系统为一体。EEDI满足IMOPHASE3排放要求，船用设备和材料环保取得中国船级社GREENSHIP Ⅱ入级符号。

（杨 志）

石油化工产业

综述

■**概况** 石油化工产业是扬州市的重要支柱产业，产品主要有天然原油、基础化工原料、有机化工产品、无机化工产品、聚酯切片、化学纤维、化学农药及仿生物学农药、涂料、助剂、橡胶制品、日用化工、化工新材料等，以氯碱、苯为基础原料的氯苯系列、硝基氯苯系列及其衍生产品市场竞争力较强，二氯苯系列产品的产量居世界前列。

2019年，全市有规模以上石化企业98家，占全市规模以上工业企业总数3.2%；年开票销售、入库税收分别占全市规模以上工业总量11.2%和11.6%，占比在全市主要产业位居第三，其中全市工业百强企业中13家石化企业开票销售、入库税收分别占百强企业总量17.2%、18%。继续推进化工企业“四个一批”（关停一批、转移一批、升级一批、重组一批）专项行动、化工产业安全环保整治提升等工作，关闭一批安全环保不达标、产品工艺落后的化工生产企业。至年末，全市化工生产企业总数由三年前的586家减至195家。

（扬工信 李 晖 谢森妙）

7月30日，扬州中远海运重工建造的40万吨矿砂船出坞　日 报/供稿

金茂化工

■**概况** 2019年，江苏金茂化工医药集团有限公司（简称金茂化工）参控股企业合计实现营业收入、利税、利润分别为229.8亿元、31.8亿元、26.2亿元，比上年分别增长29.8%、24%、26.5%。重点企业经营业绩表现突出，扬农集团销售收入首次突破140亿元，利润突破20亿元；联环集团销售收入首次突破30亿元，利润突破4亿元；国药控股扬州公司收入突破45亿元，利润超上年。（戴华侨 刘 芸）

■**营销管理** 多方位、多渠道开拓市场。扬农集团发挥稳定生产运营优势，外部开源和内部挖潜并举，经营业绩实现稳步提升；联环股份重点产品爱普列特、依巴斯汀、盐酸屈他维林销售收入分别增长25.5%、24.9%、308.5%；国药控股扬州公司自有药房销售额比上年增长35%，实现3年翻番；谢馥春首个社区形象店文昌店正式营业；瑞筑置业全年实现房屋销售收入4445万元；基因公司全年开设三家可易直营门店。应对外贸挑战。集团各企业采取措施化解外销危机，基本稳住外销基本面，全年

实现出口交货值41.3亿元，下降12.8%。扬农股份克服麦草畏需求大幅下降的不利影响，加大功夫菊酯、联苯、氟啶胺等农药和卫药产品销售，保持外销基本稳定。
（戴华侨　刘　芸）

■科技创新 扬农集团入选“2019年中国农药制造业百强企业”，位列第二，“绿色催化选择性共性技术及其在芳烃系列产品工业化应用”获中国石油和化学工业联合会科技进步一等奖；扬农股份“仿生杀虫剂联苯菊酯清洁生产关键技术的研发与产业化”项目获第12届中国农药创新贡献奖一等奖；联环股份与中科院上海药物所共同开发的抗糖尿病和抗白血病两个创新药项目即将申报临床，与长江学者共同立项开发的治疗肺梗阻（COPD）创新药化合物及晶体专利获授权；谢馥春推出7款新品；基因公司与扬州大学联合成立“江苏省研究生工作站”。
（戴华侨　刘　芸）

■项目建设与退城进园 退城进园取得重大突破。集团成立推进退城进园和项目建设工作领导小组，制定年度调研详细计划，全年多次到扬农集团、联环集团老厂区、扬农集团连云港瑞恒厂区、如东优嘉厂区、联环新厂区进行现场调研，持续督促推进退城进园工作。扬农集团、联环集团实现年底前老厂区生产装置全面停产。重点项目建设有序推进。扬农集团连云港瑞恒一期A工程实现联动开车，一期B阶段烧碱及芳烃项目获得环评、安评批复；化工园区500吨芳纶中试装置稳定运行，5000吨芳纶项目实现土建交付安装；宁夏瑞泰公司光气改造项目完成设备安装调试。扬农股份如东优嘉三期项目取得环评批复，土建施工基本完成。联环集团新区一期项目交付使用；二期项目固体制剂车间和小容量注射液车间完成试生产；三期项目原料药厂房进入设备调试阶段；联环颐和堂中药饮片项目一期工程土建启动。瑞筑置业宁夏“香山一品”二期项目4栋住宅楼土建全部封顶。基因公司与西湖生态科技园签订入园协议，新厂区进入施工图设计阶段。华天宝完成迁址后5个生产剂型首个品种工艺核查工作。
（戴华侨　刘　芸）

■国企改革 推进国企混改。完成扬州联通医药设备有限公司混改工作，联环集团实施联环股份股权激励方案。完成谢馥春资本公积和未分配利润转增注册资本工作，注册资本由1620万元增至4050万元。规范推进企业投资并购工作。扬农股份投资收购中化作物保护品有限公司、沈阳中化农药化工研发有限公司、南通宝叶化工有限公司三家企业；联环集团投资控股新三板企业内蒙古圣氏化学有限公司，子企业普林斯公司投资控股安徽安庆三喜医药化工有限公司，联环股份与成都亚中生物制药有限公司实施战略重组。拓展投资合作渠道。着眼拓展酒店用品业务，谢馥春公司与扬州朵爱酒店用品有限公司共同投资成立谢馥春（江苏）美妆股份有限公司，注册资本1000万元，谢馥春公司占51%。（戴华侨　刘　芸）

■安全生产 落实上级安全生产要求，加强组织领导，多次召开专题会议，研究部署安全生产工作；修订补充113项安全管理规章制度，完善制度体系；调整集团安委会成员，构建“横向到边、纵向到底”安全生产责任体系；吸取事故教训，开展安全生产隐患自查、专家“会诊”和集中整治行动；全面开展“查大风险、除大隐患、防大事故”专项行动，推进危险化学品企业“排险除患”专项整治，注重直管资产安全隐患整改；加强安全生产教育培训，开展各类安全生产经验交流和培训，提升全员安全生产意识。
（戴华侨　刘　芸）

■环保治理 完成原磷肥厂和原造纸厂地块堆土清运平整和生态修复；扬农集团全年开展12项HSE相关项目，总投入约4亿元；联环股份持续推进清洁生产，完成新厂区污水处理及环保设施安装。（戴华侨　刘　芸）

■江苏扬农化工集团有限公司 2019年，扬农化工集团实现销售收入41.7亿元、利润6.0亿元。推进技术创新，全年完成小试项目22项、中试项目6项和产业化项目1项。“绿色催化选择性加氢共性技术及其在芳香烃系列产品工业化应用”获中国石油和化学工业联合会科技进步一等奖；围绕重点项目实施专利布局，新申请国家发明专利64件、实用新型专利10件、PCT专利2件，新授权发明专利13件、实用新型专利4件，进入美国审查阶段PCT专利1件。

项目建设。扬州宝塔湾厂区生产装置于12月20日全面停产，连云港退城进园一期A项目建成调试、一期B项目启动土建施工；省重大项目5000吨芳纶新材料项目10月份完成土建交安；连云港基地C3产业链一期工程项目完成内外部审批。加强安全环保管理。全年共排查各类安全隐患1.22万条，到期整改率100%。（戴华侨　刘　芸）

■江苏扬农化工股份有限公司 2019年，公司完成销售收入48亿元、利润总额11.9亿元。持续深化与规模客户合作，提高氯氰醚销售占比，名列中国农药出口和销售前十强（出口第三、销售第五名），连续五年入选世界农化企业前20强。优嘉三期项目取得环评批复，完成三个标段单体土建施工，全面进入设备安装阶段。开展新品中试9项和原药、中间体研究21项；全年申请国内专利22项，获得国内外专利授权7项；草甘膦项目获得科技奖励资助234.6万元；2个项目分别获批省重点研发计划、省工业和信息产业转型升级项目；1个项目获中国农药创新贡献奖。抓好安全管理。全面完成“四个零”目标，优嘉公司获评中化“HSE最佳实践”，获国内农化企业中先正达审计最高分。（戴华侨　刘　芸）

■**江苏联环药业集团有限公司** 参见第132页

江苏油田

■**概况** 江苏油田组建于1975年4月23日，是集油气勘探开发、炼油化工、盐硝生产、科技研发、危化品运输、餐饮服务于一体的国有大型企业，原隶属于中国石油天然气总公司，1998年3月整体划归中国石化集团公司。1998年11月，安徽油田整体并入江苏油田。2000年1月，适应中国石化集团公司重组改制要求，江苏油田分设为中国石化集团江苏石油勘探局及中国石油化工股份有限公司江苏油田分公司两部分。2012年12月，按照中国石化集团公司整合重组统一部署，设立江苏石油工程有限公司。2017年9月，中国石化集团江苏石油勘探局更名为中国石化集团江苏石油勘探局有限公司。主力油区分布在江苏、安徽2个省的6个地市15个县（市、区）58个乡镇内，在广东徐闻、广西百色有部分探矿区块。

至2019年末，江苏油田总资产78.22亿元，其中固定资产净值34.79亿元。矿权面积2.08万平方千米，共探明油气田38个（含广东徐闻、广西百色油田），探明含油面积276.19平方千米，累计探明石油地质储量3.00亿吨、天然气地质储量93.80亿立方米（含溶解气）。投入开发油气田37个，动用含油面积211.4平方千米，动用石油地质储量2.5亿吨，占探明储量的83.33%。累计生产原油4912.94万吨、生产天然气15.80亿立方米。全年新增探明储量159.53万吨，新增控制储量606.03万吨，新增预测储量847.4万吨；生产原油106万吨、天然气5092万立方米；实现收入62.45亿元、利润总额-10.06亿元。

（屈传刚）

■**油气勘探** 江苏油田分公司全年勘探总投资2.36亿元，完钻各类探井23口，有结论探井16口，新获工业油流井7口，落空井9口，探井综合成功率44%。针对刘陆舍次凹北斜坡阜三段隐蔽圈闭实施的风险探井刘陆X1井发现油层7层27米，新增预测储量791.1万吨，该井入选中国石化十大油气勘探突破成果。高邮凹陷南断阶周徐结合部断鼻圈闭部署钻探周68井，测井解释油层8层39.3米，油水同层1层5米，新增控制储量114.07万吨。金湖凹陷西斜坡崔庄构造带钻探崔X23井，测井解释油层3层16.7米，油干层2层4.7米，新增控制储量137.86万吨。马家嘴构造戴南组断鼻圈闭钻探马X48井试获工业油流，新增预测储量56.3万吨。（屈传刚）

■**油田开发** 江苏油田分公司全年开发总投资3.53亿元，完钻开发井39口，新建（增）产能5.9万吨。全年生产原油106万吨、天然气5092万立方米。坚持滚评建一体化运行，加快新区评价、滚动建产，新增可动用储量159万吨。开展以油藏描述、流场调整、水驱治理、关停井复产为主要措施的老区综合调整，自然递减率、综合递减率分别为11.4%、6.2%。扩大三次采油规模，加大侧钻和大修工作量，推广应用低成本工艺技术，累计增油3.2万吨。实施SEC储量项目化运行，加强敏感因素分析和改善措施落实，SEC储量替代率105.5%，储采比提高到3.2。

（屈传刚）

■**炼油化工** 2019年，炼油业务方面，加工原（料）油50.17万吨，完成年计划的106%，首次突破50万吨大关。实现销售收入23.36亿元，比上年增长4.5%。入库税收4.96亿元，增长29.7%。化工业务方面，生产聚丙烯3.08万吨，增长31.31%；甲基叔丁基醚2.5万吨，增长17.48%；稀乙烯回收油气1715吨。化纤业务方面，生产化纤3407吨，增长8.59%。销售业务方面，统销产品26.7万吨，自销产品17.2万吨，产品平均售价5178元/吨。

（屈传刚）

2018—2019年江苏油田主要生产建设指标一览表

表16-2

指标名称	单位	2019年	2018年
原油产量	万吨	106.45	113.16
天然气产量	亿立方米	0.51	0.70
新增原油生产能力	万吨	5.90	4.41
新增探明石油地质储量	万吨	159.53	67.80
新增动用石油地质储量	万吨	149.18	163.58
二维地震	千米	—	42.81
三维地震	平方千米	40.90	70.2
完　井	口	62	49
探　井	口	23	20
开发井	口	39	29
钻井进尺	万米	14.93	12.82

（屈传刚）

■**经营管理** 全面实施专项治亏行动，江苏油田分公司20个开发区块8个盈利，亏损面比上年下降25%，勘探局有限公司40项经营性业务30项盈利，盈利面上升31%。突出价值引领，百万吨产能建设投资下降10%，盐硝3对接替井组当年投产当年见效。加快业财融合平台建设，推进资产分类创效，加大闲置设备调剂、技术改造再利用、报废资产处置力度，实现创效1637万元。用足用好减税降费政策，全年争取税费优惠8423万元，争取地方财政稳岗补贴423万元。严格外部队伍准入门槛，外委外购减少1.15亿元。做实重要风险管控33项，抓好内控和监督检查问题整改，规范

法人治理结构，增强依法合规意识。（屈传刚）

■**市场开拓** 制定《江苏油田市场开发管理办法（试行）》《江苏油田外部市场扩量提质引导激励办法（试行）》《江苏油田外委外购业务管理细则》3项市场开拓激励政策，加大外部市场开拓力度，全年外部市场收入12.1亿元，比上年增收1.59亿元。江苏紫京后勤服务中标中科炼化等3个千万元级物业项目，江苏矿业新疆市场收入突破8000万元、增长30%，危化品运输首次进入华东地区化工料运输市场，工程中心对外技术服务实现收入2438万元、增长91%，培训处外部培训收入2648万元、增长20%，供应处仓储商贸业务收入1.54亿元、增长28%，社管中心通过资产运营、服务创效、人员盘活等对外创收5692万元、增长37%。（屈传刚）

■**安全管理** 加强HSSE（生产安全、环境、健康和公共安全）管理体系建设，组织承接52项集团公司制度，组织二级单位梳理完善916个操作规程，完成9万字体系手册。推进隐患整治，完成安全技术措施项目108项1986.5万元、安保基金列支项目12项1924万元。定期评估安全风险，每月跟踪9个油田级安全风险措施落实情况，风险总值降低7%。加大施工作业现场监督检查频次，开展承包商分级分类管理，加强应急演练和安全培训。加强劳动保护管理，规范17种职业病危害监测频次和范围，完成580多点职业病危害因素检测，梳理排查化验室防护设施50余个和员工健康状况240人。（屈传刚）

■**绿色节能** 结合国家三大污染防治攻坚战新要求，从蓝天保卫战、碧水保卫战、净土保卫战、规范环境监测四大方面，确定三年污染防治项目42个，完成20项。严守生态保护红线，关停联盟庄输油码头，迁置崔庄输油码头。编制绿色企业“一方案两清单”行动计划，形成6大方面26项具体任务清单和43项项目实施清单。强化固体废物全生命周期监管，推行绿色修井作业，采取合同环境管理模式，解决传统作业防渗膜现场铺设难、回收难、废弃处置难的“三难”问题。实施各类节能低碳和能源结构调整项目8个，节约能源消费资金1830万元。超额完成地方政府下达给江苏油田的8000吨考核指标，实际完成节能8272吨标煤。（屈传刚）

■**科技创新** 全年安排科技经费3807万元，组织运行科技计划项目105项；申请国家专利72件，获得授权56件；41项成果通过中国石化和油田鉴定，其中3项成果达到国际领先水平、1项成果达到国际先进水平。发布52项成果转化推广目录，成立科技开发分公司，制定科技成果转化奖励机制，建立10个创新平台，激发科技创新创效活力。推进科研“放管服”，赋予3家独立法人单位科技项目升级运行权，6项科研课题直接提升为油田级。深化勘探开发业务协同平台建设，地理信息系统等一批应用软件正式上线，云平台建成投用，更多软硬件和信息资源在云端共享。优化整合数字资源，发布石油情报90期，油气勘探开发49期，新增科技论文798篇，新增电子及纸质图书293册。（屈传刚）

仪征化纤

■**概况** 中国石化仪征化纤有限责任公司（简称仪化有限公司）和中国石化集团资产经营管理有限公司仪征分公司（简称资产公司仪征分公司），统称仪征化纤公司，位于江苏省仪征市，占地10平方千米，前身为仪征化纤工业联合公司，1978年筹建，1981年设立，1993年进行股份制改组，分为上市部分（仪征化纤股份有限公司）和非上市部分（仪化集团公司）。1998年整体加入中国石化集团公司。2000年，仪征化纤股份有限公司更名为中国石化仪征化纤股份有限公司，成为中国石化股份有限公司的控股子公司。2006年，仪化集团公司进行体制转换，更名为中国石化集团资产经营管理有限公司仪征分公司。2014年中国石化仪征化纤股份有限公司进行重大资产重组，成为中国石化股份公司的全资子公司。2015年4月，更名为中国石化仪征化纤有限责任公司。

仪化有限公司主要从事聚酯、涤纶纤维和特种纤维的生产及销售，并配套生产聚酯原料精对苯二甲酸(PTA)。拥有100万吨PTA年产能，

2018—2019年仪化有限公司主要产品产量一览表

表16-3　　单位：万吨

产品名称	2019年	2018年
涤纶	250.7	238.08
聚酯切片	130.35	126.18
瓶级切片	35.97	34.36
涤纶短纤维	75.42	70.09
中空纤维	8.96	7.45
涤纶长丝	—	—
加弹丝	—	—
高纤	0.31	0.23
顺酐	12.58	12.52
PTA	99.05	86.91
PBT树脂	12.64	9.41
四氢呋喃	0.81	0.60

（黄　斌）

240万吨聚酯年产能（含聚酯切片、短纤、中空、瓶片）、高性能聚乙烯纤维年产能3300吨、对位芳纶年产能1000吨、MAH（马来酸酐）年产能10万吨。公司聚酯产品差别化率达99%以上，质量整体处于国内领先地位，其中涤纶短纤产销量全球第一。高性能聚乙烯纤维和对位芳纶为完全自主知识产权，高性能聚乙烯纤维采用国内唯一干法工艺技术。

资产公司仪征分公司下属PBT部、仪化东丽公司、仪化博纳公司3个生产单位和离退休管理中心。PBT部主要产品为工程塑料(PBT)，年产能16万吨；仪化东丽公司是资产公司和日本东丽各以50%股权合资设立，主要产品为聚酯薄膜，年产能4.5万吨；仪化博纳公司是资产公司与英国博纳公司以4∶6股权设立，主产品为聚丙烯织物和人造草坪纱，年产能1亿平方米。

2019年，仪化有限公司实现营业收入164.8亿元，盈利356万元；资产公司仪征分公司实现营业收入10.6亿元，盈利34万元。（黄　斌）

■挖潜增效 动态优化原料结构和产品结构，合理安排装置检修，及时转产有效益有市场产品5.25万吨，增效1717万元。坚持低库存运行，突出量效综合平衡，以销定产、以效排产、以产促销，在激烈竞争中稳住销量、巩固份额，公司产品价格普遍高出市场均价。狠抓降本减费，实施10大类56项降本增效措施，累计挖潜增效1.01亿元。（黄　斌）

■科技创新 突出创新支撑引领，攻克自主关键核心技术难关，直纺原液着色纤维技术全面突破、绿色环保聚酯催化剂项目完成验收、MAH色相稳定周期再创纪录、年产50万吨瓶片液相增粘技术研发进展顺利。全年研发新产品15个，累计增效9400多万元。全年产品差别化率为96.4%，高附加值产品产量占总产量的38.6%，销量占总销量的38.8%。持续推进装备技术进步，试点短纤机器人修板，改造升级13套DCS（集散控制）系统，探索高配装置无人值守，建成正丁烷智能罐区，提升自动化水平。11月20日，历经16年创新攻关，中国石化“十条龙”项目之一、具有仪征化纤公司自主知识产权的“千吨级对位芳纶工业化示范装置成套技术开发”，通过项目鉴定委员会鉴定，该项目突破国外的技术封锁，填补国内空白，整体技术水平达到国际先进水平。开展的“熔体直纺高品质深染原液着色聚酯产业化技术开发”项目，通过中国纺织工业联合会组织的鉴定，并被中国纺织工业联合会授予中纺联科技进步二等奖。运用该技术生产的原液着色化学纤维通过中国化学纤维工业协会“绿色纤维认证”。（黄　斌）

■绿色发展 全年投入4.35亿元，实施水体风险防控改造、PTA氧化尾气深度治理等17个环保隐患治理项目。全年化学需氧量、氨氮等主要污染物指标全部达标排放，危险废弃物100%合规处置。实施国家重点用能单位“百千万”行动计划，完成5项“能效倍增”计划，年节约标煤0.25万吨。12月27日，公司通过中国石化HSSE委员会审定，获中国石化“绿色企业”称号。公司连续五年在江苏省企业环保信用评价中被评为“绿色”。（黄　斌）

■安全生产 以“识别大风险、消除大隐患、杜绝大事故”为主线，推进HSSE管理体系有效运行，强化责任落实和制度执行，强化风险分级管控和隐患排查治理，从严重点项目和关键环节风险管控，严抓承包商和直接作业环节管理，全年开展应急演练1426次，组织自动体外除颤器使用、心肺复苏等专项培训1203人次。全年考核承包商1715次，清退黑名单人员346人，实现全员(含承包商)死亡事故为零、重伤事故为零、轻伤事故为零、急性职业中毒和放射事故为零的目标。（黄　斌）

■重要成果 2月，仪征化纤公司在3万吨柔性化改造装置上实现生物可降解类聚酯新材料PBST工业化连续生产，成为国内首家实现PBST工业化连续生产的企业。3月，首次在直纺生产线上成功试生产常压易染阳离子聚酯短纤维，获得市场和用户认可。3月12—14日，中国石化化工销售公司会同石化展览办公室，首次组织系统内合成纤维相关企业联袂同台亮相上海国家会展中心举办的中国国际纱线展，仪征化纤公司作为主要参展单位出席展会。展览中，仪征化纤公司改性聚酯常压易染阳离子涤纶短纤、超高分子量聚乙烯纤维等新产品受到访客特别关注。在展会期间举办

仪征化纤公司年产6万吨PBT项目现场　　仪　化/供稿

的中国纤维流行趋势（2019/2020）发布会上，仪征化纤公司“白斯特”品牌全谱蓄热聚酯短纤维入选中国纤维流行趋势。5月20日，自主研发的PBT成套工艺技术建设的年产6万吨PBT项目投料开车一次成功。（黄　斌）

消费品工业

■**概况**　2019年，全市933家规模以上消费品工业企业实现开票销售、入库税收与上年相比分别持平和下降11%，分别占全市规模以上工业开票销售和入库税收总量的17.8%、19%。其中，列入“323+1”先进制造业集群的纺织服装产业实现开票销售、入库税收分别下降4%、18%；食品产业实现开票销售、入库税收分别上升8.5%、下降6%。

围绕食品安全，推进食品工业企业诚信管理体系建设。全年组织13家食品生产企业参加诚信管理体系建设培训，天禾食品、和信食品、永顺泰（宝应）麦芽、包天下食品等4家企业通过诚信管理体系建设贯标审核。围绕项目建设，消费品行业有12项新建或技改项目列入市级重大项目，签订设备订购金额11.2亿元。

（扬工信　朱　敏　谢森妙）

■**食品工业**　全市初步形成1个食品专业园区、3个食品特色基地和5个食品优势行业的“135”格局。2019年，全市83家规模以上食品工业企业实现开票销售增长8.5%，4家企业通过省食品工业协会组织的《食品工业企业诚信体系》贯标审核验收，数量列全省第一。

（扬工信　朱　敏　谢森妙）

■**高端纺织服装产业**　规模以上高端纺织服装工业企业实现开票销售增幅比上年下降4.1%。波司登开票销售超13亿元；陈集镇打造经编产业园，规划用地66.67公顷，一期入驻企业11家，形成年产纺织面料10万吨能力。（扬工信　朱　敏　谢森妙）

■**工艺美术工业**　2019年，扬州工艺美术集团优化产品结构，深化企业改革，增强企业发展内生动力，集团公司下属主体企业全面实现止亏为盈，经营状况持续好转。全年组织所属企业参加北京世界园艺博览会、深圳文博会、江苏发展大会、大运河文博会等各类展会30余次。5月31日至6月3日在扬州国际展览中心成功举办第14届中国玉石雕精品博览会·2019中国漆器艺术精品展暨中国扬州工艺美术精品展。在486非遗文化集聚区内，参与接待国家、省、市及重要中外来宾千余人；负责“中亚论坛”“阿拉伯国家高级官员研修班”等高级别参观近百场；全年到访团队共300多个，旅游人数近20万人。2019年，扬州玉器厂有限责任公司三车间青工组获“全国工人先锋号”称号；扬州漆器厂有限责任公司被认定为“2019—2020年度国家文化出口重点企业”，“扬州漆器髹饰技艺走出去”项目被认定为“2019—2020年度国家文化出口重点项目”；扬州工艺品交易中心被认定为“第三批国家级知识产权保护规范化市场”；486非遗集聚区获“国家第三批知识产权保护规范化培育市场”称号，并以国家小微企业创业创新基地城市A类示范点通过国家督察组的验收。在湖北举行的全国漆艺邀请赛上，扬州漆器厂参赛职工代表中1人获雕刻类一等奖、1人获漆工基础类一等奖、1人获大漆髹饰类三等奖。（陈　明）

第14届中国玉石雕精品博览会现场　刘江瑞/摄

电力工业

■**概况**　2019年，全市30家发电企业总装机容量672.13万千瓦，全年发电量233.46亿千瓦时。其中，19家统调电厂（含火力机组22台、风力5座、光伏8座）总装机容量640.06万千瓦，年发电量207.95亿千瓦时；8家地方公用热电厂12台发电机组，总装机容量15.75万千瓦，年发电量19.26亿千瓦时；3家企业自备热电厂的6台发电机组，总装机容量16.32万千瓦，年发电量6.25亿千瓦时。

2019年，扬州市全社会用电量259.4亿千瓦时，增长4.18%。第一产业用电量3.15亿千瓦时，增长10.9%；第二产业174.99亿千瓦时，增长3.71%，其中工业用电171.95亿千瓦时，增长3.81%；第三产业40.21亿千瓦时，增长9.55%；城乡居民生活用电41.05亿千瓦时，增长0.87%。（徐　莉）

■**江苏华电扬州发电有限公司**　江苏华电扬州发电有限公司（简称扬电公司）由华电江苏能源有限公司（绝

对控股）、扬州市扬子江投资发展集团有限责任公司等8家股东共同投资。至年末，有2台330兆瓦燃煤发电供热机组和2台475兆瓦燃气发电机组，总装机容量为1610兆瓦，注册资本9.11亿元。全年完成销售收入20.89亿元，完成全口径电量50.90亿千瓦时，其中煤机29.90亿千瓦时，燃机21亿千瓦时；供热量58万吉焦，完成年度计划的126%。公司475兆瓦燃机建设工程获得“中国电力优质工程奖”“国家优质工程奖”，一号燃机获得中国电力企业联合会全国400兆瓦~480兆瓦“F”级改进型纯凝机组对标“厂用电率最优奖”。

两台330兆瓦机组脱硫废水零排放改造。该项目采用喷雾干燥技术，以SCR脱硝反应器与空预器间的锅炉热烟气作为热源，实现脱硫废水低成本零排放。该项目是扬电公司、华电科工和东南大学合作研发的中国华电集团公司重点科技项目，利用东南大学脱硫废水蒸发处理试验平台及数值模拟手段，依据扬电公司330兆瓦机组脱硫废水水质与处理量、烟气参数等基础资料，构建2套脱硫废水喷雾干燥零排放处理工业试验装置，是一种基于旋转喷雾干燥技术的脱硫废水零排放新技术。脱硫废水零排放技改工程总投资1730万元，工艺系统主要包括烟气系统、干燥塔系统、废水给料系统、工艺水系统、工业水系统、压缩空气系统、输灰系统，处理量为每台机组6吨/小时。该项目历时两年于2019年9月通过验收，投入运行。整个技改工程完成后，实现脱硫废水零排放的设计目标，进一步提升扬电公司环保水平。项目申请国家发明专利1项，喷雾干燥塔、旋转雾化器等关键装备获得国家新型实用专利2项。

330兆瓦机组分散控制系统国产化技术改造。8—12月，扬电公司与南京国电南自维美德自动化有限公司、天津飞腾公司共同协作，在扬电公司330兆瓦7号机组实施“基于自主可控国产CPU（中央处理器）的分散控制系统研制与应用”科技项目。项目主要内容包括开发基于自主可控国产飞腾CPU的安全过程控制站；针对国产飞腾CPU指令集技术特点，开发基于开源Linux的嵌入式高实时性加固操作系统；针对国产飞腾CPU架构体系，开发支持多引导图形化重定向UEFI启动引导程序；基于控制指令加密与授权、SBP访问数字签名、恶意代码和网络入侵防护、网络审计、主机加固和组态自动备份与恢复等技术，提出分散控制系统整体信息安全构架等，项目总投资550万元。项目实施后，解决扬电公司7号机组DCS（分散控制系统）存在的老化和安全问题，保障机组安全、稳定运行，减少机组RB（辅机故障减负荷）和非停（非计划停运）概率。该项目被中国华电集团有限公司列为2019年十大科技项目之一。

（蒋　幸）

■扬州第二发电有限责任公司

2019年，扬州第二发电有限责任公司全年实现全口径统计发电量131亿千瓦时，供热128万吨，实现利润5.33亿元，上缴税收3.3亿元。累计安全生产达到6995天，实现3个百日安全无事故周期。

安全生产。强化落实主体责任，坚守安全、环保“红线”意识、坚持“一票否决”制度，层层签订《安全生产目标责任书》。梳理完善安全生产管理体系，优化安委会组成结构，健全三级安全生产责任体系，优化安监体系岗位设置，修订制度标准28项，巩固夯实安全管理根基。加大整改提升力度，在响水“3·21”、宜兴“9·28”特大安全事故发生后，第一时间组织专题教育和专项检查，针对液化天然气站、氨区、制氢站、油库等重大安全危险源进行全面风险评估和隐患排查，整改完毕暴露问题。紧扣生产流程，狠抓“气”“水”两个关键排放点，各项数据做到在线监控、实时预警，发现异常纠偏整改。全年主要污染物排放水平均优于国家排放限值。

市场经营。聚焦降本抓效益，克服进口煤配额不足、环保压力大等困难，加强与各级海关沟通联系，争取理解支持，全力提升进口煤、高硫经济煤种采购比重，采购量及掺烧率均创历史新高，煤炭成本显著降低。抽调精干人员组成营销部，建立健全市场化电量营销机制，加快拓展综合能源服务。应对电力市场化改革，灵活调整售电策略，走访周边城市200多家客户，签约售电合同149份，足额签订2020年长协电量。拓展综合能源服务，融入地方循环经济发展，实现供热、副产品营收“双过亿”的历史最好成绩。

高质量发展。全力推进燃机项目申报。总结6F燃机项目建设经验，推进高邮二期9H燃机项目申报。加快拓展综合能源服务。以产品质量为根本，以抢占市场为目标，以增值服务为特色，提升供热和副产品收益。加大力度挖掘现有机组供热潜力，优化煤种配比，加强脱硫除灰设备维护，保证副产品产量质量，树立良好品牌效应，深挖发电业务附加值。提升机组灵活性调峰能力。在省内60万千瓦级机组中率先实现30%负荷深度调峰自动控制和启停调峰，增强现有机组综合竞争力。

（毛润东）

建筑业

Jianzhuye

编辑 陈婧

综述

■**概况** 2019年，全市建筑业实现施工总产值4080亿元，比上年增长9%；在扬纳税49.5亿元，比上年增长17.6%，占全市税收总额的10.08%。过亿元的企业有6家，其中江都建设2.38亿元，位列榜首。行业从业人员年均报酬达6.6万元，远高于全市农民人均年收入。

市场开拓。市外建筑业总产值达3030亿元，占总量的74%以上。国内市场方面，北京、上海、广东、陕西和南京等五大传统市场增长稳健，完成产值1000亿元。邗建集团承接西区新城高级中学EPC项目，造价约15亿元。江苏江都建设集团承接西安鸿基新城项目，建筑面积47万平方米，工程造价14.7亿元。江苏华建承建深圳创智云城一期项目，建筑面积42万平方米。国外市场方面，在“一带一路”沿线，邗建集团在沙特利雅得承接合同额2.9亿美元的立交项目。

创优夺牌。江都建设集团承建的老挝人民革命党中央总部大楼项目获得境外“鲁班奖”，为扬州施工企业在境外首获此项大奖。邗建集团承建的扬州智谷科技综合体工程、扬建集团承建的七二三所新区二期科研楼获得“鲁班奖”。江苏华建承建的深圳荣超城市春天花园、深圳华联城市全景花园获得国家优质工程奖。获批省级工法67项、省新技术立项工程76项，获批2家省级建筑业企业技术中心，22家企业入围江苏省建筑企业百强，11家企业进入综合实力50强，江苏瑞沃建设集团连续三年位列基础设施专业类第一名。全市一、二级建造师达2.4万人。

资质晋升。落实“放管服”政策，推动企业资质升级，晋升一级企业74家，二级企业392家。全市特级和一级龙头企业已达279家，占全部2146家建筑企业中的13%，比上年增长1个百分点。

装配式建筑。2019年，扬州市出让地块共53块，规划用地面积307.89万平方米，其中带装配式建筑指标条件出让地块35块，占比76.5%，装配式建筑用地面积约235.56万平方米，占比66%。全年新开工装配式建筑项目19个，装配式建筑面积约342万平方米，成品住房面积约150万平方米。已创建国家级示范基地1个，省级示范城市2个、示范园区1个、示范基地14个，示范工程项目8个，专业实训基地2个。全市有建筑产业化企业23家，其中部品部件生产企业6家，年产能100万立方米。

（张 婧 卞海波）

■**建筑产业化** 2019年，全市规划装配式建筑面积350万平方米，新开工装配式建筑342万平方米，新增省级装配式建筑部品生产基地1个，全市装配式建筑部品部件年生产能力达到100万立方米。建成国家级装配式建筑产业基地1个、省级建筑产业现代化示范基地14个，其中集成应用类2个、设计研发类3个、部品生产类9个。创成省级人才实训基地2个、省级建筑产业现代化示范项目8个。（张 婧 卞海波）

■**绿色建筑暨建筑节能** 2019年，全市通过竣工验收的节能建筑面积1019.44万平方米，新增可再生能源建筑应用面积431.16万平方米，完成既有建筑节能改造面积45.45万平方米，新增建筑能效测评标识项目72项，完成建筑能耗统计项目156项，新增实施建筑能耗分项计量并稳定上传数据的项目28项。

创新突破。新增绿色建筑标识项目25个，面积293.15万平方米，其中新增公共建筑绿色运行标识项目5个，面积71.11万平方米，完成省住建厅目标任务的178%。累计有星级绿色建筑93个，示范建筑总面积1165.2万平方米，其中二星级以上绿色建筑73个，建筑面积为863.94万平方米，占比74.1%，高星级绿色建筑工作在全省处于前列。

引导示范。扬州蓝湾华府（GZ066地块）居住小区获批高品质建筑实践项目奖补资金，扬州阳光美第小区宜居住区绿色节能改造项目获批既有建筑绿色改造奖补资金，共获奖补资金455万元。联合市财政局开展市级绿色建筑暨建筑节能专项引导资金项目评审工作，全年共有3个项目列入市级绿色建筑暨建筑节能专项引导资金补助项目，补助资金437.4万元。

机制完善。开展绿色建筑专项检查，共检查21个工程项目（竣工项目7项，在建项目14项），对存在问题的项目责任主体下发整改通知单，要求整改到位，下发节能检查通报。配合省住建厅绿色建筑暨建筑节能工作考核组的考核工作，并督促各项目主体单位整改发现的问题并及时反馈给省住建厅。完善节能产品备案体制，监管新墙材产品质量。全年对251个企业406个建筑节能材料和产品逐一进行初审，其中238个企业392个建筑节能材料和产品通过初审，并发放备案证书。（阚开慧　卞海波）

■建设科技 围绕江苏省建设科技“十三五”规划，开展建设科技项目立项评审和结题验收工作，6个项目立项为2019年度全市建设科技项目，7个建设科技项目通过结题验收。组织申报省部级建设科技项目，1个项目列为2019年度住建部科学技术项目，9个项目列入江苏省建设系统科技项目，1个项目获省建设优秀科技成果三等奖。

（阚开慧　卞海波）

勘察设计

■概况 至年末，全市勘察设计企业共101家，甲级资质39家。其中，专业设计资质企业共35家，甲级资质19家；专项设计资质企业68家，甲级资质18家；勘察资质企业12家，甲级资质4家。从业人员2914人，其中注册执业人员595人。年产值4.2亿元左右，涉及工程勘察、建筑、市政、水利、水运、电力、石油、化工等8个行业，以及建筑装饰、智能化、建筑幕墙、轻钢结构、风景园林、消防设施、环境工程、照明工程8个专项资质。

（阚开慧　卞海波）

■行业监管 开展工程勘察现场检查，组织专家对13个建筑工程项目的工程勘察现场、项目原始资料及台账进行审查，其中7个项目合格、3个项目要求整改、3个项目行政处罚，所有项目整改后均合格。

2019年扬州市勘察设计甲级资质单位一览表

表17-1

单位名称	资质
扬州市建筑设计研究院有限公司	建筑行业（建筑工程）甲级、市政（道路、排水）甲级、风景园林甲级
扬州市城市规划设计研究院责任有限公司	建筑行业（建筑工程）甲级、市政（道路）甲级
扬州大学工程设计研究院	建筑行业（建筑工程）甲级
江苏时代建筑设计有限公司	建筑行业（建筑工程）甲级、岩土工程勘察甲级
扬州市中珩建筑设计院有限公司	建筑行业（建筑工程）甲级
江苏扬建集团有限公司	建筑行业甲级
江苏江都建设工程有限公司	建筑行业（建筑工程）甲级
江苏邗建集团有限公司	建筑行业甲级
江苏华建建设股份有限公司	建筑行业（建筑工程）甲级
江苏省江建集团有限公司	建筑行业甲级
江苏弘盛建设工程集团有限公司	建筑行业（建筑工程）甲级
安宜建设集团有限公司	建筑行业甲级
江苏兴厦建设工程集团有限公司	建筑行业甲级
江苏东晟新诚建设集团有限公司	建筑行业甲级
江苏华江建设集团有限公司	建筑行业甲级
江苏扬安集团有限公司	建筑行业（建筑工程）甲级
江苏瑞沃建设集团有限公司	市政行业甲级
中石化江苏石油工程设计有限公司	石油天然气（海洋石油）行业甲级
江苏省水利勘察设计研究院有限公司	水利行业甲级
江苏省工程勘测研究院有限责任公司	勘察综合甲级
扬州市开元岩土工程检测有限公司	岩土工程勘察甲级
扬州市勘测设计研究院有限公司	岩土工程（勘察、物探测试）甲级
扬州日模邗沟装饰工程有限公司	建筑装饰甲级、建筑幕墙甲级
江苏华发装饰有限公司	建筑装饰甲级、建筑幕墙甲级
江苏华磊装饰幕墙工程有限公司	建筑装饰甲级、建筑幕墙甲级
江苏环艺装饰设计工程有限公司	建筑装饰甲级
扬州市森亿装饰工程有限公司	建筑装饰甲级
江苏华宇装饰工程有限公司	建筑装饰甲级
扬州新盛建筑装饰有限公司	建筑装饰甲级
扬州艾特装饰工程有限公司	建筑装饰甲级
江苏裕祥装饰工程有限公司	建筑装饰甲级
扬州福腾门窗幕墙有限公司	建筑幕墙甲级
江苏牧羊集团有限公司	轻钢结构甲级
江苏兴业环境集团有限公司	风景园林甲级
江苏峰业科技环保集团股份有限公司	环境工程（大气污染防治）甲级
龙腾照明集团有限公司	照明甲级
神州交通工程集团有限公司	照明甲级
江苏现代照明集团有限公司	照明甲级
江苏承煦电气集团有限公司	照明甲级

（阚开慧　卞海波）

组织专家对各勘察单位申报的土工试验室材料及试验室现场情况进行核查，共核查17家，一类土工试验室6家、二类土工试验室11家。开展2019年勘察设计质量考评工作，考核建筑工程设计企业共44家，建筑总面积1504万平方米，违反强制性条文（简称强条）总数736条，每平方米违反强条0.49条；工程勘察企业共18家，项目总数474个，违反强条总数20条，每项目违反强条0.042条，比上年减少30%。加强对施工图审查机构审查质量监管，全年开展1次施工图审查质量检查工作，每个施工图审查机构抽查1个公共建筑项目、2个居住建筑项目。通过江苏省勘察设计信息管理系统，实施对勘察设计单位市场行为的动态监管，加强省外勘察设计单位到扬承接勘察设计业务的管理。全年共完成省内勘察备案187项、设计备案344项，省外单项资质核验181项。（阚开慧　卞海波）

■优秀勘察设计项目评选 2019年共评选出市优秀勘察设计企业8家，其中上报市政府表彰企业2家。开展2019年扬州市优秀勘察设计评选活动，共评出获奖项目62项，其中优秀工程设计48项、优秀工程勘察9项、优秀装饰设计5项。推荐优秀项目申报省优评选，38个项目获省城乡建设系统优秀勘察设计奖。开展扬州市优秀农房设计方案评选工作，共评出获奖项目10项。开展2019年扬州市“城建杯”土工试验工职业技能竞赛，全市10家勘察单位29名选手参赛，竞赛由理论考试和技能操作两部分组成，并对优胜选手和单位予以表彰。推荐扬州市建筑设计人员申报江苏省杰出建筑师评选，3人获评江苏省杰出建筑师，5人获评江苏省优秀青年建筑师。

（阚开慧　卞海波）

建筑企业

■概况 全市有建筑企业2146家，其中市直3家、邗江区506家、广陵区263家、扬州经济技术开发区91家、江都区331家、高邮市546家、仪征市236家、宝应县170家。全市有特级资质企业11家，一级资质企业268家，二级资质企业803家，三级资质企业749家。产值50亿元以上的企业有20家，产值100亿元以上的企业有10家，200亿元以上的企业有江苏华建、江都建设、江苏邗建3家，分别完成产值403亿元、276亿元、205亿元。

（张　婧　卞海波）

2019年扬州市建筑业产值50亿元以上企业一览表

表17-2

企业名称	产值（亿元）
江苏华建	403
江都建设	276
江苏邗建	205
江苏弘盛	190
安宜集团	138
江建集团	137
扬建集团	134
江苏天宇	130
江苏兴厦	119
江苏弘发	116
瑞沃集团	83
华江集团	81
润扬集团	78
东晟新诚	68
建宇集团	65
润泽建设	64
仪征苏中	61
华轩建设	60
一建集团	55
建工建设	53

（张　婧　卞海波）

■江苏省华建建设股份有限公司 2019年，江苏省华建建设股份有限公司（简称江苏华建）完成建筑业产值403亿元，获评“全国建筑业AAA级信用企业”，入选“2019中国承包商80强”，排名第16位，同时位列省百强企业第5位。

市场开拓。江苏华建在建20万平方米以上项目24个，其中深圳创智云城一期项目（41.48万平方米）、深圳大族激光智造中心项目（49.5万平方米）建筑面积均超40万平方米。扬州分公司承建第一个自营项目——正茂府项目、第一个EPC（工程总承包）项目——苏州大学高邮实验学校。海外市场全年新签合同3项，其中布林广场结构分包工程合同额达1100万新元，创历年单项合同额新高。马来西亚公司于5月8日完成注册。

质量创优。江苏华建总承包施工的华联城市全景花园和荣超城市春天花园两个工程获“国家优质工程”奖；全年获评省级优质工程9项、省级优质结构10项、市级优质工程8项。

安全生产。打造施工现场标准化，建立定型化防护合格供应商名录，统一标准制作和现场形

江苏华建承建的荣超城市春天花园获评2018—2019年度国家优质工程

华　建/供稿

象，开展安全生产大检查，落实企业安全生产主体责任。珠海分公司举办富山工业园安全生产管理标准化现场观摩会。全年新创省级“双优工地”13项、市级“双优工地”10项。

技术创新。江苏华建与扬州大学立项合作的“BIM技术在工程施工中的应用”等两项科研课题开题，编制的《工程质量标准化管理手册》《智慧工地应用手册》进入最终讨论阶段。全年共获得各类科技成果181项，其中上海分公司洛克·外滩源项目“城市更新中历史街区建筑修复保护关键技术”获江苏省土木建筑科技奖一等奖，4项主要创新技术成果经权威专家鉴定达到国际领先水平。全年创省、市级新技术应用示范工程8项，发明专利2项，实用新型专利4项，企业级工法18项，国家和省、市级QC成果39项。

多元经营。江苏华建地产集团全年销售突破50亿元，位居扬州前三，入选省50强，开发的品质写字楼华城科技广场获“广厦奖”“二星级绿色建筑标识证书”；华建物业公司服务面积近200万平方米，获评“扬州市工人先锋号”。华建小贷再次被评为扬州市“十佳明星小贷公司”，并获江苏省金融办AAA评级。华建学院共举办各类培训12期，学员近3200人。质量检测中心5月取得人防工程检测资质。工程管理咨询公司全年新签项目6个，在手项目9个。江苏华建入选江苏省第二批“全过程工程咨询试点企业”。　（余涛　小刚）

江苏江都建设集团有限公司　2019年，江苏江都建设集团有限公司完成开票结算收入126.76亿元，在本地纳税2.88亿元，是扬州地区唯一获得“全国建筑业诚信典型企业”称号的单位。

开拓规模。2019年，中标5万平方米以上项目37项，10万平方米以上项目19项，20万平方米以上项目5项，30万平方米以上项目2项，40万平方米以上项目1项，年内中标的项目中造价过亿元的27项。

创优创安。全年共创省文明工地17项，获国家发明专利2项、国家级实用新型专利1项、省级新技术应用4项、省级绿色施工示范工程6项。

多元经营。公司投资开发的“江淮府”项目正式开工。组建成立实业公司，实现自主开发的江淮府自行施工并承接佳源世纪天城地下公共停车场项目，公司实体化运作正式走向市场。　（朱玲）

江苏邗建集团有限公司　2019年，江苏邗建集团有限公司完成总产值212.3亿元，新签合同额258.6亿元，外经产值超20亿元，综合实力位居江苏省建筑业百强（综合实力类）第16位、江苏省竞争力百强企业第18位，被评为“全国建筑业AAA级资信企业”，获得“扬州市市长质量奖”。

市场开拓。全年出省施工产值114.5亿元，比上年增长22.97%；省内施工产值90亿元，比上年增长16.65%。新承接一批国字号、省市级重大项目。中国大运河博物馆建筑面积7.93万平方米，工程造价9.68亿元。发挥全产业链优势，先后承接PPP项目1项、EPC项目30项，总造价超70亿元。利辛县职教园区建设PPP项目总建筑面积近22万平方米，总造价超11.6亿元。在“一带一路”市场承接沙特拉比格独立水厂、沙特吉赞路桥等项目，结转工程量超1亿元。

质量创优。全年创“鲁班奖”1项、詹天佑优秀住宅小区金奖1项、中国安装之星1项、中国建筑工程装饰奖4项、科学技术奖园林工程铜奖1项。全年获得国家级QC成果2项、全国优秀质量管理小组1项、国家实用新型专利1项、省级工法7项、省级QC成果12项、省级新技术运用示范工程16项。协和装饰完成《CBDA学校体育馆室内装饰装修技术规程》的制定。

建筑产业现代化。承建的南京青少年宫等4个项目被列入“江苏省绿色智慧示范工地奖补资金项目”，中集紫金文昌中心获评“江苏省建筑业绿色施工（示范）工程”，翼立方教育发展中心获评“2019年度江苏省建筑产业现代化示范项目”。推广运营智慧工地平台，全年推广运用智慧工地平台29个，在扬尘防控、质安管理、资源配置、工人实名制等方面起到作用。

（居建军）

江苏扬建集团有限公司　2019年，江苏扬建集团有限公司（简称扬建集团）完成总产值168.26亿元，比上年增长9%。结转工作量90亿元，实现利润2.21亿元，比上年增长4%。集团公司信用分360分，连续6年蝉联扬州市建筑业绿牌企业第一名。

多元经营。集团专业、多元产值74亿元，占比44%，与上年持平。其中，装饰系列产值10亿元以上，增长3%；安装系列产值12亿元，增长11%；桩基系列产值14.5亿元，增长19%；地产系列产值6.9亿元；钢结构分公司产值2亿元；建材系列年生产、销售混凝土保持50万立方米以上，年产值6亿元，增长33%；扬建小贷营业额3.92亿元，增长11%，在新的评级办法下被省金融办评为AA级，位列全市第七。劳务系列产值10.50亿元，增长7%。市政分公司产值1.3亿元；华正检测产值1880万元，增长3%；华晟公司产值5212万元；建筑设计研究院产值3004万元。

开拓能力。南京公司新开拓六合、江宁市场，新承接项目29.7万平方米。四公司新开拓的安徽滁州市场承接装配式住宅8万平方米。深圳工程处新接15.11万平方米的南科大二期一标段项目，工程总量6.46亿元。珠海工程处新接27万平方米的简阳项目，为集团西南片区市场的稳固与发展奠定基础。北方公司年内先后中标12项工程计59万平方米、15.87亿元，开辟远洋、旭辉等新业主市场；在雄安新区承接京雄世贸港项目，实现经营突破；无锡市场在手项目4个、年产值接近5亿元，初具基地市场条件。海南工程处辐射南宁、粤西市场，通过区域连片拓宽生存空间。

质量管理。2019年，集团新获得省级及以上优质工程奖30项、市优奖项32项、国家级奖项9项。其中，扬州七二三所新区二期科研楼获“鲁班奖”；星悦府获“詹天佑奖优秀住宅小区科技进步奖”；南部体育公园钢结构工程获“中国钢结构金奖”；西部客运枢纽、南部体育公园安装工程获评“中国安装之星”；梅岭小学北校区、旅游学院一期装饰工程，南部体育公园、扬州游泳健身中心装饰幕墙工程获“中国建筑工程装饰奖”。获江苏省扬子杯20项，其中房建4项、装饰4项、安装4项、桩基参建5项、钢结构3项；市级质量奖32项。

江苏扬建承建的七二三所项目　　扬　建/供稿

科技进步。已申报发明专利5项、实用新型专利11项，已获批3项，新获软件著作权9项。参与研发的住建部项目“基于BIM的城市地下综合管廊项目建设研究与实践”通过验收。省级科研项目“城市景观湖水下大型停车库建造关键技术研究与应用”通过专家鉴定，关键技术整体水平达到国内领先水平，并获得2019年“江苏省土木建筑科技奖”二等奖。获得省优秀设计三等奖3项。24项工程列为省级新技术应用示范工程目标项目。参与编制《江苏省新技术应用示范工程汇编》，4项工程入选。

企业管理。全年围绕BIM实务、安全技术、安全管理、安全继续教育等内容，组织“扬建讲堂”专项培训9期，参培人员1500人次；集团青干班培训全年完成12期计44课次。创新用人、分配机制，重点提升青年员工的起薪水平，为年轻干部搭建舞台已初见成效，企业凝聚力增强。集团法务部全年审核、草拟重要合同类文书172份；参与处理重大法律风险项目、事项17个；出具法律意见书、律师函18份；主办法律培训讲座5场；独立参与代理案件37宗，涉案标的近8000万元；为相关单位防控风险、保障权益提供有力支持。

（蒋贵涛　王露霏）

建筑装饰

■概况　2019年，全市完成装饰装修产值202.55亿元。其中，扬州经济技术开发区完成2.38亿元，广陵区完成26.88亿元，邗江区完成63.84亿元，江都区完成10亿元，宝应县完成8.73亿元，仪征市完成59.21亿元，高邮市完成31.52亿元。

（杨　志）

■2019年度扬州市优质工程奖“琼花杯”　11月29日，扬州市住房和城乡建设局公布2019年度扬州市优质工程奖“琼花杯”和市外优质工程奖获奖工程名单，“扬州大学瘦西湖校区教学楼”等232项建设工程获2019年度扬州市优质工程奖“琼花杯”，“南通苏通科技产业园邻里中心项目”等53项市外建设工程获2019年度扬州市市外优质工程奖。其中，69个项目获2019年度扬州市优质工程奖“琼花杯”（装饰类）。（杨　志）

2019年度扬州市优质工程奖"琼花杯"(装饰类)获奖项目一览表

表 17-3

工 程 名 称	施 工 单 位
五彩世界生活广场公共区域内装饰工程	江苏协和装饰工程有限公司
智谷科技综合体(一期)工程室内装饰工程一标段	扬州新盛建筑装饰有限公司
二十四桥宾馆改扩建工程主楼、附楼室内装饰工程	中国装饰股份有限公司
"运河一品"A3 地块 1 号、2 号、7 号、8 号、11 号、12 号、15 号、16 号、20 号楼幕墙工程	扬州日模邗沟装饰工程有限公司
扬州市第一人民医院(东区)儿科病房楼改造装饰工程	江苏协和装饰工程有限公司
运河城市广场 A 栋 7~15 层室内装修工程	江苏省华建建设股份有限公司
扬州生活科技学校蕴博大厦教学设施装饰工程	江苏华发装饰有限公司
扬子商城国际城市综合体项目二期工程万象都汇二标段	江苏华发装饰有限公司
南部体育公园工程装饰工程	江苏华发装饰有限公司
明月幼儿园新校区(肖庄路校区)工程装饰工程	江苏华发装饰有限公司
江苏旅游职业学院一期工程装饰工程	江苏华发装饰有限公司
扬州瘦西湖花艺文化艺术展示装饰工程	江苏协和装饰工程公司
竹西社会管理服务中心、派出所业务用户及文化活动中心、瓦窑便民中心项目装饰工程	扬州日模邗沟装饰工程有限公司
江苏联环药业新区项目:办公楼室内装修工程,办公附属楼室内装修,中试楼室内装修	上海嘉春装饰设计工程有限公司
邗江区方巷中心卫生院装饰工程	扬州新盛建筑装饰有限公司
扬州东方医院装潢改造工程	扬州一建集团有限公司
蜀冈怡庭幼儿园装饰装潢工程	江苏仪征苏中建设有限公司
扬州大学附属西郡幼儿园室内外环境装饰工程	江苏仪征苏中建设有限公司
扬州大学扬子津校区青年教师周转公寓室内装饰工程	江苏华发装饰有限公司
扬州市国民装饰城改造工程	扬州润扬装饰工程有限公司
华东石油技师学院学员宿舍 1 号、2 号楼、食堂改造工程	扬州日模邗沟装饰工程有限公司
扬州天下小学装修装饰工程	江苏立坤装饰工程有限公司
江广智慧城 F 地块 1~5 层及副楼室内装饰工程施工设计一体化工程	扬州市森亿装饰工程有限公司
江广智慧城 F 地块 I 区(北楼)6~23 层内装饰工程施工设计一体化工程	江苏华发装饰有限公司
扬州市广陵区李典镇中心卫生院装饰工程	江苏华发装饰有限公司
扬州市文峰小学迁建工程装饰工程	江苏华发装饰有限公司
扬州市古城区老字号提升改造(国庆路 43 号新华书店)	江苏天润环境建设集团有限公司
江苏环艺装饰设计工程有限公司办公大楼装修工程	江苏环艺装饰设计工程有限公司
市政务服务中心、公共资源交易中心业务用户改扩建项目装修工程	仪征市新潮装饰工程有限公司

续表 17-3

工 程 名 称	施 工 单 位
仪征宝能城市广场 8 号、9 号、10 号楼装饰工程	江苏东晟新诚建设集团有限公司
仪征市城北幼儿园新建项目室内装饰工程	仪征市新潮装饰工程有限公司
曹山综合贸易区家居建材综合贸易市场二期“红星美凯龙全球家居生活广场”外立面幕墙工程	江苏华发装饰有限公司
御景名墅 3 号、4 号、10 号、11 号、17 号、18 号、22 号、23 号、34 号、35 号楼石材幕墙工程	江苏新皋幕墙装饰有限公司
晟泰一品开发项目 1 号、5~7 号、9~22 号、24 号楼、51~57 号楼石材幕墙工程	江苏新皋幕墙装饰有限公司
仪征市京华大酒店东区店装修工程	扬州鼎峰建筑装饰工程有限公司
金满楼大酒店宝能分店装修工程	扬州一建集团有限公司
陈集镇新建幼儿园装饰工程	江苏美高建筑装饰有限公司
园区古湄家苑社区活动中心装修工程	仪征市新潮装饰工程有限公司
异地新建大仪镇中心幼儿园装修工程	仪征市新潮装饰工程有限公司
异地新建大仪中队营房装修	江苏天璘建设工程有限公司
仪征市广播电视台新闻大厅、门厅及外立面改造工程	仪征市新潮装饰工程有限公司
扬州市建盛公用事业发展有限公司办公楼装饰工程	江苏美高建筑装饰有限公司
仪征市龙河中心小学综合楼室内装饰工程	仪征市新潮装饰工程有限公司
高邮市文化体育休闲公园全民健身中心室内装饰工程	高邮市飞马装饰工程有限公司
扬州皇华国际大酒店皇华驿馆装饰工程	江苏建宇建设集团有限公司
工业仓储用房建设项目、办公楼外装饰工程	扬州市华联装潢广告有限公司
高邮市送桥中心卫生院内外装饰工程	江苏宝马装饰装潢工程有限公司
高邮市湖西创客中心建设一期外墙幕墙装饰工程	高邮市飞马装饰工程有限公司
高强大厦内装饰工程	扬州市润泽建设工程有限公司
赞化紫金湾售楼部室内外装饰工程	高邮市飞马装饰工程有限公司
高邮市世贸金街 3~5 层室内装饰工程（二标段）	高邮市飞马装饰工程有限公司
虎踞湾幼儿园（室内装饰工程）	扬州市润泽建设工程有限公司
高邮市苏中循环经济产业园科技研发中心、产业服务中心	扬州市华联装潢广告有限公司
高邮市第一实验小学迁址赞化学校改造工程	扬州市华联装潢广告有限公司
扬州市中小学教师培训发展中心室内装饰工程	扬州市华联装潢广告有限公司
恒丰银行扬州高邮支行装饰装修工程	高邮市飞马装饰工程有限公司
高邮市波司登世贸金街装饰工程	扬州市华联装潢广告有限公司
宝应县生态体育休闲公园体育场内装饰工程	江苏丰祥建设工程有限公司

续表 17-3

工 程 名 称	施 工 单 位
宝应县黄金海岸酒店室内装饰工程	江苏诚信嘉业装饰工程有限公司
宝应县宝楠国际学校食堂内装饰工程	江苏丰祥建设工程有限公司
宝应县人民银行综合业务用户维修改造项目	江苏丰祥建设工程有限公司
宝应县金色印象足浴店室内装饰工程	江苏诚信嘉业装饰工程有限公司
融保达西安丰 60 兆瓦风电运维中心装饰工程	江苏丰祥建设工程有限公司
宝应县永丰米业有限公司办公楼内装饰工程	江苏丰祥建设工程有限公司
宝应县新城商业广场内装饰工程	江苏爱尚建筑装饰工程有限公司
宝应县印象江南足浴店室内装饰工程	江苏诚信嘉业装饰工程有限公司
宝应县宝茂家具中心装饰工程	江苏诚信嘉业装饰工程有限公司
宝应县曹甸镇中心卫生院综合楼装饰工程	宝应县曹甸镇中心卫生院
江苏宝应农村商业银行综合楼智能化系统工程	江苏达海智能系统股份有限公司

（杨 志）

■江苏华发装饰有限公司 2019年，公司完成产值8.2亿元，比上年增长3%。全年在手项目114个，实现利润3380万元（含华耀、大成利润），比上年增长9%。

市场开拓。2019年，扬州区域市场公开招标项目52项，华发公司中标9项。公司秉承精准经营理念，关注重大项目，中标西区商务中心、新建文峰大桥、Y-MSD改造工程、新大剧院等大体量工程。做好集团总包项目配套施工，承接树人学校高中部、华师大初中部、南邮通达学院、临港产业孵化基地、沈飞设计研究所、中航机载等一系列扬州市重点项目。做好老客户资源维护，通过工程的不间断承接实现扎根、发展和壮大生态科技新城市场的目标，为新的区域市场的形成打好基础。外埠市场，承接连云港瑞恒新材料工程、泰州周山河小学和红旗农场工程、南京奶山城市展厅和江宁孔雀城工程等。中标中国医药城研发区二期CMC-M大楼室内装饰装修工程、泰州市危化品重大危险源管理监测平台暨应急救援中心工程装修设计施工一体化工程。

科技创新。示范基地建设方面，完成创建时的各项目标要求，被省住建厅评定为第二批省级建筑产业现代化示范基地（部品生产类）。加快塑钢门窗的大规模生产进程，拓展基地发展空间。工艺应用方面，在树人学校高中部工程中运用墙面冰火板、LVT地板、GRG吊顶和硅藻泥等新材料，在高层建筑专业救援消防站幕墙工程中运用石材蜂窝一体板，在铭悦府外墙工程中首次大面积运用石材保温一体板。科技创新成果方面，参编中国建筑装饰协会标准《单元式幕墙生产技术规程》，8月在全国发布，11月正式实施。获全国建筑装饰行业科技创新成果奖2项、省级工法1项、江苏省科技创新成果奖2项、江苏省建筑行业QC成果1项。

品牌创优。工程质量类，全年获25项优质工程奖。其中，国家级优质工程奖5项，七二三所新区二期科研楼（参建）获“鲁班奖”；省级优质工程奖7项，七二三所新区二期科研楼工程、税务干部进修学院学员宿舍6、7、9号楼维修改造工程2项工程获省优“扬子杯”；市级优质工程奖13项，扬州生活科技学校蕴博大厦等12项工程（含参建1项）获扬州市市优工程“琼花杯”，泰州寺巷卫生院迁建（参建）工程获市优工程“梅兰杯”。2019年度，华发公司再次被江苏省住建厅评为“江苏省建筑业百强企业”，位列装饰装修类第10位；再次被评为“江苏省建筑业最具成长性百强企业”；蝉联“江苏省优秀装饰企业”“扬州市建筑业先进企业”“扬州市建筑业综合实力三十强企业”“全市建设领域农民工工资支付保障工作先进单位”“扬州市装饰先进企业”；蝉联“中国建筑装饰行业企业信用评级AAA级信用企业”；2019年度扬州市建筑市场各方主体信用评价，信用分仍然保持全市装饰业第一位（238.5分）、全市建筑业第三位。

（蒋贵涛 王露霏）

建筑市场

■本地市场 扬州建筑业企业重视本地市场的拓展，参与基础设施和公用设施建设改造，参与政府重点工程、城市综合体工程。扬建集团承建造价分别达5亿元和5.1亿元的扬州软件园项目和广陵文化教育基本项目。邗建集团承建造价分别达10.98亿元和9.68亿元的邗江区西区新城高级中学新建工程EPC项目和中国大运河博物馆项目。全市建筑企业在本地完成产值1050亿元，占总产值的26%，施工面积5293万平方米。（张 婧 卞海波）

■外部市场 2019年，扬州建筑业外部市场完成产值3030亿元，占比超过74%。9月20日，江都建设、江苏邗建、江苏瑞沃、江苏兴厦等企业参加在大庆召开的“江苏·黑龙江建筑业合作推进会”，江苏瑞沃与黑龙江省建筑安装集团公司签订战略合作协议，双方将共同承揽标志性工程、大型建设项目，通过强强联合与优势互补，培育东北建筑业市场新的增长点。11月下旬，市政协领导带队考察江苏瑞沃建设集团有限公司承建的丽江市尚义旅游文化特色小镇及基础设施正乡路市政道路项目和江苏伟业承建的丽江市宁蒗彝族自治县大兴镇巨龙水泥厂等项目，与当地主管部门增强互信，为扬州企业创造良好的市场环境。12月12日，扬州骨干建筑企业赴广西柳州参加两地建筑业合作发展推介会，为获得进入北部湾地区创造更多契机。（张 婧 卞海波）

■境外市场 扬州市建筑业外向度高，在“一带一路”境外市场占有一定市场份额。覆盖包括新加坡、菲律宾、马来西亚、沙特、卡塔尔、塞拉利昂、阿尔及利亚、坦桑尼亚、埃塞俄比亚等在内的“一带一路”国家，形成东南亚、中东和非洲三足鼎立的市场格局，在手施工合同额20亿美元，合同额1亿美元以上的项目达6项。邗建集团在沙特利雅得承接合同额2.9亿美元的立交项目和2.5亿美元沙特利雅得西站项目。（张 婧 卞海波）

建筑质量

■概况 2019年，共受理房屋建筑工程报监267项，总建筑面积213.1万平方米；受理市政工程报监22项，总造价60.19亿元，质量监督覆盖率达到100%。依据“三直接十大环节”要求，质量监督环节全年监督主体结构实体抽测262批次，监督材料抽测190批次。各类监督巡查、专项检查共签发工程质量整改通知书186份，签发工程质量监督抽测通知书35份，查处违反强制性条文质量问题79条，记录各参建单位（责任人）不良行为14条，发出工程局部停工通知书8份、行政处罚建议书4份。全年共受理竣工联合验收申请62批次，合计264项单位工程，建筑面积约131.1万平方米。一次性验收合格并出具工程质量验收监督结论60批次，下发整改通知书2份，竣工联合验收按时办结率100%。在充分运用质量监管信息化系统基础上，全方位确保市重点工程、民生工程关键节点的质量全覆盖，加强装配式质量监管，抓好消防专项验收，推进质量监督标准化工作。（王 坚 卞海波）

江苏邗建承建的沙特利雅得地铁西站项目　张孔生/供稿

■资质升级 2019年，全市累计有江苏省华建建设股份有限公司、江苏扬建集团有限公司、江苏江都建设集团有限公司、江苏省江建集团有限公司、江苏弘盛建设工程集团有限公司、江苏兴厦建设工程集团有限公司、江苏邗建集团有限公司、江苏华江建设集团有限公司、安宜建设集团有限公司、江苏东晟新诚建设集团有限公司、江苏瑞沃建设集团有限公司等11家建筑业特级资质企业，数量居全省第二位。（张 婧 卞海波）

■品牌建设 江都建设集团承建的老挝人民革命党中央总部大楼获境外“鲁班奖”，是扬州施工企业境外项目获得的首个殊荣。瘦西湖隧道工程获第17届中国土木工程“詹天佑奖”，成为扬州城建项目工程获得的含金量最高的奖项。邗建集团承建的扬州智谷科技综合体工程和扬建集团承建的七二三所新区二期科研楼获2019年“鲁班奖”，扬州建筑企业获“鲁班奖”项目数量增至53个，排名全省第二位。江苏华建承建的深圳荣超城市春天花园、深圳华联城市全景花园获国家优质工程奖。（张 婧 卞海波）

工程建设管理

■招投标管理 2019年，对施工、监理项目招标文件示范文本进行修订，采用固化投标人资格条件设定选项的办法，规范招标代理机构编制招标文件行为。市区房屋建筑和市政工程项目施工、监理、材料设备、勘探设计等所有进场交易项目电子化招投标比率均已达到100%，需远程异地评标的比例达到100%，做到“两个全覆盖”。市区进入市公共资源交易中心完成施工交易项目共229标段，合同价约191.9亿元。其中，公开招标138标段，合同价107.6亿元；邀请招标2标段，合同价1200万元；直接发包89标段，合同价84.18亿元；咨询服务类招标232标段，合同金额3.67亿元；材料设备招标17标段，合同金额1.01亿元。推动工程总承包招标，鼓励具备条件的建设单位，采用工程总承包模式进行招标，市区共有17个项目采用工程总承包模式进行公开招标，合同额累计44.11亿元。

（卞海波　潘大为）

施工许可与竣工验收备案 2019年，施工许可与竣工验收备案已实现不见面审批，施工许可已全面实现电子证书发放。市直共发放施工许可证73份，建筑面积132.82万平方米。共完成竣工验收备案76项次，备案面积169.47万平方米。完成工程竣工验收消防备案检查18项，办理工程竣工验收消防备案46项。

（卞海波　潘大为）

数字化联合审图 严格实行数字化审图，共承接施工图审查项目871项，建筑面积1312.34万平方米，查出违反强制性条文734条、强制性标准1.24万条，发放审查合格证书827份。将消防、人防并入到施工图审查工作中，共完成消防审查项目19项，其中实行联合审查7项、单独消防设计审查12项、人防工程联合审查项目4项。

（卞海波　潘大为）

工程质量管理 2019年，质监部门共受理土建报监单位工程173项，总建筑面积131.2万平方米；受理市政报监14项。监督竣工验收房屋建筑工程52批次，合计243项单位工程，建筑面积约151.2万平方米；监督竣工验收市政工程14项，总造价2.87亿元。累计开展监督巡查572批次，签发工程质量整改通知书131份、停工通知书3份、行政处罚建议书3份，记录各参建单位不良行为6条。

（卞海波　潘大为）

工程安全监管 在做好日常安全巡查的基础上，加强重要时段巡查，突出超危工程和机械设备监管，先后开展春节后复工安全大检查、超危工程专项检查4次、机械设备专项检查3次，夏季施工、消防安全、临时用电专项检查各1次，“防风险保平安、迎大庆”专项检查、县（市、区）明查暗访等。共登记机械设备产权备案144台次，产权注销17台次，安装告知140台次，拆卸告知297台次，使用登记证133台次；核查设备资料856台次，抽查设备实体274台次，检查超危工程267个次；下发停工整改通知书182份，限期整改通知书272份；发现安全隐患2020条，闭合消项安全隐患1831条。下发县（市、区）住建部门《建筑施工安全生产督查执法建议书》47份，下发检查通报5份。　（卞海波　潘大为）

建筑施工扬尘防治 组织开展“双月突击攻坚”“升级提标”和“重拳出击”扬尘管控蓝天保卫战一系列行动，设立10个检查、督察组对全市工地进行日查、夜查、休息日不间断拉网式检查，检查项目4192个次（夜查437个次），下发《责令改正通知书》158份，下发《停工通知书》9份，下发《扬州市建筑施工扬尘污染问题督办单》198份，扬尘类（或因扬尘问题引发）案件立案163起，对相关违法违规企业累计扣除信用分264分。制定《关于开展全市建筑施工工地围挡专项整治的通知》《扬州市建筑施工扬尘防控行政处罚裁量暂行标准》等文件，全市扬尘治理已转入常态化、规范化、标准化和精细化管理的长效管控阶段。　（卞海波　潘大为）

工程监理 组织开展2018年度工程监理行业评优工作，共表彰优秀监理企业9家、优秀总监30人、优秀监理工程师30人。开展专业监理工程师和监理员上岗考核工作，考核工作全部采用线上无纸化考试，全市共有367人报名参加专业监理工程师考试，318人通过考核，通过率87%；共有293人参加监理员考试，244人通过考试，通过率83%，均高于全省平均水平。

（卞海波　潘大为）

工程造价管理 2019年，扬州市国有投资监管平台上各级造价管理机构监管项目累计117个，约98.95亿元，审查变更683份，审查核实变更金额约9795万元。及时发布造价指数、指标，共收集、测算、发布城市住宅信息26例和典型工程指标20例，涉及商品住宅楼、保障房、市政桥梁、道路等。发布《扬州市国有投资项目设计—采购—施工（EPC）工程总承包造价管理导则》，创新运用定额核定价法解决控制价不准和承包商失信等问题，有效防止国有资金流失。做好计价依据的核定工作，共完成723个项目的安全文明施工措施费和规费核定工作，有力监管施工现场安全和扬尘管控费用的投入，推进工程管理规范化。

（卞海波　潘大为）

商贸服务业

Shangmao Fuwuye

编 辑 贾丽琴

综述

■概况 2019年，扬州市服务业增加值2779.1亿元，占地区生产总值比重47.5%，比上年提升0.5%。全市实现社会消费品零售总额1423.20亿元；实现限额以上企业零售额447.66亿元，增长3%。35个10亿元以上商贸流通业重点项目完成投资188亿元，8个重点监测综合体项目完成投资55.2亿元。全市实现电子商务交易额1350亿元，增长30%以上。印发《关于现代物流业高质量发展的实施意见》《关于促进科技、商业和商务综合体高质量发展的实施意见》，组织全市服务业招商拜访活动245场，新签约亿元以上服务业项目98个。扬州市列省现代服务业投资计划项目达15个，数量较上年增加2个，占全省项目总数的十分之一。全市新开工服务业重大项目45个、新竣工重大项目36个、新达效重大项目30个，超额完成年度目标任务。大力培育服务业企业，打造优质产业发展主体队伍。全年新增服务业重点企业600家，数量创历年之最，净增127家，超额完成年度目标。用好年度服务业发展引导资金，给予服务业项目（企业、集聚区）1970万元服务业专项资金的支持。此外，帮助一批优质项目从省发改委争取1260万元的省级现代服务业发展专项引导资金。全市省级示范物流园区及储备园区达5家。培育物流龙头企业、省级重点物流企业15家，位列全省第七，A级以上物流企业45家，位列全省第四。开展商务服务业项目专题拜访活动31场次，新签约商务服务业项目20个，16个项目完成注册，10个项目开工建设。一批健康服务业重大项目有序推进。统筹生产生活两大门类，推进现代服务业全方位发展。全市市级生产性服务业示范企业达110家，省级生产性服务业示范（平台经济重点）企业5家。扬州东园集团、百润集团、笛莎文化创意等优质生活性服务业骨干企业发展迅猛。5家龙头骨干企业、4个产业集群、1个区域获批成为首批省级“两业”深度融合试点，入选数量位列全省第六位。开展经贸领域工作，促进内外贸易流通顺畅高效。出台《扬州市市级物流降本增效示范项目认定办法》，评审出第一批示范项目4个，给予引导资金支持。加强2016年以来中央预算内粮食仓储项目竣工验收督查。做好季度性消费、外贸形势分析工作，落实农产品进口调控措施，做好重要商品政策性储备工作。

（夏 坚 汤 鑫）

■扬州市获评“世界美食之都” 参见第1页

■服务业集聚区 全市新认定两家市级服务业集聚示范区、两家市级服务业集聚区，新增两家省级生产性服务业集聚示范区（扬州智谷科技综合体、扬州环保科技产业园）。省级服务业集聚（示范）区全部通过省发改委综合评价，其中，“双东”文化创意产业集聚区获省级1000万元切块资金支持。至年末，全市有市级以上服务业集聚区54家，其中省级14家（省级现代服务业集聚区8家、省级生产性服务业集聚示范区4家、省级示范物流园区2家）。

（夏 坚 汤 鑫）

■2个街区获省级称号 12月2日，省商务厅公布省级高品位步行街试点街区和培育街区名单，扬州三把刀特色步行街、东关街分别获省级高品位步行街试点街区和省级高品位步行街培育街区荣誉。扬州三把刀特色步行街全长3000米，由虹桥坊街区、迎宾馆趣园街区、傍花村街区、1757美食街坊等组成，立足于“健康养生、旅游度假、生态休闲”基本功能定位。扬州东关街坐落于扬州古城核心区，全长1122米，保持和沿袭了明清时期的传统风貌特色，汇集众多传统色彩浓厚的手工艺、特色小吃和商业老字号。

（郭 杰 蒯梦原）

■7家企业入围“江苏老字号” 10月23日，江苏省商务厅正式公布第二批“江苏老字号”名单，扬州有7家企业入围“江苏老字号”，新增数仅次于苏州、南京、无锡，排名全省第四。至年末，扬州共有“中华老字号”品牌9个、“江苏老字号”品牌21个，数量分别位居全省第三、第五。扬州此次入选“江苏老字号”的五亭食品（大麒麟阁）、维扬豆制、裕泰祥、五琼浆、公顺和、老苏北、

陈集油米等7家企业均为食品餐饮企业。（郭　杰　蒯梦原）

商贸流通

综述

■概况 2019年，商贸流通业总体运行平稳，全市实现社会消费品零售总额1423.20亿元，其中限额以上企业零售额447.66亿元，增长3%。全市23类限上大类商品实现零售额409.53亿元，增幅2.9%。其中，粮油及食品类、服装鞋帽针纺织品类、中西药品类、汽车类等10类商品增幅在3%以上。批发业实现社会消费品零售额235.60亿元，占全市社会消费品零售总额的16.56%。13家重点农产品批发市场实现成交额224.5亿元，增长0.6%；25家重点商品批发市场实现成交额571.0亿元，增长2.5%。零售业实现社会消费品零售额1041.30亿元，占全市社会消费品零售总额的73.17%；住宿业实现社会消费品零售额14.28亿元，占全市社会消费品零售总额的1%；餐饮业实现社会消费品零售额132.01亿元，占全市社会消费品零售总额的9.28%。（郭　杰　蒯梦原　杨　志）

■重点商业建设项目 2019年，全市在建亿元以上商贸流通业重点项目共50个，总投资893.6亿元，全年计划投资221.2亿元；市区亿元以上项目共计30个，总投资731.1亿元，全年计划投资162.2亿元。50个项目中，10亿元以上项目35个，总投资834亿元，全年计划投资188亿元。从项目投资进度来看，2019年全部项目完成投资219.1亿元，完成全年计划投资的99%。其中，市区完成161.5亿元，35个10亿元以上的项目完成投资188亿元。2019年市区重点监测综合体项目8个，总投资为204.5亿元，全年计划投资52.5亿元，实际完成投资55.2亿元。西区万达广场地上二层建设完成，扬州金奥中心项目建至20层，华润特易购项目于12月开业。（郭　杰　蒯梦原）

批发零售

■概况 2019年，全市批发零售业实现社会消费品零售额1276.90亿元，占全市社会消费品零售总额89.72%，其中批发业实现社会消费品零售额235.60亿元，零售业实现社会消费品零售额1041.30亿元。市区实现批发业社会消费品零售额162.58亿元、零售业社会消费品零售额709.32亿元。全市批发零售业有限额以上法人企业1102家，营业面积160.42万平方米，从业人员3.56万人。其中批发业企业647家，营业面积106.54万平方米，从业人员1.47万人；零售业企业455家，营业面积53.89万平方米，从业人员2.09万人。

全市39家1亿元以上商品交易市场年末已出租摊位1.44万个，全年实现商品成交额507.04亿元。其中，综合市场年末已出租摊位2766个，实现商品成交额66.91亿元；专业市场年末已出租摊位1.17万个，实现商品成交额440.13亿元。（郭　杰　蒯梦原　杨　志）

■扬州京华城全生活广场 扬州京华城全生活广场（简称扬州京华城）位于西区新城城市商业中心，是国家AAA级休闲旅游景区、江苏省现代服务业集聚区，总建筑面积19万平方米。2019年，扬州京华城坚持“全生活、一站式、体验式”消费服务体系，贯彻“育乐、活动带动零售”经营理念，以“热点+节庆”为引导，全年举办大小近百场育乐活动。2019江苏扬州农业经济文化传承交流会台湾代表团京华城巡演，夏浪音乐节明星后弦亲临助阵，端午扬州弹词、评话、木偶表演等传统文化活动，“3V3篮球赛”网红街球达人“头盔哥”助阵，COCO头号玩咖展，文峰寺送福金榜高中，万圣主题亲子活动、圣诞点灯仪式等活动，吸引大量人流。一年一度的跨年晚会形成品牌效应，2019年跨年人流量超40万。2019年，京华城不断调整业态组合，进行品牌结构重组与形象升级，百余家新店开业。引进喜茶、AGATHA、美丽田园等国际国内著名品牌，哥老官、豆库、诺丁牛排、八幡、Mr.pizza、老佛爷、江鱼儿等众多人气餐饮。数十家店铺焕新升级，多个区域整装改造，营造更加舒适的购物环境。（京　国）

■扬州万象汇广场 扬州万象汇是华润置地首进扬州的商业项目，位于扬州城市主干道文昌中路与大学北路交叉口，项目总建筑面积约9.6万平方米，商业建筑面积约5.22万平方米，整体为Mall+街区型购物中心，地上主体4层，地下3层，其中B2、B3层为停车场，配置781个停车位。项目东临二道河，沿河景观区域建造超1800平方米主题街区，于12月6日开业。扬州万象汇整体定位以18~35岁年轻消费者+新兴年轻中产家庭为消费主体，集餐饮、娱乐、超市、购物等多业态为一体，打造扬城首家高品质城市级类百货购物中心。为扬州市民量身定制一站式玩味美食空间——YUMMY牙蜜市集，针对不同消费者需求引进各类轻餐、快食、小吃类产品，从格调较高的“胚”，到玩转川味的“廖记棒棒鸡”等，应有尽有。扬城首个IP主题街区延续“街区+Mall”的商业新形态，打造扬城首个YOUNG PARK高端IP主题街区，整体街区品牌以高级别运动旗舰店、网红餐饮、竞技电玩为主，成为扬州具有年轻、时尚、潮流标签的新地标。200余家店铺，首进品牌近100家，独有率高达43%以上，为扬州商业注入全新体验。蓝蛙、捞王、太二老坛子酸菜鱼等标杆餐饮品牌全线进驻，苏北区域高级别运动店NKIE 750、ADIDAS MEGA L1、EVISU等相继落户。（郭　杰　蒯梦原）

■江苏曲江商品城 江苏曲江商品城营业面积3.2万平方米，经营户数1383个，有从业人员3950人，主营服装、布匹、家具、小百货、文具礼品、五金水暖、电子电器、针织用品、箱包皮具、床上用品等10

个大类数万种商品，是中国服务业500强企业、江苏省百强市场、扬州市十大商品市场，是苏北、苏中地区最有影响的生活百货、轻纺产品集散中心之一。2019年，市场实现成交额151.15亿元，增长2.40%。（杨　志）

■江苏联谊农副产品批发市场 江苏联谊农副产品批发市场是以蔬菜批发、南北货和炒货批发、家禽批发、冷冻食品批发、瓜果批发为主的专业市场，市场营业面积5万平方米，经营户数200个，有从业人员1500人，辐射黑龙江、内蒙古、山东、河南、河北、海南等20多个省（市、自治区），是苏中、苏北地区最大的农副产品综合性批发市场。2019年，联谊农副产品批发市场实现成交额30亿元，下降0.1%。（杨　志）

■阿波罗花木市场 阿波罗花木市场建于2005年，是全国最大的苗木交易市场之一。市场占地近千亩，分为工程苗木交易区、精品苗木交易区、景观石材交易区、盆花盆景交易区、文旅用品展销区和企业总部集聚区等六大功能板块，是集新品培育、推广、展示、交易为一体，兼有科普教育、旅游观光等配套资源的综合性一站式交易平台。先后获“省农业综合开发重点龙头企业”“省重点农产品批发市场”“国家农业部定点市场”“国家林业重点龙头企业”等称号。市场入驻16个农民专业合作社和300多农民商户，聚集花木经纪人近千人，直接带动创业就业7000多人。2019年，市场实现成交额34.6亿元，增长6.97%。（杨　志）

■扬州五亭龙国际玩具礼品城 扬州五亭龙国际玩具礼品城（简称五亭龙玩具城）占地12万平方米，营业面积10万平方米，有从业人员3315人，是国内规模最大、辐射范围最广的综合性玩具礼品集散中心，经营品种3万多个，形成玩具设计、研发、加工、生产、销售产业链，辐射江苏、浙江、安徽、湖南、山东等省，可提供文化创意、动漫体验、电子商务、玩具博览、商品贸易、金融、信息、物流、研发、培训、办公、仓储、生活服务、大型停车场等全方位服务。2019年，五亭龙玩具城实现成交额64.3亿元，增长3.5%。（杨　志）

住宿餐饮

■概况 2019年，全市住宿业实现社会消费品零售额14.28亿元，占全市社会消费品零售总额的1%；餐饮业实现社会消费品零售额132.01亿元，占全市社会消费品零售总额的9.28%。全市限额以上住宿业有法人企业84家，从业人员6771人，实现营业额13.22亿元，其中客房收入6.71亿元、餐费收入5.32亿元；全市限额以上餐饮业有法人企业137家，从业人员8036人，实现营业额19.25亿元，其中客房收入2.82亿元、餐费收入14.81亿元。（杨　志）

■旅游饭店 2019年，全市有星级饭店36家，其中五星级4家、四星级11家、三星级20家、二星级1家。全市星级饭店客房出租率55.4%，比上年下降3.8%。其中，五星级饭店客房出租率为52.5%，四星级饭店客房出租率为57.5%，三星级饭店客房出租率为55%。全市星级饭店平均房价为290元/间·天，下降3.9%。其中，五星级饭店平均房价为557.9元/间·天，四星级饭店平均房价为259.9元/间·天，三星级饭店平均房价为164.7元/间·天。（霍　伟）

■“扬州三把刀” 扬州“三把刀”分别是“厨刀”“修脚刀”“理发刀”，“厨刀”代指餐饮业，“修脚刀”代指沐浴业，“理发刀”代指理发业。扬州市致力于提升“三把刀”品牌影响力，推进“三把刀”集聚区建设。“三把刀”集聚区地处蜀冈-瘦西湖风景名胜区，是扬州市旅游经济发展中心地区，东起史可法西路、南临大虹桥路、西靠扬子江北路、北至平山堂东路，规划总面积约2平方千米。规划期五年为2017—2021年，分三个阶段实施，第一阶段为“三把刀”文化核心功能区傍花村街区打造，第二阶段为集聚区整体设施布局的完善，第三阶段为“三把刀”文化的营销推广及品牌塑造。

重要活动。5月3—6日，以“寻味运河，共享美好”为主题的大运河美食嘉年华活动在扬州马可波罗花世界举行。来自大运河沿线8省市的100多家知名餐饮食品企业，为活动带来23桌运河地方名宴、200多道运河地标名菜、120多种运河地标小吃，供广大消费者观赏、品鉴、购买。活动中，大运河美食联盟正式成立。成立会上，授予薛泉生、居长龙、徐永珍、陈恩德等12位烹饪大师为大运河非遗美食传播大使，颁发大运河美食名宴、地标美食牌匾。8月29—30日，2019中国早茶文化节暨国际美食创新发展大会举办。本届美食节以“美好生活，从早茶开始”为主题，旨在弘扬中华传统文化，深化美食交流

5月6日，大运河美食嘉年华非遗展演现场　　高文贵/摄

合作，推动中国早茶保护、传承和创新发展，促进创意美食交流合作。活动由开幕式、早茶产品展示与品鉴、中外名厨传承创新技艺展示、2019中国（扬州）国际美食及早茶文化创新发展大会、早茶文化与市场双提升研讨交流会、参观考察等6个部分组成。10月29日，扬州与奥尔良联合发布《国际游客淮扬美食品鉴与服务指南》，该标准是国内首个国际城市间合作制定的地方标准，是国内首个美食品鉴与服务的地方标准。

奖项荣誉。在第八届中国烹饪技能大赛（江苏赛区）上，扬州33人参赛，获11金23银。中国彭祖伏羊节暨第四届江苏省厨师节期间，扬州富春大酒店、TFFU等三个团队四组选手参加江苏省特色菜品交流展示活动，获江苏省烹饪餐饮协会授予的“最佳经典菜”“最佳创新菜”。在全省烹饪行业职工技能大赛上，扬州选手摘取“厨王”桂冠，并获第一、三、四、六名。

扬州沐浴协会通过加强管理，建立健全各项规章制度；注重调查研究，服务协调；宣传贯彻沐浴行业的各项服务标准；多次组织修脚师评委参加全国以及各省的修脚大赛评审工作。连续10年发出倡议为老年人、残疾人提供免费洗浴，解决老人、残疾人洗浴难的问题。

1月12日，首个《扬州理发技艺基础规范》江苏省地方标准正式发布，对扬州理发技艺服务的前置条件进行定性和定量的规范，填补国内美发行业技艺管理标准的空白。《基础规范》共分13个部分，于1月30日施行，规定理发经营场所、理发工具和用品、洗发护发用品、修面刀具和用品、吹风造型工具和用品、烫发工具和用品、漂染工具和用品、发质发量分类、洗发护发技术、理发按摩技术等行业标准。《规范》的出台规范美发业行业行为，传承与发扬扬州“三把刀”技艺文化，奠定扬州美发业在省内乃至全国理发行业的引领地位。10月1日，扬州理发博物馆正式开馆。12月，举办首期扬州市乡土人才“三带”研修学院美发项目培训班。扬州市组队参加江苏省美发美容大赛，参赛选手获得2块金牌、1块银牌、3块铜牌的好成绩。天姿美发美容企业与扬州生活科技学校签订校企战略合作协议，协议包括合作办学、学员实习、联手打造校企实习基地等内容。（杨　志）

■扬子江投资发展集团 2019年，扬子江投资发展集团实现营业收入7.1亿元、利润0.53亿元。全年共获国家级奖项近30个、省级奖项近50个、市级奖项30多个。其中，冶春餐饮获米其林餐盘奖、亚洲文明对话大会亚洲美食节荣誉证书、世界中餐业联合会2019年度最具影响力餐饮品牌、大众点评网2019大众点评“必吃榜”、2019中华老味道名录、2019匠心传承小吃品牌等。冶春食品获国家级AAA级综合型物流企业、国家知识产权局发明专利、2019年度中国商业联合会科学技术奖特等奖等荣誉。扬州会议中心获2019中国最具创新力国际会议中心、2019中国会议酒店百强、2019年度中国百强MICE酒店等荣誉。助力扬州成功申报“世界美食之都”，全年前往迪拜、法国等地，参加国内外各类宣传推广活动、美食展20余次，赴联合国教科文组织巴黎总部开展扬州美食与文化交流，为扬州申报“世界美食之都”发挥作用。推动老字号冶春新发展，以名店、名师、名宴、名菜、名点“五名”建设为方向，对外展示淮扬美食魅力，创造口碑效应，在北京南站、上海老西门、上海华师大等地新开设5家冶春门店，台北店搬迁选址有序开展，受邀成为2020迪拜世界博览会中国馆唯一餐饮运营商。

重要活动。1月，集团承接中国公共外交协会，北京外交人员服务局，扬州市委、市政府主办的“2019年中国扬州美食节（北京）暨中外嘉宾迎新春联谊会”，来自50多个国家的驻华大使及国际组织代表200多位嘉宾应邀参加。5月，组织团队赴北京中直机关食堂，交流淮扬菜制作技艺，丰富食堂菜式，服务3600人次。8月，组织团队赴江苏省中直机关食堂，开展淮扬美食交流活动，服务1000人次。9月、10月，赴澳门开展水韵江苏美食嘉年华和世界经济论坛“江苏之夜”主题晚宴。9月，赴法国联合国教科文组织总部开展庆祝新中国成立70周年——扬州美食展演活动，服务约400人的冷餐会。

市场拓展。冶春食品公司实现营业收入1.4亿元，比上年增加2363万元。餐饮酒店实现营业收入3.3亿元，增加2538万元，其中明月湖酒店实现营业收入增长53%，增长率为餐饮酒店之最；花园、冶春餐饮、明月湖、萃园、紫藤园和扬宾六家均实现盈利。冶春门店拓展，开设冶春上海老西门店、冶春华师大店和冶春北京南站店3家直营店，冶春小馆江都城北店、冶春小馆金湖店2家加盟店；中标高铁扬州南站商铺；进行高铁南京南站、南京禄口机场开设门店的商谈工作；有序开展台北店拆除、搬迁和新店选址、考察、调研等工作；在北京世博园开设冶春加盟店；受中国贸促会的邀请，全面负责2020年迪拜世界博览会中国馆唯一餐厅项目的运营；推进辽宁丹东店项目实施。

（扬子江集团）

粮食购销

■概况 全年实现粮食购销总量567.3万吨，其中粮食收购259.9万吨，销售307.4万吨；粮油工业实现工业总产值118.8亿元，实现销售115.6亿元、利润2.2亿元；国有粮食购销企业实现销售收入35.7亿元、利润304.3万元；全市未发生存粮安全责任事故。（朱　伟）

■粮食收购 坚持市场化改革和保护农民利益并重，开展仓容筹措，严格执行收购政策，创新为农服务举措，精准实施稻谷补贴，引导社会主体入市，克服粮食库存高企、市场不旺、仓容紧张等难题，守住不发生农民“卖粮难”的底线，保障广大种粮农民的利益。夏粮收购期间，申报最低价收购库点57个，总仓容22万吨；秋粮收购期间，申报最低价收购库点15个，总仓容11万吨。全年累计收购小麦124.4万吨（含市外），其中最低价收购21.2万吨；累计收购稻谷129.1万吨（含市外），其中最低价收购7.1万吨。（朱　伟）

■粮食销售 全市共销售粮食307.4万吨，其中小麦161.1万吨，稻谷139.6万吨；宝应县销售100.7万吨，高邮市销售91.2万吨，仪征市销售8.9万吨，邗江区销售2.8万吨，广陵区销售4.8万吨，江都区销售86.2万吨，市直销售12.7万吨。（朱　伟）

■项目建设 全市共获省粮食仓储物流设施“以奖代补”资金支持项目2个，新建仓容10.2万吨、日烘干能力300吨，财政支持资金2640万元；继续申报国家“好粮油行动”示范县项目1个（宝应）、粮食产后服务中心项目6个，申请非产粮大县粮食产后服务中心授牌2个，获得省及以上财政支持资金2286万元；宝应湖粮食物流中心创建江苏省级粮食物流产业园，获省级财政奖补资金1000万元；宝应县“中国好粮油”示范县项目在全国会议上作典型经验交流。（朱　伟）

■调控管理 出台《扬州市地方储备粮管理办法》，抓住有利时机适时开展地方储备粮轮换补库工作，完成市级地方储备粮轮换任务，确保全市12.75万吨原粮、0.19万吨植物油储备数量真实、质量良好、储存安全。（朱　伟）

■粮食和物资监督检查 2019年，全市粮食企业实现粮油加工总量96.01万吨，其中，大米加工总量55.25万吨、面粉加工总量24.57万吨、植物油加工总量16.19万吨。

组织开展全市粮食大清查工作。经检查，全市存储政策性粮食库点133个（不含中储粮），统计报账单位27个，货位1327个，检查时点库存粮食数量119.04万吨，在库粮食数量真实、质量良好、储存安全、运作合规。

维护粮食市场秩序。开展收购资格核查，共出动核查人员166人次，暂停16例，变更10例，拟注销51例，全市现具有粮食收购资格经营主体188家。开展收购秩序督查。按照“双随机一公开”要求，采取“四直两不”的方法，开展原粮质量卫生专项检查、军粮质量和供应专项检查、政策性粮销售出库专项检查、地方储备粮油等专项检查。夏、秋两季收购期间，组织收购市场专项检查，有效维护粮食收购秩序。全年检查468次数，检查企业3114个次。开展涉粮企业作用等级评定。全市114家粮食经营者通过信用等级审核，通过自评审核，69家涉粮企业被评价为A级，45家评价为B级。

加强安全储粮、安全生产工作督导，组织开展“两个安全”大检查、安全生产大排查大整治、安全生产再排查再整治等专项行动，落实企业安全生产主体责任，全年无一起安全储粮和安全生产事故。推进安全生产标准化建设，全市现有仓容2.5万吨以上粮食仓储和加工企业18家，其中14家达到安全生产三级，占比77.8%。（王　利）

供销合作

■概况 全市供销合作社完善农业社会化服务体系，搭建为农服务综合平台，拓宽为农服务渠道，提升为农服务能力。市、县、乡、村四级为农服务网络基本形成。坚持上下贯通，突出与农民的经济利益联结，整合协调为农服务的资源，建成市级农业社会化服务公司1个、农业社会化服务协会1个、县级供销社所属农资公司5个、乡镇区域性农业社会化服务中心28个、“社村共建”的村级服务示范点63个，覆盖市、县、乡、村四级的社会化服务网络基本形成。

为农服务项目。坚持把为农服务放在首位，将面向农业现代化，构建覆盖市、县、乡、村四级网络服务体系作为重点，把面向农民生产生活、农村环境整治、农产品生产流通作为关键，不断拓宽为农服务领域，为农民提供便利实惠、安全优质的服务，实现社员得实惠、农民得服务、村集体得收益、基层社得发展、生态得改善的多方共赢。

为农经营服务。探索以产权为核心、以资本为纽带、以业务为连接的社有企业发展思路，注重以项目建设为引领，社有企业支撑的经营服务体系建设。近三年来，获得上级社和财政扶持资金近9000万元。

全国总社和省总社综合改革专项试点任务。承担的全国总社“健全联合社‘三会’制度”、省总社“强化基层社合作经济组织属性”、“推进农村产业融合发展”3项专项试点等任务如期完成并通过验收。市供销合作总社召开第三次代表大会，按照社员代表大会、理事会、监事会的机制规范运行。江都区社、仪征市社分别被列为省级、市级“供销合作社服务乡村振兴示范区先行县”（2019—2020年），先行先试。“社村共建”、现代农业综合服务中心工作得到全国供销合作总社和省供销合作总社肯定。（陈　旭　孙　昂）

■农业社会化服务 按照“农业生产需要什么服务，供销社就提供什么服务”要求，围绕破解“谁来种地”“地怎么种”等问题，全市供销合作社系统发挥组织完整、网络健全等优势，推广“保姆式”“菜单式”土地托管服务方式，为农民提供耕、种、收、管、售等系列服务，年土地托管服务面积能力超4.33万公顷（次）。高邮金田园种植专业合作社自成立以来，为合作社社员和区域范围内其他种田大户提供年飞防服务累计达1万公顷（次），2019年底实现会员二次分红和返利每股达600余元。合作社新建农民培训中心，规划建设飞防配药中心。（陈　旭　孙　昂）

■**农资供应** 做好农资市场保供稳价工作，适时了解掌握农资价格浮动情况，督促各县（市、区）社根据农资市场供求特点和农民需求情况，及时备足货源，确保农资供应不缺货、不脱销。完善农资连锁配送中心服务功能，强化对连锁配送网点的监管，完善进销台账等基础资料，杜绝假冒伪劣农资进入系统网点。全年农资连锁配送销售5.29亿元，农资连锁配送销售市场占有率86.28%。参与政府民生实事和农村环境保护工作，依托24个农资配送中心、756个网点，建立农药废弃包装物回收网络，在47个涉农乡镇开展农药废弃包装物回收，全年回收总量达680万瓶（袋），回收率达64.6%。（陈　旭　孙　昂）

■**区域性为农服务中心建设** 整合区域内为农服务资源，以“三公里服务圈”为目标，通过与涉农企业合作共建、依托基层社自建、与当地种田大户联建、与地方涉农部门和镇村组织合建等多种方式，年度重点打造乡镇级现代农业综合服务中心5个，累计建成28个。其中仪征月塘、江都武坚和吴桥、宝应苏民、高邮界首等项目，规模服务能力强、辐射带动面广、社会影响力大，成为当地乡镇乃至县级区域内极具影响力的农业服务中心。高邮市界首镇农业社会化服务中心通过“合作社+基地+农户”的生产模式，全年稻麦病虫害全程承包防治1466.67公顷、育秧7万盘。（陈　旭　孙　昂）

■**农产品产销对接** 在全国总社“供销e家”、省总社“地平线”电商平台的支持下，市供销合作总社和江都等地分别成立“网上供销合作社”，畅通农产品流通渠道。以打通农村电商“最后一公里”和农产品进城“最先一公里”为目标，服务网点辐射进村，先后在67个村建设村级电商服务站，为农民提供快递进村、物流进城等服务。先后组织系统内农业龙头企业、农民专业合作社参加供销年货大集、全国品牌农产品交易会、海峡两岸（江苏）名优农产品展销会等，促进农产品产销对接。（陈　旭　孙　昂）

■**农产品经纪人培训** 2019年度扬州市新型农产品经纪人培训在高邮开课。培训由扬州市供销合作总社委托高邮市金田园种植专业合作社举办，高邮市各乡镇种养大户、家庭农场主、专业合作社以及农产品经纪人等相关人员50多人参加。培训邀请扬州市农技专家为大家解读新修订的农民专业合作社法的主要内容，结合贴近农民经济生活的案例，现场讲解现代农产品经营、市场运作技术、科学种田和病虫害防治等实用性较强的内容，并对农户提出的水稻、小麦种植中存在的问题和疑惑进行深度交流和一一解答。（陈　旭　孙　昂）

■**基层供销社“三会”制度建设** 推进市、县、乡镇三级供销社的“三会”（代表大会及其理事会、监事会）制度建设，在扬州市供销合作总社、宝应县供销社、仪征市供销社“三会”制度建立的基础上，推进“三会”制度建设向基层社延伸。至年末，宝应曹甸，仪征陈集、大仪、新集、胥浦，高邮菱塘，江都小纪、浦头供销社建立“三会”制度，相应的监事会机构正式运行。（陈　旭　孙　昂）

专项经营

■**盐业经营** 2019年，全市共销售各类盐产品8.47万吨，完成年计划的100.9%。销售大包装食盐3.98万吨，增长15.5%；销售小包装食盐1.62万吨，为上年的97.7%。实现销售收入1.02亿元，增长15%。其中非盐产品销售收入3244万元，经济比重接近三分之一，比上年增加1310万元。实现利润13.5万元，含视同实现利润242.6万元。

加大对“三零盐”“聪明盐”的销售力度，在城区和乡镇商超以专架形式陈列销售。加大规模以上小学和幼儿园“聪明盐”宣传与现场销售活动。仪征公司在陆续消化前期海藻盐库存基础上，两个月内销售金龙版海藻盐75吨，终端布点数达600余家，并同步推进高端盐电视直销，区域内品种盐结构占比居于领先。高邮公司与虾苗生产企业、蛋品行业协会及会员企业深度合作，取得良好成效。宝应公司通过县荷藕协会对新建成立的射阳湖荷藕加工园区开展重点营销与精准服务，全年荷藕用盐销量超2万吨。（李小祥）

■**卷烟营销** 全年实现卷烟销售16.66万箱，实现单箱销售额3.91万元；实现利税18.54亿元，比上

江都武坚农业社会化服务中心　　供销社/供稿

年增长3.76%。以市场为导向，严格实施卷烟品规进退管理制度，全年共计退出卷烟品规25个，调减动销偏慢的卷烟规格协议10余个。提升客户盈利，发挥自律互助小组稳价功能，推进卷烟货款“全渠道支付”工作，卷烟零售毛利率由上年末9%左右提升至本年末12.14%。打造景区、交通枢纽、医院、大型综合体四个系列文明吸烟环境，其中AAAAA级风景区瘦西湖吸烟室项目、扬泰国际机场智能环保控烟室建成使用，基本实现交通枢纽文明吸烟环境建设全覆盖。（吴仲明）

■**烟草专卖** 始终保持打假打私高压态势，开展“百日会战”“利剑”系列、违法卖烟大户治理等市场集中整治行动，卷烟市场得到有效净化。全年查处案件1554起，其中5万元以上案件144件，假私烟案件928件，案件数、5万元以上假烟案件数等关键指标处于全省前列。坚持“打本地网、办精品案”，连续四年破获公安部、国家烟草专卖局挂牌督办案件，江都“12·6”加热不燃烧卷烟部督办案件（案值达2.8亿元）对32名被告人作出判决，被国家烟草专卖局推荐为行业新型卷烟打假打私典型教学案例，新华网、人民网、中央电视台等国家级媒体进行专题报道。宝应“5·15”假烟案件收网，抓获犯罪嫌疑人12人，涉案金额逾1.8亿元。（吴仲明）

■**成品油销售管理** 2019年，全市销售成品油83.85万吨。扬州市商务局调整完善成品油监管联席会议成员单位的分管领导和联络员制度，指导各地商务部门做好成品油市场监管工作；召开联席会议，明确各成员单位在成品油市场监管中的职责。落实功能区成品油监管工作职能。市政府办公室印发《扬州市成品油市场秩序专项整治工作方案》，明确工作目标、整治重点和责任分工，开展工作督查。市商务局督导各县（市、区）对全市271座加油站进行拉网式摸排，完成在营的259座加油站双层罐改造工作。配合市发改委完成300多家成品油经营企业的年检工作。做好全市50多家成品油经营企业换证和变更等工作。（郭杰 蒯梦原）

■**中国石化销售有限公司江苏扬州石油分公司** 中国石化销售有限公司江苏扬州石油分公司是扬州地区最大的成品油经销企业。2019年，公司拥有在营加油站141座（自有121座，轻资产合作20座），在营油库2座，库容4.34万方。资产总额20.65亿元，用工总量1008人。全年成品油经营量72.16万吨（市场占有率约为65.01%），其中零售58.57万吨、直分销13.59万吨；销售天然气2.71万吨。全年实现销售收入42亿元、利税2.96亿元、报表利润2.6亿元，上缴税费3646.52万元。

全年完成70座双层罐防渗改造任务。宝应沿广加油站综合服务体8月正式开业，该项目为扬州公司与扬州市公路处合作建设开业的首家综合服务体，采取加油、商超、餐饮、汽服的“4+N”经营模式。通过小站迁大站的方式，同步完成综合服务体建设。迁建后的沿广站由原安宜贾桥村迁至四通八达的G233国道旁，油站面积由500平方米扩至7650平方米。增设餐饮、汽车服务、按摩椅、电视、茶水等满足多种需求的综合服务，综合服务区面积450平方米。扩大易捷品牌推广，投营油建便利店一座，为第一座站外自主经营便利店。（万江华）

特种行业

■**典当业** 2019年，全市通过年审评级的典当企业26家，其中法人机构21家、分支机构5家，总注册资金7.03亿元。21家法人典当企业中，评为A级的9家、B级的12家；注册资本2000万元（含2000万元）以上的16家、500万元~1500万元的5家；有从业人员152人；市区（不含江都区）14家、高邮市2家、仪征市1家、江都区3家、宝应县1家；年末，全市典当余额6.33亿元，累计典当总额10.27亿元，上缴税金217.16万元。（毛飞）

■**拍卖业** 2019年，扬州有拍卖企业24家，其中市区（不含江都区）20家、仪征市2家、江都区1家、高邮市1家；有拍卖企业从业人员102人。2019年，全市拍卖成交场次256场。（郭杰 蒯梦原）

■**特许经营** 规范开展商业特许经营备案，2019年度扬州市备案企业4家，分别为江苏九味香餐饮管理有限公司，3月9日申报，4月28日公示，为餐饮业；扬州宝创餐饮管理有限公司，4月8日申报，4月20日公示，为餐饮业；扬州十围之木餐饮管理有限公司，5月30日申报，6月28日公示，为餐饮业；扬州比比乖烘焙坊，9月8日申报，为餐饮业。（郭杰 蒯梦原）

邮政

■**概况** 2019年，全市邮政行业业务收入（不包括邮政储蓄银行直接营业收入）完成31.91亿元，比上年增长15.61%；业务总量完成51.7亿元，增长21.83%。全市邮政服务业务总量完成19.07亿元，增长21.35%；邮政寄递服务业务量累计完成1.16亿件，增长15.88%；邮政寄递服务业务收入累计完成1.88亿元，增长14.72%。

全年快递服务企业业务量完成1.75亿件，增长13.3%；完成业务收入20.47亿元，增长18.67%。其中，同城快递业务量完成2066.52万件，下降19.03%；异地快递业务量完成1.53亿件，增长19.91%；国际及港澳台业务量完成155.61万件，增长1.73%。

全市完成函件业务量356.02万件，下降19.43%；完成包裹业务量7.25万件，下降16.76%；完成订销报纸业务量6660.69万份，增长5.43%；完成订销杂志业务量290.43万份，下降9.45%；完成汇兑业务量10.48万笔，下降31.41%。

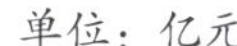

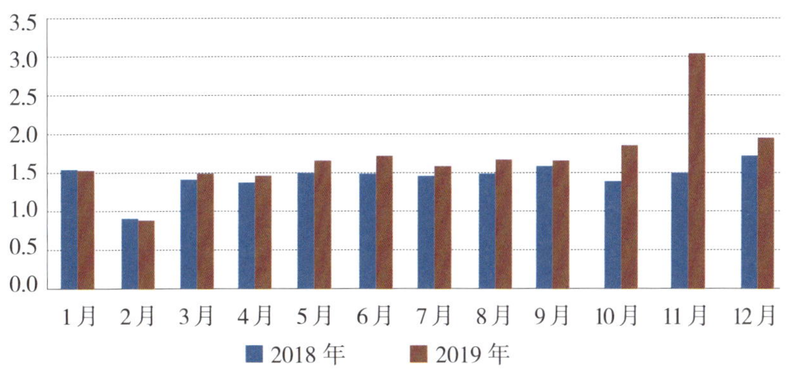

图 18-1　　2019 年扬州市快递业务收入情况图　　（杨　志）

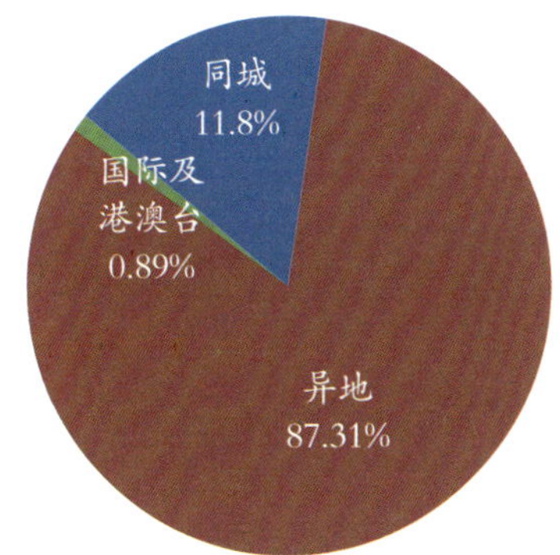

图 18-2　2019 年扬州市快递业务量结构图　（杨　志）

其他
17.83%
同城
6.54%
国际及
港澳台
10.9%
异地
67.34%

图 18-3　2019 年扬州市快递业务收入结构图　（杨　志）

全市有邮政网点 182 个，其中城市邮政局（所）24 个，农村邮政局（所）158 个；邮政网点总面积 3.22 万平方米，其中城市邮政局（所）面积 6416.59 平方米，农村邮政局（所）面积 2.58 万平方米；城市邮政局（所）网点平均服务半径为 1.5~2 千米，农村邮政局（所）为 3 千米；城市网点投递网点平均投递半径为 3.54 千米，农村网点为 3.85 千米。有邮政信筒 261 个。主城区邮政局（所）每周营业 7 天，主城区每周投递 7 天，每天投递 2 次，每天营业 8 小时；农村地区每周营业 5~6 天，每周投递 6 天，每天投递 1 次，每天营业 6~8 小时。（张惠亮）

快递业　2019 年，快递服务企业业务量完成 1.75 亿件，比上年增长 13.3%；快递业务收入完成 20.47 亿元，增长 18.67%。快递业务收入在行业中占比继续提升。快递业务收入占全行业业务收入的比重为 64.15 %，比上年提高 1.67 个百分点。同城快递业务量完成 2066.52 万件，下降 19.03%；实现业务收入 1.34 亿元，下降 31.38%。异地快递业务量完成 1.53 亿件，增长 19.91%；实现业务收入 13.25 亿元，增长 14.08%。国际及港澳台快递业务量完成 155.61 万件，增长 1.73%；实现业务收入 2.23 亿元，增长 80.79%。同城、异地、国际及港澳台快递业务量分别占全部快递业务量的 11.8%、87.31% 和 0.89%；业务收入分别占全部快递收入的 6.54%、64.73% 和 10.9%。

全年国有快递企业业务量完成 521.99 万件，实现业务收入 1.73 亿元；民营快递企业业务量完成 1.69 亿件，实现业务收入 18.27 亿元；外资快递企业业务量完成 131.36 万件，实现业务收入 0.47 亿元。国有、民营、外资快递企业业务量市场份额分别为 2.98%、96.27% 和 0.75%，业务收入市场份额分别为 8.45%、89.25% 和 2.3%。

扬州市其他区县完成快递业务量 1.03 亿件，下降 1.97%；实现快递业务收入 14.82 亿元，增长 12.92%。江都区完成快递业务量 3183.02 万件，增长 34.78%；实现快递业务收入 2.2 亿元，增长 32.6%。仪征市完成快递业务量 1772.56 万件，增长 71.73%；实现快递业务收入 1.1 亿元，增长 39.16%。高邮市完成快递业务量 1582.48 万件，增长 71.49%；实现快递业务收入 1.54 亿元，增长 65.25%。宝应县完成快递业务量 689.25 万件，增长 6.5%；实现快递业务收入 0.82 亿元，增长 10.3%。扬州市其他区县、江都区、仪征市、高邮市、宝应县的快递业务量比重分别为 58.74%、18.17%、10.12%、9.03%、3.94%，快递业务收入的比重分别为 72.37%、10.75%、5.37%、7.51%、3.99%。（杨　志）

中国邮政集团公司扬州市分公司　2019 年，扬州全市邮政企业实现收入 12.41 亿元，比上年增长 10.93%。全区实现代理金融业务收入（不含储蓄短信）6.84 亿元，增幅 8.55%；实现寄递业务收入 3.22 亿元，增幅 23%；邮务类业务实现业务收入 2.35 亿元。实施长三角倍增计划，浙沪皖国内标快、快递包裹日均量分别提升 10.14%、38.41%。开展《芍药》邮票首发、《运河城·扬州》专用邮资图首发暨“绿水青山·最美邮路”系列主题赛扬州站路跑等活动，开发《古老而神奇的城市——扬州》邮册，助力扬州申报世界美食之都。邮乐购加盟店渠道运营质态持续提升，全区累计实现批销额 11501 万元，完成率 109.5%；打造优质加盟店 655 个。制定实施扶贫工作三年规划，对省邮政分公司认定的 5 个定点扶贫对象投入扶贫资金5.61万元；5个产品被省分公司确立为电商扶贫产品；累计销售农产品4909.43万元，完成率125.88%，规模列全省第二，其中扶贫农产品销售1028.3万元。

基础设施建设。邮区中心局实现升级改造，采用小件自动分拣集包、大件流水化处理的工艺流程和设备，以"矩阵+小件机"模式替代传统胶带处理线，处理效率普遍从每小时0.6万件提升到1.5万件，全区最大进出口处理能力从42.5万袋件提高至最高61.3万袋件，完成"双11""双12"等旺季运营支撑工作。县域陆运中心相继投入运营。全年累计新增车辆117辆，其中电动三轮车59辆、电动二轮车58辆。新增PDA 166台、热敏打印机345台以及电子秤、面单扫描仪若干。推进全区网点智能化水平，配置ITM设备153台，新增配置理财POS终端176台，覆盖所有代理金融网点。推进绿色包装、绿色运输、绿色金融重点项目。新标准包装箱、窄胶带实现所有支局100%覆盖，电子面单使用率达99.16%，电商件不再二次包装率达80%，可循环中转容器使用率达88%，智能自助设备布设量218台。

网运能力提速提质。开展"网业联动、满仓启航"主题营销活动，14条一干邮路平均装载率91.79%。52个重点城市次日妥投率达90.47%，完成省分公司目标，快包长三角较提速前提升7.2个百分点。推进前端混合收寄+集包作业模式，全区集包率达65%。加大并规范自提（代投）点建设，全区自提（代投）点达1950个，自提占比达55%。

信息化建设。完成智能组网系统上线运营。完成新一代寄递平台邮速整合V3系统切换上线推广、邮储统一柜面推广上线等工程。加强数据管理应用，全年清洗与整理数据300余万条，开展20个重点数据分析项目。

"放管服改革"服务。2019年，全区"放管服改革"助力行动累计合作政务单位56个，具体合作事项176个，全区覆盖率达87.6%。全区建成47个代办交管业务合作网点，办理三大类19项公安交管类业务，办理业务1.05万笔（含网办中心）。建有税邮共建服务窗口12个，代征税款1848万元。（纪倩霞）

■扬州首届"最美快递小哥"评选揭晓 1月26日，首届"最美快递小哥"评选结果揭晓，来自邮政、顺丰等企业的10名快递员获此殊荣。这些人员均来自各企业的一线，来自不同的岗位，涵盖快递收、转、运、派以及售后等各个操作和服务环节。（张惠亮）

■《芍药》特种邮票首发 5月11日，《芍药》特种邮票首发式活动在瘦西湖熙春台举行。2005年1月5日，扬州增补芍药为扬州市的市花。首发配套活动同时在瘦西湖主题邮局门口开展，现场有知名设计师签售、非遗传承文化表演、现场盖戳系列活动，《芍药》主题邮展和邮资机戳服务在邗城大厅开展。（纪倩霞）

■快递专用电动三轮车"六统一" 6月28日，扬州市邮政管理局联合市交通警察支队在宋夹城西门停车场举办快递专用电动三轮车"六统一"启动仪式。参加此次启动仪式的车辆共计80辆，来自8个不同的快递企业。车辆后方上半部分为扬州五亭桥图案，标有红色的"扬州快递"字样，并注有相应车辆编码，下半部分是各快递企业的Logo，车身底部悬挂专用号牌。根据要求，从7月1日开始，车辆上路必须执行"统一车辆号牌、统一编号管理、统一佩戴头盔、统一服装样式、统一持证上岗、统一购置保险"的管理措施。（张惠亮）

■"绿水青山·最美邮路"开跑 10月20日，《运河城·扬州》专用邮资图首发式暨邮政EMS杯·2019年中国邮政"绿水青山·最美邮路"系列主题赛（扬州站）在扬州运河三湾风景区举办。扬州站是2019"绿水青山·最美邮路"路跑活动的第6站，约有3000人齐聚扬州运河三湾风景区内，参加路跑活动。活动当天发行《运河城·扬州》专用邮资图一枚，邮资图采用扬州著名画家张宽的水墨瘦西湖和大运河画作，由北京著名邮票设计师马立航设计。邮资图的设计呈古代帆船造型，整体体现扬州这座历史文化名城与大运河同生共长的无限生机。为配合此次专用邮资图首发，活动现场举办"16个运河文化遗产点"主题集戳活动，"把美丽扬州寄出去"扬州风光明信片寄递仪式，形式多样地传播运河文化，讲好运河故事，宣传新时代扬州的发展成就。（纪倩霞）

■中国邮文化节·首届江苏省快递员节 11月29日，中国邮文化节·首届江苏省快递员节在高邮开幕。开幕式上，《马踏飞燕》和"江苏省首届快递员节"标识的个性化邮票揭幕。开幕式为江苏省"最美快递员"进行颁奖。活动当天，在"电商快递产业园"奠基仪式上，占地2.33万平方米的高邮邮政物流运营中心正式破土动工，项目预计总投资3000万元，建成后将成为苏中县域最大的集物流、仓储、分拨、运输等功能于一体的综合性物流集散中心，以满足高邮快递和农村电商业务快速发展的需要，为高邮电商客户提供更加迅速、安全、便捷的服务。（纪倩霞）

通信服务

■中国电信扬州分公司 2019年，中国电信扬州分公司有各类电信用户360多万户，优化电信服务网点布局，便民营业网点累计达697个。

网络基础建设。聚焦重点活动，"4·18"国际经贸旅游节、"扬马"等活动均开通5G直播宣传。年底在扬州率先开通5G为民服务站点，覆盖市民中心、苏北医院、瘦西湖等32个重要民生服务场所。发挥光网效能，助力业务发展，加厚千兆网络覆盖，保障宽带提速，

10GEPON 端口达 2.8 万个，光宽用户占比 98.7%，列全省第三。推进新业务发展，彰显网络优势。建设智能视频云平台，为客户提供高速、智能的视频服务；以云桌面为抓手，有效支撑“规模云改”。完成政府两会、省重大项目开工仪式、运博会、高考等 29 个重大活动保障任务。累计出动各类应急通信车辆 392 车次，保障人员 1435 人次，应急布放光缆 49 皮长公里。

智慧应用。探索 DICT 发展路径，加快综合信息服务转型。全年累计签约百万级行业信息化项目 65 个，获集团互联网 + 大单 30 单。紧密联动政府部门，围绕政务服务、智慧交通和城市治理等加快“云上扬州”建设；打造云上高邮、综治网格化平台、智慧城管等多个精品工程；全面参与瘦西湖景区网格化社会治理项目，打造景区 DICT 标杆应用；建设省园博会智慧园博，树立文旅名城智慧新形象；落实“科创名城”战略，走进、服务高新企业，打造中航基础云平台、江淮汽车 MP5 设备改造、扬州软件园等工业互联网标杆。

实体渠道持续优化。通过低效店管控、清单级帮扶，主动实施降租退租，全年优化提升 89 家门店，退降租 83 家，节约房租成本 1156 万元，降本增效成效显著。

服务创新。理念换代，满意服务转向“感动服务”，明确装维 10 项规范、营业厅“6+X”配置、政企专业化服务。领导一线调研巡讲、评选表彰、系统支撑评估，促发展增收入，提服务升口碑，用户表扬及各类嘉奖明显上升，服务理念植入人心。聚焦重点力控服务风险，坚持市场服务实时互动，提前部署，流程优化，历经国家新政、5G 上市、携号转网开放系列政策变化考验；压降增值业务，投诉从月均 49 件降至 3 件，下降 93.9%；有效整治骚扰电话和垃圾短信，完善黑白名单管理，客户投诉下降 49%；强化网络安全管理，整治不规范资费及违规收集个人信息等民生热点问题，关键指标 100% 达标；年度综合满意度列本地第一，取得客户满意度、服务 KPI 双提升。 （杨　珺）

■中国移动通信集团江苏有限公司扬州分公司 2019 年，中国移动通信集团江苏有限公司扬州分公司完成运营收入超 22 亿元，在扬缴纳各类税收近 7000 万元。移动通信客户超 280 万户，其中宽带用户近 80 万户、互联网电视用户超 40 万户；新领域业务发展迅速，物联网用户近 450 万户。公司有员工 1200 余人，带动产业链就业超 1 万人，在扬累计采购额达 1.5 亿元。

通信基础设施建设。持续加大资金投入，建设信息基础设施。持续开展 4G 精品工程，实现城区及县城 FDD1800 连续覆盖，4G 网络领先优势扩大。聚焦网络长期焦难点问题，累计攻坚开通 107 个站点。聚焦用户感知提升，累计梳理并解决网络问题万余个。加快宽带网络光纤改造，促进网间互联互通，提高网络访问速率，实现光纤宽带城区、镇区全覆盖，自然乡镇重点区域覆盖。宽带新增农村覆盖 10 万户，基本实现宽带全覆盖。完成面向 5G 承载的 SPN 网络核心、汇聚、接入三层架构搭建。强化沿街店铺、商业综合体、酒店一网通建设，新增预覆盖 1 万户，新增出口带宽 800G。

推动信息技术与社会生产深度融合发展。支持企业基础通信升级，各类专线平均单价下降 10%。持续为中小企业提供高性价比宽带服务，全年新接入小微宽带 1.1 万条，酒店等行业网络资费下降 50%。推动万物互联，为燃气、供电等各类行业提供物联网服务，全年连接用户增长 12 万。成立 5G 产业联盟，推动 5G 与人工智能、物联网、云计算、大数据、边缘计算等新信息技术紧密融合，携手地方政府、各类企业共同开展基于 5G 的智慧园区、智慧交通、工业互联网等创新应用。完成 23 个 5G 行业应用需求设计，应用场景包括智能制造、无人驾驶、智慧路灯、无线办公等。

打造高品质服务体系。以全面质量管理为导向，建立重点客户主动维护服务体系，优化触点服务流程及满意度提升机制。贯彻落实以人民为中心发展思想，建立支部书记接待日制度、开展网络挑刺活动等，打造优质服务口碑。

夯实网安信安监控管理和网络安全保障能力。健全网络与信息安全管理机制，严格执行“实名制”认证，开展“黑卡”、不明扣费、“扫黄打非”、防范打击通讯信息诈骗、综合治理骚扰电话等专项整治，严厉处置诈骗短信、诈骗电话、不良网站和伪基站等违法行为，遏制不良信息传播和电信网络新型违法犯罪，构建安全绿色网络。 （移　动）

■中国联合网络通信有限公司扬州市分公司 2019 年，中国联合网络通信有限公司扬州市分公司实现主营业务收入 4.3 亿元，新建主营渠道 35 家。

加强网络建设。全年总投资 1.09 亿元，完成 990 个 L900 基站的建设及 69 个 4G 基站的建设，对 25 个地下停车场支付场景和高档小区的地下车库进行网络覆盖，4G 室内分布新建 49 栋楼宇，新建 FTTH 宽带小区 182 个，解决密集小区以及城区、县城、乡镇的深度覆盖，增强 A 类楼宇及重要场所 4G 网络的室内覆盖，打造扬州联通精品匠心网络。

通信网络保障。通过对话务模型的预测和分析，制定网络扩容优化调整方案，开通应急通信车，完成“两会”、“4・18”国际经贸旅游节、鉴真国际半程马拉松、运博会、瓜洲音乐节、运河城市论坛、电商活动等重要通信保障工作，累计完成 26 个站点的扩容及 5 个覆盖盲区的补盲工作，活动期间网络运行畅通，用户感知良好。

聚焦“智慧城市”。完善全市“透明厨房”“看娃吃饭”视频服务，全市托幼养老机构、中小学、机关食堂实现远程执法监管，全市厨房监管摄像头在线达 1800 路，实现监管无死角。参与“平安城市”项目建设，通过社会治安监控系统建设对公安所属辖区内住宅小区、沿街商铺、道路岔口、综合体、企事业单位重要部位安装视频摄像机，重点商圈人员密集点安装人脸识别摄像机，实现24小时监控，确保社会治安安全。智慧医疗项目有所突破。10月，扬州联通支撑苏北医院完成扬州地区首个真实5G远程手术指导工作，为全省同类项目提供产品能力。

配合市政管理。累计处理城管派单案件1010件，“12345”投诉处理671个，无一超时。配合市政工程建设，及时迁改相关通信管线设施，为工程建设提供便利的条件。对于民生工程，服从服务大局，合计管线设施迁移585千米。

网络安全工作。全年共核查并关停各类涉嫌违规异常呼叫、疑似诈骗及12321平台投诉等号码共330余例、核查涉案号码20余例。落实2019年扬州市网络安全宣传周“电信日”活动各项工作。宣传周期间，通过自有渠道宣传、重要活动现场宣传、自有媒体和公益短信宣传等形式，向广大用户普及网络安全知识，提醒用户注意防范通信网络诈骗和网络病毒。（联　通）

会展业

■概况 2019年，全市有会务公司、展览公司70多家。展馆设施，扬州国展中心共有3个展馆，面积分别为8000平方米、7000平方米、8000平方米，可提供国际标准展位1300个；花都汇展馆1个，面积3000平方米，可提供国际标准展位300个。会场设施，全市三星级以上酒店共有会议室、多功能厅等会场550多个，其中500人以上会场近100个，1000人以上会场30多个；扬州会议中心拥有会议室32个，被评为“中国百强MICE酒店”；京杭之心会议中心由会议中心、五星级酒店和水景广场组成，是世界运河博览会永久性会址。（商务局）

■2019年世界运河城市论坛暨世界运河大会 参见第4页

第14届中国玉石雕精品博览会展出的玉雕精品　刘江瑞/摄

■第14届中国玉石雕精品博览会 5月31日至6月3日，第14届中国玉石雕精品博览会·2019中国漆器艺术精品展暨中国扬州工艺美术精品展在扬州国际展览中心举办。本届展会展销区面积8100平方米，近450个国际标准展位，分为玉器展区、漆器展区以及全国工艺美术精品展区（含中国工艺美术大师展区）三大板块，共有北京、上海、广东、河南、辽宁、新疆等18个省、市、自治区的多家参展商参展参评，展品种类繁多，内容丰富，全面展示当今玉器、漆器艺术的新貌。展会同期举办2019中国扬州“玉缘杯”玉石雕精品大赛和“漆花杯”工艺美术精品大赛活动，共有近600件作品参评。经全国工艺美术行业的权威专家、教授及大师组成的评审委员会现场评审，共有321件作品获奖，其中金奖、银奖作品220件。（杨　志）

物流业

■概况 2019年，全市实现物流增加值398亿元。出台《关于扬州市现代物流业高质量发展的实施意见》，明确今后一段时间6个重点领域的20项重点工作，优化全市物流发展环境，推进区域性物流枢纽建设和物流业降本增效取得实效。推进物流降本增效。突出示范引领作用，出台《扬州市市级物流业降本增效示范项目认定办法》，重点围绕打造一批重点物流枢纽，加快完善物流集疏运体系，发展智慧物流等方面，通过认定7大类14小类示范项目，更好地引导物流产业降本增效。认定2019年市级物流降本增效示范项目4个，给予市级服务业发展引导资金支持112万元。（沈　玲）

■物流园区 根据“一环、两带、一板块十结点”的物流园区空间布局规划，通过开展省级物流示范园区、市级物流集聚区培育认定工作，指导物流园区提升信息化、标准化、装备现代化水平，促进物流园区转型升级。2019年，全市新增省级示范物流园区储备园区1家、市级物流集聚区1家，全市省级示范物流园区及其储备园区累计达5家、市级物流集聚区累计达9家，省级物流园区及其储备园区总量位列全省第9。（沈　玲）

■龙头企业 着力实施物流大企业培育计划，加快培育一批主营业务突出、核心竞争力较强的现代化物流企业。全市有规模以上交通运输、仓储和邮政业企业219家，其中省级重点物流企业15家，位列全省第七；A级物流企业45家，其中AAA级以上物流企业43家，A级物流企业总数位列全省第四。（沈　玲）

■项目建设 加快推进物流项目建设。“十三五”以来，全市共认定林安智慧物流科技园等新开工物流重大项目(总投资10亿元以上)14个、扬州综合物流园等新竣工物流重大项目11个，超达汽车零部件仓储物流项目等新达效物流重大项目9个。2019年储备新签约、新开工等在库物流项目(总投资1000万元以上)26个，计划总投资245.9亿元。

（沈 玲）

■多式联运 制定《河江海公铁水多式联运样板工程实施方案》，从信息化建设等6个方面拟定任务清单。《河江海集装箱多式联运服务规范》以地方标准出台。2019年，扬州港河江海多式联运项目完成集装箱联运量5.3万标箱，增长16.2%。

（扬交运）

■城市配送 制定《扬州市绿色货运配送示范工程实施方案》，联合市公安局、市商务局印发《关于开展城市配送示范企业申报工作的通知》，共同认定3家城市配送试点企业，完成50辆标志标识统一、规范管理的城市配送车辆，落实优惠通行政策。 （扬交运）

■无车承运人 扬州速必达物流有限公司创成第二批省级无车承运人试点企业，江苏星通北斗航天科技有限公司通过省交通运输厅无车承运人试点年度考核。2家公司签约托运人业户1.97万户，承运人1.9万户、车辆10.8万辆，完成交易额9780万元、货运量84万吨。 （扬交运）

电子商务

■概况 2019年全市实现电子商务交易额1350亿元，增长30%以上。举办2019中国(扬州)电子商务高质量发展大会，新获批国家级电商示范县1个，省级电商示范村10个、示范社区2个、示范园区7个、电子商务与快递物流协同发展示范基地2个、众创空间3个、示范企业14家。

推进电商示范创建，发挥引领作用。做好国家级示范创建推荐工作。与市扶贫办、财政局联合，推荐高邮市申报国家级电商示范县获批，获得中央扶持资金2000万元。鼓励创建省级示范。推动广陵区头桥镇福成村等10个行政村分别获批第八批和第九批省级电商村；14家企业、7家园区获批2019—2020年度省级电商示范企业、园区；新增省级电子商务众创空间3个，省级电子商务与快递物流协同发展示范基地2个，省级电子商务示范社区2个。

举办电商培训活动，营造发展氛围。举办2019中国(扬州)电子商务高质量发展大会，全市电子商务条线各级干部、电子商务企业近500人参会。邀请国家电子商务法起草专家组成员对电子商务法与跨境电商合规问题进行解读，来自中科院、商务部研究院、eBay的教授和专家为电商企业传授创新转型的新理念、新模式、新技术。指导县市区及协会举办2019中国·扬州(江都)电子商务峰会、跨境电商营销大会等活动，召开小型专场对接会，推动地方特色产业对接速卖通等电商平台。 （郭 杰 蒯梦原）

2019年国家级电子商务进农村综合示范县

高邮市 （郭 杰 蒯梦原）

2019—2020年度江苏省电子商务示范基地

扬州五亭龙电子商务产业基地
扬州邮政跨境电子商务产业园
维扬开发区汽车电子商务产业园
江苏信息服务产业基地(扬州)
高邮市通邮电子商务产业基地
苏中特色农产品电商产业园
宝应软件信息产业园

（郭 杰 蒯梦原）

2019年江苏省农村电子商务示范村

邗江区方巷镇沿湖村
邗江区杨庙镇花瓶村
广陵区头桥镇福成村
江都区邵伯镇南渡村
高邮市汤庄镇汉留村
高邮市龙虬镇龙虬庄村
宝应县柳堡镇王通河村
宝应县西安丰镇苗圃村
生态科技新城杭集镇新生村
生态科技新城杭集镇龙王村

（郭 杰 蒯梦原）

江苏省电子商务与快递物流协同发展示范基地

扬州五亭龙电子商务产业基地
维扬开发区汽车电子商务产业园

（郭 杰 蒯梦原）

江苏省首批电子商务众创空间

中国创谷圆梦创新工坊
江都创客邦
通邮梦工厂 （郭 杰 蒯梦原）

江苏省电子商务示范社区

广陵区曲江街道文昌花园社区
邗江区竹西街道竹西社区

（郭 杰 蒯梦原）

2019—2020年度江苏省电子商务示范企业

扬州方广食品有限公司
扬州鲜生活电子商务有限公司
江苏智途科技股份有限公司
江苏易德日化有限公司
扬州宏创科技发展股份有限公司
扬州宜居寝具用品有限公司
扬州十二粉黛生物科技股份有限公司
扬州市百仕德礼品工艺有限公司
扬州市天祥路灯器材有限公司
宝胜网络技术有限公司
扬州亿果电子商务有限公司
江苏嘉德光电科技有限公司
江苏瑞丰信息技术股份有限公司
江苏找化网络科技有限公司

（郭 杰 蒯梦原）

2019年扬州市级电子商务示范村

邗江区杨庙镇沿山河村
邗江区槐泗镇陈院村
邗江区西湖镇胡场村
邗江区槐泗镇包家村
邗江区槐泗镇酒甸社区
江都区邵伯镇高蓬村

江都区小纪镇富民村
高邮市汤庄镇曾钰村
高邮市界首镇大昌村
高邮市送桥镇官路村
宝应县小官庄镇南场村
宝应县山阳镇金庄村
仪征市陈集镇双圩村
仪征市真州镇三将村 （杨　志）

■**“双十一”网络零售** 2019年“双十一”期间，全市实现电商交易额29.3亿元，增长近33%。龙头电商企业从高速增长转向高质量增长。全市有1家国家级电商示范企业和14家省级电商示范企业，“双十一”期间均取得较好销售业绩。国家级电商示范企业江苏笛莎公主文化创意产业有限公司“双十一”全天交易额超过9200万元，与上年持平。省级电商示范企业如方广食品今年“双十一”实现天猫旗舰店交易额达396万元，增长17.8%；扬州宏创科技发展有限公司，自建“龙会易购”电商平台，服务全市城乡居民，“双十一”实现网络零售168.9万元，增长34.27%；扬州十二粉黛生物科技股份有限公司作为高邮市一家新兴的护肤品研发生产企业，“双十一”当天成交金额达到350万元，与上年持平。江都区扬州慧松信息工程有限公司通过京东平台面向全国销售扬州本地农产品，“双十一”当天销售额92.8万元，增长59.45%。

传统企业利用电子商务取得突破。传统商贸企业特别是老字号企业参与“双十一”全网营销活动，取得明显成效。扬州谢馥春“双十一”前不断推出新产品，加大宣传力度，参加天猫和各大平台的活动，“双十一”线上交易额超300万元，比上年略有增长。三和四美实现扬州特产“从江南走向全国”，“双十一”销售额270万元，实现翻番；冶春包子“双十一”订单总额比上年增长7倍多，“双十一”当天销量超100万元；扬州家家网电器有限公司线下依托新店开业和明星活动，线上联动直播，“双十一”当天实现销售额2500万元，增长20%。高邮市特色农产品、水产品销量可观，红太阳食品有限公司卖出鸭蛋100万元，成交2万多单；高邮市邮辉食品有限公司卖出高邮湖水产品200万元，增长500%；高邮市嘎嘎鸭商贸有限公司卖出120万元，增长100%。

电商示范基地和示范镇村集聚效应凸显。全市相关省市级示范基地、示范镇村不断发挥示范作用，促进区域内传统产业应用电子商务实现转型升级，吸引电商企业和电商上下游服务业企业入驻，形成产业集聚效应，“双十一”期间取得较好成绩。省级电商示范基地中，“双十一”通邮电商园园区入驻电商销售企业149户，“双十一”网络销售约4133万元，销售增长127%。五亭龙国际玩具礼品城500余家网店“双十一”期间合计实现线上成交额2.2亿元，增长22%，其中“双十一”当天销售总额近1.5亿元，增长13.3%。省级电商示范镇仪征市大仪镇“双十一”当天实现毛绒玩具和电子产品网上销售额达2000万元。省级电商示范村邗江区西湖镇金槐村，以毛绒玩具销售为主，实现网络零售6200万元，增长29%；万福村“双十一”当日电商交易额约5581万元，增长4%；茱萸湾路玉器电商特色街区电商交易额503万元，增长5%；翠佛堂电商交易额240万元，增长9%。

小微电商企业创业创新成效初显。扬州鲜生活电子商务有限公司经过五年发展，打响“果然100”的品牌，“双十一”期间结合促销活动的开展，线上流量大幅提升，销售额32万元；高邮湖畔水产合作社走精品深加工水产路线，坚持打造生鲜品牌“王鲜记”，取得初步成效，“双十一”期间实现网络零售120万元，与往年持平；扬州怡恒国际贸易有限公司深耕电商服务，运用电商营销新模式，“双十一”当天通过网红直播带货服务为13家企业带动销量约317万元。

传统大型商超积极应对。苏宁易购扬州分公司“双十一”累计交易额1.03亿元，基本持平，其中线上交易额9054万元，增长3.7%，线下交易额1199.56万元，下降27%。金鹰国际购物中心“双十一”活动持续四天，实现销售3313万元，通过线上线下活动同步、线下门店结合VIP顾客识别二维码登录掌上金鹰电子会员卡抢100元穿着类礼金、“尖叫秒杀”等活动保持传统零售的活力。江都区宏信龙连锁超市提前布局，开展优惠活动，线上线下同价销售，线下客流量有所减少，线上零售额198万元，增长219.7%。江都商城线上零售达65万元，增长62.5%。苏果超市与饿了么、美团、京东到家等合作，开展限时促销，力推线上线下互动。仪征市尚莱场和苏合相咏“双十一”重点放在线下，尚莱场开展充值送礼品的促销活动，线下成交额10万元；苏合相咏开展线下部分商品促销活动，成交额5万多元。 （郭　杰　蒯梦原）

居民服务业

■**家庭服务业** 2019年，全市拥有各类家庭服务企业、机构近千家，从业人员7万多人，其中解决困难群体就业2万多人。通过“职业化、标准化、品牌化、规模化”建设，持续打造家政服务业提档升级的“扬州模式”。职业化方面，开展“扬州市家庭服务业万人培训工程暨第七届技能培训月”活动，提高从业人员的技能水平。10月22日，市人社局联合市总工会、共青团、妇联等多部门举办全市第四届家庭服务业职业技能竞赛，10月30日至11月1日协助省人社厅和省家协在扬州举办全省第五届家庭服务业职业技能大赛。至年末，全市有28所民营家庭服务业培训学校，累计培训各类学员7万多人。标准化方面，开展地方标准的立项申报工作。至年末，《清洗保洁服务规范》《家庭服务规范》分别送审和形成草案。开展全市申报全国家政服务业提质扩容“领跑者”行动试点计划工作，该项全国性行动计划在江苏省仅有扬州市和徐州市获准报批，并于11

月 27 日入围全国家政服务业提质扩容“领跑者”行动重点推进城市名单。品牌化方面，经过多年努力，涌现出一批在行业内叫得响、在长三角地区具备知名度的品牌。2019 年度，扬州市安康职业培训学校、好苏嫂托老院、友僮母婴服务有限公司入选全省百强家庭服务企业；三利月嫂职业技能培训学校入选省级家庭服务职业培训基地。规模化方面，连续 7 年组织企业申报市服务业发展引导资金家庭服务业专项。

（人社局）

■健康服务业 推进重大项目建设。江山国际康养城、扬州瘦西湖中医养生养老社区 2 个健康服务业项目进入省现代服务业重大项目“笼子”，全年完成投资 6 亿元。列入全市服务业重大项目库跟踪监测的 5 个健康服务业重大项目至 12 月底共完成投资 19.6 亿元。新开工恒通康养综合体项目，新竣工南部体育公园、深潜赛艇水上运动基地等5个项目，推动冰雪水项目、乐动运动工场等一批项目开展前期工作。重点领域发展。医疗方面，围绕《“打造健康中国的扬州样本”行动计划》要求，18 个区域医疗卫生中心全面建成并投入使用，8 家农村区域医疗卫生中心创成二级医院。市妇女儿童医院、市公共卫生中心开工建设，各县级医院新改扩建项目加快推进，18 家区域医疗卫生中心全面配建医疗急救站点；养老方面，升级老年助餐卡服务功能，实现居家养老服务一卡通。全面放开养老服务市场，提请市政府研究出台《社会力量参与养老服务业的实施意见》。加大对社区养老服务设施运营补贴，鼓励社会力量承接运营社区养老服务设施，在社区居家养老服务中心推行社会化运营；体育活动方面，举办 2019 鉴真国际半程马拉松赛。健康服务业产业推进。围绕加快“三个名城”建设，优化全市现代服务业产业布局，形成扬州市健康产业布局规划初排方案；做好市人大重点议案、市政协主席督办提案、重点提案答复工作，面答率、办复率和满意率 100%；利用市级现代服务业发展专项资金，扶优扶强健康服务业企业。5 个项目获得资金支持共计 133 万元。印发《关于用好“四经普”数据优化“十大统计平台”在库企业的函》，梳排整理 130 家健康服务业企业名录，为数据填报工作打好基础，做优产业统计体系。

（汤　鑫）

■养老服务业 推进全市养老服务业发展，按照“公园 +”“医疗 +”“小区 +”的理念，建立市、区、社区三级养老服务体系。至年末，全市建成颐养示范社区 64 个、街道日间照料中心 14 个、街道中心厨房 14 个、社区老年人康复场所 91 个、老年活动室 200 个，城乡社区标准化居家养老服务中心建成率分别达 72.5%、37.8%。各类养老机构 116 家，其中乡镇敬老院 67 家，社会福利中心等公办养老机构 13 家、老年公寓等社会办养老机构 36 家，养老床位数 4.46 万张。提升医养结合服务能力，全市建有养老护理院和康复医院 23 家，其中市直 3 家，仪征 8 家，邗江 4 家，宝应和高邮各 3 家，广陵和江都各 1 家，护理型床位 1.41 万张，占全市养老机构床位的 58%。全市持证护理员总数达 1923 人，培训上岗率 100%。

（潘　勤）

商务服务业

■公证 至年末，全市 8 家公证机构 47 名公证员办证 4.39 万件，比上年增长 13.3%，收费约 2000 万元，共有公证员助理 40 人，较上年增加 13 人，增幅 48%。

公证排名前5位的事项为委托、继承、合同（协议）、签名（印鉴）、文本相符。推行公证“最多跑一次”服务，有效利用公证在线受理平台和微信微受理平台提供在线办证服务，全年共在线办证 430 件。试点建立公证家事法律服务中心，推行包含生前预嘱、意定监护、家族财产传承规划设计、遗嘱、遗赠扶养协议、遗嘱保管、遗嘱执行、信托、提存等在内的综合服务，拓展延伸家事公证业务，办理家事公证 6818 件，调解家事纠纷 23 件，减免公证费用 2 万余元。扩大司法辅助试点范围。指导江都公证处在江都区人民法院设立司法辅助工作站，派驻公证人员轮岗值班，整合法院与公证机构的资源优势，细化公证参与司法辅助事务的工作范围、流程，以参与执行为试点、重点，全面开展公证参与调解、取证、送达、保全等司法辅助事务。制定《关于推进公证服务向基层延伸的实施办法》，建立健全公证服务向基层延伸组织网络，在全市 60 个乡镇（街道）公共法律服务中心设立公证联系点，发挥公证联系点便民作用，提升公证服务延伸质态。开展公证惠民宣传活动。结合“3・15”消费者权益日、“4・8”司法日、“公证助残月”、“公证敬老月”、“12・4”宪法日等开展公证咨询宣传活动，发放宣传资料 2000 余份，接待公证法律咨询 400 余起，提供上门服务 70 余次。

（范晓杰）

■律师 至年末，全市共有执业律师 1307 人，其中专职律师 1006 人、兼职律师 35 人、公职律师 231 人、公司律师 18 人、法律援助律师 17 人；党员律师 573 人（专兼职党员律师 331 人）；共有律师事务所 98 家，其中合伙所 83 家，个人所 6 家，分所 9 家（外省分所 5 家）；另有公职律师办公室 64 家，公司律师事务部 13 家。办理各类诉讼、非诉讼案件 3.41 万件。

开展法律服务民企行系列活动。成立民营企业法律服务讲师团，围绕企业依法维权的救济途径、公司治理、企业规制、劳动用工法律风险防范等 8 个专题赴各地开展“法律讲堂月月讲”活动 40 场次，5000 余名民营企业家听取讲座。成立民营企业法律顾问团，21 名资深律师深入 1100 余家民营企业开展“法治体检”走访活动。结合“千所帮万企”专项法律服务活动，筛选 46 家律所与 755 家民营企业结对，为企业提

2019年扬州市部分律师事务所一览表

表 18-1

序号	名称	序号	名称
1	江苏琼宇律师事务所	16	江苏铉云辰旭律师事务所
2	江苏法之泽律师事务所	17	北京市高朋（扬州）律师事务所
3	江苏理华律师事务所	18	江苏锦登律师事务所
4	江苏擎天柱律师事务所	19	江苏唯是律师事务所
5	江苏盛祥律师事务所	20	江苏楚汇律师事务所
6	江苏石立律师事务所	21	江苏证融律师事务所
7	江苏大扬律师事务所	22	江苏周仕刚律师事务所
8	江苏征远律师事务所	23	江苏新浪潮律师事务所
9	江苏乐助律师事务所	24	江苏盛望律师事务所
10	江苏尚鼎律师事务所	25	江苏凯归律师事务所
11	江苏江扬律师事务所	26	江苏立科律师事务所
12	江苏朱玉明律师事务所	27	江苏长威律师事务所
13	江苏韵合律师事务所	28	江苏福朋律师事务所
14	江苏九如律师事务所	29	北京金台（扬州）律师事务所
15	北京市雨仁（扬州）律师事务所	30	江苏君奥律师事务所

（范晓杰）

供定制法律服务。成立扬州市涉外法律服务中心，依托扬建、江安集团相关项目成立市涉外法律服务中心安哥拉、巴基斯坦两个分中心。设立12348民企法务座席，注册“法律服务民企行”微信公众号，为民营企业和城乡居民提供全业务、全时空公共法律服务。

推进公益法律服务。制定印发《律师参与公益法律服务电子档案制度（试行）》，明确法律援助、公益性法治宣传等8项律师参与公益法律服务项目内容，要求每名律师每年应提供不少于50个小时的公益法律服务。在省内外率先发文，组织律师履行法律援助义务，健全法律援助律师库、法律援助表彰、考核等工作机制，要求每名律师每年办理法律援助案件不少于1件。开展律师见证认罪认罚试点，率先在全省实现刑事辩护全覆盖，有效保障刑事被告人的合法权益。以律师为主体，成立市破产管理人协会，参与破产企业整顿重组。

社区律师工作室常态化运行。“社区律师工作室免费为群众提供法律咨询”被市委、市政府列入民生幸福工程项目。全市292家社区律师工作室全年累计为城乡居民免费提供法律咨询1.3万余次。依托社区律师工作室，举办金融借贷、票据纠纷、民间借贷专题培训讲座，组织律师为社区群众开展防范民间借贷法律风险讲座50余场次。拓宽律师工作室服务渠道，在邗上派出所设立律师工作室，3家律所12名律师每天轮流值班，为群众提供法律咨询，协助预防化解矛盾纠纷，引导群众依法维权，为符合条件的当事人提供法律援助接待服务。

（范晓杰）

■**司法鉴定** 全市有司法鉴定机构7家，司法鉴定人95名，共办理鉴定8327件，总收费1170万元，司法鉴定排名前四位为法医临床鉴定、法医毒物鉴定、法医精神病鉴定、法医物证鉴定。组织司法鉴定广场宣传活动，向群众普及鉴定常识，解答群众关于司法鉴定的咨询。在“我的扬州”App、司法行政微信公众号等新媒体平台公示司法鉴定服务指引。开展“送鉴定进社区”活动，组织司法鉴定管理干部和司法鉴定人赴社区开展宣传，为群众提供现场鉴定咨询，解答司法鉴定问题，为社区群众提供优质高效司法鉴定法律服务，扩大司法鉴定的群众知晓率和社会影响力。从司法鉴定的质量提升，司法鉴定行风建设、日常监督检查等方面入手，开展司法鉴定整顿清理活动。倡导各司法鉴定机构增加司法鉴定援助案件办理，推动、保障司法鉴定进驻市、县两级公共法律服务中心，提升为民服务水平。

（范晓杰）

软件信息服务业

Ruanjian Xinxi Fuwuye

编　辑　贾丽琴

综述

■**概况**　2019年，全市软件和信息服务业实现业务收入112亿元，比上年增长18%。全年新增通过评估软件企业94家、自主知识产权软件产品432件，分别增长54%、27%。智途科技“城市级智慧停车大数据平台V1.0”获“中国软件行业优秀解决方案”。万方电子获批省高端软件重点支持项目，为近年来全市软件类获批项目中单体量最大。易图地信、伏特照明被评为省级软件企业技术中心，认定数全省第三。智途科技“多规合一”大数据信息平台入选省大数据优秀产品名录。航盛科技、共融科技、盛世云3家企业获批省“腾云驾数”转型升级计划优秀企业、产品和融合创新发展案例。首凯汽车零部件（江苏）有限公司的“首凯氮氧传感器性能标定软件V1.0”入围《2019年江苏省重点领域首版次软件产品应用推广指导目录》，为苏中、苏北唯一入选产品。宇安电子“低空微小型无人机雷达光电干扰一体化系统”项目获第五届i创杯互联网创新创业大赛三等奖，系全省除南京、苏州地区外唯一获奖项目。

（扬工信　朱　敏　谢森妙）

■**第12届扬州软件和信息服务外包大会**　4月22日，第12届扬州软件和信息服务外包大会暨数动广陵——空间大数据与智慧城市高峰论坛在广陵区举行。相关部门负责人以及来自企业、院校、运营商、金融机构、行业协会等的近300名行业专家、机构代表参加大会。会上，扬州市广陵区政府、武汉大学及江苏智途科技有限公司举行政企校三方合作签约仪式，将在空间地理信息装备研发、数据获取、数据处理、共享交换、应用开发、金融服务等领域开展合作和科技攻关。（杨　志）

■**3企业入选省“腾云驾数”转型升级计划**　11月19日，省信息化领导小组大数据发展办公室会同省工信厅联合公布2019年度“腾云驾数”转型升级计划名录（优秀企业、产品和融合创新发展案例），扬州市航盛科技有限公司入选优秀企业名单；江苏共融科技有限公司的“基于微服务架构的新媒体运营支撑云平台”、扬州航盛科技有限公司的“车载电子自动化测试系统”和扬州盛世云信息科技有限公司的“面向智慧小区视觉人脸识别安防系统”分别入选优秀产品和融合创新发展案例名录。（杨　志）

■**无线电管理**　2019年，扬州无线电管理处对接市电信、移动公司等基础电信运营企业及时上报基站数据，全面加强5G频段使用监管，深入了解扬州市及周边5G试验网建设实际，实时掌握频段使用现状，赴南京参加全国5G干扰协调业务培训，做好5G基站与全市卫星地球站干扰协调工作，为全市5G网络建设及后续物联网、车联网应用发展筑牢基础。

落实专项行动。按照工信部《关于加强无线电监测工作的指导意见》文件要求，安排部署全市开展提升无线电监测能力专项行动。加大监测技术学习培训力度。开展智能监测网功能应用、扩频数传管制系统等监测技术的集中学习，开展智能监测网和管制设备应用操作逐项考核工作，配合省监测站在扬州市举办全省固定站操作培训工作。加强监测工作制度化规范化建设。结合全市工作实际开展监测工作制度建设，重点组织建立干扰查处、专用频率保护、集中专项整治和重点活动保障等一系列工作制度强化监测支撑服务作用。

依法行政。参加全省无线电行政执法培训，增强行政执法人员法治意识，及时更新法律知识。根据新版《无线电管理条例》，在全省率先对行政执法文书进行修订，邀请市司法局专家按照行政执法“三项制度”新要求，从案件受理记录到执法结果公示，逐份对原有行政执法文书进行梳理，增加视频资料记录要求和归卷格式、送达回证记载方式、执法结果公示记载等内容。此项工作被《江苏省司法行政工作简报》作为典型做法予以报道肯定。组织开展“黑广播”打击整治专项行动，夜间累计监听87兆赫~108兆赫广播频段653小时，查处黑广播8起，强化部门联动执法机制，维护广播电台通讯秩序。开展450兆赫~470兆赫频段清理

9月11日，市无管处在扬州泰州国际机场服务，保障航空产业发展

无管处/供稿

整顿“回头看”行动，查获未经许可设置使用中继电台3部，对违法设台的单位及个人进行行政处罚。

重点无线电安全保障。做好重大活动保障。先后做好首届大运河文化旅游博览会、鉴真国际半程马拉松赛和第13届市运会等7次重大活动无线电通信安全保障工作，累计出动保障人员42人次、车辆19辆次、设备98台（套）次，排查频率干扰6起，协调组织通信运营商4G通信及免费Wi-Fi热点维护巡查，为央视航拍、现场直播、指挥调度提供安全、可靠、优质的通信保障。做好重要考试保障。全年组织开展全国高考、国家和省公务员考试、研究生考试等各类重要考试保障25次，出动保障人员232人次、设备247台（套）次、保障车辆76辆次。做好重点时段保障，完成“春运”、国庆70周年庆典期间重点频率无线电监测值班。6月，巡检5所院校校园广播核查工作。“9·18”前夕，排查江都人防数传信号干扰。国庆期间，组织对全市6处广播电视发射台设备进行拉网式无线电安全管理督查检查，杜绝无线电安全隐患。

启动销售备案。按照工信部统一部署，全面启动无线电发射设备销售备案工作。在市工信局网站、无线电运动协会微信群、QQ群转发《关于江苏省无线电发射设备销售备案有关事项的通告》。专门翻印通告，深入家电卖场、手机卖场、电子数码城的门店当面宣传。组织3家电信运营商召开无线电发射设备销售备案工作宣传贯彻，专门制作图解式《无线电发射设备销售备案平台操作说明》分发给各代理商，方便学习备案操作。

（扬工信　陈　晔）

智慧城市应用服务

■概况　以建设新型智慧城市为目标，推进云上扬州项目建设，为迈入5G时代提前布局。举办云上扬州工作推进会、成果发布会、展示中心开馆仪式、“扬州挂号网”上线新闻发布会等活动，构建云上办扎口管理，总集成贯彻落实项目主办、项目联络员、项目督查和项目秘书联动推进的“一牵头一落实四联动”工作机制。云上扬州建设经验受邀在第二届数字中国建设峰会和南京软博会上作主题演讲。建成市县一体化大数据共享开放平台，累计归集数据5.1亿条，交换数据量2.79亿条，电子政务外网实现六级贯通。24个行动计划内项目启动实施，“我的扬州”App下载量68万人次，智慧出行接入124个停车场，预约挂号系统正常运行，“扬州旅游智慧警务系统”获2019年度省数字文化和智慧旅游优秀项目。市大数据共享开放平台、宜行扬州、时空信息云平台、数字高邮地理框架、扬州中燃生产经营信息化平台、我的扬州App等6个项目入选2019年“智慧江苏”重点工程名单。加快部署5G网络，抢抓新一代移动通信网络发展机遇，印发《关于加快推进第五代移动通信网络建设发展的通知》，推动电信运营商启动5G网络建设，完成806个基站的建设。

（扬工信　李　晖　谢淼妙）

■“云上扬州”建设　统筹建云市县协同。云上办（包括市政府办、工信、财政等部门）负责市级部门信息化项目扎口管理。各县（市、区）、功能区成立云上扬州推进工作领导机构，统筹对接顶层设计落地工作。5个区（功能区）项目统一部署在市政府大数据中心，3个县（市）根据自身实际统筹本地数据中心集约化建设。按照国家、省统一要求，基本建成“两地四中心”〔本地主中心、双活中心、备份中心、异地数据存储中心（省级筹建）〕的市政府大数据中心，为170多个应用系统提供统一的运行支撑服务。

数据进云成效显现。建成市县一体化大数据共享开放平台，涵盖人口、法人、地理、电子证照、信用等5大基础库，为跨部门应用提供数据共享服务。全面推进政务数据资源共享交换，累计归集65个市级部门、6个县（市、区）数据约5.1亿条，数据总调用量达8230万次，交换数据2.56亿条。数据共享应用成效显现。协助政务服务“一张网”核对企业信息近3万条、事项申办人员身份信息36万条。协助公积金线上提取业务实现“零见面、零材料、零跑腿”全流程网上办理，自7月开通以来，审核9013笔提取业务申请，发放金额约1.5亿元，线上办理业务量占总业务量的70%。税收协同共治通过数据比对分析，将数据转化为税收收入累计近40亿元（平均每年4亿元左右）；协助政税银帮助企业获批45亿元信用贷款。推动公共数据开放应用，实现与“江苏政务服务”“我的扬州”App服务接口调用及省互联网+监管平台的对接，向社会公开21个主题、1173类数据资源。

应用上云全面启动。启动实施21个行动计划中项目，居民健康服务、“我的扬州”App、政务服务“一张网”、智慧出行、生态环境监测一张网、智慧城管、工业企业资源集约利用平台等项目初步建成并发挥成效。

安全管云体系建成。从安全管理、技术、运营、合规及监管等方面建立云上扬州一体化安全管云体系，保障电子政务外网安全。2019年，共印发335份安全通报，协助解决550处高（中）风险漏洞，成功抵御1366万次的网络和病毒攻击，力保线上政务应用安全稳定运行，完成全国两会、新中国成立70周年等期间网络安全保障工作。

影响力扩大。云上扬州展示中心全年接待省内外政府领导、行业专家、院校师生、市民等1万多人次。受邀在贵阳数博会、福州数字中国峰会、国家信息中心新型智慧城市发展论坛等作云上扬州主题演讲。在扬州组织召开“新型智慧城市安全发展论坛”等活动，召开“我的扬州”App、预约挂号等成果发布会，“社保查询”“公积金查询”“实时公交”等十个服务项目被评为“十佳市民口碑服务”。

（扬工信　李　晖　谢森妙）

■新型智慧城市安全发展论坛在扬举办 5月10日，由国家信息中心中国智慧城市发展研究中心指导、大数据协同安全技术国家工程实验室和云上扬州推进工作领导小组办公室主办、北京奇安信科技有限公司承办的大数据协同安全技术国家工程实验室第二期大数据安全高端论坛“新型智慧城市安全发展论坛”在扬州举办。本次论坛结合云上扬州工作实践，以“新型智慧城市安全发展”为主题，围绕大数据安全领域重大社会需求和供给侧技术发展前沿，凝聚各界力量，共同推动技术创新和融合发展，助力网络强国建设。（杨　志）

软件和互联网服务

■概况 2019年，扬州市先后举办互联网创新创业大赛扬州赛区比赛、“软件名企与扬州软件名企接洽会”等活动，培育产业生态。完成第15届南京软博会的参展、布展等工作，近40家软件企业参展。组织150家企业开展双软评估和软件企业所得税优惠政策宣传贯彻活动。针对软件企业“缺人”，将“校招”搬到软件载体，组织南邮通达学院毕业生和各专业辅导员到智谷与用人企业逐一对接。针对软件企业“缺资金”，开展融资需求调查，征集全市31家企业共1.36亿元融资需求，与投融资机构开展对接活动。举办校企技术合作对接会，邀请华中科技大学、东北大学、华东船院等10所高校专家为企业软件研发作诊断。在西安交大举办软件和互联网产业专题培训班，全市40多家重点软件企业负责人参训。

争取政策落实。召开全市工业App贯标及应用推广会议，推进工业App培育认定，全市122个工业App通过审核，在省级“工业App汇聚展示平台”上发布，数量列苏中第一。开展信息技术创新应用调研，推进全市24个产品列入省“信创”技术图谱。经过对接争取，近20家企业被列入省“安可”技术图谱，推进万方电子争取进入国家“安可”政务领域软件目录。开展软件类关键核心技术项目征集工作。评定并公布2019年度扬州市优秀软件产品。制定出台市级软件和信息服务业产业集群专项政策，开展政策宣讲活动，组织各地完成省、市软件专项申报。

加强产业谋划调研。完成省、市领导专题调研软件和信息服务业产业集群发展的相关工作。建立月报统计报送体系，引导各地每月按时在线报送省软件产业月报，并布置统计年报相关工作。开展嵌入式软件、大数据产业发展情况调研，建立市、县（区）两级嵌入式软件产品重点企业培育库，拟定软件与互联网产业、大数据产业、嵌入式软件调研报告。

深化项目交流合作。完成市领导考察用友软件、浪潮集团等软件企业相关工作，推进软件百强企业东华软件、金蝶软件在扬落户。会同生态科技新城举办“扬州软件园（北京）科创中心启用仪式”。

（扬工信　李　晖　谢森妙）

■东华软件华东总部落户 4月17日，东华软件与扬州经济技术开发区管理委员会签署合作协议，拟于市开发区注册设立子公司（扬州公司），合力共建东华华东区域总部基地。项目注册资本1亿元，计划建设东华软件华东区域总部基地、构建智慧安全可控系统体系、构建智慧（城市）产业体系，东华软件将投入专业团队，承担华东地区相关项目运营工作。东华软件股份公司成立于2001年1月，市值270亿元；公司以应用软件开发、计算机信息系统集成及信息技术服务为主要业务，具有信息产业部计算机信息系统集成一级资质，是国家规划布局内的重点软件企业、国家软件百强企业。（杨　志）

■腾讯云大数据学院落户 8月16日，扬州职业大学、腾讯云计算（北京）有限责任公司与上海墨桐花开教育科技有限公司共同举行签约仪式，腾讯云大数据学院正式落户扬州职大。该学院将开设大数据方向专业，联合开展人才培养，同时合作三方将共建大数据实验室、共建工科项目实践平台，为学生提供仿真的企业工作环境、业务流程、业务知识、业务工具以及业务数据。（杨　志）

■瑞丰信息入围省互联网企业50强榜单 8月20日，工信部网络安全产业发展中心与江苏省互联网协会在南京联合发布2019江苏省互联网企业50强榜单暨互联网行业十大优秀案例，江苏瑞丰信息技术股份有限公司入围省互联网企业50强榜单。瑞丰信息成立于2011年，是国家级高新技术企业、江苏省软件企业、江苏省民营科技企业，2017年在"新三板"挂牌。公司为有需求的企业提供集专业的数据交互管理、营销推广管理、客户管理、产品管理于一体的信息化服务；累计获得多项知识产权，包括已授权专利1件，初审合格专利4件，软件著作权31件，软件产品12件，高新技术产品2件，并全部进行成果转化。

（杨　志）

■市级优秀软件产品认定 12月17日，扬州市公布市级优秀软件产品名单，扬州航盛科技有限公司的航盛车联网智能信息娱乐系统软件V1.0、江苏万润软件科技有限公司的万润工程建设企业综合集成管理信息系统软件V8.0、扬州宏创科技发展股份有限公司的宏创云厨云店系统软件V1.0、扬州恒隆软件有限公司的恒隆光电直读水表控制系统软件V1.0、宏普科技（扬州）有限公司的宏普HP-MES制造执行系统软件V1.3等5个软件产品入选。

（杨　志）

■扬州市民卡有限责任公司 2019年，扬州市民卡有限责任公司实现营业收入1773.76万元，比上年增长7.81%；年刷卡总额2.68亿元，比上年增长6.68%。年发行市民卡36.55万张，累计发行市民卡317.24万张，其中"社会保障·市民卡"24.7万张、2017版市民卡16.47万张、副卡200.04万张、园林卡75.64万张、NFC市民卡0.39万张。完成全年园林年卡高峰期办卡任务，新办园林年卡12.65万张，续办7.86万张。"我的扬州"App下载量68.4万人次，注册用户36.3万人。

"我的扬州"App建设。按照市委、市政府民生1号文件要求，基本建成"我的扬州"App项目，1月正式发布上线。延伸服务构建应用体系。实名认证体系实现支付宝认证、微信登录功能；互动体系建成问题发布、回答以及问答审核机制，方便市民互动交流；电子虚拟卡体系实现本地园林年卡虚拟化应用；统一支付体系实现银联、支付宝、微信、优惠券等多渠道聚合支付；统一积分体系初步建成。聚力创新开发便民应用。在上年上线32项应用的基础上，优化"找公厕""城市公园""城市书房"导航服务，"实时公交"增加导乘服务，"图书馆查询"增加游客查询服务，升级优惠券和二维码系统。页面改版升级，增加指纹登录功能。与市大数据中心对接，拓展新应用，新增"轻微事故处理""自助移车""不动产信息查询""律所信息查询""就业招聘""党费缴纳""NFC市民卡"等40项便民服务。中考成绩查询、老年卡年审等深受百姓欢迎。多措并举深化平台运营。建立平台运维巡检机制，优化用户问题反馈响应程序，抓实数据统计分析和业务培训；多渠道宣传推广，配合交通运输局在高速出口设置App醒目标识牌；线下常态化进社区推广，线上拓展新媒体宣传阵地。深化商业推广、节日营销和品牌合作，举办"您上车、我买单"等特色活动。配合市政府召开"我的扬州"App建设成果发布会，平台知名度、美誉度和影响力提升。

信息化项目。配合市民政局完成中央厨房项目二期建设；参与全省交通一卡通移动支付平台建设，实现手机NFC交通卡应用，丰富一卡通系统功能；完成市公用事业缴费中心接收工作，启动缴费系统重建项目；完成2009年市民卡系统数据迁移；推进城控集团公用企业服务中心"水、气、卡"业务三网融合，扩大试点范围，逐步实现"一窗式"办理全覆盖。

（郑　重）

市民卡新照片　　张孔生/摄

旅游业

Lüyouye

编　辑　陈永华

综述

■概况 2019年，扬州市推动国际文化旅游名城建设，出台《关于2019年更好服务游客建设宜游城市的意见》。全市旅游业总收入1010.2亿元，比上年增加92.9亿元，增长10.1%；旅游业增加值占全市地区生产总值比重8%。接待国内旅游人数7739.11万人，增长10%。实现旅游外汇收入8548.21万美元，增长2.5%；实现国内旅游收入996.33亿元，增长10.1%。

至年底，全市有国家A级景区55家，其中AAAAA级1家、AAAA级14家、AAA级29家；有省星级乡村旅游区（点）59家，其中省五星级1家、四星级25家；有星级饭店36家，其中五星级4家、四星级11家、三星级20家、二星级1家；有旅行社164家，其中出境组团社14家。　（霍　伟）

■世园会筹备建设 完成国内审批手续办理。完善世园会举办方案，提请中国花卉协会由国家林草局出具同意举办世园会的函件，并与上一届同规格世园会执委会（唐山）联系获得相关总结材料。5月，经省政府办公厅发函报至全国清理和规范庆典研讨会论坛活动工作领导小组办公室；7月，国清组向各主办单位发函正式批准同意举办2021年扬州世界园艺博览会。

开展世园会邀展筹备，确定邀展放在重点意向城市。先后随市政府赴郑州、唐山学习园博会筹备邀展经验，制定邀展政策、工作步骤和要求，拟定邀展方案和邀展手册。10月，市政府召开世园会邀展部署会议，组建市筹委办内部工作机构，基本落实16家国内城市，1家企业参展。协助市外办完成法国奥尔良、荷兰布雷达等国外城市到扬考察世园会现场、洽谈参展事宜的相关接待，基本落实3家境外城市或机构参展。召开2021年扬州世园会规划策划研讨会，协助仪征进行世园会概念性规划方案公开征集。完成上级督查指导。5月和8月，中国花卉协会会长江泽慧先后两次到扬州指导推进世园会筹备工作，并召开座谈会议。10月，国际园艺生产者协会副主席、秘书长等一行到扬州开展扬州世园会筹备情况检查督导。12月，市政府召开2021年扬州世园会调研会议。开展宣传推介。组织策划扬派盆景现场展演、扬州特色文艺表演等，在北京世园会江苏活动日上宣传推介扬州世园会。随市政府赴北京参加国际园艺生产者协会年会，汇报扬州世园会筹备情况。编印世园会工作简报，汇总世园会最新进展情况和工作动态。　（杜　伟）

■邵伯运河风情小镇 2019年，邵伯运河风情小镇的核心区邵伯古镇景区建成并对游客开放，于3月获批国家AAAA级景区，全年接待游客50万人次。打造运河小镇旅游品牌，举办第19届“邵伯湖旅游龙虾节”系列活动，组织大运河骑行赛、“那河那镇那乡人”图片展、邵伯龙虾创意大赛等活动，与人民日报社、央视13套、江苏卫视、开封电视台、天津电视台、扬州电视台等各级媒体合作推介邵伯运河风情小镇特色风情。　（高　雅）

■扬州渔文化博览园 2019年，扬州渔文化博览园（沿湖村）入选江苏省乡村旅游重点村，有建筑面积约200平方米的渔家乡村书房，园区内配套荷花观赏栈道、游船码头、景观湿地公园等多种领略渔村风光的渠道。扬州渔文化博览园所在地沿湖村地处碧波浩瀚的邵伯湖西岸，是扬州市唯一纯渔民居住的渔业专业行政村。近年来，沿湖村抢抓生态大走廊建设机遇，落实乡村振兴战略，立足自身资源禀赋特别是绿色生态优势，做足“水文章”，深挖“渔文化”，借力“互联网”，发展“乡村游”，走出一条“生态＋文化＋旅游”的特色发展之路，成为田园美、景观美、庭院美、生态美、产业美的“美丽新渔村”。　（高　雅）

旅游资源开发

■概况 2019年，扬州市加大旅游业发展引导和政策扶持力度。有48个旅游资源项目在建设中，新建20个项目、续建28个项目，其中1亿元以上的项目28个，完成投资86.3亿元。总投资300亿元的万有（扬州）

国际旅游度假区项目签约，华侨城、光线中国电影世界、三湾公园等一批重点文旅项目加快建设。

推进文旅融合发展。突出规划引领，深化文旅融合发展，《扬州市旅游发展专项规划（2018—2035）》通过专家评审；《扬州市旅游促进条例》立法形成草案，正在调研论证修改。推进文化和旅游业供给侧结构性改革，一批重大文旅项目正在加快建设。开展高等级景区创建，新增AAAA级景区3家、AAA级景区5家，总量居全省第3位。

加大文旅产业引导扶持。加大财政对旅游公共服务体系、旅游形象推广、旅游人才培养等方面的支持力度。扬州市旅游业发展引导和奖励专项资金本年度扶持8个项目，共计440万元。扩大招商交流推介，调整优化招商方向，以企引企、以链招商，编制项目库。通过参与、举办文创类展赛活动，促进创意、人才在产业层面的成果转化。

丰富品牌旅游活动供给。策划举办“激情洋溢夏扬州”系列活动，推出国际灯光节、818魔方文化节等30多项活动和10条研学旅游专题线路。6—8月，全市接待国内外过夜游客227.3万人次，增长15.4%，其中入境过夜游客增长35.3%。（陈舒怡 高 雅）

2019年扬州市国家A级旅游景区一览表

表20-1

景区名称	等级	景区名称	等级
瘦西湖风景区	AAAAA	润扬森林公园	AAA
大明寺	AAAA	江都自在公园	AAA
个园	AAAA	仪征孔雀山生态体育公园	AAA
何园	AAAA	宝应曹甸楚甸公园	AAA
中国雕版印刷博物馆/扬州博物馆	AAAA	扬子郊野公园	AAA
茱萸湾景区	AAAA	宝射河休闲体育公园	AAA
东关历史文化旅游区	AAAA	宝应湖国家湿地公园景区	AAA
高邮盂城驿景区	AAAA	高邮菱塘回族乡古清真寺景区	AAA
宋夹城景区	AAAA	高邮文化体育休闲公园	AAA
汉陵苑	AAAA	蜀冈生态公园	AAA
马可波罗花世界	AAAA	花都汇－扬州园艺体验中心	AAA
运河三湾风景区	AAAA	天乐湖旅游度假区	AAA
江都邵伯古镇景区	AAAA	扬州民歌民乐公园	AAA
仪征捺山地质公园	AAAA	扬州艺术馆	AAA
高邮抗日战争最后一役文化园	AAAA	扬州科技馆	AAA
京华城休闲旅游区	AAA	界首老街文化景区	AAA
凤凰岛生态旅游区	AAA	朱自清故居	AA
史可法纪念馆	AAA	宝应周恩来少年读书处	AA
扬州吴道台宅第	AAA	宝应博物馆	AA
宝应县纵棹园	AAA	宝应荷园生态旅游区	AA
仪征博物馆	AAA	宝应柳堡二妹子模范民兵活动中心	AA
扬州市高邮镇国寺	AAA	江都龙川盆景艺苑	AA
高邮文游台	AAA	宝应革命烈士纪念馆	AA
仪征市红山体育公园	AAA	扬州玉文化景区	AA
宝应宁国寺景区	AAA	江都仙女公园	AA
扬州陈园景区	AAA	扬州山水园	AA
江都开元寺景区	AAA	师姑塔生态体育公园	AA
江都朴园景区	AAA		

（吕 游）

2019年扬州市省三星级及以上乡村旅游区(点)一览表

表 20-2

景区名称	等级	景区名称	等级
扬州润德菲尔庄园	五星	扬州回乡缘休闲农庄	三星
宝应射阳湖荷园	四星	高邮雁南飞家庭农场	三星
宝应和悦园	四星	高邮华俊生态农业园	三星
宝应白鹿岛生态旅游区	四星	万寿寺禅耕园	三星
宝应九九艳阳天	四星	甘泉生态农庄	三星
香榭丽玫瑰风情园	四星	秦邮人家生态农庄	三星
宝应诗情花意庄园	四星	扬州溪桂园	三星
宝应子婴庄园	四星	广陵扬子江农业园	三星
高邮湖苇荡水寨	四星	广陵头桥现代农业产业园	三星
珠湖颐养乡村旅游区	四星	茂顺源生态农庄	三星
西江生态园	四星	兴业生态园	三星
广陵七彩·梦升缘休闲农庄	四星	扬州古渡春生态园	三星
扬州金泓生态园	四星	扬州润水湾	三星
碧水蓝天度假村	四星	扬州蒋王农业观光园	三星
沿湖渔村	四星	扬州建华村	三星
邗江京甘泉生态农业园	四星	瓜洲镇瓜洲村葵园乡村旅游区	三星
江都渌洋湖生态旅游区	四星	邗江格林生态园	三星
吴桥蔬果产业观光园	四星	常青藤生态养生园	三星
扬州邵伯湖度假村	四星	江都小纪农业生态观光园	三星
扬州勇龙国际生态园	四星	江都樊川猕猴桃园	三星
江都丰硕农庄	四星	扬州永乐庄园	三星
江都白塔河度假庄园	四星	扬州艾菱湖生态园	三星
凤凰岛生态旅游区	四星	江苏源玥庄园	三星
仪征翔宇茶叶生态园	四星	渔樵竹饮健康文化园	三星
仪征捺山那园	四星	水世界渔乐园	三星
仪征江扬·天乐湖	四星	江苏天祐生态园	三星
宝应兴水园生态农庄	三星	仪征鱼泽康泉生态园	三星
宝应夏集桃花源	三星	春沁园休闲农庄	三星
高邮连标葡萄园	三星	扬州芍药园	三星
高邮周邶墩生态休闲农庄	三星		

（吕 游）

2019年度市级研学旅游基地一览表

表 20-3

基 地 名 称	基 地 名 称
曹甸忆思园	沿湖村
抗日战争最后一役文化园	春江花月夜艺术馆
天乐湖旅游度假区	何园
捺山地质公园	扬州科技馆
江都学生校外活动实践基地	马可波罗花世界
扬州艺术馆	凤凰岛国家湿地公园
瘦西湖风景区	宋夹城景区

（吕　游）

■**旅游资源提档升级**　2019年，扬州市推进A级旅游景区、乡村旅游等重要文旅资源开发，丰富旅游市场供给，打造文旅品牌。新创成国家A级旅游景区8家，其中邵伯古镇景区、仪征捺山地质公园、高邮抗日战争最后一役文化园创成国家AAAA级旅游景区，仪征、江都实现国家AAAA级景区“零”的突破；扬州科技馆、天乐湖旅游度假区、民歌民乐公园、扬州艺术馆、界首老街文化景区创成国家AAA级旅游景区。邗江方巷镇沿湖村、宝应射阳湖镇冲林村入选首批江苏省乡村旅游重点村。新增民宿客栈床位480张，其中宝应50张、高邮50张、仪征50张、邗江67张、广陵60张、江都55张、蜀冈－瘦西湖风景名胜区98张、生态科技新城50张。瘦西湖风景区、何园等14家单位创成市级研学旅游基地。（陈舒怡）

■**瘦西湖风景区建设**　2019年，瘦西湖风景区配合“三把刀集聚区”建设，建成1757美食街坊。占地面积2.65万平方米，建筑面积4600平方米，现有室内外大小美食摊位58个，融民俗小吃和非遗表演为一体，成为景区内的新亮点。实施熙春台修缮工程，是复建33年来的首次屋面大规模修复。采用揭瓦不落架翻修的手法，在保存建筑原有的形制、布局和艺术风格的前提下，完成熙春台、十字阁、六角亭附属廊房及内部设施的整修。推进基础设施建设，推进厕所革命，按照AAA标准，对东门外、北门外和大明寺旅游厕所实施改造。推进雨污分流工程，开展瘦西湖内排污口排查，将瘦西湖范围内厕所和经营场所污水管道全部接入市政管网。对西门外广场、李白广场等区域进行改造和景观提升。

提升管理水平。结合景区发展实际，重新测算日最高游客承载量和瞬时最高游客承载量，修订各类应急预案。清明和“五一”旺季期间，创新实施大循环游览模式。二十四桥、五亭桥等关键节点拥堵情况明显好转，提升游客游览体验。加强对特勤安保人员培训，购置消防车、消防艇、遥控救生圈等安保设备，保障游客安全。落实监督考核。运用市民观察团、神秘游客等暗访形式，对售检票窗口、绿化、旅游厕所、施工现场等查找问题；把网格化管理推向纵深，每月开展月度检查。至11月下发整改通知书70张，按时整改141项，与网格考核挂钩9次。通报并扣减绩效工资90人次，专项通报批评1起。开展旅游标准化试点企业和省级服务业标准化创建。对照并实施公共信息导向系统标准等10项国家标准，编制《瘦西湖企业标准》。（蜀冈办）

■**个园建设**　2019年，完成花局里街区建筑外立面油漆出新及屋面扫瓦维修工程，提升花局里街区景观。完成馥园千秋粉黛剧场内部装饰改造。省级文保单位准提寺修缮工程通过省文物局的验收，《清漪亭、南部住宅局部围墙抢修方案》等待省文物局批复；《鹤亭抢修方案》通过市文物局审批，工程正在实施。委托相关单位对南部住宅二层砖木结构建筑（西轴线中、后进）进行主体结构安全性检测鉴定，确保其安全使用。委托专业技术单位对园内150个监测点进行变形监测，收集原始数据信息，了解个园古建筑及园林景观体系的沉降、位移变形状态，编纂《个园古建筑保护档案》，强化古建筑保护机制。园区环境优化。完成对园内（宜雨轩西侧、袅烟厕所出口处、透风漏月东侧及北区竹林区域等）园路的改造。完成北区竹林草坪改造提升工作和水榭舞台改造。对园内草坪进行竹篱笆安装保护，并进行油漆出新。举办扬州市第12届春兰展和扬州市个园第六届精品碗莲展，获游客好评。加强古树名木保护管理，对北门检票处朴树、园内枫杨、广玉兰等3棵古树名木进行树洞修复防腐。与江苏旅游职业学院签订产学研合作协议，开展校企文化共建共融。与扬州大学合作开发的四季盐商宴，已完成初期研发和后期调整。推进与扬州大学合作申报的省、市级课题《扬州影园造园艺术及其虚拟复建研究》《扬州影园虚拟复建关键技术研究》。（杜　伟）

■**何园建设**　2019年，完成石涛纪念馆基础建设工程以及展馆内藏品布展。建成园内应急广播系统并投入使用。完成消防、安防项目的设计方案的招投标并报送市文旅局审批。完成骑马楼外立面以及何氏祠堂油漆出新。按照旅游标准化要求建成母婴室，并完成园内厕所升级改造工程。完成东门长廊、水心亭维修工程以及南门门牌更换以及围墙加固工程。完成景区水、电、暖等基础设施维修维护。完成南门水泥墙面砖细改造工程。何园抢修工程项目获中国风景园林学会科学技术奖园林工程奖金奖。定期对古树名木及花卉进行跟踪观察，做好植物的修剪、施肥及病虫害防治。完成古树名木信息更新普查工作。完成春季年宵花卉、夏季荷花睡莲、冬季茶花应季花卉布展以及南门垂直绿化布展。更换枯萎的晚樱，补栽牡丹等特色花卉及增设国庆立体主题花坛。推进与扬州大学合作的市科研项目“何园古树名木保护复壮关键技术研究”。与江苏旅游职业学院签署协议，并被授予“校外实训基地”铜牌。与扬州市工业职业技术学院马克思主义学院达成合作协议，成为该校思政课实践教学基地。（杜 伟）

■**茱萸湾风景区建设** 2019年，新建大熊猫馆，引进2只大熊猫，展区占地约8000平方米。完善长颈鹿馆设计方案并完成项目招标，开展长颈鹿馆建设。完成马戏剧场、游乐场厕所改建。对废弃的松鼠展区改造提升，引进观赏性高的细尾獴；调整动物展区和经营项目布局，完成跑马场升级搬迁。加强物业和绿化养护管理，围绕“五一”、国庆等重大节日，开展花卉布置；强化绿化养护及环境卫生整治。推动旅游标准化创建。对照旅游厕所、游客中心、景区等级、最大承载量等标准，完成线下台账材料汇编，对全园旅游引导、安全警示、厕所标识等牌示整改提升，更换道路交通指示牌。景区入口处增加智能寄存柜，方便游客物品寄存；新增智能童车租赁、充电宝租赁设备；厕所增加人脸识别智能抽纸机。接入A级景区管理网络，实现停车场、游客量、重点区域视频等实时信息共享；在景区建设环境监测点，滚动发布景区信息和环境监测数据；新增电子发票模块，方便游客自助开票，节约门票印刷成本。与扬州大学合作成立公园动物保护名师工作室，繁殖金丝猴2只、斑马1头、尾狐猴4只、松鼠猴2只、黑鹳3只，推出免费动物知识讲解服务。（杜 伟）

■**荷花池公园建设** 2019年，成立创建国家AAA级旅游景区工作领导小组，按评定细则要求，落实创建工作任务，完善园区景观和基础设施建设。推进智慧公园建设，完成2处公厕标准化改造，建立安康驿站。开展绿化养护管理。补植绿化，在荷花池公园补种柳树、琼花、桂花、法青及大塘麦冬3300塘，在文津园补种大塘麦冬1500塘。重大节日、重要时间节点，布置草花7.10万盆。配合2018年建成的环形步道，增加健身器材，完善市民健身锻炼设施，满足市民健身休闲需求，打造健身休闲公园。深挖“影园”遗址等园林文化内涵，依托荷文化，进行植物科普解读；结合植树节活动，向市民发放花种及小树苗，科普植树节的来历、植树的步骤等。创新公园管理模式，公开面向社会聘请市民园长，选聘3名市民园长协助公园管理。举办“扬州新印迹”文旅摄影大赛优秀图片展开幕暨市民园长首聘仪式活动，探索实践社会化公园管理新模式。培育品种荷花，新引进5个荷花品种，培育翻缸3500缸，新栽1300盆，种植碗莲1000盆、睡莲200盆。（杜 伟）

2019年扬州市全国工业旅游示范点

扬州漆器厂
扬州玉器厂（吕 游）

2019年扬州市江苏省旅游度假区

仪征枣林湾体育旅游度假区
扬州瓜洲旅游度假区
扬州大运河文化旅游度假区
扬州凤凰岛生态旅游度假区（吕 游）

2019年扬州市江苏省工业旅游区(点)

扬州乱针绣文化产业园
上海大众汽车仪征分公司
江苏牧羊控股有限公司
青岛啤酒（扬州）有限公司
江苏汇金酿酒工业旅游区（吕 游）

2019年扬州市江苏省生态旅游示范区

凤凰岛生态旅游区
瘦西湖风景区
高邮市清水潭生态旅游区（吕 游）

2019年扬州市江苏省自驾游基地

仪征红山体育度假村
瓜洲国际露营地
宝应白鹿岛生态旅游区
仪征市天乐湖（吕 游）

旅游区建设

蜀冈－瘦西湖风景名胜区

■**概况** 蜀冈－瘦西湖风景名胜区于1988年由国务院批准设立，总规划面积12.23平方千米。2006年1月，景区党工委、管委会挂牌成立，实际管辖面积6.68平方千米。2013年1月和12月，市委、市政府两次对景区实施扩容。扩容后，景区代管区域总面积33.6平方千米，下辖平山、城北2个乡和瘦西湖、梅岭2个街道，有25个行政村（社区），总人口约16万人。

2019年，景区实现地区生产总值71.74亿元，按可比价增长7.3%；完成一般公共预算收入6.1亿元，增长5.3%，其中税收收入5.6亿元，增长3.6%，税占比91%；债务率压降到300%以内；实现社会消费品零售总额51.02亿元，增长8.5%；完成固定资产投资68.47亿元，增长14.3%，超额完成2.3个百分点；实际利用外资及港澳台资6500万美元；文化产业增加值占地区生产总值比重提高1.1个百分点。各旅游景点实现购票游客388万人次，增长15.1%；门票收入超2.3亿元，增长13%。

2019年，景区推进重大项目建设，新开工重大项目3个，新竣工重大项目3个，新达效重大项目2个。组织外出招商20多批次，洽谈跟进北京文投、中润集团等项目。举办现代服务业招商推介会等活动，新签约引进项目11个，总投资75亿元。建成花都汇商务中心、官河商务中心、中润商务综合体等10万平方米园林式创新载体，北大科技园正式开园，深圳湾科技园、沈飞601所等项目加快落地，完善现代服务业招商、总部经济扶持、人才招引奖励政策。创建国家级旅游度假区，华侨城大型文旅项目开工建设，万丽酒店、英迪格酒店主体封顶，“扬

州瘦西湖旅游度假区”更名“扬州大运河文化旅游度假区”，实现省级旅游度假区考核“三连冠”。（蜀冈办）

■文旅融合 2019年，举办首届运河嘉年华活动和运河城市文化旅游企业家峰会，吸引近100万人次参与，牵头成立运河城市三大联盟，“三把刀”特色休闲街区入选省级高品位步行街试点街区，打造“1757美食街坊”，点亮景区旅游“夜经济”，花船巡游活动亮相央视新闻联播，瘦西湖景区获“2019年度最具创新智慧景区”。聚力打造扬州大运河文化带建设的先行示范区，中国大运河博物馆开工建设，大运河相关管理机构集中办公区建成并投入使用，运河非遗文化园地块摘牌，瘦西湖和三湾公园入选“江苏最美运河地标”。（蜀冈办）

■城市功能 2019年，推进基础设施建设，完成史可法北路、学士路改造提升工程和江平路景区段快速化改造前期任务。打造宜居环境，搬迁扬农危化品仓库，老人沟黑臭水体整治中游段1.6千米全线贯通，维修污水管网35千米，启动扬州马拉松景区段沿线环境整治工程，制定《景区公园体系管护办法》，新建公园3个，改造提升5个，新增绿地面积6.9万平方米、花墙1.2千米。推进“八老工程”，完成1万平方米老小区整治，改造3个“城中村”，搬迁企业、住户近200户，释放可利用土地面积约20公顷。（蜀冈办）

■社会事业 2019年，明月幼儿园花都汇校区投入使用，奥园幼儿园主体封顶，开展原槐泗幼儿园资产回购，梅岭街道社区卫生服务中心实现功能化提升。健全服务体系，推进总投资2.7亿元花都汇邻里中心建设，全年发放各类救助资金430万元，4个优抚驿站、24个工作站全部建成，双拥“八创”工作走在全市前列，雷塘社区“残疾人之家”建设获市表彰推广，3个村（社区）获“江苏省文明村（社区）”称号。开展扫黑除恶专项斗争，平安旅游“三位一体”法治建设模式得到国家和省市领导高度评价，网格化社会治理整体推进，建立并高效运行“三级联动”城乡日常管理机制。开展安全生产专项整治，推进各领域风险隐患排查化解，全区社会大局保持和谐稳定。（蜀冈办）

古城片区

■概况 近年来，扬州逐步完善古城旅游配套设施，完善和提升双东历史街区，推进彩衣街、杨总门地区的街景整治和民居修缮，启动南河下历史街区保护整治，统筹做好仁丰里、湾子街历史街区和老城区5大传统建筑群的保护，展示古城精致形象。对文昌路、泰州路、广陵路、徐凝门路、国庆路、渡江路等10多条古城主干道进行街景整治和美化亮化，搬迁改造近50万平方米的乱搭乱建、不协调建筑和棚户区，保持老城区传统风貌的协调统一。扬州明清古城成为中国东南沿海地区规模最大的历史城区，吸引国内外游客到扬参观游览。

2019年，组织实施30条街巷翻建和部分街巷杆线下地工程。其中，街巷翻建项目主要是改造管道；翻建道路、新建雨水支管及雨水篦子。推进老小区整治和适老化改造，实施宝军苑小区、省水建宿舍等6个老小区整治项目和江扬船厂宿舍、工人新村2个适老化改造项目，总投资约2200万元。其中，老小区改造项目重点解决“路难行、水难排、景难看、车难停”四大问题，适老化改造则是因地制宜、合理布局、选择性配置“敬老便老”功能，打造居家养老的综合性颐养社区。投资1100多万元，完成大运河盐商文化旅游街区贾氏庭院一期抢修、二分明月楼广场扩建；提升改造扬州浴室、双桂泉、三星、永宁泉等4家老字号浴室；海事处大楼改造成南河下城市书房；实施南通路南河下街区综合整治，修缮沿街立面和9户民居；在古城范围内建成民居客栈床位60张，传承扬州印记，增强居民幸福感。（王芬 徐进 夏新平）

■双东历史文化街区 双东历史文化街区是东关街、东圈门历史街区的合称，位于广陵古城区内，是具有鲜明扬州特色的文化休闲旅游区。主街东关街全长1122米，宽约5米，拥有比较完整的明清建筑群及“鱼骨状”街巷体系，保持和沿袭明清时期的传统风貌特色，形成独具魅力的古巷游。街内现有50多处名人故居、盐商大宅、寺庙园林、古树老井等重要历史遗存，其中国家级文保单位2处、省级文保单位2处、市级文保单位21处。东关街将文物古迹、深宅大院、名人故居、古树名木、寻常百姓的生活场景点缀其间，融情景雕塑、主题客栈、茶社评书剧场等具有扬州特色的景观为一体，有扬州各大“老字号”和漆器、玉器、剪纸、雕刻品、古琴、古筝等扬州传统文化商品的商铺。年平均游客量400万人次，节假日高峰期，日游客量30万人次。

2019年，继续完善扬州古城东关历史文化旅游区国家AAAAA级景区创建硬件提升改造工作等。开展东关片区古城利用。启动正谊书院广场综合修复、建设工程，完成片区杆线下地。实施大运河盐商文化旅游街区项目，启动贾氏庭院、二分明月楼等重点文保建筑修复。国庆路新华书店升级改造为“有浪·扬州慢”阅读空间，原海事局办公点建成“城市书房”，新建后安家巷口袋公园。依托原剪纸博物馆，引进上海“花间堂”品牌，注册5000万元打造扬州草庐堂精品主题酒店。将原丁氏、马氏古宅改造成精品客栈。引进广式精品早点项目，助力文旅产业发展，形成“吃喝玩乐购”一站式消费。进行东关片区古城保护。推进“两取缔一禁止”，完善违建管控体系，巩固古城搭建违建“零增长”，取缔违章占道、出店经营150多处，流动摊贩328处，处置数字化案件1.8万件。翻建20条街巷，对辖区内126座公厕制定景区级、星级公厕管理标准。（刘明月 杨榕 夏新平）

南河下历史文化街区 南河下历史文化街区位于扬州老城区南部、古运河畔，街区范围大致为北至广陵路，南至南河下中段及花园巷一线，东至徐凝门路，西至傅家甸、渡江路一线，占地22.35公顷。该街区形成于明代中后期，有晚清第一园何园，遍布官宦豪商住宅以及徽、鄂、湘、赣盐商聚集寓所，是古运河畔的核心文化区之一和扬州保存最为完好、最有特色的历史文化街区之一。区内现存花园巷、南河下、丁家湾等老街古巷近70条，有文物保护单位32家，历史建筑109个，片区内存有百年以上古树16株。2015年，扬州南河下历史文化街区入选第一批30个中国历史文化街区，成为江苏省首批入选的5个历史文化街区之一。2017年，南河下历史文化街区家风展示区建成并向市民和游人开放，设家风教育传承基地、家风文化公园、"四维八德"廊、家风文化展示馆等37处家风展示点。2018年，综合整治徐凝门大街、皮市街。徐凝门大街成为民国风情一条街，获评"省城市管理示范大街"。2019年，湖北会馆修缮竣工，作为其东侧汪氏盐商住宅（大运河盐商文化展示馆）附属设施进行展示利用。（住建局　夏新平）

仁丰里历史文化街区 仁丰里历史文化街区东至小秦淮河，西至迎春巷、史巷，北至旧城七巷，南至甘泉路，占地12.07公顷，是扬州唐"里坊制"格局保存最完整的历史街区和扬州传统文化的发祥地。2011年，仁丰里被纳入国家"文化和自然遗产街区"保护项目。街巷体系呈现南北向鱼骨状街巷格局，两侧东西向排列着头巷、二巷、三巷、四巷、五巷、六巷、七巷等数条小巷，汇集十几处隋唐至明清的文博遗址，其中有阮家祠堂、旌忠寺、陈六舟故居等，民俗非遗文化微型博物馆——"印象仁丰里"建成开放。仁丰里文化街区有众多旅游景点，沿线深巷中隐藏着部分私家园林和民居客栈。近年来，汶河街道培养百名"古巷游"导游志愿者，为全国各地游客提供免费导游服务，推进集游览、民宿、曲艺表演、非遗文化体验、特色工艺品展示为一体的古巷文化之旅。"仁丰里街巷游"游客接待量累计超过30万人次。

2019年，紧扣古城特色发展，围绕市委"把仁丰里打造成扬州古城的'里子'"要求，建成"金木空间"等大师工作室28个，"小地块、渐进式、微更新、强文化、可持续"仁丰里模式得以复制推广，被授予省城乡规划建设现场教学基地、省社科普及示范基地。以资产租储为抓手，盘活街区破旧、空关、闲置房产38处。成立仁丰里历史文化街区文化旅游产业联盟，加大项目招引力度，打造大师工作室、非遗文化展示点等，新增"喜阅书坊"、扬州老照片馆、"诗鱼书院"古籍装帧等文化文创项目8个、特色民居客栈床位27张。做深文化、文博、文创、文旅"文＋"文章，持续实施"名人讲名城"工程，邀请顾风、许少飞、曹永森等10多位名人名家作为古城文化传播大师，进社区、进校园、进企业，受众上万人。新刊印《诗画仁丰里》3期、纪念特刊1期。研发设计剪纸宫扇、红木挂件等文创产品6大类50多种，其中剪纸、刺绣宫扇在首届江苏省旅游文创商品大赛中获银奖。制作传播仁丰里、暖心家园等微视频、微电影。开展仁丰里采风、雏鹰导游大赛、仁丰里诗词大赛、万人游古巷等特色活动。（郑亚杰　夏新平）

湾子街历史文化街区 湾子街历史文化街区位于扬州老城中部，南至广陵路，北至文昌中路，东接皮市街，西接国庆路，范围内无城市道路穿越，规划占地面积32.5公顷；以手工业、商业命名的传统街巷众多，数量名列扬州各街区之首。湾子街文物古迹分布密集，有省级文保单位2处、市级文保单位31处，尚未核定公布为文保单位的登记不可移动文物192处，核定历史建筑11处；现存古井51个，含5个文保、16个未定级文物；现存古树名木10株；湾子街沿线及三义阁两侧有众多"老字号"；地藏庵附近聚集10多处宗教场所。2015年3月，《扬州市湾子街历史文化街区保护规划》通过省住建厅组织的专家评审，成为扬州第四个历史文化街区保护规划。（夏新平）

世界遗产运河景观带

参与大运河文化带建设 组织大运河沿线城市调研拜访，举办首届大运河文化旅游博览会、2019年世界运河城市论坛和运河嘉年华等活动。完成大运河遗产保护监测报告，参加大运河监测年会（北京）。与南京大学、扬州大学合作，完成运河三湾、七河八岛、盐运河等大运河相关遗产深度调查研究工作，论文《运河文化带下的扬州水文化景观的梯度保护研究》获江苏省文物局论文征集一等奖。组织开展第三届"运河情"系列大运河遗产宣传活动，组织拍摄大运河遗产宣传片、制作大运河宣传册。完善《扬州大运河文化遗产保护利用总体策划方案》，编制完成《大运河扬州段文化保护传承利用规划》。实施完成瓜洲运河文化展示馆（张若虚纪念馆）、淮扬运河主线（邗江段）运河保护工程、淮扬运河（宝应段）遗产保护工程，推进邵伯古堤及周边环境保护整治、邗沟东道（樊川段）保护整治工程、刘堡闸保护展示二期工程等项目招标和实施。依据大运河扬州段保护规划和大运河申遗文本，对涉及大运河遗产区和缓冲区的瓜洲运河堤顶路建设、瓜洲古渡公园建设、高邮平津堰等项目审核、上报。（孙明光）

2019年世界运河城市论坛 9月27日，以"运河文化的保护传承与利用"为主题的2019年世界运河城市论坛在扬州举办。本次论坛由江苏省大运河文化带建设领导小组办公室、江苏省文化和旅游厅、扬州市人民政府联合主办，大运河遗产保护管理办公室、世界运河历史文化城市合作组织（WCCO）、内河航道国际组织（IWI）、中国太平洋经济合作全国委员会（CNCPEC）承办。文化和旅游部、国家文物局、省有关部门负责人，运河沿线城市负责人，20多个国家和有关国际组织代表，大运河国家文化公园建设推进会参会代表，以及专家学者、企业家等参加会议，其中国内嘉宾300多人、国外嘉宾256人、志愿者150人。文化和旅游部部长雒树刚出席并讲话，江苏省人民政府省长吴政隆出席并致辞，巴拿马前总统胡安·卡洛斯·巴雷拉、内河航道国际组织主席大卫·爱德华兹·梅在大会上致辞。会上，雒树刚、吴政隆共同为《中国运河志》出版发布揭幕，编撰专家向运河沿线省（市）代表赠书，故宫学院院长单霁翔、德国莱比锡市和中国杭州市、济宁市有关负责人作主旨演讲。省委常委、宣传部部长王燕文出席大会，副省长王江主持大会。（孙明光）

■首届大运河文化旅游博览会 5月3—7日，首届大运河文化旅游博览会在扬州举办，推出文旅精品展、非遗展、文物展、美食嘉年华、旅游装备展、“璀璨运河”灯光秀等18项重点活动。邀请31个国家和地区运河城市的4500名嘉宾到扬，近14万名市民游客现场观展。本届运博会打造成为沿线城市共同的文旅融合平台、文旅精品推广平台、美好生活共享平台。“大运河美食联盟”和“大运河城市全媒体联盟”正式成立，《江苏大运河文化旅游消费白皮书》、首批“十佳文旅示范单位”、7个大运河重点投资项目、24道大运河地标美食等相继发布。运河城市文化旅游精品展达成合作意向238个，旅游装备展现场销售近700台（套）产品，参展企业达成合作意向365个，签署8项与大运河文旅投融资相关的合作协议。（霍　伟）

旅游业态

■假日旅游 2019年春节黄金周期间，市区主要封闭式景区接待游客72.6万人次，增长9.83%；其中瘦西湖景区接待游客37.76万人次，增长18.97%；东关街、宋夹城、京华城和运河三湾等4家开放式景区接待游客119.28万人次；新景区及县（市、区）景区接待游客12.57万人次；市区主要星级饭店出租率66.4%。清明小长假期间，扬州主要封闭式景区接待游客69.79万人次，增长29%，其中瘦西湖景区接待33.8万人次；开放式景区接待游客41.05万人次，其中东关街接待游客21.5万人次。“五一”小长假期间，市区8家主要封闭式景区接待游客91.86万人次，增长30.3%，其中瘦西湖景区接待31.54万人次，增长35.7%；新景区及县（市、区）景区接待游客15.58万人次。“十一”黄金周期间，市区8家封闭式景区接待游客87.77万人次，增长2.26%；开放式景区接待游客140万人次，增长18.8%；其中宋夹城接待24.8万人次，比上年同期多出19.8万人次，增长396%。（李　星）

■2019年“扬州的夏日”主题活动 6月13日，2019“激情洋溢‘夏’扬州”扬州的夏日特色主题活动产品发布会召开。活动期间，举行1场产品发布会、3场客源地宣传推介，举办国际灯光节、818魔方文化节、瘦西湖童乐汇等30多项活动，推出10条研学旅游专题线路，激发夏日扬州旅游市场活力。6—8月，扬州市接待国内外过夜游客227.3万人次，增长15.4%，其中国内过夜游客226.0万人次，增长15.3%，入境过夜游客1.25万人次，增长35.3%。市区8家封闭景区6—8月接待游客290.6万人次，增长17.1%，其中购票游客126.6万人次，增长20.1%。（李　星）

■2019扬州冬季养生暨网络营销旅游季 12月21日，扬州冬季养生暨网络营销旅游季活动正式启动。活动以“冬游扬州，食泉十美”为主题，活动时间贯穿元旦、春节等传统节日，推出10条冬季养生节特色线路和6大特色旅游活动，游客在扬州赏美景、品美食、泡温泉，感受“冬令养生”新体验。（李　星）

■《扬州市接待外地来扬研学旅行服务规范》出台 市文广旅局联合市教育局编写出台研学旅游服务规范，推动扬州研学旅行的发展。与市财政局磋商，将研学旅行奖励政策相关条款纳入《扬州市旅游业发展引导和奖励资金使用细则》，加大对研学旅行的扶持力度。（李　星）

旅游营销

■概况 2019年，扬州市坚持整合营销、务实营销，通过举办活动、参加展会、举行旅游推介会、邀请旅行商媒体考察踩线等举措，开展城市旅游营销工作，彰显城市魅力。实现旅游总收入1010.20亿元，增长10.1%；接待国内游客7739.11万人次，增长10%。

开展国内旅游客源市场拓展。整合市、县旅游资源，统一打“扬州牌”，组织县（市、区）文广旅局、文旅企业“走出去”宣传推介。2019年，“扬州的夏日”在上海、南京、合肥举办“激情洋溢·亲子研学夏扬州”路演活动。组织参加南京国际度假休闲与房车展、2019苏州国际旅游展、广州国际旅游产业博览会、2019上海Expat Show、2019中国昆明国际旅游交易会等展会，参加“水韵江苏”南昌、宜春、重庆、武汉路演等宣传促销活动。

加强国际旅游推广。赴美国、巴拿马等国开展旅游推介活动，参加2019海峡两岸台北夏季旅展和2019江苏文化嘉年华进行旅游宣传推介；在利用上海国际旅游推广站，对在沪工作、学习、生活的外国人宣传的基础上，开展日本国际推广站的招标采购；10月25日，为向东盟与中日韩文化城市推介旅游资源，促进扬州市与东盟、中日韩文化城市的文化旅游交流，协助安排“东盟与中日韩文化城市网络市长论坛”嘉宾的考察活动；8月和11月，邀约百名台湾青年学生研学团在扬州进行2019“华夏文明·薪火相传”研学活动，了解扬州历史文化，培养海峡两岸的青年友谊使者，推动海峡两岸交流。

举办特色旅游活动。首届运博会期间，举办“国际运河城市文化旅游精品展”，参与者来自六大洲31个国家和地区运河城市以及3个国际组织，以及境内的中国大运河沿线天津、河北、河南、山东、安徽和浙江等6省市的19个城市、江苏省内13个设区市以及扬州市对口合作城市辽宁丹东共33个城市，共同举办28场户外路演活动（包括城市达人秀活动）、29场室内城市推介活动；组织美国、日本、俄罗斯旅行商团及上海大学、扬州大学及南京各高校留学生约600人，到扬州体验扬州风景、扬州历史，欣赏“春江花月夜·唯美扬州”大型户外演出，向国际友人展现大运河的魅力，提高首届运博会的国际影响力和知名度；先后邀请来自美国、韩国、俄罗斯、乌克兰等国的8位网红在扬州国展中心上演“运河达人秀”，其中来自白俄罗斯的网红达人与扬州戏曲老师、木偶老师一同演绎扬州小调《拔根芦柴花》，并通过海外社交媒体传播推广，扩大扬州非遗文化海外影响力。为推动游轮旅游发展，丰富旅游业态，推进扬州旅游国际化进程，市文广旅局与游轮公司对接输送境内外游客到扬旅游观光。8月28日，近300位来自德国、瑞士、瑞典、荷兰等欧洲国家游客，搭乘“世纪天子号”豪华长江游轮到扬观光旅游；9月10日，日本HIS旅行社、新加坡曾兄弟旅行社等近100家国内外知名旅行商代表，香港星岛日报、台湾旅奇同业周刊等40多家境内外媒体代表参加豪华游轮“世纪荣耀号”首航活动并搭乘游轮考察长江沿岸旅游资源和产品到扬考察；9月10日，扬州旅游产品说明会在扬州金陵大饭店举办，向海内外旅行商及媒体代表推介扬州旅游资源及特色旅游线路产品，介绍扬州旅游优惠政策等，并组织旅行商及媒体体验淮扬菜，感受扬州非遗文化表演等。

开展线上线下宣传。通过广告媒体开展城市旅游宣传，利用浙江交通之声、江苏交通广播、江苏新闻广播、湖北交通广播等投放扬州宣传广告；在高铁合肥南站、南京南站、北京南站、上海虹桥站等重要城市铁路枢纽持续投放形象宣传广告，提升扬州旅游影响力和知名度。为扩大扬州旅游海外宣传影响力，整合旅游资源，联合BBC面向境外市场拍摄扬州旅游宣传片，以一对年轻情侣游客的视角，体验扬州慢生活的精彩，展示扬州作为中国运河原点城市的风采和魅力，宣传片在BBC World News电视平台黄金时段和BBC.com网络平台进行推广。利用微博、微信、网站、微杂志等新媒体平台宣传扬州旅游，市文广旅局微博粉丝数160万，微信粉丝数超30万，微信排名多次进入全国旅游政务号前列。联合《中国日报》，按照外国人的浏览和阅读习惯，打造扬州旅游英文网站，网站日均浏览量2000人次以上，网站境外访客来源前3位的国家分别为美国、日本、韩国，成为扬州旅游海外推广的重要宣传阵地。3月，在权威机构发布的2018年度中国优秀政务平台推荐及综合影响力评估结果中，扬州旅游英文网获评“2018年度设计创新型外文版政务网站”。

（李　星）

■园事活动 2019年，瘦西湖风景区举办瘦西湖万花会，推出首届瘦西湖抖友节活动，网红大V拍摄宣传视频受到游客追捧，获上百万点击率。借力2019世界运河嘉年华、“运河城市文化旅游企业家峰会”、“运河景区发展论坛”，邀请大运河沿线城市AAAAA级景区和AAAA精品景区46家，各省旅游协会、江苏各市旅游协会11家。其中包含北京故宫博物院、泰山风景区、杭州西湖等10多家国内知名景区。会上成立“运河景区联盟”，发表《运河文化旅游扬州宣言》。用好瘦西湖廉政书画院阵地，开展“广陵忆旧游——金丹书法篆刻展”等5场廉政书画主题展览。瘦西湖艺术中心美术馆与高端平台合作，推出“瘦西湖雅集——当代中国画70家学术邀请展”等展览，并加入“江苏省美术馆馆际联盟”，挂牌“江苏省中国画学会创作基地”。在大桂花厅升级改版《新戏说乾隆》演艺活动，将历史故事通过创意演出的形式展现出来，与文创产品推介结合。水上游览、美食夜市、“春江花月夜”实景演出相结合，将瘦西湖的游览时间延长至夜晚。央视2套《第一时间》“解码夜经济”栏目为瘦西湖作专题报道。推出“1757美食街坊传统美食擂台赛”“大明寺风铃节”等子活动，将美食、美景、美愿带给游客，成为瘦西湖冬日旅游的新亮点。响应“新春唱响《我和我的祖国》”活动号召，拍摄《瘦西湖·春》宣传片受到各方好评，被省委宣传部、共青团省委评为“优秀微视频作品”。

宋夹城风景区主办、承办各类活动120批次，融入“一带一路”和“大运河文化带”建设，承办“首届扬州航空科技文化展”“一带一路·运河城市乒乓球公开赛”“首届运河文化嘉年华”“2019—2020年度全国击剑冠军赛”等活动、赛事。推进“宋夹城”品牌赛事活动和“城好玩”特色亲子系列活动的开展，擦亮自主“IP”品牌，先后举办“宋夹城杯足球赛”“宋夹城杯第十届大学生网球赛”“第二届宋夹城杯平衡车国际邀请赛”“宋夹城杯3VS3篮球赛”“2019宋夹城杯·扬州运河文化旅游度假区全国击剑俱乐部大奖赛”及“第二届城好玩”乐乐亲子嘉年华等活动。先后获得国家“互联网+义务植树”基地、江苏省“青年文明号”、扬州市“研学旅游示范基地”等称号，在互联网+义务植树、研学旅游和团队建设方面初见成效。

唐子城风景区利用旅游旺季和节假日等时间节点，开展活动宣传扬州汉唐文化，以特色活动助推博物馆知名度提升。举办那拉提草原“离不开”乐队细君文化园哈萨克风情歌舞表演、“以书换书，以书换蔬”活动、“汉唐文化月”、“运河嘉年华”等系列活动12次。与无锡博物院、洛阳文物考古研究院、南京中国科举博物馆、宜兴市博物馆、连云港市革命纪念馆等联合举办临时展览7期。针对青少年举办“触摸唐诗 品读扬州绝句”研学活动9次，传承榫卯智慧、探秘文化殿堂活动，首届唐子城风景区“汉唐小博士”活动，唐子城风景区小小讲解员活动，暑期“童乐汇”活动，“汉唐文化进校园进社区”活动7次。2019年是扬州唐城遗址博物馆（崔致远纪念馆）与庆州崔氏中央宗亲会友好交流交往20周年，景区管理处与崔氏中央宗亲会共同建设“人百己千”碑，完成崔致远祭享活动接待工作和20周年庆祝活动。

个园举办各类园事活动40多场次。结合个园特色，举办迎新春新年供盐仪式、“春水畔浴，佩兰祓禊”上巳节女子成人礼、端午汉服雅集等各类特色活动10多场次。“水墨年华，劲竹清风”第六届竹文化节期间，举办清风竹韵——国画作品展、亲子绘竹大赛、个园名家讲堂等15项活动；第五届盐商文化节期间，举办盐商文化节开幕式暨江苏旅游职业学院产学研合作签约仪式、个园图册照片征集活动、第六届盐商体验式集体婚礼等16项活动。联合扬州广播电视传媒集团共同举办“昆曲名家咏个园”，首次通过沉浸式演绎，让游客鉴赏园林之美的同时，实景体验到昆曲的古典之美。“个园让你好事成双”盐商婚礼，将个园、馥园、汪氏小苑等景点和东关街串联成线，将传统文化和园林进行开发融合，原汁原味地还原当年盐商婚礼的全过程。举办庆“三八”节百花女子画院作品展、“血与火的永恒记忆”——纪念新中国成立70周年红色收藏展、“针情丝语”老刺绣传统文化主题展示会、走过40年——萧和师生书画展等近10场主题展览。承办2019年中国花卉协会花文化分会常务理事会（扩大）会议暨“‘个园论竹’——竹文化在传统园林中的应用”研讨会，完成“千秋粉黛”演出节目升级改版。江苏广电互联网产品中心联合个园，举行“个园”系列原创汉服发布会；参加“江苏电视台优质旅游产品推广日”活动和市文广旅局举办的“激情洋溢‘夏’扬州”特色主题活动，走进南京、上海，推介个园，尽展古韵扬州，演绎扬州非物质文化。先后亮相央视纪录片《生命之盐》、央视纪录频道《天下徽商》、大型系列人文微纪录片《江南文脉》、9月23日《人民日报》（海外版）。中央电视台、新华社等重量级媒体纷纷关注和报道个园竹文化节、盐商文化节和特色园事活动。

何园举办第二届“何园家训文化节”，来自河南巩义康百万庄园等9家全国知名家风家训馆（点）负责人进行座谈交流，何家后人何长红参会发言。以“小翰林”选拔活动为载体，立足何园优秀文化传承和青少年传统文化教育，“小翰林”义务讲解岗活动提升青少年对何园文化认同感。以“家训大讲堂”活动为载体，实施家训进校园、进社区、进工厂、进乡村、进机关等“五进”活动。全年组织8次宣讲活动，先后为扬州大学、金材科技公司、扬州农业发展银行、高邮市汤庄镇沙堰实验小学、国药控股扬州分公司等单位提供家训课程，并配合市妇联至江都、宝应、扬州经济技术开发区和市看守所开展送家训活动，为600多人次进行家训讲解，掀起学家训、立家风的好风尚，提升家训产品知名度和影响力。举办何园对外开放60周年纪念活动暨全国摄影及短视频大赛启动仪式；清明、端午和中秋等节日开展“清明插柳”“情粽端午”“中秋诗会”等活动，其中“清明插柳”在央视四套、央视十三套进行循环播报；“中秋诗会”在网易平台全程直播；举办“祖国，我亲爱的祖国”——庆祝中华人民共和国成立70周年著名诗人扬州何园采风活动、“回眸60年”何园全国摄影大赛，策划“何家公子何园小登科”活动，何家公子首次回何园举办中式婚礼。

荷花池公园开展第三届荷文化节，以“荷你相约，醉美荷花池”为主题，开展音乐演出、主题书画摄影比赛及展出、荷花大讲堂等系列活动，设立廉政文化墙及廉政小故事展板。举办“爱绿护绿，共享蓝天”植树节活动、庆祝新中国成立70周年红色巴士——四季公益行·夏季篇、“不忘初心”献礼“七一”表彰暨文艺汇演等园事活动，提升市民公共意识。推进园林植物（荷花）名师工作室各项事务，召开成员会议，制订管理制度，明确目标任务。参加江苏现代园艺发展成果发布推介会暨2021扬州世园会专场推介活动，以“一水回环杨柳外，画船来往藕花天”为主题，从文化历史、研发概况、社会效益等3个角度介绍扬州荷，向来自国内外的嘉宾展示荷花新品种培育及新技术应用等，推介扬州精品荷花培育技术，提高扬州荷花产业影响力。

茱萸湾风景区打造茱萸湾马戏剧场，利用春节、国庆、端午、中秋等节日开展马戏表演等活动，满足游客多元需求。利用报纸、户外大屏强化宣传，发布微信博文100多条，加强远端市场合作，开发河南、河北、山东等地市场，强化学生游、亲子游的推广，接待团队游客11.8万人。新增童车租赁、自助纪念币等项目；打造儿童乐园和餐饮商贸中心，引进小淮娘等特色品牌，填补餐饮、游乐、购物短板，为游客提供服务。 （蜀冈办 杜 伟）

■第六届竹文化节 2019年，个园举办第六届竹文化节，为期2个月，向游客展现个园竹文化、扬州园林文化、美食文化、非遗文化风采。除传统清曲等舞台表演和竹制工艺品展销活动外，还有各类文化展览、竹文化讲堂、千秋粉黛雅集、抚琴品茗——茶道表演、千秋粉黛非遗文化展示等活动。个园餐饮服务中心在竹文化期间特别推出“竹林清飨宴”，让游客赏美景尝美味。

（王进城 卞海波）

■瓜洲音乐节 9月13—14日，2019中国瓜洲音乐节在扬州润扬森林公园举行。瓜洲音乐节走品牌化发展之路，至今已经举办七届，本次瓜洲音乐节设立瓜洲舞台和江月舞台，举办两天，来自全国各地的许嵩、新裤子乐队、达达等歌手和24支乐队进行摇滚、民谣、爵士、电子、流行等元素的多元化风格表演。本次音乐节期间接待乐迷游客5.5万人次。（高　雅）

旅游管理

概况 2019年，扬州市推进全国旅游标准化试点。市创建办组织各县（市、区）、各功能区和23个成员单位，指导20个类别的60家试点单位开展旅游标准化试点工作。50项国家、行业和地方旅游标准在试点单位得到实施。指导制定出台江苏省地方标准3项、扬州市地方标准7项，推动城市公共信息导向系统、城市书房、城市公园、旅游厕所等公共服务设施完善提升。

优化旅游标准，更好服务游客。制定出台《淮扬菜团餐制作技艺》，填补国内旅游团餐制作标准的空白。在2019青岛国际标准化论坛上，联合法国奥尔良市发布双城合作标准《国际游客淮扬美食品鉴与服务指南》，该标准是国内首个国际城市间合作制定的地方标准，也是国内首个美食品鉴与服务的地方标准，成为扬州建设国际文化旅游名城的标志性成果。制定出台《扬州市旅游标准化发展规划（2019—2023）》，组织起草《扬州市旅游标准化工作管理办法》。以创建国家旅游标准化示范城市为工作平台，形成3个清晰的、有集聚效应的旅游经济发展载体，打造冶春、趣园、卢氏等美食书场和品鉴中心项目，引领美食文化旅游产业集聚发展；打造扬州会议中心等会议标准项目，引领会议经济集聚发展；打造长乐客栈、望潮楼酒店主题文化酒店项目，引领特色住宿集聚发展。

强化人才培养，讲好扬州故事。通过“传、帮、带”形式加快导游队伍建设。至2019年底，全市注册导游3694人。其中，初级导游3471人、中级导游184人、高级导游39人；普通话导游3446人、外语导游248人（英语导游229人、日语导游7人、韩语导游4人、德语导游3人、法语导游3人、俄语导游1人、泰语导游1人）。组织3000多名导游参加线上导游技能培训。组织导游参加第四届全国导游大赛，导游郭程获“金牌导游员”称号。

加强市场管理，净化发展环境。坚持“四不两直”的工作要求，常态化深入企业一线开展拉网式检查督导；抽查暗访星级饭店、旅行社、网吧和娱乐场所等企业，加强安全知识培训，推动提升企业安全意识。对发现的问题要求立即整改，消除安全隐患，营造安全有序的文化旅游市场环境。全年扬州市文旅行业未发生安全事故和重大旅游服务质量投诉及群体性事件。（钱香林）

2019年扬州市五星级饭店

扬州迎宾馆
扬州云鹤金陵大饭店
江苏汇金国际酒店
扬州西园饭店（吕　游）

2019年扬州市四星级饭店

扬州新世纪大酒店
扬州京华大酒店
扬州花园国际大酒店
扬州辰茂京江大酒店
仪征怡景半岛酒店
仪征市黎明大酒店

2019年扬州市星级饭店分布情况表

表20-4　　单位：家

地　区	小　计	五星级饭店	四星级饭店	三星级饭店	二星级饭店
合　计	**36**	**4**	**11**	**20**	**1**
主城区	19	4	4	10	1
江都区	7	0	2	5	0
宝应县	2	0	0	2	0
仪征市	5	0	2	3	0
高邮市	3	0	3	0	0

注：主城区不含江都区（吕　游）

2019年扬州市旅行社分布情况表

表20-5

地　区	旅行社（家）	旅行社星级			
		五星级（家）	四星级（家）	三星级（家）	二星级（家）
合　计	**164**	**1**	**8**	**11**	**1**
主城区	117	1	6	4	1
江都区	16	0	0	2	0
宝应县	10	0	0	3	0
仪征市	12	0	1	1	0
高邮市	9	0	1	1	0

注：主城区不含江都区（吕　游）

扬州蓝天大厦玉蜻蜓雅致酒店
高邮皇华国际大酒店
高邮加洲阳光大酒店
高邮华侨国际大酒店
扬州空港宾馆 （吕　游）

2019年扬州市出境旅行社

扬州中国青年旅行社有限公司
扬州市中国旅行社有限责任公司
扬州中国国际旅行社
江苏邮驿国际旅行社有限公司
扬州市开元国际旅行社有限公司
扬州市旅游集散中心有限公司
江苏卓悦国际旅行社有限公司
扬州小秦淮国际旅行社有限公司
扬州舜天国际旅行社有限公司
扬州苏之旅国际旅行社有限公司
江苏环球国际旅游有限公司
国旅（江苏）扬州国际旅行社有限公司
扬州市江都中原国际旅行社有限公司
江苏盛世旅程国际旅行社有限公司
（吕　游）

2019年扬州市五星级旅行社

扬州中国青年旅行社有限公司
（吕　游）

2019年扬州市四星级旅行社

扬州中国国际旅行社
扬州市中国旅行社有限责任公司
江苏邮驿国际旅行社有限公司
扬州市开元国际旅行社有限公司
哥伦布极限旅行江苏有限公司
扬州市旅游集散中心有限公司
扬州小秦淮国际旅行社有限公司
扬州舜天国际旅行社有限公司
（吕　游）

■旅游市场监管　落实24小时投诉受理和值班制度，全年受理各类旅游诉求229件，办结率100%。由市文广旅局负责编制、市文化市场综合执法支队具体落实的江苏省地方标准《旅游投诉分类分级处理规范》于9月19日公布，10月31日起正式实施。配套开发的相关系统及App完成第一期工程在全市同步推广使用，第二期招投标工作有序进行。落实旅游市场常态化监管督查，全年累计出动180多人次，检查旅游企业364家，其中旅行社及营业网点312家、旅游景区（点）29家、星级饭店23家，检查导游26名。组织文旅市场管理业务专题培训，邀请12301技术专家现场操作演示全国旅游监管平台。推广旅游电子合同、电子团队行程等内容，推进旅行社电子化发展。开展旅游市场专项治理，3月，对瘦西湖、个园、东关街等景区及周边的执业导游、旅游客车、住宿场所、人力三轮车等开展全面检查整顿，维护景区及周边秩序；5月，按照扫黑除恶专项斗争有关要求，开展无证经营旅行社专项治理，查获违规宣传资料2万多份，取缔2处非法收客报名点；11月，开展为期1个月旅游市场专项整治，对全市旅行社进行全覆盖检查，现场指导纠正各类问题93条，约谈15家企业负责人，下发整改通知书15份。强化旅游市场案件查处，全年查处旅游行政案件20起，对15家旅行社、2名导游、2名个人给予行政处罚，累计罚没金额11万多元，对1家旅行社经营许可证予以吊销、2名导游的导游证予以暂扣。（蔡　鹏）

■优化旅游服务　2019年，组织开展"微笑扬州"旅游志愿服务4200人次，服务时长2.94万小时，累计服务游客近40万人次。7月13日，"微笑扬州"旅游志愿服务队参加在扬州举办的第四届江苏志愿服务展示交流会。与紫金财产保险公司合作签订"旅游平安险"合同，为在扬州主城区地域范围内酒店入住且录入公安住宿管理系统的非扬州市户籍的游客提供送保险服务。在全市AAA级以上景区增设旅游警察服务站（亭、点）20个。持续推进旅游厕所革命，委托第三方对2018年建设的122座旅游厕所进行等级评定，全市新改建旅游厕所87座，全部达到A级以上标准。（赵桂左）

房地产业

Fangdichanye

编　辑　徐国磊

综述

■概况 2019年，扬州市贯彻国家决策部署，加强监测和精细化调控，房地产市场保持平稳发展态势。印发《关于调整优化市区商品房预售资金监管办法的通知》，有效缓解企业资金压力。推进房地产开发企业信用体系建设，修订完善《扬州市房地产开发企业信用信息管理暂行办法》及评价标准。完善商品房预售资金监管系统，推行银行系统实时对账。全市实现房地产开发投资696.18亿元，比上年增长12.11%，新开工面积1126.85万平方米，比上年增长14.41%，新建商品住宅合同成交260万平方米；办理各类房屋交易备案业务11.62万件；发放不动产登记证书25.7万本、不动产登记证明10.8万本。实施市区国有土地上房屋征收项目3个、221户、4.13万平方米，审核市区集体土地拆迁项目19个、2054户、83.41万平方米。全市新增住房公积金归集单位1599家，新增归集人数6.24万人。恒通建设集团有限公司、江苏省华建建设股份有限公司等4家扬州房地产开发企业入选2018年度江苏省房地产开发行业综合实力50强。金域蓝湾、联谊南园等7个项目获“2018年度江苏省省级示范物业管理项目”。（方　观）

■不动产登记 全市实现一般登记3个工作日内办结，抵押登记最快1个工作日内办结，查封、注销和异议登记即时办结。全年发放不动产登记证书25.7万本、不动产登记证明10.8万本。开通“内网审核、现场核对、即时领证”的“线上登记”服务，市区率先推行不动产登记电子证照服务。加强不动产登记与水电气网联动，实现过户“一站式”服务和移动支付、快速缴费。扩增抵押登记服务网点数量，全年新设立银行代办网点13个，累计设立44个银行（公积金）服务网点。推行政府购买服务，全市4个地区购买非继承公证服务，1个地区购买登记保险，减轻群众负担，降低登记风险。开展现场发证、送证上门服务，全年开展现场发证和预约上门服务431次。主动对接、排查梳理不动产登记历史遗留问题，全年解决1.56万户居民办证难题。（扬自然）

■房地产开发企业竞争力提升 开展“扬州市优秀房地产开发企业”评选，对入选企业给予政策扶持，恒通建设集团有限公司、江苏新能源置业集团有限公司等8家企业入选2018年度扬州市区优秀房地产企业。恒通建设集团有限公司、江苏省华建建设股份有限公司等4家扬州房地产开发企业入选2018年度江苏省房地产开发行业综合实力50强。修订完善《扬州市房地产开发企业信用信息管理暂行办法》及评价标准，新增房地产项目建设程序、招标发包、质量安全、施工扬尘管控等类别，将信用管理贯穿于房地产开发全过程。（方　观）

■二手房市场管理 2019年，全市办理各类房屋交易备案业务11.62万件。其中，楼盘表建立1442件，转移备案4.25万件，抵押备案1.09万件，预告备案1.31万件，资金托管7881件。完成房产档案查询3000多人次，协助地税查询4.5万份，协助其他查询核实3000多份。设立二手房交易复审制度，加强流程管控。与公安、民政等部门对接，确保房屋交易真实、规范，杜绝房屋交易隐患。开辟绿色通道，上门为群众办理交易手续相关业务。试点推进存量房网签备案便民服务网点建设工作，在市区设置6个便民服务点，周末无休为群众提供服务。贯彻落实《聚焦企业关切大力优化营商环境任务清单》要求，推进抵押备案业务前移工作，完成程序开发和流程制定。（方　观）

■开发用地 2019年，扬州市区土地成交71幅，成交面积约425万平方米，成交总金额约269亿元。扬州主城区土地成交53幅，成交面积约296万方，成交总金额约205亿元，其中住宅用地15幅，商住用地16幅，商业用地20幅，其他用地2幅；江都区土地成交18幅，成交面积约130万方，成交总金额约64亿元。根据成交金额排行，前三名地块为GZ113、GZ123、GZ159，成交金额分别是14.51亿元、13.17亿元、12.01亿元，依次被增城市碧桂园物业发展有限公司、青岛海信房地产股份有限公司、东京建物株式会社和浙江安吉金石房地产开发有限公司竞得。根据成交楼面价排行，前

2019年扬州主城区土地成交金额排行表

表21-1

排 名	编 号	成交金额（万元）	竞 得 人
1	GZ113	145126.395	增城市碧桂园物业发展有限公司
2	GZ123	131679.939	青岛海信房地产股份有限公司
3	GZ159	120066.7	东京建物株式会社、浙江安吉金石房地产开发有限公司
4	GZ128	104582.53	无锡国盛房产开发有限公司
5	GZ118	101472.687	江苏新能源置业集团有限公司
6	GZ130	89581.416	中海宏洋地产（扬州）有限公司
7	GZ135	83021.778	美锦（扬州）置业有限公司、扬州瘦西湖旅游发展集团有限公司
8	GZ121	82465.4355	江苏新能源置业集团有限公司
9	GZ150	79007.95	重庆龙湖地产发展有限公司
10	GZ119	70238.495	扬州华景置地有限公司

（房天下）

2019年扬州主城区土地成交楼面价排行表

表21-2

排 名	编 号	楼面价（元/平方米）	竞 得 人
1	GZ117	8986.96	泰州中港房地产开发有限公司
2	GZ111	8958.33	扬州景宇置业有限公司
3	GZ108	8957.69	江苏龙润置业有限公司
4	GZ119	8956.25	扬州华景置地有限公司
5	GZ118	8955.00	江苏新能源置业集团有限公司
6	GZ165	8950.00	扬州经济技术开发区总公司
7	GZ116	8530.00	江苏高力地产集团有限公司
8	GZ135	8326.32	美锦（扬州）置业有限公司、扬州瘦西湖旅游发展集团有限公司
9	GZ147	8216.67	临沂茗筑华天置业有限公司
10	GZ113	8090.63	增城市碧桂园物业发展有限公司

（房天下）

三名地块为GZ117、GZ111、GZ108，楼面价分别约为8986.96元/平方米、8958.33元/平方米、8957.69元/平方米，依次被泰州中港房地产开发有限公司、扬州景宇置业有限公司、江苏龙润置业有限公司竞得。（房天下）

房屋征收

■概况 全年实施市区国有土地上房屋征收项目3个、221户、4.13万平方米，审核市区集体土地拆迁项目19个、2054户、83.41万平方米；审查安置房建设项目1个，建筑面积约16.12万平方米；安置超腾仓期住房3086套。做好市区征收（拆迁）项目房屋拆除扬尘污染防治工作，实行常态化、动态化管理，建立市、区、乡镇（街办）、项目四级工作责任机制，对48个工地进行拉网式检查。加强房屋征收（拆迁）安全生产管理，组织开展“安全生产月”活动，定期、不定期对所有拆迁工地进行巡查。起草完成《房屋征收服务机构信用管理暂行办法》《房屋征收评估机构信用管理暂行办法》《房屋征收拆迁项目考核办法》等文件。对市区从事房屋征收（拆迁）的房地产价格评估机构加强备案管理，审核公布《扬州市区2019年度房屋征收（拆迁）评估机构名录》。（方 观）

■征收（拆迁）行业监管 召开“全市征收（拆迁）行业开展法制教育

和推进扫黑除恶专项斗争”动员部署会，将9月定为全市房屋征收（拆迁）行业法律法规和扫黑除恶宣传教育月。全年有8个房屋征收服务有限公司被注消、不予年检、停止承接业务，17人被吊销上岗证、不予年检、停止从事征收工作。制定完成《扬州市市区房屋征收服务机构信用管理暂行办法》《扬州市市区房屋征收（拆迁）项目管理暂行办法》。按照法定程序，审核、批准经济技术开发区大学路南延改造等4个项目征收补偿方案和征收决定。与市房地产业协会联合组织2019年度扬州市区房屋征收（拆迁）服务机构工作人员业务培训，发放2019年度市区房屋征收（拆迁）服务机构准入证和房屋征收（拆迁）服务人员上岗证。（方　观）

商品房投资销售

■房地产开发建设 2019年，全市有房地产开发企业504家。其中，一级资质企业6家、二级资质企业27家、暂定二级资质企业343家，三级资质企业2家、暂定三级资质企业122家、暂定四级资质企业4家。全市完成房地产开发投资696.18亿元，比上年增长12.11%，新开工面积1126.85万平方米，增长14.41 %；其中，市区（不含江都）完成房地产开发投资413.13亿元，比上年增长5.87 %，新开工面积504.19万平方米，下降9.06 %。（卞海波）

■市场供应 2019年，全市商品房批准预售711.76万平方米，比上年减少27.35%；其中商品住宅批准预售面积616.18万平方米，减少31.43%。市区商品房批准预售面积322.75万平方米，比上年减少41.22%，其中商品住宅批准预售面积278.41万平方米，减少45.92%。江都区商品房批准预售面积114.02万平方米，比上年减少29.57%，其中商品住宅批准预售106.65万平方米，减少28.8%。全市商品房累计可售面积752.35万平方米，比上年增长11.61%，其中商品住宅可售面积486.13万平方米，增长11.65%。市区商品房累计可售面积279.1万平方米，比上年增长7.66%，其中商品住宅可售面积138.45万平方米，增长7.79%。江都区商品房累计可售面积108.45万平方米，比上年增长8.07%，其中商品住宅可售面积90.7万平方米，增长13.16%。（卞海波）

■市场成交 2019年，全市商品房合同成交面积612.3万平方米，比上年减少29.6%，其中商品住宅合同成交面积548.9万平方米，减少30.5%。市区商品房合同成交面积309.92万平方米，比上年减少41.82%，其中商品住宅合同成交面积273.99万平方米，减少43.53%。江都区商品房合同成交面积99.76万平方米，比上年减少11.7%，其中商品住宅合同成交面积93.5万平方米，减少10.27%。市区二手房成交面积200.69万平方米，比上年增长7.95%，其中二手住宅成交面积192.76万平方米，增长5.88%。江都区二手住宅成交面积59.89万平方米，比上年增长23.59%。（卞海波）

■商品房网上报名认购系统上线 该系统包括上市房源公示、线上认购报名、三套房资格联网审查、摇号结果公示、选房结果公示、退出认购等功能。该系统建立统一的市区购房人员数据库，与市区所有在售上市楼盘实行联网办理业务。自2018年6月该系统上线后至2019年12月底，累计为100家开发企业提供276批次的联网办公业务，服务报名家庭4.43万户。（卞海波）

2019年扬州市区销售面积前10名房地产项目一览表

表21-3

排　名	项目名称	开发企业	销售面积（万平方米）
1	天瑞望府	扬州华鹏置业有限公司	8.78
2	侨城南院	扬州华侨城实业发展有限公司	6.42
3	中海十里丹堤花园	扬州海龙置业有限公司	3.74
4	世玺花园	扬州海富置业有限公司	2.43
5	誉宾华府	扬州雅恒房地产开发有限公司	1.98
6	上城东境花园	扬州市海创房地产开发有限公司	1.91
7	文昌府	扬州绿茵广场置业有限公司	1.59
8	时光花园	扬州教育置业有限公司	1.34
9	光华锦园	扬州万溢置业有限公司	0.95
10	陵江悦府	扬州碧桂园房地产开发有限公司	0.87

（卞海波）

物业管理

■概况 2019年，《扬州市物业管理条例》有序推进，条例草案报市政府常务会议审议并通过，报市人大常委会进行第一次审议并通过。全市25个小区实施综合整治，完成宝应县栖枫苑等10个小区的宜居住区建设工作。推进既有住宅加装电梯试点，全市10个小区13个单元加装电梯完工。公布《2018年度扬州市区物业服务企业信用等级评定结果》，制定《物业服务企业记分体系补充细则》，推动信用管理体系监督作用发挥。金域蓝湾、联谊南园等7个项目获"2018年度江苏省省级示范物业管理项目"称号。评定2018、2019年度市级示范物业管理项目各15个并发文表彰。印发《关于进一步推进全市物业服务行业领域扫黑除恶专项斗争工作的通知》，督促各地物业主管部门加大对属地物业企业扫黑除恶监管力度。8月31日，扬州市物业管理协会成立。市电视台全年播放"物业大管家"专题节目150期。（方　观）

■老旧小区整治工程 2019年，全市25个老旧小区约86万平米完成综合整治。完成宝应县栖枫苑等10个小区的宜居住区建设工作。加强加装电梯政策宣传，指导各地强化政府部门协调引导和街道、社区桥梁作用，全年推动13处既有住宅单元加装电梯并全部完工。（方　观）

■行业信用管理 以《扬州市区物业服务企业和项目经理信用信息管理暂行办法》为基础，公布《2018年度扬州市区物业服务企业信用等级评定结果》。物业服务招投标中信用分占总分15%；市级示范物业服务项目评价中，信用成绩60分以下及信用缺失的实施一票否决。细化充实《扬州市区物业服务企业和项目经理信用信息管理暂行办法》中记分体系内容，增加文明城市创建和投诉举报等评分内容，制定《物业服务企业记分体系补充细则》，推动信用管理体系监督作用发挥。（方　观）

■省、市示范物业管理项目创建 对全市25个老小区实施综合整治，督促各地坚持标准、统筹实施，推进环境整治和提升工程按照《江苏省省级示范物业管理项目服务质量评价标准（2019年版）》，组织市城管局、市消防支队、市市场监管局专家对省申报示范项目进行预评估。8月，金域蓝湾、联谊南园等7个项目获"2018年度江苏省省级示范物业管理项目"称号，并纳入市现代服务业发展引导资金支持，每个项目奖励资金20万元。组织开展市级示范物业管理项目评价，经市公安局、市消防支队、市市场监管局、市城管局专家现场评估，华建上院名府、仪征碧桂园等15个项目获"2018年度扬州市居住（公共）物业服务示范项目"称号；汐岸花园、天俊悦府等15个项目获"2019年度扬州市居住（公共）物业服务示范项目"称号。（方　观）

■行业安全生产 制定《安全生产宣传教育进社区工作方案》《加强住宅小区电动车消防安全治理工作方案》等，开展安全生产活动月、物业服务行业高层建筑消防安全专项整治等活动。组织消防、电梯等设施设备类专项实践培训，全市100多家物业服务企业180名学员参加。督促物业企业在小区加强安全宣传教育，提高居民消防安全意识和消防法制观念。不定期检查各物业服务项目消防应急预案及演练情况，督促各物业服务企业开展防火检查巡查，开展电动自行车违规停放充电的专项检查和清理。推进市区764处居民住宅小区生命通道施划完成。对消防应急预案和定期演练不正常的、疏散通道和消防车道不畅通的、消防设施严重损坏的等物业服务项目实行一票否决制，并纳入物业企业日常信用记录。（方　观）

住房公积金管理

■概况 2019年，全市新增住房公积金归集单位1599家，比上年增加315个，增长24.5%，其中人数10人以上的新增单位数361个，占全部新增单位数22.6%；100人以上的新增单位数26个，占全部新增单位数的1.6%。新增归集人数6.24万人，其中城区（含市直、驻扬单位、广陵区、扬州经济技术开发区、扬州化工园区、蜀冈－瘦西湖风景名胜区、生态科技新城）2.88万人、邗江1.15万人、江都6491人、高邮5300人、仪征5198人、宝应4628人、油田339人、仪化146人。全市非公企业新增扩面5.26万人，占扩面总数84.3%。自由职业者、个体工商户、新市民等灵活就业人员扩面1351人，比上年增加483人。至年末，全市有80.8万人开户缴存住房公积金，比上年增加2.63万人，其中正常缴存52万人，封存28.8万人。

全市归集住房公积金89.5亿元，比上年增长16.9%，其中12月归集住房公积金8.45亿元，单月首次突破8亿元。全市累计归集住房公积金631.02亿元，比上年增加92.49亿元（含结息），增长17.2%。全市归集余额224.35亿元，增加25.72亿元。全市21.96万人次提取住房公积金66.7亿元，比上年增加5.67亿元、增长9.3%，占当期缴存额74.6%。全市累计提取住房公积金406.68亿元，增加66.77亿元，增长19.6%。全市向1.17万户家庭发放公积金贷款28.9亿元，分别下降14.6%、7.7%。全市平均向每户家庭放贷24.7万元。至年末，全市累计向18万户家庭发放贷款400.9亿元，贷款余额194.4亿元，减少0.87亿元。全市住房公积金平均个贷比率86.7%，下降11.6个百分点。推动公积金"不见面审批（服务）"工作，全年公积金客服热线"12329"人工坐席接听量9.63万人次；全年职工通过线上渠道申请办理业务近

2019年扬州市住房公积金归集情况表

表21-4

地 区	当年归集额（万元）	增幅（%）	累计归集额（万元）	增幅（%）	归集余额（万元）	增幅（%）
合 计	**895421**	**16.9**	**6310246**	**17.2**	**2243465**	**13.0**
城 区	403287	11.6	2787223	17.6	980256	12.5
邗 江	96277	20.6	553190	21.8	216111	17.3
江 都	100166	22.2	675439	18.1	273031	13.9
宝 应	68367	26.6	464024	17.9	160060	18.7
仪 征	99609	15.7	694882	17.4	239417	9.3
高 邮	69103	36.1	428405	19.9	164727	22.3
仪征化纤	23674	13.2	278577	9.8	81350	1.8
江苏油田	34938	12.8	428507	9.4	128515	5.0

（杨粉梅）

2019年扬州市住房公积金使用情况表

表21-5

地 区	当年提取额（万元）	增幅（%）	累计提取额（万元）	增幅（%）	当年贷款额（万元）	增幅（%）	累计贷款额（万元）	年末贷款余额（万元）
合 计	**667647**	**9.3**	**4066781**	**19.6**	**289555**	**-7.7**	**4009954**	**1944003**
城 区	307714	8.3	1806967	20.5	145625	6.0	1880850	891854
邗 江	67391	14.8	337079	24.9	27067	-12.8	337117	176694
江 都	70416	16.2	402409	21.2	38180	20.3	427522	218145
宝 应	44880	-0.2	303964	17.5	17208	-25.2	315736	148250
仪 征	82354	20.6	455465	22.1	27334	-24.1	456140	238554
高 邮	40996	4.9	263678	18.5	18108	-46.4	292419	139043
仪征化纤	23287	-0.1	197227	13.5	6651	-25.1	139626	60260
江苏油田	30610	-4.3	299993	11.4	9381	-20.1	160544	71202

（杨粉梅）

3.5万笔，申请金额近5亿元，实现所有提取业务网上办理全覆盖。

（杨粉梅）

■住房公积金归集 2019年，扬州住房公积金年度归集额突破90亿元，月度归集额突破8亿元。在基数调整、机关事业单位汇缴口径提高、汇缴人数率增长等因素影响下，全年全市累计归集住房公积金89.5亿元，比上年增长16.9%，完成年度目标计划129.9%。其中，高邮、宝应累计归集住房公积金完成年度目标计划140.0%以上。（杨粉梅）

■住房公积金扩面 2019年，全市住房公积金非公企业建制扩面5.26万人，占新增扩面84.3%，比上年上升2.2个百分点；自由职业者、个体工商户、新市民等缴存人员扩面1351人，比上年增加483人；新增开户缴存单位1599家，比上年增长24.5%；新增缴存人以最低基数比例缴存的为2033人，占新增扩面3.3%，比上年下降10.6个百分点。

（杨粉梅）

■公积金支持个人住房消费 2019年，全市为缴存职工办理住房公积金提取66.7亿元，比上年增长9.3%，提取占当期住房公积金缴存额74.6%。其中，购建大修住房提取19.6亿元，还贷提取35.4亿元；向8199名职工办理提取4892万元，支持无房职工租赁住房以及使用住房公积金缴纳住房物业费；办理其他非住房消费7228笔、9488万元，为部分中低收入职工解决生活困难、应对家庭变故提供支持。全市发放住房公积金贷款1.17万笔、28.9亿元，发放的住房公积金贷款直接支持1.17万户家庭购买住房，消化住房存量约130万平方米。住房公积金提取和贷款直接支持2.52万户（含已购房提取未贷款

1.35 万笔）家庭消化住房存量 278 万平方米，约占全市住宅（含二手房）交易面积的近三分之一。住房贷款中，公积金贷款支持购买的首套住房比例为 91.5%，支持购买住房面积在 100 平方米以下的户数比例为 35.2%。住房公积金贷款利率为贷款职工节约利息支出 5.91 亿元以上，户均节约 5.05 万元。（杨粉梅）

■住房公积金业务收支及增值收益 2019 年，全市住房公积金实现业务收入 7.3 亿元，各项业务支出均经市住房公积金管委会和市财政部门审核批准。其中，存款利息收入 8991 万元、委托贷款利息收入 6.3 亿元、其他业务收入 1355 万元。全市发生业务支出 3.8 亿元，其中住房公积金利息 3.2 亿元、归集手续费用 2402 万元、委托贷款手续费 2143 万元、贷款贴息 961 万元、其他 741 万元。全市住房公积金增值收益 3.47 亿元，比上年增长 17%，全年增值收益率 1.64%，风险准备金充足率 7.1%，个贷逾期率 0.05‰。（杨粉梅）

■住房公积金支持廉租住房建设 全市住房公积金系统向各级政府提供 2018 年决算分配的城市廉租住房建设补充资金 6265 万元（不含仪化分中心和油田分中心）。其中，市中心 3129 万元、邗江 539 万元、仪征 1017 万元、江都 634 万元、高邮 449 万元、宝应 497 万元。至年末，全市累计提取廉租房建设补充资金 7.34 亿元，比上年增加 0.63 亿元，增长 8.6%。（杨粉梅）

■住房公积金政策优化调整 修订完善缴存、提取和贷款三个核心业务“办法”，加强和规范全市公积金业务管理。印发实施《扬州市住房公积金失信行为惩戒管理办法（试行）》《关于新市民个人缴存和使用住房公积金等有关问题的通知》《扬州市住房公积金管理中心进一步落实“放管服”改革要求，优化住房公积金营商环境的实施意见》，促进全市公积金信用体系建设、完善新市民个人缴存使用、优化公积金营商环境等重点领域工作。印发实施《关于职工提取住房公积金还贷有关问题的通知》《扬州市职工偿还商业性个人住房贷款委托逐月提取住房公积金实施办法》，对职工提取还贷业务进行规范和优化，适时调整使用政策，恢复贷款最高额度，支持住房刚需和改善性需求。（杨粉梅）

■住房公积金基数和缴存比例调整 经市政府批准，扬州市区（含广陵区、邗江区、扬州经济技术开发区、扬州化工园区、生态科技新城、蜀冈－瘦西湖风景名胜区）住房公积金基数调整。缴存住房公积金的月工资基数，按职工本人 2018 年度月平均工资收入（工资总额）核定。月缴存基数最低不低于扬州市区最低月工资标准 2020 元，最高不超过 21000 元。1998 年 12 月 1 日后参加工作的新职工，逐月住房补贴的缴存基数与住房公积金的缴存基数相同。企业单位的住房公积金缴存比例，为单位和职工各 5%—12%，同一单位须执行一个缴存比例。（杨粉梅）

■智能公积金建设 借助“云上扬州”数据平台，实现与住建、公安、民政、总工会等部门信息联网，依托“大数据”和“人工智能”，引进“人脸识别”技术，实现在线实名认证、公积金业务智能化“秒批”模式，提高审批效率。至年末，绑定和使用“公积金微信公众号”的职工 40 万人，其中 32.1 万名职工通过人脸识别认证，线上查询及办理各项业务近 250 万次。公积金查询获评“我的扬州 App”2019 年度十佳市民口碑服务。（杨粉梅）

“智能公积金”战略合作签约启动仪式　　倪方毅／摄

金融业

Jinrongye

编 辑 陈 婧

综述

■**概况** 2019年，扬州市区有金融机构153家，全市实现金融业增加值316.15亿元，比上年增长10.1%，增幅高于地区生产总值增幅3.3个百分点，占比5.4%。至年末，全市银行机构本外币存贷款余额分别为6787.31亿元、5391.98亿元，较年初分别增加705.16亿元、740.79亿元，比上年增长11.60%、15.95%，不良贷款率1.24%。全市保险机构累计实现保险保费收入175.25亿元。全市非金融企业实现各类直接融资343.47亿元，其中民营企业41.92亿元。扬州市政府分别与中信银行南京分行、邮储银行江苏省分行达成5年500亿元信贷投放合作。

资本市场稳步发展。市政府与江苏证监局签署《促进资本市场健康发展合作备忘录》。泰和小贷在港交所转板上市；赛富特、联通智控、恒爱电子在“新三板”挂牌；新增141家江苏股权交易中心挂牌企业。新增报会和报上交所企业3家，报江苏证监局辅导企业3家。长青股份、鸿达兴业发行可转债33.4亿元，江苏腾达、揽月科技等7家挂牌公司实现定增融资。至2019年末，全市有境内外上市公司19家（含创业板3家）、“新三板”挂牌59家、江苏股权交易中心挂牌283家，境内上市企业数、挂牌数均居全省第6位，累计实现募资超200亿元，境内上市公司市值700多亿元。“双创”验收中“直接融资畅通程度”指标值为400%，列验收城市前列。

地方金融发展稳健。新增3家小贷公司，全市60家小贷公司实现实收资本75.08亿元，贷款余额80.27亿元，实现净利润1.33亿元，不良率较上年度下降1.4%，继续保持全省最低。18家融资担保机构完成经营许可证换证和信用评级，1家融资担保公司获评A级。至年末，全市在保余额51.74亿元，较年初增长38.5%；担保业务及融资性担保营业收入1.7亿元，上缴税收2471万元；累计担保代偿额为9320万元，比上年减少1648万元；融资性担保放大倍数1.7，较年初增长53%。全市21个典当企业通过省级验收。全市正常开展经营活动的融资租赁公司4家，融资租赁资产总额19.89亿元，商业保理公司1家、地方资产管理公司分支机构1家。

金融风险稳控有力。召开全市防范化解重大金融风险攻坚会议，全面部署打好防范化解重大金融风险攻坚战任务。构建网格化监测体系，将298家商业银行网点、284家保险公司网点、33家证券公司营业部、10家地方金融企业和6家期货公司纳入全省金融网点网格化监测预警系统，实现非法金融活动监测预警网格化。围绕金融去杠杆、降成本，推动政府债务化解，推动担保破圈解链，发挥政府协调救助和金融债权人委员会作用，支持企业股权重组、缓解流动性资金紧张、逐步化解大额债务。

（陆长昀）

■**票据市场** 2019年末，全市金融机构人民币票据融资余额为336.48亿元，比年初增加69.7亿元，比上年多增12.3亿元。（胡章灿）

■**证券业务** 2019年末，全市有49家证券营业部，共开设资金账户72.79万户，比上年增加4.99万户，增长7.37%。保证金余额34.98亿元，比上年增加13.59亿元，增长63.50%，全年累计完成证券交易额11943.35亿元，比上年增加1992.94亿元，增长20.03%。其中股票交易额8629.22亿元，比上年增加1915.19亿元，增长28.53%；基金交易额462.62亿元，比上年下降84.23亿元，下降15.4%。

（赵晓红）

■**保险业务** 2019年末，全市纳入统计的保险公司有67家，其中财产险公司25家、寿险公司42家，全年累计实现保费收入178.81亿元，比上年增加3.06亿元，增长1.74%。其中，财产险41.01亿元，比上年增加3.81亿元，增长10.25%；寿险137.80亿元，比上年减少0.75亿元，比上年下降0.54%。全年赔付金额29.23亿元，较上年增加2.65亿元，增长9.95%，其中，财产险公司赔付支出23.97亿元，比上年增长6.18%；寿险公司赔付5.26亿元，比上年增长31.22%。

（赵晓红）

2019年扬州市全金融机构人民币信贷分地区资金运用情况表

表 22-1　　单位：亿元

项目名称	全　市	市　区（不含江都）	江都区	宝应县	仪征市	高邮市
资金运用总计	**6952.34**	**3670.26**	**1231.54**	**596.78**	**744.78**	**708.60**
一、各项贷款	5391.98	3157.35	761.48	445.86	513.63	512.56
（一）境内贷款	5391.58	3156.96	761.48	445.86	513.62	512.56
1. 住户贷款	1960.56	1152.79	269.28	181.03	193.01	164.46
（1）短期贷款	425.78	176.77	78.24	50.59	74.51	45.67
消费贷款	121.00	66.73	15.26	13.17	15.31	10.52
经营贷款	304.78	110.04	62.98	37.41	59.20	35.14
（2）中长期贷款	1534.79	976.02	191.04	130.44	118.50	118.79
消费贷款	1435.71	915.63	177.55	124.12	107.14	111.27
经营贷款	99.08	60.39	13.48	6.32	11.37	7.52
2. 非金融企业及机关团体贷款	3431.02	2004.18	492.20	264.83	320.61	348.10
（1）短期贷款	1488.55	852.27	237.86	124.87	128.82	143.63
（2）中长期贷款	1605.12	936.55	193.21	123.93	174.25	177.18
（3）票据融资	336.48	214.79	61.01	15.98	17.54	27.17
（4）融资租赁	0.00	0.00	0.00	0.00	0.00	0.00
（5）各项垫款	0.87	0.57	0.11	0.05	0.00	0.13
3. 非银行业金融机构贷款	0.00	0.00	0.00	0.00	0.00	0.00
（二）境外贷款	0.40	0.39	0.00	0.00	0.00	0.00
二、债券投资	225.88	49.94	71.46	24.86	48.78	30.83
其中：境外债券	0.00	0.00	0.00	0.00	0.00	0.00
三、股权及其他投资	21.99	19.61	0.31	1.11	0.01	0.97
四、买入返售资产	1.50	0.00	1.50	0.00	0.00	0.00
五、存放非银行业金融机构款项	0.03	0.02	0.00	0.00	0.00	0.00
六、联行往来（净）	1235.26	401.93	385.96	116.91	174.07	157.11
其中：境内存放二级准备金	112.44	69.39	14.74	8.21	11.06	9.04
七、金银占款	0.00	0.00	0.00	0.00	0.00	0.00
八、中央银行外汇占款	0.00	0.00	0.00	0.00	0.00	0.00
九、应收及预付款	22.85	7.21	6.16	3.01	3.20	3.27
十、投资性房地产	0.01	0.01	0.00	0.00	0.00	0.00
十一、固定资产	52.84	34.19	4.68	5.02	5.11	3.84

（李　浓）

2019年扬州市全金融机构人民币信贷分地区资金来源情况表

表 22-2　　单位：亿元

项目名称	全　市	市　区（不含江都）	江都区	宝应县	仪征市	高邮市
资金来源总计	**6952.34**	**3670.26**	**1231.54**	**596.78**	**744.78**	**708.60**
一、各项存款	6787.31	3522.84	1225.74	602.61	727.79	708.07
（一）境内存款	6780.60	3517.21	1225.45	602.44	727.47	707.83
1. 住户存款	3239.35	1300.95	756.03	365.15	364.02	453.20
（1）活期存款	913.39	416.36	176.75	102.84	89.87	127.57
（2）定期及其他存款	2325.96	884.59	579.28	262.31	274.15	325.63
2. 非金融企业存款	2305.20	1518.28	302.82	132.18	205.69	146.02
（1）活期存款	908.36	577.59	105.26	54.63	93.36	77.33
（2）定期及其他存款	1396.83	940.68	197.57	77.55	112.33	68.70
3. 广义政府存款	1187.30	651.27	166.46	105.11	155.85	108.61
（1）财政性存款	54.71	26.02	11.84	4.79	7.95	4.11
（2）机关团体存款	1132.59	625.25	154.62	100.32	147.90	104.49
4. 非银行业金融机构存款	48.75	46.71	0.14	0.00	1.90	0.00
（二）境外存款	6.71	5.63	0.29	0.17	0.32	0.23
二、金融债券	4.00	4.00	0.00	0.00	0.00	0.00
其中：境外发行	0.00	0.00	0.00	0.00	0.00	0.00
三、卖出回购资产	0.00	0.00	0.00	0.00	0.00	0.00
四、借款及非银行业金融机构拆入	0.00	0.00	0.00	0.00	0.00	0.00
五、联行往来（净）	0.00	0.00	0.00	0.00	0.00	0.00
六、应付及暂收款	144.84	65.51	31.37	14.85	16.57	16.53
七、各项准备	131.75	79.36	15.27	10.47	15.48	11.17
八、所有者权益	192.84	60.19	47.96	24.45	32.78	29.11
其中：实收资本	30.14	10.54	7.64	3.70	4.95	3.31
九、其他	-308.41	-61.64	-88.81	-55.60	-47.84	-56.29

（李　浓）

银行业

银行业监督管理

■概况 至2019年末，辖内银行机构资产、负债余额分别为7467.34亿元、7264.96亿元，较年初分别增加725.96亿元、708.03亿元，增速分别为10.73%、10.76%。各项贷款占资产的比重为72.22%，比上年上升3.35个百分点；各项存款占负债的比重为92.56%，比上年上升0.53个百分点。至年末，辖内银行机构各项贷款5392.84亿元，较年初增加750.17亿元，比上年多增136.44亿元。辖内短期贷款余额1855.79亿元，较年初增长19.18%，新增短期贷款占比39.89%。普惠金融支持力度持续加大，至年末，辖内银行机构普惠型小微企业贷款余额655.06亿元，较年初增加143.61亿元，增长28.08%。辖内银行机构各项存款6724.39亿元，较年初增加689.8亿元，增长11.43%，比上年多增439.38亿元。其中，单位存款余额较年初增加334.05亿元，比上年多增303.04亿元；个人存款余额较年初增加355.12亿元，增长12.29%，比上年多增159.21亿元。至年末，辖内定期存款较年初增长410.21亿元，占全部存款增量的59.47%。不良处置力度加大。至年末，辖内银行机构不良贷款余额66.76亿元，比上年多增14.41亿元。不良贷款率1.24%，比年初上升0.13个百分点。逾期90天以上贷款与不良贷款的比例77.82%，较年初回落1.79个百分点。2019年度共处置不良贷款33.12亿元（不含重组及非重组上调），比上年增加3.36亿元，其中不良贷款清收13.17亿元，核销19.47亿元。2019年度，辖内银行机构实现净利润94.39亿元，比上年增长6.28%。利息净收入180.06亿元，较上年同期增加11.18亿元。中间业务收入22.59亿元，较上年同期减少0.33亿元。投资收益1.9亿元，较上年同期增加0.89亿元。

（佘博文）

■实体经济服务 出台《民营企业融资会诊帮扶机制实施方案》，通过联合筛选评估需帮扶企业，制定帮扶方案，建立信息沟通机制。共缓解近26亿元银行授信风险，实现服务实体与防范风险的有效结合。开展“百名行长服务制造业集群”对接工作，全市银行机构对八大先进制造业集群和专精特新“小巨人”企业的授信余额达578.23亿元，贷款余额349.02亿元，贷款户数3012户，分别比年初增长21.74%、25.91%、16.02%，超过全部贷款增速11.47个百分点，贷款利率4.89%，比贷款平均利率低0.78个百分点。（佘博文）

■地方金融风险防控 先后8次提请或联合地方政府、部门召开政银企协调会，依托债委会、联合授信、会诊帮扶等机制，联合地方金融监管局、财政局等通过召开专项工作会议、部署专项统计监测、督促地方平台特别是区级以下平台规范经营、引导银行机构有序合规投放等方式，有序推进隐性债务风险化解，未发生区域性债务风险。主动作为，联合地方政府、人行等部门成立应急领导小组，平稳过渡包商银行对辖内村镇银行的影响。

（佘博文）

■治理“屡查屡犯”长效机制 下发《关于建立银行业治理违法违规行为“屡查屡犯”长效机制的监管意见》，明确扬州银行机构“屡查屡犯”问题清单，包含股权及公司治理、信贷管理、消费者权益保护、案件与操作风险管理等6大方面14个问题；提出开展存量业务“屡查屡犯”问题排查和整改、对新发生的清单内问题实施顶格处罚的监管要求；督促机构建立“屡查屡犯”内外部检查问题库，坚持问题导向，围绕流程改造、绩效考评、监督检查、整改问责等方面，完善相关内控制度，建立“不能违、不敢违、不愿违”的长效机制。（佘博文）

中国人民银行扬州市中心支行

■货币政策执行 引导辖区信贷总量合理适度增长，全市本外币贷款增加740.8亿元，增长16.1%，高于全省平均水平1.4个百分点。民营和小微企业贷款“增量、扩面、降价”阶段性目标如期完成。全市民营企业本外币贷款余额1275.15亿元，比上年增长6.5%。全市普惠口径小微企业本外币贷款余额653.68亿元，比年初增长25.55%，全市普惠口径小微企业人民币贷款加权平均利率为6.0526%，较2018年12月下降52个基点。加强载体建设，全市遴选确定金融支持制造业提质增效重点示范项目116个，实际投放金额67.76亿元，实际完成户数2977户，推动全市制造业重点领域贷款累放192.53亿元，比上年多放28.13亿元。推动银企合作，精准帮扶企业。推进金融服务实体经济“12345”行动计划，完成银企对接141场，落实资金81.25亿元，对接制造业重大项目155次，落实资金63.1亿元。开展“金融服务万户行”计划，全市金融机构共走访企业8114户，解决企业融资需求5157户。（周 媛）

■利率政策执行 完善贷款市场报价利率（LPR）形成机制。自2019年8月20日起，人民银行授权全国银行间同业拆借中心于每月20日（遇节假日顺延）9时30分公布贷款市场报价利率。贷款市场报价利率由原有1年期一个期限品种扩大至1年期和5年期以上两个期限品种。各银行应在新发放的贷款中主要参考贷款市场报价利率定价，并在浮动利率贷款合同中采用贷款市场报价利率作为定价基准。存量贷款的利率仍按原合同约定执行。（胡章灿）

■央行资金 2019年，下调存款准备金率6次，累计下调4.5个百分点。做好辖区法人机构的流动性监测工作，对重点机构的流动性按周进行监测，适时提示流动性缺口。向上争取央行资金额度，支持小微企业、民营企业、涉农企业的发展。累计发放支农再贷款7.25亿元，比上年增长7.41%；累计发放支小再贷款18.95亿元，比上年增长18.81%；累计办理再贴现61.78亿元，比上年增长34.62%，其中小微企业占比达到99.96%。（陈佳佳）

■金融市场建设与管理 加大政策宣讲、项目推介与考核奖惩力度，全市债务融资工具的发行规模稳步增长。2019年，全市累计发行债务融资工具27单、145.5亿元，较上年多发7单、17.5亿元，票面加权平均利率4.4%，低于全部人民币贷款加权平均利率0.88个百分点。支持扬州农商行开展黄金代理业务备案，完善产品服务体系。（周　媛）

■民营小微企业服务 积极指导扬州市金融机构开展“民营和小微企业金融服务质量提升年”活动，缓解部分企业融资难融资贵的问题。一是开展“金融服务万户行”计划。2019年2季度扬州全市金融机构共走访企业8114户，其中走访本行无贷企业5234户，走访的企业中融资问题能够得到解决的有5157户，已解决的2941户。二是实施“金融惠企降成本”计划。强化货币政策工具投向与价格“双引导”作用，积极推广“小微e贷”金融产品，引导民营和小微企业融资成本降低。2019年12月普惠口径小微企业贷款利率为6.0526%，比上年下降52个基点。三是推出“金融支持中小民企”计划。提高金融服务民营和小微企业的精准性，助推一大批有市场、有前景、诚实守信经营的民企获得金融资源支持，2019年末民营企业贷款余额为1275.2亿元，比上年增长12.4%。（许　鹏）

■金融生态建设 组织辖内5个县（市、区）开展2018年度县域金融生态综合评估。督导仪征市、高邮市针对省金融稳定协调小组办公室发出风险提示函提出的突出问题进行整改。仪征市、宝应县、邗江区、江都区、高邮市在全省69个设乡镇的县（市、区）金融生态综合评估排名分别为第32、46、47、61、63名。金融稳定协调小组成员单位中国银行保险监督管理委员会扬州监管分局获得“2018年度金融生态县创建工作先进单位”称号。制定了2019年防范和处置非法集资工作要点，明确2019年主要工作。在2019年二季度开展非法集资线索集中排查整治工作，开展坚决打击“套路贷”专项行动，2019年向市处置办移送涉嫌非法集资线索4条。（黄　梅）

■金融风险防控 稳妥开展涉包商银行风险防范和应对工作。突出重点强化风险排查和压力测试。完善“江苏省金融风险监测系统”，定期监测产能过剩行业、建筑业担保圈、房地产、地方政府平台债务等重点行业、重点领域的风险。专题排查企业民间借贷风险、贷款抵押物处置风险、银行从业人员职务犯罪等区域风险。加强对重点关注机构的风险跟踪监测，建立部分重点关注机构头寸和流动性的日报、全辖法人银行机构流动性风险监测周报制度，证券和保险业风险点月报和大型风险企业季报等定期监测制度，持续开展风险监测。加大风险压力测试、评估和核查力度，探索开展风险提示和早期纠正，组织完成3家法人银行机构偿付能力敏感性、流动性压力测试，及时向相关单位进行风险提示。修订印发了《人民银行扬州市中心支行金融机构突发事件应急预案（修订稿）》，主要对成员构成、职责分工、应急响应等级等主要内容进行修订。（黄　梅）

■金融机构综合管理 牵头完成对37家金融机构2018年度综合评价反馈工作，并对综合评价整改情况牵头进行评估和考核。牵头组织修订2019年评价标准、更新综合评价系统设置，按季组织开展综合评价工作，按季向金融机构通报评价发现的问题。牵头对5家综合评价C类机构高管开展监管谈话。全年组织报送225起重大事项和3期突发事件专报，组织开展对中国银行扬州分行和浦发银行扬州分行两家机构重大事项现场核查，制发核查意见书2份。（范永滨）

■央行评级和存款保险 做深央行评级工作，对12家法人机构开展2018年4季度和2019年前3个季度央行评级。牵头组织召开4次评级会议，认真审议评级情况。做实差别费率调整工作，组织召开费率审核小组会议2次，完成2018年下半年、2019年上半年保费缴纳工作，对核查发现的1家银行保费少缴启动补交程序。组织启动存款保险信息系统测试工作，提升存保现场核查质量，组织总结首轮三年全覆盖核查工作，制定第二轮三年核查计划，完成对4家机构现场核查，重点对公司治理、内控、资产质量、表外业务等核查，制发核查意见书4份，并抄报其发起行。加强对投保机构运行监测和风险提示，按季度组织完成投保机构运行情况监测。组织排查建立关注类法人机构名单库，实行动态名单制管理，对于纳入名单的投保机构增加监测与报告频次，共报送24期。通过监测、现场核查、央行评级、费率调整等发现突出问题，对投保机构高管开展风险约谈33次。继续组织开展存款保险宣传活动，持续提升辖内存款保险制度认知度。（常　龙）

■反洗钱管理 组织金融机构做好“专项行动”线索挖掘和协查工作，在“打击利用离岸公司和地下钱庄转移赃款专项行动”中，共发现可疑线索17条，向公安机关报案5起、破案2起；在“打击骗取出口退税和虚开增值税专用发票专项工作”中，积极配合警方、税务机关、海关开展案件线索协查，全年共协助破案7起；在“扫黑除恶”专项斗争工作中，协助公安机关查证破获122起涉黑涉恶案件，捣毁涉黑涉恶团伙6个，抓获犯罪嫌疑人75人。对辖区12家法人金融机构和139家非法人金融机构开展反洗钱分类评级。运用法人金融机构洗钱和恐怖融资风险评估指标（2019 版）对高邮农村商业银行开展洗钱风险评估。对三家金融机构开展现场走访，加强对金融机构反洗钱业务的针对性指导。对仪征农村商业银行等五家金融机构的反洗钱业务开展检查，并运用双罚制对一家机构和相关责任人处以罚款。加强反洗钱监管协调，在全省率先与扬州银保监局签订了《反洗钱监管合作备忘录》，对高邮农村商业银行开展了反洗钱联合监管行动。主动对接住房和城乡建设局，加强对房地产行业反洗钱工作的指导督促，2019 年 7 月收到房地产公司报送的重点可疑交易报告，并与住房和城乡建设局联合下发了全国首份针对房地产行业的《洗钱风险提示》。（徐 红 娄丽敏）

■征信管理 优化应收账款融资服务平台推广应用，推进虎豹集团开展与平台对接工作。全年推动应收账款累计融资 74.63 亿元，持续推进已对接 4 家核心企业上游供应商融资业务，累计为 17 家供应商提供反向保理融资 34 笔，金额 6692.76 万元。联合扬州市财政局、扬州市公共资源交易中心推进政采平台对接程序开发。联合扬州市发改委、地方金融监管局、农业农村局共同印发《加快扬州市农村信用体系建设实施方案》《扬州市信用村、信用乡镇评定办法》，举办信用村、信用镇授牌授信活动。组织推进全市农村青年信用示范户创建工作。积极推进中小企业信用体系建设，加强信用信息服务。举办全市“征信服务小微与民营企业融资发展”征信专题宣传活动及征信“千企万户”纾困行活动。深化高校征信教育机制，在扬州大学开设“现代征信学”选修课。在扬州大学商学院、扬州技师学院开展系列的征信知识普及宣传活动。积极推动和参与地方信用体系建设工作，配合扬州市编办开展 2018 年度扬州市事业单位信用等级评价工作。依托江苏省企业综合信息管理系统，为地方政府相关部门开展行业信用评价工作提供信息参考。参与地方“十四五”时期扬州市社会信用体系建设规划研究，联合扬州市发改委、扬州市委宣传部举行扬州市“诚信建设伴我行”公益宣传暨徒步活动。2019 年对 6 家银行开展了现场检查。对 7 家银行和 2 家人行县支行开展征信信息安全管理巡查。在扬州市东区建行曲江支行（市公积金中心楼下）设立扬州市首家代理查询点，积极开展企业信用报告查询 8287 笔；个人信用报告查询 17.87 万笔，累计发放机构信用代码 20296 张。累计报送个人公积金缴存信息 413 万笔，企事业单位公积金缴存信息 25.17 万笔。（樊瑾瑜）

■人民币结算账户管理 2019 年，全辖各银行机构共办理单位结算账户开立 5.25 万户、变更 2.66 万户、撤销 2.37 万户。进一步优化企业账户服务，执行《企业银行结算账户管理办法》，企业基本账户、临时户由核准改为备案。试运行江苏政银易企通系统，实现账户核查资料无纸化传输和信息自动比对。落实“放管服”改革对企业开户的要求，理顺开户流程，整合开户资料，压缩开户时间。规范和细化银行机构农民工工资专户的规定和流程，积极配合做好农民工工资专户的开立、使用监督，督促开户银行通过扬州市农民工实名制管理平台，完成农民工工资专户开立、工资代发等信息的反馈。倒查涉案银行卡、企业账户的开户银行管理责任，共排查 3 家银行机构的 6 个涉案账户，3 家银行机构的 18 个风险账户，对账户管理工作薄弱的 2 家银行机构下发《风险提示函》，对强化账户风险管理提出明确要求。（张怀玲）

■支付业务管理 2019 年，扬州市完成手机闪付或条码改造的 POS 商户数共 9.2 万户，累计改造完成率 98%。各银行机构新增云闪付 App 注册用户 29.2 万户。全年移动支付交易笔数 369.7 万笔，交易金额 13.4 亿元。其中，二维码支付交易 316.1 万笔、交易金额 8.0 亿元，手机闪付交易 53.6 万笔、交易金额 5.4 亿元。各收单机构统一开展云闪付“一元购”“一分钱乘公交”“早茶节”等多项营销活动。移动支付在扬州市公共交通、公共缴费、医疗卫生、文化教育、商超菜场等便民场景已普遍应用。全市水、电、煤缴费已入驻云闪付 App，其中水、煤缴费支持云闪付线下非接交易。扬州大学、苏北医院、南邮通达学院等移动支付服务项目上线。建设开发农村普惠金融服务点综合信息管理系统，通过系统实现对服务点的基础信息录入与管理、物理分布展示和查询、交易数据录入和统计、巡检情况、整改情况录入与查询、异常交易分析和监测，星级服务点评定、人民银行检查情况录入等功能，对服务点实行全程管理。加强与扬州市财政局沟通，市财政局将各银行机构农村普惠金融服务点工作质量，作为“财政间隙性资金竞争性存放”招投标考核的依据之一，进一步调动建设单位参与普惠金融服务点建设的积极性。选取宝应、高邮两地的部分服务点，对照国家金标委技术规范，对服务点的外观内置进行规范化改造。（张怀玲）

■经理国库 2019 年，全辖各级国库共计办理预算收入 1129.25 亿元，比上年增长 39.32%，此大幅增长主要为社保费收入纳入预算内。剔除社保费收入影响因素后，共计办理预算收入 919.31 亿元，比上年增长 13.42%。其中，中央级收入 182.99 亿元，下降 9.45%；省级收入 2.55 亿元，下降 23.35%；地方级一般公共预算收入 328.79 亿元，下降 3.31%。地方级一般公共预算收入中，税收收入 263.81 亿元，下降 3.05%；非税收入 64.98 亿元，下降 4.30%。办理地方预算支出 697.14 亿元，下降 7.16%。全年累计办理各级预算收入退库 96.95 亿元，增长 0.60%。其中，出口产品退库 72.09 亿元，增长 6.90%，占退库总量的 74.36%。全年，全市共销售 8 期储蓄国债（凭证式）、14 期储蓄国债（电子式），

累计销售金额 17.75 亿元，同比提高 13 个百分点。（陈 璘）

■**国库管理** 支持配合财税体制改革，做好小微企业普惠性税收减免等政策退库相关工作，确保小微企业能及时享受减税降费的政策红利。全年，辖内共办理小微企业普惠性退税 2.86 万笔、917 万元，有近万户小微企业从中受惠。创新实施负面清单管理模式，从内部控制与管理、账务组织、账务处理、账务核算、系统管理和国库业务监督管理等六方面，对 60 项日常性工作提出了禁止性规定，切实提升全辖国库业务管理水平。（陈 璘）

■**货币发行** 分析辖区现金需求，合理规划发行基金调拨、投放、回笼，保障市场流动性供应。2019 年，执行发行基金调拨命令 70 次、211.29 亿元，累计投放发行基金 254.17 亿元，回笼发行基金 213.67 亿元，净投放 40.5 亿元，银行业金融机构共开展相互取现业务 166 笔、42.96 亿元。完善小面额现金供应长效机制，优化流通中现金供应结构。实行发行基金券别组合供应，完善小面额现金备付制度、主办网点和主办银行制度，累计投放 10 元及以下券别 3.87 亿元。有序组织残损人民币回笼，提升流通中现金质量。2019 年，共回收残损人民币 63.91 亿元。组织普通纪念币预约兑换发行工作。2019 年，督导农业银行扬州分行规范、有序、公开发行 2019 年贺岁普通纪念币、庆祝改革开放 40 周年普通纪念币第二批次、中华人民共和国建立 70 周年普通纪念币、世纪文化和自然遗产——泰山普通纪念币的兑换发行工作。（张福芳）

■**人民币流通管理** 有序组织 2019 年版第五套人民币发行管理工作。组织对 12 家银行业机构现金整点中心的现场督导。组织开展小面额人民币服务暗访和评价工作，完成 438 个营业网点暗访，推动银行业机构提升现金服务质量。强化反假货币管理工作，组织现金从业人员参加反假货币知识培训考试和新版人民币培训师资专题培训，提升从业人员反假技能。督促银行业机构做好假币收缴工作，2019 年收缴假人民币 15.10 万张（枚），总金额 131.18 万元。与扬州市总工会联合举办扬州市第四届银行业金融机构反假技能与知识竞赛，30 家银行业金融机构 120 多名现金从业人员参赛。指导宝应县氾水镇和仪征市刘集镇 6 家银行业机构、12 个营业网点加强网点基础设施建设和人民币业务培训，开展现金服务标准化建设。2019 年，制作发放现金便民联系卡 939 份，为周边商户提供上门服务 257 次，办理预约服务 421 次，提供人民币真伪鉴别服务 185 笔，投放 20 元以下小面额人民币原封新券 923.8 万元，回收不宜流通人民币 1224.8 万元。（张福芳）

■**金融电子化** 开展缴费中心的移交工作，加强与市城控集团、扬州市民卡公司沟通、协调，将代缴费系统整体迁移至扬州市政府信息资源管理中心，并由扬州市民卡公司负责运维。推进 IPv6 规模部署，督促、指导辖内金融机构完成门户网站的改造工作。推进金融标准化工作，组织辖内 12 家法人机构参与金融企业标准领跑者活动，邗江民泰村镇银行入选领跑者名单。组织开展“2019 年国家网络安全宣传周”活动，牵头组织全辖银行业机构，开展“金融日”主题活动，宣传金融网络安全知识，取得明显成效。（孙永安）

■**外汇管理** 2019 年末，扬州市外汇存款余额 12.45 亿美元，比年初增加 0.33 亿美元，比上年下降 4.88 亿美元。外汇贷款余额 2.46 亿美元，比年初增加 0.56 亿美元，比上年下降 1.36 亿美元。扬州市跨境收支总额 150.24 亿美元，比上年增长 4.63%。其中，跨境收入 104.63 亿美元，增长 7.09%；跨境支出 45.61 亿美元，下降 0.94%；跨境收支顺差 59.02 亿美元，增长 14.24%。经常项目跨境收支总额 118.15 亿美元，下降 2.7%。其中，跨境收入 83.34 亿美元，增长 0.21%；跨境支出 34.81 亿美元，下降 8.72%。资本项目跨境收支总量 32.09 亿美元，增长 44.75%。其中，跨境收入 21.29 亿美元，增长 49.99%；跨境支出 10.80 亿美元，增长 35.42%。扬州市银行结售汇总额 84.29 亿美元，比上年下降 17.89%。其中，结汇 62.5 亿美元，下降 16.47%；售汇 21.79 亿美元，下降 21.71%；结售汇顺差 40.71 亿美元，缩小 13.37%。全年查处各类外汇违法违规案件 17 起，涉及企业 11 家、个人 6 名；涉案金额 2654.37 万美元，处罚并收缴罚没款 318.52 万元，结案率、罚款收缴率均为 100%。

（夏广军 刘春联 俞卫东）

政策性银行

■**中国农业发展银行扬州市分行** 2019 年末，中国农业发展银行扬州市分行各项存款时点余额 75.48 亿元，比年初增加 1.51 亿元；日均余额 82.39 亿元，比年初增长 6.27 亿元。各项贷款余额 201.99 亿元，比年初增加 31.33 亿元；累计投放各项贷款 84.09 亿元，累计收回各类贷款 52.75 亿元。实现国际结算手续费及外币汇兑收入 82.65 万元。实现国际业务结算量 4609.74 万美元。全行无新增不良贷款，各项贷款继续保持“无不良、无欠息、无逾期”。

贷款业务。对夏粮、秋粮市场化收购早调研、早部署，托市与自营双推进，全年累计投放购销储贷款 29.7 亿元，比上年多投放 6.6 亿元，市场化收购资金 15.3 亿元，份额进一步增加。抓住棚改政策“窗口期”，年初集中投放棚改类贷款 5 笔，金额 28.4 亿元，其中高邮支行城中村棚改项目投放贷款 13.5 亿元。探索长江大保护支持模式，紧紧围绕水利、农村人居、生态环境、林业资源开发与保护四类项目，主动加强与地方政府沟通对接，成功召开扬州市长江大保护项目对接会农发行专场，进一步加快项目落地速度，全年累计投放长江大保护贷款 42.75 亿元。服务民营小微企业，积极探索供应链融资、订单贷融资等新模式，全行新增涉农民营小微企业贷款13户，累放小微贷款5450万元。

存款业务。以优化存款结构为目标，拓宽营销领域，紧盯土地拍卖款和土地交易保证金、债券资金等，积极开辟引存新渠道。至2019年末，各项存款日均余额达82.39亿元，比年初增加6.27亿元，增量居全省第二，各项贷款资金自筹率达44.31%，居全省第一。

社会责任。助力精准脱贫攻坚，积极探索扶贫模式，联合企业赴贵州黎平、陕西米脂开展贫困户走访、贫困人口招工、生产和教育帮扶等工作。全年累计投放精准扶贫贷款3.7亿元，累计实现消费扶贫1.08万元。（陈洪斌　周　斐）

国有商业银行

■中国工商银行股份有限公司扬州分行　2019年，中国工商银行股份有限公司扬州分行实现拨备前利润11.75亿元，比上年增长3.76%；实现净利润8.09亿元，比上年增长14.28%。人民币全部存款余额432.37亿元，新增30.36亿元，比上年增长44.85%。储蓄存款余额228.26亿元，新增21.3亿元。公司存款余额96.34亿元，新增4.33亿元，比上年增长99.5%。机构存款余额106.21亿元，新增4.91亿元。人民币各项贷款余额378.57亿元，新增29.77亿元。其中，法人流贷新增4.75亿元，项目贷款新增18.05亿元；民营企业贷款净增4.88亿元，制造业贷款净增4.04亿元；并购融资余额为13.64亿元，新增10.81亿元，余额及增量均列同业第一，市场占比均超50%，投放额列全省第三；小微贷款人行、银保监口径新增分别为5.69亿元、5.08亿元。

实体经济金融服务。全力支持产业集聚区项目，对扬州经济技术开发区沿江产业基地、中小企业创业园、宝应智能终端产业园、宝应县科技创业中心、高邮软件产业园智慧大厦等项目提供信贷支持12.21亿元。加快推进政府隐性债务转化，对纳入地方政府隐性债务的平台项目进行期限调整，延长到期还款日，全年共调整9笔、24.4亿元。对未纳入隐性债务的平台项目，采取增加经营性资产抵押、增加还贷资金来源的方式进行置换，审批通过债务置换项目15亿元。服务战略新兴产业、民营百强等重点领域，全年为124户制造业企业提供贷款12.33亿元，比上年增长8.08%；贷款余额占公司贷款24.63%，比年初增长0.05个百分点；为179户民营企业提供贷款13.48亿元，比上年增长10.11%。贷款余额占公司贷款24.28%，比年初增长0.49个百分点。

普惠金融业务。参加人民银行“金融服务万户行计划”和银保监局“百行进万企”主题活动，深化银政合作平台建设，提升普惠金融品牌影响力。小微贷款人行、银保监口径新增分别为5.69亿元、5.08亿元，均完成省行任务；内部口径净增客户302户、新增4.25亿元、计划完成率全省系统内第二，创近年来最好水平。

金融业务创新。为扬州瘦西湖旅游发展集团有限公司提供过桥融资服务，投放贷款1.5亿元。强化“股+债”融资服务，投放9单并购项目10.68亿元，并购贷款余额和增量均居同业第一。为进出口企业办理远期结售汇业务1.89亿美元，办理风险参贷1.13亿美元。组建个人住房贷款柔性服务团队，驻点22家房地产开发企业和32个楼盘，为广大市民提供个人住房贷款服务，当年累计投放二手房贷款4.27亿元。通过创跨境金融区块链服务平台，办理7笔贸易融资业务，金额为651万美元。首创“将项目贷款作为基础资产运作”的人民币利率互换业务，单笔金额为人民币1.5亿元。

风控管理能力。制定年度案件风险排查计划，对17个专业进行常规检查，开展员工违规行为排查，重点排查非法集资、异常汇款、登录他人网银等风险。制定反洗钱工作要点和履职管理实施细则，积极配合国家安全局、公安局、海关缉私分局等监管机构开展可疑账户协查，全年共处理调查通知33份、414个账户。加强资产质量管理，设立授信审批部，完善集体审议机制，做好形式审查和实质风险的控制。加快不良资产处置，通过现金、账销案存、资产及个人证券化等多种处置方式加快进程，实现清收处置不良贷款5.45亿元。

（季晓明　陈　斌）

■中国农业银行股份有限公司扬州分行　2019年末，中国农业银行股份有限公司扬州分行各项存款余额739.3亿元，比年初净增42.58亿元，四大行总量市场份额31.78%、增量市场份额34.26%，均居首位。各项贷款余额451.36亿元，比年初净增43.5亿元。四大行总量、增量市场份额24.59%、22.03%，分列四大行第2位、第3位。实现中间业务收入5.01亿元，比上年增加2519万元，增长5.29 %；实现营业收入21.03亿元，比上年增加0.87亿元，增长4.32%；实现拨备前利润14.65亿元，比上年增加0.74亿元；实现拨备后利润14.18亿元，比上年增加0.92亿元。不良贷款余额1.94亿元，占比0.43%，资产质量保持同业和系统领先。持续推进全面风险管理体系建设，扎实开展案防及内控合规管理工作。

资金组织。加强个人存款组织，每季下发个人资金组织方案或意见，并强化组织推动；开展“行外吸金”工作，全年行外吸金3162笔，金额22.6亿元；推进“包户包效”工作，全行共499人参与管户6.13万户。加强对公存款组织，加大财政、国土等相关部门对接力度，大力营销地方债专项资金和涉地资金，累计到账土拍保证金和出让金156.8亿元；抢抓结算资金，累计新开对公结算账户4086个，沉淀日均存款9.2亿元；推进支行行长对公包户考核，细化支行行长对公包户包效方案。外汇存款方面，常态化拜访政府职能部门，全年上门拜访各类客户95户（次），狠抓资本项目落户，全年开立外币资本金账户27户，到账1.9亿美元。同业存款方面，加强部门间协作配合，切实做好天治基金托管账户开户、相关协议签订，共吸收3.18亿托管资金和1500万元结算基金。年末，全行同业存款日均余额1.22亿元，同比增加9767万元，日均增量超历史最好水平。

公司贷款营销。建立重大项目营销推进情况台账，多维度按周监测推进情况，对重点项目由市行牵头成立营销团队，加快项目运作效率。全行累计投放项目贷款15个、金额39.7亿元。大力营销拓展国企流贷业务，新拓展国企流贷客户33户。其中，成功申报非低风险增量授信30户、13.3亿元，累计新增投放32户、15.2亿元。贯彻“宽授信、严用信”要求，紧盯目标机构客户不放松，实现客户数与规模同步增长。做好政府存量隐性债务化解，通过重新约期、转贷等方式，化解10个客户存量隐性债务24.9亿元。

服务乡村振兴。举办各类新型农业主体营销对接、宣传宣讲活动13场，涉及人数833人。先后开展苏担通营销竞赛、烟草专项营销活动、四季度个人资产业务营销竞赛等活动，加大贷款投放力度。2019年，新拓展授信1000万元以下小微客户409户，完成目标任务136.3%，新增审批落地“一项目一方案一授权”小微企业项目10个，实现项目内新增投放163户、新增投放金额4.02亿元，项目整体用信8.26亿元、用信率62.31%。个人类项目共审批59个，授信总额11.73亿元，白名单客户用信金额4.96亿元，比年初增加3.55亿元。

中间业务。大力拓展债券承销业务，成功发行新盛投资、瘦西湖旅发中票各5亿元；持续加大PPP重大项目营销力度，累计获批PPP项目3个金额42.7亿元；建立5家农商行常态化沟通机制，全年直销农商行利率债4.5亿元；全年新增有效托管客户17户，新增托管规模40.5亿元。个人中间业务方面：持续开展基金有效客户拓户工作以及账户金客户培育工作，成功培育交易资金千万级客户2名，百万级客户3名；组织重点基金销售，累计销售基金6.6亿元。办理优结宝8392万美元、远期结售汇1.1亿美元、外汇期权2761万美元、各类涉外保函1097万美元，保付加签1876万美元。全力推动全行线上银行再造，新开卡掌银渗透率85.81%，比上年提升2.19个百分点；在江苏农行金穗领航首家上线“最美扬州”智慧景点，在仪征站前路成功推出全省首批“无感加油”项目；通过SOP系统外呼营销，促进信用卡流失户有效回流，新增苏通卡8900张，推动年轻系列卡营销，发卡2.6万张。

信用风险防控。加强风险客户排查工作，开展银票业务规范性核查、棚户区贷款大检查、集团客户授信风险自评估等13项专项排查活动。全年对48户存在风险隐患的客户进行评级重检，动态调整“负面展望客户清单”，当年新纳入4户，调出负面6户。强化不良信贷资产清收处置，全年5户大额不良资产清收5629万元。组织开展不良贷款尽职调查工作，摸清底数，完成存量366户贷款本金1.52亿元以及已核销AB类87户本金1.9亿元的尽职调查工作。建立“大排查发现问题整改明细台账”并按季更新，积极推进后续整改工作。2019年，全行共处置不良贷款1.3亿元，清收不良贷款本息1.27亿元，分别完成省分行年度目标127.45%、156.6%。

运营风险管理。组织开展省分行统筹专项检查项目18个、市分行自主项目48个，飞行蹲点剖析检查35个网点，综合评价98个网点。组织辖内开展半年以上未动账重要空白凭证专项清理活动，开展对公账户年检工作，按人行要求布置落实推广取消企业银行账户许可；开展印章清理，共上收清理不用印章967枚；组织对对公和个人账户开户、使用、管理开展全方位检查整改，共完成对公5215户、个人1096户整改，对个人漏报备58万户重新报备。（吕元兆）

■中国银行股份有限公司扬州分行

2019年末，中国银行股份有限公司扬州分行本外币存款余额451.57亿元，较年初新增24.84亿元，增长5.82%；本外币贷款余额444.98亿元，较年初新增75.27亿元，增长16.92%；实现营业净收入14.60亿元，增长4.1%。不良资产余额2.42亿元，较年初下降8019万元，实现不良余额和不良率“双降”。

服务重大项目。为沈阳飞机设计研究所、中航集团机载中心等全市重大招商引资新项目落户提供高效金融服务。主动对接交通、文化产业、生态农业等领域重大项目的资金需求，向高邮高铁综合枢纽项目、仪征文化特色小镇综合开发项目建设、高邮国家级农业科技园区花卉产业基地建设项目、高邮城区农贸市场改造项目进行授信支持。

跨境经贸合作。7月，在江苏省分行的支持下，联动伦敦分行，配合市政府举办“2019中国扬州城市推介暨海外资本对接会”，签署一批战略合作协议，助力市政府打通境外融资通道。11月，在第二届中国进口博览会上，组织32家扬州企业对接洽谈72场，成功签约6家企业，提升跨境金融服务主力军的品牌形象。

服务小微企业。至年末，普惠金融贷款余额较年初新增5.88亿元；全行累计举办“百场千户”活动35场，对接企业近500户。新增批复273户，金额11.9亿元。其中“中银高企贷”专场2场，对接企业100户，新增批复48户，金额2.1亿元。

服务民营企业。至年末，民营企业贷款余额较年初新增22.46亿元。为助推民营经济高质量发展，优先支持年产20万吨低熔点聚酯复合短纤维项目二期项目、工业固体废弃物集中处置项目等民营制造业技改项目，向扬州南区、西区两家大型商业综合体等民营服务业项目进行了投放。

落实精准扶贫。至年末，扶贫贷款余额2905万元，较年初增长962万元，增速49.51%。加大对贫困地区基础设施、公共服务、特色产业的金融支持，满足扶贫企业、扶贫项目的融资需求。通过扶贫小额信贷和国家助学贷款等产品，满足贫困人口生产经营和贫困大学生求学的金融需求。对符合普惠标准的扶贫贷款给予信贷规模、内部资金转移定价等优惠政策支持，落实识别审批程序，建立金融精准扶贫服务台账和档案，严格按照“一户一档”进行档案管理工作。（袁　庆）

■中国建设银行股份有限公司扬州分行 2019年末，中国建设银行股份有限公司扬州分行一般性存款日均余额721亿元，较年初新增40亿元，较上年多增22亿元；各项贷款余额556亿元，较年初新增49亿元，较上年多增7亿元；不良贷款率0.39%，较年初下降0.15个百分点。

支持地方重大项目。先后为高邮、邗江、广陵三个区域投放棚户改造贷款4.5亿元，为611省道邗江段、扬州经济技术开发区临江路改造、连淮扬镇铁路项目发放项目贷款10亿元。加强对节能环保领域的信贷支持，先后为宝应地区的垃圾发电、太阳能发电项目新增项目贷款11.3亿元。持续支持制造业转型升级，制造业非贴贷款较上年多增16.3亿元。拓展与建信保险等子公司的合作，通过投行渠道为客户融资45.6亿元。稳健经营，增强防控风险能力，全年不良贷款净压缩5940万元。增强参与国际竞争能力，全年跨境人民币结算量35亿元，增长50%；累计办理“汇易通”产品2871万美元、国际商业借款转贷款7.1亿元、“建信通”业务154.6万美元、国内信用证4亿元。

实施“住房租赁、金融科技、普惠金融”战略。全年上线社会化房源9万套，房源核验9830笔、合同备案4200笔；集中存房进展较快，扬州（仪征）汽车工业园职工公寓集中存房项目签约房源共计1380套；M系统在全省第一家上线。金融科技战略在平台推广上求突破，对公平台客户转化率96.2%，在总行创新“马拉松”活动中获得全省优秀组织奖。普惠金融在持续提速上做文章，年末普惠金融贷款余额45亿元，较年初新增21亿元，超额完成计划。

推进“三优”策略。坚持对公交易性业务优先发展，加快向交易银行转型。全年票据池、多模式现金池、监管易分别实现净增279户、145户、141户，“禹道通达”“惠市宝”实现零的突破。贯彻“零售优先”战略，加快向新零售转型。以“裕农通”为载体，打造“村口银行”，将金融服务覆盖面扩到农村地区，全年新拓“裕农通”服务点1237户。运用聚合支付专线对接模式，将“场景应用＋聚合支付”的新模式运用到商户拓展中，全面提升资金封闭循环能力，年末全量个人客户248.8万人。私行业务加快推进，家族信托新开户9户，系统第一。坚持移动优先，拓展线上渠道。持续发展和扩大手机银行活跃客户群体，将手机银行打造成客户的网上基本户，手机银行同步签约率保持在93%以上。以“悦生活”云平台场景建设为重点，加强线上支付十大场景建设，全年云平台签约319户。

风险防控。加强信贷结构调整，化工、火电、金属船舶制造等信贷余额实现有效压降，完成行业管控目标。清洁能源等9大重点支持领域加大信贷投入，年末绿色信贷余额22.76亿元，较年初增长124.89%。清单化作业，一户一策，甚至一户多策，全年处置各类不良贷款3.10亿元，实现现金回收1.44亿元。加强反洗工作，做好洗钱风险监测。全年完成对408户中高风险客户、559户高风险客户重检；上报人行重点可疑交易报告14份，其中3份已报案。（黄克义）

■交通银行股份有限公司扬州分行 2019年末，交通银行股份有限公司扬州分行本外币资产总额276.71亿元，较上年增加15.89亿元，增长6.1%。人民币存款年均余额258.11亿元，较上年增加17.43亿元，人民币贷款年均余额175.73亿元。

提质增值。夯实客户基础，紧扣在线承兑、银企直连、智慧金服、党费管家等产品运用，持续推进系统平台营销，新上线江都存量房资金监管、高邮国土招标通、税银社保费征缴、邗江国库集中支付授权、扬州妇幼银医、扬州预售房资金监管和工程管家7个系统，并将邗江财政公务卡、社保待遇发放批量制卡和财政工资代发改革项目列入开发计划。

融资投入。传统信贷投放与新型融资工具相结合，2019年，通过信贷、非信贷和资产流转三方面渠道为当地新投入金融资金累计约55亿元，重点支持的项目包括汽车零部件、化工农药、电子和电线电缆等制造行业，邗江区和扬州经济技术开发区保障房建设、扬泰机场和“连淮扬镇”高铁综合枢纽等交通基础设施建设，高邮经济开发园区厂房并购、教育投资基础设施建设以及长江水务、瘦西湖旅游等民生和旅游项目等。紧密围绕扬州新兴科创、文化旅游、公园城市“三个名城”建设的蓝图，不断打造产品创新的“交行样本”。

授信改革。落实减费让利要求，给予民营企业定价优惠政策，全面完成银保监局“两增”计划。2019年累计为扬州地区民营企业提供融资约17亿元（其中小微累计发放贷款7.66亿元）。（郃　思）

其他商业银行

■中国邮政储蓄银行股份有限公司扬州市分行 2019年末，中国邮政储蓄银行股份有限公司扬州市分行各项存款余额546.07亿元，净增46.67亿元。其中，自营储蓄存款余额121.1亿元，净增10.3亿元，比上年增加3.87亿元；公司存款余额79.13亿元，净增2.02亿元，比上年增加0.27亿元。各项贷款余额233.7亿元，净增36.87亿元，比上年增加2.4亿元。其中，个人经营性贷款结余25.22亿元，净增3.94亿元；小企业贷款结余12.68亿元，净增2.77亿元；公司贷款结余20.3亿元，净增4.15亿元。至年末，不良贷款余额1.13亿元，较年初减少358万元；不良率0.48%，比年初下降0.11个百分点。本年不良清收金额创历史最好成绩，达到1.14亿元。不良贷款实现“双降”。全年实现经济增加值1.48亿元，比上年增长6.92%；人均收入、人均利润增幅分别为8.14%、17.22%。

12月6日，扬州市政府与邮储银行江苏省分行第二轮战略合作签约仪式在扬州举行，扬州市政府领导与邮储银行江苏省分行领导出席签约仪式。根据战略合作协议，邮储银行江苏省分行将整合资源，优化结构，管控风险，为大力推进扬州科创名城建设，引导金融支持实体经济及战略性新兴产业发展，促进区域经济持续增长，实现新常态下增长与转型良性互动、发展与生态相得益彰、经济与社会协调并进的目标，优先提供全方位的优质、高效、个性化的金融服务与资金支持。（詹　成）

■江苏银行股份有限公司扬州分行 2019年末，江苏银行股份有限公司扬州分行各项存款余额546亿元，比上年增长10.35%；各项贷款余额457亿元，比上年增长21.34%。首次获得2017—2018年度“扬州市文明单位”称号；获评“2018年度制造业信贷政策导向效果评估”优秀档次、“2018年度扬州市金融消费者权益保护工作先进集体”；被扬州银保监分局授予“2018年扬州市银行业普惠型小微企业金融服务工作先进单位”。

紧扣供给侧改革，服务实体经济。紧跟政策导向，聚焦重点领域，加大对公贷款投放力度，将先进制造业、战略新兴产业作为重点大力拓展。坚定可持续发展理念，践行“赤道原则”，绿色金融的社会效应、经济效益同步提升。推进供应链金融、现金管理、电子银行等业务，打造“商行＋投行”模式，为客户提供定制化、个性化金融服务方案。至2019年末，分行实体企业贷款余额135.51亿元，新增25.5亿元；制造业贷款、民营企业贷款分别较年初增长9.3%、9.57%；绿色金融占对公实贷比重16.22%，较年初提升3.64个百分点。

发展普惠金融，促进民生改善。按照“标准化、模块化、批量化、线上化”的发展思路，建立可扩展、可持续的小微金融批量化服务模式。持续开展“百行进万企”活动，深入园区、商圈对接小微客群，提升小微金融专业化能力，小微A-级以上客户占比达到50%以上。截至2019年末，普惠口径小微企业贷款余额新增4.47亿元。

聚焦客户需求，提升服务品质。坚持“客户至上，创造价值”的服务理念，不断优化服务渠道，为客户提供一揽子、一站式、无缝对接、最具价值的金融方案。顺应互联网发展机遇，进一步深化全辖网点转型，打造“小型化、智能化、销售型、体验型”的新型网点，形成网上银行、柜面服务、信用卡、电子银行共同支撑的多层次、立体化的渠道体系结构，不断提升客户服务体验。

（刁品明　陆　璐）

■江苏扬州农村商业银行股份有限公司 2019年末，江苏扬州农村商业银行股份有限公司资产总额335亿元，比年初增加15亿元。各项存款余额280.05亿元，比年初增加18.07亿元，增长6.91%；其中，储蓄存款比年初增加27.4亿元，增长15.42%。各项贷款余额219.57亿元，比年初增加19.64亿元，增长9.82%；各类贷款户数1.89万户，比年初增加3238户。实现各项收入16.04亿元，各项支出12.67亿元，利润总额3.38亿元。不良贷款占比1.98%，比年初下降0.16个百分点。全年累计清收处置存量不良3.19亿元，其中现金清收表内外不良1.82亿元，不良核销比上年降低60%。手机银行27.03万户，比年初增加13.93万户。收单商户2.61万户，比年初增加2.32万户。社保卡发卡64.62万张，比年初增加17.04万张；社保卡激活23.31万张，比年初增加14.89万张，激活率达到36.07%。ETC发卡1.77万户，比年初增加1.64万户。电子银行柜面替代率91.7%，较年初提升8.5个百分点，高于全省平均增幅3.5个百分点。

加大“支农支小”力度。优化信贷结构，深耕乡镇市场，全年“阳光信贷”用信总户数3286户，较年初上升2790户，用信总金额2.8亿元，较年初上升2.3亿元；新增普惠口径小微贷款7.03亿元；主动退出风险贷款1099户、金额12.79亿元。持续产品创新，“快抵贷”年末实现投放922户、金额8.53亿元；“加成贷”年末实现投放339户、金额1.76亿元；与省农担公司合作的“农担贷”年末实现投放102户、金额5946万元。助力乡村振兴，2名支行行长（营业部总经理）到镇、街道担任镇级“金融助理”，17名客户经理到村、社区担任村级“金融助理”，探索出一条“打通普惠金融最后一公里”的新途径。提升服务能力，积极开展百行进万企、“321”百名行长服务行等系列活动，全年累计走访企业4874户，新投放贷款127户、金额3.47亿元；推行“行长＋会长”的营销模式，全年共与39家商会（协会）进行对接，新增贷款投放7800万元。深入推进服务提升建设年活动，打造1个文明服务标杆网点。

提升转型发展质量。加强科技创新，先后上线信贷全流程、智能营销、贷记卡审批等8个重点科技项目；发力数据治理，加快建设数仓二期，通过可视化数据治理平台，为精细化风控和精准化营销提供精确的数据支撑。打造数字金融，启动数字化转型战略，重点提升应对利率市场化的定价管理能力，应对核心客户新增、存量客户流失的分层分类管理能力以及可预期业绩增长的风险控制保障能力，并通过数字化转型培养一批具有数字化思维的复合型管理人才。深耕网络金融，开发电子社保卡，打通医药资源获取通道；构建金融生态圈，搭建提供一站式普惠金融服务的“一当”平台。注重敏捷响应，打造信贷全流程体系，持续优化授信、用信模式，引入外部数据和风险决策引擎，实现向人工智能、系统自动出数转变；开展标准化流程再造，提高授信审批效率，在途贷款的周转天数由9.2天缩短到6天。（蒋　劼）

■广东发展银行股份有限公司扬州分行 2019年末，广东发展银行股份有限公司扬州分行本外币存款余额42.3亿元，比年初增加14.18亿元，其中对公存款37.97亿元，个人存款4.33亿元。贷款总额48.5亿元，较年初增长18.46亿元，其中对公贷款余额43.44亿元，个人贷款余额5.06亿元。全年实现营业收入1.83亿元，实现净利润9505万元。

（李喆熙）

■华夏银行股份有限公司扬州分行 2019年末，华夏银行股份有限公司扬州分行资产总额101.11亿元，比上年年末增加16.27亿，增长19.18%。一般性存款余额95.98亿元，较年初增加14.48亿元，增长17.76%。一般性存款日均94.01亿元，较年初增加18.63亿元，下降24.71%。各项贷款余额83.67亿元，比年初增加5.92亿元。小微企业贷款余额14.48亿元，较年初新增2.74亿元；小微企业“两增”贷款余额4.48亿元，较年初新增2.06亿元。国际结算量51611万美元，结售汇量14166万美元。账面营业收入39513.55万元，比上年增加9798.76万元，增长32.98%；账面拨备前利润和拨备前考核利润分别为30223.26万元、32407.21万元，比上年分别增加8498.91万元、8916.49万元，分别增长39.12%、37.96%。不良贷款余额1090.22万元。

稳存增存。开展多项存款营销竞赛，抓住关键节点组织存款。加强重点产品运用，以产品拉动存款有效增长。加强存款计划管理，严格存款的预测预报工作，不断加强对存款的动态监控管理。运用“商行+投行”理念，做大做强投行规模，推进存款增长，共计落地项目12个，金额达25亿元。做好批量开发业务营销工作，拉动储蓄存款有效增长，全年累计代发拆迁资金和各类年终分配资金超6.5亿元。

资源利用。引导经营单位寻求融资投放新渠道，鼓励各经营单位有序竞争，提高营销效率和效果。做好渠道、市场和客户信息收集发布工作，围绕政策变化、市场态势、客户需求，持续做好信息传递，牵引营销。做好提质增效工作推动，要求经营单位牢固树立“授信客户必须为I类有效户”的底线思维。优化理财产品结构，注重加强代理产品销售引导，实现代理保险、信托、黄金等产品的新突破，全年累计实现代理保险销售量超500万元，信托、资产管理计划销售4000余万元，贵金属销售860万元。

风险管控。强化全面风险管控。强化信用风险管理，做好授信审查关口前置，提高审批效率；严把授信实施环节关，合规开展业务发放审核工作；加强检查力度，做实贷后管理工作，不定期通过在线检查的方式，核查各经营单位贷后检查实际执行情况及工作质量；分类施策，加快资产保全清收进度，有效落实不良贷款的现金清收，推进在诉案件的进程。

（周和平）

■兴业银行股份有限公司扬州分行 2019年末，兴业银行扬州分行本外币各项存款185.52亿元，较年初新增71.62亿元，增长62.9%；其中企金存款166.02亿元，个人储蓄存款19.5亿元。本外币各项贷款158.46亿元，较年初新增14.36亿元，增长9.97%；其中企金贷款105.55亿元，个人贷款52.90亿元。

开展“治乱象、促合规”专项检查和“大排查、大处置、大提升”行动，定期召开专题工作会，做到深入排查、持续处置、有效提升。强化“合规下基层”，确保政策宣贯及时到位，引导全员提升事前、事中风险的识别和处置能力，让经营机构真正肩负并履行起合规内控体系首道防线的职责。关注监管政策导向，合理争取经营发展的合规空间，找到业务发展与制度政策的契合边界，发挥合规服务发展的支撑作用。

（范魏忻）

■南京银行股份有限公司扬州分行 2019年末，南京银行股份有限公司扬州分行资产总额493亿元，各项存款余额375亿元，贷款余额241亿元，其中小微企业贷款余额132亿元，比年初增加15亿元，高于贷款平均增幅；贷款不良率为0.97%，控制在总行核定的限额以内，全年未发生任何重大安全和风险责任事项。

稳固负债业务。个人存款。发挥“大额存单+结构性存款”组合功能，扩大全员营销成果；组织开展“鑫火相传”专项竞赛，加大“全金融资产”考核力度；通过实施“新零售、鑫增长”网点产能提升项目，形成具有分行特色的零售业务经营管理模式和长效发展机制；发挥支行零售分管行长的责任人作用，明晰职责，强化考核，加速网点转型。对公存款。每月召开存款及项目分析推进会，建立定期走访机制；组织季度营销竞赛，通报进度，兑现考核；统筹安排重点项目投放进度，全力保障负债业务的稳定增长。

稳定资产质量。定期开展全面风险排查，提高排查成效，强化成果运用，推进预案管理。每月召开资产质量分析会，对不良资产和潜在风险资产逐一过堂，因户施策，建立跟踪台账，提高不良资产处置效率和清收能力。严格执行会商制度，试行了分区域审批政策，优化并完善了原有授信审批制度流程，提升审批风险识别指导能力和风险把控精准度。充分运用行内预警系统及大数据平台，进一步强化日常贷后管理、风险排查和预警信号跟踪等工作。

坚持多元经营。投行业务，落实部分经营主体的债务融资工具，发行全行首笔客运收费类北金所债权计划，收获部分重点平台的注册额度，为后续业务开展打下基础。交易银行，抢抓境外融资成本降低的机遇，实现了内保外债产品的成功落地；通过银企互联系统、鑫E商贸、人民币实体资金池等产品，保持客户和存款的稳定增长；运用外汇衍生品拓展新客户，拉动汇兑收入明显增长。金融市场，合理安排票据流转，及早锁定收益；密切跟踪在手项目，新增部分券商、信托和基金等业务项目。资管业务，申请专项特供理财，提升理财产品市场竞争力；扬州经开海外债成功发行，实现该类业务的首次突破。（周亚明）

■上海浦东发展银行股份有限公司扬州分行 2019年末，上海浦东发展银行股份有限公司扬州分行本外币总存款余额137.6亿元，较年初新增36亿元；一般贷款余额179.4亿元，较年初增长40亿元。落实总行经营主线，推进南京分行“四增三强两提高”“一体两翼”高质量发展总策略在扬州分行落地生效，在南京分行年度工作会议上被表彰为“业务增长突破集体”，辖内广陵文昌小微支行被表彰为“优胜基层网点”。（金一鑫）

■中信银行股份有限公司扬州分行 中信银行南京分行与扬州市政府签订500亿元战略合作协议。根据协议，南京分行将为扬州当地重点建设项目、重点产业以及民生服务等领域提供总计500亿元综合融资。此外，集团旗下近20家子公司整合资源组成“中信协同联合舰队”与当地政府、企业举行合作恳谈会，从金融、非金融等全方位对接扬州、服务扬州。（中　信）

■招商银行股份有限公司扬州分行 2019年末，招商银行股份有限公司扬州分行各项存款余额134.03亿元，较年初增加11.81亿元，增长9.66%。其中，单位存款（不含单位保证金存款）余额86.10亿元，保证金存款余额8.73亿元，储蓄存款余额39.15亿元。各项贷款余额111.36亿元，较年初增加9.3亿元，增长9.11%。（佘振东）

保险业

■概况 2019年，全市共有保险机构69家，其中财险公司25家，寿险公司44家。至年末，辖内保险机构累计实现保费收入175.2亿元，比上年同期减少0.8亿元，比上年下降0.4%，增速低于全省平均增速13.5个百分点，保费规模居全省第九位；理赔给付金额45.9亿元，较上年同期减少4.9亿元，比上年下降9.6%。财产险公司累计实现保费收入41.1亿元，较上年同期增加2.9亿元，比上年增长7.5%。人身险公司累计实现保费收入134.2亿元，较上年同期减少3.7亿元，比上年下降2.7%；赔款与给付支出21亿元，较上年同期减少6.1亿元，比上年下降22.6%。（柰博文）

■业务自律 规范车险市场秩序，防范车险经营风险。组织召开产险专业委员会，提出《我市关于规范经营车险，实现高质量发展的自律倡议》，建立和完善自我约束和相互监督机制；成立保单获取成本市

2019年扬州市部分财产保险公司主要业务指标一览表

表22-3

公司简称	保费收入（万元）	比上年增长（%）	赔付金额（万元）
人保财险	204914	9.69	122596
平安财险	59870	6.54	32183
国寿财险	30052	16.98	22049
太保财险	27745	7.17	12914
大地财险	14839	−0.18	12057
紫金财险	12000	59.7	5464
阳光财险	9500	22.12	3764
中华联合	8838	24.84	4434
天安财险	6570	6.29	3089
太平财险	4987	2.27	2385

（李　浓）

2019年扬州市部分人身保险公司主要业务指标一览表

表22-4

公司简称	保费收入（万元）	比上年增长（%）	赔付金额（万元）
中国人寿	512454	5.06	29599
君康人寿	165972	1.22	456
太保寿险	81815	−4.21	1963
平安人寿	77414	15.79	4542
华夏人寿	71102	−31.20	435
太平人寿	43367	7.35	1700
信泰人寿	39824	631.24	92
利安人寿	36093	−9.44	738
中融人寿	35564	19.55	15
新华人寿	34988	29.39	2007

（李　浓）

场观测小组、开展车险销售费用投放数据日报工作、建立车险综合监测月报制度。加强人身保险从业人员流动管理。下发《关于进一步加强人身保险公司从业人员流动管理的通知》，要求各寿险公司严格遵守执行《江苏省人身保险公司从业人员流动自律公约》，对持续发生此问题的公司进行现场督导。

（殷　瑛　罗　玲）

■**权益维护**　维护消费者合法权益。全年共接到电话咨询和投诉124件，其中涉及寿险73件，产险51件。投诉均得到及时处理，基本得到满意的解决。对于保险公司向协会反映第三方通过不正当手段企图获取不正当利益的情况，及时向行业内收集线索，打击不当行为。2019年，通过沟通协调，为3家会员单位减少理赔损失30多万元。

（殷　瑛　罗　玲）

■**中国人民财产保险股份有限公司扬州市分公司**　2019年，中国人民财产保险股份有限公司扬州市分公司实现保费收入20.49亿元，比上年增长9.69%；市场份额49.96%，比上年下降0.26个百分点；缴纳税款0.52亿元、代缴税款1.13亿元。全年共为2万多家企业、70多万辆汽车、100多万户家庭提供1.38万亿元的风险保障。全年处理赔案15.81万件，比上年增长2.97%；支付各类赔款12.26亿元，比上年增长0.52%；保险赔款总额居全市保险行业首位。

参与社会治理和民生服务。在全市率先开办建筑工程设计责任保险、“法拍房”贷款保证保险、投标保证保险、粮食烘干机保险、大田作物耕地补偿保险、无人机保险等新险种，作为全市唯一一家财产险公司参与市区长期护理保险启动工作；联合交警部门在宝应、高邮、仪征等地推动建设农村道路交通安全劝导站，进一步深化“警保联动”工作，大力推动农村交通安全治理；与江苏里下河地区农科所签订乡村振兴合作协议，组建全市首支农业保险农险专家服务团，进一步扩大农业保险服务领域；与扬州邮储银行签订银保合作协议，探索银保合作新领域，扩大“农业保险贷”覆盖面。

（李小春）

■**中国人寿保险股份有限公司扬州市分公司**　2019年，中国人寿保险股份有限公司扬州市分公司实现保费收入51.24亿元，保费规模比上年增长5.06%，市场份额占比37.18%，较上年提升1.98个百分点。长险首年标保实现58255万元，比上年增长24.86%；首年期交保费实现10.85亿元，比上年增长18.09%；10年期保费实现6.97亿元，比上年增长50.84%；大短险保费实现3.41亿元，比上年增长18.29%。

至年末，公司承担风险保额3.73万亿元，拥有个人客户突破190余万人，大病保险客户达178余万人，法人客户单位达4多万家。民生保险累计覆盖人群超过370万人次。服务市区、江都工伤预防项目，为60余家法人企业4000余名职工提供了工伤预防培训。承办高邮超龄人员工伤保险，进驻社保大厅提供服务。以第一名的绝对优势取得扬州市直长护险项目承办资格，服务人群达56万人。

（王　凯）

证券业

■**概况**　2019年，扬州市累计有宝胜股份、扬农化工、联环药业、亚星客车、鸿达兴业、汇银智慧社区、长青股份、亚威股份、扬杰科技、仁恒实业控股、苏奥传感、罗思韦尔、金世纪车轮、晨化股份、传艺科技、泰和小贷、虹扬发展科技、倍加洁、亚普股份等19家上市企业。“新三板”挂牌59家，江苏股权交易中心挂牌283家。境内上市企业数、挂牌数均居全省第六位，累计实现募资超200亿元。

全市有49家证券营业部，全年共开设资金账户72.79万户，保证金余额34.98亿元。全年累计完成证券交易额11943.35亿元，其中股票交易额8629.22亿元，基金交易额462.62亿元。

（李　浓　赵晓红）

■**中国建银投资证券有限责任公司扬州证券营业部**　中国建银投资证券有限责任公司（中投证券）在扬州市区、江都区、仪征市、高邮市开设4家营业部。至年末，中投证券扬州4家营业部共开设资金账户11.15万户，保证金余额5.86亿元，当年净流入股市资金3.81亿元，累计实现证券交易额1585.91亿元，其中股票交易额1225.07亿元、基金交易额23.83亿元。

（李　浓）

■**华泰证券扬州证券营业部**　华泰证券扬州证券营业部在扬州市区开设证券营业部2家，在江都区、宝应县、仪征市、高邮市各开设证券营业部1家。至年末，华泰证券扬州6家营业部共开设资金账户19.24万户，保证金余额7.85亿元，当年净流入股市资金0.23亿元，累计实现证券交易额4295.27亿元，其中股票交易额3282.34亿元、基金交易额89.39亿元。

（李　浓）

■**海通证券扬州营业部**　海通证券扬州营业部在市区、江都区、宝应县开设证券营业部3家。至年末，海通证券扬州3家营业部共开设资金账户11.35万户，保证金余额4.98亿元，当年净流入股市资金1.56亿元，累计实现证券交易额1231.28亿元，其中股票交易额908.82亿元、基金交易额15.43亿元。

（李　浓）

■**申万宏源证券股份有限公司扬州营业部**　申万宏源证券股份有限公司扬州营业部在市区、江都区开设证券营业部2家。至年末，申万宏源证券股份有限公司扬州2家营业部开设资金账户3.90万户，保证金余额2.63亿元，当年净流入股市资金0.34亿元，累计实现证券交易额830.96亿元，其中股票交易额525.58亿元、基金交易额77.66亿元。

（李　浓）

2019年扬州市证券公司分机构主要业务指标一览表

表 22-5

机构		开设资金账户（万户）	保证金余额（亿元）	当年净流入股市资金(亿元)	当年证券交易额（亿元）		
					累计额	股票	基金
1	中投证券	11.15	5.86	3.81	1585.91	1225.07	23.83
	其中：市区	4.56	2.29	0.62	699.40	506.61	13.26
	江都	3.17	1.95	3.64	413.95	355.27	2.98
	仪征	3.25	1.56	-0.43	452.80	346.30	5.81
	高邮	0.17	0.06	-0.01	19.77	16.89	1.78
2	华泰证券	19.24	7.85	0.23	4295.27	3282.34	89.39
	其中：文昌中路	6.48	3.44	-2.35	1523.48	1152.00	53.38
	文昌西路	5.89	2.43	0.16	1361.95	1028.42	6.84
	高邮	2.76	0.73	1.27	362.44	270.86	20.54
	宝应	3.05	0.94	0.77	912.54	719.42	7.01
	仪征	0.53	0.19	0.06	63.59	51.12	1.13
	江都	0.52	0.12	0.32	71.28	60.52	0.49
3	海通证券	11.35	4.98	1.56	1231.28	908.82	15.43
	其中：市区	5.64	3.61	1.01	682.17	452.35	11.84
	江都	4.39	1.12	0.25	432.62	366.34	2.12
	宝应	1.32	0.26	0.30	116.49	90.13	1.48
4	申万宏源	3.90	2.63	0.34	830.96	525.58	77.66
	其中：市区	3.82	2.60	0.18	814.42	515.29	77.63
	江都	0.08	0.03	0.16	16.54	10.29	0.03
5	招商证券	5.04	2.02	-36.30	497.85	366.66	1.84
6	银河证券	3.21	1.46	1.78	391.81	253.39	5.96
	其中：市区	3.10	1.10	1.40	312.88	198.40	4.43
	江都	0.11	0.36	0.38	78.93	54.99	1.53
7	新时代证券	1.88	0.93	0.08	203.41	168.90	1.83
8	太平洋证券	0.51	0.39	-1.38	69.82	44.91	0.48
9	东吴证券	1.12	0.53	-0.80	162.37	115.23	0.19
	其中：市区	0.42	0.13	-0.58	39.93	28.82	0.09
	仪征	0.69	0.40	-0.23	122.44	86.40	0.10
10	国联证券	0.58	0.49	0.55	145.75	92.26	0.97

（李 浓）

对外及港澳台经贸

Duiwai Ji Gang-Ao-Tai Jingmao

编 辑 陈 婧

对外及港澳台贸易

■概况 2019年，全市实现进出口总额113.1亿美元，比上年下降5.7%。其中，进口总额29.4亿美元，下降14.8%；出口总额83.6亿美元，下降2.1%。从贸易方式看，一般贸易进出口额86.5亿美元，占全市总量的76.5%；加工贸易进出口额24.1亿美元，增长12.2%。从贸易市场看，对欧盟出口18.87亿美元，下降8.8%，占全市比重22.6%；对美国出口16.48亿美元，下降15.1%，占全市比重19.7%；对“一带一路”沿线国家、地区出口19亿美元，下降0.2%，占全市比重22.7%。（郭 杰 蒯梦原）

■出口商品结构 2019年，化学化工制品、纺织制品、鞋帽、机动车辆与零配件等十大出口行业累计出口额47.4亿美元，占全市出口总额的56.7%，占比下降0.4个百分点。十大行业中累计出口额前三的化学化工制品、纺织制品、机动车辆与零配件分别占全市出口总额的13.7%、9.0%和6.0%。其中，集装箱与活动房屋、船舶、机动车辆与零配件出口增速最快，分别增长33.8%、29.0%、4.8%。

（郭 杰 蒯梦原）

■出口市场结构 2019年，全市对前十出口国家（地区）累计出口额73.9亿美元，占出口比重88.4%。对

2019年扬州市主要出口商品一览表

表23-1

商品类别	出口额（万美元）	比上年增长（%）	占全市出口比重（%）
合 计	**474324**		**56.7**
化学化工制品	114234	-3.6	13.7
纺织制品	75355	-5.5	9.0
机动车辆与零配件	49911	4.8	6.0
船舶	45099	29.0	5.4
鞋帽	44782	-7.1	5.4
新光源新能源	35958	-19.0	4.3
电动工具与机床等加工设备	32859	0.0	3.9
电子纸与液晶装置	28997	-19.5	3.5
集装箱与活动房屋	23667	33.8	2.8
牙刷	23462	-3.1	2.8

（郭 杰 蒯梦原）

2019年扬州市分地区外贸进出口情况一览表

表23-2

地 区	进出口额（万美元）		
		出口额	进口额
合 计	**1130517**	**836469**	**294049**
扬州经济技术开发区	217539	156516	61024
扬州化工园区	91303	27607	63695
扬州生态科技新城	37934	36708	1226
广陵区	111708	99621	12087
邗江区	232290	202253	30037
江都区	226878	144112	82767
宝应县	100441	77294	23148
仪征市	59648	45888	13760
高邮市	50590	44591	5999

（郭 杰 蒯梦原）

美国出口下降15.1%，占出口比重19.7%。对拉美、非洲、大洋洲等新兴市场出口保持较快增长，分别增长16.3%、148.5%、8.6%。全市对“一带一路”沿线国家、地区累计出口额19亿美元，下降0.2%，占全市出口比重22.7%。（郭　杰　蒯梦原）

县域出口　2019年，扬州市9家列统单位中，扬州经济技术开发区实现出口总额15.65亿美元，广陵区实现出口总额9.96亿美元，邗江区实现出口总额20.22亿美元，江都区实现出口总额14.41亿美元，宝应县实现出口总额7.73亿美元，高邮市实现出口总额4.46亿美元，扬州化工园区实现出口总额2.76亿美元，仪征市实现出口总额4.59亿美元，扬州生态科技新城实现出口总额3.67亿美元。（郭　杰　蒯梦原）

重点出口企业　2019年，全市出口前30强企业累计出口32.7亿美元，占全市出口比重的39.0%，比上年下降0.1个百分点。出口前30强企业中，22家实现增长。其中，日新通运物流装备增长295.6%，丰尚智能科技增长251.6%，川奇光电科技增长142.4%，新大洋造船增长112.1%，亚星客车增长66.8%，中集通华专用车增长23.2%。

（郭　杰　蒯梦原）

2019年扬州市出口额前30名企业一览表

表23-3

序号	企业名称	出口额（万美元）	比上年增长（%）
1	骏升科技（扬州）有限公司	26987	3.1
2	川奇光电科技（扬州）有限公司	26584	142.4
3	扬州中远海运重工有限公司	25290	2.4
4	海信容声（扬州）冰箱有限公司	19814	2.0
5	江苏长青农化股份有限公司	19427	0.3
6	江苏优士化学有限公司	19025	17.0
7	江苏扬农化工股份有限公司	13367	-29.4
8	江苏汇成光电有限公司	12539	10.8
9	江苏金飞达电动工具有限公司	12367	0.1
10	森萨塔科技（扬州）有限公司	10177	-15.1
11	新大洋造船有限公司	10173	112.1
12	高露洁三笑有限公司	10013	-12.9
13	扬州润扬物流装备有限公司	9310	13.9
14	扬州联博药业有限公司	8815	3.4
15	扬州通利冷藏集装箱有限公司	8528	19.1
16	江苏丰尚智能科技有限公司	8243	251.6
17	扬州诚德钢管有限公司	8236	-13.6
18	扬州亚星客车股份有限公司	7722	66.8
19	扬州龙川钢管有限公司	7715	33.2
20	扬州金泉旅游用品有限公司	6932	0.2
21	扬州易凡贸易有限公司	6853	-4.8
22	扬州佳明航电科技有限公司	5869	-15.3
23	扬州中集通华专用车有限公司	5869	23.2
24	扬州英谛车材实业有限公司	5534	1.2
25	扬州荣德新能源科技有限公司	5422	-59.4
26	迪皮埃风电叶片（扬州）有限公司	5407	—
27	扬州福克斯减震器有限公司	5279	-32.5
28	扬州中西造船有限公司	5228	48.0
29	扬州日新通运物流装备有限公司	5022	295.6
30	扬州扬杰电子科技股份有限公司	4801	10.7

（郭　杰　蒯梦原）

口岸建设　2019年，扬州泰州国际机场新增2条航空国际航线，累计开通国内外航线54条，其中国际（地区）航线14条。全年完成国际及地区航班起降2328架次，增长37.02%；出入境旅客27.61万人次，增长24.31%。5月，江都区中船澄西码头通过省级开放验收，新大洋船厂3号泊位获批临时启用。全年沿江港口外贸货运量1137万吨，增长3.2%；外贸集装箱运量22.98万标箱，增长7.02%。

（郭　杰　蒯梦原）

“广交会”扬州参展　4月15日至5月5日，第125届中国进出口商品交易会（简称“广交会”）在广州举行。本届“广交会”共分三期，展品涉及大型机械及设备、新能源及电力设备、电动工具、个人护理用品、家居用品、男女装、家用纺织品、医疗器械等35类商品。扬州市有172家企业参展，共260个展位，累计达成意向成交2.1亿美元。10月15日至11月4日，第126届“广交会”在广州举行。本届“广交会”分为三期，共有18个品牌展区、62个特装展区，参展商品涵盖大型机械及设备、电子电气产品、工具、家用电器、玻璃工艺品、个人护理用具、家居用品、节日用品、玩具、服装饰物及配件

等36类商品。扬州市有261个展位，参展企业189家，累计意向成交额与上届持平。（郭　杰　蒯梦原）

外资及港澳台资利用

■**概况** 2019年，全市实际利用外资及港澳台资13.87亿美元，比上年增长13.69%，总量列全省第八，增幅列全省第二，列苏南苏中第一。新设立155个外商及港澳台商投资项目，增长14.81%；新增合同外资及港澳台资35.09亿美元，增长39.56%。

从产业到资看，全市服务业实际利用外资及港澳台资8.8亿美元，增长40.11%，占全市实际利用外资及港澳台资的63.44%，占比提高11.9个百分点；制造业实际利用外资及港澳台资5.07亿美元，下降13.9%，占全市实际利用外资及港澳台资的36.54%。以先进制造业为主的十大战略性新兴产业实际利用外资及港澳台资7.99亿美元，增长89.16%，占全市实际利用外资及港澳台资的57.6%，占比提高23个百分点。（郭　杰　蒯梦原）

■**"530"招商行动计划** 2019年，继续实施"530"（5年内招引30家以上世界500强企业和跨国公司）招商行动计划。年内新引进世界500强及跨国公司项目6个，分别是日清纺大陆二期MKCI汽车制动系统项目、美国欧诺法公司投资的汽车内饰材料项目、日本住友精化投资的5000吨特种涂层树脂项目、中航机载系统有限公司投资的中航机载系统共性技术工程有限公司项目、美国TPI风力发电机叶片项目、腾讯控股有限公司投资的云计算项目。（郭　杰　蒯梦原）

■**"510"外资并购行动计划** 2019年，继续实施"510"（5年落户10家外资及港澳台资并购项目）外资及港澳台资并购行动计划。新落户"510"项目3个，分别是德国舒勒集团并购扬州锻压机床股份有限公司项目、Newton Industrial Limited并购深能扬州新能源有限公司项目、新加坡达丰机械并购扬州常晶电源有限公司项目。（郭　杰　蒯梦原）

2019年扬州市分地区利用外资及港澳台资情况一览表

表23-4

地　区	实际利用外资及港澳台资（万美元）	比上年增长（%）
扬州经济技术开发区	33007	-0.06
扬州化工园区	5014	-0.59
生态科技新城	2504	0.16
蜀冈-瘦西湖风景名胜区	6528	0.00
广陵区	20282	100.81
邗江区	24021	5.80
江都区	23215	5.47
宝应县	8733	24.74
仪征市	15028	7.32
高邮市	9306	0.32

（郭　杰　蒯梦原）

对外及港澳台经济技术合作

■**概况** 2019年，全市对外投资总额5.35亿美元，其中对外承包工程企业完成营业额3.66亿美元，占全市比重68.4%。新批境外投资项目39个。扬州方协议投资额1.36亿美元，增长83%。"一带一路"沿线国家投资项目16个，中方协议投资额6830万美元，占全市对外投资总量的50.1%。（郭　杰　蒯梦原）

■**沿江地区外经发展** 江都、广陵、扬州经济技术开发区、邗江四地对外投资总额均突破1亿美元。累计对外投资总额4.85亿美元，占全市总量的90.6%。其中，江都区对外投资总额1.37亿美元，占全市总量的25.7%。（郭　杰　蒯梦原）

2019年扬州市分地区对外及港澳台经济技术合作情况一览表

表23-5

地　区	对外投资实际完成额（万美元）	对外承包工程完成营业额（万美元）	对外输出劳务人员实际收入（万美元）	对外投资总额（万美元）	新批对外投资项目（个）
合　计	**10244.8**	**36573**	**6654**	**53471.8**	**39**
扬州经济技术开发区	3600	8640	32	12272	3
广陵区	—	9581	1747	11328	4
邗江区	4003.3	6825	288	11116.3	11
江都区	2604.3	9575	1556	13735.3	11
宝应县	30	1037	2437	3504	6
仪征市	7.2	—	594	601.2	2
高邮市	—	915	—	915	2

（郭　杰　蒯梦原）

■对外工程 对外承包工程从以劳务分包、土建分包为主逐步向工程总包项目转变，在建的26个工程项目中，总包项目13个，累计合同额9.3亿美元，占在建项目合同额的83%。晶澳太阳能投资2.8亿美元在越南设厂，成为全市最大的“一带一路”投资项目。科派家具有限公司出资4600万美元并购美国FRANT公司，成为全市最大的对外并购项目。

全市共有12家对外承包工程企业，完成营业额3.66亿美元，占全市对外投资总额的68.4%。（郭　杰　蒯梦原）

2019年扬州市对外及港澳台承包工程实绩前12名企业一览表

表23-6

序　号	企业名称	营业额（万美元）
1	江苏省华建建设股份有限公司	8671
2	中石化江苏油建工程有限公司	8640
3	江苏恒远国际工程有限公司	5030
4	江苏邗建集团有限公司	3898
5	江苏江都建设集团有限公司	3543
6	江苏牧羊控股有限公司	2827
7	宝胜高压有限公司	1037
8	江苏瑞沃建设集团有限公司	915
9	江苏扬建集团	910
10	江苏江安集团有限公司	742
11	江苏中化建设有限公司	260
12	迈安德集团有限公司	100

（郭　杰　蒯梦原）

2019年扬州市对外及港澳台劳务实绩前10名企业一览表

表23-7

序　号	企业名称	劳务人员实际收入（万美元）
1	江苏荣腾建设工程有限公司	1870
2	扬州海经对外经济贸易有限公司	1227
3	扬州汇鸿国际经济贸易合作有限公司	1009
4	扬州市国际经济技术合作有限公司	738
5	江苏飞扬对外经济技术合作有限公司	594
6	江苏宝泰建设工程有限公司	432
7	扬州市建盈建筑劳务有限公司	329
8	江苏邗建集团有限公司	288
9	扬州荣飞建筑工程有限公司	135
10	扬州市世达对外经济合作有限公司	32

（郭　杰　蒯梦原）

国际及港澳台贸易促进

■概况 2019年，扬州市贸促会签发原产地证书1.66万份，签发FOB金额12.30亿美元，其中优惠证4479份（FOB金额2.60亿美元）；出具国际商事证明书2641份，比上年增长3.4%；代办使领馆认证295份，增长6.9%；签发ATA单证册5份；新注册企业120家，注册企业总数1260家，会员企业300家；落实免收签发货物原产地证费用、免费办理ATA单证册政策，惠及企业300多家；完成国际展览项目22个，参展面积1525平方米，参展企业66家；接待国（境）外到访团组4个。（梁顺龙）

■经贸交流活动 2019年，接待远大集团展览公司、香港贸发局、台湾贸易中心等到访，进行展会交流和经贸促进合作。拜访国家贸促总会北京世界园艺博览会联络小组办公室，就扬州举办下一届世界园艺博览会在国际招展、宣传推介等方面加强学习。利用参展契机拜访香港贸发局、中华总商会和香港企业联合商会，就参展组展事宜开展合作交流。随省经贸合作交流团拜访芬兰国家商务促进局、芬兰首都经济发展局、瑞中贸易委员会等商协会进行商务访问。组织50余家企业参加“中国西北农产品展示交易会”“西班牙加泰罗尼亚自治区汽车产业考察”“澳洲企业南京项目合作洽谈会”等各类经贸活动10余场。组织20家企业参加第二届中国国际进口博览会。邀请总会驻英国代表处参加2019中国扬州城市推介暨海外（伦敦）资本对接会，促进扬州市参与国际高层次合作与交流。配合省商务厅、省贸促会在扬举办“第11届中国（江苏）企业跨国投资合作研讨会”。促成市领导和市相关部门会见中国（江苏）跨国投资研讨会欧洲四国外商代表，并就中德产业园项目建设进行项目推荐交流。（梁顺龙）

■**商事法律服务** 关注中美经贸摩擦，配合有关部门，对扬州市出口美国产品类别、海关统计数据、可替代市场等进行分析。配合中国贸促会撰写301听证会抗辩意见，收集整理扬州市企业意见提出解决方案及应对策略。配合中国国际商会参加2019年美国对中国履行入世承诺评价工作公开听证会，报送与扬州市相关的企业信息。加强企业涉外商事法律知识宣传，特别是"一带一路"沿线国家商事法律法规宣传工作。通过网站、贸促信息、微信推送等渠道发布各类"双反"及经贸摩擦预警信息190多条。走访企业近20家，了解企业法律需求及经营活动中遇到的各类法律问题。营造商事法律服务环境，配合中国贸促会，参与对东非共同体、孟加拉、加拿大、哥斯达黎加、秘鲁五个重点国家和地区WTO贸易政策审议收集企业意见工作。加强与扬州市仲裁委、司法局、《扬州晚报》的联系，创新为企业服务新路径。接受企业法律咨询35批次，受理三起涉外经贸纠纷案件，涉案标的9万多美元。为会员企业免费提供商标境外注册、知识产权保护、产品认证等相关业务培训活动。7月，协助省会在扬举办企业走出去"法律政策大讲堂——中国东盟FTA与东盟市场开拓"培训活动，全市160多人参加培训交流。

（梁顺龙）

■**组织展览** 围绕"一带一路"战略方针，发挥贸促会渠道优势，加大招展宣传力度，推动外贸企业"走出去"。利用组展参展契机完善与中展集团、中国长城集团、远大集团等的合作办展机制。与长三角会展城市联盟签订联盟成员协议。组织23家企业近60人次参加2019香港礼品赠品展，共落实摊位31个，其中特装摊位10个，规模和效益明显，并保持该展全省、市级贸促会唯一代理地位。协办2019第八届中国（扬州）户外照明及LED照明展览会，该展是近年来在扬州市举办的规模最大的户外照明及LED照明专业展览会。争取扬州市境外展会扶持资金政策出台，为扬州市企业参与国际竞争创造政策条件。配合市商务局完成"2019重大贸易促进项目"编制，并配合有关部门做好推介，协助市商务局出台《扬州市小微企业参加境外展专项扶持资金管理办法》。

（梁顺龙）

参与"一带一路"建设

■**项目储备** 2019年，全市储备"一带一路"项目52个，在建项目25个，协议投资37.1亿美元；新备案境外投资项目21个，备案投资额1.97亿美元。华建集团在巴基斯坦、邗建集团在埃塞俄比亚、江都建设集团在乌干达、扬建集团在牙买加、江苏油建在加蓬等一批工程承包项目陆续实施。市经济技术开发区向中阿（联酋）产能合作示范园增资扩股5000万元，市经济技术开发区总公司发行3亿美元境外债。江苏恒远集团与蒙古之金公司铜钼选矿EPC总承包项目在第二届"一带一路"高峰论坛企业家大会现场签约。

（吉爱平）

■**统筹推进** 3月15日，市推进"一带一路"建设工作领导小组办公室印发《扬州市2019年推进"一带一路"建设工作要点》。8月9日，市长夏心旻主持召开扬州市推进"一带一路"建设工作领导小组会议，对推进"一带一路"建设工作进行部署。

（吉爱平）

■**战略合作** 12月31日，中国产业海外发展协会致函扬州市发改委，同意在扬州设立"中国产业海外发展协会扬州联络处"，共同为扬州企业参与国际交流、高质量参与"一带一路"建设、繁荣对外投资合作提供优质服务。中国机电产品进出口商会与高邮市共建中国智慧路灯出口基地签约授牌。

（吉爱平）

■**综合服务** 先后组织200余家企业参加2019中国企业"走出去"风险发布会、第11届中国对外投资洽谈会、江苏省—德国巴符州创新推介会等国家、省级主场"一带一路"服务活动。4月12日，中阿（联酋）产能合作示范园、柬埔寨西港经济特区、埃塞俄比亚东方工业园、印尼东加利曼丹岛农工贸经济合作区、印尼吉打邦农林生态工业园、泰国LK−RICH立盛高新技术经济开发区等6家海外发展合作园区到扬举办境外合作园区投资推介会，引导企业投资投向。

（吉爱平）

■**人文交流** 联合国教科文组织授予扬州"世界美食之都"称号。扬州当选2020年"东亚文化之都"，成为江苏省第一个、中国第七个获此称号的城市。获得2022年世界田联半程马拉松锦标赛举办权。举办首届大运河文化旅游博览会、世界运河大会暨世界运河城市论坛等人文交流活动。教投集团牵头16家以色列企业共建中以国际创新孵化平台，职业大学与泰国职教集团建立学生交换联合培养机制。技师学院与德国德累斯顿工业大学合作成立江苏扬州中德技师培训学院，成为具备德国IHK职业资格证书的中国院校。中阿（拉伯）改革发展研究中心扬州基地举办6期阿拉伯国家外交官研修班。国家税务总局OECP多边税务培训中心在扬州举办30多期国际税务研究班。扬州大学获颁"2019优秀中国−东盟教育培训中心"。

（吉爱平）

■**参加省推进"一带一路"境外投资贸易对接会** 8月16日，由省发改委、苏州市政府主办的"走近亚投行——'一带一路'境外投资贸易对接会"在苏州举行，扬州市发改委组织5家重点企业参会。会议主要内容为亚投行（亚洲基础设施投资银行，AIIB）发展战略和投融资政策宣讲、亚投行支持境外项目产品和设备采购介绍、中国对外承包工程协会对境外项目介绍、亚投行与企业互动交流。来自扬州的江苏富星能源公司就投资尼泊尔水电站项目的融资可能性进行提问，得到满意答复。

（杨　志）

■“一带一路”建设干部专题研修班开班 9月23—27日，扬州市推进“一带一路”建设专题研究班在暨南大学举办，来自各县（市、区）及功能区、市直有关单位的近60名党政干部参加专题学习。本期专题研修班设置海外园区发展、海外并购法律问题、国际经贸规则、海外发展机遇等精品课程，组织学员与“一带一路”有关国家外交官交流，并安排学员走进广州南沙自贸区、华坚集团等重点园区重点企业开展现场教学。（杨 志）

海关监管

■概况 2019年，扬州海关全年外贸进出口总值778.6亿元，下降1.4%，位列全省第8位。其中，出口576亿元，增长2.5%；进口202.6亿元，下降10.9%。累计实现贸易顺差373.4亿元。

扬州口岸监管进出口货运量1137.4万吨，增长3.2%。监管进出口总值53.3亿美元，下降14.4%。监管集装箱18.4万箱次，增长56%。监管进出境船舶1082艘，下降4.6%。审结报关单5.75万票，下降20.2%。税收入库26.51亿元，下降30.93%。备案加工手册606份，下降8.46%。检验检疫进出口货物2.16万批，货值20.29亿美元；检出不合格货物82批，货值3.81亿美元。签发原产地证书2.95万份，征收税款24.06亿元，办理减免税审批189笔，审批总金额3984万美元，减免两税2258万元。检验检疫进出船舶794艘次、飞机2320架次。截获有害生物31种、149种次，其中，检疫性有害生物1种、9种次。

2019年，扬州海关缉私分局立案侦办走私犯罪案件8起，案值0.15亿元，涉税400万元。立案查办行政案件100起，案值0.85亿元。（扬海关 胡文静）

■国门安全防线守护 打击“洋垃圾”走私和濒危动植物种及制品走私，查获固体废物“PET再生颗粒”37.1吨，协助青岛海关退运固废20.7吨。截获动物疫情2次、植物疫情3次。做好国门生物安全监测工作，设置检疫性实蝇诱捕点13个，林木害虫诱捕点36个。落实食品安全“四个最严”要求，健全食品、化妆品监管制度体系。做好矿产品监管工作，检出38批次、266万吨不合格品，协助企业对外索赔约1000万元。加强对进出境旅客教育管理，从空港口岸截留禁止进境动植物及制品1716批次、1100余千克。（扬海关 胡文静）

扬州海关在进口原木中截获有害生物　　晚 报/供稿

■助力地方经济发展 整合监管场所，优化物流监管流程。注销6处海关监管场所，辅导3家经营单位监管场所开放验收，测试金关二期智能卡口实车运行。周密协调地方部门，共同推进开通空港货运业务。打好“提效降费”“压缩整体通关时间”攻坚战，进口整体通关时间70.17小时，压缩45.5%；出口整体通关时间4.0小时，压缩71.58%。通关、加贸、减免税审批均纳入国际贸易“单一窗口”，全面实现作业无纸化和税单无纸化。（扬海关 胡文静）

■进出口企业服务 优化营商环境，落实制度红利，支持促进扩大开放。新注册企业723家，增长10.04%。签发原产地证书2.95万份，节约企业成本约1.17亿美元。办理征免税证明189份，减免两税2258万元。落实国家增值税改革政策，口岸累计降税2.4亿元，惠及391家企业。推进关税保证保险改革试点，5家保险公司提供担保1415.48万元。培育、扶持辖区企业成为AEO高级认证企业，10家列入计划，5家通过认证考核。（扬海关 胡文静）

■重点项目发展扶持 积极上争政策，推动扬州市重大项目开展非钢铁冶炼行业加工贸易业务获得成功。推进国务院21项创新制度落地施行，完成年初上级下达的综保区企业经营“增量增长”专门任务，保税研发、释放企业产能给5家企业带来明显实效。推动扬州地区首票“保税货物租赁”创新业务落地见效。帮助扬州二电厂争取进口煤炭20万吨的调控指标。（扬海关 胡文静）

开发园区

Kaifa Yuanqu

编 辑 徐国磊

综述

■**概况** 扬州有国家级经济开发区1个、国家级综合保税区1个、国家级高新技术产业开发区1个、省级经济开发区7个、省级高新区2个（其中1个筹建）。全市开发园区代管面积694.15平方千米、规划面积460.06平方千米、开发面积158.5平方千米；有企业1.3万余家，其中规模以上工业企业1546家。2019年，全市11家省级以上开发园区规模以上工业增加值、公共财政预算收入、规模以上工业开票销售、规模以上工业入库税收分别实现1543.61亿元、152.66亿元、3707.68亿元、144.48亿元，分别比上年增长15.67%、1.9%、10.15%、6.17%，实际利用外资及港澳台资、自营出口分别是11.4亿美元、73.88亿美元，分别占全市的82.2%、88.32%。启动开发区区域评估工作，下放审批权限，减轻园区企业负担。扬州经济技术开发区被授予市级38个部门217项行政许可权，实现“园内事、园内办”。市、县政务服务中心、开发园区、乡镇（街道）设立代办员制度，为企业提供全流程、精准化“预审代办”服务。 （邱永永）

■**招商引资** 2019年，全市开发园区聚焦长三角、港澳台等重点区域，组织开展“2019年扬州美食节（北京）暨中外嘉宾迎新春联谊会”、扬州美食品鉴暨扬州招商引资推介会、“中大岭院总裁班扬州行”活动、“2019名城扬州携手世界名企

2019年扬州市开发园区主要经济指标一览表

表24-1

园区	规模以上工业增加值（亿元）		公共财政预算收入（亿元）		规模以上工业开票销售（亿元）		规模以上工业入库税收（亿元）		注册外资及港澳台资实际到账（万美元）		自营出口（万美元）		固定资产投资额（亿元）	
	全年	比上年增长（%）	全年	比上年增长（%）	全年	比上年增长（%）	全年	比上年增长（%）	全年	比上年增长（%）	全年	比上年增长（%）	全年	比上年增长（%）
扬州开发区	319	7.2	23.4	1	608	-5.6	18.1	-7.7	33209.75	4.02	156516	-5.7	169.2	9.5
扬州化工园区	106	7.6	6.20	2	220	-15.2	8.6	-3.4	8260.24	—	27607	15.2	130.0	9.5
扬州高新区	121.19	7.34	21.76	0.28	284.0	0.25	17.44	0.23	8332.15	71.18	104904.0	0.09	187.65	12.57
仪征开发区	145.8	16.6	17.89	-5.84	457.28	7.1	26.5	3.19	7784.00	135.31	36784.76	20.92	123.1	15.59
江都开发区	267.9	9.2	20.28	2.2	608.1	40.1	22.97	32.2	22683	6.6	111988	7.76	222.9	-1.5
高邮开发区	148	9.6	15.2	1.3	400	16.6	16.01	5.1	7849.68	-7.4	38089	9.2	116	10
宝应开发区	162.01	10.89	18.10	10.91	361.15	10.10	6.20	10.05	7616.7	37.38	70201.29	28.09	222.0	15
广陵开发区	100.33	7.85	10.37	-20.62	328.23	7.80	12.58	-30.94	8047	109	85721	-6	108.26	6.01
维扬开发区	108.12	9.1	10.74	3.9	216.37	7	8.19	6.8	9814.75	36.47	63796	7	183.23	13.8
杭集高新区	17.58	8.05	3.68	5.35	70.34	7.08	3.16	6.02	151	—	36708.29	-2.98	26.15	18.36
高邮高新区	47.68	15.3	5.04	20.5	154.21	17.1	4.73	10.2	366.3	40.5	6450	17.2	140.71	11.5
合计	**1543.61**	**15.67**	**152.66**	**1.9**	**3707.68**	**10.15**	**144.48**	**6.17**	**114114.92**	**25.97**	**738765.34**	**5.94**	**1629.2**	**16.96**

（邱永永）

暨对接上海产业转移”合作恳谈活动、深圳－上海专题拜访等一系列招商活动。开展“三招三引”行动，制定《2019年全市“三招三引”工作考核办法》，将核心指标纳入2019年度全市经济社会高质量发展考核“比学赶超”加分项，全市开发园区新开工工业重大项目47个，占全市83.93%；新落户“530”项目6个，分别是腾讯东升云计算数据中心项目、美国TPI风力发电机叶片项目、美国欧诺法汽车内饰材料项目、日本住友精化投资的5000吨特种涂层树脂项目、日清纺大陆二期汽车制动系统项目和中航机载系统项目；新落户“510”项目3个，分别是德国舒勒集团并购扬州锻压机床股份有限公司项目、Newton Industrial Limited并购深能扬州新能源有限公司项目、新加坡达丰机械并购扬州常晶电源有限公司项目。（邱永永）

■**合作共建** 推进上海莘庄工业区（宝应）工业园、波司登高邮工业园共建园区建设，其中波司登高邮工业园在省共建园区特色发展考核中位列第七，获500万元奖励资金。两家共建园区落户项目62个，总投资321亿元。推动扬州市和陕西省榆林市合作共建“区中园”，签署战略合作协议、委托招商协议及加强经济合作的框架协议。参加第四届丝绸之路国际博览会暨中国东西部合作与投资贸易洽谈会、榆林国际高端化智能化暨重点项目签约仪式。广陵区与榆林市佳县合作的佳县－扬州产业园，落户项目5个，在谈项目2个，帮助600个贫困户实现就业。（邱永永）

■**产业发展** 全市11家省级以上开发园区坚持走“高端发展、创新发展、转型发展”道路，紧扣“323+1”先进制造业、战略性新兴产业、现代服务业及科创产业，坚持传统产业升级和新兴产业培育并举，创新服务方式、完善服务体系、促进资源整合、加强政策扶持、优化发展环境，推进中小微企业“专精特新”发展。推动各开发园区开展省级特色创新（产业）示范园区申报，其中高邮经济开发区光储充产业园获批。（邱永永）

■**科技创新** 至年末，开发园区累计落户高新技术企业938家，高新技术企业实现总产值3849万元；有省级以上研发机构672家；建成孵化器45个，内有企业1983家；建成众创空间44个，内有企业1831家；

2019年扬州市开发园区主导产业、特色产业基地(园)分布表

表24-2

单　位	主导产业	特色产业基地（园）
扬州开发区	新能源、新光源、智能电网、电子书	国家科技兴贸创新基地、国家火炬计划智能电网特色产业基地、国家半导体照明产业化基地、国家绿色新能源特色产业基地、国家级数字出版基地、国家火炬计划扬州汽车及零部件产业基地、省半导体照明产业基地
扬州高新区	智能装备、新能源、新光源、文化创意、生物科技	国家火炬计划邗江金属板材加工设备基地、数控机床产业园、省新型工业化产业示范基地、国家级文化创意产业示范基地、高端装备制造业示范产业基地
江都开发区	特钢生产加工、汽车及零部件、船舶制造、生物医药化工、软件及现代服务业	江都船舶产业园、江苏江都沿江物流产业园、扬州（江都）软件园、江都留学人员创业园
高邮开发区	太阳能光伏、电子、纺织服装、冶金机械、医药食品	江苏高邮光伏产业园、高邮电池工业园、国家火炬高邮特种电缆特色产业基地、高邮光储充产业园
宝应开发区	智能输变电装备、泵阀管件、压力容器、汽车配件	江苏宝应智能电网装备产业园
仪征开发区	汽车及零部件、船舶制造、现代物流	江苏仪征汽车产业园
扬州化工园区	石油化工、基础化工、合成材料、精细化工和石化物流	江苏扬州新材料产业园、江苏省重点物流基地
维扬开发区	机械制造、半导体材料、轻工玩具、文化创意、太阳能光伏	江苏扬州环保科技产业园、扬州邗江汽车及零部件产业园
广陵开发区	液压机械、汽车及零部件、电子信息	江苏扬州液压装备产业园、江苏船舶配套产业园
杭集工业园	酒店日用品	江苏扬州杭集日化科技产业园

（邱永永）

累计引进领军型人才404人；获批省级以上创新型开发区2家、知识产权园区9家。引进江南大学食品生物技术研究所、北大创业训练营等科技创新、科技服务机构270余家。（邱永永）

■**开放发展** 定期对招商活动、洽谈签约和项目落地进行“回头看”，点对点服务到账支撑项目。开展外贸企业走访服务活动，推进外资指标任务完成。推动广陵经济开发区英谛车材实业有限公司获批成为全市首个省级跨国公司功能性机构。推进江都经济开发区泰富特材有限公司获批球团加工贸易项目，做大进出口规模。培育新增出口企业扬州日新通运物流装备有限公司扩大出口额。全年新增对外投资项目39个，中方协议投资额1.36亿美元，比上年增长83%。（邱永永）

扬州经济技术开发区

■**概况** 2019年，扬州经济技术开发区（简称扬州开发区）实现地区生产总值532亿元，比上年增长7%；规模以上工业增加值319亿元，增长7.2%；全社会固定资产投资169.2亿元，增长9.5%；公共财政预算收入23.4亿元，增长1%；注册外资及港澳台资实际到账3.3亿美元，增长4.02%。（赵　军）

■**项目引建** 2019年，扬州开发区聚焦“基地化、总部型、链条式”项目，探索产城合作、共建产业链等招商新模式，签约项目33个，其中外资及港澳台资项目16个、百亿元项目2个；实施技改扩建项目31个，总投资64.9亿元，其中亿元以上项目11个；“三新”重大项目认定新开工15个、新竣工投产17个、新达产达效33个。绿色光电、高档轻工、汽车及零部件、软件互联网产业凸显规模优势，其中绿色光电、高档轻工、汽车及零部件三大产业开票销售均超百亿元，主导产业链条拉长增粗。高端装备、海洋工程、医疗康养、新一代信息技术等新兴产业稳步发展，其中王立军院士领衔的激光产业园有序推进，中航海底电缆项目一期竣工投产，江山国际健康医学中心项目正式签约；新增软件互联网企业30家，18家企业入选江苏省星级云上企业，2家企业入选“工业互联网标杆工厂”。（赵　军）

■**科技创新** 实施创新驱动战略，推进科技创新载体建设，打造智谷科技综合体、西安交大科技园、科创城总部经济区“三大科技创新核”。智谷科技综合体二期16.5万平方米、中小企业创新创业园6万平方米建成。西安交大科技园获批国家级科技企业孵化器、省级众创空间、省级海外人才离岸创业基地，智谷科技综合体获批省级大数据信息技术众创社区、省级生产性服务业集聚区。实施高新技术企业倍增计划，新增国家高新技术企业20家，数量比上年增长30%；培育国家科技型中小企业45家，增长50%。推进国家级、省级实验室建设，半导体激光和光伏硅材料实验室正式运营。累计建成国家级博士后工作站、国家企业技术中心等省级以上研发平台82个，省级以上检测平台5个。全社会研发投入占地区生产总值比重2.7%。（赵　军）

■**城市建设** 推进二城、三湾旧城、滨江新城“三城开发”，提升城市形象品位；智谷科技综合体二期、中小企业创新创业园建成；中海华樾、美的国宾府、雅居乐酒店有序建设；施桥片区改造启动谋划，运河河口公园一期建成。建成区路网全面形成，各产业基地实现“九通一平”；全年建设、改造道路13条，临江路主车道建成通车；完成扬子津路征收拆除，启动国道345征地拆迁。安置房开工建设24万平方米，在建54万平方米，隆觉花苑一期进场施工。坚持“共抓大保护、不搞大开发”，对纳入红线的7.5平方千米沿江区域，只保护不开发。实施城市绿化提升项目6个，新增绿化面积61万平方米，树人公园、监庄公园三期等一批城市公园建成开放。（赵　军）

■**社会事业** 以城乡统筹引领和推进民生事业发展。引进玖龙湖医院并开工建设，施桥镇、八里镇、朴席镇等3家卫生院有序建设。树人学校高中部完成秋季招生，顺达幼儿园开工建设。长江防洪能力提升堤防加固一期、长江镇扬河段三期整治、仪扬河朴席段综合整治等工程推进实施。新增颐养示范社区2个，建成24小时城市书房1家，全区农家书屋、社区图书室实现通借通还。

扬州树人学校高中部　　商务局/供稿

创成省级“绿美乡村”1家、省级社区教育中心1家、省优质幼儿园2所；1名教师被表彰为全国模范教师。综合实施挂钩扶贫、项目扶贫、助学扶贫、民政兜底扶贫，完善城乡低保、医疗救助、临时救助、慈善救助等社会救助体系，低收入农户人均年收入达到7000元。（赵　军）

■综合保税区 至年末，扬州综合保税区主导产业有电子信息、太阳能光伏、现代物流等特色产业，有川岳科技、荣德新能源、顺风光电、日新意旺、峻茂光电、逸洁生物科技、巨钛科技、中外运、综保供应链等35家企业入驻。累计吸引外国及港澳台总投资11.9亿美元，累计完成进出口总额144.2亿美元，累计完成实际进出境额63.1亿美元。

（许万峰）

扬州高新技术产业开发区

■概况 2019年，扬州高新技术产业开发区（简称扬州高新区）实现规模以上工业增加值121.19亿元，比上年增长7.34%；全社会固定资产投资187.65亿元，增长12.57%；公共财政预算收入21.76亿元，增长0.28%，注册外资及港澳台资实际到账8332.15万美元，增长71.18%；规模以上工业入库税收17.44亿元，增长0.23%。完美、邗建、扬锻、扬力、金方圆等5家企业税收过亿元，扬力连续九年登上中国机械工业百强榜，扬锻成为汽车整车制造厂一级供应商，华扬获教育部颁发的科学技术进步一等奖，新扬获省科学技术一等奖，迈安德获中国粮油学会科技二等奖，奥力威、虎豹、苏美达获评省级智能示范车间，精善达获创客中国比赛三等奖。举办“打造特色载体，推动双创升级”项目评审会，获2500万元的双创专项扶持资金。（孔祥辉）

■项目建设 2019年，扬州高新区新开工、新竣工、新达产工业重大项目14个、在建项目27个。大源新材料、源川碳纤维、天平制药、力品药业等13个项目按序时推进，赛分科技、诚华自动化等14个项目开展主体施工、内外装修。舒勒扬锻、生合生物、华鼎电器建成投产，联环、联亚、安测、奥锐特、伏尔坎特种车等竣工投产。全年组织招商活动近300次，举办“4·25”生物医药论坛，新签约天和制药、开普医疗影像等项目；举办“9·19”省药监现场论坛，招引生物健康企业；新发展市场主体1262户。

（孔祥辉）

■科技创新 扬州高新区先后获中国产学研合作促进奖，获批江苏省实施创新驱动发展战略推进自主创新和发展高新技术产业成效明显地区、江苏省先进制造业和现代服务业深度融合试点等。金荣科技园升级为国家级科技企业孵化器，扬州大学科技园申报国家级大学科技园，扬州大学众创梦工场获评江苏省科技创业孵化载体十强，扬州人力资源服务产业园开园并获批筹建省级人力资源服务产业园，扬州市（邗江）生物医药创新实验中心投入使用，国力、汇成、虎豹等3家企业获批省级工程技术研发中心。评选奖补11个特色载体提升和15个专项人才项目，举办“创享高新”双创大赛，分类别奖补企业54家。申报各类科技项目近30项，英迈克入围省重点研发项目，扬锻入围省成果转化项目，迈安德入围“一带一路”国际合作项目。组织参加省科学技术奖评选，新扬等4家企业获省科学技术奖，扬力获省技术创新奖。全年获批国家高新技术企业22家、国家科技型中小企业78家。（孔祥辉）

■城市建设 完善园区道路设施，华扬西路改造完成，健康产业园4条道路、祥云路西延段实现通车。加强商业配套，科宇地块上市，景泰商业综合楼开工建设。推进征收安置，征收面积1.5万平方米，安置面积1.6万平方米。破解停车难题，新建农贸市场南侧等停车场，规划开发西路等道路停车线，新增汽车泊位1000多个。优化管护模式，形成道路保洁、绿化、巡查一体化大物业管护新机制。推进治安防控，安装祥园路、银柏路等道路24小时车辆违停抓拍系统。（孔祥辉）

■社会事业 扬州高新区第二幼儿园建成开园，首批招生140人。卫生服务中心主体封顶并投入使用。文化综合服务中心完成搬迁升级，薛楼村、明星村等5个村被省文化和旅游厅批复为省级行政村综合性文化服务中心。首家城市书房建成开馆，成为居民群众文化生活新地标。开展“扫黑除恶”专项斗争，收集违法犯罪线索20余条。排查消防隐患，推进汇金谷、高力佩巢、万都装饰城等重点区域隐患整治。加强安全生产、食品药品、公共卫生等安全体系建设，严守安全底线。常态化开展蓝天保护行动、污水专项整治、生态红线保护等工作。推进秸秆综合利用，实现秸秆全量还田1066.67公顷。强化水环境整治，清淤整治夹桥河，疏浚拓宽高桥河，新建孙庄泵站，实现镇村河道管护全覆盖。新增绿化面积23.33公顷。（孔祥辉）

扬州化学工业园区

■概况 2019年，扬州化学工业园区（简称扬州化工园区）实现规模以上工业增加值106亿元，比上年增长7.6%；全社会固定资产投资130亿元，增长9.5%；公共财政预算收入6.2亿元，增长2%；自营出口2.76亿美元，增长15.2%；规模以上工业开票销售220亿元，注册外资及港澳台资实际到账8260.24万美元。在中国石油和化学工业联合会“2019中国化工园区可持续发展大会”上，扬州化工园区获“中国智慧化工园区试点示范单位”和“中国绿色化工园区（创建单位）”称号。在中国石油和化学工业联合会会“2019中国化工园区与产业发展论坛”上，扬州化工园区连续7年获评“2018中国化工园区30强”。

（童　俊）

■**产业建设** 2019年，扬州化工园区围绕“高性能合成材料、高端专用化学品、高效新能源”的产业方向，主攻项目建设。总投资37.5亿元的中化高纤1.5万吨芳纶纤维项目一期500吨/年芳纶1414项目平稳运行，二期5000吨/年芳纶1414项目开工建设。总投资1亿美元的大阳日酸电子化学品、总投资3.5亿元的四新消泡剂竣工投产。总投资6亿美元的远东仪化PTA、总投资30亿元的奥克化学二期稳步推进。总投资10亿元的百思德粉末涂料用聚酯树脂、总投资1亿美元的安美特电子化学品、总投资4亿元的天诗特种蜡、总投资1.5亿美元的长连化工电子化学品项目按序时建设。扬州化工园区仪征公共液体化工码头二期工程进入试运行阶段。

（童　俊）

■**科技创新** 2019年，扬州化工园区申报国家高新技术企业4家、新增高新技术企业入库培育企业1家、实施重大科技成果项目4个、促成产学研合作项目20项，新建市级企业工程技术研究中心4个。远东联石化（扬州）有限公司获“第二届江苏省紫峰奖成长型企业”称号。

（童　俊）

■**绿色发展** 落实江苏省“263”专项行动“减煤”工作要求，依托江苏华电实施气煤替代战略，投资3亿多元建成公共供热管网20千米，关停3台75蒸吨/小时燃煤锅炉，淘汰全部35蒸吨/小时及以下燃煤锅炉，对园区内企业65蒸吨/小时以上燃煤锅炉全部实现超低排放，全年减煤5万吨，2017年以来累计减煤15万吨。推动总投资15亿元的江苏华电化工园区热电联产项目签约、建设。加强危化品运输车辆停车场日常管理，出台《扬州化学工业园区危化品车辆黑名单制度》《扬州化工园区公共危化品停车场管理办法（暂行）》，强化危化品车辆的日常巡查管理，保障危化品运输车辆在园区内行驶、停放及装卸作业的安全。实现部分区域封闭化管理，设立卡口监控视频对车辆、人员进出实时监控，企业建立门禁系统和视频监控系统等。

（童　俊）

古湄家苑安置小区　　商务局/供稿

■**智慧园区建设** 投资4000余万元推进智慧园区建设，建设“一网（覆盖园区所有部门及入园企业的园区专网）、一平台（数据管理平台）、4+X应用（“智慧安全、智慧环保、智慧应急、智慧安防”四个应用体系及结合园区实际、需建设的其他应用）”，实现对安全、环保、节能、应急等重点工作快速、准确的智能响应。数据管理平台上线试运行，智慧安监、智慧环保项目建成，智慧应急、智慧安防项目有序推进。园区获批中国石化联合会“2019年中国智慧化工园区试点示范单位”，智慧安监项目在江苏省内推广应用。

（童　俊）

■**社会事业** 支持青山镇推进建设沿江生态特色小镇，高标准建成古湄家苑A区、龙山森林公园一期等重点民生工程。总投资15亿元的古湄家苑B区、总投资5.5亿元的青山沿江小区三期、总投资2800万元的长江北岸生态林带、中央大道两侧景观带绿化工程等一系列民生实事工程按序时建设。

（童　俊）

广陵经济开发区

■**概况** 2019年，广陵经济开发区（简称广陵开发区）实现地区生产总值185亿元，比上年增长5%；注册外资及港澳台资实际到账8047万美元，增长109%；规模以上工业开票销售328.23亿元，增长7.8%；固定资产投资108.26亿元，增长6.01%；规模以上工业增加值100.33亿元，增长7.85%；公共财政预算收入10.37亿元。新增高新技术企业18家，实现高新技术产业产值110亿元，占规模以上工业总产值62%。4月9日，霍桥片区划归广陵开发区代管，代管面积24.37平方千米，代管5个村1个社区。聘请南大规划院、戴德梁行科学制定空间策划和产业规划，绘就“三轴三片、两核两心”的发展蓝图。成立专项工作小组，对区域内低效企业、闲置厂房开展清退、收购工作，稳妥处置水箱厂、天元钢管、怡丰通信等停产破产企业，全年盘活闲置厂房20万平方米。

（陈　骈）

■产业建设 全年新开工、新竣工亿元以上产业项目32个，入省统计库5000万元以上项目22个，市级亿元重大项目12个，列省重大项目1个。认定工业“三新”项目新开工3个、新竣工5个。全年组织承办“4·18”“9·28”全市重大项目集中开竣工、“11·28”全区项目集中开工等活动，有6个项目参与项目季度观摩。推进智慧新城项目建设，总投入150亿元，总用地规模约146.67公顷。推进恒大新能源电池项目建设，恒大新能源科技集团投资100亿元兴建年产12Gwh三元软包新能源动力电池生产基地，其中设备投资60亿元，征用土地42.67公顷，满产后年产值120亿元，年纳税额6亿元。（陈 骈）

■招商引资 组建成立广陵开发区招商公司，全年累计开展各类招商活动100余次，接待来访客商120余次，协办广陵区高端装备智能制造产业说明会。在欧洲设立驻欧联络处，在北京、上海、广州分别成立招商办事处，委托戴德梁行实行专业招商，储备亿元项目40个，其中10亿元以上项目16个，恒盛产业社区、福康斯发电机等一批产业项目签约，恒大三元软包电池、智慧新城双百亿项目落户。扶持宏昌天马、硕包科技、镭奔激光等企业累计获批奖扶资金3000多万元，通用电梯、英谛车材分别与常熟农商行、南京银行实现银企合作，海沃机械获批专用车生产资质，联通智控在“新三板”挂牌上市，昱珂汽配、华天宝药业等增资扩产项目竣工投产。推动奔多新材料与广东德冠、嘉和散热器与UFI微特电机、印度钢管与广利钢管合作嫁接。创新融资模式，储备金融产品50亿元，润信文昌水汇智造投资基金5亿元。（陈 骈）

■科技创新 楚门机电、华光橡塑申报成功省级科技成果转化项目，科迈液压、镭奔激光落实省科技攻关项目，扬力铸锻获批全区唯一市级院士工作站。引进“人才计划”专家和国家杰出青年各1人，获批市级以上高层次人才项目6个。全年累计新增高新技术企业18家，高新技术产业产值110亿元，占规模以上工业总产值62%，规模以上企业研发投入1.99亿元。推进宏昌天马与燕山大学、华光橡塑和江苏大学、科迈液压和浙江大学等27项产学研合作项目。（陈 骈）

■城市建设 聘请扬州规划院启动三个区域控规编制，并通过市规委会审议。总投资170万元完成42.5千米污水管道清淤工作，建成五星村和潮龙村农村污水处理系统。推进翠月西苑、翠月新苑安置房建设和公交首末站建设，启动运河东路整治提升工程。完成限价商品房、翠月新苑、华洋东路等6宗约23.8公顷土地征收，上报智慧新城等8宗约72.2公顷土地征收。有序推进霍桥集镇更新改造，完成首期拆迁任务90%，签约672户，集中预拆万寿村、严安村、高桥村特殊困难群体及危房51户。实施沙河闸、新桥港、反坎河等涵闸维修工程，疏浚整治五星村、潮龙村村庄河塘3条，长效管护沙河、大众港、迎春河、潮龙港等河道4条、镇级河道18条、村庄河塘163条，搬迁砂石码头5个。（陈 骈）

9月17日，广陵开发区在上海协办扬州广陵高端装备智能制造产业说明会

商务局/供稿

■社会事业 成立广陵开发区红十字会，开展爱国卫生月和健康教育宣传月等活动。设立翠月东苑病媒生物防治示范小区，落实查灭钉螺防止血吸虫病工作，查螺410万平方米、灭螺90万平方米。组织“两癌”筛查1439人次，兑付独生子女父母奖励金990人、企业退休职工一次性奖励202人及城镇非从业人员一次性奖励17人。为农村和城市低保户45户76人发放低保资金52.88万元，为散居五保户94人发放生活补助56.06万元。慈善超市全年服务492人次，慈善募捐87.06万元，大病医疗救助1万元，临时救助1.42万元。城乡医保参保2.07万人，参保率99.7%。耕地地力保护补贴涉及6个村、739.07公顷，补贴133.04万元。机械秸秆还田813.39公顷，补贴24.4万元。开展非洲猪瘟防控及畜禽养殖污染治理工作，综合治理改造畜禽养殖场13家。（陈 骈）

维扬经济开发区

■概况 2019年，维扬经济开发区（简称维扬开发区）实现地区生产总值291.24亿元；固定资产投资183.23亿元，增长13.8%；规模以上工业增加值108.12亿元，比上年增长9.1%；

公共财政预算收入10.74亿元，增长3.9%；规模以上工业入库税收8.19亿元，增长6.8%；规模以上工业开票销售216.37亿元，增长7%；注册外资及港澳台资实际到账9814.75万美元，增长36.47%。（贯栋青）

■项目建设 2019年，维扬开发区外出招商近130批次，接待客商近160批次，赴上海、深圳、北京、海南、宁波等地开展招商活动10余批次。举办“扬州智能微系统&第三代半导体技术和产业发展峰会”，邀请13位业内专家及150多家企业参加。推动项目签约落户，其中重大民资及亿元签约项目7个，重大外资及港澳台资签约项目5个。推进企业做大做强，扬杰电子科技股份有限公司实现销售超19亿元、产值近20亿元，获批全市唯一省级智能工厂；江苏罗思韦尔电气有限公司实现销售5.5亿元；扬州五亭桥缸套有限公司实现销售超过6亿元，其中出口份额约占15%；扬州国际汽车城实现销售56亿元、税收近亿元；五亭龙玩具城实现交易额40亿元。（贯栋青）

■科技创新 举办开发区主导产业专场高层次人才、高科技成果交流洽谈会，30位专家参加活动。举行微电子产业峰会，来自全国各地的150多位半导体领域专家学者和企业家参会。申报国家重点工程专家4人，分别为罗思韦尔电气有限公司董事长周祥东和博士程俊、辛普森公司的博士朱宁、扬力集团的博士何建梅。引进国家重大工程专家3人，分别为新浪环保的教授覃文庆、江扬电缆的教授耿建新、中汇生物的教授宋杰。获批省双创领军人才3人、优秀博士1人、科技副总11人。申报邗城名匠6人、“三带乡土人才示范点”4个，申报国家人才计划6人。（贯栋青）

■城市建设 配合实施江平路快速路网建设，拆除道路红线内建筑。推进双塘路等道路和重点区域违规广告、店牌店招专项整治。完成槐泗河干河整治拆迁扫尾及交地工作和江平西路一期工程、江平东路三期工程6个拆迁点的拆迁及经济林木的迁移工作。完成尚桥冲河道整治工程，清淤量约2.9万立方米，新建污水泵站1座，新设一体化水体净化设备1套，新铺设管道约1500米；完成70个排口管网问题点位和35家企业的排污整改。完成中心冲河道整治工程，对河道内倒塌的U型槽拆除重建，对滚水坝进行拆建，对河道沿线排口进行溯源排查，督促问题厂区雨污分流整改到位。维修道路约1000平方米，更换维修损坏的雨水篦302个、井盖91个，新铺设污水管网1.5千米。（贯栋青）

■社会事业 维扬开发区中心幼儿园工程和江阳农贸市场管理改造工程项目有序推进。全年募集善款51.5万元，救助困难学生及困难群众200人次、20多万元。开展区级“连心家园”创建，打造特扶家庭“连心家园”阵地。组织企业参加“春风行动”招聘会，提供新就业岗位53个；帮助初始创业群众办理创业补贴15人次，申请资金7.5万元；组织20家企业参加“人才服务产业行”活动，为58家企业申报稳岗补贴，获批资金89万余元，申报困难企业3家，获批资金60余万元。出台《维扬经济开发区创新网格化精细化社会治理工作实施意见》《维扬经济开发区网格员管理考核奖惩办法（试行）》等规范性文件，推进网格化精细化社会治理工作。（贯栋青）

江都经济开发区

■概况 2019年，江都经济开发区（简称江都开发区）实现地区生产总值203亿元，比上年增长7.3%；公共财政预算收入20.28亿元，增长2.2%；规模以上工业增加值267.9亿元，增长9.2%；规模以上工业开票销售608.1亿元，增长40.1%；注册外资及港澳台资实际到账2.27亿美元，增长6.6%；规模以上工业入库税收22.97亿元，增长32.2%。新增规模以上企业12家，累计总数82家；开票销售过亿元企业31家、10亿元企业11家。全年行政审批办件2.29万件，其中民生服务类事项1.87万件、市场准入类事项2829件、投资建设类事项135件。公共资源、农村产权交易中心组织交易889宗，交易总额约1.65亿元。（王　蒙）

■产业建设 打造“特钢”“船舶”“新型建材”3个200亿产业群。引导中船澄西扬州船舶有限公司新上技改项目和非船业务；推动中远海运、招商鼎衡调整产品结构，开发化学品船、液化天然气船、液化石油气船、成品油船；推进中信泰富新上400万吨球团项目；支持龙川钢管合作重组；鼓励诚德钢管、新马新材料做大产能。中小企业园新落户项目4个，累计入驻企业92家。科技产业园新落户项目11个，累计入驻企业65家。挂牌成立木材产业园，全年完成开票销售8.86亿元。江都港年吞吐量7500万吨。“四新”产业孵化园招引飞地企业120个，实现开票20亿元。完成两期26.33公顷土地挂钩整理，盘活鹤林机械等6家企业闲置资源。中信泰富全年开票103.5亿元，成为江都区制造业首家“百亿”企业。（王　蒙）

■招商引资 2019年，江都开发区新引进碧桂园博创智能基地项目、宝冶钢结构等亿元以上项目12个；新开工诚德钢管技改、鸿品工程机械建筑一体化等市级项目2个，立德粉末铁基零部件技改等区级项目12个；新竣工中船澄西海上风塔等市级项目3个，海螺水泥包装自动化技改等区级项目5个；新达产中远海运海洋钻井平台、招商鼎衡液罐等市级项目6个，海螺水泥包装系统自动化改造等区级项目3个；注册外资及港澳台资实际到账2.27亿美元。推进上海四新项目的转移、承接和孵化，引进德屹机器人、库开智能环保科技、秦劳支撑座等175个项目；与上海宝冶集团有限

公司签约，启动高端装备制造项目。（王　蒙）

■**科技创新** 实施“品牌创建、技术标准、专利申报、企业上市”战略，引导重点企业与高等院校、科研院所开展深度合作。推进万洋众创城、智能制造园区、先进制造业园区、中外合作产业园、中小企业园等科技综合体建设。推进实施“人才计划”储备、省“双创”、市“绿扬金凤”及“科技镇长团”等系列人才重点工程，引进一批科技领军人才、创新创业人才和高层次经营管理人才。全年获批省双创团队1个、省科技副总4人、市“绿扬金凤”人才1人、区“龙川英才”3人；引进省科技镇长团成员1人、“名校优生”2人，博士25人；新增高技能人才404人、专业技术人员150人，新办人才补贴261人。（王　蒙）

■**城乡建设** 全年投入近3亿元用于民生建设。推进主镇区及被撤并乡镇环境综合治理，完成松坤线、通园线、化工路等7条道路提档升级，实现北华路、淮园路、东园路等道路亮化绿化维修；完成窦桥、中海等主要泵站和防汛指挥部监控设备安装，玉带河、返坎河、杨墅排涝站建成交付；全区首家乡镇24小时城市书房开馆。推进长江大保护、江淮生态大走廊、“九纵十横”生态网格建设，新增成片造林134.13公顷、森林抚育面积20.53公顷，完成四旁植树5万株；疏浚镇村河道21条、土方25.3万立方米；关停化工企业6家，完成小船厂关闭拆除6家、电镀行业专项整治5家、“散乱污”整治10家、燃煤锅炉整治8台、挥发性有机物污染治理6家；新建光大水务化工废水预处理项目及忠爱、松山10个村污水处理设施。（王　蒙）

宝应经济开发区

■**概况** 2019年，宝应经济开发区（简称宝应开发区）实现公共财政预算收入18.1亿元，比上年增长10.91%；规模以上工业增加值162.01亿元，增长10.89%；规模以上工业开票销售361.15亿元，增长10.1%；规模以上工业入库税收6.2亿元，增长10.05%；注册外资及港澳台资实际到账7616.7万美元，增长37.38%；自营出口7.02亿美元，增长28.09%；固定资产投资222亿元，增长15%。（周　智）

■**产业建设** 宝应开发区形成以“新型电力装备”为主导、以“汽车及零部件、电子信息”为特色的“一主两特”产业体系，围绕新型电力装备、机械制造、汽车及零部件、光伏装备制造、新材料、电子信息等产业发展方向，推动企业集聚，壮大产业集群。培育宝杰隆电磁线、宝源高新、菲达宝开等一批主导产业关联龙头企业，推进规划3平方千米的新能源产业园建设。与中航宝胜集团联手打造输变电装备科技城宝胜核心区项目，开发航天航空（包括军工）、海洋工程、轨道交通及机车车辆、5G网络电缆等特种电线电缆，全年中航宝胜集团工业总产值超300亿元。11月8日，与上海摩恩集团签约智能制造产业园项目。（周　智）

■**招商引资** 重组优化北京、上海等7个驻外招商办事处，全年累计拜访企业800余家，邀请140余批客商实地考察。7月23日，在上海举办“2019宝应经济开发区投资商机推介会”，邀请世界500强，港澳台、江浙沪地区企业代表及欧美、中东等驻沪商会代表参加。全年新签约工业项目14个，实现注册外资及港澳台资实际到账7616.7万美元，增长37.38%。（周　智）

■**科技创新** 2019年，宝应开发区获命名“江苏省侨联新侨创新创业基地”，科技创业园获批“江苏省创新创业孵化基地”。推进企业与高校院所开展产学研合作，成立江苏省物理学会宝应科技服务站。汉威燃烧科技公司在江苏股权交易中心成长板挂牌，然创新材料技术填补国内空白。获批国家高新技术企业16家、省高新技术企业13家，获专利授权24件，申请PCT（专利合作协定）国际专利2件。擎弓科技的刘旻入围国家“人才计划”，宝胜电气真空断路器项目获“江苏省重大科技成果转化项目”认定，汉威燃烧科技公司燃烧器项目获批省“双创”计划项目1个，中宝药业获批扬州市“绿扬金凤”人才1人。（周　智）

■**城市建设** 实施基础设施工程项目24项，总投资2亿元，其中实施东阳北路北延、人民路廉政文化公园、县第二消防站（开发区消防站）、创业园二期等重点工程建设。推进商业综合体建设，五星级金陵大酒店主体工程封顶，大润发签约入驻金源温泉生活广场，金源温泉水上乐园和中超汽车产业园开工建设。新建生态停车场1000平方米，实施光阳路、朝阳路、广场路等破损路面修复，新建污水管网长度4.25千米，实现园区企业污水管网接管全覆盖。（周　智）

■**社会事业** 新增各类参保人员1374人，建档立卡低收入农户全部脱贫。发放低保金、五保老人供养金、残疾人补贴等保障金400余万元。民营爱丁堡顿国际幼儿园投入使用。新建社区老年人康复中心1家，成立血液净化中心，小垛村创成省级卫生室。新建区级新时代文明实践所，村级新时代文明实践站实现全覆盖。拆除违章建筑95处，实施东阳河、金源景观河截污工程，整治河道13条。开展10轮“查大风险、除大隐患、防大事故”专项行动，检查企业295家次，排查整改安全隐患1105条，取缔生产经营企业3家，创成安全生产二级标准化企业3家、三级标准化企业14家。处理各类劳资纠纷120余起，区劳动人事调解中心创成“省级优秀基层调解组织”。（周　智）

8月12日，中星北斗卫星遥感产业园签约仪式在仪征市举行

商务局/供稿

仪征经济开发区

■**概况** 2019年，仪征经济开发区（简称仪征开发区）实现公共财政预算收入17.89亿元；规模以上工业增加值145.8亿元，比上年增长16.6%；规模以上工业开票销售457.28亿元，增长7.1%；规模以上工业入库税收26.5亿元，增长3.19%；注册外资及港澳台资实际到账7784万美元，增长135.31%；自营出口3.68亿美元，增长20.92%；固定资产投资123.1亿元，增长15.59%。（杨天齐）

■**产业建设** 2019年，仪征开发区推进发展以投资超百亿元的腾讯东升云计算数据中心、中国电信江北数据中心等项目为代表的数据中心、中星北斗卫星遥感产业园等大数据产业项目集群；以依利安达电子、中兴派能、国泰消防、昕诺飞照明等项目为代表的高端制造产业集群；以丹麦洛科威、天龙玄武岩、万润薄膜、道赢科技等项目为代表的新材料产业集群。实现单一的船舶制造产业逐步向港口物流、重装制造绿色建材等综合型临江产业转型。推进招商局工业金陵船舶整合做大，绿地码头项目稳步建设。全年临江、新兴板块规模以上工业企业累计完成工业开票占全区工业开票总量的80.81%，销售过亿元企业15家，新增列统企业9家。（杨天齐）

■**招商引资** 开展"云端茶话"仪征大数据产业发展论坛、"云合作"仪征大数据与物联网创新创业洽谈会等活动，形成多个合作意向。中星北斗卫星遥感产业园项目落户建设，列入2020年省重大项目库。陆地观测卫星地面接收系统投入运行。腾讯云数据中心、电信云等重大项目建设稳步推进。中国移动5G数据中心确定落户意向。招商局工业金陵船舶项目完成挂牌。依托国家级科技企业孵化器——仪征高新技术创业园和国家级高技能人才培训基地——仪征技师学院的平台优势，引进与产品研发、工业设计、技术服务、教育培训等相关联的总部经济、"三室"经济、文化产业、生产性服务业等方面项目。（杨天齐）

■**科技创新** 新增国家级高新技术企业7家、国家科技型中小企业10家，新认定省级以上研发机构2家。组织申报各类科技、人才项目28个，获批13个，项目立项资金近430万元。新增引进高层次创新创业领军人才6人，柔性引进科技副总6人，获批省双创团队领军人才2人、省博士创业人才2人，扬州绿扬金凤人才计划立项3人。达成产学研合作项目10个，完成技术合同备案1700万元，专利授权59余件，其中发明专利授权9件。（杨天齐）

■**城市建设** 推进国民路、人民路、国华路东延、科三路南延等基础设施建设，提升园区承载能力。推动产城融合区建设，规划和完善产业研发、应用、公寓等基础配套设施。推进冷红安置房规划设计，形成产城互动格局。（杨天齐）

■**社会事业** 围绕十二圩集镇形象提升，完善村级综合服务中心功能，完成公立幼儿园主体工程建设。打造盐文化特色，优化人民路两侧街景，提升集镇形象。贯彻落实"共抓大保护，不搞大开发"要求，完成沿江岸线综合整治工作，推进"大江风光带"建设和沿江生态修复建设，优化长江岸线生态环境。（杨天齐）

高邮经济开发区

■**概况** 2019年，高邮经济开发区（简称高邮开发区）实现地区生产总值153亿元，比上年增长12.7%；公共财政预算收入15.2亿元，增长1.3%；规模以上工业增加值148亿元，增长9.6%；规模以上工业开票销售400亿元，增长16.6%；规模以上工业入库税收16.01亿元，增长5.1%；固定资产投资116亿元，增长10%；注册外资及港澳台资实际到账7849.68万美元；自营出口总额3.81亿美元，增长9.2%；规模以上工业企业净增长5家。（印锦菲）

■**招商引资** 2019年，高邮开发区围绕光储充、电子信息、智能装备制造、生命健康等重点培育产业和重点打造的产业园区建设，成立多个专题招商小组开展专业招商。新

签约亿元以上产业项目21个，其中外资及港澳台资项目5个。总投资1亿美元的大功率半导体集成电路项目、总投资50亿元的6吉瓦高效光伏电池线项目、总投资20亿元的3.5吉瓦太阳能硅片生产项目签约并开工建设。总投资超30亿元的国际细胞制备及应用中心和高端康养基地项目签约，形成基础实验、临床研究、慢性病诊疗、康复保健、养生养老等健康科技及服务领域产业集聚。（印锦菲）

■产业建设 围绕光储充特色主导产业和电子信息、生命健康两大战略性新兴产业，培育壮大“1+2”重点特色产业，推进光储充、电子信息和生命健康三大区中园建设。其中，光储充产业作为特色主导产业，引进先进光伏产业对原有光储充产业进行扩链补链，打造从硅料到铸锭、切片再到组件完整的光伏产业链。至年末，硅料年产量及铸锭、切片的产量位居全国前十。成立产业投资基金，与市国投公司组建企业发展一号基金，与南京银行设立小微企业扶持基金，帮助多家企业完成融资7笔、2.5亿元。推进“百亿航母、十亿方阵”企业培育工程，持续保持秦邮特钢百亿航母位置，打造波司登集团50亿巨舰，实现10亿元方阵企业6家。（印锦菲）

■科技创新 出台《“高邮市科技创业中心”入驻奖励扶持政策》《高邮经济开发区鼓励科技创新与人才发展奖励扶持政策实施意见》，鼓励人才引进、科技创新。光储充产业园被江苏省商务厅评为第二批全省特色创新产业示范园区。高邮市科技创业中心是国家级孵化器，连续三年获评“A类国家级孵化器”。获批高新技术企业19家，其中新认定9家。科技创业中心实现开票销售5.23亿元，协助孵化器内企业申请专利424件、专利授权数116件，其中发明专利10件。引进本科以上各类人才151人。（印锦菲）

■城市建设 提高开发区通行能力和主干道景观形象，完成屏淮路改造提升工程。投资2000多万元新建九园农贸市场，对4号河、7号河等相关主要河道进行活水清污，对沿线企业加强污水管网纳管管理。推进棚户区改造，有序实施杨桥、花王等地块搬迁安置工作。推进文旅产业与康养产业融合发展，“快递员康养小镇”暨温泉酒店项目开工建设，规划总面积约53.33公顷，总投资约8亿元。（印锦菲）

■社会事业 苏州大学高邮实验学校项目开工建设，总投资8亿元，建校规模为小学15轨，初中8轨。对文游雅居、金泰小区和高沙园二组进行老旧小区改造，推进开展马棚、东墩老集镇综合整治。落实书记领办富民项目，钱厦村、昌农村“一村一品”成为特色示范，美丽乡村建设“两集中三控减”“三拆三整治”实现长效管护。村集体经营性收入45万元达标100%，完成建档立卡低收入农户全部脱贫。（印锦菲）

江苏省杭集高新技术产业开发区

■概况 2019年，江苏省杭集高新技术产业开发区（简称杭集高新区）实现地区生产总值105.4亿元，比上年增长7%；规模以上工业增加值17.58亿元，增长8.05%；公共财政预算收入3.68亿元，增长5.35%；规模以上工业开票销售70.34亿元，增长7.08%；规模以上工业入库税收3.16亿元，增长6.02%；注册外资及港澳台资实际到账151万美元，自营出口36708.29万美元；固定资产投资额26.15亿元，增长18.36。（刘星池）

■项目建设 建立动态项目库，完善杭集在外成功人士资源库，夯实精准招商基础。全年开展招商活动22批次，接待来访客商109批次。扬州人工智能科创园项目、宝能进出口商品保税交易中心项目签订战略合作协议。可洁牙刷、高露洁一期、高露洁二期通过达效认定，江苏宜合薄膜项目投资达序时，倍加洁二期技改项目通过重大项目开工认定，红豆万花城项目、晨洁日化、杭盛科技园二期等项目按序时推进。（刘星池）

■科技创新 至年末，杭集高新区研发经费支出占国内生产总值比重2.7%，高新产值占比30%。全年商标注册317个，其中马德里国际注册2个；专利申请417个，专利授权231个。新申报高新技术企业7家（已获批4家），市级企业技术中心1家、市级工程技术研究中心2家，市级人才计划1人。锦禾公司牵头制定《秸秆纤维基聚丙烯改性料》国家标准。1个村创成省级电子商务示范村。（刘星池）

■基础设施建设 完成三笑大道南延段方案编制，推进董庄河路、杭李路二期、站南路二期、韩万河东路二期、夏桥路二期等相关用地手续报省审批工作。新桥安置区一期基建工程建设完工，有序推进安置区二期工程，完成立项、选址等工作。投入400余万元，实施阳光花苑、吉发富小区等老旧小区改造工程。完成市民广场固定避难场所改造工程和琼花大道、曙光路及利民路电力管沟工程。完成三笑大道燃气管道中压主管道项目，新增建成管网污水管网10千米，新增消防栓42个。累计投入4500万元，完成小运河三期、嵇陈河、丁家口河、工业园河、中心广场河等黑臭水体整治任务，累计清淤5.3万方。杭集特色小城镇建设通过住建部、国家发改委等四部委的验收。（刘星池）

交通

Jiaotong

编 辑 陈永华

综述

■概况 2019年，全市交通基础设施建设完成投资127.9亿元。其中，连淮扬镇铁路扬州段完成投资17.64亿元，高速公路建设完成投资26.89亿元，国家、省干线公路建设完成投资25.32亿元，快速路完成投资17.34亿元，农村公路及桥梁建设完成投资7.57亿元，客货运场站完成投资22.51亿元，航道、船闸建设完成投资7.22亿元，港口建设完成投资3.4亿元。公路、铁路、水路分别完成客运量2931万人次、657.68万人次、11万人次，分别完成货运量4898万吨、41.59万吨、6931万吨；港口完成货物吞吐量1.39亿吨；扬州泰州国际机场完成旅客吞吐量297.97万人次、货邮吞吐量1.24万吨。市区（含江都区）城市公共交通行业全年完成客运量2.54亿人次。

争创全省现代综合交通运输体系示范城市，7个交通项目参加全省集中开工活动，开工数量和投资规模均为全省第一位；在全省率先启动打造京杭运河绿色现代航运示范区样板工程；邵伯三线船闸获“国家优质工程奖”。全市行政村通达四级公路覆盖率、镇村公交开通率均达100%；高邮、邗江、广陵通过省级示范县评估，市域“一县一品牌、一区一特色”实现全覆盖。出台全省首个《河江海集装箱多式联运服务规范》地方标准。交通干线沿线环境整治五项行动通过省级验收，全面完成国、省交办的环保问题整改任务。开展“扫黑除恶”专项斗争，改善交通市场环境，公路超限率稳定在省控目标以下。按期完成仪征和十五里墩收费站停征撤站，落实道路、水路运输通行费优惠政策，企业物流成本持续下降。开展“查大风险、除大隐患、防大事故”安全生产专项整治行动，公路水运重点工程质量安全监督实现全覆盖。保障省委主要领导到扬视察大运河文化带建设、中国扬州“烟花三月”国际经贸旅游节、大运河文化博览会等重大活动期间交通运输安全和行业稳定。（扬交办）

2019年扬州公路里程年底到达数一览表

表25-1 单位：千米

项目	总计	等级公路									等外公路
		合计	高速公路				一级公路	二级公路	三级公路	四级公路	
			小计	四车道	六车道	八车道及以上					
年底到达数	**9726.38**	**9365.86**	**293.69**	**173.91**	**88.42**	**31.36**	**608.82**	**1348.80**	**791.13**	**6323.43**	**360.52**
国道	**489.97**	489.97	206.96	112.38	63.22	31.36	248.32	34.69	0.00	0.00	0.00
国家高速公路	**206.96**	206.96	206.96	112.38	63.22	31.36	0.00	0.00	0.00	0.00	0.00
省道	**594.54**	594.54	82.22	57.03	25.20	0.00	301.23	211.09	0.00	0.00	0.00
县道	**1304.76**	1298.57	4.51	4.51	0.00	0.00	22.23	755.75	367.50	148.58	6.18
乡道	**3534.81**	3489.91	0.00	0.00	0.00	0.00	29.14	146.61	336.82	2977.34	44.90
村道	**3802.31**	3492.87	0.00	0.00	0.00	0.00	7.89	200.67	86.81	3197.51	309.43

（扬公路）

2019年扬州公路桥梁、渡口年底到达数一览表

表 25-2

项 目	桥 梁												渡 口	
	总 计		按跨径分										总 计	机动渡口
			互通式立交桥		特大桥		大桥		中桥		小桥			
	数量（座）	长度（延米）	数量（座）	长度（延米）	数量（座）	长度（延米）	数量（座）	长度（延米）	数量（座）	长度（延米）	数量（座）	长度（延米）	数量（处）	数量（处）
年底到达数	**4218**	**198680.25**	**20**	**7465.48**	**16**	**30231.73**	**248**	**66518.38**	**996**	**47963.77**	**2958**	**53966.37**	**3**	**0**
国 道	**336**	**52257.07**	16	5039.20	10	15844.74	70	24783.97	168	9462.51	88	2165.85	**0**	0
国家高速公路	**197**	**37496.37**	5	1117.25	9	14017.16	49	16079.77	109	6443.07	30	956.37	**0**	0
省 道	**301**	**49028.83**	4	2426.28	6	14386.99	76	24427.23	137	8014.56	82	2200.05	**0**	0
县 道	**455**	**22295.75**	0	0	0	0	35	8962.56	186	8357.03	234	4976.16	**1**	0
乡 道	**1714**	**42427.29**	0	0	0	0	44	5295.90	302	13066.40	1368	24064.99	**1**	0
村 道	**1412**	**32671.31**	0	0	0	0	23	3048.72	203	9063.27	1186	20559.32	**1**	0

（扬公路）

公交“双市同创” 推进国家“公交都市”和省公交优先示范城市建设，制定实施中小城市公交发展模式样板工作方案，江都区与主城区公交实现全面融合发展，推出江都区与市区“1小时内免费换乘”政策，开通江都区“手机扫码乘公交”服务。编制《扬州市建设国家公交都市三年行动计划（2020—2022）》和《市区、江都区公共交通融合发展规划》，修订完善《扬州市区公交专用道规划》和《市区公交场站规划修编及公交场站规划综合开发项目》等专项规划。（扬交客）

客运市场秩序治理 联合市公安部门组织实施西部交通客运枢纽地区环境秩序综合整治，通过驻点管理、流动检查、教育劝导、电子抓拍等措施，累计查处“黑车”、违规网约车112辆，西部交通客运枢纽成为全省首个无黄牛、无黑车、无出租车违规上下客的“三无车站”。

（扬交客）

扬州市交通产业集团有限责任公司 2019年，扬州市交通产业集团有限责任公司（简称市交通产业集团）实现营业收入8.92亿元，完成上缴国资收益1247万元。年末总资产179亿元，净资产67.9亿元。下属江苏扬州汽车运输集团有限责任公司年发送旅客413万人次，实现营业收入3.32亿元；扬州市公共交通集团有限责任公司客运量1.28亿人次，实现总收入2.41亿元（含政府购买服务1.03亿元）；扬州市通润置业有限公司建成交付和在手推进各类工程项目11个，完成投资额约12亿元，推动公共卫生中心、东部综合客运枢纽等在建项目；扬州市交通停车场投资建设管理有限公司新增路侧停车泊位372个，“宜行扬州”智慧出行项目上线试运行，累计完成市区4.35万个停车泊位信息联网接入。完成主营业务收入1496.49万元，比上年增长26.51%；扬州市机动车辆检测有限公司完成北区检测站机动车尾气排放检测系统改造升级、新增环检基础设施和综合检测线，年检测车辆6.06万辆，提升车检能力；扬州交通旅游集散有限公司完成团队发送1.68万人次、散客4.8万人次，完成地接4.5万人次，实现止亏为盈。探索“航站楼+门店”经营模式，联合扬州泰州国际机场在城北竹西路新增集旅游服务和机场专线接送功能于一体的营业部；江苏润扬交通工程集团有限公司完成并购重组，泰州231省道（海姜大道至启扬高速）快速化改造工程3标段、邗江新甘泉大道东延2标段等在手项目稳定生产经营，实现业务平稳过渡。

城区城乡公交一体化。完成江都区公交整合，市、区两级公交人员、资产和线路运营融合并轨，实现市、区两级公交“同城同行同价”，江都公交客运量日均增长2.3倍。全年累计新辟和优化调整公交线路35条、新增公交站点58组，降低线网重复系数，调优运营质态，日均减少空驶里程600千米。新购公交车322辆，主城区柴油公交车全面退出，实现新能源和清洁能源公交车全覆盖。新启用公交场站6座，规划建设公交场站4座。旅游旺季、节假日期间免费换乘、免费乘车政策落地，累计惠及外地游客41.4万人次。推进公交智能化二期项目建

设，“掌上公交”覆盖范围扩大至江都公交所有线路和扬镇旅游专线，累计建成电子站牌86座，为市民提供全方位、可感知、实时准确的公交信息服务。至年底，公交营运车辆2358辆、运营线路193条，线网覆盖面积2000平方千米。江苏省公交优先示范城市28项指标中，扬州达标18项，发挥公交服务旅游名城建设、保障城市发展、惠及民生福祉的基础作用。

推进重大项目建设。全年在建项目总投资30亿元、累计投入资金10亿元以上。完成东部综合客运枢纽和地铁预埋项目代建手续办理、资金筹措、安全环保等工作。地铁预埋一期主体工程全部完工，二期（东延段）主体结构施工基本完成，东部综合客运枢纽进入主体结构施工阶段。完成扬州建设科创名城“1号工程”——601所扬州协同创新研究院和615所中航机载系统共性技术有限公司装修工程。公共卫生中心主体结构封顶，扬尘管控和安全文明措施作为样板在全市推广。完成汤汪5号地公交停保场和西部客运枢纽周边环境秩序综合整治。推进宁扬城际项目公司组建前期工作、590（东）地块清租拆迁和综合开发、二十四桥宾馆（二期）会务中心规划等。

推进投融资平台运转。2019年度累计完成跨区域交通基础设施项目资本金出资4.55亿元。其中，五峰山大桥出资2.56亿元，累计出资6.51亿元；宁启铁路出资0.67亿元，累计出资4.02亿元；龙潭过江通道出资7293万元，累计出资7293万。完成南部快速通道建设资金支付10.91亿元，累计支付33.53亿元；支付公共卫生中心、东部综合客运枢纽市政配套、二十四桥宾馆改造、公共自行车等项目建设资金8.44亿元；与国开行合作，落实东部综合客运枢纽建设资金融资11亿元。拓宽金融合作渠道，扩大银行授信规模，集团银行授信余额102亿元；发行理财直融产品5亿元；推进9亿元超短融注册；实施农发行1.9亿元以购置新能源公交车为题材的低价格贷款和江苏银行1.38亿元公交清洁能源基金组合贷款。（谢倩琳）

■东部综合客运枢纽项目 东部综合客运枢纽项目总用地面积7.91万平方米，总建筑面积14.20万平方米（不含地铁预埋）。其中，地上建筑面积3.06万平方米，地下建筑面积8.79万平方米，地下送客匝道面积2.35万平方米。主要建设内容包括交通中心（含地下）、站前广场（含地下）、公交中心、地下送客匝道。项目采用核准制审批方式，前期市发改委根据方案估算核准的投资总额16.54亿元。预计实际投资总额18亿元。项目于5月9日开始工程桩试桩施工，6月10日开始主体工程桩施工。目前完成所有基坑围护工程施工，进行主体结构施工。（谢倩琳）

公路

■金湾路工程 金湾路工程线路由启扬高速双沟互通连接线和461省道北段两部分组成，起于启扬高速双沟互通，向南利用老淮江公路，与华山路交叉后折向西，跨高水河后折向南，分别跨越古运河、金湾河，在328国道交叉处，接461省道扬州段，止于规划利民路交叉口，全长约13千米，2014年4月开工建设；2018年底，高水河大桥以南段约10千米建成通车；2019年底，全线建成通车。全线累计完成投资45亿元，其中2019年完成投资2.2亿元。（扬交公）

■京沪高速公路扬州段扩建工程 京沪高速公路扬州段扩建工程项目全长约110.5千米，其中宝应段40.00千米、高邮段44.47千米、江都段26.01千米，现状为双向4车道，扩建为双向8车道，概算总投资约138亿元。全线新建宝应南、高邮南2处互通，移建真武互通，扩建泾河、宝应、界首、高邮、八桥、江都东等6处互通和丁伙枢纽。其中涉铁应急先导段全长20.69千米，涉及宝应、界首、高邮、八桥4处互通，于2018年6月开工建设。2019年，涉铁应急先导段工程进度完成88%，宝应、界首、高邮、八桥4处互通扩建完成，涉铁应急先导段累计完成投资11.22亿元，全线征地拆迁累计完成投资7.82亿元。（扬交公）

■龙潭过江通道 龙潭过江通道工程起于仪征境内江北长江大堤，以桥

2019年底，金湾路全线建成通车　　交通局/供稿

梁方式跨越长江主航道，经南京龙潭，止于与338省道交叉处，全长4.93千米，概算总投资62.54亿元。按双向六车道高速公路标准建设，设计速度100千米/小时，路基宽度33.5米，桥梁设计汽车荷载等级为公路I级，2月12日开工建设。2019年扬州段完成投资0.61亿元，大临工程基本完成，主体工程（南北塔锚）施工、监理标段及五大中心招标完成，建设用地（含永久和临时用地）报批材料上报。（扬交综）

■五峰山过江通道公路接线工程扬州段 五峰山过江通道公路接线工程扬州段起于正谊枢纽，跨芒稻河，经江都区仙女镇、滨江新城，广陵区李典镇、头桥镇和镇江市丹徒区高桥镇，接五峰山公铁合建大桥。路线全长约33.00千米（不含公铁大桥合建段2.88千米），共设置互通式立交6处、主线收费站2处、服务区1处。全线采用双向八车道高速公路标准建设，南、北半幅主线收费站之间设计速度采用100千米/小时，其余路段设计速度采用120千米/小时。2019年完成投资13.29亿元，非住宅拆迁和附属物交地工作全部完成，电力、通讯、自来水和燃气等各类杆管线基本完成迁改。（扬公建）

■“四好农村路”建设 全年完成农村公路提档升级投资7.57亿元，新改建农路425千米、改造农桥90座，项目验收合格率100%；完成县道大中修工程72千米，全市县道MQI值90.6、优良路率91.8%，高邮市、邗江区和广陵区通过省级“四好农村路”示范县督导考核。（扬交公）

■328国道快速化改造仪征段 328国道快速化改造仪征段线路起于328国道仪征市与扬州主城区交界处，向西沿现有328国道扩建，经新集镇、新城镇、仪征汽车工业园、仪征城区，止于扬州仪征市与南京六合区交界处，接328国道南京段，全长30.29千米，项目投资约39亿元。主线采用六车道一级公路标准，设计时速100千米；外侧设置辅道，匝道及辅道设计时速40千米，一般路段路基宽45.5米，城区段路基宽61米。2017年11月开工建设。2019年，全线完成路基土方26%、桩基82%、承台57%、墩柱44%、预制空心板37%、预制箱梁84%、现浇箱梁13%，工农路下穿隧道建成通车。全线累计完成投资22亿元，其中2019年完成投资10.2亿元。（扬交公）

■328国道快速化改造江都新都路至广州路段 328国道快速化改造江都新都路至广州路段线路起自江都新都路与328国道交叉处，向西沿现有328国道扩建，经龙川路、广州路，止于芒稻河大桥东桥头，全长约2.47千米。主线采用六车道一级公路标准，外侧设置辅道，主线设计时速100千米，匝道及辅道设计时速40千米。2019年完成地表清理80%，完成主线老路铣刨35%、便道80%、雨水管75%、辅道基层50%、桥梁桩基48%，2019年完成投资1.57亿元。（扬交公）

■345国道扬州西外环路 345国道扬州西外环路起自沿江高等级公路，经朴席镇、新集镇、刘集镇、杨寿镇，止于扬天公路，由345国道扬州经济技术开发区段、仪征新集南段、仪征新集至刘集段、邗江区段组成，全长约28千米，投资约21亿元。2019年，仪征新集至刘集段路基、桥涵基本完成，先导段（宿扬高速连接线拓宽部分）完成沥青下面层；扬州经济技术开发区段施工图获省交通运输厅批复，启动施工招标；新集南段工可报告通过省发改委审查，洪评、环评已批复。2019年完成投资5.7亿元。（扬交公）

■331省道宝应段 331省道宝应段线路起自射阳湖镇北，接331省道盐城西段，向西南跨越蔷薇河、宝射河，与264省道交叉，经鲁垛镇、小官庄镇，上跨京沪高速公路，下穿在建连淮扬镇铁路，与233国道交叉，跨京杭运河，经宝应湖，止于宝应与金湖交界处，接331省道金湖段，全长41.95千米。全线采用一级公路标准建设，设计时速100千米，2017年4月开工建设。至2019年底，京杭运河至建湖界约35.5千米标段通过交工验收，京杭运河特大桥主桥悬浇块完成88%，宝应湖特大桥桩基全部完成，箱梁预制约50%。2019年完成投资6.95亿元。（扬交公）

■333省道高邮东段 333省道高邮东段线路起自高邮兴化交界处接333省道兴化段，向西自甘垛镇镇区北侧和西侧绕越，跨越北澄子河向南后由汤庄镇北侧折向西南，利用306县道向西经汉留镇北侧跨三阳河继续向西，由卸甲镇南侧绕越后向西跨京沪高速公路至233国道，终点接233国道与333省道高邮西段交叉口，全长35.27千米，其中利用306县道老路扩建约3.1千米，新建约32.17千米。按一级公路标准建设，设计时速100千米。2017年7月开工建设。至2019年底，233国道至卸甲镇双金大道约13千米通过交工验收，全线基层完成，三阳河大桥贯通，北澄子河大桥主体完成95%、面层完成85%，2019年完成投资6.4亿元。（扬交公）

■公路客运 2019年，全市完成道路客运量2931万人次、旅客周转量26.63亿人千米，分别下降5.3%和4.6%。经营业户25户，营运客车1356辆（不含城市公交、出租车）、客位数5.5万个，户均拥有车辆57辆。全市开通客运班线379条，其中省际班线106条、市际班线194条、县际班线29条、县内班线50条，营运范围辐射全省13个设区市以及全国7个省（自治区、直辖市）。（扬交运）

■公路货运 2019年，全市累计完成营业性公路货运量4898万吨、货物周转量79.85亿吨千米，分别增长5.3%和5.0%。全市拥有道路货

2019年扬州市营业性运输车辆情况表

表 25-3

地　区	公路客运		公路货运	
	客车数（辆）	客位数（座）	货车数（辆）	吨位数（吨）
合　计	**1356**	**55019**	**32051**	**333090**
市　区	672	29165	21039	212605
宝应县	238	8646	2327	25732
仪征市	144	4849	4760	51222
高邮市	302	12359	3925	43531

注：公路客运车辆不含城市公交、客运出租车辆　（扬运管）

2019年扬州市公路营业性运输量表

表 25-4

地　区	公路客运		公路货运	
	客运量（万人次）	旅客周转量（万人千米）	货运量（万吨）	货物周转量（万吨千米）
合　计	**2931**	**266250**	**4898**	**798513**
市　区	1554	141137	3128	509674
宝应县	461	41840	377	61688
仪征市	258	23465	753	122792
高邮市	658	59808	640	104359

（扬运管）

运经营业户1.67万家，其中道路危险货运经营业户55家。全市拥有载货汽车3.21万辆、总载重33.31万吨，分别下降29.1%和增长0.1%；其中，危险货物运输车辆1748辆、总载重2.27万吨。全市载货汽车中牵引车4124辆、挂车4865辆，甩挂比1:1.18。（扬交运）

■节假日旅客运输 2019年春运期间，全市安全运送旅客272.6万人次，下降1.1%。其中，公路运输228.5万人次，下降1.9%；铁路运输28.1万人次，增长1.7%，民航运输16万人次，增长6.2%。市区公路发送旅客49.2万人次，下降7.6%。国庆期间，全市公路客运累计运送旅客46.8万人次，下降4.9%，市区安全发送旅客14.6万人，日均下降5.0%。运输市场秩序平稳有序，未发生旅客滞留现象。（扬交运）

铁路

■连淮扬镇铁路扬州段 2019年，连淮扬镇铁路扬州段项目完成投资17.64亿元，占年度计划的149.5%。扬州段全线桥梁灌注桩、承台、墩身、预制箱梁架设全部完成，全线特大桥、大桥全部合龙，淮扬、淮泰4线联络线全部贯通。江都铺轨基地建成运行，扬州段累计完成单侧铺轨225.1千米，占正线总里程的90.26%，铺设道岔26组，占总量的37.68%，摊铺上砟54.7万立方米，占总量的68.9%。扬州段40处站后“四电”工程用地全部交付；“四电”通信光缆施工完成94.81%，信号工程完成89.17%，电力电缆敷设完成89.6%，变电设备安装完成84.62%，接触网支柱安装完成98.25%，房建工程完成87.2%。

扬州东站线侧站房主体结构封顶，首层二次结构完成75%，二层完成55%，线下站房承台、基础梁完成，一层梁板柱框架结构混凝土浇筑完成80%，信号楼装饰装修98%。地方综合交通枢纽完成临建工程，土方开挖17万立方米，基坑围护搅拌桩施工900幅、钻孔桩270根、地连墙2幅，主体工程桩1100根，匝道主体桩139根；地铁穿越预埋工程一期主体框架施工完成，开展二期东延线工程施工。

（扬　铁）

■北沿江高铁 2月15日，省铁路办在南京召开北沿江高铁（江苏段）配合勘察设计现场调查工作会议，标志着北沿江高铁（江苏段）工可勘察设计调查工作正式启动。4月12日，扬州市铁路办召开北沿江高铁扬州段勘察设计工作对接会，对北沿江高铁扬州段勘察设计调查工作进行全面推进。从4月开始，扬州市铁路办配合设计单位开展勘察设计调查，沟通、征询、反馈扬州段线路和设站方案意见，会同省铁路集团公司、第三方机构、设计单位与沿线地方按期完成北沿江高铁扬州段民房拆迁数量、面积和企业、电力杆线迁改等拆迁量、费用复核，10月汇总上报设计单位。9月18—22日，汇报争取扬州段线形方案。9月24日，由国家铁路集团鉴定中心组织的北沿江高铁可研评审专家组踏勘扬州站址。9月25—29日，北沿江高铁可研评审专家组在南京召开北沿江高铁（合肥至上海段）项目可行性研究评审会议。

（扬　铁）

■铁路客运 2019年，宁启铁路扬州站发送旅客325.31万人次，增长16.3%；到达旅客332.37万人次，增长18.7%。（扬　铁）

■铁路货运 2019年，宁启铁路扬州东站发送货物21.0万吨，增长

43.1%，主要为钢管、粮食、木片等；到站货物20.59万吨，增长8.3%，主要为化工、化肥、钢材等。

（扬　铁）

航空

■**概况** 扬州泰州国际机场为民用运输机场，飞行区等级指标为4E，国家航空一类口岸。机场位于扬州市江都区丁沟镇境内，距扬州市区约30千米，距泰州市区约20千米，服务范围以扬州市、泰州市为主，辐射镇江市、淮安市以及安徽省部分地区。机场占地152.7公顷，跑道长3200米（含一期扩建工程增加的800米），站坪机位14个，航站楼面积3.13万平方米。机场及相关配套工程总投资26.41亿元，由扬州、泰州两市按8:2比例投资建设。2010年3月18日机场奠基，机场及相关配套工程先后开工建设，2012年5月8日建成通航。2015年1月，国务院批复同意开放一类航空口岸；2016年2月，中国民用航空局同意扬州泰州机场更名为“扬州泰州国际机场”；2018年8月机场一期扩建工程完成，飞行区等级指标由4C升级为4E。2019年底，扬州泰州国际机场运营的国内航线有北京、大兴、广州、成都、深圳、西安、沈阳、哈尔滨、昆明、厦门、长春、大连、石家庄、兰州、洛阳、福州、乌鲁木齐、重庆、珠海、天津、贵阳、海口、揭阳、银川、丹东、丽江、呼和浩特、北海、南宁、西双版纳等30条，国际（地区）航线有曼谷、大阪、仁川、济州等8条。全年安全保障各类飞行4.14万架次，其中保障运输飞行2.27万架次；完成旅客吞吐量297.97万人次，平均客座率86.0%；完成货邮吞吐量1.24万吨。全年收入1.79亿元，上缴税金234万元。（鞠宏晨）

■**3200米跑道投入运行** 1月3日，扬州泰州国际机场跑道完成切换，3200米跑道正式投入运行，机场等级由4C升为4E，实现提档升级。

（鞠宏晨）

■**香港航线恢复** 1月4日，扬州泰州国际机场恢复香港航线。春秋航空执飞，每周两班，班期为每周二、五。去程航班号9C8811，时刻为09:40从扬州泰州国际机场起飞，12:20抵达香港；返程航班号9C8812，时刻为13:20从香港起飞，15:35抵达扬州泰州国际机场。

（鞠宏晨）

■**越南芽庄航线恢复** 5月14日，扬州泰州国际机场恢复越南芽庄航线。越南捷星太平洋航空公司执飞的“扬（泰）州—芽庄”航线，机型为A320，每两周执行三班，周二、六及次周四执飞。09:05从芽庄起飞，12:55到达扬州泰州国际机场；13:55从扬州泰州国际机场起飞，17:55到达芽庄。（鞠宏晨）

■**新增烟台航线，加密昆明航线** 6月1日，扬州泰州国际机场新增烟台航线，加密昆明航线。该航线深圳航空执飞，计划每日一班，去程航班11:25由昆明起飞，14:20抵达扬州泰州国际机场，15:10由扬州泰州国际机场起飞，16:50抵达烟台。回程航班17:40从烟台起飞，19:00抵达扬州泰州国际机场，19:50从扬州泰州国际机场起飞，22:40抵达昆明。（鞠宏晨）

■**吉隆坡直飞包机航线开通** 6月27日，扬州泰州国际机场至吉隆坡直飞包机航线开通。该航线由马来西亚航空执飞，机型为B737，每两周执行三班，周三、日及次周五执飞。17:20从吉隆坡起飞，22:45到达扬州泰州国际机场；23:45从扬州泰州国际机场起飞，次日05:15到达吉隆坡。（鞠宏晨）

■**丽江、丹东航线开通** 8月3日，扬州泰州国际机场开通丽江、丹东航线。丽江—扬（泰）州—丹东航线由红土航空执飞，机型为A320，每天8:55从丽江起飞，12:05抵达扬州泰州国际机场，12:55从扬州泰州国际机场再次起飞，14:45抵达丹东，航班号为A67151；15:45从丹东起飞，17:50抵达扬州泰州国际机场，18:40从扬州泰州国际机场起飞，21:50抵达丽江，航班号为A67152。（鞠宏晨）

■**首尔直飞航线开通** 10月29日，扬州泰州国际机场开通直飞首尔航线。机型为A320，每周两班，周二、六执飞。航班去程（9C6181）：

2019年扬州泰州国际机场航班情况一览表

表25-5

航　线	航空公司名称	机　型	航　班
扬州泰州国际机场—韩国济州国际机场	春秋航空公司	A320	每周一、二、四、五、六各一班
扬州泰州国际机场—泰国曼谷素万那普国际机场	春秋航空公司	A320	每日一班
扬州泰州国际机场—日本大阪关西国际机场	春秋航空公司	A320	每周一、三、四、六各一班
扬州泰州国际机场—澳门国际机场	春秋航空公司	A320	每周一、三、五、日各一班
扬州泰州国际机场—台北桃园国际机场	春秋航空公司	A320	每周四一班
扬州泰州国际机场—香港国际机场	春秋航空公司	A320	每周一、五各一班
扬州泰州国际机场—首尔仁川国际机场	春秋航空公司	A320	每周二、六各一班

续表 25-5

航　线	航空公司名称	机　型	航　班
扬州泰州国际机场—北京首都国际机场	中国国际航空公司	B738	每日一班
扬州泰州国际机场—北京大兴国际机场	河北航空公司	B738	每日一班
扬州泰州国际机场—深圳宝安国际机场	深圳航空公司	A320	每日两班
扬州泰州国际机场—西安咸阳国际机场	深圳航空公司	A320	每日一班
扬州泰州国际机场—广州白云国际机场	中国南方航空公司	A320	每日一班
	深圳航空公司	A320	每日一班
扬州泰州国际机场—厦门高崎国际机场	深圳航空公司	A320	每日一班
	春秋航空公司	A320	每日一班
扬州泰州国际机场—昆明长水国际机场	春秋航空公司	A320	每周二、四、六各一班
	深圳航空公司	A320	每日一班
扬州泰州国际机场—珠海金湾机场	长龙航空公司	A320	每周一、五、日各一班
扬州泰州国际机场—哈尔滨太平国际机场	深圳航空公司	A320	每日一班
扬州泰州国际机场—成都双流国际机场	四川航空公司	A320	每日一班 每周二、四、六各一班
	华夏航空公司	A320	每周一、三、五、日各一班
扬州泰州国际机场—沈阳桃仙国际机场	深圳航空公司	A320	每日两班
	春秋航空公司	A320	每周一、五各一班
扬州泰州国际机场—贵阳龙洞堡国际机场	春秋航空公司	A320	每日一班
扬州泰州国际机场—天津滨海国际机场	春秋航空公司	A320	每日一班
	天津航空公司	E90	每周一、三、五、日各一班
扬州泰州国际机场—海口美兰国际机场	天津航空公司	E90	每周一、三、五、日各一班
扬州泰州国际机场—揭阳潮汕国际机场	春秋航空公司	A320	每周一、三、五、日各一班
扬州泰州国际机场—银川河东国际机场	春秋航空公司	A320	每周一、三、五、日各一班
扬州泰州国际机场—大连周水子国际机场	深圳航空公司	A320	每日一班
	春秋航空公司	A320	每周三、六各一班
	长龙航空公司	A320	每周一、五、日各一班
扬州泰州国际机场—长春龙嘉国际机场	春秋航空公司	A320	每周四、日各一班
	深圳航空公司	A320	每日一班
扬州泰州国际机场—呼和浩特白塔国际机场	春秋航空公司	A320	每周二一班
扬州泰州国际机场—北海福成机场	春秋航空公司	A320	每周二、三、六、日各一班
扬州泰州国际机场—石家庄正定国际机场	春秋航空公司	A320	每周一、二、四、五、六各一班
扬州泰州国际机场—南宁吴圩国际机场	春秋航空公司	A320	每周二、四、六各一班
扬州泰州国际机场—兰州中川国际机场	春秋航空公司	A320	每日一班
扬州泰州国际机场—洛阳北郊机场	春秋航空公司	A320	每周一一班
扬州泰州国际机场—乌鲁木齐地窝堡国际机场	春秋航空公司	A320	每周二、四、六各一班
扬州泰州国际机场—福州长乐国际机场	春秋航空公司	A320	每日一班
扬州泰州国际机场—重庆江北国际机场	华夏航空公司	A320	每日一班
	重庆航空公司	A320	每日一班
	四川航空公司	A320	每日一班
扬州泰州国际机场—西双版纳嘎洒国际机场	四川航空公司	A320	每日一班
扬州泰州国际机场—丹东浪头机场	红土航空公司	A320	每日一班
扬州泰州国际机场—丽江三义国际机场	红土航空公司	A320	每日一班

（季小娟）

扬州泰州国际机场 19:50—22:55 首尔；航班返程(9C6182)：首尔 23:55—01:25 扬州泰州国际机场。（鞠宏晨）

水路

■港口规划 《扬州内河港总体规划（2018—2035 年）环境影响报告书》获省生态环境厅批复，向交通运输部征求意见；开展辖区砂石码头选址布局工作，缓解非法码头拆除后砂石原材料供应不足的矛盾，满足扬州市建材市场需求；开展《扬州港港口岸线整合利用五年规划》《扬州市长江码头布局规划方案研究》编制；开展京杭运河入江口门段河江海水水中转物流基地选址研究及扬州长江游轮码头选址方案研究。（扬交港）

■港口建设 2019 年，全市港口建设投资 3.4 亿元。中航宝胜件杂货码头工程水工部分完成，正在进行堆场施工；仪征港务公用码头一期，完成水工沉桩 50%；推进扬州港扬州港区 3# 泊位改扩建工程建设，完成岸线利用合理性评估；完成扬州港扬州港区 5# 泊位档案验收。（扬交港）

■通扬线高邮段航道整治工程 通扬线高邮段航道整治工程项目概算投资 23 亿元，为扬州市水运航道建设史上单体工程投资量之最，共整治航道 35 千米，新、改建桥梁 9 座。2019 年完成投资 6 亿元，完成护岸 20 千米，占护岸总里程的 57%。农村段 5 座桥梁全部开工建设，累计完成 567 根钻孔灌注桩、131 个墩柱、31 个盖梁施工。项目用地预审材料通过国家自然资源部审查。全线完成房屋拆迁 570 户、约 9.2 万平方米，占拆迁总量的 61%。整治后全线航道通航等级达到三级标准，可满足 1000 吨级船舶畅行，形成继京杭运河后扬州第二条内河“水上高速”，提高航运效益。（扬交航）

■京杭运河施桥船闸至长江口门段整治工程 京杭运河施桥船闸至长江口门段整治工程项目起于施桥船闸下游引航道，止于六圩入江口，全长约 5.37 千米。该工程为“十三五”期间交通重点建设项目，是江苏省、扬州市打造大运河文化带和京杭运河绿色现代航运示范区重点项目。工程分别于 10 月 17 日、11 月 4 日获得省发改委工可、初步设计批复，创全省航道建设项目批复周期时间最短纪录。工程批复投资 13.3 亿元，创全省同类型航道整治工程造价之最。2019 年，推进项目开工，签订航道工程施工、监理合同。（扬交航）

■水路运输 2019 年，全市有水路客运经营业户 1 家，客运船舶 12 艘、

2019 年扬州市营业性运输船舶情况表

表 25-6

地　区	水路客运		水路货运	
	船舶数（艘）	客位数（座）	船舶数（艘）	吨位数（吨）
合　计	**12**	**1062**	**2166**	**4631463**
市　区	12	1062	702	1032217
宝应县	0	0	739	684508
仪征市	0	0	352	2711451
高邮市	0	0	373	203284

（扬运管）

2019 年扬州市水路营业性运输量表

表 25-7

地　区	水路客运		水路货运	
	客运量（万人次）	旅客周转量（万人千米）	货运量（万吨）	货物周转量（万吨千米）
合　计	**11.0**	**66.0**	**6931**	**2947860**
市　区	11.0	66.0	1545	657175
宝应县	0	0	1024	435645
仪征市	0	0	4058	1725663
高邮市	0	0	304	129377

（扬运管）

2019 年扬州市长江港口情况表

表 25-8

泊位长度（千米）	泊位个数（个）	年总通过能力（万吨）	年专项通过能力				
			货物（万吨）			集装箱（万标箱）	旅客（万人次）
			矿石	煤炭	液体化工		
23.1	125	8565	100	1245	1945	28	10

（扬交港）

客位1062个。累计完成全社会营业性水路客运量11万人次、旅客周转量66万人千米，分别增长8.9%、8.8%。全市拥有水路货运经营业户79家，货运船舶2166艘、463.1万吨，分别下降8.7%、18.7%；其中，液货危险品船231艘、总载重29.1万吨；其中，沿海运输船舶63艘、总载重38.25万吨。累计完成水路货运量6931万吨、货物周转量294.8亿吨千米。

（扬交运）

■**港口营运** 2019年，完成港口货物吞吐量1.39亿吨，下降1.52%。其中，沿江1.15亿吨，下降1.53%；内河2405.46万吨，下降1.49%。外贸1132.22万吨，增长1.6%。集装箱52.34万标箱，增长3.09%。

（扬交港）

■**电煤和春节物资运输保障** 汛期、枯水期及春节等节假日，对电煤、成品油等重点物资运输实行“绿色通道”通航措施，重点护航，优先放行，确保“北煤南运”主通道重点物资运输快捷。全年维护4226.3万吨电煤安全通过。（扬地海）

公共交通

■**概况** 2019年底，市区（含江都区）有公交企业1家，公交从业人员3883人；有公交车2651辆，公交线路191条，公交站台4588个，较上年分别增长0.41%、19.73%、13.69%、10.66%；公交线路总长度3817.4千米，较上年增长13.26%；万人拥有公交车标台数21.3标台/万人；公共交通出行分担率21%。市区（含江都区）有出租汽车经营企业25家，出租汽车运营车辆2465辆，从业人员4529人；主城区有三轮车管理企业1家，在营人力观光三轮车90辆，从业人员90人；市区城市客运行业（含江都区）客运总运量2.54亿人次。（扬交客）

■**城市客运管理** 推进出租汽车行业改革，联合市发改委推进市区出租汽车价格改革，完成从业人员意见调查、成本监审等，组织召开出租汽车运价改革听证会，形成运价改革方案，规范网约车发展，依法依规办理网约车平台、车辆和驾驶员行政许可事项，发放网约车平台经营许可证9家，办理网约车运输证175张、网约车从业资格证3269张。加快出租汽车“提档升级”。2019年全市更新出租汽车394辆。

（扬交客）

■**城市客运文明建设** 打造“情满出租乐乘公交”服务品牌，以“情满出租伴春运，乐乘公交在扬城”为主题，实施情满出租志愿服务、乐乘公交志愿服务、“你打的我买单”爱心公益和春节送温暖等主题活动，组织200多人次干部职工在火车站、汽车站等重点区域，提供咨询帮助、提拿行李、置换零钱、车辆调度等便民服务，发放公交导乘图500多张，服务群众出行3000多人次。

开展公交车、出租车服务质量大提升活动，全面出新市区1838辆出租车标志标识，组织开展4000多人次的公交、出租从业人员文明服务大轮训，全面推开“您好、再见”“礼让斑马线、遵守停止线”等文明规范，增强从业人员“有序行车、有序停车、文明服务”意识，公交第三方服务质量得分96.97分，出租车车容车貌合格率95%。

加强行业党建和精神文明建设。联合开展第五届“乘客满意公交线路暨最美的哥的姐”评选活动、公交出行宣传周、公交开放日、出租车“爱心送考”等专题活动，走进客运站、走进社区、走进市民，发放乘客满意度测评表、出行倡议书等宣传资料1000多份。实施文明志愿服务，组织爱心车队开展“3·5学雷锋”、义务献血等志愿服务活动，88路等5条公交线路被评为“乘客满意公交线路”，孙琪峰等10人被评为“最美公交司机”，许凯等20人评为“最美的哥的姐”。（扬交客）

■**客运班线开通、变更** 2019年，开展“互联网+道路客运”，开通扬州至江阴定制客运线路。联合巴士管家结合市场客流实际需求，围绕高频线路、重要枢纽、高峰时段，进行增线、增班、增点。2月，扬州至南京禄口机场定制线路增设南京东郊奥特莱斯站，4月，扬州至南京禄口机场定制线路增设扬州西站等停靠站点，方便扬州西区市民到禄口机场出行。全市新辟公交线路7条，优化调整公交线路40条。其中市区新辟公交线路5条，分别为9路公交线（西部客运枢纽—汽车东站）、105路晚班公交线（动物之窗公交首末站—公道镇）、70路公交线（动物之窗公交首末站—高力家居港）、游2线（大明寺—瓜洲古渡公园）、227路公交线（公交东站—邱墅村祁夏组）；优化调整31条。加密公交晚班线路，开通105路晚班公交线，方便方巷镇、公道镇、邗江汽车产业园等城市北部市民晚间公交出行。至年底，主城区晚班公交线路达16条。（扬交运 扬交客）

■**公交基础设施建设** 2019年，推进公交专用道建设，建成投用南部快速通道公交专用道，新增公交专用道12千米，开通西部客运枢纽—汽车东站的9路公交快线，衔接西部客运枢纽、汽车东站等客运枢纽。至年底，建成文昌路公交专用道、邗江路（司徒庙路—江阳路）公交专用道、南部快速通道公交专用道，开通88路、9路“好巴士”公交快线，公交专用道总长度43.9千米，形成“两横一纵”公交专用道布局。加快公交场站建设，新建蜀冈新城公交首末站、公道工业园公交首末站，扩建佳家花园公交首末站和江都西站公交停车场，新增公交场站面积0.99万平方米。至年底，市区建成公交场站37座（含3座借用公交场站），总面积32.8万平方米，公交车辆进场率86.1%。加快公交站棚建设，市区新（改）建52座公交站棚。至年底，市区累计新改建公交站棚887座。

（扬交客）

■镇村公交 2019年，全市新增高邮市车逻镇、卸甲镇、甘垛镇等3个乡镇开通镇村公交，全市60个乡镇开通镇村公交，开通率100%。（扬交运）

■绿色低碳公交 2019年，开展绿色出行专项行动，联合市委宣传部等部门出台《扬州市绿色出行行动计划（2019—2022年）》，组织开展公交出行宣传周、全市第二批“绿色公交示范线路”争创评选活动，新增游1路、87路、1路等10条绿色公交示范线路。推广应用新能源公交车，全市新购新能源公交车412辆，其中市区新购新能源公交车390辆，主城区老旧柴油公交车全部退出营运。至年底，市区公交车辆总数2651辆，折合3162.2标台，其中绿色公共交通车辆标台数2738.4标台，绿色公共交通车辆比率86.1%。（扬交客）

■交通旅游融合 推动交通旅游融合发展，开通大明寺至瓜洲古渡公园旅游2号线和汽车东站至深潜大运河中心万福片区游览专线，串联起大明寺、观音山、瘦西湖、宋夹城体育休闲公园、三湾湿地公园、高旻寺、瓜洲古渡公园等市区主要旅游景点，协调落实外地市民凭身份证免费坐公交政策，开通旅游旺季主要景区之间免费公交，为外地游客和本地市民提供公交旅游出行服务。（扬交客）

■平安公交 推进“平安公交”建设，贯彻落实《国务院安委会关于加强公交车行驶安全和桥梁防护工作的意见》，出台实施扬州市公交车行驶安全和桥梁防护工作实施方案，推进公交隔离设施安装，市区完成公交车安全防护隔离设施安装1680辆，占比63.4%。（扬交客）

■公交信息化服务 加快智慧公交项目建设，实施智能公交二期项目，制定出租汽车信息化升级改造方案，全面开通公交车手机NFC交通卡服务，升级“我的扬州”App，新增实时公交查询和公交导乘等服务功能，完善掌上公交App服务功能，日均使用量9.2万人次，增强公交出行吸引力。（扬交客）

交通运输管理

■公路安全保障 2019年，扬州市公路管理站（简称市公路站）实施普通国省干线公路安全生命防护工程55.91千米，主要包括344国道、416省道、247省道。实施农村公路安全生命防护工程360千米。（扬交公）

■干线公路养护 全年投资2.92亿元，完成6个普通干线公路路面养护大中修工程、4个桥梁维修改造工程、4个桥梁预防性养护（支座）工程，水毁修复率100%，全市普通国省干线公路技术状况指标MQI值92、优良路率93%；315座普通干线桥梁保持“零危桥”，一、二类桥梁比例达98.6%。一、二级公路机械化清扫率分别达100%和70%以上，小修作业机械化率分别达95%和70%以上。（扬交公）

■公路路政管理 推进“放管服”改革，明确公路“不见面审批”事项清单，强化事中事后监管，依法办理路政许可国省道50件；强化交通干线沿线环境综合整治，依法清除障碍物5023.5立方米，清除摊点1218个，清除非标悬挂物3157块；开展治理货车非法改装和超限超载专项行动，强化交警路政联勤联动，实行超限检测站24小时值班值守，累计出动执法人员5515人次，查处违法超限车辆3104辆，卸（驳）载5.29万吨，结案率100%。（扬交公）

■公路客运市场管理 2019年，全市更新中高级客车34辆，中高级客车占比59%。开展2019年度信用等级试评定，评定AAA级道路旅客运输企业22家，AA级道路旅客运输企业1家，A级道路运输客运企业2家。（扬交运）

■公路货运市场管理 印发《扬州市推进运输结构调整实施方案》，建立联席会议制度，定期研究运输结构调整。铁路运输和水路运输占3种运输方式的比例45.4%，全市50万吨以上重点企业水路运输量占比达90%，运营距离超过500千米的大型货车空驶率下降至32%。宝应中众合农产品物流园一期工程建成投入运营，江都区入围省交通运输厅第二批农村物流示范县（市、区）创建名单。强化公路超限超载治理，落实“一超四罚”职责，以市治超办名义印发《关于切实做好当前严重违法超限运输企业监管工作的通知》，对政府公布的8家重点货源单位巡查176次，检查业户300多家。对全市达到处罚标准的66家货运企业全部实施立案调查、停业整顿、信用记分。对被省通报的高频违法超限运输企业约谈率100%。（扬交运）

■汽车维修市场管理 全市共有机动车维修企业646家，其中，一类汽车维修企业74家、二类汽车维修企业182家、三类汽车维修企业332家、汽车快修企业46家、摩托车维修业户12户；完成产业值6.37亿元，减少7.71%；完成维修工作量102.59万辆次，减少11.44%。有汽车综合性能检测站13家，完成机动车综合性能检测3.08万辆次。进行汽车维修行业挥发性有机物（VOCs）污染专项治理“回头看”。7月1日起，正式实施I/M制度，有18家M站投入运营。推进汽车维修电子档案系统建设，全市正常经营的一、二类维修企业已全部完成与省系统平台数据对接。全年共注销中型和重型营运柴油货车1301辆，超额完成年度任务。（扬交运）

■驾培市场管理 2019年，全市驾校69家（市直20家、邗江区7家、江都区12家、仪征市8家、高邮市12家、宝应县10家），其中综合类一级驾校3家、综合类二级驾校15家、专项类三级驾校51家。有备案教练员3228人，教学车辆2253辆，实现培训数据智能化管理。

全年培训7.31万人次，其中从业资格培训2369人次。道路运输从业人员8.54万人。在高邮市率先试点驾培第四代人脸识别车载计时终端，8795名学员享受第四代车载计时终端提供的服务。探索学费资金“第三方托管”，学员驾驶培训学费托管在银行账户上，完成相应学时再将相应的学费给驾校和教练员，5.2万名学员使用“第三方托管”付费培训。实现教学车辆技术等级评定网上登记，检测不合格自动锁定相应车载仪。（扬交运）

■**航闸养护管理** 2019年，完成航闸养护投资4700多万元。建立省级专项养护3年滚动计划项目库；完成通扬线江都武坚镇2.8千米新建护岸工程、运西船闸大修工程；完成芒稻船闸上游靠船墩接长工程施工图审查；宝应船闸待闸锚地工程完成待泊区基坑开挖780米、驳岸墙基础及第一层墙身混凝土780米、第二层墙身混凝土600米，累计完成70%工程量；完成航道日常维护18项、船闸运行养护15项、船闸中修7项。完工项目质量优良率100%。开展干线航道环境综合整治，完成航道站、船闸管理所闸区环境整治工程。（扬交航）

■**内河航政管理** 全年累计完成航政巡航6.15万千米；加强对过闸船舶违法行为的查处力度，开展“两违”专项整治行动，制止违法行为31次，收取航道赔（补）偿费300万元；完成航道通航影响评价审核21起，办理行政许可9件；组织进企业、进工地、进社区等普法宣传36次，开展《江苏省水路交通运输条例》宣讲6次，发放各类航道法律法规单行本和宣传册500多册；集中学法6次，84人次参加万人学法活动；开展“规范执法行为、推进廉洁执法”专项整治，提升执法规范和文明水平。（扬交航）

■**航道科技创新** 《船闸水下检测交互式柔性机器人系统研究与开发》获中国水运建设行业协会科学技术奖二等奖，宝应船闸改造阀门限位装置技术获国家实用新型专利，通扬线航道整治科技示范工程获省交通运输厅立项，开展“横拉闸门门头运动轨迹检测技术”研究，牵头开展的全省干线航道网运行监测与调度指挥体系（“1+7”课题）研究完成中间成果审查。全系统开展11个QC小组活动，召开扬州航道QC成果发布会。其中通扬线航道整治工程、樊川船闸、宝应航道站等3个QC小组获部、省级“优秀质量管理小组”称号。（扬交航）

■**船舶建造技术监督** 完成建造检验218艘、57.6万总吨，分别增长66%、66.9%，总吨位占全省三分之一以上；新申请建造检验船舶344艘，增长175.2%；在建船舶326艘，增长188.4%；审图256套、产品检验1110套，分别增长256%、116%；完成营运检验2869艘。优化购买第三方服务，对新建船舶进行抽检抽查，对船厂诚信考核情况进行集中发布，提升船舶建造质量。服务长江岸线船厂关停，对22艘船舶制定一船一检验计划，在验船师安排、飞行抽查、政策保障等方面给予倾斜。内河造船数量上升，优化扬州造船行业结构，加快向大型化、集约化、特种化发展。（扬地海）

■**危险品船舶安全管理** 签订“海事+运管”航运公司联合监管协议，构建信息通报、信用管理、联合检查、联合约谈、联合惩戒等方面长期战略合作关系。全市内河集装箱运输量超1万标箱，清理40家水路运输企业老旧数据、注销46条船舶营运证，对2家涉及违规经营企业依法处罚。争取省级内河船型标准化清算资金1736万元。建立110多艘靠港危化品船舶档案清单并动态更新，对水路危险货物运输存在的安全风险进行研究评估。注重危化品船舶进出港申报审批管理，办理船载危险货物进出港申报审批2661艘次。注重源头管理，检验化学品运输船舶35艘、油船（油驳）247艘，督促开展散装化学品船和油船船员特殊培训493人次，组织开展船载危险货物申报员考核69人次。全面禁止单壳化学品船和600载重吨以上的单壳油船进入扬州市通航水域，主动干预危险化学品船舶混停56起。完成2019年南水北调东线调水期间危险化学品船舶禁航管控。

（扬交运 扬地海）

■**内河水上交通安全管理** 开展水上交通安全综合治理，实施水上交通安全系列整治活动，内河船涉海运输48艘，约谈航运企业7次17家；采取执法式检查、“四不两直”和随机抽查督查相结合方式，对全市辖区渡口、风景旅游区、危险品船舶、水上水下活动、航运企业等开展专业督查。运用“4+N”三联执法机制，实施联动执法13次；与镇江海事局、扬州海事局、苏北航务处构建党建合作联盟，全面构建“海事+运管”航运公司联合监管模式；联合第三方专业公司，选取苏中船务、瘦西湖文化旅游公司等2家航运企业试点构建双重预防机制。服务涉水重大活动，完成首届大运河文化旅游博览会、2019年运河文化嘉年华、省委主要领导视察等重要活动的水上安保，保障巡游船队42次，出动海巡艇266艘次。加强南水北调调水期间通航河道管理，对连淮扬镇铁路、331省道跨京杭运河大桥等重点工程实施全程行政指导服务。开展“水上交通安全知识进校园”主题活动，首次走进特殊教育学校。打造“一中心多基地”综合搜救格局，省级内河应急设备库、实训基地等4个工程投入使用，启动市内河搜救中心配套工程建设。组织无方案无脚本水上突发事件随机应急演练5次，开展旅游客船消防安全和人员自救、船舶失控应急处置、油品泄漏着火等应急演练。（扬地海）

■**港口安全管理** 2019年，全市港口安全生产形势平稳，未发生一起安全生产责任事故。印发《扬州市危险化学品码头整合提升方案》，增强危险化学品码头企业可持续发展能力；开展扬州市港口危险货物集中区域安全风险评估及防控能力研究，提高安全风险防控能力。危险化学品码头企业及重点普货企业安全主体责任全面落实，恒基达鑫和远扬公司通过一级标准化达标考评，其他危险货物港口企业通过二级标准化复评；强化安全生产风险管控，全市港口危险货物企业全部建立安全生产风险管控机制。强化港口安全监督检查和隐患整改，开展港口安全生产大检查，完成沿江86个常压储罐技术检测；委托第三方对全市15家港口危险货物港口企业及11家重点普货企业开展第三方安全综合监督检查，下发书面整改通知并持续跟踪推进，督促企业落实整改并做好闭环管理。

（扬交港）

■港口污染防治 加强港口船舶污染物接收转运处置能力建设，推进沿江港口船舶生活污水接收治理，扬州港区5家港口服务企业具备船舶生活污水接收能力；内河干线航道沿线港口码头船舶污染物接收设施全面建成，建成船舶生活垃圾接收设施35套、生活污水接收设施12套、油污水接收设施26套，并设置船舶污染物接收转运单位联系方式及监督电话公示牌；推进船舶污染物接收转运处置监管联单制度实质性运行。推进港口码头水污染防治设施建设，推进港口码头排水系统和污水处理系统改造，沿江主要港口码头水污染防治设施基本建成，海昌码头建成雨污分流系统，沿江散货码头中水回收利用率88.9%。强化港口码头堆场粉尘综合治理，推进港口大气污染防治设施建设，扬州港区1#、2#泊位和海昌码头建成防风抑尘网；督促企业严格落实堆场砂石料覆盖、车辆清洗、道路清扫洒水等防尘措施；沿江7家从事易起尘货种作业码头建成粉尘在线监测系统，安装监测设备27套。推进港口岸电设施建设与应用，沿江主要港口企业岸电设施全面建成，内河干线航道500吨级以上主要码头岸电设施建设有序推进。2019年全市建成10套港口岸电设施，覆盖16个泊位。

（扬交港）

■内河船舶污染防治 推进南水北调船舶防污染体系示范区建设，被继续列入省交通运输厅对扬州市“一市一试点”示范项目。打好蓝天保卫战，开展燃油抽检、封舱管理、秩序管控。配置燃油快速检测设备，实施船舶燃油抽检120艘次、快速检测41艘，并开出扬州市内河首张船舶燃油不达标罚单。加强封舱管理，累计电子巡查船舶3万多艘次，主动干预封舱不到位等情形200多起，打击船舶未封舱违法行为66艘次。加强秩序管控，将京杭运河328国道南绕城大桥至古运河口之间6.8千米划为船舶禁停区并设置电子围栏，累计驱离船舶150多艘次，强化关键区域船舶排放控制，放大船舶排放控制区效应。打好碧水保卫战，推进运行内河船舶污染物接收转运处置监管联单制，督促靠港船舶送交船舶生活垃圾1657次7019千克，运行垃圾联单67份，船舶污染物接收转运处置电子联单全面推广运行。试点运行首艘船舶污染物接收船，接收船舶生活垃圾173次655千克；针对性检查危险化学品船舶160多艘次，督促整改缺陷78起，严格危化品船舶网上申报2661艘次。开展危险货物运输船舶警示标识着色11艘。打好执法宣传持久战，开展“江河碧空”蓝天保卫一号行动、四号行动，船舶防污染一号行动，大气污染防治双月攻坚等专项整治；组织开展区域集中执法、重点专项执法、线上线下联动执法，组织各类执法活动28次，将135起防污染类案件录入市纪委监委“污染防治综合监管平台”；强化执法宣传，累计印制发放环保宣传手册6000份、环保垃圾袋1万个，在港口张贴《严控船舶污染物排放通告》实现全覆盖。（扬地海）

■非法码头整治 开展沿江非法码头整治“回头看”，全市22家沿江非法码头全部达到拆除到位、清场到位、防反弹到位的标准，已拆除的非法码头全部补植复绿或恢复自然岸坡。扬州市在省整治清单内的15家沿江非法码头通过省专项工作组销号验收，自查出的7个非法码头通过市级验收。开展长江干流岸线利用项目清理整治，牵头核查的18个明确拆除取缔的项目已完成拆除17个，10个需要整改规范项目已有9个完成规范提升，完成整治的26个项目全部通过销号验收。全面完成在省整治清单内的45个内河干线航道沿线非法码头整治任务，并通过省“五项行动”验收组专项检查，共计拆除并完成场地清理复绿44个、完成规范提升1个。（扬交港）

■进出港船舶 2019年，扬州海事局辖区进出港货运船舶8.14万艘次，增长33.66%。其中，国际航行船舶（含中国籍外贸船舶）进出港566艘次，减少0.8%；中国籍海船进出港7545艘次，增长34.85%；内河船舶（不含客汽渡船）进出港7.33万艘次，增长33.90%；辖区进出港船舶货运量1.10亿吨，增加8.16%；国际航行船舶货运量796万吨，增加7.35%；进出港船舶集装箱运输量51.54万标箱，增加2.4%。

（陈菊琴）

■船舶登记 2019年，登记在册船舶196艘，其中海船174艘、内河船22艘。设立抵押登记船舶11艘，年度办理债权数额1.50亿元。共办理船舶所有权登记41艘次、船舶国籍登记71艘次、船舶抵押权登记11艘次、帮助企业抵押融资1.84亿元，光船租赁登记24艘次、船舶注销登记32艘次、船舶变更登记25艘次。办理船舶识别号101艘次，办理船名审核46艘次，核发船舶最低安全配员证书71艘次。办理司法协助执行7次，船舶登记资料查询15次。（陈菊琴）

■航运公司管理 2019年，辖区有航运公司48家，建立运行安全管理体系的国内航运公司17家（新增3

家）。体系内公司扬州14家，淮安3家；海船公司8家，内河公司9家；化学品或油品运输公司12家，散杂货运输公司5家。体系内船舶139艘，增长3.0%，其中油、化类船舶123艘，占比88.5%。未建立体系的航运公司31家，非体系船舶207艘。开展航运公司日常监督检查68次，发现问题127个。开展安全管理体系审核108次，增长40.4%，其中公司20次，船舶88艘次。委托外单位审核1次，接收委托审核5次。签发符合证明（DOC）证书5份，临时符合证明（临时DOC）4份，DOC年度签注证书10份，船舶临时安全管理（临时SMC）证书33份，船舶安全管理（SMC）证书29份，给予SMC证书中间审核签注24次。（陈菊琴）

■**船舶载运危险货物管理** 2019年，受市场因素影响，危险品吞吐量和进出港艘次均大幅度下降。扬州海事局办理船舶载运危险货物（不含固体散装货物）申报审批1780艘次，其中内贸危险品申报1694艘次，外贸危险品申报86艘次，分别下降41.56%、29.59%、86.56%。辖区危险品吞吐量221.3万吨，其中内贸危险品吞吐量209.5万吨，外贸危险品吞吐量11.8万吨，分别下降39.36%、33.73%、75.84%。（陈菊琴）

■**海事行政处罚** 2019年，实施海事行政处罚818起（839件）。其中，罚款206.49万元，扣留船员证书1件，未按规定航路航行290件，未按照规定标明船名、船籍港、载重线或者遮挡船名、船籍港、载重线79件，船舶停泊未按规定留足值班人员70件，分别占行政处罚案件总数的34.6%、9.4%和8.3%。（陈菊琴）

■**船舶试航与监督检查** 2019年，扬州海事局开展船舶检验质量现场监督检查、船舶建造重要日期确认、船舶吨位丈量复核、外国驻华验船公司或代表机构检验行为监督管理。完成91艘船舶检验质量监督检查，其中沿海船舶14艘、内河船舶77艘，占参加安检船舶总数的16.95%；发现船舶检验质量重大缺陷5艘次。确认137艘次船舶建造重要日期，吨位丈量复核抽查21艘次船舶吨位。办理船舶下水（出坞）报备198件，增加7.61%；办理船舶试航报备162件，增加52.83%。（陈菊琴）

■**船舶安全检查** 2019年，扬州海事局开展中小型船舶突出违法行为专项整治，救生设备专项检查、船员履职专项检查，开展“船舶应急系统和程序”港口国监督集中检查活动，以及武汉世界军运会期间入汉、第二届中国国际进口博览会期间入沪及进入珠海船舶专项检查活动，利用船舶安全检查手段履行在港船舶海事监管职能。实施海船安全检查74艘次，实施内河船安全检查446艘次，实施船旗国监督检查必检船+应检船+可检船检查率8.17%；实施船舶现场监督检查405艘次，应检船+必检船检查率10.19%；实施港口国监督检查26艘次，应检船检查率42.11%，应检船+可检船检查率45.61%。（陈菊琴）

■**水上巡航与搜救** 2019年，扬州海事局管辖水域有长江江都段、三江营夹江、和畅洲北汊倒套、扬州港区、仪征捷水道和仪征水道北岸侧。在编海巡艇7艘（其中2艘国庆节后列编），巡航3505艘次，出动巡航执法人员7428人次，巡航6693小时，巡航里程8.75万海里。紧扣水上交通安全监管中心工作，开展日常巡航巡查，持续运用AIS/GIS信息化系统与视频监控相结合开展电子巡航，加强辖区嘶马弯道等重点水域的巡航驻守。按照水上巡航救助一体化原则，在执行24小时应急待命值班制度的同时，加强船艇水上搜救装备配置和事故险情应急救助行动，参与和指导港航单位开展日常应急演练。接到辖区内水上突发事件报警46次，组织、协调搜救行动42次，成功救助遇险船舶88艘、遇险人员270人，人命救助成功率98.9%。（陈菊琴）

■**水上交通安全专项整治与隐患治理** 2019年，扬州海事局贯彻实施《长江江苏段船舶定线制（2013）》规定，实施长江干线水上综合执法。做好节假日以及全国“两会”、台汛期百日安全等重要时段水上交通安全监管和应急值守，统筹开展船舶进出港报告专项整治、进江海轮安全管理年、中小型船舶突出违法行为整治等各类专项活动。实施安全风险分级防控和隐患排查治理双重预防机制，管控辖区主要安全风险，排除辖区涉水港航单位和船舶的事故隐患，排查治理事故隐患41个，发放事故隐患整改通知书41份、安全管理建议书6份，保障辖区水上交通安全形势的持续稳定。（陈菊琴）

水利

Shuili

编　辑　陈永华

综述

■**概况** 2019年，扬州市水利各级财政投入超30亿元。推进重大水利工程建设。长江堤防防洪能力提升一期工程全面完成，二期工程全线开工；长江镇扬河段三期工程、长江崩岸应急治理工程建成；瓜洲泵站投入运行，乌塔沟整治工程启动实施，城市"外防、内排"水安全大格局全面形成。里下河洼地治理工程开工，仪扬河朴席段、高邮横泾河、仪征龙河等治理工程建成使用，提升重点区域防洪排涝能力。推进南水北调东线二期工程专项研究，完成3个送水方案初步分析，启动编制《防汛抗旱工程补短板实施方案》。推进生态河湖建设。槐泗河、横沟河整治工程加快扫尾，宝带河、安墩河、西沙河水系调整工程全面完成。宝应县省管湖泊退圩还湖项目通过省财政PPP库项目公示，完成6个湖泊实物量调查；高邮市高邮湖退圩还湖工程实施方案获省水利厅批复，明确以PPP方式实施。创成3个省级生态清洁小流域，总数位列全省第二位。省政府对扬州市政府2018年度水土保持目标责任考核获优秀等级，位列全省第二位。实施农村水利建设。完成疏浚整治县、乡河道117条、村庄河塘504条，建成35条农村生态河道；全市农村河道"四位一体"综合管护或财政购买服务基本实现全覆盖，6个县（市、区）农村河道管护省级考核全部获评第一等次，首次实现全覆盖。高邮灌区、宝应泾河、永丰，江都三阳河中型灌区年度节水配套改造任务全部完成。全市农田灌溉水有效利用系数达0.63。宝应县农村饮水安全巩固提升工程全面完成，受益人口9.9万人，全市"十三五"农村饮水安全目标任务完成。加大水资源管理与节约保护力度。持续加强水源地保护，里运河清水潭、高邮湖马棚湾应急备用等县级以上水源地以及里运河邵伯、高邮湖菱塘等乡镇区域供水水源地完成达标建设。推进节水型社会建设，创成69家省、市各类节水载体。全市县级以上集中式饮用水源地、规模以上入河排污口水质以及骨干河湖水质、水生态和水文要素均实现常态化监测。完成取水工程核查登记2359个并规范整改。河湖与水土保持监管。市、县两级河长湖长巡查512人次，签发各级河长湖长交办单535份，交办事项反馈率100%。完成大运河沿线153家砂石码头（泊位）、小船厂和混凝土搅拌站规范整治。开展市级文明工地评选，推选出槐泗河二期整治工程等5个市级文明工地；瓜洲泵站工程Ⅲ标和安墩河水系调整工程Ⅱ标获省级文明工地。（徐冬蓓）

■**水利规划** 完善水利规划体系。基础类规划编制，开展"十四五"水利规划，完成"十四五"水利发展规划思路研究及重点工程项目汇总；开展扬州防汛抗旱工程补短板实施方案研究，为"十四五"期间重点工程补短板提供项目支撑；开展水利现代化思路调整研究，梳理"十三五"以来扬州市水利建设情况，提出下一阶段水利现代化目标调整的主要思路，为水利发展规划研究提供可行的思路；重点推进水利基础设施空间规划编制，按省水利厅部署，会同市自然资源与规划局，共同推进扬州市水利基础设施空间布局规划，完成《扬州市市级骨干水利工程国土空间规划工作大纲》，形成《扬州市水利基础设施空间布局规划编制工作方案（初稿）》。重视规划延续性，全面完善各类规划。配合省水利厅，全面完成涉及扬州市的里下河区域规划、白马湖高宝湖地区水利规划等规划的审查，并形成市级规划单行本；配合扬州市城市总规的修编工作，完成扬州市防洪排涝规划、扬州市城市水系规划、扬州水乡复兴综合水战略研究等3项专项规划的修编，并通过与市自然资源和规划局的联合审查。重视规划前瞻性，开展发展性市域重大水问题研究。启动扬州市沿江骨干河道水生态治理实施方案的研究。针对沿江9条骨干通江河道及4个重要生态河口开展河道生态治理研究，结合区域发展需求，形成《扬州市沿江骨干河道水生态治理实施方案工作大纲》。配合开展南水北调东线二期工程研究。根据省水利厅、省南水北调办对南水北调东线二期工程规划工作的统一部署，配合开展研究。1月完成并提交800立方米/秒和1000立方米/秒抽江规模初步研究成果，对6月新提出的抽江870立方米/秒规模开展影响工程研究；主体工程线路方面，扬州境内主要对 “运西专道输水”“运西半专道输水”“运西全湖输水”3种工程方案进行比选。市水利局联合省水利勘测设计研究院委托中科院南京地理与湖泊研究所开展扬州境内不同输水方案对两湖的影响的研究，形成初步成果报省南水北调办公室。

工程项目前期工作。流域治理方面。配合省水利厅完成国家发改委对淮河洼地治理工程的审查，工程获批并开工建设；总投资53亿元的扬州市长江防洪能力提升工程前期工作取得进展，其中一期工程10亿元项目基本完成，二期工程获批开工。区域治理方面。开展列入灾后水利薄弱环节项目的前期工作，沙河泵站、小龙涧泵站形成可研报告并上报待批。针对2019年出现的旱情，对全市的水情、旱情、灾情进行梳理，布置沿运各县（市、区）对灾后应急项目进行初排，提出灾后应急项目的治理思路和主要工程内容并上报省水利厅汇总。自主项目方面。城区防洪圈上重点项目乌塔沟整治工程开工建设；槐泗河综合整治二期工程、横沟河整治工程等完成前期工作并开工建设，完成工程量超70%。项目储备方面。万福南闸工程水工程规划同意书论证报告形成初稿；可行性研究报告形成初稿。

水利规划管理。将防洪规划、区域规划等对地区水系的相关要求，落实到地方组织实施的环境治理、黑臭河道治理、水利改造等项目中。同期办理规划同意，办理槐泗河二期、乌塔沟整治工程、江都通南引水工程、横沟河、仪扬河码头段整治等工程的规划同意或相关的技术审查意见。

水利统计。完成水利建设进度月报、水利综合统计年报、水利基建编制年报、水利服务业年报、水利全社会投资统计月报等统计数据报送任务。强化规范性，加强统计数据分析，通过统计数据反映工程进展情况和项目建设中存在的问题。

（规计处）

■**水利工程建设管理** 2019年，全市各级财政投入水利建设超30亿元，在全省水利工程质量考核中位居前列，无质量事故、未发生安全生产事故，2个工程获“省文明工地”称号。提升项目管理水平。修订出台《扬州市水利工程建设招标投标管理实施细则》《扬州市水利工程建设信用管理实施细则》《扬州市水利工程文明工地建设管理办法》等3部规范性文件。完成稽察项目5个，下发整改意见5份，提出书面整改意见86条、口头意见223条。市、县两级组织验收活动12次，其中竣工验收3次，机组启动、水下工程等阶段验收9次。规范招投标管理。水利工程电子招投标系统稳定运行。实现全程电子化交易，各类水利工程均进入市公共资源交易中心实行集中交易、集中监管，进场交易率100%。至12月底，80个项目108个标段在市公共资源交易中心完成招投标工作，项目总投资额6.79亿元。实施招标文件审查制度。严格审查招标计划、分标方案、资质资格、评标办法等，杜绝发生限制潜在投标人的现象。加强水利市场监管。根据《水利部关于促进市场公平竞争，维护水利建设市场正常秩序的实施意见》，重点围绕出借借用资质、围标串标、转包、违法分包等违法违规行为进行检查，对部分项目法人、施工单位、设计单位、咨询服务单位和责任人进行约谈、责令整改、经济处罚等处罚措施，开出1项行政处罚决定。安全生产。制定印发《2019年全市水利工程建设安全生产工作要点》和安全监督检查计划，检查市管项目7个，抽查县管项目6个，市级指导、县（区）实施的项目24个标段，结合日常稽察和质量安全监督活动共发现安全隐患126个，主要涉及脚手架搭建、边坡安全防护、临时用电、消防器材缺少或失效、高空作业人员安全带佩戴等，针对安全隐患，每个项目建立隐患整改责任清单，限时整改，责任到人。开展安全标准化创建，有水利安全生产标准化一级单位2家，二级单位9家（其中施工企业6家，运行管理单位3家），三级单位6家。全市水管单位三级安全标准化创成5家（江都4家、仪征1家）。加强工程质量控制。开展质量考核，组织3个考核组对各县（市、区）进行考核，累计抽查考核项目12个，相关问题进行整改。开展质量统计分析，完成年度水利建设工程质量状况统计分析报告编制，采用大数据方式分析比较质量管理工作成果。开展质量监督，市级累计开展质量监督活动80次，发出质量监督通报5份、监督检查意见表60份。提升监督管理能力，举办4次建设管理与质量管理培训班，培训500多人次。强化工程验收管理。完成扬州市瓜洲泵站工程施工三标、槐泗河水系干河综合整治二期工程、扬州市长江防洪能力提升堤防加固一期工程（开发区）施工Ⅲ标、大学路南延项目水系调整工程西沙河水系调整工程等工程的水下阶段验收。完成扬州市瓜洲泵站工程泵站机组启动验收。完成扬州闸加固完善配套工程、江都区红旗河（反修河—波庄河段）整治工程、仪征市泗源沟二期整治工程（梅家沟东—龙河段）等工程的竣工验收。加强信用管理。配合做好省水利厅对参建单位季度履约考核，完善诚信体系建设。市水利局根据《扬州市水利工程建设信用管理实施细则》（2018年修订），对参与2019年度水利工程项目建设的29家从业单位及87名人员进行信用等级评定，将评定结果与招投标活动挂钩。规范水利工程建设市场秩序，建立水利工程建设领域诚信体系的守信激励和失信惩戒制度。开展文明创建活动。组织各参建单位开展文明工地、优质工程创建活动，长江镇扬河段三期整治工程世业洲左汊潜坝工程施工标、槐泗河水系干河综合整治二期工程施工Ⅰ标被评为2019年江苏省水利工程建设文明工地。市水利局出台《扬州市水利工程文明工地建设管理办法》，开展市级文明工地的申报，槐泗河水系干河综合整治二期工程施工Ⅰ标、长江镇扬河段三期整治工程世业洲左汊潜坝工程施工标、扬州市长江防洪能力提升堤防加固一期工程（广陵区）Ⅴ标、扬州市长江防洪能力提升堤防加固一期工程（江都区）施工Ⅲ标、高邮灌区2019年度续建配套与节水改造项目施工Ⅰ标五项工程被评为市级水利文明工地。（基建处）

■生态河湖建设 推进长江岸线利用项目清理整治。梳理和细化中央、省环保督察“回头看”反馈和省政府下达的长江岸线利用项目，形成问题清单、责任清单交办沿江县（市、区）政府（管委会）。检查核实31个长江岸线利用整治项目，完成整治任务，拆除各类建筑物3万平方米，恢复生态岸线3.8千米，场地复绿面积40万平方米，其中国家下达的17个拆除取缔项目通过省级销号验收。编制《扬州市长江岸线保护利用规划》。总投资53亿元的长江堤防防洪能力提升工程，一期工程10亿元全面完成，二期工程全线开工；总投资6亿元的长江镇扬河段三期工程、长江崩岸应急治理工程，护岸总长41.7千米，2019年全面建成发挥效益；加强长江嘶马弯道、六圩弯道、仪征水道、仪征幸福河口坍江段等重点河段的河势监测，为分析河势变化和采取处置措施提供技术支撑，保障长江河势稳定和防洪安全。编制《长江镇扬河段世业洲左汊仪征市幸福河口段应急治理工程设计报告》，经省发改委、水利厅批复。开展大运河砂石码头整治，153家砂石码头（泊位）、小船厂和混凝土搅拌站全面规范整治到位。开展全市范围内沿江沿河沿湖重点区域的固体废物非法储存、倾倒和填埋点排查、整改工作，大运河管理范围内共排查出7个点，清理固体废物垃圾2810立方米。4月，省水利厅批复《高邮湖（高邮市）退圩还湖实施方案》，市水利局6月转批。总投资25.2亿元宝应县省管湖泊退圩还湖项目通过省财政PPP库项目公示，完成广洋湖、兰亭荡、大凹子圩、宝应湖、白马湖、高邮湖等6个湖泊退圩还湖涉及的房屋、耕地、船只、树木及坟墓等实物量调查；确定高邮湖和兰亭荡段作为先导段将由省水源公司先行实施。高邮湖（高邮市）退圩还湖工程实施方案获省水利厅批复，高邮市政府与省沿海集团签订战略合作协议（由省沿海集团和高邮市建投集团联合以PPP方式实施）。介入广陵新城地块退让、大运河博物馆、345省道、城区快速路改造、广砖线迁改工程等建设项目，帮助建设单位办理手续。严格建设项目占用水域补偿，加强水域管理与保护，涉及水塘水域填埋的，执行等效补偿制度，由建设单位编制等效补偿方案，报水利部门批准后实施。与市自然资源部门建立规划编制沟通机制，城区所有开发区域，开发前先编制水系规划，报水利部门批准后，纳入城市规划管理。提高涉水项目审批效率，制订《扬州市河道管理范围内涉河项目事中事后监督管理规定》，推行防洪影响评价与补偿方案一次性审查，建立回访制度。（运管处）

■水利工程质量监督 2019年，全市接受水利工程质量监督工程18个，开展质量安全监督活动80次，发出质量监督通报5份、质量监督检查意见表60份，水利工程建设领域未发生一起质量安全事故。

完善质量监管体系，落实质量监督责任。制定《关于加强全市水利工程质量核备（备案）工作的通知》《关于加强全市水利建设工程质量责任主体项目负责人质量终身责任制工作的通知》《关于加强不合格项目台账资料报送工作的通知》。强化监督检查力度，探索质量监督执法。签发《质量监督检查意见表》，由相关责任人当场签收，落实问题整改责任；结合日常开展质量安全监督检查的情况进行季度履约考核，直接影响施工单位的信用等级；对问题严重的，直接现场下发《停工通知书》，责令整改到位才能复工，对其现场违反设计文件和相关规范的情况进行取证，填写《水利工程质量安全申请行政处罚移交单》，由水政支队进行调查处理。聘请专家与委托检测相结合，丰富质量监督手段。聘请专家20多人次，委托有资质的检测单位对受监工程的实体质量进行抽检，重点工程达到全覆盖，保障工程质量符合设计和规范要求。带领全市工程建设安全生产管理人员赴省级重点工程现场，开展现场教学，提高安全生产管理水平。（质安站）

■水政监察 加强队伍建设，提升执法能力。组织集中授课，选派新录入人员参加有关机构组织的学习活动，通过以老带新方式培养新录入人员。加大投入，提升执法保障。完成市本级长江采砂管理执法基地管理用房修缮，整合利用广陵治江管理所岸线，建造码头，打造趸船，购置执法艇，修缮管理用房，设立支队、水上公安、广陵大队值班室、宿舍等，为靠前指挥、灵活机动打击非法采砂提供保障。规范执法行为，配备必要装备。市水政监察支队（简称支队）2019年购置夜视仪、定位仪等一批26万元的执法装备。强化制度，规范行政行为。支队依法及时主动向社会公开有关行政执法信息，在单位醒目位置对执法活动的具体要求等相关执法信息进行公示；明确执法过程中现场拍照记录入卷规范、执法记录仪及其他录音录像设备录制的音像资料保管方式。确保每件行政执法案件有记录、有案卷，执法文书规范，案卷完整齐全；在作出行政处罚决定前，严格履行法制审核程序，将案件提交局法规处进行法制审核，落实负责人集体讨论制度。保证依法行政，强调文明执法，加强责任追究。加强内控体系建设，对水行政处罚及规费征收工作按照流程图，明确风险点及预控措施，严格遵守集体会商制度，执行水行政执法的自由裁量标准，做到自由裁量不“自由”，程序严密、权责清晰、监管有效。支队全年处理各类水事举报及上级交办45件，立案查处侵占河道案1起，水资源征收案3起，扬尘防治案1起。支队会同市水利局河道处开展古运河、仪扬河渔网渔簖清理专项整治行动；配合扬州经济技术开发区有关部门，依法拆除扬州源利建材商贸有限公司位于施桥镇永顺村江滩、堤坝上的简易房及电力设施；拆除清理友僮亲子游乐场，恢复长江滩地2000多平方米，打击河湖“两违”“三乱”等行为。采砂管理。沿江各地均由政府牵头，成立采砂管理工作联席会议制度，落实地方人民政府行政首长负责制。落实长江采砂管理巡查制度，在重点水域和时段加大巡查密度。节假日、双休日及工作日夜间加强值班巡查，对宁镇扬、镇扬泰等敏感水域不间断巡查，发现情况及时解决，对有些采砂船利用交界水域逃避打击的行为，支队协调会商相邻执法部门，形成打击合力，避免出现管理盲区。安装高清监控，实时查看动态画面，增强管理主动性。全年出动执法车（船）205辆（航）次，出动执法人员603人次，有效拆除采砂机具17台（套）。对17个堤防占用单位和29个水土保持单位依照法律法规征收费用，做到应征尽征。全年征收堤防占用补偿费143.20万元，征收水土保持补偿费300.76万元。（水政支队）

■**水利科技** 2019年，市水利局组织申报省级水利科技项目8项。做好在研项目中期指导，按照项目合同要求，加强在研项目定期检查，梳理进度，对发现的问题开展督查，项目完成后，申请省级验收，保障水利科技项目按时结题。推进信息化建设。围绕市政府“云上扬州”建设行动计划，在“水资源智慧调度”实施方案的基础上，组织编制并形成《扬州市城区智慧水利综合调度系统建设方案》。主城区221平方千米范围内新增工程集控管理系统、智慧水利能力中心、城区水利智慧调度系统和物联网感控系统，总投资7000万元。建设方案于12月5日通过专家内部论证，按专家意见修改完善到位，送市总集成单位复核。推广应用新技术。宣传水利部科技推广项目，要求建设、设计、施工单位结合工程实际，引进上级水利部门推广的新技术、新工艺、新材料。围绕城市水利建设，开展国内外水利先进适用技术试用示范、培训推介等工作，重点是为基层水利单位提供各类先进适用成熟的新技术、新材料、新工艺、新产品搭建技术供需平台，解决技术持有单位与基层需求单位之间信息不对称等问题。2019年重点推广应用一体化机泵、绿化混凝土护坡、高分子板桩等先进适用水利科技产品，提升水利工程建设的科技含量。（科技处）

水利工程建设

■**长江防洪能力提升堤防加固工程** 长江防洪能力提升堤防加固工程为新中国成立以来扬州市自办的一次性投资最大的水利工程，总投资53亿元。工程按100年一遇防洪达标建设，管理按2级堤防达标。计划加固堤防约137千米，除险加固建筑物126座，贯通堤顶道路145千米。工程分两期实施，一期工程投资10亿元，于2018年底开工建设，加固堤防29.2千米，建筑物40座，2019年主体工程全部建设完成，年度完成投资7.19亿元；二期工程投资约43亿元，11月底市发改委批复工程初步设计，12月工程进入施工准备和招投标阶段，征迁工作全面启动，2019年完成投资3亿元。（建设中心）

■**瓜洲外排泵站工程** 瓜洲外排泵站工程总投资5.5亿元，其中工程投资3.2亿元、征迁投资2.3亿元。工程于2016年12月5日开工建设，至2019年底，基本完成施工Ⅰ标（桥梁工程）、施工Ⅱ标（引河工程）、施工Ⅲ标（主体泵站）、施工Ⅳ标等主要工程建设内容，完成施工Ⅰ标（桥梁工程）、施工Ⅱ标（引河工程）单位工程暨合同工程完工验收，以及施工Ⅲ标（主体泵站）水下工程、机组启动阶段验收工作。累计完成土方开挖77万立方米、土方填筑37万立方米、混凝土8.74万立方米，年度完成投资1.03亿元，累计完成工程投资4.98亿元，完成工程总进度的99%。泵站设计流量170立方米/秒，主城区防洪排涝标准由不足10年一遇提高到20年一遇。2019年6月26日瓜洲泵站正式投入使用。（建设中心）

■**长江镇扬河段三期整治工程** 长江镇扬河段三期整治工程是国家172项重大水利工程之一，2016年工程经国家发改委批复后正式实施，2017年2月正式开工建设。扬州市工程投资5.1亿元，工期36个月，工程主要实施护滩27.8万平方米，河床防护10.5万平方米，新建、加固护岸18.57千米，抛石266.5万立方米。2019年工程全部完工，年度完成投资1.56亿元。（建设中心）

瓜洲泵站　张卓君/摄

■长江干流江苏段崩岸应急治理工程 长江干流江苏段崩岸应急治理工程扬州市境内工程主要包括江都段和仪征段，其中江都段工程位于长江嘶马弯道杨湾港上段、仪征段位于青山小河口—潘家河河口之间。江都段工程为长江嘶马弯道杨湾港上段2.4千米抛石护岸，采用散抛石护脚防护；仪征段工程为小河口段新建护岸1.1千米，包括水上护坡和水下护脚，采用散抛石与主动式钩连体防护。工程投资1.17亿元，省级以上补助70%，2018年10月全面开工，2019年底全部完成，加固护岸3.5千米，抛石36.7万立方米，钩连体抛投20万个，年度完成投资6067万元。（建设中心）

■古运河束窄段整治工程后续项目 古运河束窄段整治工程后续项目位于扬州市瓜洲泵站引河口，主要建设内容为新建U形板桩护岸、生态混凝土护坡，拆建、新建墙顶以上河坡绿化及其附属设施，实现高速公路南侧古运河东岸挡墙护砌与瓜洲泵站引河护坡的无缝连接，资金来源为古运河束窄段整治工程结余资金，批复设计概算437.66万元，2019年工程全部完成，并通过工程审计和完工验收。（建设中心）

■淮河流域重点平原洼地治理工程 淮河流域重点平原洼地治理工程总投资67亿元，扬州市境内投资9.09亿元，计划总工期48个月，2019年11月全面开工建设，计划于2023年全面建设完成。工程集中在宝应县、江都区境内，主要内容为河道拓浚整治总长75.02千米，退建、加固堤防合计20.02千米，新建护岸23.11千米，新建、拆建桥梁27座，治理涵、闸、站72座。2019年征地拆迁工作全面启动，土方开挖60万立方米，完成投资2亿元。（建设中心）

■槐泗河水系干流综合整治二期工程 槐泗河水系干流综合整治二期工程位于扬州市城市北部地区，干流流经邗江区与蜀冈-瘦西湖风景名胜区，是邵伯湖通湖涧河中的重要引排支河之一。2018年11月开工建设，干河主要建设内容为清淤疏浚5.5千米，新建截污管网7.28千米，新建污水提升泵站6座，新建保水闸桥1座，沿线建筑物拆建等。2019年工程全部完成，完成投资3.01亿元。（建设中心）

■仪扬河朴席段整治工程 仪扬河朴席段整治工程位于朴席境内仪扬河段河道（龙河—乌塔沟段），工程主要建设内容为整治河道长5.72千米，其中河道疏浚5.72千米、河坡护砌7.22千米、堤防加固2.24千米、堤防防渗处理0.5千米、拆建沿线建筑物12座（穿堤涵洞9座、排涝泵站3座），新建防汛道路5.10千米。工程初步设计2018年5月经江苏省水利厅批复，批复工程概算投资6601万元，其中塔影站、带子站省级以上补助66万元，其余工程省级以上补助3562万元、地方配套2973万元。工程于2018年10月开工，2019年底完成，待开展完工验收，年度完成投资4501万元。（建设中心）

■高邮市横泾河上段整治工程 高邮市横泾河上段整治工程位于横泾河上段西起运河东堤脚下马棚陈桥，东至三阳河，涉及沿线高邮经济开发区、龙虬、三垛等3个镇（区）。工程主要建设内容为疏浚河道20.6千米，河坡护砌4.49千米，加固圩堤7.58千米，拆建穿堤闸站7座、涵洞6座等。2019年工程全部完成，并通过验收，年度完成投资4501万元。（建设中心）

■仪征市龙河治理工程 仪征市龙河治理工程批复概算投资6235万元，于2019年7月20日开工建设。2019年完成疏浚河道4.5千米，河坡护砌8千米，堤身加固6千米，搅拌桩抗滑稳定加固、填塘固基、灌浆防渗处理已完成，沿线18座建筑物拆建改造完成80%，防汛道路和绿化尚未实施；2019年迁坟全部完成，公益林砍伐完成95%，房屋及附属物拆迁完成95%。年度完成投资5235万元。（建设中心）

农村水利

■概况 2019年，全市完成农村水利投资5亿元。主要疏浚农村河道土方1078万立方米，建成35条农村生态河道；更新改造农村供水管网77千米；完成农业水价综合改革面积10.35万公顷；农田灌溉水有效利用系数达0.63。（农水处）

■农村河道疏浚整治工程 2019年，全市疏浚县、乡级河道117条、村庄河塘504条，土方1078万立方米。建成35条农村生态河道。加强农村河道长效管护，健全管护网络，落实管护经费。建立健全农村河道日常巡查和监督检查机制。（农水处）

■灌区续建配套与节水改造 2019年，全市加快大中型灌区骨干工程建设，实施完成高邮灌区、宝应泾河灌区、永丰灌区，以及江都三阳河灌区节水改造项目，完成年度投资1.7亿元。完成各县（市、区）中型灌区节水配套改造与提档升级规划编制；开展“十四五”大型灌区续建配套与现代化改造规划编制。开展大型灌区管理标准化建设，加快智慧灌区信息化系统建设。（农水处）

■水土保持 省政府对2018年度水土保持目标责任进行考核，扬州市获优秀等级，位列全省第二位。全年治理水土流失面积10平方千米；创成3个省级生态清洁型小流域，数量位列全省第二位（全省15个）。对县级人民政府水土保持目标责任考核，组织各县（市、区）完成水土保持规划编制。落实生产建设项目水土保持“三同时”制度，开展生产建设项目水土保持监督执法专项行动。制订《扬州市长江经济带生产建设项目水土保持监督执法专项行动实施方案》，梳理排查出45个“未批先建”和2个“未验先投”

项目按期完成整改；做好审批权限范围内水土保持方案审批。2019年，全市审批生产建设项目水土保持方案113项，涉及水土流失防治责任范围15.47平方千米，水土保持总投资8.38亿元。对已审批的生产建设项目开展"双随机一公开"监督检查，以及水土保持设施自主验收报备核查。5月、7月、11月分3次对已批复水土保持方案且已开工的项目进行现场监督检查，对已报备完成的生产建设项目进行水土保持设施自主验收报备核查。做好行政审批项目的上门回访，组织各县（市、区）利用专用App赴现场完成对669个水利部、49个省水利厅遥感监测发现的生产建设项目水土保持扰动图斑疑似违法违规项目进行现场复核，对违法违规项目进行查处，要求限期整改。

（农水处）

■农村饮水安全巩固提升工程 宝应县实施农村饮水安全巩固提升工程建设，加快城市供水管网向农村延伸，完成投资4830万元，铺设供水管网77千米，受益人口9.9万人。"十三五"农村饮水安全巩固提升工程规划任务全部完成。

（农水处）

■农业水价综合改革 先后出台农业用水精准补贴和节水奖励相关文件，落实节水奖励资金和精准补贴资金；安装流量计、量水堰、计时器以计时折水量等计量设施1.3万处，基本实现大、中、小型灌区计量设施全覆盖，促进农业用水方式由粗放式向集约化转变。2019年，全市完成农业水价改革1035平方千米。"十三五"以来，全市累计完成农业水价改革面积2312平方千米，占改革总面积的87.3%。

（农水处）

城市水利

■概况 2019年，市水利局围绕年初签订的目标责任状，推进"河长制"长效管护，加强城市水利建设工程的督查，指导县（市）黑臭水体整治，探索和研究城市河道管理体制。完成城区河道水质、水位、水面达标管理任务，城区水环境大部分时间保持在良好水平。

2019年，通过开启扬州闸为古运河引水换水9亿多立方米；平山堂泵站开机1.40台时，补水1.27亿立方米；沿山河西闸站换水694.8万立方米，新城河涵洞为新城河换水5221.5万立方米，黄泥沟涵为揽月河换水1319万立方米，四望亭闸为四望亭河换水5032万立方米，沿山河村灌溉238万立方米。通过黄金坝闸、瘦西湖活水泵站抽大运河水，为中部、西部水系提供活水水源，实现瘦西湖及玉带河、护城河、小秦淮河、二道河等中心城区河道以及新城河等西部河道的清流活水。经曲江泵站和通运泵站引大运河水入沙施河、七里河，为东南片区水系提供活水。强化保洁，保持清水质量。每天定人、定河段对河道进行卫生保洁，打捞水面漂浮物，明确所属社区清扫沿河风光带、沿河小道、岸坡及平台。闸站运行、河道管护实行市场化管理。通过向社会购买服务的方式确定闸站运行及河道保洁单位，选择泵站运营维护与河道保洁单位参与管理。依托城区水环境智慧调度系统工程，对主要机电设备进行二维码编码，将设备主要性能参数和维修养护记录等以数字形式集约管理，使设备管理从粗放式向智能化升级。汛前以沿山河等排涝泄洪河道为重点，对扬州城区骨干河道进行拉网式巡查，排查河道阻水、坝头等情况，确保汛期城区骨干河道的畅通。开展水行政执法，发挥河道监管功能，查处多起沿河扒翻种植、违章搭建、泥浆水下河等各类违章现象。全年组织监察队员对市区景观河道、重点水利设施巡查1550人次，现场制止一般水事违法事件65起，警告违法行为16起，立案查处2起，依法铲除城区河道管理范围内违章种植21处，依法强制拆除区河道管理范围内违章搭建、圈围5处，依法封堵入河排污口6处。实施大学路南延项目水系调整工程和宝带河整治工程，黄金坝闸站创成省三级水管单位。

（城水处）

■河道管护 牵头完成2019年度城区河道管护市级考核，配合完成2019年全市河道管护市级考核。开展城区河道日常督查和不定期抽查，将发现的问题反馈相关单位并督促整改。推进城区河道日常管护采用公开招标方式落实管护单位，实现纳入二类河道管护考核名录的河道

河道清洁工在打捞垃圾　司新利/摄

全部落实管护单位，绝大多数采用政府采购形式招标。针对管护矛盾较大的县级交界河道，明确河道日常管护责任单位和管护要求，提高管护效果。（城水处）

■黑臭河道整治 落实整治后河道管护、活水保障等，协调做好相关举报通报的整改反馈工作；牵头做好水利部太湖局到扬州市开展城市黑臭水体治理调研检查；配合完成生态环境部和住建部关于黑臭水体的专项督查的迎查。督查县（市）黑臭水体项目，组织人员对项目进展情况定期进行跟踪督查，每月23日前，汇总项目进度，现场指导施工单位和责任单位，确保工程按序时推进。至年底，高邮市香沟河和仪征市梅套排水沟等5个项目完成，宝应县宋泾河整治工程进行拆迁。（城水处）

■城市水利项目建设管理 做好城区河道整治工程可研、初设、实施方案和小片区规划调整等技术审查、审批工作。完成宝带河整治工程初步设计技术审查、扬州市区防汛排涝泵站更新改造（2019—2021）工程规划批复、《东南片区防洪排涝规划中大学南路以西片（三湾片区）水系规划》审查、《横沟河综合整治工程（水利部分）初步设计报告》技术审查、《广陵区湾头特色小镇防洪除涝规划》批复，完成《扬州市生态科技新城水环境综合整治工程—韩万河综合整治二期工程初步设计报告》的行政许可决定审批。对列入民生幸福工程以及重大城建工程的城区河道整治工程进行督查，将15个城市重点水利项目督查记录、进度数据汇总报市政府。重点督促实施宝带河综合整治工程。（城水处）

水利工程管理

■南水北调送水管理 沿运用水管控和堤防巡查防守。抗旱期间，扬州市累计向北送水超75.85亿立方米；修订完善各类预案，组织对沿线涵闸和堤防安全进行不间断巡查。督促指导沿运各地成立班子，落实沿线薄弱堤段巡查人员、防汛物资和抢险队伍，巡查情况每日一报、遇有突发情况随时上报，送水期间累计巡堤1000多人次。实施完成省、市级防汛和维修项目18个768万元，确保南水北调安全送水。（运管处）

■河湖和水利工程管理范围划定 省下达的扬州市河湖和水利工程管理范围划定总任务3300千米，包括49条省骨干河道、5座省管湖泊以及1个中型水库、3座小型水库、42个中小型闸站工程。2019年，全市实际完成划界总长4045.8千米，河湖和水利工程管理范围划界现场勘界设桩超额完成，9个实施单元全部通过市级技术预验收和县级验收，成果数据纳入自然资源和规划部门信息系统。（运管处）

■水利工程规范化管理 2019年，制定完善各个工程管理实施细则，严格对照执行，促进工程管理的规范化和制度化。制定以奖代补政策，落实市级财政奖补资金300万元。创建省级水管单位达标。扬州市城市防洪工程管理处创成省二级水管单位、扬州市涵闸河道管理处黄金坝管理所创成省三级水管单位，仪征市大鲍、东梁和高邮市红星等3座水库创成省级规范化管理小水库，高邮市高邮灌区南关管理所通过省三级水管单位复核，仪征市张冲、梅桥、泗涧和邗江区金坝等4座水库通过省规范化小水库复核。（运管处）

■水库安全运行 强化市、县两级水库管护经费落实，其中落实市级水库管养经费188万元。消除水库安全隐患，强化巡查管理，编制完成安全管理和防汛抢险应急预案。举办全市小型水库安全责任人培训班，对辖区内水库进行全覆盖梳理排查，完成71座小型水库大坝的安全鉴定，开展除险加固，对被鉴定为三类坝的病险水库实施除险加固。完成仪征5座新增注册小水库的除险加固工程主体建设，落实市级补助经费280多万元。开展水库除险加固遗留问题的排查整治，对17座问题水库逐库制定整改方案，落实措施，整改到位。（运管处）

■水利工程运行管理 规范维修养护项目管理。2019年争取省市级维修项目经费3800多万元，加强维修养护项目申报指导，强化维修项目实施监管，做好实施方案审查，组织项目验收，发挥资金使用效益。强化工程技术管理。加强水利工程日常巡查和安全检查，做好观测资料的收集、整编与分析。执行工程设备评级制度，规范水闸安全鉴定，对病险涵闸站组织开展安全鉴定。开展水利部专项督查交办的水闸安全运行问题整改，完成6座水闸的整改方案编制，通过"水利部水闸安全运行专项检查问题整改系统"上报整改进展情况。掌握水利工程运行状况，强化运行管理，加大监督检查力度，部署和组织开展水利工程安全鉴定。督促指导病险闸站应急预案的编制，制定限制运用方案和相应调度运用措施，落实应急措施，保证闸站工程安全运行。（运管处）

城市建设

Chengshi Jianshe

编 辑 徐国磊

综述

■**概况** 2019年，扬州市区（含江都）完成城市基础设施投入62.46亿元。加强城市基础设施建设。主城快速路环全线开工，北线江平东西路、东线运河南北路、西线润扬路按序时进度推进。扬子江北路改造提升工程建成通车。百祥路北延、江都路南延等12个T型道路打通工程和长江东路扩建、文峰路整治等21个城市路网加密项目稳步推进。启动建设应急避难场所18处，建成城市生命线单位人防指挥室5家，新竣工人防工程38.41万平方米，市区人均人防面积2.1平方米。提升城市功能品质。完成城市建成区10条黑臭水体整治任务，城市建成区黑臭水体基本消除。推进市区污水处理设施建设改造，完成汤汪污水处理厂三期扩建工程（8万吨/日）主体结构建设，北山污水处理厂开工建设。完成主城区全部污水管网检测疏通整改修复工作，实现主城区污水管网统一管养，城区河道水质提升，排水防涝能力增强，河道环境改善。新建（提升）公园69个，完成62个公园的增绿补绿、9个公园的设施增补，市区新增绿地面积147.32万平方米，新增城市花墙12.17千米。

完成《关于打造永恒城市经典的若干规矩》《大运河扬州段文化旅游带概念规划》《城市综合防灾规划》等规划编制。制定《土地出让“五个一”规范》，推动土地市场健康平稳发展。落实《扬州市历史建筑保护办法》《扬州历史建筑修缮管理办法》，对扬州浴室、三星浴室、永宁泉浴室等历史建筑修缮组织现场踏勘。推进市政规划管理，全年核发市政设施项目选址意见书69份、用地面积615.51公顷。编制《市区渣土车停车场规划布点方案》，加强渣土车专项整治。

加强新城区建设，生态科技新城、广陵新城、西区新城建设迈上新台阶。推进城建重点工程建设，大学路南延工程、润扬路快速化改造工程、运河南北路快速化改造工程、万福快速路建设工程等项目有序推进。加强市政公用事业发展，城市地下管线信息系统、照明管理、供水、排水、燃气、供电等服务民生能力增强。统筹推进市容管理、垃圾分类、民生项目、执法服务、安全生产、扫黑除恶、智慧城管建设等工作，城市市容环境得到提升。

（卞海波 杨 鉴）

■**城建监察** 2019年，全市立案查处各类违法违规案件300起，发放《行政处罚事前告知书》259份，下达《行政处罚决定书》233份，其中文明施工类138份、安全类35份、质量类25份、基建手续类19份、招投标类8份、公用事业类7份、竣工验收类1份；对125个行政相对人（104家单位、21个自然人）进行信用评分，共计扣除信用分586分。（葛 苗 卞海波）

城市规划

■**城市经典规矩编制** 编制《关于打造永恒城市经典的若干规矩》。落实省委“把人们心目中的扬州建设好，满足世界人民对扬州的向往，争创扬州发展的第四次辉煌”要求，以及市委七届四次全会关于“精心、静心打造瘦西湖景区、三湾公园、七河八岛、三河六岸区域等一批辨识度高、可读性强、反映当代扬州城市建设水平的永恒城市经典”决策部署，会同市政府办编制《关于打造永恒城市经典的若干规矩》，在征求市人大、市政协及社会公众意见后，先后通过市政府常务会审查、市委常委会审议。9月27日，市人大常委会以人大决议形式对外公布。（扬自然 朱叶俊）

■**专项规划编制** 编制《城市综合防灾规划》，构建综合防灾减灾体系，优化城市综合防灾布局。对城市重要区域及片区开展城市设计和控规研究，形成《江广融合区核心区城市设计导则及控制性详细规划修编》《三湾周边地区城市设计导则及控制性详细规划》《杨庙镇域控制性详细规划研究》等成果，辅助精细化城市管理。完成城市轨道交通线网优化、城市交通发展、扬州公园体系实施综合评估、扬州古城保护与利用规划等专项研究。全年编制完成专项规划25个，其中《扬州市公园体系发展与保护专项规划》

《扬州市大桥历史文化名镇保护规划（2017—2030年）》《新民滩生态湿地修复概念性规划》《扬州市区市级文物保护单位两线划定及数据入库》分别获2019年度江苏省优秀城乡规划奖二等奖、三等奖。

（扬自然　朱叶俊）

■**规划管理**　推进用地规划管理。牵头制定《土地出让“五个一”规范》，以出让计划“一个表”、出让地块“一张图”、出让条件“一本书”、出让公开“一份报”、出让责任“一把手”，推动土地市场健康平稳发展。通过“一张表”预控，及时调节上市节奏时序，保证市场供需平衡，全年未出现土地流拍或低价成交现象。通过“一本书”引导，在出让地块规划设计条件中增加“两场、两园、两店”（农贸市场、停车场，幼儿园、公园，便利店、书店）和养老等配套设施。通过“一张图”“一份报”宣传，指导开发企业明晰市场动态、政策导向。推进西部交通客运枢纽地区交通规划改造，优化近、远期道路改善方案。推进建筑规划管理。对原《扬州市市区规划管理技术规定》进行修订，提交市政府第27次常务会议审议通过，自2019年5月6日起施行。牵头组织《大运河扬州段文化旅游带概念规划》编制，9月23日组织规划专家论证，12月18日规划通过终期评审。落实《扬州市历史建筑保护办法》《扬州历史建筑修缮管理办法》，就扬州浴室、三星浴室、永宁泉浴室等历史建筑修缮组织现场踏勘、方案审查。加强对52个市规委会审批项目批后监管，对发现的超高建设等违规行为实施行政处罚39起。

推进市政规划管理。推进345国道、五峰山长江特大桥、连淮扬镇铁路等城市对外交通连接；为扬子津路西延一期工程（润扬路—廿八线）、润扬路快速化改造工程（平山堂路—百吉巷）、运河南北路快速化改造工程（万福快速路—施井路）、万福路及运河北路（万福大桥—611沿湖大道）快速化建设工程提供规划服务。为站西路立交、韩许河路、茶园路、耿云路、佳园路西延、施井路、文峰路等城市道路提供规划服务。为北山污水处理厂、汤汪污水处理厂三期、六圩—汤汪污水处理厂等城市污水工程提供规划服务。全年核发市政设施项目选址意见书69份、用地面积615.51公顷，核发建设用地规划许可证22份、用地面积79.03公顷，建设工程规划许可证47份。

（扬自然　朱叶俊）

■**工程建设项目审批制度改革**　制定《扬州市“多规合一”协同规则（试行）》《扬州市项目生成管理办法（试行）》《扬州市工程建设项目竣工阶段联合测绘工作办法（试行）》《扬州市工程建设项目立项用地规划许可阶段并联审批实施办法（试行）》《扬州市工程建设项目工程建设许可阶段并联审批实施办法（试行）》等“一规则四办法”，推进全市自然资源和规划领域工程建设项目审批流程优化、服务高效。

（扬自然　朱叶俊）

■**渣土专项整治**　根据渣土车专项整治要求，编制《市区渣土车停车场规划布点方案》，明确停车场及消纳场地选址原则及各区政府（管委会）相关场地选址方案，其中渣土车、大货车停车场地11处、渣土消纳场7处。在符合标准的出让用地规划设计条件中提出装配式建筑、成品住房的建设要求，推进渣土整治规划设计减量化。（扬自然　朱叶俊）

新城区建设

生态科技新城

■**概况**　2019年，生态科技新城实现地区生产总值增长7%，完成一般公共预算收入4.06亿元；固定资产投资、服务业投资、规模以上工业总产值增幅位列全市前列，社会消费品零售总额增幅、一般贸易进出口比重位列全市第一；新增规模以上工业企业3家、服务业重点企业10家。向上争取各类债券5.39亿元，比上年增长45.7%。开展产业招商活动50余场，建立三大片区企业服务平台及6个“双创”服务平台，在扬州软件园创新试点集中办事“政务窗口”。修编工业、科创、文旅等实体经济扶持政策，全年减税降费4500万元，发放产业扶持资金2400万元。（任　静）

■**基础设施建设**　围绕高铁通车节点，完善高铁枢纽集疏运体系。推进高铁架梁全线贯通，枢纽站房主体封顶，站南路、站北路、夏桥路建成通车，站东路、站西路等7条道路按序时建设。26万平方米扬州软件园一期、1000套高端人才公寓、40万平方米城市公园等30项城建重点工程稳步实施，站前区、创智

生态科技新城　　夏亚东/摄

坊、三河六岸等重点区域形象初现。（任　静）

■招商引资　签约中国航空谷、中科院科创城、戴尔扬州创新基地等一批高质态科创项目，推动哈工大机器人、西谷微电子、航空ICP等一批知名企业落户。全年完成1个列省重大项目、12个市级重大项目，实现重大项目投资27亿元，产业动能逐步增强。（任　静）

■科技创新　获批国家高新技术企业7家，入库省高新技术企业11家，获批国家级众创空间1家、市级工程技术研究中心3家。全社会研发投入占比提高至2.7%，杭集高新区在全省排名进步5位、位列全市进位第一名。实施"1+6"科创载体建设，新增小微"双创"空间6万平方米；新培育科技型企业50家，集聚各类双创人才1000余人；启动建设哈工大人工智能技术与装备重点实验室；全年新增开票销售超亿元。（任　静）

■旅游发展　举办首届大运河文旅博览会装备展、世界名校赛艇竞逐赛、全国旅游城市定向赛等品牌赛会，新开放1912小镇三期、乐动体育工场、芒稻田园综合体等文旅项目。凤凰岛入选"国家生态环境科普基地"，新增2个"市级研学旅游基地"。全年游客数量达90万人次，境内外过夜游客增长11.5%，旅游业总营收入突破1亿元。（任　静）

■生态环境　总体布局"一环一核一轴一带"公园体系，新建韩万河公园二期、三河六岸公园二期、7.8千米滨水绿道，增绿增色增景40万平方米，建成"生态环"32千米。落实工业减排、扬尘治理、秸秆禁烧等管控措施，投入近2亿元实现行政村小型污水处理设施全覆盖。廖家沟水源地稳定保持二类水。（任　静）

■社会民生　签约树人学校、苏北医院合作项目，完成泰安学校智慧校园和课堂创建，在全市率先开通学生免费接送服务。儿童预防接种标准化建设100%达标，新生村创成省级健康村。按照"同城同步同标"要求落实社会保障，开展双拥模范城创建，鼓励创业促进就业，44项惠民实事兑现到位，群众获得感增强。（任　静）

■"一核两片"开发新格局　按照"大扬州中心、新扬州示范"目标定位，围绕高铁通车、新兴科创名城和江淮生态大走廊建设等战略机遇，生态科技新城确立中部科创核心区、南部省级高新区、北部旅游度假区"一核两片"发展新格局，启动三大片区规划提升。组建三大片区指挥部，设立"指挥部＋开发公司＋产业基金"开发模式，实施组织管理、项目推进、资金运作、绩效评价"四项改革"。（任　静）

■三河六岸公园　三河六岸公园位于金湾河、芒稻河、新通扬运河三条河流交汇的"三河六岸"地区，具有生态保育、为市民提供休闲活动场所、展示新城建设形象等多重功能。三河六岸风光带北起新万福路，南至四节湾，西邻曙光路、夏桥路，东侧沿金湾路、芒稻河与江都区核心区隔河相望，总长约5千米，宽度80~350米，总面积约102.7万平方米。三河六岸风光带于2018年8月正式开工建设，至2019年底，建成20万平方米先导区——航空公园，二期建设按序时推进，预计2022年全部建成开放。（任　静）

■地下综合管廊工程　该项目全长约1.77千米，管廊随路建设，其中站东路管廊长约1千米，断面形式为单舱，管廊尺寸为3.4米（宽）×3.6米（高），入廊管线包括DN500给水管、通信电缆、10千伏电力电缆及DN300再生水。夏桥路管廊长约0.77千米，断面形式为单舱，管廊尺寸为3.7米（宽）×3.5米（高）、3.0米（宽）×3.0米（高），入线管廊包括DN500—DN1000给水管、DN300再生管、10千伏电力管、通信管。综合管廊建设将保障地下管线安全运行，减少后期封路维修情况，解决城市中心架空线网密集，提升城市景观，集约化使用地下空间，为远期规划地铁线及高铁站地下线匝道预留空间。（任　静）

■第一届长江江豚保护日　10月24日，由长江江豚拯救联盟主办，长江江豚拯救联盟各成员单位、扬州大学和生态科技新城管委会共同协办的"第一届长江江豚保护日"启动仪式在生态科技新城举行，来自全国关注长江江豚保护的政府机构、企业、国内外社会组织、科研机构和高校等300余人共商江豚保护计划。生态科技新城、中国水产科学研究院和扬州大学共同签署《长江江豚保护战略合作框架协议书》，"扬州市生态科技新城江豚保护研究中心"正式揭牌。（任　静）

西区新城

■概况　西区新城位于扬州主城西翼，西起扬溧高速，北至司徒庙路，东至扬子江北路，南边以润扬路及邗江路为轴，西南方至文汇西路，东南方至平山堂西路、翠岗路，由原蜀冈生态区和原新城西区两大区域组成，横跨西湖镇和新盛街道，总面积近30平方千米。2019年，西区新城紧扣"扬州城市副中心、扬州城市西部门户、邗江中心"的目标定位，围绕"城乡统筹强化年"工作部署，实施"四名"战略，推进城市健康发展。（吴越进）

■规划管理　完善启迪科技园、省建项目和万达综合体等重点项目规划设计方案。深化区域雨污水和竖向标高等专项规划。完成湖区公园活水和龟塘涧公园活水设计方案。制定拓展区空间发展大纲，配合做好城总规修编。（吴越进）

■基础设施建设　构建"内联外通"的交通循环格局。开工建设怡扬路、纬一路、唐悦路、纬三路、纬四路、纬六路、经九路、经十路、润蜀南路（原蜀冈南路）、茶园路等道路。

润扬路快速化改造、江平路西延及跨铁路互通建设配合推进。有效破除N8、W6片区界面互通不足的制约，初步形成真州路以东路网体系。蜀冈生态公园AAA级景区于2019年6月正式挂牌，完成学府公园、蜀冈休闲公园配套工程、真州路节点景观建设及龟塘涧公园、N8和W6区域景观设计招投标。区公共卫生中心于2019年12月交付运营，蜀冈小学和西区新城高级中学完成主体工程竣工。 （吴越进）

■招商引资 依据产业规划和政策，做好企业投产前后的跟踪服务工作。聚焦拓展区实施“四名”战略，推动启迪科技园、省建科技产业园、西区万达广场等重大项目建设，引入清华启迪、江苏省建集团等产业资源，引进创新产业项目和高端人才团队，撬动西区新城拓展区产业发展。推动地块上市，对接省、市考古文物部门，协调做好辖区相关地块考古勘探与发掘、成熟地块包装和上市等工作，引进文旅、科技综合体等产业项目，实现新城滚动开发、持续发展的良性循环。

（吴越进）

■省建总部基地 该项目位于宁启铁路北侧、真州路东侧、润蜀南路南侧、果园路西侧，规划占地约20.33公顷，总建筑面积约52.4万平方米，其中科技园区占地约6公顷，建筑面积约21.7万平方米。项目依托绿地集团、江苏省建集团在绿色建造、建筑、智慧市政产业研发等方面的资源优势，构建以智慧市政与绿色建造技术为主要引领的产业生态圈，打造成区域总部基地及智慧市政与绿色建造产业研发创新基地。项目总投资35亿元，2019年11月开工建设。

（吴越进）

■启迪科技城 该项目位于真州路东侧，蜀冈南路北侧，国防路、丁洼路南侧。规划用地约18公顷，其中科技园区用地约4.67公顷，建筑面积约14.4万平方米，打造车联网、互联网+环保和大数据产业融合发展的创业创新综合体。项目总投资约30亿元，2019年12月开工建设。 （吴越进）

■西区万达广场 该项目位于润蜀路西侧，怡扬路北侧、经九路东侧，纬三路南侧，占地约18.07公顷，建设大型城市综合体。项目总投资约34亿元，2019年3月开工建设。

（吴越进）

■蜀冈小学 该项目位于平山堂西路延伸段南侧、蜀冈南路西侧，占地约4.87公顷，规划建设8轨小学。项目总投资约2.7亿元，2019年主体工程封顶。 （吴越进）

■西区新城高级中学 该项目位于纬六路以北、蜀冈南路以西、经九路以东、怡扬路以南，总用地规模32.8公顷，其中学校建设用地18.33公顷，总建筑面积约18万平方米。项目总投资约12亿元，2019年主体工程封顶。 （吴越进）

■邗江区公共卫生中心 该项目位于扬冶路北侧，润蜀路西侧。项目用地面积约2.67公顷，建设内容主要包括卫生中心和疾控中心等。项目总投资约2亿元，2019年12月竣工运营。 （吴越进）

广陵新城

■概况 广陵新城坐落于广陵区东部，区域规划面积8.5平方千米，东至廖家沟，西至大运河，南至运河东路，北至新万福路，坐拥东部客运枢纽，城市中轴文昌路贯通东西，交通优势明显。广陵新城2006年启动建设，以软件信息产业、金融产业、文化产业、视听产业、航空产业为特色。

2019年，广陵新城获“2019年全市新兴科创名城建设先进集体”称号，协办首届大运河博览会和全国大众创业万众创新活动周江苏分会场等重大活动。实现税收总收入6.5亿元，比上年增长6%；一般公共预算收入3.7亿元；工商税收收入1.53亿元，增长24%。出让城庆广场东住宅地块GZ118、GZ136和广陵公共文化中心东地块GZ137共27.1公顷。全年新增高新技术企业入库12家，新建成科技产业综合体4个，获批省级以上孵化器及众创空间2家，科技综合体内新增注册企业202家，技术合同成交额5200万元，区域内有省级民营科技企业92家，高校院所分支机构4个，签订产学研协议102项，软件著作权及专利数343个，软件产品登记数175个，引进各类公共服务机构35

邗江区公共卫生中心　　邗江区档案馆/供稿

广陵新城　　沈　燕/摄

个。全年获得市级以上人才引进计划资助创新创业领军人才5人，新增985、211院校毕业硕士及以上人才120人。累计拥有硕士以上学历或副高以上职称高层次人才1200多人，其中海归博士100多人。（汤　磊）

■项目建设 推进15项重大城建项目建设。完成11万平方米人才公园提升及2500平方米党建馆装修改造工程，人才公园7月18日正式开园。完成锦华路、新东路建设及16万平方米广福五期项目建设。完成14万平方米的华师大初、高中学校校舍建设。4.8万平方米的MSD区级机关办公楼、2.4万平方米的农业银行扬州分行、2.3万平方米的沈阳飞机所扬州院、1.55万平方米的京东物流、3900平方米的中航机载交付使用。完成信息大厦、育才小学、李宁体育园及安置房等项目相关批复和意见书74份、相关证照26份，安置房业主产权证近500份、办理总面积16.9万平方米，江广智慧城办证面积4.6万平方米。（仇炳虎）

■招商引资 全年完成外资及港澳台资项目签约8个、内资项目签约15个，新开工市级重大项目6个，新竣工市级服务业重大项目3个，新达产达效市级重大项目2个，新开工亿元以上项目10个，新竣工亿元以上项目8个，列省投资库5000万元项目7个。举办第12届扬州软件和信息服务外包大会暨数动广陵——空间大数据与智慧城市高峰论坛、现代服务业深圳招商推介会、土地资源推介会等招商活动80批次，走访、接待客商1500人次，其中7月在深圳举办的招商推介会，邀请客商近300人，与广陵区现场签约产业项目24个，总投资125亿元。（张　莉）

■扬州创新中心 该项目建筑面积9.6万平方米，2018年5月16日正式开园。至2019年末，累计注册企业257家，入驻企业93家，国际签约项目10家，国际合作平台4家，各类人才总计逾1900人，企业涵盖新一代信息技术、新能源、新材料、文化创意等领域。先后获批江苏省级孵化器、省级众创空间称号，并与以色列Start-upEast、德国中小企业（扬州）创新中心、英国剑桥郡创新中心、芬兰北欧金荣建立国际双向离岸孵化器平台。（陈欣欣）

■上海华东师大广陵实验初、高中 华东师大广陵实验初、高中两所学校于2019年上半年启动建设，至年末，初中部分建筑外立面全部完成，高中部分主体结构封顶。两所学校分布于沙湾路东西两侧，均设计为12轨制，拥有教学楼、实验楼、综合楼、风雨操场、学生宿舍等完备的教学生活措施。初中学校占地7.33公顷，建筑面积约7.1万平方米，高中学校占地8.13公顷，建筑面积约6.8万平方米。两所学校计划2020年秋季招生，将引进上海华东师大先进教育理念和丰富课程体系，提升区域科教资源实力和基础教育质量。（汤　磊）

■广陵公共文化中心 该项目建筑面积约9.75万平方米，由上海光华教育集团运营，是以教育、文化为主题，提供餐饮文创服务配套的综合体。项目建成开放后，将分别引入图书馆、国际学习中心、古城弄堂、天空之境、布谷森林、光之万花筒、魔方剧场等系列主题，用知识与艺术文化相结合的方式，带给市民独特的体验与感受。（汤　磊）

■扬州人才公园 该项目占地11万平方米，在原大桥公园基础上进行改造，采取“公园＋人才要素”的模式，以“弘扬与彰显扬州杰出人才的贡献、激励当下吸引人才、展现扬州的开放包容精神与吸纳人才的胸襟”为主题，是扬州市首个以人才为主题的公园。项目于2019年正式建成开园，分党建人才展示区、人才交流区、未来栋梁区等区域，通过覆土建筑、艺术小品、观赏花木等景观元素打造多元景观空间，并集文化、生态、休闲、娱乐、运动等主题于一体，形成现代汇聚活力的人才公园。（王　丹）

城建重点工程

■大学路南延工程 该工程是市委、市政府重点民生幸福工程、环境提升重点工程。起点在大学南路与江阳快速路交叉口，向南延伸跨越古运河，终点在广陵区开发路，全长约1.5千米。包含一条道路新建段和一座新建桥梁，新建段自江阳路与大学南路交叉口向南接入开发东路，全长约1.2千米；新建桥梁为跨古运河大桥——文峰大桥，全长约320米。2019年末，大学路一期道路、二期桥梁竣工通车，完成老安墩闸拆除和安墩河改线，新安墩闸建成投用。（城建控股集团）

■润扬路快速化改造工程 该工程是扬州市“五横七纵”快速路网的“西环”。北起平山堂西路，南至南部快速通道，全长5.65千米，均为在原有道路基础上进行快速化改造，主六辅六设计，主线设计车速80千米/小时，辅道设计车速50千米/小时。包括3千米高架、2.58千米隧道、0.1千米地面段和1座互通，概算总投资40.38亿元。其中，润扬路先导段工程（润扬路—江阳路互通）位于润扬路与江阳路交叉口，北起百吉巷，南至牧羊路，采用涡轮型全互通方案，包含主线高架1.67千米、辅路1.84千米，互通匝道桥8座，长约5.22千米，至年末，完成桩基施工量的97%，承台施工量的81%，墩柱施工量的74%；基本完成沿线管综迁改施工；润扬路后续段工程（平山堂路—百吉巷）北起平山堂路南侧，南至百吉巷，顺接南部快速通道开发路互通节点，全长约3.81千米，快速路改造断面包括高架式快速路、地面式快速路以及隧道式快速路，年底完成交通导行、施工组织、临设搭建等相关准备工作。（城建控股集团）

■运河南北路快速化改造工程 该工程是扬州市“五横七纵”快速路网的“东环”。北起江平东路，南至南部快速通道，全长7.84千米，均为在原有道路基础上进行快速化改造，主六辅六设计，主线设计车速80千米/小时，辅道设计车速50千米/小时；包括4.3千米的高架、2.53千米的隧道、1.01千米的地面段和2座互通，概算总投资42.65亿元。其中，运河路先导段工程（七里河—施井路段）北起施井路北侧，终于七里河路，顺接南部快速通道，道路全长1.01千米，快速路改造断面包括高架式快速路及地面式快速路，年底完成工程主体施工；运河路后续段（江平路互通—施井路）北起江平路互通，终于施井路，顺接运河路先导段，道路全长6.83千米，快速路改造断面包括高架式快速路、隧道式快速路以及地面式快速路，年底完成临设施工、绿化迁改、围挡搭设桩基、管线迁改施工等工作。（城建控股集团）

■万福快速路建设工程 该工程是扬州市“五横七纵”快速路网的“一横”。东起万福大桥，西至运河北路，全长3.1千米，均为新建道路，包括一座跨京杭大运河桥梁，主六辅四设计，主线设计车速80千米/小时，辅道设计车速50千米/小时。工程于2019年9月开工建设，概算总投资12.22亿元；年底完成临设搭建、施工便道及围挡施工，进行桩基施工及跨京杭运河钢栈桥搭设等工作。（城建控股集团）

■头桥水厂深度处理工程 该工程位于头桥水厂现状范围内，新建30万立方米/日深度处理系统，即次氯酸钠投加系统、中间提升泵房、后臭氧接触池、活性炭吸附池、臭氧制备车间、氧气站、回用水池及配套设施等。工程于2019年9月25日竣工投运，总投资约1.93亿元。（城建控股集团）

■第四水厂深度处理工程 工程位于扬子江路以东、吴州路以南、第四水厂西侧，新建20万立方米/日深度处理工艺，即次氯酸钠投加系统、预高锰酸盐反应投加与配置系统、中间提升泵房、臭氧接触池、活性炭滤池、反冲洗泵房、鼓风机房、臭氧制备车间、氧气站、污泥处理系统、二级泵房、1.8万立方米清水池及配套设施等。工程于2019年11月30日竣工投运，总投资约2.12亿元。（城建控股集团）

■液化天然气调峰储备站二期工程 该工程位于扬州市杨庙镇杨庙村天然气门站内，总投资约2500万元，二期总储气容积900立方米，包括6台150立方米液化天然气立式储罐、8台5000立方米气化器、2台调压计量加臭撬、2台复热器、1台高压离心泵。工程于2019年7月3日进场施工，11月底通过专家组验收，12月9日投入冬季保供。（城建控股集团）

■汤汪污水处理厂三期工程 该工程位于汤汪乡同心村，建设内容为规模8万吨/日的三期扩建工程，规模18万吨/日的一、二期提标工程和规模5.2万吨/日的再生水利用工程，概算总投资8.09亿元。其中，2017年底建成通水规模18万吨/日的一、二期提标工程，2019年完成扩建工程及再生水利用工程主体结构施工，全年完成投资4.04亿元。（城建控股集团）

■供热工程项目 东部南部主干线（一期）工程项目于2019年1月20日建成投运，建设管道全长约6.2千米，配套建设至李尔汽配的李尔支线，全长约2.5千米，设计供热能力为200吨/小时，总投资6000万元，满足李尔汽车工业园区大流量的蒸汽需求，增强扬州经济技术开发区、食品工业园、LED产业园和施桥镇片区的供热能力。北部主干线（一期）工程项目于2019年5月16日开工建设，建设管道全长约6千米，架空和地埋相结合方式敷设，设计供热能力为300吨/小时，概算总投资4500万元；至年底完成项目总进度50%，预计2021年建成。凤凰线工程项目于2019年5月16日开工建设，建设管道全长约5千米，全线地埋敷设，设计供热能力为70吨/小时，概算总投资3500万元，至年底完成项目总进度60%，预计2020年建成。京华城复线（二期）工程项目于2019年3月1日开工建设，6月30日建成投运，建设管道全长约1.7千米，全线地埋敷设，设计供热能力为60吨/小时，总投资约1000万元，满足京华城片区供热需求。（城建控股集团）

■我的扬州App项目 完善和构建“我的扬州App”支撑体系。其中，实名认证体系增加支付宝认证、微信登录功能；电子虚拟卡体系实现本地园林年卡虚拟化应用；统一支付体系增加银联、支付宝、微信、优惠券等多渠道聚合支付；互动体系建成问题发布、回答及问答审核机制；统一积分体系建成。升级和拓展服务功能。其中，优化“找公厕”“城市公园”“城市书房”导航服务，“实时公交”增加导乘服务，“图书馆查询”增加游客查询服务，升级优惠券和二维码系统；页面改版升级，增加指纹登录功能；与市大数据中心对接，新增“轻微事故处理”“自助移车”“不动产信息查询”“律所信息查询”“中考成绩查询”“就业招聘”“党费缴纳”“NFC市民卡”等40项便民服务。项目入选2019年度扬州市委、市政府“工作创新”项目。

（城建控股集团）

■老小区燃气管网改造工程 2019年，完成运河西路至汽运调压站之间的地下老旧燃气管道改造工程。完成新世纪家园小区的地下老旧燃气管道改造工程。完成沙北小区、石塔桥南社区、邵庄小区、莲花社区共计2102户燃气立管改造（出户）工程，总投资约433万元。

（城建控股集团）

市政设施

■地下管线信息系统（GIS） 完成划定探测区域管线修测440千米、管线点收测约440千米、带状地形测量75千米。划定汽车东站片区（东至沙湾南路、南至大众港路、西到滨河路、北至文昌东路）为隐患排查工作区域，面积18.5平方千米，其中高等级隐患点618个全部排查完成。完成数据监理入库检查103千米；协助查询管线总长度863千米，其中协助市政工程查询管线总长度约500千米；输出标准图幅254幅。

（许 健 卞海波）

■城市照明管理 市级层面管理范围内照明设施总量为18万盏，其中功能性照明7.15万盏，LED占比40.42%，景观照明10.85万盏，LED占比98.09%。推进老旧路灯及LED灯具更换，共计更换老旧路灯874杆、LED灯具1109盏，照明功率从改造前的155千瓦降至43千瓦。维修功能性照明2.14万盏，景观照明5334盏；处理单灯报修1248次，故障修复率100%；维修故障线路1.28千米，清洗灯具1.34万盏；维修控制箱986次，测试接地2.15万处。对一些破损严重、能耗较高、安全隐患较大的老旧设施进行专项整治，共计更换路灯836杆、LED灯具947盏、草坪灯54盏；整改路灯控制箱90台。主干道平均亮灯率99.72%、次干道平均亮灯率99.61%；道路照明平均设施完好率99.69%、景观照明平均设施完好率99.74%。

（杨姗姗 卞海波）

■城市供水 全年改造供水支管网222.3千米。推动深度处理改造工作，扬州湖西菱塘水厂（新建）和高邮一水厂（迁址重建）完成深度处理改造工作。对全市14个主供水厂出厂水质进行全分析监督检测4次，对市区水厂常规分析8次、管网末梢水分析12次，全年开展不定期检查2次、汛期特检2次。

（许 健 卞海波）

■排水管理 全年开展城镇污水处理厂检查评估1次、安全隐患检查和水质抽检6次。全市建设污水管网200千米，高邮市污泥干化设施（100吨/日）建成使用。获评江苏省城镇污水处理提质增效示范城市，获专项补助资金2200万元。宝应县、江都区获建制镇污水处理设施“全运行”以奖代补专项资金5000多万元。全年办理45个项目的排水方案审查，对82个排水许可申请进行预审，完成32个新建项目的施工排水备案。

（许 健 卞海波）

■供电 至年末，扬州供电公司有基层供电所64个，营业客户264.03万户，累计完成电网投资15.5亿元。全市有35千伏~500千伏变电所167座，变电总容量2578.53万千伏安；有35千伏及以上输电线路388条、5202.97千米；有10（20）千伏配变3.91万台，容量1383.21万千伏安，10（20）千伏配电线路1794条、19731.13千米。2019年，扬州市全社会用电量259.40亿千瓦时，比上年增长4.18%，其中工业用电量171.95亿千瓦时，比上年增长3.81%。全市最高用电负荷476.43万千瓦，供电可靠性99.95%，位列全省第二。居民户均容量5.52千伏安，居苏中首位。全年累计报装申请9.19万户，申请容量283.89万千伏安；完成业扩报装8.44万户，新增容量237.08万千伏安。

提升供电保障能力。2019年，全市完成电网投入15.5亿元，建成220千伏龙王变、220千伏中部电网加强、110千伏吴堡变等13项重点电网项目，投产35千伏及以上线路长度161.26千米、变电容量63万千伏安。投产宝应光大环保垃圾发电等送出工程，建成连淮扬镇铁路牵引站配套工程。推进乡村电气

2019年扬州市电网规模一览表

表27-1

电压等级	变电站、配电变压器（座、台）	主变容量（万千伏安）	线路条数（条）	线路长度（千米）
500千伏	3/6	576	13	669.97
220千伏	31/53	918	112	1886.10
110千伏	103/208	1013.75	188	1958.08
35千伏	30/60	70.78	75	688.82
20千伏 10千伏	39089	1383.21	1794	19731.13

（孙 荣）

全国首个人工智能电网调度指挥员“小艾”　　供电公司/供稿

化、服务脱贫攻坚等重点工作，完成新一轮农网改造升级。完成配农网建设项目6630个，增容布点配变1514台，全市户均容量居苏中首位。

服务城市建设发展。实施三湾公园、扬子江北路等城市重点道路建设杆线迁改，高铁南站、五峰山过江通道北接线等杆线迁改工程173个。配齐配足重大项目供电秘书，加强用电工程服务全过程跟踪，确保项目进度可控在控。保障沈飞制造、上海大众二期、腾讯云等重大项目用电需求，全年完成重大项目送电79个。做好重大活动保供电工作，出动保电人员3098人次，涉及保电单位522户次，完成新中国成立70周年、运博会等246项重大保电任务。

优化营商环境。推行报装接电“特快电力”服务，实行“四全四减”服务法，做到接电无忧、用电省钱、办事省心、服务到位和减少客户跑腿、减少客户往返、减少接电等候、减少用电支出。推行10（20）千伏及以上客户“1+N”服务，实现“一个项目、一个团队、一跟到底”，高压客户平均接电时长压缩至42天。推行低压客户“1+1”（客户经理和项目经理）服务，低压客户平均接电时长压降至8天以内。落实业扩配套全覆盖，对10（20）千伏及以下客户（不含临时用电、居配工程），由公司承担外线工程投资，建设至客户资产分界点，全年完成业扩配套项目1190个，减少客户电力投资2.1亿元。落实降低一般工商业电价部署，扩大市场化售电范围，累计减少客户支出2.37亿元。

推动绿色发展。助力全市“打好污染防治攻坚战”，深化清洁能源替代，累计建成风电站5座、容量31万千瓦；累计完成集中式光伏电站28座、容量95.95万千瓦；累计完成分布式光伏发电项目1.56万个、容量42.16万千瓦。开展电能替代，完成替代电锅炉20台、电窑炉18台，推动5家种粮大户应用空气源热泵烘干技术。打造东关街美食圈“全电厨房”、高邮湖上花海“全电景区”、江都油田全电采暖样板小区等，全年实现电能替代电量9.37亿千瓦时。推进充电设施建设，构建城区3千米充电圈、实现高速公路服务区充电站全覆盖，下调充电服务费，提升电动汽车充电网络服务品质。

保障改善民生。推进配网自动化全功能应用，全年停电时户数、抢修平均时长分别比上年下降46.77%、49.78%。推广低压客户经理服务进社区，结对社区11家、建成网格99个。关注古城居民用电安全，完成东关街道13个大杂院245户计量装置和进户线路改造。开展群租房安全隐患及小区电线私拉乱接专项排查整治，排查小区185个，上门检查疑似群租房4532户，发现用电隐患391处，确保公共安全。（孙　荣）

■**燃气供应与管理**　2019年，市区（不含江都区）新增天然气居民用户2.15万户、商业用户232户、工业用户18户、天然气出租车6辆、私家车217辆。至年末，累计有天然气居民用户42.56万户、商业用户2089户、工业用户101户、天然气出租车3270辆、公交车486辆、私家车2829辆。市区（不含江都区）新建燃气中压管线22.07千米、低压管线143.00千米，完成老旧管线改造总长度15千米，新增天然气调压设施81台。市区（不含江都区）供应天然气1.86亿立方米。管道天然气居民销售价格实行阶梯气价，公福用气销售价格2.82元/立方米，工商用户用气销售价格实施季节性波动，非采暖季3.18元/立方米，采暖季根据上游气价和外购气源价格浮动顺价。15千克瓶装液化石油气最高售价110元/瓶，最低售价85元/瓶。推进“气化乡镇”工程，全市67个乡镇中，通天然气乡镇48个，通达率71.64%。

全年冬季城市天然气供应形势平稳，市政府批准发布《扬州市2019—2020冬季城市天然气保障供应应急预案》，全市未出现天然气限供、停供现象。扬州天然气应急储备站二期工程完成建设，项目位于杨庙镇杨庙村，一期、二期工程液化天然气储存总规模108万立方米，总气化能力为4万立方米/小时。高邮市建成八桥液化天然气应急储备站（规模为2只150立方米液化天然气储罐，总储气量18万立方米）、安源液化天然气应急储备站（规模为2只100立方米液化天然气储罐，总储气量12万立方米）和新奥高新区液化天然气应急储备站（规模为100立方米液化天然气储罐2只，总储气量12万立方米）。仪征建成青山液化天然气应急调度储备站，规模为4只100立方米液化天然气储罐，总储气量24万立方米。宝应建成城区液化天然气储备站，建有50立方米液化天然气储罐2只，总储气量6万立方米。组织开展燃气行业“查大风险、除大隐患、防大事故”专项行动，全市排查城镇燃气领域重大安全风险隐患12项，完成整改9项。城建、公安等部门联合开展瓶装液化气市场执法行动，全年扣押15千克非法钢瓶152只，50千克非法钢瓶36只，关闭瓶装燃气供应站2座，取缔非法供气点8处。全年立案查处建设工程违规施工破坏燃气管道12起，罚款金额34万元。

2019年，全市燃气行业全面推行应急处置卡，重点岗位做到“一岗一卡、随身携带”。在瘦西湖景区扬菱路汽车加气站、广陵区沙头液化气站、邗江区杨庙液化石油气灌装站组织开展燃气泄漏应急处置和反恐处置演练活动。组织开展全市城镇燃气企业“三类人员”持证上岗专项检查，排查出317名无证作业人员，停岗后重新进行培训考核。至年末，全市燃气行业“三类人员”持证人员1815名。（余　伟）

城市管理

■概况 2019年，全市城市管理工作以精细化常态化管理为工作主线，统筹推进市容管理、垃圾分类、民生项目、执法服务、安全生产、扫黑除恶、智慧城管建设等工作，城市市容环境得到提升，群众满意度、获得感增强。启动实施“迎新中国成立70周年、迎建党百年、迎世园会”市区市容环境综合整治提升三年行动，下发任务6521项，开展7个批次整治，一批出店经营、占道经营、城市“六乱”等市容顽症得到治理。完成“烟花三月”国际经贸旅游节、扬州鉴真国际半程马拉松赛、世界运河城市论坛、首届大运河文化旅游博览会、庆祝新中国成立70周年等各项市容保障工作。推进数字化城管升级改造，全市数字化城管系统立案、结案17万件，“智慧城管”项目全面启动建设。12月31日，邗江区垃圾分类教育示范基地建成开放，成为江苏省第一个以垃圾分类为主题的教育示范基地。（臧益军）

■户外广告整治 整治市区12条道路户外广告、店招标牌，按照“拆除一批、规范一批、提升一批”的工作思路和“减量、提档、规范、美观、安全”原则，完成违规广告店招、指示标牌和字幕式电子显示屏等整治任务2898项。完成《扬州市城市户外广告设置专项规划》修编工作。（臧益军）

■违法建设治理 开展城市建成区违法建设五年治理专项行动，市区查处违法建设62.09万平方米，其中拆除10.16万平方米，累计完成五年总查处进度的98.18%。启动扬州市区及世博园周边地区违法建设专项整治三年行动（2019—2021年），全年拆除违法建设5.96万平方米。（臧益军）

■生活垃圾分类 加强宣传引导，在居民小区设置统一样式的垃圾分类宣传专栏，组织开展志愿者队伍登门入户宣传，倡导绿色生活方式。完善设施建设，新建有害垃圾暂存库1座、农贸市场垃圾处理设施9个，提升改造老城区垃圾池38个，完成9个公园的垃圾分类投放容器设置，投放4044个公共区域垃圾分类设施，全市建成区生活垃圾分类投放设施覆盖率75%，各县（市、区）70%以上。优化分类方式，由“三分法”（可回收物、有害垃圾、其他垃圾）逐步向“四分法”（可回收物、有害垃圾、其他垃圾、厨余垃圾）转变，“全天候投放”向“定时定点”转变，在18个老小区开展定时定点投放收集试点。全市新增垃圾分类小区345个、示范小区46个、示范社区19个、示范乡镇（街办）20个、垃圾分类单位534个。（臧益军）

■“三尘”管控 规范城管系统污染防治类问题线索处理过程。推进烧烤烟尘防控，对市区露天烧烤开展不间断专项检查，排查问题861个，移送处置401个。推进渣土扬尘管控，市区建筑垃圾治理试点工作通过住建部考核。开展渣土治理百日攻坚行动，从交警、住建、交通、水利等部门及各区抽调40余人，实体化运作市渣土管理工作领导小组办公室，将公安—城管联动协作机制扩展为公安—城管—住建联合巡查机制；强化“两点一线”巡查督查，加强全程执法整治，联合公安、住建等部门出台《扬州市区建筑垃圾运输企业日常考核管理办法（试行）》，规范建筑垃圾运输处置秩序。推进道路降尘，加强道路机械化清扫，市区道路作业机械总数250台以上，道路机械化清扫率90%以上。加强道路保洁，市区主要道路、重点区域落实每日“两扫两保”（两次清扫、两次保洁）和适时洒水的要求。（臧益军）

■终端项目建设 2019年，规模800吨/日的市区生活垃圾焚烧发电厂三期项目和库容200万立方米的赵庄垃圾卫生填埋场二期项目主体工程竣工。规模100吨/日的市区餐厨废弃物处理厂二期、规模50吨/日的高邮市餐厨废弃物有机垃圾处理生态综合体项目、高邮市建筑垃圾资源化利用厂、规模500吨/日的宝应县生活垃圾焚烧发电厂投入运行。规模700吨/日的江都区生活垃圾焚烧发电项目建成。（臧益军）

■执法办案 推进执法“三项制度”（《江苏省行政执法公示办法》《江苏省行政执法全过程记录办法》《江苏省重大行政执法决定法制审核办法》）落实。出台《关于进一步加强全市城管系统执法案件办理工作的意见》，引导基层执法单位提升执法办案水平，推进办案质效提升。全年办理简易程序案件9344起，一般程序案件2890起，受理、办结各类信访件4823起，接待办理率和按时回复率均为100%。深化“放管服”改革，对外公布的行政事项全部实现“不见面”审批，按时办结率、承诺件提前办结率均为100%。（臧益军）

乡村建设

Xiangcun Jianshe

编　辑　徐国磊

综述

■**概况**　2019年，扬州市新增转移农村劳动力1.58万人，农村居民人均可支配收入2.33万元，比上年增加1876元，增长8.7%。农村居民人均消费支出1.72万元，比上年增长8.6%。推进落实“三保五助”精准扶贫政策，全市建档立卡低收入农户脱贫率99.99%，65个沿河、沿江市级经济薄弱村分别实现集体经营性收入45万元和55万元。农村无害化卫生户厕普及率97.98%，居苏中第一。在全省率先建成运行农村集体“三资”监管信息系统，村集体经营性收入比上年增长11.3%。推广宝应化债经验，全市村级债务比上年下降13.9%。全市累计创成省级示范家庭农场180个、省级农民合作社示范社95个、国家农民合作社示范社49个。开展村主办会计异村交流任职工作，全市85个镇（街道、园区）、1094个村（居）落实主办会计异村交流任职。宝应县氾水镇牌坊村、仪征市新集镇新集村、广陵区李典镇田桥村被评为“全国乡村治理示范村”。（常婷婷　胡　雅）

■**涉农领域扫黑除恶**　2019年，全市农业农村系统推动涉农领域扫黑除恶专项斗争，成立扫黑除恶专项斗争领导小组，制定实施方案，累计印发宣传海报1万余份，利用悬挂标语横幅、制作宣传海报、发放宣传资料短信、公众号、网站等媒体宣传1.4万余次，发放宣传手册300份。设立举报电话、信箱，重点聚焦排查农村集体经济和农民合法权益领域、农资和农产品生产领域、畜禽屠宰和饲料监管领域及新型农业经营主体等涉农领域的涉黑涉恶线索，排查线索3条并移交市扫黑办。组织开展对种子、化肥、农药等经营门店和新型经营主体进行专项检查，做到“黑恶必除，除恶务尽”，确保行业监管治理取得成效。（胡荣利　徐　敏）

■**中国农民丰收节活动**　9月25日，2019年中国农民丰收节扬州活动暨广陵区“名特优农产品”展销会在广陵区头桥镇农民广场开幕。节庆活动以“扬州大地庆丰收，秀美乡村展笑颜”为主题，主会场与宝应县、高邮市、仪征市、江都区、邗江区等5个分会场围绕庆祝“2019年中国农民丰收节”，举办各类活动。全市各乡、镇、村结合地方资源禀赋、民俗文化、农时农事，开展农业文化传承久、农民参与度高、群众基础广、社会影响大的科技下乡、民俗表演、农事体验、赛事活动、趣味运动会、庆典仪式等。（虞志华　潘小文）

■**农村基层社会治理与服务试点**　召开全市创新农村基层社会治理与服务试点工作推进会，完成31个村（居）有关农村集体“三资”监管等试点工作任务。宝应县氾水镇牌坊村、仪征市新集镇新集村、广陵区李典镇田桥村被评为“全国乡村治理示范村”。（刘乃祥）

扬州市获批国家森林乡村

宝应县曹甸镇崔堡村
宝应县柳堡镇仁里村
宝应县开发区联合村
宝应县夏集镇三洋河村
高邮市送桥镇神居山村
高邮市菱塘回族乡清真村
高邮市车逻镇特平村
高邮市界首镇应龙村
仪征市月塘镇尹山村
仪征市月塘镇大营村
仪征市马集镇合心村
仪征市新集镇庙山村
邗江区甘泉街道长塘村
生态科技新城泰安镇华丰村

（吕纯军）

扬州市国家级“一村一品”示范村镇

广陵区头桥镇红平村（翠京元有机稻米）
宝应县望直港镇北河村（蔬菜）
宝应县泾河镇松竹村（金禾早春西瓜）
宝应县氾水镇新荡村（有机稻米、蔬菜）
高邮市送桥镇邵庄村（高邮鸭）
仪征市真州镇佐安村（有机蔬果）
仪征市真州镇三八村（绿篱蔬菜）
仪征市马集镇合心村（黑莓）
江都区丁伙镇（花木）
江都区小纪镇吉东村（罗氏沼虾）

（王　波　糜　裕　纪合意）

2019年度扬州市获批省级最美乡村健身公园

江都区武坚镇勇龙国际生态园
江都区小纪镇纪西村健身公园

邗江区槐泗镇林桥村公园
宝应县氾水镇牌坊村村民健身广场
（吕纯军）

2019年度扬州市获批江苏省卫生镇

江都区浦头镇
江都区吴桥镇
江都区郭村镇
宝应县鲁垛镇
宝应县广洋湖镇
高邮市甘垛镇
高邮市临泽镇（吕纯军）

2019年扬州市获批江苏省卫生村

广陵区：文峰街道渡江村，头桥镇新桥村，李典镇伏业村，沙头镇晨兴村

江都区：仙女镇黄庄村、建乐村，大桥镇迎山村，吴桥镇季刘村、进化村，宜陵镇宜东村，郭村镇永和村、大新村，丁沟镇丁西村、曙光村，邵伯镇京杭村，丁伙镇红桥村，樊川镇西闫村，真武镇真北村、真东村，小纪镇迎新村，武坚镇双林村

宝应县：氾水镇龙河村，鲁垛镇鉴青村，泾河镇泾河村，射阳湖镇高夏村、射南村、风车头村、廖徐村、桥南村，广洋湖镇东进村，夏集镇三洋河村，曹甸镇李沟村，安宜镇三团村，山阳镇徐庄村，西安丰镇集丰村，望直港镇马垛村

扬州经济技术开发区：施桥镇横东村，朴席镇梁湾村

仪征市：新集镇国庆村、凌东村，青山镇跃进村，仪征市经济开发区冷红村，仪征市枣林湾旅游度假区红光村

高邮市：开发区东墩社区，车逻镇朝阳社区，送桥镇准提村、送桥社区、天山社区、郭集村、毛港村，高邮镇黄渡村，龙虬镇龙腾村，三垛镇东楼村、葫芦村、三百六村、俞胡村、二沟村，甘垛镇三河村、姚家村，卸甲镇陈堡村，菱塘乡高庙村，临泽镇西河村，界首镇六安村，周山镇双河村

生态科技新城：泰安镇山河村、勤俭村（吕纯军）

农村经济

■概况 2019年，扬州市农村居民人均可支配收入2.33万元，比上年增长8.7%。其中，工资性收入1.36万元，比上年增长8.9%；经营净收入5680元，增长8.4%；财产净收入576元，增长9.3%；转移净收入3446元，增长8.6%。农村居民人均消费支出1.72万元，比上年增长8.6%。全市建档立卡低收入农户脱贫率99.99%，65个沿河、沿江市级经济薄弱村实现集体经营性收入45万元和55万元。全市累计创成省级示范家庭农场180个、省级农民合作社示范社95个、国家农民合作社示范社49个。围绕各地农村宅基地确权登记发证、宅基地审批情况、宅基地利用和流转情况、宅基地和农房闲置状况开展调研。申报新一轮全省农村改革试验区，江都区被省新认定为22家农村改革试验区之一。强化农民负担监管，88.6万份农民负担监督卡全部填写并发放到户，到户率98%以上。全年实施村级公益事业一事一议财政奖补项目396个，投入资金近1.2亿元。完成31个村（居）有关农村集体"三资"监管等试点工作任务。全年新增高标准农田1.22万公顷、高效设施农（渔）业0.56万公顷。推进5个现代化生猪产业集聚区建设。新创农产品"三品一标"32个、农业产业化省级示范联合体9个。（沈 翔）

■农村集体"三资"管理 推广农村集体财务与"三资"管理信息系统，实现即时记账、实时监管、阳光公开、全程留痕，村账村记、乡镇在线监导。实现"三资"系统与"e阳光"手机App融合，"e阳光"手机App录入基础数据近86.5万户，点击量83万多次，发布信息7.9万多条。推行"村务卡"制度，发放"村务卡"1868张，实现村级资金非现金结算。开展村级债务化解，2019年底全市村级债务31.85亿元，比2019年初减少5.12亿元，下降13.9%。开展农村集体"三资"监管，自查自纠、专项调研、持续推进，新增案件得到遏制。（刘乃祥）

■土地确权颁证管理 印发《关于开展农村承包地确权登记颁证自查工作的通知》，组织开展农村承包地确权登记颁证"回头看"，要求各地重点排查证书颁发、暂缓确权、数据质量、涉地上访、档案管理及资金使用等情况。农业农村部评估专家组对仪征市农村承包地确权登记颁证及"回头看"工作开展情况进行评估。12月，举办全市农村土地承包管理业务培训班，培训县乡业务人员90人。（刘乃祥）

■农村集体产权制度改革 落实农村集体资产清产核资"回头看"。印发《关于组织开展农村集体资产清产核资工作"回头看"的通知》，要求各地排查清核数据是否真实准确、操作程序是否规范公开、产权归属是否明确清晰、账务处理是否依据充分、档案资料是否完整规范、农民群众是否满意认可。联合市自然资源和规划局对各地清产核资情况进行抽查。联合市水利局、市教育局、市体育局等部门开展农村集体资产清产核资抽验工作。江苏省农业农村厅委托第三方对邗江区农村集体资产清产核资工作进行验收。推进农村集体资产股份合作制改革，指导邗江区、真州镇等5个乡镇以及渡江村等25个村规范开展农村集体产权制度改革试点工作，6月底前完成产权制度改革任务。指导20个涉农社区股改并完成股改任务。推进农村集体经济组织登记赋码工作。至年末，实现股份分红的村（居）有206个，占行政村总数18.8%。（刘乃祥）

■农村扶贫开发 贯彻落实扬州市委、市政府《关于进一步推进农村扶贫开发工作的实施意见》要求，推进"三保五助"（保基本生活、保危房改造、保基本医疗，助贫困劳动力就业、助贫困学生完成学业、

助创业意愿实现、助巩固脱贫成果、助薄弱村发展集体经济）政策落实。推进市级经济薄弱村增收项目建设，组织开展65个市级机关部门、国有重点企业结对帮扶工作，加强帮扶部门（企业）对薄弱村项目、资金、人才等方面的支持。建立健全“三保五助”扶贫政策落实情况督查制度，开展市县乡三级联动脱贫攻坚专项督查，确保各项政策落实到村到户到人。至年末，全市建档立卡低收入农户脱贫率99.99%，65个市级经济薄弱村集体经营性收入全部达标且通过第三方会计师事务所验收，实现户脱贫、村达标的整体脱贫目标。（印　笋）

■农村产权流转交易　完善市县乡三级农村产权交易市场体系和信息服务体系建设，规范产权交易行为，实现集体产权“应进必进”。及时公开公示村集体资产资源存量、分布、价值及交易情况，全年实现农村产权交易1.52万笔、交易金额20.49亿元，溢价1.11亿元、溢价率5.4%。江都区完成全国第二批农村综合改革标准化试点项目——农村产权流转交易服务标准化建设，并通过国家标准委验收。12月24日，江都区仙女镇砖桥社区2.67公顷承包地经过网上自由竞拍，以每公顷70.7元价格竞拍成功，成为全省“农户承包土地经营权”网上竞拍第一单。（刘乃祥）

村镇建设

■概况　全年完成村镇建设投资63.26亿元。其中，住宅建设投资19.20亿元，公共建筑建设投资5.92亿元，生产性建筑建设投资16亿元，基础设施建设投资22.13亿元。全年竣工住宅建筑面积134.86万平方米，公共建筑面积31.39万平方米，生产性建筑面积153.18万平方米。全年新增村镇供水管道249.98千米，年供水总量1.37亿立方米；新增村镇道路长度199.16千米，道路面积125.53万平方米；新增排水管道204.56千米。至年末，小城镇绿化覆盖面积5335.04公顷，公园绿地面积686.68公顷。

（宋　芸　卞海波）

景色优美的高邮市三垛镇官垛村　　林　山/摄

■镇村布局规划　组织县（市、区）、功能区推进镇村布局规划优化完善工作。至年末，县（市、区）、功能区均形成镇村布局规划初步成果，覆盖72个乡镇，其中高邮市12个、宝应县14个、仪征市11个、江都区13个、邗江区10个、广陵区4个、扬州经济技术开发区3个、生态科技新城2个、蜀冈－瘦西湖风景名胜区3个。梳理规划发展村庄（含集聚提升类、特色保护类、城郊融合类村庄）1800多个、搬迁撤并类村庄3800多个，其他一般类村庄7400多个；镇村布局规划优化完善率100%。（扬自然　朱叶俊）

■乡村建设创建　完成全市155个美丽宜居乡村建设、2个省级特色田园乡村和“一镇十点”市级特色田园乡村建设。仪征市新城镇蒲薪村和高邮市界首镇甓湖社区入选第五批中国传统村落名录，邗江区方巷镇沿湖村等5个村入选第三批省级特色田园乡村建设试点。按照全市农村人居环境整治三年行动计划，市住建局、市农业农村局、市财政局印发农村人居环境整治考核奖补办法，明确整治任务、标准和奖补办法。全年完成155个“美丽宜居乡村”建设和12个省级备选传统村落、18个传统建筑组群现状遗存情况的核验工作。

（宋　芸　卞海波）

■城镇建设　高邮市临泽镇和界首镇成功申报全国历史文化名镇，生态科技新城杭集镇获省重点镇和特色镇基础设施引导项目。按照江苏省住建厅关于开展被撤并乡镇集镇区整治要求，向省住建厅和财政厅申请下达高邮市、仪征市、江都区55个被撤并乡镇整治专项资金2750万元。至年末，高邮市汤庄片区、仪征市龙河集镇区等8个集镇区进入扫尾阶段，其他47个乡镇按序时推进整治工作。（宋　芸　卞海波）

■农村实事工程　开展精准扶贫，实施农村危房改造工作，完成1043户农村危房改造，其中宝应县548户、高邮市223户、仪征市100户、江都区170户、广陵区2户。5月，国务院办公厅印发《关于对2018年落实有关重大政策措施真抓实干成效明显地方予以督查激励的通报》，高邮市农村危房改造工作受到国务院表彰。（宋　芸　卞海波）

■**农村供水支管网改造工程** 全年对广陵区、邗江区等乡镇地区老旧供水管网完成更新改造101.29千米，实际完成投资952.48万元。通过乡镇管道改造，乡镇供水漏损率降低至8.5%，乡镇百姓用水安全可靠。

（城建控股集团）

农村环境

■**概况** 2019年，市政府建立市农村人居环境整治联席会议制度，市农业农村局、市住建局、市自然资源和规划局、市生态环境局、市城管局、市交通运输局、市水利局、市卫健委、市文广旅局等成员单位参与，推进农村人居环境补齐短板。全年市级财政资金投入6195万元；全域开展垃圾分类试点乡镇（街道）39个，农村垃圾集中收运处理率95%；疏浚农村河道1078.62万立方米；畜禽粪污资源化利用率96%，废旧农膜回收率77%，秸秆综合利用率96.72%，化学农药使用比上年减少147.56吨。全市708个行政村建有生活污水处理设施，165个行政村生活污水纳入城镇污水管网，行政村生活污水治理设施覆盖率74.6%；农村无害化卫生户厕普及率97.98%，新改扩建农村公厕475座（含旅游公厕20座）；行政村双车道四级路覆盖率100%，规划发展村庄等级公路通达率99.3%，镇村公交开通率100%。建设美丽宜居村庄358个，建成特色田园乡村17个。扬州“厕所革命”经验在全省农村人居环境整治现场会上交流，高邮市成为全省唯一入选全国农村“厕所革命”典型范例，仪征市被省政府表彰为“开展农村人居环境整治成效明显的地方”。

（成　强　徐　剑　薛　飞）

仪征市真州镇打好污染防治攻坚战，再现“碧水蓝天”　　真州镇/供稿

■**农业废弃物资源化利用** 提升畜禽粪便综合利用能力，全市实施13处省级畜禽粪便综合利用项目，其中2处规模沼气工程、1处畜禽粪便处理中心、7处有机肥加工项目、3处整镇推进项目。至年末，12处项目完成建设任务并投入运行。

（戴　敬　何　健）

■**秸秆收贮利用** 完善秸秆收集体系，将秸秆离田机械化收储纳入市级生态环保资金奖补范围，全年全市秸秆离田机械化收集5333公顷，给从事秸秆收贮利用的企业发放年度省级奖补资金397.8万元。推进秸秆综合利用示范县建设，推荐高邮市再次申报中央农作物秸秆综合利用示范县，争取资金948万元，有效提升秸秆综合利用能力。

（何　健　郑　伟）

■**农村能源安全监管** 开展安全生产检查，将安全生产贯穿到日常工作中，对发现的问题，要求各地明确责任人与整改时间，及时整改到位。全年在全市范围内开展拉网式检查2次，排查安全隐患107处，整改到位88项，推进拆除19处。推进沼气设施安全处置，要求各地重视安全处置工作，争取各级财政资金，实行事前、事中、事后全程留痕管理，确保工作程序到位、措施到位。全年报废户用沼气7000座，沼气工程11座。（何　健　郑　伟）

环境资源管理

Huanjing Ziyuan Guanli

编　辑　陈永华

综述

■**概况**　2019年，扬州市紧扣改善环境质量核心目标，打好污染防治攻坚战，推进生态保护与修复，加强环境执法监管和环保服务。改善环境质量，市区细颗粒物（$PM_{2.5}$）平均浓度43微克/立方米，比上年下降6.5%；空气质量优良率69.6%；32个省考以上断面水质优良率达71.9%，无劣V类水体；土壤环境保持稳定。提升生态文明建设水平，邗江区创成国家生态文明建设示范区，推进长江大保护和江淮生态大走廊建设。环境执法监管持续保持高压，全年未发生重大环境安全事故。生态环境能力短板逐步接长，完成生态环境监测一张网管理系统、生态环境数据资源库阶段性建设任务，建成使用环境执法移动平台（二期）、机动车遥感监测系统。完成机构改革，推进环保垂改，新增22个基层环境执法机构。（樊盛健）

■**生态保护和修复**　落实长江大保护战略，推进长江岸线违法违规项目清理整治，抓好长江经济带警示片突出环境问题整改。开展长江入河排污口排查整治，配合生态环境部完成现场排查。推进江淮生态大走廊建设，当年完成投资31.7亿元，完成年度建设项目27个。配合市政协开展专题评议并获好评。完成全市“三线一单”编制，划定270个环境管控单元，其中以生态功能保护为主的优先管控单元占区域面积的21%。优化调整国家级生态红线、省生态空间管控区域，开展自然保护地监督检查专项行动，完成省级生物多样性本底调查试点工作。邗江区获国家生态文明建设示范区称号，12个乡镇、15个村创成省级生态文明建设示范镇、村。（樊盛健）

■**公园建设质量提升**　下发《关于开展全市公园设计方案专家评审工作的通知》，组建公园设计方案评审专家库，完成宝应县人民路廉政文化公园、邗江区邗沟路风光带等公园设计方案评审。研究制定《关于进一步加强公园建设项目管理的通知》，对公园立项选址、方案设计、施工建设、竣工验收等重要环节提出要求。明确公园绿地面积不得少于公园陆地总面积的65%，公园园路、健身步道两侧要种植遮荫树木等规定。（周　娟）

■**公园服务功能提高**　组织4组专家对全市358个免费公园进行摸底调查，系统排查绿化栽植、景观配置、服务设施建设等情况，并制定提升计划和实施方案。至年底，共完成62个公园的增绿补绿、9个公园的设施增补，共增补各类乔灌木约8000株、花灌木地被1.3万平方米，建成42条、36.5千米长的林荫路；更换损坏的座椅60个、健身设

半岛公园志愿者在检查公园的健身设备　　日　报/供稿

施25个、垃圾桶106个、路灯261盏；新增6座厕所、2条环形步道和1000多块标识标牌。（周 娟）

■**公园管理** 2019年，完成全市公园体系建设简报10期。至年底，年初制定的新建（提升）30个公园的计划全部建成，下半年重点区域新增74个公园的建设任务，已建成39个、开工35个。完善管理维护标准。结合公园管理实际情况，制定下发《扬州市公园管理维护技术导则(试行）》《扬州市公园绿化养护技术指导意见》等标准，为公园设施维护、植物养护、园容卫生和安全管理等提供标准，促进公园管理的标准化、规范化。开展全市公园普查工作，对公园的林荫道路、健身设施、公共厕所等重要设施进行摸底登记，制定“一园一档”。加强管理督查考核。对《扬州市公园管理考核办法（试行）》配套的《扬州市公园管理考核细则》进行修改完善，与市财政局对接落实2019年500万元的公园考核经费。至年底，组织专家20人次赴公园管护现场，对公园配套设施、服务提升、规范经营、植物管护等9个方面28项进行逐项考核，完成84个公园的现场检查，提出整改意见320多条，督促整改落实。拓展公众参与途径。研究制定《关于推行公园园长制的指导意见》，通过推行“专职园长+市民园长”的园长双轨制模式，加强社会公众参与公园管理，提升公园服务水平，巩固公园体系建设成果。邀请高校教授、行业专家等对全市公园管理部门、管护单位、公园管家和志愿者等100多人开展公园行业业务知识专题培训。（周 娟）

土地资源管理

■**概况** 2019年，全市土地总面积6591.21平方千米，其中耕地3307.07平方千米（含可调整地类446.53平方千米）、园地39.55平方千米、林地24.26平方千米、草地5.33平方千米，城镇村及工矿用地1082.73平方千米、交通运输用地301.81平方千米、水域及水利设施用地1769.27平方千米、其他土地61.19平方千米。全市发现的矿种主要有石油、天然气、建筑用玄武岩、建筑用砂、鹅卵石（雨花石）、砖瓦用黏土、地热、矿泉水等。其中，石油、天然气储量居全省首位。地热资源可采储量达3万立方米/天，具有分布广、储量大、温度高、水质好的特征。

（扬自然 朱叶俊）

■**耕地资源保护** 2019年，全市完成340个耕地占补平衡补充耕地项目，新增耕地958.48万平方米。完成城乡建设用地增减挂钩复垦项目1455个，新增农用地1578.62万平方米，新增耕地1554.20万平方米。完成14个市以上投资土地整理项目，新增耕地98.53万平方米。宝应县、邗江区、高邮市3个县（市、区），宝应县广洋湖镇、邗江区公道镇、仪征市陈集镇等15个乡镇，宝应县射阳湖镇鹅村村、邗江区方巷镇联合村、高邮市周山镇狄奔村等30个村因耕地保护工作成绩突出，被表彰为2018年度市级耕地保护激励单位，获得4200万元专项资金奖励。（扬自然 朱叶俊）

■**矿产资源开发利用** 2019年，全市共有矿山企业39家，境内年开采原油约55万吨，占江苏油田年开

2019年扬州市土地资源情况一览表

表29-1

类 别	土地面积（平方千米）	占比（%）
合 计	**6591.21**	**100**
耕 地	3307.07	50.17
园 地	39.55	0.60
林 地	24.26	0.37
草 地	5.33	0.08
城镇村及工矿用地	1082.73	16.43
交通运输用地	301.81	4.58
水域及水利设施用地	1769.27	26.84
其他土地	61.19	0.93

（扬自然 朱叶俊）

2019年扬州市工地供应量情况一览表

表29-2

地 区	供地总量（万平方米）	其 中	
		划拨（万平方米）	出让（万平方米）
总 计	**1841.01**	**633.04**	**1207.96**
扬州经济技术开发区	121.44	44.57	76.87
广陵区	187.09	26.40	160.69
邗江区	327.97	176.37	151.59
生态科技新城	14.82	5.80	9.02
蜀冈-瘦西湖风景名胜区	54.69	15.26	39.43
江都区	270.25	43.59	226.66
宝应县	273.25	102.93	170.33
仪征市（含化工园区）	308.27	101.32	206.94
高邮市	283.23	116.80	166.43

（扬自然 朱叶俊）

采总量的50%以上，年开采地热水37.47万吨，年开采砖瓦用黏土约62.5万吨。（扬自然　朱叶俊）

■采矿权市场　2019年，全市共完成14宗采矿权挂牌成交确认，出让黏土资源26.97万立方米，收取采矿权出让金97.08万元。（扬自然　朱叶俊）

■地质勘查与地质灾害防治　有序推进扬州城市地质调查，《城市地质调查总体设计》通过省自然资源厅组织的专家评审并获评优秀等级。完成扬州市土地质量地球化学更新调查评价。高邮湖地区山水田林湖综合地质调查评价、江都区镇村级规划生态地质环境综合调查等项目经省自然资源厅批准立项并实施。做好地质灾害隐患点排查、巡查和复查，加强观音山隐患点专家巡查驻守，实施捺山地质遗迹保护与地质灾害治理工程。（扬自然　朱叶俊）

■土地计划指标和征收　2019年，全市共获得用地计划1138万平方米。其中，新增建设用地计划604.67万平方米，流量建设用地计划533.33万平方米。全市获批土地征收总面积1741.73万平方米，农用地1335.87万平方米。（扬自然　朱叶俊）

■土地供应　2019年，全市供应土地1841.01万平方米。其中，商服用地203.22万平方米，住宅用地447.04万平方米，工矿仓储用地535.71万平方米，公共管理及公共服务用地262.23万平方米，交通运输用地328.77万平方米，水利设施用地及其他用地64.04万平方米。全市出让土地1207.96万平方米，合同出让金346.93亿元，出让面积比上年下降12.43%，出让金比上年增长14.77%。其中，招拍挂出让土地1201.44万平方米，比上年下降12.01%；合同出让金346.01亿元，比上年增长14.82%。（扬自然　朱叶俊）

■土地利用总体规划布局调整　编制中心城区土地利用总体规划布局调整方案，涉及47个项目，调整优化用地141.53万平方米。完成邗江区方巷镇沿湖村、仪征市陈集镇立新村村级土地利用总体规划编制，落实农民集中居住点用地59.22万平方米。完成仪征市、高邮市土地利用总体规划实施评估并上报省自然资源厅，启动其他地区土地利用总体规划修改前期工作，为中心城区土地利用总体规划布局调整奠定基础。（扬自然　朱叶俊）

■执法监察　2019年，市自然资源和规划局立案查处各类土地违法案件16件，责令退还土地面积47.2万平方米，责令拆除建筑占地面积0.69万平方米，没收建筑占地面积43.1万平方米，决定处以罚款631万元。（扬自然　朱叶俊）

■依法行政　专门成立市自然资源和规划局行政复议委员会，依法稳妥处置复议诉讼案件。推进信访“百日清零”和土地征收、出让领域信访问题专项治理等行动，“一案一策”推进领导包访下访、集中处置。2019年，全年受理的复议案件和应诉案件比上年分别下降58%、34%，来信、来访比上年分别下降19%、40%，有效维护群众的合法权益。（扬自然　朱叶俊）

■国土资源节约集约模范创建　坚持“市县联创”、部门联动，邗江区、

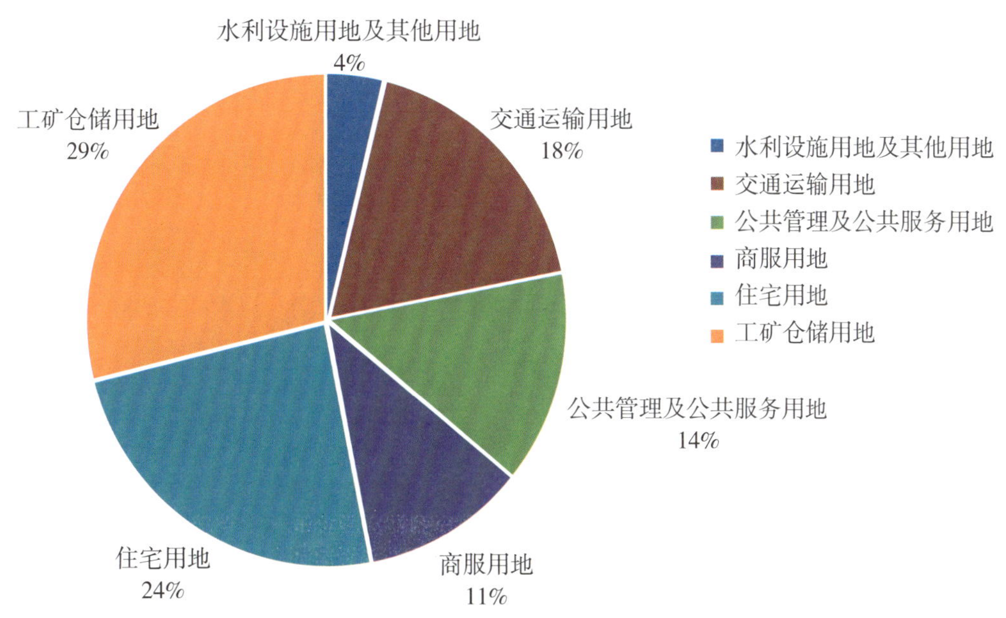

图29-1　2019年度全市土地供应用途分类结构示意图　（扬自然　朱叶俊）

2019年扬州市区“城中村”改造完成情况一览表

表29-3

区　域	“城中村”地块数（个）	搬迁户数（户）	腾让土地面积（万平方米）	拆除房屋建筑面积（万平方米）
合　计	**15**	**2272**	**134.27**	**62**
扬州经济技术开发区	2	203	12.20	5.9
广陵区	4	1045	88.13	20.5
邗江区	4	234	16.93	21.1
生态科技新城	1	407	6.00	4.3
蜀冈－瘦西湖风景名胜区	3	338	9.00	9
江都区	1	45	2.00	1.2

（扬自然　朱叶俊）

宝应县创成全省国土资源节约集约模范县（市、区），同时获得省政府落实有关重大政策措施真抓实干成效明显地方的督查激励，分别获得33.3公顷用地计划指标奖励。（扬自然　朱叶俊）

■第三次国土调查　印发《扬州市第三次国土调查工作规则》《扬州市第三次国土调查成果市级检查工作方案》，组织全市三调业务知识考试，推动第三次国土调查决战攻坚。根据省三调办统一部署，组织全市三调办及作业队伍技术骨干约70人入驻南京，开展集中攻坚，各县（市、区）初始调查成果9月23日前经省级检查合格上报国家。10月中旬收到国家核查意见后，组织新一轮成果整改完善，整改后的初始调查成果12月6日前再次通过省检上报国家。全市通过省级检查合格的时间进度排名全省第三。（扬自然　朱叶俊）

■测绘地理信息管理　建成江苏省应急测绘保障中心扬州基地，配备无人机、数据传输及处理软件、应急测绘保障专用车辆，服务全市应急演练和日常测绘。（扬自然　朱叶俊）

■土地储备　市土地储备中心新增储备土地8宗、146.84万平方米。至年末，市区（不含江都区）储备土地库存707.41万平方米，基本实现土地储备库存动态平衡。（扬自然　朱叶俊）

■“城中村”改造　2019年，市区共完成“城中村”改造地块15个，腾让土地134.27万平方米，搬迁村（居）民2272户，拆除房屋建筑62万平方米。（扬自然　朱叶俊）

水资源管理

■概况　2019年，市水利局坚持节水优先，强化水资源管制和刚性约束，推进水资源管理和节水型社会建设，为市域经济社会发展提供保障。印发《2019年度扬州市实行最严格水资源管理制度考核工作方案》，实施水资源消耗总量和强度双控行动，形成刚性约束和调节机制，水资源管理各项指标全面提升。10月和12月，组织开展全市水资源管理和节约用水监督检查。

全市年度用水总量34.37亿立方米，万元地区生产总值用水量62.3立方米，万元工业增加值用水量9.1立方米，农业灌溉用水有效利用系数0.63，境内省重点水功能区水质达标率94.3%。扬州市2019年度实行最严格水资源管理制度获省政府考核优秀等次。

推进取水工程核查登记，登记取水工程名录2080个、取水项目名录1143个，10月通过水利部长江委、省水利厅联合组织的现场检查和“四不两直”抽查，完成取水工程核查登记阶段任务，核查登记整体成果及整改提升方案提交水利部长江委和省水利厅，整改提升方案针对扬州市管辖范围内1138个取水工程项目，保留类667个、退出类22个、整改类449个。严格取水许可与水资源论证制度，开展规划水资源论证，完成《扬州经济技术开发区发展规划水资源论证报告书》。强化取水许可事中事后监管，针对取水许可审批、验收等关键环节，梳理取水许可有关问题，以“一地一单”形式发各县（市、区）整改，强化取水项目审批整改提升。严格执行计划用水和节约用水，分解下达江水北调沿线供水计划，抵御60年以来最严重气象干旱。

落实水资源强度控制。加强计划用水管理，对全市自备水取用单位和月用水500立方米以上的公共供水用水单位下达用水计划，对计划执行情况进行考核，对超计划严重的用水单位下达警示通知。推广企业非常规水源利用、废水“零排放”等节水技术，实施扬州六圩污水处理厂、高邮海潮污水处理厂、仪征化纤有限责任公司中水回用工程。落实水价改革及规费征管。全市累计完成农业水价改革面积52平方千米，各乡镇农业用水基本实现总量控制、定额管理，大、中、小型灌区计量设施实现全覆盖。成立农民用水合作组织340个，管理面积占全市有效灌溉面积率98%。2019年，全市完成水资源费征收7244.65万元，完成年度征收任务的132%。规范水资源费使用，所收款项均用于水资源管理与保护、节水宣传及指导节水型载体创建。严格地下水管理保护。贯彻落实《全国地下水利用与保护规程》，实行地下水水量与水位双控制度，对全市73眼水位和17眼水质监测井统计分析，定量描述动态特征。自2014年在全市范围开展地下水封井工作以来，全市累计完成封井772眼，2019年度地下水开采量1542万立方米，委托第三方编制完成2014—2018封井压采效果评估报告，为地下水资源保护和开发利用提供可靠依据和决策支撑。推进水资源管理信息化建设。完善水资源监测站网建设，定期对信息化系统进行运行维护，提高监测能力，更新改造19个站点，全市信息采集系统在线率维持在92%以上。加强水资源管理统计及培训。持续加强水资源管理统计，完善统计制度，稳定统计人员，加强层级监督，加强与系统内外部门的联系，做好年度用水总量复核、用水效率等涉水资源指标核算、用水大户调查等工作，编发《2018年度扬州市水资源公报》，按时完成季报、年报编制。

结合水源地专项整治活动，统筹推进集中取水、集中保护，宝应县、高邮市调整县级以上水源地，实施取水口搬迁工程。市水利局协调推进乡镇水源地达标建设，组织开展专项督查，高邮市高邮湖菱塘、江都区里运河邵伯水源地达标建设分别于11月和12月通过市水利局、生态环境局、住房和城乡建设局组织的联合验收。强化水源地长效管护，市政府印发《关于进一步加强全市饮用水水源地管理与保护工作的实施意见》。

配合省水利厅开展淮河流域河湖水量分配，完成扬州市仪扬河水量分配方案，组织开展通扬运河、龙河等5条重点河湖的健康评估，2016—2019年已开展18条河湖的健康评估。践行“河湖长制”，市委、市政府召开全市河湖长制工作暨“两违”专项整治推进会，市委书记、市长签发《扬州市总河长令》，签发各级河湖长交办单1112份，交办事项反馈率100%。设立市、县、乡三级“河湖警长”，严打涉水违法犯罪，侦办涉水刑事案件20多起。围绕河（湖）长公示牌设立更新、河湖“两违三乱”整治等任务，做到两月一督查、一季度一通报。开发河长制综合管理系统，实现涉河涉湖部门、地区间的信息共享和数据应用。定期开展规模以上入河排污口监督性监测，对监测发现的超标排放问题按规定通报地方人民政府，督促落实整改措施，确保达标排放，改善水环境质量。

开展水资源基础课题研究，完成“水功能区达标建设效果评估”“地下水压采效果评估”“全市用水总量监测与分析”“扬州市入江河道（含主要支流）水质分析研究”等课题，并形成技术报告，为全市水资源管理提供科技支撑。（水政处）

■节水工作 2019年，开展节水型企业、单位、社区、学校等载体创建，完成省级节水型企业（单位）、社区19家，省级节水型学校7家，省级节水型示范项目6家；完成市级节水型学校30家、市级节水型单位13家、市级节水示范项目9家；完成3家企业对标达标、4家企业水效领跑工作，开展水平衡测试6家，开展合同节水项目2家，其中高校合同节水1家。完成省住建厅组织创建的节水型小区5家、节水型企业3家。江都区、广陵区国家级县域节水型社会达标县建设通过省级验收。面向全市范围征集53名专业技术人员，组成节水型社会评审“专家库”，参与省、市级节水型载体创建及节水示范项目等评审验收。出台《扬州市节水供水管理办法》，开展《扬州市城市节约用水规划》（2018—2025年）的编制，制定《扬州市节水行动实施细则》。利用“世界水日”“中国水周”“全国城市节水宣传周”，制定宣传方案，设立节水宣传咨询台，宣传水利法规政策，普及节水知识；联合百祥幼儿园、武塘社区、苏北医院、完美日用品有限公司等企业（单位）开展专题节水宣传活动；参加蒋王社区、朴席社区便民服务与节水宣传活动；走进苏北医院等单位开展节水讲座3场。发放宣传资料2000多份，为居民义务更换节水龙头200多只。同供水主管部门对市区月用水500立方米以上的公共供水用水单位下达用水计划，计划率100%，完成用水计划情况考核，对超计划用水比较严重的相关单位发出警示通知。完成省水利厅用水定额调查，对455个用水户进行分类调查和汇总；完成省住建厅用水定额调查，对城市公共供水涉及的11个行业进行分类汇总分析。开展重点计划用水户用水审计，完成7家单位用水审计。至年底，全市累计完成21家单位用水审计，其中江苏省重点监控用水单位9家，占省重点监控单位（24家）的37.5%。加强对重点用水大户的监督管理；完成市区27家单位36个取水工程（设施）核查登记；实施深井规范封填，完成市区深井封填任务9眼，对17眼用水单位自封井资料进行检查上报。

（节水办）

■河湖长制 2019年，市、县两级河长湖长巡查592人次，镇级河长湖长基本做到一月一巡，村级河湖片长将河湖巡查作为每周工作的重要内容；解决河湖治理保护中存在的难点、堵点问题，化解廖家沟广陵段戴大建材公司违建码头关停拆除、横沟河综合整治等项目疑难问题；签发《扬州市总河长令》，签发各级河长湖长交办单1100多份，交办事项反馈率100%。

先后召开全市河湖长制工作暨“两违”专项整治推进会、全市河长办主任会议，对接安徽省滁州市，沟通两市边界河道秦栏河的水环境保护、水生态治理等，探索建立省际河湖管护治理联动机制；在黑臭水体整治、水域岸线执法、水质断面达标等方面，实现工作进展情况的互通共享，编制《扬州市河湖水库违法圈圩和违法建设专项整治实施方案》，牵头推进整治，涉及89个重点河湖水库的491处违法建设项目和15处违法圈圩，各地共上报

3月21日，邗江区红星义工队开展以“争当‘民间河长’守护河道生态”为主题的加强水资源保护志愿服务活动　　庄文斌　俞　伟/摄

完成459处；协助公安部门，推动市、县、乡三级“河湖警长”履职，严打涉水违法犯罪，破解河湖执法难题，侦办涉水刑事案件18起，采取刑事强制措施100多人，提起公诉人员65人。公示最新河长湖长名单、调整河长制工作领导小组成员单位构成；编制印发《扬州市河长湖长履职办法》《扬州市河长湖长应知应会手册》；在四川大学、河海大学与组织部门联合举办河湖长制工作培训班，提升河长湖长、领导小组成员单位负责人、河长办工作人员在黑臭河道治理、水体修复等方面的业务水平，开展“民间河长”培训，强化“民间河长”履职能力；尝试建立河长湖长交办任务经费保障机制，先期申报2020年预算经费50万元。46处水利部交办“四乱”问题全部完成，22处淮委暗访发现问题销号19处；借助河长办监督举报电话、河长办微信公众号、人大网络论坛、政风行风热线等窗口，接收河湖问题举报和群众治水建议，通过河长制交办单、河长制中心城区河道管护交办系统落实处置单位；推动将河湖“三乱”整治完成率纳入全市高质量发展考核指标体系，76处省级交办“三乱”问题完成整治68处、销号66处，验收销号率86.8%，701处市级交办“三乱”问题完成整治663处，验收销号率94.6%。建设包含PC端、手机端、门户网站和微信公众号的河长制综合管理云系统；建立“一河（湖）一档”，采用无人机航测技术，对河湖沿岸管理范围线内的主要水工建（构）筑物以及码头、砂场、船厂、支流等信息进行采集，通过巡检比对，甄别河湖水域岸线“两违三乱”分布情况，形成“一河（湖）一档”数据库，完成市领导任河长湖长的39条河道、5个湖泊“一河（湖）一档”建立工作；评比出15个生态河湖样本，月塘水库样本被评为省级十佳最美生态河湖，古运河沿线文化地标高旻寺当选江苏最美运河地标。在扬州电视台新闻频道播出12期《河（湖）长在行动》专题节目，在《扬州日报》开辟《“两战”进行时》专栏，在《新华日报》刊发《扬州：凝心聚力打两战，“五种战法”传捷报》。以河湖长制为主题，组织征文摄影大赛、少儿书画大赛、专题演讲比赛、河小青志愿者进校园和社区等系列活动。利用政府部门网站、公众号、微电影等新媒体，不定期推送河湖长制内容，广陵区陈进来、仪征市俞春梅分获省级“最美民间河长”和“最美基层河长”称号。

（河长办）

林业资源管理

■概况 2019年，全市林木覆盖率23.44%，实现林业总产值69.81亿元。全市商品材15.39万立方米，比上年增长4.1%；人造板产量45.38万立方米，增长3.3%；各类经济林实有种植面积6938公顷，减少5.86%；各类经济林产品7.36万吨，增长5.52%。全市林业旅游与休闲产业收入3.30亿元、120万人次。全市完成成片造林2893.33公顷，植树675万株，建设农田林网8000公顷，完成森林抚育5333.33公顷。累计完成长江沿岸和南水北调清水廊道绿化造林473.33公顷，其中长江沿岸造林133.37公顷。（扬自然　朱叶俊）

■森林资源监管 审核使用和临时使用林地手续14起，涉及林地227.47公顷。办理林木采伐许可手续713起，面积929.8公顷，蓄积6.94万立方米。下达2019年市级以上森林生态效益补偿资金，牵头审核并上报省级公益林调整方案3批次。督查检查高尔夫球场、自然保护地及重点公益林等管理区域，开展资源监管80余次。根据国家、省统一部署，组织开展森林督查暨森林资源管理“一张图”年度更新，完成全市646个疑似图斑自查，相关成果通过国家、省审核验收。

（扬自然　朱叶俊）

■森林防火 落实行业监管责任，编发《森林防火工作方案》《森林防火宣传方案》《森林防火督导方案》，多形式开展森林防火知识宣传。抓好野外火源管控，加强防火队伍建设，组织林下可燃物清理。年内全

市未发生重特大森林火灾和人员伤亡事故。（扬自然 朱叶俊）

■**林业检疫** 落实防治责任，综合采取物理、生物、营林、化学等措施，加强森林树种疫情监测，监测覆盖率99.59%，防治作业面积2.44万公顷，无公害防治率97.96%，成灾率低于2%。仪征市达到松材线虫病疫区基本拔除标准。推进美国白蛾防控，邗江、高邮等地疫情发生比上年下降。编制完成《扬州市主要林业有害生物图谱》。推进地方特色种苗基地建设，江都区丁伙镇，丁伙镇双华村、富桥村及高邮市卸甲镇金港村被认定为第一批省级苗木特色镇、特色村。2人被省林业局表彰为全省“十佳最美森林医生”。（扬自然 朱叶俊）

■**湿地资源保护修复** 完成润扬省级湿地公园功能区划调整，更名为“扬州瓜洲省级湿地公园”。依托湖区“三退三还”工程，对集中连片、破碎化严重、功能退化的自然湿地进行修复和综合整治，全年修复湿地319.07公顷。全市新建6个湿地保护小区。全年全市新增自然湿地保护面积2195.3公顷，自然湿地保护率53.9%，比上年提高2.7个百分点。（扬自然 朱叶俊）

■**野生动物保护** 组织“世界湿地日”“爱鸟周”主题宣传。开展珍稀濒危野生动物保护，组织专家团队，就珍稀濒危野生动物在高压电力塔顶端筑巢易引发电路短路开展专题研究，在保证电力传输安全前提下，保护东方白鹳等野生动物，维护生态平衡。强化野生动物疫源疫病监测防控，严查野生动物驯养繁殖、经营利用场所，加强对驯养繁殖场所的监测和隐患排查，指导开展消毒、免疫等防疫措施。（扬自然 朱叶俊）

■**城市绿化** 2019年，扬州市区建成区绿化覆盖面积7569.11公顷，绿化覆盖率44.05%；绿地面积7202.08公顷，绿地率41.91%；城市人均公园绿地面积19.01平方米。市区新增城市绿地面积174.02万平方米，其中包括公园绿地61.16万平方米、附属绿地24.56万平方米、防护绿地66.3万平方米、区域绿地22万平方米。市区城市绿化规划设计方案审查制度正式建立，印发《扬州市市区城市绿化养护管理考核办法（试行）》。（王进城 卞海波）

■**造林绿化** 提请市政府印发《关于2019年全市绿化工作的意见》，市政府与各县（市、区）、功能区签订《2019年扬州市保护发展森林资源目标责任书》。推进世界园艺博览会造园造景工程建设。全面启动并基本建成扬州城市森林生态系统国家定位观测研究站。3月12日，市四套班子领导及1000多名市级机关干部、驻扬单位和各界群众代表，在三江营湿地公园参加义务植树活动。建成“互联网＋全民义务植树”平台。宋夹城风景区获评国家“互联网＋全民义务植树”基地。编制《扬州市长江沿岸造林绿化工程建设规划（2019—2035）》并通过专家论证。2019年，全市完成成片造林2893.33公顷，超出计划数138%；植树675万株，超出计划数0.75%；创成省级绿化示范村46个，超出计划数1个；建设农田林网8000公顷，超出计划数20%；完成森林抚育0.53万公顷，超出计划数14.3%。累计完成长江沿岸和南水北调清水廊道绿化造林473.33公顷，其中长江沿岸造林133.37公顷、超出计划数26%。全市林木覆盖率23.44%，比上年提高0.28个百分点。仪征枣林湾度假区获“全国绿化模范单位”称号，2人获“全国绿化奖章”。宝应县曹甸镇崔堡村、高邮市菱塘回族乡清真村等14个行政村获评“国家森林乡村”。（扬自然 朱叶俊）

■**城市绿化和美化工程** 结合环境综合整治以及道路绿化新建、提升等工作推进主干道重要节点、重要道口园林园艺化改造。2019年，市区范围内主要完成万福路、邗江路、文昌路、京华城路、国展路、建都路等道路沿线约40个点位的重要节点及道口的绿化园艺化改造。配合时节和重大活动，布置草花。重点在石塔寺西侧的道路隔离栏杆处试点开展立体美化。选择适应性强、花期长、花色艳的草本花卉作为立体美化护栏的主材，采用悬挂式花钵的形式对石塔寺西侧的道路隔离护栏进行装点美化。在文昌路、万福路、古运河沿线布置草花约150万盆，烘托节庆氛围。（周 娟）

■**城市绿化行业管理** 统筹市区范围内的古树名木保护工作。市区范围内共有古树名木460株，做好直管的18株古树名木管养，指导以社区、

小学生开展义务植树活动　　孟德龙/摄

单位、个人作为古树名木管养责任人的树木实施病虫害防治、杂枝修剪、枯叶清理等维护；协调区级绿化部门加强对辖区范围内的古树及古树后备资源的保护，改善古树生存条件、培养古树周边市民爱护古树的意识。服务永久性绿地保护相关工作。执行市人大常委会关于永久性保护绿地的相关决议精神，履行监管职责。涉及永久性保护绿地临时占用、配套设施建设或保护范围调整等事项时，帮助建设单位完成报批程序。2019 年，完成梅岭东路东延和邗沟风光带绿化景观提升等 2 个项目涉及永久性保护绿地事项的报批。阶段性提醒永久性保护绿地的管养责任主体加强日常管护，出新保护标识，提升永久性保护绿地的绿化品质。对已划定的 35 块永久性保护绿地开展巡查，发现问题反馈给管养单位。（周　娟）

环境质量

■空气环境质量　2019 年，扬州市区环境空气有效监测天数 365 天，优良天数 254 天，优良天数比例为 69.6%，比上年下降 0.8 个百分点，比 2015 年上升 1.7 个百分点；其中优 71 天、良 183 天、轻度污染 84 天、中度污染 26 天、重度污染 1 天，无严重污染天气。市区环境空气中细颗粒物年均浓度为 43 微克 / 立方米，下降 6.5%；可吸入颗粒物（PM_{10}）年均浓度为 71 微克 / 立方米，下降 17.4%；臭氧年均浓度为 108 微克 / 立方米，上升 8.0%；二氧化氮年均浓度为 35 微克 / 立方米，无变化；二氧化硫年均浓度为 10 微克 / 立方米，下降 9.1%；一氧化碳年均浓度为 0.6 毫克 / 立方米，下降 25.0%。其中空气优良率改善幅度排全省第 2 位，细颗粒物年均浓度降幅排全省第 4 位，全面完成省年度考核目标。出现 111 个污染天，其中以臭氧为首要污染物的天数为 58 天、以细颗粒物为首要污染物的天数为 44 天、以可吸入颗粒物为首要污染物的天数为 5 天、以二氧化氮为首要污染物的天数为 4 天。扬州市区空气微生物含量为清洁，霉菌含量相对较高；市区植物叶片氟、硫含量污染级别均为清洁。

10 月 29 日至 11 月 1 日，受来自北方沙尘传输影响，全市空气质量陷入污染，总体处于中度污染水平，短时达重度—严重污染。

2019 年，全市共发布重污染天气黄色预警 2 次，橙色预警 3 次，预警信息的发布、调整和解除信息，及时通过媒体向公众发布。影响全市出现重度污染天气的主要因素为：本地工业源、机动车、工地扬尘等污染，周边外源污染输入以及不利于大气扩散的气象条件等。

2019 年，江都区有效监测天数 364 天、优良天数比例为 72.8%、细颗粒物年均浓度为 43 微克 / 立方米；高邮市有效监测天数 362 天、优良天数比例为 80.1%、细颗粒物年均浓度为 42 微克 / 立方米；仪征市有效监测天数 364 天、优良天数比例为 78.8%、细颗粒物年均浓度为 37 微克 / 立方米；宝应县有效监测天数 362 天、优良天数比例为 74.0%、细颗粒物年均浓度为 38 微克 / 立方米。

2019 年，扬州市平均降尘量为 6.1 吨 / 月・平方千米，不达标。其中广陵区降尘量为 7.7 吨 / 月・平方千米，邗江区降尘量为 5.2 吨 / 月・平方千米，江都区降尘量为 7.6 吨 / 月・平方千米，仪征市降尘量为 6.0 吨 / 月・平方千米，高邮市降尘量为 5.2 吨 / 月・平方千米，宝应县降尘量为 5.1 吨 / 月・平方千米。

扬州市处于全国酸雨控制区内，2019 年扬州市区采集降水样品 243 个，其中酸雨样品数 32 个，酸雨率 13.2%，扬州市区降水 pH 均值 5.90，酸雨 pH 均值 5.03；江都区、仪征市、高邮市、宝应县均未监测到酸雨。

（王　宁）

■水环境质量　2019 年，全市有 10 个县级以上集中式饮用水源地列入考核；各饮用水源地水质达标率 90.0%，高邮湖马棚湾应急水源地水质为Ⅳ类（按照湖库标准评价）、总磷超标 0.57 倍。各饮用水源地监测的 109 项中补充项目（5 项）和特定项目（80 项）的浓度均远低于标准值。

2019 年，扬州市地表水水质总体为轻度污染；长江扬州段、京杭运河扬州段总体水质为优，通扬运河、新通扬运河、北澄子河、宝射河总体水质为良好，古运河、仪扬河总体水质为轻度污染；宝应湖水质为良好，高邮湖、邵伯湖水质为轻度污染，各湖泊营养状态均为轻度富营养。9 个国考断面水质达标率 88.9%（高邮湖湖心区点位水质超标），其中Ⅱ～Ⅲ类断面比例 66.7%、Ⅳ类断面比例 11.1%、Ⅴ类断面比例 22.2%、无劣Ⅴ类断面；32 个省考断面水质达标率 90.6%，Ⅱ～Ⅲ类断面比例 71.9%、Ⅳ类断面比例 21.9%、Ⅴ类断面比例 6.2%、无劣Ⅴ类断面。全市省考断面的水质优良比例及劣Ⅴ类比例均完成省年度考核目标。8 个城市水环境质量考核断面水质均无黑臭现象发生，水质达标率 75.0%，仪征市仪城河大庆桥断面水质Ⅴ类，氨氮超标 0.27 倍，宝应县中沟河叶挺桥断面水质为劣Ⅴ类，氨氮超标 1.3 倍、五日生化需氧量超标 0.26 倍。

市区 61 条已完成整治的城市黑臭水体中仍有部分水体出现黑臭现象，其中出现过重度黑臭的水体有 6 条，分别为老槐泗河、嵇陈河、尚桥冲、七里河支河工农河、老人沟、文峰河。

全市 8 个地下水监测井中，水质为Ⅱ类的水井 2 个、水质为Ⅲ类的水井 3 个、水质为Ⅳ类的水井 2 个、水质为Ⅴ类的水井 1 个。

（王　宁）

■声环境质量　区域环境噪声。扬州市区、宝应县昼间区域环境噪声平均等效声级分别为 55.8 分贝、55.3 分贝，均为三级（一般）；江都区、高邮市昼间区域环境噪声平均等效声级分别为 52.0 分贝、54.3 分贝，均为二级（较好）；仪征市昼间区域环境噪声平均等效声级为 49.8 分贝、为一级（好）。功能区噪声。扬州市区1类功能区的昼、夜间噪声平均等效声级分别为58.2分贝、47.7分贝，均超标；其他各类功能区的昼、夜间平均等效声级均达标。各县（市、区）的各类功能区昼、夜间噪声平均等效声级均达标。交通噪声。扬州市区昼间道路交通噪声平均等效声级为68.3分贝、为二级（较好）；超标路段4520米，占监测总路长的3.41%。各县（市、区）昼间道路交通噪声平均等效声级范围为63.6~65.5分贝、均为一级（好），均未出现超标路段。（王　宁）

■土壤环境质量　2019年，扬州市国、省控网共26个土壤监测点位，其中21个点位各项监测因子浓度均未超过农用地风险筛选值，有5个点位分别存在铬、砷、汞和滴滴涕浓度超过农用地风险筛选值，均低于农用地风险管制值。（王　宁）

■生态环境质量　2019年，扬州市生态环境状况指数67.63，生态环境质量等级为良，生物多样性较丰富，植被覆盖度较高。与上年相比，生态环境状况指数上升0.29，植被覆盖指数和水网密度指数有所升高，污染负荷指数有所降低。各县（市、区）生态环境质量等级均为良，其中宝应县、高邮市的生态环境质量相对较好，其次为江都区、市区（广陵、邗江）和仪征市。与上年相比，宝应县、高邮市生态环境状况指数略有上升，江都区、市区（广陵、邗江）和仪征市生态环境状况指数略有下降。（王　宁）

节能减排

■总量减排　推进工程减排、结构减排、管理减排等。2019年，二氧化硫、氮氧化物、挥发性有机物等大气主要污染物分别减排2028吨、4118吨和2950吨，分别比上年减排5.56%、7.63%和4.6%。COD（化学需氧量）、氨氮、总氮、总磷等水主要污染物分别减排3156吨、411吨、545吨、49吨，分别比上年减排3.81%、3.7%、2.16%、2.73%。

（陈　淏　许正华）

■绿色发展　实施重点用能单位“百千万”行动，在全省率先制定《节能失信行为认定和管理办法（试行）》，累计实施节能改造项目106项，节能14.2万吨标准煤。开展绿色制造体系建设，获工信部绿色工厂认定2家、绿色产品认定2项。推进新能源汽车动力电池回收利用试点，年可生产梯次利用电池150万千瓦时。推进工业企业资源集约利用综合评价工作，大数据平台上线运行并完成对规上工业企业和全部化工企业的评价。完成沿江沿河产业整治等硬任务，牵头关停拆除取缔小船厂26家。

（扬工信　李　晖　谢淼妙）

■能源利用　落实减煤任务。先后印发《扬州市减少煤炭消费总量实施方案》《扬州市2019年减少煤炭消费工作计划》《减煤重点项目清单》，出台《煤炭消费总量消减目标责任考核指标及评分标准》《全市煤炭消费总量目标任务分解表》《消减煤炭消费总量专项行动实施方案任务分解表》等一系列政策文件。在全省设区市率先出台《扬州市关于打好污染防治攻坚战进一步做好“减煤”工作的实施意见》《削减煤炭消费总量专项行动目标考核办法》，对全市重点非电用煤企业实施逐一细化下达减煤工作目标，层层落实行动方案。2019年，扬州规模以上工业煤炭消费947万吨，比2016年煤炭消费减少113万吨，下降10.7%，其中电煤消费697.77万吨，比2016年减少18.41万吨，下降2.6%；非电煤消费249万吨，比2016年减少95万吨，下降27.5%。超额完成省下达的削减89万吨的减煤任务。

持续优化能源结构。实施关停燃煤锅炉，全市及所辖各县市均重新划定城市高污染燃料禁燃区，并对存量燃煤锅炉建立一整套完善的锅炉清单，全市10蒸吨以下燃煤锅炉实现清零。超额完成10蒸吨以上的锅炉关停和粮食烘干机械清洁能源替代任务。提前关停未达到服役年限的扬州联合安邦燃煤发电机组，全市所有在役煤电机组提前完成节能减排升级与改造任务。全市大部分地区完成大机组15千米半径范围内燃煤小热电和分散锅炉关停整合工作，全市电煤占煤炭消费比重达70%以上，超过省定65%的目标。江苏华电扬州发电有限公司燃机项目、江苏国信高邮燃机热电联产项目、仪征联众“煤改气”项目正式运行，全市投运的天然气发电装机容量占全省“十三五”已批天然气发电装机容量的15.04%，全市天然气发电占全部发电量比重超30%。华电江都经济开发区天然气分布式能源站项目正式开工建设，深能江都小纪天然气分布式能源站项目前期工作取得阶段性进展。

发展非化石能源。实施《扬州市“十三五”可再生能源发展规划》《扬州市“十三五”风力发电发展规划》，宝应县国家生态渔业光伏发电“领跑者”示范基地项目实现并网发电。至年末，全市光伏发电总装机容量达1430兆瓦，风电并网发电360兆瓦，提前实现“十三五”光伏、风电装机目标。秦邮特钢、仪征化纤等一批余热余压综合利用发电项目实现并网发电54.2兆瓦，可再生能源发电装机容量达到全市电厂发电量的13%。扬州仪征枣林湾“两园”（世园会、省园博会两园）增量配电业务试点项目正按计划进行建设。全市新增汽车充电设施3500余座，初步形成充电服务设施的网络化布局。

加强储气能力建设。制定并下发《扬州市储气设施建设实施方案》，在全省率先完成政府天然气储备能力建设的签约任务。扬州城投与中国燃气公司投资建设的扬州市区54万立方米液化天然气储气应急储备设施一期工程、仪征24万立方米液化天然气储气应急储备设施、高邮深燃12万立方米液化天然气储气应急储备设施、扬州中燃54万立方米液化天然气储气应急储备设施相继

竣工投产，青宁线输气管道扬州段项目正在加快建设。（陆　扬）

污染防治

■蓝天保卫战 2019年为扬州市大气污染防治攻坚年，先后6次召开全市大气污染防治工作专题会议，构建大气污染防治严密监测、严实工作、严肃问责等“三大体系”。在严格执行联席会议制度的基础上，建立地方领导和部门领导共同担责的复合“点位长”制。实施大气环保科技合作项目，常态化开展精细监测，落实“时下达、日分析、周研判、旬督查、月总结”的管控机制。整治燃煤锅炉、燃气锅炉、生物质锅炉1117台，实施燃煤工业窑炉清洁能源替代116台，完成97家重点工业企业挥发性有机物治理、3家钢铁企业全流程全过程超低排放改造。实施新版《重污染天气应急预案减排措施清单》，落实大气重污染应急管控。聚焦扬尘、机动车船、臭氧等大气污染突出问题，先后组织开展蓝天保卫1号、2号、3号、4号行动，臭氧污染防治攻坚、散乱污企业专项整治、餐饮油烟专项整治、渣土车百日攻坚等10多项专项行动。空气质量优良率和细颗粒物平均浓度两项指标改善幅度分列全省第2位、第4位。（樊盛健）

■碧水保卫战 严格实行月调度、月督查、月通报。市委、市政府主要领导和分管领导以“四不两直”方式开展水环境现场督查，推动双沟新河、宝射河、槐泗河、尚桥冲等水污染突出环境问题得到解决。提高水环境区域补偿标准。针对断面超标和水质不稳定问题，向县（市、区）党政主要领导发送预警函16份，现场督查、办公20多次。建立高邮北澄子河沿线排污口和污水管网拍门整治挂包制度，克服通扬线航道“五改三”工程施工不利影响，三垛西大桥断面水质全年最终达优。完成79项省年度重点水污染防治工程，启动16万吨/日扬州北山污水处理厂建设。高宝邵伯湖扬州范围内养殖面积压缩至0.58万公顷。完成京杭大运河沿线153个砂石码头、船厂规范化整治。全年水环境质量完成省定目标，其中9个断面水质达Ⅱ类。青岛啤酒（扬州）有限公司因水循环利用获省首届“企业绿色发展领跑者”称号。接受全国人大常委会水污染防治法执法检查。（樊盛健）

■净土保卫战 完成农用地土壤污染状况详查，推进重点工业企业用地调查。强化土壤污染风险防控，开展疑似污染地块土壤环境调查，推进土壤治理与修复。加强高邮电池工业园等3个重点防控区环境管理，开展涉镉等重金属行业企业排查整治。组织开展固体废物危险废物环境隐患排查整治、自建危险废物焚烧设施专项整治、“清废行动2019”、“查废除患”等系列危险废物专项整治行动。形成12万吨/年的危险废物焚烧处置能力和4万吨/年的填埋处置能力，实现当前和今后一个时期全市危险废物集中处置自给有余。推动建成130个村级污水处理设施。（樊盛健）

环境监管

■环境监测能力 全市有19座省级以上水质自动站、14座省级以上空气自动站、6座噪声自动站，拥有各类仪器设备400多台（套），包括在线单颗粒气溶胶质谱仪、超高效液相色谱/三重四极杆串联质谱联用仪、在线挥发性有机物分析仪、便携式GC-MS等大型仪器。2019年，完成水环境、大气环境、声环境、土壤环境、生物生态、涉铅涉重监测、土壤详查、采测分离、执法监测、应急监测、区域补偿等监测任务，上报各类手工分析数据16.53万个，自动监测数据33.89万个，生物生态监测数据0.14万个，土壤环境质量例行监测数据0.04万个，国家地表水采测分离数据1.15万个，对外出具监测报表345份，监测报告187份，完成各类综合分析报告166份。开展裸地扬尘污染源遥感监测地面核查41处，获取现场踏勘照片200张，开展扬州境内遥感解译野外核查86处，获得核查照片212张。（李子军）

■环境执法监管 严格监管精准执法，聚焦突出问题和特殊时段，开展靶向监管、精准执法。全市累计立案查处环境违法行为1122件，下达处罚决定657件，处罚金额3960.9万元，市级受理环境信访数量减少34%。牵头全面完成1031家“散乱污”企业和53家电镀企业整治任务。落实生态环境领域安全生产责任，组织开展全市化工行业环境安全隐患排查整治，督促完成隐患问题整改441个。配合、接受国务院安全生产专项督导，部署开展全市危险废物处置专项整治。及时有效处置突发环境事件4起，未发生重大环境安全事故。处置“5·29”京杭大运河高邮段原油泄漏和扬溧高速西湖段槽罐车苯泄漏等2起较大突发环境事件。推进中央、省环保督察反馈问题和省、市人大督办突出环境问题整改，扬农化工宝塔湾厂区全面停产，完成广进船厂拆除取缔和生态修复。建成并运行全市污染防治综合监管平台。（樊盛健）

■环保服务 下放建设项目审批、排污许可证核发工作权限，实现报告书7个工作日、报告表5个工作日内完成审批。江都经济开发区行政审批授权到位并纳入生态环境部建设项目审批平台。推行信任保护原则，对环保管理优秀企业实行重污染天气应急减排豁免，对重大民生工程给予相应豁免待遇。参与市百强企业服务，强化重大项目和外资项目服务。开展企业环保接待日、信访包案、带案下访和环保局长接待日，化解企业和群众的热点难点问题。（樊盛健）

科学技术

Kexue Jishu

编　辑　陈永华

综述

■**概况**　2019年，扬州市聚焦新兴科创名城建设，国家小微企业创业创新基地城市示范建设工作获同批次（第二批）15个城市绩效评价第1名，国家农业科技园区以同批次82个园区综合得分第1名通过验收。沈飞协同创新研究院、中航机载系统共性技术中心、清华化工新材料研究院、北大科技园等一批重大科创项目先后落地，市政府与扬州大学达成“1+1+3”的新一轮市校合作协议，推动中科院扬州中心、清华MEMS研究院实体化运作，单年总规模5亿元的实验室专项资金项目启动首批申报认定。全市研发投入占地区生产总值比重达2.55%，高新技术产业产值占规模以上工业产值比重达47%，全年净增国家高新技术企业268家，入库国家科技型中小企业806家，新增省级以上“两站三中心”（“两站”指院士工作站、博士后工作站，“三中心”指工程技术研究中心、企业技术中心和工程研究中心）58家。促成产学研合作项目550项，技术产权交易合同备案登记额超11亿元。全年完成专利申请量2.70万件，专利授权量1.42万件，每万人发明专利拥有量14.38件，专利合作条约（PCT）专利申请51件。全市商标申请量1.33万件，商标注册量1.21万件，受保护的中国驰名商标累计总数达55件。全市新开工科技产业综合体112万平方米，投入使用率77.4%。新增国家级孵化器3家、省级孵化器5家、省级众创空间10家。科技产业综合体新入驻企业1209家，新招引人才超1万人。首次实现工业和农业重点科技研发项目省内“双冠”，省产业前瞻与关键共性技术重点研发计划竞争性项目和现代农业重点研发计划项目立项数均居全省第1位。扬州高新区综合排名位居苏中苏北第1位；21个项目获省科学技术奖。承办全国科技成果直通车、全国科普微视频大赛优秀作品展演及颁奖活动、中国创新挑战赛、江苏“一带一路”创新合作与技术转移联盟服务企业扬州行对接交流会等品牌创新活动。

2019年，扬州市年平均气温（16.3摄氏度）偏高，高温日（16.8天）较常年偏多；年降水量（697.9毫米）较常年偏少3~4成；年日照时数（1596.1小时）偏少。天气气候事件主要有年初连阴雨雪天气（春节期间出现大到暴雪）、6月末—7月频繁出现强对流天气、汛期暴雨、第9号台风“利奇马”、夏季高温、伏秋连旱、秋冬季雾霾及寒潮等。扬州市境内水文站网对江河、湖泊、水库的水位、流量、水质、水温、水下地形和地下水资源及降水量、蒸发量、风暴潮等实施监测、分析与计算，为开发、利用、节约、保护水资源和防灾减灾提供服务。全市范围内地震活动相对平稳，未发生里氏1.0级以上地震，测震台网和前兆台网正常运行。开展科学知识普及，下发《扬州市企业知识产权科普行动计划》，启动扬州市青少年科技创新后备人才培养计划，举办青少年科技竞赛，通过科普宣传周、全国科普日等开展各类科普活动。

（刘　薇　王传臻　杨　科）

■**新兴科创名城建设**　2019年，围绕完善工作推进机制、高新技术企业和战略新兴产业培育、创新载体建设、高层次人才引进、创新创业环境打造等重点任务，推进新兴科创名城建设。成立以市委书记、市长任组长的新兴科创名城建设领导小组，形成上下协同、部门联动的推进机制。组织开展高层次、多维度的调研，出台2019年新兴科创名城建设方案，组织开展2019年度新兴科创名城建设先进集体、个人评选活动，评出新兴科创名城建设先进集体50家、先进个人100名、十大标兵。组织高新技术企业培育“小升高”行动，出台《扬州市推进高新技术企业高质量发展实施方案》。鼓励企业加大研发投入、建设研发平台，培育企业重点实验室和省级以上“三站三中心”（博士后工作站、院士工作站、研究生工作站，工程技术研究中心、企业技术中心、工程研究中心），实现大中型工业企业和规上高企研发机构全覆盖。2019年，全市净增高新技术企业268家，国家高新技术企业总数达1272家，实现“十三五”目标，累计112家企业进入省科技企业上市培育计划库、1043家企业进入省高新技术企业培育库。实施产业关键核心技术攻关、重大科技成果转化“双百”项目工程，其中14个项目入选省重点研发计划，居全省第1位。建设科技产业综合体，连续第3年出台科技产业综合体建设运营考核办法，培育研发设计、总部办公、科技服务等城区经济集群。2019年，新认定科技产业综合体7个，累计达43家，科技产业综合体新开工面积分别达112万平方米、75.6万平方米，累计开工和建成面积分别达750万平方米、550万平方米，新入驻企业1209家、创新创业人才1万人，累计入驻企业超4000家、人才超5万人。设立每年5亿元的实验室专项资金，抢抓国家、省优化实验室布局和建设技术创新中心的机遇，推进高水平实验室建设。引进沈飞协同创新研究院、中航机载系统共性技术中心、清华化工新材料研究院等一批重大科创项目，发挥龙头骨干企业创新引领作用，推进扬力先进成形技术与智能装备实验室、邗江生物医药创新实验中心、荣德光伏实验室等企业重点实验室建设。依托驻扬高校、企业的科研优势，推动现有重点实验室提档升级，亚威机床获批省级重点实验室，组织扬大创建省大型仪器设备开放实验室，扬杰、扬力和亚普申创省级企业重点实验室。坚持“引进来”与“走出去”并重，统筹国际与国内资源，打造面向全球的科技创新合作体系。深化国际科技合作，与以色列SE孵化器联合共建离岸孵化器。联合江苏省跨国技术转移中心，举办江苏“一带一路”创新合作与技术转移联盟服务企业扬州行对接交流会，吸引俄罗斯、乌克兰、匈牙利、以色列、韩国等“一带一路”沿线7个国家15个机构代表29个国外项目参会。新批国家级引智项目12项。深化与国内名校名院名所合作，推进中科院扬州中心实体化运行，结合扬州市相关产业，协同合作突破产业关键共性技术。推进沈飞协同创新研究院建设，推动中航研究生院、超算中心落地，培育发展航空产业。

（刘 薇 王传臻）

■产学研合作 2019年，扬州市推进“科教合作新长征”和“科技产业合作远征计划”，围绕科技产业综合体和实验室招商，开展多层次、多形式的招商活动。举办（承办）“2019中国·扬州科技成果展示洽谈会——人工智能专场”“全国科技成果直通车扬州站”等活动。组织参加“2019名城扬州携手世界名企暨对接上海产业转移合作恳谈活动”“江苏省第七届产学研合作大会”“深耕京城、智聚扬州（北京）拜访恳谈”等活动。全市累计组织1000多家企业与大院大所开展产学研对接，共促成产学研合作项目550项，284项科技副总项目立项，沈飞协同创新研究院、中航机载系统共性技术中心落地，清华化工新材料研究院等重大科创项目落户。

1月1日，市委书记，市委常委、常务副市长陈扬等率队拜访清华大学，参观清华大学高分子研究所、膜技术与工程研究中心，并与清华大学副校长、中国工程院院士尤政，中国科学院院士杨万泰，化工系党委书记王铁峰，系主任赵劲松等进行座谈交流。1月3日，市委常委、常务副市长陈扬率队拜访科技部火炬中心，市政府副秘书长张伟、市科技局局长陈星等参加。

2月27日，西班牙Tecnalia研究院董事Agustin Saenz等一行到扬州开展产业与科技对接交流。

3月19日，市科技局率队赴成都，拜访电子科技大学，并参观光电技术工程中心，就工业大数据平台合作、物联网系统项目应用推广作交流。3月20日，市科技局率队赴北京，拜访科技部火炬中心和会展部，就科技成果直通车相关成果到扬州参展与火炬中心以及科洽会布展等进行交流。市科技局率队赴重庆，拜访西南大学，邀请西南大学到扬州参加科洽会，并参观智能传动和控制技术国家和地方联合工程实验室。3月21日，市科技局率队赴北京，拜访科技部和科技日报社，就2018全国优秀科普微视频展演活动年度评奖活动总体方案进行对接。市科技局率队拜访北京邮电大学和北京大学。中国石油大学院士孙金声与扬州润达油田化学剂有限公司举行院士工作站签约仪式。3月21—22日，市科技局率队赴广州拜访中山大学，并参观微电子学院的人工智能研发平台产品。3月30日，航空工业沈阳所扬州协同创新研究院在广陵揭牌。

4月14—15日，市科技局组织企业赴深圳参加第17届中国国际人才交流大会，带去扬州市人才需求271项，达成医疗、助残、农业项目合作意向6项。4月22日，第12届扬州软件和信息服务外包大会暨数动广陵——空间大数据与智慧城市高峰论坛在扬州举办。4月23日，“2019中国·扬州科技成果展示洽谈会——人工智能专场开幕式暨全国科技成果直通车扬州站先进制造专场”在扬州开幕。4月24日，“2019中国·扬州科技成果展示洽谈会——人工智能专场暨全国科技成果直通车扬州站先进制造专场”重点合作项目签约仪式举办，43个科技合作项目在扬州落地。4月28日，2019中国·扬州第二届人工智能产业发展应用峰会在扬州举行。

5月6—15日，市政协主席陈扬率扬州市友好代表团访问瑞士、以色列、英国等3个国家。代表团在瑞士拜访国际电信联盟、世界知识产权组织、活力健康倡议组织、瑞士雷尔银行、瑞士吉尼列尔医院、先正达巴塞尔研发中心等，就扬州与瑞士在农化、经贸、体育、金融等领域的交流和合作达成共识；在以色列拜访安道麦马克西姆工厂和研发中心，举办扬州－以色列“科技创新·产业合作”推介会，参访以色列生物科技孵化器；在英国拜访埃塞克斯郡政府，就扬州与埃塞克斯郡在园艺、教育、卫生等领域的合作交换意见，参访剑桥商学院创新中心、剑桥科技园和先正达伦敦研发中心。5月10日，2019中国·扬州（邗江）产业人才科技金融合作对接会暨高层次人才高科技成果交流洽谈会在扬州举行。

6月25—29日，德国SES中国

项目官魏嘉到扬州，先后赴扬州市妇幼保健院、文峰社区卫生服务中心、汤汪社区卫生服务中心、雏鹰康复中心、特殊教育学校等项目需求部门考察交流。

8月1日，市科技局举行光电技术对接会，邀请华南理工大学教授尚文胜和华南师范大学教授康丽娟到扬州交流。8月31日至9月4日，市委书记率队拜访西班牙Tecnalia研究院。

9月5—8日，北方三山工业陶瓷有限公司赴宁夏银川参加“第三届中国－阿拉伯国家技术转移与创新合作大会”。9月6日，省市共建扬州大学暨新一轮市校合作推进会在扬州大学举行。

10月8日，扬州市2家企业参加科技部在塞尔维亚首都贝尔格莱德举办的“第四届中国－中东欧国家创新合作大会”。10月16日，中国工程院院士王浚领衔的“航空工业王浚院士工作站”在沈阳飞机设计研究所扬州协同创新研究院成立。市委书记谢正义，中国工程院院士、中国航空研究院院长孙聪出席成立仪式并为工作站揭牌。

11月1日，江苏传艺科技股份有限公司参加荷兰北布拉邦省技术交流对接活动。11月7日，扬州中远海运重工有限公司参加江苏－挪威绿色科技及海洋装备项目对接交流会。11月11日，GLOW CHINA2019国际创新者峰会在扬州创新中心开幕。11月11—14日，国际创新者峰会、国际创新发展路径闭门会议、四场七国国际项目路演、第八届金博奖扬州赛区决赛等活动在扬州举行。11月21日，江苏“一带一路”创新合作与技术转移联盟服务企业扬州行对接交流会在扬州举办，俄罗斯、乌克兰、韩国等“一带一路”沿线7个国家15个机构的27名代表参会，省内参会人数达150多人，通过对接洽谈，有20多个项目达成意向合作。11月22日，国家2019年科技成果直通车（扬州站）先进制造专场活动在扬州举办。

（刘　薇　王传臻）

■公共科技服务平台建设　2019年，扬州技术产权交易市场聚焦企业技术需求端和科技成果供给端，先后举办中国创新挑战赛、百家高校院所科洽会、项目成果路演推介等各类技术对接活动近40场，培养超1000人的技术经纪人队伍，累计解决企业需求470多项，全市技术合同交易额10.94亿元，增长16.8%。

扬州市产业技术研究院发挥创新源头作用，通过引进、共建等方式，先后联合清华大学、大连理工大学、南京大学、江南大学、中科院沈阳自动化所等高校院所建设智能化技术、高端装备设计制造、高性能复合材料、食品生物技术、工业自动化等7家专业研究所，开展关键共性技术和前瞻性技术研究、重大科技成果转化等，为全市企业技术创新、产品开发、知识产权和人才培养等提供服务。联合杭州先临等2家公共服务平台，推动清华大学与扬州合作共建MEMS研究院和MEMS产业园，化工新材料研究院和化工新材料科研及中试基地，建设方案均通过市长办公会审核，项目运营公司注册成立，开展实体化、专业化、市场化运营，为相关产业发展和企业创新提供服务。2019年累计为全市2890多家企业提供技术开发、成果转化、技术推广等各类科技服务，咨询和解决技术难题670多项，转化科技成果250多项，达成各类技术开发、转让和服务等合同近3亿元。（刘　薇　王传臻）

■科技创新园区建设　7月26日，省科技厅发布《省科技厅关于2018年度全省高新技术产业开发区创新驱动发展综合评价情况的通报》，扬州高新区由第12位上升至第11位，杭集高新区由第47位上升至第42位。9月11日，省科技厅联合省财政厅发布《关于下达2019年全省高新技术产业开发区奖励资金的通知》，扬州高新区由于实施创新驱动发展战略、推进自主创新和发展高新技术产业成效明显被省政府办公厅通报表扬，在1000万元安排标准基础上再增加奖励资金100万元，对杭集高新区和高邮高新区分别奖励430万元。编制江都高新区和宝应安宜高新区规划。11月8日，科技部公布国家农业科技园区第七批验收结果，认定全国77个农业科技园区通过验收。其中，扬州国家农业科技园区验收考评排名第1位。全市国家特色产业基地有10个，省级科技产业园有15家。

（刘　薇　王传臻）

■创新创业载体建设　至年底，全市规划建设43个科技产业综合体，累计开工784万平方米，累计建成592万平方米，累计投入使用449万平方米，投入使用率75.8%。集聚各类企业4400多家，培育国家高新技术企业135家，入驻企业年销售收入超180亿元，年入库税收超过8亿元。累计吸纳各类创新、创业、就业人才5.5万人，其中本科以上人才3.4万人、博士人才480人、市级以上人才计划资助人才285人。2019年，扬州市新增国家级孵化器3个，位列全省第3位；新增省级孵化器5个，位列全省第4位，省级以上孵化器累计30个（其中国家级10个）；新增省级众创空间10个，省级以上众创空间累计56个（其中国家级12个）。6月27日，省政府办公厅印发《关于对2018年落实有关重大政策措施真抓实干成效明显地方予以督查激励的通报》，扬州市因科技企业孵化器运行成效明显且地方财政给予资金安排受到表彰。

（刘　薇　王传臻）

■高新技术产业　2019年，扬州市净增国家高新技术企业268家，806家企业通过国家科技型中小企业评价。全市研发投入占地区生产总值比重达2.52%，高新技术产业产值占规模以上工业产值比重达47.2%。围绕产业链部署创新链，聚焦“323+1”的先进制造业发展体系，实施产业关键核心技术攻关、重大科技成果转化“双百”项目工程；亚威股份“钣金制造机器人自动化生产线集成系统”项目入选国家重点研发计划智能机器人重点专项；获批省重大科技成果转化项目8项，

2019年扬州市国家特色产业基地情况表

表 30-1

序号	基地名称
1	国家火炬计划邗江数控金属板材加工设备特色产业基地
2	国家火炬计划扬州汽车及零部件产业基地
3	国家火炬计划扬州绿色新能源产业基地
4	扬州国家半导体照明高新技术产业化基地
5	国家火炬计划扬州智能电网特色产业基地
6	国家火炬计划江都建材机械装备特色产业基地
7	国家火炬计划邗江硫资源利用装备特色产业基地
8	国家火炬计划高邮特种电缆特色产业基地
9	国家火炬计划扬州高邮智能健康装备特色产业基地
10	国家火炬计划扬州高邮智慧照明特色产业基地

（刘　薇　王传臻）

2019年扬州市省级科技产业园情况表

表 30-2

序号	园区名称	地区
1	江苏省宝应输变电设备科技产业园	宝应
2	江苏省高邮绿色照明科技产业园	高邮
3	江苏省高邮特种电缆科技产业园	高邮
4	江苏省高邮智能健康装备科技产业园	高邮
5	江苏省仪征汽车及零部件科技产业园	仪征
6	江苏省江都建材装备科技产业园	江都
7	江苏省江都汽车及零部件科技产业园	江都
8	江苏省扬州邗江数控装备科技产业园	邗江
9	江苏省扬州环保科技产业园	邗江
10	江苏省邗江新能源汽车及车控电子科技产业园	邗江
11	江苏省扬州生物医药科技产业园	邗江
12	江苏省邗江文化科技产业园	邗江
13	江苏省扬州广陵液压装备科技产业园	广陵
14	江苏省扬州健康医疗科技产业园	广陵
15	江苏省扬州光电科技产业园	扬州经济技术开发区

（刘　薇　王传臻）

2019年扬州市省级以上科技企业孵化器情况表

表 30-3

序号	孵化器名称	级别	地区
1	宝应县高新技术创业中心	省级	宝应
2	高邮市科技创业中心	国家级	高邮
3	江苏红旗光电科技创业园	省级	高邮
4	扬州广陵高新技术创业服务中心	国家级	广陵
5	江苏扬州广陵经济开发区高新技术创业服务中心	国家级	广陵
6	扬州市广陵区曲江高层次人才创业服务中心	省级	广陵
7	扬州市邗江区高新技术创业服务中心	国家级	邗江
8	扬州市维扬区高新技术创业服务中心	省级	邗江

续表 30-3

序号	孵 化 器 名 称	级 别	地 区
9	扬州环保科技创业园	国家级	邗 江
10	扬州邗江经济开发区智谷创业园	省 级	邗江（扬州高新区）
11	扬州大学大学科技园	国家级	邗江（扬州高新区）
12	扬州金荣科技创业园	国家级	邗江（扬州高新区）
13	扬州市江都区高新技术创业服务中心	省 级	江 都
14	扬州（江都）软件园	省 级	江 都
15	扬州高新技术创业服务中心	国家级	扬州经济技术开发区
16	西安交通大学扬州科技创业园	国家级	扬州经济技术开发区
17	仪征市科技创业园	国家级	仪 征
18	高邮城南经济新区科技企业孵化器	省 级	高 邮
19	国泰科技创业中心	省 级	邗 江
20	扬州酷立方创业园	省 级	邗 江
21	扬州通安科技创业园	省 级	邗 江
22	扬州菁英汇工业设计孵化器	省 级	江 都
23	扬州万方科创孵化器	省 级	生态科技新城
24	江苏两岸双创科技孵化器	省 级	生态科技新城
25	扬州软件园马场创业街	省 级	生态科技新城
26	扬州乐业科创园孵化器	省 级	仪 征
27	扬州软通乐业空间	省 级	邗 江
28	扬州职业大学创新创业孵化器	省 级	邗 江
29	扬州创新中心孵化器	省 级	广 陵
30	宝应科技创业园	省 级	宝 应

（刘 薇 王传臻）

2019年扬州市科技产业综合体情况表

表 30-4

序号	名 称	地 区
1	宝应软件信息产业科技综合体	宝 应
2	宝应科技创业园	
3	望直港科技创业园	
4	高邮湖西光电科技产业园	高 邮
5	高邮市科技产业园	
6	通邮电子商务产业园基地	
7	中汽中心高邮汽车科创园	
8	仪征科技创业园	仪 征
9	大众广场	
10	扬州金山文创科技产业园	
11	中南高科仪征智慧工业园	
12	江都软件产业科技综合体	江 都
13	天雨环保节能科技产业园	
14	扬州市江都区仙城科技产业综合体	
15	扬州智汇科技产业综合体	
16	金奥中心科技综合体	
17	扬州四新产业园科技综合体	

续表 30-4

序号	名　　称	地　区
18	税友软件园（南方）	邗　江
19	金荣扬州科技园（高新区）	
20	联创扬州软件园	
21	甘泉生态科技园	
22	智能装备科技园	
23	通安科技园	
24	西湖科技创业园	
25	扬州邗江互联网产业园	
26	国泰大厦	
27	华城科技广场	
28	江苏省建集团总部基地	
29	扬州中集智库	
30	广陵新城信息产业基地（一、二、三期）	广　陵
31	广陵经济开发区科技产业综合体	
32	食品科技园	
33	Y-MSD 项目（一期）	
34	扬州创新中心	
35	环球金融城	
36	青年双创智慧社区	
37	开发区科技园	扬州经济技术开发区
38	扬州智谷	
39	西安交大科技园	
40	扬州缤格科技产业综合体	
41	扬州软件园双创基地	生态科技新城
42	杭集科技产业综合体	
43	扬州软件园一期	

（刘　葳　王传臻）

2019年扬州市众创空间情况表

表 30-5

序号	众创空间名称	级　别	地　区
1	扬州纵横创客巢	省　级	宝　应
2	纵横时空	省　级	
3	宝应县通宝众创空间	省　级	
4	扬州星火科技创客园	省　级	
5	文游汇	国家级	高　邮
6	通邮梦工厂	国家级	
7	大邮众创空间	省　级	
8	仪征创途在线	省　级	仪　征
9	乐泊世业创客空间	省　级	
10	YI 智汇	省　级	

续表 30-5

序号	众创空间名称	级 别	地 区
11	创·艺 985	国家级	江 都
12	江都创客邦	国家级	
13	星客梦工厂	省 级	
14	智创梦工场	省 级	
15	青禾众创	省 级	
16	仙城工创坊	省 级	
17	龙川文创众创空间	省 级	
18	扬州创谷·创客工场	省 级	邗 江
19	扬州大学大学科技园众创梦工场	国家级	
20	创客“1+1”	省 级	
21	扬州金荣科技园创富创新工场	国家级	
22	扬州上市基地创新工场	国家级	
23	和天下绿色建筑众创空间	省 级	
24	扬州优客工场	省 级	
25	酷立方（扬州）众创空间	省 级	
26	通安创客空间	省 级	
27	扬州市软通众创空间	省 级	
28	扬子津青年街众创空间	省 级	
29	西湖众创空间	省 级	
30	八戒扬州工场	省 级	
31	扬州职业大学浩峰睿创空间	省 级	
32	扬州海创众创空间	省 级	
33	扬州壹点众创空间	省 级	
34	扬州青麦坊互联网＋文创空间	省 级	广 陵
35	江苏微软创新中心 MakerWin（创客营）孵化工场	省 级	
36	中国创谷	国家级	
37	设计瑰谷创新工坊	省 级	
38	圆梦创新工坊	国家级	
39	北京大学创业训练营江苏基地	国家级	
40	两岸物联众创基地	省 级	
41	曲江创客工场	省 级	
42	地理信息专业化众创空间	省 级	
43	悦课·教育孵化众创空间	省 级	
44	智创天地	省 级	
45	东创星辉	省 级	
46	扬州新物种创业工坊	省 级	
47	扬州市创新驿站	国家级	市直
48	扬州左岸右转众创空间	省 级	

续表 30-5

序号	众创空间名称	级别	地区
49	扬州智谷众创空间	省级	扬州经济技术开发区
50	瑞丰众创空间	省级	
51	爬山虎众创空间	省级	
52	西安交通大学思源创客	省级	
53	尚锦汇都创业孵化工场	省级	生态科技新城
54	扬州软件园马场创业街	省级	
55	扬州万方科创众创空间	省级	
56	杭集旅游日化产业众创空间	省级	

（刘 薇 王传臻）

居全省第4位；宝胜科创入选2019《财富》中国500强，东升汽车零部件等3家企业获批国家级首批专精特新“小巨人”企业，亚威智云获批省行业级工业互联网重点培育平台，147个项目列入省企业重点技术创新导向计划。围绕创新链培育产业链，招引一批优质创新型企业。突出补链强链扩链，聚焦智能制造、通用航空、工业软件、生物医药等领域，引进一批技术先进、成长性好的高新技术企业，聚焦技术研发、应用集成等环节，招引集聚一批掌握“黑科技”“硬科技”的研发型企业和技术先进型服务企业。2019年，引进拥有100名以上本科人员的科创企业超40家。

（刘 薇 王传臻）

科技项目和成果

■重大科技成果转化项目 2019年，全市围绕产业链加快部署创新链，针对制约产业发展的关键共性技术和前瞻性技术，实施重大科技项目“双百”工程，组织企业实施121项产业关键共性技术研发和118项重大科技成果转化，其中14项获批省产业前瞻与共性关键技术项目、8项获批省重大科技成果转化资金。

（刘 薇 王传臻）

■民生科技 加快农业新技术、新品种研发。以省、市科技计划项目为引导，开展优良品种选育、产业技术融合创新、绿色生态发展等集成技术创新和示范。21个项目获省级重点研发（现代农业）立项，获批资金2350万元，分别占全省项目总数和资金总数的1/6和1/5，位居全省第1位。扬州翔龙禽业发展有

2019年度扬州市省重大科技成果转化专项立项项目一览表

表 30-6

序号	项目名称	承担单位	产学研合作单位	属地
1	国家级新品种“邵伯鸡”高效扩繁技术研发及产业化	扬州翔龙禽业发展有限公司	江苏省家禽科学研究所	江都
2	900V耐压GaN基垂直结构功率器件研发及产业化	扬州扬杰电子科技股份有限公司	北京大学	邗江
3	基于多连杆和伺服气垫的重型高效智能化高强钢冲压线研发及产业化	扬州锻压机床股份有限公司	南京理工大学	邗江
4	智能电网用安全环保模块化配电成套设备研发及产业化	扬州德云电气设备集团有限公司	扬州大学	扬州高新区
5	面向国六排放应用的汽车油箱连接锁紧卡盘精密冲压技术研发及产业化	江苏舒尔驰精密金属成形有限公司	湖南大学	扬州高新区
6	环境友好型126kV大容量单断口真空断路器研发及产业化	中航宝胜电气股份有限公司	西安交通大学	宝应
7	基于倒金字塔微纳陷光结构的高纯多晶黑硅片的研发与产业化	江苏康博新材料科技有限公司	南京航空航天大学	高邮
8	高效率大角度精准3D人脸识别光引擎用核心组件研发及产业化	江苏星浪光学仪器有限公司	中科院上海光学精密机械研究所	高邮

（刘 薇 王传臻）

限公司的“国家级新品种‘邵伯鸡’高效扩繁技术研发及产业化项目”获省科技成果转化专项资金立项，江苏扬麦科技发展有限公司的“优质弱筋抗赤霉病小麦育种技术引进与研发”项目获省政策引导类计划（国际科技合作）立项。

强化农业科技服务。完善农业科技服务体系，全市新获批扬州蜂产业农村科技服务超市分店、扬州特种花卉农村科技服务超市分店等8家。高邮市罗氏沼虾产业星创天地、小纪绿园星创天地等新获批省级农业星创天地备案2家。开展“送科技下乡、促农民增收”活动，依托33家农村科技服务超市分店和便利店，围绕农作物、苗木花卉、特色水禽、设施蔬菜等领域，推进组织开展科技推广、科技信息服务和职业农民培训活动。2019年累计组织培训活动265场次，培训人数2.04万人次，接受咨询服务2.19万次，发布科技信息9930条，辐射带动农户1.52万户。

加强社会发展及基础科学研究。在医疗卫生领域，扬州大学附属医院的“自然人群胃癌风险评估与精准筛查的关键技术研究”项目获省重点研发计划（社会发展）项目立项。加大对基础研发活动的激励，67个项目获省自然科学基金项目立项，其中省杰出青年基金项目1项、青年基金项目50项、面上项目16项。

国家农科园建设。11月8日，科技部公布国家农业科技园区第七批验收结果，认定全国77个农业科技园区通过验收，其中扬州国家农业科技园区验收考评排名第1位。3年建设以来，江苏扬州国家农业园区规划建设按照“核心区—示范区—辐射区”3个层次布局，规划核心区38平方千米，示范区193.33平方千米，涵盖扬州市、江淮地区；搭建园区管理架构，实行“1+1+1”的管理模式，建立“区镇合一”、条块结合的管理体制，成立国有扬州兴农高新产业投资开发有限公司；推进基础设施建设，累计投入资金26.84亿元，对内部道路、给排水、电力燃气等基础设施进行提档升级；打造创新创业平台，累计科技研发投入8.35亿元，先后实施科技项目262项，扬大科教园一期、科技综合服务中心先后开工建设，集聚工程中心、实验室各类研发平台50多个、高端农业科技团队及人才50多名；组织示范推广，先后建成稻麦良种、特种水禽水产、花木苗木等组培中心和示范基地10多个，引进新技术、新品种、新装备设施16个，推广14个。（刘 薇 王传臻）

2019年扬州市获批省重点研发计划（现代农业）项目情况表

表30-7

序号	项目名称	承担单位
1	设施蔬菜土传病害全程生物防控关键技术研发	江苏里下河地区农业科学研究所
2	优良食味粳稻广谱抗稻瘟病纹枯病精准育种技术及材料创新	扬州大学
3	十字花科蔬菜害虫高效绿色防控关键技术研究——以细胞膜为靶标的新型杀虫剂PPTE的分子设计与应用	扬州大学
4	优质抗病东串猪新品系及“苏扬黑猪”新品种选育	扬州大学
5	中高端优质抗稻瘟病软米粳稻新品种选育	扬州大学
6	稻麦周年优质丰产绿色高效技术集成创新与示范	扬州大学
7	猪精确育种技术创新及抗病毒性腹泻育种新材料创制	扬州大学
8	基于超声气力与机器人技术的设施瓜果蔬菜病虫害绿色高效智能防控关键技术研究	扬州市蒋王都市农业观光园有限公司
9	移动式田间秸秆收集粉碎制粒一体化装备设计与研发	江苏奥莱佳能源有限公司
10	基于养分管理的“鹅—沼—牧草”新型种养结合关键技术研究	江苏省家禽科学研究所
11	设施果蔬钵苗高速移栽关键技术与新装备开发	江苏亿科农业装备有限公司
12	面向产业链融合的淡水虾精深加工技术与产品开发	高邮市元鑫冷冻有限公司
13	“一稻三虾”种养模式下水稻病虫草害绿色防控关键技术研究	扬州市龙道生态农业有限公司
14	基于真空减压技术腌制风味咸蛋及自动化系统设备开发	高邮市红心旺食品有限公司
15	应用基因组选择技术选育罗氏沼虾耐寒新品系	江苏数丰水产种业有限公司
16	兼用型鸡配套新品系的选育	江苏省家禽科学研究所科技创新中心
17	全麦粉的智能化（精深）加工关键装备研制	扬州科润德机械有限公司
18	基于黄浆水循环利用的淮扬干丝生物凝固及保鲜关键技术研究与新产品开发	扬州市港湾农业发展有限公司
19	适合机械化油菜新品种“扬油9号”	江苏里下河地区农业科学研究所
20	设施优质牛角形辣椒新品种“扬椒2号”	江苏里下河地区农业科学研究所
21	鲜食玉米新品种“晶甜7号”和“晶甜9号”选育与应用	江苏润扬种业股份有限公司

（刘 薇 王传臻）

2019年扬州市获批省重点研发计划(社会发展)项目情况表

表 30-8

序号	项目名称	承担单位
1	自然人群胃癌风险评估与精准筛查的关键技术研究	扬州大学附属医院

(刘 薇 王传臻)

2019年扬州市获批省自然科学基金项目情况表

表 30-9

序号	项目名称	承担单位	备 注
1	探究共轭分子对金属有机框架化合物电催化性能的改善	扬州大学	青年基金项目
2	基于微流控技术和磁弛豫时间传感器用于肝癌早期诊断的方法研究	扬州大学	青年基金项目
3	纳米基因高效干扰系统的建立及 2 种响应杀虫剂胁迫的 CPR 家族表皮蛋白基因功能和调控机制研究	扬州大学	青年基金项目
4	Hippo 通路效应分子 YAP/TAZ 调控类风湿关节炎成纤维样滑膜细胞迁移、侵袭及软骨侵蚀作用的研究	扬州大学	青年基金项目
5	SlFTM2 调控番茄单性结实的机理研究	扬州大学	青年基金项目
6	利用 CRISPR/Cas9 技术敲除转运蛋白基因降低油菜种子硫代葡萄糖苷含量的研究	扬州大学	青年基金项目
7	基于非线性能量阱的风力机塔筒横风向风激振动特征及抑制机理研究	扬州大学	青年基金项目
8	算子凸函数及其在量子熵中的应用	扬州大学	青年基金项目
9	生物质高温腐蚀条件下 NiAl 涂层的氧化膜相转变及防护机理研究	扬州大学	青年基金项目
10	种母鹅饲粮中添加甜菜碱影响 LOC106032502(泛酰巯基乙胺酶)甲基化水平及其母体效应分析	扬州大学	青年基金项目
11	亚洲玉米螟一氧化氮调控 NF-κB 激活的分子机理解析	扬州大学	青年基金项目
12	AKH 信号系统对小菜蛾幼虫取食行为的调控研究及其药靶潜力评估	扬州大学	青年基金项目
13	近红外粘度荧光探针制备及肿瘤细胞侵袭能力研究	扬州大学	青年基金项目
14	基于时频分析特征提取的非平稳多变量时间序列预测研究	扬州大学	青年基金项目
15	抗菌环肽修饰海水养殖网箱材料表面的防污机制研究	扬州大学	青年基金项目
16	基于耦合米氏共振的超表面窗口式吸波器件研究	扬州大学	青年基金项目
17	樟芝深层发酵无性产孢机制解析及其调控	扬州大学	青年基金项目
18	丙酸通过激活 GPR41 信号通路缓解围产后期奶牛脂肪动员的分子机制	扬州大学	青年基金项目
19	再生骨料-沥青胶浆微观界面构筑与化学调控机制研究	扬州大学	青年基金项目
20	PpyMYBs 介导过氧化物酶 PRX 调控梨果锈木栓质代谢的机制解析	扬州大学	青年基金项目
21	LA-MRSA CC398 中 IEC 元件对菌株定植能力影响及表达调控机制的研究	扬州大学	青年基金项目
22	MXene 磁各向异性及其调控的研究	扬州大学	青年基金项目
23	干涉进流条件下轴流泵不稳定流动机理及控制研究	扬州大学	青年基金项目
24	鼠伤寒沙门菌外膜蛋白 OmpC 招募 H 因子逃避宿主补体替代途径激活的机制研究	扬州大学	青年基金项目
25	黄瓜介导枯萎病菌 FocRho1 沉默解析抗枯萎病机理	扬州大学	青年基金项目

续表 30-9

序号	项目名称	承担单位	备 注
26	大麦 HvTPC1 基因对渍害的响应及其功能机理研究	扬州大学	青年基金项目
27	盘片轴全柔体非线性系统热致碰摩瞬态动力学特性及故障辨识方法研究	扬州大学	青年基金项目
28	苜蓿花粉传播空气动力学机制及其花粉介导的基因漂流	扬州大学	青年基金项目
29	CREB/StAR 信号通路在育成期能量摄入调控蛋鸡性成熟启动过程中等级前卵泡发育中的作用及机制	江苏省家禽科学研究所	青年基金项目
30	MicroRNA-7a2 调控垂体黄体生成素（LH）合成与分泌的分子机制	扬州大学	青年基金项目
31	苏氨酸通过 JAK-STAT 通路调节鸭肝脏脂质沉积的分子机制	扬州大学	青年基金项目
32	二甲双胍逆转细菌多西环素耐药性的分子机制研究	扬州大学	青年基金项目
33	急性胰腺炎胰腺坏死“PTX3-ROS 热毒壅结”病机及验证	扬州大学	青年基金项目
34	KIFC1 基因介导 BLV 感染调控奶牛乳腺上皮细胞增殖和凋亡的机制研究	扬州大学	青年基金项目
35	基于氨基酸合成代谢解析多胺与乙烯对稻米氨基酸的调控机制	扬州大学	青年基金项目
36	五羟色胺 2A 和 2C 受体对大鼠母性记忆的影响及机制	扬州大学	青年基金项目
37	MicroRNA 在弓形虫调控宿主细胞凋亡进程中的作用及分子机制研究	扬州大学	青年基金项目
38	J 型应力 – 应变曲线材料本构及其力学特性研究	扬州大学	青年基金项目
39	钛合金微观变形及损伤演化机理的实验研究	扬州大学	青年基金项目
40	直链淀粉精细分子结构影响稻米淀粉回生状态下消化特性的机制研究	扬州大学	青年基金项目
41	蛋白质 DJ-1 调控氧化应激在猪肉成熟中的作用机理研究	扬州大学	青年基金项目
42	葡萄酰基转移酶基因参与花色苷酰基化修饰的功能研究	扬州大学	青年基金项目
43	SOX2+ 周细胞前体细胞促胶质瘤发生发展及其靶向治疗的基础研究	江苏省苏北人民医院	青年基金项目
44	血小板膜包裹的纳米载药体系的构建及其增强抗肿瘤免疫应答的作用研究	扬州大学	青年基金项目
45	细胞分裂素调控水稻蔗糖转运的分子机制研究	扬州大学	青年基金项目
46	离散时变环境下递归神经动力学在矩阵方程求解中的分析研究	扬州大学	青年基金项目
47	融合疲劳敏度学与深度学习的起重机结构健康评估与寿命预测研究	扬州大学	青年基金项目
48	棉铃虫脂代谢关键基因 FAS 的表达调控机制研究	扬州大学	青年基金项目
49	知母宁基于 SBP1/GPX1 通路在肝纤维化上皮细胞 – 间充质转化中的作用及机制研究	扬州大学	青年基金项目
50	大面积创伤修复用可注射 – 旁分泌功能细胞负载型双层水凝胶敷料的制备与研究	扬州大学	青年基金项目
51	玄武岩纤维板加固再生混凝土构件的疲劳粘结机理研究	扬州大学	面上项目
52	氧气敏感荧光薄膜用于水体总毒性检测及监测的研究	扬州工业职业技术学院	面上项目
53	深海极端嗜热古菌 NucS 核酸内切酶驱动损伤 DNA 修复的分子机制研究	扬州大学广陵学院	面上项目

续表 30-9

序号	项目名称	承担单位	备注
54	生物成因铁矿物在重金属溶液中的陈化、物相变化及其环境意义	扬州大学	面上项目
55	关于复流形上 Ricci 流的研究	扬州大学	面上项目
56	Stefan 自由边界模型的数学研究	扬州大学	面上项目
57	基于纳米酶标记探针的多元肿瘤标记物化学发光成像免疫分析新方法研究	扬州大学	面上项目
58	混合维度范德华异质结的构建、表界面调控与碱性析氢性能研究	扬州大学	面上项目
59	miR-30 靶向调控 MGLL 抑制鸡腹部脂肪沉积的机制	江苏省家禽科学研究所	面上项目
60	双峰晶粒结构镁合金的变形协调机制及其对成形性能的影响	扬州大学	面上项目
61	小分子量热激蛋白家族协同调控水稻二化螟温度耐受性的机制	扬州大学	面上项目
62	昼夜变温下高温与干旱互作胁迫对 Bt 棉杀虫蛋白含量影响及相关生理机制	扬州大学	面上项目
63	长链非编码 RNA-SATB2-AS1 通过 ceRNA 机制影响肺癌放疗敏感性的机制研究	江苏省苏北人民医院	面上项目
64	番茄 SlMPK1 靶蛋白 SlSPRH1 应答高温胁迫的分子机理	扬州大学	面上项目
65	颗粒体病毒 CnmeGV 诱导稻纵卷叶螟的黑化免疫及调控	江苏里下河地区农业科学研究所	面上项目
66	细胞周期调控干旱胁迫下大豆根系发育的分子机理研究	扬州大学	面上项目
67	弓形虫急性到慢性感染的分子调控机制	扬州大学	杰出青年基金项目

（刘　薇　王传臻）

■江苏里下河地区农业科学研究所

2019 年，江苏里下河地区农业科学研究所（简称农科所）在研课题（项目）214 项，新立项各类课题（项目）97 项，其中国家级课题（项目）7 项，省级课题（项目）34 项。新立项项目合同经费 3241 万元，实际到账经费 2956 万元，新增合同经费增长 40%。农业农村部现代种业提升工程专项落户农科所，获 1200 万元经费资助。争取到国家青年基金 1 项、面上项目 2 项、省自主创新资金 4 项。

2019 年，农科所获各类科技成果奖 3 项。其中，由农科所主持完成的“水稻高吸水复合型种衣剂的创制与应用”获江苏省科技进步奖二等奖，“高产多抗小麦新品种扬辐麦 4 号的选育与应用”获江苏省农科院研究创新奖一等奖，农科所与其他单位联合申报的“现代机械化植保技术集成与推广应用”获江苏省农业丰收奖二等奖。

2019 年，农科所培育的各类作物新品种 30 个通过审（鉴）定 / 认定 / 登记。其中，小麦品种“扬麦 30”“扬辐麦 9 号”通过国家审定；水稻品种“扬籼优 953”“扬粳糯 2 号”“扬籼优 713”“扬辐粳 9 号”和小麦品种“扬麦 29”“扬辐麦 10 号”“扬辐麦 11 号”通过省级审定；水稻品种“扬粳 805”“扬粳 3012”“扬粳 4227”通过省级引种认定。油菜品种“扬油 9 号”通过国家登记。“春眠”等 9 个花菖蒲品种、“Yangzhou Ziyun”等 8 个鸢尾品种通过国际登录。“扬粳 113”“扬两优 309”“扬两优 228”“扬粳 3491”“扬粳 3012”“扬麦 24”“扬辐麦 10 号”“扬杂 11 号”等 8 个品种获品种权授权。“一种稻纵卷叶螟颗粒体病毒 PCR 检测的特异引物和检测方法与应用”“一种检测糯小麦 K107Wx1 中 Wx-D1 基因的 KASP 标记引物及其应用”“一种高粒重优质抗稻瘟病抗倒两系杂交水稻品种的育种方法”等 3 项成果获国家发明专利；“一种试验田监测区域的标定装置”获国家实用新型专利。制定发布各类标准 9 项。科研人员全年发表研究论文 59 篇，其中 12 篇论文被收入 SCI（科学论文索引）。“稻瘟病粳稻基因籼稻利用”作为封面文章在国际权威期刊发表。

2019 年，农科所培育的杂交稻新组合“缘两优香丝”，整精米率高、香味浓、适口性好，吸引市场多家种子企业洽谈合作。培育出的“金香玉 1 号”“17MGJ99”等优质软米粳稻新品系，有效克服江苏软米品种稻瘟病抗性偏弱缺陷。与江苏大华种业集团签订稻瘟病技术改良委托协议，凸显稻瘟病抗性改良领域技术优势。首次推出粳型“长粒香米”。研创的“耐迟播高产多抗早熟小麦新品种选育与应用”成果通过中国农学会专家组论证。育成的“扬麦23”早熟性能突出，成为取代大麦种植、满足茬口需要的首选品种，夏收面积超13.3万公顷。“扬麦25”正式推广第一年种植面积6.5万公顷。弱筋小麦“扬麦15”“扬麦22”“扬麦24”在黄淮麦区南部种植成功，屡获高产，提升“扬麦”品牌影响力。2个油菜新品系参加江苏省联合鉴定试验，进入品种登记程序。“扬J4506”油酸含量达80.3，在国家油菜产业体系检测中位列第1位。“扬椒2号”入选浙江瓜菜种业博览会第11届推介品种。解决中央厨房即食食品卫生安全与保质难题，在肴肉等产品上中试成功，批量投放市场。淮扬点心辐照保鲜应用技术研究取得进展，通过添加天然物质复配剂、结合辐照处理、冷藏贮存，延长米制糕点产品保鲜期。研明“稻虾共作”绿色营养运筹方案，研发专用投入品，首次在省内发布“一稻三虾”技术模式图。与南农大合作，首次在国内发现胡萝卜软腐果胶杆菌巴西亚种，为新型农药研发提供依据。开展新型高效生物制剂研发，构建稻纵卷叶螟颗粒体病毒基因探针，明确诱导稻纵卷叶螟黑化免疫反应机制。通过杂交、辐照诱变筛选优良花卉新品系，完善兰花分子指纹图谱数据库，与福建林业大学合作，开展春兰全基因组测序。在江苏蕙兰博览会上获金奖、银奖、铜奖、栽培奖各1项，在江苏省春兰展获银奖1项。

2019年，农科所创新开展“科技+保险”跨界合作，开辟科技服务新路径，推进农业保险增品扩面和农村金融提质扩容，为现代农业发展提供科技支撑。创新成立“星火”农业科技服务团，开展送科技入村镇、送服务进社区等活动，发挥党员在服务“三农”中的先锋作用。扩大“一稻三虾”综合种养模式影响力，在淮安、扬州、徐州、宿迁等地推广应用，帮扶经济薄弱村脱贫攻坚。在淮安盱眙黄花塘镇，通过稻虾产业带动，全镇629户1875人低收入人口实现脱贫摘帽。

2019年，农科所“长江中下游小麦生物学与遗传育种重点实验室”项目通过验收。牵头成立的小麦赤霉病综合防控协同创新联盟，入选全国首批15个国家农业科技创新标杆联盟之一。申报的“农业部农业微生物观测实验站”获批，获扬州实验站命名，成为省内首个国家级农业微生物观测实验站。与邗江区政府合作共建的“现代农业产业技术研究院”入选省蔬菜科技综合示范基地。联合24家单位牵头申报的“江苏省扬麦扬稻产业技术创新战略联盟”获批，创建稻麦产业技术体系创新发展和提升扬麦扬稻品牌竞争力的平台。与扬州冶春食品配送股份有限公司等23家企业共同组建“江苏省淮扬风味食品加工产业技术创新联盟”，建立起新型产业合作模式，激发产业创新动能。

（陈以博　朱凌宇）

■江苏省家禽科学研究所 2019年，江苏省家禽科学研究所（简称家禽所）获批科技项目50个，实际到账经费1511万元（不含厅本级报账382万元）；横向经费到账416.94万元。实现总收入6828.88万元，上年度项目结余结转262.1万元，总支出6577.96万元，本年度结余513.03万元。

2019年，家禽所开展家禽科技研究。家禽种质资源保护及评价。完成30个保存鸡种的继代繁殖，系统测定生长性能和繁殖性能。新引入鸡种1个，开展基础群禽白血病净化和性能测定。开展家禽生物样本库的建设与研究，补充家禽生物样本，增加收集浙江光大基因库和西南区域基因库保存的部分品种血样，采集文昌鸡、狼山鸡、鹿苑鸡、崇仁麻鸡等品种不同发育时期的样本，为资源研究提供素材。开展家禽资源监测，进行2轮在线培训，搜集46个资源场与4个基因库保存资源的各世代信息825条，对家禽资源监测系统进行维护，完成家禽资源信息年度监测。家禽遗传育种与种禽扩繁。肉鸡育种开展早熟、节粮及加工型肉鸡、黄羽肉鸡、青脚肉鸡配套系的培育，完成11个品系选育，筛选2个各具早熟、高繁、屠宰性良好等特点的杂交配套组合；与立华公司进行屠宰加工型优质肉鸡新品系的选育，形成配套系，提交国家审定。蛋鸡育种持续选育8个特色、高产、节粮蛋用专门化品系；新引进1个黄脚浅麻羽地方资源育种素材；神丹6号绿壳蛋鸡育种工作完成配套系选育技术，提交国家审定。水禽育种开展优质高产青壳蛋鸭配套系选育，完成3个品系2个世代选育。特禽育种开展“苏威1号肉鸽”配套系的选育，合作开展“天成王鸽”配套系核心群选育，做好“苏威1号肉鸽”“太湖点子鸽”品种审定准备。家禽品种性能测定与品质监督检验。承担农业农村部下达的种禽及畜禽产品质量安全检测、粪污检测等4个购买服务项目，购买服务经费236万元；开展委托检测服务，委托检测服务收入180万元。本年度接受生产性能委托检测任务10个品种，完成禽产品委托检测任务29批次。获批“全国名特优新农产品营养品质评价鉴定机构”和“全国名特优新农产品全程质量控制技术机构”两个资质平台。家禽重大疫病研究与防治。开展鸡传染性支气管炎病毒的分子致病机制、重组灭活疫苗及新型检测技术研究，家禽重要疫病的诊断与快速检测新技术研究，禽病远程网络诊断技术平台的构建，宿主抗J亚群禽白血病病毒感染的分子机制研究，种禽场重要疫病的净化技术集成与示范。家禽生产配套技术研究与示范。开展新型禽专用微囊缓释包复合酸化剂的研发；基于PI3K/Akt信号通路介导的细胞自噬探讨纳米铁抑制鸡肠炎沙门氏增殖的机制研究，组建安全生产关键因素的调研及鸡蛋质量安全生产体系，开展鸡蛋质量安全相关因子（重金属残留和霉菌毒素污染）的抽样监测和产蛋后期蛋壳质量改善技术研究与集成组装；研究集成鸡蛋生产质量安全控制管理技术体系，确定鸡蛋生产危害因素与关键点，进行鸡蛋安全生产的预警机制的构建，研究集成鸡蛋生产霉菌毒素污染现状研究及控制技术，研究集成饲料中黄曲霉毒素快速检测技术。开展家禽养殖减排和废弃物资源化利用研究。

2019年，家禽所加快科技成果的集成推广。与江西崇仁县畜牧水产局、广西贵港市港丰农牧有限公司、广西富凤农牧集团有限公司、江西农业科学院农产品质量安全与标准研究所、湖北江汉绿健农业发展有限公司、天津畜牧兽医研究所、河南天成鸽业有限公司、江苏立华牧业股份有限公司等19家单位进行合作研究，横向合作经费400多万元；以广西、贵州、江西等省企业为抓手，开展扶贫。开展社会咨询服务。以国家现代农业产业体系及综合试验站、省现代农业产业技术体系以及推广基地为抓手，开展科技推广服务。为农业农村部种业司、全国畜牧总站等部门就畜禽资源保护利用、家禽种业状况、生产形势分析等提供咨询服务，组织撰写全国蛋鸡遗传改良计划（2020—2035）、蛋鸡种业白皮书、蛋鸡种业“十四五”发展研究报告、畜禽品种创新研究（家禽部分）、中国畜禽种业70年、2018年畜禽种业发展报告、省肉鸡、蛋鸡、水禽种业“十四五”发展研究报告、省蛋鸡、肉鸡标准化养殖场建设规范等。完成省家禽业情况的调研报告，与示范基地进行项目对接、组织专家开展对口。累计为200多个养殖户，2400多人提供技术咨询服务，为20多家企业提供技术支持，在海门、宿迁、邳州开展集中培训3场，累计培训农民500多人。

2019年，家禽所开展学术交流与合作。举办学术讲座6次，组织召开第九届中国优质禽育种与生产学术研讨会常务理事会、第19次全国家禽学术讨论会、中国畜牧业协会全国蛋种鸡会长扩大会议等。组织科技人员参加全国家禽学术讨论会、全国动物遗传育种学术讨论会、中国畜牧兽医学会兽医公共卫生学分会学术论坛、畜禽种业高峰论坛、中国农业农村科技发展高峰论坛、全国肉鸡产业经济发展论坛、全国病毒学学术研讨会等200人次，大会作报告20人次。“地方特色蛋鸡育种及产业化”获神农中华农业科技奖二等奖，“‘苏邮1号’高产青壳蛋鸭配套系培育与应用”获神农中华农业科技奖二等奖，“优质肉鸡养殖提质增效关键技术集成创新与应用”获全国农牧渔业丰收奖。授权专利20项，其中发明专利12项。全所发表科技论文143篇，其中SCI收录16篇。（肖　芹）

■扬州市2个项目获国家科学技术奖　2019年，扬州市获国家技术发明二等奖、国家科技进步二等奖各1项。其中，扬州大学院士刘秀梵领衔完成的“基因Ⅶ型新城疫新型疫苗的创制与应用”项目获国家技术发明奖二等奖，以扬州大学为第二完成单位、扬州大学教授陈国宏参与完成的“蛋鸭种质创新与产业化”项目获国家科学技术进步奖二等奖。（刘　薇　王传臻）

■扬州市21个项目获江苏省科学技术奖　全市有21个项目获2019年度江苏省科学技术奖，其中一等奖4项、二等奖5项、三等奖12项。扬力集团股份有限公司获省企业技术创新奖，与扬州大学合作的澳大利亚科学院院士、皇家化学院院士、昆士兰大学教授Robert Goulston Gilbert获省国际科技合作奖。

（刘　薇　王传臻）

扬州市获2019年度江苏省科学技术奖项目情况表

表30-10

序号	获奖项目名称	扬州获奖单位	获奖等级
1	航空航天用高性能复合材料及结构件的关键技术研发与产业化	江苏新扬新材料股份有限公司	一等奖
2	南水北调工程大流量泵站高性能泵装置关键技术集成及推广应用	扬州大学、江苏省水利勘测设计研究院有限公司、江苏航天水力设备有限公司	一等奖
3	畜禽重要疫病细胞免疫机制及防控应用	扬州大学	一等奖
4	车用高性能空气悬架系统关键技术及应用	扬州市伏尔坎机械制造有限公司	一等奖
5	正电子发射断层成像／X线计算机断层成像（PET／CT）设备核心技术研发与产业化	江苏赛诺格兰医疗科技有限公司、江苏中惠医疗科技股份有限公司、扬州市江都人民医院	二等奖
6	拟除虫菊酯清洁生产关键技术研发及产业应用	江苏扬农化工股份有限公司	二等奖
7	轻质高强铝基纳米复合材料及其在高端载运工具上的应用	江苏苏美达车轮有限公司、扬州戴卡轮毂制造有限公司	二等奖
8	高精度捷联惯性测量关键技术及应用	江苏罗思韦尔电气有限公司	二等奖

续表 30-10

序号	获奖项目名称	扬州获奖单位	获奖等级
9	小麦诱变育种方法创新及扬辐麦系列品种选育	江苏里下河地区农业科学研究所、扬州[illegible]、江苏金土地种业有限公司	二等奖
10	基于人防低空预警系统的中低空监视雷达	中国船舶重工集团公司第七二三研究所、船重工海博威（江苏）科技发展有限公司	三等奖
11	面向物联网应用的 MEMS 技术压力传感器研制及应用	江苏奥力威传感高科股份有限公司	[illegible]等奖
12	车用一体化智能型冷却系统关键技术的研发及推广应用	江苏嘉和热系统股份有限公司、扬州三丰新能源科技有限公司	三[illegible]
13	高性能汽车减振器用粉末冶金铁基零部件	扬州立德粉末冶金股份有限公司	三等奖
14	聚酯复合弹性纤维产业化技术与装备开发	扬州惠通化工科技股份有限公司	三等奖
15	轻质高强耐腐蚀深海定位用海工缆关键技术的研发及产业化	九力绳缆有限公司	三等奖
16	大型精密钣金件冲压成形智能化成套装备研发	扬力集团股份有限公司	三等奖
17	非公路宽体矿用自卸车关键技术研究及产业化应用	扬州盛达特种车有限公司	三等奖
18	面向智慧油田的超宽频承荷探测电缆关键技术及系列产品	江苏华能电缆股份有限公司	三等奖
19	地表臭氧浓度升高对稻麦生产的影响机制与区域风险评估	扬州大学	三等奖
20	超大型智能化食用油脂制取及精炼成套装备关键技术的研究及应用	迈安德集团有限公司	三等奖
21	几种畜禽非传染性群发疾病的防控关键技术研究与应用	扬州大学	三等奖

（刘 薇 王传臻）

行业科技

气象测报

■概况 2019 年，扬州市年平均气温（16.3 摄氏度）偏高，高温日（16.8 天）较常年偏多；年降水量（697.9 毫米）较常年偏少 3~4 成；年日照时数（1596.1 小时）偏少。天气气候事件主要有年初连阴雨雪天气（春节期间出现大到暴雪）、6 月末—7 月频繁出现强对流天气、汛期暴雨、第 9 号台风“利奇马”、夏季高温、伏秋连旱、秋冬季雾霾及寒潮等天气。从灾情分析来看，因暴雨洪涝、台风、强对流、暴雪等造成的人民生命财产、农业经济损失和直接经济损失与往年相比较轻。（徐莎莎）

■气象灾害 2019 年，扬州市的主要灾害性天气有暴雪、连阴雨、暴雨、高温、台风、强[illegible]干旱、雾霾等。从灾情分析来看，[illegible]流造成的直接经济损失较为严重。

（1）6 月 29 日，宝应[illegible]镇陈幸村、鲁庄村遭受强对流[illegible]大风袭击。受灾人口 22 人；受损房屋 69 户（部分房屋屋顶部分瓦片被刮落）；西北公路两侧树木倒伏近 880 棵；12 根电力杆倒伏，1 处生产组电力中断。灾害造成直接经济损失 29 万元。

（2）7 月 6 日，受强对流天气和大风影响，高邮菱塘回族乡清真村中心组、清真组、备荒组、沙湖村共 50 间房屋受损，受灾树木近 200 棵，受灾船只 6 条，秧田受灾 2 公顷左右。灾害造成直接经济损失 28 万元。

（3）7 月 28 日，高邮市东北部地区发生雷雨大风、短时强降水等强对流天气，临泽、周山等地出现雷电活动，江都区邵伯镇局部地区出现雷暴大风天气，极大风速 21.2 米 / 秒（9 级）。下午 3 时 40 分左右，扬州高邮临泽镇突遭狂风暴雨，局部降雨量高达 39 毫米，风力 8 级以上，合心村、蒋颜村、钱[illegible]村、朱堆村、泰山社区等村（社区[illegible]较为严重。房屋受损 300 多户[illegible]其中[illegible]严重的 10 多户；摧毁[illegible]1300 多[illegible]成 4 条 10 千伏[illegible]故障，断杆[illegible]倒杆 12 根，[illegible]斜 62 根，烧毁变压[illegible]台，配[illegible]障 268 台，配电箱及负[illegible]障 21 处，接户线故障 32 处。国道 344、朱堆路、中心干渠路等主要干线交通一度受阻。灾害造成直接经济损失 33 万元。江都区邵伯镇艾菱段自灌大堤有 60 多棵水杉、意杨、杨柳等大树被折断，14 户房屋屋顶损坏。灾害造成直接经济损失 3.5 万元。

入秋以后，全市气象干旱发展加快，遭遇中等到重度气象干旱，仪征地区达到特旱。扬州—仪征—

2019年扬州市区气象资料表(一)

表 30-11

天气现象	初日	终日	初终间日数(天)
霜	12月8日	3月8日	91
雪	12月7日	2月22日	78
积雪	12月30日	2月11日	44
结冰	12月8日	2月25日	80
最低气温≤0.0摄氏度	12月8日	2月25日	80

注：表内资料统计时段为2018年11月至2019年12月 （张网定）

2019年扬州市区气象资料表(二)

表 30-12

天气现象	初日	终日	初终间日数(天)
无霜期日数(天)	255		

注：表内资料统计时段为2019年1—12月 （张网定）

六合一带10厘米土壤深度相对湿度低于55%，仪征中后山区秋播受到影响，约0.33万公顷干旱小麦出苗困难。 （徐莎莎）

■主要天气气候事件 （1）连阴雨。1月与2月，扬州市多阴雨天气过程。从1月2—15日出现连续近14天的连阴雨天气，2月雨日偏多，雨日扬州19天、宝应17天、高邮18天、仪征19天、江都16天。

（2）暴雪。受冷暖空气共同影响，2月7日夜间到9日早晨扬州市出现明显的降雪天气，并出现积雪，雪量达到大到暴雪。

（3）梅雨。扬州市6月17日入梅，7月21日出梅。梅雨特点：入梅时间基本正常，出梅偏晚，梅期偏长。6月17日入梅（常年19日），7月21日出梅（常年7月10日）。梅长34天，较常年偏多13天。梅雨量偏少。全市平均梅雨量120.9毫米，比常年偏少近5成。降水呈过程性、分散性、短时雨强大等特点。为非典型性梅雨，降水不连续，雨带南北摆动大，主要有两次暴雨天气过程，分别为6月29日和7月6日。梅雨期内局地对流性天气强，短时雨强大，其中7月6日扬州市普降大雨，仪征、江都达到暴雨，并伴有雷雨大风、短时强降水等强对流天气，全市最大降水量83.1毫米（高邮送桥郭集），最大1小时降水量81.8毫米（高邮送桥郭集，17—18时），达到8级以上大风的有13个乡镇，最大23.3米/秒（仪征月塘水库，9级）。全市平均梅雨量120.9毫米，比常年偏少近5成。其中扬州119.8毫米比常年（222毫米）偏少5成、宝应111.7毫米、高邮87.9毫米、仪征138.1毫米、江都147.1毫米。其中梅雨量最大为202.3毫米（江都郭村镇）。

（4）暴雨。全市共出现2次局地性暴雨和3次区域性暴雨过程，其中2次为大暴雨过程。6月5—6日受江淮气旋影响，扬州市出现区域性暴雨过程；6月29日宝应出现局地性暴雨天气；7月6日扬州市中南部地区出现暴雨，并伴有雷雨大风、短时强降水等强对流天气；8月10日受台风“利奇马”影响，全市普降暴雨，局部大暴雨；8月27日受东北冷涡和低层切变线的影响，扬州市中北部地区普降暴雨到大暴雨。

（5）雾、霾。全市各地的雾日数分别为：扬州40天、宝应75天、高邮14天、仪征43天、江都54天，与常年相比高邮减少34天，其他地区增加2~40天。全市各地的霾日数分别为：扬州58天、宝应60天、高邮71天、仪征41天、江都43天。较2018年相比，扬州增加15天，宝应减少5天，高邮减少13天，仪征增加10天，江都减少13天。

（6）强对流天气。全市共出现3次强对流天气过程，分别为6月29日、7月6日、7月28日。

（7）高温。全市共出现10（宝应）~22（江都）天35摄氏度以上的高温日，各站点高温日较常年均偏多。

（8）台风。有1次台风影响扬州市，为第9号台风“利奇马”。8月9日夜间到11日普降暴雨，东北部出现大暴雨天气，11日白天起降水逐渐减弱，此次台风过程最大降水量187.3毫米（江都郭村镇），最大风力19.6米/秒（8级，江都真武镇）。

（9）气象干旱。入秋以后，扬州市气象干旱发展加快，9月15日至11月10日各县（市、区）累积降水量不足10毫米，为近60年来历史最少，全市遭遇中等到重度气象干旱，仪征地区达到特旱。

（徐莎莎）

■气象基础业务建设 2019年，气象台共发布暴雪、道路结冰、霾、大雾、雷暴、大风、暴雨、台风等预警信号54期，准确率89%；开展人工增雨抗旱暨改善大气环境质量工作，增设4个人影作业点，年内作业6次。气象基础业务质量保持平稳，全年综合气象探测业务质量98.6%，24小时晴雨预报准确率88.1%，最高温度准确率85.8%，最低温度准确率84%。完善气象观测、通讯网络。高邮气象局新业务楼基本建成，完成业务切换，高邮风廓线雷达建设完成；宝应X波段雷达选址通过评审并签订项目建设协议。编制完成扬州地基多通道微波辐射计、高邮湖湖面气象观测平台等项目实施方案。完成全市气象观测质量管理体系评审，提升气象基础业务运行质量。落实气象设备社会化保障工作，完成巡检监督全覆盖。

（石建红）

■气象科技 完成2019年民生幸福、城市安全工程项目中气象信息智能发布系统、防雷安全监管系统、智慧网络一体化系统的建设；组织开展大运河和江淮生态大走廊气象服务调研及生态环境气象服务科研工作，《扬州市环境气象预报业务平台》《扬州市气象灾害风险区划》《空气污染特征与气象因子的关系》等项目通过验收并实现成果转化和实际应用；制作高邮湖面面积变化气象监测评估产品，报送市委、市政府决策参考；制作污染物气象扩散条件指数预报产品，联合市生态环境局开展大气重污染天气会商、空气质量预报并将空气污染条件预报由3天提高到7天。（丁维新）

■气象科普 市气象学会推进能力提升工程建设，完成4个科普场馆建设，仪征气象局获“扬州市科普基地”称号；利用“3·23”世界气象日、“5·12”防灾减灾日、科技活动周、全国科普日和走进“12345政风行风热线”等，开展气象灾害防御科普知识宣传，全年共开展科普宣传活动28场（次），被江苏省气象学会表彰为“学会工作先进集体”；联合多部门推动“2019年江苏省安全应急科普环省行文艺演出”在宝应举办；市气象学会通过“4A级社会组织”（复核）现场评估。

（丁维新）

■气象服务 全年向地方党委政府及相关部门发送决策气象服务短信284条，报送决策气象服务专报79期、重要天气报告38期；完成首届大运河文化旅游博览会、扬州鉴真国际半程马拉松赛事、“烟花三月”国际经贸旅游节、市第13届运动会等重大活动，以及市各项重点工程的气象保障服务；通过手机短信、电视、广播、网站、电子显示屏、农村大喇叭、微博、微信、“扬州发布”App、服务热线等发布各种气象信息，提高气象信息覆盖面，发送气象灾害预警信号54次，重大气象灾害预警准确率89%；发布微博2900多条、微信公众号推送40次，召开新闻发布会6次；部门联动1次，系统内部启动应急响应4次；强化农业农村气象服务，开展三麦赤霉病、夏收夏种、秋收秋种和水稻穗期病虫害防治等气象服务，为涉农部门提供各类服务材料73期；与人保、紫金保险达成农业气象保险合作协议，开展水稻收获期降水指数保险项目等政策性农业保险气象服务。（丁维新）

■气象灾害防御体系建设 扬州市及高邮市、宝应县、江都区编办先后批复成立预警信息发布中心，市本级突发事件预警信息发布平台开展建设基本完成，已投入业务试运行；组织做好省突发事件预警信息发布平台预警补发等部分功能优化工作，完成今日头条、抖音账号认证；全市基本建成“六个一”基层气象防灾减灾标准化体系，基层气象灾害预警传播功能配置标准“四有”实现新突破；调整市人工影响天气工作领导小组，明确成员单位工作职责，新增4个人影作业点，制定年度作业计划，参加徐州市气象局举办的人影作业演练和省气象局举办的作业培训，开展人工影响天气作业6次，缓解旱情，改善空气质量。

（丁维新）

水文测报

■概况 2019年，扬州水文分局做好水文测报工作，通过扬州市境内水文站网对江河、湖泊、水库的水位、流量、水质、水温、水下地形和地下水资源及降水量、蒸发量、风暴潮等实施监测、分析与计算，为开发、利用、节约、保护水资源和防灾减灾提供服务。

地表水水文测验。全市水文站网观测水位、潮位、流量、降水量、水温和蒸发量等6类48项水文数据。流量站施测泗源沟闸站流量28次，水位流量关系延长均未超出规范允许范围。

地下水监测。全市有Ⅰ~Ⅳ承压的深层地下水监测井54眼。Ⅰ承压含水层中，水位上升区主要位于仪征市马集镇，其余地区水位保持稳定；Ⅱ承压含水层中，水位上升区位于扬州汇丰纺织厂及宝应县部分区域，其余地区水位保持稳定；Ⅲ承压含水层中，水位上升区位于高邮市经纬纺织有限公司、界首镇及宝应县泾河镇、柳堡镇，其余地区水位保持稳定；Ⅳ承压含水层中，高邮市、宝应县部分监测井水位均呈上升趋势，主要上升区位于高邮市甘垛镇及宝应县广洋湖镇。有浅层地下水专用监测井23眼，扬州地区平均地下水位基本稳定。

水文部门在大运河扬州市与淮安市交界处的泾河镇设立省属市际断面，实时监测大运河流量，计量考核全市里运河沿线各县（市）实时用水情况。全年施测518次。其中，施测江水387次，最大流量277立方米/秒，引江水24.85亿立方米；施测淮水131次，最大流量189立方米/秒，排淮水6.39亿立方米。

扬州水情分中心每天校核、记载28个遥测水位站和27个遥测雨量站遥测数据。全市省建遥测站在线率和单站实时在线率均超90%。

（谈　立　赵林林）

■水文服务 2019年，扬州水文分局编制扬州市水资源公报、扬州市地下水监测年报；开展扬州市及各县（市、区）取水工程（设施）核查登记，提供全过程技术支撑，编制完成《扬州市取水工程（设施）核查总结报告》；开展扬州市及各县（市、区）集中式水源地长效管理与保护评估，编制年度评估报告；开展扬州市典型河湖健康评估、水功能区达标建设效果评估、通江河道排水水质分析研究、地下水压采效果评估等工作，为河湖资源保护、水污染防治、水环境治理、水生态修复等方面提供保障；开展扬州市用水总量监测与分析、水平衡测试、水资源论证等，编制《江苏华电扬州化学工业园区热电联产项目水资源论证报告》《扬州恒润海洋重工有限公司水平衡测试》《江都区“十三五”水资源消耗总量和强度双控行动实施方案》，为水资源管理提供技术支撑。完成扬州市2018年度水土保持动态监测、江都区水土保持规划（2019—2030年）、高邮湖西水厂深度处理工程水土保持方案编制等项目，首次开展林下盖度监测，开展扬州市瓜洲泵站工程水土保持监测等项目。

（尹景伟　王亚宾　赵林林）

■雨情水情　2019 年，扬州市降水偏少，且时间分布极为不均，3—10 月全市总雨量比常年少 43.6%，河湖水位偏低，部分地区旱情明显。入江水道来量极少，高邮湖水位持续偏低；长江大通来量先多后少，总量与常年持平，7 月沿江潮位偏高，9—11 月偏低；江都抽水站和宝应抽水站长时间机组全开抽水抗旱；里下河地区水情较为平稳，全年未超警戒水位，宝应县部分地区遭遇旱情；仅六区水位偏低，泗源沟闸 7、8 月开闸引水；因为上游水量不丰，瓜洲闸开闸小流量排水，改善城区内河水环境。

一、雨情

全市降雨偏少，全市总降水量为 694.1 毫米，比常年少 31.2%，在 1951 年至今的年最小降水量系列中排名第 7 位。

1. 降水的时间分布

全市降水时间分布极为不均，其分布态势异于常年。1 月、2 月和 8 月降水较多，均超过常年同期，11 月降水与常年持平，3—7 月降水极少，总量仅有 275.6 毫米，比常年同期偏少 51.4%，在 1951 年至今的同期最小降水量系列中排名第 2 位，仅次于 1978 年；9 月和 10 月总降水量为 43.9 毫米，比常年同期偏少 69.5%，在 1951 年至今的同期最小降水量系列中排名第 4 位，仅次于 2001 年、2004 年和 1995 年；3—10 月总降水量为 483.5 毫米，比常年同期偏少 43.6%，在 1951 年至今的同期最小降水量系列中排名第 3 位，仅次于 1978 年和 2001 年。

2. 降水的空间分布

全市降水空间分布比较均匀，宝应县降水最多，面平均总量 726.1 毫米，比常年偏少 24.6%，高邮市最少，面平均总量 664.4 毫米，比常年偏少 33.0%；最大降水量点为仪征市泗源沟闸站（781.7 毫米），比常年偏少 27.6%，最小降水量点为高邮市高邮站（599.4 毫米），比常年偏少 42.0%，最大点和最小点降水比值为 1.3。

3. 暴雨

全市降水比较集中，4 次暴雨过程的总雨量达到全年雨量的三成左右。6 月 28 日，全市普降中到大雨，部分地区暴雨，面降水量 30.1 毫米，最大降水量点为宝应县射阳湖镇站（59.0 毫米）；7 月 7 日，全市普降中到大雨，局部地区暴雨，全市面降水量 38.4 毫米，最大降水量点为扬州市泗源沟闸站（53.5 毫米）。8 月 10 日受台风“利奇马”影响，里下河地区普降暴雨，局部地区大暴雨，全市面平均降雨 73.0 毫米，最大降雨量点为宝应县陆庄站 133.0 毫米。8 月 26—27 日遭遇大到暴雨，局部地区大暴雨，全市面平均降水量 73.3 毫米，是 2019 年雨强最大的一次降水过程，最大降水量点为宝应县陆庄站 165.0 毫米。

4. 梅雨

扬州市 6 月 17 日入梅，时间接近常年，7 月 21 日出梅，较常年偏晚；梅雨期 34 天，比常年多 12 天。梅雨总量 111.6 毫米，比常年少 52.9%。仪征市降雨最多，面平均总量 146.3 毫米，比常年少 38.4%，高邮市最小，总量 64.8 毫米，比常年少 72.7%；最大梅雨量点为仪征市泗源沟闸站（170.5 毫米），比常年少 31.5%，最小梅雨量点为高邮市吴堡站（53.5 毫米），比常年少 77.4%。

2019 年为非典型梅雨，降水不连续，雨带南北摆动大。梅雨期内降水日为 12 天，降水较为分散，未出现全区域长历时高强度的降水过程，6 月 28 日和 7 月 7 日部分地区遭遇暴雨过程。

5. 台风

全年对扬州市有影响的台风有 4 个，分别为 5 号台风“丹娜丝”、9 号台风“利奇马”、11 号台风“白鹿”和 13 号台风“玲玲”，其中 5 号、11 号和 13 号台风影响不大。9 号台风“利奇马”8 月 10 日以超强台风姿态在浙江温岭沿海登陆，登陆时中心附近最大风力 16 级（52 米 / 秒），登陆后，“利奇马”以每小时 15 千米左右的速度向偏北方向移动，强度逐渐减弱。受其影响，扬州市 10 日凌晨起遭遇狂风暴雨，至 11 日 8 时，全市面平均降雨 73.0 毫米，最大降水量点为宝应县陆庄站，总降水量为 133.0 毫米。

二、水情

1. 淮河入江水道

2019 年，淮河流域降水极少，蚌埠闸来量不大，洪泽湖最低水位仅有 11.24 米，省防办发布枯水黄色预警，三河闸全年未开闸，入江水道一线旱情明显，高邮河湖调度闸开闸向高邮湖补水，万福闸 8 月开闸抢长江高潮引水。由于干旱少雨，高邮湖水位从 2 月起缓慢下跌，最低跌至 5.45 米（8 月 25 日），其后小幅上涨至 9 月上旬，再次开始缓慢下跌，最低水位仅有 5.24 米（12 月 15 日），为 2002 年以来的最低水位。邵伯湖水位正常。

2. 里下河地区

3 月以后，全市降水持续偏少，里下河地区水位缓慢下跌，射阳湖镇站水位由 1.00 米跌至 0.80 米左右，江都东闸开闸引水。至 6 月，淮北地区旱情明显，宝应站开机抽水，里下河部分区域用水紧张，适逢农业用水高峰，射阳湖镇站水位最低跌至 0.37 米（6 月 18 日），在 1951 年至今的年最低水位系列中排名第 4 位。入梅后降水增多，射阳湖镇站水位恢复正常，基本在 1.00 米上下波动，其后受 2 次暴雨过程影响，里下河地区水位短暂上涨，但未超警戒水位。2019 年，江都东闸开闸 329 天，引水 56.53 亿立方米，最大流量 751 立方米 / 秒（10 月 1 日），缓解里下河地区的用水紧张态势。

3. 里运河

1 月至 5 月初，淮水南下补充里运河沿线用水，由于淮河流域 3 月以后降雨持续偏少，宝应抽水站 4 月 10 日开机向里运河补水，并通过运西线向洪泽湖、骆马湖补水，5 月 7 日江都抽水站开机抽江水北上。6 月上旬起，由于降水持续偏少，淮北地区旱情明显，骆马湖水位降至旱限水位以下，省防办发布蓝色枯水预警。江都抽水站和宝应抽水站机组全开，补充里运河沿线用水和输水北上，对白马湖、宝应湖和高邮湖补水，里运河一线抗旱任务艰巨，江都抽水站和宝应抽水站每天向里运河补水550~600立方米/秒左右，至12月底，每天抽水总量480立方米/秒左右。

全年江都抽水站总抽水量为75.85亿立方米，最大流量517立方米/秒（6月24日）；宝应抽水站总抽水量为16.97亿立方米，最大流量134立方米/秒（7月27日）；经泾河站，江水北上量为24.85亿立方米，最大流量277立方米/秒（9月19日）；淮水南下量为6.392亿立方米，最大流量189立方米/秒（10月1日）；芒稻闸未开闸。里运河一线水位基本保持正常。

4. 长江来量和沿江潮位

长江大通来量总体与常年持平，平均来量在2.93万立方米/秒左右。在时间分布上呈前多后少态势，1—7月大通来量均超过常年，8月和常年持平，9—12月均低于常年。

6月中旬起，由于长江上中游地区降水较多，大通来量持续上涨，6月24日达到5万立方米/秒以上，7月13日达到6万立方米/秒以上，最大流量6.84万立方米/秒（7月17日），5万立方米/秒以上流量持续42天，6万立方米/秒以上流量持续13天，受其影响，扬州市沿江潮位上涨较快，瓜洲闸潮位持续7天超警戒水位，最高潮位超警戒水位0.09米。

8月开始大通来量持续下跌，9—11月大通平均来量2万立方米/秒左右，比常年偏少约三成半，受其影响，扬州市沿江潮位偏低，三江营站9月最低潮位0.96米，在1951年至今的同期最低潮位系列中排名第2位，仅次于1959年；11月最低潮位0.21米，在1951年至今的同期最低潮位系列中排名第3位，仅次于2013年和1979年。

5. 扬州城区与仪六区月塘水库

2019年，城区和仪六区降水较少，全区水情平稳，泗源沟闸关闸，瓜洲闸开闸排水，改善城区内河水环境。由于上游水量不丰，6月中旬起瓜洲闸降低排水流量至关闸。7月7日，城区和仪六区普降暴雨，泗源沟闸和瓜洲闸开闸排水。其后一直至年末，泗源沟闸基本关闸，瓜洲闸适度开闸排水，城区内河水位正常。由于降水持续偏少，2019年月塘水库水位持续缓慢降低，最低水位28.71米（11月16日），为1997年以来的最低水位。

（谈　立）

■水质监测　2019年，水文部门加强对南水北调输水干线、集中式饮用水水源地、省管湖泊、水功能区、入江支流、深（浅）层地下水、入河排污口及突发性水污染事故等水质监测。全市有地表水定期定点监测站点118个，其中集中式饮用水水源地监测站点10个、省管湖泊监测站点13个、水功能监测站点87个，入江支流监测站点28个、国家地下水水质监测站点26个、深层地下水监测站点16个、浅层地下水监测站点18个、入河排污口监测站点70个，全年监测总站次1400次，监测项目包括水质感观、无机物污染、有机物污染、有毒有害物质和重金属等，获各类数据2.6万个。全年编制《扬州市集中式饮用水源地水文情报》24期、《扬州市广陵区水功能区水质简报》6期，编制扬州市及各县（市、区）水功能区监测成果年度报告。

水功能区水质监测。9月和11月监测全市75个水功能区87个水质监测站点，每月监测全市35个省级重点水功能区42个水质监测站点，为掌握扬州市水功能区水资源质量状况，提高水资源的利用率，实现水资源的优化配置、合理利用和有效保护提供科学依据。

集中式饮用水水源地水质监测。每月上半月和下半月分别对全市10个集中式饮用水水源地进行监测，保障居民饮用水安全。

地下水水质监测。加强丰水期和枯水期地下水水质监测，3月和8月，分别对全市16眼深层地下水及18眼浅层地下水水质进行监测，为水利部门开发地下水资源提供技术支撑。

入河（湖）排污口水质监测。7月和10月，分别对70个入河（湖）排污口进行水质、水量同步监测，为扬州市水环境治理提供科学依据。

省管湖泊水质监测。在高邮湖、邵伯湖、宝应湖和白马湖等各生态区共布设监测站点13个，每季度第2个月监测1次，为湖泊管理提供基础资料。（刘　芳）

科学知识普及

■企业知识产权科普行动计划　出台《扬州市企业知识产权科普行动计划》，分3年实现高新技术企业科技信息资源库免费安装及专利应用工程师培训全覆盖。2019年新注册安装企业101家，培育典型案例30个。承接中国科协“智慧蓝领”线下培训项目，先后组织市直、宝应、高邮、化工园区、仪化公司等6场专利应用工程师培训班，470人接受现场培训，在全省率先推广应用中国科协新开发的创新资源共享平台，为企业找专家、找项目、找市场等提供信息服务。（刘　悦）

■青少年科技创新后备人才培养计划　启动扬州市青少年科技创新后备人才培养计划，在扬州大学物理实验室采取“观察实践、辅导选题研究、现场科技制作”等方式加强创新思维训练，首批选拔140名学员举办科技创新及信息技术专题培训班、30名优秀学员赴沈阳601所开展“飞鲨”航空科普夏令营。

（刘　悦）

■青少年科技竞赛　举办第七届扬州市青少年机器人大赛、江苏省青少年科技模型大赛（扬州选拔赛）、“飞鲨杯”第16届扬州市青少年科技模型竞赛、第31届江苏省中小学生金钥匙科技竞赛（扬州），全市10万名青少年参加各类科技竞赛。

（刘　悦）

■"科普e路"游学 推进"科普e路"游学活动，依托宝应桃花源、仪征气象观测站、上汽大众智能车间、高邮龙虬庄遗址、邗江环保产业园等科普基地先后开通农业、地质、环保、考古、智能制造等10条游学线路，开发对应科普课程，组织41批次1200多名学生及市民参与。（刘 悦）

■科普信息化平台建设 打造《科里课外》电视科普专栏，新增《科学养生》栏目，新开通《超能科技馆》电台连线、公交视频《科学五分钟》，扩大"科普中国""扬州科普e站通"等信息化平台推广覆盖面。邗江建成扬州市环保科普教育基地及首家村级科普体验馆，推进仪征、宝应、高邮校园机器人工作室建设。（刘 悦）

■科普阵地建设 推进2019基层科普能力计划实施，投入省、市引导资金92万元。全市新增市级科普示范街道（社区）23个、社区科普体验馆3个、科普惠农兴村先进单位8个、科普信息化先进单位10个、优秀科普教育基地5个。依托维扬实验小学，投入50万元建设市级青少年科创中心。（刘 悦）

■科普宣传周、全国科普日 开展第31届科普宣传周系列活动，首次联合组织青少年科技创新市长奖暨优秀科普志愿者现场风采展示；科学素质大擂台及"飞鲨杯"航空知识网络竞赛吸引数万人参加；"周末志愿者讲解""亲子志愿者互动成长工程"等志愿服务项目开展400多项重点活动。"全国科普日"系列活动以"礼赞共和国，智慧新生活"为主题，市、县、镇联动开展各类科普活动200多项，在高邮市高新区启动乡村振兴科普联合行动暨"健康扬州"科普基层行活动，组织苏北人民医院专家义诊进乡镇、航模科技社团表演、科技馆活动及科普大篷车进校园、农业技术及健康讲座进村进社区等，并向基层学校、医院赠送科普器材。发挥安全教育馆作用，推进"安全伴我行"科普系列活动。（刘 悦）

■科普讲师团 扬州市科普讲师团第四期成员采用市、县分设的方式，聘用讲师55人，分为环境与安全、健康与保健、科技与创新、农林与其他等4个组。宝应、高邮、仪征均组建县级科普讲师团。在"扬州科普e站通"及智慧社区推出科普讲师专栏，对讲师信息进行管理，推出在线预约、网上授课、科普创作等功能，实现实时交互对接。全年开展养生保健、生态环保等专题宣讲近200场。（刘 悦）

■扬州科技馆科普活动 扬州科技馆开展公益科普夏（冬）令营、科学实验秀、科技模型制作、"我是环保小卫士"主题科普、"海洋强国"、"追梦蓝天"、"垃圾分类"专题临展等特色活动，做到月月有主题、周周有活动。2019年接待游客66万多人次、参观团队262个，开展时令特色活动27次、周末主题教学活动592次，获评全省科技服务业百优机构。（刘 悦）

扬州科技馆开办"科技小课堂"暑期系列公益科普实践活动，图为孩子通过动手实验体验科学现象，学习科普知识　　孟德龙/摄

教育

Jiaoyu

编 辑 陈永华

综述

■概况 2019年，全市有各级各类学校775所，在校生69.02万人，专任教师4.67万人。其中，幼儿园369所，在园学生11.12万人，专任教师7053人；小学208所，在校生21.90万人，专任教师1.38万人；初中129所，在校生10.80万人，专任教师1.01万人；普通高中32所，在校生6.78万人，专任教师6232人；中等职业学校9所，在校生3.59万人，专任教师2196人；特殊教育学校7所，在校生1008人，专任教师233人；普通高校8所，在校生9.69万人，专任教师5700人。全市3~5周岁学前三年教育毛入园率99.5%，义务教育入学率、高中阶段毛入学率100%。全市中等职业学校毕业生就业率99%，对口就业率73%，直接就业学生中本地就业率86.4%。

教育现代化建设。2018年度全市教育现代化建设综合得分87.39分，比上年提高1.29分。研究制定《加快教育现代化建设的实施意见》并以市委名义印发，明确今后一段时期教育现代化建设目标及重点任务。出台《中小学及幼儿园建设实施计划（2019—2022）》。新（改、扩）建普惠性幼儿园7所、中小学4所。完成中小学校舍安全改造工程5.36万平方米。推进城镇小区配套幼儿园专项治理。推进“阳光食堂”建设。建成智慧校园学校53所，全面推广省名师空中课堂，扬州智慧学堂平台接入学校406所。

基础教育发展。市政府印发《关于进一步加大全市学前教育投入的意见》，建立全市学前教育财政投入增长长效机制。全面建立农村地区公办园和普惠性民办园服务区制度。新创省优质园11所、市优质园17所，超过90%的幼儿在省、市优质园就读。开展县域学前教育督导，推进幼儿园“小学化”专项治理，区域推进幼儿园课程游戏化项目。开展义务教育学校违规办学行为专项治理，明确义务教育招生工作“十个一律”纪律。继续扩大普通高中招生，坚持热点高中70%招生指标定向分配政策，严禁普通高中借读、旁听现象。

健全质量推进体系。构建基础教育质量链，开展质量监测、教学视导、命题测试，推进课堂教学改革，组织第四批校本教研星级学校评选，推进校本教研“一课一研”。搭建拔尖创新人才培养平台，推进相关质量分析、交流研讨和集中培训。注重内涵项目建设，创成江苏省小学特色文化课程建设项目3个、江苏省初中课程基地（学科发展示范中心）3个、江苏省普通高中课程基地（学科发展创新中心）2个、江苏省品质提升工程项目4个，扬州中学进入江苏省首批高品质示范高中建设行列。针对过渡期高考命题趋势开展研究和培训。

职社教服务地方发展。推进产教融合，总结、推进各职业学校现代学徒制试点项目。创成江苏省现代化示范性职业学校2所、江苏省优质特色职业学校1所、江苏省职教智慧校园1所。建成江苏省职教现代化实训基地2个、江苏省职教现代化专业群4个。举办全市中职“双创”大赛，评选扬州市级“双创”教育基地2个、“双创”高级导师和名师28名。以竞赛促师生德能提升，获全国职教技能大赛金牌1枚、银牌1枚，获江苏省职教技能大赛金牌13枚、银牌35枚，23件作品在江苏省文明风采大赛中获奖。承办2019年全省全民终身学习活动周启动仪式。深化社教富民行动，建成老年学习苑、新型职业农民培训基地、青少年校外辅导品牌、特色家长学校和优秀学习型组织等35家，创成江苏省级居民学校63所。

丰富素质教育内涵。开展“文明有礼二十四条”、好习惯养成教育、仪式教育、中华经典诵写讲等系列主题教育活动，公筷主题行动展演被央视《新闻联播》报道，“小学生讲家风故事”多次登上教育部网站和“学习强国”平台。推进“青少年茁壮成长工程”，落实义务教育阶段“三增一减”（增加学生睡眠时间、体育锻炼、生活技能，减少在校集中学习时间和课后作业量），在22所义务教育学校试点开设游泳课程，举办中小学生阳光体育比赛。承办“省长杯”校园足球分区赛，高中男、女队首次进入联赛总决赛。创成全国青少年校园足球特色学校6所、全国青少年篮球特色学校4所。组织青少年近视防控宣讲活动100场。实施“五个一百”工程，举办推进会、研讨会及观摩展示活动。“深入打造中小学三进融入式国防教育品牌”案例获江苏省委宣传部、省国防办国防教育工作创新二等奖。

教师队伍建设。开展新一轮师德师能建设双“百千万”工程。组织市特级班主任、市特级教师、师德“百优十佳”教师和班主任等评选，扩大名师团队。组织省市特级教师到农村学校支教送教130人次，受培农村教师超5000人次。建成第四期乡村教师培育站11个。完成2019年全市义务段学校教师和校长交流。举办扬州教育讲坛、“运河杯”论文大赛、市特级教师论坛、班主任基本功大赛市级评选、“一师一优课、一课一名师”等活动，开展“领雁工程”“高端研修班”等名师培养项目，培训认证研学导师30人。进行市级以上教师培训159项，超4万名教师受益。新建江苏省职教名师工作室3个、扬州市职教名师工作室10个，创成江苏省教师发展示范基地校4所，启动建设市级教师发展示范基地校。

民生和保障工作。全面落实各项助学政策，义务教育学生免学杂费、教科书费、作业本费。市直发放家庭经济困难学生生活补助和国家助学金623.64万元，受益学生6384人次。春学期全市共资助或减免低收入农户子女就学费用488.53万元，发放生活补助和国家助学金326.92万元。市政府办公室印发《关于进一步加大普通高中家庭经济困难学生资助力度的暂行办法》，提高高中困难学生资助标准。全市新招宏志班26个。实施特殊教育提升行动，建成融合教育资源中心100个、江苏省融合教育资源中心建设项目1个、江苏省个别化教育项目1个，为全市义务教育阶段特殊学生提供“个别化教育”、送教上门等服务。各县（市、区）均开展课后服务，市直学校每天开设1节社团活动或课外阅读课。组织校园安全教育及整治行动，新创“扬州市平安校园示范学校”31所，推进网络和信息安全建设。建立校外培训机构长效管理机制，动态更新机构“黑白名单”。推进校车安全工程，出台《市政府办公室关于加强全市接受义务教育的学生交通安全保障工作的意见》，全市运行接送学生车辆529辆，主城区新开通公交学生专线18条。（柏　珏）

2019年扬州市教育事业基本情况表

表31-1

学校类别	学校数（所）	班级数（个）	在校学生数（人）	专任教师数（人）
合　计	**775**	**12543**	**690173**	**46650**
普通高校	8	—	96889	5700
成人高校	1	—	32015	72
普通中学	161	3884	175824	16348
高中	32	1424	67804	6232
初中	129	2460	108020	10116
小学	208	5162	218952	13809
幼儿园	369	3404	111211	7053
特殊教育学校	7	93	1008	233
中等职业学校	9	—	35910	2196
技工院校	12	—	18364	1239

注：1.表格数字按江苏省教育厅统计口径填报；
2.本表技工院校数据由市人社部门提供　（柏　珏　发规处）

■**教师队伍建设**　9月，江苏省扬州中学、扬州大学兽医学院被授予“全国教育系统先进集体”，李斯凤等8位教师分别被表彰为“全国模范教师”“全国优秀教师”“全国优秀教育工作者”“全国教育系统先进教育工作者”。将师德师风作为教师培训必修课，完善教师职业道德规范和考核管理制度。6月，首次开展扬州市“十佳师德标兵”和“百名师德模范教师”评选。以教师有效课堂施教能力提升为核心，

2019年扬州市新增中小学正高级教师情况表

表31-2

姓　名	工作单位
孙国强	江苏省扬州中学
钱士宽	江苏省高邮中学
王　清	宝应县山阳镇中心初级中学
李福庆	邗江区教育局
孙　俊	扬州市江都区国际学校
程志华	扬州中学教育集团树人学校
李吉银	扬州大学教科院附属杨庙小学
石树伟	扬州市广陵区教研室
崔　伟	扬州中学教育集团树人学校
钱海如	高邮市南海中学
张秀花	扬州市教科院
徐志香	宝应县夏集镇中心幼儿园

（柏　珏　人事处）

2019年扬州市新增中专校正高级讲师情况表

表 31-3

姓　名	工作单位
徐兆林	江苏省宝应中等专业学校
陆春庚	江苏省江都中等专业学校
王云珠	邗江中等专业学校

（柏　珏　人事处）

开展新一轮师能建设“百千万”工程。广陵区、高邮市建成江苏省示范型教师发展中心，4所学校入选第二批江苏省教师发展示范基地校。壮大名师队伍规模。新增中小学正高级教师12人，中专校正高级讲师3人，新评选出50名市特级教师和10名市特级班主任。继续开办名师、名校长“领雁工程”和语文、数学、英语“高端研修班”，提升骨干教师教育教学实践能力。组织开展“百名特级教师牵手乡村教育”活动。130人次省、市特级教师牵手乡村学校教研组建设，超5000名乡村教师受益。开展教师专业提升培训。进行市级以上教师培训159项。开办“领雁工程”和“高端研修班”，推进名师工作室建设，提升工作质态。召开江苏教育家培养工程第三期培养对象思想报告会。招录乡村定向师范生266人。完成新源两批教师跟岗工作，并选派12名特级教师赴新源开设讲座和公开课。

（柏　珏　教工处）

■中小学素质教育　修订《文明行为好习惯》自养手册，注重学生自主养成好习惯能力。开展“我们的节日·端午”公筷主题行动之——“‘筷’乐进校园、礼韵青少年”展演表彰活动，该活动被央视《新闻联播》报道。组织全市中小学开展开学仪式教育活动，并组织开学仪式视频评比活动；开展“清明网上祭英烈”“七彩夏日”等主题活动。4月和10月，组织3000多名学生参加主题为“美丽扬州我的家”的城乡互动体验活动。开展全市少先队辅导员培训，提高德育队伍素质。开展生态环保教育。仪征市胥浦中学、高邮市临泽实验小学、宝应县安宜实验学校等3所学校创成江苏省绿色学校。开展青少年茁壮成长工程，开展义务教育阶段“三增”活动（增加学生睡眠时间、体育锻炼、生活技能）。促进内涵发展。创成江苏省初中课程基地（学科发展示范中心）3个、江苏省小学特色文化课程建设项目3个，评选表彰扬州市中小学“精品社团”100个。在全市中小学校开展“六个一”法治课间餐活动，提升法治宣传教育效果。举行全市中小学生“学宪法讲宪法”演讲比赛和法治知识竞赛，5名选手在全省中小学生“学宪法、讲宪法”演讲比赛和法治知识竞赛中获二等奖。（柏　珏　基教处）

■教育科研　丰富教学质量分析方式。借助信息技术与大数据分析，服务、引导学校基于数据与实证改进教育教学。完善教学视导方式，对24所学校高三年级进行两轮视导，对26所学校高二年级进行视导，服务教师的教学改进和学校质量评估。提升调研测试命题质量，引入做题人，完善命题程序，提高命题质量。搭建拔尖创新人才培养平台，系统化开展拔尖创新人才培养质量分析。完善义务教育质量监测。推进中学段课堂教学改革、小学段“核心能力展示活动”、学前教育课程游戏化。开展校本教研星级学校评审。承办“语文报杯”全国青年教师教学竞赛、江苏省高中物理新课标培训、江苏省小学数学优秀课评比暨课堂教学观摩活动、江苏省幼教教科研基地学术研讨会、江苏省高中音乐青年教师基本功大赛等全国、省级活动。（柏　珏　教科院）

■教育督导　组织对县（市、区）政府2018年度履行教育职责情况督导评估考核。4月15—19日，组成3个督导小组对所辖6个县（市、区）人民政府2018年度教育工作进行督导考核，并对2018年督导中提出的问题和建议进行跟踪检查，将督导意见向县级政府主要负责人和相关单位负责人进行现场反馈，并对各地督导结果进行通报，督促县级政府加快发展教育。开展县域学前教育督导，提升学前教育发展质态。11月4—8日，对各县（市、区）和功能区开展2019年县域学前教育工作督导。开展幼儿园专项督导，督促各地教育行政部门使用教育部幼儿园办园行为督导评估系统，全面完成幼儿园综合督导工作。迎接省对扬州市政府履行教育职责工作考评。5月29—31日，江苏省政府教育督导委对扬州市政府2018年度履行教育职责情况进行实地考评。强化督学责任区建设，完善挂牌督导工作。对市直学校责任督学进行调整，完善责任督学督导工作要求和考核方案。（柏　珏　督导室）

■教育监察　召开全市教育系统全面从严治党暨作风建设大会，组织签订党风廉政建设责任书，制定全面从严治党党委主体责任、党委书记“第一责任人”责任和党委成员“一岗双责”责任清单。落实市纪委监委关于全面从严治党监督意见整改工作，制定整改方案18项，细化整改措施56条，逐项逐条落实整改。加强党风廉政学习教育。推进“廉政文化进校园”活动，组织全市教育系统“廉洁文化进校园”文艺节目比赛。编印《小学生家风读本》在全市小学推广使用。开展市“廉政文化建设示范点”推荐评选活动，扬州高等职业技术学校、江苏省扬州旅游商贸学校接受市纪委“廉政文化建设示范点”创建验收。强化权力监管，开展廉政风险防控排查，制定廉政风险防控措施146项。推进教育领域人民群众反映强烈突出问题专项治理，落实教师无偿辅导备案制。严肃查处在职教师违规补课、有偿补课、校外办班、培训机构兼职等违规违纪行为，全年处理办结各类信访投诉110件，查处师德失范行为18起。（柏 珏 党廉办）

■教育经费 2019年，全市地方教育经费总投入130.67亿元，比上年增加12.98亿元，增长11.03%。其中，财政性教育经费110.72亿元，比上年增加11.67亿元；教育事业收入16.86亿元，比上年增加2.24亿元；民办学校中举办者投入0.13亿元，比上年增加0.03亿元；捐赠收入0.08亿元，比上年减少0.02亿元；其他收入2.88亿元，比上年减少0.94亿元。市直教育系统（含市属高等学校）经费总额22.27亿元，比上年增加0.57亿元。其中，财政性教育经费17.66亿元，比上年增加0.58亿元；教育事业收入4亿元，比上年增加0.63亿元；捐赠收入0.04亿元，比上年增加0.01亿元；其他收入0.56亿元，比上年减少0.66亿元。（柏 珏 财审处）

■招生考试 2019年，扬州市教育考试院参与组织26次各级各类教育考试，报考人数43万人，参考人次109万人次。全市高考设14个标准化考点、737个标准化考场，2.09万名考生参考。高考体检首次实行网上无纸化采集，市区体育中考首次实行全程录像，确保公平公正。4名学生被录取为空军飞行学员，其中2名考生被清华大学录取为双学籍学员。（柏 珏 考试院）

■教育信息化 全面实施“新时代智慧教育扬州路”计划。3月27日，扬州智慧学堂平台正式开通。扬州智慧学堂平台共接入学校406所，师生开通平台空间超41万个。保持城乡学校网上结对巩固率100%，推进扬州·新源两地学校网上结对工作常态化。全市教育信息化研究省级课题12个、市级课题80个全部完成结题及中期检查。完成扬州市智慧教育应用服务平台信息系统的信息安全等级保护备案。推进小学语文、初中语文同步课程。研发智慧学堂在线直播课程610课时。制作本土优质教育资源1000多节。与江苏有线扬州分公司合作，将“同步课程”资源整合至扬州数字电视。推进教育部“一师一优课、一课一名师”活动，晒课总数全省排名第3位，评出部级优课21节、省级优课46节、市级优课993节。（柏 珏 电教馆）

■语言文字工作 2019年，全市完成普通话测试1.50万人。组织全市中小学师生开展中华经典诵写讲选拔赛，并组织优秀选手培训活动，扬州市13名选手获省赛特等奖，2名教师获国赛一等奖。组织开展全市小学生讲家风故事系列活动，成立“扬州市小学生家风故事巡回宣讲团”。向全国推介扬州小学生讲家风故事，16个家风故事登上教育部网站，4个家风故事登上“学习强国”。开展推普周系列活动，组织各地各校开展手机短信宣传、国旗下讲话、窗口工作人员普通话培训等活动。对广陵、邗江、宝应、江都、仪征、高邮等6个县（市、区）开展市级语言文字工作专项督导。完成2019年县域普通话普及情况调查，对全市15~69岁年龄段城乡居民1705人进行普通话水平取样调查。（柏 珏 语委办）

2019年扬州市普通高校招生、录取情况表

表31-4

地 区	报名参加考试人数（人）	录取人数（人）		
		合 计	本科人数	专科人数
合 计	**20672**	**19161**	**16326**	**2835**
市 区	4237	**3957**	3480	477
邗江区	2388	**2305**	2122	183
江都区	4559	**4155**	3444	711
宝应县	3806	**3528**	2928	600
仪征市	2232	**2079**	1682	397
高邮市	3450	**3137**	2670	467

（柏 珏 考试院）

■2019全国“化错教育”年度峰会在扬州举行 6月14日，2019全国“化错教育”年度峰会暨小学数学“两课”教学观摩研讨会在邗江举办，来自全国26个省（直辖市、自治区）的1200名教师参加活动。峰会期间，20位“化错教育”团队成员分别执教现场课。与会人员通过聆听主旨报告、参与名家沙龙、分享心得等形式，共同探讨“化错理念”的运用实践。作为一种教学思想和教学策略，“化错教育”在不断“化错”过程中，让学生正确认识“错”、包容善待“错”、勇于挑战“错”、创新解决“错”。（柏 珏）

■校外培训机构实施“黑白名单”信用管理 4月，扬州市教育局、发改委、公安局、民政局、人社局、市场监督管理局联合下发《扬州市校外培训机构信用黑白名单管理办法（试行）》，强化校外培训机构信用管理。明确纳入“白名单”应当符合以下条件：有证有照，通过上一年度年检并经各县（市、区）教育主管部门公示，从事面向中小学生开展文化教育类培训且一年内无不良办学行为。存在15种情况（行为）之一者，经相关部门查证属实的，纳入“黑名单”。（柏 珏）

■“扬州智慧学堂”平台开通 3月27日，“扬州智慧学堂”平台正式开通。该平台从师生“教、学、管、评、考”五个方面出发，重点打造学堂在线、学堂测练、学堂答疑、

课堂教学、学堂资源、学堂名师、特色活动、教育评价等八大模块，以学习者为中心，立足线下教学，融合课堂教学和线上辅导，构建线上线下的同步教学闭环。旨在为全市师生免费提供“人人皆学、处处能学、时时可学”的网络学习空间，为促进教育公平、促进优质教育资源共享、推进和谐社会建设提供基础保障。（柏 珏）

■**校园慈善文化馆开馆** 10月，扬州市首家校园慈善文化馆在扬州市育才小学西区校开馆。慈善文化馆包括中国慈善文化、传统非遗、慈善人物、互动体验、邗江慈善、教育慈善、育西慈善等板块，系统展示中华慈善文化的发展历程，并以图文并茂的形式以及雕版印刷、剪纸、玉雕、漆器、刺绣等扬州非遗形式展示慈善故事、名言、人物等，全面展现中西方慈善文化。慈善文化馆内设的慈善讲堂是学生了解慈善文化的重要平台，慈善商店将学生特色作品如儿童画、书法、雕版印刷、陶艺、版画等作品陈列，并供参观者自行选购，所得收入捐赠慈善事业。（柏 珏）

学前教育

■**概况** 2019年，全市有幼儿园369所，比上年增加15所；有幼儿教学班3404个，比上年增加152个；有在园幼儿11.12万人，比上年增加1665人。全市3~5周岁学前三年教育毛入园率99.5%。有幼儿园教职工1.28万人，比上年增加646人；有幼儿专任教师7053人，比上年增加290人。

建立全市学前教育财政投入长效机制。6月19日，市政府办公室出台《关于进一步加大全市学前教育投入的意见》，明确县（市、区）人民政府的主体责任，市财政通过“综合考核、以奖代补”方式，引导各地建立完善学前教育生均财政拨款制度，同时增加政府对普惠性民办幼儿园的投入和支持力度。扩大优质学前教育资源。全市新创江苏省优质幼儿园11所，在省、市优质园就读的幼儿达90.06%。推进农村服务区制度，在农村地区推行公办幼儿园和普惠性民办园服务区制度，保障全市每位农村幼儿100%享有公办园或普惠性民办园学额。推进课程游戏化项目建设。高邮市、仪征市和邗江区教育局获评2019年江苏省区域推进幼儿园课程游戏化项目。在全市范围内，全面推进课程游戏化建设水平。开展幼儿园“小学化”专项治理。对所有公民办幼儿园、公民办小学和涉及幼儿的校外培训机构的常规管理、保教行为、环境创设方面进行全面督查。（柏 珏 基教处）

■**《关于进一步加强全市学前教育经费投入的通知》出台** 6月，扬州市政府出台《关于进一步加强全市学前教育经费投入的通知》。通知指出，学前教育按照“市级统筹、以县为主、县乡共建”的管理体制，实行属地管理，要坚持政府投入为主，公办民办并举，突出绩效管理。通知要求，2019年幼儿园财政生均拨款标准不低于4000元/生·年，到2025年幼儿园生均财政拨款标准逐年提高到6000元/生·年。通知明确，从2019年起，市级财政建立考核办法，强化考核结果运用，实行“以奖代补”。单项奖补和综合奖补资金由地方财政专项用于支持学前教育改革发展。（柏 珏）

2019年扬州市学前教育情况表

表31-5

地 区	幼儿园数（所）	班级数（个）	在园幼儿数（人）	专任教师数（人）	教职工数（人）
合 计	**369**	**3404**	**111211**	**7053**	**12790**
广陵区	45	456	15196	1021	1866
邗江区	53	599	21100	1249	2401
江都区	75	622	20769	1179	1950
扬州经济技术开发区	17	163	5414	362	639
生态科技新城	3	36	1388	73	139
蜀冈－瘦西湖风景名胜区	11	121	3988	246	504
宝应县	56	515	15279	1113	1909
仪征市	46	397	12699	814	1515
高邮市	63	495	15378	996	1867

注：表格数字按江苏省教育厅统计口径填报（柏 珏 发规处）

■“幸福教育背景下幼儿园课程游戏化的区域探索”在邗江启动 12月20日，邗江区举行“幸福教育背景下幼儿园课程游戏化的区域探索”项目启动会。该项目为江苏省基础教育内涵建设项目，按照“典型园所示范，重点项目突破，全区园所覆盖”的思路，指导邗江区幼儿园完成基本要求后，依据各园实际情况，制定更高标准，分阶段开展课程游戏化建设，条件成熟的幼儿园，探索课程游戏化建设的提升项目，全面提升全区幼儿园课程游戏化实施水平和运行质态。

（柏 珏）

小学教育

■概况 2019年，全市有小学208所，比上年减少1所；有教学班5162个，比上年增加41个；有在校生21.90万人，比上年增加4405人。全市小学学龄儿童入学率100%。全市小学专任教师1.38万人，比上年增加440人。

聚焦核心素养培养。完善2019年开展小学生核心素养展示活动方案，开展全市小学生核心素养展示活动，评选核心素养发展先进单位。全面开展课后服务。宝应、高邮、仪征、邗江、广陵、3个功能区、市直学校均开展课后服务，仪征、邗江、广陵、生态科技新城出台课后服务实施方案。开展“清明网上祭英烈”“七彩夏日”等主题活动。市教育局“构建立德树人机制，办高品质教育”在全省基础教育视频会上作大会交流发言。出台《关于加强儿童青少年近视防控工作的实施方案》，开展100场青少年近视防控健康教育进校园宣讲。结合新中国成立70周年和第35个教师节庆祝活动，以“中国梦·运河情”为主题，开展全市中小学生才艺大赛活动。 （柏 珏 基教处）

■汶河小学课题入选“国家级” 汶河小学数学教师汤雪峰申报的课题“新中国成立70年小学数学教育发展史研究”被列为国家社会科学基金“十三五”规划2019年度教育学一般课题。此课题为2019年国家社科基金课题中唯一的学科“教育史”类别的课题，唯一的基础教育(小学)教师作为主持人的课题，江苏省历史上唯一的中小学数学教师作为主持人的课题。这个课题厘清小学数学发展脉络，为当前小学数学教育改革提供依据，为小学数学教材编写提供参考，为小学数学教育文化传承提供支持。 （柏 珏）

■梅花书院对外开放 9月30日，经过布展升级过的梅花书院正式对外开放。梅花书院是国内唯一专课举人的书院，也是扬州唯一尚存的书院遗迹。梅花书院的对外开放是承袭中国书院的古老传统，打造教育平台，在课堂之外为同学们提供全方位的学习、研修、交流和互动场所，实现基础教育与德行教育结合，促进学生“知、情、意、行”多维度成长和德、智、体、美全面发展。广陵小学围绕梅花书院流传下来的“入礼门、树仁心、走义路”九字教育核心，结合学校“入礼门、树仁心”的校训进行道德讲堂、爱国主义教育讲座、“礼仪”教育课程、德育社团学生活动、书画作品展等常态教育活动。 （柏 珏）

■校园航空科技馆开馆 10月12日，扬州市首家校园航空科技馆在扬州市育才小学西区校正式开馆。这间航空科技馆由南方航空公司机长戚宏武无偿捐赠，整体布局完全按照现代飞行员培养模式进行设计，并且根据青少年航空教育的特点进行重新组合和创新。160平方米的航空科技馆分为四大主题区域，分别是航空实验区、模拟飞行区、手工制作区和飞机展示区，通过实验展示、模拟飞行训练、飞机部件认知与拼装、各型飞机讲解等教学方式，将复杂的航空知识用具象化、体验化、互动化的方式进行授课。

（柏 珏）

■全国名校联盟小学语文高端研讨活动在扬召开 10月23—25日，全国名校联盟小学语文“深度教学”

2019年扬州市小学教育基本情况表

表31-6

地 区	学校数（所）	班级数（个）	在校生数（人）	专任教师数（人）
合 计	**208**	**5162**	**218952**	**13809**
广陵区	18	734	33411	2021
邗江区	18	798	38307	2079
江都区	50	1018	40483	2682
扬州经济技术开发区	7	205	9416	560
生态科技新城	2	70	3222	181
蜀冈－瘦西湖风景名胜区	4	190	8710	533
宝应县	38	872	33363	2205
仪征市	30	602	24001	1609
高邮市	41	673	28039	1939

注：表格数字按江苏省教育厅统计口径填报 （柏 珏 发规处）

暨“涵泳语文”高端研讨活动在广陵区东关小学举行，来自全国各地的400多位小学语文教师参加活动。本次活动由全国名校联盟《小学语文教学》编辑部、《小学教学设计》编辑部主办，扬州市广陵区教研室、扬州市东关小学承办。活动中，华中师范大学教授杨再隋作题为“聚焦语文核心素养，彰显语文教材特色”的专题讲座，6名教师开设公开课，对东关小学的“涵泳语文”的实践研究进行交流与探讨。

（柏 珏）

中学教育

■概况 2019年，全市有普通中学161所，比上年减少5所。其中，高中32所（含完全中学），与上年持平；初中129所（含九年一贯制学校），比上年减少5所。有高中班级1424个，比上年增加5个；有初中班级2460个，比上年减少74个。中学在校生总数17.58万人，比上年增加701人。其中高中在校生6.78万人，比上年增加2983人；初中在校生10.80万人，比上年减少2282人。有初中专任教师1.01万人，比上年减少4人；有高中专任教师6232人，比上年增加137人。

推进高中教育高品质发展。召开“2019年全市高品质教育建设动员”大会，促进内涵建设。扬州中学进入江苏省首批高品质示范高中建设行列，创成江苏省普通高中课程基地（学科发展创新中心）2个，江苏省初中课程基地（学科发展示范中心）3个，江苏省品格提升工程项目4个。规范普通高中招生行为。扩大普通高中招生，坚持热点高中70%招生指标定向分配政策，严禁普通高中借读、旁听，促进各类高中学校有序竞争。加强德育队伍建设。组织开展第七届扬州市“百优十佳”班主任评选活动，评选表彰“十佳”10人，优秀班主任100人。推进高品质学校管理。开展义务教育学校违规办学行为专项治理。制定《扬州市义务教育学校违规办学问题专项整治实施方案》，建立全市义务教育学校违规办学行为专项治理工作网络。结合常规管理百校行，督查各地各校办学行为，督查幼儿园62所、小学92所、初中99所，重点检查是否存在违规招生入学、违规考试和超标超前教学等10种违规办学行为。推进民生工作，落实就近免试入学政策。出台《关于进一步严肃招生纪律明确招生工作“十个一律”的通知》，用十条纪律规范中小学招生行为，做到惠民招生、公平招生和秩序招生。

（柏 珏 基教处）

■“万里鸿雁传真情”手拉手书信交友活动启动 10月15日，扬州－新源两地青少年“万里鸿雁传真情”手拉手书信交友活动启动仪式在扬州翠岗中学举行。扬州市17所学校与新源县14所学校结对进行交流，活动时间为2019年10月至2020年8月。在书信交友活动中，各校围绕新中国成立70年来的光辉历程、伟大成就，组织学生通过书信方式讲家乡新貌、说身边故事、感祖国艰辛、悟家国情怀，激发爱国情感、提升精神境界。参与学校展开网络同步主题活动，两地学校借助网络互动开展“读书信、畅梦想、谈感受”书信交流会、“我眼中的扬州”“我眼中的新源”班级分享会、相约共读一本好书、互送新春祝福等活动。

（柏 珏）

■扬州设立地方政府特殊困难助学金 市教育局印发《进一步加大普通高中家庭经济困难学生资助力度暂行办法》，明确设立地方政府特殊困难助学金，用于帮助普通高中

2019年扬州市普通中学情况表

表31-7

地 区	学校数（所）		班级数（个）		在校生数（人）		专任教师数（人）	
	初中	高中	初中	高中	初中	高中	初中	高中
合 计	**129**	**32**	**2460**	**1424**	**108020**	**67804**	**10116**	**6232**
市 直	11	6	443	265	21782	13118	1380	1014
广陵区	8	2	100	56	3379	2093	441	232
邗江区	14	4	292	187	13435	8566	1191	743
江都区	30	6	495	287	21209	14016	2210	1374
扬州经济技术开发区	3	—	54	—	2488	—	180	—
生态科技新城	2	—	25	—	833	—	130	—
蜀冈－瘦西湖风景名胜区	1	—	11	—	380	—	47	—
宝应县	24	5	443	257	19043	12249	1840	1184
仪征市	16	4	279	155	11878	7434	1193	614
高邮市	20	5	318	217	13593	10328	1504	1071

注：表格数字按江苏省教育厅统计口径填报

（柏 珏 发规处）

特殊困难学生完成学业。从2019年开始，扬州市设立地方政府特殊困难助学金，对孤儿、农村特困救助供养学生、建档立卡家庭学生、城乡低保家庭学生、残疾学生和因灾或患重大疫病等特殊原因造成家庭特别困难的学生，进行学费补助、书本费补助、住宿费补助、伙食费补助和校服费补助。（柏 珏）

特殊教育

■概况 2019年，全市有特殊教育学校7所。有特殊教育班级93个，比上年减少5个；有特殊教育学校在校生1008人，比上年减少101人。有特殊教育学校专任教师233人，比上年增加19人。有997名智障、身残学生在普通义务教育学校随班就读，并接受相应的特殊教育辅导。

推进融合教育。“启动普通中小学（幼儿园）特殊教育资源中心建设”列为市委、市政府《2019年民生幸福工程》重点项目工程。全年建设融合教育资源中心105个。推进残疾人高中教育，12名学生考入高等院校（本科9人，专科3人）。加强特师培训。组织“个别化教育优秀案例”论文交流研讨活动，举行“幼儿疑似残疾的发现与早期干预培训班”（儿童视力筛查），组织融合教育资源中心管理干部培训班，组织编写的《中小学幼儿园融合教育管理工作问答》，被省教育厅推荐为全省中小学（幼儿园）校（园）长特殊教育培训资料。

（柏 珏 基教处）

■苏台融合教育项目启动 8月，苏台融合教育合作交流活动在江都区启动，动员各县（市、区）推荐苏台融合教育项目学校（幼儿园）13个和种子教师13人报江苏省教育厅港澳台办公室。10月，举办全市融合教育理论培训班，对60名特教骨干进行系列培训。在省教育厅组织下，与台湾国际青少年交流协会会商签订“苏台融合教育扬州项目备忘录和2020年协作规划”。（柏 珏）

2019年扬州市特殊教育情况表

表31-8

地 区	学校数（所）	班级数（个）	在校学生数（人）	专任教师数（人）
合 计	**7**	**93**	**1008**	**233**
市 直	1	18	115	81
广陵区	1	10	107	16
邗江区	1	11	95	19
江都区	1	13	175	42
宝应县	1	17	232	26
仪征市	1	11	103	22
高邮市	1	13	181	27

（柏 珏 发规处）

■学前康复教育 1月，市教育局联合市残联康复中心组织“儿童疑似残疾”早期判断培训班，市区98所幼儿园保健教师参加培训。对特殊孩子开展早期干预，2019年对市区22所幼儿园进行视力筛查，发现低视力儿童170人。扬州市特殊教育学校和高邮市博爱幼儿园开展教康结合实验，宝应县特殊教育学校和仪征市特殊教育学校学前部进行江苏省“医教结合”实验，推进学前康复教育。（柏 珏）

中等职业教育

■概况 2019年，全市有中等职业学校9所。有中等职业学校在校生3.59万人（不含职教培训机构在校生），比上年减少4401人。有中等

2019年扬州市中等职业学校(机构)情况表

表31-9

学校名称	在校生数（人）	专任教师数（人）
合 计	**33972**	**2196**
扬州高等职业技术学校	4399	271
江苏省扬州旅游商贸学校	3968	110
扬州生活科技学校	1178	85
扬州市体育运动学校	332	49
扬州文化艺术学校	911	43
扬州市天海职业技术学校	702	13
扬州市弘扬中等专业学校	763	68
邗江中等专业学校	2424	176
江苏省江都中等专业学校	3864	413
宝应中等专业学校	6210	266
仪征市工业学校	2580	311
江苏省高邮中等专业学校（含菱塘办学点）	6202	265
江都区技工学校	439	28
江都区教师进修学校	—	46

注：1. 扬州高等职业技术学校另有江苏联合技术学院分院学生1224人；
2. 另有江苏旅游职业学院附设中职班，学生1796人；扬州市特殊教育学校附设中职班，学生142人

（柏 珏 发规处）

职业学校专任教师2196人，比上年增加54人。技工学校及技师学院12所，比上年减少2所，技工类学校在校生1.84万人，比上年增加2173人。全市各类中职校和技工类院校在校生5.43万人，比上年减少2228人。

推进新时代德育工作，聚焦“养成教育”。在江都中专召开全市职教养成教育专题研讨会，总结各校“一校一特”德育品牌打造的进展，交流“养成教育”工作经验。

宝应中专和高邮中专等2所学校创成江苏省现代化示范性职业学校；扬州生活科技学校创成江苏省优质特色职业学校；高邮中等专业学校建成江苏省职业学校智慧校园；建成2个江苏省职业教育现代化实训基地、4个江苏省职业教育现代化专业群。新建15个2019年江苏省中职学生学业水平考试标准化考点。

加强“双师型”教师及“职教名师”培养。新建10个市级职教名师工作室，获批3个江苏省级职教名师工作室。4名教师获批江苏省第五批职业教育领军人才培养对象。

加强“双创”教育机制建设。举办全市中职“双创”大赛，包括学生创新创业知识赛、创新作品专项赛、创业模拟专项赛和创业实践挑战赛。评选出2个市级“双创”教育基地，20名“双创”教育高级导师，8名“双创”教育名师和4个“双创”优秀教学团队。

以竞赛促师生德能提升，职教技能大赛中获国赛奖牌1金1银、省赛奖牌13金35银。参加第十届江苏省中等职业学校“文明风采”竞赛活动，23件作品获奖，26位教师获“优秀指导教师”，4所学校获“学校优秀组织奖”。（柏　珏　职社处）

■2019年江苏省暨扬州市全民终身学习活动周开幕式在扬举行　10月23日，2019年江苏省暨扬州市全民终身学习活动周开幕式在扬州市职业大学体育馆举行。本次活动周活动以“推动全民终身学习，加快建设学习强省”为主题，宣传全民学习、终身学习的理念，以推动全民终身学习活动开展。活动周期间举办“树新时代家风、建学习型社会”家庭教育论坛等活动。（柏　珏）

■扬州高等职业技术学校开设电子竞技专业　3月27日，扬州高等职业技术学校与江苏星源娱乐文化发展有限公司签署合作办学协议，双方共同探索开设电子竞技行业服务及管理专业，2020年秋学期向社会招生40人，毕业后取得扬州高等职业技术学校中职文凭。校企双方商定，依托企业的电竞运动与师资、教学资源，共同打造电子竞技运动与管理专业，在合作中培养相关师资及教学资源，为电子竞技行业培养人才。（柏　珏）

普通高等教育

综述

■概况　2019年，扬州有普通高等学校8所，其中市属高等学校1所，扬州市职业大学（扬州教育学院划入职大管理，不计校数），有在校普通专科生1.58万人，教职工1450人；有驻扬省属高校3所，分别是扬州大学、扬州工业职业技术学院、江苏旅游职业学院，有在校本专科生4.37万人，教职工5132人；驻扬省属民办高校1所，即江海职业技术学院，有在校专科生5823人，教职工446人；民办高校3所，分别是扬州大学广陵学院、南京邮电大学通达学院、扬州中瑞酒店职业学院，其中扬州大学广陵学院、南邮通达学院为独立学院，有在校生总数2.08万人，教职工数1334人；中瑞酒店职业学院为高职院校，有在校生753人，教职工115人。

推进扬子津科教园区建设，启动与扬州大学新一轮市校合作，支持扬州大学创建江苏高水平大学、全国百强省属高校。举办第二届“创

2019年在扬普通高等学校情况表

表31-10

学校类别	办学层次	普通本专科学生（人）	教职工数（人）
合　计	**本专科**	**86964**	**8477**
扬州大学	本　科	26517	4070
扬州大学广陵学院	独立学院	10808	711
南京邮电大学通达学院	独立学院	9948	623
扬州市职业大学	专　科	15782	1450
江海职业技术学院	专　科	5823	446
扬州工业职业技术学院	专　科	11692	626
扬州中瑞酒店职业学院	专　科	753	115
江苏旅游职业学院	专　科	5442	436

注：1.另有扬州教育学院在校生199人；
2.表格数字按省教育厅统计口径填报

（柏　珏　发规处）

响扬州”大学生创业大赛，组织高校申报扬州市2019“一带一路”建设重点项目，确定落实国内外相关项目。指导并协助市职业大学开展高校所属企业改制。

加强高校党建与思想政治建设。江海学院开展“我和我的祖国”主题系列活动，获江苏省“思想政治教育实践创新奖”和全国高校校园文化建设优秀成果奖。打造思政精品课程，建设大学生思政精品课程库。开展“思政好课我来秀”微课征集评审活动，评出一等奖5个、二等奖5个、三等奖4个。建设青年志愿者实践基地，建立健全大学生社会实践和志愿服务机制，纳入学校人才培养方案。（柏　珏　高教处）

■**“互联网+”大学生创新创业大赛扬州高校项目获金奖**　10月15日，第五届中国“互联网+”大学生创新创业大赛总决赛在浙江大学落幕，扬州大学的“玄武之道——中国路面复合新材开创者”项目与扬州工业职业技术学院的“尿宝——失能老人接尿的智能伴侣”项目分获本届比赛高教主赛道与职教赛道金奖。“玄武之道——中国路面复合新材开创者”项目的科研团队研发出让城市道路“青春永驻”的玄武岩纤维。据项目团队研究，玄武岩纤维将沥青混凝土的抗疲劳开裂能力提高2~8倍，低温抗开裂能力提高15%~25%，抗车辙能力提高20%~40%，显著降低路面裂缝和车辙病害，延长路面使用寿命。“尿宝——失能老人接尿的智能伴侣”项目团队研发的卧床智能接尿器的创新点在于它的智能抽吸技术，使尿液自动触发主机只需0.1秒，时间只有国外同类产品的四分之一；自动平衡压差技术解决进口接尿器抽瘪难题，它的免拆清洗功能让清洗更方便，产品已申请3项专利。该产品已在康复医院试用。

（柏　珏）

扬州大学

■**概况**　扬州大学是江苏省人民政府和教育部共建高校，是江苏省属重点综合性大学，是全国首批博士、硕士学位授予单位，全国率先进行合并办学的高校。学校现有7个校区，校园占地276.7公顷，校舍建筑面积170万多平方米。全校固定资产总值63.21亿元，教学科研仪器设备总值11.63亿元，图书馆藏书483.5万册，中外文数据库120多种。学校设有文学院、社会发展学院、马克思主义学院、法学院、教育科学学院（师范学院）、学前教育学院、新闻与传媒学院、外国语学院、数学科学学院、物理科学与技术学院、化学化工学院、体育学院(体育工作部)、机械工程学院、信息工程学院（人工智能学院）、建筑科学与工程学院、水利科学与工程学院、电气与能源动力工程学院、环境科学与工程学院、农学院、园艺与植物保护学院、动物科学与技术学院、兽医学院、生物科学与技术学院、医学院、护理学院、商学院、旅游烹饪学院·食品科学与工程学院、音乐学院、美术与设计学院和公有民办的广陵学院等30个学院121个本科专业，涵盖哲学、经济学、法学、教育学、文学、历史学、理学、工学、农学、医学、管理学、艺术学等12个学科门类。建有一级学科博士学位授权点22个，一级学科硕士学位授权点48个，博士专业学位类别2个，硕士专业学位类别27个，博士后流动站20个；拥有国家级重点学科2个，国家重点（培育）学科1个，省优势学科7个，省“十三五”一级学科重点学科6个、培育学科3个，化学、植物与动物科学、工程学、农业科学、临床医学、材料科学、计算机科学等7个学科的ESI排名进入全球大学和科研机构前1%。学校有国际合作联合实验室1个，教育部区域国别研究中心（备案名单）1个，部、省级重点（建设）实验室24个和工程技术研究中心、公共技术服务中心、研究院（基地）33个，省级协同创新中心2个，国家技术转移示范机构1个，国家级科技特派员创业培训基地1个。承担各级各类科研项目2300多项，有16项成果获国家科学技术奖二等奖。建有校企联盟900多个，省级校地研发平台32个，校外科技推广基地300多个，大学科技园获批国家级科技企业孵化器、众创空间，获评中国产学研合作促进奖单位。学校依托中非高校20+20合作计划、中阿10+1高教合作、中国-东盟教育培训中心、江苏-澳门·葡语国家大学合作联盟、江苏-英国20+20高水平大学合作联盟等项目和平台，先后与56个国家（地区）的281所高校和研究机构建立校际交流合作关系。学校获批全国首个海外惠侨工程中餐繁荣基地，获国家创新型人才国际合作培养项目2个，国家优秀本科生国际交流项目44个，获批国家高端外国专家引智项目35项。2所孔子学院、1所孔子课堂4次获评全球孔子学院先进集体。

学校有普通全日制本科生（含广陵学院）3.73万人，各类博、硕士研究生1.33万人，国际学生2100多人。学校有国家级特色专业6个，江苏高校品牌专业6个，国家级人才培养模式创新实验区2个，省级优秀研究生工作站9个，教育部卓越人才培养项目8个。有国家级精品课程14门，国家级精品资源共享课13门，教育部精品视频公开课2门，国家级双语教学示范课程1门，国家精品在线开放课程5门，国家级教学团队3个，教育部、农业部农科教合作人才培养基地3个，国家级校外实践教学基地1个，国家级实验教学示范中心1个，国家级虚拟仿真实验教学中心1个，国家级示范性虚拟仿真实验项目2项，获国家级教学成果二等奖4项、省高等教育教学成果特等奖5项和国家研究生教育成果二等奖1项。学校混合教学改革案例入编联合国教科文组织《混合学习白皮书》，连续6次捧得全国“挑战杯”大学生课外学术科技作品竞赛“优胜杯”，获中国“互联网+”大学生创新创业大赛金奖，获评全国首批深化创新创业教育改革示范高校、全国实践育人创新创业基地、全国创新创业典型经验高校。

学校有教职员工4000多人，其中专任教师2400多人，医护人员1900多人，具有高级职称教师1300多人，博、硕士生导师3100多人，中国工程院院士2人、外籍院士1人，“长江学者奖励计划”入选者4人，“杰出青年科学基金”获得者7人，“优秀青年科学基金”获得者4人，首批全国高校黄大年式教师团队1个，国家级教学名师1人，“百千万人才工程”国家级人选8人，教育部“新世纪优秀人才支持计划”入选者11人，“创新人才推进计划”中青年科技创新领军人才4人。

（陶天云　许文浩）

■学科建设　学校推进学科分类指导、交叉融合发展，选聘新一届学科带头人，正式启动兽医学、作物学、化学、畜牧学、中国语言文学等5个学科特区建设。通过省优势学科三期项目年度考核；计算机科学学科进入ESI全球排名前1%，入围学科数增至7个，列全国第41位；38个学科入选2019软科“中国最好学科排名”，入选数位列全国第22位。成立医学部，出台《关于加快直属附属医院发展的若干意见》。

（陶天云　许文浩）

■科学研究　落实省“科技改革30条”，制定修订科技经费管理、重大成果培育、成果转化等制度21个，优化科研环境，释放创新活力。新增国家自然科学基金项目146项，立项数列全国第65位；国家社科基金项目30项，立项数位列全国高校第49位，其中重大项目、重点项目各2项；年科技总经费8.2亿元。新增国家科学技术奖2项，教育部高等学校科学研究（科学技术）优秀成果一等奖1项，教育部高等学校科学研究（人文社会科学）优秀成果奖二等奖4项、三等奖1项，江苏省科学技术奖一等奖2项，农业部神农中华农业科技奖一等奖1项；发表SCI论文2268篇，SSCI论文44篇，CSSCI论文279篇，A & HCI论文4篇，出版专著52部，授权专利674件，其中发明专利304件。推进市校合作共建23个高水平科技创新平台，新增教育部高校思想政治工作队伍培训研修中心、省级工程研究中心各1个，教育部国际合作联合实验室通过验收。增强服务乡村振兴、大运河文化带建设等国家战略的决策咨询能力，1项成果转化为全国政协提案，2项成果被全国政协采用，1项成果获省部级以上领导批示。

（陶天云　许文浩）

■人才培养　学校获批国家级、省级一流本科专业建设点各18个；入选国家精品在线开放课程5门；新增国家级虚拟仿真实验项目1项。全国“挑战杯”大学生课外学术科技作品竞赛特等奖总数居江苏第1位、全国第3位，连续6次获“优胜杯”；获中国“互联网+”大赛金奖1项；学校获评中国双创创新创业典型示范高校、省级首批双创实践教育中心。研究生高水平科研成果增长15.5%，获评省优秀博士论文2篇，省优秀硕士论文6篇；改革专业学位研究生教育，获批江苏省产业教授10人。获批首批国家级职业教育教师教学创新团队“物联网技术”培训基地。应届毕业生年底就业率98.02%，升学出国（境）率31.09%。1名学生获省第14届大学生职业规划大赛总冠军。学生资助工作连续9年获评省绩效评价优秀。学校连续21次被表彰为全国社会实践活动优秀单位。1个项目获全国第九届“母亲河”奖，2个项目分获省第四届志愿服务展示交流会金奖、银奖。（陶天云　许文浩）

■师资队伍建设　2019年，学校引进各类高层次人才近200人，引培国家级人才项目入选者11人，省级人才工程项目入选者54人，入选省“青蓝工程”优秀教学团队1个、省高校优秀科技创新团队1个。1人入选人社部高层次留学人才回国资助人选名单。新增6个一级学科博士后科研流动站，获批数并列全国第1位，总数增至20个，在站博士后356人。开展“师德师风建设年”活动，举办国际青年学者论坛、新教师入职宣誓、教职工光荣退休仪式等活动。学校获评2019年度全省本科院校师资培训先进单位。

（陶天云　许文浩）

■国际交流合作　2019年，学校举办“携梦想启程·向世界前行”首届国（境）外名校扬大行活动、中澳合作办学20周年专业建设国际研讨会、“中非高校20+20合作计划10周年暨中国——苏丹高等教育合作发展论坛”等活动。与苏丹喀土穆大学共建“可再生能源国际联合实验室”。新签署合作备忘录和协议25份。新增联合培养专业7个，获评中美人才联合培养先进单位。获批国家高端外国专家引进计划项目11个。在校国际学生2115人，其中学历生1514人，占比71.6%，获省来华留学生教育先进集体。（陶天云　许文浩）

■社会合作服务　新增2个校地校企合作平台，与江苏农垦集团等18家大中型企业签订合作协议。签订“四技”合同1000多项，累计到账经费2.72亿元。制定或颁布标准4项，其中国家标准1项、农业农村部标准1项、地方标准1项、行业标准1项。扬州大学测试中心入选首批“江苏省大型科学仪器设备专业检测培训基地”联合共建单位，获评省科技厅重大科研基础和大型仪器开放服务绩效评价“优秀”。扬州大学镇江高新技术研究院获“2019年中国产学研合作促进奖”，扬州大学科技园获“省特色众创空间十强”和“中国产学研创新基地奖”。（陶天云　许文浩）

■江苏省教育厅与扬州市人民政府共建扬州大学　9月6日，江苏省教育厅与扬州市人民政府共建扬州大学暨新一轮市校合作推进会在扬子津校区举行。会议签署《江苏省教育厅扬州市人民政府共建扬州大学协议书》《扬州市人民政府扬州大学进一步全面深化合作协议书》等5项协议。（陶天云　许文浩）

■计算机科学学科进入ESI全球排名前1% 3月14日，根据基本科学指标数据库（Essential Science Indicators，简称ESI）最新更新显示，扬州大学计算机科学学科进入ESI全球排名前1%，学校累计有7个ESI前1%学科，分别是化学、植物与动物科学、工程学、农业科学、临床医学、材料科学、计算机科学。

（陶天云　许文浩）

其他高校

■扬州市职业大学 扬州市职业大学（简称扬州职大）是全日制综合性高等职业技术院校，创建于1984年。实行扬州职大、扬州教育学院、扬州环境资源职业技术学院和扬州市广播电视大学合并办学。校园占地43.5公顷，校舍建筑面积近50万平方米，绿化覆盖率45%。有实验实训室317个，教学仪器设备总值2.1亿元。图书馆纸质文献167万册，电子图书240万册（本地镜像96万册），中外文纸质期刊4800多种。智慧校园集教学资源库系统、远程教育系统、数字图书馆系统、OA办公系统、校内生活App平台等于一体。学校开设有农林牧渔、资源环境与安全、能源动力与材料、土木建筑、装备制造、生物与化工、轻工纺织、食品药品与粮食、交通运输、电子信息、医药卫生、财经商贸、旅游、文化艺术、新闻传播、教育与体育、公共管理与服务等17个大类，68个专业。有教育部、财政部支持的高等职业学校提升专业服务产业发展项目4个，江苏省重点专业群6个，江苏省特色专业8个，江苏高校品牌专业建设工程一期建设项目1个，江苏省高等职业教育高水平骨干专业建设项目5个；中央财政支持的职业教育实训基地2个，江苏省高等教育人才培养模式创新实验基地3个，江苏省实训基地3个，江苏省实训基地建设点2个，江苏省产教深度融合实训平台2个；国家精品课程1门，国家在线开放课程1门，省级精品课程21门，省立项在线开放课程12门；出版教材、编写讲义300余部（种），其中国家规划教材13部，省级精品教材12部，省重点教材13本。学校建有省级工程研发中心2个，市级工程研发中心7个；建成省高等职业教育产教融合集成平台培育项目1个，扬州市智能制造先进技术示范中心、石柱山康养城附属医院、省服装设计与贸易产业链产教深度融合实训平台、省国土资源勘测与环境保护实训平台、金方圆培训学院等产教深度融合平台（中心）。学校与美国、英国、加拿大、澳大利亚、韩国、日本等国高校建立中外合作办学项目和海外本科直通车项目10多个。与东盟国家、葡语系国家、非盟国家、中亚、南亚国家的教育部门建立合作关系，设立留学生项目，开展技术技能培训和学历教育，为地方经济社会发展提供人才服务，为扬州企业海外分支机构培养本土化人才。每年选派优秀师生赴海外研修、交流，实施国际教育合作。

学校有教职工1450人，其中专任教师991人，具有博士和硕士学位的教师783人，正高级专业技术职务人员74人，副高级专业技术职务人员430人。有全国优秀教师1人，省“333工程”培养对象25人，省“六大人才高峰”培养对象1人，江苏省有突出贡献的中青年专家1人，扬州市有突出贡献的中青年专家15人，省级优秀教学团队3个，省级科技创新团队2个，省高校“青蓝工程”中青年学术带头人11人，省高校“青蓝工程”优秀青年骨干教师47人。

2019年，学校有全日制在校生1.58万人，成人业余和开放教育在校生1.10万人，设有22个教学单位，22个党政群团部门，5个教学辅助单位。学校获全国职业院校技能大赛高职组建筑工程识图赛项团体一等奖、大气环境监测与治理技术赛项团体二等奖、服装设计与工艺赛项团体二等奖、导游服务赛项个人二等奖；第七届全国高等职业院校日语技能大赛个人二等奖；全国高等职业院校学生体育职业技能大赛二等奖1项、三等奖3项和团体三等奖，体育道德风尚奖；江苏省高职院校技能大赛一等奖3项、二等奖6项、三等奖10项；全国职业院校模具数字化设计技能大赛二等奖2项；第九届“蓝桥杯”全国软件和信息技术专业人才大赛个人赛（省赛）一等奖3项、二等奖5项、三等奖1项；全国大学生电子设计竞赛（江苏赛区）一等奖1项、二等奖1项；“外研社杯”全国英语演讲大赛江苏赛区高职高专组一等奖1项、二等奖1项、三等奖1项；“鼎傲杯”江苏省高职院校英语听说大赛一等奖3项、二等奖2项，优秀团体组织奖；江苏省第四届高职高专院校学生足球技能体能大赛足球团体一等奖和体能团体三等奖。

2019年，校人文社科在研部级课题3项，新立项省级课题22项，结项16项，在研38项。理工农医新立项省级课题1项，结项2项，在研3项。全年横向项目在江苏政务服务网登记112项，合同总额615.02万元，已到账经费316.54万元。校级项目新申报151项，有89项课题获立项资助，资助经费170万元。3项成果获江苏省高等教育科学研究成果奖。发展科技产业综合体，“前店后院”的校企合作模式正走向良性循环，科技产业综合体入住企业年度销售额4609.42万元，增长50.17%；专利申请67件，增长45.65%；发明专利申请8项，增长60%。

举办扬州市第一期智库论坛，承办江苏省暨扬州市全民终身学习活动周。全年承接扬州及周边地区高素质农民培养、幼儿师范教育、医护人员技术水平提升等各类培训，培训总产值4360万多元，培训各类生源3万多人，被评为全省农民教育培训工作先进集体。扬州市行业培训中心培训学员3665人次，被评为三星级“江苏省中小企业公共服务示范平台”。“扬州舰”第一批参加学历提升的官兵通过毕业考核，85名官兵获扬州市职业大学成人专科学历。

（胡　珂）

■扬州工业职业技术学院 2019年，扬州工业职业技术学院设有化学工程学院、建筑工程学院、智能制造学院、信息工程学院、交通工程学院、商学院、艺术设计学院、海外教育学院、创新创业学院、继续教育学院、马克思主义学院、基础科学部、体育部等13个学院（部）和40个专业。有全日制在校生1.17万人（其中留学生374人），高职毕业生2969人，教职工626人（其中专任教师474人）。学校获第五届中国"互联网+"大学生创新创业大赛金奖；获评"全国高职院校国际影响力50强""江苏省教育新闻舆论工作表扬单位"等称号。

教育教学改革和人才培养。入选教育部首批"1+X"证书制度试点院校，参与建筑信息模型等3个职业技能等级证书试点；国家级工业分析技术专业教学资源库结项，新获批1个国家级石油化工技术专业教学资源库建设项目；获批1个省级产教融合集成平台、2门国家级和14门省级精品在线开放课程；11个项目获教育部创新发展行动计划认定；获批14个省现代职教体系建设项目；大学生创业园获评省大学生创新创业实践教育中心。学生参加技能大赛获国家级一等奖2项、省级一等奖5项；在第五届中国"互联网+"大学生创新创业大赛中获1金1银1铜；获省"互联网+"大赛金奖3项、省"挑战杯"竞赛一等奖2项、全国"发明杯"大赛一等奖4项。2019年学校学科竞赛获奖综合排名位列全国高职院校第54名、江苏省第9名。

师资队伍建设。引进博士、教授等高层次人才15人，新增在读博士9人；1名教师获"全国优秀教育工作者"称号；获批省"六大人才高峰"高层次人才培养对象1人、省"青蓝工程"优秀骨干教师培养对象2人、省"青蓝工程"中青年学术带头人培养对象1人、省优秀教学和科技创新团队2个；教师参加省教学能力大赛和微课大赛获一等奖3项。

招生就业。入选全省首批面向社会人员招生试点院校，录取2019级国内新生5427人（其中普通三年制4843人，录取率99.18%；4+0项目70人；社会人员招生368人；留学生146人），报到新生5046人。2019届毕业生年终就业率98.42%（其中协议就业率74.47%，高质量就业率34.99%），有727人留扬就业，占总就业比例24.89%，占江苏省内就业比例37.73%。

科研与社会服务。获批国家自然科学基金项目、省"双创计划"科技副总项目、省产学研合作项目；获批省级工程研究中心1个、省自然科学基金项目1项、省高校自然科学基金面上项目3项、市厅级以上科研项目93项；核心期刊发表论文77篇，获授权专利151项，其中发明专利32项；科研经费到账1265.1万元，其中"四技"服务合同成交额1127.5万元。新增本科学历教育1330人次，完成各类技能鉴定4286人次，社会培训收入585.6万元。

合作办学。出台促进"区园企校"共发展工作的实施办法，与华为、腾讯、知链等行业企业以及扬杰、亚威等地方企业建立战略合作关系，开展合作；与北京崇建公司合作项目获工程建设科学技术进步奖二等奖；与扬州市政府、电子科技大学共建"电子科技大学教育培训扬州基地"；与扬州高新技术产业开发区共建"扬子津科技创新服务中心"；"扬州志愿者培训"项目入选省级社区教育特色品牌建设项目；与丰尚埃及、海螺水泥（印尼）共建人才联合培养基地，获批1个"中国－东盟高职院校特色合作项目"。

（工职院）

■南京邮电大学通达学院 南京邮电大学通达学院（简称南邮通达学院）是经教育部批准，由南京邮电大学于1999年创办的全日制本科独立学院。学院实行理事会领导下的院长负责制。2012年，学院迁址扬州办学。学院占地59.56公顷。学院有通信工程学院、电子工程学院、计算机工程学院、电气工程学院、商学院、基础教学部、思想政治理论课教学部、国际学院。2019年，学院二期工程一标段（风雨操场、第二餐厅、学术交流中心计3.2万平方米）工程建设任务基本完成，二标段（学生宿舍、科技创业园、游泳馆计2.1万平方米）于11月正式开工。图书馆史书阁改造一期工程已完成。

2019年，学院有学生9948人。在校生共27个专业（包含嵌入式和专转本）及方向。有专、兼职教师555人，其中高级职称232人。专任教师具有博士、硕士学位的教师占90%，有享受政府特殊津贴6人，省"333工程"培养对象9人，省"青蓝工程"中青年学术带头人和优秀青年骨干教师29人。

2019年，学院通信工程、信息工程、电气工程及其自动化、电子商务等4个专业被评为首批江苏省一流专业建设点，获批数量在全省独立学院名列第2位。金融工程、财务管理、广告学等3个专业通过学位授权评审、新设专业评估和专业综合评估。获2019年省级教改项目4个，1名教师参与的科技项目获江苏省科学技术二等奖，1个项目获全国电工电子基础课程实验教学案例设计竞赛一等奖。科技竞赛方面，学生首获"正大杯"第九届全国大学生市场调查与分析大赛省级一等奖（晋级后分获国家级二等奖、国家级三等奖）、全国大学生数字技术大赛一等奖、国际软博会工业App测试大赛全国一等奖。首次以学院名义单独组队参加数学建模比赛获全国二等奖。全年学生参加20多种学科竞赛，在省级以上学科竞赛中获奖286项，获奖386人次。269人考取国内外高校硕士研究生，升学率12.23%。（甘宗盛　徐文慧）

成人教育

■概况 2019年，扬州市无独立建制的成人高等学校，原属成人教育系列的扬州教育学院纳入扬州市职业大学统一管理；其他在扬普通高校分别设有成人教育机构，招收参加全国成人高考的本、专科毕业生。

全市有2.33万人参加各类成人高考。深化社教富民行动，推进“五个一批”创建（创建一批标准化社区老年学习苑、一批青少年校外辅导培训品牌项目、一批新型职业农民培训示范基地、一批特色社区家长学校、一批优秀社区学习共同体）。围绕乡村振兴、富民增收，开展第二批“五个一批”建设。提炼社区教育培训项目，加大培育力度，夯实全市社区教育内涵。全市2019年建成63个省级居民学校。加强阵地建设，开展品牌项目创建。新建成1个江苏省级三农高水平示范基地和5个江苏省社会教育工作室。

健全校外培训机构长效管理机制，巩固治理成果。通过推进网络监控、星级评估等举措，加强校外培训机构长效化常态化管理。构建全市校外培训机构长效监管的制度架构和黑白名单的信用联合惩戒制度，完善平台建设，通过平台进行校外培训机构课程、班次、教师信息等备案和公示管理；推广并健全全市网格化管理巡查制度。

（柏　珏　职社处）

■自学考试 2019年，扬州有14.34万人参加各类自学考试。其中，学历教育考试报名人数5.74万人，增长29.2%；非学历考试报名人数8.60万人（不含大学生英语四、六级考试7.16万人，省书法水平等级证书考试未开考）。

全市非学历证书报名考试人员中，参加全国计算机等级考试（NCRE）4.77万人，参加全国英语等级考试（PETS）9314人，参加教师资格证书考试2.90万人。

全市有8.39万课次通过学历自学考试合格，占实考课次的79.8%，比上年提高2.5个百分点。

（柏　珏　考试院）

■20家培训机构签署诚信办学自律公约 3月15日，扬州市20家培训机构签署《扬州市校外培训机构“3·15诚信办学自律公约”》，共同承诺依法、诚信、规范办学，避免“超纲教学”“提前教学”，杜绝乱收费，加强行业自律，树立行业新形象，弘扬行业正能量。全市校外培训机构治理从集中整治向长效监管转变。（柏　珏）

2019年扬州市成人高等教育招生录取情况表

表31-11

地　区	报名人数（人）			录取人数（人）			
	小　计	统一考试	非统一考试	小　计	专科升本科	高中升专科	高中升本科
合　计	**23322**	**16990**	**6332**	**17605**	**9182**	**8202**	**221**
市　区	**9259**	6364	2895	**7342**	4151	2970	—
宝应县	**1548**	1209	339	**1134**	465	669	—
邗江区	**6442**	4683	1759	**4607**	2497	2110	—
仪征市	**1392**	1079	313	**1085**	514	571	—
高邮市	**1554**	1321	233	**1143**	529	614	—
江都区	**3127**	2334	793	**2294**	1026	1268	—

（柏　珏　考试院）

2019年扬州市学历自学考试报名考试情况表

表31-12　单位：课次

地　区	**总　计**	1月考试	4月考试	7月考试	10月考试
报考课次	**128581**	34698	32340	31336	30207
实考课次	**105156**	30441	24703	27060	22952
合格证次	**83867**	24446	20082	21527	17812

（柏　珏　考试院）

文化

Wenhua

编　辑　崔成鹏

综述

■**概况** 2019年，扬州市获得“东亚文化之都”称号，成为江苏省第一个、全国第七个获此称号的城市。参与“世界美食之都”申报工作，扬州市成为中国第四个入选的城市。承办首届大运河文化旅游博览会（简称“运博会”），推出文旅精品展、非遗展、文物展、“璀璨运河”灯光秀等18项重点活动，邀请到31个国家和地区运河城市的4500名嘉宾到扬，近14万名市民游客现场观展。承办东盟与中日韩文化城市网络启动仪式，近200名中外嘉宾到扬出席活动，发布《扬州倡议》，会议成果被写入李克强总理在第22次东盟与中日韩领导人会议发言中。承办中日韩“东亚文化之都”第二次工作组会议等一批重大国际活动。推出扬剧《党的女儿》、扬剧小戏《夫妻哨》、扬州弹词《宝黛释嫌》等重点作品近20部。承办第五届中国木偶皮影优秀剧（节）目展演活动、第四届江苏省文华奖展演、第二届全国美术高峰论坛、第13届市运会开幕式、第二届“邮驿路运河情”全国美术作品展等艺术活动。扬州曲艺、木偶赴俄罗斯、法国等地表演。中国大运河博物馆、瓜洲古渡小镇等项目开工建设，春江花月夜艺术馆（张若虚纪念馆）、诗渡瓜洲展示馆建成开放，世界运河大会暨世界运河城市论坛、大运河国家文化公园建设推进会在扬州召开，扬州成为全国唯一一个全域划入大运河文化保护传承利用规划核心区的地级市。总投资300亿元的万有（扬州）国际旅游度假区项目签约，总投资150亿元华侨城、总投资100亿元光线（扬州）中国电影世界和永新华非遗博览园等一批重大文旅项目加快建设。举办2019“我心目中的扬州”诗词创作系列活动、第四届“绿杨人家”社区艺术节、“祖国颂 扬州赋”2019紫金文化艺术节扬州市群文广场演出等一批文化惠民活动，全年举办文化活动720场，曲艺专场公益演出1167场。新建成七里河、龙川等13家城市书房，全市城市书房总数达50家，开通“城市书房外卖式”服务。

（霍　伟）

■**文化人才培育** 出台《推进文化人才高质量发展行动计划》《扬州市文艺名师带徒计划》，有力有序培养文化人才。全年入选中宣部“四个一批”人才1人，入选中宣部宣传思想文化青年人才1人；40多名分别入选省双创人才、省紫金文创英才、省社科英才、省紫金文艺英才等。继续推进非公领域文化人才扶持，评选全市优秀群众文化团队20家，文联优秀协会10家，社联优秀学会10家，并给予资金奖励。推进宣传文化系统职称改革工作，全年通过社科和新闻高级职称28人、中级职称61人。（陈相辉）

文化设施

■**概况** 全市“市、县、乡、村”四级公共文化设施网络已建成，有县级以上图书馆、文化馆各7个，均达到国家一级馆标准。注册登记博物馆、纪念馆16个，其中国家一级博物馆1个（扬州博物馆），国家三级博物馆3个，2019年扬州博物馆成功入选全国爱国主义教育示范基地。演出剧场8个、美术馆1个，乡镇（街道）文化站83个、村文化室（农家书屋）1115个、社区文化室403个、农村文化广场1030个。全市“三馆一站”覆盖率达到125%，综合性文化服务中心覆盖率达到100%。（霍　伟）

■**扬州市图书馆** 2019年，市图书馆各业务窗口共服务读者260万人次，借还图书230万册次，数字资源访问下载72万次，电视图书馆平台点击率达90万余次。新增借阅证3.2万张，总持证读者30.69万人。全年共采购中文、西文纸质图书3.65万种、15.27万册，馆藏总量达到175万册。图书馆数字资源建设优化提升，中国知网、万方数据、超星读秀等30个国内知名数据库完成续订，全馆拥有26个大型数据库，存储达90tb。根据读者使用需求，调整数据库馆藏结构，增加中国知网和万方数据手机客户端模块，开通万方数据库全库远程访问。11月1日，扬图网借中心项目上线运行，开通配送点24个，完成包裹投递1500多个，图书外借3300余册。市图书馆获2016—2018年江苏省文明单位、2016—2018年度《江苏省社会科学普及促进条例》实施工作成绩显著单位、江苏省红色经典阅读优秀阅读组织、江苏省红领巾读书征文评奖活动优秀组织奖、2017—2018年度扬州市文明单位等荣誉。

主阵地服务。图书部设置每周新书、好书推荐，结合时事热点设立专题书架，集中宣传推荐图书，其中“壮丽70年 奋进新时代”“读经典学新知 链接美好生活”“扫黑除恶”“不忘初心、牢记使命”等主题教育书展紧贴时事，深受读者和领导的好评。期刊部全年共接待阅览读者7.95万人次，流通期刊3.74万册，提供参考咨询507条。古籍部完成古籍普查编目、名录申报、书志撰写等基础业务工作，全面核改馆藏11.2万册古籍普查数据，出版《江苏省扬州市图书馆古籍普查登记目录》，建立“扬州院士著作专题目录”并设立专架陈列。

分馆、“城市书房”建设和管理。全年建成七里河——城市之光、沿湖村渔家书房、龙川——城市之光、沙头村草垛子书房、若虚——城市之光、御龙湾、院士广场——城市之光、瓜洲古渡城市书房、一束光·竹西城市书房——城市之光、郊野公园城市书房10家城市书房（含5家城市之光），指导建设宝应行政中心、高邮市汪曾祺书房、高邮市王氏书房等3家城市书房，以及万福桥、苏北医院、编办、供电公司、公积金中心、老年活动中心6家“一卡通”分馆。至年底，全市已建成50家城市书房、4个机器式24小时自助图书馆，拥有42家高标准通借通还“一卡通”分馆。各分馆及城市书房全年新办证3万张，共接待读者阅览200万人次，借还书160万册次。城市书房成为扬州城的文化地标，吸引《人民日报》《解放日报》、人民网、新华网等主流媒体的高度关注和聚焦报道。8月29日出版的《人民日报》，在A13版《壮丽70年·奋斗新时代 共和国发展成就巡礼——江苏》特别报道中，以《城市书房不打烊》为题，聚焦江苏扬州城市书房建设；《人民日报》全景展现新中国成立70年来光辉岁月系列微视频“江苏24小时”，以城市书房灯火不灭等主题展现扬州独具文化气息的城市特色；《解放日报》以“长三角有书香”为题，用近一个整版的篇幅报道介绍扬州城市书房的建设情况；人民网《书香扬州阅读不打烊》、新华网《扬州城市书房缘何吸引百万读者》等报道有数据、有实例、有展望，解读扬州城市书房建设的成功“秘诀”。1月，扬州市“四位一体”公共图书馆服务体系获批国家公共文化服务体系示范项目。

品牌活动。《扬图讲堂》作为市图书馆的一张精致名片，受到市民读者和社会各界的关注。讲座在继续坚持高端名家与地方文化统筹并举外，开启《扬图讲堂》微视频。全年《扬图讲堂》完成现场讲座45场，内容涵盖文化、生活、历史、教育、艺术、健康、文学、军事、体育九大板块，现场参与听众近3万人次。讲堂邀请到多位名家，包括著名学者、“百家讲坛”主讲人等。《扬图讲堂》在江苏省第二届全民阅读“五十佳”评选活动中，获“江苏省十佳全民阅读推广活动”称号，“跟着唐博士学历史系列讲座”获得2019年社科普及项目资助。组织开展2019年度扬州市红领巾读书征文评奖活动，开展江苏少儿数字图书馆数字资源线上线下体验活动，促进、推动少儿阅读；开展第五届“朱自清读书节”主题活动，推出“我最喜爱的童书”评选、“优惠图书任你购”“你选书，我买单”大型精品图书展销会、“图书交换·共享阅读”“阅读成果”展示展览等系列活动。组织全市公共图书馆开展图书馆服务宣传周活动，倡导全民阅读。策划组织“七彩夏日”扬州市图书馆青少年暑期系列活动。开展“高清电影周周看”“视频讲座周周听”活动，放映电影58场、视频讲座51场。

探索文旅融合发展新模式。2019年，市图书馆探索文旅融合发展新模式，结合美丽乡村建设，助力乡村旅游，打造沿湖村渔家书房和草垛子乡村书房，提升乡村旅游的发展质量和综合效益。参与扬州市全国旅游标准化示范城市创建，明月湖城市书房通过省、市检查，成功打造旅游标准化城市书房“扬州样本”。组织编写申报扬州地方标准《24小时城市书房建设运行服务规范》，6月18日，完成申报由扬州市市场监督管理局颁布，12月，规范被文化和旅游部和全国旅游标准化技术委员会评为优秀地方旅游标准。（赵桂左）

9月29日，扬州高新区城市书房开馆　商务局/供稿

■**扬州博物馆** 2019年，扬州博物馆发挥文化阵地作用，整合馆藏资源，打造精品展览，举办临时展览20期，其中原创展14期。举办“传统文化小课堂”“博物馆里的美术课”等社教活动，提升服务公众的品质。全年共接待观众133.1万人次（含天宁寺展区31万人次），未成年人12.24万人次，外宾5.2万人次。持续开展馆藏文物修复工作，全年共装裱书画100件，修复陶瓷器45件、金属文物2件、玉器3件，修复其他拓片若干，完成木漆器文物脱水200件，修复残损木漆器文物60件。全年新开发文创产品8款13种，文创产品全年销售额超百万元。2019年，扬州博物馆获评“全国爱国主义教育示范基地”。

（徐添奇）

■**扬州市文化馆** 2019年，市文化馆提升公共文化服务效能，推动全民艺术普及。承办扬州市第四届“绿杨人家”社区艺术节、第三届“绿杨风”群众文艺新作评比、“祖国颂 扬州赋”2019紫金文化艺术节扬州市群文广场演出等省、市重要群众文化活动，组织全市30余支优秀群众合唱团队和广场舞团队参加多场演出，组织开展合唱团及广场舞领队集训30余次，赴基层开展合唱及广场舞培训近100次。依托“绿杨行”送文艺进基层、“绿杨书场”以及戏曲票友周周唱等品牌活动，举行200余场文化惠民演出。继续开设“我爱歌唱”声乐大课堂、“歌声飞扬”声乐沙龙、未成年人暑期培训等公益培训班，全年共举办省、市级各类美术、书法、摄影展览30场。承办2019南京艺术学院音乐考级扬州考区工作，举办“我和我的祖国”全省歌唱大赛扬州赛区初赛及复赛、2019年基层文化干部培训班。推进数字化建设，重点加强江苏公共文化云平台建设，全年通过江苏公共文化云平台发布各类重要群众文化活动45场，2019紫金文化艺术节扬州市群文广场演出网络直播观看量40余万人次。官网和微信公众号全年发布各类活动咨询、工作信息、视频音频资料350多份，全年各类活动网络点击量超过70万人次。

（赵桂左）

公共文化

■**概况** 2019年，全市公共文化工作围绕庆祝新中国成立70周年、文旅融合发展、非遗条例贯彻实施三条主线，以高效能服务、高品质供给、高质量发展为目标，加大工作力度，加快建设步伐，推进全市公共服务和非物质文化遗产保护不断取得新进展、实现新突破。

公共文化活动开展。举办各类主题活动。举办“我和我的祖国”——扬州市第四届“绿杨人家”社区艺术节，现场及网络直播参与人数超过100万人次；举办“祖国颂 扬州赋”2019江苏省紫金文化艺术节扬州市群文广场演出、“我和我的祖国”全省歌唱大赛扬州赛区初赛及复赛、江苏省移风易俗扬州站巡演等重大群众文化活动；举办“光影相映十年情”布雷达国际摄影节作品展、“人们心目中的扬州”庆祝新中国成立七十周年摄影作品展、“家国情怀”庆祝新中国成立70周年全省群众美术书法作品巡展等展览26场。推动全民艺术普及。举办“我爱歌唱”声乐大课堂春秋季培训班、“声乐沙龙”春秋季培训班、暑期未成年人公益培训班第一、二期等公益培训班近10期，培训5000多人次。推动全民阅读。开展“朱自清读书节”“图书馆宣传周”“红领巾读书征文”等系列活动，市图书馆举办展览、讲座、读书分享等活动近370场，“城市书房”志愿服务项目入选2019年江苏省青年志愿服务项目大赛终审答辩名单。加大公共文化服务供给。组织“绿杨行”送文化进基层40多场，开展“春节天天乐”、“国庆七天乐”戏剧专场演出、“扬剧周周唱”、越剧票友仲夏演唱会等公益文化活动80余场，举办“扬图讲堂”40余场。繁荣群众文艺创作。组织第三届“绿杨风”群众文艺新作评比，调动基层群众参与文艺创作积极性，共收到作品近60部，评选出一批优秀作品为2020年“五星工程奖”作储备。

公共服务能力提升。推进现代公共文化服务体系建设。推进县级基本公共文化服务目录制定，各县（市、区）基本公共文化服务“清单式”上墙上网；实施村（社区）综合文化服务中心提升工程，对基础条件较差的进行再提升；推动县级文化馆总分馆制建设，年底实现宝应、仪征、高邮乡镇（街道）总分馆全覆盖；市文化馆通过《扬州市文化馆章程（试行）》，组建理事会并召开一届一次会议，完成法人治理结构改革的初步探索；开展乡镇文化站专项治理专题调研，对列入重点整治名单的11个文化站进行实地摸查，通过整改基本达标；印发《扬州市公共文化需求征集与评价反馈机制建设实施方案》，推动各级公共文化服务机构建立“需求征集—项目评审—供给预告—评价反馈”体系。做大做强城市书房品牌。新建成七里河、龙川、若虚、御龙湾等13家城市书房，制定《24小时城市书房建设运行服务规范》，外来游客可通过刷脸、扫支付宝等智能方式进入，同时为游客新增雨伞租借、物品寄存、休闲阅读、饮水、网络等免费服务；以城市书房为“驿站”，开通“外卖式”服务，通过支付宝选书预约，图书即可“快递”至距离最近的城市书房。举办重大文旅活动。首届运博会非物质文化遗产展汇聚104项省内外各级各类非遗项目，创新采用“打卡”的方式发放游览券近7000张；2019运河文化嘉年华非遗展示展演汇聚国内大运河沿线省市共62个非遗项目，接待游客达60万人次。提升公共旅游服务水平。

推动非遗保护条例贯彻实施。加强非遗宣传影响力。拍摄制作《非遗扬州》系列纪录片4部、专题集锦视频1部，并在“学习强国”平台推送，受到社会各界好评和转发；与FM949扬州音乐广播电台合作开设《听见非遗》专栏，以每周一期的频率，分批分期推介市非遗项目；

与BBC合作拍摄文旅宣传片，推动非遗项目境外宣传，提高国际影响力。举办非遗传承传播活动。举办纪念张子谦先生诞辰120周年系列活动，举办“文化传千里 非遗进万家”系列活动启动仪式，组织开展“文化和自然遗产日”“非物质文化遗产保护宣传周”系列活动，其中“非遗赶大集”、扬州第二届龙舟赛、首届莲湘舞比赛等活动受欢迎。推进非遗重大项目工程建设。围绕大运河文化带建设，为推进非遗融入中国大运河博物馆建设建言献策；推动打造“三把刀”非遗集聚旅游体验区、瘦西湖1757非遗美食街坊等“网红”新地标。

基层人才队伍建设培育。举办业务培训班。举办“绿杨群星”全市基层文化干部培训班，组织80多名基层文化干部赴全国文化干部培训（沈阳）基地“拓视野”“学高招”；举办图书馆业务技能培训班，组织全市73名图书馆馆员参加全省图书馆业务竞赛，提升图书馆队伍综合素质；组织全市20余名非遗干部赴云南开展非遗调研学习；举办“江苏公共文化云”志愿服务平台管理使用培训班，在全省率先以云平台建立志愿服务组织体系；组织开展多场《扬州市非物质文化遗产保护条例》学习解读专题讲座，引导广大文化工作者对《条例》立法背景、内容要求、特色条款等有清晰的认识。规范文化志愿服务队伍建设。制定《扬州市文化志愿服务管理实施办法（试行）》，对文化者招募、开展服务、激励制度、退出机制等作出详细规定，推动文化志愿服务常态化、制度化、规范化发展。加强非遗传承人群队伍建设。启动非遗专家库建设，面向社会遴选出75名专家库成员，为非遗保护工作提供专业咨询指导。对全市127名市级60岁以上传承人发放补助经费，每人每年补贴2000元；分批次组织非遗传承人进行体检，通过体检建立非遗传承人健康档案，及时掌握非遗传承人身体状况。完成第三批国家级非遗代表性项目代表性传承人顾永骏（玉雕）的记录工程，启动第四批国家级非遗代表性项目代表性传承人汪琴（扬剧）、张秀芳（剪纸）、张宇（漆器）的记录工程。

（赵桂左）

■全民阅读活动 2019年，举办第五届以“阅读成就梦想、书香美丽扬州”为主题的“朱自清读书节”，召开扬州市全民阅读活动领导小组（扩大）会议，全年安排8个篇章440余项全民阅读系列活动。开展读书会、朗诵会、分享会、讲堂讲座等系列阅读活动近千场，参与人次上百万。向全市广大市民推荐12本好书阅读，邀请知名学者走进“扬州讲坛”“扬图讲堂”等讲座讲堂，机关干部读书月、职工读书节以及“阮元读书节”“书香宝应”“高邮市读书节”、仪征、江都等各地读书节深入开展。“千年运河 阅美扬州”大运河阅读接力活动走进扬州邗江；“书香伴归途 温暖回家路——带一本好书回家过年”公益活动走进市西部客运枢纽；“全民阅读春风行动”活动走进高邮卸甲镇、仪征陈集镇等地，发放春联、福字、阅读宣传海报8000多份，赠送图书1600册、捐赠“书香”书包（文具）800份。扬州市“四位一体”公共图书馆服务体系获批国家公共文化服务体系示范项目。4月，扬州市获江苏省书香城市建设示范市。

（李相林）

■农家书屋建设 全市完成1145家农家书屋信息核查工作，推进农家书屋通借通还建设，1083家农家书屋完成通借通还建设，完成率达94.6%；发放通借通还市级补助资金20万元。“悦读红色经典 续写柳堡故事”省农家书屋阅读示范推广活动走进宝应柳堡站；扬州市农民读书节、红色经典阅读暨农家书屋主题阅读推广活动走进仪征大仪镇。在2019年“我的书屋·我的梦”农村少年儿童阅读实践活动中，获得全国优秀征文奖1人，获得全省优秀征文一等奖1人、二等奖1人、三等奖4人、扬州市新闻出版局获省优秀组织奖。邗江区杨庙镇杨庙村等4家书屋被评为江苏省五星级示范农家书屋，仪征市月塘镇尹山村等6家书屋被评为扬州市四星级示范农家书屋。（李相林）

■首家社区有声图书馆开馆 5月21日，首家社区有声图书馆开馆，该馆位于扬州市双桥街道卜桥社区，有声图书馆将各类党建、历史、国学等学习资源以二维码的形式展示上墙，社区居民只需通过微信扫描二维码即可在手机上在线收听学习内容。有声图书馆以“一个二维码+五本实体书”的差异化方式，将经典书籍进行分类呈现，解决传统书籍陈列的千篇一律，提升阅读者的读书兴趣。馆内的AI智能音箱“小雅”可以与人进行互动，绘声绘色地讲解读者想要了解的知识内容。（纪倩霞）

文学艺术

综述

■概况 2019年，市文联动员文艺家参加国家级、省级重大展赛，加强培训指导、组织服务、遴选推荐等工作，取得成果。在全国第12届书法篆刻展览和第13届全国美术展览中，市分别有4名书法家5件作品和7名画家6件作品入选，取得历史性突破；歌曲《蓝天下》获全国“五个一工程”奖；汤成难短篇小说《鸿雁》获第18届百花文学奖；舞蹈《长信秋词》获省“莲花奖”暨第六届青年舞蹈比赛奖；周荣池长篇小说《哪儿来的锣鼓声》入选2019年度中国作协重点扶持篇目；歌曲《所有人都成功》和《归湖》《芦苇花又开》《水乡人家》《蓝蓝和外星人》《永不打烊的警务室》5部图书获市“五个一工程”奖。包伟获“第五届江苏省中青年德艺双馨文艺工作者”称号，夏峰获2019年“江苏最美文艺志愿者”称号。2019年，市文联组织创作、出版各类文艺作品18部。

（吴建军）

2019年扬州部分出版文艺作品一览表

表32-1

书名	类别	作者	出版社
凤栖梧桐	中篇小说集	濮颖	江苏凤凰文艺出版社
扬州评话——佛跳墙	扬州评话	杨铁城口述、王兆根记录	广陵书社
高星之径	长篇小说	吴起凡	江苏凤凰文艺出版社
一个人的平原	长篇散文	周荣池	江苏凤凰文艺出版社
念物记——扬州手艺人	纪实文学	梅静	江苏人民出版社
指端光阴	散文集	徐方芳	广陵书社
我看扬州好：忆江南·新词集	诗词集	市诗词协会	江苏凤凰文艺出版社
魅力光影 悦动生活——袁玉华摄影作品集	散文集诗词集	袁玉华	广陵书社
邹文灿书画摄影作品集（书画篇）	书画作品集	邹文灿	天津人民美术出版社
丹青戏红颜——杨杨绘画精品集	诗画作品集	杨杨	广陵书社
妄己斋印痕	篆刻作品集	孙凯歌	广陵书社
扬州市第二届书法临帖展作品集	书法作品集	市文联	
庆祝新中国成立70周年——扬州女书画家作品集	书画作品集	市文联、扬州百花女子画院	
七彩颂神州——喜庆新中国成立70周年书画集	书画作品集	市文联、市老干部书画研究会	
人们心目中的扬州——庆祝新中国成立70周年摄影作品集	摄影作品集	市文联、市摄影家协会	
书写新时代 同绘中国梦——扬州市庆祝新中国成立70周年书画精品集	书画作品集	市文联	
迈进新时代 书画中国梦——庆祝澳门回归二十周年扬澳番书画联展作品集	书画作品集	市文联	
壮丽七十年·奋进新时代——扬州市党外人士庆祝新中国成立70周年书画作品集	书画作品集	市委统战部、市文联	

（吴建军）

■理论研究 4月3日，由市委宣传部、市文旅局、市文联、蜀冈－瘦西湖风景名胜区管委会主办的“扬州书画三百年”特展暨国际学术研讨会在扬州迎宾馆开幕。中国文物保护基金会理事长、文化部原副部长、国家文物局原局长励小捷，副市长刘禹同等领导及100多名海内外知名美术和文史专家出席活动。此次特展面向全球征集，共遴选出扬州画坛的代表作100多件，其中“扬州八怪”15名画家的真迹作品45件，系统展现清初至民国300年间扬州书画的整体风貌。专家学者就扬州书画300年间的发展作专题研讨。6月26日，由省作家协会和市文联共同主办的扬州市文艺创作引导资金项目（2018年度）文学作品研讨会在扬州迎宾馆召开。来自省作协的领导、专家与扬州本地的作家、文学爱好者齐聚一堂，以书为例，解读扬州文学现状。6月29日，《雨花》杂志社在南京举办汤成难小说研讨会，研讨评价扬州作家汤成难小说作品。10月16—17日，由中国美术家协会、省文联主办，省美术家协会、市委宣传部、市文旅局、市文联承办的“全国美术高峰论坛”在扬州举行。论坛分为美术思潮与学术方位、美术创作、美术理论、江苏美术四部分，国内著名美术理论家60人以及近100名征稿优秀论文入选作者参加。期间，部分与会嘉宾参观“走过四十年——萧和师生展”，从7名扬州籍画家的画作中感受“扬州画派”在当下的传承与发展。（吴建军）

■市文艺创作引导资金 2019年，市文联加大对文艺创作引导资金项目统筹规划、质量把关、资金扶持的力度，申报范围涵盖各个艺术门类，共收到近100项创作规划和实施方案。经省、市两级专家评审，共扶持长篇散文《一个人的平原》、小说集《凤栖梧桐》等11个出版类项目，舞蹈《扬州八怪》、歌曲《从这一刻起》、扬州弹词《647信箱》等18个舞台表演类项目，“书写新时代 同绘中国梦——扬州市庆祝新中国成立70周年书画精品展”等6个重大主题展览类项目，扶持数量为近年最多。（吴建军）

■“清风扬州”系列廉政文艺活动 5月24日，由市纪委监委、市文联主办，扬州书法院、市美术家协会、市书法家协会承办的“清风扬州”廉政书画作品展在市文联美术馆开幕，共展出30多幅廉政文化主题书画精品。10月18日，由市纪委监委、市文联主办，市微电影协会承办的首届“清风扬州”微电影大赛颁奖典礼在扬州广播电视总台举办。本次大赛自4月开展以来，共收到46部作品。经过大赛组委会初审，有40部作品入围，并在网络进行为期13天的展播投票，点击量达13万人（次），2.30万多人参与投票。经大赛组委会复审和评委组终审，共有21部作品获奖。《传奇院士乔登江》《新生》获一等奖，《相遇美好》《E的成长》等4部作品获二等奖，《读书只为报国家》《创造海天奇迹的大国工匠——记港珠澳大桥岛隧工程总设计师刘晓东》等7部作品获三等奖，《为官之鉴》《六廉》等8部作品获优秀奖，宝应县纪委监委、广陵区纪委监委获组织奖。（吴建军）

■第二届江苏民间文艺志愿者艺术节开幕式活动 6月5日，由省民间文艺家协会、市文明办、市文联、江都区吴桥镇党委政府主办的“第二届江苏民间文艺志愿者艺术节”在江都区吴桥镇开幕。活动现场，省民间文艺家协会、吴桥镇文化志愿者协会的文艺志愿者们表演省级非遗《女子舞龙》《吴桥社火》《跑马灯》以及歌曲、舞蹈、魔术等近20个节目。（吴建军）

■庆祝新中国成立70周年系列文艺活动 6月19日，由市委市级机关工委、市文旅局、市总工会、市文联共同主办的“壮丽七十年·建功新时代——庆祝新中国成立70周年”2019年市级机关文化艺术节暨书画摄影展在市文化馆开幕，共展出市级机关文艺爱好者创作的近200幅书画摄影作品。9月1日，由省摄影家协会、市文联主办，市摄影家协会承办的“人们心目中的扬州——庆祝新中国成立70周年摄影作品展”在市文化馆开幕。展览自7月面向社会征稿，共收到2700多幅投稿作品。经过评选，共展出120幅摄影精品。9月16日，由市委市级机关工委、市文旅局、市文联共同主办的市级机关庆祝中华人民共和国成立70周年歌唱祖国歌咏大会在扬州大剧院举行，来自市级机关单位的16支代表队参加。9月19日，由市委组织部、市委宣传部、市委老干部局、市文旅局、市文联主办的“七彩颂神州——庆祝新中国成立70周年书画作品展”在市美术馆开幕，共展出270多幅书画作品。9月22日，由市文联主办、市琴筝艺术协会承办的“古琴新韵——我的祖国”大型古琴合奏活动在扬州唐城遗址举行。活动现场，200多位古琴艺术家共同演奏《我的祖国》这一经典曲目。9月27日，由市委统战部、市文联主办，市无党派知识分子联谊会、市新的社会阶层人士联谊会、市自由书画之家等单位承办的“壮丽七十年·奋进新时代——扬州市党外人士庆祝新中国成立70周年书画作品展”在市美术馆开幕，共展出105幅书画精品。9月29日，由市文联主办、扬州百花女子画院承办的“庆祝新中国成立70周年——扬州女书画家作品展”在市文化馆开幕，共展出百花女子画院成员们精心创作的80多幅作品。10月22日，由市卫健委、市民政局、市文旅局、市文联、市老龄协会主办的“‘夕阳风采——《我和我的祖国》’扬州市庆祝新中国成立70周年暨全国第10个敬老月联欢会”在广陵区体操馆举办。10月27日，由市文联指导、市朗诵协会主办的“诵读礼赞新时代 朗协声韵更精彩——扬州市朗诵协会成立两周年晚会”在扬州大剧院举行，演出共分“朗月清风诵经典”“追梦奋进赞家乡”“日新月异颂祖国”三个篇章。10月28日，由市文联主办，市音乐家协会、扬州大学音乐学院承办的“为祖国七十华诞放歌——原创歌曲作品演唱会”在扬州大学举办。共演出20首曲目，均为市音乐工作者近年来的原创作品。10月30日，由市文联、广陵区委宣传部主办的庆祝新中国成立70周年系列活动“向党和人民汇报——扬州市第四届文艺新作展演”在京杭会议中心举行。整场演出12个节目均为2019年新创作品，通过扬州市文艺创作引导资金专家评审。10月31日，由市文联主办，扬州书法院、市美术家协会、市书法家协会承办的“书写新时代 同绘中国梦——扬州市庆祝新中国成立70周年书画精品展”在市美术馆开幕。本次展览共收到投稿作品260多幅，经过评选，共评出141幅作品、特邀9幅作品进行展出。（吴建军）

■纪念康重华诞辰100周年系列活动 11月2—3日，由中国艺术研究院曲艺研究所、《曲艺》杂志社、省曲艺家协会指导，市委宣传部、市文旅局、市文联主办的“百年华章——纪念康重华诞辰一百周年系列活动”在扬州举行。专场演出在扬州市音乐厅上演，全国说“三国”的名家齐聚扬州同台说“三国”。召开专题座谈会。来自全国各地的艺术家、理论家、文化学者齐聚一堂，纪念缅怀康重华先生，研究康重华及“康派三国”艺术。（吴建军）

■大运河文化主题创作采风活动 6月10日，省作家协会“大运河文化主题创作采风活动”启动仪式在扬州皇冠假日酒店举行。省作协党组书记、书记处第一书记、副主席汪兴国等领导及30名作家、编辑出席活动。启动仪式后，作家们参观扬州大运河盐商文化展示馆、茱萸湾公园和湾头玉器特色小镇等地；次日，采风团转入高邮，作家们沿运河古道，参观高邮当铺、盂城驿、文游台、王氏故居、镇国寺、龙虬庄遗址公园等地。（吴建军）

■《我看扬州好：忆江南·新词集》吟诵会暨新书首发式 12月25日，由市委老干部局、市文联主办的《我看扬州好：忆江南·新词集》吟诵会暨新书首发式在市老年大学举行。该书汇集市200多名诗友1000多首词作，分为“城市之光”“园林之秀”“文化之魂”“乡村之美”“民生之福”“百态之谐”六个方面。活动中，主办单位向各县（市、区）诗协以及相关诗教单位赠送新书，来自市朗诵协会的老师和树人学校、

育才小学、汶河小学的学生代表分别朗诵书中的部分作品。（吴建军）

■文艺惠民 组织文艺界开展2019年新春“我们的中国梦——文化进万家”系列活动。1月3日，由市文旅局、市文联主办的“送文化下乡”活动走进生态科技新城杭集镇。扬剧名家孙爱民、王瑞如，青年演员游佳琦、徐梦雪、陆宇翔等联袂演出优秀传统戏《追鱼》等节目。1月14日，由市文联、邗江区委宣传部主办，市曲艺家协会、市戏剧家协会、市音乐家协会、市舞蹈家协会、邗江区文联承办的“我们的中国梦——文化进万家”扬州市文艺界2019年新春系列活动走进邗江区方巷镇花城村。市文艺志愿者们表演舞蹈、歌舞、评话、木偶剧等节目，吸引400多名观众前来观看。1月15日，2019年度扬州市文化科技卫生“三下乡”集中服务活动在广陵区头桥镇举行。市文联组织10名书法家为当地百姓送福字写春联，向头桥镇文化站捐赠书籍，并走访慰问当地的两户困难家庭。1月16日，系列活动走进江都区小纪镇新天宝机械有限公司，为企业职工奉献一场精彩的文艺演出。演出结束后，朱红林等6名书法家现场书写春联、福字数百幅。1月17日，系列活动走进广陵区曲江街道古运社区，为当地居民表演舞蹈《九儿》、扬州评话《助浴》、木偶剧《扇韵》等节目。1月18日，系列活动走进市级机关医务室，市6名书法家现场书写春联、福字100多幅。1月18日，市文联、宝应县文联联合举办“送春联进乡镇”活动，市5名书法家到宝应县望直港镇，为当地百姓写春联、送福字。1月21日，市红十字会、市文联在曲江街道联合举办2019年“博爱送万家”进社区送温暖活动。市红十字会向部分贫困家庭发放救助款物，朱红林等8名书法家现场为当地居民书写春联和福字。1月22日，系列活动走进市社会福利中心，为中心的老人和孩子表演扬州清曲《板桥道情》、舞蹈《梦归》、扬剧《新春观灯》、歌曲《越来越好》等节目。1月22日，系列活动走进江苏华电扬州发电有限公司，5名书法家为电厂干部职工们书写春联和福字。1月23日，系列活动走进翠月嘉苑社区，市文联走访社区两户困难家庭并送上慰问金和新春祝福。4名书法家与社区部分书法爱好者共同为群众书写春联和福字。1月28日，市文联组织8名书法家走进市公安局交警支队，为公安交警书写春联和福字。1月28日，市文联组织5名书法家赴高邮市大淖社区，为社区居民书写春联和福字。1月29日，市文联组织5名书法家到邗江区贾桥社区，为社区居民书写春联和福字。1月30日，市文联、市级机关工会共同举办“送春联进机关”活动。朱红林等10名书法家分别在市政府东、西大院为机关干部职工书写春联和福字100幅。1月31日，由市红十字会、市文联共同主办的“2019年造血干细胞捐献者联谊会活动”在玉玲珑酒店举行。联谊会上，多位造血干细胞捐献者代表分享他们的捐献体会，市文联组织的文艺志愿者们现场表演歌舞节目。

2月20日，市文联印发《关于开展2019年度扬州市文联文艺志愿服务系列活动的通知》，首次以购买服务方式鼓励社会力量参与文艺志愿服务。经过评选，最终扶持名星艺术团、运河之声歌友会2家民营文艺团体以“扬州红色文艺轻骑

2019年扬州市文联讲堂情况一览表

表32-2

时　间	地　点	主讲人	主　题
5月8日	梅岭街道新时代文明实践中心	李双阳	冲刺“全国第12届书法篆刻作品展”系列讲座之五体兼修漫谈
5月8日	市青年书法家协会	刘进	碑帖拓本鉴赏常识
5月21日	市卫生文联	朱红林	褚遂良《大字阴符经》与行书的关联
5月30日	梅岭街道新时代文明实践中心	金丹	冲刺“全国第12届书法篆刻作品展”系列讲座之当代书法创作的现状与思考
5月31日	市文联	赵志宏	党风廉政建设专题讲座
6月20日	扬州书法院	曹永森	古典诗词的创作与欣赏
6月23日	梅岭街道新时代文明实践中心	黄惇	冲刺“全国第12届书法篆刻作品展”系列讲座之帖派的再兴与二王系统文人书法传统的回归
7月31日至9月9日	市级机关工委	马恒福等4人	市级机关文化艺术节——摄影培训班（每周一讲共十讲）
8月29日	扬州百乐门大厦5楼	吴小平	歌曲创作中的十个注重
9月22日	扬州和敬文化交流中心	张美林	怎样唱好一首歌
11月14日—2020年1月20日	市级机关工委	曹永森	市级机关文化艺术节——诗词培训班（每周一讲共十讲）

（吴建军）

兵”为主题开展进乡村（社区）文艺演出；支持扬州和敬文化交流有限公司、砚池书院等3家民营艺术机构成立“扬州文艺公益沙龙基地”。3—10月期间，2支“红色文艺轻骑兵”深入沙头镇、城北乡、月塘镇、湾头镇、头桥镇等地，共开展文艺惠民演出11场；各公益沙龙基地举办读书会、观影会、文艺讲座、小型演出等活动近20场，仅“消费”项目资金9万元。（吴建军）

■第四届“春的律动”文艺系列活动展示月 市文联组织开展的第四届“春的律动”文艺系列活动展示月，被市委、市政府纳入2019“烟花三月”国际经贸旅游节活动框架内。自3月30日启动仪式起，市文联利用近2个月时间，共组织开展30多项文艺活动，分别由各县（市、区）文联、各文艺家协会及相关文艺团体具体承办，涵盖文学、音乐、舞蹈、书法、美术、戏剧、曲艺等各艺术门类，包括10场公益演出、“且乐且行——吴顺乐、且禾书画作品展”等14场展览以及多场文艺讲座、朗诵会、新书发布会等活动。（吴建军）

■市文学艺术界联合会 2019年，市文学艺术界联合会（简称市文联）获第四届江苏省志愿服务交流会“优秀组织奖”；被评为“2018年度全省文联信息工作先进集体”、2019年度江苏省文化科技卫生“三下乡”活动先进集体；文艺志愿服务工作获全省文联工作创新奖、全市宣传思想文化工作创新提名奖，经验做法被中国文联《文联简报》、中国文联文艺研修院“全国市县文联”微信公众号等媒介刊载；在“2017—2018年度全市县级党委（党组）理论学习中心组学风建设检查评审”中受到表扬。至年底，全市有市级文联1家，县（市、区）级文联6家、行业文联4家、企业文联8家。市文联有下属文艺家协会（研究会）38个，会员1万多人，其中国家级会员359人、省级会员1796人。（吴建军）

戏剧曲艺

■扬剧《鉴真》通过省艺术基金验收 3月26日，由江苏艺术基金资助、扬州市扬剧研究所创作的扬剧新编历史剧《鉴真》在扬州大剧院首演，并通过江苏艺术基金2017年度资助项目验收。《鉴真》由中国戏曲学院教授谢柏梁担任编剧，著名导演韩剑英执导。戏剧“梅花奖”“文华表演奖”“白玉兰奖”得主李政成领衔，携优秀青年演员徐梦雪、游佳琦、张艺瑾、陆宇翔等联袂演出。（崔绪军）

■扬剧电影《衣冠风流》参展世界民族电影节 美国当地时间4月7日，第16届世界民族电影节在美国洛杉矶落下帷幕。中国唯一一部受邀参展的戏曲电影——扬剧《衣冠风流》获“最佳音乐电影奖”，大洋彼岸留下扬剧的独特韵律。扬剧电影《衣冠风流》在电影节上向全球各国嘉宾及观众进行展映。（崔绪军）

■第三届扬州市“芍药奖”曲艺大赛 7月20—21日，由市文联主办，市曲艺家协会承办的第三届扬州市“芍药奖”曲艺大赛决赛在邗江区文化馆举办。本届“芍药奖”从4月底开始报名，7月15日组织初赛，共评出44个节目入围决赛，分少儿组、少年组、成人组（业余、专业）4个组别进行，涵盖评书、评话、弹词、快板、双簧、相声等多种曲艺形式。（崔绪军）

■扬剧《鉴真》亮相江苏省基层院团优秀剧目展演 7月29日，扬州市扬剧研究所的扬剧《鉴真》亮相江苏大剧院，参加由省文化和旅游厅主办的“庆祝新中国成立70周年”江苏省基层院团优秀剧目展演。《鉴真》是以“鉴真东渡”的故事为基础，创作而成的一部大型历史扬剧，主要讲述的是鉴真和其弟子以及追随者为传佛弘法，不畏人祸天灾，冲破艰难险阻，最终成功抵达日本，并成为日本律宗宗师的故事。（崔绪军）

■全国木偶皮影优秀剧（节）目展演活动在扬州开幕 8月6日，“广陵杯”全国木偶皮影优秀剧（节）目展演开幕式在扬州京杭之心举行。本次展演由联合国教科文组织国际木偶联会中国中心、中国木偶皮影艺术学会、扬州市政府主办，扬州市委宣传部、扬州市文广旅局、广陵区政府、扬州报业传媒集团承办，扬州市木偶研究所、广陵区文旅局、江苏江南大业传媒股份有限公司协办。展演活动吸引来自北京、上海、福建等省（市、自治区）的24家剧团参加，专业院团和民间团队在同一平台交流切磋、展示风采。在为期一周的活动中，26台大小剧节目近50场演出涵盖不同地域、不同风格、不同流派的作品，题材丰富、

全国木偶皮影优秀剧(节)目展演现场　　刘江瑞/摄

创意新颖，既有传统神话、童话、民间故事，也有历史题材、新编故事，更有新创剧目、红色剧目等。

（崔绪军）

■首部4K扬剧电影《衣冠风流》在扬首映 9月30日，由扬州市文广旅局、扬州报业传媒集团主办，扬州市扬剧研究所承办的4K扬剧电影《衣冠风流》扬州首映礼在文化宫环球影城举行。中国戏剧家协会副主席、中国戏曲现代戏研究会会长季国平，中国戏剧家协会分党组成员、秘书长崔伟，扬州市副市长余珽等领导出席首映礼。扬剧电影《衣冠风流》以东晋大将桓温谋反为背景，描述吏部尚书谢安以超人的智慧和胆略，以一腔正义和满腹才华，凭三寸不烂之舌劝阻桓温篡政的图谋，消弥一场江山易帜的灾难，塑造谢安识大体、敢担当的文士形象，彰显以德治国、以德服民的理念。

（崔绪军）

■扬剧小戏《夫妻哨》参加央视《角儿来了》录制 10月26—27日，应中央广播电视总台《角儿来了》栏目组邀请，扬剧小戏《夫妻哨》主演李政成和葛瑞莲在北京参加该栏目访谈和表演录制。访谈中，两位主演与主持人董艺聊了创作过程和感受。栏目组还邀请王继才的爱人王仕花到访谈现场。（崔绪军）

■木偶剧《荡寇少年》在扬上演 10月27日，作为江苏艺术基金2019年度舞台艺术创作资助项目，由扬州市木偶研究所新排的抗战爱国题材木偶剧《荡寇少年》在京杭之心上演，同时接受江苏艺术基金专家组验收。《荡寇少年》讲述抗日战争时期，苏北根据地被日军侵占，小游击队员赵天旺带领同伴协助新四军武工队，最终击败敌人保家卫国的故事。本次演出团队由青年演员挑起大梁，采用杖头木偶的表演形式，通过多层舞台呈现立体效果，表演中还加入杂技和喜剧元素，吸引众多观众目光。（崔绪军）

■首届中国扬州·全国曲艺大书发展论坛 12月2日，第七届中国曲艺团长高峰论坛暨首届中国扬州·全国曲艺大书（评书评话）发展论坛开幕，全国老中青三代曲艺大书艺术家就“如何发展曲艺大书”主题，从创演、传播、保护等角度切入，对大书人才培养、曲本创作、继承传播等方面进行研讨。论坛表决通过有关繁荣发展曲艺大书的倡议书。

（孙筱梅）

■扬州市曲艺研究所 2019年，扬州市曲艺研究所新创的短篇扬州评话《监狱之花》等7部作品入选2019年度扬州市文艺创作引导资金项目，创作扬州清曲《好大一棵李树干》《江流宛转绕芳甸》《邗上警花学楷模》等节目。以“一带一路”“大运河文化带建设”为契机，开展交流演出7场；在16家书场开展“百场公益性文艺演出”1016场、综合性演出58场；完成江苏艺术基金2017年度资助项目——中篇扬州弹词《瓜洲余韵》20场巡演；承办运河嘉年华、全国曲艺创作高级研修班等活动。摘得卢浮银奖、第四届江苏省文华奖表演奖、第八届江苏省文艺大奖·曲艺奖等10个重大奖项，扬州清曲《又见茉莉花》等节目入选2019全国非遗曲艺周展演，李仁珍、刘芓君等师徒7人入选全省首批文艺“名师带徒”计划。推进曲艺进校园，在蒋王小学、洪运府学评话社团班招收学生22人，累计授课69节。（孙筱梅）

■扬州市扬剧研究所 2019年，扬州市扬剧研究所被中共江苏省委宣传部评为全省宣传思想文化工作“先进集体”。先后创作扬剧小戏《夫妻哨》和小品《我的驿站我的群》。其中，《夫妻哨》登上央视2019年《元旦戏曲晚会》，习近平总书记等党和国家领导人观看演出。先后复排《恩仇记》《白蛇传》两部大戏。2017年度江苏省艺术基金资助项目——新编历史剧《鉴真》，于年底前完成结项。年初策划的新编现代戏《血色浪漫》，被列入2020年度江苏省艺术基金资助项目。全年共计组织各类演出70场，牵头组织并参与“周周看扬剧”演出60余场。

（孙筱梅）

■扬州市木偶研究所 2019年，扬州市木偶研究所创作的多部优秀作品获省、市奖项。向新中国成立70周年献礼的抗战爱国题材木偶剧《荡寇少年》通过江苏省艺术基金验收，木偶剧《神奇的宝盒》在全国木偶皮影剧（节）目展演中获“最佳剧目奖”，木偶剧《梅龙镇》获“优秀节目奖”。木偶戏《校场比武》在第四届江苏省文华奖评选中获优秀节目奖。剧团先后出访俄罗斯、葡萄牙、法国等国家和澳门地区，参加吉斯坦国际木偶艺术节、埃武拉国际木偶节、奥尔良市卢瓦尔河节、“水韵江苏·相约澳门”江苏文化嘉年华等活动。全年演出200多场，其中剧场演出116场、公益演出39场、境外演出16场、其他演出60多场，综合创收达1287.6万元。

（孙筱梅）

■扬州市创研中心 2019年，扬州市文广新局剧目工作室与文化研究所合并重组为扬州市文化艺术创作研究中心，开展各类艺术作品创作、文艺理论研究工作。先后创作《写给时光的信》《致敬一棵树》《被误读的朱熹》《慧能不识字考辨》等书籍30余部，创作朗诵剧《月夜随想》《扬州好运》、小品《签字》《统计风波》、扬州评话《柳堡新故事》《好事成双》、扬州弹词《隔海相望》、音乐情景剧《查勘员协奏曲》、诗朗诵《致母亲》等剧（节）目20余个。举办2019扬州戏剧曲艺创作人员讲习班、2019年扬州市小戏小品剧本征稿等活动。王巨成文学作品《月亮老师》入选第六届“上海好童书”奖、《闯进童年的书店》入选全国书店“最佳少儿文学作品”。“中华先锋人物故事汇”系列丛书获评2019年度桂冠童书，王巨成的作品《王杰》位列其中。朱运桃《融媒体时代下扬州曲艺发展的思考》文章获得柯桥论坛优秀论文奖，扬州评话《柳堡新故事》获得第11期全国曲艺创作人员高研班优秀作品奖。崔绪军木偶微电影《一字诗》获得扬州市纪委监委主办的“清风扬州”微电影大赛三等奖，扬剧《一字诗》获得高邮市戏剧征稿二等奖（一等奖空缺）。崔绪军扬剧小戏《送礼》、孙筱梅小品《统计风波》获2019扬州市小戏小品征集活动优秀作品奖。邀约的汤非创作歌曲《蓝天下》获全国五个一工程奖。9月，市创研中心获中国曲协《曲艺》杂志通联工作先进单位奖项。（崔绪军）

音乐舞蹈

■**2019扬州城市荣誉表彰暨新年联欢会** 1月25日，由中共扬州市委、扬州市政府主办，中共扬州市委宣传部、扬州市文广旅局承办的2019扬州城市荣誉表彰暨新年联欢会在扬州大剧院举行。市四套班子领导出席此次活动。2019新年联欢会文艺演出分为“砥砺奋进”“凝心铸魂”“逐梦前行”三个篇章，共15个新创排节目，由专业艺术院（团）和优秀群众文艺团队共同演出。融合非遗民俗表演的《福临门》开场，引燃全场氛围；女子群舞《姹紫嫣红》契合“立春”节气，生机盎然；《建设者之歌》《夫妻哨》《七老八十》《扬州人的幸福指数》《我奋斗我幸福》《科创名城超级燃》《红梅迎春》《已亥畅想》《蓝天下》等节目将体育公园、城市书房、江淮生态大走廊、社区养老、省运动会、省园博会、产业园、非遗文化等元素贯穿其中，集中反映2018年扬州经济社会发展的崭新成就和2019年扬州美好未来的展望；尾声歌舞《走在春天的路上》，展示近年来全市上下干事创业的热情与决心，将整场晚会推向高潮。（崔绪军）

■**2019“扬州之春”艺术周展演** 2月6—19日，由江苏省文化和旅游厅、中共扬州市委宣传部、扬州市文广旅局、扬州市文联、扬州报业传媒集团、扬州广电传媒集团主办的2019“扬州之春”艺术周展演活动在扬州举行。从2004年起，一年一度的春节文艺专场演出——“扬州之春”艺术周展演活动，已成为每年春节期间市民欣赏全市文化艺术精品的品牌活动。2019年的“扬州之春”艺术周包括木偶、曲艺、扬剧、舞剧、美术等各类艺术活动，全方位集中展示扬州专业文艺院团的精品成果，让扬州市民过上一个“文化年”。（崔绪军）

■**第11届“琼花奖”舞蹈比赛** 5月26日，由市文联、市舞蹈家协会、扬州文化艺术学校主办的市第11届“琼花奖”舞蹈比赛在扬大附中东部分校举行。本次大赛共有50支代表队近3000人参加，参赛舞蹈节目123个，分为少儿组、青年组、中老年组、专业组4个类别。经决赛，共评出少儿组金奖33个、银奖33个、铜奖10个，青年组金奖7个、银奖9个，中老年组金奖7个、银奖5个，专业组金奖8个、银奖8个以及创作奖7个、10名舞蹈之星。（吴建军）

■**第一届江苏省民俗民间广场舞大赛** 6月30日，由省舞蹈家协会主办，邗江区委宣传部、市舞蹈家协会协办的“舞苏韵芳华 颂祖国华章——第一届江苏省民俗民间广场舞大赛”在邗江中学体育馆举办，共评选出13个优秀表演奖、13个表演奖以及4个优秀组织奖。此外，组委会还根据最终网络投票数评选出2个网络最佳人气奖和3个网络最佳风采奖。（吴建军）

■**2019紫金文化艺术节扬州群文广场演出** 9月22日，由中共江苏省委宣传部、江苏省文化和旅游厅、江苏省文学艺术界联合会主办，中共扬州市委宣传部、扬州市文广旅局、扬州市文联承办的“祖国颂 扬州赋”2019紫金文化艺术节扬州市群文广场演出，在扬州瘦西湖万花园露天舞台举行。演出当晚，超过1800人参加演出，数千人同台观看。演出在《我爱你，中国》的动人歌声中正式拉开序幕，古琴表演、扬州清曲、杖头木偶、扬剧歌舞等颇具当地风情的节目先后上演，展示扬州深厚的文化特色。演出最大的亮点，是由小学生、大学生、教师等上百人组成的合唱团，先后演唱《快乐的节日》《七子之歌》《东方之珠》《我们都是追梦人》《不忘初心》《再一次出发》等歌曲。此次群众文艺演出，最大的特色就是大量启用非专业演员，1800多名演员中有80%是群众演员，经过辛苦排练，表现出较高的艺术水准。在节目设计上，把传统节目重新包装，让舞台化的节目更广场化，突出观赏性、时代性，让更多年轻人喜欢。（崔绪军）

■**扬州第13届运动会开幕文体表演** 10月12日，扬州第13届运动会在扬州市体育公园体育馆开幕。在《月夜随想》的创意表演中，开幕式大型文体表演拉开帷幕。整个表演分为“追梦人”“家园情”“奋进路”三个篇章，《我们都是追梦人》《所有人都成功》《九九艳阳天》《我和我的祖国》等歌舞表演，表达扬州人民歌唱伟大祖国、赞美可爱家乡的心声。（崔绪军）

■**舞剧《朱自清》开排** 11月13日，由扬州市歌舞剧院创排的扬州首部爱国题材民族舞剧《朱自清》开排仪式暨新闻发布会在扬州戏曲园举行。3月，扬州市文广旅局邀请国内十多位专家，经过近三个月的研讨、论证，决定聘请中国舞蹈家协会主席冯双白任编剧，原济南军区政治工作部文工团国家一级编导刘小荷和北京现代舞团编导、主要演员张帝莎任联袂执导。视觉设计、服装设计、作词作曲方面邀请的也都是国内顶级行家。演员方面，则由扬州本土演员周晨领衔，扬州市歌舞剧院作为主要班底。（崔绪军）

■**扬州市歌舞剧院** 2019年，扬州市歌舞剧院演出场次达309场，其中公益演出41场，演出团64场、大剧院102场、音乐厅143场，创历史新高。接待各类演出团体160多个，接待观众20多万人次，平均上座率超75%，媒体报道40余次，公众号推送415次。市场总收入达1925万元。由中国舞协主席冯双白任编剧，著名编导刘小荷、张帝莎任总导演的舞剧《朱自清》投入排练。全年获得省级以上奖项9个，群舞《望闻问切》获2019全国社区网络春晚最佳节目奖、2019年度江苏省优秀版权作品奖；在第一届长三角舞蹈展演中双人舞《与妻书》获优秀作品奖，群舞《大饼油条豆腐》获作品奖；在第四届江苏省文华奖展演中，群舞《扬州八怪》获文华优秀节目奖，并入选江苏省优秀青年舞蹈演员展演；女子独舞《长信秋词》获文华表演奖、第六届莲花奖——优秀创作奖。原创歌曲《一条大河》成为今年江苏省文华奖展演的特色作品。（孙筱梅）

■扬州市文化艺术学校 2019年，扬州戏曲园完成展演展示区大小实训剧场的内部装饰装修，园区功能完善。学校年度招生225人，生源数量、质量实现新突破，招生专业新增丹剧表演专业。毕业生就业率达98%。33名木偶表演专业学员期满毕业，其中19名学员经招聘考核入编扬州市木偶研究所，其余均被省内外相关单位招聘录用；又一批订单培养的34名扬剧学员完成在校学业，进江苏省歌舞剧院扬剧团实习。学校围绕省级优质特色学校创建全面加强内涵建设，完善教育教学各项规章制度，加强专业实训技能教学，师生在国、省、市技能大赛中的成绩实现历史性突破，在江苏省职业院校技能大赛中斩获三金五银六铜，在全国职业院校技能大赛中斩获一金一银；学校被评为2017—2018年度市级“文明校园”。学校在开展做好教育教学、人才培养的同时，组织参与文艺创作与艺术实践服务活动，殷德平创作的10余首主旋律歌曲，其中6首被学习强国平台收录刊播，歌曲《儿女心》获江苏省文华奖。学校全年共组织参加江苏省紫金艺术节系列演出及省、市、区（县）庆祝新中国成立70周年系列演出等27场省内各级各类演出活动。（孙筱梅）

书画美术

■2018中国国家画院“一带一路”采风写生作品展在扬州举办 1月18日至2月22日，2018中国国家画院“一带一路”采风写生作品展在扬州美术馆举办。“一带一路”写生作品展是国家画院“一带一路”国际美术工程的一部分，该工程吸引众多国内知名艺术家和100多位来自“一带一路”沿线国家和地区的顶尖国外艺术家共同参与。本次采风写生作品展是“一带一路”国际美术工程在2018年度的阶段性成果汇报，展览共展出40余位艺术家的近300幅作品，其中既有草图、初稿、手稿，也有在采风写生中的速写、水彩、水墨作品，还有拍摄的影像资料等，涵盖国画、油画、版画、雕塑、公共艺术等多种类型，刻画出“一带一路”沿线各国自然风光、历史人文以及民风民俗。（崔绪军）

■全国美术高峰论坛在扬州举行 10月16日，全国美术高峰论坛在扬州开幕。本届论坛由中国美术家协会、江苏省文学艺术界联合会主办，江苏省美术家协会、扬州市委宣传部、扬州市文广旅局、扬州市文联承办，扬州市国画院、扬州市美术家协会协办。论坛为期2天，分为美术思潮与学术方位、美术创作、美术理论、江苏美术专场四大板块，分别由张晓凌、黄宗贤、赵农、陈新建主持。论坛汇聚国内著名美术理论家60多人，以及征稿优秀论文入选作者近100人。（崔绪军）

■2019扬州书法双年展 11月26日至12月12日，由省书法家协会、市委宣传部、市文广旅局、市文联主办，市国画院、市美术馆、市书法家协会承办的2019扬州书法双年展暨扬州市庆祝新中国成立70周年主题书法作品展在市美术馆举行。本次书法双年展于8月初开始征稿，共收到来自省内各地市参展作品840件。经过专家两轮评选共评出入选作品154件，其中书法《东坡题跋》等20件被评为优秀作品。（崔绪军）

■扬州市国画院 2019年，扬州市国画院举办2019年书法双年展、全国美术高峰论坛、《2018中国国家画院一带一路采风写生作品展》《悲鸿精神——第三届全国中国画作品展》等重大展览、论坛10余场。受邀参与省画院《中华民族的血脉——大运河史诗图卷》百米长卷作品创作。全年共有18件作品入选国家级、省级各项展览和国家级峰会。（孙筱梅）

■董雷美术作品展 5月12日，由省美术家协会、市文广旅局、市文联、蜀冈－瘦西湖风景名胜区管委会主办的“扬州院士——董雷美术作品展”在瘦西湖艺术中心美术馆开幕，展期至5月22日。本次展览共展出董雷创作的78幅写真画像，以及20幅在全国美展中获奖、入选的扬州题材作品。（吴建军）

■金丹书法篆刻展 5月30日，由省书法家协会、南京艺术学院、市文联、蜀冈－瘦西湖风景名胜区管委会主办的“广陵忆旧游——金丹书法篆刻展”在瘦西湖书画院开幕。展览为期一个月，共展出南京艺术学院教授、博士生导师、书法系主任金丹书法篆刻精品100多幅。（吴建军）

■第二届“邮驿路·运河情”全国美术作品展 7月5日，由中国美术家协会和高邮市政府共同主办的第二届“邮驿路·运河情”全国美术作品展在高邮博物馆开幕，展期至7月25日。展览立足高邮的邮驿文化和运河文化两个核心元素，共展出入选作品217件。展览自2018年10月面向全国征稿，至3月底，共收到投稿作品6063件，分别在北京和高邮进行初评和复评，最终评选出入选作品217件（含入会资格作品49件）。（吴建军）

■庆祝澳门回归20周年扬澳番书画联展 12月20日，由市委组织部、市委宣传部、市委老干部局、市文联主办，市老干部书画研究会、澳门华夏文化艺术协会、广州市番禺百越艺术研究会承办的“迈进新时代 书画中国梦——庆祝澳门回归二十周年扬澳番书画联展”在扬州市文化馆开幕，展期至12月31日。共展出扬州、澳门、番禺三地书画家的精品力作近100幅。（吴建军）

■第二届扬州市书法临帖作品展 7月23日，由市文联主办、扬州书法院承办的“第二届扬州市书法临帖作品展”在市文化馆开幕，展期至7月29日。展览共收到近200幅投稿作品，经评选，展出107幅优秀作品，并特邀4幅评委作品参展。

（吴建军）

社会科学

■概况 2019年，市社科联共开展五大类课题项目研究，包括重大课题6项，年度重点课题220项，《扬州蓝皮书》课题34项，中国特色社会主义理论研究中心课题30项，扬州台湾经济文化交流研究中心课题27项。探索研究成果转化的新途径。结合中华人民共和国成立70周年的重大时间节点，结合“三个名城”建设、“六个高质量发展”和“新十件大事”，开展“礼赞新中国，奋进新时代”国情市情调研活动，与《扬州日报》学思行专栏开展合作，将活动成果在《扬州日报》上刊登，向市委、市政府领导提供对策建议或外地可供参考的实践经验。市社科联在全国大中城市社科联第30次工作会议上，获“2019年度全国社科组织先进单位”称号。获江苏省社科联2019年度“先进社科联奖”“决策咨询奖”。

学术活动。对外交流借力用力。加强与中国社科院、省级社科研究机构、市内外高校的学术联系，参与宁镇扬一体化论坛、省学术大会苏中通泰扬专场等社科界合作活动，吸收外地专家智慧为扬州所用，拓展市社科界与外地的合作渠道。重点协助省社科院、市委宣传部举办世界运河博览会六大活动之一的“大运河智库峰会”，邀请市内外社科界约250人出席会议，数位国内知名的大运河专家学者在会上作主题发言，形成一批优秀成果。结合全市第11届学术年会，举办社科界纪念中华人民共和国成立70周年主题活动，以“扬州城、扬州人、扬州事”为主题，以新中国成立以来扬州的发展变化、新时代扬州的发展成果、未来扬州的发展展望为主要内容，发动专家学者开展研究，共征集到各类论文260篇。主办年度第3期“扬州智库论坛”，围绕“城区经济与金融创新发展研究”主题，集中专家学者力量立足决策需要，推动理论研究和实际工作相结合，提出发展对策思考。举办2019年扬州台湾经济文化交流研讨会，特邀中国社科院台湾研究所副所长张冠华作专题讲座。各县（市、区）、功能区，高校和有关部门的专家学者100多人参加会议。

学会规范化建设。制定《扬州市社科联学会管理办法》，对学会实施分类指导，督促学会规范建设。组织学会参与各类学术研讨、社科普及活动，通过年检、评优等工作，指导、督促学会做好换届、财务、组织建设等基础工作。开展学会专项调研活动。开展以意识形态工作、学会功能与作用发挥为主题的专项调研，排查存在问题并进行整改。加强学会人才队伍建设。举办学会负责人培训班暨党建联络员工作会议，提高学会工作骨干的理论和业务工作水平。

社科普及。贯彻落实《江苏省社会科学普及促进条例》精神，率先建立“扬州市社会科学普及联席会议制度”，从机制层面为全市社科普及工作奠定工作基础。举办市第16届社科普及宣传周，市县联动发动社科工作者发挥自身学科优势，进企业、进农村、进机关、进学校、进社区，宣讲重大理论、普及人文知识、解读重要政策。提高“社科学堂”质效，组织社科普及志愿者队伍到街道、社区基层开展讲课活动，持续宣传习近平新时代中国特色社会主义思想、党的十九大精神、社会主义核心价值观、城市文明道德风尚、省市重大决策部署、扬州优秀传统文化等内容。建设社科普及基地。共建成国家级人文社科普及示范基地2家，省级社科普及示范基地12家，省级社科普及研发基地2家，市级社科普及示范基地63家。（孔　悫）

■学会建设 3月22日，市社科联召开2019年度学会建设工作会议，特邀省社科联党组成员、副主席徐之顺作“扎实推进学会意识形态功能建设”专题讲座，市级社科类学会及各县（市、区）社科联负责人共70多人参加会议。会上，扬州市市场监督管理学会、扬州市新四军和华中抗日根据地研究会、扬州市儒商研究会、扬州市教育学会、扬州市金融学会、扬州市农村金融学会、扬州市卫生经济学会、扬州市杂文学会、扬州市企业党委书记工作研究会、扬州市诗歌学会等10家学会获评2018年度优秀社科学会，有关学会代表在会上进行交流发言。市社科联与各学会签订《2019年度扬州市社科类学会意识形态领域工作责任书》。（孔　悫）

■扬州市第16届社科普及宣传周 9月21日，以“推动高质量发展走在前列，决胜高水平全面建成小康社会”为主题的扬州市第16届社科普及宣传周开幕式在广陵区朱自清小学举行。开幕式上举办社科普及主题文艺汇演、有奖社科知识竞答、“大运河的申遗与文化带建设”专题社科讲座等活动。开幕式现场发放市社科联组织编写的《习近平新时代中国特色社会主义思想》《新时代新家风》《扬州成语地图》等宣传折页。市社科联向新命名的10家省市级社科普及示范基地授予铜牌，为“社科学堂”特聘讲师代表颁发聘书。社科普及周由省、市、县社科联系统联动开展，为期一个月。其间，各县（市、区）社科联、市级学会、社科普及示范基地等单位结合“不忘初心、牢记使命”主题教育，弘扬爱国主义精神，凝聚奋发有为、奋斗圆梦的力量，开展

2019年度《扬州蓝皮书》结项课题一览表

表32-3

课 题 名 称	课 题 组 成 员
2019—2020年扬州经济社会发展形势分析与预测	黄为民 孙景亮 夏卫峰 郑善武 鞠斐扬
2019年扬州市经济体制改革研究报告	卞 吉 胡新林 姜金元
扬州先进制造业集群发展现状与对策研究	市工信局课题组
扬州市景区经济发展研究报告	市景区经济研究课题组
2019年扬州市服务业发展研究报告	黄为民 孙景亮 夏 坚 王 斌 汤 鑫
中美贸易摩擦背景下扬州对外经济研究	吉爱平 张 锋
扬州人力资源服务业发展研究报告	范 耘 杨 洋
推动园区经济高质量发展扬州的路径及对策研究	市商务局课题组
2019年扬州市民营经济发展报告	胡春风 蒋 斌 黄 鹏 杨 慧 刘 勇 李晶晶
2019年扬州市城乡居民收入与消费状况分析报告	国家统计局扬州调查队课题组
2019年扬州金融形势回顾与展望	市金融学会课题组
邗江区装备制造业发展研究报告	吴 迪 张德兰 马 周
广陵区软件和信息服务业发展研究报告	广陵区委研究室课题组
江都区经济发展高质量研究报告	韩培育 全瑞平 孙山花
扬州经济技术开发区科技综合体发展研究报告	谈耀东
扬州市列省重大项目高质量建设推进情况分析报告	陈焕章 石 旋 胡凌子
扬州沿江经济带高质量发展的纪律保障	市纪委、监委课题组
扬州深化产教融合发展研究报告	程兆君 赵 亮 宋犁犁 陆 洋
网格化精细化社会治理视野下扬州市网格员队伍建设研究	许林灿 孙春雷 胡海波
扬州建设华东地区“中央厨房”的实践与思考	马顺圣 胡荣利 王又涵
审计视角下的扬州乡村精准扶贫状况研究	蔡先建 杨道龙
扬州传统文化人才高质量发展研究报告	沈娟娟
扬州文化产业融合发展影响因素与对策研究	陈 峰
扬州推进媒体融合发展研究报告	市委宣传部课题组
2019年扬州市生态环境保护发展报告	王和清
扬州现代公园均等可达性和服务水平提升研究报告	市历史文化名城研究院课题组
扬州“河湖长治”实效调研报告	孙文祥 许 飞 王 华 魏文志
扬州市建筑垃圾治理质量提升研究	郭家驯 刘 娟 李政驰 何新伟
2019年扬州教育事业发展研究报告	市教育局课题组
医疗联合体（医共体）扬州实践研究	赵国祥 陈东升
住房公积金支持新市民解决住房问题的研究——基于扬州市江都区新市民住房问题的专项调查	市住房公积金管理中心课题组
扬州民政事业发展研究报告	市民政局课题组
在扬高校大学生就地创业意愿调查和对策分析	汤学良
存量教育资源整合视角的扬州社区教育发展研究	江海学院课题组

（孔 悫）

专题演讲、主题征文、知识竞赛、社科成果展示、文博展览、人文知识讲座、社科宣传视频、社科书市、图书漂流、书画摄影展、亲子游等多样化、直接服务群众的普及活动。（孔 悫）

■ **2019年第三期扬州智库论坛** 10月12日，以“城区经济与金融创新发展研究——以江广融合区板块为例”为研讨主题的2019年度第三期“扬州智库论坛”举行，本期论坛由扬州市社科联轮值主办，市金融监督管理局、市生态科技新城协办。论坛特邀南京建邺高新技术产业开发区管委会副主任侍得广介绍南京金鱼嘴基金街区的成功经验，为市生态科技新城、开发区、高新区的发展提供有益借鉴。论坛共评出优秀论文25篇。（孔 悫）

■ **2019年度《扬州蓝皮书》** 2019年度《扬州蓝皮书》共收到申报课题87项，其中立项37项，结项34项。《扬州蓝皮书》共分为总报告、“经济发展高质量”研究报告、“改革开放高质量”研究报告、“城乡建设高质量”研究报告、“文化建设高质量”研究报告、“生态环境高质量”研究报告、“人民生活高质量”研究报告等七部分，紧扣扬州推进“六个高质量发展”的理论思考和实践探索，增强课题的研究性、实用性和前瞻性，预测与解答扬州未来发展中可能遇到的问题。（孔 悫）

■扬州市第11届社科学术年会 9月25日，市社科联召开“礼赞新中国、奋进新时代”调研成果交流会暨第11届哲学社会科学学术年会，来自各县（市、区）社科联、高校、党校、市级社科类学会的专家学者、调研文章及优秀论文作者代表共100多人参加活动，共同交流研讨。大会特邀省政府研究室特约研究员、南京师范大学教授、博士生导师卜海作主旨报告。本届学术年会以“礼赞新中国、奋进新时代”为主题，面向全市社科界共征集到各类论文260篇，评出优秀论文126篇，其中一等奖23篇、二等奖48篇、三等奖55篇。6名论文作者代表围绕大会主题从县域经济高质量发展、经济增长动力转换、颐养社区建设、长江生态大保护、农民收入变化、教育事业发展等方面，在会上作交流发言。（孔 悫）

■2019年扬州台湾经济文化交流研讨会 12月6日，市委宣传部、市台办、市社科联共同举办2019年扬州台湾经济文化交流研讨会，中国社科院台湾研究所副所长张冠华到会作主旨演讲、省台办一级巡视员王鲁宁到会并讲话，研究中心顾问兼特约研究员以及在扬高校和市级社科学会的各位嘉宾参加，探讨扬州台湾经济社会融合发展之道。扬州市对台工作领导小组成员单位、各县（市、区）对台工作人员参加会议。市委副书记、统战部部长孔令俊参加会议并致辞。会上，中国社科院台湾研究所副所长张冠华以《深化两岸融合发展的内涵、意义与推进路径》为题作专题讲座。研究中心顾问兼特约研究员桑登平、市台办主任黄俊华、市委宣传部文改办陈峰、扬州市职业大学袁刚等分别作研讨交流发言。（孔 悫）

新闻出版

综述

■概况 2019年，全市计有出版社1家、报纸5种、期刊16种、连续性内部资料性出版物41家、驻扬记者站3家。有印刷企业560家，其中出版物印刷企业16家，专项印刷企业6家，数字印刷企业1家，包装装潢印刷品印刷企业305家，其他印刷品印刷企业232家，销售总额达37.8亿元，利润2.9亿元，从业人员1.05万人，省级示范企业3家。有出版物发行企业737家，其中出版物批发企业11家，出版物零售企业726家，销售总额达4.3亿元，从业人数4126人。有网络出版单位3家，复制单位1家。（李相林）

■印刷发行管理 完成560家印刷企业年度报告公示和737家出版物发行单位年度核验、换证工作，依法注销一批关停企业。指导1家包装装潢印刷企业成功升级为出版物印刷企业；开展扬州市印刷复制发行暨内部资料性出版物专项整治、“双随机 一公开”抽查工作；举办扬州市出版物发行单位法规培训班，全市280多家发行单位负责人参加培训；为全市印刷企业免费发放承印登记簿；指导成立扬州市出版物发行业协会，发展会员单位60多家。2家企业获2019年省级现代服务业（新闻出版）发展专项资金项目扶持。（李相林）

■报刊管理 规范全市内部资料性出版物管理工作，完成41家连续性内部资料性出版物编印单位年度核验；组织全市1128名新闻采编人员参加岗位培训与考试；严格落实“三审三校”制度，加强新闻报刊领域的事中、事后监管，开展报纸、期刊、连续性内部资料出版物审读，编发《扬州市报刊审读》3期。严格落实报刊年度核验制度，坚持问题导向，聚焦重点报刊，对群众反映的意见和诉求及时进行核查处理。（李相林）

■版权管理 举办版权实务操作培训，全市共建有基层版权工作站15家，完成版权作品登记7421件，较全市总存量增长63.3%。开展版权工作站认定，“五亭龙版权工作站”“扬州安贝斯玩具有限公司版权工作站”“浙大邗江分中心版权工作站”“仪征市版权工作站”4家工作站被认定为“2019年度扬州市优秀版权工作站”，“扬州工艺美术集团版权工作站”等10家工作站被认定为“2019年度扬州市达标版权工作站”。策划“4·26知识产权日”系列宣传，开展版权知识进校园、进企业、进影院、进农家书屋等活动。组织优秀版权作品、版权示范单位评选，《中国大运河百问》等5件作品入选2019年江苏省优秀版权作品，扬州安贝斯玩具有限公司入选省版权示范单位。发动版权企业参加第二届江苏·南京版博会，扬州市版权局获优秀组织奖，扬州全域旅游有限公司等8家企业获优秀版权贸易企业，扬州486运营管理有限公司等6家企业获优秀参展企业。联合市公安、网信开展打击网络侵权盗版“剑网2019专项行动”，全市共办结版权行政案件15起（网络侵权盗版案件8起）。由市公安局侦破的马某某等涉嫌侵犯影视作品著作权案入选全国“剑网2019”专项行动十大案件。市版权局等5家单位被评为2018年度全国查处侵权盗版案件有功单位二等奖，市执法支队唐海宁被评为2018年度全国查处侵权盗版案件有功个人三等奖，扬州“天龙八部”私服侵犯著作权案入选2018年度江苏省打击侵权盗版十大案件。（尤 萌）

扬州报业传媒集团

■概况 2019年，扬州报业传媒集团全面贯彻落实习近平总书记关于媒体融合发展的重要指示，保持定力、集中精力，坚持新闻宣传和产业经营两手抓两手都要硬，各项工作呈现出稳中有进的良好态势。集团坚持“铁腕抓质量”，在宣传上体现主流、在媒体发展上体现融合，不断巩固和扩大主流阵地，打造网上网下同心圆，为建设“强富美高”新扬州提供舆论支持。党的十九届四中全会、全国和省市两会、市委全会、“不忘初心、牢记使命”主题教育、扫黑除恶、科创名城建设等重大主题和重要会议、活动报道，组织有力，形成舆论声势，多个版面和报道受到市委、市政府表扬。探索用特刊反映中心工作，全年累计推出10多个特刊。坚持以优质内容为王，精心打造爆款产品，科创名城系列、“美食之都”系列等现象级产品，充分占领舆论场。约20篇（幅）图文报道登上《人民日报》（含海外版），有500多篇稿件被“学习强国”全国、全省平台推送。集团建立健全媒体考核机制，出台重点选题申报及落实、值班纪要提示及落实等制度。在2018年度全省报纸、网络、媒体融合优秀作品评选中，集团获一等奖10件，获2件江苏新闻奖，在全省地级市中排第一，实现历史性突破。在江苏省报业协会五届五次理事会上，扬州报业传媒集团获得四项大奖：2018—2019年度江苏报业融合发展先进单位、经营开拓先进个人（李继业）、融合创新项目一等奖和二等奖（分别是运河主题国际微电影展、《非遗扬州》系列纪录片）。《扬州24小时》专题片获评“传媒中国年度报业融合创新发展优秀案例20佳”。扬报集团全媒体资源管理平台获中国报业媒体融合、信息化和网络安全项目创新奖。

2019年，报业集团实施融媒中心制改革，拆除体制藩篱，从集权化的控制型体系向授权化的赋能型体系转变，重新整合资源，新组建11个融媒体中心。集团新媒体集聚900万+的用户，打造出扬州排第一、全省居前列、全国有影响的新媒体矩阵。其中，扬州发布下载用户数突破140万人，平均日活10%以上，首届大运河文化旅游博览会，集团全媒体报道阅读量超过百万人次。集团新媒体“扬马”直播缔造6500万+阅读纪录。《我和我的祖国》系列快闪、《光芒》MV、《小吃扬州》微纪录片等视频一再刷屏。2019年暑期，扬州报业传媒集团发起，联

2019年扬州报业传媒集团获省各类优秀作品一览表

表32-4

报纸名称	作品标题	类别	作者	等次
扬州日报	“大老李”来了“狗不叫”　小场景引“老记”点赞	消息	黄静　从有志	一等奖
扬州日报	一句善意谎言　21年无声诺言	通讯	胡俭　从有志	一等奖
扬州日报	文艺演给谁看？	评论	金沙人（李广春）	一等奖
扬州日报	党报调查	专栏	周明涛　李峰　拾景炎　刘贺　毛建国　沈燕	一等奖
扬州日报	11月1日2—3跨版	版面	拾景炎　陈杜华　王鹏	一等奖
扬州发布	扬州用爱为视障跑友“追光”	媒体融合	李继业　周明涛　张志虹　蒋大伟　刘国锋　徐勇　徐新宇	一等奖
城市党报研究	发挥“1+1+1+1>4”的叠加效应	新闻论文	李继业	一等奖
扬州晚报	点赞！损失200万也要“为鸟让地”	消息	孟俭	二等奖
扬州日报	19岁“小木匠”受聘技师学院在编教师	消息	楚楚	二等奖
扬州晚报	2698吨废酸偷排运河，南京一公司被罚2000万，偷排废酸案录入联合国数据库（扬州审理）	消息	刘旺	二等奖
扬州日报	国际高能“朋友圈”　这里是扬州，请您认证！	通讯	李继业　周明涛　拾景炎　王鹏　孔茜　王璐	二等奖
扬州日报	让《流浪地球》们不再“流浪”	通讯	李继业　周明涛　李峰　王玉龙　张玉峰　刘贺	二等奖
扬州晚报	“女子跪地给流浪汉做人工呼吸”照片刷爆朋友圈。一起寻找她！为流浪汉人工呼吸的年轻女孩	通讯	徐海峰	二等奖
扬州日报	“共享”的背后是不怕麻烦自找麻烦	评论	李继业　周明涛　毛建国	二等奖
扬州日报	扬州小木匠梦圆“世界技能奥林匹克”系列	系列报道	李继业　周明涛　李峰　楚楚　高君　石默然　刘贺　王鹏	二等奖
扬州晚报	“什么‘鬼’？屡查不止！”系列	系列报道	孟俭	二等奖
扬州网	清明小长假，扬州市政府食堂首次对外开放，简餐版淮扬美食走红	网络好新闻	薛舒文　朱广盛　陈书戈	二等奖

续表 32-4

报纸名称	作品标题	类别	作者	等次
记者观察	深思·深耕·深融——地市级媒体创新重大主题报道的误区与对策	论文	蒋斯亮 从有志	二等奖
扬州晚报	春风里	副刊（记协）	谈海蓉	二等奖
扬州日报	守正创新 百年扬剧“有人有戏”	消息	王鹏 王璐	三等奖
扬州日报	为了她 学校暑假改造了七间厕所	消息	刘冠霖 楚楚	三等奖
扬州日报	30 年的爱心茶水摊不会断档了	消息	余佳	三等奖
扬州日报	粮价降了，这些种粮大户为啥还多赚了“三五斗”	通讯	嵇尚东	三等奖
扬州日报	22 年织密一张温暖群众的“心网”	通讯	拾景炎 葛学涛 黄静	三等奖
扬州日报	安全“红丝带”到底好在哪	通讯	乔国军	三等奖
扬州晚报	“不搭浆”的扬州美食回味深远	评论	费大洋	三等奖
扬州日报	“烈属周忠燕携子重走丈夫牺牲路”系列	系列	楚楚 乔云 高宝亮	三等奖
扬州日报	全国乡村产业振兴推进会看扬州画卷	重大主题创新策划	李继业 周明涛 拾景炎 吴生锋 周晗 马惠敏	三等奖
扬州晚报	11 月 1 日 A4—5 版	版面	肖德林 桂国 袁敏	三等奖
扬州网	图说老扬州	漫画	朱广盛 沈江江 陈宜展	三等奖
扬州网	扬州：现在起，请叫我世界美食之都！	网络	朱广盛 陈宜展 王宇 邵丽萍 陈书戈 王文峰 刘燕	三等奖
中国地市报人	6 个出发——纸媒从“字”到“视”的探索	论文	赵钢	三等奖

（从有志　刘新平）

合市文明办、关工委等部门和单位，举办“文起来 动起来 精彩一夏”扬州市青少年暑期运动、阅读系列活动，产生良好社会反响。

集团图片（会展）中心承办江苏省庆祝新中国成立 70 周年成就展扬州展馆、扬州市庆祝新中国成立 70 周年成就展，总参观人次达到 80 万人次，受到省、市领导好评。9—10 月，2019 年运河嘉年华举行，报业集团负责承办花车巡游、国际风情歌舞表演、木偶皮影表演、运河城市微视频展、运河城市图片展等五项活动，取得较好的社会效益和经济效益。晚报微信采编中心承办第四届扬州市网民节开幕式暨扬州科创名城成果展、扬州首届电竞大赛，受到广大网友热捧。市体育局、市总工会、团市委和报业集团联合主办首届“名城百企”运动会。报业集团承办“广陵杯·全国木偶皮影优秀剧（节）目展演”等重要活动。

2019 年，报业集团全年实现销售收入 3.16 亿元，完成市下达的考核任务；实现利润 1749 万元，比上年增长 16%。集团各经营部门实现势能集聚、动能转换。集团新媒体的先发优势转化成了价值。扬州发布 2019 年经营收入实现 1404 万元，利润超过 1000 万元。江南大业完成公交站台广告位续租，与扬州泰州机场展开全面合作，承接和协助拍摄《极限挑战》扬州专场，承办江苏志愿服务展示交流大会晚会、2019 国际创新者峰会、社区文化艺术节等活动。发投公司坚持“主业不放、副业不让”，承接《高铁报》《工人报》高邮、宝应等县市报投寄业务，与《现代快报》《江苏科技报》达成发行协议，扬大康源乳制品等配送进展顺利。印刷公司全年承接 10 多项大型布展活动，喷绘写真、数码印刷技术及策划布展能力获得市场认可，通过扬州市先进制造业技术改造资金项目审核。

项目建设。广陵书社《曾朴全集》获全国优秀古籍图书一等奖，《阮元集》和《中国历代文学家墓志笺证》成功入选 2019 年度国家古籍整理出版重点资助项目，全年出版图书 302 种，完成销售收入 2350 万元，实现利润 172 万元。广陵古籍刻印社打造雕版印刷活态旅游区项目，中国印刷博物馆广陵雕版印刷分馆正式获批。扬州市文商会被民政部门评为 AAAA 级社会组织，被省工商联评为江苏省“四好”商会。扬州市青少年素质教育基地搬迁至润扬森林公园，并拿到国家优等级基地、省关工委示范基地等荣誉；小记者中心全年累计发展会员1.1万人。集团生产办生产有机米约13万千克。国鑫公司分配上年利润，投资收益率13%。集团初步完成文投公司组织架构设置及团队规划，出台运营绩效考核方案，有效推进运河大剧院B区商业综合体的招商；运河大剧院项目加入大运河剧院联盟。集团发展自觉融入大运河文化带建设，运河大剧院建设和《大运扬州》升级工程，均列入扬州市大运河文化带建设重点项目表。集团成功收购萃园农副产品批发服务有限公司，计划以国有资本占主导地位的新萃园公司为平台，在市区建设新的市场，寻求多元化拓展。结合广陵古籍刻印社解困，经市长办公会批准，集团第一个地产项目将与雕版印刷活态展示博物馆建设同步在工艺坊地块铺开。

（从有志　刘新平）

■**《扬州日报》** 2019年，《扬州日报》出版355期，印数（开机数）7.28万份，征订数7.04万份。日报坚持围绕中心，服务大局，完成一系列重大主题报道。组织党的十九届四中全会、全国和省市两会、市委全会、“不忘初心、牢记使命”主题教育、扫黑除恶等重大报道战役，形成强大舆论声势。庆祝新中国成立70周年，开设“壮丽七十年 奋斗新时代”总栏目，陆续推出“扬州发展成就巡礼”“晒晒红色传家宝”“我和国旗合个影”“扬州之最”等子栏目，刊发300余篇稿件和图片，展示壮丽70年的伟大成就、演绎奋进新时代的家国情怀。“晒晒红色传家宝”专栏，受到省委宣传部表扬。全国人大常委会执法检查组到扬检查、全国乡村产业振兴推进会在扬召开、“烟花三月”国际经贸旅游节、扬马、首届大运河文化旅游博会、双创示范、世界运河城市论坛和世界运河大会、运河文化嘉年华等重大报道任务，一再产生现象级传播效果。新闻综述《始于运河文化嘉年华的新出发》，获得市领导肯定。年内，市委、市政府主要领导先后十多次就新闻宣传工作下任务、出题目，瓜洲外排泵站试运行，广东视障跑团参加扬马的故事，“精彩一夏”青少年暑期运动、阅读系列活动策划等报道日报都出色完成宣传任务。关于“三个名城”建设的宣传报道，是贯穿全年的重点，组织“聚焦新兴科创名城主航道”宣传，累计刊发消息、通讯、评论等原创报道约500篇，产生极强的舆论声势。扬州入选“世界美食之都”，扬州日报在头版推出“我为‘世界美食之都’增什么光添什么彩”专栏，刊发稿件超过100篇，迅速成为舆论热点。2019年相继推出《带着盲父去守井》《杨文华：带27位烈士“回家”》《让〈流浪地球〉们不再“流浪”》《一句善意谎言21年无声诺言》《“大老李”来了“狗不叫”小场景引“老记”点赞》《扬州“小木匠”的追梦人生》《一张“小纸条”背后的爱心故事》《方向不变 思路不偏 精力不散》《国际高能“朋友圈” 这里是扬州，请您认证！》、“双创精神”系列报道等爆款产品。重设版面架构、强化内容支撑、改良新闻语言、创新视觉呈现，继续用心用力办好“党报评论”等重点栏目。加强特刊创作，全年推出《1、2、3 红包雨来了》《名城春晖——2019中国扬州“烟花三月”国际经贸旅游节特刊》《解放——纪念扬州全境解放70周年特刊》、《红旗飘扬——庆祝中华人民共和国成立70周年特刊》等精品特刊。（从有志　刘新平）

■**《扬州晚报》** 2019年，《扬州晚报》出版354期，印数（开机数）8万份，征订数7.5万份。在第12届中国传媒经营大会上，《扬州晚报》进入2018—2019中国传媒经营价值百强榜“全国晚报二十强”，排名第14位。获“金长城传媒奖·2019中国传媒融合发展十大地市晚报”称号。《扬州晚报》微信公众号获“传媒中国年度报业微信公众号影响力20强”荣誉。庆祝新中国成立70周年，《扬州晚报》推出两大融媒体报道策划。从3月20日起推出的“重生之路·寻找烈士”大型融媒体行动，系列报道在读者中产生广泛情感共鸣。从8月1日起推出“再拍一张最美军装照”活动，寻访革命老兵，为他们拍“最美军装照”，并通过图文、视频、H5展现老兵风采。开设“老照片征集”“亲历”“讲述”等专栏，形成重大主题宣传的舆论强势。全国两会、“烟花三月”国际经贸旅游节、扬马、首届大运河文化旅游博览会等重大报道任务，创新报道手法，推出系列专版。扬州入选“世界美食之都”，《扬州晚报》刊发的言论《“不搭浆”的扬州美食回味深远》获市委主要领导批示点赞。2019年，《扬州晚报》深度改版，强调和扬州发布客户端深度融合，互为入口，增加优质内容供给，丰富报道呈现；坚持以创意取胜，精心打造扬州人的精致“读本”。新一轮改版对版面设置进行更新，采用“海报式”封面头版，推出“新闻荟”“新闻+”“马上办”“在现场”“警戒线”“街巷里”等新闻版面，以高质量原创报道增强媒体黏性。重塑周刊，全新打造“扬州慢”“养生堂”“去哪儿”等特色周刊；挖掘地方文化资源，除老牌周刊“绿杨风”外，新推出“文化+”周刊，设立“广陵琴”“忆故人”“考古记”等专版，拓展文化副刊边界。年内陆续推出一批新栏目，《新职业调查》《民生桥》《达人秀》《防范诈骗讲堂》《让平凡人上头版》《城市守夜人》《韶韶扬州话》《扬州史话》等，带给受众新的阅读体验。《扬州晚报》重拾深度调查和舆论监督利器，重点打造《晚报调查》栏目，曝光石塔菜场缺斤少两“鬼秤”乱象的调查报道《什么“鬼”？屡查不止！》，引起市委主要领导批示，推动全市农贸市场“短斤少两”等突出问题专项整治行动。强化社会主义核心价值观宣传，常年报道凡人善举，开设有“点赞扬州人”“最美扬州人”等专栏，与阿里巴巴合作，开展“最美家乡人”评比活动。7月，《扬州晚报》与“扬州发布”推出“鑫雯联播”“照谣镜”“生活实验室”“祝宁平安”“说政事”“自然之家”“民生传送”“春游吧”“荟人不倦”

等10多个融媒工作室栏目，推动编辑记者转型，增加融媒体优质内容供给。（邹亚琴 刘新平）

■**扬州发布** 2019年，“扬州发布”贯彻“移动优先”战略，推进媒体深度融合发展，与《扬州晚报》深度融合，取得明显成效；经营创收等方面都取得新成果。年内，《非遗扬州》微纪录片获得长三角移动新媒体联盟“现象级”新媒体传播案例一等奖。在全国地市新媒体第12届创新发展高峰论坛上，“扬州发布”获得全国地方融媒体经营活动十大案例、全国地方融媒体客户端传播力十强品牌两项荣誉。庆祝新中国成立70周年主题宣传，“扬州发布”联合《扬州晚报》、扬州网推出“东方红 绿杨春”大型融媒体策划，包含六大产品：十集同名主题系列微视频；“国庆路上（解放路上）”系列报道；“竖立着的70年之最”系列视频；“时光机——一张老照片的VR穿越之旅”；“我想对你表白”互动栏目；沙画+长图“数”说70年系列作品。策划涵盖通讯、直播、短视频、VR、沙画、长图等表现形式，作品在报、网、端、微、抖全平台分发。推出《飞阅扬州》（8集）、《扬州一分钟》（10集）两大系列短视频；拍摄“我和我的祖国”系列定制快闪，作品在朋友圈屡屡刷屏。首届大运河文化旅游博览会，“扬州发布”组织“璀璨运河”灯光秀等7场直播；刊发图文稿件300余篇；创作视频7条、H5作品3件。承办沿运河骑行活动，邀请4省11市的骑行爱好者到扬州骑行，获《人民日报》客户端、中新社等30多家媒体报道。推出10集《诗渡瓜洲》短视频，并策划《诗话瓜洲》11集系列人文视频，助力大运河文化带建设。2019扬马，“扬州发布”设置四大直播室，开展100小时不间断滚动直播，并实现扬州新闻史上第一次5G直播、扬州报业史上第一次实景直播。“扬马”直播报道，报业集团创下6500多万人次的阅读量新纪录。《非遗扬州》系列视频2019年新推出《木偶戏》《评话》《弹词》《清曲》四部作品；《非遗传承人记录工程》赵如柏项目通过国家验收，完成玉雕大师顾永骏的记录工程。策划拍摄餐桌文明系列公益短片、《光芒》MV、《你好，国庆！》MV、运河文化嘉年华主题曲《为大运河喝彩》MV、《小吃扬州》微纪录片等精品视频。《光芒》MV得到市委主要领导肯定。3月，“扬州发布”官方抖音号编发的两条短视频《40秒，拯救了两条生命》《爸爸牺牲10年，妈妈瞒了10年》，总播放量超过2500万，后一作品点赞量超过100万。2019年，“扬州发布”与《扬州晚报》深度融合，采访力量得到整合并加速转型。“扬州发布”“马上办”一级频道，向《扬州晚报》纸质通版拓展，至年底，“马上办”平台累计解决2万多条市民求助和投诉，成为融媒产品新地标。9月，“扬州发布”联手肯德基，在京华城打造肯德基“发现扬州”餐厅，餐厅以“墨香、科技、创意、爱心”为主题，成为“网红文化打卡点”。“扬州发布”依托自身平台化、市场化和全媒体优势，为客户提供品牌传播整合营销，2019年实现营收1400多万元，利润超过1000万元。集团融创中心通过对融媒体网络基础架构的改造和优化，高标准建成两个三级等保信息化平台，确保集团融媒体平台全年安全、稳定、高效运转。加强制度建设和管理，填补RTX24小时值班空白点，筑牢网络宣传安全防线。（赵 钢 刘新平）

■**扬州网** 2019年，扬州网认真履行党媒职责使命，紧紧围绕中心、服务大局，开展各项宣传报道工作，营造风清气正的网络空间。扬州网PC端发布各类新闻近10万条，其中95%以上被百度收录，60%以上的新闻被人民网、新华网、光明网、中国网、中国江苏网等采用。扬州网年内制作2019扬州两会、2019全国两会、“壮丽70年 奋斗新时代”、“不负好春光 共赴扬州之约”、首届大运河文化旅游博览会、扬州打响垃圾分类攻坚战、“推行河长制扬州在行动”、扫黑除恶、扬州“城市安全第一工程”瓜洲泵站投用、“不忘初心、牢记使命”主题教育、2019世界运河大会、第四届扬州网民节等重要新闻专题80余个。由市委网信办、扬州网联合打造的“广陵潮评”频道，刊发、转发本地原创稿件近400篇，阅读点击量超过百万。扬州“烟花三月”国际经贸旅游节官网、扬州市网民节官网均由扬州网制作，并在人民网、新浪网、中国江苏网上亮相。扬州网借助高端平台开展对外宣传，通过今日头条号、人民号、凤凰号，每天传递扬州好声音、讲述扬州好故事，全年在三大平台刊发新闻报道近5000条。扬州网报送的稿件，有500多篇登上“学习强国”江苏平台。在全国地市新媒体第12届创新发展高峰论坛上，扬州网获得全国地方融媒体网站人气流量十强品牌。（陈书戈）

广播影视

综述

■**概况** 2019年，全市共有56件作品获江苏省优秀广播电视节目奖，其中特别奖1件、一等奖12件、二等奖13件、三等奖18件、优秀奖12件，获奖数量在全省排名前列。每季度开展广播电视新闻作品推优工作，全年向省广播电视局选送作品8件，有5件被评为省优秀广播电视新闻作品，获奖数位居全省第三。扬州广播电视总台《童心碰碰车》《成长学院》获国家广电总局“少儿节目精品发展专项资金”扶持，扬州广播电视总台《战天狼》《太行英雄传》分获“2017—2019年度江苏电视剧奖”二、三等奖。纪录片《朱自清》获省第11届精神文明建设“五个一工程”电视纪录片奖，广播剧《天路琴声》获省第11届精神文明建设“五个一工程”广播剧奖。扬州广电台新闻频道记者糜长庆获评江苏“最美广电人”。公益广告《我为扬州老人拍照片》《我们的路》分别获国家和省级优秀作品。扬州广播电视总台制作的微电影《一方豆腐》获“我和我的祖国”长三角原创短视频创作大赛奖。仪征台在省广播电视节目共享平台年度积分全省第二，获“最佳贡献奖”，扬州市文广旅局获“最佳组织奖”。在全省广播电视科技创新奖中，扬州获得1个一等奖、3个二等奖、2个三等奖；在全省广播电视技术能手竞赛中，扬州获得1个一等奖、2个三等奖，获奖等次和数量在全省设区市中位于第一方阵。（魏　昕）

■广电宣传　围绕庆祝新中国成立70周年重大主题，利用广播电视及融媒体平台开展全景式报道，宣传新中国成立70年来扬州取得的成就。特别策划“愿得此身长报国”“壮丽七十年 奋斗新时代”“红色记忆”等主题报道。针对“扬州马拉松”“省运会”“263专项整治行动”“首届大运河文化旅游博览会”等重大活动和重点工作，广播电视、手机App融媒体共同发力，讲述扬州故事，传播正能量。广播电视优化栏目结构，形成《扬州新闻》《985新闻》《高邮新闻》等一批品牌栏目。市台媒体区域影响力持续领先。以《扬州收听收看》为抓手，推介点评优秀节目个案、督促问题整改，全年出刊26期，刊登稿件98篇。（魏　昕）

■电影管理　2019年，扬州影院数量从49家增加到58家，其中新增10家、注销1家。全年扬州电影市场总票房达3.13亿元（含服务费），全年观影约893.7万人次，总放映场次约73万场。扬州观影人数前5名的影片中有4部是国产影片，根据上映时间，分别是《流浪地球》《哪吒之魔童降世》《我和我的祖国》《中国机长》。其中，《哪吒之魔童降世》观影超58万人次，成为全年爆款。而《流浪地球》观影超50万人次。《中国机长》观影超43万人次，《我和我的祖国》观影超42万人次。全市新增电影院中有5家为乡镇影院，至年底，共建成乡镇影院31家，影厅178个，座位数2.29万个。全市完成农村电影公共服务保障场次1.14万场，在宝应、仪征、江都3个县（市、区）下属的6个乡镇发放观影券2.42万张。组织农村电影管理培训，推进农村电影实现“由流动到固定，由室外向室内，由我送你看到你需我送”三个转变。（尤　萌）

■融媒体管理　市级智慧融媒体建设明显提速，扬帆、扬州发布等移动客户端类新媒体品牌影响力、竞争力提升。仪征、高邮、宝应、江都融媒体中心相继挂牌成立。“仪征发布”App、“宝应独家”App蓬勃发展。参与省广播电视局“共享·联合·提升”行动，用好用活全省县级广播电视节目共享平台。在省广播电视局组织的“江苏省市、县广电媒体融合创新案例评选”活动中，选送的“扬帆客户端”获成长项目奖，“新闻女生直播秀”“高邮‘12345政府服务热线’直播节目”获“优秀单项案例奖”，获奖数位居全省前列。“基于4K的多业务智慧乡镇电视服务平台”项目获省广播电视局广播电视发展专项资金扶持。（魏　昕）

■应急广播管理　应急广播服务平台（一期）相关指标符合设计要求并通过测试和省局专家组验收。应急广播服务平台（二期）项目形成产品报价方案并签订商务合同，进入项目实施阶段。实现省、市、县应急广播平台互联互通。市文广旅局应急广播组织协调推进较好，省广播电视局发文给予肯定。（吴立伟）

■卫星接收管理　开展专项检查，对境外电视传播秩序开展专项整治工作，共检查三星级以上宾馆28家，现场督促整改有违规行为的宾馆1家，立案处罚超范围播出境外卫星电视的宾馆1家；收缴接收设施设备5件。宝应、仪征被评为2019年度全省境外电视传播秩序整治先进地区。（魏　昕）

扬州广播电视传媒集团(总台)

■概况　2019年，扬州广播电视传媒集团（总台）［简称扬州广电集团（总台）］有30件作品获省级一等奖以上奖项，其中两件作品获省第11届“五个一工程”奖，电视收视份额尼尔森指标达到42.64%、索福瑞指标达到48.01%，广播收听份额为56.5%，持续位于全国城市台前列；注重技术创新创优，以新技术发展为媒体发展赋能，获省级以上一等奖技术奖项12个，首次获国家广电总局电视技术质量金帆奖一等奖。扬州广电集团（总台）入选第14届中国传媒大会“金长城传媒奖·2019中国十大影响力城市电视台”，《扬州新闻》获评“TV地标”2019中国电视媒体综合实力大型调研城市台年度优秀节目；《童心碰碰车》获评“时代之声”全国广播业综合实力大型调研年度优秀市级广播栏目；“扬帆”手机频道获评2019“指尖融媒体榜”最具影响力市级广电融媒体平台。（林　静）

■广播电视节目　2019年，扬州广电集团（总台）自办广播频率5个、电视频道5个、数字电视频道2个，电视节目制作总量0.34万小时（首播时长），广播节目制作总量2.88万小时。立足于开拓创新、贴近群众、服务百姓，先后新开办《扬州纵横》《最美宁镇扬》《舞动扬州》《天天五彩》等电视栏目以及《直播宁镇扬》《新闻编辑室》《与法同行》《城市热线》《魅力课堂》《加油向未来》《服务直通车》《家有儿女》等广播栏目。围绕新中国成立70周年，广播、电视、报网、新媒体等各平台发挥特色优势，全年相继推出《壮丽70年·奋斗新时代》《壮丽70年·难忘一刻》《壮丽70年·城市记忆》等系列专栏。融媒体新闻行动《愿得此身长报国》、音乐快闪《瘦西湖·春》、系列短视频《70年70秒·打卡扬州》等

2019年扬州广播电视传媒集团(总台)获省级一等奖及以上奖项作品一览表

表 32-5

类别	获奖作品标题	奖项名称
广播类	天路琴声	省第 11 届精神文明建设“五个一工程”广播剧奖
	科学家的弦外之音，谁来听	第 22 届江苏新闻奖；2018 年度江苏广播新闻奖评论一等奖
	幸会、四十年	2018 年度江苏广播新闻奖连续报道特别奖
	985 早新闻	2018 年度江苏广播新闻奖优秀栏目奖
	遇见《思溪藏》——我国现存最早最完整的宋版《思溪藏》重刊首发	2018 年度江苏广播电视彩虹奖对外广播节目消息一等奖
	永远的朱自清	2018 年度江苏广播剧、广播文艺奖文学节目一等奖
	沟通连线版	2018 年度江苏广播电视播音与主持作品奖广播主持社教类一等奖
	漫步扬州 东关街	2018 年度江苏广播电视播音与主持作品奖广播主持文艺类一等奖
	童心碰碰车	江苏省广播电视少儿精品少儿广播栏目一等奖
电视类	朱自清	省第 11 届精神文明建设“五个一工程”电视纪录片奖
	山高水长	第 12 届旅游电视周旅游专题类最佳作品；2018 年度江苏广播电视彩虹奖专题类一等奖
	扬州	第 12 届中国旅游电视周旅游形象宣传片类最佳作品；2018 年度江苏广播电视彩虹奖地方形象片一等奖
	扬州美名扬	第 12 届中国旅游电视周旅游形象宣传片类最佳作品
	瘦西湖·春	第 12 届中国旅游电视周歌唱祖国音乐快闪类最佳作品
	传香	第 12 届中国旅游电视周旅游短视频类最佳作品
	传奇院士乔登江	第七届中国亚洲微电影艺术节大国工匠单元最佳作品奖
	相遇美好	第七届中国亚洲微电影艺术节大国工匠单元最佳作品奖 2018 年度江苏电视社教奖微纪录片一等奖
	风起东方——致敬改革开放 40 周年	2018 年度江苏电视新闻奖现场直播一等奖
	小人物的誓言	2018 年度江苏电视社教奖长纪录片一等奖
	重阳登高·两地会歌——一堂特殊的户外音乐课	2018 年度江苏电视文艺奖专题节目一等奖
	新江苏 新主持	2018 年度江苏电视文艺奖原创歌曲节目一等奖
	“迎省运 看古城”第五届文昌商圈雏鹰导游大赛	江苏省广播电视少儿精品少儿电视节目一等奖
新媒体类	扬帆客户端	江苏省市、县广电媒体融合创新案例评选成长项目奖
	新闻女生直播秀	江苏省市、县广电媒体融合创新案例评选优秀单项案例奖
	公众号：名城扬州网	2018 年度优秀作品网络作品类一等奖
	“爱上大运河”全媒体大行动	2019 江苏网络文化季优秀项目奖

（林 静）

特别策划，线上线下宣传赢得社会赞誉。加大对优质影视剧的投入，参拍影片《进京城》院线首演，获得第15届中美电影节最佳影片奖、第28届金鸡百花电影节最佳剪辑奖；参投的3部电视剧《人民的选择》《大运河》《幸福院》均入选国家广播电视总局庆祝中华人民共和国成立70周年“优秀电视剧百日展播”活动。（林 静）

■**广播电视科技装备** 2019年，扬州广电集团（总台）大技术安播体系保障，市应急广播体系建设通过省广播电视局验收，800平方米演播厅改造完成，提升现场综艺活动类节目制播质态；广播电视塔迁建项目完成塔体基建工程和机房楼建设，发射台技术系统的构建工作全面展开；广电高清融媒体平台建设项目完成可研报告和初步方案设计，推进立项和开工前的各项准备工作；扬帆App用户数超73万人，全年发布信息10万条左右，发起直播近5000场，其中扬马融媒体直播2019年直播访问量超1000万人次。扬州广电集团（总台）获得省级以上一等奖技术奖项12个，首次获得国家广电总局电视技术质量金帆奖一等奖；扬帆App先后获评2019“指尖融媒体榜”最具影响力市级广电融媒体平台、2019江苏省媒体融合创新成长项目奖；扬帆“新闻女生直播秀”获得2019江苏省媒体融合优秀单项案例奖；“爱上大运河”获省网络文化季优秀项目奖。（林 静）

■**产业经营** 2019年，扬州广电集团（总台）构建布局合理、质态良好的产业格局，收紧产业规模，打好治理“小散乱”攻坚战，成立集团公司财务部，集团公司治理结构优化；完成集团旗下相关子公司及合资公司的股权转让、注销及资产重组，使集团公司产业布局更加合理、主营业务更加突出。完成“国家文化产业项目库”申报，《雕版印刷技艺升级与产业化运作》项目入围江苏省现代服务业引导资金资助项目；古籍线装公司被授予扬州市首批“非物质文化遗产创意基地”；云智公司自主研发成功国内第一款集成打印功能手持一体化城管执法仪，成为江苏传媒行业第一个获得电子与智能化专业承包二级资质认定的城市媒体。（林 静）

■**“世界美食之都”申报片制作** 扬州广电集团（总台）制作宣传片《美好生活从美食开始》（*Enjoy Food Enjoy Life*），以主人公体验的方式串联起扬州城市的美食文化精华，以美食在不同时间和空间的交错呈现，立体展现出扬州时代变迁中的缤纷图景和扬州人丰富而生动的生活气息，营造出扬州美好独特的城市气质。7月，该片正式登上世界美食之都申报网站，并两次在法国巴黎联合国教科文组织总部播出，在国际层面全新演绎扬州美食的文化故事，获得国内外网友的好评，成为联合国教科文组织批准的世界66座新加入教科文组织创意城市网络的城市之一，也是国内第四个获此称号的城市。（林 静）

■**第12届中国旅游电视周暨首届中国大运河文化国际电视周** 扬州广电集团（总台）与中视协合作，争取到中国旅游电视周在扬州落地，连续举办3届，在此基础上升级打造中国大运河文化国际电视周活动。11月5—8日，第12届中国旅游电视周暨首届中国大运河文化国际电视周在扬召开，本届电视周活动内容安排丰富，包括开幕式、高端论坛、扬州旅游资源推介会、旅游电视节目创作研讨会、大运河文化及非遗项目考察参观、全国青年记者编导实战训练营、“践行四力”采风、闭幕式等项目，各项活动安排有序、内容丰满有创意，共吸引300多位嘉宾，参与活动报道和直播的电视媒体、新媒体超过50家，与会嘉宾人数创下电视周办会11届以来的新高，推动扬州旅游文化的宣传推广。（林 静）

省广电有线信息网络股份有限公司扬州分公司

■**概况** 2019年，省广电有线信息网络股份有限公司扬州分公司实现营业收入4.52亿元，在全省13家设区市分公司中，利润超额完成率最高，被江苏有线授予2019年度“突出贡献奖”。至年末，全市有线数字电视用户有效用户120多万户，互动有效终端70多万户，宽带有效用户20多万户。完成庆祝中华人民共和国成立70周年阅兵直播、十九届四中全会等重要保障期的安播任务，全年实现重要会议和重大活动安全播出零事故。强化内容安全建设，对自办节目、网站、点播平台、运行支撑系统等做好信息安全防护，制作推出“献礼建党98周年 红色经典影视展播”“献礼新中国70华诞优秀电视剧展播”“我们走在大路上”“国庆70周年专题”“大阅兵2019”等10余个电视专题。加强技术创新，公司“基于4K的多业务智慧乡镇电视服务平台”项目，成功申报2019年度江苏省省级现代服务业（广播电视）发展专项资金补助项目。扬州百姓生活网落实网站主体责任，打造风清气正的网络空间，网站首页2019年月均点击率2254人次，全年更新国内国际新闻2.59万条，月均点击率3.97万人次。全年新增光缆皮长1751千米，电缆皮长1059千米，双向用户覆盖数新增2.44万户，光纤入户覆盖数新增1.32万户，新建并开通数字电视网络的新小区68个，新增覆盖用户3.35万户。推进“看・视界”“三包一带”新产品上线和“全省通”机顶盒落地，优化完善数字电视内容产品和终端应用。江苏省教育厅与江苏有线联手打造的全国首个“智慧教育”公共基础服务平台——“名师空中课堂”在扬州数字电视上线，与市教育局电教馆合作打造“扬州同步课程”平台，整合本地名师授课视频，通过电视大屏，让全市学生都能享受到优质教育教学资源。新上线“有线宝VIP套餐”，推进“文化+金融”

惠民活动，降低用户门槛；与江苏联通合作全新推出“广联合家欢”电视＋手机组合套餐，促进用户保有和增长。加强党建工作和人才培养，公司党委被市委宣传部、市委组织部表彰为扬州市“学习强国”学习平台优秀学习组织；在江苏有线第九届维护技能竞赛上，江都分公司朱伯君获江苏省“五一劳动创新能手”称号。（广电有线）

■应急广播建设 公司承建的扬州市级应急广播服务平台一期项目通过省广播电视局验收，实现应急广播信息全天候、全方位、全时段的及时快速精准发布，提升政府部门有效应对突发事件的应急管理能力。自主研发应急广播信息机顶盒播发管理系统，是全省第一家通过DVB全量下发的应急信息播发系统，实现应急消息市区机顶盒终端全覆盖，系统成功获得软件著作权登记。（广电有线）

■智慧广电建设 公司发挥“党媒政网民屏”的政治属性优势，整合电视网站资源，打造“智慧扬州”专区，成为智慧城市建设的一个窗口。2019年陆续新建上线智慧西湖、智慧沙头、扬州双创、志愿扬州、人口计生等5家电视互动平台。“智慧扬州”电视互动平台集群，入驻平台的市机关部门和乡镇数已达25个，实现高清视频收看、政务公开、便民服务、党员互动学习、政策宣传和社会监督等各项工作的融合。联手乡镇政府打造智慧乡镇项目，在与邗江区西湖镇联合打造的“智慧西湖”融媒体平台基础上，以“户户通”“村村响”为目标，加强数字电视覆盖建设，提高乡镇高清互动普及率。（广电有线）

档案

■概况 2019年末，全市7家综合档案馆馆藏文书档案121.29万卷128.9万件、资料11.41万册、录像1.56万盘、照片2.61万张、实物档案4320件。其中，市档案馆馆藏文书档案23.94万卷38.91万件、资料3.83万册，录音录像1.12万盘、照片1.43万张、实物1508件。2019年，全市综合档案馆接待查档人员1.81万人次，提供档案资料5.1万卷（件、册）。其中，市档案馆接待查档人员2867人次，提供档案文件资料1.82万卷（件、册）。（许　军）

■档案规范化建设 组织开展2018年度文件材料归档工作检查，开展高校、医疗卫健系统档案执法检查。针对涉改单位实际，做好进馆单位各全宗群全宗号调整，开展各涉改单位档案分类方案调整、归档范围和档案保管期限表制（修）订工作。指导相关单位开展档案工作规范化建设。2019年，全市共有38家单位通过省星级测评，其中五星级1家、四星级2家、三星级7家、二星级26家、一星级2家。（许　军）

■档案安全建设 对照《档案馆安全风险指标体系》要求，开展安全保密自查，组织应急演练，逐项落实安全整改措施。做好书画档案的移库上架工作，对查档大厅安检设施进行升级改造，加强档案利用过程中的安全管理。强化档案馆网络和档案信息系统维护，做好数据安全备份、数据在线安全维护和高危漏洞预警处置。加强安全保密人员培训和管理，继续完善、及时检修消防系统、监控系统、红外报警系统等安防设施，完成物业管理服务公开招标，建立人防、物防、技防“三位一体”安全体系。（许　军）

■档案资源建设 与市侨联合作筹划海外扬州人档案征集，与市科协合作开展扬州籍院士档案征集。征集旅日华侨、淮扬菜大师居长龙个人档案64件，包括省级非遗传承人奖牌、中国烹饪大师奖牌、淮扬菜模型等实物档案；征集美籍华人、自然医学家陈厚琦个人档案8件。在馆藏吴氏家族档案1505件的基础上继续扩大征集成果，征集台湾吴氏家族后人吴载詹夫妇保存的吴氏家族档案26件。补充老干部档案，征集市人大常委会原副主任、离休干部周玉和援越抗美老兵江含月等个人档案，馆藏数量3800余件。推进“百村万户”口述史采集工作，指导仪征采访两个村100名对象，形成口述史档案资料923份，仪征在全省“百村万户”口述历史采集工作总结表彰会上获二等奖。（许　军）

■档案信息化建设 在省AAAAA级数字档案馆基础上进行优化提升，推动档案管理工作信息化。修改完善应用软件性能，分析数字档案馆综合管理系统和集中档案室系统的收、管、存、用等模块功能，满足使用部门现实需求；建立数字档案馆系统运维机制，协调数字档案馆项目验收后的软件修改完善与系统维保，做好数字档案馆系统数据更新。开展数字档案馆创建指导服务，指导仪征市档案馆通过国家数字档案馆验收，指导公安、检察、审计、公积金等多家单位创成省AAAA、AAAAA级数字档案室。（许　军）

■机构改革档案处置 与涉及机构改革的部门单位联系，对撤销、并入、合并、职能变动、新组建等各类单位实行分类指导，督促其做好改革前后各种门类、载体档案的收集归档和处置、移交工作。至年末，33家单位全部完成相互移交，10家单位完成向市档案馆移交档案及相关材料。按照《电子档案移交与接收办法》的规定，主动上门服务，配合相关部门开展涉改单位电子档案移交与接收。（许　军）

■服务重点工作和重大活动 加强扬州市“新十件大事”实施过程档案管理，做好重大活动、重大项目档案工作业务指导和监督，参与档案服务科创名城建设相关调研和业务指导，参与省级重大项目宿扬高速公路档案验收。配合市卫健委做好《扬州市出生医学证明档案管理实施方案》编制工作，研究讨论出生医学证明档案归档规范。围绕新中国成立70周年，为“壮阔七十年奋进新扬州——扬州市庆祝中华人民共和国成立70周年成就展”“辉煌70年——人民政协发展历程展”等提供档案资料。编纂《扬州之最》，反映新中国成立70年以来扬州各方面取得的巨大成就。围绕渡江战役胜利70周年，联合省档案馆等公布一批馆藏珍贵渡江支前档案，相关档案入选《人民必胜——渡江战役支前档案选编》。（许　军）

■民生服务 加强对各职能单位民生档案工作的业务指导，督促将民生档案文件材料纳入归档范围；深化档案利用服务，做好查档大厅和政务服务中心窗口查档利用接待。依托“江苏省民生档案服务平台应用系统”，运用信息网络技术，完成扬州市本级民生档案查询点的政务网络配置与开通，打造统一的、一站式的档案信息资源共享和服务平台，全年多次通过网络、传真、邮寄等方式为百姓提供跨馆出证服务，深化市县联动“异地查档、跨馆服务”新实践。（许　军）

■城建档案管理 2019年，市城建档案馆签订档案报送责任书79份，组织建设工程档案预验收118次，出具档案接收证明书95份，接收各类城建档案1.68万卷（册）。其中工程竣工档案1.31万卷（册），地下管线档案290卷，工程规划档案2522卷，施工许可、竣工备案、建筑业管理等业务档案882卷。全年共整理档案1.53万卷（册），共接待查档1380人次，查阅各类城建档案4478卷（册），打印复印图纸6854张，文字1.23万页，出具查档证明136份。开展馆藏档案数字化扫描，全年共扫描文字55.69万页，图纸12.2万张，馆藏档案数字化率达80%。完成全市城建档案新疆异地备份工作。全年共拍摄照片2358张，录音录像986分钟，接收75个工程项目照片2372张，提供利用73人次，提供照片2861张，录像583分钟。高邮市三垛、汤庄两乡镇，仪征市青山镇通过省住建厅组织的省特级村镇建设档案室验收。（吴兆亮　卞海波）

地方志

■概况 2019年，扬州市开拓由市、县两级修志向市、县、乡镇三级修志的工作新模式。至年末，全市乡镇（街道）志累计出版8部、提交出版2部、通过终审4部、形成初稿20部。中国系列名志工作研讨会暨培训班在扬州举办，“中国名镇志”《瓜洲镇志》出版发行，《邵伯镇志》提交出版，首批中国名街志《东关街志》通过终审并报送中指办，《大桥镇志》成功申报中国名镇志工程，《曹甸镇志》提交出版，《汜水镇志》成功申报江苏名镇志工程。（许　军）

■部门专业志编纂 总结《扬州市园林志》《扬州体育志》编纂成功经验，重点围绕“2020年连淮扬镇高铁通车”的献礼之作——《扬州市交通运输志》，多次上门督导，组织修订篇目、审读志稿和志稿修改工作，年底通过终审。指导的《扬州国有资产监督管理志》出版发行，参与的《江苏省第十九届运动会志》形成初稿，《扬州市园林志》被评为2018年苏版好书。（许　军）

■《江苏援藏援疆建设志·扬州篇》完成初稿 赴新疆、西藏继续增补资料，推动市委办、市政府办印发《关于进一步征集〈扬州援藏援疆建设志〉资料的通知》，扩大资料征集范围。走访（回访）江苏第三批援藏干部总领队宣荣等援藏援疆干部及亲历者10多人，征求对《江苏援藏援疆建设志·扬州篇》的意见和建议，并向援藏援疆干部约稿，共征补资料3.8万件。至年末，《扬州援藏援疆建设志》初稿编纂完成，全面记述扬州对口支援西藏、新疆建设的成就和为增进民族团结和地区交流作出的贡献。（许　军）

■《中国淮扬菜志》修改完善 围绕扬州创成“世界美食之都”，在完成《中国淮扬菜志》扬州部分志稿的基础上，在扬州组织召开《中国淮扬菜志》初稿修改座谈会，邀请方志专家和烹饪餐饮专家分别从地方志和餐饮行业两个角度对志稿进行点评，对篇目设计、内容布局及史实核准等方面提出修改意见和建议。（许　军）

■年鉴获奖 2019年，《扬州年鉴（2018）》两次获得全国性最高荣誉、一次获得全省最高奖。年初，《扬州年鉴（2018）》获选第三批中国年鉴精品工程“中国精品年鉴”，当年江苏省唯一，全国仅有10部年鉴入选；年中，《扬州年鉴（2018）》获全国方志界的最高奖项——第六届全国地方志优秀成果（年鉴类）地市级综合年鉴特等奖，全国仅6部地级市综合年鉴获特等奖，也是江苏省唯一获全国特等奖的地级市年鉴；年底，省地方志办公室对2019年全省综合年鉴质量评定结果进行通报表扬，《扬州年鉴（2018）》成为唯一的精品年鉴。（许　军）

文化产业

■概况 三把刀集聚区2019年底建成，戏曲园提档升级，486非遗集聚区着力打造“学研＋旅游＋非遗”新模式，江都沿江文化艺术中心建成招商，光线中国电影世界、扬州大剧院综合体、邗江长毛绒玩具特色小镇二期、扬州艺术馆二期等重点项目有序推进。全市有文化产业法人约1.3万家，相比2013年第三次经济普查4000家提升约325%。全市有“三上”文化企业426家，新增30家；文化数据统计平台内“三下”企业916家，比上年净增35家，总增加值19.3亿元，增长16.3％，总营收61亿元，增长14%。文化产业增加值占全市地区生产总值4.85%。（高　雅）

■获省级专项引导资金扶持 “扬州486非物质文化遗产集聚区”“扬州和敬非遗文旅体验基地”“漆艺在现代生活中的应用”“笛莎公主动漫衍生产业创新融合项目”等9

个项目获得江苏省省级现代服务业（文化）和省级旅游业发展专项资金1180万元。“基于4K的多业务智慧乡镇电视服务平台”项目获得省级现代服务业（广播电视）发展专项资金220万元。（高　雅）

■文化企业参展参赛 9月6—8日，参加“水韵江苏·相约澳门”江苏文化嘉年华，展示淮扬美食、扬州园林、扬州非物质文化遗产精品、瘦西湖文创产品等，并在现场表演包括扬州木偶花旦《长绸舞》《扇韵》、扬州清曲《悠悠运河柳》等扬州地方曲艺节目。9月27—29日，参加“第八届山东国际文化产业博览交易会枣庄分会场暨枣庄市文化产业博览交易会”。11月20—24日，参加第二届长三角国际文化产业博览会，“瘦西湖游礼”文创产品、广陵古琴、早茶AR体验等扬州元素亮相。（高　雅）

■产业联盟仁丰里街区建设 9月5日，“仁丰里街区文化旅游产业联盟”成立，为联盟成员单位文创成果转化、人才引进与培养、大学生实习就业、知识产权保护、文创项目宣传推介等，畅通多种渠道，推动文化创意产业项目合作，促进发展经验、资源和人才交流，实现多方融合共赢。（高　雅）

■扬州乱针绣文化产业园 扬州乱针绣文化产业园开展园区招商工作，招引9家大师工作室入驻产业园二期，设立莫元花培训学校。鲁垛镇镇制作宣传“莫元花：乱针绣的守艺人”的工艺宣传片，组织乱针绣企业参加各类展览活动，增强鲁垛乱针绣影响力。建设宝应绣文博馆，增补宝应刺绣发展历史传承内容，全面反应宝应绣发展历程。推动国家级乱针绣创客工坊创建工作，完善综合展览区通道的设计和布置。邀请扬州职业大学教授在乱针绣产业园对绣娘开展乱针绣技能培训班。（高　雅）

■扬州古籍线装文化有限公司 2019年，扬州古籍线装文化有限公司以获得江苏省重点文化产业示范基地和国家高新技术企业为平台，全年实现销售首次突破3000万元，比上年增长22%。在宣纸彩印、打孔、折页等重要环节上取得新的技术突破，提升产业、工艺技术水平，累计拥有专利技术18项、登记商标等知识产权3项。9月，公司参与全国古籍线装书制作的国家标准制定。12月，公司申报的“基于现代印刷技术古籍善本再造工程技术研究中心”获市级工程技术研究中心。围绕雕版技艺的非遗独特资源，依靠公司顾问国家级非遗传承人陈义时的品牌团队，强化雕版项目的产业延伸开发，培养锻炼非遗传承年轻队伍，在全国扩大扬州雕版技艺的影响力，被授予扬州市首批“非物质文化遗产创意基地”。申报的《雕版印刷技艺升级与产业化运作》项目获得江苏省级文化引导资金资助。印制的《扬州讲坛十年名家菁华录》《北平笺谱》分别获第七届中华印制大奖——金奖和铜奖，印制产品连续四届获得中华印制大奖。策划、编写并印制的《红楼食经》获“海峡两岸最美十大图书”和“首届长三角区域印艺精品奖”铜奖。（常庆海）

文化交流

■地方文化“走出去”展示 5月26日，“金砖五国木偶剧的魔法世界”国际艺术节在俄罗斯达吉斯坦木偶剧院广场开幕，来自巴西、俄罗斯、印度、中国、南非的木偶艺术家，以木偶构筑一个“魔法世界”。扬州木偶作为中国木偶艺术的代表受邀参加此次艺术节。除在开幕式上表演《扇韵》外，扬州市木偶研究所于5月29日为当地民众献上一整台极具中国民族特色的节目，其中《长绸舞》《草裙舞》等极具中国传统艺术特色的木偶表演受到国外民众的欢迎。扬州木偶研究所赴葡萄牙、法国等国家参加埃武拉国际木偶节、奥尔良市卢瓦尔河节等活动。10月7日，由巴黎中国文化中心和中国曲艺家协会联合主办的第12届巴黎中国曲艺节在巴黎十三区政府节日大厅开幕，扬州曲艺研究所赵松艳、王智超受邀参加此次艺术节，并凭借扬州弹词《宝黛释嫌》获巴黎中国曲艺节“卢浮”银奖，增强扬州文化的国际影响力。（崔绪军）

■戏剧曲艺交流 3月7日，为促进扬州与常州两地曲艺交流，邀请常州市曲艺团一行携江苏艺术基金2018年度资助项目——中篇弹词《冒官记》到扬展演，在为扬州曲艺演员提供学习交流机会的同时，也让扬州市民欣赏到常州曲艺艺术魅力。5月15—17日，由上海市曲艺家协会、江苏省曲艺家协会、扬州市文广旅局主办，扬州市曲艺研究所、扬州市曲艺家协会承办，扬州市文化馆协办的运河水浦江情——“海风扬韵”沪扬曲艺交流演出及座谈会在扬州举办，其中扬州演员包伟的扬州清曲《黛玉悲秋》，张一丞、倪真扬、刘芓君的扬州弹词《瓜洲余韵·满江红》，谭敏、姜庆玲、殷健的扬州评话《三国·智激周瑜》，王智超、赵松艳的扬州弹词《红楼梦·宝黛释嫌》，马伟的扬州评话《石秀·卖肉》演出现场掌声响起，为构建两地曲艺交流合作良性互动创造平台。6月12日，为庆祝新中国成立70周年，加强苏陕文化交流合作，由扬州市文广旅局、榆林市文旅局主办，扬州市曲艺研究所、榆林市群众艺术馆承办的扬州榆林曲艺展演活动在榆林剧院举办。扬州、榆林两地的曲艺表演艺术家交替登台、各展绝活。整场展演为榆林市民献上一场融合江南风情和陕北韵味的曲艺，书写扬榆扶贫协作以来两地文化交流的新篇章。7月15—19日，由“长三角友好院团联盟”发起单位——上海越剧艺术传习中心（上海越剧院）、扬州市扬剧研究所、绍兴小百花越剧艺术传习中心（绍兴小百花越剧团）联合主办的“海越剧艺年江浙沪三地戏曲院团青年演员夏季集训”活动在扬州举办，集训活动内容丰富、形式多样，安排理论讲座、教学实践。理论讲座教师全部都是江苏戏曲界顶级的表演艺术家或理论研究专家，其中有扬剧的领军人物、梅花奖得主李政成，有昆曲的领军人物梅花奖得主柯军、李鸿良，有江苏省戏剧家协会原主席、著名戏曲理论研究专家汪人元。教学实践的授课教师既有特聘资深专家，又有来自一线的扬剧优秀青年演员。活动期间，组织大家观摩扬剧青年演员《折子戏》片段展示和扬州艺校学生毕业汇报演出的扬剧经典剧目《百岁挂帅》。11月26日，由中共铁岭市直属机关工作委员会、铁岭市文广旅局、扬州市文广旅局主办，铁岭市民间艺术团、扬州市曲艺研究所承办的“运河水关东情”地方特色节目展演在铁岭市人民政府礼堂举办，这是“运河水 关东情”地方特色节目展演的第一站。扬州市曲艺研究所演员带来扬州弹词开篇《悠悠运河柳》《上扬州》、扬州戏歌《送孟浩然之广陵》、扬州评话《武松打虎》、木偶《绝技组合》等特色节目。相继赴哈尔滨、牡丹江等多地开展“运河水 关东情”地方特色节目展演，展示扬州地方文化的艺术魅力。

（崔绪军）

■音乐交流 3—12月，扬州市音乐厅开展20多场“欧美音乐汇”主题系列音乐会，邀请俄罗斯、意大利、丹麦、法国、英国、波兰等多国艺术家到扬演出，《波兰舞曲·小提琴、钢琴二重奏音乐会》《阿姆斯特丹萨克斯乐团四重奏音乐会》等表演取得良好反响，让扬州百姓感受国际文化的独特魅力。10月17日，由中共榆林市委宣传部、中共扬州市委宣传部、榆林市文联、扬州市文联、榆林传媒中心主办，榆林市路遥文学联谊会、扬州市音乐厅承办的“纪念路遥诞辰70周年”文化交流分享会在市音乐厅上演。演出的节目以榆林、扬州两地的非物质文化遗产为主，包含着浓郁的地方特色，有陕北说书《说路遥》、榆林小曲《只要平凡》、陕北民歌《叫一声哥哥你快回来》，扬州清曲表演唱《虞美人·听雨》等。12月28日，“扬州新年音乐会”在市音乐厅拉开帷幕，音乐会由扬州市文广旅局主办，扬州市歌舞剧院、扬州市音乐厅、“扬州发布”承办。来自欧洲的德国柏林大都会管弦乐团的艺术家们为观众送上《红旗颂》《北京喜讯到边寨》《我的祖国》《春节序曲》等多首中国曲目和《卡门序曲》、《蓝色多瑙河》等世界名曲，西方的交响乐遇上浓郁的中国风，给观众别样的艺术感受。

（崔绪军）

■艺术文化交流 5月10—12日，由中华文化促进会、扬州市政府主办，中华文化促进会传媒中心、中共扬州市委宣传部、扬州市文广旅局承办的2019“我心目中的扬州”诗词创作系列活动开幕式暨诗词朗诵会在扬州举行。活动现场，殷之光、乔榛等知名艺术家采用朗诵、演唱、舞蹈等形式，倾情演绎歌咏扬州的古代诗篇和当代佳作。举办2019“我心目中的扬州”诗词创作有奖征集颁奖仪式于1月启动，共征集到667首古体诗词，作者来自全国25个省（市、自治区）和美国、卡塔尔等国家。最后评出一、二、三等奖和优秀作品奖共40篇，其中，周冠军（江苏扬州）《满庭芳·扬州春怀》、吉铁兵（辽宁朝阳）《春游扬州瘦西湖》获一等奖。与本次活动同步开展采风创作、书画展览、主题讲座、古典诗词进校园、媒体见面会等系列活动。8月18—22日，第四届江苏省文华奖评选暨文化惠民演出分别在扬州大剧院、扬州市音乐厅举行，扬州市承担杂技木偶、音乐、舞蹈、小戏等四类终评项目，全省各地共35个参演团队，470人到扬参与四类项目评选、演出活动，8月28日第四届江苏省文华奖颁奖晚会在江苏大剧院举行，扬州市报送的舞蹈《扬州八怪》《长信秋词》、木偶《校场比武》、歌曲《一声秧号子撂过河》《儿女心》、评话《监狱之花》、扬剧《鉴真》分别获得节目奖、表演奖、音乐奖等九个奖项，李云飞《丝路丰华》等6件作品入选第四届江苏省文华奖美术书法作品展，扬州市文广旅局获优秀组织奖。10月，由江苏省文化和旅游厅主办、江苏省舞蹈家协会协办、扬州艺术学校承办的首届江苏省艺术院校舞蹈师资培训班在扬州艺术学校举办。11月22日，由英国、韩国、日本、印度、巴基斯坦等12家境外媒体联合中国日报一行38人的采访团在江苏省委宣传部组织下，到扬州戏曲园采访报道，媒体目光聚焦扬州文化艺术学校。采访团在听取扬州戏曲园建设情况介绍后，实地参观扬州艺校相关教学场所，观摩戏曲、木偶、曲艺、舞蹈等专业教学实训，了解一校四团共处一个园区、资源共享、优势互补的运作模式，并采访部分师生，体验杖头木偶等国家级非遗项目的表演技巧。

（崔绪军）

■书画交流 4月26日，由省书法家协会、广东省书法家协会、市文联主办的“守望岭南扬州行——张桂光书法作品展”在瘦西湖徐园开幕，共展出张桂光自书诗文作品40多幅，另有百余幅作品同时在扬州孔子书画院展出。9月19—20日，由上海市杨浦区文化和旅游局、上海市杨浦区文联、扬州市文联、安徽省宣城市文联、浙江省温州市文联、浙江省嘉兴市文联等单位联合主办的“爱我中华 携手共庆——长三角五地书画交流活动”在杨浦区图书馆举行。活动包含五地书画作品展览、交流笔会、学习研讨等多个环节。五地文联领导共同签署长三角文艺创作联盟盟约，并向杨浦区赠送书画作品。展览共展出五地书画精品100多幅。期间，五地文联领导和书画家代表还就本地文艺工作特点、书画事业发展情况和长三角文艺创作联盟未来工作规划进行研讨。10月10日，由芜湖市委组织部、芜湖市委老干部局、芜湖市人力资源和社会保障局、扬州市文联、市侨联主办的“不忘初心、党记心中、重走红军长征路——张振家油画展”在扬州八怪纪念馆开幕，共展出张振家油画作品60多幅。10月17—18日，纪念路遥诞辰70周年——榆林扬州两地文艺交流系列活动在扬举行。由榆林市委宣传部、扬州市委宣传部、榆林市文联、扬州市文联主办的“纪念路遥诞辰70周年——榆林扬州两地书画联展（扬州站）”在扬州八怪纪念馆开幕，共展出两地书画家的精品力作80幅。榆林、扬州两地文联工作交流座谈会在市文联会议室举行。（吴建军）

文化市场管理

■概况 2019年，扬州市文广旅局推进互联网上网服务行业转型升级，加快实施“绿色网吧”工程。探索娱乐场所转型升级途径。开展扫黑除恶、安全生产专项行动，加快文化市场执法队伍改革，强化执法办案，健全工作机制，文化和旅游市场管理工作质态提升，市场经营规范有序，案件查办取得实效。全年共查办各类案件196起，案件数较上年增加205.1%。在2019年全省广电系统行政执法案卷评查活动中，市文化市场综合执法支队办理的“未持有《接收卫星传送的境外电视节目许可证》，设置卫星地面接收设施接收卫星传送的境外节目”等一批案卷分获一、二、三等奖；加强广告播出秩序治理，下发广播电视广告整改通知书6份，整改、停播违规广告117条次。市文化市场综合执法支队被评为2018年度全省“扫黄打非”先进集体。市文化市场综合执法支队工作人员唐海宁获全国版权执法有功个人三等奖；刘文献被评为2018年度全省“扫黄打非”先进个人。

（陈相辉 蔡 鹏）

■扫黑除恶和扫黄打非 开展扫黑除恶专项行动，累计出动检查1600余人次，检查各类文娱场所1150多家，办结案件7起，移交涉黑涉恶线索2起，营造良好的行业从业环境。加大文物安全检查，侦办破坏文物违法犯罪案件4起，打击防范文物犯罪成果得到社会肯定。2019年，全市“扫黄打非”工作先后开展“清源2019”“净网2019”“护苗2019”“剑网行动”等专项行动，重点查处各类政治性、侵权盗版和淫秽色情出版物和有害信息，共进行网络勘查40余次，约谈ISP服务器运营商10余次，浏览各大销售平台200余次、各类网站800余次。查办“8·23”专案，关停境外服务器2个，阻断收看有害内容账户1万余个，移送起诉犯罪嫌疑人24人。全市共出动执法人员逾4000人次，检查各类经营单位逾3700家次，收缴非法出版物1000余件。对“暖冬弹弹堂”网站制作游戏私服侵犯著作权、“拼多多”店铺“蓬莱阁书店”涉嫌盗卖侵权图书案进行行政处罚，“楚天今报”发布虚假负面文章及视频被刑事立案审查，宝应“夜色影院”涉嫌传播淫秽物品牟利案入选江苏省重大典型案件。全市87.7%的基层站点完成规范化标准化建设。宝应县汜水镇被评为2019年“扫黄打非”进基层全国示范标兵（全国共15家），邗江区新盛街道殷巷社区被评为2019年“扫黄打非”进基层省级示范点。调整各级“扫黄打非”工作领导小组，开展专题培训，完善制度机制。宝应县汜水镇获2019年全国“扫黄打非”先进集体，江都区委宣传部等2家单位，蒋蓓等5人分获2019年度江苏省“扫黄打非”先进集体和先进个人，江都区“扫黄打非”办等17家单位、江萍等22人分获2019年度扬州市“扫黄打非”先进集体和先进个人。

（陈相辉 蔡 鹏 尤 萌）

历史文化名城保护

Lishi Wenhua Mingcheng Baohu

编　辑　崔成鹏

古城保护利用

■**概况** 2019年，扬州市围绕“保护古城、利用古城、发展古城”的工作方针，督促广陵区、名城公司等单位做好“双东”历史文化街区改造提升。按照国家AAAAA级景区的标准完成东、西入口信息大屏建设，完成东门遗址广场游客座椅增建及监控室改造，完成监控设备安装。组织设计单位开展商校和原三和四美两地块整体开发利用及地块周边交通、旅游等方面前期研究。完成南通路—南河下街综合整治工程。完成湖北会馆周边环境整治。完成张联桂故居周边环境整治。实施历史建筑酱业会馆、扬州浴室、三星浴室、永宁泉浴室、双桂泉浴室修缮、整治、提升工程。对全国重点文保单位吴氏宅第（吴道台府）和省级文保单位阮元家庙消防设施进行改造提升。对省级文保单位文昌阁进行揭瓦不落架大修，排除安全隐患，恢复文昌阁旧貌。完成市级文保单位四望亭广场建设、周边环境整治和内部史料陈展。组织开展文物保护单位消防安全隐患排查和整改工作，开展安全检查3次，全年市住建局所管文物保护单位安全无事故。背街小巷整治。牵头广陵区、邗江区、江都区实施背街小巷整治工程，共整治小街巷37条，11月底全部完成整治任务。组织2次《扬州古城保护条例》现场宣传活动，发放宣传材料500多份。协助做好中国名城论坛相关工作。完成市人大“条例”问询工作。完成市政协八届三次会议政协委员提案办理工作，共办理协办件2件，全部按期办结；办理“12345”“寄语市长”及市民来信等答复5件，按时答复和满意率均为100%。（卞海波）

修缮完成的文昌阁　　张孔生/摄

■**四家百年老浴室恢复“民国风”** 扬州浴室、永宁泉浴室、三星浴室、双桂泉浴室是建于清末民初的老浴室。2019年6月，广陵古城公司开始对四家老浴室进行修缮、改造、提升。修缮工程按照修旧如故的原则，尽量保持原有的风貌，经过修缮、改造，四家老浴室恢复当年的“民国风”，百年老字号又重新焕发生机。（卞海波）

■**古城区民居修缮** 2019年，扬州古城明清历史城区9户私有产权的民居按照保持古城风貌的要求进行修缮、改造，经市住建部门验收合格，获得市政府修缮补贴21.6万元。（卞海波）

物质文化遗产保护

■**概况** 2019年，隋炀帝墓、西方寺大殿、仙鹤寺3处文物古迹被公布为第八批全国重点文物保护单位，新四军挺进纵队二、三支队司令部旧址、双据遗址、宝应学宫、临泽兴隆当典等7处文物古迹被公布为第八批省级文物保护单位。实施一批文物保护修缮工程，文昌阁修缮工程竣工，史可法墓祠、准提寺、胡笔江故居等国、省保修缮工程竣工并通过省文物局验收。市保单位湖北会馆、张联桂故居、木兰院楠木楼、四岸公所门厅修缮工程竣工并通过市文物局专家组验收。隋炀帝墓考古遗址公园建设有序推进，完成工程立项、并联审批流程，市文物局委托清华大学编制的环境整治与景观塑造设计方案通过国家、省文物局批准。（王署帆）

■隋炀帝墓考古遗址公园建设 隋炀帝墓位于扬州市邗江区西湖镇原司徒村曹庄组，夯土墩呈方形，面积2352平方米，2019年被公布为第八批全国重点文物保护单位。隋炀帝墓考古遗址公园建设工程是市委、市政府确定的重大城建项目，包括隋炀帝墓防渗漏工程、隋炀帝墓保护设施、墓葬本体加固保护、遗址公园环境整治及景观塑造工程等。10月，隋炀帝墓景观塑造和环境整治方案获国家、省文物局批复，隋炀帝墓保护设施工程开工。隋炀帝墓景观塑造和环境整治方案设计以隋炀帝墓为核心，中央为甲字形的墓葬遗址保护设施及中轴线广场，陵墓周围是平整开阔的草坪，保证遗址本体的安全性及中心地位。隋炀帝墓遗址保护设施工程坚持最小干预和不改变文物原状原则，建筑造型借鉴隋唐大型陵墓常用的“覆斗”形式，采用轻质钢结构，钢柱脚落于混凝土柱墩之上，避免对隋炀帝及萧后墓封土产生破坏。（王署帆）

■文昌阁修缮工程 文昌阁位于扬州市区文昌中路与汶河北路交会处，明代建筑，占地160平方米，是扬州城市地标性建筑之一，为第七批江苏省文物保护单位。由于文昌阁存在部分木架构倾斜、木构件腐烂槽朽、油漆老化等问题，扬州华光照明工程有限公司委托文保工程资质单位对其进行维修，3月修缮方案获省文物局批复，7—9月期间对文昌阁进行修缮，主要有整修加固木构架，更换破损筒瓦、飞椽和木望板，重新油漆木构件，凿除水泥面层增铺木板等。9月25日，为期2个多月的文昌阁修缮室外工程完成。文昌阁为三层砖木结构、楼阁式三重檐攒尖顶建筑，建筑基底占地约101.9平方米，建筑面积约188.1平方米，自室内地坪起通高24.25米。阁始建于明万历十三年（1585），起名“文昌”有昌明儒学之意，为扬州府学的重要组成部分；万历二十三年（1595），阁遭火焚毁，次年（1596）复建，保存至今。1962年被市政府公布为市级文物保护单位，2011年被省政府公布为江苏省文物保护单位。此次文昌阁实施揭瓦不落架大修，对木构架、木结构进行适度整修；翻修筒瓦屋面，更换破损筒瓦；整修、更换短窗，统一开启方式；拆除楼面后加设水泥面层、重新铺设附加木楼面层，修整失落木楼梯段；对木结构、木材面进行油饰；恢复阁内方砖地面、整治月台地面、石阶及花坛铺装。在修缮中开展文化遗产的解读、展示方式的创新。在文昌阁的月台外增设两条分别用麻石和白矾石铺设的步道，局部展现文昌阁原有的“横跨汶河、东连院大街、西接南小街”的空间格局；在文昌阁底层墙壁上，镶嵌上明代《扬州府学文津桥记》、清代《重修府学县学记》和新撰写的《文昌阁修缮碑记》等碑刻；组织相关单位编著《扬州文昌阁》一书，以图文并茂的方式，系统地梳理文昌阁的悠久历史，述说其所见证的沧桑往事，解读其深厚的文化内涵。（王署帆 卞海波）

■湖北会馆修缮工程 湖北会馆位于广陵区南河下170号，始建于清同治年间，为湖北籍盐商共同创办的盐商会馆，现为市级文物保护单位。2018年11月修缮工程开工，实施揭瓦不落架大修，牮正、整修了大木构架，重新砌筑墙体、翻修屋面，拆除原有抬高的地面，恢复石阶沿等，2019年8月竣工并通过专家组验收。（王署帆）

■四岸公所门楼修缮工程 四岸公所位于广陵区丁家湾118号，系鄂、湘、赣、皖盐商盐务协调机构，坐北朝南，门楼面阔10.46米，通高7.88米，上有水磨砖雕福、禄、寿三星及莲花、卷草等图案，两侧有吊角箩底砖八字墙，为市级文保单位。由于年久失修导致结构老化、屋面渗漏、木构架整体向北倾斜，9—10月对

修缮中的湖北会馆后花园 张孔生/摄

门楼实施抢修工程，拆砌上部歪闪磨砖墙体，翻铺破损小青瓦屋面，更换酥碱望砖等，11月28日通过市文物局组织的专家组验收。

（王署帆）

■珍园保护修缮工程 珍园位于广陵区文昌中路492号，为清末盐商李锡珍所建，原为“兴善庵”，民国初年改筑为园，为市级文物保护单位。2019年年初开始进行保护修缮工程，对珍园楼、北院房、庵堂等建筑更换瓦屋面增加防水层、整修破损木构件、修补墙面、油漆翻新等。

（王署帆）

■张联桂故居修缮工程 张联桂故居位于木香巷5号，又名“春晖堂”，是张联桂祖上从江都县浦头镇搬迁过来的老宅。现存旧门楼一座、住宅楼一幢。住宅楼坐北朝南，楼上下六间四厢，平面呈“凹”字形，构架基本完整。8—12月对其进行维修，清理维护墙体、木构件、地面和装修，翻修瓦屋面，12月通过省文物局验收。

（王署帆）

■胡笔江故居修缮工程 胡笔江故居位于广陵区沙头镇晨光村胡家墩，始建于1920年，故居建筑规模宏大，有南、北两处宅第，占地约8000平方米，建筑风格独特，是扬州沿江圩田地区代表性建筑。2002年被公布为省级文物保护单位，现为沙头镇北洲中学使用，在使用过程中，由于缺乏定期维护，部分房屋屋面渗漏严重，北宅部分房屋屋面坍塌，木地板腐烂破损。2018年12月，广陵区文化和旅游局组织对其进行修缮，采用揭瓦不落架的手法对南宅、北宅进行全面整修，翻铺小青瓦，更换木椽、飞椽，增加屋面防水层，更换整修木地板，铲除山墙上的水泥砂浆，恢复清水墙面，归位阶沿石，增设排水明沟，修补内墙空鼓、脱落粉刷层等。2019年5月竣工，12月通过省文物局验收。

（王署帆）

■准提寺修缮工程 准提寺位于扬州市区盐阜东路10号，为清代扬州名刹之一。现存山门殿、天王殿、大殿、藏经楼，占地3000平方米，2011年被省政府公布为第七批江苏省文物保护单位。2018年6—9月，个园管理处对准提寺进行修缮，主要是对文物主体建筑屋面翻修、增铺防水层，修复破损斗拱，增加避雷设施，油漆出新，恢复方砖地面和砖铺散水等。按照“修旧如旧”的原则，采用传统工艺手法进行修缮，2019年12月通过省文物局验收。

（王署帆）

■史可法墓祠修缮工程 史可法墓祠位于扬州市广储门外街24号梅花岭上，大门临河，东为墓，西为祠，并列相连。墓园有门厅，入门有古银杏参天，中为飨堂，堂后为衣冠冢，墓向南，墓前有砖砌牌坊，墓台前立“明督师兵部尚书兼东阁大学士史公可法之墓”墓碑。墓园西侧为祠堂，建于乾隆年间，咸丰三年(1853)毁于兵火，同治九年(1870)重建。祠后以廊隔出一园，园中梅花岭东西横亘，岭南为池，池东有梅花仙馆，岭北为晴雪轩，亦称遗墨厅。2013年被国务院公布为第七批全国重点文物保护单位。因年久失修，屋面瓦件破损渗漏，木构件受风雨侵袭发生槽朽、开裂，门窗、板壁等破坏，2018年10月至2019年1月史可法纪念馆对其进行维修，主要是对门厅及耳房、飨堂、梅花仙馆、方亭、祠堂、晴雪轩、牡丹阁等建筑更换槽朽架构、整修屋面木基层、更换木板天棚、木材刷桐油保护、整修门窗等。12月通过省文物局验收。

（王署帆）

■木兰院楠木楼修缮工程 木兰院楠木楼位于广陵区文昌中路246号，明崇祯十年（1637）建，1986年因道路拓宽原址向南移30米保护。楼面阔五间，进深八檩，高11.5米，硬山顶，前带廊，楠木梁架，用材较大，施彩画。近30年无大修，受自然因素影响，瓦屋面老化渗漏，管理单位石塔宾馆委托编制了修缮方案，通过市文物局审批。2019年8月开工，重新翻修屋面，增加屋面防水层，更换槽朽腐烂木基层，历经1个多月的维修后，于10月通过专家组的验收。

（王署帆）

非物质文化遗产传承保护

■非物质文化遗产展示传播 组织承办各类非遗活动，扩大社会效应。开展“非遗悦心”系列活动，举办《全生命周期养生与“生、长、老、终”》讲座，邀请南京中医药大学教授、博导陈涤平进行讲说，旨在宣传贯彻《扬州市非物质文化遗产保护条例》，传播健康养生知识；举办非

党员群众及少年儿童在社区体验雕版印刷技艺　董　辉　张宏斌/摄

遗悦心·2019扬州广陵琴派新春音乐会，让市民，尤其是古琴艺术爱好者能够全面、近距离聆听广陵派古琴艺术独特韵味，感受广陵派古琴艺术魅力；开展非遗悦心——“扬州味道”润扬社区行，走进西湖镇润扬社区，为辖区居民现场展示烹饪技艺及淮扬菜传承创新特色菜品，推进淮扬菜传播，树立非遗品牌形象。开办非遗悦心——面塑公益课堂，邀请非物质文化遗产传承人扬州何派面塑第四代传人何燕兰进行现场教学，引导市民特别是少年儿童了解市非物质文化遗产，拉近少年儿童与非物质文化遗产间的距离，培养对“非遗”的兴趣。开展“广陵琴荟”古琴名家系列活动，为古琴艺术爱好者讲解古琴艺术历史渊源，分享古琴名曲名章，促进广陵琴派古琴艺术的传承与传播。开展61场非遗“四进”活动，分别将活动开进扬州各个社区、商圈、学校、公园,形成非遗活动处处有的局面。开展“文化和自然遗产日”非遗宣传周系列活动。举办纪念张子谦诞辰120周年古琴专场音乐会。组织、协调扬州市及江苏省内、外非遗项目和传承人参与首届大运河文化旅游博览会非物质文化遗产展、2019运河文化嘉年华非遗展示展演活动。（李宗强）

■市非物质文化遗产专家库建立 推进扬州市非遗保护工作科学化、规范化，助力非物质文化遗产传承发展，选取70名非遗各行业人士组成“扬州市非物质文化遗产保护工作专家库”，参与扬州全市非遗保护规划和相关政策文件的研究和制定、非遗项目和传承人的认定、评审和评估等工作。（李宗强）

■国家级传承人记录工程 联合“扬州发布”完成扬州玉雕代表性项目的国家级传承人顾永骏记录工程工作，完整记录顾永骏的人生经历与艺术特点，对扬州玉雕尤其是山子雕的核心技艺进行全面系统的记录。共采集视频素材40.33小时，形成综述片30分钟，传承教学片、项目实践片、口述片共47条，29小时，各类文字材料29万字，通过国家审核验收。实施漆器髹饰项目传承人张宇、扬剧项目传承人汪琴与剪纸传承人张秀芳的项目，漆器髹饰项目进入收尾阶段；扬剧、剪纸两个项目完成口述史的全部采集工作，收集整理各类图片1400多张，文献60多万字，音视频素材30多小时。（李宗强）

■市级代表性传承人经费补助和定期免费体检 对年满60周岁（含）以上的市级代表性传承人，每人每年补贴0.2万元，用于其开展传承和保护工作。2019年，对全市127名市级60岁以上传承人发放经费补助25.4万元。组织市级以上代表性传承人434人进行免费体检，保障代表性传承人的身体健康，推动非物质文化遗产事业的长久有序发展。（李宗强）

■“非遗扬州”公众号运营完善 2018年11月16日，“非遗扬州”微信公众号正式开通并运营。运营以来“非遗扬州”公众号影响力逐步扩大，成为扬州“非遗”宣传推广的主阵地。2019年，“非遗扬州”微信公众号共发布文章206篇，新增非遗美文系列、非遗课堂系列、非遗一分钟系列、代表性传承人、传承人专访5个栏目，共有活动预告、精彩活动、文化扬州、项目简介、民俗小课堂、广陵琴荟、非遗美文系列、非遗课堂系列、非遗一分钟系列、代表性传承人、传承人专访11个栏目，累计关注人数3464人，比2018年的1020人增长200%。（李宗强）

■“非遗”保护专项资金申报 按照《关于做好2019年度省级非物质文化遗产保护专项资金申报工作的通知》《关于开展2020年度国家级非物质文化遗产保护专项资金申报工作的通知》要求，填写统计各县市省级、国家级非遗保护专项资金申报汇总表、省级非遗代表项目补助资金申报表、非遗传承人传习和传播活动资助申请表、非遗展示馆（厅）内容建设补助资金申报表、省级文化生态保护区建设补助资金申报书、省级代表性传承人补助资金申请表，组织做好2019年度省级、2020年度国家级非物质文化遗产保护专项资金申报工作。（李宗强）

文化博览城建设

■概况 2019年，扬州市文博城建设领导小组下达16个重点项目，完善

学生在双博馆参加文博研学游活动　　晚　报/供稿

提升项目8个，建成的重点项目3个，完成的完善提升项目2个。建成开放的跨年度文博城项目有3个，追加新建成的文博城项目有3个。至年底，市区新建和完善提升、恢复的文博场所144处，累计总数达177个。全市文博场馆年内共举办各类临展350多期。文博场馆全年接待游客1416.32万人次，比上年增长10.43%；扬州双博馆、扬派盆景博物馆、个园盐商生活文化展示馆、何家史料陈列馆4家场馆参观人数过百万。举办第八届“七彩之夏”文博夏令营、第11届扬州文化博览城建设知识大赛、优秀志愿者和先进团体评选、文博场所运行利用评估等特色活动，在传承优秀历史文化、培育城市精神、提高市民素质、推进文化旅游方面发挥重要作用。（何安琪）

■**“七彩之夏”文博夏令营** 2019年暑假期间，市文博城建设领导小组办公室（简称市文博办）与市文广旅局、市教育局共同策划组织第八届“七彩之夏”文博夏令营，全市29所参营学校和扬州报业传媒集团小记者约2240名师生参与活动。此次文博夏令营活动选择扬州博物馆、扬州科技馆、扬派盆景博物馆、扬州淮扬菜博物馆和扬州艺术馆5家场馆，作为参营师生的学习、实践基地，分期分批地开展各具特色研学游主题活动。研学游安排学员们近距离接触“雕版印刷”“扬州刺绣”等非遗项目。邀请盆景大师现场演示，淮扬菜大厨教做“三丁包子”和“扬州炒饭”。文博研学游主题活动在探寻扬州历史文化之根、感悟现代科技神奇魅力的同时，锻炼个人的自立精神、动手能力和写作能力。同学们把参与活动的心得体会写成文章，主办方遴选出200篇优秀作文汇编成《快乐文博研学游》发放给所有参营学校和全体营员。（何安琪）

■**第十届文博知识大赛** 6月下旬至9月上旬，市文博办与市文广旅局等部门共同策划“大运河文化带建设——2019年第11届扬州文博城建设知识大赛”。大赛分个人赛和团体赛。个人赛采取网上答题和报纸答题的方式，扬州网、扬州文博网读本点击阅读量达34.1万人次、试题阅读量达22.8万人次，参与答题4628人。参与者除了来自江苏各地区，还有来自广西、安徽、山东、吉林等全国多个地区的。团体赛通过初赛和决赛的争夺，市文广旅局代表队获团体赛一等奖，扬州职大和江都区文体旅局代表队同获团体赛二等奖，扬州电视台对决赛进行全程录播。（何安琪）

■**文博场馆运行利用评估** 11月中旬至12月下旬，市文博办组织开展了2019年度扬州市文博场所运行利用评估工作。评估工作按照动员部署、场馆自评、材料报送、专家审核评估的步骤，将全市参评的51家文博场馆区分为非物质文化遗产、历史和现代人文、古宅遗址园林、民族宗教文化、民间收藏展示5个类别，按照共性评估、个性评估和加分项目3个方面进行考评。经评估认定扬州博物馆等15家场馆为优秀等次，扬州八怪纪念馆等31家场馆为良好等次，扬州雕版印刷技艺展示馆等2家场馆为合格等次。（何安琪）

■**优秀文博志愿者和先进团体评选** 10月下旬至12月中旬，市文博办和市文广旅局共同组织开展全市优秀文博志愿者和先进团体的评选活动。评选工作按照会议动员、考评推荐、组织评选、工作交流4个步骤组织实施。从登记注册、服务态度、工作业绩、服务年限及时间等多项指标考核评选，最终选出优秀文博志愿者10人、文博志愿者之星7人、文博志愿者组织工作先进团体7个，并于12月中旬召开“2019年扬州市文博志愿者工作经验交流现场会”。市文博办组织优秀文博志愿者、志愿者之星、志愿者工作先进团队代表赴南京博物院、六朝博物馆等院馆进行学习交流，提升志愿者服务技能和水平。（何安琪）

考古发掘

■**概况** 2019年，扬州实行全面的考古前置工作，所有项目的考古调查勘探工作均由省文物局委托并组织专家验收。市文物考古研究所创新机制、主动作为，开展扬州化校地块、华侨城、万达广场、扬杰电子、中国大运河博物馆、北山污水处理厂等一批重大产业和城建项目的前期考古工作，取得文物保护与经济建设双赢的效果。全年共收到省文物局委托考古调查、勘探项目123个，总面积超过1000万平方米。签订合同考古项目62个，面积570余万平方米，考古调查、勘探项目均通过省文物局验收。（张富泉）

■**市考古勘探服务资质单位库建立** 9月，通过政府采购建立扬州市考古勘探服务资质单位库，并引入河南大学、中国人民大学、南京大学三支具有专业资质和实战经验的考古勘探工作团队协助市文物考古研究所就考古调查、勘探50万元以下项目开展工作，提高工作效率。（张富泉）

■**蜀冈古城址南城门遗址考古发掘** 扬州蜀冈古城南城门遗址是隋江都宫和唐杨吴子城的正南门、南朝广陵城和南宋堡城宝祐城的南门，或与楚广陵城、汉晋广陵城南城墙相关。发掘、研究该门址的形制和沿革对于认识扬州城遗址价值和定性具有重要的意义，自1987年以来，中国社会科学院考古研究所、南京博物院与扬州市文物考古研究所合作，先后发掘遗址南缘、西侧门道、西半部分主城门和主城墙等，2019年主要发掘遗址的西半部分瓮城遗存，发掘面积1500平方米，寻找到西半部瓮城墙及其内基槽与道路等遗存。（张富泉）

■**西陈庄（万达北地块工程）墓葬考古发掘** 蜀冈西陈庄（万达北地块）墓地位于扬州市西北、邗江区西湖镇蜀冈村西陈庄组，地处扬州市政府公布的“甘泉－杨庙战国至五代墓葬埋藏区”范围内。配合扬州万达广场建设，市文物考古研究所在取得国家文物局执照后于2019年3—9月开展考古发掘工作，在此地块清理汉至清代墓葬47座，其中汉墓26座，唐墓1座，清墓20座，出土珍贵文物608件（组）。26座汉墓的时代多属西汉早中期，下限至新莽时期或晚至东汉初。其中北侧9座汉墓、南侧8座汉墓排列规整、方向一致，可能为家族墓葬。尤其是北侧9座汉墓基本呈南北向，可分成4排，间距不大，且前后排之间排列基本错开，从出土陶器等物来看也是由南向北逐渐偏晚。M29中出土两枚铜印，可知其墓主人为西汉都尉许横，则这几座或为许横家族墓葬。西陈庄（万达北地块）墓地的发掘，丰富扬州地区汉代墓葬的资料，为扬州地区汉代墓葬文化的研究提供重要资料。（张富泉）

■GZ093地块考古发掘 该地块位于唐子城东侧、罗城东北。8—9月开展考古发掘工作，此次共发掘古墓葬405座，其中汉代墓葬40座，六朝墓葬3座，唐五代墓葬333座，宋代墓葬13座，明清墓葬16座，出土陶瓷器、铜器、漆木器等文物650余件（套）。对地块内的水沟（叶桥大沟）进行解剖发掘，明确该水沟的自然冲沟性质。本次发掘的墓葬时代跨度大，为古代丧葬习俗的变化提供资料；墓地以唐五代时期墓葬最为集中，规模较小，且被盗严重，但多排列有序，墓向多东南，少量西南，推断此处墓葬区具有公共墓地性质，为研究唐末五代平民墓葬习俗提供了丰富的资料；分析唐末五代时期扬州地区的盗墓现象，并着重指出M403中所出上书“同轨坊”的纪年买地券对扬州里坊研究的重要性。（张富泉）

■三布厂北地块考古发掘 4—10月，对原三布厂北侧地块进行的抢救性考古发掘，共发掘汉至明清时期古墓葬94座，出土遗物194件。汉至明清时期水井171座。尤其是发现的汉代水井，总计122座，排列整齐，时代上先后延续，出土遗物较为丰富。通过发掘，了解发掘区域内汉至明清时期古墓葬和水井的分布情况，出土一批文物，对了解区域内汉至明清时期的丧葬习俗等提供实物资料；了解区域内汉至明清时期水井的分布情况，尤其是密集的水井分布，对了解汉代以来扬州城东门外的聚落布局等提供翔实的资料；汉代水井的发掘是此次发掘的一大收获。虽然这些水井已经失去地层，但对大部分水井清理至底，出土一批汉代汲水用具和农具、生活用品等，对了解汉代广陵城东门外的生产布局提供实物资料。（张富泉）

■仪征青山镇石室墓考古发掘 该墓葬为竖穴土坑石室墓，南面带有斜坡通道。墓圹为方形，东西向双墓室布置，在东室为一座明代墓葬。墓葬盗掘严重，仅在修墓通道内出土粉盒盖、黑釉罐、青瓷双系罐、亚字纹铜镜，在墓室及盗掘回填土内出土数枚宋代铜钱。根据此次发掘可以发现，在以往扬州地区发现的宋墓中大多为竖穴土坑木棺墓或砖室墓，像这种具有一定的规模平铺长条石板作顶的石室墓还是第一次发现。该墓墓室构筑较为考究，墓壁采用7块长块条石为墓顶部，条石间采用高低榫咬合，间缝亦为白灰浆灌筑，缝隙大者用青砖填补。该墓的发掘为研究江苏地区宋代石室墓的结构和葬俗提供重要的实物资料。（张富泉）

■科技考古 2019年，市文物考古研究所利用无人机航拍，飞行时间累计逾240分钟，航拍面积117万平方米，拍摄并处理照片360余张，为桑树脚工地晚唐五代时期大型建筑遗址、扬州市三布厂北侧地块（GZ072地块）、西湖镇蜀冈西陈庄（万达地块）、七里甸墓葬（启迪科技园地块）、三星村胡桥组墓葬（GZ093地块）、三星村西庄组墓葬（GZ092地块）等13处重要遗址、遗迹提供全景航拍技术支持。在三星村胡桥组墓葬（GZ093地块）、三星村西庄组墓葬（GZ092地块）、扬州市三布厂北侧地块（GZ072地块）等9处考古工地综合利用RTK、全站仪、三维扫描仪等先进技术设备开展科技考古实践，取得一系列重要成果。与陕西省文物保护研究院合作开展出土墨书考古材料的多光谱成像分析研究，取得重要研究成果。与扬州大学化学学院合作开展墓葬出土物能量射散X射线光谱检测项目，探索出土遗物无损检测及成分分析新方法，取得阶段性成果。与中国丝绸博物馆合作开展出土丝织品文物保护项目。与荆州文物保护中心合作，对扬州出土木漆器进行脱水保护，至年底，合作开展3批，取得重要成果。扬州西湖高南汉墓木漆器保护修复（第一期）107件（套）通过专家组验收。采用碳十四科学检测技术，对城北三星村胡桥组（GZ093）地块探沟底部出土的木块寄至美国BETA实验室测定，年代为5290±30BP，排除了其为古邗沟的可能性。（张富泉）

■公众考古 开展公众考古实践，通过成果展示、知识讲座、参观考察等活动，开展公众考古教育，搭建专业考古界与公众之间的沟通、交流平台，提高公众对考古学、文化遗产保护与利用等方面的认知度和参与度。利用隋炀帝墓遗址公园东南隅场馆举办隋炀帝墓考古发掘成果图片展，2019年累计接待各类参观人员逾4600人次，收到良好社会评价和展示效果。与扬州博物馆合作举办“金猪纳福——猪年艺术展”“源远流长——新中国成立70周年扬州地区文物保护成果展”“归去来兮——长沙窑瓷器的丝路之旅”。与仪征博物馆合作举办“源远流长——新中国成立70周年扬州地区文物保护成果展”。创办“扬州市文物考古研究所”公众号，借助网络自媒体让扬州考古走出去，为打造品牌、拓展扬州考古影响力搭建宣传平台。（张富泉）

卫生健康

Weisheng Jiankang

编　辑　陈永华

综述

■**概况**　2019年末，全市卫生机构总数1890个（含诊所、医务室、卫生所、社区卫生服务站、村卫生室），医疗机构床位2.50万张，卫生人员3.63万人。各级各类卫生机构1万元以上医疗设备2.44万台，总价值39.77亿元。

2019年，全市医疗机构总诊疗人次数2671.13万人次，医疗机构入院人数83.54万人，医疗卫生机构收入142.19亿元。　　（陈东升）

■**基层卫生服务体系建设**　2019年，全市新创成省示范乡镇卫生院2所、省示范村卫生室54个，高邮经济开发区社区卫生服务中心和仪征市胥浦社区卫生服务中心被确认为江苏省社区医院，累计建成省示范乡镇卫生院（社区卫生服务中心）70所、省示范村卫生室250个，省社区医院4个，省示范乡镇卫生院（社区卫生服务中心）、村卫生室创成率分别达73.58%、26.07%。15家基层医疗卫生机构通过国家“优质服务基层行”省级复核确认，其中达“推荐”标准2家、达“基本”标准13家。宝应县创成2019年度“江苏省基层卫生十强县（市、区）”。（缪　彦）

■**基本公共卫生服务**　2019年，市卫生健康委员会、市财政局联合下发《2019年度国家基本公共卫生服务项目实施方案》，明确基本公共卫生服务项目经费标准提高到人均75元，对项目范围、项目内容、项目要求、主要任务等进行明确。调整项目工作领导小组、项目条线负责人和技术专家组。建立国家基本公共卫生服务报表逐级审核管理制度，确保相关报表真实反映各地项目工作进度和完成情况。组织开展市级优秀实施方案评选活动，提高项目工作质量，提升项目管理水平和项目实施效果。与广电公交频道合作，在电视数字点播模块和市区1500辆公交车上播放基本公共卫生服务项目宣传片，在公交车拉手、展板等处张贴宣传画。试点实施健康档案向个人开放。联合市财政局共同完成市级绩效评价。　　（缪　彦）

■**医联体品牌建设**　加强紧密型医联体建设。苏北人民医院全面托管高邮市送桥中心卫生院、广陵区李典中心卫生院和扬州市第二人民医院，实行人、财、物的统一管理，将医联体打造成为服务、责任、利益和管理共同体。扬大附院试点与头桥社区卫生服务中心开展紧密型医联体建设。2019年，全市打造联合病房23个，为2400多名患者提供服务，节省医药费用720多万元；开设省级名医工作室90个、市级名医工作室132个，共接诊患者9万多人次。以联盟为平台发挥专科特色。全市共建20个专科联盟，其中苏北人民医院组建全市骨科、脑卒中、胸痛、消化病、呼吸病、胃肠外科、甲状腺、肝胆胰、重症、麻醉、疼痛、康复、肛肠、烧伤整形与创面修复专科联盟等14个专科专病联盟；市中医院组建全市中医、中医肿瘤等2个专科联盟；市妇幼保健院组建全市流产后关爱（PAC）、出生缺陷防控等2个专科联盟；市三院、五台山医院分别组建全市感染病、精神专科联盟。　　（郑轶群）

■**胸痛、创伤、卒中中心建设**　市级胸痛、创伤等2大中心实现市、县两级全覆盖，苏北人民医院、扬州大学附属医院、高邮市人民医院、江都区人民医院创成市级卒中中心，宝应县创成县级卒中中心。2019年，苏北人民医院引进王强团队，填补扬州市开展心脏大血管手术的空白，结束主动脉瘤患者过江治疗的历史，并创成省级胸痛、创伤及卒中救治中心。扬州大学附属医院创成省区域级胸痛、创伤救治中心。全市胸痛中心共接诊胸痛患者8947人，增长13%；卒中中心共接诊患者8532人，增长15%；创伤中心共接诊患者4.40万人，增长22%。　　（郑轶群）

医疗卫生机构

■**概况**　2019年末，全市卫生机构总数1890个（含诊所、医务室、卫生所、社区卫生服务站、村卫生室）。其中，医院76所，社区卫生服务中心（站）239个，卫生院74所（城市街道卫生院2所、乡镇卫生院72所），村卫生室765个，门诊部179个，诊所、卫生所、医务室512个，计

2019年扬州市医疗卫生机构情况表

表 34-1

卫生机构	合计	按经济类型分				
		公立			非公立	
		合计	国有	集体		私营
总计	**1890**	**1306**	**566**	**740**	**584**	**513**
医院（所）	76	25	22	3	51	39
基层医疗卫生机构（个）	1769	1241	504	737	528	470
社区卫生服务中心（站）	239	222	48	174	17	9
卫生院（所）	74	71	31	40	3	3
村卫生室（个）	765	764	297	467	1	0
门诊部、诊所、卫生所、医务室（个）	691	184	128	56	507	458
专业公共卫生机构（个）	31	31	31	0	0	0
其他卫生机构（个）	14	9	9	0	5	4

（陈东升）

2019年扬州市医疗机构工作量、效率分析表

表 34-2

项目	2019年	2018年	增减数	增幅（%）
总诊疗人次数（万人次）	2671.13	2593.36	77.77	3
入院人数（万人）	83.54	75.11	8.43	11.22
病床使用率（%）	86.23	86.62	-0.39	-0.45
平均住院日（天）	8.5	9.00	-0.5	-5.5
每诊疗人次费用（元）	191.2	179.2	12.	6.7
每出院者费用（元）	8635.5	8436	199.2	2.36

（陈东升）

划生育技术服务机构2个，疾病预防控制机构7个，专科疾病防治院（所、站）4所，妇幼保健院（所、站）8所，急救中心（站）2个，采供血机构1个，卫生监督所（中心）7个，其他卫生机构14个。

2019年末，全市医疗机构床位2.50万张。其中，医院床位1.78万张（占71.17%），社区卫生服务中心（站）床位1723张（占6.89%），卫生院床位4504张（占18.02%）。医疗机构床位比上年增加1639张。其中，医院床位增加669张，社区卫生服务中心（站）床位增加73张，卫生院床位增加848张，其他医疗机构与上年一致。每千人口床位数5.49张。

全市卫生人员3.63万人，其中乡村医生和卫生员1530人。卫生人员中，卫生技术人员3.09万人，执业（助理）医师1.26万人（其中执业医师1.05万人），注册护士1.21万人。每千人口卫生技术人员6.8人，每千人口执业（助理）医师2.76人，比上年增加0.29人，每千人口注册护士2.66人。

2019年末，全市各级各类卫生机构1万元以上医疗设备2.44万台，总价值39.77亿元。

2019年，全市医疗机构总诊疗人次数2671.13万人次。其中，医院1031.76万人次，占38.63%；社区卫生服务中心（站）402.81万人次，占15.08%；卫生院486.16万人次，占18.2%；村卫生室367.41万人次，占13.75%；门诊部76.07万人次，占2.85%；诊所、卫生所、医务室159.42万人次，占5.97%；专科疾病防治院（所、站）20.79万人次，占0.78%；妇幼保健院（所）122.06万人次，占4.57%。全市医疗机构提供的平均每一居民全年诊疗次数5.87次，其中门急诊次数5.69次。

全市医疗机构入院人数83.54万人。其中，医院60.62万人，占72.56%；社区卫生服务中心（站）4.64万人，占5.55%；卫生院13.83万人，占16.55%；其他医疗机构4.45万人，占5.33%，平均每千人口入院人数183.64人次。全市医疗机构病床使用率86.23%。其中，医院92%，社区卫生服务中心66.01%，卫生院72.05%。医疗机构出院者平均住院日8.5日。

2019年，全市医疗卫生机构收入142.19亿元，比上年增收9.5亿元，增长7.16%。其中，财政拨款收入18.25亿元，比上年减少11.54%；上级补助收入1.72亿元；事业收入117.67亿元，比上年增加13.14亿元，增长12.57%。全市医疗机构支出138.48亿元，比上年增支8.42亿元，增长6.47%。其中，业务支出119.47亿元，比上年增加12.61亿元，增长11.8%。全市医疗卫生机构平均每诊疗人次费用191.2元。其中，药费78.1元，占40.85%；检查治疗费55.2元，占28.87%。平均每一出院者住院费用8635.5元。其中，药费2729.8元，占31.61%；检查费818元，占9.47%；治疗费997.7元，占11.55%；手术费495.5元，占5.74%；床位费408.1元，占4.73%。出院者平均每床日住院医疗费用1017.9元。（陈东升）

■卫生健康重大项目 2019年，扬州市推进卫生健康重大项目建设，部分项目投入使用。异地迁建市妇幼保健院、市儿童医院（市妇女儿童医院）开工建设，搬迁市疾控中心、异地新建市公共卫生中心（市疾控中心、血地防办、皮防所等）项目主体封顶，投资1.00亿元的市传染病院整体改（扩）建工程交付使用，投资1000万元的市遗传医学检测中心建成投用。宝应县投入9.5亿元异地新建宝应县人民医院土建完成。高邮市投入12亿元新建高邮人民医院东院一期工程投用，二期工程土建完成。仪征市投入5000万元对仪征市人民医院老病房楼及其附属设施、急诊科等改造完成；投入2.6亿元启动仪征市中医院、妇保院合并异地建设工程进入扫尾阶段。江都区投入19.5亿元异地新建江都人民医院开工建设。（陈东升）

■农村区域性医疗卫生中心建设 贯彻落实市政府《关于农村区域性医疗卫生中心发展的意见》，继续从财政补助、人才队伍、药品配备、医保报销等方面落实扶持政策，保障区域中心健康可持续发展。围绕到2020年18家区域中心全部创成或达到二级医院标准的目标，发挥市域医联体和县域医共体牵头单位作用，对区域中心实施“一院一策”的精准帮扶。年底，宝应曹甸、高邮临泽、仪征大仪、江都邵伯和真武等5家区域中心通过二级医院创建。2019年，18家区域中心医疗收入6.19亿元、门（急）诊250.20万人次、住院7.42万人次、手术1.60万人次，分别比2015年上升102.51%、39.25%、114.32%、94.31%。自2015年以来，18家区域中心新招录人员562人。《聚焦医疗资源供给侧改革创新推动农村区域性医疗卫生中心建设》被纳入2019年全国基层卫生改革典型案例，获首届健康长三角地区医疗卫生治理最佳实践案例优秀奖（二等奖），被省委改革办确认为可在全省复制推广的改革试点经验。扬州市先行先试的农村区域性医疗卫生中心建设，被省卫生健康委员会确认为全省卫生健康事业高质量发展的重要举措之一，在全省范围内全面布置“在县域分片建设农村区域性医疗卫生中心”。（缪　彦）

■扬州市公共卫生中心项目 扬州市公共卫生中心项目由市交通产业集团实施，扬州建筑设计研究院、江苏省扬建公司、扬州苏维监理有限公司参与建设，建成后交由市卫健委使用和运营。项目位于上方寺路以北、黄金坝路以西、鸿福路以南、市第二人民医院以东，建筑设计为多层综合楼，地上八层、地下一层，总建筑面积2.74万平方米，建筑高度34.50米，建设内容包括市疾病控制中心、市医学检验中心、市血吸虫病防治办公室、12320管理中心、市皮肤病性病防治所、人员隐蔽工程和药品库。项目于5月28日正式进入施工阶段，12月17日完成主体结构封顶。（谢倩琳）

■苏北人民医院 苏北人民医院前身是美国浸礼会1900年创办的扬州浸会医院。1994年被原卫生部评定为江苏省首批三级甲等综合性医院，是国家首批“建立健全现代医院管理制度试点医院”。医院现有开放床位2381张，在职职工2669人，固定资产24.99亿元，设备总值9.16亿元。2019年，医院门（急）诊病人189.74万人次，出院病人12.91万人次，手术总量6.97万台，出院患者平均住院日7.15天。日间手术年超1万例，内镜治疗年超5万例。

2019年，医院成为徐州医科大学扬州临床学院、大连医科大学扬州临床医学院。内分泌科、烧伤科、眼科、肿瘤科等4个专科新晋为省

12月17日，扬州市公共卫生中心项目完成主体封顶

交通产业集团/供稿

级临床重点专科；医学影像科、重症医学科、呼吸与危急重症科、医学检验科等4个专科通过省级临床重点专科复评，省级临床重点专科数量居省内第一方阵。医学检验科获ISO 15189认可、分子诊断中心通过现场验收。103位博、硕士加盟，引进王强等心脏大血管团队，柔性引进沈龙等肿瘤研究所科研团队。开展“心脏不停跳”冠脉搭桥手术、TAVR手术等多项高难度手术；第四代达芬奇手术机器人正式列装医院。卒中中心、胸痛中心、创伤中心、孕产妇危急重症救治中心、新生儿危急重症救治中心等“五大中心”全部成为省级救治中心。苏北人民医院互联网医院上线运行，开启互联网+分级诊疗新模式，全省首家通过电子病历分级评价六级评审。融合发展扬州市第二人民医院，成立苏北人民医院北区医院、扬州市康复医院。医疗集团由松散走向紧密，15个名医工作室、7个联合病区、10个专科联盟、李典分院挂牌成立。医院获2019改善医疗服务全国医院擂台赛总决赛金奖、2019年度改善医疗服务十大亮点单位。

（缪丽亚）

■扬州大学附属医院 扬州大学附属医院（扬州市第一人民医院）创建于1960年，系扬州大学唯一直属附属医院，是省教育厅、省卫健委共建单位，是集医疗、教学、科研、急救、预防、康复为一体的综合性三级甲等医院。医院被确立为住院医师规范化培训国家级基地、全科医师规范化培训省级示范基地，获国家药物临床试验机构资格认定。医院有东、西两个院区，占地9.21公顷，总建筑面积17.3万平方米，总资产15.8亿元，各类专业诊疗设备3000多台（套）。医院实行一院两区一体化管理，开放床位1805张，开放病区40个。

2019年，医院完成业务收入13.61亿元，门（急）诊172.70万人次，出院病人7.34万人次，手术3.05万人次。

医院设立一级科室48个、二级科室46个、三级科室9个，有在职员工2009人，其中高级技术职称526人，博士109人。有博士、硕士生导师121人，享受政府特殊津贴专家4人，有突出贡献中青年专家18人，江苏省医学重点人才4人，333工程人才24人，“科教强卫工程”医学重点人才6人，国家级专业委员会委员26人、省级专业委员会副主任委员11人、市级专业委员会主任委员10人。医院有普外科、消化内科、神经内科、心血管内科、儿科、麻醉科、病理科、影像科、超声科等省级临床重点专科9个，泌尿外科、肿瘤科、临床营养科等市级临床重点专科24个，承担20所医学院校实习带教工作。

扬州大学出台《关于加快直属附属医院发展的若干意见》，新增省级临床重点专科5个，通过三级甲等综合医院评审。获批国家自然科学基金项目5项，省科技厅项目2项，省卫健委和中医药管理局等厅级项目共4项，市科技局项目10项，市科协软科学项目7项，江苏省医院协会课题4项，共获批纵向科研经费272万元。获批江苏省第二批区域级胸痛救治中心、区域级创伤救治中心、中华医学会临床药学分会首批临床药师学员培训中心、省级血液净化技术培训基地、中国营养学会注册营养师实践教学基地。成立中国胰腺炎APnet扬州基地、中国急性胰腺炎医联体扬州基地等，推进医教研深度融合。成立扬州大学附属医院头桥分院、扬州大学附属医院邗江西区新城分院。

（陶天云　施文大）

■扬州市中医院 扬州市中医院是综合性三级甲等中医医院，南京中医药大学附属医院。2019年，医院完成门（急）诊诊疗量54.36万人次，增长7.5%，出院1.99万人次，增长11.25%，总收入3.83亿元，增长8.91%，业务收入3.57亿元，增长13.29%，有效业务收入2.2亿元，增长9%。

开展中医诊疗技术项目74个，门诊中药饮片总处方量占总门诊人次的54.42%，出院患者中应用中药饮片人次占出院患者人次的66.75%。成立中医经典科，开设床位33张。配合举办“江苏省中医经典巡讲”活动，开展重点人群健康教育“六进”活动32场。开展“冬病夏治”“三伏贴”“三九贴”“膏方养生节”，举办“科普e路游学”“科普大巡演”“中医经典诵读”“中医四大经典竞赛”“运动功法展演竞赛”“中医特色技术视频展示评比”等活动。开设名中医讲坛6场，创制中医药文化产品6种。加强健康宣教，累计投入专家195人次，服务人数2893人次，发放健康教育宣传资料6049份、健康促进器具500多份。开展中医药文化科普巡讲18场，9人入选扬州市健康科普专家库。开设“中医传统疗法中心”，挖掘中医药特色技术和方法，推进针灸+全科诊疗模式。强化专病建设，制定50个优势病种诊疗方案，编制中医优势病种诊疗方案集，举办优势病种诊疗特色推介会。挂牌成立上海中医药大学脊柱病研究所扬州分所、国家重点研发计划中医药现代化研究—高血压项目扬州分中心及江苏省中医院高血压研究所扬州研究室。与扬州广播电视报协作合作《中医院直通车》栏目，宣传医院特色的技术、门诊、治疗等54期，与扬州广播电台合作《空中门诊》《养生要趁早》栏目，宣传医院开展的业务、技术及疾病预防治疗知识近300期。举办第二期青年骨干管理知识培训班，123名青年骨干参加。加强医院临床路径管理、“三合理”的监管、日间手术管理和药物使用管理，强化药品、高值耗材监管，落实“4+7”药品集中招标采购试点扩围。全年药占比42.74%，其中西成药占比27.75%，中药饮片占药品比为35.52%。门诊均次费用261.2元，比上年同期增长3.28%；住院均次费用1.06万元，增长6.12%。平均住院日11.28天，下降3.28%。全年整改病历缺陷1435项。加大信息化建设力度，实施移动护理系统、妇幼信息系统、康复信息系统、医疗废弃物系统、血液保障预警分析系统，更新院内自助挂号、缴费系统，实现诊间支付、医保脱卡支付。

2019年，医院加强重点专科内涵建设，中医肿瘤病学被确立为江苏省中医药重点学科建设单位，肛肠科成为市基层特色科室孵化中心重点建设单位。强化中医人才引进和培养，新增副高职称人员19人，博士1人，博士后进站研究2人。牵头成立“扬州市中医院肿瘤专科联盟”和“扬州市中药药事质控中心”，扬子津社区卫生服务中心在院部支持下全年总收入增长50.2%，门诊人次增长29.6%，住院人次增长23.3%，预防接种门诊和中医馆完成改造。开设浮针工作室，加强中医药适宜技术在基层的培训与推广，开展“2019年扬州市基层卫生技术人员中医药知识与技能培训”，选派医疗及管理专家进驻基层单位帮扶，开设名中医基层工作站，指导受援医院开展新技术、新业务。全年科研立项20项，国家科学自然基金1项，江苏省卫健委医学科研项目1项，江苏省中医药管理局科研项目2项，高层次卫生人才“六个一工程”拔尖人才科研项目1项，扬州市科技局科研项目3项，其他横向课题12项。江苏省中医药科学技术奖三等奖1项，江苏省卫健委新技术引进二等奖1项，扬州市卫生新技术引进评估二等奖6项。发表SCI论文2篇，核心期刊发表论文数19篇。与罗马尼亚锡比乌卢奇安·布拉加大学联合主办的罗马尼亚第一届国际中医药大会于6月在罗马尼亚锡比乌市召开，医院3位专家到会授课，促进扬州中医文化在欧洲推广。获实用新型专利授权21项，计算机软件著作权2项。新增省老中医药专家学术经验继承工作指导老师3人，全国中医临床特色技术传承骨干人才培训项目培养对象1人，全国西学中骨干人才培训项目培养对象1人，全国中医药创新骨干人才培训项目培养对象1人，1人获评江苏省名中医，6人获评扬州市名中医，1人获全国中医住院医师规范化培训“优秀带教医师”，1人获扬州市五一劳动奖章。成立施杞名医工作室，新增朱新太省名中医基层工作站1个（高邮市送桥卫生院）、殷鸿市名师工作室基层工作站1个（邗江区杨寿卫生院）。（周　宇）

■扬州市妇幼保健院 扬州市妇幼保健院是三级甲等妇幼保健院。医院占地面积2.13公顷，设一级科室45个、二级科室23个。2019年，医院在职职工790人，其中高级专业技术职称150人，硕（博）士96人。住院分娩产妇近6200人次，出院1.9万人次，门诊诊疗57.5万人次。

医院妇科为江苏省妇幼健康重点学科，产科、生殖健康科、儿童保健科为江苏省妇幼健康重点学科建设单位，新生儿科为江苏省新生儿急救中心扬州市妇幼保健院协作中心，共有产科、妇科、儿科、新生儿科、乳腺科等市级临床重点专科16个。医院下辖扬州市医学遗传中心、扬州市危重孕产妇救治中心、扬州市危重新生儿救治中心、扬州市儿童保健中心等4个市级区域性中心，购置全市唯一的全进口新生儿专用急救转运车承担全市及周边地区危重新生儿的转运救治。开展无创DNA检测、全程无痛分娩、自由体位分娩、29项遗传代谢病筛查、染色体芯片检测、早产儿眼底疾病筛查、动静脉同步换血、脐静脉插管、亚低温治疗、单孔腹腔镜、PICC等妇产儿科诊疗技术。

2019年，医院推进全生命周期服务，成立扬州市出生缺陷质控中心，与市医学遗传中心合署办公，牵头协调全市35个医疗机构组建扬州市出生缺陷防控联盟，加强对全市出生缺陷工作的指导、督导。深化医联体内涵建设，保持与上海红房子医院、南京市儿童医院技术合作，新增江苏省人民医院生殖内分泌专科对口帮扶，定期安排专家到院技术指导；先后在宝应、江都、仪征新增4个名医工作室，定期安排技术骨干下基层坐诊带教。医院注重学科内涵建设，妇科、新生儿科、医学遗传中心分别引进外国专家开展短期技术交流，获1项省卫健委新技术引进奖，引进开展全程无痛分娩等新技术23项，128排新CT、高档彩超相继投入使用；先后开设儿科重症监护病房和PICC、成人预防接种、麻醉门诊，优化产科多学科联合门诊、助产门诊和母乳喂养咨询门诊运作模式，新增儿童保健科、儿童康复科、妇女保健科和肛肠科等4个市级临床重点专科。推进以电子病历系统为核心的医院信息一体化项目和智慧医院服务系统建设。新妇女儿童医院建设先后完成人防、环境报告报批和施工图设计、图纸审查、标底编制等工作。

2019年，医院被评为全国爱婴医院、全国优秀出生缺陷防控——耳聋基因检测实验示范基地、全国首批分娩镇痛试点医院、中华医学会计划生育分会青少年长效避孕培训基地等，获省第一届新生儿复苏技能大赛一等奖和市出生缺陷综合防治技能竞赛团体一等奖。（董　雷）

■扬州市第二人民医院 扬州市第二人民医院占地面积3公顷，总建筑面积2万多平方米；固定资产1.58亿元，其中医疗设备总值2460万元。医院设有内科、外科、妇科、儿科、口腔科、医学影像、检验科等临床诊疗科室。神经内科、肾内科是市级重点专科。拥有联影1.5T超导磁共振、GE128层CT、赛德科数字DR、富士电子胃肠镜、C型臂X光机、经颅多普勒仪（TCD）、进口彩超、有创呼吸机等先进医疗设备 。

医院有编制床位301张，实际开放6个病区261张床位。有在岗职工207人，其中卫生专业技术人员172人（高级职称人员35人）。2019年，医院总诊疗量5.85万人次，出院病人3607人次。为市区低保、孤寡、特困人群提供医疗救助服务，医疗救助5899人，救助金额87.55万元。（孟兆祥）

■扬州市第三人民医院 扬州市第三人民医院（扬州市传染病医院、

苏北人民医院新区分院）是三级传染病专科医院。医院有编制床位593张，开放床位365张。2019年，医院门诊量7.59万人次，收治病人6406人次，出院者平均住院日15.68天，病床使用率88.48%。

医院有14个诊疗科室、8个病区。有结核病科、肝病科、感染病科、医学检验科、医学影像科等5个扬州市临床医学重点专科。

医院有在岗职工296人，其中高级技术职称人员56人。医院常规开展肺功能检查、肺穿刺活检术、DSA介入治疗、支气管检查、冷冻治疗、球囊扩张术等30多个项目。对26例肝科、肺科疑难危重病例进行联合会诊讨论。

2019年，医院除常规收治肝炎、肺结核等传染病人外，还收治麻疹11人、猩红热1人、腮腺炎5人、水痘20人、疟疾13人、艾滋病210人、梅毒14人、登革热9人、手足口病15人等，艾滋病门诊3595人次。（丁志国）

家庭医生上门服务　　日　报/供稿

医疗服务

■农村贫困人口大病专项救治 各县（市、区）成立健康扶贫工作领导小组，指定各县级人民医院为定点救治医院。各定点医院均设置医疗服务流程，设立专用窗口，张贴醒目的宣传标语，建档立卡低收入患者在县域内定点医疗机构大病住院实行“先救治、后付费”诊疗机制，开通就医绿色通道，一站式办理结算业务。至11月底，全市建档立卡农村低收入人口、经民政部门核准的农村特困人员、低保对象等医疗救助对象和农村计划生育特困家庭中，罹患30种重大疾病患者人数6218人，建立救治台账5174例，减免医疗费用1072.13万元。（郑轶群）

■平安医院创建 1月，市卫生健康委员会联合市委政法委、市司法局在苏北人民医院召开全市“平安医院”建设现场推进会。组织开展国务院《医疗纠纷预防和处理条例》和《江苏省医疗纠纷预防与处理条例》培训112次，覆盖1.20万人次。加大人防、物防、技防等建设，建立医患矛盾研判机制。加强演练巡查，全年开展安全防范训练和演练36人次，参加1655人次，安装一键式应急报警装置。驻医民警参与处置和化解医疗纠纷57起。苏北人民医院、扬州大学附属医院创成江苏省平安示范医院，县级医院基本创成扬州市平安医院。（郑轶群）

■基层卫生家庭医生签约服务 2019年，全市范围内推行统一的首诊包，落实首诊签约居民的“十项优先优惠政策”，体现签约与不签约的差别化待遇，推动实现基层首诊目标。全市统一设立离休干部服务包，统一服务协议和服务手册，提供个性化、亲情化的健康管理服务。全市重点人群签约127.3万人次，覆盖率77.1%，首诊包签约23.58万人，占所有签约人数的16.7%，对建档立卡低收入人口、计生特殊家庭、离休干部等特殊人群实现应签尽签。市本级《强政策重服务扩宣传创新推动“首诊+点单”组合式签约》获评“2019年江苏省家庭医生签约服务十大创新举措”，相关做法在《中国卫生》杂志刊登。家庭医生签约服务工作获“省政府真抓实干成效明显的地方”激励表彰。（缪　彦）

■医疗服务行动 扬州市二级及以上医院均开展预约诊疗服务，其中15家二级以上医院实现分时段预约，5家二级以上医院实现检查检验集中预约。有9家二级以上医院开展社工服务，19家二级以上医院开展志愿服务，注册志愿者7003人。苏北人民医院在第五季改善医疗服务行动全国医院擂台赛（城市类）总决赛中获科学建立预约诊疗制度主题案例金奖。10月，国家卫生健康委员会联合健康报社在扬州召开2019年进一步改善医疗服务行动计划推进会；有7家医院被确定为第一批国家分娩镇痛试点医院；3家三级医院开展日间化疗服务，4家二级以上医院开展新生儿日间蓝光照射服务，9家二级以上医院开展日间病房服务。全市二级公立综合医院出院患者平均住院日8.91天，三级公立综合医院出院患者平均住院日8.05天。（郑轶群）

妇幼保健

■**概况** 2019年，扬州市孕产妇死亡率0，婴儿死亡率2.14‰，5岁以下儿童死亡率3.53‰。全市婚检率90.77%，妇女病普查率91.67%，剖宫产率40.42%，产前筛查率94.71%，新生儿疾病筛查率99.57%，托幼机构卫生保健合格率100%。（林 萍）

■**妇幼健康服务体系** 市委、市政府重视妇幼健康事业发展，提出优生之城建设目标，将新建妇女儿童医院、出生缺陷综合防治工程等纳入民生一号文件，加大政府投入，强化保障措施。开展产科标准化建设和示范创建，至2019年底，创成国家级妇幼健康优质示范县1家、省级4家，省级妇幼健康规范化门诊6家，全市规范化门诊创建达标率80%。改善基层机构硬件设施条件和就诊环境，提高老百姓就诊舒适度，提升基层卫技人员的服务能力和服务质量，实现以妇幼健康服务机构为主体，综合医院、民营医院和基层医疗卫生机构为补充的三级妇幼保健服务网络。（林 萍）

■**妇幼健康服务能力** 2019年，推进妇幼保健重点学科和人才建设，6个学科、4名人才列入省计划；加大妇幼保健人员教育培训力度，邀请美国、法国等国际知名专家到扬授课，培训妇幼保健人员1800多人次；出台母婴保健专项技术人员考核实施方案，考试通过率95%左右。全市建成孕产妇和新生儿危急重症救治中心16家，在医院设立产科安全管理办公室，成立危重妇儿多学科急救小组，每季度至少开展1次专项技能培训和急救演练；建立市级危急重症患者救治指挥中心，统一调度专家、急救中心、血站等资源，设立2个专业急救分站，配备母婴专用救护车，畅通危重患者急救绿色通道，确保急救转运反应迅速、安全高效。（林 萍）

■**妇幼民生实事项目** 开展一级预防。落实婚前医学检查、孕前优生健康检查要求，应用母子健康手册App，提高服务的快捷性、便利性，全市孕前优生健康检查率（2.45万人次）98.8%，全年免费为育龄妇女补服叶酸1.68万人。推进二级预防。出台扬州市高危孕产妇筛查评估管理规范，开展妊娠风险筛查和评估，对孕产妇进行五色分级分类管理；对高危孕产妇实行专案管理，保证专人专案、全程管理、动态监管、集中救治；对患有疾病可能危及生命不宜继续妊娠的，经评估和确诊告知继续妊娠风险，并提出医学建议。实施出生缺陷综合防治工程，免费开展3种产前筛查和3种遗传代谢疾病筛查，孕产妇艾滋病、梅毒、乙肝筛查率100%，阻断干预治疗率100%。落实三级预防。成立扬州市出生缺陷质量控制中心、出生缺陷防控联盟，开展质控评审，累计完成新生儿疾病筛查45.5万人次，确诊患儿196人；新增新生儿先天性心脏病筛查项目，举办全市新生儿先天性心脏病以及听力障碍筛查培训班，市妇幼保健院建成全国优秀出生缺陷防控——耳聋基因检测实验示范基地。（林 萍）

2018—2019年扬州市区儿童健康体检抽样调查情况表

表34-3

指标		2019年	2018年
受检人数（人）		25054	28756
受检率（%）		99.53	99.16
体重达标率（%）		68.55	74.26
身高达标率（%）		65.70	76.71
乳牙龋齿发生率（%）		26.39	32.67
患病率	肥胖儿发生率（%）	8.61	7.31
	低体重发生率（%）	0.28	0.28
	发育迟缓发生率（%）	0.62	0.24
	消瘦发生率（%）	0.86	0.94

（林 萍）

■**妇幼健康服务监督管理** 建立约谈通报制度。制定《扬州市母婴安全约谈通报制度的通知》，对孕产妇管理不到位、不规范或出现孕产妇可避免死亡的单位及主要负责人、具体责任人进行约谈。2019年，对2家基层医疗机构截留高风险孕产妇问题进行2次约谈。加强日常监督管理。严格母婴保健技术机构和人员准入管理，开展质量评估，累计评估24家，限期整改2家；严格执行分级服务，开展“双随机”督查，清单式交办问题并督促整改，实现闭环管理；严格规范危重孕产妇和新生儿死亡评审，讨论病例18例，规范救治措施，提高治疗水平。加大考核工作力度。专题召开全市母婴安全保障工作会议，与各县（市、区）和各市直相关医疗卫生机构签订母婴安全保障责任书，坚持日常管理、专项评价等结果与年终考评挂钩，发挥考评的导向和激励作用，以督查考评保工作落实。（林 萍）

疾病预防与控制

■**疾病预防控制体系建设** 推进扬州市公共卫生中心建设。该项目位于上方寺路与黄金坝路交叉口西北侧，用地面积1.94公顷，建筑面积2.75万平方米（地下6389平方米，地上实验室面积1万平方米、业务用房8100平方米、对外服务用房3011平方米），容积率1.09，项目预算2.1亿元。建设项目包括市疾病预防控制中心、市医学检验中心、12320管理中心以及市突发公共卫生事件应急指挥中心、市公共卫生中心重点实验室、全省公共卫生医师规范化中心扬州基地等。12月17日，项目完成主体封顶。 （常 艳）

■疾病预防控制对口支援 组织市、县（市、区）疾病预防控制专家分别对县（市、区）、乡镇疾病预防控制工作进行支援。遴选9名技术专家开展援非、援川、援疆等对口支援；选派技术骨干对广陵区、高邮市和宝应县疾控中心在重点学科建设、人才培养、项目管理、实验室检验技术等方面给予重点帮扶。 （常 艳）

■传染病防控 2019年，全市无甲类传染病报告。报告乙类传染病13种5868例，死亡18例，报告发病率130.16/10万，死亡率0.40/10万。报告丙类传染病8种7093例，报告发病率157.34/10万，无死亡病例。全面建成HIS系统（传染病监测平台），在全市辖区内所有一级以上医疗机构正式使用，实现传染病报告自动拦截和填报功能。 （常 艳）

■重大传染病防治 2019年，全市网报肺结核可疑者人数1928例，转诊肺结核可疑者1885例，总体到位率97.77%。全市登记活动性肺结核患者1279例，病原学诊断阳性数694例，病原学阳性诊断率54.26%。全市登记耐多药患者35例，纳入治疗患者28例，纳入治疗率80.00%。 （常 艳）

■免疫规划 2019年，全市出生儿童数2.69万人、流入儿童2154人，应建卡儿童2.90万人，已建卡儿童2.90万人，适龄儿童建卡率100%。应接种一类疫苗平均接种率99.91%。基础免疫接种率99.92%。加强免疫接种率99.90%。乙肝疫苗首针及时率98.73%。全市报告AFP病例11例。无脊髓灰质炎确诊病例报告，非脊灰AFP病例报告发病率平均为2.11/10万。确诊麻疹病例3例，未发生麻疹暴发疫情和聚集性病例疫情。99家儿童预防接种标准化门诊建设全部达到要求，达标率100%。完成323家预防接种门诊考核验收。全市疫苗管理子系统、成人预防接种子系统、冷链监测子系统、儿童预防接种服务子系统全部安装到位并投入正常使用。 （常 艳）

■慢性病防治 2019年，开展人群死因监测，全人群粗死亡率7.22‰。规范管理高血压患者31.01万人，规范管理率76.56%；规范管理糖尿病患者8.97万人，规范管理率73.44%。高血压、糖尿病管理有效率分别为66.27%和57.32%。指导仪征市省级慢病综合防控规范化建设和邗江区省级慢病综合防控示范区建设，已通过省级验收。完成扬州市2018年人群全死因监测分析报告，2018年扬州市人群总粗死亡率7.88‰，全人群期望寿命80.11岁。 （常 艳）

■重性精神疾病管理治疗 建立以精神卫生专业机构为主体、疾控机构为辅助、基层医疗机构为依托的精神卫生管理治疗服务网络，对全市乡镇、街道实行全覆盖管理。成立由精神科专业医师和护士、社区/乡镇精防医生和护士以及其他相关工作人员（社区卫生服务站/村卫生室的医护人员、居/村委会人员、民警、民政助理、残联助残员等）组成的项目工作队伍。各县（市、区）实施“以奖代补”政策，引导监护人承担严重精神障碍患者监护责任。业务培训覆盖所有专兼职人员。2019年，全市重性精神疾病患者检出率4.38‰（位居全省第4位）；在册患者管理率、规范管理率分别为97.29%、97.03%（位居全省第1位）。 （常 艳）

■血吸虫病防治 2019年，全市对58个乡镇、595个村开展查螺，使用总查螺工日3.66万个，查螺面积1.68亿平方米，超目标任务的11.24%。解剖钉螺1.45万只，未发现阳性钉螺。开展灌溉喷洒灭螺、高温灭螺实验项目探索灭螺新技术，药物灭螺面积0.30亿平方米，超目标任务的32%。环境改造灭螺面积184.8万平方米，消灭钉螺面积173.4万平方米。利用机械筑圩、潮水药浸，降低灭螺成本，保证灭螺质量，新筑圩17.5千米、药浸灭螺面积279.17万平方米。完成血清学查病8.74万人，粪检查病1.16万人，未发现阳性病人；晚血救助331人次，帮助解决医疗费用79.91万元。沿江5个县（市、区）10处江滩开展4次调查，捕捉野鼠163只，未查出阳性，野粪16份，经顶管孵化检测全部阴性；5—9月，沿江5个县（市、区）每月选择10处重点环境进行哨鼠预警监测，共投放哨鼠500只，未发现阳性哨鼠。通过国家春查风险评估，省血防专家组对邗江区、仪征市进行血吸虫病消除评估，邗江区、仪征市达到血吸虫病消除标准。完成20例输入性疟疾病例的个案调查和治疗工作，对1.34万例发热病人进行疟疾筛查，未发现本地感染疟疾病例。开展食源性寄生虫病监测、土源性寄生虫监测、慢性丝虫病患者关怀照料和扬州市世园会寄生虫病、疟疾蚊媒监测项目。完成全市碘营养调查和地方病防治攻坚行动年度评估。 （王 建）

爱国卫生运动

■概况 2019年，扬州市推进卫生镇村创建活动，结合卫生镇村创建与农村人居环境整治、美丽乡村建设等，推进农村垃圾、厕所、污水收集处理等卫生基础设施建设，加强镇村环境卫生综合整治，建立健全保洁制度，改善农村生产生活环境，提升镇、村形象。宝应县柳堡镇、夏集镇，仪征市马集镇、青山镇，邗江区杨寿镇等5个镇创成国家卫生镇；江都区浦头镇、吴桥镇、郭村镇，宝应县鲁垛镇、广洋湖镇，高邮市甘垛镇、临泽镇等7个镇创成江苏省卫生镇；创成66个江苏省卫生村。广陵区沙头镇等10个国家卫生镇通过省级复审。 （何文秀）

■**农村改厕** 2019年，全市新增农村无害化卫生户厕8820座，累计建设无害化卫生户厕97.83万座，普及率97.98%。高邮市被农业农村部、国家卫生健康委遴选为全国9个农村“厕所革命”典型范例之一。（孙立红）

■**健康教育与健康促进** 开展健康下基层“五进”宣传活动，完成重点人群健康教育“五进”活动986场次，其中中医养生保健讲座142场、青少年近视防控105场，受益群众39.5万人次；联合市广电总台开展“庆祝新中国成立70周年——健康扬州我行动”健康科普大巡演系列活动10场；与市广电总台合作打造《967健康学堂》等品牌栏目，播放近800期健康类节目；印发“三减三健”折页、控烟、居民健康素养66条宣传册等健康知识宣传材料，下发控烟减油减糖健康促进器具20万多份。推进健康城镇村建设，江都区、高邮市建成江苏省健康促进区县；仪征市新城镇、刘集镇，江都区武坚镇、高邮市三垛镇、卸甲镇，宝应县望直港镇等6个镇建成省级健康镇。全市建成江苏省健康村26个、健康社区15个，城乡居民健康素养水平达25.9%，高于全省平均水平。（何文秀）

■**病媒生物防制** 开展春季灭鼠集中行动、夏秋季灭蚊蝇灭蟑螂集中行动和冬季集中灭鼠行动。市区共投放灭鼠药9800千克、粘鼠板1.30万块，灭蚊蝇药物1万千克。推进病媒生物防制示范小区建设，市区共建病媒生物防制示范小区20个、毒饵站5800个，设置诱蝇笼2250只、灭蚊灯20台，完成主要病媒生物密度监测和常用杀虫剂的抗药性监测任务，为“四害”防制工作提供科学依据。（何文秀）

中医中药

■**全国基层中医药工作先进单位创建** 5—6月，调研督查邗江区、宝应县全国基层中医药工作先进单位创建、复审工作。6月18—19日，宝应县通过全国基层中医药工作先进单位的复核评审。邗江区通过全国基层中医药工作先进单位的省级初评。遴选命名20家市级中医药示范社区卫生服务站（村卫生室）。（陈 玥）

■**基层中医药服务能力提升** 2月2日，扬州市被国家中医药管理局命名为全国基层中医药工作先进单位（地级市）。制定印发《2019年全市基层中医药服务能力提升工程“十三五”行动计划实施方案》。4月25日，代表江苏省地级市在第四届华东地区基层中医药发展大会上交流发言。7月28日，召开扬州市中药药事质控中心成立大会。完成对2018年基层医疗机构中医馆服务能力建设项目、2018年省级乡镇卫生院示范中医科及中医药特色社区卫生服务中心建设项目单位评审验收。上半年，新增2019年全国基层医疗卫生机构中医诊疗区（中医馆）服务能力建设项目12个。除功能区，乡镇卫生院和社区卫生服务中心开展6类15项中医药适宜技术。全市65岁以上老年人和0~36月儿童中医药健康管理覆盖率分别为71.7%、80.1%。全面完成2018年6家中医医院、265家基层医疗机构中医药服务实时监测数据网络填报和县级、市级审核和提交。调研江都、宝应等县（市、区）区域医疗卫生中心中医诊疗中心建设情况，出台《扬州市卫生健康委关于推进农村区域医疗卫生中心中医诊疗中心建设的意见》。结合经济薄弱地区中医药对口支援工作要求，联合扬州市中医院制定18家农村区域医疗中心中医药诊疗中心帮扶方案计划。召开组建中医专科联盟启动大会。（陈 玥）

■**中医药人才队伍建设** 受省中医药管理局委托，完成第二批省老中医药专家学术经验继承人出师验收、第三批江苏省中青年中医药优秀人才年度考核。组织对全国中药特色技术传承人才培训项目年度考核。江苏省名老中医药专家传承工作室基层工作站通过省级年度考核。组织候选对象参加第四批全国中医（西学中）优秀人才研修项目选拔考试。制定扬州市名中医“师带徒”工作结业考核方案，组织开展扬州市名中医“师带徒”项目结业考核，55位继承人中考核合格者49人，考核合格导师、继承人分别发放导师证书和出师证书。受市人才办委托，完成第一批扬州市中医药名师工作室的结业考核，合格率100%。实施市以上名中医在基层设立基层名中医工作室。（黄海晨）

■**中医机构能力建设** 制定《扬州市二级中医医院复核评审的实施方案》，完成全市二级中医医院复核评审。组织开展对扬州市中医院、高邮市中医医院的巡查活动。新增市级中医重点专科2个。制定实施《扬州市中医医院急救和卫生应急能力发展规划（2019—2021年）》。推动扬州市中医院、高邮市中医医院完成医院试点章程的组织实施。全市先后设立中医经典科室1个、门诊5个、病房7个，床位114张，收住病人986人。应用信息平台做好中医医院绩效考核。召开成立授牌会议暨中药药事论坛，组建扬州市中药药事质量控制中心。（黄海晨）

■**中医药宣传** 组织市第九届“中医药就在你身边”健康巡讲、名中医讲坛等系列活动。6月29日，主办“中医药健康你我他”中医中药中国行——2019年扬州市中医药健康文化大型主题活动暨《中医药法》实施两周年普法宣传、第二届夏季养生节活动，1100多人参加活动，13名中医专家为市民提供义诊咨询，出动医务人员180多人，志愿者20多人，发放资料4100多份。2019年，全市开展中医药“七进”活动1018场，覆盖10.07万人次，发放材料共6.54万份。其中，进机关74场、进校园139场、进企业90场、进农村251场、进社区284场、进家庭162场、进军营18场。开展名中医讲坛22场，进行中医药养生健康宣讲活动。全年全市开展中医药养生保健宣讲141场，受益人数8391人，出动医护人员438人，发放宣传资料数1.32万份。组织开展2019年中医健康文化推进行动。开展医疗机构中医药知识角建设16个。建设中医药文化体验馆3个。创制中医药科普作品18部。重视中医药非遗保护，搜集整理扬州地方各中医门派传承资料，打造扬州中医门派品牌，申报非物质文化遗产项目。新增扬州市非物质文化遗产代表性项目及扩展项目4项。

（黄海晨）

卫生监督

■概况 2019年，全市开展学校卫生监督、饮用水卫生监督、公共场所卫生监督、传染病防治卫生监督及医疗服务监督等工作。开展日常监督检查1.15万户次，查处卫生计生违法案件503起，合计罚没款184.39万元，移送非法行医案件6起，取缔无证单位96户；制定执法全过程记录相关制度31项，完成国家双随机抽查任务1424件，其中公共场所938件（包含游泳场所65件）、生活饮用水21件、放射卫生3件、学校卫生78件、医疗卫生109件、消毒产品9件、传染病防治105件、餐饮具消毒3件、血液安全1件、计划生育100件等。双随机监督完成率88.27%，任务完成率87.71%，完结率100%。开展夏季游泳场所专项检查暨卫生信誉度量化分级评定，对全市74家游泳场所开展游泳场所卫生信誉度互评，评选A级单位12家。开展食品安全企业标准备案120份。配备行政执法手持终端149台，执法记录仪105台，数据采集站7台。行政处罚、行政许可双公示率100%，重大卫生行政处罚决定法制审核率100%，市卫生监督所行政处罚全过程记录率100%。受理各类投诉举报252件，办理率、结案率、答复率（有联系方式的）、投诉对象满意率均达100%；健全基层卫生监督网络，加强队伍建设，注重人才培养，提高卫生监督员整体素质，运用网络、多媒体及实战演练等培训手段，组织开展业务培训和学术交流活动。（陆爱民）

■放射卫生监督 2019年，全市275家放射诊疗单位监督覆盖率100%，重点检查放射诊疗许可证持有情况和放射工作人员健康体检、剂量监测、健康监护情况，放射诊疗建设项目职业病危害评价情况、设备状态检测情况等，依法对放射诊疗机构的依法执业情况进行全覆盖监督检查，对发现的问题及时提出整改意见。（陆爱民）

■学校卫生监督 2019年，全市394所学校开展学校传染病与常见病防控情况监督检查；对2018年学校饮用水卫生监督检查73所不合格学校100%开展“回头看”，验收整改合格学校34所；对70所学校进行水质抽检（其中5所为2018年“回头看”抽检不合格学校），其中合格学校61所，下发卫生监督意见书70份，立案查处学校8所，约谈学校1所；开展学校卫生综合监督评价，评价学校227所，其中优秀学校15所、合格学校212所；对学校、托幼机构、校外培训机构采光照明实施“双随机”监督检查，78所学校监督抽检任务全部完成；持有办园许可证的托幼机构281所，完成抽查35所；持有办学许可证的校外培训机构514所，完成抽查38所。（陆爱民）

■饮用水卫生监督 2019年，全市14家集中式供水单位（含城市、农村集中式供水单位）和15家涉水产品生产企业进行专项检查。对9款涉水产品进行监督抽检送省、市疾控中心进行检测，结果合格。

（陆爱民）

■公共场所卫生监督 2019年，全市4990家四类行业量化分级率100%。开展春节、4·18经贸旅游节、中高考公共场所专项检查；文明城市、卫生城市创建工作与日常监督管理要求结合，落实长效机制，发放创建公示牌、消毒卡片等，确保各类公共场所单位不留空白，没有死角。（陆爱民）

■传染病防控监督 2019年，开展疫苗与预防接种安全隐患专项整治，检查各级疾控机构8个，医疗机构（接种单位）121个，其中三级医院8家、二级医院13家、一级医院76家、其他医疗机构24个。对215个医疗卫生机构开展传染病防治分类监督综合评价。开展抗（抑）菌制剂专项整治，检查抗抑菌制剂生产企业5家，医疗卫生机构412个，包括三级医疗机构10个、二级医疗机构21个、一级医疗机构106个、妇幼保健机构6个、疾病预防和控制机构7个、未定级医疗机构262个，检查消毒产品1582种，抗抑菌制剂57种。检查中未发现擅自虚假夸大、明示或暗示对疾病的治疗作用和效果的情况，未发现在临床中将抗（抑）菌制剂产品作为药品使用。（陆爱民）

■消毒产品卫生监督 开展春节期间餐具饮具集中消毒服务单位专项监督检查。抽检25家单位150个批次样品，抽检不合格的单位有5家，其中仪征2家、宝应2家、江都1家，给予警告处理，抽检结果向社会公示。开展餐具、饮具集中消毒服务单位专项整治行动，对全市44家（包括没有工商营业执照的5家）餐饮具集中消毒服务单位进行监督检查，对于检查中发现的问题，卫生监督人员当场下达卫生监督意见书，限期责令整改，对于不符合卫生要求且无法整改到位的单位，要求其立即停止集中消毒餐具、饮具营业活动。（陆爱民）

■医疗服务监督 开展打击无证行医及非法医疗美容行为专项整治，立案查处57家单位（或个人），罚款42.18万元，没收违法所得9.18万元，对2名涉嫌无证行医犯罪的人员进行移送；开展联合整治“保健”市场乱象百日行动，打击无证行医。

出动监督检查人员375人次，检查社区、公园、广场等人员密集场所29个，检查宾馆、酒店等重点场所198个，检查“保健类”店铺50个，检查旅游景区、农村场镇、农村集市、城乡结合部等重点区域1个，开展行政指导、行政约谈8次，开展宣传活动1次，发现1起违法违规行为，立案查处，罚没款4780元。开展医疗服务质量专项整治，全市抽查（自查）医疗机构1604个，发现违规违法行为为60例，罚款23.1万元。

（陆爱民）

■计生、血液卫生监督 对23家市直管医疗机构临床用血安全进行全覆盖检查。1月起，在全市范围内组织实施为期5个月的个体诊所违法开展计划生育手术专项整治行动，对212家个体诊所进行监督检查，对1起违法开展计划生育手术的行为进行处罚。（陆爱民）

医政管理

■专科能力建设 苏北人民医院内分泌科、烧伤科、肿瘤科、眼科和扬大附院超声科、普外科、儿科、病理科等8个科室被确认为省级重点专科，扬大附院麻醉科被确认为省级重点专科建设单位，全市共有省级重点专科32个。苏北人民医院开设周平红大国工匠消化内镜名医工作室、孙颖浩、阮长耿、夏照帆等院士工作站；扬大附院开设李兆坤院士工作站；南京市儿童医院定期派专家到市妇幼保健院坐诊；江都人民医院与上海肿瘤医院合作成立甲乳亚专科病房，达到同质化标准。宝应县、高邮市、仪征市、江都区县级人民医院均达到县医院医疗服务能力基本标准，提前实现县级医院三级医院全覆盖，高邮市人民医院和仪征市人民医院达到县级医院推荐标准；江都人民医院创成三级乙等医院。（郑轶群）

■医疗质量安全培训和质控 举办各类医疗质量业务培训班30多次，覆盖医务人员2000多人次。2019年新成立市级健康体检、超声医学、临床营养、院前急救和医疗设备器械管理等5个质控中心，加强对现有17个临床质控中心的考核管理，制定下发《扬州市市级质控中心工作计划》《扬州市市级质控中心考核办法（试行）》，每季度对各质控中心工作进行考核并下发通报，开展现场质控检查近30次。

（郑轶群）

■基层卫生人才队伍建设 2019年，市卫生健康委员会、市机构编制委员会办公室、市发展和改革委员会、市财政局等部门联合出台《扬州市卫生人才强基工程推进方案（2019—2023年）》和《关于加强我市定向委培乡村医生管理和服务的意见》，明确落实基层医疗卫生机构公益一类财政保障责任、参照公益二类标准实施绩效管理。明确为符合要求的定向委培乡村医生缴纳“五险一金”等，完善基层卫生人才招、引、留、用等政策，为基层人才队伍的建设提供保障。新招录农村医学人才130人、大专本科层次人才137人，累计定向培养农村医学人才1081人、大专本科层次人才547人。完成第二批市级基层卫生骨干人才遴选，共遴选出146名市级骨干，省、市基层卫生骨干人才266人。省、市、县财政给予每人每年不低于3万元的补助。对“5+3”“3+2”学员市、县两级财政分别按照每人每年3万元、1万元标准给予定向补助。鼓励县域内编制统一管理，实行县管乡用、乡管村用。推进乡镇卫生院人员编制备案制管理，落实同工同酬同待遇同保障。允许基层机构高级职称岗位比例提高到15%，对于全科医师的高级职称实行超岗位聘用，不受岗位数量限制，中高级专业技术岗位核准数由县（市、区）卫生健康部门统筹使用。推行基层医疗卫生机构院长年薪制，基层院长平均年薪近20万元，达到当地基层医疗卫生机构年人均绩效工资水平的2倍。（缪　彦）

生育服务

■概况 实施全面两孩政策。至年末，全市总人口保持基本稳定，出生人口比上年减少5.44%。其中，二孩出生占比42.81%，比上年减少1.52%；多孩出生比上年增长0.46%；出生婴儿性别比保持在基本正常值范围内。完善生育登记服务制度，取消二孩生育审批，改进再生育审批管理，规范两孩以内生育登记服务流程，对登记对象、登记时限、登记方式、登记程序等方面进行明确，全年为2.27万对夫妇办理生育登记，其中一孩1.3万例，二孩9755例。优化再生育申请审批流程，全年办理符合政策再生育审批672例，其中符合《江苏省人口与计划生育条例》第二十条第二款的有580例（即双方婚前合计生育两个及以上子女，且没有共同生育子女的），占审批总数86.3%。在全省率先探索并全面推行生育全程母子保健“多证合一”。仪征市“生育服务综合信息平台”获全国十大优秀创新案例。（童　欣）

■落实计生奖励政策 奖励扶助政策兑现率100%，全年发放各类奖励扶助资金3.33亿元，惠及24.6万多人。健全计生特殊家庭救助机制，将计划生育特殊家庭纳入家庭医生免费签约服务。制发《关于进一步做好计划生育特别扶助对象医疗保障工作的通知》，明确将计划生育特殊对象纳入低收入人群，做到应签尽签。各地因地制宜，完善医疗保障措施，签约率100%。开通就医“绿色通道”，特扶对象在定点医疗机构可享受优先挂号、优先诊疗、优先检查、优先取药和优先住院“五优先”服务。关注心理健康，在省五台山医院计划生育特殊对象心理疏导服务中心开展计生特殊家庭心理健康服务，以项目形式推进特殊家庭心理健康服务工作。建立专家组分片联系制度，按需建立心理健康档案，及时为计生特殊对象开展

心理疏导服务。各县（市、区）设立计划生育人口公益金，用于救助计生特殊困难家庭。（童　欣）

老年工作

■**概况**　2019年末，扬州市有60周岁及以上老年人口118.84万人，占户籍总人口的26%；有65周岁及以上老年人85.93万人，占户籍总人口的18.8%。全市有80周岁及以上老年人16.28万人，占60周岁及以上老年人口的13.7%；有100周岁及以上老年人334人。全市60周岁及以上老年人中，城镇老年人75.9万人，占63.87%，农村老年人42.94万人，占36.13%。（陈　纲）

2019年末扬州市老年人分布情况一览表

表34-4

地　区	60周岁及以上老年人数量	百岁老人数量
合　计	1188423	334
宝应县	222058	44
高邮市	221274	34
仪征市	138290	20
江都区	291165	83
广陵区	119027	74
邗江区	115070	23
扬州经济技术开发区	41336	18
蜀冈－瘦西湖风景名胜区	22710	18
生态科技新城	17493	20

（陈　纲）

■**居家养老服务**　全市新建标准化社区居家养老服务中心67个，其中宝应县8个、高邮市11个、仪征市11个、江都区13个、邗江区8个、广陵区9个、扬州经济技术开发区5个、生态科技新城2个。全市新建街道级中心厨房4个，方便社区老年人就餐需求，其中高邮市1个、邗江区1个、广陵区1个、扬州经济技术开发区1个。新建街道日间照料中心4个，其中高邮市1个、邗江区1个、广陵区1个、扬州经济技术开发区1个。各地引入社会力量参与居家养老政府购买服务工作，实现政府购买服务社会化运营招标全市全覆盖。提供专业化的居家养老服务，为全市政府购买服务对象1.27万人，其中宝应县1245人、高邮市1311人、仪征市1064人、江都区2266人、邗江区2403人、广陵区2639人、扬州经济技术开发区700人、生态科技新城400人、蜀冈－瘦西湖风景名胜区672人。（丁春利）

■**颐养社区建设**　2019年，市民政局将颐养社区建设任务分解到责任部门和各地政府，按照建设内容项目化的要求，在社区扶持建设项目28个，投入资金570万元。至年末，全市建成23个颐养示范社区，服务老年人数2.98万人，其中市区建成17个颐养示范社区。（丁春利）

■**扬州老年大学**　2019年，扬州老年大学春季学期学校开班186个，注册学员数5478人、8879人次；秋季学期开班196个，注册学员数5902人、9429人次。成立健身协会、家政协会、舞蹈队、摄影协会等学员社团，发挥学员主体作用，开展校园文化建设。围绕新中国成立70周年，开展我和我的祖国系列主题活动。加强教育理论研究，全校有4篇论文获江苏省老年大学协会“江苏省老年教育优秀论文”嘉奖。推进老年教育体系建设，督促各县（市、区）老年大学扩大办学规模，提升办学质量，推进老年学校向社区延伸。全年多项教学成果获奖，其中于伟光、郭士虹和陈裕获“江苏省老年大学教育突出贡献奖”，王景跃获扬州市实施“春蕾计划”先进个人，张清和殷居玲在“2019年全国太极拳公开赛总决赛”上获一枚银牌和两枚铜牌，阮洪森在2019年第四届亚太国际摄影艺术展上获金牌，成中平获“扬州市改革开放40年艺术品行业突出贡献人物”称号。（杨晓玮）

■**“敬老文明号”创建**　推动落实老年优待政策，提升基层涉老单位为老服务水平，营造全社会尊老敬老良好氛围，全市开展“敬老文明号”创建活动。经逐级申报推荐，公示程序，蜀冈－瘦西湖风景区梅岭街道便益门社区、仪征市龙河护理院、邗江区槐泗镇敬老院、生态科技新城泰安镇敬老院、宝应县安宜镇罗巷社区、高邮市水部楼社区老年协会、广陵区东关街道办事处民政办等7个单位获江苏省“敬老文明号”称号。（陈　纲）

■**“敬老月”活动**　全市围绕“孝老爱亲，向上向善”的“敬老月”活动主题，组织开展一系列敬老爱老助老活动。10月9日，市卫健委、市司法局、市民政局、市人社局、市医保局、市委老干部局在邗江区来鹤台广场举办2019“敬老月”广场咨询服务活动。10月19日，举办“庆祝新中国成立70周年老年摄影作品大赛”汇报展。10月22日，市卫健委、市民政局、市文广旅局、市文联和市老龄办在广陵区体操馆联合举办2019“夕阳风采”——《我和我的祖国》扬州市涉老社会组织庆祝新中国成立70周年暨全国第10个敬老月联欢会。（陈　纲）

体育

Tiyu

编　辑　陈永华

综述

■概况 2019年，扬州市开展全国全民运动健身模范市创建，谋划后省运时代“大体育”事业和产业。9月，省统计局、省发展改革委、省政府研究室联合发布的《2018年江苏省基本公共服务体系建设成效百姓满意度调查报告》中，群众对扬州体育活动及场馆设施满意度列全省第3位。在2019年度全省县级体育重点工作督查中，邗江区、仪征市、江都区位列苏中地区前3名。

试点更新配置二代健身路径66处，上争拼装式游泳池等新式设施，推进体育休闲公园建设，全市建成生态体育公园350多个，完善群众身边的体育设施。举办市第18届全民健身体育节、第二届社区运动会、“爱乒才会赢”、“魅力江苏、最美体育”系列等群众体育赛事活动500多场次，累计参与人数300万人次以上，经常参加体育锻炼的人数占常住人口比例达41.5%。全市试点建设体医融合服务中心6个，培养能开运动处方的医生20人，成为省内率先开展体医融合服务工作的地级市。举办“全民健身大讲堂”，为主城区30个社区配送科学健身宣讲；开展国民体质测试惠民行，为3200名群众开具运动处方，“国民体质测定标准”合格以上城乡居民人数达93%。推行市级体育协会“六个一”（1个协会结对1个公园、结对1个企业、结对1个社区、打造1个品牌赛事、建立1个协会服务中心、设立1项市属体育协会发展专项资金），建成社区“全民健身指导站”262个，培训二级社会体育指导员暨健康生活方式指导员500人，每万人拥有社会体育指导员数达38人，基本形成遍布城乡、覆盖全市的全民健身组织网络。依托社会组织举办818国际魔方文化节、全国象棋公开赛、中国击剑俱乐部联赛（扬州站）等重大赛事。

谋划《2019—2022年扬州市青少年体育工作意见》。推动青少年掌握体育技能，推进教体融合，开展足球、篮球、游泳、羽毛球、击剑等5个项目的青少年体育冬夏令营活动，组织青少年阳光体育系列活动。2019年度全市共注册运动员1732人、教练员109人。举办扬州市第13届运动会。扬州首次单独组队参加全国青年运动会，参加田径、武术、足球等6个项目的比赛，获2枚金牌、1枚银牌、2枚铜牌；扬州输送运动员有31人次获第二届全国青年运动会15枚金牌。

扬州获世界田联顶级单项赛事——2022年世界田联半程马拉松锦标赛举办权，是有史以来扬州承办的最高级别赛事。举办第14届扬州鉴真国际半程马拉松赛，第8次蝉联“世界田联金标赛事”称号。举办“一带一路”国际男篮冠军赛、国际青少年足球冠军赛、亚洲青年垒球邀请赛、全国艺术体操锦标赛、全国击剑冠军赛、全国棒球锦标赛等10多项国际国内大赛；举办运河城市国际乒乓球邀请赛、818国际魔方文化节、世界名校赛艇邀请赛、仪征城市龙舟公开赛、仪征象棋国际公开赛、暴雪“全民实力赛”全国总决赛暨动漫嘉年华活动、环高邮湖马拉松、自行车系列赛事、2019全国农民舞龙舞狮大赛、全国新区经开区高新区职工羽毛球赛等赛事活动。实施体育产业高质量考核监测，开展第七次体育场地普查工作，全市人均体育场地面积超2.8平方米，位列全省第4位。开展体育职业鉴定，培训游泳教练、游泳救生员435人。举办扬州市首届“名城百企”运动会，谋划建立体育产业孵化园，前期一批企业已入驻。启动扬州体育医院建设，推进首期基础配套建设。“经营高危险性体育项目许可”事项办结时限从30个工作日调整到14个工作日，体育类民办非企单位申请登记审查等4项行政审批事项划转市行政审批局，国家二级运动员、二级裁判员确认工作从市行政审批中心划归市体育局。依托“互联网+政务”，审批“不见面”事项6件。（乔志刚）

■扬州获2022年世界田联半程马拉松锦标赛举办权 11月22日，世界田联（原国际田联）第220次理事会在摩纳哥举行。由中国田径协会、江苏省体育局，以及扬州市体育局、扬州市政府外事办公室组成的申办团队，经过现场陈述、答辩，世界田联理事会投票表决，中国扬州以全票（22位理事投票）获2022年世界田联半程马拉松锦标赛举办权。世界田联半程马拉松锦标赛是世界田联最高级别的单项赛事之一，每两年举行一次。2022年该项赛事将于3月在扬州举行，届时将有来自全球100多个国家和地区的400多位世界级运动员参赛。（乔志刚）

■全国学校体育高峰论坛暨“扬州会议”40周年交流活动 5月17—19日，全国学校体育高峰论坛暨“扬州会议”40周年交流活动在扬州市召开。此次会议由教育部全国高等学校教学指导委员会主办，扬州大学体育学院承办，国务院学位委员会体育学学科评议组召集人、全国高等学校体育教学指导委员会副主任委员、北京体育大学教授杨桦等100多位专家学者出席论坛。论坛以“温故知新继往开来，活力体育健康校园”为主题，采用大会主题报告与分会场学术沙龙的方式进行，分组进行两场主题为“‘扬州会议’对我国学校体育发展的影响”与“学校体育发展的新思路、新理论与新方法”的学术沙龙活动。在国家顶层高度重视校园体育的大背景下，“扬州会议”承前启后，是学校体育发展历程中的一个新的历史坐标。“扬州会议”是20世纪70年代后期，全国各行业各部门逐步恢复正常工作，走向改革发展的轨道之际，经国务院批准，1979年5月，教育部、国家体委、卫生部与团中央等四部委联合在扬州召开“全国学校体育、卫生工作经验交流会”（史称“扬州会议”）。会议通知、会议纪要均由国务院签发，这是学校体育领域在新中国成立以来规模最大、范围最广，也是最重要的一次学校体育工作会议。人们将它赞誉为“新中国学校体育发展的里程碑”。（乔志刚）

■江苏省青少年足球教练员技能交流大赛在扬举行 8月20日，2019年江苏省青少年足球教练员技能交流大赛在扬州举行，本次大赛以“足聚扬州、踢赢未来”为主题，来自全省13个地级市的104名一线青训足球教练参加。最终，常州队、扬州队、泰州队分获团体总分前3名。（乔志刚）

群众体育

■全民健身欢乐嘉年华活动 2月17日，全民健身欢乐嘉年华活动在竹西文化广场举行。来自全市42个市级体育协会的2000多人参加。活动内容包括协会全民健身展演、体质测试、科学健身专家指导、体育健身猜灯谜、千人健走以及大团拜等。（陈　康）

■第十届环高邮湖自行车赛 4月14日，“好事成双”2019年第十届环高邮湖自行车赛在高邮市运河二桥西堤服务中心广场开赛，来自上海、浙江、安徽以及省内各市的616名自行车运动爱好者参加比赛。比赛不分组、不限车型、不设个人奖项，以团队进行参赛，对排名前8名的团队授予优秀团队奖。比赛设关门时间12小时，规定时间内完赛者均颁发挑战成功纪念奖牌。本届骑行线路全程约200公里，顺时针环高邮湖一周，赛道经过高邮、金湖、天长、宝应等县（市），90%以上为亲水近湖景观线路，且赛道拐点多为右转弯，以便选手更加安全、畅快地骑行。最终，来自南京市的捷安特YAKIMA车队以5小时47分21秒获团体冠军。（陈　康）

■江苏省老年人体育节启动仪式在扬举行 4月15日，江苏省老年人体育节启动仪式在广陵区体操馆举行，2000多人参加仪式。本次体育节以“我们都是追梦人”为主题，广陵区老体协健身团队现场进行健身球操、健身气功、广场舞、柔乐球柔力球、24式太极拳等5个项目表演。（陈　康）

■扬州市第18届全民健身体育节活动暨第二届社区运动会 4月28日，扬州市第18届全民健身体育节活动暨第二届社区运动会在广陵区七里河公园开幕，来自各县（市、区）、各协会代表以及市民2000多人参加

扬州市第18届全民健身体育节主要活动一览表

表35-1

活动名称	活动时间	地点	参加者情况
2019年江苏广场舞公益培训进社区、走乡镇（扬州）	1—12月	全市各社区、乡镇	培训广场舞爱好者5000多人
首届扬州“龙腾邗江·凤舞元宵”舞龙邀请赛暨第12届邗江区“红红火火过大年”新春民俗文体展演活动	2月19日	明月湖公园	邀请仪征、高邮、江都、宝应等县（市、区）的舞龙队伍，共计13支舞龙队1000多人
第三届环扬州马拉松自行车骑行大会	3月	广陵、江都、高邮、仪征、邗江	来自全国的2600名自行车爱好者
2019年第六届“舞动扬州”广场舞大赛	3—11月	各社区、广场	广场舞协会和市民10000人
2019年扬州市第六届体育文化交流节	4月13日	扬州京华城RMALL生活广场	各协会、学校、市民2000多人
扬州市第18届全民健身体育节活动暨第二届社区运动会开幕式	4月28日	广陵区七里河公园西南广场	来自各县（市、区）、各协会代表以及市民2000多人
中国扬州第二届“桃花泉杯”全国业余围棋公开赛、第11届“树人杯”千人围棋大赛（定、升段赛）	5月1日	江海学院	全国各地业余围棋选手及各县（市、区）围棋爱好者

续表 35-1

活 动 名 称	活动时间	地　点	参加者情况
扬州市第二届社区运动会	5—10 月	全市各地	全市 50 万人次参与，共计 304 个社区
第四届中国运河城市武术精英邀请赛	5 月 4 日	邗江中学体育馆	运河沿线近千名武术爱好者
2019 年全国老年人门球系列赛扬州江都站	5 月 12—15 日	江都区体育中心门球场	来自全国各地 36 支队伍、400 多名运动员
2019 年生命律动，科学健身进基层	5—12 月	全市各社区、乡镇	各社区、协会、企业 2000 多人
2019 年江苏省第十届大学生龙狮精英赛暨江苏省青少年龙狮锦标赛	5 月 17—20 日	江都区体育馆	来自全省 32 支代表队、600 多名运动员
2019 江苏省“长江经济带”全民健身大联动扬州分会场暨扬州国际越野行走公开赛	6 月 16 日	润扬森林公园	来自 5 个国家的 2000 名运动员
2019 年暴雪游戏“全民实力赛”全国总决赛暨动漫主题嘉年华活动	6 月 29 日	源头公园气膜馆	网上直播在线点击量超千万人次，全网话题流量达 2 亿多次
第三届全国游泳社团联合畅游大型活动	6 月 30 日	宝应宝射河休闲体育公园	来自全国的 800 名游泳爱好者
2019 年江苏省青少年校园篮球小学生训练营活动	7 月 3—9 日	江都区体育馆	来自全省 12 个省辖市 21 所小学 200 多名运动员
2019 年全国农民舞龙舞狮大赛	7 月 13—15 日	江都区体育馆	来自全国的 24 支代表队 400 多名运动员
2019 年“南京银行杯”全国青少年体育俱乐部羽毛球比赛（北方赛区）	7 月 21 日	扬州工业职业技术学院	来自 10 多家俱乐部的约 100 名青少年运动员
2019 年第七届“赛秧歌”健身秧歌比赛	8—12 月	各协会会员单位	广场舞协会 2000 人
2019 全国“全民健身日”活动扬州分会场	8 月 8 日	明月湖体育休闲公园南广场	各协会、市民 2000 人
“迎国庆 健康行”2019 世界健身气功日系列活动（江苏分会场）	9 月 14 日	市体育公园足球场，综合球类馆	各协会、市民约 1500 人
天下扬商联盟企业家健步走公园活动	9 月 29 日	瓜洲古渡公园	来自全国近 20 个省市的百余名扬州籍企业家
“国缘杯”社区太极千人汇演	10 月 6 日	扬州市职业大学	800 人
“大美江河湖海，走遍水韵江苏”大型重阳亲水徒步走活动	10 月 7 日	明月湖公园	来自扬州各地的 600 名健身爱好者
2019 扬州市第八届全民健身体育节暨扬州市第八届中年组八人制足球赛	10—12 月	扬州市体育中心训练场	各县（市、区）足球协会 15 支球队 300 多人
第四届中国钓鱼节 2019 中华垂钓大赛江苏扬州选拔赛暨邗江区首届钓鱼大赛	10 月 19 日	沿湖村	来自全国 20 多个省市的 324 名垂钓选手
奔跑江苏·乐跑扬州·2019 宝应四分马	10 月 21 日	宝应生态体育公园	来自全国的 1500 名跑步爱好者
2019 第五届中国·宝应国际自行车邀请赛暨环宝应湖百公里自行车挑战赛	10 月 27 日	宝应生态体育公园	来自全国的 900 名自行车爱好者
2019“一带一路”国际定向越野赛暨国际青少年户外（定向）训练营	10 月 27—29 日	江都区南水北调源头公园	来自瑞典、捷克、英国、挪威、匈牙利、土耳其、德国等 15 个国家和地区的 150 多名青少年选手
2019 扬州市太极拳国际邀请赛	11 月 9 日	扬州体育公园体育馆	来自德国、俄罗斯、哈萨克斯坦等国家和地区的 73 支队伍 700 多名太极拳爱好者

续表 35-1

活 动 名 称	活动时间	地 点	参加者情况
2019宁镇扬健身气功交流展示暨“江苏华发杯”扬州市第七届健身气功交流比赛	11月10日	市体育公园综合球类馆	宁、镇、扬代表队及扬州县（市、区）协会、市民1000人
2019年江苏省（区县级）老年气排球展示交流活动	11月30日	美琪学校体育馆	来自全省各地的23支代表队近300名运动员
江苏省首届气排球锦标赛	12月7日	美琪学校体育馆	来自南京、常州、无锡等地的11支代表队175名运动员

（邬 成）

活动。5—10月，全市共计304个社区、50万人次参与扬州市第二届社区运动会，覆盖青少年、在职职工、老年人、农民、残疾人等各类人群。本届社区运动会趣味项目增设儿童组，有跳绳、足球射门等适合中青年的活动，有高尔夫趣味推杆、定点投篮等适合老年人的活动，有平衡车等适合儿童的项目。市体育局、县(市、区)体育部门组织健身专家、服务人员，携带运动器材走进社区，为市民提供健身指导，免费运动体验，倡导科学健身。（陈 康）

■扬州市首届健身气功八段锦站点交流比赛暨展示队员考核选拔赛 5月19日，“南京银行杯”扬州市首届健身气功八段锦站点交流比赛暨展示队员考核选拔赛在市体育公园综合球馆举行。本次八段锦比赛分集体赛和个人赛。其中，集体赛共25个队，分9场比赛；个人赛共3场，20人参赛。（陈 康）

■扬州市（邗江）第二届龙舟大赛 6月9日，扬州市（邗江）第二届龙舟大赛在明月湖举行。来自扬州市各个行业的16支业余龙舟队参加比赛，每条龙舟上有1名鼓手、1名舵手以及10名划手，龙舟赛分100米和200米。最终，交通银行扬州金融服务中心队、扬州大学广陵学院队、仪征云翔龙舟队分获前3名。（陈 康）

■江苏省“长江经济带”全民健身大联动扬州分会场 6月16日，2019江苏省“长江经济带”全民健身大联动扬州分会场暨扬州国际越野行走公开赛在瓜洲润扬森林公园开跑。来自国内外的2000多名选手，分别参加10公里竞赛和3.5公里的体验赛，选手们通过越野行走的方式，倡导绿色健身的生活理念。经过1个多小时竞赛，来自四川黄显兵、宜兴徐福兵、泰州齐宏伟分获男子组前3名，扬州郑月平、宜兴谈平、泰兴赵静分获女子组前3名。（陈 康）

■全国新区经开区高新区首届职工健康运动会羽毛球比赛在扬举行 7月6—7日，全国新区经开区高新区首届职工健康运动会羽毛球比赛在扬州经济技术开发区南部体育公园举行。本届运动会以“快乐运动、健康中国”为主题，来自全国33个国家级新区、经开区、高新区的代表队的300多名运动员参赛。扬州经开区分获混合团体赛、男子中年组单打、女子中年组单打、专业组女子单打亚军，专业组男子单打季军，领导干部组双打第5名，男子青年组单打第6名。（陈 康）

■“江都农商行杯”全国农民舞龙舞狮大赛 7月13—15日，“江都农商行杯”全国农民舞龙舞狮大赛在江都举办，来自全国24支代表队的400多名运动员参加。经过3天的比赛，包括北狮自选、传统南狮、竞速舞龙等13个项目分别产生各奖项。闭幕式上，江都区获颁“江苏省舞龙舞狮基地”。（陈 康）

■全国“全民健身日”扬州分会场活动 8月8日，全国“全民健身日”扬州分会场活动在明月湖体育休闲公园南广场举行，全市各协会、市民

8月8日，全国“全民健身日”扬州分会场活动举行　蒋永庆/摄

2000多人参加。活动进行广播操展演、华尔兹表演、太极扇展示等。体育公园、游泳健身中心、李宁体育园等体育场馆分时段向市民免费开放。（陈　康）

■第四届818国际魔方文化节　8月14—18日，第四届818国际魔方文化节在邗江区举行，活动包含第四届SCA扬州魔方公开赛、第四届全国魔方团体邀请赛、第四届全国魔方个人锦标赛、第二届国际异形魔方展等4项赛事活动，共有447名来自全球各地的选手，参与人次达1500多人次。8月15日，在扬州市游泳健身中心举行开幕式。其间，参加人员共同见证由4000个魔方拼成的中国版图来向新中国成立70周年献礼。开幕式上进行速拧、水下盲拧、手抛复原等比赛，阙剑宇以1分36.39秒“用手脚同时解开3个魔方”和以15.84秒“倒挂并解开1个魔方”，连创2项吉尼斯世界纪录。赛事被中央电视台等国家、省级媒体关注报道。（陈　康）

■“舞动江苏”广场舞大赛扬州决赛　8月22日，2019“舞动江苏”广场舞大赛扬州决赛在广陵区体操馆举行。7月中旬以来，各县（市、区）、功能区围绕“同唱祖国好，幸福舞起来”主题，先后策划举办近百场基层广场舞海选，上千支队伍、1万多名广场舞爱好者参与其中。经过层层选拔，最终挑选出9支代表队参加全市广场舞大赛决赛。决赛分为推荐曲目展演、千人广场舞展演、自选曲目展演，来自各县（市、区）的9支代表队以及近千名广场舞爱好者参加，共庆新中国成立70周年。最终，邗江区代表队、江都区代表队获优秀表演一等奖。（陈　康）

■第九届横渡高邮湖活动　9月8日，2019年第九届横渡高邮湖活动在高邮湖畔举行，本届活动有来自南京、淮安、泰州等地的510多名游泳爱好者参加，设全程畅游距离为5公里。来自兴化市冬泳协会的张爱建第一个游完全程上岸。（陈　康）

■第九届千人越野全国公开赛在扬举行　9月22日，第九届千人越野全国公开赛在扬州举行。2100多名长跑爱好者，从扬州马拉松永久性起点出发，穿越廖家沟公园、万福大桥、马可波罗花世界等扬州地标景点，赛道全长约10公里。最终，代表扬州健身跑步协会参赛的包月坤以35分01秒获男子组冠军，来自扬州健身跑步协会的徐丽萍以41分38秒获女子组冠军。（陈　康）

■“天龙杯”2019扬州太极拳国际邀请赛　11月8日，“天龙杯”2019扬州太极拳国际邀请赛在扬州体育馆举行。来自全国20多个省市的700多名运动员、教练员、裁判员参加，比赛设少儿组、成人组、中老年组套路及太极推手项目等。最终，江苏常熟发电有限公司工会常电太极俱乐部等6支队伍获集体套路一等奖，朱赛迪、KHAKIMOV ULUGBEK（乌兹别克斯坦）等68名选手分获男、女套路一等奖；李荣等24名选手获推手冠军。围绕武术、扬州、运河等元素，举办“武道文风——运河武术文化论坛”。（陈　康）

■第八届高邮大运河半程马拉松赛　11月10日，2019年第八届高邮大运河半程马拉松赛在高邮市行政中心广场开跑，本届比赛选手共有3835人。其中，半程赛选手2804人，主要来自江苏、安徽、上海等地，分男子组、女子组等2个项目，赛程约21公里。最终，来自扬州的谢志鹏以1小时11分29秒获男子组冠军，来自常州的吴建芳以1小时32分08秒获女子组冠军。迷你赛选手1031人，主要来自高邮本地，赛程约8公里。（陈　康）

竞技体育

■2019年全国青年棒球锦标赛　4月9—15日，2019年“中体产业杯”全国青年棒球锦标赛在仪征市综合体育场馆棒球场举行。来自全国的10支U21棒球队参赛，经过7个比赛日30多场对决，最终江苏队获冠军。（刘　杨）

■扬州鉴真国际半程马拉松赛　4月21日，第14届扬州鉴真国际半程马拉松赛在扬州举行，来自全球40多个国家和地区的3.5万名选手参赛。比赛起点设在广陵新城马拉松公园，迷你马拉松终点设在东关古渡、半程马拉松终点设在体育公园，来自埃塞俄比亚的选手特斯古以59分56秒获男子冠军、肯尼亚选手奥塔鲁诗以1小时08分04秒获女子冠军。中央电视台体育频道航拍直播，首次采用体育专业公司独立运营办赛模式、利用省运会场馆和经验办赛、强化赛道宣传与互动、首

4月21日，2019扬州鉴真国际半程马拉松赛开跑　蒋永庆/摄

次启用马拉松智慧平台等，组织“扬马”进社区等20多项延伸活动，鉴真国际半程马拉松赛第8次蝉联世界田联金标赛事称号。（乔志刚）

■全国青少年男子棒球U19冠军赛 5月15-23日，2019年“中体产业杯”第二届全国青年运动会男子棒球U19组预赛暨全国青少年男子棒球U19冠军赛在仪征综合体育场馆棒垒球场举行。本次比赛由国家体育总局主办，国家体育总局手曲棒垒球运动管理中心、中国棒球协会、江苏省体育局、扬州市体育局、仪征市人民政府承办。分为体校组和俱乐部组等2个组别，来自全国各地的18支队伍500多名球员参赛。经过9天近50场比赛，体校组中四川队获冠军、北京队获亚军、无锡队获季军，俱乐部组中深圳领先者获冠军、仪征飞腾获亚军、北京众鑫朋燚获季军。（刘 杨）

■王琦男子链球获佳绩 6月6日，在德国哈勒投掷赛男子链球U20组的比赛中，18岁的扬州籍运动员王琦以71.94米的成绩获第2名。7月10日，在瑞士卢塞恩国际田径赛男子链球的比赛中，扬州体校王琦以65.54米的成绩获第4名。8月14日，在全国第二届青年运动会田径项目体校甲组链球的决赛中，扬州体校王琦以76.30米的成绩，打破全国青年纪录获冠军。（乔志刚）

■马丛明获全国柔道大奖赛冠军 6月28—30日，2019年全国柔道大奖赛在广东东莞举行，代表江苏省出战的扬州籍运动员马丛明获男子-90公斤级冠军。马丛明1998年4月出生，扬州宝应人，2011年选拔至市体校柔道队参加专项训练，2014年输送至江苏省队。（乔志刚）

■暴雪“全民实力赛”全国总决赛 6月29日，2019年暴雪“全民实力赛”全国总决赛暨动漫嘉年华活动在江都区南水北调源头公园开赛。网上直播在线点击量突破千万人次，全网话题流量达2亿多次，江都成为当天全网关注的“网红”之城，被省体育总会、省电子竞技运动协会联合授予“江苏省电子竞技活动基地”。本次电竞大赛，开创扬州市电竞赛事先河，以“体育+旅游+文化”的方式（主会场电竞比赛，场外非遗展示、COSPLAY秀），将区域旅游资源与新型文化产业深度融合。（乔志刚）

■梁雪静获亚洲摔跤少年锦标赛亚军 7月3—6日，2019年亚洲摔跤少年锦标赛在哈萨克斯坦努尔苏丹举行。市体校运动员梁雪静代表中国队出战，获女子46公斤级亚军。梁雪静2003年4月出生，原籍广西南宁，2017年经选拔至市体校摔跤队参加专项训练。（乔志刚）

■第三届逐浪大运河世界名校赛艇竞逐赛 7月3日，第三届逐浪大运河世界名校赛艇竞逐赛在生态科技新城深潜大运河中心举行。本届比赛以名校、名城、名赛为亮点，分为名校组和青少年组；名校组采用6000米赛艇追逐赛赛制，青少年组进行1200米室内划船器接力比赛。牛津、剑桥、哈佛、麻省理工、东京大学、奥塔哥大学、南京大学、河海大学、西安交通大学等海内外9所高校赛艇队在大运河支流太平河上展开角逐，最终新西兰奥塔哥大学获冠军。来自扬州、南京、上海等地的60多名国际中学赛艇队队员参加青少年组的比赛。（乔志刚）

■蒋王中学队获全国中学生篮球锦标赛亚军 7月27日至8月2日，中国CSBA全国中学生篮球锦标赛在黑龙江哈尔滨举行，有24支代表队参加比赛。代表江苏省参赛的扬州市邗江区蒋王中学队获亚军及全国体育道德风尚奖。（乔志刚）

■全国击剑俱乐部大奖赛 8月3—4日，宋夹城杯·扬州运河文化旅游度假区全国击剑俱乐部大奖赛在宋夹城体育休闲公园举行，来自全国11个省、直辖市及澳门特别行政区的42个城市60个击剑俱乐部670人参加比赛，按照年龄分为幼儿组、U9、U11、U13、U15、U17+等6个组别，设团体赛及个人赛。最终，来自扬州市体校、扬州宋城国际击剑俱乐部和江都潇洒击剑俱乐部的选手分别在U15男子重剑个人赛、U15女子重剑个人赛、U13男子重剑个人赛、U15女子花剑个人赛、U13男子佩剑团体赛和幼儿组男佩个人赛等6个比赛项目中获冠军。（刘 杨）

■李翰文获世界青少年网球巡回赛（南京站）冠军 8月4日，ITF世界青少年网球巡回赛（南京站）在中国网球学院落幕，来自全球28个国家和地区的150名运动员报名参赛。扬州体校运动员李翰文在男子单打决赛中获冠军，成为扬州首位站上ITF世界青少年网球巡回赛冠军领奖台的男子网球运动员。（乔志刚）

■扬州首次单独组队参加全国青年运动会获佳绩 第二届全国青年运动会于8月8日在山西省太原市开幕，8月18日闭幕。扬州首次单独组队参加此次全国综合性运动会，最终获得2枚金牌、1枚银牌、2枚铜牌，扬州输送运动员共有31人次获第二届全国青年运动会15枚金牌。（乔志刚）

■2019扬州“一带一路”国际青少年足球冠军赛 8月16—22日，2019扬州“一带一路”国际青少年足球冠军赛在扬州体育公园体育场举行，来自意大利、西班牙、德国、吉尔吉斯斯坦和塔吉克斯坦等5支国外以及江苏苏宁易购、上海绿地申花、浙江绿城等3支国内U15年龄段的队伍参赛。“一带一路”国际青少年足球冠军赛是江苏自主IP赛事，该项赛事永久落户扬州。本次比赛由江苏省体育局、扬州市政府共同主办，江苏省教育厅指导，江苏省足球运动协会、扬州市教育局、扬州市体育局、扬州市政府外事办公室联合承办。经过5个比赛日的角逐，最终西班牙的格拉纳达队获冠军。（刘 杨）

■2019国际击剑俱乐部联赛（扬州站） 8月17—18日，2019国际击剑俱乐部联赛（扬州站）在李宁体育园举行，来自国内外30多家击剑俱乐部的近700名选手参赛。比赛根据各剑种，按照年龄分别设U6—U16等21个组别，扬州有近百名选手参赛。本次比赛由亚洲击剑俱乐部联盟主办，前两站分别在日本、中国台湾举办，扬州为2019年联赛的第三站。（刘 杨）

■2019“一带一路”国际男篮冠军赛（扬州站） 8月23—25日，2019“一带一路”国际男篮冠军赛（扬州站）在扬州体育公园体育馆举行。来自黑山、伊朗、尼日利亚和波兰等4支球队参赛。经过4场比赛，最终尼日利亚队获冠军。（刘 杨）

■扬州市首届“名城百企”运动会 9月21日，扬州市首届“名城百企”运动会在体育公园中心广场开幕，来自全市128家企业的近2000名职工参与。本次赛事设有传统竞技类、智力时尚类、拓展训练类等3大类近20个比赛项目，展示干部职工的精神风貌、团队合力，以体育精神促企业发展。（乔志刚）

■2019全国艺术体操锦标赛 10月12—16日，2019“扬州印杯”全国艺术体操锦标赛暨U系列锦标赛在广陵体操馆举行。来自国内14支省运动队和国家队的15支队伍162名运动员参加，共产生23枚金牌。在团体总分方面，四川队获团体总分第1名。（刘 杨）

■扬州市第13届运动会 扬州市第13届运动会于10月12日开幕，18日闭幕。本次运动会比赛分学校体育部和社会体育部进行26个大项比赛，近5000名运动员参赛，产生529.5枚金牌。学校体育部共进行14个大项4个组别32个小项的比赛，参赛人数3984人，共产生495枚金牌。社会体育部分职工部和群体部比赛，其中，职工部共设5个大项，参赛人数706人，共产生20枚金牌；群体部共设7个大项，参赛人数735人，共产生56枚金牌。（乔志刚）

■2019“一带一路”国际定向越野赛 10月26—29日，2019“一带一路”国际定向越野赛暨国际青少年户外（定向）训练营在江都区南水北调源头公园举行。比赛由江苏省体育局、江苏省政府外事办公室主办，扬州市江都区政府、江苏省国

扬州市第13届运动会举办情况表

表35-2

序号	竞赛项目	竞赛组别	竞赛时间	竞赛地点
1	足 球	小学组	3月8—10日	高邮市外国语学校、高邮市第二中学 高邮市赞化学校
		中学组	3月29—31日	宝应县开发区国际学校 宝应县安宜实验学校 宝应县实验初级中学东校区 宝应县安宜高级中学
		高校组	5月24—26日	南京邮电大学通达学院
2	乒乓球	小学组、初中组、高中组	5月9—12日	扬州体育公园
3	围 棋	小学组	5月17—19日	仪征市体育发展中心
4	中国象棋	小学组	5月17—19日	仪征市体育发展中心
5	网 球	高校组	7月5日	扬州体育公园
6	排 球	小学组、初中组、高中组	7月8—12日	江苏省邗江中学 邗江区美琪学校 邗江区梅岭小学西区校
7	跆拳道	小学组、初中组	7月14—16日	仪征市体育发展中心
8	羽毛球	小学组、初中组、高中组、高校组	7月17—20日	扬州体育公园
9	篮 球	小学组	8月5—9日	江都区体育馆
		中学组	8月5—9日	扬州李宁体育园、北京新东方扬州外国语学校
		高校组	5月13—16日	扬州体育公园
10	击 剑	小学组、初中组	8月14—16日	宋夹城体育休闲公园宋城国际击剑俱乐部
11	武术套路	小学组、初中组	8月11—13日	高邮市体育馆
12	健美操	高校组	10月16日	扬州南部体育公园
13	田 径	小学组、初中组、高中组	10月12—14日	扬州体育公园
14	游 泳	小学组、初中组、高中组	10月16—18日	扬州游泳健身中心

扬州市第13届运动会学校体育部乒乓球比赛现场　　刘江瑞/摄

际体育交流中心承办，来自瑞典、捷克、英国、挪威、匈牙利、土耳其、德国等15个国家和地区的150多名青少年选手参加，其中境外青少年120人。最终，英国的选手 Jeremy Ronald Knott 第一个跑过终点，总用时15分钟。（刘　杨）

■扬工院舞龙队获第12届全国舞龙舞狮锦标赛冠军　11月6—11日，第12届全国舞龙舞狮锦标赛在江苏溧阳举行。最终，扬工院舞龙队获男子传统舞龙项目冠军及男子竞速舞龙项目第4名，首次参赛的女子舞龙队获传统舞龙项目季军及自选舞龙项目第4名。本次赛事，扬工院舞龙队结合“不忘初心、牢记使命”主题教育，以红军长征为主题，编排《红军不怕远征难》的舞龙套路，结合音乐创编动作，重新演绎爬雪山、过草地等历史情景，团结协作，密切配合，展示龙的精气神韵。（乔志刚）

■2019“一带一路·运河城市”国际乒乓球扬州公开赛　11月14—17日，2019“一带一路·运河城市”国际乒乓球扬州公开赛在宋夹城体育休闲公园举行。本次比赛由中国乒乓球协会、江苏省乒乓球协会和扬州市政府共同主办，市体育局、市体育总会、蜀冈－瘦西湖风景名胜区管委会、市乒乓球协会承办。来自7个国家和地区的100支乒乓球代表队600多名运动员参赛。扬州运河嘉年华队和扬州运河三湾队分获精英组和大众组团体冠军，扬州运河嘉年华队队员朱毅获男单冠军。（刘　杨）

■2019—2020赛季全国击剑冠军赛（第一站）　11月28日至12月6日，扬州大运河文化旅游度假区2019—2020赛季全国击剑冠军赛（第一站）在宋夹城体育休闲公园举行。本次比赛由中国击剑协会、扬州市政府联合主办，省体育局支持，市体育局、蜀冈－瘦西湖风景名胜区管委会承办，市击剑协会、宋夹城风景区管理处共同协办，来自北京、上海、江苏等地32支运动队近千名运动员参赛。最终，福建队获男重个人、男花团体和男重团体等3个冠军；广东队获女佩个人、男花个人和女重团体等3个冠军；陕西队获男佩个人、女重个人和女花团体等3个冠军；八一队获女花个人和女佩团体等2个冠军；湖北队获男佩团体冠军。（刘　杨）

2019年扬州市运动员获全国及以上重要赛事冠军情况表

表35-3

序号	姓名	赛事名称	大项（分项）	小项
1	张　露	全国第二届青年运动会	国际式摔跤	体校甲组男子古典跤130公斤级
2	梁雪静	全国第二届青年运动会		体校乙组女子自由跤46公斤级
3	潘甜甜	全国第二届青年运动会	跆拳道	社会俱乐部组女子－40公斤
4	刘健桐	全国第二届青年运动会		社会俱乐部组女子－45公斤
5	牛冠森	全国第二届青年运动会		社会俱乐部组男子－47公斤
6	赵雨晴	全国第二届青年运动会	田　径	体校乙组女子5公里竞走团体
7	曹　原	全国第二届青年运动会		
8	王　琦	全国第二届青年运动会		体校甲组男子链球

续表 35-3

序 号	姓 名	赛事名称	大项（分项）	小 项
9	朱 涵	全国第二届青年运动会	跳 水	体校甲组男子个人全能
10	孙逸辰	全国第二届青年运动会	蹦 床	体校甲组男子双人同步
11	黄玉鼎	全国第二届青年运动会		体校乙组男子蹦床团体
12	黄玉鼎	全国第二届青年运动会		体校乙组男子双人同步
13	李承耀	全国第二届青年运动会	篮 球	体校组男子乙组篮球与田径全能
14	卜少奇	全国第二届青年运动会	棒 球	体校甲组
15	陈荣青	全国第二届青年运动会		
16	伏文龙	全国第二届青年运动会		
17	经 辉	全国第二届青年运动会		
18	林柯禹	全国第二届青年运动会		
19	王 磊	全国第二届青年运动会		
20	王唯一	全国第二届青年运动会		
21	徐厚升	全国第二届青年运动会		
22	程思雨	全国第二届青年运动会	垒 球	体校乙组
23	王 钰	全国第二届青年运动会		
24	韩 蕾	全国第二届青年运动会		
25	李 莹	全国第二届青年运动会		
26	蔡欣茹	全国第二届青年运动会		
27	曹 源	全国第二届青年运动会		
28	董思涵	全国第二届青年运动会		
29	李 墨	全国第二届青年运动会		
30	李新月	全国第二届青年运动会		
31	胡浩男	全国第二届青年运动会	柔 道	体校甲组男子 +100 公斤级
32	刘睿琦	全国赛艇锦标赛	赛 艇	混合四双
33	王 琦	全国田径锦标赛	田 径	男子链球

（李 萍）

收入消费

Shouru Xiaofei

编　辑　徐国磊

居民收入

■**概况** 2019年，扬州市居民人均可支配收入37074元，比上年增长8.8%；其中，城镇居民人均可支配收入45550元，比上年增长8.5%；农村居民人均可支配收入23333元，比上年增长8.7%。居民人均可支配收入中，工资性收入22152元，增长8.8%；经营净收入6164元，增长8.7%；财产净收入2964元，增长8.4%；转移净收入5794元，增长9.1%。（解国元）

■**城镇居民收入** 2019年，扬州市城镇居民人均可支配收入45550元，比上年增长8.5%。其中，工资性收入27408元，增长8.4%，对收入增长贡献率59.8%，拉动收入增长5.1个百分点；经营净收入6463元，增长8.8%，对收入增长贡献率14.7%，拉动收入增长1.2个百分点；财产净收入4437元，增长7.7%，对收入增长贡献率9.9%，拉动收入增长0.8个百分点；转移净收入7242元，增长8.9%，对收入增长贡献率16.6%，拉动收入增长1.4个百分点。（叶　进）

■**农村居民收入** 2019年，扬州市农村居民人均可支配收入23333元，比上年增长8.7%。其中，工资性收入13631元，增长8.9%，对收入增长贡献率59.4%，拉动收入增长5.2个百分点；经营净收入5680

2019年扬州市分地区居民可支配收入构成表

表36-1　　单位：元

可支配收入	广陵区	邗江区	江都区	宝应县	仪征市	高邮市
合　计	45639	47081	36904	28167	35189	31100
工资性收入	28374	33267	21845	16325	23539	18521
经营净收入	5920	8022	6226	4997	6307	5709
财产净收入	3844	1065	3120	2220	1076	2196
转移净收入	7501	4727	5713	4625	4268	4674

（解国元）

2019年扬州市分地区城镇居民可支配收入构成表

表36-2　　单位：元

可支配收入	广陵区	邗江区	江都区	宝应县	仪征市	高邮市
合　计	48651	51265	46757	34455	46427	40203
工资性收入	29895	36481	28154	19806	32145	24463
经营净收入	5961	8529	6546	4720	7877	5817
财产净收入	4500	1134	5103	3893	1656	3794
转移净收入	8295	5121	6954	6036	4748	6129

（叶　进）

2019年扬州市分地区农村居民可支配收入构成表

表36-3　　单位：元

可支配收入	广陵区	邗江区	江都区	宝应县	仪征市	高邮市
合　计	31531	26114	25070	21929	22459	21941
工资性收入	21247	17166	14268	12872	13789	12543
经营净收入	5730	5485	5841	5272	4528	5601
财产净收入	772	710	739	561	418	587
转移净收入	3782	2753	4222	3224	3724	3210

（周晶晶）

元，增长8.4%，对收入增长贡献率23.3%，拉动收入增长2.0个百分点；财产净收入576元，增长9.3%，对收入增长贡献率2.6%，拉动收入增长0.2个百分点；转移净收入3446元，增长8.6%，对收入增长贡献率14.6%，拉动收入增长1.3个百分点。

（周晶晶）

居民消费

■概况 2019年，全市居民人均生活消费支出22460元，比上年增长8.6%。其中，城镇居民人均生活消费支出25696元，比上年增长8.3%；农村居民人均生活消费支出17215元，比上年增长8.6%。居民生活消费支出中，食品烟酒消费支出6613元，占消费支出的29.4%，增长4.7%；居住消费支出4894元，占21.8%，增长13.2%；教育文化娱乐消费支出3417元，占15.2%，增长8.8%。城镇、农村居民人均住房建筑面积分别为47.1平方米、59.5平方米。

（解国元）

■城镇居民消费 2019年，扬州市城镇居民人均生活消费支出25696元，增长8.3%。恩格尔系数（食品消费支出占消费支出的比重）29.6%。八大类消费中，食品烟酒消费支出7601元，占城镇居民生活消费支出的29.6%，增长4.4%；衣着消费支出2082元，占8.1%，增长9.9%；居住消费支出5671元，占22.1%，增长13.5%；生活用品及服务消费支出1409元，占5.5%，增长7.9%；交通通信消费支出2811元，占10.9%，增长8.3%；教育文化娱乐消费支出4042元，占15.7%，增长7.9%；医疗保健消费支出1375元，占5.4%，增长9.6%；其他用品和服务消费支出705元，占2.7%，增长9.8%。

（叶　进）

■农村居民消费 2019年，扬州农村居民人均生活消费支出17215元，增长8.6%，恩格尔系数29.1%。八大类消费中，食品烟酒消费支出

2019年扬州市分地区居民生活消费支出构成表

表36-4　　单位：元

生活消费支出	广陵区	邗江区	江都区	宝应县	仪征市	高邮市
合　计	**33895**	**32219**	**24139**	**17483**	**21114**	**20924**
食品烟酒	9629	9474	7120	5440	6329	6048
衣着	2191	1923	2091	1302	2044	1579
居住	5942	3922	5478	3556	3938	4428
生活用品及服务	1956	1634	1215	936	1570	1265
交通通信	3772	3525	2963	2196	2281	2541
教育文化娱乐	5574	6551	3387	2464	3605	3217
医疗保健	2702	2897	1160	1038	884	1265
其他用品和服务	2129	2293	726	551	463	581

（解国元）

2019年扬州市分地区城镇居民生活消费支出构成表

表36-5　　单位：元

生活消费支出	广陵区	邗江区	江都区	宝应县	仪征市	高邮市
合　计	**36126**	**34550**	**27914**	**19798**	**25132**	**25145**
食品烟酒	10399	10146	7531	6205	7545	7193
衣着	2402	2087	2701	1524	2796	2053
居住	6041	4311	6602	3986	4266	5457
生活用品及服务	2234	1754	1417	1018	2086	1429
交通通信	3686	3843	3441	2406	2514	2939
教育文化娱乐	6092	6796	3993	2930	4236	4058
医疗保健	2843	3096	1467	1045	1139	1329
其他用品和服务	2429	2517	762	684	550	687

（叶　进）

2019年扬州市分地区农村居民生活消费支出构成表

表36-6　　单位：元

生活消费支出	广陵区	邗江区	江都区	宝应县	仪征市	高邮市
合　计	**23441**	**20540**	**19604**	**15187**	**16562**	**16678**
食品烟酒	6020	6113	6626	4682	4952	4896
衣着	1202	1320	1358	1081	1192	1103
居住	5480	2537	4128	3130	3566	3393
生活用品及服务	654	1037	972	854	985	1100
交通通信	4174	2109	2388	1988	2017	2140
教育文化娱乐	3147	4247	2659	2001	2890	2370
医疗保健	2040	2000	791	1033	594	1201
其他用品和服务	724	1177	682	418	364	475

（周晶晶）

2019年末扬州市百户家庭耐用消费品拥有量表

表36-7

消费品名称	单位	城镇家庭拥有量	农村家庭拥有量
家用汽车	辆	41.2	29.6
摩托车	辆	13.0	24.9
助力车	台	165.9	180.0
洗衣机	台	109.1	110.8
电冰箱（柜）	台	111.7	121.1
微波炉	台	95.9	95.3
彩色电视机	台	191.4	199.0
空调	台	233.0	182.5
热水器	台	122.6	116.4
洗碗机	台	1.8	0.8
排油烟机	台	88.3	57.9
固定电话	线	52.3	58.8
移动电话	部	265.8	278.9
接入互联网	部	223.9	230.4
计算机	台	82.1	52.7
接入互联网	台	70.3	44.3
照相机	台	25.5	5.7
中高档乐器	架	9.1	2.2
健身器材	台	7.4	3.3

（解国元）

5012元，占农村居民生活消费支出的29.1%，增长4.9%；衣着消费支出1131元，占6.6%，增长10.1%；居住消费支出3635元，占21.1%，增长11.8%；生活用品及服务消费支出1058元，占6.1%，增长5.4%；交通通信消费支出2279元，占13.2%，增长10.0%；教育文化娱乐消费支出2403元，占14.0%，增长10.6%；医疗保健消费支出1223元，占7.1%，增长9.3%；其他用品和服务消费支出474元，占2.8%，增长10.7%。（周晶晶）

消费价格

■概况 2019年，扬州市居民消费价格指数（简称CPI）为103.0，比上年上涨3.0%。CPI涨幅比全国高0.1个百分点，比全省低0.1个百分点。从消费结构看，构成CPI的八大类商品“七涨一降”。其中，食品烟酒价格上涨6.8%，教育文化和娱乐价格上涨4.9%，其他用品和服务价格上涨4.5%，衣着价格上涨3.3%，生活用品及服务价格上涨1.4%，居住价格上涨1.1%，医疗保健价格上涨0.4%，交通和通信价格下降2.5%。全年CPI同比呈现波动上涨态势，1—3月涨幅分别为2.1%、1.8%、2.8%，4—6月涨幅分别为3.0%、2.8%、2.7%；7—9月涨幅分别为2.9%、2.9%、2.6%；10—12月涨幅分别为3.5%、4.5%、4.1%。

全年CPI月度环比涨幅呈现倒N字型。1—2月，受低温天气、春节效应影响，生鲜食品价格上涨，CPI环比分别上涨0.4%、0.4%；3—4月，进入旅游旺季，景点门票、宾馆住宿等收费上调，CPI环比分别上涨0.3%、0.1%；5—6月，气候适宜，时令蔬菜价格回落，带动CPI环比分别下降0.2%、0.1%；7—9月，受高温天气、暑期以及生猪价格上涨影响，CPI环比分别上涨0.6%、0.7%、0.8%；10—11月，汽、柴油价格上调，畜禽肉类延续上涨态势，CPI环比分别上涨0.8%、0.3%；12月，猪肉价格回落，CPI环比下降0.1%。（季　杰）

■主要商品和服务价格特点 2019年，食品烟酒价格比上年上涨6.8%，影响CPI上涨1.9个百分点。其中，食品、在外餐饮价格分别上涨8.5%、5.2%，烟酒、茶及饮料价格分别上涨2.6%、0.1%。列入调查范围的14个食品类别中，有11个类别价格上涨，涨面78.6%。粮食价格下降0.7%，其中大米价格下降1.6%、面粉价格下降0.4%、其他粮食价格下降4.9%、粮食制品价格上涨2.32%。食用油价格上涨1.1%，其中食用植物油价格上涨0.7%、食用动物油价格上涨21.2%。菜类价格下降2.3%，其中鲜菜价格下降3.0%。畜肉类价格上涨30.6%，其中猪肉价格上涨40.4%、畜肉副产品价格上涨25.1%。水产品价格下降0.6%，其中淡水鱼价格下降0.6%、虾蟹类价格下降1.5%。禽肉价格上涨10.5%，其中鸡肉价格上涨13.0%、鸭肉价格上涨9.6%。蛋类价格上涨5.2%，其中鸡蛋价格上涨5.9%。干鲜瓜果类价格上涨9.1%，其中鲜瓜果价格上涨11.1%。衣着价格上涨3.3%。受品牌效应及人工费用、面料成本提高等因素影响，服装价格上涨4.9%。教育文化和娱乐价格上涨4.9%。受民办中小学教育、学前教育以及课外教育收费标准上调影响，教育价格上涨9.5%。交通和通信价格下降2.5%，其中交通价格下降2.0%、通信价格下降3.3%。服务项目价格上涨1.8%，带动价格总水平上涨0.7个百分点。除教育类费用外，其他文娱服务价格上涨15.5%、其他保险价格上涨9.6%、

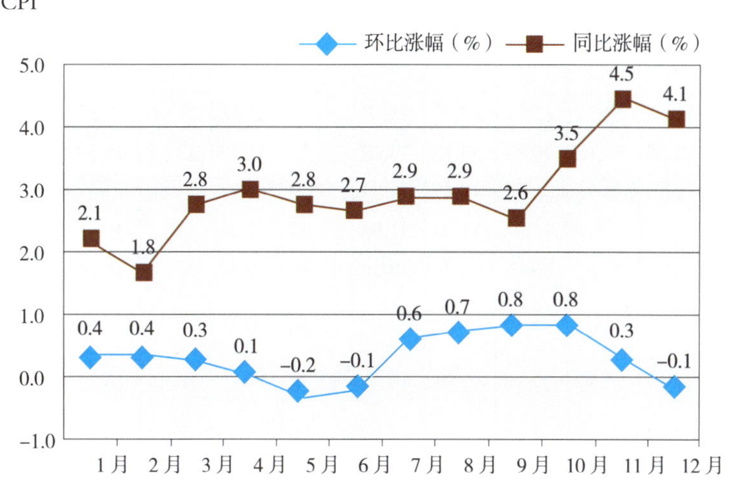

图 36-1 **2019年扬州市居民消费价格指数走势图** （季 杰）

中介服务价格上涨9.0%、美发价格上涨7.7%。 （季 杰）

■消费价格影响因素 食品价格上涨。一季度由于气候因素和春节影响，食品类价格走高；二季度受前期天气影响，水果产量不足，价格持续走高；下半年由于生猪存出栏量大幅下降，猪肉价格及其他畜肉、禽肉价格持续上涨。房地产市场推动。受房地产市场整体上涨及原材料成本上涨等多因素推动，居住价格上涨1.1%，其中住房装潢材料价格上涨6.1%。房地产市场销售情况良好，带动钢铁、水泥等大宗商品价格震荡上行。 （季 杰）

2019年扬州市部分食品价格一览表

表 36-8 单位：元/500克

商品名称	规格等级 \ 零售价	1月	2月	3月	4月	5月	6月	7月	8月	9月	10月	11月	12月
1. 成品粮													
晚籼米	二级	2.17	2.17	2.16	2.16	2.18	2.20	2.21	2.22	2.22	2.22	2.22	2.21
粳米	三级	2.32	2.32	2.32	2.32	2.32	2.32	2.32	2.32	2.32	2.32	2.32	2.32
粳米	苏北产，二级，袋装（10kg）	2.33	2.33	2.33	2.33	2.35	2.35	2.35	2.35	2.35	2.33	2.32	2.32
粳米	东北产，二级，袋装（10kg）	2.93	2.93	2.93	2.93	2.93	2.93	2.93	2.93	2.93	2.93	2.93	2.93
面粉	标准粉	2.31	2.31	2.31	2.31	2.31	2.31	2.31	2.31	2.31	2.31	2.31	2.33
面粉	特一粉	2.86	2.86	2.86	2.86	2.60	2.60	2.6	2.65	2.65	2.65	2.65	2.65
玉米粉	脱坯玉米粉	3.16	3.16	3.16	3.16	3.25	3.25	3.25	3.25	3.24	3.24	3.24	3.24
2. 杂粮													
红小豆	中等	5.81	5.81	5.81	5.81	5.65	5.65	5.65	5.65	5.56	5.51	5.51	5.51
绿豆	中等	5.18	5.18	5.18	5.18	5.18	5.18	5.20	5.5	5.46	5.35	5.35	5.35
黄豆	标准品（三等）	4.12	4.12	4.12	4.12	4.12	4.12	4.12	4.12	4.12	4.12	4.12	4.12
3. 食用油													
菜籽油	桶装一级压榨	73.12	73.12	73.12	73.12	73.12	73.12	73.12	73.12	73.12	73.12	73.12	73.12
菜籽油	桶装一级浸出	57.96	57.96	57.96	57.96	57.96	57.96	57.96	57.96	57.96	57.96	57.96	57.96
大豆油	桶装一级浸出	42.28	42.28	42.28	42.28	42.28	42.28	42.28	42.28	42.28	42.28	42.28	42.28
花生油	桶装一级压榨	134.00	135.20	135.20	135.20	135.20	135.20	135.20	135.20	135.20	135.20	135.20	135.20
玉米油	桶装一级压榨	68.78	68.78	68.78	68.78	68.78	68.78	68.78	68.78	68.78	68.78	68.78	68.78
大豆调和油	桶装一级	51.42	51.42	51.42	51.42	51.42	51.42	51.42	51.42	51.42	51.42	51.42	51.42
4. 肉禽蛋													
鲜猪肉	精瘦肉	15.08	14.81	15.28	15.21	15.08	15.08	15.83	18.39	25.33	31.22	32.89	30.29
鲜猪肉	肋条肉	11.94	12.04	12.39	12.25	12.22	12.45	13.67	16.53	23.01	28.44	29.83	26.86

续表 36-8　　单位：元 /500 克

商品名称	零售价 规格等级	1 月	2 月	3 月	4 月	5 月	6 月	7 月	8 月	9 月	10 月	11 月	12 月
鲜猪肉	去骨后腿肉	12.63	12.51	12.69	12.35	12.32	12.70	13.63	16.21	22.28	27.46	27.83	25.83
鲜牛肉	腱子肉	38.99	39.05	39.05	39.12	39.12	39.12	39.12	39.52	41.32	43.72	45.39	45.32
鲜牛肉	牛腩	37.91	38.51	38.51	38.57	38.57	38.57	38.57	38.9	40.77	42.64	43.57	43.57
鲜羊肉	新鲜去骨	31.63	31.74			31.98	31.98	31.98	31.98	31.98	32.15	33.48	33.48
鲜羊肉	新鲜带骨	29.49	30.07	29.94	30.21	30.34	30.34	30.34	30.34	30.47	30.74	31.14	30.54
鸡肉	白条鸡、开膛上等	8.05	8.05	8.05	8.01	7.92	7.92	8.05	8.58	9.62	9.95	11.88	10.96
活鸡	活肉鸡 1~1.5 公斤	11.67	11.67	11.67	12.33	12.83	12.83	13.39	13.78	14.33	14.33	14.33	12.59
鸡蛋	新鲜完整（洋鸡蛋）	4.84	4.18	3.84	3.97	4.67	4.52	4.87	5.59	5.93	5.53	5.87	5.29
鸡蛋	品牌草鸡蛋	8.26	8.13	7.93	7.78	8.03	7.86	7.86	8.19	8.36	8.15	8.31	8.18
5. 水产品													
带鱼	冰鲜 250 克左右	16.94	17.34	17.14	17.01	16.94	16.41	15.81	15.87	16.74	16.47	18.07	18.14
鲳鱼	冰鲜 250 克左右	29.53	29.20	28.95	28.45	28.95	28.95	28.95	28.95	28.95	29.37	29.73	30.15
鲫鱼	活 350 克左右	8.27	9.01	8.07	7.91	7.76	8.34	8.48	9.05	9.65	9.95	9.75	9.72
鲢鱼（白鲢）	活 1000 克左右	4.00	4.00	4.00	4.00	4.03	3.95	3.99	4	4.25	4.21	4.12	4.12
鳙鱼（花鲢）	活 1500 克左右	7.93	8.24	8.03	7.97	7.83	8.27	8.31	8.67	8.43	8.36	8.35	8.21
鳊鱼	活 500 克左右	8.32	8.98	7.99	7.97	8.14	8.21	8.19	8.66	8.85	8.76	8.44	8.16
6. 蔬菜类													
芹菜（西芹）	新鲜一级	2.71	3.07	2.96	3.64	4.15	3.59	3.82	3.54	3.9	3.22	2.62	2.64
芹菜（旱芹）	新鲜一级	2.72	3.61	3.01	2.82	2.90	2.79	2.81	3.68	3.97	3.24	2.99	3.02
大白菜	新鲜一级	0.79	1.17	1.05	1.26	1.36	1.26	1.4	1.51	1.56	1.36	1	1.01
油菜（青菜）	新鲜一级	2.10	2.82	2.50	2.17	2.04	1.95	1.93	2.6	2.67	2.21	1.7	1.56
黄瓜	新鲜一级	4.60	5.92	4.30	3.25	2.55	1.95	2.19	3.15	2.91	3.17	3.92	4.7
萝卜	新鲜一级	0.92	1.34	1.14	1.26	1.53	1.43	1.57	1.48	1.52	1.37	1.21	1.22
茄子	新鲜一级	4.85	6.07	4.91	4.50	3.67	2.96	2.62	3.38	3.42	3.39	3.55	4.53
西红柿	新鲜一级	4.33	5.37	4.82	4.86	3.86	2.53	2.4	2.97	3.15	3.57	3.59	4.01
土豆	新鲜一级	2.27	2.36	2.24	2.21	2.21	2.11	1.96	2.13	2.07	2.06	2.02	2.39
胡萝卜	新鲜一级	2.10	2.69	2.30	2.42	2.48	2.33	2.32	2.39	2.26	2.2	1.96	1.86
青椒（菜椒）	新鲜一级	4.20	5.00	4.90	4.96	4.87	4.02	3.17	3.06	3.2	3.18	3.64	3.53
薄皮青椒	新鲜一级	2.77	5.09	5.35	6.33	4.94	3.88	3.06	3.4	3.41	3.19	3.02	3.24
尖椒	新鲜一级	3.94	4.05	4.08	4.68	4.81	4.68	4.08	4.08	3.98	3.65	3.28	3.36
圆白菜（包菜）	新鲜一级	1.29	1.71	1.79	1.93	1.63	1.44	1.49	1.49	1.54	1.39	1.33	1.32
豆角	新鲜一级	5.73	9.08	7.78	5.95	5.51	4.24	4.95	5.23	5.27	5.16	5.59	6.26
蒜苔	新鲜一级	5.55	5.99	7.04	6.33	4.68	4.53	5.17	5.81	6.03	6.25	6.11	6.13
韭菜	新鲜一级	4.35	4.57	4.13	3.51	2.94	2.51	2.41	3.19	3.07	3.14	3.51	4.26

续表 36-8　　单位：元/500克

商品名称	规格等级＼零售价	1月	2月	3月	4月	5月	6月	7月	8月	9月	10月	11月	12月
花菜	新鲜一级	2.19	3.10	3.34	3.62	3.95	3.06	4.3	3.5	3.19	3.03	3.09	3.63
洋葱	新鲜一级	1.79	1.87	1.92	1.92	1.88	1.81	1.88	1.9	1.98	2.01	2.02	2.47
冬瓜	新鲜一级	1.53	1.85	2.00	2.35	2.17	1.69	1.49	1.34	1.3	1.21	1.19	1.26
黄豆芽	新鲜一级	1.90	1.90	1.90	1.96	1.95	1.95	1.95	2	2.02	2.02	2.02	2.02
绿豆芽	新鲜一级	1.90	1.90	1.90	1.90	1.90	1.90	1.9	1.9	1.9	1.9	1.9	1.9
菠菜	新鲜一级	3.74	4.81	4.14	4.03	3.81	4.13	5.67	6.16	6.65	4.86	3.7	3.69
山药	新鲜一级	4.30	4.38	4.35	4.57	4.75	4.87	5.27	5.07	4.68	4.15	3.88	4.12
西兰花	新鲜一级	3.60	4.93	4.86	5.57	4.90	4.20	5.47	5.1	5.02	4.28	4.08	4.88
生菜	新鲜一级	2.79	3.93	3.52	3.01	2.60	2.21	2.63	3.1	3.07	3.2	2.77	2.84
蘑菇	新鲜一级	8.10	8.77	8.50	8.30	8.30	8.30	8.3	8.5	8.43	8.57	8.95	9.09
平菇	新鲜一级	4.58	4.64	4.58	4.51	4.48	4.69	5	5.28	5.59	5.35	4.8	5
丝瓜	新鲜一级	5.50	6.10	6.03	5.07	4.15	2.93	2.76	2.91	3.3	3.5	4.34	5.26
毛豆	新鲜一级	5.76	6.45	7.46	6.92	6.59	4.83	3.17	2.81	2.81	2.87	3.65	5.48
蒜头	干，新鲜一级	3.66	4.13	4.09	4.62	5.36	6.07	6.3	5.92	5.85	5.87	6.6	6.35
生姜	老姜，新鲜一级	5.06	5.27	5.43	5.43	5.28	5.26	7	6.91	6.45	6.42	6.73	6.8
7. 豆制品													
素鸡	散装	5.76	5.96	6.18	6.18	6.18	6.18	6.18	6.18	6.18	6.18	6.18	6.18
百叶	散装	7.80	8.00	8.10	8.10	8.10	8.10	8.1	8.1	8.1	8.1	8.1	8.1
老豆腐	散装	2.92	2.95	2.96	2.96	2.96	2.96	2.96	2.96	2.96	2.96	2.96	2.96
内酯豆腐	盒装	2.22	2.24	2.25	2.25	2.25	2.25	2.25	2.25	2.25	2.25	2.25	2.25
8. 水果													
脐橙	一级	5.29	5.46	5.53	5.60	6.28	6.72	6.51	6.09	5.92	6.01	6.29	5.74
苹果	红富士一级	5.92	6.09	6.06	6.09	6.71	8.04	8.05	7.8	7.1	5.31	4.85	4.77
香蕉	国产 一级	3.83	3.98	3.75	3.39	3.27	3.35	3.33	3.16	3.17	3.38	3.34	3.18
西瓜	地产主销 一级	3.38	3.94	3.60	3.71	3.50	2.89	1.69	1.31	1.76	1.98	2.64	3.43
梨	当地主销 一级	2.74	3.09	2.90	2.97	3.86	4.89	4.86	3.65	2.74	2.16	1.96	2.1
9. 副食品													
食用盐	精制食用盐（绿色）	2.20	2.20	2.20	2.20	2.20	2.20	2.2	2.2	2.2	2.2	2.2	2.2
味精	当地主销	8.46	8.46	8.46	8.46	8.46	8.46	8.46	8.46	8.46	8.46	8.46	8.46
鸡精	当地主销（袋装）	15.39	15.39	15.39	15.39	15.39	15.39	15.39	15.39	15.39	15.39	15.39	15.39
绵白糖	当地主销（袋装）	4.96	4.96	4.96	4.96	4.96	4.89	4.84	4.84	4.84	4.81	4.81	4.81
白砂糖	当地主销（袋装）	4.66	4.66	4.66	4.66	4.66	4.59	4.54	4.54	4.54	4.51	4.51	4.51
红糖	当地主销（袋装）	7.30	7.30	7.30	7.30	7.30	7.30	7.3	7.3	7.3	7.3	7.3	7.3
鲜牛奶	当地主销（袋装）	5.40	5.40	5.40	5.40	5.40	5.40	5.4	5.4	5.4	5.4	5.4	5.4

（朱　霞）

社会保障

Shehui Baozhang

编 辑 徐国磊

社会保险

■**概况** 2019年，扬州市企业职工基本养老保险、城乡居民基本养老保险、机关事业单位养老保险、城镇职工基本医疗保险、城乡居民基本医疗保险、工伤保险、生育保险、失业保险参保人数分别为156.98万人、160.17万人、13.70万人、142.88万人、282.44万人、85.43万人、78.12万人、72.55万人。全市8项社保基金实现总收入294.76亿元，比上年增长6.99%；实现基金总支出294.52亿元，比上年增长19.98%；当期结余0.24亿元，累计结余271.41亿元。 （市社保中心）

■**企业社保成本降低** 继续执行失业保险、工伤保险阶段性降费政策。自2019年1月1日起实施职工医疗保险用人单位缴费费率由8%调整为7.5%的降费政策，自2019年5月1日起实施企业职工养老保险和机关事业单位养老保险单位缴费比例统一降至16%的降费政策，切实减轻参保单位负担。

（市社保中心）

■**机关事业单位养老保险** 全市机关事业单位养老保险上线运行13.7万人（在职8.17万人、退休5.53万人），完成准备期基金清算工作。实施“中人”待遇申领审核工作，全市完成待遇核定9690人，占应计发人数84.51%。推动职业年金归集工作，做实职业年金虚账部分，自2019年1月起，市本级参加机关事业单位养老保险的财政全额供款单位职业年金单位缴费部分统一做实。

（市社保中心）

2019年扬州市社会保险参保人员、基金收支情况表

表37-1

保险种类	累计参保人数（万人）	基金收入（亿元）	基金支出（亿元）
企业职工养老保险	156.98	142.22	157.65
城乡居民基本养老保险	160.17	18.83	16.38
城镇职工基本医疗保险	142.88	59.97	45.56
城乡居民基本医疗保险	282.44	24.44	26.08
工伤保险	85.43	3.27	2.68
生育保险	78.12	2.18	2.65
失业保险	72.55	4.27	3.94

注：企业职工基本养老保险和城乡居民基本养老保险参保人数包含参保缴费人数和领取待遇人数 （市社保中心）

■**退休人员养老金调整** 实现企业退休人员养老金第“十五连调”，调整后月人均养老金收入为2248元，增长6.59%（包含被征地农民转参企业职工基本养老保险人员）。同步调整机关事业单位退休人员养老金。 （人社局）

■**退休人员社会化管理** 至年末，全市企业退休人员有47.69万人（市级33.8万人）实现社会化管理服务，社区管理率100%。2019年，市退管中心将3.36万名（市级2.36万名）企业退休人员纳入社区，实现社会化管理服务。组织慰问市区和异地居住的高龄、重病、特困等类型的退休人员3690人次，发放慰问金、物品等92.1万元；慰问死亡退休人员家庭1323个、慰问金（品）26.5万元；为14万名退休人员办理景区景点优待证年度审核。组织文体活动，结合传统节日、党风廉政建设、“小帮老”帮扶等开展主题活动近60场次。以“壮丽70年，共筑中国梦”全省企业退休人员庆国庆征文为序幕，开展形式多样的“迎国庆 庆重阳”活动，扬州选送征文获全省一、二等奖各1篇、三等奖2篇。 （人社局）

社会救助

民政救助

■**城乡居民最低生活保障** 自2019年7月起提高全市城乡低保标准，达到8160元/人/年，实现全市城乡低保标准一体化。提高全市城市特困供养平均标准，达到19017元/人/年。提高全市农村特困供养平均标准，达到11158元/人/年。至年末，全市保障城乡低保对象2.58万人，支出资金1.34亿元；特困对象1.99万人，支出资金1.84亿元；救助遭遇急难状况的困难群众2.98万人次，支出资金0.29亿元；启动10次物价补贴，惠及各类困难对象近57.66万人次，支出资金0.4亿元。2019年春节慰问各类困难对象11.83万人次，支出资金0.35亿元。全年全市救助各类困难对象77.04万人次，支出社会救助资金4.22亿元。（袁 伟）

■助力脱贫攻坚 加强社会救助与扶贫工作在政策、对象、标准、管理上的衔接，做到精准救助、综合施救、应助尽助。开展“大排查，大走访”活动，对无法依靠产业扶持和就业帮助脱贫的低收入农户，按照“一户不落、一人不少”和“能快则快、应救尽救”的要求，将符合救助条件的对象按程序全部纳入社会救助兜底保障范围。落实建档立卡贫困户中的重残、大重病对象“单人保”政策，逐一排查重残、大重病人员，做到底数清、情况明，动态管理下的应保尽保，确保社会救助“不漏底”。全年纳入低保救助的建档立卡低收入农户1.85万人，纳入五保救助的建档立卡低收入农户1.03万人，纳入低保及五保救助的建档立卡低收入农户占总建档立卡低收入农户的64.36%。（袁 伟）

■农村低保专项治理 制定《2019年深入推进全市农村低保专项治理工作计划》，开展“六个一”活动，有序推进治理工作向纵深开展。与纪监委、财政、扶贫等部门联合对腐败和作风问题治理、提标补差标准确定、日常动态管理等环节进行重点督查。联合市纪委监委派驻组对全市15个乡镇开展专项督查，走访30户服务对象。继续实行“三统一”公示制度，做到“统一公示栏、统一公示地点、统一公示内容”，在政府网站公示保障对象信息，公布监督电话、举报电话和邮箱，定期检查公示落实情况等。实施精准救助，对省反馈的所有存疑户采取“线上核查”和“线下排查”开展复核清理，确保“应保尽保，应退尽退”。完善“扬州民政智慧云平台”系统，做到实时核对、精准核对。对新申请对象，按照“逢进必核”的原则，建立健全核对平台“机查”与进村入户“人查”。引入第三方组织开展核查，对全市30个乡镇（街道）、900户困难家庭进行专项核查。（袁 伟）

■救助风险防控 市民政局组织全市基层民政部门和各救助管理站开展“寒冬送温暖”“夏季送清凉”专项救助行动。发挥24小时求助热线的发现报告和应急处置作用，调动临时救助点的积极性，加大对桥洞、建筑工地等重点场所的巡查力度，实现城区街面救助舆情报送和初期干预网络基本覆盖。至年末，全市街面巡查900余次，接收救助各类求助人员2000多人次，未发生一起因救助不及时而导致人员伤亡情况。（孙 荣）

■寻亲救助 全市各救助站强化传统查找寻亲，优化和推进“互联网+救助寻亲”模式，利用互联网资源、公安刑侦资源、借助DNA比对、“人脸识别”技术，提高查找寻亲效果，多次帮助长期滞留人员成功寻亲并护送返乡。（孙 荣）

■临时救助 2019年，全市接收救助各类求助人员1473人次，其中未成年人303人次。送医救助危重病人7人次，精神病人、传染病人15人次，26名无法甄别身份的救助对象在定点医院治疗、托养。开展省内护送95人次，跨省护送42人次。举办“爱相伴”青春自护夏令营活动，组织30名少年儿童（主要为农村困境留守儿童、残疾儿童和受希望工程资助儿童等）与他们的监护人增进情感交流。（李 飞）

慈善救助

■概况 2019年，市慈善总会和各县（市、区）慈善会、基层慈善工作站募集慈善资金2.47亿元，使用救助资金1.38亿元，受益困难群众11.86万人次。市慈善总会有会员138人，慈善义工组织6家。市慈善总会全年募集慈善资金2377.7万元，使用救助资金2311.4万元，受益困难群众1.4万人次，赠发中华慈善总会价值5477.6万元的抗癌药品，救助困难家庭癌症患者5624人次。启动“聚焦脱贫攻坚慈善项目精准对接”专项行动，各县（市、区）慈善会梳理42个慈善需求项目，内容涉及扶贫济困、扶老、助幼助学、恤病助医等多个方面。在第四届江苏省志愿服务展示交流会上，扬州市智能垃圾分类回收系统公益项目、扬州市移风易俗文明实践宣讲项目、扬州市“童”舟共济——乡村困境儿童志愿服务项目等获金奖。（朱荣臻 卞晓蕾）

■“情满扬州”春节慰问活动 春节前，市慈善总会、市民政局和市福彩中心联合举办2019年“情满扬州”春节慰问活动，筹集资金1500多万元，以慰问金、慰问物资形式分配至各地，慰问和资助全市困难家庭2700户及福利院、敬老院、社区居家养老服务中心、慈善超市等公益机构。向困难家庭重大疾病患儿、血友病患者、尿毒症患者、老年白内障患者等发放资助金。资助困境青少年、依旧爱公益环保、鉴真图书馆、慈善志愿服务等公益项目。（朱荣臻）

■首届“扬州市十大善星”评选 2019年，扬州市委、市政府增设“扬州市十大善星”城市荣誉。市委宣传部、市文明办、市民政局和市慈善总会完成首届“扬州市十大善星”评选表彰工作。江苏华建建设股份有限公司、江苏邗建集团有限公司、江苏长青农化股份有限公司、扬州市秦邮特种金属材料有限公司等4家企业以及徐军洪、周其钧、徐明峰、刁佰辉、倪克龙、徐峰等6人获首届“扬州市十大善星”称号。

（朱荣臻）

红十字会救助

■概况 2019年末，全市有红十字会团体会员单位222个，基层红十字会组织546个，社区红十字站124家，红十字会员25.03万人，注册红十字志愿者5587人。全市红十字会组织发放救灾救助款物997.35万元，受益1.94万人次。仪征市红十字会换届并建立监事会。各县（市、区）新建、改选乡镇（街道）红十字会33家，乡镇（街道）和园区建会率100%。做好救护培训进企业、进机关、进学校、进社区，全年“百万培训”项目普及培训5.79万人次，救护员培训7118人次。全市开展养老照护知识培训3234人，入户志愿服务523户、798人。（潘　杨）

■应急救援 全面修订市及各县（市、区）红十字会救援救灾应急预案，在宝应县红十字会设立“扬州市红十字会备灾救灾物资储备（宝应）区域中心”，作为扬州市红十字救援队（宝应）集训基地，增加储备一批应急物资。开展两次市红十字救援队集训，各县（市、区）均成立1支以上的救援队。与扬州市消防救援支队等单位联合开展应急演练活动，与应急管理部门等协作建立防灾减灾救灾联动工作机制。将防灾减灾工作纳入“红十字博爱周”活动，开展应急知识进社区等各类防灾减灾日宣传主题活动和首届应急救护知识微视频大赛。（潘　杨）

■博爱救助 开展“博爱送万家”“博爱在扬州·人道万人捐”活动。全市“博爱送万家”活动发放救助款物278.03万元，其中款项186.96万元、物资91.07万元、受益户数1.2万户、受益人数3.6万人。申报“小天使”“天使阳光”基金，救助白血病和先天性心脏病患儿，全年完成申报14人。开展博爱家园、红十字养老照护、“博爱连心桥——关爱失地农民”、“博爱光明行”、“志愿服务行·博爱1+1”、“博爱1+1·好人传温暖”等博爱项目；关注临时受灾和重大病患者家庭，办好“博爱免费门诊”“博爱美院”。对口支援陕西榆林红十字会50万元、新疆新源红十字会3万元，赴榆林开展扶贫救助、专家义诊、救护培训交流等一系列活动。（潘　杨）

■志愿捐献 承办全省红十字会造血干细胞捐献志愿者联谊活动，开展2019年度遗体捐献纪念活动、全市造血干细胞捐献志愿者联谊活动及造血干细胞捐献宣传志愿服务合作项目。造血干细胞捐献入库840人份，实现成功捐献1例，累计成功捐献33人、34例（其中1人二次捐献）。遗体（角膜）捐献登记93人，实现遗体捐献9例，累计登记731人，实现遗体捐献128人。全年全市无偿献血1588万毫升。邗江区红十字会捐献造血干细胞公益宣传片在公交车开展宣传，宝应县造血干细胞捐献团队获“宝应好人”特别奖。

（潘　杨）

■救护培训 实施“应急救护百万培训项目”，统筹抓好一般人群、重点人群、特殊岗位人群救护培训，开展东关街“红十字生命关爱示范街”项目，对爱心商铺进行送“学”上门。做好救护培训进企业、进机关、进学校、进社区，全年“百万培训”项目普及培训5.79万人次，救护员培训7118人次。其中，与扬州大学医学院合作对228名民警进行救护员培训；对全市11个消防中队进行应急救护知识普及培训工作；与市教育局联合举办2019年市直学校红十字会救护骨干第一期培训班；与市民政局举办“养老服务培训班”；为扬州大学2019年新生军训应急培训1.03万人次；做好2019年“扬马”医疗保障工作。（潘　杨）

社会福利

■老年人福利和保障 2019年底，全市有养老机构116家、床位4.5万张（含居家养老床位）。其中，公办养老机构82家、民办养老机构34家。建成全市综合型养老护理院和康复医院23家，全市有护理型床位1.4万张，占养老机构床位总数的比例提高至59.4%。市民政局联合市卫健委印发《关于推进养老机构医疗服务全覆盖的指导意见》等文件，推进全市养老机构医疗服务基本全覆盖。全市免费培训各养老机构养老护理员728人，其中市级培训279人，县（市、区）级培训449人，养老护理员岗前培训率100%。市民政局通过市福彩公益金以奖代补形式，支持养老机构投保综合责任保险，其中保额100元/人/年，意外死亡赔付上限20万元；散居老人意外保额40元/人/年。2018—2019年，全市养老机构投保61.01万元，赔付59.15万元；散居特困人员投保45.16万元，赔付58.54万元。继续为高龄老年人发放尊老金，其中80~90周岁老年人每人每月50元，90~94周岁老年人每人每月230元，95~99周岁老年人每人每月260元，100周岁及以上老年人每人每月500元。全年发放尊老金17.21万人，累计发放金额1.29亿元。

（李　佳　丁春利）

■残疾人福利和保障 2019年底，全市有3.55万名残疾人享受两项补贴待遇，占持证总人数的40.85%。其中，3.3万人享受生活补贴（2.08万人同时享受重残护理补贴），2.33万人享受重残护理补贴（2.08万人同时享受生活补贴），1.84万人仅享受生活补贴，2452人仅享受护理补贴。自2019年7月低保标准提标后，全市平均每月发放生活补贴1955.8万元，发放护理补贴227.8万元，月累计发放两补资金2183.6万元。残疾人两项补贴惠及人群进一步扩面，市民政局联合市财政局、市残联出台《关于健全完善困难残疾人生活补贴和重度残疾人护理补贴制度的通知》，将于2020年1月1日起执行。

（孙　荣）

■困境儿童分类保障 健全困境儿童分类保障机制。根据扬州市《关于进一步完善困境儿童分类保障制度的实施意见》，对困境儿童进行分类救助，将事实无人抚养儿童全部纳入保障。自2019年7月低保标准提标后，集中养育孤儿、散居孤儿、父母监护缺失、父母无力履行职责的困境儿童，月供养标准分别不低于2440元、1708元、1367元、1025元。加强儿童关爱服务体系建设，10月28日，扬州市儿童督导员培训班开班，各县（市、区）、功能区儿童福利职能科室工作人员，各乡镇（街道）儿童督导员及儿童关爱保护社会组织负责人共150余人参加培训。（韩红红）

■市福利中心标准化建设 2019年，市福利中心梳理完善中心制度标准体系，包含法律法规规章、服务通用基础标准、服务保障标准体系及服务提供标准体系共284项规范。创新开设标准化微课堂、结合一线岗位业务技能培训，强化贯彻标准效果。升级供水管网，实现分类用水、提高水资源利用率。完善安全控制中心功能，实现综合保安管理系统和楼宇管理系统联网、升级监控网络、增加电子巡更系统、加装室外急救桩和人脸识别门禁。升级固定资产管理系统和仓储管理系统，实现中心物资数字化全周期管理。与专业医疗机构合作建设颐和护理院，向经济困难的失能失智老人倾斜。（景志刚）

■市福利中心孤老残儿保障 2019年，市福利中心儿童生活补助标准实现10%的自然增长。针对重病重残儿童需求，全面升级康教类设施、配备专业型团队、完善科学化养育、实施阶段性评估，推动院内“医康护养”四位一体服务由全面型向精准型发展。市福利中心“三无老人”生活补助根据城镇常住居民人均可支配收入增长稳步提升。借鉴“全科社工”模式，拓展志愿服务资源，链接医疗、康复、娱乐、心理疏导等各类资源，满足老人儿童精神需求。加强医疗健康管理，实行老人自查自管制度，同步提高服务满意度及在住老人归属感和幸福感。（景志刚）

■养老机构服务质量提升行动 2019年，对照《养老院服务质量大检查指南》中的116项指标，对全市116家养老机构进行“全科体检”，关停不具备整改条件的养老机构。启动养老机构标准化建设试点，扬州市社会福利中心、扬州曜阳国际老年公寓、高邮市社会福利中心三家养老机构列入全省首批30家标准化建设试点单位。印发《关于全面开展2019年养老机构安全隐患排查和强化整治工作的通知》等文件，对全市养老机构的消防安全、食品卫生安全隐患进行专项排查、梳理及整改。扬州市社会福利中心和仪征市社会福利中心被推荐为省级风险防控先进典型单位。建立养老院入住老人自理能力评估机制，开发老年人能力评估标准。补齐农村养老服务短板，建成农村区域性养老服务中心6家，其中江都区真武镇区域性养老服务中心作为全市“医疗+”农村区域性养老服务中心试点。（李　佳）

■福利彩票 2019年底，全市有福彩电脑票投注站588个，实现福利彩票年销售额5.13亿元，其中电脑票销售额3.06亿元、刮刮乐即开票销售额0.16亿元、中福在线即开票销售额1.9亿元，筹集福彩公益金1.4亿元。市直完成福利彩票销售额1.07亿元，其中电脑票销售5173万元、刮刮乐即开票销售240万元、中福在线即开票销售5255万元。全市中出双色球一等奖2注，分别为邗江、江都站点中出。各级福彩机构开展“福彩助康健，共享无障碍”主题助残助学活动，帮助困难残疾家庭学子就学；开展“福彩爱心敬老”活动，向各县（市、区）敬老院捐赠爱心物资；举办“中老年才艺大赛”，倡导老有所为、老有所乐。（赵　亮）

住房保障

■概况 2019年，扬州市出台实施系列住房保障政策，困难群众住房条件得到改善。调整住房保障准入条件。对公共租赁住房和限价商品住房保障准入条件中的人均月收入标准进行调整，合理降低准入门槛，扩大住房保障政策覆盖范围。调整经济适用住房上市交易土地收益缴纳标准。对佳家花园等经济适用住房和解困定销房小区楼面地价进行评估，印发《关于调整经济适用住房上市交易缴纳土地收益等相关价款标准的通知》，推进经济适用住房等上市交易工作有序开展。印发《关于进一步明确市区住房保障工作相关流程的通知》，加强市区住房保障管理。全年全市完成棚户区改造新开工住房1.23万套，建成住房8135套。实施公共租赁住房和限价商品住房保障784户，筹集人才公寓14.3万平方米，完成公房解危2.14万平方米，完成征收拆迁超腾仓期安置住房3153套。（卞海波）

■公租房信息系统建设 7月，启动公租房信息系统建设联网接入工作。制定《2019年扬州市公租房信息系统联网接入工作实施方案》《扬州市公租房信息系统建设方案》。9月，全市所有政府投资公租房数据采集完成并通过验核，扬州市区系统上线完成参数配置和测试工作；市区公租房信息系统完成政府投资公租房房源信息检核7669套，完成率100%；保障家庭检核7258户，完成率99.78%；配给数量检核7258户，完成率100%。（卞海波）

■适老住宅建设 强化养老服务用房、幼儿园等配套设施监管。在出让的GZ095、GZ096、GZ135等地块规划设计条件中，提出必须配建30%以上的适老住宅。全年对25个老旧小区实施综合整治，整治面积86万平方米，13处既有住宅单元加装电梯。（卞海波）

社会事务

Shehui Shiwu

编 辑 徐国磊

基层自治组织建设

■**概况** 2019年，全市有居委会384个、村委会1016个；落实《扬州市社区建设行动计划》，以“三社联动”为抓手推进农村基层社会治理工作；开展乡镇政府服务能力建设试点，提升全市城乡社区治理服务水平。扬州市委办公室、市政府办公室印发《关于加强乡镇政府服务能力建设的实施方案》，明确四大类15项试点工作任务，首批选择6个乡镇开展试点，打造职能科学、运转有序、保障有力、廉洁高效、人民满意的乡镇政府服务管理体制机制。市委办公室、市政府办公室印发《关于开展社区社会组织社会工作“三社联动”助推乡村有效治理的实施意见》，从完善基层社区基础平台功能、健全社会组织服务载体、发挥社会工作专业支撑作用、健全推进“三社联动”工作机制四个方面进行部署，制定22项工作任务清单，逐步构建以社区为平台、社会组织为主体、专业社工为支撑、治理服务项目为载体，优势互补、互动互惠、资源共享、协调推进的“三社联动”运行机制。（林 波）

■**邗江区、仪征市获批第二批省级现代社区治理创新实验区** 11月，邗江区、仪征市获批第二批省级现代社区治理创新实验区。其中，邗江区以“专业社工+志愿者、专业社工机构+志愿服务组织、专业社工服务项目+志愿服务项目”为主题，以满足社区居民服务需求、发挥专业社会工作的社区服务优势、实现社区服务的社会工作专业化目标。仪征市以“统筹开展村务公开、监督、协商和决策等日常事务的运行机制”为主题，通过健全党组织领导的自治、法治、德治相结合的农村社区治理体系，打造有力有效、安全规范的村级权力运行日常管理机制，逐步构建共建共治共享的社会治理格局。（林 波）

■**社区治理与服务创新** 8月，经各地推荐、专家评审、公示立项等程序，全市立项10个社区治理与服务创新项目，涵盖社区治理机制、社区自治模式、志愿服务体系、党的建设等。立项项目均由社区持证社工、社会组织、指导专家三方组成项目实施综合体，采取当月小结、季度督查、年度评估方式跟进项目进展。（林 波）

■**文昌花园工作法入选全国优秀社区工作法** 在民政部公布遴选出的100个全国优秀社区工作法中，广陵区曲江街道文昌花园工作法入选，是扬州市唯一入选社区。文昌花园社区以群众需求为导向，分别从特色化党建、网格化服务、多元化自治、模块化创建、项目化运作、专业人才支撑等方面阐释社区工作方法，将文昌花园社区打造成居民满意度高、获得感强、幸福指数高的标杆社区。（林 波）

■**第十届“十佳社区”评选** 举办市第十届“十佳社区”现场评估活动。广陵区曲江街道文昌花园社区、广陵区汶河街道荷花池社区、广陵区东关街道琼花观社区被评为“明星示范社区”，邗江区竹西街道安平社区、邗江区邗上街道兰庄社区、邗江区双桥街道虹桥社区、蜀冈－瘦西湖风景名胜区梅岭街道凤凰桥社区、蜀冈－瘦西湖风景名胜区梅岭街道丰乐社区被评为“明星社区”，江都区仙女镇禹王宫社区、广陵区文峰街道鼎园社区、广陵区曲江街道玺园社区、邗江区竹西街道竹西社区、邗江区双桥街道康乐社区、邗江区双桥街道武塘社区、高邮市高邮街道琵琶社区、仪征市真州镇鼓楼社区、宝应县安宜镇南园社区、扬州经济技术开发区文汇街道梅苑社区被评为“十佳社区”。（林 波）

■**第十届“十佳社区工作者”评估** 开展全市第十届十佳社区工作者评估活动。经各地推荐，市民政局经过专家评估、走访调查、对外公示等程序，报市社会工作委员会同意，决定授予广陵区东关街道新仓巷社区党委书记、主任王静，邗江区新盛街道殷巷社区党总支书记赵龙，江都区仙女镇玉带社区党总支书记邵萍，江都区仙女镇龙溪社区党总支书记韩硕，扬州经济技术开发区文汇街道梅苑社区主任张兆龙，蜀冈－瘦西湖风景名胜区瘦西湖街道滨湖社区党总支书记金成伟，蜀冈－瘦西湖风景名胜区城北乡佳家花园社区党总支副书记、主任梅鑫，高邮市高邮街道大淖社区党总支书记冯春娟，宝应县安宜镇白田社区党委书记刘艳成，仪征市真州镇万博社区党支部书记、主任林海燕等10名社区工作者“十佳社区工作者”称号。（林　波）

民族宗教事务

■概况　2019年，扬州市有1个民族乡（高邮市菱塘回族乡）、2个民族村（仪征市月塘镇龙山村、大仪镇河北村），有12个省级民族工作示范社区、7个“十三五”期间全国民族特需商品定点生产企业、1个少数民族传统体育训练基地。邗江中学12个新疆班有学生498人；高邮菱塘回族乡有民族中小学和幼儿园3所。全市有爱国宗教团体28个，其中市级宗教团体6个、县级宗教团体22个，1所省属宗教院校（鉴真佛教学院）；有经登记的宗教活动场所233处，其中佛教寺院135处、道教宫观4处、伊斯兰教清真寺8处、天主教教堂2处、基督教教堂84处；经认定备案的宗教教职人员382人。打造首个民族团结主题公园——石榴园，探索“公园+民族团结”新模式。开展“爱国爱教爱扬州”活动，推动宗教活动场所“四进”工作，国旗、宪法和法律法规、社会主义核心价值观、中华优秀传统文化进场所分别占总数的96%、95.7%、93%、93%。健全完善县乡村三级管理网络、落实乡村两级责任制，乡镇（街道）配备93名专兼职民宗助理。举办全市民族宗教工作乡镇领导干部培训班，各县（市、区）、功能区乡镇（街道）民族宗教工作负责人及市、区两级统战、民宗部门负责人107人参加培训。高邮菱塘民族初级中学组队代表江苏参加第11届全国少数民族传统体育运动会射弩项目竞赛。高邮菱塘回族乡第四次被表彰为全国民族团结进步模范集体，王清荣被表彰为全国民族团结进步模范个人。（朱　萍　卢道岭）

■清真标志牌证换发　2月25日，市民宗局召开清真食品牌证发放工作会议，解读《江苏省清真标志牌管理办法》《关于做好新版清真食品牌证发放工作和重新确认清真食品基本供应点的通知》，部署清真标志牌证换发工作。4月12日，召开清真食品监管工作新闻发布会，发布28家清真网点和基本供应点名单，就申领清真标志牌的要求和程序、扶持政策等方面进行解答。会上，百年老店清真鸿兴民族饭店和天兴斋餐厅举行清真标志牌挂牌活动。至年末，全市有30家单位申领清真标志牌。（朱　萍　龚方艳）

■市基督教两会换届　7月3—31日，市基督教第三次代表会议在扬州会议中心召开，市委副书记、市委统战部部长孔令俊出席开幕式并讲话，全市基督教界82名代表和4名特邀代表参加会议。会议审议通过市基督教两会第二届常务委员会工作报告和《扬州市基督教两会章程》（修订案），选举产生市基督教两会第三届委员会和新的领导班子，朱明华当选为市基督教三自爱国会主席，田长贵当选为市基督教协会会长。（卢道岭　龚方艳）

■文峰慈善基金会理事会换届　3月13日，文峰慈善基金会理事会换届暨第二届理事会第一次会议在扬州文峰寺般若讲堂召开。会议审议第一届理事会工作报告，推选仁宽法师担任基金会第二届理事会理事长，选举产生副理事长、理事、监事等。（龚方艳）

■星级宗教活动场所认定　开展宗教活动场所创建工作，经过宗教场所申请、宗教团体和县级宗教部门审核推荐、市民宗局现场考核和研究、向社会公示等程序，2月28日，市民宗局印发《关于认定四星级和三星级宗教活动场所的决定》，认定宝应县宁国寺、高邮市菱塘古清真寺等9家宗教活动场所为江苏省四星级宗教活动场所；宝应县来圆禅寺、高邮市临泽安乐寺等4家宗教活动场所为江苏省三星级宗教活动场所。（龚方艳）

■督导鉴真学院　9月29日，市民宗局在鉴真学院召开督导工作恳谈会。会议宣读省民宗委关于鉴真学院部分行政管理权委托市民宗局管理的《行政委托书》，解读备案事项、审核事项、审批事项、指导协调类事项等四大项30条督导清单，明确督导专员；市民宗局印发《扬州市民族宗教事务局关于鉴真佛教学院工作的督导工作清单》。（王清荣　龚方艳）

■安全隐患排查整治　4月19日，市民宗局召开民族宗教领域安全稳定工作专题会议，部署安全隐患排查整治工作。集中组织对全市233个登记宗教活动场所进行安全检查，查找问题513条，对账整改销号511条。组织两次安全工作互查，发现20条安全隐患，督促指导后整改到位。5月和8月分别开展消防安全培训和消防演练。12月，贯彻省、市落实中央督导组要求，制定安全工作实施方案、召开安全工作专题会议、组织安全工作检查、编制安全知识小册子、建立安全工作台账、组建安全工作责任体系、开展安全隐患再排查再整治专项行动。（郭宏芳　龚方艳）

社会组织管理

■概况　2019年，全市培育发展社区社会组织，完善服务支持体系；降低准入门槛，发展生活服务类、公益慈善类、居民互助类社区社会组织和农村社区社会组织。年末，全市有各类社会组织5820个，其中社会团体2728个、民办非企业单位3073个、基金会20个；有1915个社会组织取得评估等级，其中AAAAA级8个、AAAA级257个、AAA级349个、AA级514个、A级787个。登记或备案的社区社会组织4260个，城区平均每个社区15个，全市平均每个社区10.9个。（张绍华）

■社会组织公益服务 实施“千社帮万户”行动，动员社会组织参与脱贫攻坚。全年全市社会组织投入扶贫资金410万元，投入人员1300多人次，受益贫困人口6万多人次。开展第七届公益创投活动，项目征集范围包括精准扶贫、养老、助残、帮困、青少年、基层社会治理等领域，征集项目182个，经评审，62个项目立项，10个购买服务项目完成招标、投入资金330万元。

（张绍华）

■社会组织监督管理 强化社会组织负责人管理，出台任前公示制度，加强对党政机关、事业单位、国有企业现职干部以及退（离）休干部在社会组织兼职、任职的管理，开展现职及退（离）休干部在社会组织兼职取酬专项清理工作。开展行业协会商会与行政机关脱钩“回头看”工作，全面开展社会服务机构登记管理自查自纠工作。开展“双随机一公开”抽查，对抽查和日常监督中发现的问题，及时出具整改通知书，督查其限期整改，针对各类问题下发整改通知书22件。

（张绍华）

■行业协会商会收费清理规范 开展清理规范行业协会商会收费专项行动，出台《治理规范行业协会商会收费专项行动方案》，在组织对行业协会商会收费自查自纠的基础上，对部分行业协会进行专项审计和抽查，对在收费方面存在问题的12家行业协会下发整改通知书，督促其整改落实。（张绍华）

■社会组织执法监督 开展打击整治非法社会组织常态化管理，依法查处1家未经登记的非法社会组织。开展不具有公开募捐资格的组织或者个人开展公开募捐活动清理规范工作，规范衣物回收箱380多个，对1个不具有公开募捐资格的组织开展公开募捐活动进行查处，有效净化社会组织发展环境。

（张绍华）

地名管理

■概况 2019年完成扬州与泰州1条市际界线和高邮与江都、邗江与仪征2条县际界线联检工作。推进平安边界建设，落实界线管理责任，确保边界地区和谐稳定。市区命名各类地名153个，其中道路、街巷、桥梁名100个，居民住宅区名37个，商用建筑物名16个。（冯　静）

2019年扬州市区新命名的道路、街巷、桥梁一览表

表38-1

名　称	地　理　位　置（起　讫　点）
科创路	位于扬州经济技术开发区朴席镇工业集中区，东起三联村田圩中心路，西至画舫路
通和路	位于江都区真武镇，南起西明寺路，北至真武中心河
和平路	位于江都区真武镇，南起353省道，北至真北村
卓越路	位于江都区真武镇，南起规划科技路，北至真安路
真诚路	位于江都区真武镇，东起通用路，西至友善路
真安路	位于江都区真武镇，东起三干渠，西至滨湖桥
环保路	位于江都区真武镇，东起三干渠，西至盐邵河
真和路	位于江都区真武镇，东起振兴中路，西至友善路
锦程路	位于江都区真武镇，南起亚雨厂，北至滨东村部
生态路	位于江都区真武镇，东起三干渠，西至鹏程路
智慧路	位于江都区真武镇，东起三干渠，西至鹏程路
赵庄路	位于邗江区杨庙镇环保科技产业园，东起甘八路，西至惠民路
兴达路	位于邗江区杨庙镇环保科技产业园，东起甘八路，西至惠民路
新业路	位于邗江区杨庙镇环保科技产业园，东起振业路，西至黄冲路
双古路	位于邗江区杨庙镇环保科技产业园，东起西湖镇，西至惠民路
振业路	位于邗江区杨庙镇环保科技产业园，南起双古路，北至赵庄路
黄冲路	位于邗江区杨庙镇环保科技产业园，南起新业路，北至赵庄路
环创路	位于邗江区杨庙镇环保科技产业园，南起兴达路，北至赵庄路

续表 38-1

名　称	地 理 位 置(起 讫 点)
精业路	位于邗江区杨庙镇环保科技产业园，南起兴达路，北至创业路
新洲路	位于邗江区杨庙镇环保科技产业园，东起甘八路，西至新杨桥
酒甸西路	位于邗江区槐泗镇，原酒甸路向西延伸段，东起扬菱路，西至西王路
肖庄街	位于蜀冈－瘦西湖风景名胜区，花都汇北侧，东起玉人路，西至瘦西湖路
曙光路	位于广陵区杭集镇，南起明月桥，北至杭府路
九圩南路	位于广陵区杭集镇，南起新联路，北至沪陕涵洞
新联路	位于广陵区杭集镇新联村和八圩村，东起新联二东，西至九圩南路
丰收路	位于广陵区杭集镇八圩村，东起九圩南路，西至裴新路
夏庄路	位于杭集镇夏庄村和双隆村，东起夏庄排涝站，西至九圩南路
东岳庙路	位于杭集镇夏庄村和双隆村，东起杭庄组，西至九圩南路
兴旺路	位于广陵区杭集镇夏庄村，南起老太阳站，北至东岳庙路
束家庄路	位于广陵区杭集镇裔庙村，东起倍加洁公司，西至曙光路
通港路	位于广陵区杭集镇王集村和龙王村，南起宁通辅道，北至王集路
太平庵路	位于广陵区杭集镇龙王村，东起跃进组，西至金湾路开发路口
张家路	位于广陵区杭集镇龙王村，东起芒稻河，西至倍加洁公司
王桥路	位于广陵区杭集镇杭集、新生和王桥村，东起王桥江堤，西至九圩路
怀演路	位于邗江区，恒大帝景西园西侧，南起竹西路，北至上方寺路
新竹路	位于邗江区，竹西芳庭北侧，南起物港路，北至江平东路
肖山路	位于蜀冈－瘦西湖风景名胜区，南起肖庄街，北至江平东路
天山路	位于江都区，东起 S237 公路，西至仙城北路
龙川北路	位于江都区，南起沪扬路，北至锦宜公路
黄河北路	位于江都区，南起沪扬东路，北至锦宜公路
黄海北路	位于江都区，南起沪扬西路，北至锦宜公路，沿线跨越双沟新河
向心路	位于广陵区，东起新东路，西至京杭路
田庄路	位于广陵区，东起新东路，西至京杭路
安康东路	位于广陵区，育才小学东区校南侧，东起滨水路，西至京杭运河
新东路	位于广陵区，南起文昌东路，北至金融路
英才路	位于广陵区，南起安康东路，北至滨水路
宝塔东路	位于广陵区，东起金鱼塘路，西至渡江南路
金鱼塘路	位于广陵区，南起开发东路，北至宝塔东路
月祥路	位于邗江区，东至月城科技广场，南至月城路，西至绿地商务广场，北至江阳西路
和盛路	位于邗江区，东至绿杨路，南至新盛街道办事处，西至虎豹郡王府东门，北至育才西区校
新悦巷	位于邗江区，东至华鼎星城小区，南至揽月河绿化带，西至名门壹品小区，北至京华城路
邻里巷	位于邗江区，东至新盛街道邻里中心，南至揽月河绿化带，西至新盛街道办事处，北至规划道路
施港河路	位于扬州经济技术开发区施桥镇，南至扬子新苑 D 区北侧，北至施港河，东至京杭运河西侧道路，西至临江路

续表 38-1

名　称	地　理　位　置（起　讫　点）
聚贤路	位于扬州经济技术开发区施桥镇，南至扬子新苑 D 区南组团北侧，北至扬子新苑 D 区北组团南侧，东至施桥南路，西至临江路
圩城路	位于扬州经济技术开发区施桥镇，南至施沙路北侧，东至施桥镇施桥村朱巷组农田，西至扬子新苑 D 区东侧，北至施港河南侧
春辰路	位于蜀冈－瘦西湖风景名胜区城北，东起黄金坝路，西至瘦西湖路
秋实路	位于蜀冈－瘦西湖风景名胜区城北，东起运河北路，西至瘦西湖路
城南快速路	西起 G328 八字桥互通，经江阳路、渡江南路、开发路，转入运河南路，东至沪陕高速汤汪互通
晨兴路	位于广陵区沙头镇，南起施沙路沙头变电所，北至三星路广陵税务局沙头分局
侨城路	位于蜀冈－瘦西湖风景名胜区，南起槐泗河，北至荷叶东路东延段
侨香路	位于蜀冈－瘦西湖风景名胜区，东起瘦西湖路，西至侨城路
望亭东巷	位于广陵区，南起四望亭路 7 号内街，北至四望亭路
望亭中巷	位于广陵区，南起四望亭路 7 号内街，北至四望亭路
望亭西巷	位于广陵区，南起四望亭路 7 号内街，北至四望亭路
东庄巷	位于广陵区曲江街道，东起运河北路，西至观潮路
怡扬路	位于邗江区，东起杨柳青路，西至 S28 启扬高速
平山堂西路	位于邗江区，西延至泰和路
珊瑚路	位于邗江区，南起扬冶路，北至怡扬路
泰和路	位于邗江区，南起润蜀南路，北至司徒庙路
谈庄路	位于邗江区，南起唐悦路，北至司徒庙路
香茗湖路	位于邗江区，南起润蜀南路，北至平山堂西路
西扬路	位于邗江区，南起平山堂西路，北至司徒庙路
高蜀北路	位于邗江区，南起唐悦路，北至司徒庙路
尚书路	位于邗江区，南起扬冶路，北至大王路
励志路	位于邗江区，南起怡扬路，北至平山堂西路
杏圃路	位于邗江区，南起扬冶路，北至龙岗路
蜀秀路	位于邗江区，西南起润蜀路，北至司徒庙路
七星路	位于邗江区，南起扬冶路，北至华严路
大王路	位于邗江区，东起润蜀路，西至西杨路
唐悦路	位于邗江区，东起润蜀路，西至泰和路
华严路	位于邗江区，东起七星路，西至真州北路
孔庄路	位于邗江区，东起润蜀路，西至励志路
蚂蚁庄路	位于邗江区，东起香茗湖路，西至珊瑚路
龙岗路	位于邗江区，东起润蜀路，西至珊瑚路
杨柳青路	位于邗江区，西延至国展路
真州北路	位于邗江区，北延至司徒庙路
润蜀南路	位于邗江区，北起扬怡路，南至 S28 启扬高速

续表 38-1

名　称	地　理　位　置（起　讫　点）
果园路	位于邗江区，东起经十二路（暂用名），西至珊瑚路
双墩路	位于邗江区，东起经十二路（暂用名），西至 S28 启扬高速
广恒路	位于广陵新城，南起广沃路，北至大众港路
巷口驿路	位于邗江区维扬经济开发区槐泗河北侧，东起扬子江北路，西至七峰路
宝湾路	位于邗江区维扬经济开发区宝能睿城小区东南侧，东起扬子江北路，西北至新甘泉西路
宝睿路	位于邗江区维扬经济开发区宝能睿城小区西北侧，紧邻小区，是宝能睿城小区周边道路
创智湖路	位于邗江区维扬经济开发区姚湾水库—创智湖（暂用名）东北侧，南起宝湾路，沿创智湖（暂用名）折西，西至邗江路北延线（未命名）
芳景路	位于邗江区维扬经济开发区蜀景花园北侧，东起蜀景路，西至芳庭路
扬平路	位于邗江区维扬经济开发区宁启铁路北侧，西起扬子江北路，东至平山北路
扬塘路	位于邗江区维扬经济开发区朗悦华府小区南侧，西起扬子江北路，东至朗悦华府
沙湾北路	位于广陵区，北起万福西路，南至文昌中路
沙湾中路	位于广陵区，北起文昌中路，南至运河东路
沙湾南路	位于广陵区，北起运河东路，南至北洲主排河
三星桥	位于蜀冈－瘦西湖风景名胜区北城河上，南起北城路，北至三星花园小区
佳家桥	位于蜀冈－瘦西湖风景名胜区北城河上，南起北城路，北至佳家南园小区

（吴兴浩）

2019 年扬州市区新命名的住宅区、建筑物一览表

表 38-2

名　称	地　理　位　置（起　讫　点）
福源花苑	位于广陵区头桥镇，东至金达滨江锦园，南至规划路，西至农田，北至朝阳路
月城锦墅	位于邗江区，东至新甘八路，南至北环路，西至迎春路，北至规划道路
鼎尚花苑	位于邗江区，东至新甘八路，南至新洲路，西至周巷路，北至规划道路
名湖花园	位于蜀冈－瘦西湖风景名胜区，东至肖山路，南至春辰路，西至规划路，北至江平东路
名湖南园	位于蜀冈－瘦西湖风景名胜区，名湖花园南侧，东至肖山路，南至秋实路，西至规划路，北至春辰路
万华嘉园	位于邗江区，东至润蜀路，南至怡扬西路，西、北至规划路。
正茂望府	位于扬州经济技术开发区，东至景观河，南至骏和玲珑湾，西至顺达路，北至二桥河路
华樾园	位于扬州经济技术开发区，东至鸿大路，南至开发西路，西至邗江南路，北至规划路
瑞湖华府	位于邗江区，东至规划路，南至槐泗河，西、北至新甘泉西路
天瑞望府	位于广陵区，东至规划路，南至宝塔东路，西至渡江南路，北至江阳东路
书香蓝湾花园	位于广陵区，东至嘉荷苑，南至横四路，西至安墩河，北至江阳中路
上城东境花园	位于蜀冈－瘦西湖风景名胜区，东至吴东路（暂用名），南至北城路，西至规划路，北至秋实路（暂用名）

续表 38-2

名　称	地 理 位 置（起 讫 点）
美澜花园	位于扬州经济技术开发区，东至鸿大路，南至规划路，西至邗江路，北至长河路、规划路
悦隽花园	位于蜀冈－瘦西湖风景名胜区，东至规划路，南至北城路，西侧紧临梅岭运河中学，北至秋实路
笛恩大厦	位于邗江区，东至琴台东路，南至云顶下街，西至琴台西路，北至云顶上街
金沙商务楼	位于广陵区，东至国税大道，南至求知路，西至金沙美第花园，北至预留用地
双吉茗园	位于邗江区槐泗镇，东至农田，南至弘扬东路，西至规划道路，北至酒甸社区
时光大厦	位于邗江区，东至百祥路，西北至紫阳苑小区，南至江阳西路
汇达苑	位于邗江区，东至文汇苑农贸市场，南至蒋王路，西至汇鑫苑，北至福祥路
玖珑水岸花园	位于邗江区，东至半岛公园，南至引潮河，西至国展路，北至半岛公园
悦湖院	位于邗江区，东至规划道路，南至教院路，西至榴园，北至杨柳青路
翡翠风华府	位于广陵新城，东至规划路，南至万福西路，西至京杭北路，北至锦河路
蔚蓝大厦	位于邗江区，东至蜀冈西路，南至润扬北路，西至罗思韦尔研发中心 A2 地块，北至唐悦国际花园
亿客大厦	位于邗江区，东至规划景观河，南至云顶下街，西至琴台西街，北至笛恩大厦
花都汇商务中心	位于蜀冈－瘦西湖风景名胜区，东至肖山路，南至肖庄街，西至瘦西湖路，北至北城路
雅悦商务中心	位于扬州经济技术开发区，东南至蝶湖，西至新城河路，北至茉莉花路
融悦府	位于邗江区新盛街道，东南至润蜀南路（暂用名），西至真州北路，西北至茶园路（暂用名），东北至国防路
朗园	融悦府组团之一（H 地块）
华园	融悦府组团之一（I 地块）
博园	融悦府组团之一（L 地块）
熙园	融悦府组团之一（K 地块）
科创园	位于邗江区新盛街道，东南至茶园路（暂用名），西至真州北路，东北至丁洼路（暂用名）
立业楼	科创园组团之一（A 地块）
创新楼	科创园组团之一（B 地块）
学研楼	科创园组团之一（C 地块）
华清楼	科创园组团之一（D 地块）
紫荆中心	科创园组团之一（G 地块）
健康城	位于邗江区新盛街道，东至丁洼路，南至绿建路（暂用名），西至真州北路，北至润蜀南路
都荟上苑	位于江都区，东至淮河路，南至锦官名邸小区，西至新都南路，北至纬一路（暂用名）
芸都上苑	位于江都区，东至淮河路，南至纬一路（暂用名），西至新都南路，北至长江东路
陵江悦府	位于广陵区，东至沙施河，南至七里河，西至江都南路，北至预留用地
侨城南院	位于蜀冈－瘦西湖风景名胜区，东至瘦西湖路，南至学士路，西至侨城路、北至侨香路
一观园	位于邗江区，东至规划河流，南至润扬北路，西至润蜀路，北至蜀秀路
九境融园	位于广陵区，东至规划路，南至曲江小商品市场，西至曲江北路，北至沙中一村小区

续表 38-2

名　称	地 理 位 置（起 讫 点）
时光花园	位于扬州经济技术开发区，东至马港河，南至九龙湖路，西至龙地路，北至定浦路
梧桐花园	位于江都区，东至仙城北路，南至江淮路，西至双仙路，北至金山路
侨城里花园	位于蜀冈－瘦西湖风景名胜区，东至瘦西湖路，南至隋炀路，西至侨城路，北邻梦幻广场（暂用名）
梦幻广场	位于蜀冈－瘦西湖风景名胜区，东至瘦西湖路，南至隋炀路，西至侨城路，北至启扬高速
凤凰商业广场	位于蜀冈－瘦西湖风景名胜区，东至玉带河，南至梅岭西路，西至瘦西湖路，北至万福西路
阅江雅府	位于江都区，东至进修路，南至小引江河，西至双迎南路，北至迎丰河
吉畅园	位于扬州经济技术开发区施桥镇，东至圩城路，南至施沙路，西至马泊河，北至施港河路
中杭酒店日用品科创园	位于生态科技新城杭集镇，系中杭酒店日用品科创园二期项目，东至九龙路，南至琼花集团用地边界，西至规划用地边界，北至四通路
金泰佳苑	位于生态科技新城泰安镇，东至凤凰岛路，南至金泰西路，西至太平河，北至金泰村黄庄组
书香园	位于邗江区，东至祥园路，南至规划道路，西至银柏路，北至开发西路
天禧苑	位于广陵区，东至福康路，南至健民路，西至临湾路，北至高家河
华康商务楼	位于广陵区，东至秦邮路，南至高家河，西至新东路，北至文昌东路
翠月新苑	位于广陵区，东至滨河路，南至红旗河，西至京杭大运河退让带，北至开发东路
时代风华园	位于广陵区，东至京杭北路，南至江苏省工人疗养院，西至规划道路，北至锦河路
蓝湾臻苑	位于邗江区，东至香茗湖路，南至国防路，西至泰和路，北至扬冶路
云山坊	位于邗江区西湖镇，东至云杉花园，南至西湖路，西至蜀霞路，北至司徒庙路

（吴兴浩）

婚姻家庭

■婚姻登记 2019年，全市完成1949年以来婚姻历史数据的补录工作。指导各地各婚姻登记处利用“情人节”“520”登记高峰口，在服务大厅滚动播放婚姻家庭培训专题课件，免费发放婚姻、家庭宣传手册，联合相关部门开展系列活动等形式，推进婚姻家庭文化建设。在全市各婚姻登记处设立婚姻家庭辅导室，聘请专业人士和专业社会组织入驻，常态化开展婚姻危机干预和疏导，抑制冲动型离婚，维护家庭和谐，全年挽救近400对危机婚姻。全年办理结婚登记3.07万对（含补办登记）、离婚登记1.15万对，登记合格率100%。（孙　荣）

■涉外婚姻 市民政局委托广陵区民政局婚姻登记处办理全市范围内的涉外婚姻登记工作。广陵区婚姻登记处履行法定职责，配备好涉外婚姻登记员，设立单独登记室，将法律法规上墙公示，做好涉外婚姻登记政策法规的解读和登记办理。全年办理涉外结婚登记58对，离婚9对，补发婚姻登记证2对，其中涉及的国家有英国、韩国、日本、意大利、越南、瑞典、厄瓜多尔、法国、加拿大、美国、突尼斯、澳大利亚、印度尼西亚、马来西亚、俄罗斯等。（孙　荣）

■收养登记 全市完善收养评估程序和流程。收养评估由收养登记机关委托依法登记、有资质的社会组织或儿童福利机构承担评估工作，确保儿童利益最大化。全年全市办理收养登记54件。（韩红红）

■未成年人关爱保护 市、县两级成立未成年人社会保护工作领导小组，建立“市、县、乡镇（街道）、村（居）”四级联动机制，形成政府主导、部门协同、家庭尽责、全社会参与的未成年人社会保护工作体系和工作机制。11月11日，市政府召开全市未成年人社会保护工作领导小组联席（扩大）会议。全市配有乡镇（街道）儿童督导员107人、村（居）儿童主任1400人，实现乡（镇）、村（居）两级全覆盖。扬州市未成年人救助保护中心印发《扬州市儿童关爱保护工作手册》，明确各级督导员、儿童主任的工作职责。在仪征市召开全市儿童“关爱之家”建设现场推进会，全市建成儿童“关家之家”50个，引入第三方力量实施关爱保护项目化运作。（韩红红）

殡葬管理

■概况 2019年，扬州市殡仪馆火化遗体9978具，其中享受政府惠民减免8658具，占火化总人数86.8%，惠民殡葬使用资金1188.03万元。开展殡葬领域突出问题专项整治，针对7类重点问题、2类关注问题、3类延伸问题，经过梳理排查，全面拆除“住宅式”墓地28处。高邮市平迁5.63万座零散坟穴，占全市平迁散葬坟墓总量60%以上。清明前夕，市政府、市民政局下发指导清明祭扫工作的两个通知，对清明期间的安全文明祭扫、优质服务、殡葬改革宣传工作进行部署。

（管其君 孙 荣）

■殡葬基础设施建设 市殡仪馆投入280.23万元，完成殡仪馆西部景观环境系统提升；投入258万元，完成6台普通炉改造；投入169.8万元，在茅山公墓逸致园新建墓穴420穴，确保百姓逝有所安；投入44.8万元，采购2台遗体消毒房，为一线职工提供安全防护；投入1.3万元，将全馆的灭火器升级为最新型的水基型灭火器，做好消防安全保障；完成礼厅布置、安保、自动售货机等招标，为丧户提供完善配套服务。对告别礼厅改造升级，增加布幔、手写挽联、大屏投影等设备设施，为告别流程增添人性化色彩。制定殡仪馆质量、职业健康安全管理体系，实施科学化、精细化、人文化的内部管理。（管其君）

关心下一代

■概况 2019年，全市有各级关工委组织3089个，形成市、县、乡、村四级关工委组织和教育、政法、民营企业和农业等系统关工委组织网络。扬州市关心下一代基金会资金额800万元，先后资助5个帮扶项目、资金50多万元。连续11年联系新能源集团对贫困家庭中小学生进行跟踪结对资助。全市关工委系统通过各方支持、多方募集，筹集助学助困资金1000多万元，受益贫困家庭青少年1.5万多人。宝应县新建50家民营企业关工委，实现全县规模以上民营企业关工委组建的全覆盖。全市66个乡镇农业服务中心建立关工委，组织1600多名老科技工作者，指导创建青年农民示范基地224个，帮扶青年农民创办合作社等新兴经营组织289个。

（练瑞芳 徐微微）

■青少年思想道德教育 开展“传承爱国精神，争做‘三有’新人”主题教育活动。各级关工委宣讲人员撰写700多篇讲稿，应邀进学校、进乡镇（街道）、社区校外辅导站宣讲，吸引青少年80多万人次参加。在省文明办、省关工委、省教育电视台联合举办的庆祝新中国成立70周年老少同台节目展演中，扬州市关工委报送的舞蹈《我的祖国》作为开场节目，被评为一等奖。各地关工委组织开展主题教育启动仪式，邀请“五老”宣讲员或先进模范人物主讲“辉煌70年”等爱国主义主题报告。扬州少儿图书馆“思想道德·国学大讲堂”全年邀请思想道德教育专家、教授举办讲座13场。举办“文起来、动起来，精彩一夏”暑期青少年教育活动。在省关工委组织的“在国旗下成长”“老少同台演讲比赛”活动中，扬州获一等奖4个、二等奖4个、三等奖6个。

（练瑞芳 徐微微）

■校外教育辅导站建设 全市建成校外辅导站（点）1089个，其中乡镇（街道）中心站107个，社区（村）辅导站（分站）848个，自然村和“五老”自办辅导点134个。全市辅导站有电子阅览室598个、电脑4948台，全年进辅导站学习、活动青少年21.7万人次。在全省校外教育辅导站优秀活动推广项目和特色活动品牌评比中，江都区大桥镇中心辅导站获特等奖，宝应县曹甸镇中心辅导站获一等奖，5个辅导站获二等奖，4个辅导站获优秀奖。

（练瑞芳 徐微微）

■预防和减少青少年犯罪 建好法治报告团队伍，依托学校、青少年法治教育基地、校外辅导站等阵地，对青少年进行普法教育。全市840多名“五老”报告员和法律工作者举办法治讲座和报告会1000多场，受教育青少年44万人次。在全市中小学开展“法治课间餐”活动。联合相关部门，指导中职技校思想道德、法治教育联席会议平台建设，开展5次交流和调研活动，组织进行思想道德（法治）教育工作先进评比。全市有766名“五老”网吧义务监督员，按照2~3人一组，对300多家经营性网吧实行定点监督。与市文明办、市文化广电和旅游局联合召开网吧义务监督工作经验交流会，表彰优秀网吧义务监督员100人。全市有7位“五老”入选全省百名优秀“五老”网吧义务监督员。推进青少年“零犯罪、零受害”社区（村）创建试点工作。至年末，全市7个试点乡镇（街道）的121个社区（村）有85个社区（村）开展“双零”创建，721名“五老”志愿者帮教员组成287个帮教小组，采取“一帮一、几帮一”等形式，对297名失足青少年进行帮教，转化率89.9%。全市1356个村和社区有1309个实现未成年人零犯罪，占比96.5%。（练瑞芳 徐微微）

就业创业

■概况 2019年，扬州市城镇新增就业8.74万人，新增转移农村劳动力1.58万人，就业困难人员再就业2.10万人，离校未就业高校毕业生实名登记率100%，离校未就业高校毕业生（有就业服务需求）服务率100%，有就业意愿的困难家庭毕业生就业率100%，城镇失业人员再就业8.68万人，期末城镇登记失业率1.75%。全市规模以上企业劳动合同签订率99.99%，劳动人事争议仲裁案件按期结案率100%。

邗江区西湖镇俞桥村一批返乡创业就业的80后在组团创办的家庭式毛绒玩具工厂生产车间内工作　　庄文斌/摄

市劳动维权调度指挥中心二期项目推进建设，全市劳动关系维权服务大厅投入使用。全年接待群众来访631批、764人次，处理人民来信421件，答复网上咨询1342件，有效化解信访矛盾。（市人社局）

■就业政策　出台《市政府关于做好当前和今后一个时期促进就业工作的实施意见》，实施阶段性降低失业保险费率政策，为参保单位减少缴费1.8亿元。出台稳岗返还实施细则，为2494家符合条件企业发放返还资金8820万元。出台市区就业困难人员社会保险补贴实施细则，全年向1.3万名就业困难人员发放灵活就业社保补贴4769万元。及时兑付各项补贴资金，全市发放各类社保补贴、岗位补贴7767万元。实施《关于调增参保职工技能提升补贴标准和放宽失业保险缴费年限申领条件的通知》，放宽申领条件，提高补贴标准，全年向1.22万人次发放技能提升补贴1990万元。（市人社局）

■公共就业服务　2019年，在全市范围内开展“特色社区”建设活动，打造综合服务类、创业类、培训类、信息化类、再就业援助类五类“特色社区”。持续开展“春风行动”和就业援助月系列活动及民营企业招聘周活动等专项用工服务活动。全年采集发布就业岗位13.49万个。开展城乡劳动者职业技能培训6.28万人，培训城乡新成长劳动力2.16万人。利用“扬州智慧人社”App、“扬州就业创业信息网”、“扬州人社”微信公众号等平台，升级线上快捷服务，“网上办结”“不见面办结”业务范围逐步扩大，简化参保职工技能提升补贴网上申报材料和领取失业金证明材料，通过数据共享比对申请人员信息，实现“一张网不见面”。（市人社局）

■创业带动就业　2019年，全市通过“双创”检查，第二批小微企业创业创新基地城市示范绩效评价全国第一。全年创业培训1.82万人，发放创业培训代金券1.6万余张，使用各类创业引导资金1620万元，发放富民创业担保贷款977笔、2.53亿元，新建市级创业孵化基地15个。举办第二届“创响扬州”大学生创业大赛暨第三届“创响江苏”大学生创业大赛扬州选拔赛。引领大学生创业3312人，支持自主成功创业1.96万人，实现创业带动就业8.31万人。（市人社局）

■青年就业见习　将“16~24周岁失业青年”纳入就业见习范围。召开失业青年就业见习工作专题会议，引导符合条件的高校毕业生和失业青年上岗见习，发放就业见习、留岗奖励等补贴。加强就业见习基地建设，全年共新建市级就业见习基地64个，取消考核不合格基地33家，开发就业见习岗位5856个，吸纳3013名青年（含高校毕业生1584人）参加就业见习，相关工作得到省人社厅通报表扬。（人社局）

■劳务合作助力脱贫　开展扬榆对口扶贫，市、县联动组织企业赴陕西榆林开展专场招聘，组织贫困家庭未就业学生到扬州进行就业推介，专人现场开展信息化建设等业务指导交流。全年新增陕西籍到扬就业人员509人，至年末，陕西籍在扬就业人数累计4533人。（市人社局）

■劳动人事争议调解仲裁　持续开展提升仲裁队伍建设“六个一”活动，规范案件处理程序，完善劳动人事争议多元化处理机制，坚持案件处理集体评议制度，提升办案质效。强化基层调解组织建设，扩大基层巡回仲裁庭建设试点范围，实现调解专家团队全覆盖。全年全市各级劳动人事争议仲裁委员会处理劳动人事争议5390件，其中实际立案4155件，案外调解1235件。立案受理案件中，结案4162件，上期未结案件25件，结案率99.56%。（市人社局）

■劳动监察执法　开展全市清理整顿人力资源市场秩序等系列专项检查，超额完成全市人均“双随机”执法检查用人单位数等省5项考核指标。联合市司法局对全市劳务派遣企业开展专题培训，通报江苏省某市有关人力资源市场领域涉黑涉恶案件情况，并与参培单位签订承诺书。召开全市农民工根治欠薪推进会，开展全市夏季、冬季攻坚专项行动，成为2018年度全省保障农民工工资支付工作考核4个A级地市之一。全市劳动保障监察机构检查用人单位4071户，受理投诉举报案件1410件，立案查处824件，责令补签劳动合同380份，追发劳动者工资待遇877.56万元，成功调处劳动关系矛盾纠纷案件1704件，向公安机关移送涉嫌欠薪犯罪案件18件。 （市人社局）

■劳动关系监测预警 完成市级劳动关系监测预警维权调度指挥中心二期软件系统主体建设，系统初步具备电子地图、预警监测、比对分析、工会法律监督等具有“扬州”特色的功能。结合“不忘初心、牢记使命”主题教育，联合市总工会开展劳务派遣企业劳动用工风险评估活动，组织“三走进”志愿服务活动，为用人单位提供优质精准的指导服务。 （市人社局）

退役军人事务

■概况 2019年，市退役军人事务局、市财政局、扬州军分区政治工作处联合印发《扬州市区现役军人家庭保险暂行办法》，由市财政出资为市区现役军人家庭投保人身意外保险。为市区驻扬部队随军未就业家属发放一次性自谋职业扶助金21.2万元，为驻扬部队和海军扬州舰官兵发放立功奖励金4.6万元。全年支出各类抚恤、定补、优待、慰问金等近3亿元，为烈属、军属和退役军人等家庭换发光荣牌约5.5万块。完成安置军队转业干部和接收秋季退役士兵任务。 （张 健）

■抚恤优待 2019年底，全市有享受国家抚恤补助的优抚对象2.56万人，全年支出各类抚恤、定补、优待、慰问金等近3亿元。5月，市退役军人事务局、市财政局联合下发《关于调整义务兵家庭优待金的通知》，义务兵家庭优待金标准比上年增长8.2%。9月，对全市重点优抚对象抚恤补助标准进行提高，新标准自2019年7月1日起执行，比上年增长6%~10%。全市发放优抚对象抚恤定补金1.73亿元，其中残疾抚恤金6018万元，“三属”定期抚恤金987万元，在乡复员军人定补1656万元，带病回乡退伍军人定补881万元，“两参”退役人员定补3042万元，铀矿开采军队退役人员定补370万元，60周岁以上部分农村籍退役士兵定补4007万元，60周岁以上烈士子女定补376万元。向2700多户义务兵家庭发放优待金5604万元，向1000多名入伍大学生发放奖励金1003万元，向2500多名老残疾军人、老复员军人遗孀发放定补2018万元，向近1200名企业退休“两参”退役人员发放专项慰问金479万元。落实水、电、气、网络宽带费补贴及公交、游园、体检“三免费”等优待政策，向享受国家抚恤补助的优抚对象发放价格补贴1806万元，组织重点优抚对象377人参加短期疗养，重点优抚对象425人参加医疗巡诊。春节、“八一”期间，各地走访慰问享受国家抚恤补助的优抚对象，发放慰问金。 （张 健）

■烈士公祭 9月30日，扬州市委、市政府在扬州市烈士陵园举行烈士公祭活动。市委宣传部、市退役军人事务局等部门在高邮“抗日战争最后一役纪念馆”举行新婚夫妇“向革命烈士献花”活动，80对新婚夫妇向革命烈士敬献鲜花，表达对先烈们的缅怀和敬仰之情。各县（市、区）在当地烈士陵园举行烈士公祭活动。 （张 健）

■退役士兵安置 2019年，全市通过计划分配和自主择业妥善安置军队转业干部；接收符合政府安排工作政策的退役士兵，全部采取积分选岗的方式安排工作。组织招聘会12场，帮助退役士兵就业，700家用人单位提供就业岗位7600多个。挖掘退役士兵自主创业典型，2家退役军人创办企业被江苏省退役军人事务厅授予首批“退役军人就业创业示范基地”。 （张 健）

消费者权益保护

■概况 2019年，扬州市有各级消费者协会基层分会94个，消费者投诉站1052个，企业监督站189个，在册维权志愿者2856人，消费者讲师团成员49人，法律工作者志愿团志愿者12人。全年全市各级消协组织办结消费者投诉862件，为消费者挽回经济损失384万元；接待来电、来访咨询1770人次。全市新增企业监督站27家，总数235家，处置消费纠纷3346件。发出行政查询函6份，提供诉讼支持4起，组织专家团成员参与调处11次，免费向消费者提供咨询、评定意见53次。扬州市消协紧扣“信用让消费更放心”消费维权年主题，打造事前教育防范、事中监督规范和事后调解救济的消费维权工作体系，被授予“2018—2019年度全国消协组织消费维权先进集体”称号。 （吴 涛）

■“3·15”活动 以“大监管、大维权”为主题召开“3·15”新闻通报会，集中发布消费维权数据、商品质量监测数据、消费维权和执法监管典型案例，“扬帆”“扬州发布”和市广播电台进行全程直播。3月15日，市消协在三盛广场举行大型广场咨询服务活动，50余家市、区职能部门和公共服务单位300多人参与活动。活动现场接待来访咨询602件，现场受理投诉53件，当场解决28件。6个县（市、区）和34个乡镇设立活动分会场，发放各类宣传咨询2.5万份，参与经营者1184户次，参与消费者1.8万人次。“3·15”期间，市消协联合市金融消费维权协会和市电视台举办以“权利、责任、风险”为主题的“金融维权3·15晚会”，向全市金融机构发出合规经营、热忱服务等八项倡议。编印《扬州3·15专刊》6000册，为全市消费者打造个性化读本。对145家“2017—2018年度消费者满意服务单位”进行表彰、授牌。 （吴 涛）

3月15日，扬州市在三盛国际广场举行“3·15”消费者权益日活动 孟德龙/摄

■**消费调查** “3·15”前后，市消协在全市范围内针对10个行业开展消费者满意度调查，回收有效问卷459份，据统计数据，市民消费“比较满意”以上91.5%，其中银行、供电、公交三个行业满意度位列前三。6月，联合扬州大学法学院大学生志愿团，组织大学生志愿者就大学生预付卡消费进行调查，回收有效问卷200份，51.5%的学生感觉预付卡消费维权难，选择放弃维权。8月，配合省消保委，开展旅游景区儿童优惠政策落实情况调查，推动、指导3个不执行政策景区落实整改措施，引导马可波罗花世界等2个自营景区参照执行政策。9—11月，指导宝应县消协开展网上订餐服务消费调查，形成《宝应县网络外卖订餐服务体验式社会调查报告》，对存在的问题提出合理建议。（吴 涛）

■**消费投诉渠道畅通** 开展“企业客服日”活动，组织通信行业、保险行业、大型商场、水电气公共服务企业客服到消协窗口进行投诉集中受理和调处，加强企业客服人员的业务培训，指导企业建立完善和解机制。全年全市新增企业监督站27家，总数235家，企业监督站通过自行和解程序处置消费纠纷3346件。试行开通“指尖上的315”微信号，在重点民生行业、公共服务业、投诉热点较为集中的领域，建立快速调处简易消费投诉、优先调处复杂性投诉的绿色维权通道，实现消费者投诉、举证和商家调处等信息的快速传递，实现32家企业互联互通，全年完成线上纠纷调处31件。（吴 涛）

■**消费理念宣传教育** 市消协联合《扬州日报》、电视台等主流媒体诠释宣传“诚信让消费更放心”消费维权年主题，营造诚实守信消费氛围。统一制作宣传海报在文昌商圈、虹桥坊等消费、旅游集聚区进行宣传。开展“消费教育进校园”“关爱银龄消费”教育活动。市消协举办专题讲座向南京邮电大学通达学院400多名大学生传播正确消费理念；邗江区消协与邗江中小学合作创建国家级“青少年维权岗”；宝应县消协在10多所中小学建立“12315”联络站；高邮市消协推出《保健食品消费的十大骗术》和《防骗指南》视频短片；市消协和邗江区消协创作的方言情景喜剧《买不买》，被中消协评为消费教育宣传优秀作品。《花88万买的二手房竟然“被抵押”》《旅游质量打折扣，究竟是谁在添堵？》《电动汽车无法上牌，汽车裸奔真尴尬》等维权案例，和“小区老化空调支架维护”“夏令营乱象”“餐饮店拒收现金”“看3D电影是否需要自备3D眼镜”等消费热点调查，在社会上引起一定的影响。（吴 涛）

■**行业规范发展** 组织40多家餐饮企业负责人发起“明厨亮灶、文明公筷”活动倡议；组织彩虹汇商圈与蜀冈－瘦西湖风景名胜区市场监管局开展“诚信你我同行”宣传，推进商圈诚信经营建设。联合市装饰行业协会起草《扬州市家装企业信用评价体系（草案）》，在家装行业实施分级认定工作；组织22家家装诚信示范企业向全市作出诚信经营承诺，发起“诚信家装行动”；开展家装服务进社区活动，提供“免费提供室内空气检测100户，免人工费提供家装维修100户”服务。在全市范围内开展“2018—2019年度诚信单位”争创活动和“十佳诚信特色酒店”评选活动。宝应县出台《宝应县侵害消费者权益失信行为惩戒办法（试行）》和《宝应县侵害消费者权益失信行为认定办法（试行）》，用信用监管手段助力消费权益保护。（吴 涛）

■**12315热线消费维权投诉** 8月15日，扬州市将原工商12315、质检12365、食药12331、物价12358、知识产权12330等五条投诉举报热线合并，以“12315”一个号码对外提供市场监管投诉举报咨询服务，实现“五线合一、一号对外”。从投诉类型看，在商品类投诉中，一般食品投诉580件，占投诉总量10%，位居各类投诉榜首；交通工具类投诉474件，占投诉总量8.2%；服装鞋帽类投诉375件，占投诉总量6.5%；家用电器类投诉295件，占投诉总量5.1%。在服务类投诉中，餐饮和住宿服务类投诉522件，占投诉总量9%，排在第一位；文化娱乐、体育服务类投诉319件，占投诉总量5.5%；美容美发、洗浴服务类投诉288件，占投诉总量5%；电信服务类投诉270件，占投诉总量4.7%。从投诉性质看，售后服务类投诉1811件，占投诉总量31.3%；营销合同类投诉1096件，占投诉总量18.9%；质量类投诉986件，占投诉总量17%。（市消协）

公共安全

Gonggong Anquan

编　辑　崔成鹏

应急管理

■应急救援预案管理　市政府办印发《关于做好全市突发事件应急预案编制修订工作的通知》，明确 1+29 应急预案修订相关要求；组织对《江苏省突发事件总体预案》《江苏省重特大生产安全事故应急预案》《扬州市突发环境事件应急预案》等 20 余份新修订的预案提出修改意见建议，指导县（市、区）和部门做好应急预案修订工作；制定预案修编方案，完成《扬州市突发事件总体应急预案》招标修订，推进 4 个专项预案修订；做好西气东输苏北管理处、长江水务公司、江苏钻井公司等单位的应急预案备案。（燕海霞）

■应急救援队伍建设　开展应急救援力量调研，先后走访市武警支队、消防救援支队、扬州海事局和自然资源局等单位，了解专业队伍和应急救援力量情况，建立沟通联络机制；分批次对社会应急力量、重点行业企业及危化品专业应急救援队伍建设情况调查摸底，摸清全市救援队伍建设基本情况；加强与市红十字会工作对接，谋划推进红十字会救援队伍建设；指导宝应县组织开展 1395 名镇区应急救援队员集训和 224 名队员应急技能比武竞赛。

（燕海霞）

■应急救援演练　加强应急救援演练工作推进，组织开展“5・12”防灾减灾日消防应急救援演练；协调指导西气东输苏北管理处、扬州石化厂、扬州电网防汛和南部快速通道等应急演练活动；指导江都区长青农化组织应急处置现场教学活动和高邮市组织处置大面积停电事件应急演练。2019 年安全生产月期间，全市共组织 800 多场次、近 4 万人参加的各类应急演练活动。

（燕海霞）

■应急指挥中心建设　建立全员值守制度，印发《关于市应急管理局全员值班值守的通知》，建立全局人员共同参与的应急值班值守工作机制，每天提前一天通过微信通知带班领导和值班员做好值班准备，保证按时到岗。创新“四班”值守机制，实行全员 24 小时“四班”工作机制，领导带班、处（室）负责人领班、工作人员值班和驾驶员待班，平时值班安排 1 名带班领导＋1 名值班人员＋1 名驾驶员，法定节假日安排 1 名带班领导 +1 名处室负责人 +1 名值班人员 +1 名驾驶员。规范登记和统计。值班记录规范有序，建立“两表、四本”（逐月编制《局值班表》《节假日值班安排表》，先后制作《值班记录本》《可视电话点调记录本》《扬州应急信息登记本》《安全生产举报登记本》）制度。加强协同，建立军地协作机制，加强国庆等重点时节值班值守，做好特殊天气应对工作。做好信息报送，全年共收到安全生产事故信息 85 起、自然灾害事故信息 1 起、安全生产举报有效信息 131 起，都能够做到信息报告及时、准确，没有迟报、漏报、瞒报现象。（燕海霞）

■风险监测与综合减灾　发挥市减灾委牵头作用，建立市自然灾害防治联席会议，调整市减灾委成员单位组成，组织市住建局（地震局）、自然资源和规划局、水利局、农业农村局、气象局等单位，形成全市自然灾害风险研判基础框架，建立扬州市防灾减灾风险研判会商工作机制，每半年进行一次风险研判，加强对自然灾害情况的掌控。推进减灾科普活动，利用全国防灾减灾日、国际防灾减灾日等时间节点，推进全市减灾科普活动，在化工园区举办市级防灾减灾日大型现场活动，指导邗江区、广陵区等区县利用多种平台和媒介组织开展系列活动。加大全国综合减灾示范社区创建，创成 7 个全国综合减灾示范社区。聚焦全市 3 个地质灾害隐患点（仪征 2 个，景区 1 个），以全面压实责任为抓手，切实做好地震与地质灾害应急准备工作。（燕海霞）

■救灾与物资保障　构建灾情报送体系，建立市、县、乡、村 4 级灾情管理队伍，落实基层灾情统计报送人员 1522 人，实现灾害信息员市、县、乡、村全覆盖。做好与民政部门的工作交接，确保报灾工作的延续性。转发《救灾与物资保障工作政策文件汇编》《2019 救灾工作政策文件汇编》等政策法规，指导各地开展救灾与物资保障工作。落实灾害信息员分级培训制度，对全市

120多名市、县（市、区）、乡镇（街道）灾害信息员开展业务培训，强化救灾与物资保障政策法规、灾情信息统计报送、灾情管理系统实际操作等方面的学习，提高工作人员的业务能力。做好受灾群众救助，宝应县和高邮市在6月29日、7月6日遭受风雹灾害，受灾人口172人，因灾损坏房屋119间，灾害造成直接经济损失57万元，灾情发生后，及时启动应急响应，委派人员赴现场核实灾情，组织做好灾情统计报送、灾害损失评估和受灾群众救助工作；做好9号台风“利奇马”过境期间各项灾害应对准备。做好应急救灾物资保障，摸清应急物资储备底数，建立物资储备需求清单；与发改部门沟通协调，结合现有物资、装备的储备情况及机构改革后工作实际，提出包括帐篷、睡袋等15个品种的救灾生活物资储备建议方案。配合发改部门完善应急救灾物资供货网络，与相关企业、大型超市、粮油供应单位签订供货协议，加强对救灾物资的筹集管理，确保救灾物资供应；按照急用先买的原则，采购包括有毒气体探测仪、防静电服、防毒过滤口罩等10个品种的日常防护类应急工作装备。推进救灾物资储备仓库建设，江都区物资储备库建成，高邮市物资储备库开始装修。（燕海霞）

安全生产

■概况 2019年，扬州市应急管理局（简称市应急局）强化安全发展理念，突出问题导向，聚焦安全责任落实、“三大行动”、“打非治违”以及基层基础建设等重点工作，牢牢守住安全生产底线，有效提升全市本质安全水平，确保全市安全生产总体形势持续稳定，全市共发生生产安全事故404起、死亡265人，比上年分别下降8.60%、1.85%，发生2起建筑施工较大事故，继续实现“双降双控一杜绝”目标。市应急局被市委、市政府授予集体三等功。（燕海霞）

■落实安全生产党政领导责任 市委、市政府印发《扬州市党政领导干部安全生产责任制规定实施办法》，在全国率先、全省首个制定涵盖所有市委常委、副市长的《责任制清单》；出台实施《关于进一步加强安全生产工作的实施意见》《扬州市安全生产巡查方案(试行)》，健全安全生产责任体系。市委常委会6次、市政府常务会8次研究部署安全生产工作，协调解决安全生产重大问题。及时调整市安委会组成人员，市政府主要领导为安委会主任，相关副市长为副主任，各部门和单位一把手为安委会成员；各地安委会主任也均调整为主要负责人担任，形成各层各级主要负责人全面落实“党政同责、一岗双责”、带头履职尽责的工作格局。开展安全生产巡查，第一批两个巡查组进驻江都区、广陵区开展巡查，通过直奔问题、严格问责、强化震慑，倒逼属地管理责任落实到位。按照《扬州市安全生产工作考核办法》和年初签订的安全生产目标管理责任书要求，对10个县(市、区)政府、功能区管委会、27个市级主管部门、14个负有安全监管职责部门的目标任务完成情况进行考核，考核结果纳入各地、各部门经济社会发展考核评比总分，执行“一票否决”制度。（燕海霞）

■落实部门监管责任 按照“管行业必须管安全、管业务必须管安全、管生产经营必须管安全”和“谁主管谁负责”的要求，新增电力安全生产专业委员会，切实推动道路交通、石油化工、建筑施工、消防安全等13个专业委员会运行，牵头推进重点行业领域安全整治，形成安全监管合力。结合本次机构改革，对26个部门应承担的安全生产工作职责，在“三定”方案中明确落实到具体内设机构。市安委会牵头对18个行业部门监管责任情况进行监督检查，对发现的问题“点对点”交办督办。市纪委、监委加大部门监管职责的监督力度，定期收集各部门安全生产监管执法情况，常态化听取重点监管部门履职情况汇报，督促部门监管责任落实到位。（燕海霞）

■落实企业主体责任 开展落实企业安全生产主体责任专项行动，严格“一必须五到位”要求，推进全员安全生产责任制。推进特种作业人员持证上岗，2.17万名“三项岗位人员”经培训考核合格后上岗；对全市258名化工企业主要负责人和安全总监开展专项培训考核，对9名补考不合格人员予以曝光。推进企业安全生产标准化提档升级，创成标准化企业6407家。在危险化学品、船舶修造等重点行业领域，推进安全生产责任保险，参保体量大幅提高，至年底，全市参保企业898家、参保人数4.48万人、保费1483.2万元，比上年分别增长12.0%、11.5%和8.4%，《中国应急管理报》《中国保险报》先后多次进行专题宣传报道。（燕海霞）

■危险化学品综合治理 强化减量发展，关闭落后化工产能，以“两减六治三提升”专项行动为抓手，切实减少化工企业数量，改变全市化工企业“小、散、乱”的布局。2017年、2018年两年关停化工企业263家，2019年再关停112家，全市化工企业因关闭和口径调整减少至194家。强力搬迁改造，对涉及的14家城镇人口密集区危化品生产企业逐一明确搬迁改造方式，其中就地改造5家、异地迁建2家、关闭退出7家全部完成并通过验收。异地迁建的位于城市中心的扬农集团宝塔湾厂区于12月20日全面停产，为其配套的一级重大危险源扬农铁路货运站同步实现物料只出不进。严格管控危化品安全风险。开展深度检查，完成23家涉及“两重点一重大”危化品企业的深度检查，共发现重大隐患42项，已完成整改41项；一般隐患964项，完成整改878项，其余隐患正在加快整改。挂牌督办企业数12家，已验收销号10家，责令停产5家，立案查处6家，企业投入隐患整改资金2205.6万元。

全面贯彻落实《导则》要求，制定化工园区“一园一策”和“一企一策”整治方案，实施隐患排查动态管理，自评分为76.4分，为一般安全风险C类。深刻吸取事故教训，响水“3·21”等事故发生后，全市迅速开展安全隐患大排查大整治，采取市县联动、交叉互查的方式，对全市化工企业进行专项检查，共发现隐患1170项，整改隐患1165项，其余5项正在整改中；立案查处违法违规行为为99起、罚款225万元。

（燕海霞）

■安全生产专项整治 12月18日，市政府专题召开安全生产专项整治推进会，开展安全生产专项整治，系统谋划一批补短板、促安全的措施，解决一批影响地区、行业稳定的问题隐患，全力构建一批固本强基的长效机制，打牢安全生产根基。强化专项整治组织保障，专门成立专项整治领导小组，成立扬州联络服务工作组，组建联络服务工作专班，实行驻点集中办公，建立交办督办、信息简报、配合协同、档案留存等工作机制，保障国务院督导工作高效有序开展。推进专项整治重点任务。制定专项整治实施方案，按照标准更高、要求更严、内容更全、问题更准、措施更具体、责任更明确的“六更”要求，在深入剖析各行业领域存在的问题和短板的基础上，逐一明确整治重点和整治要求。12月30日，市级1个总方案和30个具体方案全部印发实施。开展隐患问题排查整治。组织开展安全生产大排查、大整治，市委、市政府主要领导先后带队开展现场督查、随机检查、“四不两直”安全检查，各分管市领导也根据工作分工，聚焦城市安全的薄弱环节、事故易发高发的问题领域以及中央和省交办的重大隐患，带领相关专家深入细致检查，并对查出的问题隐患当场定责交办。各地、各有关部门行动，组织“地毯式、拉网式”安全隐患排查整治。落实国务院督导组交办工作。对于国务院督导组交办的工作任务、问题隐患以及举报信件，扬州联络服务工作组均第一时间交办、第一时间整治、第一时间反馈，并且明确专人负责、明确完成时限，做好跟踪督办工作，确保各项任务完成到位。推动隐患排查“有奖举报”。印发《关于开展安全生产事故隐患全面排查整治行动的通告》《关于对安全生产事故隐患举报奖励的通告》，鼓励企业开展自查自纠，有效调动全社会主动参与，彻底有效整治重点安全隐患。在全市范围内鼓励推广“红丝带”隐患排查活动，对市瑞祥化工激励企业员工自主排查隐患的典型工作经验给予3万元奖励。《推广隐患排查“红丝带”、扣紧安全生产“保险带”》经验做法，获得国务院第四督导组和省长吴政隆的肯定。冶金等工贸专项整治检查企业117家，共查出各类隐患415条，已整改364条，整改率87.7%，对发现的60起违法行为实施行政处罚，共处罚款58.8万元。

（燕海霞）

■“三级联动”城乡日常管理机制 由市四套班子领导每天轮流带领有关部门负责人进行值班调度，现场协调、实地解决城乡日常管理和安全生产问题，实现从传统层级管理向扁平化管理的转变，使城乡管理更加便捷、高效、精准。市委、市政府总值班室通过随机随时视频点名、电话联系、走访调研、不定期抽查等方式，每天督查各地各部门领导值班带班情况，调度危化品等重点行业安全执法检查情况，倒逼属地管理责任、部门监管责任履行到位。通过近8个月的运行，市、县、乡三级联动巡查累计发现问题2.38万个，整改到位2.27万个，整改率达95.4%。从任务交办情况看，涉及安全生产问题占52.8%。（燕海霞）

■“查大风险、除大隐患、防大事故”专项行动 在全省率先集中部署开展安全生产“三大行动”，在所有地区、所有行业领域、所有企事业单位开展大排查、大整治专项行动。建筑施工方面，以深基坑、高支模、脚手架、临时用电和起重机械等高危领域为重点，开展专项检查846次，发现安全隐患1922条，实施处罚项目65次，记录建筑市场不良行为76条，扣除信用分521分。道路交通方面，全市正在营运的1881辆“两客一危”车辆全部安装主动防控系统，实时发送安全隐患预警预报。开展公路超限超载专项整治行动，严格执行“一超四罚”，及时约谈货运企业58家，跟踪巡查重点货源单位8家。工矿商贸方面，强化高温熔融、有限空间作业、粉尘涉爆、涉氨制冷、机械铸造等多个重点行业、重点区域、重点时段专项执法检查；严格粉尘涉爆企业的除尘系统、防火防爆、粉尘清理重点问题整治，累计检查生产企业1036家次，下达整改意见2058条，其中重大隐患35条，全部整改到位，立案查处69起，事前处罚金额86.7万元。加强烟花爆竹存储销售领域检查，推进市区烟花爆竹禁放工作。危废处置方面，组织开展“清废行动2019”专项行动，检查企业1404家，发现固废危废环境问题企业131家，督促整改问题196项。

（燕海霞）

■安全生产监管执法 全面推行行政执法“三项制度”，印发《行政执法公示制度》《执法全过程记录制度》《重大执法决定法制审核制度》。保持严管重罚的高压态势，加大执法检查、暗访抽查、联合执法、交叉执法、举报查处等工作力度，对发现的重大风险隐患、违法违规问题一盯到底、一追到底、一查到底。全年共查处违法案件1238起，行政处罚2736.46万元，责令停产停业整顿52家，媒体曝光217家；加大事故查处和责任追究，落实“一案双查”制度，严肃追究事故企业的责任，依法倒查追究地方政府及相关监管部门责任。对市“3·21”“4·10”两起建筑施工较大事故，涉及的23人追究刑事责任，18人实施行政处罚，3家事故责任单位实施行政处罚240万元，其中，对2名公职人员追究刑事责任，问责党政领导干部19人（21人次）。（燕海霞）

■**安全生产基层基础建设** 配齐配强安全监管队伍。市应急管理局人员编制大幅增加，领导班子中专门增设总工程师领导岗位，行政编制由25人增加到44人，处室由6个增加到14个，总编制数79人。推动市安委办实体化运作，设立市安委办专职副主任1人，增设2个处室，核定行政编制6人；专门成立市危化品安全技术保障中心，增加编制10人；设立危化品安全监察大队，核增参公事业编制10人。加大安全监管投入。市级安全生产专项资金在原来800万元的基础上新增800万元，计划新增设安全生产举报奖励专项资金1000万元。加大安全监管信息化建设力度，首批投入6700多万元，启动建设市级应急指挥平台和危险化学品风险监测预警系统。

（燕海霞）

■**安全生产宣传** 市委宣传部印发《关于全市开展安全生产事故隐患全面排查整治行动集中宣传报道的通知》，采用海报、手机短信、媒体宣传等方式，宣传开展专项整治进展、工作成效以及正反典型案例，形成推进安全生产专项整治的氛围。市委宣传部牵头，统筹报社、广电以及“三大运营商”，通过《扬州日报》头版头条、设立“扬州发布”专栏、召开新闻发布会等宣传途径，引导企业开展自查自纠，全面加大问题隐患曝光力度，开展安全生产专项整治宣传工作。市安委办印发《关于深入开展安全生产宣传教育活动的通知》，组织12350安全隐患有奖举报宣传，开展安全生产宣传教育“七进”活动，营造全市上下推动安全生产工作的强大声势；与扬州交通广播电台（扬州应急广播）联合策划“安全生产企业行”10场新闻行动及应急广播宣传活动；完成2019年“江苏省安全应急科普环省行”首场文艺巡演活动；结合“5·12防灾减灾日”“安全生产月”等重要节点，发放宣传资料22万份，组织各类安全咨询、讲座培训1700多场次，扬州市配合拍摄的《烈焰勇士》在央视十套播出；完善《扬州市应急管理局新闻发布和新闻发言人制度》，组织4场新闻发布会。

（燕海霞）

消防安全

■**概况** 2019年，市消防支队消防救援队伍共接警出动6072起，出动车辆9651辆次，出动警力4.02万人次，抢救被困人员575人，疏散被困人员3851人，抢救财产价值3251万元。连续2年被总队党委评为先进支队，2个单位和1名个人获得全省“十佳”称号，全市连续22年未发生较大以上火灾事故。（王　非）

■**消防主导职责落实** 年初，市政府与各地签订工作目标责任状，把消防工作纳入政务督查和综合考评范畴，开展年度重点工作、重大火灾隐患、“生命畅通工程”等专项督查3次。市委书记、市长、常务副市长先后12次带队开展消防安全检查，“三级联动”多次调度并开展突击检查，通过会议研究、批示指示等形式，在政策激励、隐患整治、队伍建设、经费保障等方面支持消防工作。强化风险评估，梳理全市四大区域性、五大行业性和三大综合性风险，提请市政府专门下发防范化解风险隐患和重点工作任务责任清单，市政府督查室跟踪问效。市、县（区）两级政府召开消防工作和消防安全风险评估会议，年内挂牌15家重大火灾隐患单位，全部出台“十三五”消防事业发展规划年度实施计划（或专篇），消防工作责任制全面落实。发挥市、县两级消防安全委员会作用，定期研究解决重大消防安全问题，完善消防工作协调机制。向市应急、公安、文旅、商务等18个行业部门下发《火灾防控工作建议函》，集中约谈、培训3万多名行业部门以及化工企业、医院、学校等重点单位负责人。与市应急、住建、卫健、文旅、商务、教育等部门共同推进行业系统消防安全标准化达标建设，建立信息互通、联合督办等机制，开展联合执法80余次，抄告隐患告知单110多份，督改火灾隐患2000多处。深化社会单位消防安全“四个能力”建设，重点加强宾馆、饭店等10类单位消防安全管理“明白人”队伍建设，每季度召开重点单位例会，指导56家火灾高危单位全部完成消防安全评估。在扬州大学附属人民医院、瘦西湖温泉度假酒店等单位先后召开消防安全管理达标创建现场会。督促落实“三自主两公开一承诺”，并接入物联网远程监控系统，同步实行消防控制室和值班人员在线注册、自我管理、联网监测实时上传消防部门监管平台，切实形成闭环管理。在京华城商圈创新建立区域联勤联防工作模式，整合商圈工作合力，全面净化消防安全环境。

（王　非）

■**消防监督管理** 持续开展冬防、夏防、电气火灾、文博单位等14个专项治理工作，全年检查单位3.5万多家，督改隐患7.2万多处。全市消防部门集中开展“百千万”专项行动（百名卫士大巡查、千名队员大演练、万名人员大宣传），各项执法数据位居全省前列，国庆期间全市未发生有影响火灾事故，火灾四项指数比上年下降35%。推进生命畅通工程，全年排查各类隐患1.2万多处，设置消防宣传栏799处、消防车禁行标识794处，完成全部小区消防通道施划。提请市政府将消火栓建设、高层建筑治理、古城区火灾防控等工作纳入民生幸福工程以及《城市安全发展行动计划》予以推进，年内新建市政消火栓688个、消防取水码头1处，将所有高层建筑全部接入消防远程联网监测系统，新购1辆火场勘查车。针对全市火灾高危单位，召开法人、管理人约谈会、从业人员业务培训会、消防法律法规宣讲会65次。将生态科技新城酒店用品、邗江区长毛绒玩具、化工园区、广陵区古城区等行业性、区域性火灾隐患作为防控重点，安装点式报警、简易喷淋2000多套、穿管保护、收整强弱电线路近1万米，清理违规住人233处、督改火灾隐患500多处，在广陵古城区划分6个防控片区，购置8辆微型消防车，全部纳入119平台调度。全市全年共挂牌督办15家重大火灾隐患单位，各地政府注重分类施策、对症下药，隐患全部整改结束。吸取“3·21”事故教训，提请市消委会约谈属地政府负责人、市政府督查室开展专项督查，抽调骨干力量，配合市工信、应急等部门组成检查组对化工企业开展“会诊式”检查。对尚未整改的重大火灾隐患提请属地政府落实方案、资金、人员，并派驻人员落实硬性管控措施。结合监督员数量不足实际，择优挑选一批消防文员（政府专职队员）开展巡防宣传，量化工作指标，清单式罗列检查重点，并与工作绩效挂钩，巡查单位近2万多家、指导整改火灾隐患3万多处、发放宣传资料5万多份，开展入户宣传1200多次。以江都区为试点，创新网格化消防监管模式，构建以区、镇两级网格化服务管理中心为平台，区、镇、村（社区）网格为支撑的四级网格体系。研发“智慧江都”App，对事件任务工单设定处置时限，并根据紧急程度、处置进度分色标注状态，形成“六步闭环”（采集上报、核实立案、指挥派遣、处理反馈、核查结案、考核评价）处置流程，实现集中受理、智能分派、全程管控。

（王 非）

■消防救援队伍建设 全市消防救援队伍的执勤练兵工作围绕“能打仗、打胜仗”的目标，以全面提升队伍核心战斗力为主线，发挥综合性应急救援主力军和国家队的作用。支队强化练兵组织，细化方法措施，实行量化管理，建立“红黄绿牌”练兵考核机制，组织开展周自考、月对抗、季竞赛练兵模式，以“红门标兵”争创活动为抓手，把执勤练兵工作摆在重要位置，定期研判练兵形势，推进练兵工作。支队先后组织开展执勤训练普考2次、比武竞赛5次，总体成绩得到提升。支队有7名个人被总队选取参加部局比武集训队，最终有3人代表总队参加部局比武竞赛，1人获得单兵第五名、1人获得班组第八名。加大实战演练力度，开展支队全勤指挥部拉动演练11次、大队级熟悉演练176次、中队级熟悉演练1307次。推进专业救援队伍建设，开展地震、高层、石油化工、水域专业处置队应急拉动，完善水域救援、防疫、地震救援处置队专勤装备配备，确保队伍随时拉得出、打得赢。结合政府专职队员职业技能鉴定工作，开展三批次政府专职消防员培训工作，组织136人参加总队职业技能鉴定考核，协助总队开展全省政府专职消防队伍管理人员培训班。组织政府专职队开展辖区单位巡防工作，探索推进专业化建设，将专职消防队伍纳入支队执勤训练工作考核，培育功能班业务尖兵。每月组织政府专职队开展执勤岗位练兵考核、联合国家救援队开展合成演练，参加总队政府专职队比武竞赛，开展全市政府专职队员、消防文员进员岗位大练兵体能考核1次、基层政府专职队比武对抗2次，开展全市专职队长、班长执勤训练考核1次。

（王 非）

■消防设施建设 自主研发古城区灭火救援信息平台，建立扬城首家古城地理信息数据库，呈现出真实、360度全方位、室内外相结合的城市三维模型。采用物联网、大数据分析计算、移动设备实时对接等技术手段，使指挥中心实现快速搜索消防资源、精准规划最佳灭火救援路径、快速远程部署作战方案，达到高效、快速灭火救援目的。立足综合性、全灾种应急救援的实战需求，按照通信保障第一时间“组成网、随人走，不中断、联得上，听得见、看得清，能图传、能分析”的工作目标，重视应急通信装备建设，全市新配备流动卫星指挥车1辆、卫星便携站1套、卫星电话28部、升级改造数字单兵图传系统14套等设备。推进消防队站建设，贯彻落实《扬州市“十三五”消防事业发展规划》，扫除城乡队站盲点，推进消防站升级改造工作，将队站建设纳入全市年度民生工程重点建设。构筑应急体系。优化信息共享与预警发布工作，对接市气象局、市水利局、市交警支队、市委网信办及应急部门，针对各灾种信息共享与预警建立长效机制，拓宽信息渠道，辅助指挥决策；改进和加强指挥调度工作，落实分级调度和等级响应制度，规范值班备勤、等级调度、现场指挥等战备秩序，数据分析5年来各辖区接警出动情况，优化灭火救援辖区划分，有效提高出警效率；建立涉消舆情监控中心，打好网络安全保卫战。拓展无人实战化应用，落实闻警即出要求，在灭火救援现场飞行里程3200千米、414小时，其中对高层、厂房、仓库及抢险救灾现场飞行319次，按照空地同步图像信息采集模式，与4G布控球机同时全方位、多维度采集现场信息，全面反映灾情整体态势，特别是在观音山香会安保、驰援响水救援中支队无人机为指挥部决策提供保障。

（王 非）

■消防宣传教育 主动联合各行业部门，开展消防宣传“七进”活动，受众达10多万人次。围绕“防范火灾风险，建设美好家园”消防宣传月主题，举办“119”消防宣传月活动启动仪式，针对高层、商场、危险化学品等重点场所开展多部门联合的综合性应急救援演练，形成集中宣传效应。推进消防宣传进公园，将消防元素融入城市公园、市民文化广场等公益性设施建设中。支队各级全部完成消防文化主题公园的选址工作，并对各地已建成的消防主题公园进行完善升级，开辟消防宣传新阵地。提升全民消防安全技能。以体验式、互动式、渗透式宣传教育为重点，开展“全民消防我体验”“平安消防大走访”“走出去请进来”等活动，普及灭火和逃生自救技能。全年支队所有消防科普教育基地每周开放不少于6次，消防队站每周开放不少于2次，共有4万多名市民体验参观。利用寒暑假开展消防安全宣传，消防作文、绘画大赛和“小小消防员”夏令营活动。开展“消防进军训”“消防运动会”，强化高校“防火墙”。消防宣传车在重要节假日全部出动，全天候在城市交通主干道、居民社区、繁华商业区等区域走街串巷开展流动式消防宣传。各地结合本地火灾特点，开展以消防知识普及教育和协助查改火灾隐患为主要内容的“平安消防大走访”活动，发放宣传品，帮助其规范自身消防安全行为，提高消防安全意识和逃生自救能力。推进消防宣传教育阵地建设，在社区、学校、行政村、重点单位推广建设“微型消防体验点（室）”，开展消防安全“进公交”，设计精美消防宣传挂画。加大宾馆饭店开机视频、电影映前广告播放力度，确保应对火灾等突发情况时能够“灭得了、逃得出”。推进消防宣传“进快递”，联合美团、饿了么等主流外卖企业单位，通过印制消防提示专用快递包装盒（袋）、消防宣传单（册）等方式，将消防安全送到千家万户。发挥各类渠道、平台作用，利用各类公共视频、LED 照明幕墙、橱窗、板报、标语、横幅，通过集中宣传、流动宣传、专题宣传、系列宣传，营造氛围。邀请当地知名人士录制 119 消防安全公益提示，并拍摄应急“姚幺九”系列消防科普短视频，通过微信公众号、微博、抖音和快手等多种途径广泛推送。开通热门话题、直播活动，策划开展线上线下互动，主动与央视、省台和市级各媒体对接，今年在央视级媒体上稿 66 篇、省级媒体发稿 139 篇、市级媒体发稿 537 篇，6 月与央视十套《原来如此》栏目共同拍摄安全生产月专题节目《烈焰英雄》。发挥“线上”媒体的优势，与“线下”活动有机融合，打造融媒体平台，创新消防宣传理念、内容、形式、方法、手段，增强消防宣传的传播力、引导力和影响力。（王　非）

防汛防旱

■汛前准备 工程汛前检查。全市开展水利工程汛前大检查，对长江易坍地段河势变化情况进行水下测量分析，市、县防办将检查出的险工隐患和问题登记造册。3 月，市水利局组织技术骨干对重点工程隐患、在建工程、涉水工程进行检查，市防办会同市委督查室对扬州中心城区河道阻水施工坝埂拆除情况进行逐个督查，确保城南快速通道安墩河围堰等 24 条河道 45 处围堰于梅雨季前全部拆除，保障城市排涝通畅。水利工程建设。长江堤防防洪能力提升一期工程全面完成，二期工程全线开工；长江镇扬河段三期工程、长江崩岸应急治理工程建成，瓜洲泵站投入运行；乌塔沟整治工程启动实施，形成城市“外防、内排”水安全格局。里下河洼地治理工程正式开工；仪扬河朴席段、高邮横泾河、仪征龙河等治理工程建成使用。防汛应急保障。全市储备防汛“三袋”320 万只、块石 4.3 万吨、木材 3600 立方米、土工布 27.5 万平方米，增储一批防汛物资。对水利、交通、市政等工程的施工队伍和机械设备信息进行收集登记，发挥社会化专业抢险队伍作用。全市各地落实防汛抢险人员 4 万多人，市防指与扬州军分区联合组织 150 多名全市民兵抢险骨干于 6 月 17—23 日进行为期一周的抢险集训；市防指建立 20 多名水利专家组成的市级防汛抢险专家库，确保防汛应急需要；修订完善水旱灾害应急预案，增强预案的实用性和可操作性。河湖清障。对长江非法采砂打击始终保持高压态势，组织开展专项执法检查，依法查处非法侵占河湖水域和堤防资源的开发行为，市政府建立扬州市长江河道采砂管理联席会议制度，市水利与公安、海事等部门联合打击长江非法采砂活动，出动水上行政执法巡查 5000 人次，保障长江防洪安全。落实河（湖）长制，完成 450 多处河湖“三乱”问题整治。（防　办）

■落实防汛防旱责任制 市、县两级对防汛防旱指挥部进行调整充实，各乡镇、行政村建立防汛组织网络。在全市防汛防旱会议上，市政府与各县（市、区）政府及市有关部门签订防汛防旱责任状，按照行政首长防汛负责制的要求，落实全市大江大河、县级城市（城镇）、中小水库、重点塘坝的防汛行政负责人和技术负责人，于 5 月 23 日在《扬州日报》上进行公布，接受社会公开监督。市防指启用防汛抗洪工作微信群，传达政令，提升防汛工作主动性和时效性。（防　办）

■抗洪 市防指启动应急响应 3 天。各地、各部门按照防汛及防台风应急预案要求，做好各项防御工作，累计转移人员 747 人，回港避风船只 457 艘。调度抢排涝水。市、县防汛和水利部门加强与气象、水文部门联系，关注雨情、水情、汛情变化，遇强降雨及时调度闸站预降城区内河水位，为暴雨尽可能增加调蓄库容，确保防汛安全；组织里下河地区和沿江地区全面开启排涝机泵和架设临时机泵，抢排涝水。汛期，泗源沟闸开闸排水 5 天，排水量 147 万立方米，开闸引水 9 次，引水量 1335 万立方米；瓜洲闸开闸 105 天，排水 2.56 亿立方米，开闸引水 3 次，引水量 92 万立方米。值班值守巡查。长江大通来水量超 5 万立方米 / 秒后，市防办部署扬州水文分局开展世业洲分流比测验，各地加强长江沿线堤防和涵闸的巡查，对沿线病险涵闸落实人员防守；对长江及归江河道易坍地段加强水下监测，发现问题及时采取应急措施。自 5 月 1 日起，全市水利和防汛系统执行 24 小时防汛值班和领导带班制度，关注天气和水、雨情变化，掌握工情和灾情，遇紧急情况处理并上报，保证防汛信息畅通。（防　办）

■抗旱 7 月 19 日，市、县防指召开抗旱紧急工作会议，研判水情、雨情、旱情，部署支持淮北地区抗旱，派出 3 个由市防指成员带队的沿运抗旱工作组，分赴江都、高邮、宝应等 3 地督查指导抗旱工作，沿运县（市、区）领导分赴抗旱一线调研指导；7 月 23 日，省苏北地区抗旱工作会议后，市政府召开会议作出部署，开展抗旱工作。执行抗旱调度指令。市防办将江水北调沿线地区抗旱应急供水调度计划下达给县（市、区），要求各地制定分配用水方案，实行轮灌措施，节约用水，执行省应急抗旱水源计划，部分涵闸贴上抗旱封条，市防指委托省水文局扬州分局开展县际断面测流，市、县防办夜查沿运用水情况，24小时管控流量，确保水资源北送。沿运地区加强对历史险工患段堤防巡查，对工程沿线薄弱堤段落实巡查人员、防汛物资和抢险队伍，江都区高水河人字坝段堤防出现渗水情况后，派员现场驻扎防守并做好应急抢护措施，确保江水北送安全。开足机泵翻水，确保用水需求。执行省防指指令，减少运河用水量，加强水源调配，立足自身水源开足灌区补水站、南水北调砍尾站，动员群众架设临时机泵补水到田头，确保农业用水。抗旱期间，江都、高邮、宝应等3地利用砍尾站、补水站和小机小泵取水，全市沿运地区投入抗旱人数8.7万人、设备4300多台（套）、资金1511万元，累计补水超1.2亿立方米。市、县各地协调新闻媒体，加强淮北抗旱形势和支持淮北抗旱的宣传，各乡镇派出抗旱工作组，协调解决用水矛盾，特别是加强对种田、养殖大户的思想引导，严防群体上访事件，保障全省抗旱大局。（防　办）

防震减灾

■概况 2019年，扬州市地震局开展地震监测预报的研究，加强地震监测基础设施建设，强化台站建设和管理，提高地震监测能力；坚持正确的舆论导向，开展宣传活动，增强公众防震减灾意识，保障社会经济发展和维护社会稳定；规范地震行政权力的运行，提高依法行政水平，健全和落实地震行政执法各项规章制度。市地震局获全省防震减灾工作综合考核市级先进单位。（王　鹏　卞海波）

■地震监测预报 2019年，全市范围内地震活动相对平稳，未发生里氏1.0级以上地震，测震台网和前兆台网正常运行。扬州市获全省地震应急技术系统运维综合考核第3名，4人获“全省优秀速报员”称号；扬州强震台获强震动测项第3名；高邮地震台获地磁FHD第1名，地电阻率第1名，地下流体学科水位测项第3名，水温测项第2名，前兆数据管理与系统维护第1名；仪征铜山地震台获有人值守市县地震台站观测资料质量第1名，电磁波第3名；宝应地震台获电磁波项目第3名，强震运维第2名。（王　鹏　卞海波）

■地震灾害防御 参与扬州市工程建设项目审批制度改革工作，实施“双随机一公开”工作机制；行政权力全入库，融入全省政务服务“一张网”；使用“双公示”平台和江苏省投资项目在线审批监管平台，开展并联审批。加大建设工程抗震设防要求国家标准培训力度，做好建设工程抗震设防要求行政许可服务工作的衔接。重新修订印发《地震窗口行政许可服务指南》。强化事中事后监管，全年完成抗震设防要求确定行政许可事项办件46件，4月与省地震局开展专项检查1次，对扬州全市范围内的恒大华府等9个项目抗震设防行政许可情况进行专项检查；8月开展常规检查1次，抽查20个一般工程项目和2个重大建设项目，实现新、改、扩一般建设工程项目抗震设防要求确定行政许可事项100%审批，重大建设工程项目抗震设防要求确定100%上报省地震局，国家标准《中国地震动参数区划图》（GB 18306–2015）执行率100%。（王　鹏　卞海波）

■防震减灾宣传 2019年，扬州市抓好防震减灾知识“进校园、进社区、进机关、进企业、进乡村、进家庭”活动。在“5·12防灾减灾日”、科普宣传周、“7·28唐山地震纪念日”等时间节点，组织宣传活动，通过刊登报纸专版宣传、现场咨询、发放宣传资料和物品、电台访谈、户外电子屏、手机短信等方式进行专题宣传；制作一批防震减灾宣传挂图、宣传用品，在机关、学校、社区、乡村等地发放；举办多场防震减灾科普知识讲座；通过网站、新闻媒体等形式进行日常宣传；暑假期间，组织学生夏令营参观仪征铜山地震台。作为成员单位开展全国综合减灾示范社区创建活动，形成以社区为主体、家庭参与、居民关注的防震减灾社会氛围，增强居民防震减灾意识，提高社区灾害防范应对能力。2019年，全市7家社区被命名为“全国综合减灾示范社区”。高邮市地震局获全国防震减灾工作先进集体。（王　鹏　卞海波）

网络安全

■概况 2019年，成立市委网络安全和信息化委员会及其办公室，召开市委网信委第一次会议，相继出台《市委网信委工作规则》《市委网信办工作细则》《市委、市政府关于加强网信工作的实施意见》《市委办公室、市政府办公室关于印发<网络强市战略实施纲要>的通知》等文件，网信工作纳入市级机关工作目标绩效考评内容和县（市、区）、功能区综合考核内容，实施网络“引领、清朗、防护、驱动”四项工程，网信事业发展进入全面强化、加快提升的新阶段。（市网信办）

■网信人才队伍建设 落实关于加强网信领域智库建设的意见，开展网信智库调研，与东南大学网络空间安全学院、国家计算机网络与信息安全管理中心江苏分中心共同筹备建立扬州网信智库。加强各级领导干部学网懂网用网能力培训，组织网信工作联席会议成员培训班，研究编制扬州市网信人才发展规划。制定网信分享会实施方案，全年组织开展13期网信分享会。（市网信办）

■网络传播引领 围绕新中国成立70周年，牵头组织全市重点新闻网站、新闻客户端策划推出“一分钟看扬州”短视频、“见证七十年·飞跃新扬州”系列航拍、“70年70人”大型全媒体行动等网络文化活动。围绕市委、市政府中心工作，指导推出“爱上大运河”全媒体大行动，微博话题点击量超1000万人次，被评为2019江苏网络文化季优秀项目奖；邀请全国10多家重点网络媒体宣传“烟花三月”旅游节，报道总点击量超1000万人次；联系人民网等近10家重点新闻网站和知名商业网站宣传争创世界“美食之都”工作，达到网络宣传全覆盖、主流平台全送达。坚持正确导向，加强正面引领，建立“23333”五级网评体系，举办专题培训班，打造网评阵地品牌。先后2次举办“西祠网友看扬州”活动、“网眼看扬州”——西祠网友扬州行活动和网友评议会，组织市网络名人、论坛版主、自媒体编辑、普通网民现场观摩扬州市整体规划场景、重大项目现场，直接对话政府相关部门，增加网民对党委政府工作的了解和认同。（市网信办）

■网络社会工作 推动互联网企业和网信领域社会组织党建工作开展，成立扬州市互联网行业党委。围绕“辉煌七十载 E动新扬州”的主题，组织策划29项网络文化活动，举办第四届扬州市网民节开幕式暨扬州科创名城成果展、扬州首届电竞大赛，举行扬州市网络安全实训基地揭牌仪式、网评专家聘任仪式，自媒体代表宣读房地产领域自媒体行业自律倡议书，网民代表宣读争做扬州好网民倡议书，策划推出“向往扬州”抖音话题，话题突破1000万人次播放。组织开展“运河健步走 乐动新扬州”网络公益活动，相关报道总阅读量超300万人次。（市网信办）

■网络综合治理 落实网络意识形态工作责任制，依法管网治网，压实属地管理责任和网络传播平台主体责任，集中开展“清朗2019”、重点领域自媒体乱象、属地网络虚假信息和恶意传播等专项整治行动，开展全市网上违法和不良信息“大扫除”活动，协助做好扫黑除恶回头看、扫黄打非、非法金融、保健行业乱象等专项整治活动，加强违法和不良信息举报体系建设。加强信息共享与协作联动，建立网信工作联席会议制度，制定工作规则，与公安、工信、通管签订合作备忘录，组织网络发言人培训班，与省通管局、国家计算机网络与信息安全管理中心江苏分中心以及新浪微博、腾讯大苏网、字节跳动等开展合作。（市网信办）

■网络安全防护 强化网络安全保障，制订印发《网络安全工作责任制实施方案》，修订全市网络安全事件应急预案，与省委网信办、云上扬州感知监测平台、市政府信息资源管理中心协作，形成网络安全风险隐患处置闭环，围绕国庆70周年网络安全保障，组织开展电子政务外网安全检查、重要信息系统风险评估和远程渗透测试。加强网络安全教育，举办2019网络安全宣传周活动，召开网络安全工作推进会暨市级机关网络安全政策技能培训，组织开展网络安全攻防演练和网络安全知识竞赛，联合市教育局开展青少年网络信息安全知识竞赛，与东南大学网络空间安全学院等单位共建网安实训基地，推动网络安全政、产、学、研融合发展。（市网信办）

■信息化建设 助力社会治理模式创新，协调相关部门有序推进“云上扬州”和智慧城市建设，开展网络扶贫，协调指导推进“互联网+政务服务”建设。促进全市互联网演进升级和应用创新，协调推进新一代信息通信基础设施建设和5G网络建设应用，召开IPv6规模部署推进协调会，研究制定IPv6规模部署行动计划，开展重点网站IPv6部署工作专项督查，电信运营企业按计划完成现有网络IPv6改造。（市网信办）

■开展“运河健步走 乐动新扬州”网络公益活动 5月12日，由市委网信办主办，经济技术开发区管委会、蜀冈-瘦西湖风景名胜区管委会、市互联网协会协办的“运河健步走 乐动新扬州”网络公益健步走活动在运河三湾风景区举行。全市网信系统、网络媒体、网络社会组织、互联网企业、网民代表等约260人从中国大运河博物馆（筹）的建设点出发，前往扬子津古渡公园。通过健步走的形式，助力市网络公益健康发展，展示运河文化带扬州段的文化底蕴及传承风貌。活动集聚中央、省、市三级重点网络媒体的传播能量，推出《走“最美运河步道”行网络公益善举》等20多篇高质量报道，总阅读量突破300万人次。（市网信办）

■举办网络安全宣传周活动 9月17—22日，2019年扬州市网络安全宣传周在全市范围开展，主题是“网络安全为人民，网络安全靠人民”，包括电信日、校园日、法治日、金融日、青少年日、科普日六大主题日和全市电子商务高质量发展大会，编印《网络安全应知应会知识读本》和宣传折页，制作网络安全短视频，打造社区网络安全宣传示范点，网络安全宣传进校园、进社区、进银行、进企业。（市网信办）

■举办第四届扬州市网民节活动 围绕“辉煌七十载 E动新扬州”主题，精心组织策划29项网络文化活动，分为致敬70年、智汇新时代、美好新生活、网传益风尚四个篇章。11月2日，网民节开幕式暨扬州科创名城成果展、扬州首届电竞大赛在花都汇举办。开幕式上，举行扬州市网络安全实训基地揭牌仪式，市委网信办与国家计算机网络与信息安全管理中心江苏分中心、东南大学网络空间安全学院、国家反计算机入侵和防病毒研究中心扬州基地共建扬州市网络安全实训基地。举行网评专家聘任仪式，聘任来自市委讲师团、江苏法之泽律师事务所、扬州报业传媒集团等一批网评专家。新媒体联谊会代表上台宣读《扬州市房地产领域自媒体行业自律倡议

11月2日，扬州市第四届网民节开幕，图为市民在参观科创展 刘江瑞/摄

书》，社会各界网民代表上台宣读《争做扬州好网民倡议书》。《扬州日报》头版头条，江苏公共新闻、扬州新闻、等传统媒体，以及人民网、新华网、中国新闻网、中江网、交汇点、荔枝新闻、腾讯、今日头条等10多家全国主流网络媒体报道了开幕式盛况。同步做好网民节线上传播，策划推出“向往扬州”抖音官方话题，短时间内话题突破1000万人次播放。（市网信办）

■举办“网眼看扬州”——西祠网友扬州行活动 11月21—22日，市委网信办联合发改、自然资源、交通、住建、科技等部门，举办“网眼看扬州”——西祠网友扬州行活动，邀请20多名西祠胡同扬州城市论坛、扬州城市发展论坛、江苏城市论坛版主、网友代表，见证扬州重大项目建设和新兴科创名城建设。网友们集体观摩哈工大机器人、扬州创新中心、扬州产业技术研究院等新兴科创名城建设成就和绿色航运示范区、五峰山过江通道等重大项目建设成果，领略扬州历史文化名城在新时代、新征程上展现出的生机活力。观摩结束后，召开网友评议会，市各相关部门为网民代表答疑解惑，加深网友对城市建设工作的了解。（市网信办）

人民防空

■人防工程建设审批与行业管理 按照全省“一张网”“3550”和“不见面”审批等“放管服”要求，对人防行政审批事项进行全面的梳理，减少服务对象原来需要提供的相关证明材料，理顺审批程序、简化办事环节、完善审批流程、提升行政效能，落实“互联网+政务服务”要求。按照《全省人民防空行业整治工作实施方案》要求，对市全部防护设备生产企业的从业能力建设、生产安装质量管理、企业市场行为、社会信誉度、企业荣誉和创新发展等5个方面内容进行检查并督促整改。（李笑晖 卞海波）

■人防工程维护管理与开发利用 基于省人防工程信息管理系统实现全市新立项、新开工、竣工人防工程实时数据采集和录入，并对历史工程档案及数据进行集中整理，逐步推进数字化、信息化管理。组织全市人防工程安全和消防拉网式检查，完成标识标牌周期性维护以及国北、乐园、782、792、汶河北路、江边疏散基地等工程的维修治理。加强人防工程开发利用管理，推进使用证发放，规范租赁操作程序，提高人防工程的社会效益和经济效益。全市人防工程开发利用率96%，其中新增人防车位8483个。重点加强住宅小区人防工程使用监管，推进违规使用处理工作。（李笑晖 卞海波）

■人防组织指挥和信息化建设 完成市重要经济目标分级分类报审、防空袭预案编制以及5家生命线单位人防指挥室建设。严格按照《人防训练大纲》实施训练演练，完成全市人防专业队整组，开展“扬防·2019防空袭人员疏散演练”，组织社区、学校、机关、企业等同步开展相关疏散演练；完成“苏防—2019A”“苏防—2019B”全省人防综合演习任务；参与全省人防系统无人机操控比赛等。完成《扬州市人防警报建设规划（2018—2035）》编制和“9·18”防空警报试鸣，新建一批电声、多媒体警报器，警报和信息化体系不断完善。（李笑晖 卞海波）

■人防法治和宣传教育 按照“简政放权、放管结合、优化服务”的要求，完成市场监管信息平台信息录入、“双随机”年度抽查、“互联网+监管”平台人防监管事项清单认领、检查清单编制等工作。通过电台、电视台、报纸、网站、手机公众号等各级各类媒体平台和专题会议、培训等形式开展宣传教育，取得良好社会效果。依托国防教育训练基地、青少年素质教育基地人防教育展馆、社区人防工作站和中小学校开展“军事日”活动、互动式教育和疏散演练，人防工作的社会影响力和认同度提高。（李笑晖 卞海波）

区（县、市）发展

Qu(Xian Shi) Fazhan

编　辑　崔成鹏

广陵区

■**概况**　广陵区总面积334.86平方千米，下辖7个乡镇，4个街道，有行政村83个、社区59个，年末户籍总人口42.9万人。

2019年，全区实现地区生产总值809.11亿元，比上年增长7.1%；固定资产投资263亿元，增长9.5%，其中产业项目投资占比达53.9%；社会消费品零售总额310.8亿元，增长5.9%；外贸自营出口总额9.96亿美元，下降2.4%；一般公共预算收入39.41亿元，增长0.6%，其中税收收入占比达85.7%；城镇居民人均可支配收入48651元、农村居民人均可支配收入31531元，分别增长8.7%、8.8%。10月，广陵区入选2019年度全国综合实力百强区。　（朱达彦）

■**农业**　2019年，全区实现农林牧渔业现价总产值18.60亿元，比上年增长1.8%。新增高效设施农业166.67公顷、高标准农田466.67公顷，3320公顷绿色水稻基地通过省级验收，上争各类农业发展专项资金7500万元。广陵现代农业产业园创成省现代农业科技园，头桥镇获评省“味稻小镇”。获批全国休闲农业与乡村旅游四星级企业1家、省园艺作物标准园1家、省主题创意农园3家、市级以上农业产业化示范联合体3个，培育新型职业农民512人，农产品电商销售额突破10亿元。沙头西瓜、沙头草莓分别获国家地理标志证明商标和省“紫金杯”优质草莓特等奖。成功举办广陵区“最美乡村”旅游线路发布暨沙头镇第四届西瓜节。乡村旅游区新建A级旅游厕所2座，示范化推进民宿客栈建设，乡村新增床位60张。加快推进扬州湾头玉器特色小镇工业遗址产业园项目建设。

（朱达彦）

2019年广陵区经济社会发展主要指标一览表

表40-1

项　目	单　位	数　量	比上年增长（%）
地区生产总值	亿元	809.11	7.1
第一产业增加值	亿元	10.13	1.1
第二产业增加值	亿元	325.90	8.9
第三产业增加值	亿元	473.08	6.1
人均地区生产总值（按常住人口计算）	元	151803	6.5
规模以上工业总产值	亿元	434	8.5
固定资产投资总额	亿元	263	9.5
外贸自营出口总额	亿美元	9.96	–2.4
社会消费品零售总额	亿元	310.8	5.9
一般公共财政预算收入	亿元	39.41	0.6
城镇居民人均可支配收入	元	48651	8.7
农村居民人均可支配收入	元	31531	8.8

（朱达彦）

■**工业**　2019年，全区241家规模以上工业企业实现产值445.14亿元，增加值增长10.6%，工业开票销售490.8亿元，增长8.5%。全区年销售亿元企业达60家，恒润海工年销售突破130亿元，新大洋造船近20亿元，15个重大工业项目合计开票销售140.7亿元、入库税收5.2亿元，成为主要增长点。先进制造业比重不断加大，工业投资突破70亿元，增长16.9%，高技术制造业投资占比达40%以上。智能化信息化水平提升，中铁宝桥、恒润海工通过贯标评定，巨人机械、宝军电子等8家企业获批省、市级企业技术中心，上扬无线等34家企业通过上云评定。　（朱达彦）

■**服务业**　全年实现服务业增加值473.08亿元，税收收入27.48亿元，占全部税收收入比重51.4%。净增服务业重点企业44家，获批市生产性服务业示范企业及领军企业4家。创成省电子商务示范村（社区）2家、省电子商务示范企业1家，信息服务产业基地税收突破1亿元。完成东关街－国庆路老字号集聚街区提升改造，升级新华书店等门店5家，大麒麟阁、维扬豆食获评“江苏老字号”。湾头镇通过“中国玉雕之乡”考评。（朱达彦）

■重大项目 新开工、竣工亿元以上项目105个，进入省投资库5000万元以上项目84个，实施市级亿元以上项目32个，列省重大项目2个，完成“三新”项目投资70亿元。一批重大产业项目实施，恒润海工新百亿项目一期、SM城市广场等18个项目开工建设，宏昌天马专用车、万吨食品冷链物流等17个项目基本竣工，氢璞创能、奥特莱斯城市广场等12个项目投产运营。举办特色招商活动33场，小分队外出招商338批次，签约项目128个，成功招引恒大新能源、智慧新城2个百亿元项目和春秋航空、中航宝胜研发营销中心2个区域总部项目，全年实际利用外资及港澳台资2.03亿美元。（朱达彦）

■创新创业 获批高新技术企业49家，高新技术产业产值占规上工业产值比重46.2%。成功落户沈飞协同创新研究院、中航机载系统共性技术中心等重大科创项目，新认定科技产业综合体9.8万平方米，新增省科技企业孵化器和众创空间各1家、省“三站三中心”5家、省重点研发计划项目5个，签订产学研合作项目80个，新建协同创新中心6家，3家单位获省科学技术奖。申请注册商标2678件、专利2104件，扬农化工获全国专利优秀奖。引进国家人才计划及同等层次人才2人，获批省“双创人才”2人，落户科技人才和创新创业项目39个，全省首家人才公园建成开放。（朱达彦）

■城市建设 结合新一轮城市总规修编，按照“打造永恒城市经典”要求，聘请南京大学、深圳城市规划院等知名高校院所，对全区城乡顶层设计和空间布局再审视、再优化。整合各类资源，高标准编制《广陵区空间发展战略规划》及经济开发区“北优南拓”、东南新城、沿江三镇等5大片区总体规划，重新修编广陵新城控制性详规。出台《广陵现代农业园区总体规划》，组织编制乡村振兴战略中长期规划、头桥医械小镇升级规划。全年拆迁棚户区、城中村地块50万平方米。基本完成大学南路、三湾片区、五峰山过江通道等项目用地拆迁，江都路南延、运河南北路、万福路提升改造拆迁进入扫尾阶段。霍桥片区3个月完成拆迁850户、19万平方米。城庆广场东、公共文化中心东等134.6公顷土地挂牌上市，成交金额93.8亿元。实施城建项目107个，完成投入110亿元。广陵新城华师大初高中开工建设。东南新城“三网”建设快速推进，连运路三期等6条道路竣工通车，曲江公园提升、同心河公园二期等完成建设。老城区改造更新细化，启动贾氏庭院、二分明月楼等重点文保项目修复，新建后安家巷口袋公园和南河下城市书房，整治老小区8个，翻建老街巷30条，提档升级农贸市场2个，新增民居客栈床位119张，仁丰里历史文化街区获批省城乡规划建设现场教学基地和省社科普及示范基地。（朱达彦）

■农村建设 推进农村人居环境整治三年行动，启动“十村百路千户”示范创建，新建污水管网16千米、村庄生活污水处理设施6个，疏浚镇村河道完成土方量19万立方米，无害化厕所普及率达98.8%，建成美丽宜居乡村6个。长江防洪能力提升一期工程竣工，改造提升县道4条、农村公路20条、桥梁1座，实现双车道四级公路“村村通”，“四好农村路”示范区创建通过省级验收。特色小镇业态初显，湾头玉器小镇完成股权变更，工业遗址产业园进展明显，壁虎河生态公园建设全面启动；头桥医械小镇路网框架全面拉开，科邦生物、海沃斯野战急救包等项目开工建设；沙头蔬艺小镇院士创新基地建设有序推进，苏中智慧农业产业示范城项目进场施工。（朱达彦）

■社会保障 强化“三保五助”政策落实，出台《关于扶持城乡贫困户的实施办法》，创新推出精准扶贫“关爱卡”，持续巩固提升脱贫攻坚成果，全年投入扶贫资金3940万元。结对帮扶，开展技能培训、送书、送项目促增收等活动，建档立卡低收入农户劳动力全部实现就业。动员社会力量助力扶贫，募集善款1278万元。推进佳县结对扶贫协作，投入帮扶资金3150万元，实施项目22个，带动当地1000名群众脱贫增收。新增城镇就业1.24万人，城镇登记失业率低于2%。城乡居民基本养老、医疗保险参保率均达98%，大病保险报销比例提高到60%以上，异地就医定点医院联网覆盖率100%。改造提升李典区域性养老服务中心，新增颐养社区6个、标准化社区居家养老服务中心9个，东关街道获“全国智慧健康养老应用示范街道”称号，妥善解决15名残疾人托养隐患。新建安置房2211套，购置经济房解决超期腾仓安置房2267套。实现退役军人三级服务保障体系建设全覆盖。（朱达彦）

■基础设施建设 继续推进东南片区更新改造，新建和提升金地带社区公园、同心河公园（二期）和曲江公园，整治完成七里河（三期）、工农河等最后6条黑臭水体，改造完成连运路三期和渡江南路污水管网，推进连运路二期拓宽改造、大水湾公园北侧支路等4条道路建设。开发区北优南拓见成效，北区整理建设用地17.67公顷，南区围绕智慧新城打造，优化“三纵两横”互通路网，推进宝林路南延等基础设施建设。全方位实施重点区域环境综合整治，启动京杭大运河和小秦淮河环境综合整治，高标准完成万福路、渡江南路等重要道路景观提升和古城大东门—北柳巷沿线杆线下地工程，基本完成运河西路—江阳东路沿线立面提升和店牌店招改造工作。合力攻坚上市地块和重要区域拆迁，全年共攻坚拆迁扫尾遗留户62户，出让土地约124.67公顷，基本完成大学南路沿线、三湾片区、五峰山过江通道沿线等区域拆迁拆违，运河南北路和万福路快速化拆迁进入扫尾阶段。（朱达彦）

■**生态建设** 全面完成中央环保督察“回头看”反馈问题整改，打好蓝天、碧水、净土三大保卫战，办理中央环保督察及省市交办问题114件，办结率99.2%。建立大气监测“点位长”制度，119个大气治理项目全部完成，PM2.5平均浓度下降8.2%，空气质量优良比率增长2.2个百分点，大气改善幅度居市区之首。整治“散乱污”企业89家、黑臭河道6条，实施三江营水源地提升工程，取缔廖家沟水源地非法捕捞，地表水国、省考断面水质达标率100%。落实“清废行动2019”，关停整治化工企业5家，减存危险废弃物5020吨。实施长江保护修复攻坚行动，整治入河排污口29个，关停拆除广进船厂、东海混凝土、祥锦建材、建国码头、盛发建材等非法企业和砂石码头22家，启动长江流域重点水域退捕禁捕工作。全年新增成片造林136.67公顷，修复湿地21公顷，创成省生态文明示范镇、村各2个。（朱达彦）

■**社会事业** 李典滨江小学建成使用，东花园小学迁建等项目启动实施，创成省优质幼儿园2所，红桥高中获市教学质量一等奖。苏北医院李典分院、扬大附属医院头桥分院投入运营，创成省示范社区卫生服务站3个、省卫生村4个，万人常住人口全科医生数达4.3人。代表全省通过国家吸血虫病传播阻断验收，获省家庭医生签约服务十大创新举措第一名。成功承办全国艺术体操锦标赛、省首届大运河文化旅游博览会等赛事文体活动，扬州清曲传承展示基地正式挂牌。第13届市运会奖牌数和总分列全市第二，并获青少年体育工作贡献和优秀组织一等奖。《东关街志》列入中国名街志试点。（朱达彦）

■**社会治理** 实行“三级联动”值班巡查制度，巡查点位1.3万个，整改问题2046项。开展“查大风险、除大隐患、防大事故”专项行动，排查整改安全隐患4000余项、火灾隐患4400处，立案查处食药类案件135件，创成省食品安全示范区。化解信访积案40件、各类矛盾纠纷316起，办结上级交办信访件24件，信访量下降7%，有力维护国庆、“两会”等活动期间社会稳定。推进扫黑除恶专项斗争，立案侦查涉黑涉恶案件143起，采取刑事强制措施涉黑涉恶人员94人，刑事发案率下降21.4%。全科社工标准化建设经验在全国交流，网格化社会治理得到省市肯定，通过全省首批现代社区治理实验区结项验收。文昌花园社区工作法入选全国100个优秀社区工作法。（朱达彦）

■**重点改革** 新一轮政府机构改革全面完成，公务员职务与职级并行规定稳妥有序推进，优化协同高效的机构职能体系基本成熟定型。区乡财政体制优化，出台《关于调整现行区乡财政管理体制的通知》，促进财力向乡镇倾斜，激发基层发展活力。国有企业独立化、实体化、市场化改革，出台《关于深化国有企业改革的意见》全面推进，成立运和城投、文旅集团、国投公司、新城集团、文昌集团、三江农业、广汇集团等七大国有资本投资运营集团。深化“放管服”改革，扩大“3550”改革成果，“不见面审批”标准化建设加快推进，不见面事项占比97.1%，企业开办“全链通”综合服务平台建设，电子营业执照发放超4000张，实现“一照一码走天下”。加快“综合窗口”建设，政务服务事项全面下沉街道（社区）、乡镇（村）办理，优化营商环境，企业开办等商事制度改革关键指标全市领先，市场主体达8万户。（朱达彦）

邗江区

■**概况** 邗江区总面积552.68平方千米，辖10个街道、10个乡镇、1个

2019年邗江区经济社会发展主要指标一览表

表40-2

项　　目	单位	数量	比上年增长（%）
地区生产总值	亿元	1073.55	7.3
第一产业增加值	亿元	22.76	-0.4
第二产业增加值	亿元	408.38	8.8
工业增加值	亿元	320.64	9.3
第三产业增加值	亿元	642.41	6.6
人均地区生产总值（按常住人口计算）	元	151482	6
规模以上工业总产值	亿元	—	13.6
农林牧渔业总产值	亿元	39.22	0.4
全社会固定资产投资总额	亿元	—	10.2
新增私营企业	户	6832	3.0
外贸自营出口总额	亿美元	20.23	-0.1
实际利用外资及港澳台资	亿美元	3.05	4.5
社会消费品零售总额	亿元	301.79	6.8
一般公共财政预算收入	亿元	64.55	7.6
城镇居民人均可支配收入	元	51265	8.5
农村居民人均可支配收入	元	26114	8.6

（邗江统计局）

国家级高新区、1个省级开发区，有116个行政村、94个社区，年末户籍总人口57.6万人。

2019年，全区实现地区生产总值1073.55亿元，按可比价计算，比上年增长7.3%。实现一般公共财政预算收入64.55亿元（剔除减税降费因素后增长8%），税收占比为81.3%。固定资产投资增长10.1%。城镇居民人均可支配收入51265元、农村居民人均可支配收入26114元，分别增长8.5%、8.6%。中国市辖区综合实力百强区排名前移至第24位，连续六年位列苏中第一。（潘曼曼）

■农业农村 做好省委乡村振兴专项巡视有关工作，制定政府系统整改措施89项，形成乡村振兴规划成果。建设现代农业生产体系，完成"两区"划定市级核准，新增高效设施农业427.47公顷、高标准农田466.67公顷，创成全国主要农作物生产全程机械化示范区。新增国家级示范合作社1个、省级示范家庭农场4家、农业龙头企业1家。打造乡村产业平台，北湖湿地公园内部框架基本成形，琴筝产业园、公道徐杨家庭农场接受全国乡村产业振兴推进会考察，现代化生猪养殖集聚区启动，粮食产业园一期主体竣工，杨寿现代农业产业园开工建设。开展"三清一改"（清理农村生活垃圾、清理村内塘沟、清理畜禽粪污等农业废弃物、改变影响农村人居环境的不良习惯）清爽行动，启动13个农村人居环境示范点建设，方巷沿湖村获评中国美丽休闲乡村、入选第三批省级特色田园乡村试点，创成20个市级美丽宜居乡村。创建"四好农村路"省级示范区，新甘泉大道东延段、谷滨线建成通车，完成农路提档升级24千米、农桥改造8座，打造"一镇一环"线路135千米。推进农村集体产权股改，110个行政村实现全覆盖。完善村会计委托代理服务，严格控制村级债务增长，债务总量下降14.5%。推进供销社综合改革。落实"三保五助"帮扶政策，巩固建档立卡农户脱贫成果。（潘曼曼）

■工业和建筑业 执行减税降费各项政策，全年减税降费14.3亿元。完成工业开票销售640亿元，规上工业增加值增长10%，净增工业列统企业33家。推进"两攻坚两提升"（生物健康产业、微电子产业攻坚发展和高端装备制造业、汽车及零部件产业提升发展），组建智能制造产业母基金并成功招商，微电子产业开票销售突破70亿元，生合生物、扬杰智慧芯片、李尔三期等项目竣工投产。实现建筑业施工总产值562亿元，邗建扬州智谷项目获"鲁班奖"。（潘曼曼）

■服务业和项目建设 举办生物医药产业论坛、微电子产业峰会、绿色装配式建筑产业大会等主题推介活动15次，落实签约项目59个。实现注册外资及港澳台资实际到账3.05亿美元，战略性新兴产业利用外资占比达63.57%。组织70家企业参加第二届进博会，全年实现自营出口20亿美元。推动现代服务业提质增效，净增服务业重点企业60家，电商交易额突破200亿元，15家企业通过软件企业认定。实现社会消费品零售总额322亿元，增长8.5%，中集文昌中心、华润万象汇开业运营。提升"三新"项目建设实效，赛分科技、诚华自动化、翼立方综合体等19个项目开工建设，安测半导体、迈奥环保、希尔顿逸林等20个项目竣工，完美二期、振华新云钽电容、万达一期等27个项目达产达效。持续做好上市企业培育，新增股份公司44家，海昌新材完成创业板IPO申报预披露更新，艾迪药业完成科创板IPO辅导验收。（潘曼曼）

■创新转型 园区能级提升，扬州高新区位居苏中苏北同类园区第一，创新驱动发展战略受到省督查激励专项奖补，维扬开发区完成国家生态工业示范园复评，汽车产业园区获评省十佳产业集聚小镇，环保产业园创成省生产性服务业集聚示范区、环保教育基地建成开放。扬子津科创园扬州技师学院新校区开工建设，建筑产业园绿色装配协同创新中心挂牌成立，西区新城万达Class、省建总部、启迪科技城开工。完成瓜洲古渡公园改造及周边环境提升，第七届瓜洲音乐节、首届区旅游文化节成功举办，壹点文创园建成开园。环保产业园、金荣科技园创成国家级科技孵化器，建成省级孵化器2个、省级众创空间5个，"双创"（大众创新、万众创业中小城市示范试点）通过国家验收、满意度测评取得满分。深化

邗江科技企业上市基地外景　　日　报/供稿

"十基百点"（建立十类科技成果转化基地、百项成果示范应用点）和"双高双转"（高科技成果高价值专利转移转化）创新示范群建设，建立科技成果转化基地7个、示范应用点25个，促成产学研合作项目80个，获批省以上重大科技项目立项10个，生物医药、工业互联、智能制造三大创新实验中心投入运营。提升企业自主创新能力，净增国家高新技术企业50家、科技型中小企业121家，新扬科技获省科技进步一等奖并填补邗江空白，扬力获省企业技术创新奖，高新技术产业产值占比达55.4%，科技综合体入驻率达84.5%、市级考核保持第一，全社会研发投入占比提高至2.97%。新增发明专利授权167件，万人发明专利拥有量达21.07件。实施"人才集聚、创新集群"行动计划，引进高层次人才258人，新增高技能人才2013人，获评省"双创计划"12项，入选数全市第一，扬州人力资源服务产业园开园并获批筹建省级园区。（潘曼曼）

■生态环保 打好污染防治攻坚战，抓好中央和省级环保督察反馈问题整改，在全市首家创成国家生态文明建设示范区。接受全国人大常委会《水污染防治法》执法检查，通过国家黑臭水体专项核查，抓好长江岸线利用项目整治，组织长江入河排污口排查。实施官河南段、大杨冲、尚桥冲等6条黑臭水体整治，完成11条邵伯湖入湖河道综合整治，配合槐泗河综合整治。加强污水处理设施建设，完成北山污水处理厂拆迁交地，推进污水管网"四统一"（污水管网疏通、检测、整改、移交），新建镇级污水管道14.9千米、农村污水处理设施10个。建立国控、省控空气质量"点位长"制度，开展降尘治车、江河碧空专项行动，PM2.5年均浓度下降5.1%。实施VOC治理26家，整治散乱污企业36家、锅炉213个，关停化工企业3家，万元地区生产总值综合能耗下降3%，完成煤炭消费总量削减任务。实施邵伯湖堤顶及古运河西岸绿化提升，完成成片造林181.13公顷、退养还湖589.87公顷、湿地恢复21.33公顷。提升城市路网，保障润扬路、江平路、运河路等快速路网建设，实施润蜀南路、怡扬路、经十路新建，完成国展路、新盛路、华扬路改造，建成公道公交首末站。加快城市更新改造，整治"城中村"4个、老小区10.35万平方米、老街巷2条、积水点2个，棚改新开工1100套户，开工建设拆迁安置房13.2万平方米，新改建农贸市场3个，加装老旧小区电梯5部。提升邗江路、文昌路、南部快速通道沿线环境，组织西部客运枢纽、火车站周边综合整治，扬子江路被评为省城市管理示范路。启动建设瓜洲环卫综合体，新增生活垃圾分类示范镇街3个、示范社区3个、示范小区6个，安装垃圾分类亭700座。（潘曼曼）

■劳动和社会保障 新增就业再就业1.13万人，农村劳动力转移就业1200人，扶持自主创业2616人，城镇登记失业率下降至1.78%。新增市级创业孵化基地5个。完成社保征缴体制改革，"五大保险"（养老保险、医疗保险、失业保险、生育保险和工伤保险）扩面征缴1.02万人次。提高城乡低保月标准至680元，建立残疾儿童康复救助制度，实现医疗救助政策全覆盖。（潘曼曼）

■社会事业 优化教育布局，邗江第一实验幼儿园投入使用，西区新城高级中学、蜀冈小学主体竣工，蒋王初级中学开工建设。"学在邗江"品牌彰显，承办全国化错教育年度峰会、省幸福教育高峰论坛，高考本一、本二上线率保持全市首位。通过省慢性病综合防控示范区复审、省消除血吸虫病考核评估，在全市首创医企合作健康服务模式，区公共卫生中心建成投用，蒋王、汊河社区卫生服务中心主体竣工，杨寿创成国家卫生镇。加强公共文化服务资源配置，春江花月夜艺术馆、诗渡瓜洲文化展示馆、廉文化展示馆、邗文化博物馆二期建成开放，新增城市书房3个，杨庙镇创成江苏省诗词之乡。提高公园建管水平，新建何桥社区公园、学府公园，改造万豪、竹西等6座公园，建成应急避难场所7个。第13届市运会金牌数、团体总分双"第一"，举办第二届社区运动会。（潘曼曼）

■社会治理 建立并运行城乡日常管理三级联动巡查机制，率先制定巡查手册、组织专题培训，确定镇级联动巡查网格235个，获批省级现代社区治理创新实验区试点。加强国防动员和后备力量建设，落实"八创"全国双拥模范城任务，建立区镇村三级退役军人服务保障体系。紧扣"防风险、保安全、迎大庆"主线，突出危化品、建筑施工、商业综合体、群租房、高层建筑等重点领域，组织"查大风险、除大隐患、防大事故"专项行动，完成新中国成立70周年安保维稳任务。防范化解金融风险，整治各类非法金融活动，风险企业总数减少158家。推进扫黑除恶专项斗争，依法严厉打击各类违法犯罪行为，强化立体化治安防控体系建设，开展"天网工程"五期、智能管控微单元建设，群众安全感、社会治安满意度均达95%以上。（潘曼曼）

江都区

■概况 江都区总面积1329.90平方千米，辖1个省级经济技术开发区和13个镇，有259个行政村、73个社区。年末户籍总人口103.74万人。

2019年，全区实现地区生产总值1091.66亿元，比上年增长6.0%；一般公共预算收入53.01亿元，增长0.2%；农村居民人均可支配收入25070元，增长8.5%，城镇居民人均可支配收入46757元，增长8.4%。入围2019年度全国综合实力百强区、全国投资潜力百强区，分列第36位、第34位。（江都府办）

2019年江都区经济社会发展主要指标一览表

表 40-3

项　　目	单 位	数 量	比上年增长（%）
地区生产总值	亿元	1091.66	6.0
第一产业增加值	亿元	69.72	1.4
第二产业增加值	亿元	548.99	5.7
工业增加值	亿元	428.89	6.3
第三产业增加值	亿元	472.95	7.0
人均地区生产总值（按常住人口计算）	元	107178	5.6
农业总产值	亿元	—	—
粮食总产量	万吨	—	—
固定资产投资总额	亿元	—	0.2
外贸自营出口	亿美元	14.41	-2.0
实际利用外资及港澳台资	亿美元	2.32	5.5
社会消费品零售总额	亿元	268.41	6.1
公共财政预算收入	亿元	53.01	0.2
公共财政预算支出	亿元	112.35	0.1
农村居民人均可支配收入	元	25070	8.5
城镇居民人均可支配收入	元	46757	8.4
年末存款余额	亿元	1219.94	15.1
年末贷款余额	亿元	767.81	14.2

（江都统计局）

■农业农村 出台乡村振兴战略实施方案，制定农村集体经营性资产交易服务规范省级地方标准，全年新增农民专业合作社建设示范点6个、省级示范家庭农场12家，农村产权交易市场年交易额达5.4亿元，国家级农村产权流转交易服务标准化试点项目通过验收，获批国家农产品质量安全县。农业结构持续优化，新增设施农（渔）业面积1000公顷，新建高标准农田1666.67公顷；“两区划定”总面积5.15万公顷，完成粮食库存清查；新认定市级以上农业龙头企业7家，小纪10万头现代生猪集聚区启动建设。农村人居环境整治全面开展，完成41个村庄建设规划编制，启动22个撤并乡镇集镇点环境整治，创成省农村人居环境整治综合示范村19个；全面落实“两不愁三保障”，改造危房233户，医疗救助2.3万人次，教育资助1115人次。推进党建扶贫联动机制，区镇部门、重点企业参与帮扶到村、结对到户，7493户、1.39万名建档立卡低收入农户全部脱贫；市级经济薄弱村增收项目全面建成，22个市级经济薄弱村全部“摘帽”，获全省脱贫攻坚组织创新奖。

（江都府办）

■工业 2019年，全区完成工业开票销售1113.84亿元、入库税收44.84亿元，比上年分别增长9.2%、8.9%，位列中国工业百强区第28位；泰富特材成为首家开票销售超百亿企业，中远海运突破50亿元；新增省星级上云企业16家、两化融合贯标试点企业4家，扬州江淮、江苏昊冠创成省级示范智能车间，亚威机床获批国家级制造业与互联网融合发展试点示范项目，金陵特涂获批国家级“专精特新小巨人”示范企业。诚德高钢级油套管、福睿斯汽车减震器等项目通过市级新开工认定，双汇智能电工装备、雄跃装配式构件等项目通过市级新竣工认定。

（江都府办）

■建筑业 2019年，全区建筑业完成施工产值1352亿元，比上年增长4%；上缴江都地方税收14.6亿元，增长18.18%。获批省级建筑产业现代化示范城市，全区累计新开工装配式建筑突破100万平方米。江都建设承建的老挝人民革命党中央办公楼项目获境外“鲁班奖”，实现扬州境外“鲁班奖”零的突破。江建集团承建的新疆天盈石油化工项目获“全国化学工业优质工程奖”，江安集团承建的河南硅烷科技公司年产2000吨硅烷项目机电安装工程获“中国安装之星奖”，古建公司承建的扬州何园抢修项目获“全国园林工程金奖”。获批总承包一级1家，专业承包一级1家，全区资质企业总数达330家。华江集团、龙腾坤鑫集团等4家企业获评“省建筑业百强企业”，江都建设被评为“省建筑业外经百强企业”。江建集团、扬州建工建设等6家企业获评“省建筑业双百强企业”。（江都府办）

■服务业 2019年，全区实现社会消费品零售总额268.41亿元，比上年增长6.1%；服务业增加值占比48.5%。制定推动总部经济发展政策意见，从人才吸引、企业技术创新、基金投资等多方面予以政策支撑。中集智城开工建设，佳源广场投入运营，砂之船奥特莱斯、五洲机电城主体封顶；新增市场化基金机构10家，总规模近150亿元；新增4级物流企业2家，江都港吞吐量突破6000万吨；全年接待游客560万人次，实现旅游收入5.5亿元，邵伯古镇景区创成国家AAAA级景区。

（江都府办）

■对外及港澳台经贸 全区完成外资及港澳台资实际到账2.32亿美元。完成外贸自营进出口22.69亿美元，比上年增长1.6%，其中出口14.41亿美元。支柱行业出口持续增长，机电产品、船舶、塑料制品、纺织服装分别增长9.8%、5.2%、

10.7%、9%。中远海运、长青农化、龙川钢管、扬州诚德等20家重点企业累计完成出口10.08亿美元，占出口总额70%。完成外经营业额1.37亿美元，占全市总额26%。全区新增境外投资企业10家，在建境外承包项目15个。（江都府办）

■交通和供电 连淮扬镇铁路江都段完成铺轨，五峰山过江通道、328国道新都路至广州路改扩建工程推进，京沪高速扩容启动拆迁；实施“四好农村路”，完成农村公路提档升级87千米、危桥改造27座，建成江都公交西站停车场，实施农村公路安全生命防护工程176千米，行政村双车道四级公路覆盖率达100%；开展河湖“两违三乱”整治，完成长江崩岸应急治理工程，加固长江护岸2.4千米、抛石35.4万立方米，长江江堤防洪能力提升一期工程实施。完成广砖线迁改重点工程，建成110千伏吴堡输变电等工程；新建改造10千伏线路321千米、电缆64千米、低压线路622千米，新增改造配电变压器624台；完成扩配套工程194个，降低企业接电成本1618万元，落实一般工商业电费降价和大工业电费调整政策，全年减少用户电费成本4200万元；推广“煤改电”“气改电”工程，推动邵伯船闸岸电、电动汽车充电桩建设，打造江都现代农业产业园区电能替代示范项目，完成替代电量2亿千瓦时。（江都府办）

■财税与金融 2019年，全区实现一般公共预算收入53.01亿元，其中税收收入43.99亿元，比上年增长6.5%，税占比83%；调整区镇税收分成体制，各镇（园区）财力平均增加40%以上。出台营商环境评价考核细则，累计减免企业税收12亿元。

强化金融服务，至年末，全区金融机构各项存款余额1228亿元，全年新增贷款95.5亿元，312家小微企业获批政府扶持贷款8.2亿元，“定向贷款”模式获“江苏省金融创新奖”；拓展供应链金融，江都农商行等银行机构“订单贷”累计新增授信4.2亿元，惠及企业28家。（江都府办）

南水北调源头公园碧水环绕　　日　报/供稿

■城乡建设与环境保护 启动引江三角岛规划方案设计，形成主城西北片区城市设计初步成果，完成东北片区控规编制。全年征迁涵西、江桥等区域房屋50万平方米，长江东路改造、老淮江公路拓宽、黄河南路北延启动建设，金湾路江都段竣工通车。建成开放南水北调源头公园二期等市民公园10座，新增绿化面积42.5万平方米，城区铺设污水管网20千米，生活垃圾焚烧发电厂建成投运。实施“三迎整治”等市容环境专项治理，拆除广告1057块、违法建设1.2万平方米，整治老旧小区5个，提档升级城区农贸市场2个。开展化工企业安全环保整治提升、“降尘治车”蓝天保卫、饮用水源地整治、固废危废环境隐患排查等21个专项行动，完成年度水、气污染防治重点工程423项，关停化工企业98家、重要水体沿线隐患企业11家，减煤3万吨，改造锅炉261台，治理城乡黑臭河道32条，新增成片林666.67公顷。环境质量改善，3个集中式饮用水源地和11个国省控水质断面年均值达标，PM2.5年均浓度42.7微克/立方米、比上年下降16.8%，环境空气优良率72.8%，涉环信访总量下降39%，中央和省环保督察反馈问题整改序时推进，水污染防治工作得到全国人大常委会执法检查组肯定。（江都府办）

■科学技术 实施高企倍增行动计划，全年获批国家高新技术企业125家、净增78家，总数达263家。万人有效发明专利拥有量达10件，主持或参与制订国家及行业标准17个。建成投用“星创天地”等科技综合体13.6万平方米，新入驻企业80家，销售10亿元。新增省级企业技术中心6家、工程技术研究中心3家，新设立院士工作站1家，江苏大学新能源汽车研究院、扬州人工智能研究院运营。实施产学研合作项目134项，新引进航空发动机风扇叶片等重点实验室3个，翔龙禽业获批省科技重大成果转化项目。举办中国扬州第二届人工智能产业发展应用峰会、中国第二届智能船艇挑战赛、智能制造创业大赛等一系列品牌活动。获批市级以上科技、人才计划30多项，累计上争资金近4000万元。亚威机床机器人项目获得国家重点研发计划专项，天和药业获批省双创团队项目，长青农化获批国家重大人才专项。（江都府办）

■社会事业 龙川、若虚24小时城市书房建成开放；新增大桥新四军挺进纵队二、三支队司令部旧址、郭村新四军苏北指挥部旧址等两处省级文物保护单位。全年教育投入16.7亿元，比上年增长18.3%。启动城北教育片区项目规划建设，异地新建江都中学，扩建实验小学建乐校区，完成校舍抗震加固3万平方米，乡村教师补贴、教师专项绩效等发放到位。教师队伍综合素质提升，颜塔小学柏玉华夫妇获评“感动江苏教育人物”，幼儿教师仇成荣登“江苏好人榜”，1人获评全国教育系统先进教育工作者，17人获评市“十佳师德标兵”“百名师德模范教师”，20人获评市“百优十佳”班主任，62人在省、市级教学竞赛中获一等奖，139位教师在“一师一优课”评比中获部、省、市级“优课”。新增市特级教师（班主任）10人，完成中小学教师岗位设置工作。2019年高考成绩全区普通类（文化）本一以上达线人数首破1600大关，400分以上29人，位列全省第28位。

推进卫生重点项目，区人民医院异地新建进入地面施工，锦西、宗村医养结合消防工程基本完成，预防接种门诊标准化建设和99个村卫生室中医阁建设全部完成，新增卫生户厕2000座、整改4480座，创成省示范乡镇卫生院1个、省示范村卫生室11个，区人民医院创成三级乙等医院，创成省级健康促进区。规范公共卫生服务，项目补助标准提高到人均75元，完成9万余名老年人体检。实施健康扶贫工程，完成农村低收入人口30种大病专项救治1318人，建档立卡低收入人群家庭医生签约率达100%，“先诊疗后付费”政策受益162人。推进医养融合服务，锦西卫生院改建为护理院，各镇卫生院按照“六有标准”在养老机构设立家庭医生工作室，江都中医院肿瘤内科设安宁疗护床位4张。组织区第八届运动会，组队参加扬州市13届运动会，江苏省第17届中学生田径锦标赛勇夺8项第一。配置二代健身路径10处，建设社区全民健身指导站58个，培养合格社会体育指导员260人。举办2019暴雪全民实力赛全国总决赛暨动漫嘉年华活动，江都成为“江苏省电子竞技活动基地”。举办2019年全国老年人门球赛、2019年江苏省第十届大学生龙狮精英赛暨江苏省青少年龙狮锦标赛、全国农民舞龙舞狮大赛。（江都府办）

■劳动和社会保障 全年采集就业岗位1.7万个，城镇新增就业2.3万人，“双零”家庭动态清零，城镇登记失业率1.8%。加大社保市级统筹力度，基本完成机关事业人员养老保险改革，连续15年调增企业退休人员退休金待遇，医保政策内报销比例达75%，部分退役士兵保险接续推进。建成保障性住房1719套，住房公积金扩面6400人。建立农村低保和低收入农户双向排查机制，累计发放低保、特困人员、孤儿、残疾人、尊老金等各类补助资金1.7亿元。（江都府办）

宝应县

■概况 宝应县总面积1461.55平方千米，辖14个镇，有226个行政村、56个社区，17个村居合一。有1个省级经济开发区和1个宝应湖旅游度假区。年末户籍总人口88.97万人。

2019年，全县实现地区生产总值732.91亿元，比上年增长6.8%。实现一般公共预算收入24.87亿元。全社会固定资产投资、全社会消费品零售总额分别增长9.5%和6.2%。城镇居民人均可支配收入34455元、农村居民人均可支配收入21929元，分别增长8.4%和9%。（郝自培）

■农业 粮食生产功能区和重要农产品生产保护区完成划定，粮食产量创历史新高。创成全国主要农作物生产全程机械化示范县，农机基层监管“柳堡模式”全国推广。“宝

2019年宝应县经济社会发展主要指标一览表

表40-4

项　目	单 位	数 量	比上年增长（%）
地区生产总值	亿元	732.91	6.8
第一产业增加值	亿元	79.49	0.6
第二产业增加值	亿元	360.29	7.6
工业增加值	亿元	283.84	8.4
第三产业增加值	亿元	293.13	7.6
人均地区生产总值（按常住人口计算）	元	96410	6.7
规模以上工业总产值	亿元	742.96	7.0
农业总产值	亿元	138.31	4.4
粮食总产量	万吨	86.90	0.02
全社会固定资产投资总额	亿元	—	9.5
外贸自营出口总额	亿美元	7.73	-12.5
实际利用外资及港澳台资	万美元	8733	24.7
社会消费品零售总额	亿元	165.94	6.2
财政总收入	亿元	34.46	-9.6
一般公共预算收入	亿元	24.87	-9.9
城镇居民人均可支配收入	元	34455	8.4
农村居民人均可支配收入	元	21929	9.0
年末存款余额	亿元	598.26	6.5
年末贷款余额	亿元	445.80	17.9

（郝自培）

7月22日，在宝应县赵雍村，藕农正在采藕　　王 卓 沈冬兵/摄

应县现代农业产业园”获批建设省级现代农业产业示范园。新建高标准农田1333.33公顷。新增设施农（渔）业1266.67公顷、有机农业556公顷。全国绿色食品原料标准化生产基地通过续报。获批绿色有机产品12个。蝉联全国甲鱼生态养殖第一县称号。获批宝应荷藕中国特色农产品优势区。新增农田托管4666.67公顷。实现农村产权年交易额5.5亿元。新增省级农业龙头企业2家。（郝自培）

■工业经济 实现工业开票销售784.3亿元，比上年增长9.8%；税收20.6亿元，增长9.6%。新增工业开票销售10亿元企业1家、5亿元企业2家、亿元企业10家、规模企业58家。新签约工业重大项目15个、亿元项目44个、5000万元项目28个。获批省首台（套）重大装备项目2个、省智能示范车间1个。新认定省星级“上云”企业39家，获批部、省两化融合贯标重点培育企业8家。新增省“专精特新”企业、产品各1个。（郝自培）

■服务业 服务业增加值突破300亿元，比上年增长8%。旅游业增加值占地区生产总值比重达10%，接待入住游客总量增长10%。净增服务业重点企业21家，新增税收过千万元企业22家，营利性服务业企业营业收入增长20.1%。实际利用外资及港澳台资8733万美元，其中战略性新兴产业实际利用外资占比达90%。实现外贸出口7.9亿美元。外经营业额3500万美元，新增境外投资企业2家。获评国家AAAA级物流产业园、省级粮食物流产业园各1个。创成国家AAA级旅游景区、省级乡村游重点村、市研学游基地各1个。宝应湖国家湿地公园通过省AAAA级景区资源评审。完成第四次全国经济普查。（郝自培）

■项目建设 43个项目列省、市亿元项目库，完成年度投资143亿元。新开工工业亿元项目14个、5000万元项目23个，新竣工工业亿元项目15个、5000万元项目22个。国人5G通信、皇裕精密电子等7个工业重大项目开工建设，宝胜科创特种高分子电缆材料、艾能新能源光伏组件等8个工业重大项目竣工投产，晶科天晟光伏组件、苏美达高端重载轮毂等20个工业重大项目达产达效。新开工农业规模项目21个，其中加工类项目12个、亿元以上项目7个。服务业重大项目超额完成任务，新城吾悦广场建成运营，中众合农产品物流园试营业，红星生活广场主体封顶，韵达快递电商区域总部基地加快建设。（郝自培）

■重点改革 新一轮政府机构改革全面完成。“放管服”改革深化，“3550”实现常态运转。商事制度改革推进，办理“证照分离”改革事项7891个、惠及企业4246户。“互联网+政务服务”实现县镇村全覆盖。全年减税降费5亿元，减轻市场主体负担4.3亿元。围绕经济、金融、社会等重点领域，排查化解重大风险隐患，守住不发生区域性、系统性风险底线。政府债务管控得到加强。开展非法金融专项整治，破解重点企业资金链风险，金融生态环境综合评估位居全市前列。蚂蚁金服“宝应普惠”项目上线。推进国企改革，汇润集团挂牌成立，城控集团加快组建，国资公司实体化运营步伐加快。（郝自培）

■创新创业 高新技术产业产值占规上工业总产值比重达45%。获批国家高新技术企业54家、科技型中小企业66家。新建省级以上研发机构5家。获批省科技孵化器、众创空间各1个。完成省重大成果转化项目1项、重点研发项目2项。新一批科技镇长团驻宝任职。签订产学研合作协议60项。获批全市首个国家“外专千人计划”，新增省“双创团队”1个、“双创人才”6人。发明专利授权155件，万人发明专利拥有量7.36件。参与制修订行业标准7项。米奇科技获省科技创业大赛先进制造业行业冠军及全国优秀奖。（郝自培）

■城乡建设 组织编制城市风貌研究、中心城区大型商业设施布局、老城历史街区保护规划。“四纵四横”重点道路环境提升工程开展，黑色化改造白田中路、叶挺东路。新建经七路、经九路等城市道路4条。完成三支排河、城市河下段综合整治。新建、改造各类公园15个。建成便民疏导点1个。改造棚户区（城中村）5.2万平方米。整治老旧小区10万平方米。提档升级城区公厕6座。城乡生活垃圾分类和治理三年行动持续开展，生活垃圾焚烧发电项目投产运营，建成垃圾分类示范镇3个、示范小区6个、示范社区2个。清理违规户外广告1.2

万平方米，拆除违建2.9万平方米。镇村布局规划通过专家评审。实施乡镇“三个一”“五个一”工程64个。曹甸教玩具等4个特色小镇通过省市考核验收。建成美丽宜居乡村35个。开展农村人居环境综合整治，“四清一改”成效明显，疏浚农村河道、村庄河塘108条，集中清理各类垃圾14.2万立方米，改建垃圾亭池4000座。改造无害化卫生户厕2700座，新建公厕176个、A级以上旅游厕所9个。创成省级湿地保护小区3个、绿美村庄10个。实施土地增减挂钩553.33公顷、占补平衡466.67公顷，盘活低效土地138.87公顷。获批省国土资源节约集约利用模范县、省级耕地保护激励县。食品安全快检室实现镇区全覆盖。省级食品安全示范城市通过跟踪评价。（郝自培）

■基础设施建设 推进里下河洼地治理一期工程。连淮扬镇铁路宝应段建设全市领先，高铁站房封顶，站前综合客运枢纽房建工程主体竣工。省道331宝应段东线主体贯通、运河大桥合龙。完成京沪高速宝应段改扩建工程全线征迁。宝应港“一港双区”项目完成规划设计。新增停车场2个、停车位800个，施划停车位1600个。提档升级农村公路170千米、改造危桥60座，实现通行政村四级公路全覆盖。新增公交车52辆、校车24辆。新建、改造电力线路475千米。铺设燃气管道223千米。（郝自培）

■生态建设 生态环保工作获省通报嘉奖，氾水新水源地建成投运。国省考断面、饮用水水源地水质全部达标。“河湖长制”落实。拆除运河码头、混凝土搅拌站49户，绿化修复15万平方米。宝应湖退养428.53公顷。新增城乡污水管网77千米。建成乡镇污水处理厂3座、村级污水处理设施48个。完成潼河水厂深度处理项目。推进蓝天保卫行动，重点污染源整治取得实效，PM2.5平均浓度、空气优良天数比例均位居全市前列。城区烟花爆竹禁放工作成效明显。秸秆综合利用率98%以上。实施节能改造项目20项、循环经济项目5项。整治“散乱污”企业187家，关闭、提升化工企业17家。集中回收处理农药废弃包装物119万件。成片造林666.67公顷。（郝自培）

■社会保障 新增城镇就业1.5万人，转移农村劳动力2300人，获批省就业创业工作先进县。新增各类参保2.5万人。归集住房公积金6.8亿元，贷款支取6亿元。筹建各类保障性住房700套、人才公寓130套。新建限价商品房30万平方米。城乡低保、农村五保、孤儿基本生活养育同步提标，增强困难群体医疗救助能力。推进长江流域重点水域禁捕渔民安置工作。抓好猪肉等主要农副产品保供稳价，向困难群众发放临时价格补贴1000万元。建成颐养示范社区2个、标准化居家养老服务中心8个。区域性养老服务中心投入运行。发放尊老金2060万元。政府购买困难老人居家养老服务1245人。退役军人服务保障县镇村三级网络基本建成。残疾人康复宝应模式全省推广。聚焦“两不愁三保障”“三保五助”政策全面落实，改造农村危房711户，建档立卡低收入农户实现脱贫。建成扶贫厂房2万平方米以上，经济薄弱村集体经营性收入全部实现45万元以上，零债务村覆盖率90%以上。（郝自培）

■社会事业 教育均衡化水平提升，实验幼儿园新园建成投用。普通高考再创新高，对口高考达线率全市第一。创成全国农村职业教育和成人教育示范县、省责任督学挂牌督导创新县，宝应中专校获批省现代化示范性职业学校。县人民医院获评三级医院，异地新建项目主体完工。建成城北医疗养老康复综合体。创成国家和省级卫生镇各2个、省文明镇3个。全国基层中医药工作先进单位通过复审，创成省基层卫生“十强县”。新宝淮剧院、教师发展中心、青少年宫启动建设。举办各类文体惠民活动280多场次，承办省级以上体育赛事10项。曹甸青少年体育装备制造创意产业园创成国家体育产业示范项目。苏中革命历史纪念馆新馆建成并对外开放。融媒体中心挂牌运行，新时代文明实践服务中心正式成立。李树干获得全国“公安楷模”和全国“人民满意的公务员”荣誉称号。（郝自培）

仪征市

■概况 仪征市总面积902.19平方千米，辖10个镇，有148个村、51个社区，年末户籍总人口55.72万人。2019年，全市完成地区生产总值791.72亿元，比上年增长6.9%。三次产业比例为2.9∶53.4∶43.7。市本

2019年仪征市经济社会发展主要指标一览表

表40-5

项　目	单 位	数 量	比上年增长(%)
地区生产总值	亿元	791.72	6.9
一产增加值	亿元	23.03	2.5
二产增加值	亿元	423.03	5.4
三产增加值	亿元	345.66	9.1
规模以上工业现价产值	亿元	1070.17	2.2
工业开票销售	亿元	1174.67	—
建筑业总产值	亿元	351.97	4.4
一般公共预算收入	亿元	50.37	-1.1
进出口总额	亿美元	15.10	-11.6

续表 40-5

项　目	单 位	数 量	比上年增长(%)
注册外资及港澳台资实际到账	亿美元	2.00	5.2
固定资产投资	亿元	—	9.1
社会消费品零售总额	亿元	117.72	5.7
城镇居民人均可支配收入	元	46427	8.2
农村居民人均可支配收入	元	22459	8.6
向上争取国资	亿元	14.92	60
固定资产投资	亿元	428.95	15.5
工业技改投资	亿元	165.02	16.1
城镇居民人均可支配收入	元	42900	8.1
农村居民人均可支配收入	元	20688	8.7

（吕　伟）

级全社会固定资产投资增长 9.1%。居民消费品价格总水平比上年上涨 3.0%。城镇居民人均可支配收入 42900 元，增长 8.1%，人均消费支出 25132 元，增长 8.5%；农村居民人均可支配收入 20688 元，增长 8.7%，人均消费支出 16562 元，增长 8.7%。（吕　伟）

■农业 2019 年，全市粮食总产量 25.72 万吨。其中，夏粮产量 5.05 万吨；秋粮产量 20.67 万吨。油料总产量 0.46 万吨。蔬菜总产量 29.04 万吨。全年粮食种植面积 3.55 万公顷；油料种植面积 1893.33 公顷；蔬菜种植面积 7240 公顷。肉类总产量 1.59 万吨；牛奶总产量 154 吨；禽蛋总产量 1.38 万吨；水产品总产量 7500 吨。

新增高标准农田 1666.67 公顷。推广农业新品种、新技术、新装备，调优品种布局，调绿生产方式，新增特色种植 206.67 公顷，实施轮作休耕 3266.67 公顷。加快发展创意休闲农业、旅游观光农业，规划建设各镇千亩特色农业产业园，马集黑莓产业融合发展基地、天乐湖农旅融合综合体初具规模。开展全国农民专业合作社质量提升整县试点，新增农民专业合作社 27 个，培育国家级示范社 14 个。新组建家庭农场 80 个，培育省级示范家庭农场 13 个。（吕　伟）

■工业和建筑业 2019 年，全市工业开票销售收入 1174.67 亿元；其中市本级（不含扬州化学工业园区，下同）工业开票销售收入 944.92 亿元，比上年增长 4.3%。全市规模以上工业实现产值 1070.17 亿元，增长 2.2%；其中市本级规模以上工业实现产值 857.29 亿元，增长 7.0%。规模以上石油化工产业实现产值 358.2 亿元，下降 11.9%；规模以上汽车及零部件产业实现产值 385.47 亿元，增长 16.9%。在列入统计的主要工业产品中，产量比上年增长的有 23 种，下降的有 17 种。其中，改装汽车、无纺布、化纤长丝机织物、混凝土等产品产量增长 20% 以上；初级形态塑料、变压器、民用船舶、灯具及照明装置、电子元件等产品产量下降 20% 以上。全年建筑业实现总产值 351.97 亿元，比上年增长 4.4%；竣工产值 300.34 亿元，增长 51.4%。建筑业企业房屋建筑施工面积 1896.63 万平方米，下降 3.3%；竣工面积 627.64 万平方米，下降 14.4%。（吕　伟）

■服务业 2019 年，全市第三产业增加值 345.66 亿元，可比价增长 9.1%。全年实现社会消费品零售总额 117.72 亿元，比上年增长 5.7%。推进大仪综合物流、绿地港口物流、中农批冷链物流项目建设。赛克物流成功申报省供应链创新与应用重点企业。布局农村电子商务服务站点，推进曹山综合商贸区、马集电商创业园、大仪金山国际电商玩具城建设。大数据产业发展，中星北斗项目成功落户，腾讯云、电信云项目序时推进。文旅文创产业提速发展，万有国际旅游度假区项目成功签约。年末全市旅游景点 5 处，旅行社及分支机构 55 家，星级旅游酒店饭店 5 家。全年接待旅游者 397.48 万人次，增长 9.8%；旅游业总收入 53.6 亿元，增长 10.2%。（吕　伟）

■开放型经济 全市注册外资及港澳台资实际到账 2.00 亿美元，比上年增长 5.2%；市本级注册外资实际到账 1.50 亿美元，增长 7.3%。全市进出口总额 15.10 亿美元，其中，出口 7.35 亿美元。市本级进出口总额 5.96 亿美元，其中，出口 4.59 亿美元。（吕　伟）

■交通和邮电 年末全市公路里程 1591.54 千米。全年公路客运量 1038.47 万人次，公路货运量 565.47 万吨，水路货运量 2223.02 万吨，铁路货运量 10.7 万吨。年末民用汽车拥有量 10.10 万辆，增长 6.5%，其中私人汽车拥有量 9.24 万辆，增长 7.8%。

全年邮政业务收入 1.51 亿元，增长 7.9%；电信业务收入 4.97 亿元，增长 14.0%。全市电话用户 82.18 万户，下降 2.3%。其中，固定电话用户 12.62 万户，下降 3.9%；移动电话用户 69.56 万户，下降 2.0%。年末互联网宽带接入用户 28.33 万户，增长 2.13%。（吕　伟）

■财政和金融业 全市实现一般公共财政预算收入 50.37 亿元，比上年下降 1.1%，其中税收收入 42.21 亿元，下降 4.1%，税收占比 83.8%。市本级实现一般公共财政预算收入 44.16 亿元，下降 1.5%，其中税收收入 36.4 亿元，下降 5.0%，税收占比 82.4%。市本级实现一般公共财政预算支出 59.95 亿元，增长 3.2%。其中，城乡社区支出 5.10 亿元，增长 17.0%；公共安全支出 3.97 亿元，增长4.9%；文化体育与传媒支出1.02亿元，增长44.7%；教育支出10.44亿元，增长2.5%；一般公共服务支出7.72亿元，增长9.8%。

年末金融机构人民币存款余额721.02亿元，增长10.1%；其中住户存款362.32亿元，增长9.3%；企业存款356.77亿元，增长10.5%。年末金融机构人民币贷款余额511.45亿元，增长13.0%；其中，短期贷款201.16亿元，增长14.9%；中长期贷款292.75亿元，增长11.2%。

（吕　伟）

■科技创新 全年各类专利申请受理2871件，其中发明专利460件；专利授权2013件，其中发明专利授权110件。建成扬州市级以上研发机构17个，新增国家高新技术企业29家。全市共促成产学研合作协议67项，全年申报科技计划项目获立项14个。引进高层次领军人才13人、优秀博士6人。（吕　伟）

■城乡建设与环境保护 建立融入宁镇扬推进机制，制定任务清单、考核办法，推动规划、产业、设施、服务全面对接。完成新一轮城市总规修编，完善老城区与滨江新城控制性详规，编制完成绿地系统、公园体系等专项规划8个，完成城市中央商务区、文体中心片区等城市设计。坚持项目化推进城市建设，实施城建“十大工程”。综合客运枢纽、中医院和妇幼保健院完成主体工程，恒大、绿地等商业地产项目推进。实施城市更新改造，推进棚改征拆，新增净地20公顷，新建棚改限价安置房30.8万平方米。完成危房解危9000平方米、老旧小区整治18.7万平方米。推进“翡翠项链”计划，打造石桥河、仪城河景观带。完善城市公园体系，新建、改造社区公园1个、街心游园6个。实施城市环境综合整治项目92项。加大流动摊点、出店经营整治力度，巩固省优秀管理城市创建成果。建成物业管理智能化平台，新成立小区业委会、物管会16个。

铜山体育小镇加快建设，中体产业学院、小镇展示中心完成勘探，汽车露营地、体育综合体启动规划。月塘颐乐风情小镇、新集医养游小镇列入扬州特色小镇创建名单。启动12个撤并乡镇环境整治。完成镇村布局规划修编。“1镇7点”特色田园乡村完成基础设施配套。启动建设首批11个乡村振兴综合示范村。实施新一轮农村人居环境整治，庄台环境全面提升。探索定时定点垃圾分类收运模式，建成镇村垃圾分类亭626座，打造垃圾分类示范庄台11个。建成美丽宜居乡村34个。

长江生态修复，清理整治长江岸线利用项目50项。编制长江沿线生态修复、植树造林规划，新增造林27.27公顷，修复湿地48.13公顷。优化生态红线保护区域，占国土面积比重24.4%。严格网格化环境监管，加大环境监测和执法力度。打好大气、水、土壤污染防治攻坚战，开展长江入河排污口、建材行业等五个专项整治行动。全市空气质量优良天数比率78.8%，提高1.5个百分点；PM2.5浓度36.6微克/立方米，下降9%。高质量发展考核断面水质达标率100%，危险废物安全处置率100%。（吕　伟）

■社会事业 优化教育设施布局，建成南师大二附高中华兴分部、城北幼儿园、大仪幼儿园，推进实验小学东区校、都会小学、曹山小学建设。规范校外培训机构办学行为，颁发办学许可证57家。实施城镇小区配套幼儿园治理，2所配建幼儿园移交公办。全市省优质幼儿园比例58.7%，省现代化小学比例96.7%，省现代化初中比例100%，省三星级以上高中比例75%。全市各类学校98所，招生1.58万人，在校生5.87万人。其中，幼儿园46所，招生4204人，在校生1.27万人；小学30所，招生4328人，在校生2.40万人；初中16所，招生3939人，在校生1.19万人；高中4所，招生2644人，在校生7434人。3~5周岁幼儿毛入学率95.7%，小学净入学率100%，初中净入学率100%，初中升学率99.8%。共有省人民教育家培养对象1人，省、扬州市特级教师22人，扬州市首批中小学特级班主任5人，扬州市有突出贡献中青年专家、英才培养对象5人，扬州市级骨干教师792人。

全年广播节目制作时间3833小时，电视节目制作时间873小时，广播节目综合覆盖率100%，电视节目综合覆盖率98%。电影放映单位10个、艺术表演场馆1个、博物馆1个、公共图书馆1个、文化站11个，全年艺术表演观众7500人次，文物展览参观12.2万人次，公共图书馆总藏书量48.43万册（件），书刊文献外借22.98万册次。

深化医药卫生体制改革，创成省基层卫生十强县市。完成中医院和妇幼保健院主体工程，人民医院创成三级医院，与上海东方医院开展合作共建。共有各类卫生机构（不含村卫生室）92个，比上年增加9个；拥有床位数2935张，增加245张；共有卫生技术人员4181人，增加256人，其中执业医师、执业助理医师1541人，增加297人。全年诊疗342.64万人次，增长7.5%。

年末全市共有体育场7个、体育馆8个、游泳池馆12个，教练员16人、等级裁判员171人、等级运动员311人。全年运动员获奖牌总数137枚，举办体育竞赛表演120次。完善村、社区文体设施，全民健身活动设施921个。（吕　伟）

■社会保障 年末城镇登记失业率1.75%，城镇职工基本养老保险覆盖率、基本医疗保险覆盖率、失业保险覆盖率分别为97.12%、97.6%、97.75%，参保人数分别达到14.21万人、18.01万人、9.54万人。完善“三保五助”政策体系，推进精准扶贫、精准脱贫，实施扶贫增收项目26个，低收入农户、经济薄弱村脱贫率100%。率先在扬州实施尿毒症患者、儿童血液类、心脏类重大疾病救助。启动省级健康养老服务业集聚区建设，建成颐养示范社区2个、标准化居家养老服务中心11个、老年人康复场所7个。新增住房保障家庭80户。住

房公积金扩面0.52万人，使用公积金11亿元。 （吕 伟）

高邮市

■概况 高邮市面积1921.78平方千米；辖13个乡镇（园区、街道），其中含1个回族乡、2个省级开发区（高邮经济开发区、高邮高新技术产业开发区）、1个新区（高邮城南经济新区）；有175个行政村、50个社区；年末户籍人口80.26万人。

2019年，全市实现地区生产总值818.73亿元，按可比价计算，比上年增长7.1%。其中，第一产业增加值86.15亿元，增长3.2%；第二产业增加值405.86亿元，增长10.6%；第三产业增加值326.72亿元，增长3.8%。三次产业结构比例为10.5:49.6:39.9。人均地区生产总值109978元，增长7%。实现一般公共财政预算收入36.8亿元，与上年持平；完成公共财政预算支出79.99亿元，增长7.8%。完成固定资产投资452.29亿元，增长10%。城镇居民人均可支配收入40203元、农村居民人均可支配收入21941元，分别增长8.4%、8.9%。 （宝珍芳）

■农业 2019年，全市实现农林牧渔业总产值155.2亿元。粮食、油料、蔬菜总产量分别实现84.08万吨、1.31万吨、62.56万吨；生猪和家禽出栏量分别实现17.93万头、3036万只，实现水产品产量24.24万吨。建立粮食绿色高质高效示范区30个、面积1.02万公顷（水稻8500公顷、小麦1700公顷）；新增高效设施农渔业面积2267公顷，实施稻田综合种养面积2293公顷。累计建成扬州市级以上农业产业园区15个（含省级2个）。创建水稻绿色高质高效示范片17个、豆麦轮作绿色高质高效示范片2个。市级“菜篮子”工程生产基地建设新增“两网一灌”（遮阳网、防虫网、喷滴灌）面积28公顷。新申报江苏省“一村一品一店”示范村6家，实施农业电商项目7项，新增农业电商经营主体26家，实现农业电商销售额12.69亿元。175个益农信息社运转良好，开通惠农短信平台与热线。新增省级农业龙头企业3家、江苏股权交易中心“农业板”挂牌企业4家，新创绿色农产品15个。新建农民经济合作组织15个、家庭农场128家，新创成扬州市级以上示范家庭农场23家。发放耕地地力保护补贴和稻谷补贴1.42亿元、农机购置补贴1053.61万元。举办各类农民培训班31期，培训农民4014人。农村产权交易额实现5.89亿元，增长6.7%。完成农业保险保费收入9490万元，兑现理赔资金7521万元。实施农业综合开发项目7项，总投资1.06亿元。投入资金4500万元，疏浚县乡村三级河道335条、320.4千米，完成土方量386.4万立方米。全市农机总动力74.1万千瓦，农业综合机械化水平88.5%。巩固提高秸秆禁烧、还田及综合利用水平，实现秸秆还田面积8.2万公顷。行政村年集体经营性收入45万元以上实现全覆盖；全市建档立卡的低收入农户累计脱贫7543户，脱贫率100%。高邮市被评为全国第三批率先基本实现主要农作物生产全程机械化示范县、中国大闸蟹生态养殖示范市、绿色高质高效创建示范县和全省第二批粮食生产全程机械化整体推进县、江苏省畜牧业绿色发展示范县。八桥省级现代农业产业示范园区通过国家农业科技园区验收。新创全国休闲农业与乡村旅游四星级企业3家、省三星级以上乡村旅游区3个、省休闲观光农业精品村2个。“高邮湖白鱼”“高邮湖青虾”“高邮湖鲫鱼”“高邮湖银鱼”和“高邮湖鳊鱼”获“中国地理标志证明商标”。 （宝珍芳）

■工业 2019年，全部工业实现开票销售855.47亿元、入库税收30.75亿元，分别增长13.4%、-5.3%。其中，全市598家规模以上企业实

2019年高邮市经济社会发展主要指标一览表

表40-6

项　目	单位	数量	比上年增长(%)
地区生产总值	亿元	818.73	7.1
第一产业增加值	亿元	86.15	3.2
第二产业增加值	亿元	405.86	10.6
工业增加值	亿元	323.11	11.9
第三产业增加值	亿元	326.72	3.8
人均地区生产总值（按常住人口计算）	元	109978	7
规模以上工业产值	亿元	693.56	19.8
农林牧渔业产值	亿元	155.2	5.2
粮食总产量	万吨	84.08	-0.9
全社会固定资产投资总额	亿元	452.29	10
外贸自营出口总额	亿美元	4.46	-8.2
实际利用外资及港澳台资	万美元	9306	1
社会消费品零售总额	亿元	175.87	7
一般公共财政预算收入	亿元	36.8	—
城镇居民人均可支配收入	元	40203	8.4
农村居民人均可支配收入	元	21941	8.9
邮电业务收入	亿元	4.15	12.8
电信业务收入	亿元	2.38	8.4
年末存款余额	亿元	708.07	10.3
年末贷款余额	亿元	512.56	19.3

（高邮市统计局）

现总产值693.56亿元、主营业务收入704.2亿元、利税总额53.32亿元、利润31.17亿元。规模以上工业产销率97.7%。完成工业增加值323.11亿元，其中规模以上工业增加值154.41亿元，可比价分别增长11.9%、12.7%。实现工业用电量31.2亿千瓦时，增长7.2%。机械装备、电线电缆、照明灯具、纺织服装等四个支柱产业和新能源、生物科技、汽车零部件、电子信息等四个新兴产业发展势头良好，其规模以上企业分别完成开票销售412.4亿元、132.6亿元，分别占全市规模以上工业开票销售总量的66.2%、21.3%，分别增长8.4%、5.8%。继续加大对光伏企业的扶持力度，共兑现资金7087.55万元。全年新增规模以上企业80家（净增35家），有产值超1亿元的企业148家，其中超10亿元的企业10家。列入2019年江苏省重点工业投资项目计划项目3项。新获批扬州市认定的“三新”（新开工、新竣工、新达产）工业项目39项，其中新开工7项、新竣工11项、新达产21项。新认定国家高新技术企业99家，获批首批国家专精特新“小巨人”企业1家（江苏华富储能新技术股份有限公司）、省专精特新“小巨人”企业3家、省消费品工业“三品”示范企业2家、省级“两化”深度融合创新贯标企业6家、省星级上云企业6家（四星级1家、三星级5家）。获批省重点技术创新导向计划项目43项，入选省重点推广应用的新技术新产品目录产品51个，通过省级推广应用鉴定新产品54个；获批国内首台套重大装备2个、省“专精特新”产品2个、省示范智能车间1个（江苏传艺科技股份有限公司新型键盘制造车间）、省公共技术服务示范平台1个（江苏康正生物科技有限公司），入围省关键核心技术攻关任务揭榜招标项目1项（江苏传艺科技股份有限公司），新认定省级企业技术中心12家。推进绿色工业发展，关闭化工企业5家，整治提升化工企业10家，关闭大运河沿线小船厂3家，对三阳河沿线工业企业进行整治；实施节能技术改造项目16项、循环经济项目5项、清洁能源替代项目4项、清洁生产审核企业18家，完成直购电15.2亿千瓦时。高邮市在扬州各县（市、区）率先入围省制造业创新转型成效明显地区。扬州曙光电缆股份有限公司入选《2019年中国线缆行业最具竞争力企业100强》名单。江苏欧力特能源科技有限公司获评国家级绿色工厂、绿色产品。（宝珍芳）

■建筑业 2019年，全市完成建筑业企业总产值1395亿元，建筑业总产值1068亿元，分别增长14.8%、15%；完成建筑业增加值82.85亿元，增长5.2%；完成税收7.63亿元，增长37%。累计吸纳就业23.7万人，其中带动本地就业7.8万人。有产值超10亿元企业19家，其中10亿元（不含，下同）至50亿元企业12家、50亿元至100亿元企业4家、100亿元以上企业3家。新开辟浙江衢州、内蒙古乌兰浩特、山西运城、山东济宁和烟台等外埠市场5个，累计实现外埠施工产值748亿元。承建工程新获批国家优质工程奖1项、省级优质工程奖8项、市级优质工程奖75项，获评省文明工地28个、市级文明工地45个。推进建筑业现代化，预制构件工厂态势良好，装配式施工面积22万平方米。全市共有各级各类资质建筑业企业552家，其中特级总承包资质企业3家、一级总承包资质企业18家、二级总承包资质企业41家、三级总承包资质企业66家、专业承包资质企业373家、劳务分包资质企业51家。高邮市获扬州市建筑业经济综合考核二等奖。（宝珍芳）

■服务业 全市完成服务业增加值326.72亿元，增长3.8%；实现服务业固定资产投资148.51亿元，增长8.5%；实现服务业税收14.28亿元，下降10.2%。服务业用电量4.18亿度，增长7.8%，增幅高于全社会用电量1.4个百分点。全市实现社会消费品零售总额175.87亿元，增长7%。占地近10万平方米的吾悦广场城市综合体建成开业。新增软件企业24家、软件产品40件，获批省级软件企业技术中心1家（江苏伏特照明集团有限公司）、省重点领域首版次软件产品1件（首凯氮氧传感器性能标定软件）。电商产业加快发展，实现电商交易额61.2亿元，增长20%。高邮市创成国家级电子商务进农村综合示范县，通邮电商园、苏中特色农产品电商园创成省级电商示范基地，扬州十二粉黛生物科技股份有限公司、扬州百仕德礼品工艺有限公司、扬州市天祥照明器材有限公司创成省级电商示范企业，龙虬镇龙虬庄村创成省级电商示范村。旅游产业持续发展，“环湖旅游”等工程深入实施，湖上花海、滨湖花海、运河西堤等景区成为高邮旅游新亮点，抗日战争最后一役文化园创成国家AAAA级景区。高邮市获评长三角地区最具网红特质旅游城市，高邮湖获评2019中国十大美食休闲湖泊。全年接待过夜游客83.24万人次（国内游客83.11万人次、境外游客0.13万人次），增长12.4%；盂城驿、文游台、清水潭等主要收费景区全年入园人数50.46万人次，增长47.5%。（宝珍芳）

■对外及港澳台经贸 举办第15届中国双黄鸭蛋节，开展“春季招商迎节庆”“长三角地区招商周”“京津冀地区大拜访、大对接、大招商”“粤港澳大湾区招商督查汇报会”活动，并通过共建“中国智慧路灯出口基地”、设立“一带一路高邮智能产业新德里城市展厅”等，推动全市外经外贸高质量发展。全年新签约投资额5000万元以上合同项目137项，其中外资及中国港澳台资项目24项。全年实际利用外资及港澳台资9306万美元，增长1%，完成年度目标116.3%。全市进出口总额5.06亿美元，其中出口总额4.46亿美元，分别增长2.3%、-8.2%。完成外经营业额915万美元，增长47.6%。（宝珍芳）

■固定资产投资 全市实现固定资产投资452.29亿元，比上年增长10%。其中，项目投资402.52亿元，增长8.2%；房地产开发投资49.77亿元，下降27.8%。在项目投资中，第一产业投资12.48亿元，增长90.6%；第二产业投资291.3亿元，增长9.0%；第三产业投资148.51亿元，增长8.5%。一、二、三产业投资占比分别为2.8%、64.4%和32.8%。在房地产开发投资中，住宅投资37.57亿元，下降28.6%；商业营业用房投资6.65亿元，下降39.1%。全市商品房竣工面积61.43万平方米，下降47.5%；商品房销售面积64.19万平方米，下降34.1%。

（宝珍芳）

■科技创新 实施科技创新系列工程，举办“2019聚才创新·智汇高邮”“中银高企贷金融服务直通车”“高邮市首届创新创业大赛”活动。新申报获批国家高新技术企业99家，累计达256家；新认定国家科技型中小企业126家，获批省高新技术企业培育入库120家、省农业科技型企业4家；获批省、扬州市各类科技计划项目24项，其中省重大科技成果转化项目2项、省重点研发计划项目5项（农业4项、工业1项）、扬州市重大科技成果转化项目7项、扬州市重点研发计划项目6项（农业4项、工业2项）、扬州市创新能力提升项目3项。获批“苏科贷”项目26项，获发贷款6440万元；获批“中银高企贷”项目21项，获发贷款6700万元；推荐高邮市中小企业风险补偿资金池项目18项，获融资6410万元。新增省、市级“两站一中心”31家（省工程技术研究中心2家和企业研究生工作站11家、扬州市级院士工作站3家和工程技术研究中心15家），获批省“双创计划”科技副总60人。放大“院团会”效应，新建校企联盟11个（累计近80个），签订校地校企合作协议110份，柔性引进高层次人才104人，邀请高校专家、学者到高邮举办成果推介、项目路演活动10多场，达成意向合作项目25项。完成技术合同成交额2.34亿元；帮助企业向上争取资金8450万元，申领扬州创新券1545万元，兑现创新券资金430万元。累计建成科技产业综合体近49万平方米（当年新增15.6万平方米），综合体入驻企业440家，孵化器在孵企业166家。中汽研科创园获批扬州市科技产业综合体。扬州高邮国家农业科技园区以总分第一的成绩通过第七批国家级农业科技园区验收。全社会研发经费支出占地区生产总值比重为2.24%。实现规模以上高新技术产业产值302.22亿元，占规模以上工业总量的43.6%。（宝珍芳）

■交通和电力 全年投资9.6亿元，推进现代交通路网体系建设。连淮扬镇高速铁路双向铺轨全线贯通；通扬线高邮段航道整治工程乡镇五座桥梁开工建设；京沪高速高邮段扩容工程加快实施；S333高邮东段先导段（卸甲镇至G233）和S333特大桥通郊野公园匝道桥建成通行；卸甲镇X204南延段、周山镇X302（G233至周山镇）段完工；城市东部综合客运枢纽启动道路建设；宁盐高速高邮段各项前期工作稳步推进。实施农村公路提档升级82千米，改造农村危桥62座。镇村公交开通率100%。城乡道路客运一体化发展水平达到AAAAA级。全年完成客运量1162万人次、货运量4857万吨（含水路货运量1609万吨），港口货物吞吐量665.5万吨。全市拥有新能源发电装机总规模1158.5兆瓦，年发电总量约12.7亿千瓦时。全年完成电网建设投资3.3亿元；全社会用电量42.38亿千瓦时，售电量41.39亿千瓦时，分别增长5.7%、6%。

（宝珍芳）

■财政和金融 2019年，全市实现公共财政预算收入36.8亿元，与上年持平。实现税收收入30.99亿元，下降2.5%，占公共财政预算收入比重的84.2%。公共财政预算支出79.99亿元，增长7.8%。

年末，全市金融机构各项存款余额708.07亿元，比年初增加66.29亿元，增长10.3%；各项贷款余额512.56亿元，比年初增加83.04亿元，增长19.3%。（宝珍芳）

■城乡建设与生态文明建设 组织实施2019年度城建“双十”（城建十大重点项目、城建十类重点工程）重点工程，涉及城市更新、河道改造、城市创建、聚文化人、交通出行、环境提升等类项目63项，总投资额90.97亿元，其中完成投资近40亿元。国家园林城市创建工作通过国家级考核。持续完善城区基础设施，更新换代分类垃圾收集容器2000多套，在城区108个居民小区设置有害垃圾收集箱体240组。

推进生态文明建设。实施生态修复保护工程，完成成片造林面积730多公顷、植树140万株、湿地修复面积170多公顷。建设省级绿美乡村12个、绿化达标庄台100个。提升“河（湖）长制”工作水平，完成南澄子河清淤疏浚工程，建成三垛、卸甲、临泽三个中心污水处理厂，配套主管道110千米、提升泵站35座、支管网20千米。协同推进农村水污染防治，建成村庄污水处理设施28座，疏浚县乡村三级河道335条。全市7个省控以上地表水断面，优Ⅲ类水质比例71.4%。里运河清水潭取水口水质达标率100%。推进农业面源污染治理，加快改造提升现有畜禽规模养殖场。强化环境执法监管，开展环境执法专项行动20多个，办理环境污染行政处罚案件180起、刑事案件8起。开展危废领域安全生产专项行动，涉及全市危废产生单位169家和危废经营单位9家。对23家“散乱污”企业落实“两断三清”，关闭化工企业13家。完成秦邮特钢烧结烟气超低排放改造和康博环境危废焚烧炉脱硝改造，治理涉挥发性有机气体企业23家、工业窑炉企业75家、粮食烘干炉企业32家，生物质和天然气锅炉改造企业46家。全市空气环境质量优良率80.1%，比上年提高5个百分点；PM2.5浓度均值41.5微克/立方米，比上年下降3.7%。

全年创成省级生态文明建设示范镇（村）4个。（宝珍芳）

■社会事业 践行社会主义核心价值观，推进精神文明创建系列活动，菱塘回族乡等4个乡镇入选省文明乡镇、卸甲镇金港村等13个村（社区）入选省文明村（社区）、高邮农商行等27个单位入选省文明单位、高邮实验小学等4所学校入选省文明校园。

完善市、乡、村三级公共文化服务阵地网络，“三馆一站一中心”覆盖率100%。推进全民阅读和书香高邮建设，举办高邮市第12届读书节，建成汪曾祺书房、王氏书房、同心城市书房、4家星级酒店“汪曾祺书吧”。注重发挥市图书馆、文化馆、博物馆等场馆的功能，全年线上线下累计服务市民和游客100万多人次。推进公共文化惠民，组织实施第二批基层文化工作人员定向委培，举办“周末大舞台”、组织送文化下乡下基层、各类群众性文化活动80多场次。举办“百花迎春”2019年文学艺术奖颁奖典礼、第二届湖上花海旅游节暨全国摄影大赛、第二届“邮驿路 运河情”全国美术作品运河城市巡展、第三届高邮市文化艺术节等文旅活动。举办大型扬剧《党的女儿》《鉴真》演出，《扳倒饮》通过省艺术基金验收审核，在高邮拍摄的《看山看水看中国》《音乐公开课》《乡村大舞台》分别在央视音乐频道、农业农村频道播出。“好事成双在高邮”的知名度和美誉度提升。

举办市第六届运动会、龙舟赛、全民健身体育节、老年人体育节和乡镇运动会等，牵头组织第十届环高邮湖自行车越野赛、第八届大运河半程马拉松赛、第九届横渡高邮湖游泳赛三大高邮湖品牌赛事。开展全民健身运动，实施健身器材和“城市社区10分钟健身圈”提档升级工程，向70岁以上老年人免费开放体育馆，向全体市民免费开放体育场、门球馆和53所中小学运动场地。组织三期社会体育指导员培训。实现体彩销售额1.16亿元。全年新增“全国足球特色学校”2所、“全国足球特色幼儿园”2所，高邮籍运动员获世锦赛青年冠军1项、全国青年冠军2项。青少年校园足球赛，获扬州“市长杯”男子乙组冠军。

坚持教育优先发展和学前教育优质普惠发展、义务教育优质均衡发展、高中教育优质特色发展、职社教育优质特色创新发展，编制《高邮市城区教育专项布局规划（2019—2030）》，出台《关于高邮市区新建居住区教育设施配套建设的实施意见》《进一步加大全市学前教育投入的意见》，实施校园年度新改扩建工程13项，投入使用高邮高新区幼儿园和实验学校，撤并送桥初中、天山初中、郭集初中、武宁小学、阳光双语学校。推动联合办学，苏州大学高邮实验学校开工建设，“江苏国际职业技术学院”落户高邮高新区。全市创成省区域推进幼儿园课程游戏化项目1项、省小学特色文化建设项目1项、薄弱初中质量提升项目1项、省基础教育前瞻性教学改革实验项目1项。年度高考本科上线2959人，上线率85.8%；高三毕业生本一上线率位列全省前十、本二上线率位列全省前五。高邮市蝉联扬州县市区高中教育质量综合考核一等奖第一名。

推进县域紧密型医共体建设，完成临泽中心卫生院与周山卫生院一体化试点运行。临泽中心卫生院通过二级综合医院评估验收。新增界首急救点，完成“120急救1站6点”布局，形成15分钟急救圈。实施血透患者自费部分全额补助政策。围绕“就近透析”，新建送桥、临泽两家血透中心，形成以市人民医院、市中医医院以及三垛、送桥、临泽区域卫生中心为支撑的全域血透保障网络。高邮市创成省级健康促进市，三垛镇、卸甲镇创成省健康镇，临泽镇、甘垛镇创成江苏省卫生镇，龙虬镇通过国家卫生镇复审。创成省健康村（社区）6个，省健康单位6个，省卫生村21个，扬州市卫生村20个。（宝珍芳）

■社会保障 在全省率先成立医保基金监管委员会，简化异地就医备案程序，报销结算周期缩至20个工作日。城镇职工退休工资普调约7%，城乡居民基本养老保险基础养老金标准提高8%。城乡低保标准提高至每人每月680元，全年共发放低保金2896.59万元。困难群体医疗救助起付线下降50%。接续开展第二、第三轮最贫困家庭精准帮扶工程。市慈善总会募集慈善资金1458.02万元、救助帮扶支出483.13万元。成立创客服务中心，购买创业培训服务，成功扶持创业708人。帮助9732名城镇失业人员和就业困难人员实现再就业，“双零”家庭保持动态清零，城镇登记失业率为1.79%，处于低位运行。养老服务质量实现新提升，新增护理型养老床位150张，村、社区居家养老服务中心实现全覆盖；创建省级示范性居家养老服务中心2家、医养结合养老机构1所。新开工保障性住房1280套（户），其中基本建成852套（户），筹集公共租赁住房50套（户）。改造农村危房270户。公积金扩面0.53万人，发放住房公积金贷款1.81亿元。（宝珍芳）

人物

Renwu

编　辑　徐国磊

先进模范

“全国五一劳动奖章”获得者

■**印斯佳**　女，汉族，1983年5月出生，中共党员，本科学历，国网扬州供电公司营销部（客户服务中心）营业及电费室主管、印斯佳共产党员服务队队长、工程师、技师。从事窗口服务工作以来，印斯佳扎根一线，把每一位客户当作亲人和朋友，连续13年业务零差错、服务零投诉，逐步成长为江苏省技术能手、中央企业青年岗位能手，被评为全国用户满意服务明星。围绕扬州市重大项目、重点工程开展供电服务，在全省率先实现同城异地业务办理，提高工作效率。开展“电量差异服务法”创新实践，助力降本增效，为企业客户节约电费支出2300余万元。成立党员服务队，累计吸收党员85人，实现大厅服务、应急抢修、社区公益、惠及三农相互联动，形成“家门口的营业厅”服务品牌和“印斯佳党员服务队”党建品牌，先后被授予“江苏省五一劳动奖章”“国家电网公司五四青年奖章”“国家电网公司劳动模范”“全国五一巾帼标兵”等称号。2019年4月被授予“全国五一劳动奖章”。（高玉辉）

■**周寿斌**　男，汉族，1974年8月出生，中共党员，本科学历，江苏华富储能新技术股份有限公司科技副总经理兼工会主席，研究员级高级工程师。周寿斌于1996年参加工作，从技术员做起，担任过课题负责人，对工作中遇到的各种困难和问题刻苦钻研，近五年内先后主持国家（省）科研项目13项，参与制定国家（行业）标准7项，获授权专利45件（其中发明专利22件），进入实审发明专利62件；国内外期刊发表论文17篇；获得省（部）、扬州市科技进步奖7项，中国专利优秀奖1项；研发的“高原专用胶体蓄电池”等10项成果达到国际先进或国内领先水平，部分填补国内空白；研发的6个新品被认定为江苏省高新技术产品。他是江苏省第四期、第五期“333人才工程培养对象”、江苏省产业教授、江苏省有突出贡献中青年专家。作为公司工会主席，他坚持实行与党政部门建立联合工作制度，全面实行劳动合同制度，建立集体协商和集体合同制度，重视职工技术培训和企业文化建设，推进企业和职工共发展、共成长。企业先后获“江苏省优秀劳动关系和谐企业”“江苏省民营企业文化建设示范单位”等称号。他先后获江苏省“五一劳动奖章”“江苏省优秀科技工作者”“江苏省文明职工”等称号。2019年4月被授予“全国五一劳动奖章”。

（高玉辉）

4月28日，全国五一劳动奖章获得者印斯佳作事迹宣讲　张孔生/摄

江苏省“五一劳动奖章”获得者

■**祝飞飞**　男，汉族，1986年11月出生，中共党员，本科学历，江

苏东晟新诚建设集团有限公司总经理，工程师。2015年担任仪征宝能SHOPPING MALL城市综合体项目经理，推进安全生产标准化工地创建活动，率先引入工程宝项目管理手机App、二维码信息化平台，在项目中运用新型无人机进行现场安全管理，强化现场监督，经济效益优化500万元。2017年精研装配式施工技术完成扬州市首项大型装配式施工项目“仪征市中医院异地新建项目”。祝飞飞扶危济困，资助社会公益活动180万元左右。组织开展职工劳动竞赛活动，带领公司创省、市工法及新技术应用示范工程10项，省、市优质工程15项，省、市标准化文明示范工地22个。主持申报的《阶梯式筏板基础成型施工工法》《电缆电线采用信息化的快速穿管施工工法》《框架结构现浇板内插座地坪管管头拆模后保护施工工法》等获江苏省省级工法。先后获2017年扬州市“五一劳动奖章”，2016、2017年度“扬州市建筑业优秀建造师”，2016—2017年度“扬州市青年岗位能手”，2019年“扬州市建筑业优秀项目经理”等称号。2019年4月被授予江苏省“五一劳动奖章”。（高玉辉）

■**陈桂兵** 男，汉族，1986年4月出生，大学本科，江苏易图地理信息科技股份有限公司质检组长，助理工程师。自2003年从事测绘地理信息工作以来，陈桂兵在项目中加班加点，累计完成900多项国家、省、市重大项目的测绘任务；制作、检查1万多幅图，质量合格率100%；保质保量完成大型图集、图册等任务，得到甲方一致好评。陈桂兵在测绘地理信息一线连续12年被评为“优秀员工”，工作成果连续8年获“优秀质量奖”。2014、2015年，完成“全椒县航空摄影、影像图制作、集体土地所有权调查及地形图测绘”等项目，获全国优秀测绘工程奖银奖。2017年，获扬州市“测绘地理信息行业地图制图技能竞赛”个人一等奖、团体一等奖，被授予扬州市“五一劳动奖章”；获“第五届全省地理信息行业地图制图职业技术能手”个人三等奖、团体三等奖；被授予“全省测绘地理信息技术能手”称号。2019年4月被授予江苏省“五一劳动奖章”。（高玉辉）

■**李　青** 男，汉族，1969年3月出生，中共党员，大专学历，江苏长江水务股份有限公司小李服务队队长，技师。30年来，李青一直在水工岗位上工作，只要用户的一个电话，马上会赶到现场，听滴漏、断水情，每年经手1000余起抢维修任务，及时率98%以上，用户满意率99%以上。他在工作中钻研水工技能，从一名普通水工成长为一名技术精湛的技术能手。他带领小李服务队走社区，送服务，与市区30多个社区结成共建关系，特别是与一些弱势群体、残疾人用户结对帮扶，每年定期走访。在他的带动下，小李服务队的全体成员成为扬州志愿平台的注册志愿者，每年平均个人服务时长超过50小时，用实际行动树起百姓心中供水服务的金字招牌。2016年被江苏省总工会等部门评为年度江苏省“用户满意服务之星”；2018年当选扬州市“十佳文明职工”，被授予扬州市“五一劳动奖章”。2019年4月被授予江苏省“五一劳动奖章”。（高玉辉）

■**蒋晓美** 女，汉族，1970年1月出生，中共党员，本科学历、硕士学位，扬州市翠岗中学副校长，中学高级职称。蒋晓美带头课改，作为语文学科带头人，一直担任1—2个班语文课，6次上市级公开课、录像课、送教下乡，10次教学比赛获一、二等奖，主持4个省、市课题。近五年来独立在省级以上刊物发表论文27篇，2018年辅导学生27人次获奖。关爱学生，精准帮扶，牵手爱心人士7年帮困10个孩子、17.12万元。关爱留守儿童，义务做讲座，亲编法治教材，创新法治教育获全市推广。2018年在全市开放文明用餐主题班会课上，作9场教育教学管理讲座。学校先后获评“省红旗团委”“省优秀家长学校”“省关心下一代工作先进集体”“省国家版图意识宣传教育示范学校”“省中学少先队工作示范学校”“全国少先队辅导员专业化培训实验学校”等，连续四年宣传工作列市直学校第一名。蒋晓美于2013年被评为江苏省“关心下一代工作先进个人”，2018年被授予扬州市“五一劳动奖章”。2019年4月被授予江苏省“五一劳动奖章”。（高玉辉）

■**孙红军** 男，汉族，1972年6月出生，中共党员，研究生学历，江苏东宝农化股份有限公司技术中心主任，高级工程师，高级经济师。他主持公司农

江苏省五一劳动奖章获得者李青　　张孔生/摄

药科研项目12项，其中“新型生物除草剂菌克阔中试”为国家农转资金重点项目，“新型生物农药阿楝悬浮剂中试”为国家农转资金项目、国家火炬计划项目，“30%苯醚甲环唑·丙环唑悬浮剂”列为国家重点新产品、国家重点星火计划项目，“基于蚯蚓粪生物活性菌群的花卉抗生菌肥研究与开发”列为江苏省农业科技支撑项目，“农药新剂型研发创新能力提升项目”为江苏省工业和信息产业转型升级专项引导资金项目。31个项目被认定为江苏省高新技术产品，获授权发明专利9项，新增销售3.22亿元，新增利税6946万元；研发的农药原药合成、水基化应用新工艺，年节约化工原料2000万元，动力燃料节约350万元，为农业增收8亿~10亿元。2006、2008年度获扬州市科技进步奖三等奖，2012年被评为全国“讲理想、比贡献”活动优秀组织者；2014年获江苏省“我为节能减排献一计”二等奖，2015年获江苏省科学技术一等奖、扬州市专利奖金奖、第五届扬州市职工“十大科技创新成果”，被授予扬州市“五一劳动奖章”；2018年被评为“全国企业知识产权工作先进个人”。2019年4月被授予江苏省“五一劳动奖章”。（高玉辉）

■**金开明** 男，汉族，1958年6月出生，高中学历，高邮市汪曾祺学校董事长、校长，经济师。2003年6月，金开明投入3280万元，收购高邮中学老校园，在高邮中学初中部基础上创办高邮市赞化学校。2017年学校整体搬迁至投资3.5亿元的新校园，并增设小学部，2018年5月更名“汪曾祺学校”。以金开明为领头人的学校管理团队，加大办学投入，强化师德师能建设，开展创优晋星活动，学校成为高邮基础教育的一面旗帜，教育质量跃居扬州市初中名校第一方阵前列。汪曾祺学校先后被表彰为全国“民办教育先进集体”，江苏省“民办教育先进单位”“教学创新特色学校”“依法治校示范校”“健康促进学校金奖”“五四红旗团委”，扬州市“平安校园示范校”“艺术教育特色学校”“教育科研样本校”“教育技术装备示范校”等。2007年，金开明被授予“高邮市劳动模范”称号，2010年被评为“全国民办教育先进工作者”。2019年4月被授予江苏省“五一劳动奖章”。（高玉辉）

■**王　全** 男，汉族，1982年7月出生，中共党员，本科学历，江苏邗建集团有限公司项目经理，高级工程师。王全在担任月城科技广场工程项目副经理期间，坚持绿色环保施工，注重材料二次利用，严格施工现场安全标准化管理，重视扬尘管控治理，有效提升现场安全文明管理各项水平，该项目获评“国家AAA级安全文明标准化工地”，个人获“江苏省安全管理先进个人”称号。担任江苏省第19届省运会场馆——扬州射击运动中心工程的项目经理时，树立精品意识，亲自参与高支模、预应力、大跨度钢结构等细部难点的作业施工，确保工程按质按期交付，保障省运会射击项目如期进行。在建筑面积约31万平方米的五彩世界生活广场工程施工中，提出“抓工程进度，一着不让；抓工程质量，一点情面不讲；抓工程安全，一刻也不放松”的项目口号，采取多项科学管理举措，有序推进项目安全、质量、进度和文明施工等各项工作。项目520多天便竣工交付，创造扬州建筑市场的进度奇迹。2017年被授予扬州市“五一劳动奖章”。2019年4月被授予江苏省“五一劳动奖章”。（高玉辉）

■**王　毅** 男，汉族，1974年6月出生，本科学历，江苏国信扬州发电有限责任公司汽机专业工程师，高级工程师。他主要负责二期工程2×630兆瓦超临界机组汽机专业运行管理工作，十多年来，不断提高公司及部门的运行规范化、安全标准化、指标精细化。2018年发现并成功处理4号机组供热调门故障、3号机组3号高加泄漏、3号机组主机组停运期间转速异常、3号机组主油箱油位不正常上升等主要设备缺陷与重大安全隐患。落实公司节能降耗工作部署，先后完成四台机组供热、凝泵变频、汽机汽封等技术改造。经常性进行耗差分析和运行方式优化、专业指标及对标管理，规范凝汽器冷端优化运行、提出高压汽水阀门泄漏排查处理、胶球及水室真空泵系统治理等多项合理化建议，全面跟踪改造项目进程，保证项目早调试、早投用、早收益。2018年，在3号机组提参数增容提效改造（公司重大节能技改）项目中，实现3号机组通流改造后的一次启动成功，3号机组改造后汽机热耗率下降270千焦/千瓦时，对应机组煤耗下降10克/千瓦时，年节约燃料成本约2400万元。先后多次被评为集团公司“先进个人”、公司“十佳职工”，2018年被授予扬州市“五一劳动奖章”。2019年4月被授予江苏省“五一劳动奖章”。（高玉辉）

■**高　涛** 女，汉族，1972年4月出生，中共党员，本科学历，中国移动通信集团江苏有限公司扬州分公司集团客户部副经理兼女工委主任。高涛带领的政企客户服务中心为各级移动集团客户提供全方位的优质服务和业务支撑，团队的行业保拓、信息化应用等收入和分额均列全区前位。牵头建设平安乡镇和技防城建设，为政法条线配备各类信息化装备1万余户。服务省运会期间的高空监控、微卡口、应急布控球建设，保障省运会的安保工作。智慧安监、公车调度、医改惠民等项目有效提升各级工作效率和影响力。作为兼职女工委主任，她带领公司女员工持续开展巾帼建功、献爱心，读书学技和丰富多彩的文体活动，发挥女员工在公司两个文明建设中的作用。2003、2014年被评为扬州市“五一巾帼示范标兵”，2015年被评为扬州市“三八红旗手”，2018年被评为江苏省“五一巾帼标兵”。2019年4月被授予江苏省“五一劳动奖章”。（高玉辉）

■**张　萍** 女，汉族，1967年6月出生，中共党员，本科学历，中国银行股份有限公司扬州分行工会副主席兼办公室主任。她团结带领工会一班人，调动广大员工参与公司经营管理的积极性，营造分行与员工共建共享、和谐共赢的良好局面。她带领的集体先后获全国“模范职工之家”、江苏省“职工书屋”、扬州市五一劳动奖状、扬州市三八红旗集体、扬州市五星级基层工会等荣誉。牵头成功组织创建工人先锋号、巾帼示范岗、银行业“百佳”等八个国家级荣誉，近几年来在省辖工会条线考评中均名列前茅。先后获“江苏省优秀工会工作者”“中国银行总行巾帼建功先进工作者”“扬州市新时代三星级基层工会主席”“扬州市巾帼建功标兵”等称号。2019年4月被授予江苏省“五一劳动奖章”。（高玉辉）

■陈均平 男，1964年7月出生，本科学历，阿斯塔导线有限公司总经理。2012年，陈均平受阿斯塔总部（奥地利）委派至阿斯塔（中国）担任总经理。他团结和带领全体员工践行以“创新、领导、专业、减废、责任”为经营理念，以“追求卓越、诚信如一”为服务态度，以人性本位为出发点的架构，真诚回报客户、回报社会。2012年至今，在他的带领下，公司获得国家级实用新型专利19个，部分核心产品的性能、质量居于全球同行的最前列；公司的产量、出口比例逐年增长，2018年产量是2012年的2.56倍，出口比例从2012年的22%提升到2018年的45.15%。2019年4月被授予江苏省“五一劳动奖章”。（高玉辉）

江苏省“五一劳动荣誉奖章”获得者

■蔡　兵 男，1961年6月出生，德籍华人，工学博士，杰斯（扬州）智能环保科技有限公司董事长。2013年，蔡兵到扬州创办杰斯（扬州）智能环保科技有限公司，注册资本100万欧元。创业项目“柔性面砖智能生产线”为国内首创，实现年产值超千万元；获批2013年江苏省“双创计划”人才、扬州市广陵区“广聚英才计划”人才，2014年扬州市“绿扬金凤计划”人才。在第八届国际发明展览会上，柔性面砖项目获“发明创业奖”铜奖，被第七届中国砂浆行业年度评选为“中国砂浆行业十大奠基人”，是中国砂浆产业研究所顾问委员会顾问、首届干混砂浆工艺设备设计竞赛主要评委、中国干混砂浆协会和杂志设备制造技术专家。他拥有专利15项，其中发明专利1项、外观专利1项、实用新型专利13项，发表学术论文20篇，其中SCI论文3篇。2019年4月被授予江苏省“五一劳动荣誉奖章”。

（高玉辉）

2019年度扬州市享受劳模待遇人员一览表

表41-1

姓　名	工作单位及职务	受表彰情况	表彰单位	享受待遇
朱杏玲（女）	高邮市残联理事长	全国残联系统先进工作者	人力资源和社会保障部、中国残疾人联合会	省部级表彰奖励获得者待遇
马新红	扬州市财政局教科文处处长	全国财政系统先进工作者	人力资源和社会保障部、财政部	省部级表彰奖励获得者待遇
李斯凤（女）	江苏省宝应中学德育处副主任	全国模范教师	人力资源和社会保障部、教育部	省部级表彰奖励获得者待遇
沈海军	扬州市八里中心小学信息中心主任	全国模范教师	人力资源和社会保障部、教育部	省部级表彰奖励获得者待遇
周明龙	江苏省江都中学校长	全国教育系统先进工作者	人力资源和社会保障部、教育部	省部级表彰奖励获得者待遇
朱雪宏	扬州市司法局公共法律服务管理处处长	全省司法行政系统先进工作者	江苏省人力资源和社会保障厅、江苏省司法厅	市级表彰奖励获得者待遇

续表 41-1

姓　名	工作单位及职务	受表彰情况	表彰单位	享受待遇
王　垠	扬州市国家安全局	新中国成立 70 周年大庆全省安保维稳工作先进个人	江苏省委政法委、江苏省人力资源和社会保障厅	市级劳动模范和先进工作者待遇
华　明	扬州市公安局广陵分局副局长	新中国成立 70 周年大庆全省安保维稳工作先进个人	江苏省委政法委、江苏省人力资源和社会保障厅	市级表彰奖励获得者待遇
李　忠	扬州市委政法委执法监督处涉法涉诉信访处处长	新中国成立 70 周年大庆全省安保维稳工作先进个人	江苏省委政法委、江苏省人力资源和社会保障厅	市级表彰奖励获得者待遇
张　巍	扬州市公安局开发区分局扬子津派出所副所长	新中国成立 70 周年大庆全省安保维稳工作先进个人	江苏省委政法委、江苏省人力资源和社会保障厅	市级表彰奖励获得者待遇
张秀凯	扬州市中级人民法院立案庭书记员	新中国成立 70 周年大庆全省安保维稳工作先进个人	江苏省委政法委、江苏省人力资源和社会保障厅	市级表彰奖励获得者待遇
金　晔	扬州市公安局国保支队一大队教导员	新中国成立 70 周年大庆全省安保维稳工作先进个人	江苏省委政法委、江苏省人力资源和社会保障厅	市级表彰奖励获得者待遇
宗俊祥	扬州市邗江区人民检察院第五检察部主任、一级检察官	新中国成立 70 周年大庆全省安保维稳工作先进个人	江苏省委政法委、江苏省人力资源和社会保障厅	市级表彰奖励获得者待遇
赵　慧	扬州市公安局交警支队高速公路三大队一中队指导员	新中国成立 70 周年大庆全省安保维稳工作先进个人	江苏省委政法委、江苏省人力资源和社会保障厅	市级表彰奖励获得者待遇
赵如荧	高邮市公安局刑警大队副大队长	新中国成立 70 周年大庆全省安保维稳工作先进个人	江苏省委政法委、江苏省人力资源和社会保障厅	市级表彰奖励获得者待遇
郝建锋	宝应县公安局刑警大队副大队长	新中国成立 70 周年大庆全省安保维稳工作先进个人	江苏省委政法委、江苏省人力资源和社会保障厅	市级表彰奖励获得者待遇
胡　俊	扬州市司法局人民参与和促进法治处处长	新中国成立 70 周年大庆全省安保维稳工作先进个人	江苏省委政法委、江苏省人力资源和社会保障厅	市级表彰奖励获得者待遇

续表 41-1

姓　名	工作单位及职务	受表彰情况	表彰单位	享受待遇
景　虎	扬州市信访局副局长	新中国成立70周年大庆全省安保维稳工作先进个人	江苏省委政法委、江苏省人力资源和社会保障厅	市级表彰奖励获得者待遇
李德鹏	仪征市委政法委综治督导科副科长	新中国成立70周年大庆全省安保维稳工作先进个人	江苏省委政法委、江苏省人力资源和社会保障厅	市级表彰奖励获得者待遇
丁岩冰	扬州大学附属医院主任医师	先进工作者和劳动模范	江苏省人社厅、江苏省卫健委、江苏省中医药管理局	市劳模
吉华祥	扬州市卫生健康委员会处长	先进工作者和劳动模范	江苏省人社厅、江苏省卫健委、江苏省中医药管理局	市劳模
刘　刚	邗江区方巷中心卫生院社区副主任医师	先进工作者和劳动模范	江苏省人社厅、江苏省卫健委、江苏省中医药管理局	市劳模
宋德宽	宝应县氾水镇中心卫生院社区副主任医师	先进工作者和劳动模范	江苏省人社厅、江苏省卫健委、江苏省中医药管理局	市劳模
俞　飞（女）	高邮市妇幼保健院主任医师	先进工作者和劳动模范	江苏省人社厅、江苏省卫健委、江苏省中医药管理局	市劳模
钱建军	苏北人民医院主任医师	先进工作者和劳动模范	江苏省人社厅、江苏省卫健委、江苏省中医药管理局	市劳模
曹　俊	扬州市江都人民医院主任医师	先进工作者和劳动模范	江苏省人社厅、江苏省卫健委、江苏省中医药管理局	市劳模
傅　阳	扬州市宝应生态环境局分党组成员、副局长	江苏省生态环境系统先进工作者	江苏省人力资源和社会保障厅、江苏省生态环境厅	市级劳动模范和先进工作者待遇
王云峰	扬州市环境执法局执法稽查科科长	江苏省生态环境系统先进工作者	江苏省人力资源和社会保障厅、江苏省生态环境厅	市级劳动模范和先进工作者待遇

续表 41-1

姓　名	工作单位及职务	受表彰情况	表彰单位	享受待遇
王亚林	江苏省扬州环境监测中心室主任、高级工程师	江苏省生态环境系统先进工作者	江苏省人力资源和社会保障厅、江苏省生态环境厅	市级劳动模范和先进工作者待遇
刘本陆	仪征市审计局党组副书记、副局长	全省审计机关先进工作者	江苏省人力资源和社会保障厅、江苏省审计厅	市级劳动模范和先进工作者待遇
肖忠圆	扬州仪征市委统战部对台工作科科长	全省民族宗教系统先进工作者	江苏省人力资源和社会保障厅、江苏省民族宗教事务委员会	市级表彰奖励获得者待遇
周百其	扬州市粮食局粮油质量检测所所长	江苏省粮食系统先进工作者	江苏省人力资源和社会保障厅、江苏省粮食和物资储备局	市级表彰奖励获得者待遇
聂有云	扬州粮食储运加工有限公司党支部书记、经理	江苏省粮食系统先进工作者	江苏省人力资源和社会保障厅、江苏省粮食和物资储备局	市级表彰奖励获得者待遇
潘　杨（女）	扬州市红十字会事业发展部负责人、培训中心主任	江苏省红十字会系统先进工作者	江苏省人力资源和社会保障厅、江苏省红十字会	市级表彰奖励获得者待遇
俞　蓉（女）	扬州市邗江区委宣传部常务副部长	江苏省宣传系统先进工作者	江苏省委宣传部、江苏省人力资源和社会保障厅	市级表彰奖励获得者待遇
包　伟（女）	扬州市曲艺研究所副所长	第五届江苏省中青年德艺双馨文艺工作者	江苏省人力资源和社会保障厅、江苏省文联	市级表彰奖励获得者待遇
于子洲	扬州晨化新材料股份有限公司董事长兼总经理	第七届江苏省非公有制经济人士优秀中国特色社会主义事业建设者	中共江苏省委统战部、江苏省工业和信息化厅、江苏省人力资源和社会保障厅、江苏省市场监督管理局、江苏省工商业联合会	市级表彰奖励获得者待遇
于国权	江苏长青农化股份有限公司董事长	第七届江苏省非公有制经济人士优秀中国特色社会主义事业建设者	中共江苏省委统战部、江苏省工业和信息化厅、江苏省人力资源和社会保障厅、江苏省市场监督管理局、江苏省工商业联合会	市级表彰奖励获得者待遇
倪志峰	扬州市人力资源和社会保障局职业能力建设处处长	江苏省人力资源社会保障系统先进工作者	江苏省人力资源和社会保障厅	市级表彰奖励获得者待遇

续表 41-1

姓　名	工作单位及职务	受表彰情况	表彰单位	享受待遇
刘　刚	扬州市人社局生态科技新城办事处主任	江苏省人力资源社会保障系统先进工作者	江苏省人力资源和社会保障厅	市级表彰奖励获得者待遇
王振祥	扬州市政协副主席、市民政局局长	全省民政系统先进工作者	江苏省人力资源和社会保障厅、江苏省民政厅	市级表彰奖励获得者待遇
王　军	扬州市社会福利中心主治医师	全省民政系统劳动模范	江苏省人力资源和社会保障厅、江苏省民政厅	市级表彰奖励获得者待遇
陈　芳（女）	仪征市殡仪馆职工	全省民政系统劳动模范	江苏省人力资源和社会保障厅、江苏省民政厅	市级表彰奖励获得者待遇
陈桂兵	江苏易图地理信息科技股份有限公司质检部，质检组长	江苏省五一劳动奖章	江苏省总工会	市劳模
王　翔	江苏省水利建设工程有限公司，专业技术人员	江苏省五一劳动奖章	江苏省总工会	市劳模
蔡　兵	杰斯（扬州）智能环保科技有限公司总经理兼董事长	江苏省五一劳动奖章	江苏省总工会	市劳模
祝飞飞	江苏东晟新诚建设集团有限公司总经理	江苏省五一劳动奖章	江苏省总工会	市劳模
张　萍（女）	中国银行扬州分行广陵支行业务经理	江苏省五一劳动奖章	江苏省总工会	市劳模
高　涛（女）	扬州移动公司工会副主席兼集团客户部副经理	江苏省五一劳动奖章	江苏省总工会	市劳模
李　青	江苏长江水务股份有限公司营业所小李服务队队长	江苏省五一劳动奖章	江苏省总工会	市劳模
陈均平	阿斯塔导线有限公司总经理	江苏省五一劳动奖章	江苏省总工会	市劳模
王　毅	江苏国信扬州第二发电有限责任公司汽机专业工程师	江苏省五一劳动奖章	江苏省总工会	市劳模
王　全	江苏邗建集团有限公司项目经理	江苏省五一劳动奖章	江苏省总工会	市劳模
蒋晓美（女）	扬州市翠岗中学副校长	江苏省五一劳动奖章	江苏省总工会	市劳模

续表 41-1

姓　名	工作单位及职务	受表彰情况	表彰单位	享受待遇
金开明	高邮市汪曾祺学校董事长	江苏省五一劳动奖章	江苏省总工会	市劳模
孙红军	江苏东宝农化股份有限公司技术中心主任	江苏省五一劳动奖章	江苏省总工会	市劳模
郭　萍（女）	宝应县粮食局党委书记、局长	江苏省粮食系统先进工作者	江苏省人力资源和社会保障厅、江苏省粮食和物资储备局	市劳模
聂有云	扬州粮食储运加工有限公司总支书记、经理	江苏省粮食系统劳动模范	江苏省人力资源和社会保障厅、江苏省粮食和物资储备局	市劳模
范有祥	扬州市江都区粮食收储总公司总经理	江苏省粮食系统劳动模范	江苏省人力资源和社会保障厅、江苏省粮食和物资储备局	市劳模

（潘　宁）

新闻人物

2019 年度扬州市城市贵宾

（由扬州市人民政府评选表彰）

王　飞　哈工大机器人集团股份有限公司董事长

王　石　万科集团创始人、董事会名誉主席

朱仲文　中汽中心（天津）汽车工程研究院开发部主任、中汽中心（高邮）汽车工程研究院总经理

刘志敏　中国航空工业集团有限公司沈阳飞机设计研究所所长、党委副书记

李向强　腾讯科技（深圳）有限公司行政拓展总监

何奕达　台湾永丰余投资控股股份有限公司董事长

张锦秋　中国工程院院士、中国工程建设设计大师

郑　平　华侨城华东集团副总经理、扬州华侨城实业发展有限公司董事长

段彦修　中国石化天然气分公司、天然气有限责任公司总经理、党委副书记

哈盖·多尔（Hagai Dror）　以色列卫生部政府间合作理事会主任

姚　菲　扬州恒润海洋重工有限公司总经理

黄金强　苏州晶樱光电董事、总经理，扬州晶樱光电董事长

黄崇祺　中国工程院院士、上海电缆研究所高级工程师

程　亮　上汽大众仪征分公司党委书记、总经理

（吕纯军）

2019 年度十大“扬州好人”

（由中共扬州市委宣传部、扬州市文明办评选表彰）

马建勇　高邮市红星志愿者协会会长

马新红　扬州市财政局教科文处处长

叶丽君　广陵区君心志愿者协会会长

刘加坤　仪征市公安局交警大队辅警

刘微丽　扬州大学附属医院重症医学科主任

严瑞朗　扬州经济技术开发区宝带社区居民

沈巧云　江都公路运输有限公司公交司机

张耀明　江苏省魔方运动协会秘书长

徐　双　扬州职业大学学生

戴　华　江都区龙川中心派出所民警

（潘　莉）

2019 年度扬州市十大善星

（由中共扬州市委宣传部、扬州市精神文明建设指导委员会办公室、扬州市民政局和扬州市慈善总会评选表彰）

江苏华建建设股份有限公司

江苏邗建集团有限公司

江苏长青农化股份有限公司

扬州市秦邮特种金属材料有限公司

徐军洪　江苏好东方地产集团董事长

周其钧　原扬农化工集团董事长、总经理兼党委书记

徐明峰　邗江区爱心壹加壹食品厂厂长

刁佰辉　宝应县安宜镇东门社区平民慈善典型

倪克龙　仪征市 92 岁退休职工

徐　峰　广陵区古城公益联合会理事长

（吕纯军）

2019 扬州年度新闻人物

（由中共扬州市委宣传部、扬州市文化广电和旅游局、扬州广播电视总台评选表彰）

“火场猛士”——黄淦海

“双创”功臣——马新红

“邗上小哥”——党支部

“科技移民”——刘东北

“最美党员”——刘德宝
“招商先进”——睢万仁
“最美军嫂”——周忠燕
“枫桥经验”践行者——戴华
“创新典范”——王金玉
“科创先锋”——林鹏

（吕纯军）

2019年中国工程院新增扬州籍院士

张佳宝　中国科学院南京土壤研究所研究员
王　琦　北京中医药大学终身教授
陈　卫　江南大学党委常委、副校长、国家功能食品工程技术研究中心主任（吕纯军）

2019扬州十大经济新闻人物

（由市委组织部、市发改委、市工信局、团市委、市工商联、扬州报业传媒集团评选表彰）

牛文生　中航机载系统共性技术有限公司执行董事
何其新　江苏波司登制衣有限公司总经理、党委书记
郭　鑫　哈工大机器人（扬州）科创中心主任
李政昊　川奇光电科技（扬州）有限公司董事长
杨庆亨　江苏中兴派能电池有限公司总经理
杨爱青　晶澳（扬州）太阳能科技有限公司总经理
谈　浩　海沃机械（扬州）有限公司总经理
周　骏　扬州东园食品有限公司董事长
王志峰　扬州中远海运重工总经理
方记华　中科蓝海（扬州）智能视觉科技有限公司总经理　（吕纯军）

逝世人物

■**郑　正**　男，江苏建湖人，汉族，民国14年（1925）12月13日出生，民国30年（1941）2月28日参加工作，民国33年（1944）2月28日加入中国共产党，离休前任邗江县政协委员会主席，1985年12月31日离休，享受副地（局）级待遇。2019年2月10日逝世。（房　园）

■**展根章**　男，江苏靖江人，汉族，民国16年（1927）7月18日出生，民国34年（1945）4月18日参加工作，民国35年（1946）4月30日加入中国共产党，离休前任扬州市对外经济贸易委员会巡视员，1985年12月30日离休，享受副地（局）级待遇。2019年2月16日逝世。（房　园）

■**田　均**　男，江苏如皋人，汉族，民国17年（1928）2月28日出生，民国34年（1945）2月28日参加工作，民国34年（1945）7月31日加入中国共产党，离休前任扬州市计划委员会巡视员，1988年12月30日离休，享受副地（局）级待遇。2019年2月19日逝世。（房　园）

■**伏　海**　男，江苏金湖人，汉族，民国15年（1926）10月30日出生，民国29年（1940）12月28日参加工作，民国31年（1942）6月30日加入中国共产党，离休前任扬州市物价局局长，1985年12月30日离休，享受副地（局）级待遇。2019年6月28日逝世。（房　园）

■**吴加云**　男，江苏高邮人，汉族，民国14年（1925）2月28日出生，民国30年（1941）6月30日参加工作，民国32年（1943）8月31日加入中国共产党，离休前任扬州市汽车工业销售总公司经理，1984年12月9日离休，享受副地（局）级待遇。2019年10月8日逝世。（房　园）

■**戴文明**　男，江苏涟水人，汉族，民国18年（1929）9月26日出生，民国33年（1944）9月30日参加工作，民国35年（1946）8月24日加入中国共产党，离休前任扬州市城乡建设委员会书记，1989年11月1日离休，享受副地（局）级待遇。2019年10月28日逝世。（房　园）

■**周　玉**　男，江苏如皋人，汉族，民国10年（1921）8月31日出生，民国30年（1941）8月31日参加工作，民国33年（1944）11月2日加入中国共产党，离休前任扬州市人民代表大会常务委员会副主任，1983年4月30日离休，享受副地（局）级待遇。2019年11月14日逝世。（房　园）

■**魏国祥**　男，江苏泗阳人，汉族，民国18年（1929）2月27日出生，民国33年（1944）11月30日参加工作，民国33年（1944）11月30日加入中国共产党，离休前任邗江县体育运动委员会巡视员，1986年12月30日离休，享受副地（局）级待遇。2019年12月25日逝世。（房　园）

附录

Fulu

编 辑 徐国磊 陈永华 贾丽琴

组织机构及负责人

（截止时间：2019 年 12 月 31 日）

中国共产党扬州市委员会

书　记　夏心旻
副书记　张宝娟（女）
　　　　孔令俊
常　委　李　航
　　　　陈锴竑
　　　　王炳松
　　　　韩　骅
　　　　张耀武
　　　　勾凤诚
　　　　焦庆标
　　　　刘朝晖
秘书长　韩　骅（兼）
副秘书长
　　　　肖卫东
　　　　徐宏宇（兼）
　　　　张贵强（兼）
　　　　陈永平

市委工作机构

市委办公室（挂“市委机要局”“市国家保密局”“市国家密码管理局”“市档案局”牌子）
主　任　肖卫东（兼）
副主任　刘卫清
　　　　王　浩
　　　　任彬彬（女）

市国家保密局
副局长　高海巍

市档案局
副局长　薛晓军（女）

市委组织部（挂“市委非公有制企业和社会组织工作委员会”“市委党的建设工作领导小组办公室”“市公务员局”牌子，市考核工作委员会办公室设在市委组织部）
部　长　焦庆标（兼）
常务副部长
　　　　徐　龙
副部长　范　耘（兼）
　　　　徐志刚
　　　　夏顺义（兼）
　　　　康　尧

市委非公有制企业和社会组织工作委员会
书　记　徐　龙（兼）
副书记　王　兵

市考核工作委员会办公室
副主任　王　兵（兼）

市委宣传部［挂“市政府新闻办公室”“市精神文明建设指导委员会办公室”“市新闻出版局（市版权局）”牌子］
部　长　勾凤诚（兼）
常务副部长
　　　　李广春
副部长　季培均（兼）
　　　　李继业（兼）
　　　　蒋元峰
　　　　周学军
　　　　陈　洁
　　　　范梅青（女）

精神文明建设指导委员会办公室
主　任　蒋元峰（兼）
副主任　王辉森

出版局
副局长　姜师立

市委讲师团
副团长　丁新伯

市委统一战线工作部（挂“市政府侨务办公室”牌子）
部　长　孔令俊（兼）
常务副部长
　　　　宗金林
副部长　陈荣进（兼）
　　　　朱建明（兼）
　　　　顾元周

市政府侨务办公室
主　任　顾元周（兼）
副主任　李越平
　　　　庞春奎

市委政法委员会
书　记　张耀武（兼）
常务副书记
　　　　许林灿
副书记　宫文飞（兼）
　　　　成　勇
　　　　葛鸿翔
政治部主任
　　　　阎　军

法学会
专职副会长
　　　　夏　晴（女）

市委研究室（市委全面深化改革委员会办公室、市委财经委员会办公室设在市委研究室）
主　任　徐宏宇
副主任　李炜冰
　　　　李道松

市委网络安全和信息化委员会办公室（挂“市互联网信息办公室”牌子）
主　任　殷元松
副主任　黄振宇
　　　　张先斌

市委机构编制委员会办公室（挂“市事业单位登记管理局”牌子）
主　任　徐志刚（兼）
副主任　焦立群（女）
　　　　周秀亮
市委台湾工作办公室（挂“市政府台湾事务办公室”牌子）
主　任　黄俊华
副主任　蔡　平
　　　　崇玉强
　　　　巫国胜
市委市级机关工作委员会
书　记　许　明
副书记　周步祥
　　　　刘　刚
　　　　徐良明
纪工委书记
　　　　王　卫（女）
市委巡察工作办公室
主　任
　　　　蔡　蕾（女，兼）
副主任　许　辉（女）
市委巡察组
组　长　宗金林（兼）
　　　　杨世春
　　　　赵志宏（兼）
　　　　董兆芝
　　　　桑育林
副组长　薛　翔
　　　　方加根
　　　　殷晓竞（女）
　　　　郭　峰
　　　　曹让礼
　　　　孙桂生
　　　　钱方清
　　　　张　曹
　　　　郑依贫
　　　　潘大联
　　　　黄　燕（女）
　　　　周明章
市委老干部局（挂“市委离退休干部工作委员会”牌子）
局　长　夏顺义
副局长　沈兆琼
　　　　翁广琪
　　　　章士江
市委离退休干部工作委员会
书　记　夏顺义（兼）
副书记　骆礼国

市委直属单位

市委党校
校　长　孔令俊（兼）
党委书记
　　　　陈长新
常务副校长
　　　　陈长新（兼）
副校长　李存灵
　　　　薛　峰
　　　　胡志高
市行政学院
院　长　孔令俊（兼）
副院长　陈长新（兼）
　　　　范　耘（兼）
　　　　李存灵（兼）
　　　　薛　峰（兼）
　　　　胡志高（兼）
市档案馆（挂“市地方志办公室”牌子）
馆　长　张贵强
副馆长　柏桂林
　　　　马　俊
　　　　朱道宏
市地方志办公室
主　任　张贵强（兼）
市委党史办公室
主　任　强学民
副主任　单杰华
　　　　冯雅勤
　　　　李　颖（女）
扬州报业传媒集团（扬州日报社）
集团党委书记
　　　　李继业
集团党委副书记
　　　　周明涛（兼）
集团纪委书记
　　　　李继学
集团有限公司董事长
　　　　李继业（兼）
集团有限公司总经理
　　　　袁文生
集团有限公司副总经理
　　　　徐　扬
　　　　曾学文
　　　　朱宏兵
扬州日报社社长
　　　　李继业（兼）
扬州日报社副社长
　　　　周明涛（兼）
扬州日报总编辑
　　　　周明涛
扬州日报副总编辑
　　　　李　峰
　　　　拾景炎
　　　　李　华（挂职）

扬州市人大常委会

党组书记
　　　　夏心旻（兼）
党组副书记
　　　　李忠盛
副主任　李忠盛（兼）
　　　　朱　妍（女）
　　　　沙志芳
　　　　范天恩
　　　　杨正福
秘书长　刘晓明
副秘书长
　　　　朱元豪
　　　　吴效安（正处级）
　　　　刘洁（女，正处级）
　　　　李明安（正处级）
　　　　毕　刚

市人大常委会办公室、研究室，各工作委员会

办公室
主　任　朱元豪（兼）
副主任　陈　曦（女）
　　　　吕天龙
　　　　张敬武
研究室
主　任　罗庆久
副主任　殷　荣（女）
内务司法工作委员会
主　任　阚肖虹
副主任　朱正明
　　　　张媛媛（女）
经济工作委员会
主　任　王华平
农村工作委员会
主　任　阚成法
副主任　王　平
教育科学文化卫生工作委员会
主　任　沈宏跃
副主任　江晓昀（女）
环境资源城乡建设工作委员会
主　任　刘焕琴（女）
副主任　周　蕾（女）

陈　军

人事代表工作委员会

主　任　孙玉培

副主任　平大春

杨　跃（女，挂职）

民宗侨台外工作委员会

主　任　陈志宏

副主任　郑国华

法制工作委员会

主　任　刘　柏

副主任　于　力

预算工作委员会

主　任　吴焱新

副主任　王　薇（女）

扬州市人民政府

代理市长

张宝娟（女）

副市长　陈锴竑

丁　一

宫文飞

何金发

余　珽

方桂林

刘禹同（挂职）

秘书长　尤在晶

副秘书长

王玉军

高长明（兼）

林宝荣

雍有瑜

张　伟

吴　军

张小辉

郭宇峰（挂职）

市政府工作机构

市政府办公室（挂“市政府研究室”“市大数据管理局”牌子）

主　任　王玉军（兼）

副主任　宋振邦

李红卫

张其龙

顾友红

陈　健

市政府研究室

主　任　王玉军（兼）

副主任　郑志明

大数据管理局

主　任　王玉军（兼）

发展和改革委员会（挂“市粮食和物资储备局”牌子，市委军民融合发展委员会办公室设在市发展和改革委员会）

主　任　黄为民

党组副书记

姜开圣（正处级）

副主任　姜开圣（正处级，兼）

程兆君（女）

韩长金

卞　吉

孙景亮

王　峰

粮食和物资储备局

局　长　黄为民（兼）

副局长　黄学东

朱晓进

市委军民融合发展委员会办公室

副主任　徐　健（正处级）

重大项目办公室

副主任　张苏煜

戴富云

郎　俊

教育局（市委教育工作委员会与市教育局合署办公，市政府教育督导室设在市教育局）

局　长　周应华

副局长　卫　刚（正处级）

匡成兰（女，正处级，兼）

余通海

昌　明

市委教育工作委员会

书　记　周应华（兼）

副书记　王朝勃

市政府教育督导室

副主任　吴晓寅

李斌桃

科学技术局

局　长　陈　星

副局长　赵松林

赵浩岭

李　锋

钱　东

工业和信息化局

局　长　王正年

副局长　李厚林

许亚军

张云翔

赵宽安

陈江伟

郭万山

许立新

华占军

民族宗教事务局

局　长　朱建明

副局长　廖　勇

郑　妮（女）

公安局

局　长　宫文飞（兼）

党委副书记

翁国彦

常务副局长

翁国彦（兼）

副局长　刘　毅（正处级）

秦雨花

基国平

黄太鹏（正处级）

李春阳

周　晖（挂职）

政治部主任

李春阳（兼）

民政局

局　长　王振祥

党委书记

陈小浩

副局长　陈小浩（兼）

陈晓星

徐德林

王艾平

司法局（市委全面依法治市委员会办公室设在市司法局）

局　长　苏满满

副局长　厉海涛

姚爱国

丁玉祥

王桂才

徐晓明

李福才

邱耀文（挂职）

财政局

局　长　朱柏兴

副局长　高　阜

罗庆寿

郭　佳（女）

张思忠

杨建民

人力资源和社会保障局

局　长　范　耘

副局长　吴　芳（女）

张跃春

李宏平
周光践
王锦程
邹明玮（女，挂职）

自然资源和规划局（挂“市林业局”牌子）
局　长　周正权
副局长　汪庆湖
严　寒
夷　彬
叶卫东
伏年久
裴东伟
沈万林
杨庆洋
总规划师
朱雷亭

生态环境局
局　长　金春林
副局长　滕远东
陈修道
姚江潮

住房和城乡建设局（挂“市人民防空办公室”“市园林管理局”“市地震局”牌子）
局　长　陶伯龙
副书记　耿　良（正处级）
副局长　耿　良（正处级，兼）
杨　云（兼）
刘忠华
肖　波
孙　蔚（女）
薛炳宽
刘　泓（女）
张　虎

人民防空办公室
主　任　陶伯龙（兼）
副主任　侯载铭
殷　杰
朱　元
苏明清

园林管理局
局　长　陶伯龙（兼）
副局长　张家来
唐红军
陆士坤
赵　岚（女）

地震局
局　长　陶伯龙（兼）
副局长　方开宏

城市管理局（挂“市城市管理综合行政执法局”牌子）
局　长　彭苏宁
副局长　汤　勇
王德伟
王　琴（女）
吴　广

城市管理行政执法局
局　长　彭苏宁（兼）

交通运输局（挂“市地方铁路建设办公室”牌子）
局　长　徐　斌
副局长　晏　明
印德明
杨步云
丁泽民
王才林
张宏亮（兼）
邓社军（挂职）

地方铁路建设办公室
主　任　徐　斌（兼）

水利局
局　长　康盛君
副局长　凌国栋
尹晓斌
徐海中
郑灯龙
张东培

农业农村局（挂“市政府扶贫工作办公室”牌子，市委农村工作领导小组办公室设在市农业农村局）
局　长　马顺圣
副书记　周学金（正处级）
副局长　周学金（正处级，兼）
陈　石（正处级）
殷立松
顾加旺
吴　华（女）
潘绪海
汪爱智
李铁军
姚丰华（挂职）
总畜牧兽医师
徐煜峰
总农艺师
严巧玲（女）

市委农村工作领导小组办公室
副主任　袁强华

市政府扶贫工作办公室
主　任　马顺圣（兼）

副主任　陈晓明

商务局（挂“市口岸办公室”牌子）
局　长　苏爱根
副局长　张连生
何　炜
陈　清
车国华（女）
侯　兵（挂职）

口岸办公室
主　任　苏爱根（兼）
副主任　张德云
张　军

中国国际贸易促进委员会扬州市支会
会　长　钱中声
副会长　杜　滨
秘书长　梁顺龙

文化广电和旅游局（挂“市文物局”牌子）
局　长　季培均
党委副书记
仲玉龙（正处级）
副局长　仲玉龙（正处级，兼）
王明宏
陈玲春（女）
周启云
毛卫东
李政成
王官宏

文物局
局　长　季培均（兼）
副局长　徐国兵
曹华军

卫生健康委员会（挂“市中医药管理局”牌子）
主　任　赵国祥
党委副书记
王　林
副主任　陈　雷
王　骏
王劲松

中医药管理局
局　长　赵国祥（兼）

退役军人事务局
局　长　孙玉金
副局长　翟江淮
王春香（女）
刘学军

应急管理局
局　长　熊佳芝

副局长　李风如
　　　　王兆龙
　　　　周　炜
　　　　胡顺斌
　　　　卜广年
　　　　付有根
　　　　娄金海（挂职）
总工程师
　　　　张景臣
审计局（市委审计委员会办公室设在市审计局）
局　长　蔡先建
副局长　袁竹青
　　　　李永高
　　　　周春山
　　　　潘宝庆
　　　　陈焕章
　　　　冷静玉（女）
总审计师
　　　　高金松
市政府外事办公室（挂“市政府港澳事务办公室”牌子，市委外事工作委员会办公室设在市政府外事办公室）
主　任　朱　勇
副主任　蒋旭东
　　　　徐　静（女）
　　　　王玉琴（女）
市政府港澳事务办公室
主　任　朱　勇（兼）
市政府国有资产监督管理委员会
主　任　王庆山
党委副书记
　　　　张　伟
副主任　沈家宽
　　　　夏心忠
　　　　顾克荣
政务服务管理办公室（挂“市行政审批局”牌子）
主　任　王　涛（女）
副主任　曹文明
　　　　郭有亮
　　　　乔有金
行政审批局
局　长　王　涛（女，兼）
市场监督管理局（挂“市知识产权局”牌子）
局　长　胡春风
副局长　陆志林
　　　　谈法华
　　　　王海峰
　　　　朱宋华
　　　　朱　彤（女）
　　　　苏　明
　　　　刘观清
　　　　杜建武
　　　　谈嘉山
　　　　刘如林
　　　　杜志贵
　　　　夏增忠
　　　　姜文洋
食品安全总监
　　　　洪　昊
知识产权局
局　长　胡春风（兼）
副局长　肖　猛
体育局
局　长　李桂山
副局长　周　烈
　　　　张　荣
　　　　盛　宇
　　　　丁卫社（挂职）
　　　　傅　建（女，挂职）
统计局
局　长　赵振东
副局长　陈凤桂
　　　　刘网华
　　　　刘加祥
　　　　钱利东
医疗保障局
局　长　华德荣
党组书记
　　　　许德奎
副局长　许德奎（兼）
　　　　管宏喜
　　　　李晓钟

市信访局（市委信访局和市信访局合署办公）
局　长　高长明
副局长　冯雪明
　　　　蒋立新
　　　　景　虎
督查专员
　　　　袁志刚
　　　　孙　波（女）
地方金融监督管理局（挂“市政府金融工作办公室”牌子）
局　长　吴顺文
副局长　陈家根
　　　　许立宏
　　　　李　宁（女）
市政府金融工作办公室
主　任　吴顺文（兼）
机关事务管理局
局　长　葛社清
副局长　陈仁茂
　　　　张　林
　　　　许宝忠
　　　　顾晓晖（女）

市政府派出机构

扬州经济技术开发区管理委员会
工委书记
　　　　蒋爱祥
主　任　陈　曦
工委副书记
　　　　陈　曦（兼）
　　　　侯承海
副主任　施益香（女）
　　　　谢百川
　　　　丁晓东
　　　　臧灿甲
　　　　田醒民
　　　　杨　斌
　　　　孟德和
　　　　徐美华（女，挂职）
纪工委书记（监察工委主任）
　　　　李　琪（女）
组织人事部部长
　　　　陈国祥
工委、管委会办公室主任
　　　　商长冠
市公安局开发区分局局长
　　　　张力前
扬州化学工业园区管理委员会
副主任　吴　汛（女）
　　　　张宏康
　　　　陆永进（女）
纪工委书记
　　　　刘尚玉
生态科技新城管理委员会
工委书记
　　　　杨　蓉（女）
主　任　夏正东
副书记　夏正东（兼）
副主任　袁慧中（女）
　　　　钱建忠
　　　　陈　彬
　　　　唐朝文

吴国群
纪工委书记
吴　俊

蜀冈－瘦西湖风景名胜区管理委员会

工委书记
汤卫华
主　任　胡晓峰
工委副书记
胡晓峰（兼）
刘马根
副主任　周长军
顾永良
陈福新
纪工委书记
郭　坚

市直属单位

供销合作总社

主　任　乔国银（女）
副主任　赵国斌
马越飞
监事会主任
陈正清

扬州仲裁委员会秘书处

秘书长　朱愈明
副秘书长
胡士博
朱毅锴

扬州广电传媒集团（扬州广电总台）

集团党委书记
陈韵强
集团党委副书记
徐永泰（兼）　吴黎宁
集团纪委书记
张晓斌
集团有限公司董事长
陈韵强（兼）
集团有限公司总经理
陆建华
集团有限公司副总经理
周晓晓（女）
高华彬
广电总台台长
陈韵强（兼）
广电总台副台长
陆建华（兼）
经　农
王　永
广电总台总编辑
徐永泰
广电总台副总编辑
孙建昶

***住房公积金管理中心**

主　任　杨　云
党支部书记
王正凡

江苏省工人扬州疗养院

院　长　田　伟
副院长　夏朋林
顾　淋

江苏里下河地区农业科学研究所

所　长　李爱宏
党委书记
陈贵江
党委副书记
李爱宏（兼）
王守红
副所长　周如美
苏建坤
吴宏亚
纪委书记
雪　峰

政协扬州市委员会

主　席　陈　扬
党组副书记
夏正祥
副主席　王克胜
董玉海
程吉林
王静成
夏正祥（兼）
王　骏
刘　流（女）
林正玉
秘书长　汤天波
副秘书长
苏迎春（正处级）
冬　冰（正处级）
王振宗（正处级）
吴道根
赵御龙（正处级）
刘　文（女，兼）
黄锦山（兼）

市政协办公室、研究室，各专门委员会

办公室

主　任　吴　军（女）
副主任　王荣山
赵　宇

研究室

主　任　吴道根（兼）
副主任　伏兴中
尹　玲（女，挂职）

提案委员会

主　任　颜　军
副主任　卞　翔
李广春（兼）
徐宏宇（兼）
王玉军（兼）
施益香（女，兼）

经济科技和农业农村委员会

主　任　张曙升
副主任　常春芳（女）
陈荣进（兼）
姜开圣（兼）
钱中声（兼）
周学金（兼）
李　锋（兼）

城乡建设委员会（人口资源环境委员会）

主　任　江国勤
副主任　吴有新
陶伯龙（兼）
叶善祥（兼）
姚江潮（兼）
刘马根（兼）

教育文化卫生体育委员会

主　任　陈　莘
副主任　孙华幸（女）
周应华（兼）
赵国祥（兼）
李桂山（兼）
薛　峰（兼）

社会和法制委员会

主　任　沈宝玲（女）
副主任　曹卫国
王振祥（兼）
许林灿（兼）
陈锡朝（兼）
姚宏斌（兼）

文化文史和学习委员会

副主任　殷元松（兼）
华德荣（兼）
仲衍书（兼）
王岚峰（兼）
王永平（兼）

港澳台侨委员会（外事委员会）

主　任　朱路跃
副主任　陈　静（女）
　　　　平志明（兼）
　　　　杨为民（女，兼）
　　　　朱　勇（兼）

委员工作委员会

主　任　王志年
副主任　贾　平（女）
　　　　宗金林（兼）
　　　　徐志刚（兼）
　　　　孙玉金（兼）
　　　　陈　静（女，兼）

中共扬州市纪律检查委员会 市监察委员会

纪委书记
　　　　李　航（兼）
纪委副书记
　　　　蔡　蕾（女）
　　　　郭鹏驰
纪委常委
　　　　赵志宏
　　　　池建强
　　　　陈　钧
　　　　殷立琴（女）
　　　　蒋桂芳（女）
监委主任
　　　　李　航（兼）
监委副主任
　　　　蔡　蕾（女，兼）
　　　　郭鹏驰（兼）
监委委员
　　　　池建强（兼）
　　　　陈　钧（兼）
　　　　殷立琴（女，兼）
　　　　高玉波
　　　　何巧明

派驻纪检监察组

市纪委监委第一派驻纪检监察组
组长　　王　明
市纪委监委第二派驻纪检监察组
组长　　彭如桂
市纪委监委第三派驻纪检监察组
组长　　徐茂生
市纪委监委第四派驻纪检监察组
组长　　魏德余
市纪委监委第五派驻纪检监察组
组长　　潘晓成
市纪委监委第六派驻纪检监察组
组长　　徐朝平
市纪委监委第七派驻纪检监察组
组长　　张志安
市纪委监委第八派驻纪检监察组
组长　　陈锡宽
市纪委监委第九派驻纪检监察组
组长　　居　勇
市纪委监委第十派驻纪检监察组
组长　　张正华
市纪委监委第十一派驻纪检监察组
组长　　刘　咏
市纪委监委第十二派驻纪检监察组
组长　　徐　鹏
市纪委监委第十三派驻纪检监察组
组长　　刘玉鑫
市纪委监委第十四派驻纪检监察组
组长　　刘德广
市纪委监委第十六派驻纪检监察组
组长　　吕所宝
市纪委监委第十七派驻纪检监察组
组长　　颜　非
市纪委监委第十八派驻纪检监察组
组长　　王　睿
市纪委监委第十九派驻纪检监察组
组长　　卢华月
市纪委监委第二十派驻纪检监察组
组长　　张延浩
市纪委监委第二十一派驻纪检监察组组长　曹　妍（女）

民主党派　工商联

中国国民党革命委员会扬州市委员会

主任委员
　　　　王静成（兼）
副主任委员
　　　　刘晓明
　　　　丁卫社（兼）
　　　　关　兵（女，兼）
　　　　陈　惠（兼）

中国民主同盟扬州市委员会

主任委员
　　　　程吉林（兼）
副主任委员
　　　　仲子午
　　　　王永平（兼）
　　　　葛晓群（女，兼）
　　　　常国庆（兼）
　　　　徐卯林（兼）

中国民主建国会扬州市委员会

主任委员
　　　　王振祥（兼）
副主任委员
　　　　黄锦山
　　　　程兆君（女，兼）
　　　　伏兴中（兼）
　　　　何晓华（兼）

中国民主促进会扬州市委员会

主任委员
　　　　余　珽（兼）
副主任委员
　　　　帅　潇（女）
　　　　张一军（兼）
　　　　王嘉川（兼）
　　　　肖　义（兼）

中国农工民主党扬州市委员会

主任委员
　　　　朱　妍（女，兼）
副主任委员
　　　　李政成（兼）
　　　　陈志华（兼）
　　　　赵建芳（女，兼）

中国致公党扬州市委员会

主任委员
　　　　徐　晟（兼）
副主任委员
　　　　王兰海（女）
　　　　张仁田（兼）
　　　　曾祥华（女，兼）
　　　　丁明哲（兼）

九三学社扬州市委员会

主任委员
　　　　余海鹏（兼）
副主任委员
　　　　刘　文（女）
　　　　田志明（兼）
　　　　潘云龙（兼）
　　　　黎寿丰（兼）

扬州市工商业联合会

主　席　董玉海（兼）
党组书记
　　　　陈荣进
副主席　陈荣进（兼）
　　　　吴　钧
　　　　戴凌云（女）
　　　　徐　直
　　　　郭万山（兼）
　　　　王　宏（兼）
　　　　梁　勤（兼）
　　　　江　强（兼）
　　　　卢之云（兼）

何小军（兼）
曹宽平（兼）
林在珏（兼）
陈正华（兼）

人民团体

扬州市总工会

主　席　杨正福（兼）
党组书记
李春国
副主席　李春国（兼）
陈锡朝
朱　明
洪慧娟（女）
陈维权
韩士军
孙玉金（兼）
戚安宝（兼）
徐　勇（兼）
方璇智（挂职）

中国共产主义青年团扬州市委员会

书　记　洪　扬（女）
副书记　徐明玥（女）
李　杰（女）
李　伟
毕　亮（兼）
王愉翔（兼）
周　伟（挂职）
滕　蔓（女，挂职）

扬州市妇女联合会

主　席　马　宁（女）
副主席　陈　静（女）
王雅静（女）
万潇潇（女）
匡成兰（女，兼）
徐　蕾（女，兼）
戴凌云（女，挂职）

扬州市文学艺术界联合会

主　席　仲衍书
副主席　朱红林
吴乃怀
李政成（兼）
张美林（兼）
周永平（兼）
周启云（兼）
王　永（兼）
周鸿钧（兼）
夏　峰（兼）

扬州市科学技术协会

主　席　王友芳（女）
副主席　葛明顺
王德平
钱靖平
徐乐东
程顺和（兼）
黄建晔（兼）
王大新（兼）
丁爱军（兼）
王国宏（兼）
周颖华（兼）
梁文旭（兼）

扬州市哲学社会科学界联合会

主　席　房学明
副主席　刘　斌
张锡文
徐宏宇（兼）
黄俊华（兼）
陈亚平（兼）
许金如（兼）
高　阜（兼）
臧灿甲（兼）
管路平（兼）

扬州市归国华侨联合会

主　席　杨为民（女）
副主席　周　军
高志刚（兼）
魏全林（兼）
王　飞（兼）
姚友礼（兼）
孔庆友（兼）

扬州市残疾人联合会

理事长　顾爱华（女）
副理事长
龚　智
张佑根
张跃春（兼）
赵　新（兼）

*** 红十字会**

会　长　余　珽（兼）
党组书记
张宝马
常务副会长
张宝马（兼）
副会长　吴　军（兼）
叶柏森（兼）
徐　龙（兼）
周学军（兼）
王　骏（兼）
昌　明（兼）
李春阳（兼）
郭　佳（女，兼）
监事会监事长
毕顺元（兼）

法院 检察院

扬州市中级人民法院

院　长　薛剑祥
党组副书记
任国凡
常务副院长
任国凡（兼）
副院长　李风光
姚宏斌
张　澎
政治部主任
袁江华
审判委员会专职委员
陈　俊
沈　红（女）

扬州经济技术开发区法院

院　长　纪晓东
副院长　刘　俊
乔文进
政治处主任
朱建朝
审判委员会专职委员
柏文栋

扬州市人民检察院

检察长　戴　飞（女）
副检察长
浦志强
郭锦勇
张晓强
政治部主任
樊跃先

扬州经济技术开发区人民检察院

检察长　田庆生
副检察长
刘大军
朱桂明
政治处主任
费　依（女）

高等院校

扬州大学

党委书记
姚冠新
校　长　焦新安
副校长　黄建晔
陈国宏

洪　涛
陈亚平
俞洪亮
费　坚
刘巧泉
纪委书记
周　琴

市职业大学
党委书记
周　胜
校　长　潘锦全
党委副书记
潘锦全（兼）
许金如
副校长　许金如（兼）
王如平
陈亚鸿
刘　宏
纪委书记
黄华明

江苏省扬州技师学院
党委书记
徐祥华
院　长　都国雄
党委副书记
都国雄（兼）
刘建伟
副院长　陈康林
王思源
林　峻（女）
纪委书记
刘建伟（兼）

驻扬州机关单位

国家税务总局扬州市税务局
局　长　杨　洁（女）
党委副书记
朱中良（正处长级）
副局长　尹家明（正处级）
何　敏（女）
张汉东
李　璐（女）
孔燕云（女）
柏兆邦
侯昭华
纪检组长
徐　斌
总经济师
李玉群
方　林
总会计师
张耀斌

扬州气象局
局　长　秦铭荣
副局长　谢义明
纪检组长
邹　霁
副局长　朱　清

扬州海关
关　长　唐仁军
副关长　王旭东
陈　洁（女）
葛荣晖
朱凤家
南京海关党委派驻第十六纪检组副
组　长　马新颐
辑私分局局长
徐旭辉
辑私分局副局长
蒋惠力
夏天明
南京海关轻工产品与儿童用品检测
中心主任　陈　明

扬州海事局
局　长　郭学军
政　委　王凯丽
副局长　王　泉
耿　亮

中国人民银行扬州市中心支行
行　长　戴又有
副行长　崔　萌
叶小玲
纪委书记
张立红
副行长　蔡定洪
工会主任
何　飞

扬州银保监分局
局　长　薛润生
副局长　陈　洪
纪委书记
陈家龙
副局长　高　峰

国家统计局扬州调查队
党组书记
刘春来
队　长　刘春来（兼）
副队长　游立华
黄祥凤
储　刚（女）
纪检组长
范晓青

省高宝邵伯湖渔管会
主　任　谢伟军
副主任　左兆卫
孙文祥

县（市、区）

（截止时间：2019 年 12 月 31 日）

宝应县

中共宝应县委
书　记　王道霄
副书记　佘俊臣
顾长荣
常　委　沈伯宏
王梅峰
吉　琳（女）
吴建志
周正威
陆安亚
闫　伟

宝应县人大常委会
主　任　周玉宝
副主任　翟士高
黄才堂
徐建林
孙学龙

宝应县人民政府
县　长　佘俊臣
副县长　陆安亚
沈伯宏
杨洪国
顾锡芳（女）
杨　林
金　陵
王辉森（挂职）
陆　杰（挂职）

政协宝应县委员会
主　席　陈金荣
副主席　王松年

傅春景
周新华
姜海峰

高邮市

中共高邮市委

书　记　韦　峰
副书记　张　利
　　　　张新钢
常　委　徐　健
　　　　王学峰
　　　　陈立柱
　　　　杨文喜
　　　　赵广华
　　　　潘建奇
　　　　傅　颖（女）
　　　　邱加永

高邮市人大常委会

主　任　张秋红（女）
副主任　薛晓寒
　　　　孙明如
　　　　吴惠山
　　　　杨向东

高邮市人民政府

市　长　张　利
副市长　赵广华
　　　　王　薇（女）
　　　　王永海
　　　　李　生
　　　　李深红（女）
　　　　万圣托
　　　　马　舟（挂职）
　　　　阚道远（挂职）

政协高邮市委员会

主　席　徐永宝
副主席　张贵龙
　　　　钱富强
　　　　张拥军
　　　　居晓波
　　　　周启泉

仪征市

中共仪征市委

书　记　王炳松
副书记　孙建年
　　　　沈文杰
　　　　刘春华
常　委　王长田
　　　　崔学锋
　　　　罗瑞勤
　　　　马立新
　　　　睢万仁
　　　　蒋育洋
　　　　丁雪海
　　　　胡彩云（女）

仪征市人大常委会

主　任　仲　玲（女）
副主任　骆　翔
　　　　李正涛
　　　　徐厚江

仪征市人民政府

代市长　孙建年
副市长　丁雪海
　　　　赵建芳（女）
　　　　黄苏晋
　　　　李　强
　　　　赵　军
　　　　尤玉军（挂职）

政协仪征市委员会

主　席　邵　卫
副主席　陆永进（女）
　　　　吴正明
　　　　赵永江
　　　　施伟文（女）

江都区

中共江都区委

书　记　张　彤
副书记　李　林
常　委　顾　明
　　　　于　越
　　　　姜　熔
　　　　盛维林
　　　　吴敬文
　　　　葛智勇
　　　　杨德银
　　　　朱　娟（女）

江都区人大常委会

主　任　张永庭
副主任　李　杰
　　　　孙恩明
　　　　沈仁礼
　　　　陆德川

江都区人民政府

副区长　姜　熔
　　　　孙　明
　　　　夏忠平
　　　　闫冬梅（女）
　　　　杨晓荣
　　　　李　斌
　　　　赵　磊（挂职）

政协江都区委员会

主　席　曾庆玲（女）
副主席　蒋孝文
　　　　孙　明
　　　　黄春涛
　　　　刘宝宏
　　　　钱正明

邗江区

中共邗江区委

书　记　张耀武
副书记　钱　峰
　　　　朱跃龙
常　委　朱发奎
　　　　孟德和
　　　　徐　明

王庆伟
叶华生
柳　进
黄金发
孙爱东

邗江区人大常委会

主　任　王庭国
副主任　祁胜媚（女）
　　　　曹占田
　　　　李德居
　　　　吴心明

邗江区人民政府

区　长　钱　峰
副区长　王庆伟
　　　　王根云
　　　　丁明哲
　　　　陈　建
　　　　徐安朝
　　　　贺宝兰（女）
　　　　任彬彬（女，挂职）
　　　　吴　辉（挂职）

政协邗江区委员会

主　席　陈佳宏
副主席　徐　晟
　　　　羊汉江
　　　　高长明
　　　　沈少林
　　　　何晓华

广陵区

中共广陵区委

书　记　潘学元
副书记　徐长金
　　　　刁顺勤
常　委　周鸿钧
　　　　郭长明
　　　　李刘杰
　　　　王　峰
　　　　喻智荣
　　　　王飞飞
　　　　白　江

广陵区人大常委会

主　任　赵长松
副主任　张　华
　　　　李成志
　　　　周家富
　　　　马新阳

广陵区人民政府

区　长　徐长金
副区长　王　峰
　　　　孟亚东
　　　　王早东
　　　　李建芳（女）
　　　　刘春林
　　　　叶　浩
　　　　郑金伟（挂职）
　　　　万潇潇（女，挂职）

政协广陵区委员会

主　席　刘春晓
副主席　居益芬（女）
　　　　丁卫社
　　　　胡明寿
　　　　阚永明

说明：注有“*”的为副处级建制单位。

重要文件目录

中共扬州市委文件目录

中共扬州市委　扬州市人民政府关于做好2019年民生幸福工程的实施意见（扬发〔2019〕1号，2019年2月3日）

中共扬州市委　扬州市人民政府关于印发《2019年度全面支持民营经济高质量发展优化企业发展环境的行动计划表》的通知（扬发〔2019〕2号，2019年2月3日）

中共扬州市委　扬州市人民政府关于2019年更好服务游客建设宜游城市的意见（扬发〔2019〕3号，2019年2月3日）

中共扬州市委关于印发《中共扬州市委常委会2019年工作要点》的通知（扬发〔2019〕4号，2019年1月23日）

中共扬州市委　扬州市人民政府关于2018年度市级机关绩效管理和综合考评结果的通报（扬发〔2019〕5号，2019年2月3日）

中共扬州市委关于报批扬州市所辖县（市、区）机构改革方案的请示（扬发〔2019〕6号，2019年1月8日）

中共扬州市委　扬州市人民政府关于全面加强生态环境保护坚决打好污染防治攻坚战的实施意见（扬发〔2019〕8号，2019年1月23日）

中共扬州市委关于转发《扬州市人大常委会2019年度工作要点和议题安排计划》的通知（扬发〔2019〕12号，2019年1月31日）

中共扬州市委关于转发《扬州市政协2019年工作要点》的通知（扬发〔2019〕13号，2019年1月30日）

中共扬州市委　扬州市人民政府关于2018年度县（市、区）、功能区综合考核结果的通报（扬发〔2019〕15号，2019年2月28日）

中共扬州市委　扬州市人民政府关于下达2019年重大项目新开工、新竣工投产、新达产（效）、实际投资指标的通知（扬发〔2019〕16号，2019年3月5日）

中共扬州市委　扬州市人民政府关于印发《争创全省现代综合交通运输体系示范城市暨交通强省扬州行动方案》的通知（扬发〔2019〕17号，2019年3月20日）

中共扬州市委　扬州市人民政府关于印发《扬州市乡村振兴战略实施规划（2019—2022年）》的通知（扬发〔2019〕25号，2019年5月24日）

中共扬州市委　扬州市人民政府关于命名2017—2018年度扬州市文明行业、文明单位、文明校园、文明乡镇、文明社区、文明村的决定（扬发〔2019〕26号，2019年5月28日）

中共扬州市委　扬州市人民政府关于印发《扬州市加快推进教育现代化实施意见》的通知（扬发〔2019〕34号，2019年9月9日）

中共扬州市委　扬州市人民政府关于进一步加强新时代民政工作的意见（扬发〔2019〕36号，2019年9月11日）

中共扬州市委　扬州市人民政府关于完善促进消费体制机制进一步激发居民消费潜力的实施意见（扬发〔2019〕38号，2019年9月23日）

中共扬州市委　扬州市人民政府关于下达2019年度重点工作绩效考核目标的通知（扬发〔2019〕40号，2019年10月29日）

中共扬州市委关于新时代加强和改进人民政协工作的实施意见（扬发〔2019〕43号，2019年11月21日）

中共扬州市委　扬州市人民政府关于印发《新时代扬州产业工人队伍建设改革实施方案》的通知（扬发〔2019〕44号，2019年11月26日）

中共扬州市委关于深入学习宣传党的十九届四中全会精神的通知（扬发〔2019〕45号，2019年11月26日）

市委办公室　市政府办公室关于印发《扬州市环保机构监测监察执法垂直管理制度改革工作方案》的通知（扬办发〔2019〕1号，2019年2月28日）

市委办公室　市政府办公室印发《关于推动文化建设高质量走在前列的工作方案》的通知（扬办发〔2019〕2号，2019年3月4日）

市委办公室　市政府办公室关于印发《扬州市文化人才高质量发展行动计划》的通知（扬办发〔2019〕3号，2019年3月5日）

市委办公室　市政府办公室关于印发《2019中国·扬州“烟花三月”国际经贸旅游节总体方案》的通知（扬办发〔2019〕4号，2019年3月12日）

中共扬州市委办公室关于转发《扬州市关心下一代工作委员会2019年工作要点》的通知（扬办发〔2019〕5号，2019年3月27日）

市委办公室　市政府办公室关于印发《2019年百名处级干部挂钩联系百强重点企业一览表》的通知（扬办发〔2019〕6号，2019年7月29日）

市委办公室　市政府办公室关于印发《扬州市生态环境损害赔偿制度改革实施方案》的通知（扬办发〔2019〕11号，2019年7月25日）

市委办公室　市政府办公室关于印发《关于解决形式主义突出问题落实“基层减负年”工作措施清单》的通知（扬办发〔2019〕12号，2019年7月30日）

中共扬州市委办公室关于印发《全市学好用好习近平新时代中国特色社会主义思想学习纲要实施方案》的通知（扬办发〔2019〕13号，2019年8月9日）

市委办公室　市政府办公室印发《关于加强乡镇政府服务能力建设的实施方案》的通知（扬办发〔2019〕14号，2019年9月5日）

市委办公室　市政府办公室关于印发《扬州市中小

学及幼儿园建设实施计划（2019—2022年）》的通知（扬办发〔2019〕17号，2019年9月9日）

市委办公室、市政府办公室关于印发《扬州市党政机关办公用房管理办法》、《扬州市党政机关公务用车管理办法》、《扬州市市级行政事业单位房产处置利用实施意见》的通知（扬办发〔2019〕18号，2019年9月25日）

市委办公室 市政府办公室印发《关于进一步加强安全生产工作的实施意见》的通知（扬办发〔2019〕19号，2019年10月24日）

市委办公室 市政府办公室印发《关于开展社区社会组织社会工作“三社联动”助推乡村有效治理的实施意见》的通知（扬办发〔2019〕20号，2019年11月11日）

市委办公室 市政府办公室关于印发《全面清理规范考核、“一票否决”、签订责任状事项工作措施清单》的通知（扬办发〔2019〕21号，2019年11月27日）

中共扬州市委办公室印发《关于深化扬州市纪委监委派驻机构改革的的实施意见》的通知（扬办发〔2019〕22号，2019年12月12日）

市委办公室 市政府办公室关于印发《扬州市相对集中行政许可权改革实施方案》的通知（扬办发〔2019〕24号，2019年12月31日）

扬州市政府重要文件目录

扬州市政府关于印发《扬州市献血管理办法》的通知(扬府规〔2019〕1号,1月31日)

扬州市政府关于印发《扬州市市区规划管理技术规定》的通知(扬府规〔2019〕2号,4月4日)

扬州市政府关于印发《扬州市地方储备粮管理办法》的通知(扬府规〔2019〕3号,9月12日)

扬州市政府关于印发《扬州市城市照明管理办法》的通知(扬府规〔2019〕4号,9月24日)

扬州市政府关于印发《2019年度政府工作报告目标任务分解表》的通知(扬府发〔2019〕1号,2月20日)

扬州市政府关于做好当前和今后一个时期促进就业工作的实施意见(扬府发〔2019〕12号,1月14日)

扬州市政府关于印发《颐养社区建设2019年度实施计划》的通知(扬府发〔2019〕29号,3月15日)

扬州市政府关于2018年全市工业高质量发展“争先创优”竞赛活动结果的通报(扬府发〔2019〕34号,3月14日)

扬州市政府关于授予2018年度扬州市市长质量奖的决定(扬府发〔2019〕35号,3月13日)

扬州市政府印发《关于深化科技体制机制改革推动高质量发展的若干政策意见》的通知(扬府发〔2019〕43号,3月29日)

扬州市人民政府关于授予王飞等14位中外友好人士扬州市“城市贵宾”称号的决定(扬府发〔2019〕56号,4月18日)

扬州市政府关于建立涉农资金统筹整合长效机制的实施意见(扬府发〔2019〕64号,5月5日)

扬州市政府关于印发扬州市优化口岸营商环境促进跨境贸易便利化的实施方案的通知(扬府发〔2019〕84号,6月12日)

扬州市政府关于加快先进制造业(集群)发展的政策意见(扬府发〔2019〕87号,6月20日)

扬州市政府关于印发加快推进一体化政务服务平台建设的实施方案的通知(扬府发〔2019〕90号,6月26日)

扬州市政府关于印发《扬州市推进高新技术企业高质量发展实施方案(2019—2020年)》的通知(扬府发〔2019〕97号,7月11日)

扬州市政府印发《关于完善残疾儿童康复救助制度的实施方案》的通知(扬府发〔2019〕111号,7月30日)

扬州市政府关于公布第四批市级非物质文化遗产代表性项目名录的通知(扬府发〔2019〕115号, 8月3日)

扬州市人民政府关于废止和修改部分文件的通知(扬府发〔2019〕144号,9月11日)

扬州市政府关于同意变更江都区部分行政区划的通知(扬府发〔2019〕179号,12月10日)

扬州市政府关于印发《扬州市基本医疗保险和生育保险市级统筹实施方案》的通知(扬府发〔2019〕195号,12月27日)

扬州市政府关于调整与污染物排放总量挂钩财政政策的通知(扬府发〔2019〕198号,12月31日)

扬州市政府办公室关于印发《扬州市安全生产约谈办法(试行)》的通知(扬府办发〔2019〕1号,1月14日)

扬州市政府办公室关于印发《进一步加大普通高中家庭经济困难学生资助力度暂行办法》的通知(扬府办发〔2019〕3号,1月22日)

扬州市政府办公室关于印发扬州市城市黑臭水体治理攻坚战实施方案的通知(扬府办发〔2019〕6号,1月31日)

扬州市政府办公室关于印发《扬州市江淮生态大走廊林业建设规划(2018—2035)》的通知(扬府办发〔2019〕8号,2月18日)

扬州市政府办公室关于加强危险废物污染防治的实施意见(扬府办发〔2019〕9号,2月25日)

扬州市政府办公室关于调整扬州市城镇土地使用税税额标准的通知(扬府办发〔2019〕12号,2月26日)

扬州市政府办公室关于深化产教融合的实施意见(扬府办发〔2019〕13号,3月1日)

扬州市政府办公室关于印发《扬州市新型职业农民认定管理指导意见》的通知(扬府办发〔2019〕15号,3月9日)

扬州市政府办公室关于加强中小学幼儿园安全风险防控体系建设的实施意见(扬府办发〔2019〕17号,3月17日)

扬州市政府办公室关于印发2019年市级重大项目和政府投资项目投资计划的通知(扬府办发〔2019〕21号,3月22日)

扬州市政府办公室关于印发《扬州市区"停车便利化工程"实施方案(2019—2020)》的通知(扬府办发〔2019〕24号,4月2日)

扬州市政府办公室关于印发《扬州市长江经济带生态环境问题整改落实工作方案》的通知(扬府办发〔2019〕30号,4月9日)

扬州市政府办公室关于进一步加强全市饮用水水源地管理与保护工作的实施意见(扬府办发〔2019〕31号,4月22日)

扬州市政府办公室关于加快推进畜牧业绿色发展的实施意见(扬府办发〔2019〕39号,5月6日)

扬州市政府办公室关于印发《扬州市重污染天气应急预案》的通知(扬府办发〔2019〕41号,5月9日)

扬州市政府办公室关于印发《扬州市推进农产品质量安全示范市建设实施方案》的通知(扬府办发〔2019〕45号,5月21日)

扬州市政府办公室关于印发《扬州市长江入河排污口排查整治专项行动工作方案》的通知(扬府办发〔2019〕46号,5月20日)

扬州市政府办公室关于印发《扬州市市级政府投资工程集中组织建设实施办法》的通知(扬府办发〔2019〕52号,6月7日)

扬州市政府办公室关于进一步加大全市学前教育投入的意见(扬府办发〔2019〕54号,6月9日)

扬州市政府办公室关于印发扬州市工业企业资源利用综合评价指导办法等文件的通知(扬府办发〔2019〕59号,7月9日)

扬州市政府办公室关于印发《扬州市工程建设项目审批制度改革实施方案》的通知(扬府办发〔2019〕62号,8月22日)

扬州市政府办公室关于印发《2019年扬州市科技产业综合体建设运营考核办法》的通知(扬府办发〔2019〕63号,8月22日)

扬州市政府办公室关于印发扬州市长江保护修复攻坚战行动计划实施方案的通知(扬府办发〔2019〕64号,9月3日)

扬州市政府办公室关于印发《扬州聚焦企业关切大力优化营商环境任务清单》的通知(扬府办发〔2019〕65号,8月26日)

扬州市政府办公室关于加快推进第五代移动通信网络建设发展的通知(扬府办发〔2019〕66号,9月3日)

扬州市政府办公室关于扬州市现代物流业高质量发展的实施意见(扬府办发〔2019〕67号,9月19日)

扬州市政府办公室关于促进科技、商业和商务综合体高质量发展的实施意见(扬府办发〔2019〕69号,9月19日)

扬州市政府办公室关于加强全市接受义务教育的学生交通安全保障工作的意见(扬府办发〔2019〕73号,9月30日)

扬州市政府办公室关于扬州市生育保险和职工基本医疗保险合并实施的意见(扬府办发〔2019〕75号,9月30日)

扬州市政府办公室关于建立扬州市企业破产处置协调联动机制的实施意见(扬府办发〔2019〕76号,10月10日)

扬州市政府办公室关于印发扬州市三级公立医院绩效考核工作实施意见的通知(扬府办发〔2019〕77号,10月11日)

扬州市政府办公室关于印发《2019年度扬州市开发园区综合考核办法》的通知(扬府办发〔2019〕79号,11月11日)

扬州市政府办公室关于印发《扬州市职业技能提升行动实施方案(2019—2021年)》的通知(扬府办发〔2019〕80号,11月11日)

扬州市政府办公室关于印发《扬州市长江流域重点水域禁捕和建立补偿制度实施方案》的通知(扬府办发〔2019〕81号,11月21日)

扬州市政府办公室关于印发《扬州市深化"放管服"改革优化营商环境重点任务分工方案》的通知(扬府办发〔2019〕83号,11月27日)

扬州市政府办公室关于印发《扬州市城镇生活污水处理提质增效三年行动实施方案(2019—2021年)》的通知(扬府办发〔2019〕84号,11月29日)

扬州市政府办公室关于加强群租房安全管理工作的实施意见(扬府办发〔2019〕85号,12月5日)

扬州市政府办公室关于印发《全市农村医疗卫生服务保障水平提升行动方案》的通知(扬府办发〔2019〕88号,12月16日)

扬州市政府办公室关于印发《扬州市工业企业资源集约利用差别化电价政策实施细则(试行)》的通知(扬府办发〔2019〕89号,12月20日)

扬州市政府办公室关于稳定生猪生产促进生猪产业高质量发展的实施意见(扬府办发〔2019〕90号,12月25日)

扬州市政府办公室关于调整全市法律援助对象经济困难审查标准的通知(扬府办发〔2019〕94号,12月31日)

扬州市政府办公室关于认定扬州市现代农业(渔业)产业园区的通知(扬府办发〔2019〕95号,12月31日)

媒体报道

2019年境外媒体及国家级、省级主流媒体部分扬州报道情况一览表

表 42-1

报道标题	媒体名称	报道日期
清凉扬州城	《人民日报海外版》11版，华文世界	4月6日
当扬州城遇见华侨城	《人民日报海外版》12版，旅游天地	4月19日
海外扬州籍乡贤返乡交流	《人民日报海外版》6版，华侨华人	5月24日
长三角旅游 合力带来魅力	《人民日报海外版》12版，旅游天地	8月28日
秋识扬州	《人民日报海外版》12版，旅游天地	9月23日
古城扬州与时俱进 争创第四次辉煌	法国《欧洲时报》	4月
运河名城扬州聚焦聚力打造“世界运河文化之都”	法国《欧洲时报》	5月16日
保护传承 让古老运河焕发新生机	法国《欧洲时报》	10月
激扬如歌——扬州改革开放40周年回眸（下）	美国《国际日报》	1月9日
扬州：彰显文化名城新特质	美国《国际日报》	1月23日
萌猪扬城闹新春，欢喜文明过大年	美国《国际日报》	2月13日
爱上一座城，植根这方土	美国《国际日报》	2月27日
传统技艺+时尚设计，让“扬州工”走向国际市场	美国《国际日报》	3月13日
牵手世界名企、掘金海外市场，扬州企业插上创新翅膀“走出去”	美国《国际日报》	3月27日
一场雅集展 扬州书画三百年	美国《国际日报》	4月10日
人间四月天，最美是扬州	美国《国际日报》	4月24日
大运之河 文旅盛会	美国《国际日报》	5月15日
共同携手 再创扬州辉煌——第二届江苏发展大会暨首届全球苏商大会扬州论坛侧记	美国《国际日报》	5月29日
一滴水，折射一座城市的生态自觉	美国《国际日报》	6月12日
扬城，“双创”活力在澎湃	美国《国际日报》	6月26日
扬州：更看大河行“大运”	美国《国际日报》	7月10日
看扬州乡村产业振兴“喜乐甜美”	美国《国际日报》	7月24日
扬州归来	美国《国际日报》	8月14日
大运河：亘古不变的乡愁	美国《国际日报》	8月28日

续表 42-1

报道标题	媒体名称	报道日期
看大运河文化带建设扬州实践	美国《国际日报》	9月11日
扬州：文化旅游名城绽放独特魅力	美国《国际日报》	9月25日
保护传承 让古老运河焕发新生机	美国《国际日报》	10月16日
始于运河文化嘉年华的新出发	美国《国际日报》	10月30日
世界美食之都扬州：好味道，“鲜”天下	美国《国际日报》	11月13日
创新扬州，又打开一扇国际“窗口”	美国《国际日报》	11月27日
国际顶级赛事交给扬州，全票通过！	美国《国际日报》	12月11日
运河贯南北 文脉承古今	《人民日报》	1月4日
运河流千年 碧水向未来	《人民日报》	1月25日
扬州全国人大代表莫元花图片新闻	《人民日报》	3月5日
水扬州	《人民日报》	3月20日
城市书房不打烊	《人民日报》	8月29日
江苏：老字号实现“逆生长”	《光明日报》	3月21日
广陵不绝刻书声	《光明日报》	6月5日
全面推进司法体制改革 维护公平公正 回应人民期待——公平公正 人民有感（高邮、江都检察院）	新闻联播	1月15日
新闻特写：迈进春天 奋力追梦	新闻联播	3月5日
美丽中国（瘦西湖航拍镜头）	新闻联播	3月7日
品端午民俗 享欢乐假期（扬州“公筷行动”）	新闻联播	6月8日
扬州：以群众获得感检验教育成效	新闻联播	11月26日
江苏扬州 首届大运河文旅博览会召开	朝闻天下	5月6日
“不忘初心、牢记使命”主题教育进行时·江苏扬州：以群众获得感检验主题教育成效	朝闻天下	11月22日
运河弯出三道湾 昔日河滩变公园	新闻直播间	6月8日
科教兴国·奋进新时代	中央人民广播电台	3月15日
莫元花代表：建议正常化评选非物质文化遗产项目	新华社	3月8日

续表 42-1

报道标题	媒体名称	报道日期
江苏：去年大运河吸引游客超过 8 亿人次	新华社	5 月 6 日
倾听大河新生的“脉动”——写在中国大运河申遗成功五周年之际	新华社	6 月 23 日
江淮之畔崛起一座新城 走出精彩城市发展之路	新华社	9 月 11 日
“千名国际友人畅游大运河”在扬州启动	新华社	9 月 16 日
以运河为媒邀约世界 运河城市即将进入“扬州时间”	新华社	9 月 24 日
扬州入选世界美食之都	新华社	11 月 1 日
世界美食之都：好味道，鲜天下	新华社	11 月 1 日
扬州获得 2022 年世界田联半程马拉松锦标赛举办权	新华社	11 月 22 日
扬州鉴真国际半程马拉松赛开跑	中新社	4 月 21 日
逾百名中外嘉宾聚扬州 共议运河古镇文旅产业融合发展	中新社	5 月 4 日
海内外扬州籍乡贤返乡 共话桑梓情共创新辉煌	中新社	5 月 21 日
“2019 中国・扬州城市推介暨海外（伦敦）资本对接会”在英举行	中新社	7 月 19 日
2019“一带一路”国际男篮冠军赛扬州站开赛	中新社	8 月 24 日
春节扬州“商圈经济”分外亮眼	《新华日报》	2 月 21 日
扬州仁丰里历史街区“煲”了六年文火慢炖，让千年老街“活”起来	《新华日报》	4 月 9 日
创业创新，重塑扬州城市气质	《新华日报》	7 月 26 日
文化为魂，“城市记忆”赋能创意产业 扬台文创大赛亮点频现	《新华日报》	12 月 15 日
六个“能”，扬州市长妙谈城市定位与发展	交汇点	1 月 15 日
主题教育进行时 扬州：用群众获得感检验主题教育含金量	交汇点	12 月 2 日

（董潇潇　于玲玲）

书目

2019年扬州籍作者出版的部分图书

荥阳堂郑氏族谱/郑朝林主编

荷塘边的不朽背影:回忆朱自清/江苏省政协文史资料委员会　扬州市政协文史资料委员会编/中国文史出版社

背影/朱自清著/湖南文艺出版社

公安先驱陈刚峰/陈芸著

江轸光书画选集/扬州博物馆编/江苏凤凰美术出版社

观音妙像:佛像剪纸艺术范式/熊崇荣主编/江苏凤凰美术出版社

大运河文化带建设:2019年第十一届扬州市文化博览城知识大赛读本/扬州文博城建设管理利用领导小组办公室　扬州市文化广电和旅游局编

扬州年鉴(2018)/扬州市地方志编纂委员会编/方志出版社

J先生/扬州市地方志编纂委员会编/文汇出版社

扬州西郊百忍堂张氏宗谱/张承瑶主编

一路扬帆一路歌:扬州大运河与海上丝绸之路专题论文集/华德荣　陈亚平　仲玉龙主编/东南大学出版社

草木人生:汪曾祺传/陆建华著/江苏凤凰文艺出版社

朱自清日记·上(1937—1941)/朱自清著/石油工业出版社

朱自清日记·下(1942—1946)/朱自清著/石油工业出版社

汪曾祺小说集/汪曾祺著/江西人民出版社

人间有至味/汪曾祺著/江西人民出版社

老扬州回忆/张南著/经济管理出版社

雕菰楼算学六种/(清)焦循著/凤凰出版社

扬州美女/申维　江源著/江苏凤凰文艺出版社

郑板桥书画《论语》:珍藏版/郑板桥书/团结出版社

昆虫备忘录/汪曾祺著/长江文艺出版社

扬州文化研究论丛·第廿二辑/赵昌智主编/广陵书社

在水一方:扬州沐浴文化/陆松林　管世俊主编/华夏文化艺术出版社

诗意栖居:扬州百家新园林/扬州市庭院艺术研究会编著/广陵书社

不委屈自己,不将就余生/玉凡瑶著/文汇出版社

你想抵达的远方,现在就起航　/玉凡瑶著/汕头大学出版社

梅瓣集/袁成林著

扬州诗词:第三十六集:二〇一八年年刊/曹永森主编/扬州市诗词协会编印

汪曾祺散文全编/汪曾祺著/人民文学出版社

汪曾祺书信全编:全集版/汪曾祺著/人民文学出版社

广陵琴派/陶艺编著/江苏凤凰美术出版社

伴游扬州:汉英双语:Chinese-English edition/吕明著/苏州大学出版社

苏东坡传/申维著/吉林出版集团股份有限公司

何祚庥论马克思主义经济学·增订版/何祚庥著/首都经济贸易大学出版社

独坐小品/汪曾祺著/上海三联书店

旅食集/汪曾祺著/上海三联书店

塔上随笔/汪曾祺著/上海三联书店

逝水/汪曾祺著/上海三联书店

淮扬面点大观:水调面团　油酥面团类/陈恩德　周彤著/学林出版社

汪曾祺小说全编:全集版·第2版/汪曾祺著/人民文学出版社

扬州盐商住宅的修缮保护/沈达宝　袁建力著/科学出版社

扬州园林/梁宝富著/中国建材工业出版社

背影/朱自清著/北京理工大学出版社

扬州传统家风选/曹永森编著/广陵书社

石画记/(清)阮元著/西泠印社出版社

继往开来/徐光灿著/中华古籍出版社

扬州文昌阁/叶善祥主编/广陵书社

铁砚松风:桑愉先生文稿书印作品选/桑愉著/广陵书社

扬州书画三百年特展书画集/萧平主编/广陵书社

江苏省扬州市图书馆古籍普查登记目录/季培均主编/国家图书馆出版社

名人笔下的大运河/洪军主编/南方出版社

欢喜八事/汪曾祺著/天地出版社

丹青戏红颜:杨杨绘画精品集　/杨杨编绘/广陵书社

魅力光影　悦动生活:袁玉华摄影作品集/袁玉华著/广陵书社

一个人的平原/周荣池著/江苏凤凰文艺出版社

妄己斋印痕/孙凯歌著/广陵书社

我看扬州好:忆江南·新词集/扬州市诗词协会编/江苏凤凰文艺出版社

指端光阴/徐方芳著/广陵书社

高星之径/吴起凡著/江苏凤凰文艺出版社

扬州评话:佛跳墙/杨铁城口述/广陵书社

凤栖梧桐/濮颖著/江苏凤凰文艺出版社

2019年广陵书社出版的部分图书

汇选那菴全集/(明)商梅撰,陈庆元编著

艺苑寻踪/王鸿著

青柯亭本《聊斋志异》/(清)蒲松龄著

碧山乐府/(明)王九思撰　卢前辑

近代西学东渐文献丛刊(经济学、教育学卷)/樊秋实编

近代戏剧史研究资料汇编/马昕编

信仰的力量· 扬州市红色微课堂教材选编/中共扬州市委宣传部　中共扬州市委党史办　扬州市新四军研究会编

家风(2019·春)/扬州市纪检监察学会　扬州报业传媒集团《家风》编辑部编

陆子遗书/(明)陆世仪撰　王焱编

朝鲜群书大系/(日本)释尾春芿编

复性书院丛刊/翟奎凤编

(民国)重修金坛县志/冯煦等纂修

诗酒宜宾/宜宾市博物院编

江苏文化年鉴(2018)/《江苏文化年鉴》编纂委员会编

近代西学东渐文献丛刊(历史、哲学、心理学卷)/樊秋实编

期刊营销策划/吴年华著

扬州学研究(2018)/陶伯龙主编

王阳明文献集成/黄振萍编

南庄村志/《南庄村志》编纂委员会编

历史文献研究·总第42辑/中国历史文献研究会编

双溪乐府/(明)张鍊撰　卢前辑

坚守·展望：2018宁镇扬泰群众文化优秀论文集/徐振斌主编

张恨水传/马季著

张恨水纪念文集/谢家顺　唐先友主编

张恨水小说图志/宋海东著

此山　此水　此人:张恨水生活足迹寻踪(皖江篇)/谢家顺著

遗珠晶莹:探寻父亲张恨水先生的岁月之痕/张伍　张明明著

只留清气满乾坤/王苏平主编

鲁迅序跋/鲁迅著

鲁迅名言/鲁迅著

鲁迅演讲/鲁迅著

鲁迅诗话/鲁迅著

鲁迅书话/鲁迅著

鲁迅印象/鲁迅著

馒庵汪锜印存/汪洁　沙旭东主编

五四新文化运动研究资料汇编/张浩然编

扬州传统家风选/曹永森编著

我从哪里来:扬中百家姓氏探源/朱怀林主编

雪绘词/李保民编

家风(2019·夏)/扬州市纪检监察学会　扬州报业传媒集团《家风》编辑部编

扬州大学图书馆简史/吴善中　史华楠主编　洪涛编撰

苏州山水补记/苏州市地方志办公室编　张振雄著

沙上文化青少年读本/张家港市沙上文化研究会编

苏州老照片的故事/苏州市地方志办公室编　金凯帆著

忠诚:我的教师生涯/朱丹红著

祖国·扬州·我(小学篇)/《祖国·扬州·我》编委会编

祖国·扬州·我(中学篇)/《祖国·扬州·我》编委会编

荣宗敬文集/陈文源　钱江主编

洛阳初夏广陵春:城市文化比较/韦明铧　朱韫慧著

太昆先哲遗书/俞庆恩编

点读中文经典·第1辑/徐琦选编

心向明月/徐惟清著

大运河名胜图记/广陵书社编

百年乡愁:东山人笔下的故乡/杨维忠　陆晓光主编

常州孙氏谱记/(清)孙星衍编纂　马振君点校

偶苑奇缘/丁邦元　华美霞著

清人著述丛刊·第一辑/曾学文　徐大军主编

云门琴谭/顾颖编著

燕尾港志/《燕尾港志》编纂委员会编

扬州文化研究论丛·第23辑/赵昌智主编

阅微草堂笔记/(清)纪昀著

(乾隆)焦山志两种　(道光)焦山志两种/(清)刘名芳纂　(清)卢见曾纂　(清)王豫辑　(清)顾沅辑

(正德)京口三山志　(万历)京口三山全志　京口三山志选补　京口山水志　京口山水考　(明)金山志　金山集/(明)史鲁修　(明)张莱辑　(明)许国诚修　(明)高一福辑　(明)霍镇方修　(明)陈仁锡编　(清)杨棨纂　(清)祁寯藻撰　(明)释惠凯撰　(明)释圆济编

(乾隆)金山志两种　(道光)续金山志　(光绪)金山志　(光绪)续金山志　(宣统)金山志/(清)刘名芳纂　(清)卢见曾纂　(清)曾燠辑　(清)周伯义编　(清)释秋崖纂　缪潜纂

(同治)焦山志　焦山续志　焦山十六图　(道光)北固山志　(光绪)北固山志/(清)吴云辑　(清)陈任旸辑　(清)陆龙作　(清)释了璞辑　(清)周伯义编

招隐山志　(康熙)宝华山志　(乾隆)宝华山志　(元)茅山志/缪潜纂　(清)释德基辑　(清)刘名芳纂　(元)刘大彬纂　(明)江永年续编

(康熙)茅山志　茅山志辑要　练湖志　练湖歌叙录四种/(清)笪蟾光编　江导岷辑　(清)黎世序辑　(清)汤谐　(清)杨允菜　孙国钧辑

赤山湖志　(崇祯)开沙志　(康熙)开沙志　续顺江洲志草稿/(清)尚兆山纂　(明)李尉纂　(清)王锡极纂　(清)丁时霈增纂　(清)王之瑚删订　吴国增编

金山龙游禅寺志略　敕建金山江天寺新志　金山江天寺小志　鹿泉寺志　鹤林寺志两种　京口夹山竹林寺志　延陵九里庙志/(清)释行海辑　(清)释明铨辑　(清)释宝雄编　佚名辑　(明)许国诚修　(明)高一福辑　(明)许国诚修　(明)高一福辑　(明)释明贤编　(清)释越伊编

(明)吴国仁编

秋碧乐府　梨云寄傲/(明)陈铎撰　卢前辑

中州乐府音韵类编/(元)卓从之撰　卢前辑

诗酒余音/(元)曾瑞撰　卢前辑

中州集校订/(金)元好问编纂　薛瑞兆校订

河南村志/《河南村志》编纂委员会编

邗江最乡村/张天武主编　邗江区文化体育和旅游局编

民国时期报纸文艺副刊汇编·第一编/李扬主编

大事海门:献礼新中国成立70周年/海门市大事海门编委会编

黄公望续考/浦仲诚著

诗意栖居:扬州百家新园林/扬州市庭院艺术研究会编著

艺概/(清)刘熙载撰

陈墓镇志/(清)陈尚隆撰　(清)陈树穀增补　中共锦溪镇委员会　锦溪镇人民政府编

杨伦集/(清)杨伦著　许隽超整理

河北村志/《河北村志》编纂委员会编

雄师扬威射阳湖/中共宝应县委党史办公室　宝应县老区扶贫开发促进会　宝应县档案局　宝应县射阳湖镇党委、政府编

行善真好:常熟慈善故事/常熟市慈善总会编

醒世恒言/(明)冯梦龙编著

言子文学录/(清)言如泗增辑

金华电网之最(1918—2017)/国网浙江省电力有限公司金华供电公司编

竹西谜话/李保华著　扬州市邗江区文化馆编

巴城年鉴(2019)/巴城年鉴编纂委员会编

张浦年鉴(2019)/张浦年鉴编纂委员会编

宝应年鉴(2019)/宝应县地方志编纂委员会编

家风(2019·秋)/扬州市纪检监察学会　扬州报业传媒集团《家风》编辑部编

永恒的情怀/沈祖平著

周庄年鉴(2019)/《周庄年鉴》编纂委员会编

方巷镇志/邗江区方巷镇地方志编纂委员会编

扬中年鉴(2019)/扬中市史志办公室编

无锡市图书馆藏地方孤本丛书·第一辑/无锡市图书馆编

扬州书苑丛谈/刘春晓主编　熊百之著

连云港历史文献集成·第一辑/连云港市地方志编纂委员会办公室编

万历盐城县志/(明)杨瑞云修　(明)夏应星纂　王长江主编　盐城市盐都区地方志办公室编　刘菲点校

儒林典要/四川大学复性书院编

群经统类/四川大学复性书院编

宋五子书/四川大学复性书院编

翁同龢研究(2019)/王忠良主编

童心颂祖国:庆祝建国七十周年优秀少儿书画作品集/阴岭山主编

文章·写作·教学/王德中著

常熟市民政志(1990—2017)/《常熟市民政志》编纂委员会编

(光绪)光福志/(清)徐傅编　(清)王镛补辑

世纪琴人张子谦:纪念古琴大师张子谦先生诞辰120周年专辑/戈弘　高荣编著

遵生八笺·起居安乐笺/(明)高濂撰

丹阳谱牒诗词选粹/吉育斌主编

两般秋雨盦随笔/(清)梁绍壬著

影刻宋本《花间集》/(后蜀)赵崇祚编选

铁砚松风:桑愉先生文稿书印作品选/桑榆著　杨小扬　张汉怡　桑光沄编

闸上村志/《闸上村志》编纂委员会编

扬州书画三百年特展书画集/萧平主编

扬州文昌阁/叶善祥主编　扬州市历史文化名城研究院　扬州市名城建设有限公司　扬州市城市建设档案馆编

扬州之最/扬州市档案馆　扬州市地方志办公室编

双丰村志/《双丰村志》编纂委员会编

瘦西湖园林植物及造景特色/陈卫元　胡正勤编著

历代名人咏扬州/曾学文选编

晶鑫股份企业志/《晶鑫股份企业志》编纂委员会编

遵生八笺:四时调摄笺/(明)高濂撰

历史文献研究·总第43辑/中国历史文献研究会编

民国中国音乐史著汇编/程华平　黄静枫主编

张家港市冶金工业园(锦丰镇)自然村变迁图志/张家港市沙上文化研究会编

镇江书画民家作品丛书·第二集/心澄主编

镇江书画民家作品丛书·第三集/心澄主编

中华近代学术典籍汇编·法学卷/张浩然编

常熟年鉴(2019)/常熟市地方志编纂委员会办公室编

稼轩词/(宋)辛弃疾著

乐章集/(宋)柳永著

珠玉词·小山词/(宋)晏殊　晏几道著

东坡词/(宋)苏轼著

张景云先生遗诗/张庸著　马一平　刘军辑注

清代宋诗选本辑刊/孙爱霞编

历代印谱汇编/萧乾父编

从教育原点重看教育/周菊芳著

丰利文化丛书/袁金泉主编

汤联村志/《汤联村志》编纂委员会编

盱眙年鉴(2019)/盱眙县地方志编纂委员会编

绸都织女/盛泽镇妇联编

扬州国资志(2005—2018)/《扬州国资志》编纂委员会编

中华近代学术典籍汇编·经济学卷/张浩然编

妄已斋印痕/孙凯歌著

魅力光影　悦动生活:袁玉华摄影作品集/袁玉华著

丹青戏红颜:杨杨绘画精品集/杨杨编绘

砥砺奋进新时代·扬州市城乡建设大事记(2009—2018)/王骏主编

昆山年鉴(2019)/昆山市地方志编纂委员会办公室编

洛社乡土/《洛社乡土》编纂委员会编著

平湖历代人物辞典/郭杰光编著

(弘治)重修无锡县志/(明)吴翀　(明)李庶纂　无锡市档案史志馆整理

洛社年鉴(2019)/《洛社年鉴》编纂委员会编

脚印:即兴顺口溜/纪春明著

千年咏运河/广陵书社编

朴音古琴基础教程/钱晓莉编著

苏州高新区(虎丘区)年鉴(2019)/《苏州高新区(虎丘区)年鉴》编纂委员会编

方以智历史文献辑刊/陈祝琴编

海虞清风:中国历史上的常熟籍监察官/中共常熟市纪律检查委员会　常熟市地方志编纂委员会办公室　常熟市琴川街道编

徐宝山研究/吴莉莉著

淀山湖年鉴(2019)/淀山湖年鉴编纂委员会编

曹桥乡志/《曹桥乡志》编纂委员会编

眼中的风景/戴彩英著

指端光阴/徐方芳著

苏南民间舞蹈《男欢女喜》研究/侯侠著

赣榆乡贤录/连云港市赣榆区党史地方志工作办公室编

昆山经济技术开发区年鉴(2019)/昆山经济技术开发区年鉴编纂委员会编

南翔年鉴(2019)/《南翔年鉴》编纂委员会编

锦溪年鉴(2019)/锦溪年鉴编纂委员会王浩宇责编

华亭年鉴(2019)/《华亭年鉴》编纂委员会编

黄渡志(1986—2009)/《黄渡志》编纂委员会编

二刻拍案惊奇/(明)凌濛初著

中华近代学术典籍汇编(政治学卷)/张浩然编

锡韵乡情:无锡是个好地方/郑琪编

舞台上下:我的扬剧情缘/邱龙泉著

唐代佛典文献《续高僧传》字词研究/王显勇著

锦溪镇志/《锦溪镇志·修订本》编纂委员会编

家风(2019·冬)/扬州市纪检监察学会　扬州报业传媒集团编

诗翰撷英/刘开地著

仪征年鉴(2019)/仪征市年鉴编纂委员会编

盐城旧志/茆贵鸣主编　盐城市地方志编纂委员会办公室编

嘉定粮食志(1986—2010)/《嘉定粮食志》编纂委员会编

旧志今读:昆山乡镇故事/昆山市档案馆　昆山市地方志办公室编

滨湖游记/无锡市滨湖区政协学习文史和社会法制委员会编

扬州读本/王虎华主编

岁月留声:改革开放新时期张家港口述资料集/中共张家港市委党史地方志办公室编

太极图说·通书/(宋)周敦颐著　(宋)朱熹注解

南京卫生健康年鉴(2019)/《南京卫生健康年鉴》编辑委员会编

昆山对口支援新疆阿图什建设志(2011—2019)/昆山市对口支援新疆阿图什市前方工作组　昆山市地方志编纂委员会办公室编

报慈小学志/《报慈小学志》编纂委员会编

万历扬州府志/(明)杨洵修　(明)徐銮等纂　扬州市档案馆　扬州市地方志办公室编

江都年鉴(2019)/扬州市江都区地方志编纂委员会编

常熟翁氏藏书研究/曹培根著

经济发展解读/孟习贞　田松青编著

扬州评话:佛跳墙/杨铁城口述　王兆根记录

笙华书屋试帖稿/(清)翁同龢著　李红英点校

扬州年鉴(2019)/扬州市地方志编纂委员会

广陵年鉴(2019)/扬州市广陵区档案馆编

绍兴年鉴(2019)/绍兴市地方志编纂办公室编

瑶岙风物/南孔球　朱德通　朱有发著

新的起跑线:新升格高职院校管理探索与实践/周春光著

生死场·萧红中篇小说/萧红著

呼兰河传·萧红长篇小说/萧红著

春意挂上了树梢·萧红散文选/萧红著

旷野的呼喊·萧红短篇小说/萧红著

萧红传:人世若曦,坎坷为歌/蒋亚林著

红尘一梦弹指间:萧红书信日记选/萧红著

亦师亦友亦如父:萧红笔下的鲁迅/萧红著

马伯乐·萧红长篇小说/萧红著

有如青杏般的滋味·萧红诗歌戏剧选/萧红著,章海宁选编

红的果园·萧红短篇小说选/萧红著

喜相逢/周瘦鹃著

新秋海棠/周瘦鹃著

长相思/(法)大仲马等著　周瘦鹃译

紫罗兰盦序跋文/周瘦鹃著

礼拜六的晚上/周瘦鹃著

落花怨/周瘦鹃著

女冠子/周瘦鹃著

人生的片段/(法)莫泊桑等著　周瘦鹃译

文化的基石:民国扬州教育档案撷英/扬州市档案馆　扬州市地方志办公室编

邗江年鉴(2019)/扬州市邗江区地方志办公室编

净言:我的政协生涯/杨新华著

金湖年鉴(2019)/金湖县地方志办公室编

高邮年鉴(2019)/高邮市地方志办公室编

王安石诗文选/(宋)王安石著

孔子家语/(三国魏)王肃整理

欧阳修词/(宋)欧阳修著

李树琪真书帖/李树琪书

费氏医学二种/(清)费伯雄著

扬州文化研究论丛·第24辑/赵昌智主编

佛典史传部异文考/曾良著

瓜洲记忆/高惠年著

海虞翁氏女诗人集三种/朱新华　陈丹点校

流光溢彩:邗江文物精萃/扬州市邗江区文化体育和旅游局编

清宫广陵御档精编/扬州市广陵区档案局　扬州市广陵区档案馆编

扬州谜史文献集成/陈楠整理

纳兰词/(清)纳兰成德著　(清)汪元治辑

题录

经　济

经济新常态下打造扬州外资利用新优势研究/王笑笑/现代营销(经营版)/2019-01-01

运河漕运与苏北城市群的形成/张文华/中国名城/2019-01-05

基于可持续发展理念的扬州园博会开发探讨/王兆成/园林/2019-01-06

扬州市邗江区耕地质量现状与对策/刘宇庆、刘燕、杨晓东、陈静、陈明波/安徽农业科学/2019-01-08

铸强高质量发展的“智造”引擎/张耀武/唯实/2019-01-15

立足好用好管,建设云上扬州/杨福喜/中国建设信息化/2019-01-15

宁镇扬一体化发展程度分析及路径优化研究/韩磊/苏州科技大学学报(社会科学版)/2019-01-15

政府层面推进扬州“四季旺游”的对策研究/段七零、许金如/盐城师范学院学报(人文社会科学版)/2019-01-15

沿江高铁引入扬州地区方案研究/刘国林/铁道建筑技术/2019-01-15

区域生态文明建设水平进步率测度研究——以宁镇扬大都市区为例/韩艳红/南京晓庄学院学报/2019-01-20

旅游供给侧改革背景下扬州乡村旅游精准扶贫路径研究/陈云/旅游纵览(下半月)/2019-01-23

扬州全域旅游标识系统构建研究/许辉/旅游纵览(下半月)/2019-01-23/

新时代专卖店的另类解读/何宝存/现代家电/2019-01-25

以制造业创新转型引领扬州经济高质量发展/张雨/统计科学与实践/2019-01-25

扬州市特种水产养殖现状及发展对策/王曙光、李萍、杨显祥、吴飞、王如鹓/水产养殖/2019-02-01

基于移动互联网的扬州中小企业的创新研究/唐建/知识经济/2019-02-01

乡村振兴背景下农业科技园定位研究——以扬州国家农业科技园区为例/金美滋、徐天悦、戴妍、许宵、王亚辰/产业科技创新/2019-02-05

魅力扬州:“三个名城”的时代跨越/程骅、尤展、袁文、王昆鹏/群众/2019-02-05

再生资源兑换超市对于扬州市垃圾分类的效用探究/施清雯、王鑫/产业与科技论坛/2019-02-15

“扬”帆奋进正当时——扬州市家庭服务业发展纪实/赵志沛/家庭服务/2019-02-15

瘦西湖景区旅游经济发展对策分析/陈新春/产业与科技论坛/2019-02-15

基于“扬州谢馥春”个案研究的江苏老字号品牌年轻化对策/张一/品牌研究/2019-02-15

关于扬州市江都区电子商务产业发展状况的调查和思考/戎慧敏/全国流通经济/2019-02-18

基于因子分析的扬州高新技术科技创新能力综合评价/徐辉军、徐静、王兆辉/泰州职业技术学院学报/2019-02-20

健康中国视域下世园会发展路径探索/董宇恒、杨明/旅游纵览(下半月)/2019-02-23

扬州打造千亿级新型电力装备产业集群/韩欣/电力设备管理/2019-02-25

扬州市废玻璃回用情况调查与原因分析/郭咏梅、接亚东、沈新元/中国资源综合利用/2019-02-25

基于物联网技术的智能消防头盔研制/唐鑫、金佳旺、曹文辉、程家贵、杜宇人/无线互联科技/2019-02-25

城郊型稻田综合种养模式的实践与思考/莫渟、王颖、姚义、陈洪礼、刘翠莲/湖北农业科学/2019-02-25

大运河扬州段生态河湖构建探索/吴小伟、谈立、赵林林/中国水利/2019-02-28

“特色小镇”诉求下的运河古镇保护与更新——以扬州湾头古镇为例/杨凌凡、李天夏、马宇乾/城市建筑/2019-03-05

新时代扬州园林“走出去”发展战略的思考/赵御龙、周超、禹文东/园林/2019-03-06

扬州农民合作社综合社发展路径探析/周爱军、毛飞/江苏农村经济/2019-03-10

创业创新富乡邻/孟宇、顾海琴/江苏农村经济/2019-03-10

南京都市圈经济发展时空分异与空间结构分析/杜张颖、陈松林/福建师范大学学报(自然科学版)/2019-03-11

漫游背景下淮扬饮食文化的匠心精神及其旅游价值/李梦、侯兵、徐悠然/美食研究/2019-03-15

基于国际化发展趋势下淮扬菜走向世界的思考/谢海玲/四川省干部函授学院学报/2019-03-15

浅析扬州与台湾两地文创产业合作与发展/周媛/海

峡科技与产业/2019-03-15

基于土地利用变化的扬州市广陵区景观生态风险评价/何莎莎、李欣、何春龙、方斌/南京师大学报(自然科学版)/2019-03-20

基于居民感知视角的扬州古城旅游发展效应研究/赵涛、黄家美、王志稳/旅游纵览(下半月)/2019-03-23

扬州城市建设用地扩张的时空演变特征及其驱动机制/车通、罗云建、李成/生态学杂志/2019-03-27

扬州体育旅游发展探析/孙萍、王晶晶、刘曦/扬州教育学院学报/2019-03-30

基于空间生产理论的扬州历史街区旅游商业化与地方性分析/赵珍琪、包漪娜/扬州教育学院学报/2019-03-30

基于农业视角的扬州青年农民创业问题与策略探析/杨贵娟、史艳娜/扬州教育学院学报/2019-03-30

互联网对扬州建设创新型城市的促进作用研究/唐建/扬州职业大学学报/2019-03-30

打造扬州农村双创升级版/王波、吴永宏、黄健/江苏农村经济/2019-04-10

扬州市江都区全面整治“保健”食品市场乱象/相咸平、颜瑜、祝富/食品安全导刊/2019-04-15

扬州市文化旅游发展的影响因子分析/马艳伟/度假旅游/2019-04-15

基于生产视角研究扬州市基地蔬菜的质量控制问题/刘梦瑶、李敏、张娟、于海婷/商场现代化/2019-04-15

从劳模档案看扬州食品工业发展历程/高云/工会信息/2019-04-20

以消费升级引领扬州产业发展新方位/张雨/统计科学与实践/2019-04-25

扬州市环境污染现状及产业结构调整的研究/王霞/节能/2019-04-28

乡村旅游产品的乡村性研究/庞博、程南洋/大众文艺/2019-04-30

大数据背景下扬州建筑施工管理水平提升路径研究/李永生、邹燕/四川建材/2019-05-10

“互联网+”与扬州智能制造业深度融合发展路径探析/朱亚东、张兆东、张建宏/当代经济/2019-05-10

产业转型升级与人才战略的选择——以江苏省扬州市为例/张元/中国集体经济/2019-05-13

科教园智力产业升级的对策建议——以扬州扬子津科教园为例/朱洁、吴丽超/中国集体经济/2019-05-13

扬州上市公司环境会计信息披露问题研究/仲凤霞、王志明/北方经贸/2019-05-15

汽车业创新零部件需先行:专家齐聚扬州把脉中国商用车悬架产业发展/木子/商用汽车/2019-05-15

创新政府监管方式 推动产业转型升级——以扬州医疗器械产业为例/顾俊剑/科技经济导刊/2019-05-25

扬州市大学生参与互联网金融的调查/孙蒙/现代经济信息/2019-05-25

关联规则分析在超市商品布局中的应用/张生华、李佳慧、李娜/中小企业管理与科技(下旬刊)/2019-05-25

耕作方式与秸秆还田对土壤肥力的影响/陈丽、马贤超、田宝庚、刘世平/安徽农业科学/2019-05-27

扬州地区乡村绿化植物群落的结构特征/余义亮、丁彦芬、朱贵珍、卓启苗、余慧/浙江农林大学学报/2019-05-28

乡村振兴与特色小镇建设产业融合研究/曹勐/合作经济与科技/2019-06-01

文旅融合背景下大运河旅游发展高质量对策研究/姜师立/中国名城/2019-06-05

政府主导下的城市空间结构变迁解析——基于扬州的实证研究/刘雨平、张京祥/城市规划/2019-06-09

从扬州公园绿地体系看城市特色景观的营建/黄琳/现代园艺/2019-06-10

以融合联动推进扬子江城市群建设中的扬州发展/陆剑/智能城市/2019-06-14

扬州市节能环保产业发展现状及对策研究/陈江伟、马继松、郑荣美/能源研究与利用/2019-06-15

论扬州乡贤文化对扬州乡村振兴的促进作用/郭步山/大众文艺/2019-06-15

全媒体时代扬州书店发展困境与对策研究/杜雨季/新闻知识/2019-06-15

海上丝绸之路文化保护与旅游产业发展研究——以江苏为例/赵鸣、王丹、刘芳/东北亚经济研究/2019-06-18

应用移动互联网改善扬州创业环境的对策分析/唐建/江苏商论/2019-06-20

“一河一策”助力扬州市水环境改善/赵林林、刘平、刘海婧/水资源开发与管理/2019-06-25

农业农村经济创新发展路径探索——以扬州市广陵区为例/顾俊剑/农村经济与科技/2019-06-30

改革开放四十年来扬州农村居民生活水平的新变化/王静/农村经济与科技/2019-06-30

扬州实施乡村振兴战略与建设江淮生态经济区融合发展的路径研究/陆慧娟、熊庆全/扬州职业大学学报/2019-06-30

扬州旅游交通便捷服务设施的优化研究/段七零、许金如、李芸、董广智/扬州职业大学学报/2019-06-30

一带一路背景下扬州理发刀发展潜力研究/殷明/扬州教育学院学报/2019-06-30

扬州市水资源承载能力评价研究/赵林林、刘海婧、严钰/水利技术监督/2019-07-09

盐水鹅复合调料包的研制/陆炀、邵俊锋、胡舰、汪海祥、杨朝晖/中国调味品/2019-07-10

借鉴浙江做法 加快推进扬州农村人居环境整治/袁强华、成强、刘邵贵/江苏农村经济/2019-07-10

扬州市禽流感风险评估模型的研究进展探析/郭志荣、徐步/南方农业、2019-07-15

仪征与扬州主城区旅游联动优化升级研究/陈云/黑龙江生态工程职业学院学报/2019-07-20

台湾地区休闲农业发展之路对扬州市休闲农业探索的启示/孙虹/乡村科技/2019-07-20

从"客流"到"客留"——扬州旅游深度体验研究/王格/无锡职业技术学院学报/2019-07-20

浅析历史视角下的瘦西湖文化价值/冯萍/戏剧之家/2019-07-22

大运河扬州段民俗旅游资源的调查与评价/王晨红、杨雯婷、席小童/旅游纵览(下半月)/2019-07-23

文化旅游背景下乡村旅游品牌设计与提升途径——以甘泉镇为例/于爽、甘俊莹、王思佳/旅游纵览(下半月)/2019-07-23

扬州市民宿发展状况研究——基于途家大数据分析/石火培、王座山、王敏/统计科学与实践/2019-07-25

浅析扬州市大学生网络消费行为/计宁扬、戴天宇/现代经济信息/2019-07-25

地域文化背景下的扬州旅游品牌发展研究/葛禄雅、韦欣/文化产业/2019-07-25

生态文明背景下扬州市中心城区公园体系构建/管伟、戴广平/江苏城市规划/2019-07-28

中小企业节能降耗工作探讨/殷志兰、朱俊明、严乐荣/能源研究与利用/2019-08-15

扬州地方文化在城市公园景观设计中的应用探究/徐杰/湖北开放职业学院学报/2019-08-15

产业"融"起来 农民富起来/沈立宏/农村工作通讯/2019-08-15

小纪镇现代农业产业园区蔬菜产业发展现状与对策建议/袁敏敏、张延发、周婧、窦志、高辉/安徽农学通报/2019-08-15

旅游交通方式选择行为特征剖析——以扬州"两园"片区为例/金阳、胡芹婕、王凌、冯永顺/现代营销(经营版)/2019-08-15

"一带一路"背景下扬州旅游市场发展对策的研究/陈仁华/现代营销(经营版)/2019-08-15

扬州土特产食品包装上的"中国书画元素"特征及创新研究/朱娜、沙莉/美与时代(上)/2019-08-15

传统历史文化助力旅游业发展——以扬州市为例/张辉/武夷学院学报/2019-08-15

新城区绿道规划设计研究——以扬州生态科技新城为例/严玥、罗睿/交通世界/2019-08-25

扬州写意绣的制作工艺及相关问题研究/严加平、李卉、卫芳、刘安兰/现代丝绸科学与技术/2019-08-28

美丽乡村建设现状与对策探究/李杰、薛文峰/农村经济与科技/2019-08-30

扬州现代服务业提质增效研究/江振涛/佳木斯职业学院学报/2019-09-05

明清淮扬运河城镇发展的驱动因素探析/李德楠/中国名城/2019-09-05

扬州"交通+旅游"融合发展模式研究/丁唯也/商讯/2019-09-05

城市旧居住区停车难问题的治理对策研究——以扬州通泗街为例/张燕、张静/四川建材/2019-09-10

扬州市罗氏沼虾产业历史回顾及发展对策/王曙光、李萍、吴志强、杨显祥、印笋/浙江农业科学/2019-09-11

文化传承视野下对扬州雕版印刷产业发展的新思考/陈天虹/大众文艺/2019-09-15

基于扬州八怪艺术元素文创衍品价值研究/杨颖/大众文艺/2019-09-15

基于因子分析法的扬州市城乡人居环境评价/徐静、徐辉军、王伟/广州城市职业学院学报/2019-09-15

科技创新与新型城镇化协调发展动态研究——基于扬州县域的实证分析/徐静、周明益/淮海工学院学报(自然科学版)/2019-09-15

文旅融合背景下扬州市文化旅游发展对策探析/魏柔佳、王恒/边疆经济与文化/2019-09-15

海外高层次人才服务地方经济高质量发展路径研究——以扬州市邗江区海创园为例/赵雅/经济研究导刊/2019-09-15

以"融思维"推进扬州城市高质量发展/王向东/现代商业/2019-09-18

《苏北日报》与治淮工程/邓天白、徐国磊/档案与建设/2019-09-20

大运河管理与保护的扬州特色研究/吕雯/无锡职业技术学院学报/2019-09-20

淮扬菜发展存在问题及对策研究/张亚倩/旅游纵览(下半月)/2019-09-23

浅谈扬州旅游产业竞争力提升研究/唐红桃/营销界/2019-09-27

扬州市丘陵山区开发的现状与对策/杜平/农业开发与装备/2019-09-28

全域旅游视角下高邮县域旅游发展研究/戴光中、张礼权/扬州职业大学学报/2019-09-30

扬州两创示范基地建设现状及可持续发展对策研究/葛静茹、卜时忠、郑阳/市场周刊/2019-10-01

扬州:跑出混改加速度/王庆山/国企管理/2019-10-05

改革开放以来扬州城乡关系的演变与发展/孙凤娟/经济研究导刊/2019-10-05

基于区位特征分析的扬子江城市群建设中扬州定位研究/陆剑/中国市场/2019-10-08

中小农业企业经营困境及对策——基于扬州市生态农庄的调查/王亚、陈建军/中国农业会计/2019-10-10

量化社会经济发展对城市景观破碎化的影响/车通、罗云建/南京林业大学学报(自然科学版)/2019-10-14

扬州市农家书屋服务效能提升策略研究/梁一丹/大众文艺/2019-10-15

探索全域旅游视角下扬州智慧旅游发展方向及路径/童薇/湖北开放职业学院学报/2019-10-15

基于生态红线划定的城乡绿地生态网络构建研究——以江苏省扬州市为例/苏同向、王浩/现代城市研究/2019-10-15

扬州市河蟹产业发展状况与对策建议/王曙光、杨显祥、吴飞、颜慧、韩珂珂/河北渔业/2019-10-20

基于地域文化的三湾片区景区提质研究/马燕萍/开封教育学院学报/2019-10-20

多源数据融合的市县国土空间规划人口城镇化模式——以扬州市为例/朱杰/自然资源学报/2019-10-23

发展农业农村经济促进农民增收路径研究——以扬州市头桥镇为例/顾俊剑/现代经济信息/2019-10-25

仪征与扬州主城区旅游联动发展策略研究/徐晓庆/太原城市职业技术学院学报/2019-10-28

高铁背景下扬州旅游市场发展的对策研究/李娅娜/太原城市职业技术学院学报/2019-10-28

产教融合视域下地方文化创意产业创新能力生成路径研究——以扬州市为例/徐丹丹、杨郑一/扬州大学学报(高教研究版)/2019-10-28

依托新型农业经营主体的农产品品牌培育的研究——以扬州市为例/戴明品/粮食科技与经济/2019-10-30

基于一元线性回归分析扬州市城镇和农村人均可支配收入与消费支出/姜道旭、吴文琴/现代营销(经营版)/2019-11-13

乡村振兴战略下美丽乡村建设的思考——以扬州沿湖村为例/李新跃/山西农经/2019-11-15

对“红楼宴”文化品牌的传承、保护和利用的反思/方晓伟/曹雪芹研究/2019-11-15

基于SWOT分析的扬州市旅游产业发展研究/汪明洋/海峡科技与产业/2019-11-15

扬州市大气臭氧与居民死亡关系的时间序列分析/张开月、金武、姚庆兵、韩小亮、李小琴/现代医药卫生/2019-11-15

扬州“乾隆下江南”主题视角下的大运河文化创意与衍生设计初探/尤晶晶/大众文艺2019-11-15

对扬州老字号的海外宣传策略研究/钱婧/江南论坛/2019-11-15

扬州市头桥镇现代高效农业产业园区规划探讨/杨凯波/现代农业科技/2019-11-19

建设江淮生态大走廊 协同打造扬子江城市群——以扬州市为例/朱莹、赵瑱、颜锦和/江苏商论/2019-11-20

精神经济视角下的扬州剪纸产业化发展理念的思考/尹星/中国民族博览/2019-11-23

基于SWOT-AHP分析法的扬州乡村旅游发展战略研究/左卉、李媛媛/旅游纵览(下半月)/2019-11-23

扬州市体育特色小镇的建设与发展现状研究/沈竹雅、戴志燕/内江科技/2019-11-25

基于深化供给侧改革视角的扬州产业集群发展策略研究/李莉/中小企业管理与科技(下旬刊)/2019-11-25

浅析扬州剪纸图案艺术在服装设计中的运用/何蓓璐/美术教育研究/2019-11-25

“非遗”视野下扬州剪纸在服装中的创新研究/戎丹云、赵红妹/轻纺工业与技术/2019-11-25

扬州市制造业生产动态变化及用电效率研究/刘秋华、刘浩/科技和产业/2019-11-25

扬州政府助力台资企业发展研究——以永丰余造纸公司为例/刘志/产业创新研究/2019-11-28

扬州“创意+文化”旅游模式可行性分析/崔敏静/现代营销(信息版)/2019-11-28

基于SWOT模型分析扬州现代服务业的现状/晏凡、江振涛/现代营销(信息版)/2019-11-28

扬州市农村物流发展对策探讨/郝忠娜、高郢/绿色科技/2019-11-30

城市公园老年人游憩行为研究——以扬州荷花池公园为例/郭红霞、刘雨平、窦雯琪、汪烨婷/江苏建筑/2019-11-30

创新2.0视角下智慧扬州建设策略研究/赵琪、沈王仙子、赵扬/市场周刊/2019-12-01

基于创新2.0以瓜洲为中心的扬州与镇江城市一体化建设路径/赵明荣/市场周刊/2019-12-01

基于大数据的扬州旅游案例的分析与思考/盛俊、王莉、高若云/数字通信世界/2019-12-01

大运河江苏段饮食文化旅游开发现状/徐悠然、袁雨、姚清儿、付越、赵菲/合作经济与科技/2019-12-01

供给侧改革背景下扬州小微工业企业创新发展路径/缪桂英/中小企业管理与科技(上旬刊)/2019-12-05

扬州鹅不同品系杂交组合的生产性能研究/李典辉、周贝贝、郭保地、张勇、常国斌/中国畜牧杂志/2019-12-06

数字经济背景下扬州烹饪传统技艺“走出去”路径研究/游磊/传播力研究/2019-12-10

试论政府增信产品的刚性、弹性和粘性——扬州市农行“苏微贷”业务发展的实证分析/扬州市农村金融学会课题组/申忠梅、王志军/现代金融/2019-12-10

中式快餐品牌运营存在问题与策略研究——以扬州“必香居”为例/许文广/南宁职业技术学院学报/2019-12-12

新能源新光源产业竞争力提升对策研究/李金奎、张静秋、高云婕/价值工程/2019-12-13

扬州市乡村旅游游客动机与行为分析/梁传波、焦世奇/北京财贸职业学院学报/2019-12-13

江苏历史文化名城保护规划探析——以扬州为例/李香凝/智能城市/2019-12-14

供需视角下的扬州制造业与物流业协同发展研究/朱萌/中国管理信息化/2019-12-15

扬州工艺美术专题特色数据库的设计和实现/李强/内蒙古科技与经济/2019-12-15

扬州创建禅修怡养小镇的可行性分析与创新策略/华卫星/佳木斯职业学院学报/2019-12-15

“生态活水”治水理论与战略价值的研究/孙龙生、李荣福、寇祥明、田立立、杨阳/水资源研究/2019-12-15

苏中农村电商发展研究/季晨阳、吴进红/农村经济与科技/2019-12-20

旅游廊道视角下的扬州全域旅游发展策略——以江淮生态大走廊为例/王格/江苏经贸职业技术学院学报/2019-12-28

长江经济带发展背景下高铁网络建设对扬州交通网络规划的影响/潘玲珑/南方农机/2019-12-28

创新旅游经济驱动下的扬州公园城市建设及其深化研究/燕淑梅、段培鹤/产业创新研究/2019-12-28

扬州乡村优质旅游发展的实证研究/许辉/太原城市职业技术学院学报/2019-12-28

扬州市制造业创新驱动发展的障碍、成因及对策研究/缪桂英/扬州职业大学学报/2019-12-30

社 会

“三式”服务为婚姻护航——江苏省扬州市广陵区民政局婚登事务引入社会工作/韦玮、陈昱/中国社会工作/2019-01-05

区域新家庭教育实验推进的探索与实践——以扬州市邗江区为例/何云峰/江苏教育研究/2019-01-05

当代大学生阅读现状调查及分析——以扬州地区高校大学生为例/狄小源、丛一依/科教文汇(上旬刊)/2019-01-10

文化创意产业知识产权保护法律状况实证研究——以扬州市毛绒玩具产业为例/薛静怡、荣予畅、盛璇、杨秋雷、王辰宸/法制博览/2019-01-15

江苏省扬州市开通首条“亲子公交专线”/陈德胜、董军/基础教育参考/2019-01-15

智慧养老服务民生需求——扬州市广陵区东关街道打造国家级智慧健康养老示范街道/陈昱、金铭、邱玉春/中国社会工作/2019-01-15

扬州市二胎家庭“大宝”与独生子女心理健康状况差异及影响因素统计分析/房广梅、江金荣、徐菊芬/开封教育学院学报/2019-01-20

关于社科理论宣讲的思考——以“扬州市社科学堂”为例/王未来/智库时代/2019-01-21

家庭因素与学龄前儿童情绪与行为问题的关联研究/章景丽、陈瑞美、陈秋、左笑宇、于伟平/中华疾病控制杂志/2019-02-10

城市书房对新市民文明素质规范化促进的研究/王月婷/文化产业/2019-02-10

扬州市居民对疫苗安全的认知程度调查/童欣/中国新通信/2019-02-20

深度关注流动儿童 全面推进融合教育/牛雨、周怀斌/基础教育研究/2019-02-23

构建荣誉体系 打造文明风尚高地/王辉森/群众/2019-03-05

清朝中央与地方政府对育婴堂态度探析——以扬州育婴堂和京师育婴堂为例/高兰兰/兰台世界/2019-03-06

扬州城区老年人健身与健康融合研究/丁卫卫、周文来/体育科技文献通报/2019-03-07

基于区位熵理论的江苏省城市就业率比较分析/王瑞琳/中国多媒体与网络教学学报(中旬刊)/2019-03-11

扬州市颐养社区建设 助力提升老人幸福感/丁娅/中国社会工作/2019-03-15

切实担负起凝聚共识、汇聚力量的政治责任/陈扬/江苏政协/2019-03-15

江苏省扬州市“五个一百工程”提升学生综合素养/陈德胜/基础教育参考/2019-03-15

供给侧背景下扬州高等职业教育与产业结构协调性分析/郁婷婷/乌鲁木齐职业大学学报/2019-03-15

新型职业农民中等职业教育的实践与思考/郑伟、严桂玲/农民科技培训/2019-04-01

基于可穿戴健康设备的智慧社区居家养老服务研究——以扬州市三里桥社区为例/陆萌/产业与科技论坛/2019-04-15

江苏省扬州市市容管理“三化”治“三怕”特色实践/何培书、霍伟伟/城市管理与科技/2019-04-20

扬州市实用型乡土人才现状及开发对策研究/顾茜/广西质量监督导报/2019-04-28

文创介入下的科教园区校园文化营造探索——以扬州南区大学城为例/潘文伟、陈秋实/产业与科技论坛/2019-05-01

大力发展社区教育 全力助推乡村振兴——以江苏省扬州市江都区为例/周长明/中国农村教育/2019-05-05

乡村振兴新作为 基地创建带民富/刘怀斌、郝丽娟/中国农村教育/2019-05-05

体医养融合智慧健康扬州样本SWOTS分析/吴天琴、周文来/体育科技文献通报/2019-05-06

城市社区养老方式运行情况及政策建议——以扬州颐养社区建设样本为例/张爽爽/江南论坛/2019-05-15

扬州市乡村体育休闲广场建设现状及分析/员石/当代体育科技/2019-05-15

从琢玉之道看育人之道/冯长宏/江苏教育/2019-05-18

扬州市乡村体育休闲广场建设的可行性研究——扬州乡村体育休闲广场建设研究/员石/当代体育科技/2019-05-25

弘扬“扬州会议”精神 推进学校体育的“微革命”/潘绍伟/中国学校体育/2019-06-01

扬州市体育产业事业双提升对策研究/郑伟东/体育世界(学术版)/2019-06-03

汉广陵漆物与地方社会——一项漆物的区域社会史研究/潘天波/民族艺术/2019-06-04

职业教育的“潜能德育”创新/余锋、林红明/文教资料/2019-06-05

扬州广陵:成功办理首例单位犯罪认罪认罚案/吕敬美、朱敏、吴俊/方圆/2019-07-05

“互联网+”时代下农科学生创业途径思考/王一凡、姚照胜、沙爱红、周立云、郭行健/课程教育研究/2019-07-05

文旅融合对社会福祉的影响——以扬州为例/肖洁、师小坤/旅游学刊/2019-07-06

清代避籍制度与文学关系探论/赵红卫/苏州大学学报(哲学社会科学版)/2019-07-20

"宁镇扬"高职教育发展状况对比研究/胡礼文/职业教育(中旬刊)/2019-07-20

扬州市广陵区创新融合式养老模式/金铭/中国社会工作/2019-08-15

扬剧进校园的探索与实践/陈红燕/音乐天地/2019-08-15

社区治理实践中的专家参与——以扬州市为例/姜璐瑶、查佳雯、李晴艳/区域治理/2019-08-23

江苏扬州"外卖小哥"变身"先锋骑手"/唐燕、姜凡/支部建设/2019-09-01

教育生态学视域下对高职院校"订单班"人才培养路径探析/潘毅、吴涛/扬州工业职业技术学院论丛/2019-09-15

浅析提升扬州市体育公园社会使用价值的路径研究——以宋夹城体育休闲公园为例/钱子君/体育世界(学术版)/2019-09-23

扬州市无障碍环境建设现状及改善策略研究/王会芳/扬州职业大学学报/2019-09-30

扬州市大学生创业扶持政策存在的问题及对策研究/钱俊、徐国方/扬州教育学院学报/2019-09-30

扬州工会推进"两堂"建设 为职工提供高质量的精神物质"食粮"/高云、张丙涛/工会信息/2019-10-01

适合的职业教育发展路径探析/濮德锁/江苏教育研究/2019-10-25

培养新型职业农民 打造社区教育品牌/郝丽娟/中国农村教育/2019-11-05

开放食堂、车停大院……政府敞开大门可取之处在哪/汤嘉铭/决策探索(上)/2019-11-08

弘扬"扬州工"精神在促进扬州城市文化建设中的路径探究/巴一斯、姚萍/商业经济/2019-11-20

拓展乡土资源,培养学生的美术核心素养/于淼、陈海霞/小学教学参考/2019-11-21

基于全域旅游视角的研学旅行发展策略探究——以扬州市为例/纪花/商讯/2019-11-25

职业技能大赛对行业发展影响探究——以扬州首届茶艺职业技能大赛为例/孙建芳/太原城市职业技术学院学报/2019-11-28

文化自觉与社会担当——扬州盐商对书院教育发展的贡献研究/司志敏/贵州师范学院学报/2019-11-28

扬州市医养结合模式运行状况调查与管理创新研究/赵森颖、胡佳宏、张梦瑶、唐艳华/营销界/2019-11-29

扬州弹词引入中小学校园的路径思考/张梓晗、邵萍/艺术评鉴/2019-11-30

如何利用融媒体培育大学生志愿精神/顾青青、徐琳、姚晓楠/文教资料/2019-12-05

浅析地方旅游立法——以江苏省扬州市为例/苏海悦、姚远/法制与社会/2019-12-15

清代侨寓商人子弟教育问题的解决——以寓扬徽州盐商子弟为例/梁仁志/安徽商贸职业技术学院学报(社会科学版)/2019-12-16

扬州特色小镇产教深度合作路径研究/池寅生、张翔、孙庆东/科技风/2019-12-20

打造宜居宜创宜游的幸福城市/张清山、周勇、徐彪/群众/2019-12-20

文 化

醒木声声 薪火相传——听青年演员妙口传承扬州评话/陈雪娟/曲艺/2019-01-01

刘师培中西文化观的历史考察/孔娜/江淮论坛/2019-01-05

杯底青山波上宅——金农旧居/王潇、张荣东、杨功珊/爱尚美术/2019-01-05

伊墨卿最后的一通手札——伊秉绶致吴贤湘札初考/赵逸群/中国书法/2019-01-08

烟花三月 粲饰名盛/崔玮、谷雨/中国人力资源社会保障/2019-01-09

文化生态变迁与苏中地区近代文化事业管理机构的演变/朱季康/南京理工大学学报(社会科学版)/2019-01-14

扬州民歌《黄黄子》传承口述史与价值研究/冯凌燕、季雨茜/艺术评鉴/2019-01-15

乡村振兴视角下的扬州市"希望村塾"调查报告/韩雨、李琦琪、张宇/中小企业管理与科技(中旬刊)/2019-01-15

关于运河文化的历史定位问题/李良玉/淮阴师范学院学报(哲学社会科学版)/2019-01-15

论王肃的经学思想/梁满仓/船山学刊/2019-01-15

丁氏印香炉研究/王安伦/美术大观/2019-01-15

参透诗禅即画禅 全教笔墨化云烟——清代朱本绘画艺术研究/姜保国、张芸芸/文物世界/2019-01-15

笔挥山水 墨泼乾坤——清高翔绘画的艺术特色/贺万里、党明放/荣宝斋/2019-01-15

新安画派山水画风格探讨/何燕、曹琳/合肥师范学院学报/2019-01-20

保护文化遗产,守护精神家园——扬州清曲传承现状调查/陆文雅、朱建萍/文化创新比较研究/2019-01-21

战争书写与记忆叠加——清代的《扬州慢》创作/张宏生/复旦学报(社会科学版)/2019-01-25

隔岸花芬一脉香——以江苏地区为例谈同宗民歌《茉莉花》音乐形态及成因/秦文君/北方音乐/2019-01-30

中国基督教图像历史进程之十四:元代扬州景教碑/包兆会/天风/2019-02-01

扬州博物馆藏"瓦当纹年画"考析/孙璐/文物天地/2019-02-01

一本游记引发的司法诉讼/刘占青/文史天地/2019-02-03

苏轼赤壁词的历史感、空间感与沧桑感/黄美伊/文学教育(上)/2019-02-05

废仓法，益圣德，济苍生——评苏轼《论仓法札子》/石妍婷/名作欣赏/2019-02-10

红树千林藏幕府 白云一带护琴台——石涛《红树白云图》/魏永年/收藏家/2019-02-10

听周华瑞说其祖父周嵩尧/秦九凤/钟山风雨/2019-02-10

戏曲文化的当代价值探寻/张玉荣/小康/2019-02-11

石涛著论原因初探/朱丽罕/艺术研究/2019-02-15

扬州唐罗城形制与运河的关系——兼谈隋唐淮南运河过扬州唐罗城段位置/汪勃/中国国家博物馆馆刊/2019-02-15

瘦马非马——山西元代壁画墓出土散曲《西江月》名实辨/林梅村/读书/2019-02-15

扬州“妾莫书”墓出土漆器制造工艺的研究与思考/王子尧、张杨、靳祎庆、杨晖、吴玥/文物保护与考古科学/2019-02-15

从鉴真东渡看唐代货币的流通特征及在海上丝绸之路贸易中发挥的经济价值——基于《唐大和上东征传》货币史料的研究/张翼/江苏钱币/2019-02-15

程邃与明末清初时期画家的交往考/陈明哲/书画艺术/2019-02-20

官话方言屋沃烛韵的音变/熊燕/方言/2019-02-24

金农：逃避春天的“怪人”/赵春秋/老年教育(书画艺术)/2019-02-25

唐代扬州海上丝绸之路的商贸与文化交流/韩春鲜、光晓霞/唐都学刊/2019-03-13

汤惠休及其乐府诗研究/庄亮亮/嘉兴学院学报/2019-03-13

宋元江淮地区自然灾害的时空分布特征与基本规律/王丽歌/安徽史学/2019-03-15

地域文化影响下的古代扬州漆器设计/靳佼佼、施佳露、郁舒兰/大众文艺/2019-03-15

郑板桥兰竹画中的个性品格和社会担当/钟海燕/美与时代(中)/2019-03-15

近代江北刻经处创立时间考/马越/广西社会科学/2019-03-15

江苏扬州东俞桥墓地/周赟/大众考古/2019-03-20

隋唐时期扬州佛教文化沿海上丝绸之路的传播/马越/文化学刊/2019-03-20

清代运河经济中淮扬官场的廉贪现象/魏怡勤/档案与建设/2019-03-20

文人水墨对当代扬州园林艺术的审美影响/佘月、吴越滨/盐城工学院学报(社会科学版)/2019-03-20

大运河文化视角下扬州传统技艺类“非遗”的英译研究/朱莹/开封教育学院学报/2019-03-20

隋炀帝招揽江南之高僧与南朝佛学之北传——以《续高僧传》所载相关史实为中心的考察/王永平/扬州大学学报(人文社会科学版)/2019-03-20

吴熙载《篆书绎山铭》伪托考/杨帆/宜宾学院学报/2019-03-25

馆藏天长汉墓出土漆奁的保护与研究/陈华锋/中国生漆/2019-03-30

扬州城市形象在古典诗词翻译中的建构/孔苏婧/扬州职业大学学报/2019-03-30

金农题画文学中的多元趣味/吴昊天/扬州教育学院学报/2019-03-30

扬州牙刻技艺的现代传承与创新探究/孙璐、郭艺/扬州职业大学学报/2019-03-30

攀古奕世——苏州博物馆藏书画出品掇英/潘文协/文物天地/2019-04-01

“长围”与羊马城、一字城、护门墙——南宋时期扬州蜀冈城池的攻防体系/朱超龙/中国历史地理论丛/2019-04-10

坚持高质量，努力将《江苏援藏援疆建设志》打造成精品良志/王妮姗、柏桂林/江苏地方志/2019-04-10

扬州剪纸在海外的传播与教学/王莲、刘春风/美与时代(上)/2019-04-15

清代扬州文人画与扬州剪纸的关系研究/杨阳/美术教育研究/2019-04-15

“扬州梦”戏曲创作母题的形成与杜牧艳诗经典化/唐亚/中国韵文学刊/2019-04-15

清到十分寒满把 始知明月是前身——金农墨梅绘画艺术风貌探究/周青/书画世界/2019-04-15

扬州市文物保护数字化管理系统研究与开发/顾娟、马云飞/电子技术与软件工程/2019-04-16

淮扬菜名英译研究/欧阳辛玥/英语广场/2019-04-18

扬州运河文化融入高职院校《大学语文》课程教学路径研究/沈晨、谢悦辰/科学大众(科学教育)/2019-04-20

不同时代的扬州情——以宋词和“三言二拍”为例/姚依含/文化学刊/2019-04-20

欧阳修“饮少辄醉”而非“一饮千钟”/肖汉泽/阜阳师范学院学报(社会科学版)/2019-04-20

汉学家李福清对扬州评话的研究/杨肖/中国比较文学/2019-04-20

日僧圆仁视野中的唐代扬州/杨诗琪/开封教育学院学报/2019-04-20

扬州剪纸的视觉元素解析与文创设计定位/陈夏贤/怀化学院学报/2019-04-28

困境与机遇——扬州漆艺文化生态研究/左文萱、聂许亚/大众文艺/2019-04-30

江苏扬州邗江岗庄宋代窑址发掘简报/周赟、罗录会、李久江、秦宗林/东南文化/2019-04-30

扬州素髹漆器与宋代文人思潮的关联研究/胡美娇/

艺术研究/2019-05-10

刍议高翔山水画中的“奇”/刘晨/艺术研究/2019-05-10

择善而从、视野宏通——朱彬《经传考证》诠释特点初探/程希/北方论丛/2019-05-15

扬州评话话本的整理模式:兼论作者的复杂性/杨肖/民族文学研究/2019-05-15

非遗视域下的扬州漆艺传承人现状研究——以张宇为例/夏梦洁/美术教育研究/2019-05-15

明月入画 寄情抒怀——“扬州八怪”画中的水墨月亮语言/李冬芳/美术教育研究/2019-05-15

扬州学派中的诗学宗匠:黄承吉《梦陔堂诗集》及其诗论/马腾飞/苏州科技大学学报(社会科学版)/2019-05-15

百花呈瑞 富贵吉祥——清代花木画及其意涵/胥瑞頔/湖北美术学院学报/2019-05-15

金农题画艺术研究述评/吴昊天/苏州工艺美术职业技术学院学报/2019-05-15

苏轼在江苏的行迹以及遗迹开发、研究现状——以大运河为中心/喻世华/江南大学学报(人文社会科学版)/2019-05-20

试论大运河江苏段的特性与文化带建设要点/姚乐、王健/江南大学学报(人文社会科学版)/2019-05-20

通扬运河在江淮东部地区的“母亲河”地位/王其银/档案与建设/2019-05-20

关汉卿卒年新考/胡世厚/东南大学学报(哲学社会科学版)/2019-05-20

地方文化的传承与推广——“扬州工艺美术专题特色数据库”建设的思考/张礼和/科技创新导报/2019-05-21

反思、应对、建构:对区域文化研究、宣传与发扬的思考——以吴文化、淮扬文化为例/朱季康/地域文化研究/2019-05-25

明清至民国时期扬州历史建筑砖墙砌筑技艺研究/李美慧、杨凌凡/城市建筑/2019-05-25

闲话茶馆/陈麟德/江苏地方志/2019-06-10

扬州画派美学思想对扬州剪纸的影响/陈夏贤/淮海工学院学报(人文社会科学版)/2019-06-10

穿越时空的梅花香/岳清/钟山风雨/2019-06-10

魏源与小卷阿/刘跃清/江苏地方志/2019-06-10

心有传统,细嗅新风——邵伯锣鼓小牌子的调查报告/薛雷、方芳/黄河之声/2019-06-10

徐正标书法作品/徐正标/江苏教育/2019-06-12

论方濬颐《北行日记》中的三重文化视野/肖映雪、张洪海/皖西学院学报/2019-06-15

石涛山水画艺术探微/彭妍年/收藏界/2019-06-15

“扬州八怪”与清代艺术市场/桑文娟/收藏界/2019-06-15

明代淮、扬二府盐业制度考论/李小庆/盐业史研究/2019-06-25

扬州岭南会馆门楼砖雕纹样及文化意蕴探究/郭绍含/美术教育研究/2019-06-25

常州画派与扬州画派形成原因的比较/钟俊/美术教育研究/2019-06-25

“千年运河”文化品牌的生成、塑造、传播与业态创新——首届中国大运河文化品牌传播国际论坛综述/秦宗财、冯锐/经济与社会发展/2019-06-25

刘集的行板/王晓/中国地名/2019-06-28

论金农梅画的传承与创新/吴昊天/金陵科技学院学报(社会科学版)/2019-06-28

罗聘《张体乾登岱图》卷研究/任文岭/文博学刊/2019-06-30

方濬颐与扬州士人交游考略/方亮/扬州教育学院学报/2019-06-30

宋诗中的扬州印象辨析/陈雪飞、王催霞/扬州教育学院学报/2019-06-30

普方语码转换下扬州方言完成体标记的演化趋势/何佳/扬州教育学院学报/2019-06-30

中国基督教图像历史进程之十九:扬州天主教徒凯瑟琳拉丁文墓碑/包兆会/天风/2019-07-01

扬州八怪之李葂的题画诗/王荣华/文学教育(上)/2019-07-05

论扬州剪纸的传承与创新/熊晓昙/文物鉴定与鉴赏/2019-07-08

为扬州古典私家园林的兴起点赞/阮仪三、柯昌礼/世纪/2019-07-10

浅析民歌《茉莉花》之美/田鹤瑶/戏剧之家/2019-07-10

音乐教学与民间音乐的融合思考——评《扬州民间音乐》/刘娜/中国教育学刊/2019-07-10

试论清代扬州宝应成寿彤硃卷的文献价值/卢道静/镇江高专学报/2019-07-15

康熙十四年:恽寿平在扬州/贺万里、殷晓珍/南京艺术学院学报(美术与设计)/2019-07-15

徐宝山研究述评/吴莉莉/淮阴师范学院学报(哲学社会科学版)/2019-07-15

论崔致远《桂苑笔耕集》中的扬州形象/安桂颖、马金科/延边大学学报(社会科学版)/2019-07-19

大运河扬州段民俗旅游资源的调查与评价/王晨红、杨雯婷、席小童/旅游纵览(下半月)/2019-07-23

扬州竹元素在中式服装橱窗设计中的运用初探/佘步颖、薛文峰/艺术科技/2019-08-02

地域文化在扬州古运河公共艺术设计中的实践策略研究/燕天池/佳木斯职业学院学报/2019-08-08

扬州三叠/育邦/江苏地方志/2019-08-10

瓜洲的前世今生/刘干/江苏地方志/2019-08-10

清代扬州画派团时根绘画赏析/解立新/收藏家/2019-08-10

扬剧的形成发展及现状/顾文杰、肖娇雨/大众文艺/2019-08-15

从《竹石》看郑板桥的笔墨春秋/常凯暄/美与时代(中)/2019-08-15

韦应物撰并书《宇文弁才墓志》发现记/肖伊绯/文艺生活(艺术中国)/2019-08-15

试论扬州汉甘泉山官道、唐蜀冈西峰驿道及其对陵墓选址的影响/魏旭/文博/2019-08-15

扬州重宁寺大雄宝殿彩画保护研究/杨文宗、张晓彤、贾甲/文博/2019-08-15

自塑与他塑的互文性建构——论朱自清散文对"扬州"形象的重构/罗小凤/写作/2019-08-15

智旭易学与佛学会通的义理面向/傅海燕/世界宗教文化/2019-08-15

试论扬州抗战文化资源的保护与利用/金晶/保山学院学报/2019-08-15

从金农诗文看其书学思想的嬗变/王赛、李雪沆/中国书法/2019-08-23

刚介幽寂 清劲峻拔——汪士慎《空里疏香图》跋文赏析/赵启斌/老年教育(书画艺术)/2019-08-25

论金农绘画中的尚"意"思想/陈敏/美术教育研究/2019-08-25

隋江都宫形制布局的探寻和发掘/汪勃、王小迎/东南文化/2019-08-30

扬州民歌中衬词的语音特点及其来源/纪婕/黄河之声/2019-09-03

明清淮扬运河城镇发展的驱动因素探析/李德楠/中国名城/2019-09-05

浅析岁朝清供图/张铜伟/艺术教育/2019-09-05

杜牧诗中"扬州"非"江南"考述/戴伟华/江海学刊/2019-09-10

"三生杜牧"的典故化与杜牧诗歌经典化/唐亚/嘉兴学院学报/2019-09-12

花开富贵 吉祥呈瑞 清代花木画概述/胥瑞頔/紫禁城/2019-09-15

清代以来扬州木版年画体系独立性探究/孙璐、郭艺、康康/艺术百家/2019-09-15

"十二街如市,红尘咽不开"——中唐都市的审美风尚和文艺新潮/晏晨/群言/2019-09-15

如果汉字会说话——访谈雕版印刷技艺代表性传承人张永林/侯文佳/艺术品/2019-09-15

高翔《蟒导河官衙即事图》探微/倪葭/中国国家博物馆馆刊/2019-09-15

论浙派扬州诗人群落的"同题集咏"唱和活动——以"扬州二马"为中心/王小恒/内蒙古社会科学(汉文版)/2019-09-16

清代盐务与造办处经费、物料来源/陈锋、盐业史研究/2019-09-25

民间美术的图形元素在扬州剪纸设计中的运用/陈皎月/扬州职业大学学报/2019-09-30

扬州籍名臣徐铉佛禅诗谫论/黄文翰/扬州职业大学学报/2019-09-30

扬州园林植物名称中的文化寓意及其英译研究/孔苏婧/扬州教育学院学报/2019-09-30

清代两淮盐业首总考/明光/扬州教育学院学报/2019-09-30

《扬州风物册》里的昔日盛景/王金坪/收藏/2019-10-01

扬州文汇阁复原路径与价值研究/梁宝富、梁安邦、武玲/中国名城/2019-10-05

清顺康时期江南省的天主教:1644-1707/汤开建、赵殿红/杭州师范大学学报(社会科学版)/2019-10-09

扬州"双宁"古寺变迁记/魏怡勤/江苏地方志/2019-10-10

扬州评话大师王少堂的璀璨人生/丁邦元/钟山风雨/2019-10-10

朱稻孙生平交游考略/王利民/嘉兴学院学报/2019-10-11

文学地理视域下的顾太清"大运河情结"/伏涛/明清小说研究/2019-10-15

浅谈大运河文化带建设中扬州民间文化艺术的保护与传承/施华健、杨榕/大众文艺/2019-10-15

康熙南巡中的书法活动/常建华/学术界/2019-10-15

大运河宗教传播廊道与文化带建设研究/姜师立/聊城大学学报(社会科学版)/2019-10-15

勤谨著书皆精博 偶耽书画亦不俗——略述一代通儒焦循的书画艺术/高荣/荣宝斋/2019-10-15

基于地域文化的三湾片区景区提质研究/马燕萍/开封教育学院学报/2019-10-20

非遗背景下濒危剧种洪山戏调查/张蕾蕾/中国戏剧/2019-10-20

扬州古运河公共艺术的现状及分析/燕天池/文教资料/2019-10-25

浅谈扬州盐商文化的传承与保护/乔阳、周波/大众文艺/2019-10-25

"琢"境——扬州玉雕视角下的工匠精神三境界探究/孙莉莉、黄雨欣/西部皮革/2019-10-25

《花树摇曳 钿钗生辉:隋炀帝萧后冠实验室考古报告》简介/伊铭/考古/2019-10-25

江苏扬州西陈庄西汉许横墓发掘简报/周赟、朱超龙、田松亭、罗录会、韩成龙/南方文物/2019-10-28

非物质文化遗产的数字化保护与传承探索——以扬州工艺美术专题特色库为例/石继华/内蒙古科技与经济/2019-10-30

慢曲悠悠 自度情深——姜夔自度曲《扬州慢》的音乐分析/何胜刚/当代音乐/2019-11-05

数字媒体环境下扬州红楼文化传播途径研究/张媛/西部广播电视/2019-11-05

大运河影响下18世纪扬州园林的公共形态研究/周璇/今传媒/2019-11-05

宋维扬名花考述/贾芳芳、姜莉/河北大学学报(哲学社会科学版)/2019-11-15

对"红楼宴"文化品牌的传承、保护和利用的反思/方晓伟/曹雪芹研究/2019-11-15

扬州清曲唱腔的可视化分析——以李政成、乔军《板桥道情》演唱为例/邵萍、严锦隆/艺术百家/2019-11-15

从三件清代盐业器具 看武昌与扬州及盐城的历史关系/张银河/中国盐业/2019-11-15

民俗学视野下扬州剪纸的艺术特色研究/何蓓璐/美术教育研究/2019-11-15

张永寿剪纸艺术的文化意蕴/黄本亮、蔡璇/民艺/2019-11-15

瘦西湖之夜:文化内涵支撑的经济品质/陈栋栋/中国经济周刊/2019-11-15

乾嘉汉学"吴派"观念建构历程及学派分野启示/王祥辰/江苏社会科学/2019-11-22

焦循对朴学的反思与革新/张沛/中国哲学史/2019-11-25

对扬剧曲牌体音乐属性的思考和认识/蒋璐/大众文艺/2019-11-25

挖掘文化资源打造扬州城市名片/陈健/湖北开放职业学院学报/2019-11-28

扬州"创意+文化"旅游模式可行性分析/崔敏静/现代营销(信息版)/2019-11-28

论清人整理研究扬州隋唐五代石刻文献的成就与局限/李文才/扬州大学学报(人文社会科学版)/2019-11-29

以经典为例,略论细腻传神的扬州评话/陈中/曲艺/2019-12-01

山岭有奇峰 不与诸岳同——简述康派扬州评话变革、融合、创新的艺术特质/殷伯达/曲艺/2019-12-01

扬州评话康派史料考/韦明铧/曲艺/2019-12-01

唐人诗文笔记中的江淮地区交通路线研究/陈磊/史林/2019-12-01

张问陶晚年的扬州之行/胡瑶/收藏/2019-12-01

尚雅随俗 各臻其妙——扬州博物馆藏清代扬州书画精选/高荣/中国书画/2019-12-05

冗繁削尽留清瘦,画到生时是熟时——故宫博物院藏郑燮绘画的清理与研究/胥瑞頔/中国书画/2019-12-05

从个人家族档案探寻城市集体记忆/姜涛/传媒观察/2019-12-10

祁氏的家风/周游/钟山风雨/2019-12-10

张治中的扬州岁月/顾亚欣/江苏地方志/2019-12-10

清代扬州园林的文人画意研究/吴越滨、佘月/美术观察/2019-12-15

古代从海上丝绸之路来华的西亚人/肖宪/群言/2019-12-15

清初扬州瘦西湖的旅游文化/邱哲/艺海/2019-12-15

促进扬剧艺术 助推戏曲事业/李政成/中国戏剧/2019-12-20

扬州木偶创作中珍视民族元素的融合与运用/顾文杰/中国民族博览/2019-12-23

20世纪80年代以来《扬州画舫录》研究综述/闫志强/扬州职业大学学报/2019-12-30

宋仁宗、英宗、神宗三朝扬州知州考/蒋荣飚/扬州教育学院学报/2019-12-30

扬州摘星楼小考/陈雪飞、王催霞/扬州教育学院学报/2019-12-30

扬州田秧号子的当代传承与发展探究/袁野、冯凌燕/四川戏剧/2019-12-30

统计资料

2019年扬州市国民经济占江苏省的比重一览表

表42-2

项　　目	单　位	江　苏	扬　州	扬州占全省比重（%）
户籍人口	万　人	7858.27	457.14	5.82
地区生产总值（当年价格）	亿　元	99631.52	5850.08	5.87
第一产业	亿　元	4296.28	292.80	6.82
第二产业	亿　元	44270.51	2778.21	6.28
第三产业	亿　元	51064.73	2779.07	5.44
社会消费品零售总额	亿　元	37672.51	1423.20	3.78
出口总额	亿美元	3947.84	83.65	2.12
注册外资及港澳台资实际到账额	亿美元	261.24	13.88	5.31
一般公共预算收入	亿　元	8802.36	328.79	3.74
一般公共预算支出	亿　元	12573.62	611.95	4.87
普通高等学校在校学生数	万　人	187.51	8.70	4.64
卫生机构床位数	万　张	51.60	2.50	4.84
卫生技术人员数	万　人	63.08	3.09	4.90
执业（助理）医师	万　人	24.99	1.26	5.40
在岗职工平均工资	元	98669	81837	—
城镇常住居民人均可支配收入	元	51056	45550	—
农村常住居民人均可支配收入	元	22675	23333	—

2019年扬州市分地区生产总值一览表

表 42-3

指 标	全 市	市 区	广陵区	邗江区	江都区	扬州经济技术开发区	宝应县	仪征市	高邮市
地区生产总值（亿元）	**5850.08**	3506.72	809.11	1073.55	1091.66	532.40	732.91	791.72	818.73
第一产业	**292.80**	104.13	10.13	22.76	69.72	1.52	79.49	23.03	86.15
第二产业	**2778.21**	1589.03	325.90	408.38	548.99	305.76	360.29	423.03	405.86
工业	**2261.96**	1293.99	257.41	320.64	428.89	287.05	283.84	361.02	323.11
建筑业	**518.59**	296.32	68.90	87.84	120.66	18.92	76.55	62.87	82.85
第三产业	**2779.07**	1813.56	473.08	642.41	472.95	225.12	293.13	345.66	326.72
交通运输、仓储和邮政业	**149.17**	89.11	21.76	31.86	21.97	13.52	16.55	22.61	20.90
批发和零售业	**550.62**	362.35	146.28	102.82	89.52	23.73	54.72	87.80	45.75
住宿和餐饮业	**85.29**	54.32	15.31	21.68	10.76	6.57	12.25	9.65	9.07
金融业	**316.15**	226.01	48.46	94.77	63.10	19.68	27.42	30.44	32.28
房地产业	**548.34**	378.41	85.62	157.15	102.97	32.67	34.14	67.61	68.18
其他服务业	**1108.86**	696.41	154.60	231.68	181.53	128.60	143.47	124.17	144.81
人均地区生产总值（元/人）	**128856**	142321	151803	151492	107178	261301	96410	138558	109978

2019年扬州市分地区人口数及构成情况表

表 42-4

地 区	总人口（人）			性别比
	合 计	男	女	
全 市	**4571431**	**2277341**	**2294090**	**99.27**
市 区	2331929	1153125	1178804	97.82
广陵区	492771	242470	250301	96.87
邗江区	801718	393664	408054	96.47
江都区	1037440	516991	520449	99.34
宝应县	879668	445888	433780	102.79
仪征市	557163	279171	277992	100.42
高邮市	802671	399157	403514	98.92

2019年扬州市分地区户数、平均人口及密度情况表

表 42-5

地 区	户数（户）	平均每户人数（人）	年平均人口（人）	人口密度（人/平方千米）
全 市	**1477241**	**3.09**	**4579886**	**693.59**
市 区	775344	3.01	2332137	1011.24
广陵区	170403	2.89	493392	1470.96
邗江区	261195	3.07	797659	1250.73
江都区	343746	3.02	1041086	780.03
宝应县	267698	3.29	883609	601.69
仪征市	182919	3.05	558711	617.70
高邮市	251280	3.19	805430	417.62

2019年扬州市农林牧渔业分项产值一览表

表 42-6　　单位：万元

项　　目	2019 年产值（当年价格）	2018 年产值（当年价格）
农林牧渔业总产值	**5157502**	**5140199**
一、农业产值	2310954	2433631
1. 谷物及其他作物	846952	858756
谷物	773044	784779
棉花	39	154
油料	29734	24487
2. 蔬菜园艺作物	1352279	1455967
蔬菜（含菜用瓜）	1016107	1071923
花卉	34901	17982
3. 水果、坚果、饮料和香料作物	108031	116603
水果坚果（含果用瓜）	91624	96161
茶及其他饮料	16407	20442
4. 中药材	3692	2305
二、林业产值	111565	139847
1. 林木的培养种植	68108	77064
2. 竹木采运	41799	56061
3. 林产品	1658	6722
三、牧业产值	535001	618709
1. 牲畜饲养	23962	22968
牛的饲养	4342	3856
羊的饲养	15640	14270
奶产品	3980	4842
牛奶	3980	4842
2. 猪的饲养	181657	182687
3. 家禽	324164	392851
4. 狩猎和捕捉动物	—	—
5. 其他畜牧业	5218	20203
四、渔业产值	1883982	1660503
1. 海水产品	—	—
2. 淡水产品	1883982	1660503
鱼类	650004	574574
甲壳类	1071827	927243
贝类	11244	12035
其他	150907	146651
五、农林牧渔服务业	316000	287509

2019年扬州市主要农作物播种面积和产量一览表

表 42-7

项　　目	播种面积（千公顷）	单 产（千克/公顷）	总产量（吨）
农作物总播种面积	**471.07**	—	—
一、粮食作物总计	386.20	7395	2855986
1. 夏粮	176.29	5662	998123
小麦	172.97	5696	985292
大麦	0.84	4782	4017
蚕豌豆	2.48	3554	8814
2. 秋粮	209.91	8851	1857863
稻谷	192.85	9278	1789239
中稻	—	—	—
单季晚稻	—	—	—
双季后作稻	—	—	—
玉米	2.01	5507	11069
其他谷物	0.04	4325	173
豆类	13.40	3445	46162
薯类	1.61	6969	11220
二、经济作物	79.07	—	—
1. 棉花	0.006	1833	11
2. 油料	15.68	2860	44843
花生	0.97	2984	2894
油菜籽	14.19	2873	40755
芝麻	0.51	2282	1173
3. 麻类	—	—	—
黄麻	—	—	—
红麻	—	—	—
苎麻	—	—	—
4. 糖类	0.02	39150	783
甘蔗	0.02	39150	783
甜菜	—	—	—
5. 药材	0.32	—	—
6. 蔬菜瓜类	63.07	37335	2354538
蔬菜	59.54	37614	2239481
瓜类	3.53	32622	115057
三、其他农作物	5.80	—	—
青饲料	0.69	—	—
绿肥	0.51	—	—

2019年扬州市主要工业产品产量一览表

（规模以上工业企业）

表 42-8

产品名称	计量单位	产量
原油	万吨	106.09
天然气	万立方米	5092
发电量	亿千瓦小时	243.43
塑料制品	万吨	21.96
化学纤维	万吨	142.70
纱	万吨	12.30
布	万米	11686.30
毛机织物（呢绒）	万米	183.90
服装	万件	10121.79
皮革鞋靴	万双	1835.48
机制纸及纸板	万吨	11.12
纸制品	万吨	89.73
烧碱（折100%）	万吨	32.93
农用氮、磷、钾化学肥料（折纯）	万吨	0.14
化学农药原药（折有效成分100%）	吨	163539.81
合成纤维聚合物	万吨	210.43
化学药品原药	吨	1583.76
水泥	万吨	1020.72
钢材	万吨	532.74
附：用外购国产钢材再加工生产的钢材	万吨	24.09
金属切削机床	台	26998
金属成形机床	台	22721
汽车	辆	316255
金属集装箱	万立方米	92.54
电力电缆	万千米	348.70
通信及电子网络用电缆	万对千米	87.25
单晶硅	万千克	318.2
交流电动机	万千瓦	1381.94
电动手提式工具	万台	39.73
民用钢质船舶	载重吨	2942033

2019年扬州市分地区建筑业生产经营情况表

表 42-9

指 标	全 市	市 区	扬州经济技术开发区	广陵区	邗江区	江都区	宝应县	仪征市	高邮市
单位个数（个）	**644**	366	35	64	148	119	116	71	91
一、建筑业合同情况（万元）									
签订的建筑合同额	**57944687**	32208134	892859	10503475	6348753	14463047	6675312	5149544	13911697
上年结转建筑合同额	**26063514**	15777226	359726	4836470	1678252	8902778	2819740	1978512	5488036
本年新签建筑合同额	**31881173**	16430908	533134	5667005	4670501	5560269	3855572	3171032	8423661
二、承包工程完成情况（万元）									
直接从建设单位承揽工程完成的产值	**37440853**	19893782	743742	6074597	4570633	8504810	4853726	3297832	9395513
自行完成施工产值	**37431759**	19886371	742982	6073493	4565426	8504471	4853534	3297262	9394592
分包出去工程的产值	**9094**	7411	760	1105	5207	339	192	570	921
从建设单位以外承揽工程完成的产值	**4854224**	2895404	282366	190989	415670	2006379	852576	222461	883782
三、建筑业总产值（万元）	**42285982**	22781775	1025348	6264482	4981096	10510850	5706110	3519723	10278375
装配式建筑工程产值	**138072**	103741	620	6393	72582	24146	—	6852	27480
装饰装修产值	**2025515**	1030979	23836	268812	638374	99957	87282	592086	315168
在外省完成的产值	**23292062**	13880944	113470	4462994	1918943	7385537	3546174	1816230	4048715
建筑工程产值	**39269221**	20103748	1000176	6059120	4312143	8732310	5679542	3397151	10088779
安装工程产值	**2735289**	2598635	21502	188809	666512	1721813	7249	110449	18955
其他建筑业产值	**281473**	79392	3670	16553	2442	56727	19319	12123	170640
四、竣工产值（万元）	**36091952**	17443924	810116	5384691	4368182	6880935	6096399	3003383	9548246
五、房屋施工面积（万平方米）	**28178**	13227	100	4351	2323	6453	6107	1897	6947
其中：房屋新开工面积	**10519**	4397	25	1335	1283	1754	2296	867	2960

2019年扬州市全社会客货运输量一览表

表 42-10

项 目	单 位	数 值
公路客运量	万人次	2931
公路旅客周转量	万人千米	266250
公路货运量	万吨	4898
公路货物周转量	万吨千米	798513
水路客运量	万人次	11
水路旅客周转量	万人千米	66
水路货运量	万吨	6931
水路货物周转量	万吨千米	2947860
机场旅客吞吐量	万人	297.97
机场货邮吞吐量	万吨	1.244
铁路旅客发送量	万人次	325.31
铁路货运量	万吨	21

2019年扬州市邮政通信基本情况表

表 42-11

项 目	单位	2015年	2016年	2017年	2018年	2019年
邮电业务总量	亿元	75.45	93.92	136.97	232.37	443.13
邮政行业业务总量	亿元	20.60	26.61	36.08	42.44	51.70
电信业务总量	亿元	54.85	67.31	100.89	189.93	391.43
邮电业务收入	亿元	56.91	61.08	67.39	73.15	78.21
邮政行业业务收入	亿元	16.50	19.25	23.36	27.61	31.91
电信业务收入	亿元	40.41	41.83	44.03	45.54	46.30
函件	万件	1883.23	1161.61	689.96	441.86	356.02
包件	万件	12.11	9.27	8.97	8.71	7.25
报纸累计数	万张	6896.49	6530.74	6276.93	6317.59	6660.69
杂志累计数	万份	397.09	354.40	352.59	320.73	290.43
快递	万件	7782.23	10736.31	13045.89	15459.53	17515.80
固定电话用户数	万户	115.75	107.17	99.16	93.48	89.95
移动电话用户数	万户	450.42	476.50	501.22	531.67	551.15
宽带用户数	万户	123.42	140.29	160.40	171.56	176.07

2019年扬州市分行业社会消费品零售总额一览表

表 42-12 单位：万元

项 目	全 市	市 区	扬州经济技术开发区	广陵区	邗江区	江都区	宝应县	仪征市	高邮市
社会消费品零售总额	**14232002**	**9636724**	**826749**	**3108021**	**3017847**	**2684105**	**1659393**	**1177174**	**1758711**
按地区分									
城镇	**12727611**	8618076	739358	2779489	2698846	2400383	1483987	1052741	1572807
城区	**9516081**	6443496	552797	2078146	2017852	1794699	1109536	787105	1175944
乡村	**1504391**	1018648	87391	328533	319001	283723	175406	124433	185904
按行业分									
批发业	**2356006**	1625843	98578	594313	537526	395427	276477	119844	333842
零售业	**10413007**	7093184	645295	2172440	2205680	2069769	1236346	933413	1150065
住宿业	**142842**	95848	8366	23970	26707	36805	26965	9796	10232
餐饮业	**1320147**	821848	74510	317298	247935	182105	119605	114121	264573

2019年扬州市对外及港澳台地区贸易出口总额一览表

表 42-13 单位：万美元

项 目	进出口总额	出 口	进 口
总 计	**1130517**	**836469**	**294049**
一、按地区分组			
扬州经济技术开发区	217539	156516	61024
广陵区	149642	136329	13313
邗江区	232290	202253	30037
江都区	226878	144112	82767
宝应县	100441	77294	23148
仪征市	150951	73495	77456
高邮市	50590	44591	5999
二、按贸易方式分组			
一般贸易	864837	640319	224518
加工贸易	241058	179493	61565
其他	24623	16657	7966

注：按地区分组未列功能区数据

2019年扬州市外商及港澳台商直接投资情况表

表 42-14　　单位：万美元

地　区	注册外资及港澳台资实际到账额	协议注册外资及港澳台资
	总额	总额
全　市	**138756**	**350947**
扬州经济技术开发区	33007	81767
广陵区	22786	62993
邗江区	30549	84098
江都区	23215	46268
宝应县	8733	23698
仪征市	20042	33965
高邮市	9306	18158

注：实际到账额合计数据不含上年结转数，分项各县（市、区）数据含上年结转数

2019年扬州市财政收入与支出一览表

表 42-15　　单位：万元

项　目	全 市				宝应县	仪征市	高邮市
		广陵区	邗江区	江都区			
财政总收入	**5143320**	**545449**	**857826**	**809396**	**344648**	**841018**	**560147**
上划中央收入	**2121389**	258857	367854	387444	156203	396415	238972
增值税	**1279342**	155463	224954	248192	111710	222294	168089
消费税	**198834**	4020	574	40847	547	73688	4582
企业所得税（60%）	**506642**	82173	109313	77825	37439	84215	55840
个人所得税（60%）	**136571**	17201	33013	20580	6507	16218	10461
一般公共预算收入	**3287850**	394089	645498	530051	248655	503704	368023
税收收入	**2638073**	339059	530840	439877	200125	422086	309947
增值税	**1279345**	155465	224954	248192	111710	222296	168089
企业所得税	**337763**	54783	72875	51883	24959	56143	37227
个人所得税	**91047**	11467	22009	13720	4338	10812	6974
一般公共预算支出	**6119544**	**433227**	**900226**	**1123536**	**775306**	**676784**	**799886**
一般公共服务	**720996**	59533	138267	94614	72970	82081	98598
科学技术	**173408**	8355	21526	40146	3809	15359	32283
教育	**977507**	62740	151442	180298	145682	111239	146382
文化体育与传媒	**113209**	3047	8923	14405	6820	10333	14856
医疗卫生	**453466**	29272	55013	86011	68418	47078	73176
节能环保	**282594**	10271	95284	70234	21807	18332	21352
城乡社区事务	**717795**	75539	157464	167153	91753	78978	78946
交通运输	**337527**	10521	22547	58193	42618	9451	19067
社会保障和就业	**717468**	48045	72026	164194	111031	97264	117203
住房保障	**248071**	37492	10190	61426	19936	2248	9683
农林水事务	**531334**	31837	60389	78425	84129	90074	86768

注：全市数据含功能区数据，分项数据不含功能区

2019年扬州市金融机构人民币存贷款收支情况表

表 42-16　　单位：亿元

项　　目	全 市	市 区		宝应县	仪征市	高邮市
			江都区			
年末金融机构各项存款余额	**6700.46**	**4677.61**	**1216.95**	**598.26**	**721.02**	**703.57**
住户存款	3217.51	2038.06	753.11	364.58	362.32	452.55
年末金融机构各项贷款余额	**5374.85**	**3905.06**	**767.81**	**445.80**	**511.45**	**512.54**
住户贷款	1960.42	1421.93	269.37	181.02	193.01	164.45
非金融企业及机关团体贷款	3414.04	2482.73	498.43	264.78	318.44	348.09

2019年扬州市教育事业情况表

表 42-17

项　目	学校数（所）	毕业生数（人）	招生数（人）	在校学生数（人）	专任教师（人）
普通高等学校	8	19406	28800	86964	5700
普通中等专业学校	6	7583	5499	19530	1555
普通中学	161	58445	59558	175824	16348
高中	32	21158	24326	67804	6232
初中	129	37287	35232	108020	10116
职业高中	3	5621	5492	16380	641
技工学校	12	4892	9376	24018	1361
小学	208	35632	39494	218952	13809
特殊教育学校	7	170	151	1008	233
幼儿园	369	—	—	111211	7053

2019年扬州市中小学情况表

表 42-18

项　目	全　市	市　区				宝应县	仪征市	高邮市
			广陵区	邗江区	江都区			
学校总数（所）								
普通中学	**161**	87	10	18	36	29	20	25
高中	**32**	18	2	4	6	5	4	5
小学	**208**	99	18	18	50	38	30	41
在校学生数（人）								
普通中学	**175824**	101299	5472	22001	35225	31292	19312	23921
高中	**67804**	37793	2093	8566	14016	12249	7434	10328
小学	**218952**	133549	33411	38307	40483	33363	24001	28039
专任教师数（人）								
普通中学	**16348**	8942	673	1934	3584	3024	1807	2575
高中	**6232**	3363	232	743	1374	1184	614	1071
小学	**13809**	8056	2021	2079	2682	2205	1609	1939

2019年扬州市卫生事业情况表

表 42-19

项　目	单　位	全　市	市　区				宝应县	仪征市	高邮市
				广陵区	邗江区	江都区			
医疗卫生机构数	个	**1890**	1104	235	454	415	359	168	259
医院数	个	**76**	50	18	22	10	10	9	7
卫生院数	个	**74**	22	5	5	12	22	10	20
医疗卫生机构床位数	张	**24994**	14799	7061	2919	4819	3337	2935	3923
医院床位数	张	**17788**	11558	6058	2238	3262	1700	2287	2243
卫生院床位数	张	**4504**	1492	203	135	1154	1322	538	1152
卫生技术人员数	人	**30936**	18403	7740	5032	5631	4882	3600	4051
执业（助理）医师数	人	**12557**	7111	2954	2137	2020	2193	1541	1712
注册护士数	人	**12109**	7844	3681	2128	2035	1421	1340	1504

2019年扬州市文化事业基本情况表

表 42-20

项　　目	单 位	全 市	市 区		宝应县	仪征市	高邮市
				江都区			
广播覆盖率	%	**100**	100	100	100	100	100
电视覆盖率	%	**100**	100	100	100	100	100
剧场、影剧院	个	**11**	9	1	—	1	1
公共图书馆	个	**7**	4	1	1	1	1
公共图书馆图书总藏量	千册（件）	**5479**	4173	441	406	484	417
博物馆	个	**17**	10	1	2	1	4
体育场馆	个	**24**	14	4	2	5	3

2019年扬州市环境保护基本情况表

表 42-21

项　　目	单 位	全 市	广陵区	邗江区	江都区	宝应县	仪征市	高邮市
废水排放总量	万吨	**25472.95**	3206.81	7274.44	4363.93	3116.16	3646.23	3865.38
工业源	万吨	**7066.33**	880.13	2186.89	528.14	408.13	1695.94	1367.11
城镇生活源	万吨	**18392.98**	2326.68	5078.59	3835.32	2708.03	1947.2	2497.16
集中式治理设施	万吨	**13.64**	0	8.96	0.47	0	3.09	1.12
化学需氧量（COD）排放量	吨	**37951.58**	5790.33	10252.42	7501.76	5186.53	3876.24	5344.3
工业源	吨	**5752.96**	991.7	1531.24	948.8	736.3	481.89	1063.03
农业源	吨	**20.28**	0	0	20.28	0	0	0
城镇生活源	吨	**32161.33**	4798.63	8706.52	6532.67	4450.23	3392.65	4280.63
集中式治理设施	吨	**17**	0	14.66	0	0	1.69	0.65
氨氮排放量	吨	**4944.91**	744.95	1061.38	1021.74	811.27	511.44	794.13
工业源	吨	**433.82**	39.47	51.64	112.69	123.26	2.8	103.96
农业源	吨	**1.64**	0	0	1.64	0	0	0
城镇生活源	吨	**4508.24**	705.48	1008.58	907.42	688.01	508.63	690.12
集中式治理设施	吨	**1.22**	0	1.16	0	0	0.01	0.05
总磷排放量	吨	**453.48**	66.27	86.14	81.98	73.94	53.31	91.83
工业源	吨	**64.98**	1.26	6.75	7.48	8.58	2.19	38.72
农业源	吨	**0.29**	0	0	0.29	0	0	0

续表 42-21

项　　目	单 位	全 市	广陵区	邗江区	江都区	宝应县	仪征市	高邮市
城镇生活源	吨	**388.03**	65.01	79.23	74.21	65.36	51.12	53.1
集中式治理设施	吨	**0.18**	0	0.17	0	0	0.01	0
废水治理设施数	套	**330**	19	46	119	43	63	40
废水治理设施处理能力	万吨 / 日	**31.49**	1.8321	6.7412	2.532	1.3702	14.3985	4.6114
废水治理设施运行费用	万元	**32868.8**	3482.6	6092.68	4128.72	437.29	16505.35	2222.15
二氧化硫排放量	吨	**16018.27**	3918.13	5820	1922.85	528.65	866.66	2961.98
工业源	吨	**13220.11**	3499.87	5071.77	1374.18	148.42	572.01	2553.87
城镇生活源	吨	**2768.96**	418.26	748.23	548.67	380.23	293.96	379.61
集中式治理设施	吨	**29.2**	0	0	0	0	0.69	28.5
氮氧化物排放量	吨	**24601.41**	5120.53	10079.16	1956.45	321.96	2398.46	4724.85
工业源	吨	**23878.95**	5048.65	9954.81	1859.99	254.63	2337.94	4422.94
城镇生活源	吨	**479.3**	71.88	124.35	96.46	67.33	51.73	67.55
机动车	吨	/	/	/	/	/	/	/
集中式治理设施	吨	**243.17**	0	0	0	0	8.8	234.37
烟（粉）尘排放量	吨	**10112.34**	3292.31	1719.31	2667.82	226.06	453.31	1753.52
工业源	吨	**9393.87**	3181.34	1528.93	2529.52	132.14	366.55	1655.38
城镇生活源	吨	**707.2**	110.97	190.38	138.3	93.92	82.13	91.5
机动车	吨	/	/	/	/	/	/	/
集中式治理设施	吨	**11.27**	0	0	0	0	4.63	6.64
挥发性有机物（VOCs）排放量	吨	**2415.12**	45.2	240.15	1305.95	257.6	501.5	64.73
工业源	吨	**2281.25**	25.08	204	1279.03	239.04	487.35	46.75
城镇生活源	吨	**133.88**	20.12	36.15	26.92	18.56	14.15	17.98
机动车	吨	/	/	/	/	/	/	/
废气治理设施数	套	**1816**	63	249	887	88	329	200
废气治理设施处理能力	万标立方米 / 时	**251141.24**	1262.3	1897.05	213827.04	99.7226	947.59	33107.53
废气治理设施运行费用	万元	**96241.54**	4527.7	54137.2	17414.5	1709.22	10603.38	7849.54
一般工业固体废物产生量	万吨	**568.86**	233.82	147.45	16.2395	13.32	50.09	107.9482

续表 42-21

项　　目	单 位	全 市	广陵区	邗江区	江都区	宝应县	仪征市	高邮市
一般工业固体废物综合利用量	万吨	**532.05**	232.56	117.01	15.5503	13.17	46.77	106.99
综合利用往年贮存量	万吨	**0.2**	0.01	0	0.0076	0.05	0.13	0
一般工业固体废物综合利用率	%	**93.50**	99.46	79.36	95.71	98.50	93.13	99.11
危险废物产生量	万吨	**23.5335**	1.1168	6.1883	5.0012	1.0266	5.4042	4.7965
危险废物综合利用量	万吨	**7.6226**	0.0332	4.6324	0.0666	0	1.9692	0.9212
综合利用往年贮存量	万吨	**0.1175**	0.0039	0.0007	0.0005	0	0.1123	0
危险废物处置量	万吨	**15.8499**	1.1075	1.5772	4.9335	1.0427	3.3965	3.7925
处置往年贮存量	万吨	**0.4831**	0.028	0.0426	0.1385	0.0277	0.1062	0.14
危险废物处置利用率	%	**97.26**	99.30	99.65	97.27	98.90	95.43	95.49
当年完成“三同时”环保验收项目环保投资	万元	**64568.18(含市本级585万元)**	2149	14252.9	2855.3	11557.98	17337	15831
工业污染防治施工项目本年完成投资	万元	**23505.5**	23	1260	12292.5	**0**	9930	**0**
废水治理项目	万元	**2330**	0	0	2330	**0**	0	**0**
废气治理项目	万元	**21175.5**	23	1260	9962.5	**0**	9930	**0**
工业固体废物治理项目	万元	**0**	0	0	0	**0**	0	**0**
噪声治理项目	万元	**0**	0	0	0	**0**	0	**0**
其他治理项目	万元	**0**	0	0	0	**0**	0	**0**
环境空气质量								
可吸入颗粒物（PM_{10}）	微克/立方米	**71**	71	71	73	69	76	68
细颗粒物（$PM_{2.5}$）	微克/立方米	**43**	43	43	43	38	37	42
二氧化硫	微克/立方米	**10**	10	10	12	11	9	11
氮氧化物	微克/立方米	**35**	35	35	32	26	35	31
空气质量达到及好于二级的天数比重	%	**69.6**	69.6	69.6	72.8	74.0	78.8	80.1
水环境质量								
集中式饮用水源地水质达标率	%	**90**	100	100	100	100	100	50.0
地表水劣Ⅴ类水体比例	%	**0**	0	0	0	0	0	0
道路交通噪声等效声级	dB（A）	**65.9**	68.3	68.3	65.5	64.3	63.6	64.7

2019年扬州市市区居民家庭基本情况表

表 42-22

项　　目	单 位	全体居民	城镇居民	农村居民
一、调查户数	户	1150	660	490
二、平均每户家庭人口	人	3.09	3.07	3.12
三、平均每户就业人口	人	1.80	1.68	2.00
四、平均每一就业人口负担人数	人	1.73	1.83	1.56
五、平均每户就业面	%	58.30	54.72	64.10
六、平均每人现住房建筑面积	平方米	51.80	47.1	59.5
七、人均可支配收入	元	37074	45550	23333
八、人均非收入所得	元	1265	1416	1021
非经常性转移所得	元	1059	1217	803
九、人均借贷性所得	元	1221	1231	1206
提取储蓄存款	元	937	1052	751
十、人均总支出	元	34872	37801	30124
消费支出	元	22460	25696	17215
转移性支出	元	1772	2320	884
生产经营费用支出	元	1635	1048	2587
借贷性支出	元	1854	1743	2034
十一、人均通过互联网购买的商品和服务	元	262	385	63
十二、恩格尔系数	%	29.4	29.6	29.1
十三、百户接入互联网的移动电话	部	226	223.9	230.4
十四、百户接入互联网的计算机	台	70.3	81.5	52.1

2019年扬州的一天

表 42-23

项　目	单 位	1985年	1990年	1995年	2000年	2005年	2010年	2015年	2017年	2018年	2019年
地区生产总值	万元	1125	2440	8197	12935	27147	61836	112326	139139	150102	160276
第一产业	万元	353	596	1266	1751	2596	4421	7191	7352	7670	8022
第二产业	万元	568	1301	4681	6855	15115	34387	55596	67800	71811	76115
第三产业	万元	204	543	2250	4329	9435	23028	49540	63987	70621	76139
粮食产量	吨	6808	6538	6084	6169	6204	7865	8614	7820	7873	7825
棉花产量	吨	46.0	50.0	73.0	28.0	19.0	14.7	2.9	1.0	0.17	0.03
油料产量	吨	145	132	201	341	336	220	196	179	179	123
水产品产量	吨	88	158	338	621	977	1042	1092	1109	1085	1085
社会消费品零售额	万元	596	1127	2753	4010	7774	17827	28505	33806	36627	38992
出口总额	万美元	—	—	—	166	522	1659	2113	2156	2340	2292
固定资产投资完成额	万元	320	552	2723	3514	11235	36489	78269	101098	—	—
一般公共预算收入	万元	98	182	243	447	1357	4597	9226	8772	9316	9008
客运量	万人	19.53	15.8	13.59	17.01	22.31	19.93	11.39	9.36	8.50	8.06
货运量	万吨	5.85	5.44	15.67	12.84	16.04	25.57	33.32	36.54	38.70	32.41
住户存款	万元	159	764	3071	7563	16566	34312	65115	72804	78374	88151

索　引

说　明

一、本索引采取主题分析法，索引词条按汉语拼音音序排列。

二、类目、栏目、分目标题用黑体字标示。

三、索引词条后的数字表示页码，数字后的字母(a、b、c)表示该页版面从左至右的栏别。

四、空一字起排的款目为上一主题的“附见”。

A

B

C

E

F

G

H

J

K

L

M

N

T

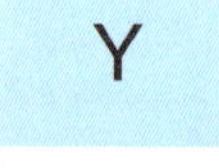
Y

Z